Yearbook of China's Poverty Alleviation and Development

中国扶贫开发

年鉴

2020

国务院扶贫开发领导小组办公室　主管
《中国扶贫开发年鉴》编辑部　编

知识产权出版社
全国百佳图书出版单位
—北京—

《中国扶贫开发年鉴》
编辑部

张　帅　张　伟　张　波　张　硕　张　彪　张　琦　张　喆　张　雷
张　鹏　张　煜　张　睿　张小茅　张子叶　张飞军　张中华　张田育子
张亚楠　张伟宾　张良进　张君华　张国波　张建平　张建设　张艳丽
张晓波　张海东　张婉婷　张晶婧　张腾云　张慧东　张曙光　陆春生
陈　炜　陈　爽　陈　瑶　陈　磊　陈月敏　陈文锋　陈红娟　陈学瑜
陈济沧　陈桂首　陈鸿强　武英奇　苗　猛　范国彬　范蔚然　林江平
林炜双　林原羽　林悦欣　罗元开　季跃峰　金　苗　金怀杰　周　永
周　翔　周玉文　周建文　周建伟　周晓云　周群力　周璐莹　郑　方
郑开耀　郑礼建　郑润东　房吉达　孟子超　孟爱琴　赵　亚　赵　斌
赵江涛　赵郁倩　赵国骄　赵玲娟　赵思源　赵懂文　郝大鹏　胡玉盆
胡国卫　段培俭　侯　沛　施　燕　姜　燕　骆艾茉　邱征洋　袁龙生
耿晓宇　聂庆霁　贾永强　贾庆广　贾睿涛　原瑞军　钱　曦　徐建东
徐春峰　徐敏轮　卿任鹏　凌　瑜　高　莺　高　航　高　辉　高文明
高泽牛　高洁儒　高海林　高继辉　郭万江　郭孟楚　郭海港　郭黎明
唐占海　唐靖霖　黄　阳　黄　炜　黄　晖　黄　涛　黄会腾　黄俊兵
黄晓天　黄肇文　黄震宇　曹　阳　曹振华　龚　克　龚　辉　龚亮保
崔　静　崔守荣　崔诗晴　崔博乐　章　杨　阎　超　梁　雨　梁　怡
宿　盟　彭焱明　彭嘉淇　葛季明　董　刚　董　信　董昊明　董家齐
董智盟　韩　剑　韩　晖　韩永滨　韩秀丽　韩晓林　惠　超　程　春
程大为　童福林　普想春　游　画　谢　鹏　靳宏强　雷　勇　雷一鸣
雷先阳　满永博　蔡　旺　蔡书巧　蔡琳娜　廖云霞　熊　鹏　熊燕军
潘　博　霍季春　魏东东　魏仕雯

党建扶贫

河南省济源市陶山村正在开展党建扶贫和政策宣传活动。

安徽省宣城市引导贫困户自主发展扶贫产业，激发贫困户的内生动力。图为旌德县白地镇机关党支部结合党员活动日，组织党员干部在花卉基地义务除草。

江西省吉安县江南村在党支部书记胡乾元的带领下，探索建立了村干部（致富带头人）领办、党员主动参与、村民自愿参与、贫困户统筹参与的“一领办三参与”产业扶贫模式，带领村民脱贫致富。

建档立卡

安徽省郎溪县侯村驻村扶贫工作队走访建档立卡贫困户，落实精准帮扶措施。

湖南省涟源市仙洞村 2019 年建档立卡贫困户退出民主评议会现场。

谢国胜 摄

山东省烟台市扶贫办工作人员入户核查建档立卡贫困户的结对帮扶情况。

驻村帮扶

陕西省丹凤县东炉村驻村第一书记创办的乡村公益图书馆，让贫困地区的孩子们在阅读中快乐成长。

2019 年 4 月，湖南省通道侗族自治县溪口村的驻村扶贫干部在迷迭香种植基地与村民共同劳动。

中国东方电气集团有限公司驻村干部与四川省壤塘县下大石沟村农牧民在青杠棒木上种植木耳菌种，携手同心踏上致富路。

基础设施建设

福建省福安市溪邳村连家船民上岸定居，告别“水上漂”，建设好生活。

吉林省推进农村环境整治，建设生态宜居美丽乡村，提升农民的获得感、幸福感。图为大安市的村容屯貌。

2019年11月，山东省莒县提前获批中央专项彩票公益金支持贫困革命老区扶贫项目主体工程全部完工。图为峤山镇项目区新修的生产道路。

基础设施建设

贵州省夹岩水利枢纽及黔西北供水工程项目是贵州省水利建设"一号工程"，惠及黔西北地区267万人，能有效改善生态环境，为区域扶贫开发创造条件。图为项目施工现场。

2019年11月8日，湖南省新宁县百宝村的瑶族同胞用上自来水，告别挑水喝的历史。新宁县财政局驻百宝村扶贫工作组联合县水利部门为该村修建蓄水池9个，安装自来水管道，解决687人的饮水问题。

郑国华 摄

国网安徽省电力有限公司桐城市供电公司为桐城市水岭村程老屋台区的变压器增容，为茶农脱贫致富提供电力保障。

易地扶贫搬迁

西藏自治区洛隆县阿托卡村易地扶贫搬迁安置区。

2019 年 4 月，国网湖北省电力有限公司长阳县供电公司员工在长阳土家族自治县为易地扶贫搬迁户新家架线供电，保障配套电网建设与小区工程建设同步完成。

2019 年 1 月，湖南省凤凰县禾库镇安置区搬迁户入住新房。

易地扶贫搬迁

甘肃省陇南市武都区坪垭藏族乡整乡易地扶贫搬迁安置新区。

山西省武乡县老凹村搬迁户岳晋廷抽中房号后，脸上洋溢着幸福的笑容。

2019 年 10 月，在广西壮族自治区上林县西燕镇扶贫搬迁安置点，学生乘坐校车回家。

文湘林 摄

黑龙江省望奎县贫困户在木耳种植基地务工。

广西壮族自治区柳州市以国家现代农业产业园建设和螺蛳粉特色小镇建设为契机，走出了一条“产业＋旅游＋就业”高度融合的扶贫之路，带动贫困户4350户脱贫。

王府刺绣是内蒙古自治区级非物质文化遗产，手工精致，色彩亮丽，颇具民族风情。科尔沁右翼中旗利用这一优势，培训妇女刺绣技艺，通过制作销售非遗手工艺制品助力脱贫。

产业扶贫

吉林省白城市依托户均可利用庭院面积400平方米的优势，大力发展庭院经济，打造品牌，形成支撑脱贫新产业。

河北省张家口市崇礼区抓住冬奥会机遇，大力发展冬季滑雪和夏季户外为主导的体育休闲产业。滑雪已成为崇礼的一张名片，也是崇礼就业扶贫的一项重要举措。

武殿森 摄

河南省开封市刘店乡万亩菊花扶贫基地。

扶贫车间

新疆维吾尔自治区和田县艾吉克村妇女在扶贫车间里工作。

云南省福贡县棒球加工扶贫车间。

江西省全南县工业园区的就业扶贫车间。

扶贫培训

2019 年 8 月，天津市农业科技专家赴甘肃省灵台县为创业致富带头人开展田间现场教学。

2019 年 6 月，河北省丰宁满族自治县的建档立卡贫困户参加第 3 期“非遗 + 扶贫”培训班。

湖南省湘西土家族苗族自治州打造“让妈妈回家”苗绣创业培训基地，通过培训苗绣绣娘帮助贫困妇女在家门口实现就业增收。

旅游扶贫

云南省维西傈僳族自治县同乐村古老的傈僳族村寨，通过发展旅游重焕新生。

安徽省六安市金安区注重旅游扶贫，打造九十里山水画廊，促进贫困群众增收。图为九十里山水画廊乡村旅游服务集聚区。

黑龙江省抚远市乌苏镇赫哲族村贫困户通过制作鱼皮工艺品，发展特色乡村旅游实现脱贫。

光伏扶贫

天津市为甘肃省张家川回族自治县闫家村安装太阳能光伏板，实现自发电，给村民带来实惠。

江西省抚州市东乡区依托光照资源丰富、荒山荒坡广阔和水库资源众多等优势，大力推进“渔光互补”“林光互补”等多种模式的光伏扶贫发电项目建设，做到“一地两用”，创造双份收益，助力脱贫攻坚。

何江华 摄

河南省滑县光伏农业扶贫综合体项目，是集高效农业种植、光伏发电、农产品深加工和休闲观光农业为一体的综合性园区。

教育扶贫

2019 年 9 月，在四川省美姑县民族中学新建的运动场上，彝族孩子们在专业足球教练的指导下进行足球训练。

2019 年 9 月，山西省五寨县第三中学的同学们动手调剂五味代茶饮。在健康讲座专家的指导下，同学们已经可以正确使用戥秤称量中药。

中国共产主义青年团中央委员会实施学业资助“10 万 ”项目，2019 年共筹资 4.34 亿元，资助 12.04 万名建档立卡贫困家庭学生完成学业。图为湖南省芷江侗族自治县的受助学生。

教育扶贫

吉林省梨树县大力开展教育扶贫攻坚行动，贫困村基本办学条件持续改善，家庭经济困难学生资助政策全面落实。

贵州省安顺市平坝区小学生在上海真爱梦想公益基金会设立的“梦想中心”阅读绘本。

中国证券监督管理委员会和国家广播电视总局播音主持实践锻炼基地联合推广“石榴籽计划”，在新疆维吾尔自治区麦盖提县开展试点，幼儿园教师用生动活泼的教学方式教孩子们学说普通话。

健康扶贫

河南省平舆县打造“互联网＋分级诊疗”平台，把医疗服务延伸到基层村卫生室，使贫困群众不出乡村就可享受县级医院的诊疗服务。该做法获得 2019 年全国脱贫攻坚奖组织创新奖。

内蒙古自治区人民医院阿尔山分院专家团健康扶贫大型义诊活动现场。

被中共中央宣传部评为全国“最美支边人”的“背篓医生”管延萍带领云南省贡山独龙族怒族自治县医护人员开展科研课题工作。

电商扶贫

中国联合网络通信集团有限公司在贵州省册亨县以“产业＋电商”新模式打通香蕉产业链。图为香蕉分拣大厅。

安徽省固镇县“农粮驿站”网销平台带动贫困户增收脱贫。

甘肃省临夏回族自治州大众创业万众创新电子商务培训现场。

消费扶贫

吉林省164名驻村第一书记携千款代言产品进驻第四届中国·吉林国际冰雪旅游产业博览会，设立专馆展示销售，4天实现销售额1000万元。

中国铁路西安局集团有限公司创新扶贫思路，对铁路职工通勤车进行增容改造，既解决了秦巴山区沿线贫困村民的出行问题，又开辟专门销售贫困村农副产品的“扶贫集市”，为村民拓宽了销售渠道。

中国华电集团有限公司开启消费扶贫“直通车”，组织员工志愿者全程参与新疆维吾尔自治区阿图什薄皮核桃“购选售运”环节，降低产品成本，带动300户建档立卡贫困户增收。

东西部扶贫协作

辽宁省大连市援建的贵州省六盘水市水城区合兴幼儿园，为合兴村易地扶贫搬迁安置点及周边农村的适龄幼儿解决了就近入学问题。

广东省中山市融资1亿元，在云南省永善县成立云南七彩食品有限公司，打造云南省首个混合所有制东西扶贫产业协作项目，辐射带动永善县、盐津县、大关县等贫困县内62个村级集体经济和专业合作社，就地就近就业500人，带动建档立卡贫困户12000户脱贫致富。

吉林省延边朝鲜族自治州与浙江省宁波市大力开展产业合作，引进产业合作项目60个，到位资金40.5亿元。图为其东西部扶贫协作最大的产业合作项目——延边国泰新能源汽车有限公司的车辆正在进行整车组装。

社会扶贫

中国延安干部学院援建的四川省越西县河西呷多新村易地扶贫搬迁安置点。

2019 年，中华全国工商业联合会捐赠 5600 万元，用于解决贵州省织金县“两不愁三保障”突出问题。图为织金县戛单村改建后的新房。

中国南方电网有限责任公司定点帮扶的广西壮族自治区东兰县，因有电力的坚强保障，乌鸡养殖成为其脱贫攻坚头号产业。全县贫困户通过发展养殖业脱贫致富。

马华斌 摄

社会扶贫

中国社会科学院联合中国农工民主党北京市东城区委组织首都医疗专家赴陕西省丹凤县开展义诊活动。

2019年，国家能源投资集团有限责任公司投入帮扶资金1000万元，建设内蒙古自治区宁城县全兴村扶贫产业园，新建温室暖棚29座及相关附属设施，带动贫困人口464人增收。

中国建筑集团有限公司建立“云筑扶贫商城”和“海惠优选”双电商平台，为甘肃省康乐县、卓尼县和康县的41家企业、80个合作社免费开设网店，上架商品405种。

社会扶贫

南光（集团）有限公司资助云南省禄劝彝族苗族自治县发明村新修的公路。

哈尔滨电气集团有限公司出资在云南省文山市茂克村旁建设的扶贫车间——服装加工厂。

中国航空工业集团有限公司派驻贵州省普定县水井村驻村第一书记入户走访，并辅导贫困学生学习。

社会扶贫

中国石油天然气集团有限公司在河南省台前县姜庄村援建乡村旅游扶贫示范项目，通过组建村民合作社、聘请专业公司运营、引入文创产业，推动项目可持续发展，实现精准脱贫与乡村振兴同步推进。

中国移动通信集团有限公司参与组织“推普脱贫攻坚”项目，向“三区三州”2.7万户贫困群众发放定制手机，帮助近20万少数民族贫困人口学习普通话。图为2019年在西藏自治区措勤县，藏族群众领取中国移动捐赠的自主品牌藏语手机。

中国普天信息产业集团有限公司联合青海省达日县开展针对建档立卡贫困人口的劳动技能培训。学员在接受酒店服务技能培训。

社会扶贫

中南大学为湖南省江华瑶族自治县举办第 4 期电商人才培训班。

中国铁道建筑集团有限公司创新帮扶模式，在河北省尚义县建立以家庭作坊式进行生产的“家庭微车间”。

2019 年 4 月，北京邮电大学“助顺邮我”科技扶贫团队成员向贵州省长顺县神泉谷景区司机培训其自主研发的“智慧神泉”旅游导览系统。系统投入运行两个月，累计接待游客 50 万人次。

国际交流与合作

2019 年 10 月 17 日，由中国国务院扶贫办、联合国驻华系统主办，中国国际扶贫中心、联合国开发计划署驻华代表处承办的 2019 减贫与发展高层论坛在北京召开。论坛的主题为“全球贫困治理：世界经验和中国实践”。

2019 年 6 月 26 日—28 日，第 13 届中国 - 东盟社会发展与减贫论坛在广西壮族自治区南宁市召开，由中国国务院扶贫办与广西壮族自治区人民政府联合主办，中国国际扶贫中心、广西壮族自治区扶贫办共同承办，东盟秘书处、亚洲开发银行、联合国开发计划署、中国国际经济技术交流中心等机构支持。此次论坛的主题是“面向联合国可持续发展目标的中国 - 东盟减贫合作”。

2019 年 11 月 27 日—29 日，2019 中非合作论坛——减贫与发展会议在乌干达首都坎帕拉举办。由中国国务院扶贫办，乌干达农业、牧业和渔业部联合主办，中国国际扶贫中心、联合国粮食及农业组织、国际农业发展基金、世界粮食计划署、联合国儿童基金会、中国互联网新闻中心等机构联合承办。论坛的主题为“加强中非减贫合作，助力非洲转型发展”。

国际交流与合作

2019 年 5 月 15 日，由联合国粮食及农业组织、国际农业发展基金、世界粮食计划署、中国国际扶贫中心和中国互联网新闻中心联合主办的全球减贫伙伴研讨会在意大利罗马举行。

东亚减贫示范合作技术援助项目是我国首个村级减贫技术援助项目。图为 2019 年 1 月，在中国援建的柬埔寨干丹省莫穆坎普区斯瓦安普村的农村经济发展中心内，中国专家对 40 位村民开展中餐技能培训。

2019 年 10 月，由中国商务部主办、中国国际扶贫中心承办的“2019 年可持续发展经济社会政策官员研修班”学员在福建省政和县茶叶晾晒车间考察。

目　录

2019年度中央领导同志重要指示

习近平2019年新年贺词(摘要)

这一年,脱贫攻坚传来很多好消息。全国又有125个贫困县通过验收脱贫,1000万农村贫困人口摆脱贫困。17种抗癌药降价并纳入医保目录,因病致贫问题正在进一步得到解决。我时常牵挂着奋战在脱贫一线的同志们,280多万驻村干部、第一书记,工作很投入、很给力,一定要保重身体。

我始终惦记着困难群众。在四川凉山三河村,我看望了彝族村民吉好也求、求列俄阿木两家人。在山东济南三涧溪村,我和赵顺利一家围坐在一起拉家常。在辽宁抚顺东华园社区,我到陈玉芳家里了解避险搬迁安置情况。在广东清远连樟村,我和贫困户陆奕和交谈脱贫之计。他们真诚朴实的面容至今浮现在我的脑海。信念之际,祝乡亲们的生活蒸蒸日上,越过越红火。

(资料来源:《人民日报》 2019年1月1日第1版)

习近平在人民日报社新媒体大厦考察时的讲话（摘要）

脱贫攻坚是一项历史性工程，是中国共产党对人民作出的庄严承诺。我们党最讲认真，言必行、行必果，说到做到。

他希望广大新闻工作者发扬优良作风，扑下身子、沉下心来，扎根基层，把基层特别是脱贫攻坚一线作为学习历练的平台和难得机会，增进见识、增进感情、增长才干，实实在在为当地百姓解决实际问题，为贫困乡村带来新变化。

（资料来源：《人民日报》 2019年1月26日第1版）

习近平参加甘肃代表团审议时的讲话（摘要）

现在距离2020年完成脱贫攻坚目标任务只有两年时间，正是最吃劲的时候，必须坚持不懈做好工作，不获全胜、决不收兵。要坚定信心不动摇。党的十八大以来，党中央从全面建成小康社会全局出发，把扶贫开发工作摆在治国理政的突出位置，全面打响脱贫攻坚战。党的十九大之后，党中央又把打好脱贫攻坚战作为全面建成小康社会的三大攻坚战之一。这些年来，脱贫攻坚力度之大、规模之广、影响之深前所未有，取得了决定性进展。取得这样的成绩实属不易，谱写了人类反贫困历史新篇章。今后两年脱贫攻坚任务仍然艰巨繁重，剩下的都是贫中之贫、困中之困，都是难啃的硬骨头。脱贫攻坚越到紧要关头，越要坚定必胜的信心，越要有一鼓作气的决心，尽锐出战、迎难而上，真抓实干、精准施策，确保脱贫攻坚任务如期完成。要咬定目标不放松。脱贫攻坚的标准，就是稳定实现贫困人口“两不愁三保障”，不愁吃不愁穿，义务教育、基本医疗、住房安全有保障。在脱贫标准上，既不能脱离实际、拔高标准、吊高胃口，也不能虚假脱贫、降低标准、影响成色。要把握脱贫攻坚正确方向，确保目标不变、靶心不散，聚力解决绝对贫困问题，加大对非贫困县、贫困村内贫困人口的支持，严格执行贫困县退出标准和程序，确保脱贫成果经得起历史检验。要整治问题不手软。脱贫攻坚工作中存在的形式主义、官僚主义现象，影响脱贫攻坚有效推进。对群众反映的“虚假式”脱贫、“算账式”脱贫、“指标式”脱贫、“游走式”脱贫等问题，要高度重视并坚决克服，提高脱贫质量，做到脱真贫、真脱贫。脱贫攻坚越到最后时刻越要响鼓重锤，决不能搞急功近利、虚假政绩的东西。要落实责任不松劲。脱贫攻坚是一场必须打赢打好的硬仗。各级党委和政府要坚决把责任扛在肩上，着力抓重点、补短板、强弱项。要强化领导体制和工作机制，坚持大扶贫格局，贯彻精准脱贫方略，加强扶贫同扶志扶智相结合，对返贫人口和新发生贫困人口要及时予以帮扶。贫困县摘帽后，也不能马上撤摊子、甩包袱、歇歇脚，要继续完成剩余贫困人口脱贫问题，做到摘帽不摘责任、摘帽不摘政策、摘帽不摘帮扶、摘帽不摘监管。要转变作风不懈怠。脱贫攻坚任务能否完成，关键在人，关键在干部队伍作风。要把全面从严治党要求贯穿脱贫攻坚全过程，强化作风建设，确保扶贫工作务实、脱贫过程扎实、脱贫结果真实。要及时纠正脱贫攻坚中反映的干部作风问题，深化扶贫领域腐败和作风问题专项治理，完善和落实抓党建促脱贫制度机制，加强贫困地区农村基层党组织建设，加强对一线扶贫干部关爱和保障。习近平最后要求大家以昂扬的斗志、饱满的热情、旺盛的干劲，为如期全面打赢脱贫攻坚战、如期全面建成小康社会作出新的更大贡献。

（资料来源：《人民日报》 2019年3月8日第1版）

习近平参加河南代表团审议时的讲话(摘要)

打赢脱贫攻坚战,是今明两年必须完成的硬任务。要再接再厉,咬定目标,精准施策,精准发力,按时按质完成脱贫攻坚任务。要把实施乡村振兴战略、做好“三农”工作放在经济社会发展全局中统筹谋划和推进。

(资料来源:《人民日报》 2019年3月9日第1版)

习近平参加福建代表团审议时的讲话(摘要)

要做好革命老区、中央苏区脱贫奔小康工作。今年是新中国成立70周年,要饮水思源,决不能忘了老区苏区人民。要梳理排查、抓紧工作,确保老区苏区在全面建成小康社会进程中一个都不掉队。要坚持精准扶贫、精准脱贫,找到问题根源,增强脱贫措施的实效性。各级领导干部要有不怕疲劳、连续作战的顽强作风,深入一线,深入群众,及时解决脱贫攻坚中的难点问题,确保各项目标任务如期完成。加快老区苏区发展,要有长远眼光,多做经济发展和生态保护相协调相促进的文章,打好污染防治攻坚战,突出打好蓝天、碧水、净土三大保卫战。要以党的政治建设为统领,全面落实新时代党的建设总要求,全面推进党的各方面建设,以坚强有力的党组织确保工作任务落实。

(资料来源:《人民日报》 2019年3月11日第1版)

习近平给云南省贡山独龙族怒族自治县独龙江乡群众的回信(节选)

你们好！你们乡党委来信说,去年独龙族实现了整族脱贫,乡亲们日子越过越好。得知这个消息,我很高兴,向你们表示衷心的祝贺！

让各族群众都过上好日子,是我一直以来的心愿,也是我们共同奋斗的目标。新中国成立后,独龙族告别了刀耕火种的原始生活。进入新时代,独龙族摆脱了长期存在的贫困状况。这生动说明,有党的坚强领导,有广大人民群众的团结奋斗,人民追求幸福生活的梦想一定能够实现。

脱贫只是第一步,更好的日子还在后头。希望乡亲们再接再厉、奋发图强,同心协力建设好家乡、守护好边疆,努力创造独龙族更加美好的明天！

(资料来源:《人民日报》 2019年4月12日第1版)

习近平在重庆考察时的讲话(摘要)

习近平强调,脱贫攻坚战进入决胜的关键阶段,各地区各部门务必高度重视,统一思想,抓好落实,一鼓作气,顽强作战,越战越勇,着力解决"两不愁三保障"突出问题,扎实做好今明两年脱贫攻坚工作,为如期全面打赢脱贫攻坚战、如期全面建成小康社会作出新的更大贡献。

中益乡地处大山深山之中,群众居住比较分散,孩子上学是个难题。习近平指出,"两不愁三保障",很重要的一条就是义务教育要有保障。再苦不能苦孩子,再穷不能穷教育。要保证贫困山区的孩子上学受教育,有一个幸福快乐的童年。

习近平对乡亲们说,脱贫攻坚是我心里最牵挂的一件大事。这次我专程来看望乡亲们,就是想实地了解"两不愁三保障"是不是真落地,还有哪些问题。小康不小康,关键看老乡,关键看脱贫攻坚工作做得怎么样。全面小康路上一个也不能少。发展才是社会主义,发展必须致力于共同富裕。国家越发展,越要把贫困群众基本生活保障好。各级党委和政府要把"两不愁三保障"各项措施落实到村、到户、到人。要加强乡村两级基层党组织建设,更好发挥在脱贫攻坚中的战斗堡垒作用,提高党在基层的治理能力和服务群众能力。党员干部要到脱贫攻坚的一线、到带领群众脱贫致富的火热实践中历练,经受考验,磨练党性,增进群众感情,增强做好工作的本领。习近平强调,幸福是奋斗出来的。党的政策对老百姓好,才是真正的好。党的各项惠民政策要落实好,乡亲们要一起奋斗,努力向前奔跑,争取早日脱贫致富奔小康。

习近平强调,到2020年稳定实现农村贫困人口不愁吃、不愁穿,义务教育、基本医疗、住房安全有保障,是贫困人口脱贫的基本要求和核心指标,直接关系攻坚战质量。总的看,"两不愁"基本解决了,"三保障"还存在不少薄弱环节。各地区各部门要高度重视,统一思想,抓好落实。要摸清底数,聚焦突出问题,明确时间表、路线图,加大工作力度,拿出过硬举措和办法,确保如期完成任务。

习近平强调,脱贫攻坚战进入决胜的关键阶段,务必一鼓作气、顽强作战,不获全胜决不收兵。各省区市党政主要负责同志要增强"四个意识"、坚定"四个自信"、做到"两个维护",强化政治责任,亲力亲为抓好脱贫攻坚。省级分管扶贫的负责同志要抓好工作落实。各行业部门要围绕脱贫攻坚目标任务,按照尽锐出战要求,切实履职尽责、合力攻坚,对责任不落实、政策不落实、工作不落实影响任务完成的要进行问责。党中央制定了支持深度贫困地区脱贫攻坚的实施意见,各方面都加大了力度,但不能放松。要逐一研究细化实化攻坚举措,攻城拔寨,确保完成脱贫任务。这次脱贫攻坚专项巡视和成效考核发现了不少突出问题和共性问题。各地区各部门要全面排查梳理,确保各类问题整改到位,为明年工作打下良好基础。

习近平指出,脱贫既要看数量,更要看质量。要严把贫困退出关,严格执行退出的标准和程序，确保脱真贫、真脱贫。要把防止返贫摆在重要位置，适时组织对脱贫人口开展“回头看”。要探索建立稳定脱贫长效机制，强化产业扶贫，组织消费扶贫，加大培训力度，促进转移就业，让贫困群众有稳定的工作岗位。要做好易地扶贫搬迁后续帮扶。要加强扶贫同扶志扶智相结合，让脱贫具有可持续的内生动力。

习近平强调，贫困县摘帽后，要继续完成剩余贫困人口脱贫任务，实现已脱贫人口的稳定脱贫。贫困县党政正职要保持稳定，做到摘帽不摘责任。脱贫攻坚主要政策要继续执行，做到摘帽不摘政策。扶贫工作队不能撤，做到摘帽不摘帮扶。要把防止返贫放在重要位置，做到摘帽不摘监管。要保持政策稳定性、连续性。

习近平指出，要把全面从严治党要求贯穿脱贫攻坚全过程，强化作风建设，完善和落实抓党建促脱贫的体制机制，发挥基层党组织带领群众脱贫致富的战斗堡垒作用，深化扶贫领域腐败和作风问题专项治理，把基层减负各项决策落到实处。对奋战在脱贫攻坚一线的同志要关心他们的生活、健康、安全，对牺牲干部的家属要及时给予抚恤、长期帮扶慰问。对在基层一线干出成绩、群众欢迎的干部，要注意培养使用。对那些畏苦畏难、敷衍了事、弄虚作假的扶贫干部，要加强教育管理，该撤换的要及时撤换，该问责的要坚决问责。

（资料来源：《人民日报》 2019年4月18日第1版）

习近平对黄文秀同志先进事迹作出的指示(摘要)

习近平强调,黄文秀同志研究生毕业后,放弃大城市的工作机会,毅然回到家乡,在脱贫攻坚第一线倾情投入、奉献自我,用美好青春诠释了共产党人的初心使命,谱写了新时代的青春之歌。广大党员干部和青年同志要以黄文秀同志为榜样,不忘初心、牢记使命,勇于担当、甘于奉献,在新时代的长征路上做出新的更大贡献。

(资料来源:《人民日报》 2019年7月2日第1版)

习近平在甘肃考察时的讲话(摘要)

习近平强调,要深化脱贫攻坚,坚持靶心不偏、焦点不散、标准不变,在普遍实现"两不愁"的基础上,重点攻克"三保障"方面的突出问题,把脱贫攻坚重心向深度贫困地区聚焦,以"两州一县"和18个省定深度贫困县为重点,逐村逐户、逐人逐项去解决问题,坚决攻克最后的贫困堡垒。

习近平指出,要聚焦补齐全面建成小康社会短板,推进供给侧结构性改革,加快构建覆盖城乡、功能完备、支撑有力的基础设施体系,加快改造传统产业,培育新兴产业,加大改革攻坚力度,加快构建开放新格局,积极发展高附加值特色农业,统筹旅游资源保护和开发,不断夯实高质量发展基础。

(资料来源:《人民日报》 2019年8月23日第1版)

习近平在第六个国家扶贫日到来之际作出的指示（摘要）

新中国成立70年来，中国共产党坚持全心全意为人民服务的根本宗旨，坚持以人民为中心的发展思想，带领全国各族人民持续向贫困宣战，取得了显著成就。党的十八大以来，党中央把脱贫攻坚摆到更加突出的位置，打响脱贫攻坚战，全党全国上下同心、顽强奋战，取得了重大进展。困扰中华民族几千年的绝对贫困问题即将历史性地得到解决，这将为全球减贫事业作出重大贡献。

当前，脱贫攻坚已到了决战决胜、全面收官的关键阶段。各地区各部门务必咬定目标、一鼓作气，坚决攻克深度贫困堡垒，着力补齐贫困人口义务教育、基本医疗、住房和饮水安全短板，确保农村贫困人口全部脱贫，同全国人民一道迈入小康社会。要采取有效措施，巩固拓展脱贫攻坚成果，确保高质量打赢脱贫攻坚战。

（资料来源：《人民日报》 2019年10月18日第1版）

李克强在内蒙古考察时的讲话(摘要)

土豆主粮化很有前途,要结合我国“镰刀弯”地区调减玉米面积,研究支持农民扩大品质好、有优势的土豆种植,发展成为大产业,助力脱贫攻坚。

(资料来源:《人民日报》 2019年2月3日第1版)

李克强对易地扶贫搬迁后续扶持工作的批示(摘要)

易地扶贫搬迁是精准扶贫工程的重要组成部分,是打赢脱贫攻坚战的关键举措。2016年以来,各地区各相关部门做了大量扎实有效的工作,顺利完成870万建档立卡贫困人口的搬迁建设任务,成绩来之不易。但后续任务仍然艰巨。要坚持以习近平新时代中国特色社会主义思想为指导,深入贯彻落实党中央、国务院决策部署,以深度贫困地区和特殊困难群体为重点,继续攻坚克难,保质保量推进完成"十三五"规划搬迁建设任务。认真总结各地经验,了解搬迁群众期盼,统筹脱贫攻坚各类资金资源,切实加大对已搬迁群众的后续扶持力度,全力推进产业培育、就业帮扶、社区融入等各项工作,大力提升搬迁群众的获得感和安全感,确保搬得出、稳得住、能脱贫,确保易地扶贫搬迁工程经得起历史和人民的检验,为全面建成小康社会打下坚实基础。

(资料来源:《人民日报》 2019年4月13日第2版)

李克强在第六个国家扶贫日到来之际作出的批示(摘要)

当前,脱贫攻坚已进入决胜关键阶段。各地区各部门要坚持以习近平新时代中国特色社会主义思想为指导,贯彻落实党中央、国务院决策部署,再接再厉,持续推进脱贫攻坚各项工作。要全面解决"两不愁三保障"突出问题,集中力量攻克深度贫困堡垒。强化产业扶贫和就业帮扶等措施,加强易地扶贫搬迁后续扶持,巩固脱贫成果防止返贫。持续扎实做好东西部扶贫协作、对口支援、定点扶贫等工作,继续动员全社会力量参与脱贫攻坚,各方面形成合力,确保完成今年再减少1000万以上贫困人口的任务,为明年打赢脱贫攻坚战、全面建成小康社会奠定坚实基础。

(资料来源:《人民日报》 2019年10月18日第1版)

汪洋在甘肃调研时的讲话(摘要)

要深入贯彻落实习近平总书记关于扶贫工作的重要论述,切实把习近平总书记新年贺词中对扶贫干部的亲切关怀和对脱贫工作的殷切期望转化为强大的工作动力,坚决攻克深度贫困的堡垒,确保如期打赢脱贫攻坚战。汪洋充分肯定临夏脱贫攻坚取得的显著成绩和贫困地区发生的巨大变化。

当前脱贫攻坚工作处在最要紧、最吃劲的时候,越接近成功越困难,越需要坚持。要始终保持滴水穿石的韧劲,发扬奋斗奉献的精神,聚精会神谋脱贫、锲而不舍打硬仗,坚定攻坚必胜的信心和决心。要把提高脱贫质量放在首位,鼓励各地在探索中积累产业扶贫的经验,提高脱贫成果的稳定性,减少和防止返贫。要聚焦现行标准,认真查找和优先解决在落实"两不愁、三保障"中存在的问题,防止随意扩大脱贫攻坚范围、拔高扶贫标准,影响脱贫质量。要严守忠诚老实的底线,坚决克服形式主义、官僚主义,不搞"花架子"和投机取巧,确保脱贫工作务实、脱贫过程扎实、脱贫结果真实,让脱贫成效真正获得群众认可、经得起检验。要切实加强对扶贫资金使用的监督管理,确保每一分钱都花在群众需要的地方。要用好中央脱贫攻坚专项巡视成果,以整改的实际行动促进脱贫工作质量提升。各级党委和政府要关心关爱基层扶贫干部,倾听他们的心声,帮助他们解决工作和生活上的实际困难,完善激励政策,让敢作为有担当的干部有干劲、有奔头。

(资料来源:《人民日报》 2019年1月15日第1版)

汪洋在新疆调研时的讲话(摘要)

新疆脱贫攻坚事关社会稳定和民族团结。要坚持目标标准,扎扎实实做好“两不愁、三保障”工作,确保脱贫质量。要持之以恒抓好产业扶贫和消费扶贫,着力促进林果业、旅游业、劳动密集型产业发展,带动更多贫困人口实现稳定脱贫。要坚持扶贫与扶志扶智相结合,激发贫困人口脱贫内生动力。

(资料来源:《人民日报》 2019年3月26日第3版)

汪洋在各民主党派中央脱贫攻坚民主监督工作座谈会上的讲话（摘要）

汪洋强调，开展脱贫攻坚民主监督，是中国共产党领导的多党合作制度优势的重要体现，是打好脱贫攻坚战的重要举措。要认真学习贯彻习近平总书记关于扶贫工作的重要论述和全国两会期间在甘肃代表团的重要讲话精神，进一步提高政治站位，把思想和行动统一到中共中央决策部署上来，扎实推动脱贫攻坚民主监督工作高质量高水平开展，为如期打赢脱贫攻坚战作出积极贡献。

他强调，当前脱贫攻坚进入冲刺期，越是时间紧、任务重，越需要加强民主监督。要明确监督重点，聚焦坚持目标标准、提高脱贫质量、增强脱贫实效开展监督，促进扶贫工作务实、脱贫过程扎实、脱贫结果真实。要在加强民主监督工作的同时加强思想政治引领，为打赢脱贫攻坚战最大限度凝聚人心、凝聚共识、凝聚智慧、凝聚力量。要把摆脱贫困过程真实记录下来，用具体生动的事实，讲好中国共产党为人民谋幸福的故事，讲好中国共产党领导的多党合作的故事。要改进工作作风，真正深入基层、深入一线，把情况摸清、把问题找准，力戒形式主义、官僚主义。

（资料来源:《人民日报》 2019年4月2日第1版）

汪洋在河南调研时的讲话(摘要)

兰考县是全国第一批脱贫摘帽的国家级贫困县。贫困县摘帽后,不能有松劲懈怠的思想,要继续完成剩余贫困人口脱贫任务,做到摘帽不摘责任、摘帽不摘政策、摘帽不摘帮扶。当前脱贫攻坚处于最吃劲的时候,要咬定目标不放松,落实责任不松劲,转变作风不懈怠,采取有针对性的措施,提高脱贫质量,巩固脱贫成果,防止出现大面积返贫,确保如期打赢脱贫攻坚战。

(资料来源:《人民日报》 2019年4月18日第3版)

汪洋在四川调研时的讲话（摘要）

开展脱贫攻坚是党的执政宗旨的重要体现，也是做好藏区民族宗教工作的有力举措。要着力提高脱贫质量，坚持扶贫与扶志扶智相结合，继续改善基础设施和公共服务，因地制宜培育特色产业。要聚焦“两不愁三保障”标准不动摇，紧盯短板弱项，集中精力攻克藏区绝对贫困堡垒，确保全面小康路上一个民族也不掉队。要巩固脱贫成果，坚持摘帽不摘政策、不摘帮扶、不摘监管，持续开展“回头看”、“回头帮”，减少返贫，为逐步致富和乡村振兴打牢基础、创造条件。

（资料来源：《人民日报》 2019 年 5 月 28 日第 1 版）

汪洋在山西调研时的讲话(摘要)

无论是实现脱贫和稳定脱贫成果,还是逐步致富,都要学习右玉精神,树立功成不必在我、久久为功的政绩观,一张蓝图绘到底,一任接着一任干。要把生态文明建设作为巩固脱贫成果的重要手段,因地制宜发展种植养殖业、林草业、林农产品加工业和旅游业等,拓宽产品营销渠道,夯实逐步致富的基础,促进脱贫攻坚与实施乡村振兴战略相互衔接。要创新生态扶贫机制,加大贫困地区生态保护与修复力度,吸纳贫困人口参与生态保护,实现生态改善和脱贫攻坚双赢。要以保障义务教育为核心,全面落实教育扶贫政策,确保贫困家庭适龄学生不因贫失学辍学,有效阻断贫困代际传递。

(资料来源:《人民日报》 2019年6月7日第1版)

汪洋在青海调研时的讲话（摘要）

藏区脱贫攻坚既是经济工作，也是政治工作。要着力解决“两不愁三保障”中的突出问题，巩固控辍保学成果，补齐饮水安全、住房安全、地方病防治等方面的短板，不拖后腿、不留死角。要发展壮大牦牛、青稞、高原旅游、民族手工艺品等特色产业、绿色产业，开展消费扶贫、打开市场空间，增强造血能力，提高脱贫稳定性。要坚持生态保护第一，处理好脱贫攻坚与生态保护的关系，牢牢把握生态安全这条红线，走经济与资源环境相协调的文明发展之路。要坚持扶贫与扶志扶智相结合，激发内生动力，推动移风易俗，营造勤劳致富、光荣脱贫氛围。

（资料来源：《人民日报》 2019年7月19日第1版）

汪洋在西藏调研时的讲话（摘要）

当前脱贫攻坚进入决战决胜关键阶段，最要紧的是防止工作松懈、防止思想滑坡。要贯彻落实党的治藏方略和党中央关于脱贫攻坚的决策部署，认真学习领会习近平总书记在解决“两不愁三保障”突出问题座谈会上的重要讲话精神，发扬连续作战、越战越勇的作风，统一思想认识，狠抓工作落实，确保高质量打赢脱贫攻坚战，确保西藏各族群众同全国人民一道实现全面小康。

脱贫既要看数量，更要看质量。检验脱贫质量的重要指标，就是看脱贫成果能不能巩固。要结合“不忘初心、牢记使命”主题教育，认真检视脱贫工作存在的问题，扎扎实实抓好整改落实，防止由于认识不到位、责任不落实造成脱贫质量不高、脱贫成果不巩固等问题。已经脱贫和即将脱贫的地方，要把主要精力放在巩固脱贫成果和防止返贫上，探索返贫监测预警机制，对贫困人口、脱贫人口、边缘人口等进行定期核查、动态管理，及时将返贫人口和新增贫困人口纳入帮扶。要注意做好易地扶贫搬迁后续工作，坚持易地搬迁与配套服务同步到位，不断提高保障贫困群众搬得出、稳得住、有就业、能致富的能力。要立足当前、着眼长远，培育发展青稞、牦牛、旅游、清洁能源、民族工艺品等特色优势产业，大力发展河谷经济，夯实群众稳定脱贫、逐步致富的根基。要切实贯彻绿水青山就是金山银山的理念，坚持生态惠民、生态利民、生态为民，守护好雪域高原的蓝天碧水和清洁空气，走经济与资源环境相协调的文明发展道路。

（资料来源:《人民日报》 2019年8月23日第2版）

汪洋会见全国脱贫攻坚奖获得者时的讲话(摘要)

汪洋强调,在以习近平同志为核心的党中央坚强领导下,全党全国各族人民顽强拼搏,我国脱贫攻坚取得决定性进展。现在打赢脱贫攻坚战时间紧迫、任务艰巨,要认真学习领会和贯彻落实习近平总书记对脱贫攻坚工作作出的重要指示,咬定目标、落实责任、毫不松劲,把新中国成立70周年庆祝活动激发的“四个自信”和爱国主义精神转化为脱贫工作的强大动力,努力攻克深度贫困堡垒,确保如期高质量打赢脱贫攻坚战。

(资料来源:《人民日报》 2019年10月18日第1版)

胡春华在国务院扶贫办调研时的讲话(摘要)

扶贫系统要深入学习贯彻习近平总书记在2019年新年贺词中对脱贫攻坚工作的重要指示精神,按照党中央、国务院决策部署,以高度的责任感和时不我待的紧迫感,狠抓责任落实和工作落实,咬定目标使劲干,确保如期完成脱贫攻坚目标任务。

打赢脱贫攻坚战是全面建成小康社会的底线任务,是“三农”工作的重中之重、急中之急,必须进一步强化抓落实、促攻坚的工作导向,扎实推进各项帮扶举措。要重点解决好“两不愁三保障”面临的突出问题,全面摸清底数,强化政策措施和责任落实,逐项对账销号。要集中力量推动深度贫困地区脱贫攻坚,加大扶贫政策和资源倾斜支持力度,坚决攻下坚中之坚。要加强现场督促指导,在脱贫攻坚一线及时发现和解决问题,加快推动工作落实。

国务院扶贫办是扶贫系统的排头兵,要在讲政治、抓落实、转作风上作表率,认真履职尽责,强化统筹协调,更好发挥枢纽作用。要加强自身建设,关心关爱扶贫干部,及时推动解决工作生活中的实际困难。要扎实有力做好第一季度工作,推动各地各部门切实打出“春季攻势”,为全年脱贫攻坚工作开好局。

(资料来源:《人民日报》 2019年1月3日第4版)

胡春华在四川出席“三区三州”脱贫攻坚座谈会时的讲话(摘要)

要深入贯彻习近平总书记关于扶贫工作的重要论述,落实中央经济工作会议和中央农村工作会议精神,按照“三区三州”脱贫攻坚实施方案,进一步加大攻坚力度,瞄准突出问题和重点任务精准发力,确保“三区三州”同全国一道全面建成小康社会。

“三区三州”在全国脱贫攻坚大局中有特殊重要地位,必须集中优势兵力攻坚。要着力解决“两不愁三保障”突出问题,完成好饮水安全、控辍保学、健康扶贫、住房安全等工作。要扎实推进易地扶贫搬迁建设,强化后续帮扶,做好搬迁人口社会融入,引导贫困群众逐步接受现代文明。产业扶贫要以市场需求为导向,因地制宜走特色优质高效发展路子,完善带贫机制。要管好用好扶贫资金,提高资金使用效益。要强化省级脱贫攻坚主体责任,加大行业部门支持保障力度,发挥好东西部扶贫协作和对口支援综合作用,激发贫困群众内生动力,齐心协力打赢“三区三州”脱贫攻坚战。

(资料来源:《人民日报》 2019年1月5日第4版)

胡春华在山西调研时的讲话(摘要)

要深入贯彻习近平总书记关于扶贫工作的重要论述,按照党中央、国务院决策部署,进一步增强责任感和紧迫感,切实拿出更多时间精力,采取超常规举措,集中力量解决好"两不愁三保障"面临的突出问题,确保按时保质完成脱贫攻坚目标任务。

实现"两不愁三保障",是打赢脱贫攻坚战的底线任务和标志性指标,要拿出决战决胜的精神状态,切实解决好"两不愁三保障"面临的突出问题。要全面摸清底数,优化政策举措,细化实施方案,逐项对账销号。中央有关部门要加强统筹调度,加大支持力度,组织实施好解决问题的专项行动。贫困地区要强化扶贫资金使用整合,因地制宜实施倾斜支持,在保证质量的前提下加快进度。要把解决"两不愁三保障"突出问题工作情况作为脱贫攻坚成效考核、督查巡查的重要内容,推动工作加快落实。

(资料来源:《人民日报》 2019年1月29日第2版)

胡春华在国务院扶贫开发领导小组全体会议上的讲话（摘要）

脱贫攻坚已经进入决战决胜、攻城拔寨的关键节点，要深入贯彻习近平总书记关于扶贫工作的重要论述，进一步统一思想、提高站位、强化政治担当，不折不扣抓好专项巡视发现问题整改，切实用好专项巡视成果，确保高质量完成脱贫攻坚任务。

专项巡视是对脱贫攻坚的警醒和触动，更是改进工作的重要契机，要扎实做好巡视整改工作，促进精准脱贫攻坚。要切实把脱贫攻坚作为当前最紧迫、最现实的重大政治任务，尽锐出战、真抓实干，推动各项政策举措有效落实。要压实整改责任，被巡视地方和单位一把手要亲自抓，认真制定整改方案和工作清单，逐项对账销号，绝不能走过场打折扣搞变通。要立足职能职责，以问题为导向，及时调整优化政策举措，重点解决好实现“两不愁三保障”面临的突出问题，加大深度贫困地区和特殊贫困群体脱贫攻坚力度。要用好巡视成果，举一反三，全面排查梳理，提高帮扶工作精准度和有效性，改进工作作风，推动脱贫攻坚提质增效。

（资料来源：《人民日报》 2019年2月2日第4版）

胡春华在广西出席深度贫困地区脱贫攻坚座谈会时的讲话（摘要）

深度贫困地区是决定脱贫攻坚进展和成效的关键区域，要深入贯彻习近平总书记关于扶贫工作的重要论述，落实中央经济工作会议和中央农村工作会议精神，以更有力的举措、更扎实的行动，全方位深入推进深度贫困地区脱贫攻坚，确保同全国一道全面建成小康社会。

必须瞄准深度贫困地区脱贫攻坚突出问题和重点任务精准施策、聚力攻坚。要下大力气解决“两不愁三保障”突出问题，完成好控辍保学、健康扶贫、危房改造和饮水安全等工作。要因地制宜发展特色优质高效产业，加快补齐基础设施和公共服务短板，统筹谋划好脱贫攻坚与乡村振兴衔接，促进贫困群众稳定脱贫和贫困地区持续发展。要抓好巡视发现问题整改，强化责任落实，加大支持保障力度，发挥好东西部扶贫协作和对口支援、中央单位定点扶贫作用，激发贫困群众内生动力，全面提高脱贫攻坚工作质量和成效。

（资料来源：《人民日报》 2019年2月14日第2版）

胡春华在江西调研时的讲话(摘要)

要深入贯彻习近平总书记关于扶贫工作的重要论述,落实党中央、国务院决策部署,强化责任落实,加大攻坚力度,集中力量加快解决“两不愁三保障”面临的突出问题,建立健全稳定脱贫的长效机制,确保高质量完成脱贫攻坚目标任务。

要切实用好中央脱贫攻坚专项巡视成果,不折不扣抓好问题整改,改进工作作风,推动各项政策举措有效落实。要全面排查梳理今后两年的工作任务,瞄准重点任务和突出问题精准施策,提高帮扶工作成效。要强化产业、就业等帮扶措施,紧扣市场需求培育壮大贫困地区乡村特色优势产业,加强产品开发和产销对接,促进贫困群众稳定脱贫。要统筹谋划脱贫攻坚与乡村振兴战略衔接,加快改善贫困地区生产生活条件,增强贫困群众内生动力和自我发展能力。

(资料来源:《人民日报》 2019年3月1日第3版)

胡春华在全国东西部扶贫协作和中央单位定点扶贫工作推进会上的讲话(摘要)

要深入学习贯彻习近平总书记关于扶贫工作的重要论述,切实提高思想认识,强化责任落实,推动扶贫协作和定点扶贫工作再上新台阶。

2018年首次签订东西部扶贫协作协议书和中央单位定点扶贫责任书,把党中央、国务院的部署要求变为可量化可考核的刚性任务;首次组织实施东西部扶贫协作和中央单位定点扶贫考核,进一步压实了帮扶责任,工作质量和成效显著提升,超额完成协议书和责任书计划任务,成绩值得充分肯定。

2019年是全面建成小康社会的关键之年,也是决战决胜脱贫攻坚的关键之年,要继续深入推进东西部扶贫协作和中央单位定点扶贫,结合中央脱贫攻坚专项巡视和考核发现问题抓好整改,不折不扣完成协议书和责任书任务,提高帮扶工作的针对性、实效性和可持续性,为打赢精准脱贫攻坚战、全面建成小康社会作出更大贡献。

(资料来源:《人民日报》 2019年3月30日第4版)

胡春华在全国易地扶贫搬迁后续扶持工作现场会上的讲话(摘要)

要按照中央经济工作会议和政府工作报告部署要求,全面完成易地扶贫搬迁建设任务,扎实做好搬迁群众后续扶持工作,为如期打赢脱贫攻坚战提供有力支撑。

他指出,易地扶贫搬迁已进入到以做好后续扶持为主的阶段,任务更加艰巨。要针对不同安置方式和安置地区类型面临的不同问题,因地制宜加大后续扶持力度。要立足安置区资源禀赋大力发展现代特色高效农业、农产品加工流通业和乡村旅游等产业,带动搬迁群众脱贫致富。要培育壮大县域经济,鼓励吸引各类企业到安置区投资兴业,积极承接和引进劳动密集型产业,加强外出务工培训组织,加快解决搬迁群众就业问题。要着力推进安置区与城镇一体化建设发展,补齐基础设施和公共服务短板,加强和完善社会治理,促进搬迁群众融入城镇社会。要确保各项扶持政策有效接续,切实保障搬迁群众合理权益。

(资料来源:《人民日报》 2019年4月13日第2版)

胡春华在国务院扶贫开发领导小组解决“两不愁三保障”突出问题和考核整改工作电视电话会议上的讲话（摘要）

要深入学习贯彻习近平总书记重要讲话精神，强化政治责任和政治担当，尽锐出战、真抓实干，坚决如期全面打赢脱贫攻坚战。

习近平总书记在解决“两不愁三保障”突出问题座谈会和中央政治局会议审议脱贫攻坚成效考核情况时的重要讲话，是做好今明两年脱贫攻坚工作的根本遵循和行动指南。要以实际行动向习近平总书记看齐，切实解决好存在的问题，一鼓作气完成脱贫攻坚任务。要认真抓好突出问题整改，坚持目标标准不动摇，加快建立健全稳定脱贫长效机制，抓住领导机关特别是领导干部这个关键少数持续改进作风，保持脱贫攻坚干部队伍稳定。要围绕解决“两不愁三保障”面临的突出问题，加强部门统筹，明确工作标准和支持政策，充分发挥地方主体作用，统筹调度资金资源，配齐配强工作力量，逐项逐户对账销号。要集中力量攻克深度贫困堡垒，抓紧组织开展脱贫“回头看”，稳定政策和工作体系，强化易地扶贫搬迁后续帮扶。要扎实开展东西部扶贫协作和定点扶贫，关心关爱扶贫一线干部。

（资料来源：《人民日报》 2019年4月25日第4版）

胡春华在湖南调研时的讲话（摘要）

要深入贯彻习近平总书记关于扶贫工作的重要论述，不忘初心、牢记使命，拿出一鼓作气的决心，迎难而上、决战决胜，确保如期全面完成脱贫攻坚任务。

脱贫攻坚战进入攻城拔寨的关键阶段，要切实保持良好的精神状态，尽锐出战、顽强作战，毫不放松地抓好各项帮扶举措落实。要下大力气解决“两不愁三保障”面临的突出问题，完成好控辍保学、健康扶贫、危房改造和饮水安全工作，扎实推进易地扶贫搬迁后续帮扶。要强化产业扶贫，依托贫困地区农业农村资源大力发展乡村二三产业，紧扣市场需求培育壮大特色优势产业，促进贫困群众稳定脱贫。要着力提高脱贫质量和成效，切实保持政策和工作体系稳定，认真抓好问题整改，持续转变工作作风，加强对扶贫一线干部的关心关爱。

（资料来源：《人民日报》 2019年6月29日第4版）

胡春华赴国务院扶贫办开展“不忘初心、牢记使命”主题教育调研指导时的讲话(摘要)

要以习近平新时代中国特色社会主义思想为指导,深入学习贯彻习近平总书记关于扶贫工作的重要论述,把主题教育成效转化为脱贫攻坚的具体行动,确保如期全面完成攻坚任务。

打赢脱贫攻坚战是践行党的初心和使命的生动体现,习近平总书记亲自挂帅出征、驰而不息抓脱贫,为全党作出了表率。国务院扶贫办必须高标准高质量深入开展主题教育,增强“四个意识”、坚定“四个自信”、做到“两个维护”,加强理论武装,深入调查研究,全面检视问题,狠抓督促落实,以实际行动践行初心使命。

当前脱贫攻坚处于决战决胜的关键阶段,要咬定总攻目标,落细攻击点位,坚定不移抓落实。要把西部贫困地区特别是“三区三州”等深度贫困地区作为攻坚重点区域,把“三保障”和饮水安全作为攻坚重点问题,把巩固脱贫成果摆在更加突出位置,做好易地扶贫搬迁后续扶持,培育壮大扶贫产业,推动贫困县县域经济发展。

(资料来源:《人民日报》 2019年7月26日第4版)

胡春华在宁夏调研时的讲话(摘要)

要深入学习贯彻习近平总书记关于扶贫工作的重要论述,按照党中央、国务院决策部署,针对“三保障”和饮水安全存在的薄弱环节,进一步强化责任担当,落实攻坚举措,加快补齐短板,确保如期打赢脱贫攻坚战。

补齐农村贫困人口义务教育、基本医疗、住房安全“三保障”和饮水安全存在的短板是当前脱贫攻坚的重点工作。要对标对表习近平总书记重要指示要求,全面明确责任、查找差距、整改不足,扎实推进各项政策举措落实落地。中央有关部门要加快落实实施方案,靠前督促指导,及时发现和解决问题,逐项对账销号。贫困地区要加强资金整合,统筹做好项目和人员调配,严格执行保障标准,加快把各项措施落实到村、到户、到人,促进贫困群众稳定脱贫。

(资料来源:《人民日报》 2019年7月28日第4版)

胡春华在青海调研时的讲话（摘要）

要深入学习贯彻习近平总书记关于扶贫工作的重要论述，按照党中央、国务院决策部署，全力以赴加快攻克深度贫困堡垒，确保深度贫困地区同全国一道全面建成小康社会。

深度贫困地区是脱贫攻坚的坚中之坚，是决定脱贫攻坚战能否打赢的关键。要坚决落实“三区三州”脱贫攻坚实施方案，坚持现有目标标准不动摇，大力推动资源要素向深度贫困地区聚焦。要瞄准“三保障”和饮水安全存在的突出问题，加大政策和资金支持力度，扎实推进各项举措落地。要抓紧做好易地扶贫搬迁建设和后续扶持工作，多途径促进搬迁群众就业增收。要着力巩固拓展脱贫攻坚成果，加快发展壮大贫困地区特色产业和县域经济。要强化省级主体责任，发挥好东西部扶贫协作和对口支援作用，激发贫困群众内生动力。

（资料来源：《人民日报》 2019年8月21日第4版）

胡春华在四川出席全国产业扶贫工作推进会时的讲话（摘要）

要深入贯彻习近平总书记关于扶贫工作的重要论述，按照党中央、国务院决策部署，大力促进贫困地区扶贫产业发展壮大，为贫困群众稳定脱贫和逐步致富提供坚实支撑。

产业扶贫是稳定脱贫的根本之策。贫困地区扶贫产业发展取得积极进展，但总体上还处在探索起步阶段，必须采取更加有力的推进措施。要大力培育特色优质高效乡村产业，因地制宜发展现代种养业，围绕最终消费需求发展农产品加工流通业，依托乡村资源发展新产业。要加快发展壮大县域经济，大力发展劳动密集型产业，加大招商引资力度，以县城和中心镇为主要节点统筹优化产业布局，健全流通体系。

要加大对贫困地区发展扶贫产业的帮扶力度，把产业帮扶作为东西部扶贫协作和对口支援的实施重点，强化省域内产业协作和对口帮扶，按照市场规律构建企业长期参与机制。要完善支持政策，优化贫困地区营商环境，改善产业发展基础设施条件，加强贫困县劳动力培训。要着力提升产业扶贫带贫效果，充分调动贫困户加入产业扶贫项目，完善企业和贫困户之间的利益联结机制。

（资料来源：《人民日报》 2019年9月2日第2版）

胡春华在四川出席深度贫困地区脱贫攻坚督导推进会时的讲话(摘要)

要深入学习贯彻习近平总书记关于扶贫工作的重要论述,落实党中央、国务院决策部署,进一步聚焦深度贫困地区脱贫攻坚存在的困难和问题,不获全胜、决不收兵,确保如期完成脱贫攻坚任务。

深度贫困地区攻坚任务依然艰巨,是决定脱贫攻坚战能否打赢的关键,必须进一步增强责任感紧迫感,瞄准重点地区和薄弱环节狠抓工作落实。要集中力量解决"三保障"和饮水安全突出问题,巩固控辍保学成果,防止因病致贫返贫,保质保量推进危房改造,加大饮水工程建设力度,确保逐村逐户逐项对账销号。要确保完成易地扶贫搬迁剩余建设任务,针对不同安置类型和安置规模,做好后续扶持。

要把提高脱贫质量、巩固脱贫成果、防止返贫摆在更加突出位置,保持工作力度不减,组织开展脱贫"回头看",健全稳定脱贫的长效机制。要进一步提高东西部扶贫协作和对口支援实效,推进中央单位定点扶贫,加大省域内对口协作力度,强化社会帮扶,统筹各方面资源要素和帮扶力量,不断加快深度贫困地区脱贫步伐。

(资料来源:《人民日报》 2019年9月4日第4版)

胡春华在陕西调研时的讲话（摘要）

要深入学习贯彻习近平总书记关于扶贫工作的重要论述，按照党中央、国务院决策部署，坚持目标不变、靶心不散，集中力量扎实推进问题整改，切实提高帮扶质量和实效，确保脱贫攻坚任务全面完成。

要坚持以中央脱贫攻坚专项巡视和脱贫攻坚成效考核发现的突出问题为导向，全力以赴抓好问题整改落实，全面推进脱贫攻坚工作提质增效。要坚持目标标准不动摇，严禁擅自调整标准或盲目扩大范围。要加快建立健全稳定脱贫的长效机制，加大产业扶贫、就业扶贫、教育扶贫、健康扶贫等的支持力度，切实防止短期行为。要认真组织开展脱贫“回头看”，着力解决“三保障”和饮水安全突出问题，扎实做好易地扶贫搬迁后续扶持。要强化扶贫领域作风建设，力戒形式主义、官僚主义，改进考核监督，减轻基层负担。

（资料来源：《人民日报》 2019年9月12日第4版）

胡春华在国务院扶贫开发领导小组全体会议上的讲话（摘要）

要深入贯彻习近平总书记关于扶贫工作的重要论述，按照党中央、国务院决策部署，坚持目标标准，聚焦短板弱项，不折不扣抓好扶贫各项政策举措和工作落实，确保高质量打赢脱贫攻坚战。

脱贫攻坚进入决胜的关键阶段，必须着力巩固拓展脱贫成果，牢牢把握工作主动权。要严把贫困退出关，用好贫困县退出抽查结果，推动各地进一步严格执行贫困退出标准和程序，改进和完善省级贫困退出评估工作，确保脱真贫、真脱贫。要及时对脱贫攻坚工作进行全面系统排查梳理，结合中央脱贫攻坚专项巡视、督查巡查、考核评估等各个渠道发现的问题，及早发现问题、及早整改到位，明年春节前要完成排查工作，春节过后要立即进行整改，为脱贫攻坚全面收官打下坚实基础。

要切实保持攻坚劲头和工作力度，决不能松懈滑坡。要坚决落实"摘帽不摘责任、摘帽不摘政策、摘帽不摘帮扶、摘帽不摘监管"的要求，确保摘帽县频道不换、靶心不散、力度不减。要继续完成好剩余贫困人口的脱贫任务，加强对脱贫户的后续扶持，持续增强贫困地区和贫困群众脱贫致富的内生动力。

（资料来源：《人民日报》 2019年10月10日第2版）

胡春华在西藏调研时的讲话(摘要)

要深入贯彻习近平总书记关于扶贫工作的重要论述,按照党中央、国务院决策部署,咬定目标、一鼓作气,以“三区三州”为重点加快攻克深度贫困堡垒,确保不漏一村、不落一人,坚决如期全面打赢脱贫攻坚战。

脱贫攻坚进入决战决胜、全面收官的关键阶段,必须坚持不懈完成好深度贫困地区剩余贫困人口的脱贫任务,确保农村贫困人口全部脱贫。要着力补齐贫困人口“三保障”和饮水安全短板,逐项对账销号。要及时回头对脱贫攻坚工作进行系统排查梳理,举一反三地扎实抓好问题整改,为如期全面收官打下坚实基础。要着力巩固拓展脱贫成果,促进贫困地区扶贫产业和县域经济发展壮大,扎实做好易地扶贫搬迁后续扶持工作,持续增强贫困地区和贫困群众脱贫致富内生动力,切实有效防止返贫。

(资料来源:《人民日报》 2019年10月14日第4版)

胡春华在2019减贫与发展高层论坛开幕式上的致辞(摘要)

习近平主席在2015减贫与发展高层论坛上倡议,各国要携起手来,为共建一个没有贫困、共同发展的人类命运共同体而不懈奋斗,给全球减贫与发展事业注入了强劲动力。中国将继续同国际社会一道,深化全球减贫与发展合作伙伴关系,积极参与全球减贫治理,加强经验交流共享,共同推进国际减贫合作。

新中国成立70年来,中国共产党始终不忘初心、牢记使命,团结带领全国人民持续向贫困宣战,取得了显著成就。党的十八大以来,以习近平同志为核心的党中央举全党全社会之力推进脱贫攻坚,创造了中国减贫史上最好成绩。在脱贫攻坚进入到决战决胜、全面收官的关键阶段,中国政府将坚持充分发挥中国共产党领导和中国特色社会主义的制度优势,聚力攻坚深度贫困地区、特殊贫困群体以及“三保障”和饮水安全短板等突出问题,巩固拓展脱贫攻坚成果,确保如期历史性地解决困扰中华民族几千年的绝对贫困问题,为全球减贫事业作出更大贡献。

(资料来源:《人民日报》 2019年10月18日第2版)

胡春华在全国脱贫攻坚奖表彰大会暨先进事迹报告会上的讲话(摘要)

要大力弘扬脱贫攻坚精神,充分发挥先进模范和典型代表的示范导向作用,坚决攻克脱贫攻坚最后堡垒,毫不松懈落实各项帮扶举措,着力巩固拓展脱贫攻坚成果,广泛凝聚脱贫攻坚力量,关心爱护基层扶贫干部。希望获奖者珍惜荣誉、当好表率、再立新功。

(资料来源:《人民日报》 2019年10月18日第1版)

胡春华在甘肃调研时的讲话(摘要)

要认真学习贯彻党的十九届四中全会精神,深入贯彻习近平总书记关于扶贫工作的重要论述,保持攻坚劲头和工作力度,集中力量加快攻克深度贫困堡垒,为如期打赢脱贫攻坚战奠定坚实基础。

“三区三州”等深度贫困地区是决定脱贫攻坚战能否打赢的关键,必须瞄准突出问题和薄弱环节,狠抓帮扶工作落实。要聚焦剩余贫困人口,加快实施精准帮扶政策,确保如期脱贫。要尽早对脱贫攻坚工作进行全面检查,排查梳理存在的问题和疏漏并及时整改,加快补齐“三保障”和饮水安全短板,逐村逐户对账销号。要加强返贫监测预警,及时将因病、因灾等返贫人口纳入帮扶。要健全稳定脱贫和逐步致富的长效机制,支持贫困地区发展特色优势产业和县域经济,加快改善基础设施和基本公共服务,激发贫困群众内生动力。

(资料来源:《人民日报》 2019年11月16日第4版)

胡春华在国务院扶贫开发领导小组全体会议上的讲话(摘要)

要深入贯彻习近平总书记关于扶贫工作的重要论述,全面贯彻落实中央经济工作会议精神,按照党中央、国务院决策部署,坚持不懈抓好责任和工作落实,一鼓作气、乘势而上,以过硬举措确保脱贫攻坚圆满收官。

2020年是全面建成小康社会和打赢脱贫攻坚战的收官之年,是在我国扶贫史上具有重要里程碑意义的关键一年。要不折不扣完成剩余脱贫任务,集中力量打好深度贫困歼灭战,落实特殊贫困人口兜底保障政策,全面排查整改影响脱贫的突出问题。要高质量完成脱贫任务,坚持脱贫标准,做好易地扶贫搬迁后续扶持,着力巩固产业和就业扶贫成果。要加强考核验收督查,严把贫困退出关,加强常态化督导,认真开展脱贫攻坚普查,坚决杜绝数字脱贫、虚假脱贫,确保脱贫成果经得起检验。要加强脱贫攻坚工作总结,做好宣传引导。

要抓紧研究接续推进减贫工作,建立健全返贫监测预警和动态帮扶机制,将返贫和新发生贫困人口及时纳入帮扶。要加强政策支持力度,狠抓责任落实,稳定现有帮扶政策,防止松懈、防止滑坡,确保脱贫攻坚任务如期全面完成。

(资料来源:《人民日报》 2019年12月18日第2版)

胡春华在全国扶贫开发工作会议上的讲话(摘要)

要深入贯彻习近平总书记关于扶贫工作的重要论述,贯彻落实中央经济工作会议精神,按照党中央、国务院决策部署,切实把打赢脱贫攻坚战作为全面建成小康社会的重中之重和必须完成的硬任务,以更加有力的举措、更加扎实的工作,确保如期全面收官。

要深刻认识做好明年脱贫攻坚工作的极端重要性,以强烈的政治责任感和历史使命感,确保这个标志性工程如期全面完成。要不折不扣完成剩余脱贫任务,全面排查整改影响脱贫的突出问题,对工作难度大的县和村挂牌督战,对特殊贫困人口落实兜底保障。要围绕高质量完成脱贫任务,坚持目标标准,强化产业和就业扶贫,加强易地扶贫搬迁后续扶持,建立返贫监测预警和动态帮扶机制。要围绕确保脱贫成果经得起检验,严把贫困退出关,做好考核督查,扎实开展普查,加强总结宣传。要围绕接续推进减贫工作,研究建立解决农村相对贫困的长效机制,开展工作衔接试点。

要狠抓脱贫攻坚责任落实,保持攻坚力度和政策举措稳定,关心爱护基层扶贫干部,广泛动员各方面力量积极参与,凝聚全面收官的强大合力。

(资料来源:《人民日报》 2019年12月21日第4版)

2019 年扶贫大事记

2019年扶贫大事记

1月2日，胡春华到国务院扶贫开发领导小组办公室（以下简称“国务院扶贫办”）调研工作，强调聚力精准施策，决战决胜脱贫攻坚。

1月3日，中共中央、国务院印发《关于坚持农业农村优先发展做好“三农”工作的若干意见》，要求不折不扣完成脱贫攻坚任务、主攻深度贫困地区、着力解决突出问题、巩固和扩大脱贫攻坚成果。

1月4日，胡春华在四川省凉山彝族自治州召开“三区三州”脱贫攻坚座谈会，强调瞄准突出问题和重点任务精准发力，确保“三区三州”同全国一道全面建成小康社会。

1月13日—14日，汪洋在甘肃省考察调研，强调坚决攻克深度贫困的堡垒，确保如期打赢脱贫攻坚战。

1月19日，中央第十三巡视组向国务院扶贫办党组反馈脱贫攻坚专项巡视情况。

1月25日，习近平主持中共中央政治局第十二次集体学习。习近平同正在河北省承德市滦平县平坊满族乡于营村采访的记者和扶贫驻村第一书记连线交流，了解该村脱贫攻坚工作进展情况。

1月27日—28日，胡春华在山西省考察调研，强调集中力量解决好“两不愁三保障”面临的突出问题。

2月1日—2日，李克强在内蒙古自治区考察调研，强调深化改革开放，推动经济社会发展，不断破解民生难题。

2月1日，胡春华主持召开国务院扶贫开发领导小组第六次会议，传达学习习近平总书记关于中央脱贫攻坚专项巡视工作的重要讲话精神，部署落实整改工作，研究解决“两不愁三保障”突出问题。

2月11日，李克强主持召开国务院常务会议，听取脱贫攻坚进展汇报，要求狠抓2019年脱贫攻坚任务落实，为打赢脱贫攻坚战奠定坚实基础。

2月11日，国务院扶贫开发领导小组《关于印发2019年脱贫计划的通知》发布。

2月11日—13日，胡春华在广西壮族自治区考察调研，并召开深度贫困地区脱贫攻坚座谈会，强调全方位深入推进深度贫困地区脱贫攻坚。

2月15日，国家统计局公布全国农村贫困监测调查情况，按现行国家农村贫困标准测算，2018年年末，全国农村贫困人口1660万人，比上年年末减少1386万人，贫困发生率1.7%，比上年下降1.4个百分点。

2月21日，国务院扶贫开发领导小组召开脱贫攻坚专项巡视整改工作电视电话会议，深入学习贯彻习近平总书记关于脱贫攻坚专项巡视的重要讲话精神，通报专项巡视发现的突出问题和共性问题，指导地方和部门做好巡视整改有关工作。汪洋出席会议并讲话，胡春华主持会议并通报情况。

同日，国务院扶贫开发领导小组印发《关于扎实做好中央脱贫攻坚专项巡视整改工作的通知》，要求各地区各部门加强组织领导，压实整改责任，以巡视整改为契机，全面落实打赢脱贫攻坚战三年行动指导意见。文件明确脱贫攻坚成效考核和督查巡查将把巡视整改情况作为重要内容。

2月22日，习近平主持召开中共中央政治局会议，审议《关于中央脱贫攻坚专项巡视情况的综合报告》。强调要用好专项巡视成果，强化整改落实，促进精准脱贫攻坚。结合巡视发现的问题，深入开展扶贫领域腐败和作风问题专项治理，加强贫困地区基层党建和干部队伍建设，优化脱贫攻坚政策，完善工作机制，确保如期完成脱贫攻坚任务。

2月27日—28日，胡春华在江西省考察调研，强调集中力量加快解决"两不愁三保障"面临的突出问题，建立健全稳定脱贫的长效机制，确保高质量完成脱贫攻坚目标任务。

3月2日，全国扶贫办主任座谈会召开。

3月7日，习近平参加甘肃代表团审议，指出脱贫攻坚越到紧要关头，越要坚定必胜的信心，越要有一鼓作气的决心，尽锐出战、迎难而上，真抓实干、精准施策，确保脱贫攻坚任务如期完成。各级党委和政府要坚决把责任扛在肩上，着力抓重点、补短板、强弱项。强调贫困县摘帽后，要继续完成剩余贫困人口脱贫问题，做到摘帽不摘责任、摘帽不摘政策、摘帽不摘帮扶、摘帽不摘监管。

3月8日，习近平参加河南代表团审议，指出要再接再厉，咬定目标，精准施策，精准发力，按时按质完成脱贫攻坚任务。要把实施乡村振兴战略、做好"三农"工作放在经济社会发展全局中统筹谋划和推进。

3月9日，赵乐际参加贵州代表团审议，指出纪检监察机关要督促落实脱贫攻坚政治责任和重大政策，深化扶贫领域腐败和作风问题专项治理，为打赢脱贫攻坚战提供坚强保证。

3月10日，习近平参加福建代表团审议，指出要坚持精准扶贫、精准脱贫，找到问题根源，增强脱贫措施的实效性。

3月20日，李克强主持召开国务院常务会议，为支持改善民生和打好三大攻坚战，会议决定，延续2018年到期的对公共租赁住房、农村饮水安全工程建设运营、国产抗艾滋病病毒药品等的税收优惠政策。从2019年1月1日至2022年年底，对企业用于国家扶贫开发重点县等扶贫捐赠支出，在计算应纳税所得额时据实扣除；对符合条件的扶贫货物捐赠免征增值税。

3月20日—25日，汪洋在新疆维吾尔自治区考察调研，强调坚持目标标准，扎扎实实做好"两不愁三保障"工作，确保脱贫质量。

3月21日—22日，孙春兰在四川省调研贫困地区教育、医疗工作。

3月29日，全国东西部扶贫协作和中央单位定点扶贫工作推进会召开，胡春华出席会议并讲话。会议通报2018年东西部扶贫协作和中央单位定点扶贫工作，签署2019年东西部扶贫协作协议书和中央单位定点扶贫责任书，进一步推进2019年工作。

4月1日，各民主党派中央脱贫攻坚民主监督工作座谈会在北京召开，强调当前脱贫攻坚进入冲刺期，越是时间紧、任务重，越需要加强民主监督。要明确监督重点，加强思想政治引领，真实记录摆脱贫困过程，切实改进工作作风。汪洋出席会议并讲话，胡春华出席会议。

4月10日，习近平给云南省贡山独龙族怒族自治县独龙江乡群众回信，祝贺独龙族实现整族脱贫，强调脱贫只是第一步，更好的日子还在后头。希望乡亲们再接再厉、奋发图强，同心协力建设好家乡、守护好边疆，努力创造独龙族更加美好的明天。

4月12日，李克强对全国易地扶贫搬迁后续扶持工作作出重要批示，强调要坚持以习近平新时代中国特色社会主义思想为指导，深入贯彻落实党中央、国务院决策部署，以深度贫困地区和特殊困难群体为重点，继续攻坚克难，保质保量推进完成"十三五"规划搬迁建设任务。

4月11日—12日，国家发展改革委、国务院扶贫办在贵州省黔东南州召开全国易地扶贫搬迁后续扶持工作现场会，胡春华出席会议并讲话。

4月15日—16日，习近平在重庆市考察调研，并主持召开解决"两不愁三保障"突出问题座谈会，强调脱贫攻坚战进入决胜的关键阶段，各地区各部门务必高度重视，统一思想，抓好落实，一鼓作气，顽强作战，越战越勇，着力解决"两不愁三保障"突出问题，扎实做好2019年和2020年脱贫攻坚工作，为如期全面打赢脱贫攻坚战、如期全面建成小康社会作出新的更大贡献。

4月15日—17日，汪洋在河南省考察调研，强调贫困县摘帽后，不能有松劲懈怠的思想，要采取有针对性的措施，提高脱贫质量，巩固脱贫成果，防止出现大面积返贫，确保如期打赢脱贫攻坚战。

4月19日，习近平主持召开中共中央政治局会议，听取2018年脱贫攻坚成效考核等情况汇报，对打好脱贫攻坚战提出要求。会议指出，要继续实行最严格的考核评估，用好考核结果。会议强调，脱贫攻坚期内已脱贫的贫困县、贫困村、贫困户，相关政策要保持一段时间，做到摘帽不摘责任、摘帽不摘政策、摘帽不摘帮扶、摘帽不摘监管。贫困县脱贫摘帽后，要一手抓剩余贫困人口的减贫，一手抓已脱贫人口的巩固提升，有效防止返贫和产生新的贫困人口。

4月22日，习近平主持召开中央财经委员会第四次会议，研究全面建成小康社会补短板问题和中央经济工作会议精神落实情况。会议强调，现在距全面建成小康社会收官还有不到两年时间，要集中优势兵力打歼灭战。要全面完成脱贫攻坚任务，把扶贫工作重心向深度贫困地区聚焦，在普遍实现"两不愁"的基础上，重点攻克"三保障"面临的最后堡垒。

4月23日上午，胡春华主持召开会议，集中约谈2018年脱贫攻坚成效考核发现形式主义、官僚主义等问题较多省份的省级党政分管负责同志。下午，汪洋主持召开会议，约谈2018年脱贫攻坚成效考核综合评价发现问题较多省份的省级党委和政府主要负责同志，胡春华出席会议。

4月24日，解决"两不愁三保障"突出问题和考核整改工作电视电话会议召开，胡春华出席会议并讲话。会议强调要深入学习贯彻习近平总书记近期关于脱贫攻坚重要讲话精神，安排部署解决"两不愁三保障"突出问题和脱贫攻坚成效考核发现问题整改等工作。

4月25日，全国扶贫办主任座谈会召开。

4月29日，2019年全国扶贫宣传工作会议召开。

5月24日，国务院扶贫办、中国银保监会在湖南省宜章县召开全国扶贫小额信贷工作现场会。

5月25日—27日，汪洋在四川省考察调研，强调要聚焦"两不愁三保障"标准不动摇，紧盯短板弱项，集中精力攻克藏区绝对贫困堡垒，确保全面小康路上一个民族也不掉队。

6月3日，国务院扶贫办召开全国光伏扶贫信息监测试点工作会议。

6月4日，国务院扶贫办在四川省凉山彝族自治州雷波县召开“学前学会普通话”行动试点现场推进会。

6月5日，胡春华主持召开国务院扶贫开发领导小组第七次会议，贯彻落实习近平总书记重要指示精神，审议《关于解决“两不愁三保障”突出问题的指导意见》和《2019年脱贫攻坚督查巡查方案》《2018年贫困县退出抽查工作方案》，听取开展国家脱贫攻坚普查有关情况汇报，研究部署相关工作。

6月3日—5日，汪洋在山西省考察调研，强调大力弘扬右玉精神，把迎难而上、艰苦奋斗写在山川大地，把久久为功、利在长远印在群众心底，确保脱贫成果经得起历史和实践检验。

6月19日，李克强主持召开国务院常务会议，确定提前完成农村电网改造升级任务的措施，助力乡村振兴；要求巩固提高农村饮水安全水平，支持脱贫攻坚，保障基本民生。

6月23日，国务院扶贫开发领导小组印发《关于解决“两不愁三保障”突出问题的指导意见》，明确“三保障”和饮水安全的基本标准，各地各有关部门责任分工。

6月26日，国务院新闻办公室举行新闻发布会，国务院扶贫办围绕“聚焦深度　攻坚克难”介绍有关情况，并答记者问。

6月26日—28日，国务院扶贫办、广西壮族自治区在广西南宁市联合主办第13届“中国—东盟社会发展与减贫论坛”，主题为“面向联合国可持续发展目标的中国—东盟减贫合作”。

6月28日，胡春华在湖南省考察调研，强调迎难而上、决战决胜，确保如期全面完成脱贫攻坚任务。

6月29日、7月7日、7月9日，国务院扶贫办、中共中央组织部分别在湖北宜昌、辽宁沈阳、云南昆明召开中部、东部、西部省份2019年脱贫攻坚干部教育培训工作推进会。

7月初，习近平对黄文秀同志先进事迹作出重要指示，强调广大党员干部和青年同志要以黄文秀同志为榜样，不忘初心、牢记使命，勇于担当、甘于奉献，在新时代的长征路上作出新的更大贡献。

7月11日，全国扶贫办主任座谈会召开。

7月15日，国务院扶贫办在河北省石家庄市召开“雨露计划”贫困家庭毕业生就业帮扶推进会。

7月14日—16日，汪洋在新疆维吾尔自治区考察调研脱贫攻坚等工作，并召开第七次全国对口支援新疆工作会议。

7月16日—17日，汪洋在青海省考察调研，强调高质量打赢脱贫攻坚战，确保雪域高原安定祥和、各族人民幸福安康。

7月16日—23日，国务院扶贫开发领导小组巡查组对陕西省脱贫攻坚工作进行巡查。

7月25日，胡春华赴国务院扶贫办开展“不忘初心、牢记使命”主题教育调研指导，强调要把主题教育成效转化为脱贫攻坚的具体行动，确保如期全面完成攻坚任务。

7月26日—27日，胡春华在宁夏回族自治区考察调研，强调针对“三保障”和饮水安全存在的薄弱环节，进一步强化责任担当，落实攻坚举措，加快补齐短板，确保如期打赢脱贫攻坚战。

8月16日—17日，胡春华在青海省考察调研，强调要全力以赴加快攻克深度贫困堡垒，确保深度贫困地区同全国一道全面建成小康社会。

8月19日—21日，汪洋在西藏自治区考察调研，并主持召开脱贫攻坚巩固提升座谈会。强调当前脱贫攻坚进入决战决胜关键阶段，最要紧的是防止工作松懈、防止思想滑坡。

8月21日，习近平在甘肃省考察调研，强调党的一切工作都是为老百姓利益着想，让老百姓幸福就是党的事业，贫困乡亲脱贫是第一步，接下来要确保乡亲们稳定脱贫，扶贫政策和扶贫队伍要保留一段时间，从发展产业、壮大集体经济等方面想办法、找出路，让易地搬迁的群众留得住、能就业、有收入，日子越过越好。

9月上旬，国务院扶贫开发领导小组对中西部22个省区市脱贫攻坚成效考核等发现问题整改工作开展督查巡查，对2018年退出贫困县进行抽查。

9月1日，农业农村部、国务院扶贫办在四川省广元市召开全国产业扶贫工作推进会，胡春华出席会议并讲话。

9月2日，胡春华在四川省广元市召开深度贫困地区脱贫攻坚督导推进会，深入贯彻落实习近平总书记关于扶贫工作的重要论述和深度贫困地区脱贫攻坚的重要指示精神，研究进一步推进深度贫困地区脱贫攻坚工作。

9月9日—10日，胡春华在陕西省考察调研，强调集中力量扎实推进问题整改，切实提高帮扶质量和实效，确保脱贫攻坚任务全面完成。

9月19日，国务院扶贫开发领导小组印发《关于表彰2019年全国脱贫攻坚奖的决定》。王贞六等25人获得“2019年全国脱贫攻坚奖奋进奖”荣誉称号，王宏等26人获得“2019年全国脱贫攻坚奖贡献奖”荣誉称号，王召明等25人获得“2019年全国脱贫攻坚奖奉献奖”荣誉称号，王正等25人获得“2019年全国脱贫攻坚奖创新奖”荣誉称号，北京新发地市场等39个单位获得“2019年全国脱贫攻坚奖组织创新奖”荣誉称号。

10月9日，胡春华主持召开国务院扶贫开发领导小组第八次会议，听取2018年贫困县退出抽查和2019年脱贫攻坚督查巡查情况、解决“两不愁三保障”突出问题和易地扶贫搬迁工作情况汇报，安排部署下一步重点工作。

10月11日—13日，胡春华在西藏自治区考察调研，强调以“三区三州”为重点加快攻克深度贫困堡垒，确保不漏一村、不落一人。

10月14日，中共中央宣传部、国务院扶贫办召开习近平总书记关于扶贫工作的重要论述理论研讨会。

10月14日，国务院扶贫办举办“攻坚克难——坚决打赢脱贫攻坚战”2019扶贫日系列论坛。

10月16日，习近平在第六个国家扶贫日到来之际对脱贫攻坚工作作出重要指示，强调脱贫攻坚已到了决战决胜、全面收官的关键阶段。各地区各部门务必咬定目标、一鼓作气，坚决攻克深度贫困堡垒，着力补齐贫困人口义务教育、基本医疗、住房和饮水安全短板，确保农村贫困人口全部脱贫，同全国人民一道迈入小康社会。要采取有效措施，巩固拓展脱贫攻坚成果，确保高质量打赢脱贫攻坚战。

10月16日，李克强在第六个国家扶贫日到来之际对脱贫攻坚工作作出重要指示，强调要全面解决“两不愁三保障”突出问题，集中力量攻克深度贫困堡垒。强化产业扶贫和就业帮扶等措施，加强易地扶贫搬迁后续扶持，巩固脱贫成果防止返贫。持续扎实做好东西部扶贫协作、对口支援、定点扶贫等工作，继续动员全社会力量参与脱贫攻坚，各方面形成合力，确保完成2019年再减少1000万以上贫困人口的任务，为2020年打赢脱贫攻坚战、全面建成小康社会奠定坚实基础。

10月17日，汪洋会见全国脱贫攻坚奖获得者，胡春华参加会见。

10月17日，国务院扶贫开发领导小组在北京召开全国脱贫攻坚奖表彰大会，传达学习习近平重要指示和李克强批示，对全国脱贫攻坚奖获奖者进行了表彰，获奖代表作先进事迹报告。胡春华出席会议并讲话。

10月17日，国务院扶贫办召开2019减贫与发展高层论坛，论坛以“全球贫困治理：世界经验和中国实践”为主题，胡春华出席论坛开幕式并致辞。

10月23日—24日，全国扶贫办主任座谈会召开。

10月27日，国务院扶贫办、农业农村部、财政部、科学技术部、国家林业和草原局印发《关于加强产业扶贫带贫减贫机制建设的通知》，构建“带得稳”“带得准”的产业扶贫带贫减贫新机制，全面提高产业扶贫质量。

11月7日，国务院扶贫办、人力资源和社会保障部印发《关于加强贫困村创业致富带头人培训工作的通知》，明确到2020年年底，完成每个贫困村培训3名以上致富带头人的目标，培养一批具备创业带贫意识和能力的致富带头人。

11月8日，国务院扶贫办、自然资源部、农业农村部印发《关于构树扶贫试点工作指导意见的补充通知》，明确严格规范种植品种和范围，加强技术研发，做好跟踪监管。

11月14日—15日，胡春华在甘肃省考察调研，强调保持攻坚劲头和工作力度，集中力量加快攻克深度贫困堡垒。

11月28日—29日，第十届中非合作论坛——减贫与发展会议在乌干达首都坎帕拉市举行，主题为“加强中非减贫合作，助力非洲转型”。乌干达总统穆塞韦尼、联合国副秘书长、联合国秘书长非洲事务特别顾问参加会议。

12月10日—12日，中央经济工作会议在北京召开。会议强调，要确保脱贫攻坚任务如期全面完成，集中兵力打好深度贫困歼灭战，政策、资金重点向“三区三州”等深度贫困地区倾斜，落实产业扶贫、易地扶贫搬迁等措施，严把贫困人口退出关，巩固脱贫成果。要建立机制，及时做好返贫人口和新发生贫困人口的监测和帮扶。习近平、李克强、栗战书、汪洋、王沪宁、赵乐际、韩正出席会议。

12月11日，国务院扶贫办、国家能源局在北京召开全国光伏扶贫工作视频会。

12月12日—14日，汪洋在四川省考察调研，强调对重点地区突出问题挂牌督战，集中兵力打好深度贫困歼灭战。

12月17日，胡春华主持召开国务院扶贫开发领导小组第九次会议，传达中央经济工作会议精神，审议国务院扶贫开发领导小组2019年工作总结和2020年工作要点，研究部署下一阶段重点工作。

12月19日—21日，全国扶贫开发工作会议在北京召开。会议高举习近平新时代中国特色社会主义思想伟大旗帜，深入贯彻党的十九大精神，全面落实党中央、国务院关于脱贫攻坚的决策部署，总结2019年扶贫开发工作，分析脱贫攻坚形势，安排部署2020年工作。胡春华出席会议并讲话。

12月20日—21日，中央农村工作会议召开。会议强调，打赢脱贫攻坚战是全面建成小康社会的重中之重，要一鼓作气、乘势而上，集中力量全面完成剩余脱贫任务。要巩固脱贫攻坚成果防止返贫，及时做好返贫人口和新发生贫困人口帮扶。要坚持现行脱贫标准，确保稳定实现"两不愁三保障"。要保持脱贫攻坚政策总体稳定，抓紧研究持续推进减贫工作。胡春华出席会议并讲话。

12月24日—25日，胡春华在湖北省考察调研，强调以更加扎实有力的工作举措，高质量完成各项任务，确保脱贫攻坚如期圆满收官。

12月下旬，15个中央巡视组开始对中央脱贫攻坚专项巡视的13个中西部省区市和13个中央单位全部开展"回头看"。

12月31日，习近平发表2020年新年贺词。习近平指出，2020年是脱贫攻坚决战决胜之年。冲锋号已经吹响。我们要万众一心加油干，越是艰险越向前，把短板补得再扎实一些，把基础打得再牢靠一些，坚决打赢脱贫攻坚战，如期实现现行标准下农村贫困人口全部脱贫、贫困县全部摘帽。

（国务院扶贫办综合司　吴增益　崔诗晴）

2019 年重要会议

2019年重要会议

编者按:本部分重要会议内容全部摘选自新华社、《人民日报》、中国政府网报道文章。

【“三区三州”脱贫攻坚座谈会】 2019年1月4日,国务院副总理胡春华在四川省凉山彝族自治州出席“三区三州”脱贫攻坚座谈会并讲话。他强调,要深入贯彻习近平总书记关于扶贫工作的重要论述,落实中央经济工作会议和中央农村工作会议精神,按照“三区三州”脱贫攻坚实施方案,进一步加大攻坚力度,瞄准突出问题和重点任务精准发力,确保“三区三州”同全国一道全面建成小康社会。

【国务院扶贫开发领导小组全体会议】 2019年2月1日,中共中央政治局委员、国务院扶贫开发领导小组组长胡春华在北京主持召开国务院扶贫开发领导小组全体会议,传达学习习近平总书记关于强化巡视整改的重要指示精神,部署开展中央脱贫攻坚专项巡视发现问题整改工作。

【国务院常务会议】 2019年2月11日,国务院总理李克强主持召开国务院常务会议。会议指出,2018年各地区、各部门按照党中央、国务院部署,扎实推进脱贫攻坚,1386万人实现脱贫。2019年要加大力度推进深度贫困地区攻坚,新增中央财政扶贫资金主要用于这些地区,支持贫困地区补短板项目,提高扶贫质量,解决贫困人口“两不愁三保障”存在的问题。攻坚期内摘帽县和脱贫人口继续享受扶贫政策,对返贫和新出现贫困人口及时帮扶,确保2019年再减贫1000万人以上。

【深度贫困地区脱贫攻坚座谈会】 2019年2月13日,国务院副总理胡春华在广西壮族自治区河池市出席深度贫困地区脱贫攻坚座谈会并讲话。他强调,深度贫困地区是决定脱贫攻坚进展和成效的关键区域,要深入贯彻习近平总书记关于扶贫工作的重要论述,落实中央经济工作会议和中央农村工作会议精神,以更有力的举措、更扎实的行动,全方位深入推进深度贫困地区脱贫攻坚,确保同全国一道全面建成小康社会。

【中共中央政治局会议】 2019年2月22日,中共中央政治局召开会议,审议了《关于中央脱贫攻坚专项巡视情况的综合报告》等内容。会议强调,开展脱贫攻坚专项巡视非常必要。脱贫攻坚成效显著,但也存在一些共性问题,要用好专项巡视成果,强化整改落实,促进精准脱贫攻坚。各级党组织要强化责任担当,聚焦深度贫困地区脱贫攻坚,坚持目标标准不动摇,贯彻精准方略不懈怠,切实抓好2019年和2020年脱贫攻坚工作。要结合巡视发现的问题,深入开展扶贫领域腐败和作风问题专项治理,加强贫困地区基层党建和干部队伍建设,优化脱贫攻坚政策,完善工作机制,确保如期完成脱贫攻坚任务。

【全国扶贫办主任座谈会】 2019年3月2日,全国扶贫办主任座谈会在北京召开,国务院扶贫办党组书记、主任刘永富主持会议并讲话。会议认真学习贯彻习近平总书记关于脱贫攻坚专项巡视的重要讲话精神,贯彻落实中央脱贫攻坚专项巡视整改电视电话会议和国务院扶贫开发领导小组第六次会议精神,通报国务院扶贫办巡视整改工作进展情况,交流各地做法和经验,推动扶贫系统落实巡视整改工作,促进脱贫攻坚提质增效。

【全国东西部扶贫协作和中央单位定点扶贫工作推进会】 2019年3月29日,全国东西部扶贫协作和中央单位定点扶贫工作推进会在北京召开。国务院副总理胡春华出席会议并讲话。他强调,要深入学习贯彻习近平总书记关于扶贫工作的重要论述,切实提高思想认识,强化责任落实,推动扶贫协作和定点扶贫工作再上新台阶。

【各民主党派中央脱贫攻坚民主监督工作座谈会】 2019年4月1日,各民主党派中央脱贫攻坚民主监督工作座谈会在北京召开。中共中央政治局常委、全国政协主席汪洋出席会议并讲话。他强调,开展脱贫攻坚民主监督,是中国共产党领导的多党合作制度优势的重要体现,是打好脱贫攻坚战的重要举措。要认真学习贯彻习近平总书记关于扶贫工作的重要论述和全国"两会"期间在甘肃代表团的重要讲话精神,进一步提高政治站位,把思想和行动统一到中共中央决策部署上来,扎实推动脱贫攻坚民主监督工作高质量高水平开展,为如期打赢脱贫攻坚战作出积极贡献。

【全国易地扶贫搬迁后续扶持工作现场会】 2019年4月11日—12日,全国易地扶贫搬迁后续扶持工作现场会在贵州省黔东南苗族侗族自治州召开,会议深入学习贯彻习近平总书记关于扶贫工作的重要论述,认真落实李克强总理重要批示要求,总结分析易地扶贫搬迁特别是后续扶持工作进展情况,交流经验做法,安排部署下一阶段重点工作。中共中央政治局常委、国务院总理李克强作出重要批示,中共中央政治局委员、国务院扶贫开发领导小组组长胡春华出席会议并讲话。

【解决"两不愁三保障"突出问题座谈会】 2019年4月16日,习近平总书记主持召开解决"两不愁三保障"突出问题座谈会并发表重要讲话。有关省区市党委书记、重庆县乡村干部代表和中央有关部门主要负责同志汇报了有关情况。

【中共中央政治局会议】 2019年4月19日,中共中央政治局召开会议,分析研究当前经济形势,部署当前经济工作;听取2018年脱贫攻坚成效考核等情况汇报,中共中央总书记习近平主持会议。会议强调,脱贫攻坚期内已脱贫的贫困县、贫困村、贫困户,相关政策要保持一段时间,做到摘帽不摘责任、摘帽不摘政策、摘帽不摘帮扶、摘帽不摘监管。贫困县脱贫摘帽后,要一手抓剩余贫困人口的减贫,一手抓已脱贫人口的巩固提升,有效防止返贫和产生新的贫困人口。

【中央财经委员会第四次会议】 2019年4月22日,中共中央总书记、国家主席、中央军委主席、中央财经委员会主任习近平主持召开中央财经委员会第四次会议,研究全面建成小康社会补短板问题和中央经济工作会议精神落实情况。习近平在会上发表重要讲话强调,全面建成小康社会取得决定性进展,要正确认识面临的短板问题,聚焦短板弱项,实施精准攻坚。要勇于破题、善于解题,抓好中央经济工作会议精神的贯彻落实。

【解决"两不愁三保障"突出问题和考核整改工作电视电话会议】 2019年4月24日,国务院扶贫开发领导小组在北京召开解决"两不愁三保障"突出问题和考核整改工作电视电话会议。胡春华副总理出席会议并讲话。他强调,要深入学习贯彻习近平总书记重要讲话精神,强化政治责任和政治担当,尽锐出战、真抓实干,坚决如期全面打赢脱贫攻坚战。

【国务院常务会议】 2019年6月19日,国务院总理李克强主持召开国务院常务会议,部署推进城镇老旧小区改造,顺应群众期盼改善居住条件;确定提前完成农村电网改造升级任务的措施,助力乡村振兴;要求巩固提高农村饮水安全水平,支持脱贫攻坚、保障基本民生。

【全国扶贫办主任座谈会】 2019年7月11日，全国扶贫办主任座谈会在北京召开。会议深入学习贯彻习近平总书记关于扶贫工作重要论述，认真落实习近平总书记在解决“两不愁三保障”突出问题座谈会上的重要讲话精神，结合“不忘初心、牢记使命”主题教育，总结2019年上半年脱贫攻坚工作，分析形势，检视问题，研究部署下半年工作，交流各地做法和经验，促进高质量打赢脱贫攻坚战。

【全国产业扶贫工作推进会】 2019年9月1日，全国产业扶贫工作推进会在四川省广元市召开。中共中央政治局委员、国务院扶贫开发领导小组组长胡春华出席会议并讲话。

【深度贫困地区脱贫攻坚督导推进会】 2019年9月2日，深度贫困地区脱贫攻坚督导推进会在四川省广元市召开。中共中央政治局委员、国务院扶贫开发领导小组组长胡春华出席会议并讲话。

【国务院扶贫开发领导小组全体会议】 2019年10月9日，中共中央政治局委员、国务院扶贫开发领导小组组长胡春华在北京主持召开国务院扶贫开发领导小组全体会议。他强调，要深入贯彻习近平总书记关于扶贫工作的重要论述，按照党中央、国务院决策部署，坚持目标标准，聚焦短板弱项，不折不扣抓好扶贫各项政策举措和工作落实，确保高质量打赢脱贫攻坚战。

【全国扶贫日系列论坛】 2019年10月17日是全国第6个“扶贫日”，也是第27个国际消除贫困日。10月14日，各有关部门在北京会议中心举办以“攻坚克难——坚决打赢脱贫攻坚战”为主题的扶贫日系列论坛。

【减贫与发展高层论坛】 2019年10月17日，2019减贫与发展高层论坛在北京召开。国务院副总理、国务院扶贫开发领导小组组长胡春华出席论坛开幕式并致辞。胡春华指出，习近平主席在2015减贫与发展高层论坛上倡议，各国要携起手来，为共建一个没有贫困、共同发展的人类命运共同体而不懈奋斗，给全球减贫与发展事业注入了强劲动力。

【全国脱贫攻坚奖表彰大会暨先进事迹报告会】 2019年10月17日，全国脱贫攻坚奖表彰大会暨先进事迹报告会在北京举行。会议传达学习了习近平重要指示和李克强批示。中共中央政治局委员、国务院扶贫开发领导小组组长胡春华出席会议并讲话。

【全国扶贫办主任座谈会】 2019年10月23日—24日，国务院扶贫办党组书记、主任刘永富主持召开全国扶贫办主任座谈会，学习贯彻习近平总书记等中央领导同志扶贫日期间关于脱贫攻坚的重要指示批示，落实国务院扶贫开发领导小组第八次会议精神，研究2019年脱贫攻坚总结和2020年工作谋划。

【国务院扶贫开发领导小组全体会议】 2019年12月17日，中共中央政治局委员、国务院扶贫开发领导小组组长胡春华在北京主持召开国务院扶贫开发领导小组全体会议。他强调，要深入贯彻习近平总书记关于扶贫工作的重要论述，全面贯彻落实中央经济工作会议精神，按照党中央、国务院决策部署，坚持不懈抓好责任和工作落实，一鼓作气、乘势而上，以过硬举措确保脱贫攻坚圆满收官。

【全国扶贫开发工作会议】 2019年12月20日，全国扶贫开发工作会议在北京召开。中共中央政治局委员、国务院扶贫开发领导小组组长胡春华出席会议并讲话。他强调，要深入贯彻习近平总书记关于扶贫工作的重要论述，贯彻落实中央经济工作会议精神，按照党中央、国务院决策部署，切实把打赢脱贫攻坚战作为全面建成小康社会的重中之重和必须完成的硬任务，以更加有力的举措、更加扎实的工作确保如期全面收官。

（国务院扶贫办综合司　吴增益　任学波）

第一篇

年度综述篇

2019年脱贫攻坚年度综述

2019年是中华人民共和国成立70周年，是打赢脱贫攻坚战的攻坚克难之年，也是基层减负年。以习近平同志为核心的中共中央高度重视脱贫攻坚，持续高位推进、响鼓重锤。习近平多次到地方考察扶贫，主持党中央政治局常务委员会会议和中共中央政治局会议，听取脱贫攻坚专项巡视和成效考核等情况汇报，主持召开解决“两不愁三保障”突出问题座谈会，在中央经济工作会议、中央财经委员会会议、十三届全国人大二次会议甘肃代表团审议等重要会议上反复强调脱贫攻坚，作出重要部署。国务院总理李克强在政府工作报告中明确年度减贫任务，召开国务院常务会议研究脱贫攻坚有关工作，提出明确要求。全国政协主席汪洋深入贫困地区调研，专题听取脱贫攻坚工作汇报，指导推进工作。国务院副总理胡春华主持召开国务院扶贫开发领导小组(以下简称“扶贫领导小组”)4次全体会议、2次电视电话会议、5次现场督导推进会和多次专题会议，安排部署脱贫攻坚工作，紧锣密鼓抓落实。中共中央其他领导同志都对脱贫攻坚非常关心，给予有力指导。

在以习近平同志为核心的党中央坚强领导下，扶贫领导小组加强统筹协调、督促推进，各地区各部门坚持以习近平新时代中国特色社会主义思想为指导，认真贯彻落实党中央、国务院决策部署，扎实推进精准扶贫精准脱贫各项工作，脱贫攻坚继续保持正确方向和良好态势。经过各方面的共同努力，2019年减少贫困人口1109万人、贫困县摘帽344个，“十三五”易地扶贫搬迁规划建设任务基本完成。一是深度贫困地区脱贫攻坚取得重大进展。“三区三州”(三区是指西藏自治区和青海、四川、甘肃、云南四省藏区及南疆的和田地区、阿克苏地区、喀什地区、克孜勒苏柯尔克孜自治州四地区，三州是指四川省凉山彝族自治州、云南省怒江傈僳族自治州、甘肃省临夏回族自治州)脱贫攻坚实施方案(2018—2020年)资金到位率超过95%，项目完工率超过85%，贫困发生率下降到2%，贫困发生率下降幅度比西部地区平均水平高出3.6个百分点。二是“两不愁三保障”(即稳定实现农村贫困人口不愁吃、不愁穿，保障其义务教育、基本医疗和住房安全)突出问题基本解决。全国排查出523.2万人未解决“三保障”和饮水安全问题，已基本解决。贫困家庭学生辍学人数减少到1400多人，贫困地区累计有10.8万所义务教育薄弱学校的办学条件得到改善。贫困人口基本医保参保率达到99.9%以上，乡村两级医疗机构和人员“空白点”基本消除，累计救治1600多万大病和慢性病贫困患者。新改造64.2万贫困户危房，累计733万户。新解决101.7万贫困人口的饮水安全问题，累计1707万人。三是精准帮扶举措持续落地见效。贫困地区特色种养业、民族手工业等产业扶贫持续发展，72.3%脱贫户得到产业扶贫支持。易地扶贫搬迁入住率96.7%。新增选聘50万贫困人口担任生态护林员，累计选聘近100万名。贫困地区具备条件的乡镇和建制村全部通硬化路，新一轮农网改造升级基本完成，深度贫困地区贫困村通宽带比例超过98%。四是社会各方力量合力攻坚。东西部扶贫协作协议和中央单位定点扶贫责任书全部超额完成，军队帮扶的4100个贫困村累计有4005个脱贫出列，民营企业帮扶5.5万个贫困村，全国4.1万个社会组织实施6.2万个扶贫项目。五是扶贫资金投入监管力度持续加大。中央财政安排专项扶贫资金1261亿元，地方各级各部门加大扶贫投入，金融、土地扶贫力度继续增强。全面加强扶贫资金项目监管，违纪违规问题明显减少。六是作风能力建设持续推进。扶贫领域腐败和作风问题专项治理深入开展，层层检查评估、频繁填表报数明显减少，基层干部负担进一步减轻。2019年培训各级扶贫干部907万人次，其中基层扶贫干部占97%。抓党建促脱贫攻坚大力推进。

脱贫攻坚取得决定性成就，但全面胜利还面临一些困难和挑战。一是剩余脱贫攻坚任务艰巨。全国还有52个贫困县未摘帽、2707个贫困村未退出、551万贫困人口未脱贫，主要集中在西部深度贫困地区，都是最难啃的“硬骨头”。二是巩固脱贫成果任务很重。全国已脱贫人口中有近200万人存在返贫风险，边缘人口中有近300万人存在致贫风险。易地扶贫搬迁近1000万贫困人口，稳得住、能致富任务艰巨。稳定住、巩固好“三保障”成果任务不轻。三是工作中仍然存在一些突出问题。松劲懈怠、麻痹大意、盲目乐观、数字脱贫和形式主义官僚主义等问题仍然存在，部分贫困群众发展的内生动力不足。

（国务院扶贫办综合司　林江平）

第二篇

基础工作篇

【建档立卡】 2019年7月3日，国务院扶贫办印发《国务院扶贫办关于组织开展脱贫人口"回头看"工作的通知》，要求各地对脱贫人口开展"回头看"，主要包括三项工作内容：一是排查脱贫户"两不愁三保障"存在问题，确保脱贫结果真实；二是摸清脱贫户后续发展需求，制定并实施巩固脱贫的有效措施，提高脱贫质量，防止返贫；三是采集核实贫困人口脱贫措施。

9月20日，国务院扶贫办印发《国务院扶贫办关于做好2019年度扶贫对象动态管理工作的通知》，组织各地开展年度扶贫对象动态管理和信息采集工作。主要包括三项工作内容：一是开展扶贫对象动态调整和标注；二是开展边缘户和脱贫监测户的识别和录入标注工作；三是采集扶贫对象2019年度基础信息。

11月27日，国务院扶贫办信息中心印发《关于统筹推进2019年度扶贫对象动态管理等相关工作的通知》，督促各地在确保按时完成扶贫对象动态管理工作的基础上，继续开展问题整改和数据分析工作。

2019年，国务院扶贫办信息中心共举办6期建档立卡扶贫对象动态管理及建档立卡信息系统操作培训班，参训人数12.3万人，其中视频参训人数11.7万人。培训主要内容包括扶贫对象动态管理、数据核查核准和分析。组织召开5次研讨会，先后研究帮扶措施指标体系和信息采集工作，以及部门间数据共享、扶贫对象指标完善、建档立卡常见问题解答库整理等工作。发布5期《全国扶贫开发数据质量报告》，通过数据自校验和互校验规则，梳理疑似问题数据，指导基层扶贫干部开展问题整改和数据质量提升工作。

（国务院扶贫办信息中心　陆春生）

【驻村帮扶】 驻村帮扶是打赢脱贫攻坚战强基层、夯基础的重要举措，是加强脱贫攻坚一线工作力量、解决"谁来扶"问题的关键一招。2019年，各地认真贯彻落实中共中央办公厅、国务院办公厅《关于加强贫困村驻村工作队选派管理工作的指导意见》，不断深化驻村帮扶工作，创新管理机制，细化政策举措，完善各项制度，取得新进展新成效。

进一步加大选派力度。选派驻村工作队在实现对建档立卡贫困村全覆盖的基础上向非贫困村拓展，进一步聚焦深度贫困地区，加大选派力度。优先安排优秀年轻干部和后备干部参加驻村帮扶，不断优化驻村工作队人员结构。2019年在岗驻村工作队25.5万个，驻村干部91.8万人。

进一步提升实战能力。坚持问题导向，瞄准实战需求，按照"干什么、学什么、缺什么、补什么"原则，针对驻村干部工作需求，有针对性地开展驻村干部培训，通过示范培训和大规模轮训相结合、请进来和走出去相结合、课堂教学和现场教学相结合等方式，提高攻坚本领，培育过硬作风。2019年，全国组织开展驻村干部培训153万人次，有力提升了驻村干部实战能力。

进一步加强督促检查。不断完善驻村工作队管理办法，建立考勤和请销假制度、工作日志制度、工作例会制度、教育培训制度、巡回督导制度等管理体系。加大暗访督办力度，采取不定期实地暗访、驻点村值班电话询访等多种形式，对驻村帮扶工作进行抽查。对发现的问题，采取约谈、通报、召回、问责等方式及时加以整治。

进一步强化政治激励。不断健全完善驻村工作队管理规章制度，坚持日常考勤管理，严格执行请销假制度，对驻村干部在岗履职、工作效果、廉洁自律等情况进行全面考核，树立鲜明导向。坚持奖优罚劣，对干得好的提拔重用、评优表彰，对干得不好的及时召回调整，压实干部帮扶责任，推进帮扶任务落实，让驻村干部既有压力又有动力。

进一步落实保障措施。完善驻村帮扶工作队工作经费相关规定，根据经济发展水平制定工作经费标准，安排财政专项经费，确保工作队正常开展工作。在为驻村干部安排发放生活、交通补助等方面均建立了比较完善的保障制度，尽可能创造条件支持驻村工作队工作。普遍落实驻村干部体检、集中办理人身意外伤害保险等措施。高度重视驻村干部身心健康，给予关心关爱，有的地方定期与驻村干部谈心谈话，了解思想动态，切实让驻村干部感受到组织的温暖。

广大驻村干部积极融入脱贫攻坚工作，不怕吃苦、勇于奉献，广泛宣传党的政策，落实精准扶贫、精准脱贫方略，把党的温暖送到千家万户，为脱贫攻坚取得重大决定性成就作出重要贡献，涌现出以黄文秀等同志为代表的一大批生动感人的扶贫先进典型。

（国务院扶贫办政策法规司　刘成义）

【贫困退出】 2018年6月15日，中共中央、国务院印发《关于打赢脱贫攻坚战三年行动的指导意见》，明确要求，从2018年起，贫困县退出专项评估检查交由省级统一组织实施，并对脱贫退出质量负责，中央结合督查巡查开展抽查。经各省、自治区、直辖市评估检查，2018年中西部22个省区市共有283个贫困县符合退出条件，于2019年5月宣布脱贫摘帽。2019年6—9月，按照国务院扶贫开发领导小组部署，国务院扶贫办会同中共中央组织部等12个部门组成工作组，制订抽查方案，对2018年脱贫摘帽县退出情况按照20%的比例抽取60个县进行实地抽查。

抽查开展情况。2018年贫困县退出抽查主要采取第三方评估、督查巡查暗访和部门提供数据相结合的方式进行，重点检查退出程序的规范性、标准的准确性和结果的真实性。2019年7月3日—21日，由中国人民大学、中国农业大学等10家科研机构牵头，组织2331名评估人员对60个县开展第三方评估抽查。抽查776个乡镇、1557个行政村，其中贫困村1193个、非贫困村364个。实地调查农户6.38万户，县均1065户。座谈访谈县乡干部3033人、村干部5486人，征求607名县乡人大代表、政协委员的意见。2019年7—9月，国务院扶贫开发领导小组42个部门和7个民主党派组成22个督查巡查组，分赴中西部22个省区市对40个2018年脱贫摘帽县开展暗访。教育部、国家卫生健康委员会、国家医疗保障局、住房和城乡建设部、水利部等部门提供了283个脱贫摘帽县“两不愁三保障”有关数据，审计署提供了扶贫资金审计情况，均未发现影响贫困县摘帽退出的突出问题。

抽查评价结果。总体看，中西部22个（区、市）认真落实“省负总责”要求，结合实际细化脱贫退出标准和程序，对拟退出的贫困县开展严格的专项评估检查，严把脱贫摘帽质量关。2018年脱贫摘帽的283个贫困县退出程序总体规范，标准较为准确，结果均符合实际。实地抽查的60个摘帽县中，中部地区24个县综合贫困发生率全部低于2%；西部地区36个县综合贫困发生率全部低于3%。错退率、漏评率均低于2%。群众认可度全部超过90%。实地抽查结果与省级评估检查结果基本吻合，均符合脱贫摘帽条件。

退出情况分析。从抽查和省级评估检查情况看，各地各部门认真贯彻落实中共中央关于健全贫困退出工作机制的决策部署，贫困县退出专项评估检查工作下放到位、承接有序，标准没有放松，质量没有降低，有力推动了贫困县规范合理有序退出。部门提供数据和抽查结果显示，283个脱贫摘帽县脱贫户“两不愁”总体实现，“三保障”突出问题普遍解决，仅少量未脱贫人口和个别错退户、漏评户存在饮水安全、住房安全问题,已列入2019年改造计划。

继2016年首批28个贫困县、2017年125个贫困县脱贫退出后,2018年又有283个贫困县宣布脱贫摘帽。至此,全国已有436个贫困县脱贫摘帽,占全部贫困县的52.4%,贫困县退出进程已经过半,到2020年实现“两个确保”目标任务基础更加坚实。

抽查也发现,283个县脱贫摘帽后,剩余贫困人口脱贫和巩固拓展脱贫成果任务仍然艰巨,全面实现“两个确保”脱贫攻坚目标任务仍需付出艰苦努力。有的县在产业扶贫、易地扶贫搬迁、扶贫小额信贷等政策落实和到户帮扶措施上仍然存在不精准、不到位等问题。需要进一步压实攻坚责任,强化精准施策,狠抓重点难点,着力解决突出问题,切实防范松劲懈怠,确保全面完成脱贫攻坚目标任务。

附表　2018年退出贫困县名单

地区	退出贫困县(283个)
河北省	18个:行唐县、灵寿县、赞皇县、大名县、临城县、巨鹿县、新河县、广宗县、涞水县、唐县、曲阳县、顺平县、宣化区、万全区、崇礼区、承德县、滦平县、武强县
山西省	17个:娄烦县、阳高县、灵丘县、云州区、武乡县、左权县、和顺县、平陆县、繁峙县、神池县、五寨县、岢岚县、河曲县、保德县、隰县、岚县、方山县
内蒙古自治区	10个:武川县、巴林右旗、喀喇沁旗、宁城县、科尔沁左翼后旗、察哈尔右翼后旗、阿尔山市、扎赉特旗、科尔沁右翼中旗、苏尼特右旗
吉林省	3个:龙井市、和龙市、镇赉县
黑龙江省	10个:龙江县、泰来县、克东县、绥滨县、桦南县、桦川县、汤原县、同江市、兰西县、明水县
安徽省	10个:寿县、潜山市、宿松县、颍上县、砀山县、灵璧县、泗县、裕安区、舒城县、利辛县
江西省	10个:莲花县、上犹县、安远县、会昌县、寻乌县、石城县、南康区、遂川县、乐安县、余干县
河南省	19个:栾川县、宜阳县、洛宁县、封丘县、镇平县、内乡县、民权县、睢县、宁陵县、柘城县、虞城县、光山县、商城县、固始县、潢川县、商水县、郸城县、淮阳县、太康县
湖北省	10个:阳新县、丹江口市、秭归县、保康县、团风县、罗田县、英山县、宣恩县、来凤县、鹤峰县
湖南省	15个:新邵县、绥宁县、武冈市、平江县、慈利县、安化县、宜章县、汝城县、安仁县、江华瑶族自治县、辰溪县、会同县、新晃侗族自治县、芷江侗族自治县、靖州苗族侗族自治县
广西壮族自治区	9个:龙胜各族自治县、资源县、田阳县、田东县、西林县、富川瑶族自治县、金秀瑶族自治县、宁明县、大新县
海南省	2个:保亭黎族苗族自治县、琼中黎族苗族自治县
重庆市	2个:奉节县、石柱土家族自治县

续表

地区	退出贫困县(283个)
四川省	17个:平武县、昭化区、朝天区、青川县、阆中市、南江县、松潘县、九寨沟县、金川县、小金县、若尔盖县、红原县、康定县、丹巴县、九龙县、乡城县、稻城县
贵州省	18个:六枝特区、盘州市、道真县、务川县、普定县、镇宁布依族苗族自治县、大方县、石阡县、印江县、安龙县、施秉县、三穗县、镇远县、雷山县、麻江县、丹寨县、贵定县、惠水县
云南省	33个:东川区、禄劝彝族苗族自治县、师宗县、富源县、龙陵县、昌宁县、绥江县、威信县、景谷傣族彝族自治县、镇沅彝族哈尼族拉祜族自治县、孟连傣族拉祜族佤族自治县、西盟佤族自治县、临翔区、凤庆县、镇康县、双江拉祜族佤族布朗族傣族自治县、耿马傣族佤族自治县、沧源佤族自治县、双柏县、南华县、大姚县、永仁县、泸西县、砚山县、西畴县、勐腊县、漾濞彝族自治县、南涧彝族自治县、永平县、盈江县、陇川县、香格里拉市、德钦县
西藏自治区	25个:江达县、洛隆县、边坝县、扎囊县、贡嘎县、措美县、隆子县、浪卡子县、桑珠孜区、定日县、昂仁县、仁布县、仲巴县、岗巴县、嘉黎县、聂荣县、安多县、索县、班戈县、普兰县、札达县、日土县、墨脱县、察隅县、朗县
陕西省	23个:周至县、宜君县、扶风县、陇县、千阳县、麟游县、太白县、永寿县、长武县、旬邑县、淳化县、合阳县、澄城县、蒲城县、富平县、延川县、宜川县、留坝县、绥德县、米脂县、吴堡县、镇坪县、镇安县
甘肃省	14个:永登县、榆中县、景泰县、甘谷县、武山县、泾川县、灵台县、成县、徽县、卓尼县、迭部县、玛曲县、碌曲县、夏河县
青海省	12个:大通回族土族自治县、湟中县、湟源县、互助土族自治县、门源县、祁连县、海晏县、兴海县、贵南县、玛多县、玉树市、称多县
宁夏回族自治区	3个:隆德县、泾源县、彭阳县
新疆维吾尔自治区	3个:阿合奇县、乌恰县、泽普县

(国务院扶贫办考核评估司　延　欣)

【脱贫攻坚干部培训】 2019年,国务院扶贫办完成培训任务907万人次,比2018年增长132万人次,增幅17%,超额完成年度培训目标。一是联合中共中央组织部(以下简称“中组部”)、中央农村工作领导小组、农业农村部等有关部门,于2019年3月18日在中央党校举办省部级干部实施乡村振兴战略专题研讨班,各省区市党委或政府、新疆生产建设兵团分管负责同志,中央和国家机关有关部委负责同志参加,国务院扶贫办党组书记、主任刘永富应邀作题为“以习近平总书记扶贫重要论述为指导坚决打赢脱贫攻坚战”的专题辅导报告。二是配合中组部干部二局在浦东干部学院举办贫困县党政正职“学习贯彻习近平新时代中国特色社会主义思想,坚决打好精准脱贫攻坚战”专题研讨班6期,培训贫困县党政正职约700人。三是联合中组部干教局,分别于6月29日、7月7日、7月9日在湖北省宜昌市、辽宁省沈阳市、云南省昆明市分中、东、西三片组织召开脱贫攻坚干部教育培训工作推进会,总结成绩、交流经验,分析形势、明确任务。四是联合中组部干教局于6月15日至9月30日在中国干部网络学院举办扶贫干部脱贫攻坚网上专题班,2.4万余名扶贫系统干部、贫困地区干部和扶贫挂职干部参加培训。其间开展了关于脱贫攻坚工作的网上无记名问卷调查,学员填答踊跃,收到有效问卷19492份、留言9200条、心得体会1271篇。五是配合中组部党员教育中心举办边疆民族地区和革命老区村党支部书记示范培训班,共培训村党支部书记4490人次,国务院扶贫办积极协调授课专家,认真做好工作保障。2019年,国务院扶贫办本级举办培训班26期,培训学员4620人次,通过培训,扶贫干部的政治素养、业务能力、工作作风得到全面改进和提升。

编撰《脱贫攻坚干部培训十讲》《脱贫攻坚前沿问题研究》两本教材,已出版发行广泛使用,社会各界反响热烈。《人民日报》刊登《脱贫攻坚前沿问题研究》书评,全国多地将两本教材作为扶贫干部基础教材使用。在中组部主持的《贯彻落实习近平总书记新时代中国特色社会主义思想在改革发展稳定中攻坚克难案例》编撰工作中,国务院扶贫办推荐3篇案例,其中闽宁镇、十八洞村案例入选社会建设分册案例选编。

（全国扶贫宣传教育中心　骆艾荣）

【扶贫扶志】 中共中央、国务院印发的《关于打赢脱贫攻坚战三年行动的指导意见》,将扶贫扶志行动作为10项到村到户到人精准帮扶举措之一,提出8条措施。为贯彻落实习近平总书记关于扶贫扶志的重要论述和党中央、国务院决策部署,2018年10月国务院扶贫办会同12部委印发《关于开展扶贫扶志行动的意见》(以下简称《意见》),提出加强教育宣传培训、改进帮扶方式、推进移风易俗、强化基层党组织政治功能等14条具体措施。

有关单位积极推动扶贫扶志工作,不少省份也出台省内的扶贫扶志指导意见,提出了措施,明确了责任单位和工作要求。

一是加强工作部署。国务院扶贫办积极推动《关于开展扶贫扶志活动的意见》落实落地,在各类会议和培训中对扶贫扶志工作进行安排部署、提出要求。2019年4月,国务院扶贫办牵头在海南省海口市举办"增强内生动力、巩固脱贫成果"论坛;6月,在安徽省宿州市举办贫困地区扶贫扶志研讨班,交流总结扶贫扶志经验,共谋扶贫扶志新思路。中共中央宣传部组织中央和地方主要媒体推出理论文章、评论言论、专题节目等,深入阐释习近平总书记关于扶贫工作重要论述的丰富内涵和实践要求,深入宣传党中央关于打赢脱贫攻坚战的战略部署,准确解读脱贫攻坚的形势任务、目标标准、基本方略、政策举措,注重宣传扶贫同扶志、扶智相结合的工作要求,更好地统一思想、凝聚共识。

二是强化宣传教育。在全国脱贫攻坚奖评选表彰中,加大对自力更生脱贫典型的表彰宣传,2019年评选出脱贫攻坚奋进奖25名,推出了致富带头人陈望慧、自强不息的残疾人杨淑婷等先进典型。组织全国脱贫攻坚先进事迹巡回报告团赴全国25个省份和新疆生产建设兵团开展巡回报告,用身边的典型引领示范导向,激发内生动力。组织媒体推出重点新闻报道,广泛宣传"时代楷模"黄文秀、天津援疆干部席世明、贵州扶贫干部文伟红、河南在疆务工人员陈耀平、安徽大学教授何家庆等扶贫典型的先进事迹,示范带动贫困群众,激发脱贫致富的内生动力。协调组织中央广播电视总台制作播出《决不掉队》《攻坚之星》系列节目,推出《加油！脱贫攻坚》系列短视频,讲好扶贫脱贫故事,激发贫困地区干部群众改变贫困面貌的干劲和决心。组织实施《扶贫颂》采风写生,创排"脱贫攻坚"主体民族歌舞剧《扶贫路上》等。《暖心——十八洞村贫困户精准识别公示会》《助梦》《独龙人有了新家园》《互联网的春天——农村电商》等扶贫题材作品在庆祝中华人民共和国成立70周年美术作品展中展出。10家国家艺术院团对口帮扶贫困地区艺术创作，赴贫困地区开展文化扶贫慰问演出活动。

各省区立足于基层宣传教育平台，加强贫困群众思想教育和政策、典型宣传，开拓思路、提振信心。湖北省组织“一团多队”（省委讲师团、市县宣讲团、各行业宣讲队）赴各地开展“打赢脱贫攻坚战”专题理论和政策宣讲，并充分利用文艺演出等群众喜闻乐见、易于接受的形式把扶贫政策理论送到群众身边。西藏自治区在脱贫攻坚领域开展“比学赶帮超竞赛”活动，通过设立“勤劳致富、学习教育、健身康复、卫生整洁、精神面貌”等奖项，激发贫困群众内生动力。广西壮族自治区创新开展争当脱贫攻坚“明白人”活动。每户贫困户确定1名熟悉本家庭情况的脱贫攻坚“明白人”，驻村工作队通过与贫困户尤其是“明白人”拉家常、谈变化，使贫困户明白现在的生活来之不易，激发贫困群众感恩之心；以村民小组或屯为单位开展“明白人”集中交流会，用群众听得懂的语言宣讲中央和自治区决策部署、宣传扶贫政策、鼓励争当脱贫榜样，座谈互动交流，及时了解贫困群众的所思所想、存在困难和意见建议，帮助解决实际问题；结合帮扶干部“一帮一联”“五级书记”遍访工作和扶贫干部培训等，经常与“明白人”沟通交流，及时了解思想动态、解决问题困难、激励脱贫致富信心。

三是改进帮扶方式。优先支持贫困地区发展产业。2019年，财政部安排中央专项扶贫资金1261亿元，比2018年增长200亿元，实现连续4年每年净增200亿元。财政部、国务院扶贫办切实推进贫困县涉农资金整合试点工作，要求各省区市严格执行《国务院办公厅关于支持贫困县开展统筹整合使用财政涉农资金试点的意见》规定，督促指导贫困县结合脱贫攻坚规划，围绕年度脱贫任务，严守现行扶贫标准，在农业生产发展和农村基础设施建设范围内安排使用整合资金并优先用于有助于贫困人口持续增收的产业发展项目统筹整合。与群众参与挂钩，避免简单发钱发物。财政部大力推广资产收益扶贫模式，不断总结地方探索实践经验，从不同角度、不同类型、不同地区梳理各地典型经验做法，在实地调研中收集整理一批资产收益的典型案例，印发《财政支农资金支持资产收益扶贫案例》，引导地方开展工作。各地逐步调整了产业扶贫补助资金发放方式，从事前发钱变成了事后奖补。新疆维吾尔自治区积极采取劳务补助、劳动增收奖励等方式，提倡多劳多得、多劳多奖，杜绝“保姆式”扶贫，杜绝政策“养懒汉”，并大力推广自建、自管、自营等以工代赈方式，提高劳务报酬发放比例。安徽省实施参与式扶贫方式，引导贫困群众参与项目实施、管理等事务，切实发挥其脱贫攻坚主体作用，如泗县探索建立“爱心超市”扶贫模式，通过参与家庭环境卫生评比、德孝评比、扶贫政策问答评比等方式，“有偿”领取社会捐赠物品，充分调动贫困群众参与度。海南省创办“扶贫超市”激发贫困户内生动力，如保亭县探索创建脱贫攻坚惠农超市，通过“以表现换积分、以积分兑奖品”的方式，引导贫困户主动转变思想观念，参与脱贫攻坚。江西省强化生产奖补、劳务补助、以工代赈等机制，引导贫困群众树立脱贫之志。各地实施“爱心超市”，以“积分制”激励贫困群众。奖勤、奖孝、奖文明，让贫困户从细微处做起，从点滴中变化。落实就业培训相关政策，推动贫困人口稳定就业。2019年，中央财政安排地方就业补助资金547.3亿元，较上年度增加70亿元，增长15%，支持地方落实各项就业创业扶持政策。财政部等部门印发《关于做好失业保险基金支持职业技能提升行动资金管理工作的通知》,指导各地从失业保险基金结余中提取资金超过1000亿元,用于支持贫困人口等重点群体职业技能培训工作。加大贫困地区农民培训力度,2019年农民培新工程经费在专门针对贫困县和西部地区分别设置5%和10%的权重基础上,进一步加大对"三区三州"深度贫困地区和其他贫困地区的支持力度,资金总量再分别上浮10%和5%。各地通过开展职业技术和实用技术培训,增强贫困群众干事创业本领。新疆维吾尔自治区强化技能培训,深化产教融合、校企合作,通过"项目+国语+技能+就业"订单式培训,对具备转移就业条件的贫困家庭劳动力实现应培尽培,提高贫困家庭劳动力基本素质和职业技能,确保每一个有培训意愿的贫困人口都能得到有针对性的培训。黑龙江省推进农村产业发展,对贫困群众开展农业科技知识、实用技术、创业技能培训。培育农村电商,通过网络销售农副产品。支持科技特派员深入农村开展助农服务,传播先进文化和技术,提高农民的科学文化素质。重庆市实施转移就业扶贫行动,出台系列政策支持就业扶贫工作。抓好贫困群众技能培训提档升级,实行建卡贫困户参加"雨露计划"技能培训免培训费、住宿费,补助生活费、交通费并给予误工补贴。

四是推进贫困地区开展移风易俗。组织中央和地方媒体宣传各地大力开展移风易俗活动,选树文明镇村、星级文明户,推广"星级评比"的经验做法,宣传贫困村修订完善村规民约的有效举措,教育引导贫困群众弘扬传统美德、树立文明新风。海南省以"六治"为抓手推动扶贫扶志工作提质增效。扶贫扶志"六治",即治懒散、治酗酒、治私彩、治浪费、治不孝、治脏乱专项行动,通过创新建立治理对象民主评议、转化指导员、动态调整和阶梯式收入奖励机制等10项制度,设定初步名单、警示转化期、正式名单等5个规范性程序,逐步构建激发重点贫困群体内生动力的新模式。江西省坚持文化铸魂,倡导文明新风,让贫困群众在自尊治理中念恩,促进形成文明健康生活方式。赣州开展"赣南新妇女运动",大力弘扬中华优秀传统文化和客家传统美德。同时,大力推行"三讲一评"工作法,围绕颂扬党恩,组织讲政策、讲帮扶、讲成效、集中评议,密切党群干群关系。青海省以地方性法规促移风易俗。《海东市移风易俗促进条例》为青海省出台的全国首部移风易俗地方性法规。该条例立足海东市经济社会发展实际,以法治方式推动移风易俗,对"婚事新办、丧事简办、喜事俭办"等带有一定普遍性的事项进行了概括性设定。对当地特别是农村地区高额彩礼、厚葬薄养、大操大办、盲目攀比等风气抬头且有愈演愈烈之势进行了遏制。

(国务院扶贫办政策法规司　梁　怡)

【贫困县财政涉农资金统筹整合使用试点】 2019年,财政部在制度体系、工作机制、政策指导和执行监管等方面采取多项措施,扎实推进支持贫困县开展财政涉农资金整合使用试点政策落实落地。

细化实化政策要求,加强工作指导。财政部联合国务院扶贫办印发《关于做好2019年贫困县涉农资金整合试点工作的通知》,明确整合资金实行"负面清单"管理,要求地方及时修订完善有关制度办法,取消整合限制性规定,指导和督促各地放权到位,规范推进整合试点工作。

落实增幅保障,督促问题整改。在下达纳入整合范围的各项中央财政涉农资金时,明确要求各省分配给试点贫困县的资金增幅不得低于该项资金的平均增幅,资金一律采取"切块下达",不得指定具体项目或提出与脱贫攻坚无关的任务要求。财政部联合国务院扶贫办印发《关于2018年贫困县涉农资金整合试点工作推进情况的通报》,对各省2018年整合试点中存在的问题进行通报，督促分析原因，区分责任，查漏补缺，及时整改。

完善管理制度，加强涉农资金源头整合。2019年，财政部根据机构改革和资金归并等实际情况，将中央层面纳入贫困县涉农资金整合试点的20大项资金归并为17大项，将多个部门管理的农业综合开发、土地整治、农田水利建设等项目资金整合设立为“农田建设补助资金”，推动解决扶贫资金多头管理的问题，会同相关部门修订完善水利发展资金、农田建设补助资金、车辆购置税收入补助地方资金等管理办法，明确整合试点管理要求，取消“戴帽”下达、对贫困县仍按约束性任务考核、要求地方“专款专用”等限制整合的条款。着力整治对整合试点支持不坚决、软抵制及政策落实弱化的问题，对查实的典型案件坚决纠正并曝光。

强化政策培训，及时答疑解惑。2019年3月25日—29日，举办全国贫困地区财政干部脱贫攻坚政策培训班，对832个贫困县财政局负责同志就整合试点工作进行“面对面”政策指导。10月16日，在河北省正定县召开整合试点工作座谈会，充分解读整合试点政策，压实各级责任。坚持问题导向，结合各地在推进整合试点中遇到的问题，印发《财政扶贫工作“问与答”》，回应地方关注、做好政策解读，指导和督促各地精准用好整合试点政策。

积极履行牵头职责，强化日常监管。督促省级按规定向中央相关部门通报整合方案，说明资金实际安排使用情况，作为部门加强指导、监督问责的主要依据；向国家发展和改革委员会等11个中央部门印发排查工作通知，请其排查整改本部门、本行业存在的向贫困县带项目下达资金、指定与脱贫攻坚无关的任务、仍按资金原用途考核贫困县任务完成情况、对贫困县支持力度减弱、对已脱贫摘帽县减少资金规模等问题。同时，经国务院同意，将涉农资金整合政策落实情况列入2019年度财政督查考核计划，组织财政部相关监管局开展日常监管。

2019年，通过各方面共同努力，全国832个贫困县整合各级财政涉农资金超过3200亿元。统筹整合财政涉农资金的投向进一步优化，日趋合理，用于农业生产发展的资金规模占已完成支出资金规模由2016年的31%增长到41%，实现统筹资源支持脱贫攻坚的“初衷”，为确保贫困县如期打赢脱贫攻坚战提供有力的资金保障。

（财政部农业农村司　朱山涛　梁　昊）

【扶贫资金管理与使用】 2019年，各地贯彻落实党中央、国务院关于加强扶贫资金管理的各项决策部署，深化资金管理使用机制改革，推进贫困县财政涉农资金统筹整合，强化资金监督管理，完善脱贫攻坚项目库建设，严格落实扶贫资金项目公告公示制度，充分发挥资金使用效益。

继续加大资金投入。2019年，中央、省级财政专项扶贫资金投入2207亿元，比2018年增加411亿元，增长22.9%。其中，中央安排1261亿元，增加200亿元，增幅为18.9%；省级安排946亿元，增加211亿元，增幅28.7%。

坚持资金精准使用。贯彻精准扶贫、精准脱贫基本方略，在精准识别贫困人口的基础上，把资金使用与建档立卡结果相衔接，与脱贫成效相挂钩，切实使资金惠及贫困人口。

各地结合扶贫开发工作实际情况，围绕培育和壮大特色产业、改善小型公益性生产生活设施条件、增强贫困人口自我发展能力和抵御风险能力等方面，因户施策、因地制宜使用资金。据各省2019年年底上报数据，中央财政专项扶贫资金（扶贫发展资金和“三西”农业建设支出方向，以下同）中有54.3%的资金用于建档立卡贫困户，主要是通过直接补助、资产收益扶贫、信贷支持和龙头企业、合作社等经营组织带动，以及开展职业教育培训、扶贫小额贷款贴息等方式支持产业发展，促进能力建设；约43.4%的资金用于建档立卡贫困村和贫困发生率较高、贫困人口规模较大的非贫困村农田水利、村级道路、人畜饮水、沼气等能源项目、危房改造项目等基础设施建设；2.3%的资金用于金融扶贫风险补偿金、保险及信息化和建档立卡管理等支出。

各地加大对优势特色产业扶持力度，中央财政专项扶贫资金中约48.5%直接用于产业发展；约36%用于农田水利、村级道路、人畜饮水、沼气等能源项目、危房改造项目等改善贫困村基本生产生活条件的基础设施建设；15.5%用于金融扶贫贴息及风险金、能力提升及保险等其他方面。

强化资金监督管理。各级扶贫部门始终将加强扶贫资金管理作为一项重大政治任务常抓不懈，近年来与财政等部门采取多项措施，不断完善制度，强化监管，着力提高资金使用效益效率。

一是加强资金管理制度建设。2019年制定出台《关于进一步做好县级脱贫攻坚项目库建设的通知》，配合财政部印发《关于做好2019年贫困县涉农资金整合试点工作的通知》，以财政部、国务院扶贫办等6部委办公厅的名义印发《财政专项扶贫资金绩效管理操作指南（试行）》，加强脱贫攻坚项目储备论证，强化财政涉农资金统筹整合，全面实施绩效管理，从制度层面不断提高扶贫资金使用精准度和效益。

二是简政放权，推进项目审批权限下放。加快资金拨付，2019年度中央财政专项扶贫资金1261亿元于5月全部下达到省。督促各省按规定时间拨付下达，做到资金早下达，便于基层项目早准备、早实施。支持贫困县开展统筹整合使用财政涉农资金试点，资金项目审批权限下放到县，由贫困县围绕脱贫攻坚目标任务精准使用，因地制宜推进脱贫攻坚，切实解决“打酱油的钱不能买醋”的问题。截至2019年年底，全国832个贫困县累计整合资金1.2万亿元，其中2019年超过3200亿元。

三是完善县级脱贫攻坚项目库建设。指导各地加强项目论证和储备，提高扶贫资金使用效率，防止资金闲置和损失浪费。项目库建设要求坚持现行扶贫标准，聚焦建档立卡贫困人口脱贫和贫困县摘帽需求，聚焦“两不愁三保障”目标任务，把产业扶贫、村基础设施建设、贫困村提升工程作为项目库建设重点内容。要求坚持逐村逐户分析致贫原因，因户因人确定帮扶措施，自下而上精准选择扶持项目，县级相关行业主管部门加强项目可行性研究和科学论证，做好统筹规划，不断提高项目入库质量。截至2019年年底，全国有2600多个县建设了脱贫攻坚项目库，累计入库项目300多万个，资金需求约6万亿元，有力推动“资金等项目”问题解决。

四是落实扶贫资金项目公告公示。落实中央、省、市、县财政专项扶贫资金分配结果一律公开，乡村两级扶贫项目安排和资金使用情况一律公告公示的要求，将中央财政专项扶贫资金分配结果在财政部、国务院扶贫办门户网站予以公告，对省级分配中央财政专项扶贫资金公告情况进行定期通报，督促各省对省市县各级资金分配结果公告情况和乡村两级公告公示情况加强指导和监督。2019年，中央、省财政专项扶贫资金分配结果已全部公告，抽查县级资金分配和项目安排公告比例均在90%以上，实地评价抽查项目群众知晓率98%以上。各地通过主流媒体、门户网站、手机短信和村公告公示栏等方式，公开政策规定、资金使用和项目实施等情况。充分发挥12317扶贫监督举报电话作用，积极发挥第一书记和驻村工作队监督作用，畅通反映渠道，提高公告公示效果和群众知晓度，广泛接受群众和社会监督。

五是加强资金监督检查和评价。加强扶贫资金日常监管，通过加快资金拨付、加快项目实施、盘活闲置资金等，推动构建闲置资金清理长效机制。每年组织开展财政专项扶贫资金绩效评价，突出成效和问题导向，完善评价指标体系，发挥第三方实地评价优势，通过查看现场和入户访谈，对资金精准使用等情况进行综合评价。评价结果纳入省级党委政府脱贫攻坚成效考核。

六是认真做好审计发现问题整改。国务院扶贫办对审计整改工作高度重视，切实履行主体责任和监督管理责任，每年会同财政部等相关部门认真研究部署，督促相关地方落实审计整改要求，将审计发现问题与考核发现问题和“不忘初心、牢记使命”主题教育检视问题统筹起来，一体整改，举一反三完善制度改进工作。健全完善审计整改工作机制，要求各省扶贫部门对每季度政策跟踪审计发现的涉及扶贫领域的问题主动认领，按期整改，完善建立长效机制。扶贫审计情况纳入脱贫攻坚成效等考核，推动整改工作取得实效。2019年审计296个贫困县，发现问题已全部整改。

七是配合做好扶贫领域监督执纪问责。国务院扶贫办积极配合开展扶贫领域腐败和作风问题专项治理工作，将作风建设贯穿脱贫攻坚全过程。加大问题查处，通过与中共中央纪律检查委员会国家监察委员会党风政风监督室的线索移送机制，2019年分三批移送问题线索11起。

八是认真开展警示教育。落实全面从严治党主体责任，加强扶贫领域党风廉政建设和反腐倡廉工作，持续开展警示教育，2019年与中国纪检监察报社编写第三本警示录《惩腐败　正作风　护航脱贫攻坚》，充分发挥典型案例的震慑和教育作用，提高基层干部的思想认识和遵纪守法的自觉性。

从2019年绩效评价总体情况看，各省资金拨付及时，项目库建设和绩效管理大力推进，资金支出和使用效率进一步提升，违纪违规问题明显减少。实地评价发现，项目实施效益逐年提升，贫困群众通过产业、就业取得劳动报酬，掌握技能，提高了发展能力和生活信心；部分弱劳动能力的贫困户通过公益岗位贡献自己的一份力量，改变了生活状态，贫困户获得感明显提升，实地走访贫困户都比较满意。扶贫资金违纪违规问题明显减少，审计查出问题资金占抽查资金的比例从2013年的36.3%下降到2019年的3.2%，其中严重违纪违规资金从15.7%下降到0.51%。

（国务院扶贫办规划财务司　刘　玫　杨　迎　金怀杰　沈秀夫）

【抓党建比贡献促攻坚】 2019年，国务院扶贫办各级党组织坚持以习近平新时代中国特色社会主义思想为指导，围绕“服务脱贫攻坚，打造过硬队伍”核心任务，扎实开展“不忘初心、牢记使命”主题教育，积极提升党的建设水平，为打赢脱贫攻坚战提供坚强政治保证。

围绕创建模范机关，着力加强党的政治建设。一是坚决做到“两个维护”。及时召开党组扩大会议、党员大会、专家辅导报告会、理论学习中心组学习会议等，制定专门安排意见，系统深入学习十九届四中全会精神。认真学习贯彻习近平总书记关于扶贫工作的重要论述和指示批示精神，及时传达学习和研究办理习近平总书记关于脱贫攻坚的重要批示。认真贯彻党中央关于脱贫攻坚的决策部署，认真谋划2019年脱贫攻坚任务，扎实推进“两不愁三保障”、深度贫困地区集中攻坚、巩固脱贫成果等脱贫攻坚重点工作。二是切实履行管党治党责任。与驻部纪检监察组联合召开2019全面从严治党专题会议，印发《2019年度党建工作要点》《2019年度党的纪检工作要点》，全面贯彻落实新时代党的建设总要求。学习贯彻中央“不忘初心、牢记使命”主题教育工作会议、中央和国家机关党的建设工作会议精神，紧密结合国务院扶贫办实际，制定出台《关于创建模范机关推进机关党的建设高质量发展的实施意见》等文件，切实抓好贯彻落实。国务院扶贫办被中央和国家机关工作委员会列为创建模范机关6个试点单位之一。三是涵养良好政治生态。召开脱贫攻坚专项巡视整改专题民主生活会、“不忘初心、牢记使命”主题教育专题民主生活会。围绕学习英模事迹、弘扬斗争精神、走访贫困群众等主题，每月开展一次主题党日活动，坚定打赢脱贫攻坚战的信心、决心。对新提任干部开展集体谈话，提出明确要求，加强管理约束。注重做好思想政治工作，召开青年干部座谈会、挂职干部座谈会、社团组织座谈会等，广泛听取意见建议。掌握干部思想动态，2019年与干部谈心谈话200多人次。

扎实开展“不忘初心、牢记使命”主题教育，着力加强思想建设。一是认真开展集中学习。举办3期读书班，邀请中共中央党校等单位专家作辅导报告，16位同志作研讨重点发言，让大家受到系统的党性教育。紧密结合脱贫攻坚实际，要求党员干部通读必读书籍，带头学深学透。各支部以支部或党小组的形式开展学习讨论。二是求真务实调查研究。采取重点调研、分片调研、结合日常工作调研等多种方式，组织党员干部深入贫困县、贫困村开展调研。结合学习收获和调研查摆的问题，党组书记讲了2次党课，党组其他成员都到分管司或直属单位讲了党课，各支部书记也分别在本支部讲党课。三是深挖细查检视问题。始终坚持问题导向、刀刃向内，采取多种方式深刻检视剖析和查找问题。通过多种方式向国务院扶贫开发领导小组成员单位、各省区市扶贫办和办机关各单位发出征求意见函，收集意见建议178条。党组领导班子对照检查查摆出6个方面18个问题。各支部分别召开专题民主生活会和组织生活会，查摆问题142个，支部班子成员查摆问题306个，提出相互批评146条，并明确整改措施。四是较真碰硬整改落实。对查找出来的问题和中央统一部署的8项专项整治，逐一建立台账、细化目标，明确责任、全面推进，确保整改取得实效。整改工作有力推动了脱贫攻坚深入开展，实现“两手抓、两不误、两促进”的良好效果。

以提升组织力为重点，着力加强基层组织建设。一是以“两委”换届为契机提升党建工作水平。在积极与中央和国家机关工作委员会沟通汇报的基础上，经过认真准备，2019年4月召开党员大会选举产生新一届机关党委、机关纪委班子。以换届为契机，配齐配强党务干部，党建工作力量得到进一步加强，党建工作方向、目标和思路更加清晰。举办为期2天的党务干部培训班，增强党务干部履职能力。持续坚持支部书记例会制度，每月印发党建重点工作安排，每月召开调度会议听取各支部党建工作汇报、推进党建重点工作。二是扎实推进党支部标准化、规范化建设。举办《中国共产党支部工作条例（试行）》专题讲座，开展社团党的建设工作调研，进一步理清工作思路、形成抓党建共识。积极开展“四强”党支部创建，在国务院扶贫办综合司党支部、全国扶贫宣传教育中心党支部、中国扶贫基金会党支部开展标准化、规范化建设试点。严格开展支部换届工作自查，新成立党支部1个，完成2个党支部改补选工作，对3个党支部进行按时换届提醒。加强社团党支部管理，修订《国务院扶贫办社会团体管理办法》，对社团党建工作作出规范。积极参与党建优秀案例评选，全国扶贫宣传教育中心党支部获中央和国家机关工作委员会组织的第二届党建创新成果展示交流百优案例。三是强化党员干部教育管理监督。落实好干部标准，配齐配强干部队伍，

2019年提拔党组管理干部10名，完成11名处级干部选任、14名处级干部职级晋升。争取中央机构编制委员会办公室支持，国务院扶贫办机关行政编制数增加15名。注重典型引领，积极推荐优秀干部和集体参评国家荣誉称号，国务院扶贫考核评估司考核处张慧东荣获"全国民族团结模范个人"、国务院扶贫政策法规司政策协调处荣获"全国民族团结模范集体"、国务院扶贫综合司调研信息处荣获"中央和国家机关团工委2017—2018年度青年文明号"。严格执行个人事项报告制度，组织98名领导干部认真填报并开展随机抽查和重点核查。四是加强群团组织建设。积极组队参加中央和国家机关运动会，总分在丙组23支队伍中排在第五位。加强工会活动，积极组织职工开展篮球比赛、网球比赛等体育活动，组织干部职工开展体质检测。完成团委换届工作，组建机关团支部，积极开展"五四"纪念活动，举办青年干部座谈会。充分发挥机关妇委会作用，凝聚女干部职工合力。

坚持抓党建促脱贫攻坚，着力加强作风建设。一是选树学习先进典型。设立"攻坚先锋支部"流动红旗，每季度评选一次，推行"月度比进展、工作比创新、实干比标杆"做法。印发《国务院扶贫办关于开展向黄文秀同志学习的通知》，动员扶贫系统干部向黄文秀同志学习。开展"两优一先"评比表彰，表彰优秀党员17名、优秀党务工作者3名、先进党支部4个。广泛开展"学习英模事迹，筑牢信仰之基"主题党日活动，举办青年干部演讲比赛。围绕"扶贫干部的初心和使命"，在各支部开展大讨论的基础上，召开扶贫办"勇于担当、敢于斗争、敢打硬仗"大讨论交流座谈会，提振干事创业精气神。二是着力整治扶贫领域形式主义、官僚主义突出问题。发出《国务院扶贫办关于切实解决扶贫领域形式主义突出问题为基层减负的公告》，从6个方面提出减负具体举措。规范填表报数，明确每年年底统一组织开展一次全国扶贫建档立卡数据填报，其他时间不要求村级填报扶贫数据。减少明察，增加暗访，随时发现问题随时沟通反馈，留出时间让基层集中精力攻坚和整改问题。将省级党委和政府扶贫开发成效考核、东西部扶贫协作考核、中央单位定点扶贫考核和扶贫资金监督检查整合为脱贫攻坚成效考核一体化进行。三是扎实推进巡视反馈问题整改。制定《中共国务院扶贫办党组关于中央脱贫攻坚专项巡视整改工作实施方案》和《巡视整改清单》，明确8个方面、42项整改任务，并细化为243条整改措施。国务院扶贫办党组先后召开12次党组会议和5次专题会议，加强对整改工作的统筹谋划和调度督导。截至2019年年底，整改确定的243条整改措施已基本完成。

持之以恒正风肃纪，着力加强党风廉政建设。一是认真贯彻落实中央八项规定精神。及时传达学习《关于贯彻习近平总书记重要批示精神深入落实中央八项规定精神的工作意见》，结合实际认真抓好贯彻落实。改进调研方式，每次调研都形成调研报告，及时总结推广基层典型做法，指出存在的问题并提出意见建议，推动问题整改。国务院扶贫办党组同志开展调研73次，推广典型经验40个，调查研究的力度前所未有。注重加强监督检查，紧盯出差出国、干部选拔、节假日等关键环节、关键节点，通过印发通知、谈话提醒、推送廉政信息等方式严明纪律要求，保持正风肃纪高压态势，防止反弹回潮。二是加强廉政教育和风险防范。落实《国务院扶贫办党员干部勇于担当廉洁用权有关规定》，6条规定已经成为党员干部自觉遵守的行为准则，干部廉洁用权意识明显增强。组织学习《扶贫领域违法案件警示录》《党的十九大以来查处违纪违法党员干部案件警示录》《叩问初心》等警示资料，汲取教训、自警自省。会同驻部纪检监察组召开全体警示教育大会，通报2016年以来监督执纪审查调查情况和问题线索办理情况，用身边事教育身边人。坚持对新提拔干部、挂职干部开展任前廉政谈话。三是强化自我监督约束。聚焦政治监督、履职担当、全面从严治党、模范机关建设、各类问题整改5个方面，对国务院扶贫办开发指导司、中国国际扶贫中心两个单位开展内部巡视工作。在国务院扶贫办机关及直属事业单位全面开展差旅费报销自查自纠工作，对2014年1月1日至2019年5月15日的差旅费报销情况逐人逐笔开展了自查，使大家受到一次深刻的廉洁纪律教育、全面从严治党教育。四是加大执纪问责力度。设立机关纪委办公室，增设专职纪委书记和专职纪检干部，纪委书记列席党组会议。积极运用监督执纪“四种形态”，对违反工作纪律的一些问题，坚持抓早抓小及时提醒，对相关支部履行监督责任不到位情况进行函询。

2019年，国务院扶贫办系统各级党组织认真履行党建主体责任，扎实开展“不忘初心、牢记使命”主题教育，全面推进党支部标准化、规范化建设，深入实施“抓党建比贡献促攻坚”活动，为决战决胜脱贫攻坚注入强大动力和活力。2019年减少农村贫困人口1100多万人，圆满完成年度任务。脱贫攻坚的目标任务接近完成，贫困人口从2012年年底的9899万人减少到2019年年底的551万人，贫困发生率由10.2%降至0.6%，连续7年每年减贫1000万人以上。全国832个贫困县中已有780个宣布摘帽，区域性整体贫困基本得到解决。

［国务院扶贫办机关党委（人事司）
胡国卫］

【扶贫调研】 2019年，国务院扶贫办围绕脱贫攻坚领域重点难点和突出问题，制定《国务院扶贫办党组“不忘初心、牢记使命”主题教育调研活动方案》和《国务院扶贫办2019年重点调研活动方案》，明确调研主题和具体内容，组织开展系列重点调研。国务院扶贫办党组同志带队开展调研73次，了解脱贫攻坚工作进展，总结推广地方经验做法和先进典型，研究解决困难问题，听取基层干部群众意见建议，及时完善有关政策措施，改进相关工作方式，推动脱贫攻坚持续保持正确方向和良好态势。

7月，国务院扶贫办党组根据分片联系机制，带领109名党员干部深入新疆、云南、湖北、内蒙古、山西、黑龙江、吉林、甘肃等省区28个县114个乡镇151个村，走访816户农户，访谈878名基层干部，发现地方53个脱贫攻坚工作问题，检视自身问题20个。调研组及时与当地交流反馈意见，对指导各地改进脱贫攻坚工作起到了积极的作用。会同审计署对陕西省7个县脱贫攻坚情况开展全面巡查调研，向陕西省反馈巡查发现的9个方面问题和整改中5个方面不足，并提出整改建议，帮助陕西省打好脱贫攻坚翻身仗。国务院扶贫办党组还结合日常工作，先后到四川、西藏、河南、安徽、湖南等地调研，既发现推广一批典型，又具体指导基层工作，切实使调研成为解决问题、推动工作的具体行动。

10—12月，根据国务院扶贫开发领导小组部署，组织各省区市开展脱贫攻坚问题排查。各地对标对表脱贫攻坚目标任务，排查出7个方面1008个问题，主要包括“三保障”和饮水安全存在薄弱环节，产业扶贫缺乏带贫机制，就业扶贫虚设公益岗位，易地扶贫搬迁存在隐患，脱贫摘帽后松劲懈怠，扶贫项目资金管理不规范，形式主义、官僚主义问题仍时有发生。针对上述问题，国务院扶贫办会同有关部门指导各地举一反三认真整改，持续推进脱贫攻坚工作提质增效。

（国务院扶贫办综合司 黄 阳）

【扶贫开发信息化建设】 2019年，国务院扶贫办信息中心对现有全国扶贫开发信息系统业务管理子系统、业务协同子系统、监管评价子系统、宏观决策子系统进行升级改造和安全改造。通过本次系统升级改造,提升了资金项目管理、扶贫小额信贷、贫困县摘帽抽查等模块性能,开发了东西部扶贫协作、中央单位定点扶贫和电商扶贫模块,满足了国务院扶贫业务司查询和统计需要。通过采用国密算法,对系统的数据存储和数据传输进行改造,对建档立卡贫困人口中的姓名、身份证号、联系电话和银行账号等个人隐私数据进行加密处理。

建设共和国扶贫开发电子档案系统。整合全国扶贫开发信息系统、百村监测、老区脱贫攻坚等数据,以及扶贫开发纸质档案电子化数据,借助数据可视化文字描述、数据、图表、图片、音视频、GIS展现、动画等数据可视化工具,构建扶贫开发历史电子展览馆,实现扶贫开发历史档案数据存储、共享。

对数据中心和同城容灾中心进行扩容,新增服务器6台、虚拟化软件授权1套、存储设备7台、操作系统20套。

(国务院扶贫办信息中心　龚　克)

【政务公开】 2019年,国务院扶贫办认真贯彻落实《中华人民共和国政府信息公开条例》,按照《国务院办公厅关于印发2019年政务公开工作要点的通知》等有关要求,以群众知晓、群众参与、群众监督为原则,围绕脱贫攻坚重点领域,完善体制机制,加强督查检查,推进政务公开工作。

2019年主动公开信息3546条,其中政务动态类信息3439条,信息公开目录信息更新102条;网站维护专题专栏11个,新开设专题专栏9个。积极探索运用新媒体推进政务公开工作,官方微博发布信息1850条,微信信息发布量627条。

2019年没有收到信息公开申请,没有因依申请公开信息收取费用或减免费用情况,没有因信息公开而被提起行政复议或行政诉讼的情况。

加强组织领导。建立由国务院扶贫办领导分管、综合司协调督促、国务院扶贫办属各单位承办的工作机制,明确国务院扶贫办属各单位主要责任人是本单位政务公开第一责任人。

及时发布各类信息。一是开展集中宣介。围绕脱贫攻坚决策部署和工作进展、政策落实等情况举办新闻发布会及媒体通气会8次,及时将脱贫攻坚重点工作进展、贫困县摘帽退出、扶贫日系列活动等焦点热点问题,通过新闻媒体向社会公开。二是抓好重点信息公开。在国务院扶贫办本级层面,重点公开党中央、国务院关于脱贫攻坚重要决策部署信息,精准识别、帮扶、退出等各类扶贫政策及相关政策解读,全国财政专项扶贫资金分配结果及扶贫资金项目管理要求,各地扶贫动态,扶贫办本级财务、人事等政务信息。依托12317扶贫监督举报电话,接受群众对违法违规管理使用扶贫资金项目的监督举报,建立曝光平台,对各地扶贫领域违法违规行为进行公示。三是规范信息处理。2019年受理来访1088批次、来信3204件,接听12317电话83797条,受理主任信箱285件;受理投诉件5397件,办结5137件,办结率95.2%。四是做好全国"两会"建议提案办理意见公开工作。公开人大建议复文57件,政协提案复文25件,加强保密审核,确保应公开尽公开。

大力推动基层政务公开试点工作。开展扶贫领域基层政务公开工作调研,在征求国务院扶贫开发领导小组成员单位和各地扶贫部门意见基础上,制定印发《扶贫领域基层政务公开标准指引》,明确扶贫领域基层公开事项、标准目录、工作流程等事项,通过召开片会、上报情况报告等加强工作调度,推动扶贫系统基层政务公开标准化、规范化,不断提升基层政务公开和政务服务水平。

积极做好网站普查工作。根据《国务院办公厅秘书局关于做好政府网站季度抽查工作的通知》和《国务院办公厅关于印发政府网站发展指引的通知》要求，2019年共开展4次门户网站季度抽查，4次抽查的合格率均为100%。经检查，国务院扶贫办门户网站不存在站点无法访问、网站不更新、栏目不更新、严重错误、互动回应差等问题；可用性、信息更新情况、互动回应情况符合要求。2019年收到"我为政府网站找错"监督举报平台网民留言11条，全部办结。

（国务院扶贫办综合司　韦　飞）

【信息简报】 2019年，国务院扶贫办编印《扶贫简报》85期、《扶贫信息》102期，进一步加大关键节点、重要会议、重点工作等主题的约稿力度，加强总结分析，不断提高信息简报质量，发挥好信息简报经验交流平台作用，交流各地脱贫攻坚的好经验、好做法、好思路，促进互学互鉴，推进脱贫攻坚面上工作。

2019年，国务院扶贫办聚焦深度贫困地区脱贫攻坚、特殊贫困群众和"两不愁三保障"薄弱环节、加大产业和就业扶持力度、做好易地扶贫搬迁后续扶持等主题，及时总结重点工作阶段性进展成效和创新做法，加大对苗头性倾向性问题的分析研究，向中共中央办公厅、国务院办公厅报送《专报信息》23期，有18期得到采用，参谋助手作用进一步发挥，为中央脱贫攻坚决策部署提供参考。

为进一步把握脱贫攻坚重点，做好扶贫信息等工作，2019年5月13日—14日，国务院扶贫办综合司在陕西省宝鸡市举办2019年全国脱贫攻坚综合业务培训班，国务院扶贫办党组成员、副主任陈志刚出席培训班并讲话。综合司司长苏国霞、陕西省委办公厅信息处有关负责同志分别为学员进行脱贫攻坚业务培训和信息工作专题授课。来自全国28个省区市扶贫办（局）和新疆生产建设兵团扶贫办、东部省市经协办综合业务部门有关负责同志参加培训。

（国务院扶贫办综合司　韦　飞）

第三篇

重点工作篇

(一)深度贫困地区脱贫攻坚

2019年,党中央、国务院高度重视深度贫困地区脱贫攻坚,集中力量持续聚焦深度攻坚。中共中央总书记习近平在2019年新年贺词中强调,农村1000多万贫困人口的脱贫任务要如期完成,还得咬定目标使劲干。1月和2月,习近平先后主持召开中共中央政治局常务委员会会议和中共中央政治局会议,听取2018年中央脱贫攻坚专项巡视情况汇报,强调各级党组织要强化责任担当,聚焦深度贫困地区脱贫攻坚,坚持目标标准不动摇。3月和4月,习近平先后组织召开中共中央政治局常务委员会会议、中共中央政治局会议、中央财经委员会第四次会议,听取脱贫攻坚成效考核及脱贫攻坚情况汇报,明确提出2019年和2020年脱贫攻坚任务仍然艰巨繁重,剩下的都是贫中之贫、坚中之坚、硬仗中的硬仗。要继续实行最严格的考核评估,用好考核结果。3月7日,习近平参加十三届全国人大二次会议甘肃代表团审议时指出,脱贫攻坚任务依然艰巨繁重,剩下的都是贫中之贫、困中之困,都是难啃的硬骨头。脱贫攻坚越到紧要关头,越要坚定必胜的信心,越要有一鼓作气的决心,尽锐出战,迎难而上,真抓实干,精准施策,确保脱贫攻坚任务如期完成。4月16日,习近平在重庆解决"两不愁三保障"突出问题座谈会上指出,党中央制定了支持深度贫困地区脱贫攻坚的实施意见,各方面都加大了力度,但不能放松。"三区三州"外的一些深度贫困县要加大工作力度,逐一研究细化实化攻坚举措,攻城拔寨,确保完成脱贫任务。7月15日—16日,习近平在内蒙古考察并指导开展"不忘初心、牢记使命"主题教育时指出,坚决打赢三大攻坚战,把脱贫攻坚重点向深度贫困地区聚集,确保如期全面建成小康社会。8月22日,习近平在甘肃考察时指出,要深化脱贫攻坚,坚持靶心不变、焦点不散、标准不变,在普遍实现"两不愁"的基础上,重点攻克"三保障"方面的突出问题,把脱贫攻坚重心向深度贫困地区聚焦,以"两州一县"和18个省定深度贫困县为重点,逐村、逐户、逐人、逐项去解决问题,坚决攻克最后的贫困堡垒。12月10日,中央经济工作会议对2019年脱贫攻坚工作给予充分肯定,对2020年工作作出重要部署。习近平强调:要一鼓作气、乘势而上,确保脱贫攻坚任务如期全面完成。要集中兵力打好深度贫困歼灭战,围绕"两不愁三保障"目标,政策、资金重点向"三区三州"等深度贫困地区倾斜,落实产业扶贫、易地扶贫搬迁等措施,对工作难度大的县和村挂牌督战。国务院扶贫办按照党中央、国务院决策部署,坚持把深度贫困地区作为脱贫攻坚的主战场,推动新增资金、项目、举措向深度贫困地区倾斜聚焦。

组织筹备3次国务院扶贫开发领导小组专题会议,安排部署深度贫困地区脱贫攻坚工作。1月4日在四川省凉山彝族自治州召开"三区三州"脱贫攻坚座谈会,2月13日在广西壮族自治区河池市召开深度贫困地区脱贫攻坚座谈会,9月2日在四川省广元市召开深度贫困地区脱贫攻坚督导推进会,国务院副总理胡春华均出席会议并作重要讲话。会议总结了"三区三州"等深度贫困地区脱贫攻坚取得的成绩,深入分析面临的形势任务,全面安排部署下一步重点工作,有力地推进了深度贫困攻坚进程。会后,国务院扶贫办对各地所提建议进行汇总梳理,商有关部门后制定印发任务分工安排,督促相关部门研究支持。

继续加大政策资金倾斜支持力度。中央财政持续加大对深度贫困地区的资金倾斜力度,2019年中央专项扶贫资金增量资金200亿元主要用于"三区三州"等深度贫困地区。2019年下达深度贫困地区所在省份城乡建设用地增减挂钩跨省交易节余指标20多万亩，预计可筹资640多亿元。截至2019年年底，“三区三州”6省区当年新增扶贫小额信贷超过260亿元，涉及60多万户，保障符合条件且有发展生产意愿的贫困户应贷尽贷。

组织召开“三区三州”6省区深度贫困地区脱贫攻坚现场推进会，凝聚力量推进攻坚进程。3月26日、6月17日，国务院扶贫办分别会同新疆维吾尔自治区、西藏自治区党委政府，在和田地区、林芝市召开深度贫困地区脱贫攻坚现场推进会（以下简称“现场推进会”）。国务院扶贫办主任刘永富，新疆维吾尔自治区政府主席雪克来提·扎克尔，西藏自治区人大常委会主任洛桑江村、主席齐拉扎出席会议并讲话。4月23日、5月28日，先后会同云南、青海省委、省政府分别在迪庆藏族自治州、黄南藏族自治州召开现场推进会，国务院扶贫办副主任欧青平，云南省委书记陈豪、青海省省长刘宁出席会议并讲话。4月21日，会同四川省委、省政府在凉山彝族自治州召开现场推进会，国务院扶贫办副主任洪天云、四川省省长尹力出席会议并讲话。5月21日，会同甘肃省委、省政府在定西市召开现场推进会，国务院扶贫办副主任陈志刚，甘肃省委书记林铎、省长唐仁健出席会议并讲话。6省区相关部门、市州、县区主要负责同志，东部协作省市、中央定点扶贫单位、国家有关部委负责同志参加会议。东部省市与西藏、青海、新疆分别签约项目，与往年相比，签约项目、资金和领域都有很大的提升和扩展。四川、云南、甘肃通过现场推进会，进一步凝聚了攻坚力量，推进了攻坚进程。

加强实施方案调度监测，进展情况符合预期。国务院扶贫办先后于4月29日、7月10日、9月16日、12月11日，4次调度“三区三州”6省区《深度贫困地区脱贫攻坚实施方案（2018—2020年）》进展情况，国务院扶贫办主任刘永富、副主任欧青平出席会议并讲话，及时调度进展，发现解决问题，安排部署工作。委托第三方深入深度贫困地区一线对标对表《深度贫困地区脱贫攻坚实施方案（2018—2020年）》进行跟踪监测，了解执行进展情况，全面查找制约深度贫困地区脱贫攻坚的短板弱项，及时提出工作建议。

协调出台专项支持政策，强化深度贫困攻坚力量。按照中共中央办公厅、国务院办公厅《关于支持深度贫困地区脱贫攻坚的实施意见》安排，积极协调中央和国家机关相关部门出台专项支持政策，28个部门累计出台49个支持深度贫困地区脱贫攻坚的专项政策文件，涵盖财政、金融、产业、住房、健康、生态、水利等领域。委托第三方组织开展《关于支持深度贫困地区脱贫攻坚的实施意见》落实情况评价工作，总体看各地各部门落实情况良好，深度贫困地区脱贫攻坚进展顺利。

持续强化宣传培训力度，提升扶贫队伍攻坚能力。6月26日，国务院扶贫办副主任欧青平在国务院新闻办通过国内外各大媒体介绍深度贫困地区脱贫攻坚进展情况，回应社会关切，凝聚社会共识。7月，按照中共中央组织部和国务院扶贫办安排，国务院扶贫办副主任欧青平录制关于深度贫困地区脱贫攻坚基本情况教学视频，作为中国浦东干部学院“挂职扶贫干部脱贫攻坚网络专题班”教学课程，在线培训辅导全国扶贫干部，有效提升扶贫干部攻坚能力。10月，国务院扶贫办筛选梳理各部门出台的专项支持政策，整理编印《支持深度贫困地区脱贫攻坚专项政策汇编》5600余册，直接分发到各相关省、市、县，帮助深度贫困地区熟悉政策，明确导向，用好用足政策。

2019年“三区三州”深度贫困地区脱贫攻坚取得显著成效。贫困人口持续大幅减少，脱贫进度明显加快，由2017年年底的305万人减少到2019年年底的43万人，贫困发生率由

14.6%下降到2%。区域性整体贫困明显缓解,“三区三州”脱贫攻坚实施方案进展顺利,资金到位率超过2018—2020年三年计划的95%,项目完工率超过三年计划的85%,特别是涉及“两不愁三保障”的项目进度超出原计划。地区基础设施明显改善,基本公共服务能力和水平进一步提高,群众幸福感、满意度显著提升。

（国务院扶贫办规划财务司　董家齐　董　信　耿晓宇）

（二）产业扶贫

【综述】 2019年,国务院扶贫办以习近平总书记关于扶贫开发的重要论述,以中央脱贫攻坚专项巡视整改和“不忘初心、牢记使命”主题教育活动为契机,坚持基层导向和问题导向,聚焦政策完善、工作督导、数据监测、风险防范等工作中的重点难点,持续推进产业扶贫稳步发展,取得新进展和新成效,为2020年决战决胜脱贫攻坚奠定坚实的基础。

加强面上工作指导。国务院扶贫办会同农业农村部等部门,指导贫困地区积极探索符合本地实际的扶贫产业发展路子。国务院扶贫办会同农业农村部在四川省苍溪县召开全国产业扶贫工作现场推进会,国务院副总理胡春华出席会议并讲话。

加强产业扶贫带贫减贫机制建设。国务院扶贫办会同农业农村部、财政部、科学技术部、国家林业和草原局出台《关于加强产业扶贫带贫减贫机制的通知》,指导各地落实带贫主体责任,完善相关制度安排。

加强产业扶贫风险防范。国务院扶贫办会同农业农村部、国家林业和草原局印发《关于加强产业扶贫风险防范的指导意见》,指导各地对扶贫主导产业面临的技术和市场等风险进行评估,防止扶贫产业项目盲目跟风。

（国务院扶贫办开发指导司　周　翔）

【电商扶贫】 国务院扶贫办把电商扶贫作为打赢脱贫攻坚战的超常规手段,列为“十三五”期间精准扶贫十项工程之一,积极推进。

部门协作不断推进。商务部、财政部、国务院扶贫办联合开展电子商务进农村综合示范,按照三年全覆盖的工作部署,推动电子商务进农村综合示范工作向国家级贫困县延伸。截至2019年,已实现对832个国家扶贫开发工作重点县的全覆盖。列入综合示范县的每县给予2000万元财政资金支持,重点支持促进农村产品上行、完善农村物流体系、开展农村电子商务培训,共214.17亿元。

电商扶贫示范成效显著。国务院扶贫办指导甘肃省陇南市积极探索“一店带多户”“一店带一村”“一店带多村”等精准电商带贫模式。2019年,陇南市电商销售额43.23亿元,累计销售180亿元,电商扶贫对贫困户人均贡献率从2015年的430元提高到2019年年底的840元。全国学陇南电商带贫经验的国家扶贫开发工作重点县有536个,占832个贫困县的64%。

网络平台充分应用。由国务院扶贫办指导建设的中国社会扶贫网,通过运用互联网新技术和新模式,构建爱心帮扶、电商扶贫、扶贫众筹等功能平台,为贫困地区的农副产品提供网络销售渠道。

社会力量积极参与。国务院扶贫办推动社会力量参与电商扶贫,推动苏宁易购集团股份有限公司(以下简称“苏宁集团”)、北京京东世纪贸易有限公司(以下简称“京东集团”)落实好与国务院扶贫办签署的《电商精准扶贫战略合作协议》,在国家级贫困县开展电商扶贫。苏宁集团在贫困县开设“O2O特色馆”400余家,物流覆盖90%以上国家级贫困县;京东集团开设130余家线上贫困县特产馆;与今日头条、拼多多、快手、本来生活等电商平台企业开展对接,促进电商精准扶贫和贫困地区农产品产销对接。

社会影响不断加大。2019年，继续开展全国电商扶贫案例研究项目，面向全国征集电商扶贫典型案例400余例，经专家审核、实地调研和国务院扶贫办审定后，最终确定50个电商扶贫典型案例并予以发布。通过征集、评选、发布优秀案例，有效推进、宣传和带动电商扶贫工作，形成一批可学、可用的典型。

（国务院扶贫办社会扶贫司　史小兵）

【旅游扶贫】 2019年，国务院扶贫办、文化和旅游部在河北省正定县联合举办全国旅游扶贫工作培训班，指导各地抓好“景区带村、能人带户”模式的推广。加大深度贫困地区旅游扶贫支持力度，指导有关省（区）以深度贫困地区旅游“大环线”为抓手，以环线附近的贫困村为投入重点，加强资源统筹投入力度。国务院扶贫办会同文化和旅游部在甘肃省临夏回族自治州、西藏自治区拉萨市举办“三区三州”旅游大环线推介活动。

加强工作指导。9月底，在正定县召开全国旅游扶贫工作培训班，以现场观摩、案例等方式持续加强对旅游扶贫工作的指导。国务院扶贫办会同文化和旅游部，指导贫困地区依据旅游资源特点和市场需求，因地制宜开发特色旅游产品，持之以恒地培育发展，注重带动贫困人口脱贫，提高贫困户参与的组织化程度，引导勤劳致富，避免直接发钱发物、送钱送物。

突出重点，做好深度贫困地区旅游扶贫工作。1月，国务院扶贫办、文化和旅游部在甘肃省临夏回族自治州举办“三区三州”旅游大环线推介活动，设计推出1条大环线、4条支线、6条主题穿越线，助力带动“三区三州”深度贫困地区和贫困人口脱贫。指导相关省（区）成立“三区三州”旅游大环线宣传推广联盟，协调旅游在线企业推出“三区三州”旅游扶贫频道、“三区三州”旅游大环线专版，推出相关线路产品。10月，会同文化和旅游部在西藏召开“三区三州”旅游大环线推介会，指导各地以“大环线”为抓手，以旅游环线附近的贫困村为投入重点，增加统筹资源，做好本区域内的深度贫困地区旅游扶贫工作。

（国务院扶贫办开发指导司　周　翔）

【光伏扶贫】 2019年，光伏扶贫工作主要围绕“完善制度、完成建设、纳入目录”主题，从以下几个方面开展工作。

完成“十三五”第二批光伏扶贫计划下达和建设工作。国务院扶贫办会同国家能源局完成167万千瓦的“十三五”第二批光伏扶贫计划下达工作。建立项目建设进度月报制度，督促各地及时开展光伏扶贫项目建设，确保2019年年底完成在建项目建设任务。

开展存量光伏扶贫项目的审核和纳入目录工作。国务院扶贫办协调财政部完成531万千瓦第二批财政补助目录的公布，开展存量光伏扶贫项目的审核工作，形成存量光伏扶贫项目审核报告。

推动全国光伏扶贫信息监测中心应用工作。截至2019年年底，已纳入财政补助目录的21个省（区），有18个省（区）全面启动村级光伏扶贫电站的设备级运行数据接入工作，累计接入28272座村级光伏扶贫电站，装机容量454.8万千瓦。

指导和督促地方规范管理，对存在的问题推动各地及时整改。国务院扶贫办会同国家能源局，对光伏扶贫电站建设进度、电站接入信息监测中心的进展情况、项目工程款偿还情况等进行督促指导。

（国务院扶贫办开发指导司　高　辉）

【构树扶贫】 构树扶贫工程是国务院扶贫开发领导小组2014年12月确定的精准扶贫十项工程之一，是产业扶贫中一项有重要意义、有带贫特色、有发展前景的工作。经过扶贫、农业、国土、科技、林草等部门和试点地区的共同努力，构树扶贫试点取得阶段性成效。

据不完全统计，全国杂交构树种植面积从2015年年初的1.47万亩发展到2019年年底的102万亩，涉及28个省区市、200多个贫困县，累计有600多家企业或合作社从事构树种植养殖，带贫效果明显。

中央领导关注构树扶贫，相关职能部门合力推进。2019年11月8日，国务院扶贫办会同自然资源部、农业农村部印发《关于构树扶贫试点工作指导意见的补充通知》，进一步明确构树用地问题。

国务院副总理胡春华对构树扶贫高度关注，在2019年11月召开的全国畜牧业工作会议上强调发展构树是建立现代饲料供应体系的有益探索。国务院扶贫办多次组织调研或召开现场会，大力宣传和推动构树扶贫工程。9月，国务院扶贫办在河北省魏县组织召开构树扶贫经验交流暨产销对接研讨会，全国19个省区市的扶贫办分管处长、相关县的同志、专家学者、企业家代表等120人参会，会议达成广泛共识，对构树扶贫工作起到积极推动作用。

政策支持和技术标准逐步完善，指标体系获得权威机构认可。一是经过中国扶贫发展中心与中国农业机械化科学研究院多次沟通争取，杂交构树联合收获机械顺利进入国家发展和改革委员会《产业结构调整指导目录(2019年本)》，意味着凡是进行杂交构树联合收获机械研发的企业，经过正规的申请程序，均可获得国家补贴。提高杂交构树收获机械研发企业的积极性，有力助推构树扶贫产业蓬勃发展。二是中国扶贫发展中心组织中国农业大学专家团队，编制完成《构树饲用技术标准》(饲喂肉牛、奶牛、猪、羊)，并于2019年1月29日在全国团体标准信息平台发布。这些专业技术标准的建立，为构树扶贫产业化发展提供保障。三是中国扶贫发展中心2019年委托业界权威机构生物饲料开发国家工程研究中心，对国家权威机构检测的杂交构树叶粗蛋白含量、构树饲料与苜蓿饲料营养成分对比，以及构树鸡蛋与普通鸡蛋营养成分对比报告进行分析评价，构树全株和构树青贮的蛋白含量均高于苜蓿草，可以替代或部分替代苜蓿草粉在草食动物日粮中应用。构树鸡蛋DHA含量是普通鸡蛋的2.39倍，胆固醇含量仅为普通鸡蛋的一半。

(中国扶贫发展中心专项处　苗　猛)

【龙头企业带动】《国务院扶贫办关于完善扶贫龙头企业认定和管理工作的通知》中明确："按照中央统筹、省负总责、市县抓落实的扶贫工作管理体制，扶贫龙头企业认定由国务院扶贫办制定认定条件和程序，省级扶贫部门组织认定并实施管理，市县两级扶贫部门具体负责组织申报工作。"在国务院扶贫办已制定认定条件和程序的情况下，扶贫龙头企业的组织认定和实施管理的主要责任在省级层面。

2019年，国务院扶贫办部署开展扶贫龙头企业认定管理工作的调查摸底，督促各地完善扶贫龙头企业认定和管理台账，建立扶贫龙头企业监测评估机制。根据掌握的情况，除14个省区出台专门实施意见外，其他相关省区也根据本地实际，出台相关支持性政策文件。

(国务院扶贫办开发指导司　周　翔)

【贫困村创业致富带头人培训】 2019年，国务院扶贫办坚持将贫困村创业致富带头人培育作为脱贫攻坚的重要抓手，在选好选准带头人、加大培训力度、完善减贫带贫机制、强化激励措施等方面取得新进展和新成效。2019年遴选致富带头人10.1万人、总数36.5万人，领办创办带贫项目18.8万个，带动411.6万贫困人口就业。

7月25日，国务院扶贫办在吉林省延吉县召开贫困村创业致富带头人现场会，总结交流致富带头人培育工作前期积攒的优秀做法，如福建省蓉中村"1+11"模式(即脱产在蓉中基地培训1个月，对参训学员返村创业继续指导、帮扶、跟踪服务11个月),宁夏回族自治区固原市两个“带头人”一起抓(把村党支部成员和党员培育成致富带头人,同时在致富带头人中发展党员和培养村干部),广西壮族自治区上林县对口帮扶机制下的“产业帮扶、以业定培、龙头引领、能人带贫”等。

10月9日和21日,国务院扶贫办先后在江苏省张家港市善港村和清华大学举办贫困村创业致富带头人示范培训班。其中,清华大学培训班举办2期,累计培训116名创业致富带头人,致富带头人培训班已逐渐形成品牌效应,示范引领作用进一步彰显。

11月13日,国务院扶贫办会同人力资源和社会保障部联合出台《关于加强贫困村创业致富带头人培训工作的通知》,把贫困村创业致富带头人培训工作纳入职业技能提升行动,明确贫困村创业致富带头人培训所需资金可优先从专项资金中列支,进一步扩宽资金渠道,加大扶持力度。

(国务院扶贫办开发指导司　周建文)

【资产收益扶贫】 2019年,国务院扶贫办积极协调配合相关部门、指导督促各地实施资产收益扶贫等各项特惠政策,因地因人制宜发展产业,帮助贫困户实现脱贫增收。

一是加强工作指导。结合资产收益扶贫项目实施,要求地方扶贫部门积极探索如何在政府的引导和支持下,更好地引入市场机制,自觉地将有劳动能力的贫困群众嵌入产业发展的链条,获得稳定、持久收益。

二是进一步总结、提炼资产收益扶贫的典型案例,用具体案例指导各省开展工作,推动好的经验和做法在扶贫一线落地生根。允许各地积极创新、前瞻探路,进一步提高资产收益扶贫的改革效能。

三是将资产收益扶贫工作与发展壮大村级集体经济相结合。明确扶贫资产所有权,鼓励将财政专项扶贫资金、整合用于扶贫的其他涉农资金、社会帮扶资金投入扶贫项目形成的资产归村集体所有。放活扶贫资产经营权,鼓励各地因地制宜确定村集体所有的扶贫资产经营方式。确保贫困群众收益权。明确扶贫资产收益主要用于帮扶建档立卡贫困人口,收益分配方式主要是开设村内公益岗位、发展村内公益事业等。落实扶贫资产监督权。指导各地切实加强扶贫资金项目监管,开展经常性监督检查。建立完善扶贫资产登记管理制度。积极发挥驻村第一书记、驻村工作队等在监督中的积极作用。严格执行信息公开制度,确保群众的知情权、监督权,自觉接受社会监督。

(国务院扶贫办开发指导司　周　翔)

(三)就业扶贫

【综述】 就业扶贫是实现贫困人口增收最直接、最有效的手段,也是实施“五个一批”精准扶贫、精准脱贫方略的重要抓手。2019年,把“稳就业”作为持续推动贫困人口稳定脱贫的重要抓手,围绕稳岗、拓岗,重点加强指导,统筹推进,就业扶贫工作成效显著。开展易地扶贫搬迁后续就业帮扶、贫困村创业致富带头人、“雨露计划”、扶贫公益性岗位等课题研究,进一步夯实各项工作基础和理论基础;通过强化劳务协作、建设扶贫车间、开发扶贫公岗、实施“雨露计划”等多种措施压实工作责任,持续帮助一批未就业贫困劳动力转移就业,帮助一批已就业贫困劳动力稳定就业,帮助一批贫困家庭未升学初、高中毕业生就读技工院校、职业院校,实现技能脱贫。

开展劳务协作稳岗,鼓励东部省份发布用工需求和岗位信息,中西部省份根据岗位信息开展订单培训或技能培训,开展有组织的劳务输出,提高贫困劳动力外出务工的组织化程度,有效增加贫困人口收入。落实政策拓岗,推进省内发达地区和贫困县之间的劳务协作,完善省内劳务协作机制,通过社保补贴等奖补政策鼓励企业吸纳贫困劳动力稳定就业。加强信息比对预判，建立外出务工贫困劳动力数据交换机制，指导东部地区建立外向型企业用工监测预警机制，依托贫困劳动力务工数据库和社会保险信息数据库跟踪监测贫困劳动力就业情况，全面增强对贫困劳动力失业风险的预判能力。2019年，全国有2729万贫困劳动力外出就业务工，涉及建档立卡贫困家庭1712万户6611万人。2019年年底，全国有务工人员的贫困家庭户均年收入为38586元，其中户均务工收入为26544元，占家庭户均收入的68.8%；务工收入占家庭总收入超过80%的贫困家庭有666万个，涉及贫困人口2692万人。务工就业已成为贫困家庭收入来源的主要渠道，为贫困家庭脱贫提供坚实支撑。

（国务院扶贫办开发指导司　周建文）

【扶贫车间】　国务院扶贫办会同有关部门持续推动各地因地制宜建设扶贫车间。督促各地结合实际制定扶贫车间认定标准，规范扶贫车间建设，强化扶贫车间运营管理，对扶贫车间进行清理核查和分类处置，提升带贫能力。鼓励扶贫车间开展在职培训、以工代训，组织贫困劳动力边工边学并落实补助政策，强化带贫成效与扶持政策挂钩力度，建立正向激励机制，促进贫困劳动力家门口就业。指导各地根据当地资源禀赋、产业结构等，统筹布局、科学规划，聚焦易地扶贫搬迁大型集中安置点，在东西扶贫协作和对口帮扶机制下援建一批劳动密集型、生态友好型的扶贫车间；扶持建设非遗扶贫工坊，会同文旅部门开展“非遗+扶贫”就业工坊试点，聚焦深度贫困地区和民族地区，发挥民族文化和非遗资源优势，建设一批生态友好型的民族手工艺品非遗就业工坊。截至2019年年底，全国各类扶贫车间总数近3.2万个，带动贫困人口就业近100万人。

（国务院扶贫办开发指导司　周建文）

【职业教育培训】　国务院扶贫办持续实施“雨露计划”，充分利用各类媒体，尤其是利用新媒体传播信息的广泛性、及时性及良好的交互性，多种形式宣传职教扶贫、技能扶贫等政策措施和典型案例，营造技能脱贫的良好氛围。加大政策宣传，充分发挥第一书记、驻村工作队、村干部等基层力量，走村入户宣讲政策，通过身边人、身边事口口相传，引导贫困家庭转变观念，鼓励贫困家庭“两后生”接受职业教育。强化政策落实，对有子女接受职业教育的贫困家庭，按照每生每年3000元左右的标准给予补助，减轻贫困家庭教育支出，支持更多的贫困家庭子女接受职业教育。建立学籍信息比对机制，分春、秋两季对接受职业教育的贫困家庭学生进行数据比对，并在全国扶贫开发信息系统中标注，指导各地及时发放补助资金，实现应补尽补。开展就业培训，会同教育部、人力资源和社会保障部实施职业教育东西扶贫协作行动和千校技能扶贫行动。在东西扶贫协作框架内，以就业市场需求为导向，结合贫困家庭劳动力实际，开展各类培训，提高农村新成长劳动力和转移就业劳动者的就业技能水平，促进其转移就业或创业，促进技能脱贫、改善生活水平。强化贫困家庭职校毕业生就业帮扶，召开“雨露计划”贫困家庭毕业生就业帮扶推进会，广泛动员社会力量参与，大力开展就业帮扶和就业指导，帮助更多职业院校毕业的“两后生”实现有质量就业。2019年，在校人数281万人，与2018年相比增加55万人。

（国务院扶贫办开发指导司　周建文）

【扶贫公益岗位】　国务院扶贫办持续督促指导各地根据贫困村公共事业发展和特定贫困人口帮扶需求，合理设置保洁员、治安员、调解员等扶贫公益岗，精准发挥扶贫公益性岗位托底安置作用，解决特殊贫困人口在家门口就业的问题。出台《关于做好公益性岗位开发管理有关工作的通知》，督促各地科学制订扶贫公益岗位开发管理实施方案，建立岗位开发、人员聘任、补贴发放、有序退出等规范管理运行流程，杜绝扶贫公益性岗位福利化倾向。截至2019年年底，全国共设置扶贫公益性岗位283万个。

（国务院扶贫办开发指导司　周建文）

（四）消费扶贫

习近平总书记十分重视消费扶贫工作。2019年4月16日，习近平在重庆主持召开的解决“两不愁三保障”突出问题座谈会上专门强调：要探索建立稳定脱贫长效机制，组织消费扶贫。

2018年12月，国务院办公厅印发《关于深入开展消费扶贫助力打赢脱贫攻坚战的指导意见》，对消费扶贫工作作出全面部署。国务院扶贫办积极会同有关部门，推动相关工作落到实处。

充分运用政府采购政策支持消费扶贫。2019年5月，财政部与国务院扶贫办联合印发《关于运用政府采购政策支持脱贫攻坚的通知》，鼓励各级预算单位采用优先采购、预留采购份额方式采购贫困地区农副产品，优先采购聘用建档立卡贫困人员物业公司提供的物业服务。8月，财政部会同国务院扶贫办、中华全国供销合作总社印发《政府采购贫困地区农副产品实施方案》，搭建集“交易、服务、监管”于一体的贫困地区农副产品网络销售平台，畅通各级预算单位与贫困地区产销需求对接渠道，进一步提高消费扶贫工作效率和精准度。贫困地区农副产品网络销售平台正式上线运行，截至2019年年底，已有900余家供应商上线近2000款产品，10万余家采购单位注册。

将消费扶贫纳入东西部扶贫协作和中央单位定点扶贫政策框架。一是将开展消费扶贫情况作为重要评价指标，列入2019年修订的《东西部扶贫协作成效评价办法》。将帮助扶贫协作地区消费扶贫金额和消费扶贫带动贫困人口数纳入东西部扶贫协作业务子系统统计范围，推动参与东西部扶贫协作的东部省市积极开展消费扶贫。动员和引导东部省市通过开展单位购销、结对助销、企业带销、活动展销、商超直销、电商营销、基地订销、旅游促销、劳务帮销、宣传推销等多种形式的活动，推动贫困地区农产品进机关、进学校、进医院。2019年，东部省份购买贫困地区农副产品482.9亿元。国务院扶贫办强化协调指导，推动全国各省市大力开展消费扶贫。北京市设立消费扶贫产业双创中心，展示展销扶贫协作7省89个贫困县3000余种扶贫产品，发放消费扶贫爱心卡60余万张，刷卡享优惠促销扶贫产品。以北京新发地市场等10多个批发市场为依托，在超市发、京客隆、家乐福、物美等100余家商超建立消费扶贫专区，建成运营1000多个消费扶贫网点。广东省建设东西部扶贫协作产品交易市场，2019年9月举办市场开业暨第一届博览会，参展销售农副产品涵盖30多类1000余种，覆盖广东扶贫协作的12个省区市1200多家企业。上海市组织“百县百品”消费扶贫专项活动，通过整体策划包装，运用公共品牌效应，助力对口地区产品全面进入上海大市场、大平台。浙江省打造消费扶贫街区“山丘集市”，在中国社会扶贫网上线“浙江馆”“宁波馆”，作为社会力量参与消费扶贫的重要平台。江苏省苏州市在手机银行App中开发出“黔货进苏”手机平台模块，方便苏州银行200多万客户线上选购贫困地区优质农产品，助推“黔货出山”。四川省建立“四川扶贫”公益品牌，加盟企业1756家、用标扶贫产品3999个，有效带动贫困地区经济发展和贫困户增收。构建消费扶贫统计监测制度，开发全省“消费扶贫”数据库。江西省将每年10月定为消费扶贫月，举办系列扶贫产品展销会拓宽扶贫产品销售渠道。充分运用社交媒体推销扶贫产品，在抖音、快手、村淘直播等社交媒体上开设销售账号直销扶贫产品。二是将消费扶贫情况纳入中央单位定点扶贫考核指标。将开展消费扶贫情况作为重要评价指标，列入2019年修订的《中央单位定点扶贫工作成效评价办法》，将购买和帮助定点扶贫县销售贫困地区农产品情况、购买和帮助销售832个贫困县农产品情况纳入中央单位定点扶贫业务子系统统计范围，建立工作台账，推动各级机关和国有企事业单位积极开展消费扶贫活动。中国石油依托加油站便利店，拓宽销售渠道，组织消费扶贫对接会，创新对接方式。中国石油化工集团有限公司开通易捷商城、员工团购网等7个线上销售扶贫产品平台，促进扶贫产品销售。中航集团统筹协调和运用航食配餐、航空媒体等各方面资源参与消费扶贫，并动员职工“以购代捐”。

动员民营企业等社会力量参与消费扶贫。充分依托民营企业“万企帮万村”精准扶贫行动，动员民营企业参与消费扶贫。2019年1月，召开“万企帮万村”消费扶贫对接会，举办“舌尖上的扶贫”直通车发布会暨签约仪式，打通深度贫困地区特色农产品产销对接“最后一公里”，现场在产业扶贫、商贸扶贫、消费扶贫领域签约46.4亿元。截至2019年年底，进入“万企帮万村”精准扶贫行动台账管理的9.99万家民营企业精准帮扶6.56万个贫困村。碧桂园集团深度挖掘社区这一富有潜力的市场，充分利用企业自有的社区便利店及互联网等方式，积极推动贫困地区优质特色农产品进社区、进业主家庭。吉利集团帮扶贵州省雷山县茶旅一体结合项目已生产干茶39吨，实现产值约628万元。茶园套种桂花树，种植金桂9200亩、153000株，同时委托饮料生产商以雷山夏秋茶为原料生产茶饮料35.7万箱。

（国务院扶贫办社会扶贫司　安　珣）

（五）易地扶贫搬迁

2019年，国家发展和改革委员会会同国务院扶贫办等有关部门和22个有易地扶贫搬迁任务的省份，按照中共中央、国务院《关于打赢脱贫攻坚战的决定》《关于打赢脱贫攻坚战三年行动的指导意见》部署，把易地扶贫搬迁作为“不忘初心、牢记使命”主题教育的重要实践载体，狠抓责任落实、政策落实、工作落实，高质量完成中央脱贫攻坚专项巡视反馈易地扶贫搬迁问题整改，提前一年基本完成“十三五”规划建设任务，实现930万建档立卡贫困群众搬迁入住，近920万人脱贫，推动新时期易地扶贫搬迁工作取得决定性进展。

强化政策供给，不断完善政策体系和操作细则。国家发展和改革委员会主任、党组书记何立峰等9位领导以易地扶贫搬迁为重点，赴“三区三州”等深度贫困地区深入开展调研，了解工作中存在的困难和问题，听取基层干部群众政策诉求，有针对性地提出改进优化政策的意见。在此基础上，牵头起草并联合10多个部门印发实施《新时期易地扶贫搬迁工作百问百答》《关于进一步加大易地扶贫搬迁后续扶持的指导意见》等。协调推动财政部、人力资源和社会保障部分别出台《关于免征易地扶贫搬迁有关政府性基金和行政事业性收费政策的通知》《关于做好易地扶贫搬迁就业帮扶工作的通知》。

强化资金保障，大力支持安置住房和配套基本公共服务设施建设。分三批下达中央预算内投资72.7亿元，协调财政部安排地方政府债务资金1293亿元，支持86.44万人建档立卡贫困人口易地扶贫搬迁安置住房建设。为解决部分安置人口规模大、同步搬迁人口比例高的大型安置点迁入地配套教育、医疗设施承载能力不足问题，专门安排中央预算内投资35.29亿元，协调财政部安排地方政府债务资金170多亿元，支持贵州、云南、广西等省区约145个大型安置点补齐配套教育、医疗设施短板，受益搬迁群众超过130万人。“十三五”规划的800亿元易地扶贫搬迁中央预算内投资已全部下达完毕，其他各类融资资金下达总额超过5000亿元。

强化督促指导，确保按时保质完成工程建设任务。定期调度各地工作推进进度，及时掌握项目建设、资金到位、搬迁入住、后续脱贫措施落实情况，召开发展改革系统易地扶贫搬迁工作现场会和“三区三州”易地扶贫搬迁工程建设推进会，对工作相对滞后省份采取多种方式进行督导。会同国务院扶贫办、住房和城乡建设部、自然资源部等部门对易地扶贫搬迁工程质量安全开展全面排查，督促各地及时发现和处置安置点选址、住房质量安全等方面存在的问题。举办3期政策宣讲培训班，组织各地以《新时期易地扶贫搬迁工作百问百答》为基础，面向基层干部和搬迁群众深入开展国家易地扶贫搬迁政策宣讲培训。编发31期《“十三五”时期易地扶贫搬迁政策指引》，解读政策要点，交流经验做法，推广典型案例。

强化后续扶持，确保搬迁群众“稳得住、能脱贫”。组织召开全国易地扶贫搬迁后续扶持工作现场会，国务院总理李克强作出重要批示，国务院副总理胡春华出席会议并讲话，推动各地将工作重心由工程建设向后续扶持转移。在下达教育卫生、社会服务兜底、就业实训基地建设、农村人居环境改善、农村扶贫公路等领域中央预算内投资计划时，对安置点配套设施建设予以倾斜支持，持续改善搬迁群众稳定脱贫的基础条件。举办易地扶贫搬迁后续扶持工作专题培训班，向22个省份和“三区三州”等深度贫困地区专题解读后续扶持相关政策和要求，推动落实《关于进一步加大易地扶贫搬迁后续扶持工作力度的指导意见》，提升搬迁脱贫成效。22个有易地扶贫搬迁任务的省份均召开后续扶持工作推进会或现场会，制定省级后续扶持政策文件。

强化监管巡查，督促地方将各类问题及时整改清零。印发《2019年易地扶贫搬迁监管巡查工作方案》《关于上下联动进一步加强易地扶贫搬迁监管巡查工作的通知》，建立由250余名专家组成的易地扶贫搬迁监管巡查专业人员储备库，进一步完善监管巡查工作机制。累计派出25个巡查组240余人次，开展3轮常规性监管巡查，实现22个省份监管巡查全覆盖；派出16个巡查组80人次赴河北、山西、贵州等11个省份开展机动式实地核查。根据巡查情况，向相关省份下达整改通知，约谈易地扶贫搬迁主管部门负责同志，共同分析查找原因，督促各类问题整改到位。会同国务院扶贫办、财政部等16个部门单位组织开展“十三五”易地扶贫搬迁全面排查，对照“两不愁三保障”目标标准，客观评价取得的工作成效，认真检视工作中存在的问题、疏漏和缺项，并督促尽快整改到位，为圆满完成易地扶贫搬迁任务奠定坚实基础。

强化宣传引导，为易地扶贫搬迁工作营造良好氛围。举办2019年全国扶贫日易地扶贫搬迁论坛，发布《全国易地扶贫搬迁年度报告（2019）》，展现易地扶贫搬迁工作推进情况和脱贫成效。协调新华社、《人民日报》、中央广播电视总台等中央媒体加大对易地扶贫搬迁的宣传报道力度，刊发（播送）易地扶贫搬迁相关新闻报道、典型案例等数百篇，使社会各界对搬迁工作有更全面、更深入的了解。印发《易地扶贫搬迁集中宣传报道工作方案》，组织媒体在重要时间节点对易地扶贫搬迁工作进行集中报道。对有关方面反映的问题和舆情，不回避、不推诿，第一时间组织开展实地核查，澄清事实真相，回应社会关切，督促相关省份及时整改问题。

2019年，在中央有关部门和地方政府共同努力下，全国完成约960万人的易地扶贫搬迁建设任务，建成集中安置点约3.9万个、安置房260余万套，搬迁入住率超过97%，搬迁群众脱贫率95.8%，基本实现每个有劳动能力且有就业意愿的搬迁家庭至少有1人就业。

（国家发展和改革委员会地区振兴司　李　想）

（六）教育扶贫

2019年，教育部坚持扶贫与扶志、扶智相结合，深入推进扶智育人教育脱贫攻坚行动，扎实推进“两不愁三保障”保障义务教育和“发展教育脱贫一批”重要任务工作落实，更好发挥教育阻断贫困代际传递的作用，组织动员全教育系统力量合力攻坚，形成上下联动、齐心协力抓落实的工作氛围，取得重要阶段性成果，教育脱贫攻坚成效显著。

义务教育有保障突出问题基本解决。制订实施解决义务教育有保障突出问题的工作方案，持续实施控辍保学专项行动，分类控辍、分类保学。强化学位保障、教学保障和资助保障，2019年起把建档立卡等4类家庭经济困难非寄宿生纳入生活补助范围。“特岗计划”教师招聘规模从2018年的9万人扩大到2019年的10万人，生活补助政策惠及270余万名乡村教师。通过不懈努力，截至2019年年底，全国832个国家级贫困县义务教育阶段辍学学生数由2019年5月底的29万人减少至4329人，其中建档立卡贫困家庭辍学学生人数由15万人减少至564人。

深度贫困地区教育脱贫攻坚力度持续加大。与脱贫攻坚任务较重的13个省区会商签订落实合作备忘录。会同财政部在分配中央财政教育专项资金时增加“三区三州”等因素，中央对地方转移支付资金分配将“贫困人口”“贫困发生率”等作为重要因素。2019年下达中央对地方教育转移支付资金3272亿元，用于中西部2736亿元，占85%，比2018年增加196亿元。启动义务教育薄弱环节改善与能力提升工作，“三区三州”规划投入资金76.2亿元。

发展教育脱贫一批成效稳步显现。统筹推进东西协作中职招生兜底行动，畅通西部农村和贫困地区学生到东部接受职业教育渠道，2019年招收的中职新生中建档立卡贫困家庭学生比2018年增加7.47万人，增长23.7%。重点高校招收农村和贫困地区学生专项计划录取学生2019年新增5000余人，2012年以来累计招生近60万人。建档立卡贫困家庭普通高校毕业生人数逐年增加，从2015届的27.5万人增至2019届的50.9万人。深入实施推普脱贫攻坚，会同国务院扶贫办共同实施“学前学会普通话”行动。

（教育部　白　璐　吴延磊）

（七）健康扶贫

国家卫生健康委员会坚持目标标准，聚焦深度贫困地区和基本医疗有保障存在的突出问题，按照中央统筹、省负总责、市县抓落实的管理体制，围绕让贫困人口看病“有地方、有医生、有医保制度保障”，以中央脱贫攻坚专项巡视整改为抓手，以贫困地区县医院能力建设、“县乡一体、乡村一体”机制建设、乡村医疗卫生机构标准化建设为主攻方向，完善政策供给，统筹资金项目，强化责任落实，提高成效质量，贫困人口“基本医疗有保障”突出问题得到基本解决。

提升医疗卫生服务能力。采取超常规措施，组织开展全面排查，实行挂图作战。将符合条件的贫困县县医院全部纳入全国全民健康保障工程支持范围，2019年落实中央投资74亿元支持贫困地区200个县级医院建设项目。全面加强贫困县医疗卫生人才队伍建设，2019年累计为贫困地区培养人才1.2万人；持续深化三级医院对口帮扶贫困县县医院工作，派出6174名医生蹲点帮扶并实行定期轮换；累计向乡村两级医疗卫生机构支援医务人员9.8万人。远程医疗覆盖全部832个贫困县并逐步向乡镇卫生院延伸。指导有条件的贫困县推进县域医共体建设，全国726个贫困县建立县域医共体，显著提升贫困县县域内医疗卫生服务整体绩效。

开展分类救治。继续实施贫困人口大病和慢性病分类救治。将大病专项救治病种扩大到25种，基本实现“应治尽治”。落实家庭医生签约服务工作，重点对高血压、糖尿病、结核病、严重精神障碍等4种慢性病患者实行“应签尽签”。配合国家医疗保障局实施医疗保障扶贫，把贫困人口全部纳入基本医疗保险、大病保险和医疗救助等制度保障范围，推动基本医保覆盖到99.98%的贫困人口，基本实现“应保尽保”。强化三重保障，大病保险、医疗救助等医疗保障制度对农村贫困人口实行提高报销比例等倾斜政策，并要求各地将现有兜底保障措施于2020年年底前过渡到三重保障制度框架内，保持政策连续性和稳定性。采取县域内住院先诊疗后付费和“一站式”结算等便民举措，免除贫困家庭垫资负担。通过以上综合保障举措，将农村贫困人口医疗费用负担控制在家庭可承受范围之内。

加强疾病和健康危险因素综合防控。按照“一地一策、一病一策”开展重大传染病、地方病综合防治，并从人、财、物、政策和技术等方面给予全方位支持。2019年中央转移支付投入2.06亿元，支持西藏和四省藏区综合防控包虫病，设立24个干预区。加强南疆四地州结核病防治，将结核病筛查纳入新疆全民免费健康体检，设置66个隔离治疗点，实行特殊医疗保障政策，南疆四地州结核病高发态势得到有效遏制。将艾滋病防治作为四川省凉山彝族自治州健康扶贫主攻方向，与四川省人民政府签订帮扶协议，共同加快推动。深入实施贫困地区农村妇女“两癌”检查、儿童营养改善和新生儿疾病筛查等项目，积极开展贫困地区爱国卫生运动和健康促进三年攻坚行动，努力提升贫困群众健康素养。

（国家卫生健康委员会扶贫办　张　喆）

（八）危房改造

2019年，住房和城乡建设部聚焦“两不愁三保障”突出问题，切实把实现贫困户住房安全有保障作为最重要的脱贫攻坚任务，全面推进农村危房改造工作。会同国务院扶贫办、民政部、中国残疾人联合会等相关部门组织各地核实确认，将2020年前全国需完成的64.2万户建档立卡贫困户存量危房改造任务全部纳入当年农村危房改造范围，较往年提前2个月下达中央财政补助资金，帮助贫困户提前备工备料。对于自筹资金或投工投劳建房存在困难的特殊贫困群众，指导地方通过统建农村集体公租房、幸福大院等方式，兜底解决其基本住房安全问题。每月调度开工、竣工进度，对工作进展缓慢的地区进行督促指导并给予技术帮扶。截至2019年12月31日，建档立卡贫困户存量危房改造任务开工率99%。

（住房和城乡建设部扶贫办公室　陈　瑶）

（九）社会保障

2019年，各级民政部门聚焦脱贫攻坚，聚焦特殊群体，聚焦群众关切，扎实履行社会救助兜底保障责任，为打赢脱贫攻坚战发挥好兜底保障作用。

将符合条件的贫困人口全部纳入社会救助兜底保障范围。2019年，民政部指导各地落实《民政部　财政部　国务院扶贫办关于在脱贫攻坚三年行动中切实做好社会救助兜底保障工作的实施意见》，将未脱贫建档立卡贫困户中靠家庭供养且无法单独立户的重度残疾人、重病患者等完全丧失劳动能力和部分丧失劳动能力的贫困人口，参照单人户纳入农村低保范围。将民政部、国务院扶贫办数据比对发现的未纳入救助范围的重病重残和弱劳动能力家庭贫困人口，发给各地逐一核查，并将其中符合条件的纳入低保等社会救助范围，确保“应保尽保、应救尽救”。截至2019年年底，全国有1857万建档立卡贫困人口纳入农村低保或特困人员救助供养范围(已脱贫1693万人、未脱贫164万人),其中老年人555万人(不含重病或重残),占30%;未成年人275万人(不含重病或重残),占15%;重病或重残419万人,占23%,三者合计占兜底保障人口总数68%。2019年,全国给予建档立卡贫困人口304万人次临时救助。

加强农村低保家庭经济状况认定评估。2019年,民政部联合国家统计局印发《关于在脱贫攻坚中切实加强农村最低生活保障家庭经济状况评估认定工作的指导意见》,对农村低保家庭中收入、财产、刚性支出及辅助指标作出规范,细化各项指标内容,明确评估认定方法,对地方开展农村低保家庭经济状况评估认定工作提出具体要求。

科学调整农村低保标准。2019年,民政部指导各地综合考虑维持困难群众基本生活、当地物价水平、财政保障能力、城乡统筹发展需要等因素,科学制定农村低保标准,持续推动农村低保标准与扶贫标准有效衔接。截至2019年年底,全国农村低保平均标准为每人每年5336元,所有县(市、区)农村低保标准全部动态达到或超过国家扶贫标准,其中22个脱贫攻坚任务重的省份农村低保平均标准为每人每年4697元,全国深度贫困县平均标准为每人每年4199元,“三区三州”所辖县平均标准为每人每年4068元。

提高农村特困人员救助供养水平。2019年,民政部组织开展特困人员集中供养需求摸底调查,全面掌握特困人员集中供养情况,详细了解分散供养特困人员集中供养意愿,合理制订特困人员集中供养服务计划,优先集中供养生活不能自理特困人员。印发《民政部关于进一步加强分散供养特困人员救助服务的通知》,进一步明确落实救助供养标准、规范照料服务协议签订、细化委托照料服务内容、强化照料服务资源链接等要求。截至2019年年底,全国共有农村特困人员439.3万人,其中集中供养75.2万人,生活不能自理特困人员107.3万人,1—12月支出农村特困人员救助供养资金346.9亿元。

推进农村特困人员供养服务机构建设改造。2019年,民政部会同国家发展和改革委员会、财政部印发《关于实施特困人员供养服务设施(敬老院)改造提升工程的意见》《关于进一步加强特困人员供养服务设施(敬老院)管理有关工作的通知》,针对敬老院的设施条件、设备配置和安全管理实施为期3年的改造提升工程,持续增强管理服务能力。2019年,社会服务兜底工程安排约104570万元中央预算内资金,支持各地农村敬老院等228个项目建设。全国已有农村特困供养服务设施(敬老院)近2万家,收住特困人员75万余人。

进一步发挥临时救助兜底功能。2019年,民政部会同财政部、国务院扶贫办印发《关于在脱贫攻坚兜底保障中充分发挥临时救助作用的意见》,进一步明确发挥临时救助在解决“两不愁”问题兜底作用和解决“三保障”问题支持作用,以及防范脱贫群众返贫等方面的政策措施,充分发挥临时救助兜底保障作用,及时解决困难群众遭遇的突发性、紧迫性、临时性基本生活困难,积极助力打赢脱贫攻坚战。2019年,全国实施临时救助917.7万人次,支出救助资金128亿元,平均救助水平每人1395元。其中,救助非本地户籍对象4.5万人次。

做好数据分析掌握底数。2019年,民政部与国务院扶贫办继续定期比对低保对象与建档立卡贫困人口重合情况,强化信息共享,分析研判农村低保与扶贫开发衔接工作情况。同时,联合中国残疾人联合会、国家卫生健康委员会,就低保对象、特困人员和重度残疾人、因病致贫人员数据开展比对,精准掌握建档立卡对象中重度残疾人、重病患者等完全丧失劳动能力和部分丧失劳动能力人员底数，确保牢牢兜住脱贫攻坚底线。

社会救助兜底保障资金投入和管理。2019年，民政部积极争取中央财政加大社会救助兜底保障资金投入，中央财政安排困难群众救助补助资金1471.7亿元，比2018年增长5.1%。会同财政部、住房和城乡建设部、中国残疾人联合会印发《关于修改中央财政困难群众救助等补助资金管理办法的通知》，进一步明确资金使用范围、分配方法、绩效管理和监管机制，确保资金使用效益。联合财政部对各地开展困难群众救助工作绩效评价，督促改进工作。加强对深度贫困地区的指导支持，2019年中央财政新增安排的困难群众救助补助资金70.6亿元全部补助给"三区三州"等深度贫困地区。

民政扶贫领域作风问题专项治理。2019年，印发《2019年全国农村低保专项治理工作要点》，部署指导各地深入推进农村低保专项治理。会同财政部印发《关于在"不忘初心、牢记使命"主题教育中深化农村低保专项治理工作的通知》，部署各地在主题教育中深化农村低保专项治理，集中整治民政扶贫领域漠视侵害群众利益问题。制定《2019年全国农村低保专项治理实地调研工作方案》，派出5个调研组赴四川、湖南、云南、西藏、湖北、陕西、山西等7个省份开展专项治理实地调研；派工作组赴云南、吉林就有关问题进行调研核实。建立上下联动的群众诉求快速响应机制，全面公开部省市县四级民政部门农村低保专项治理投诉举报电话。建立民政部门与纪检监察机构问题线索联合督查督办机制，指导各地民政部门多渠道收集民政扶贫领域腐败和作风问题线索，会同纪检监察机构加大问题线索查处力度，民政部党组、中央纪委国家监委驻民政部纪检监察组联合通报民政扶贫领域违规违纪典型案例6期28起。

（民政部　张晶婧）

（十）水利扶贫

2019年，水利部高度重视水利扶贫工作，坚持精准扶贫、精准脱贫基本方略，持续加大攻坚力度，从项目、资金、技术、人才等方面给予贫困地区倾斜支持，全力实施农村饮水安全、农田灌排、防洪减灾、水土保持、重大水利等工程，深入推进水利部定点扶贫、滇桂黔石漠化片区联系、深度贫困地区等重点区域水利扶贫等工作，为贫困地区打赢脱贫攻坚战发挥重要水利支撑和保障作用。

2019年，安排832个贫困县中央水利建设投资771.02亿元，解决101.7万建档立卡贫困人口的饮水安全问题，支持贫困地区146处大中型灌区续建配套与节水改造，新建82座中小型水库，完成1547千米中小河流治理任务，治理水土流失面积8260平方千米。截至2019年年底，已开工的142项节水供水重大水利工程涉及贫困地区有81项。"十三五"中央投资支持建设的农村水电扶贫项目累计帮助5.4万建档立卡贫困户受益。水库移民脱贫攻坚工作有力推进。贫困地区水利工程建设与管护就业岗位吸纳贫困家庭劳动力30多万人。重庆市万州区、武隆区、丰都县脱贫成果进一步巩固，重庆市巫溪县、城口县、郧阳区如期脱贫摘帽，各类帮扶目标任务超额完成，定点扶贫"八大工程"扎实实施。落实片区联系牵头责任，帮助解决片区脱贫攻坚存在的困难和问题。"三区三州"等深度贫困地区水利扶贫工作加快推进。革命老区和河北省阜平县、安徽省金寨县、江西省宁都县、甘肃省临夏县、青海省贵德县等对口支援地区水利建设进展顺利。

（水利部扶贫办　靳宏强　蓝希龙　杨　帆）

（十一）土地政策扶贫

加强扶贫用地保障。在分解下达年度新

增建设用地计划时，对全国832个贫困县专项安排每县新增建设用地计划指标600亩。同时，足额保障深度贫困地区基础设施建设、易地扶贫搬迁、民生发展等用地需求，土地利用规划计划指标不足部分由国家协同所在省份解决。深度贫困地区建设用地，涉及农用地转用和土地征收的，在做好补偿安置前提下，可以边建设边报批；涉及占用耕地的允许边占边补，确实难以落实占优补优、占水田补水田的，可按补改结合方式落实，并按用地审批权限办理用地手续。深度贫困地区、集中连片特困地区、国家扶贫开发工作重点县省级以下基础设施、易地扶贫搬迁、民生发展等建设项目，确实难以避让永久基本农田的，可以纳入重大建设项目范围，由省级自然资源主管部门办理用地预审，并按照规定办理农用地转用和土地征收。

落实增减挂钩政策。对集中连片特困地区、国家和省级扶贫开发工作重点县、开展易地扶贫搬迁的贫困老区，允许将增减挂钩节余指标在省域范围流转使用；对"三区三州"及其他深度贫困县，允许将增减挂钩节余指标跨省域调剂使用。省域内流转方面，自2016年2月政策实施以来，有18个省份开展省域内流转，流转指标超过45万亩，流转收益超过1300亿元。跨省域调剂方面，2019年深度贫困地区调出节余指标20.88万亩，可获得资金640.06亿元。

实施特殊耕地保护政策。将"省级以下基础设施、易地扶贫搬迁、民生发展等建设项目，确实难以避让永久基本农田的，可纳入重大建设项目范围"政策适用范围扩大到全国832个贫困县，进一步提高对贫困地区三类项目用地保障力度。扩大贫困地区退耕还林还草规模，将25度以上坡耕地、严重沙化耕地、重要水源地15~25度的坡耕地、陡坡梯田、严重污染耕地5种地类纳入贫困地区退耕还林还草范围。明确新一轮退耕还林集中用于贫困地区所在的11个省份。落实跨省域补充耕地国家统筹管理办法，选择承担补充耕地省份优先考虑老少边穷地区。2019年拨付第一批承担补充耕地任务的新疆、吉林、四川、黑龙江、青海5省区补充耕地经费约103.8亿元。

加大项目支持力度。生态保护修复方面，在全国25个山水林田湖草生态保护修复工程试点中，向生态环境脆弱的贫困地区倾斜，涵盖乌蒙山、祁连山等多个贫困地区。土地整治重大工程方面，中共十八大以来中央财政下达补助资金约112.4亿元，支持甘肃、陕西、四川、江西、云南、贵州、广西、新疆及新疆生产建设兵团等贫困地区部署实施土地整治重大工程，改善贫困地区农村面貌和农业生产条件，促进土地流转和农业规模化经营，使贫困农户直接受益。

（自然资源部办公厅　李东法）

（十二）金融扶贫

扶贫小额信贷工作再上新台阶。扶贫小额信贷2019年新增贷款金额690亿元，新增贷款户数176万户，历年累计贷款金额6101亿元，累计贷款户1544万户（次）。通过向贫困户提供发展资金和技术支持，扶贫小额信贷在激发内生动力、促进贫困农户增收脱贫和贫困地区产业发展方面发挥的作用充分显现。

2019年5月，国务院扶贫办与中国银行保险监督管理委员会（以下简称"银保监会"）、财政部、中国人民银行联合印发《关于进一步规范和完善扶贫小额信贷管理的通知》，强调要坚持扶贫小额信贷政策要点，特别对新需求有效满足、存量贷款展期续贷、存量户贷企用管理、风险补偿金使用管理等方面明确具体要求，进一步推动各级扶贫部门、银保监部门和金融机构形成工作合力，共同做好扶贫小额信贷工作。文件印发后，国务院扶贫办会同银保监会于2019年5月底在湖南省宜章县召开扶贫小额信贷现场会，国务院扶贫办主任刘永富、银保监会副主席祝树民出席，对脱贫攻坚期内积极稳妥推进扶贫小额信贷提出明确的工作要求。严格执行扶贫小额信贷日常监管制度。一是全面升级完善扶贫小额信贷信息系统，实现对扶贫小额信贷运行情况按月动态监测，及时掌握各地扶贫小额贷款情况。二是坚持完善扶贫小额信贷月通报制度。结合每月扶贫小额信贷系统动态监测情况，不断完善月监测、月统计、月通报制度，及时在月通报中提出工作要求。

加强金融扶贫调查研究和案例总结。一是针对部分省份获贷率偏低且2019年增速低于全国平均水平、部分省份逾期率持续偏高等问题，组织人员赴吉林、湖南等5省份开展深入调研，帮助分析原因，指导推进工作。二是针对贷款使用不精准、贷款新需求满足、展期续贷管理等情况，委托北京工商大学与国务院扶贫办共同开展项目研究，以入户调查为主，对河北、江西等6省份进行了深入调研。三是委托北京国家会计学院开展金融扶贫典型案例研究项目，从扶贫小额信贷、银行业扶贫、保险扶贫、资本市场扶贫四个维度进行案例收集，组织专家修改完善，形成一批可供学习借鉴的典型经验做法。

不断强化金融扶贫培训。一是在内蒙古自治区呼和浩特市举办扶贫小额信贷系统培训班，组织全国28个省区市扶贫办（局）业务处长、承担业务工作同志参加培训。二是联合中国人寿保险（集团）公司，在重庆市举办保险扶贫业务培训班，组织全国28个省区市业务处长参加培训。三是组织召开8省区扶贫办负责同志参会的保险扶贫工作座谈会，了解保险扶贫工作现状及存在问题，形成工作报告。

全面对接相关部门机构推动金融扶贫工作。一是定期开展数据交换比对，与中国人民银行、中国银行保险监督管理委员会等金融机构进行建档立卡信息数据交换工作。二是探索推进保险扶贫工作，积极与银保监督会沟通衔接，推动保险扶贫精准统计工作。三是就中国太平洋保险（集团）股份有限公司"防贫保"产品开展专题调研，谋划下一步工作安排。

（国务院扶贫办开发指导司　张婉婷）

（十三）连片特困地区扶贫

党的十八大以来，中共中央高度重视集中连片特困地区脱贫攻坚工作，把连片地区作为全国脱贫攻坚主战场，采取措施重点支持。习近平总书记走遍全国14个片区，对连片特困地区脱贫攻坚作出重要指示，提供强大动力。2019年，在党中央、国务院的坚强领导下，各地各部门认真贯彻落实习近平总书记系列重要讲话精神，片区牵头联系单位积极协调推动，相关部门积极支持，片区各级党委政府和广大干部群众共同努力，片区脱贫攻坚取得决定性成就。根据全国农村贫困监测数据，2019年14个集中连片特困地区（含西藏、南疆四地州和四省藏区）剩余农村贫困人口313万人，比2018年减少622万人，减贫规模占全国的56%；贫困发生率1.5%，比2018年下降3个百分点，降幅高于全国水平；片区人均可支配收入11443元，比2018年增加1183元；片区内基础设施建设和公共服务设施等进一步完善，人民群众获得感进一步提高。

认真总结谋划。国务院扶贫办、国家发展和改革委员会积极发挥牵头作用，对中共十八大以来各片区脱贫攻坚成效、存在的突出问题和困难等情况进行专题研究、认真总结。在总结经验的基础上，会同其他相关部门共同研究部署2019年片区脱贫攻坚工作任务，扎实有序推进片区各项工作。

牵头部门充分发挥部门职责。14个片区牵头联系单位积极主动作为，负责同志高度重视、亲力亲为，多次赴片区实地调研、走访慰问、座谈交流，了解脱贫攻坚工作进展，沟通片区项目建设需求，协调有关部门争取倾斜支持。进一步完善省际部际工作联系机制，有11个片区召开片区区域发展与脱贫攻坚工作现场推进会，牵头联系单位组织相关部门共同分析片区脱贫攻坚面临的形势任务，交流脱贫攻坚经验，形成片区脱贫攻坚合力，共同推动下一阶段重点任务。充分发挥行业优势，出台一系列政策措施，在人、财、物等方面倾斜支持片区脱贫攻坚，拿出真金白银，将扶贫与扶志、扶智相结合，统筹资源加大对片区人才智力支持，增强片区“造血”功能。

切实加大督导力度。各牵头部门积极指导片区各地按照片区区域发展与扶贫攻坚规划要求，推动片区省级规划与相关部委行业规划衔接，将片区内重点项目纳入相关部委行业“十三五”规划。加大资源整合和统筹协调力度，推进交通、水利、能源、生态等重大项目，实施一批水、电、路、房等基础设施项目，着力补齐片区基础设施短板，为片区脱贫攻坚奠定坚实基础。

组织编写2019年度片区规划实施监测报告。国务院扶贫办根据国家统计局和全国扶贫开发信息系统数据，结合各地上报的片区脱贫攻坚进展情况，开展2019年度片区脱贫攻坚监测工作，对14个片区及相关片区县的脱贫攻坚进展情况进行监测和分析，形成《连片特困地区脱贫攻坚监测报告（2019年度）》，为片区各地全面掌握脱贫攻坚进展、交流学习典型经验、围绕问题找差距补短板提供指导和参考。

（国务院扶贫办规划财务司　董家齐　李文聪）

（十四）扶贫改革试验区

指导扶贫改革试验区结合自身优势，在完善扶贫机制、创新扶贫方式、统筹城乡发展、解决相对贫困问题等方面积极探索、先行先试。2019年5月，国务院扶贫办批准同意内蒙古自治区赤峰市为扶贫改革试验区，作为西部地区工作典型，重点在建立健全稳定脱贫机制、贫困预防机制、统筹解决城乡贫困机制、贫困治理长效机制四个方面进行探索。5月26日，在广东省清远市组织召开扶贫改革试验区研讨会，总结交流经验，进一步探索解决全局性重大问题的思路举措，探讨东部地区如何在率先解决绝对贫困问题之后，积极谋划巩固攻坚成果、解决相对贫困等问题。内蒙古、辽宁、江苏、浙江、福建、山东、广东等省扶贫办分管负责同志和业务处长，赤峰、阜新、宿迁、丽水、三明、淄博、清远等市政府分管领导、扶贫办主要负责同志，试验区所辖承担试验任务的县负责同志参加会议。国务院扶贫办副主任夏更生出席会议。与会同志实地观摩广东省英德市河头村、清新区下迳村扶贫改革助推产业扶贫、旅游扶贫发展情况。

（国务院扶贫办政策法规司　李治国）

第四篇

监督考核篇

(一)脱贫攻坚督查巡查

2019年,国务院扶贫开发领导小组开展第四次脱贫攻坚督查巡查,扶贫领导小组成员单位抽调450名干部,各民主党派中央和中共中央办公厅督查室、国家医疗保障局派员参加,组成4个巡查组和18个督查组开展实地督查巡查。其中,对陕西省的巡查于7月中旬,由国务院扶贫办、审计署组成巡查组,结合“不忘初心、牢记使命”主题教育调研进行;对中西部其他21个省区市的督查巡查,于9月上旬集中进行。督查组、巡查组共走访117个县413个乡镇570个村,访谈干部3288人,走访农户4156户,指出问题155个,发现典型经验135个,提出意见建议118条。督查巡查情况经扶贫领导小组审定后向各地进行“一对一”反馈,并向中共中央作了报告。

2019年督查巡查主要有以下特点。一是主题突出。主要任务是检查各地考核发现问题整改情况,将解决形式主义、官僚主义突出问题和减轻基层负担等情况作为督查巡查的重要内容。二是准备充分。督查巡查前,国务院扶贫办举办动员培训会,提供脱贫攻坚政策文件汇编,扶贫领导小组向各省区市“一对一”反馈脱贫攻坚成效考核问题、各省区市考核发现问题整改方案和整改情况报告,对督查巡查目的任务、方式方法、工作重点、注意事项等提出要求。各成员单位高度重视认真组织实施,有的组组织开展全员业务培训,有的组直奔基层暗访掌握真实情况。三是较真碰硬。坚持问题导向、坚持较真碰硬,与基层共同发现问题、研究问题、解决问题。实地督查巡查结束后,向省级扶贫开发领导小组反馈意见。四是为基层减负。贯彻落实中央为基层减负的要求,减少实地督查巡查的天数和所到县数,不让地方填表报数,由督查巡查工作人员自行采集或通过扶贫开发信息系统掌握。一般不查阅或要求提供档案资料,不层层开座谈会。

从督查巡查情况看,各地对考核发现问题整改工作高度重视,压实整改责任,各级党政主要负责同志亲自抓,明确整改任务和时限,拉出问题清单、责任清单,加大督导力度,问题整改取得阶段性成效。一是认真部署推进整改。22个省区市特别是被约谈4省党委和政府将问题整改作为增强“四个意识”、坚定“四个自信”、做到“两个维护”的重要举措,党政主要负责同志亲力亲为,分管负责同志专责推进,行业部门主管同志协同发力,齐抓共管、合力整改。召开257次省委常委会会议、省政府常务会议、脱贫攻坚领导小组会议和全省考核发现问题整改大会,省级领导实地调研督导410次,统筹谋划整改部署,深入查摆问题不足,认真制订整改方案,明确整改职责任务,扎实推进整改落实。二是问题整改成效明显。攻坚责任持续压实,省负总责更加强化,市县抓落实更加扎实,驻村结对帮扶更加深入。扶贫标准把握更加精准,基本医疗保障过度、低保兜底覆盖过宽、住房安全保障超标等问题得到切实整改,“两不愁三保障”未实现就宣布脱贫现象得到切实清理。解决“三保障”突出问题取得重要进展,住房安全、医疗保障、饮水安全领域短板弱项得到有效弥补。“五个一批”政策落实更加精准,产业扶贫、就业扶贫、易地扶贫搬迁、金融扶贫等方面存在的突出问题得到有效缓减。脱贫摘帽县巩固提升脱贫成效工作得到加强,政策体系、工作体系和帮扶体系持续强化,打攻坚战态势更加稳固。三是督导问责更加精准。各地紧盯重点问题和难点工作,坚持把整改实效放在首位,强化作风建设,实施精准问责,一手抓指导服务,一手抓监督管理,细化整改措施,规范整改过程,严查整改成效。

督查巡查发现脱贫攻坚中的一些突出问

题。一是工作松劲懈怠问题。有的贫困县摘帽后思想松懈、工作松劲,工作重心改频换向。有的对非贫困县、非贫困村脱贫攻坚重视不够,盲目乐观、过度自信。一些贫困村基层党组织弱化,年龄老化,工作能力不强,主要依赖驻村工作队和第一书记。二是脱贫不稳问题。有的脱贫质量不高,解决"两不愁三保障"问题不稳定,部分脱贫户生产生活条件水平较低,脱贫不稳可能返贫。有的边缘户家庭困难,可能产生新的贫困人口。有的早期脱贫户基本不再享受扶贫政策。有的对因病因残因灾致贫返贫问题重视不够。三是易地扶贫搬迁后续工作跟不上的问题。有的搬迁后续帮扶跟不上,搬迁户缺乏产业就业支撑,搬迁群众缺少持续稳定的增收渠道,难以稳得住。有的搬迁安置点实际入住率低,旧宅腾退复垦缓慢,搬迁户两头跑、两头住。四是形式主义、官僚主义问题。有的搞"留痕主义",有的搭车考核、变相检查考评,有的地方会议活动频繁,加重基层负担。有的驻村工作队员没有与原单位工作任务脱钩,有的甚至不在岗。有的干部作风不扎实,有的说不清情况,有的帮扶工作不力。五是产业扶贫问题。有的产业扶贫规划水平低,组织化程度不高,带贫机制不健全。有的扶贫车间用工不稳定,带贫效果不明显。有的龙头企业、农民合作社培育不够,村集体经济普遍薄弱,利益联结机制不够完善。六是内生动力不足问题。有的贫困群众"等靠要"思想突出;有的发展意愿不强,基本依靠政策补助收入或入股分红;有的把老人分户,将赡养老人责任推给政府;有的乡村陈规陋习影响脱贫攻坚成效;有的青年劳动力在家"待业啃老"。

督查巡查提出改进工作的意见建议。进一步提高认识,压实脱贫攻坚责任,防止脱贫摘帽后工作松劲懈怠。持续抓好问题整改,确保整改取得实效。解决"两不愁三保障"突出问题,补好漏洞短板。切实抓好产业扶贫,夯实长期脱贫致富的基础。持续开展扶贫扶志行动,增强贫困群众自身发展能力。巩固脱贫成果防止返贫,建立防止返贫的长效机制。加强基层组织建设,提升攻坚能力。

各地区高度重视督查巡查发现的问题和提出的意见建议,认真落实整改责任,扎实推进整改,对督查巡查中发现的一些先进典型和成功经验认真总结提炼、宣传推广。开展督查巡查,对推动工作责任落实和政策措施落地,深入贯彻实施精准扶贫、精准脱贫基本方略,确保如期打赢脱贫攻坚战发挥了重要作用。

(国务院扶贫办综合司　曹振华)

(二)脱贫攻坚日常监督

【中央纪律检查委员会机关监督执纪问责】 2019年,中共中央纪律检查委员会国家监察委员会(以下简称"中央纪委")从增强"四个意识"、坚定"四个自信"、做到"两个维护"的政治高度,强化脱贫攻坚政治监督,不断深化扶贫领域腐败和作风问题专项治理,持续加大监督执纪问责力度,切实解决扶贫领域群众反映强烈的突出问题,为如期打赢脱贫攻坚战提供坚强的纪律保障。

坚持中共中央重大决策部署到哪里、政治监督就跟进到哪里,高度重视、科学部署扶贫领域腐败和作风问题专项治理工作。中央纪委常委会多次组织学习贯彻习近平总书记关于扶贫工作重要论述,研究部署扶贫领域腐败和作风问题专项治理工作,要求各级纪检监察机关提高政治觉悟和政治站位,依纪依法依规加强对脱贫攻坚各项政策措施落实情况的监督检查和执纪问责,切实维护贫困群众切身利益。2019年1月,中共中央政治局常委、中央纪律检查委员会书记赵乐际在十九届中央纪委第三次全会上作出部署,要求深入推进扶贫领域腐败和作风问题专项治理,高度关注影响产业项目扶贫、对口帮扶及扶贫工程推进等问题，以作风攻坚促进脱贫攻坚。2019年6月，中央纪委办公厅印发《关于贯彻习近平总书记重要批示精神深入落实中央八项规定精神的工作意见》，将脱贫攻坚工作中存在的形式主义、官僚主义等作风问题作为整治重点，要求有关纪检监察机关加强政治监督，推动有关职能部门和地方党委、政府坚决贯彻落实党中央关于脱贫攻坚的部署要求，力戒形式主义、官僚主义。

中央纪委领导多次带队到脱贫攻坚任务艰巨、困难矛盾集中的地方开展调研指导，推动专项治理工作向纵深发展。赵乐际先后深入江西、湖北、辽宁、宁夏、河北、海南、安徽等基层一线调研指导，走访困难群众和基层干部，要求持续深化扶贫领域腐败和作风问题专项治理，加强脱贫攻坚专项巡视整改，一个问题一个问题解决，确保脱贫攻坚及脱贫摘帽后各项政策措施落到实处。中共中央政治局委员、中央纪律检查委员会副书记、国家监察委员会主任杨晓渡先后赴四川省马边彝族自治县和雷波县、吉林省梨树县等贫困地区调研，要求深化扶贫领域腐败和作风问题专项治理工作，坚决清除啃食人民群众获得感的腐败分子，切实维护广大基层群众切身利益。中央纪委其他领导也多次带队开展调研，指导推动工作。

层层压紧压实主体责任和监督责任，确保中央脱贫攻坚重大决策部署贯彻落实到位。中央纪委国家监委机关带头打好搭平台、建机制、抓督促、汇情况、促联动等专项治理"组合拳"，以"三区三州"等深度贫困地区为重点，综合运用督办督查、调研指导、信息共享、线索移送、通报曝光、约谈问责、以案促改等工作手段，强化政治监督，压实各级党委纪委的主体责任、监督责任，督促职能部门切实履行监管责任。各级纪检监察机关立足职责定位，坚持把监督挺在前面，重点监督检查和纠正落实脱贫攻坚重大决策部署态度不坚决、工作不扎实、敷衍应付问题，脱贫攻坚政治责任落实不力问题，以及弄虚作假、消极拖延、急躁蛮干，搞数字脱贫、虚假脱贫等形式主义、官僚主义问题。对脱贫攻坚"两个责任"落实不力的严肃问责，以问责促落实、以落实促发展。

扎实开展漠视侵害群众利益问题专项整治，真刀真枪整治"两不愁三保障"等突出问题。在"不忘初心、牢记使命"主题教育中，中央纪委国家监委机关按照党中央的部署，牵头开展漠视侵害群众利益问题专项整治，把扶贫领域腐败和作风问题作为重点进行整治。2019年9月，召开专项整治漠视侵害群众利益问题工作推进会，对专项整治工作进行再动员、再部署、再推动。专项整治从落实"四不摘"政策不力、工作松劲懈怠、"两不愁三保障"方面突出问题等具体问题、具体事项入手，以强监督促强监管促抓落实，真刀真枪开展整治，较真碰硬解决问题，有力推动脱贫攻坚政策措施落实落地，取得可检验、可评判、可感知的显著成效。专项整治期间，推动贫困县义务教育阶段辍学学生数量减少26.7万人；贫困县新建46个乡镇卫生院、1022个村卫生室；全国新增符合政策参加医保的贫困人口82.4万人；建档立卡贫困户等4类重点对象危房改造任务开工132万户、竣工127万户；解决65.3万建档立卡贫困人口的饮水安全问题。

充分发挥巡视利剑作用，压实脱贫攻坚政治责任，推动解决扶贫领域群众反映强烈的突出问题。对中央脱贫攻坚专项巡视发现的一些地方和部门存在责任落实不够到位、脱贫攻坚工作不够精准及形式主义、官僚主义等突出问题，督促被巡视党组织逐一整改落实到位。为进一步压实脱贫攻坚政治责任，2019年12月启动中央脱贫攻坚专项巡视"回头看"，督促改进工作作风，推动解决一批制约如期实现脱贫攻坚目标和影响脱贫攻坚成色的问题。各地全力配合中央脱贫攻坚专项巡视和“回头看”，加强对整改落实工作的跟踪监督，部署开展脱贫攻坚专项巡视巡察工作，发现和解决一批突出问题。

不断加大问题查处力度，让贫困群众感觉到正风肃纪就在身边。各级纪检监察机关把查处扶贫领域腐败和作风问题作为监督检查和审查调查的重点，坚持把纪律和规矩挺在前面，发现一起、严查快办一起，坚决斩断伸向贫困群众利益的“黑手”，严肃问责工作中失职失责行为。2019年，各级纪检监察机关查处贪污侵占、虚报冒领、截留挪用、优亲厚友等腐败问题，搞“面子工程”“形象工程”，不作为、乱作为，以及数字脱贫、虚假脱贫等作风问题8.49万个，处理11.79万人。坚持标本兼治，深化以案促改、以案促建，用身边人、身边事警示教育干部，多渠道、多方式改进和创新通报曝光工作，通过周一升国旗宣讲、召开现场退赔会和道歉会、制作警示宣传画等多种方式，提高教育的针对性和有效性。通过深入剖析扶贫领域腐败和作风方面的典型案例，认真查找在职责履行、政策落实、制度执行、监督管理、作风建设等方面存在的薄弱环节和制度漏洞，推动完善扶贫和民生保障等方面政策文件和法规制度。

（中央纪律检查委员会国家监察委员会党风政风监督室　孙　倩）

【审计监督】 2019年，审计署创新组织方式和技术方法，坚持审计项目、审计组织方式“两统筹”，深化扶贫大数据审计，持续加强扶贫审计干部队伍建设，组织各级审计机关全力做好扶贫审计工作，完成对832个贫困县的扶贫审计全覆盖，进一步助力脱贫攻坚。聚焦“两不愁三保障”和农村饮水安全方面的薄弱环节，推动及时补齐短板。把防止返贫摆在扶贫审计工作的重要位置，推动及时将返贫人口和新发生贫困人口纳入帮扶。持续关注贫困群众稳定增收情况，推动建立健全扶贫产业发展、就业扶贫、易地扶贫搬迁后续扶持、扶贫资金项目绩效管理等长效机制，促进脱贫攻坚政策措施与乡村振兴战略有效衔接。持续推动扶贫审计发现问题整改落实到位，深化与党内监督和其他监督贯通协调，进一步提升整改实效。

全面部署决战决胜阶段扶贫审计工作。2019年，审计署把做好决战决胜阶段扶贫审计作为当前审计工作重中之重持续推进。在全国审计工作会议上，审计署党组书记、审计长、扶贫审计工作领导小组组长胡泽君对深入开展扶贫审计，促进脱贫攻坚作为审计重点工作进行部署。9月，审计署组织召开聚焦推动解决“两不愁三保障”突出问题视频培训会，对当前形势下持续深化扶贫审计，切实提高扶贫审计质量和效率，向全国审计机关2000多名扶贫审计干部提出具体要求。深入20多个深度贫困和定点扶贫县调研，督促脱贫攻坚各项政策落实。完成对陕西省的脱贫攻坚督查巡查工作。一是聚焦“两不愁三保障”突出问题，着力推动补短板。以着力保障全面完成剩余脱贫攻坚任务为目标，进一步聚焦“三区三州”等深度贫困地区，聚焦影响如期脱贫的突出问题和薄弱环节，聚焦义务教育、基本医疗、住房安全保障、饮水安全等方面工作的不足，关注特殊困难群体，加大对社会保障兜底政策落实情况的审计力度，确保兜住特殊贫困人口的基本生活底线，推动及时补齐短板，促进脱贫攻坚政策落实到位。二是聚焦防止返贫，着力巩固脱贫成果。把防止返贫摆在扶贫审计工作的重要位置，助力对不稳定脱贫户、边缘户的动态监测工作，推动及时将返贫人口和致贫人口纳入帮扶，着力推动建立巩固脱贫攻坚成果长效机制，增强贫困地区经济社会可持续发展基础；加大对稳定扶贫政策执行情况的审计力度，关注有关部门和地方是否严格落实摘帽不摘责任、摘帽不摘政策、摘帽不摘帮扶、摘帽不摘监管的要求，加强对贫困退出质量的审计，努力推动扶贫政策稳定；积极关注产业、就业扶贫等政策措施与乡村振兴规划的衔接情况，推进减贫战略和工作体系平稳转型，促进解决部分贫困群众内生动力不足的问题，推动研究建立解决相对贫困的长效机制，促进全面脱贫与乡村振兴有效衔接。三是聚焦工作创新，着力提高审计实效。持续深化扶贫大数据审计，积极探索大数据审计路径和方法，持续推动数据标准化，进一步提升数据可用性。强化大数据对做好脱贫攻坚决战决胜阶段扶贫审计工作的支持，推动数据全面采集，采集信息系统数据41个，编制扶贫数据规划，实现对数据的集中管理分析，通过数据交叉比对分析，加强对边缘贫困户、致贫和返贫人口的监测，提高审计的效率和精准度，积极探索运用大数据手段对相关地区脱贫攻坚情况开展总体评价。强化数据共享，打通扶贫和涉农数据关联分析渠道，加强审计机关上下联动和横向协作，推进跨层级、跨领域、跨区域的数据整合利用。进一步加强审计质量控制，严格实行审计质量分级负责制，落实重大事项请示报告制度，严格规范审计行为，切实做到问题明、证据实、定性准，确保审计结果经得起检验。

完成扶贫审计全覆盖。审计署不断强化对地方审计机关的指导，每季度不间断组织地方审计机关、特派办开展扶贫审计，通过统一工作方案、统一问题处理原则、统一工作步骤等，有效促进全国审计机关脱贫攻坚决战决胜阶段扶贫审计工作的开展。坚持全国审计“一盘棋”，统筹推进中央部门、省、市、县各级审计机关上下联动，努力构建集中统一、全面覆盖、权威高效的审计监督体系。做好审计项目和审计组织方式“两统筹”，在政策跟踪审计、经济责任审计及财政、金融、企业、社保等专项审计中，均将所审计部门、地区贯彻落实脱贫攻坚决策部署情况作为重点审计内容。东部援助地省级审计机关与受援地审计机关及时签订东西部扶贫协作审计协议，明确职责分工。坚持扶贫审计计划统筹、资源整合、项目融合、成果共享，既做到不留盲区与死角，又避免交叉重复，有效提升审计质量和效能，促进突破脱贫攻坚政策措施落实的“中梗阻”，促进打通政策落实的“最先一公里”和“最后一公里”。截至2019年年底，审计署统一组织全国审计机关完成对全部832个贫困县的审计全覆盖。通过专项审计、政策落实跟踪审计等方式，直接投入审计力量2100多人次，对26个省区市的210个贫困县开展审计，涉及4100多个单位、2000多个乡镇、5100多个行政村，入户走访1.7万多户贫困家庭，有效促进扶贫审计全覆盖的完成。2019年第1季度组织全国审计机关对20个省区市130个贫困县扶贫专项审计、9个东部省市东西部扶贫协作审计；第2—4季度持续组织对56个贫困县扶贫政策跟踪审计，组织7个特派办对西藏深度贫困地区开展审计，组织5个特派办和30个派出局的青年审计干部参加贫困县审计。全年审计发现违纪违法、损失浪费等问题金额51.04亿元，依纪依法向纪检监察、司法机关等移送问题线索80余件。

持续督促整改落实。审计署坚持查处问题与解决问题并重，组织全国各级审计机关认真落实督促整改责任，建立整改跟踪检查工作台账，做到逐一对账销号，不定期组织“回头看”。在2019年度审计方案中，明确将2016年以来全国各级审计机关审计发现问题的整改情况作为审计重点内容，有关情况纳入审计报告，持续推动有关地方和部门将问题整改到位。围绕推动解决“两不愁三保障”突出问题，揭示返贫风险、巩固脱贫攻坚成果等方面，研究、编报、信息等专题材料14篇，加强对普遍性、趋势性问题的分析研判，提出审计建议，促进相关问题更加全面有效得到解决。截至2019年年底，对于2018年度审计工作报告涉及具体问题565个，督促有关部门和地方完成整改530个，整改金额54.06亿元，推动制定或完善扶贫相关规章制度189项，促进精准扶贫政策落地145项，追责问责474人，切实维护贫困群众的切身利益。审计查出问题金额占抽查资金比例由2013年的36.3%下降到2019年的3.2%，贪污侵占等严重违纪违法问题占比持续下降至0.51%，进一步巩固脱贫攻坚成果。

发挥监督合力。审计署持续深化与党内监督和其他监督有机贯通、相互协调。与中央纪律检查委员会国家监察委员会建立健全审计发现问题线索定期移交机制，不断加强扶贫领域腐败和作风问题专项治理，解决好贫困地区群众反映强烈、损害群众利益的突出问题。加强与相关主管部门的沟通协作，及时提供相关审计发现问题，共同推动扶贫审计问题整改落实，推动惠民政策落实到位。强化与人大、政协等部门的交流配合，有效发挥监督合力，为决胜全面建成小康社会、决战脱贫攻坚提供坚强保障。2019年，向中央纪律检查委员会国家监察委员会移交扶贫领域典型问题线索52件，按要求及时向中央巡视组等单位提供扶贫审计发现问题，向国务院扶贫办提供扶贫审计发现问题1400余个，按季度向国家发展和改革委员会提供易地扶贫搬迁相关审计发现问题97个，不定期向教育部提供教育扶贫相关审计发现问题，认真协助做好人大、政协有关提案和建议的答复工作，合力推动问题整改和脱贫攻坚政策措施落地生效。

加强干部队伍建设。审计署始终将建设高素质、专业化的扶贫审计队伍摆在突出位置，将扶贫审计作为锻炼培养干部的重要平台，以开办培训班、深入一线审计、网络教学等多元化方式打造高质量扶贫审计队伍。2019年，围绕扶贫审计的目标、原则、重点、思路方法、常见问题与审计案例等内容，组织业务骨干编写《扶贫审计方法指引》，印刷7000余册供全国各级审计机关参考使用，以保障审计评价标准的统一性和规范性，促进提升审计质量和效率。组织举办全国扶贫审计干部培训班，邀请国务院扶贫办、国家发展和改革委员会、教育部、水利部等部门的专家领导授课；组织审计业务骨干录制20多个课时的扶贫审计教学视频，开通网上教学，用于全国扶贫审计干部远程学习；组织到审计干部教育学院、地方审计机关、特派员办事处现场授课20余次，共计培训一线扶贫审计干部1500余人次，有效提高全国扶贫审计干部专业水平。

（国家审计署农业司　毛楠楠）

【民主党派脱贫攻坚民主监督】 2019年，各民主党派中央认真履行民主监督职能，深入调研，坦诚建言，帮助对口省区党委、政府加强和改进脱贫攻坚工作，为实现全面建成小康社会的宏伟目标贡献力量。

据统计，2019年各民主党派中央组织脱贫攻坚民主监督调研152次，其中领导班子成员带队调研45次，向地方各级党委、政府反馈意见建议400余条，形成“直通车”专报7份。在调研中，各民主党派中央就对口省区脱贫攻坚中的重点难点和倾向性问题进行分析研究，立足脱贫攻坚实际，从民主监督角度提出很多具有很强针对性和指导性的建议。此外，在解决“两不愁三保障”突出问题上出实招、硬招，在教育、医疗等优势领域把监督与帮扶相结合，把宣传政策与凝聚共识相结合，把考察调研与理论探索相结合，与对口省区共同发现问题、探讨解决问题，取得显著成效。扶贫领导小组成员单位和有关地区、部门对提出的建议充分吸纳，进一步调整优化相关行业部门政策，有效保障各项政策举措落地落实。

3月30日，各民主党派中央脱贫攻坚民主监督工作座谈会在北京召开。中共中央政治局常委、全国政协主席汪洋出席会议并讲话。他强调，开展脱贫攻坚民主监督，是中国共产党领导的多党合作制度优势的重要体现，是打好脱贫攻坚战的重要举措。要进一步提高政治站位，把思想和行动统一到中共中央决策部署上来，扎实推动脱贫攻坚民主监督工作高质量、高水平开展，为如期打赢脱贫攻坚战作出积极贡献。会议指出，当前脱贫攻坚进入冲刺期，越是时间紧、任务重，越需要加强民主监督。要明确监督重点，聚焦坚持目标标准、提高脱贫质量、增强脱贫实效开展监督，促进扶贫工作务实、脱贫过程扎实、脱贫结果真实。要在加强民主监督工作的同时加强思想政治引领，为打赢脱贫攻坚战最大限度凝聚人心、凝聚共识、凝聚智慧、凝聚力量。要把摆脱贫困过程真实记录下来，用具体生动的事实讲好中国共产党为人民谋幸福的故事、讲好中国共产党领导的多党合作的故事。要改进工作作风，真正深入基层、深入一线，把情况摸清、把问题找准，力戒形式主义、官僚主义。

11月22日，中共中央统一战线工作部牵头在云南省召开各民主党派中央脱贫攻坚民主监督工作考察研讨暨2019年度成果会商会，与会人员到西畴县实地考察中国农工民主党中央委员会对口云南开展脱贫攻坚民主监督情况，有关专家及参会人员就会议主题和调研报告进行互动交流，并就有关情况与国务院扶贫办等相关部门进行会商，提升监督实效。国务院扶贫办主动向各民主党派中央提供脱贫攻坚相关政策文件和资料，通报2019年脱贫攻坚工作情况，参与相关调研和培训，及时对各民主党派中央开展脱贫攻坚民主监督的情况进行宣传报道。

（国务院扶贫办社会扶贫司　周晓云）

【扶贫领域作风问题专项治理】 2019年，各地区、各部门深入开展“不忘初心、牢记使命”主题教育，围绕基层减负，持续推进扶贫领域作风问题专项治理。

推进基层减负。认真贯彻落实中共中央关于克服形式主义、官僚主义问题和减轻基层负担有关精神，按照“基层减负年”要求，国务院扶贫办发布《关于切实解决扶贫领域形式主义突出问题为基层减负的公告》，对填表报数、考核评估、督查巡查、会议发文、调查研究等予以明确规范，着力纠正地方考核评比过多、层层考核、搭车考核、变相考核等问题。按照中共中央办公厅《关于统筹规范督查检查考核工作的通知》要求，对各类检查、督查、考核进行精简，中央层面开展1次成效考核、1次督查巡查，进一步简化脱贫攻坚成效考核内容和方式。

纠正贫困县脱贫摘帽后松劲懈怠问题。贯彻落实中央“不忘初心、牢记使命”主题教育领导小组《关于在“不忘初心、牢记使命”主题教育中开展专项整治的通知》要求，认真组织开展专项整治漠视侵害群众利益问题工作。印发《国务院扶贫办结合“不忘初心、牢记使命”主题教育专项整治扶贫领域漠视侵害群众利益问题工作方案》，将“四不摘”作为重点整治问题，明确9项整改措施和任务分工，以及3项参与任务分工，维护和保障群众的直接利益。印发《关于进一步落实贫困县约束机制的通知》，强调各地落实贫困县约束机制。经过努力，贫困县脱贫摘帽后松劲懈怠问题引起高度重视，得到初步遏制。

加强干部驻村帮扶工作。指导各地选优派强驻村工作队，坚持严格管理，强化表彰激励，加强关心爱护，着力纠正工作队松劲懈怠、转移工作重心等问题。全国县级以上机关、国有企事业单位选派驻村工作队24.8万个、驻村干部90.8万人，各地调整撤换责任不强、工作不实、不胜任的驻村干部4246人，处分2907人，轮换20.9万人，干部作风持续好转。印发《关于关心基层扶贫干部保障安全工作的通知》，提出保障交通安全、关心身体健康、免除后顾之忧、切实减轻负担等要求，激励广大扶贫干部投身脱贫攻坚、担当作为。

督促推动落实。将全面从严治党要求贯穿脱贫攻坚全过程、各环节，坚持目标导向、问题导向、效果导向，扎实开展中央脱贫攻坚专项巡视整改及"回头看"，实施最严格的考核评估，开展督查巡查，强化常态化督导和暗访，从严从实推进作风建设。将作风治理作为"不忘初心、牢记使命"主题教育重要内容统筹推进。在脱贫攻坚成效考核和督查巡查中，将克服形式主义和官僚主义问题、为基层减负情况作为重要内容。改进调研方式，直入基层开展调研。将常态化调研督导和暗访作为克服形式主义、官僚主义问题的重要手段，随时发现问题随时纠正，完成对甘肃、山西、云南、宁夏的调研督导。委托中国扶贫杂志社开展脱贫攻坚暗访，暗访覆盖中西部22个省区市，发现问题及时反馈各地，对落实不力的予以督促。通过12317电话等渠道接受各方监督。开展警示教育，在办网站、两微一端开通曝光台，对形式主义、官僚主义问题进行通报，编印警示录，加强警示教育，用身边事教育身边人。

通过努力，扶贫领域作风建设得到加强，取得明显成效，各地普遍反映层层检查评估、频繁填表报数得到一定程度遏制，基层负担明显减轻。审计查出违纪违规、闲置浪费等问题资金的金额占抽查资金的比例，从2013年的36.3%下降到2019年的3.2%。

（国务院扶贫办综合司　李　辉）

【信访工作】 2019年，国务院扶贫办根据《国务院扶贫办信访工作办法（试行）》和《关于进一步做好2019年接访工作的通知》，持续抓好扶贫领域信访工作，强化信访接访交办机制。

优化接访机制。设立信访接待室，机关各司轮流接访，促进机关各司进一步了解基层情况。机关各司、机关党委（人事司）轮流负责来访接待工作，每单位1个月。各单位指定1名处级干部或业务骨干担任接访人员，司局级领导参加接访。接访人员当月原则上不安排外地出差或办外会议。综合司加强接访工作衔接，对受理的来访件及时交办地方办理，与接访人员加强工作沟通，对遇到的重点来访人员配合做好接待工作。

整合信访渠道。信访渠道有12317电话、主任信箱、来信来访等。12317扶贫监督举报电话已成为受理扶贫信访的主渠道，群众可以通过电话反映扶贫资金方面的信访问题，受理范围从资金项目为主扩展到扶贫领域全部信访事项，已开通到市县级。门户网站开通主任信箱，群众可以通过电子邮件的形式进行网上信访。

强化交办核查。依托12317扶贫监督举报平台，开发信访管理系统。通过对信访事项在网上进行登记、转办、跟踪、督办、监督、评价等，实现信访事项的全过程管理和监督。通过建立统一的信访处理平台，强化信访件办理的督办，更好地落实地方处理信访事项的主体责任，把矛盾和问题解决在基层，提高信访办理工作效率和质量。认真落实重要信访案件查办，中央领导同志批示件、国务院大督查信访核查件、国家信访局转办件，做到件件核办，一些突出问题均派人或委托第三方实地调查，督促地方改进工作，实地核查105件。对闹访、缠访、集体访等制定处置预案，维护办公环境稳定。

2019年，受理各类扶贫信访件88782件，其中12317电话83797个、来信3204件、来访1088件、主任信箱285件、其他408件，对需要办理的均进行转办核查。从信访的类别来看，88782件信访件中，咨询类77803件（87.6%），投诉类10979件（12.4%），投诉件受理5397件，办结5137件，其中属实或部分属实2169件。经过对群众信访分类分析，信访主要集中于贫困识别、精准帮扶、扶贫资金项目管理使用、易地扶贫搬迁、危房改造等方面。这些方面既是群众关切，也是重点工作。关于贫困识别，主要反映识别不准、工作不规范、政策宣传不到位。关于精准帮扶，主要反映未能按照规定享受帮扶政策。关于项目资金管理，主要反映未按政策要求落实帮扶项目或项目质量不达标。关于易地扶贫搬迁，主要反映搬迁房屋质量不达标、对象确定不准确、项目管理不规范、缺乏后续扶持等问题。关于危房改造，主要反映自筹资金负担较重、危改质量差等问题。从信访的区域来看，已办结的投诉举报信访件，属实或部分属实的有2169件，涉及除北京外的28个省区市，数量居前的是广西、湖南、安徽、云南、江西、山东、河南等省区。涉及的问题主要是精准识别、精准帮扶、政策执行、项目管理、资金使用、易地扶贫搬迁、危房改造等方面。

（国务院扶贫办综合司　车海兵）

（三）脱贫攻坚考核评估

根据中共中央、国务院脱贫攻坚决策部署，按照《中共中央办公厅关于统筹规范督查检查考核工作的通知》要求，2018年12月至2019年3月，国务院扶贫开发领导小组将2018年省级党委和政府扶贫开发工作成效考核、东西部扶贫协作成效考核和中央单位定点扶贫工作考核整合起来，统筹实施2018年脱贫攻坚成效考核。

考核对象。一是向中共中央、国务院签订脱贫攻坚责任书的中西部22个省区市党委和政府；二是承担东西部扶贫协作任务的东部9个省市和13个城市，以及中西部地区16个省区市和20个市州（以下简称“东西部扶贫协作省市”）；三是承担定点扶贫任务的288家中央单位。

组织管理。考核由国务院扶贫开发领导小组组织进行，具体工作由国务院扶贫办、中共中央组织部牵头，会同扶贫领导小组成员单位组建考核工作组组织实施。

考核内容。省级党委和政府扶贫开发工作成效方面，主要考核4项内容。一是减贫成效。考核建档立卡贫困人口减少计划完成、贫困县退出计划完成、贫困地区农村居民收入增长等情况。二是精准识别。考核建档立卡贫困人口识别准确率、退出准确率和脱贫人口返贫情况。三是精准帮扶。考核因村因户帮扶工作群众满意度和脱贫攻坚责任落实、政策落实、工作落实等情况。四是扶贫资金。考核扶贫资金安排、使用、监管和绩效等方面的情况。

东西部扶贫协作成效方面，主要考核东西部扶贫协作省市协作双方完成东西部扶贫协作协议和创新工作情况。完成东西部扶贫协作协议考核组织领导、人才支援交流、资金支持使用、产业合作、劳务协作和携手奔小康行动6个方面的情况。创新工作情况考核人才支援、资金使用支持、产业合作、劳务协作和携手奔小康行动向深度贫困地区倾斜支持情况，城乡建设用地增减挂钩节余指标跨省域调剂任务完成情况，帮助贫困残疾人脱贫情况，在人才支持、产业合作、劳务协作、动员社会力量参与等方面的创新工作情况等。

中央单位定点扶贫工作成效方面，主要考核中央单位定点扶贫工作责任书落实情况和组织领导、选派干部、督促指导、工作创新等情况。

实施情况。一是开展省际交叉考核。组织22个省区市从省级扶贫领导小组成员单位和基层扶贫部门抽调骨干人员587人，围绕“两不愁三保障”“五个一批”“六个精准”，分赴22个省区市的87个县、387个村、5786户开展实地考核，发现先进典型89个、查找突出问题103个、收集意见建议138条。二是开展第三方评估。由中国科学院地理科学与资源研究所组织1230名评估人员，组成22个评估组，赴

95个县的808个村，对23951户建档立卡户和非贫困户“两不愁三保障”实现情况进行定量、定性分析。主要评估贫困人口识别退出准确率、因村因户帮扶工作群众满意度、“两不愁三保障”实现情况及到户政策措施落实见效情况，并核查因脱贫质量不高、帮扶工作不实导致的返贫问题。三是开展媒体暗访考核。由新华社组织104名记者组成22个工作组，暗访99个县、443个村、1967户，围绕三年行动部署和脱贫攻坚重大举措落实见效，总结典型经验，查找突出问题。四是开展财政专项扶贫资金绩效评价。由财政部、国务院扶贫办委托会计师事务所组织93名专业人员对122个县的扶贫资金使用管理和公示公告情况进行实地抽查评价。五是开展中央单位定点扶贫工作成效分类评价。由中央和国家机关工作委员会、中共中央统战部、教育部、中国人民银行、国务院国有资产监督管理委员会5个中央定点扶贫工作牵头部门分别组织实施，各被考核单位派员参加，采取集中审阅材料、分组评议、投票评价、综合评定等方式进行。六是梳理平时工作情况。收集十九届中央第一轮巡视关于脱贫攻坚监督检查发现问题和2018年对各地各部门脱贫攻坚专项巡视发现问题及整改落实情况，中西部22个省区市、东西部扶贫协作省市、中央定点扶贫单位2017年考核发现问题整改落实情况。从国务院扶贫办全国扶贫开发信息系统获取中西部22个省区市贫困人口减少年度计划完成数据。请中共中央纪律检查委员会国家监察委员会机关提供2018年扶贫领域违纪违法案件情况。请审计署提供2018年扶贫资金专项审计和脱贫攻坚政策落实审计情况，以及各地完成审计发现问题整改任务情况。请国家统计局提供2018年贫困地区农村居民人均可支配收入增长数据。请有关行业部门提供日常工作调度发现问题情况。此外，还汇总脱贫攻坚督查巡查、民主监督、统计监督、暗访信访、舆情监测等方面反映的情况。七是进行综合分析评价。在汇总整理年终考核和平时工作情况的基础上，认真分析考核数据和材料，按照定性定量相结合、第三方数据与部门数据相结合、年度考核与平时掌握情况相结合的原则，对各省区市2018年扶贫开发工作成效、东西部扶贫协作成效和中央单位定点扶贫工作成效进行综合分析，形成考核意见。

考核结果。2018年，各地各部门认真贯彻落实中共中央、国务院决策部署，狠抓责任落实、政策落实和工作落实，脱贫攻坚取得显著成效。打赢脱贫攻坚战三年行动开局良好，深度贫困地区脱贫攻坚进程加快，东西部扶贫协作和中央单位定点扶贫强力推进，精准扶贫、精准脱贫措施更加扎实，“两不愁”总体实现，“三保障”明显加强，作风建设和问题整改初显成效，贫困群众内生动力进一步激发，获得感、幸福感进一步增强，脱贫攻坚迈上新台阶。2018年，全国减少农村贫困人口1386万人，完成280万人易地扶贫搬迁任务，125个贫困县宣布脱贫摘帽，284个贫困县申请退出，解决区域性整体贫困步伐加快。贫困地区农民人均可支配收入增长10.6%，比全国农民人均可支配收入增幅高1.8个百分点。

从考核情况看，各地区、各部门在具体工作中还不同程度地存在一些问题，有的还比较突出。主要表现为攻坚责任落实还不够扎实，扶贫标准把握还不够严格，“三保障”工作还有弱项，帮扶政策落实仍有偏差，形式主义、官僚主义问题时有发生，部分摘帽县出现松劲懈怠，扶贫项目资金使用管理还不够规范等。

2019年4月23日，国务院扶贫办向各省区市反馈考核发现问题。4月30日，中共中央办公厅、国务院办公厅向各地各部门通报考核情况。考核通报反馈后，各地高度重视考核发现问题整改工作，党政主要负责同志亲力亲为研究部署、推动落实，制定问题清单、措施清单，明确整改责任、任务和时限，举一反三、较真碰硬，扎实推进整改，努力纠正问题和不足，整改工作总体到位，促进脱贫攻坚的政策落实和工作落实，保持脱贫攻坚的良好态势和正确方向。

（国务院扶贫办考核评估司　张慧东）

第五篇

行业扶贫篇

中共中央组织部扶贫

【概述】 2019年，中共中央组织部(以下简称“中组部”)学习贯彻中共中央总书记习近平关于扶贫工作的重要论述精神，按照党中央决策部署，推进抓党建促脱贫攻坚工作，不断汇集组织、干部、人才资源，调动和激发各级党组织的组织优势、功能和力量，为如期全面打赢脱贫攻坚战提供组织保障。

【干部扶贫】 做好保持贫困地区党政正职稳定工作。印发《关于进一步做好保持贫困地区党政正职稳定工作的通知》，明确贫困县党政正职要继续保持稳定，集中连片特困地区的市党政正职在本省区脱贫攻坚任务完成前不得调离。坚持凡是贫困地区党政正职调整必审核，对不符合党中央精神的坚决不予审批。指导有关省区市党委组织部加大对表现突出的贫困县党政正职的提拔使用力度。

聚焦脱贫攻坚，选派挂职干部。结合规范干部挂职工作，对包括中央单位定点扶贫、东西部扶贫协作等在内的挂职选派工作审核把关，提高人选质量，推动有关单位和地方加强管理和考核，发挥挂职干部在服务保障脱贫攻坚中的作用。同时，做好选派干部到西部地区、老工业基地和革命老区挂职锻炼工作，加大对贫困地区帮扶力度；会同中共中央统一战线工作部、国家民族事务委员会做好选派西部地区和其他少数民族地区干部到中央单位和经济相对发达地区挂职工作，2019年超过一半的挂职干部来自贫困地区。

抓好各级扶贫干部的教育培训。贯彻落实《关于聚焦打好精准脱贫攻坚战加强干部教育培训的意见》，会同国务院扶贫办分别召开东、中、西部培训工作推进会。在中国浦东干部学院举办6期贫困县党政正职专题研讨班，实现对832个贫困县党政正职培训全覆盖；利用中国干部网络学院举办扶贫干部脱贫攻坚网上专题班，组织扶贫一线2.4万多名干部参加培训；指导各省区市分类分级培训扶贫干部907万人次，其中基层扶贫干部占97%；制订2019年全国党员教育培训示范班计划，在北京、深圳举办30期示范培训班，培训边疆民族地区和革命老区村党组织书记4490人；组织实施贫困地区公务员对口培训计划，为“三区三州”和江西举办8期深度贫困地区加快发展专题培训班。

激励贫困地区干部担当作为。制定出台激励干部担当作为有关具体措施，推动各地区落实提高乡镇机关工作人员收入及体检、休假等关心关爱政策。指导各地区、各单位坚持在脱贫攻坚一线考察识别干部，对在脱贫攻坚中工作出色、表现优秀的扶贫干部、基层干部注重提拔使用，激励干部在脱贫攻坚中履职尽责、奋发有为。用好脱贫攻坚成效考核结果，把脱贫攻坚情况纳入对领导干部担当作为情况巡视检查的重要内容，督促抓好脱贫攻坚专项巡视整改，引导各地区强化脱贫攻坚责任。

【人才扶贫】 抓好脱贫攻坚人才支持政策落实。推动贫困地区贯彻落实《关于鼓励引导人才向艰苦边远地区和基层一线流动的意见》，完善编制管理、职称评审、人才招录和柔性流动政策，吸引更多人才到艰苦边远地区和基层一线干事创业。落实做好艰苦边远地区基层公务员考试录用和县乡事业单位公开招聘工作的相关政策要求，单独或者综合采取适当降低学历条件、放宽专业要求、拿出一定数量职位面向本地户籍人员招考(聘)等措施降低进入门槛，解决贫困地区“招人难”问题。做好从大学生村干部、“三支一扶”等服务基层项目人员中定向考录公务员工作，全国共招录1万余人。推动各地区、各部门落实国家扶贫开发工作重点县的大中专以上毕业生高定工资政策，加大艰苦边远地区津贴和乡镇工作补贴政策实施力度，实行差异化津补贴标准，鼓励机关事业单位人员扎根基层一线，为脱贫攻坚提供人才支撑。

加大对贫困地区人才项目支持力度。会同教育部等部委实施边远贫困地区、边疆民族地区和革命老区人才支持计划，选派培养教师、医生、科技人员、社会工作者、文化工作者7万余名，助力脱贫攻坚。加大“博士服务团”“西部之光”等人才项目向脱贫攻坚一线倾斜的力度，2019年选调363名“西部之光”访问学者到中央单位和东部地区所属的研究机构、重点院校、医疗卫生机构、国有企业等进行研修，选派278名博士服务团成员到西部等地区挂职锻炼。开展医疗人才“组团式”支援工作，从对口支援省市所属医院选派医疗人才组团进藏、进疆工作。

【基层党建扶贫】 整顿软弱涣散的村党组织。2019年7—11月，中组部会同有关单位，抓好“不忘初心、牢记使命”主题教育中以农村为重点的集中整顿软弱涣散的基层党组织工作。通过压实县级党委主体责任，县委书记带头，县级领导班子成员村村走到、村村分析，排查软弱涣散的村党组织4.47万个，占行政村总数的8.18%。落实每个软弱涣散村由1名县领导联村、1名乡镇领导包村、1名第一书记驻村、1个县以上机关单位结对的“四个一”整顿措施，集中清理受过刑事处罚、存在“村霸”和涉黑涉恶等问题的村干部，调整不胜任、不尽职的村党组织书记1.28万名，提高贫困地区农村基层党组织建设水平。

推动贫困地区村党组织带头人队伍整体优化提升。落实村党组织书记县级党委备案管理制度，推动县委严把标准关、人选关、任免关，统筹教育培训、考核监督、激励保障，选优配强村党组织书记。全国村党组织书记大中专及以上学历的占30.6%，致富带头人占60%。贫困村党组织带领群众脱贫攻坚的能力明显增强。加大从优秀村党组织书记中选拔乡镇领导干部、考录乡镇公务员、招聘乡镇事业编制人员的力度，2019年开展这项工作的省区市有28个，招录2300多人。建立健全回引本土大学生、高校培养培训、县乡统筹招聘机制，为每个贫困村储备后备力量。全国95%的贫困村已储备后备力量。

派强用好第一书记。中组部对中央和国家机关等单位选派的第一书记实行报备管理。会同国务院扶贫办举办1期中央单位选派第一书记示范培训班和1期深度贫困县第一书记示范培训班，带动各地开展第一书记全覆盖培训。通过中国中央电视台、新华社、人民日报等主要新闻媒体宣传黄文秀等优秀第一书记先进典型，利用共产党员网、共产党员微信等信息化平台进行宣传引导。2019年，共有13名第一书记获全国脱贫攻坚奖。

发挥党员在脱贫攻坚中的先锋模范作用。制定实施《中国共产党党员教育管理工作条例》《2019—2023年全国党员教育培训工作规划》。加大从青年农民、农村外出务工人员中发展党员的力度，2019年下达的农牧渔民发展党员指导性计划比2018年增长13.8%，新增部分主要用于发展青年农民入党，以及支持贫困村发展党员，推动每个贫困村每2年至少发展1名青年农民党员。据统计，2019年全国发展农牧渔民党员、在贫困村中发展党员比2018年均有一定幅度增长。推动村党支部落实“三会一课”制度，每月相对固定1天开展主题党日，每年定期召开组织生活会，加强对党员的日常教育管理。通过党员联系户、党员户挂牌、承诺践诺、设岗定责等活动，推动广大农村党员在脱贫攻坚中当先锋、作表率。

健全党组织领导的乡村治理机制。推行村党组织书记通过法定程序担任村民委员会主任和村级集体经济组织、合作经济组织负责人，加强村党组织对各类组织的统一领导。健全村级重要事项、重大问题由村党组织研究讨论机制，落实村级重大事项决策“四议两公开”。建立健全村务监督委员会，已实现全覆盖，其中村务监督委员会主任由党员担任的有47.6万名，占87.4%。

【定点扶贫】 中组部定点帮扶甘肃省舟曲县和贵州省台江县。2019年，中组部4次到两县调研推动工作，召开定点扶贫工作领导小组会议和专题会议，听取帮扶情况汇报，协调解决问题；完成舟曲、台江工作组共7人轮换；投入帮扶资金1678万元，引进帮扶资金11741万元，培训基层干部5203名、技术人员7297名，直接购买农产品65万元，帮助销售农产品710万元。舟曲县农村居民人均可支配收入8068元，贫困发生率下降到0.83%。台江县农村居民人均可支配收入9258元，贫困发生率下降到0.98%。

（中共中央组织部　罗元开）

中共中央宣传部扶贫

【概述】 2019年，中共中央宣传部（以下简称“中宣部”）坚持以习近平新时代中国特色社会主义思想为指导，贯彻落实党中央决策部署，贯彻实施《中共中央　国务院关于打赢脱贫攻坚战的决定》《中共中央　国务院关于打赢脱贫攻坚战三年行动的指导意见》，聚焦精准扶贫、精准脱贫，瞄准深度贫困地区，印发工作方案，集中开展决战决胜脱贫攻坚主题宣传活动，统筹推进理论宣传、新闻宣传、扶志扶智、对外宣传和定点扶贫工作，宣传阐释中共中央总书记习近平关于扶贫工作的重要论述，宣传党的十八大以来我国扶贫事业取得的成就，展示中国共产党的领导和中国特色社会主义的政治优势，宣传动员广大干部群众迎难而上、顽强作战，营造全力以赴打赢打好脱贫攻坚战的舆论氛围。

【中央精神宣传】 组织中央和地方媒体推出一批理论文章、评论言论和系列报道，宣传习近平关于扶贫工作重要论述的丰富内涵和实践要求，宣传党中央关于坚决打赢脱贫攻坚战的重大战略部署，组织解决“两不愁三保障”突出问题座谈会、中央经济工作会议、中央农村工作会议精神宣传阐释，解读脱贫攻坚重点任务和重大举措，宣传解读《中共中央　国务院关于打赢脱贫攻坚战的决定》《中共中央　国务院关于打赢脱贫攻坚战三年行动的指导意见》等系列重要文件。与国务院扶贫办联合举办习近平扶贫论述理论研讨会，人民日报、光明日报专版宣传研讨成果。推动将习近平关于扶贫工作的重要论述作为学习重点纳入各级党委（党组）理论学习中心组学习计划，指导各地开展习近平关于扶贫工作的重要论述宣讲活动。做好《习近平新时代中国特色社会主义思想学习纲要》《新中国发展面对面》《脱贫攻坚前沿问题研究》《读懂中国脱贫攻坚》《人类减贫史上的中国奇迹》等理论读物的宣传出版工作。组织中央广播电视总台制作播出《脱贫攻坚在路上》《决不掉队》等电视专题节目。

【扶贫主题宣传】 2019年，全国扶贫宣传工作以习近平新时代中国特色社会主义思想为指导，聚焦脱贫攻坚重点工作，深入宣传习近平关于扶贫工作的重要论述、党中央关于脱贫攻坚的决策部署，宣传脱贫攻坚政策措施、重点成就、成功经验和先进典型。2019年，中央主流媒体策划系列重点报道，共推出扶贫报道28万余条；省级主要媒体推出扶贫报道56.7万余条；网络媒体推出640.3万余条。结合“在习近平新时代中国特色社会主义思想指引下——新时代新作为新篇章”重大主题宣传活动和“新春走基层”活动，组织新闻媒体采访报道各地各部门按照中央要求，坚持脱贫攻坚目标和现行扶贫标准，解决“两不愁三保障”突出问题的实际行动，涌现出《集中连片特困地区贫困村调研行》《脱贫攻坚乡村行》《贫困村里的“红黑榜”》等新闻作品。结合庆祝中华人民共和国成立70周年，组织媒体在《壮丽70年·奋斗新时代》等栏目推出“扶贫开发的中国奇迹”“70年，中国7亿多人摆脱贫困”“从温饱不足到迈向全面小康，数说中国扶贫伟大成就”等报道，介绍中华人民共和国成立70年来的扶贫成就。组织中央媒体、行业媒体和部分地方媒体骨干编辑记者赴“三区三州”等深度贫困地区开展调研采访，推出来自一线的报道。

【扶贫典型宣传】 宣传精准扶贫、精准脱贫的措施成效和先进典型，印发专门工作方案。宣传2019年度全国脱贫攻坚奖获得者的先进事迹；宣传黄文秀、朱有勇、张小娟等扶贫典型的感人事迹。在中央广播电视总台综合频道和22个省级电视台，组织播出《攻坚的力量——2019年全国脱贫攻坚奖特别节目》；推出《加油！脱贫攻坚》系列短视频，讲述扶贫脱贫故事；制作播出21期《攻坚之星》系列节目，推出“决战脱贫攻坚　决胜全面小康”系列报道，反映各地实施精准扶贫、精准脱贫的进展和典型经验。

【文化扶贫】 2019年10月，在第二批500个试点县中，将尚未摘帽的32个县列入全国试点县。会同文旅、广电、体育部门支持贫困地区建设村综合文化服务中心5565个；会同财政部、教育部支持乡村学校少年宫建设，截至2019年年底，中央建设项目17536所，各地自建15398所；会同教育、文旅等部门实施“圆梦工程”“阳光工程”“春雨工程”等志愿服务行动。组织文化工作者和非遗传承人到1200个行政村和610个乡村学校少年宫开展活动，招募19000余名志愿者深入16个边疆少数民族省（区）举办文艺演出、培训讲座和文化展览。2019年春节前夕和国庆节前，向以“三区三州”为重点的深度贫困地区和部分集中连片特困县、国家扶贫开发工作重点县、革命老区和贫困地区建档立卡贫困户的困难家庭赠送70余万台电视机，帮助贫困群众通过电视节目了解扶贫政策、掌握致富技术、提高劳动技能。国家电影事业发展专项资金每年安排6000万元以上资助经费，保障民族语译制工作顺利进行。

【消费扶贫】 贯彻落实《国务院办公厅关于深入开展消费扶贫助力打赢脱贫攻坚战的指导意见》，组织新闻媒体在做好报道的同时，发挥各自优势帮助推介贫困地区特色农产品。组织中央媒体增加公益广告投放版面、时段、频次，宣传各地各部门贯彻落实《国务院办公厅关于深入开展消费扶贫助力打赢脱贫攻坚战的指导意见》情况，发挥新媒体平台作用，及时向贫困群众介绍扶贫政策、传递市场信息、推广致富经验，推介和打造一批贫困地区特色农产品，集中宣传一批贫困地区休闲农业和旅游精品目的地。中央广播电视总台持续实施“广告精准扶贫”项目，打造一批区域性特色农产品品牌。

【移风易俗扶贫】 2019年9月，会同中央农村工作领导小组办公室等11个部门印发《关于进一步推进移风易俗建设文明乡风的指导意见》，引导贫困地区坚持自治、法治、德治相结合，发挥党员干部带头作用和村民议事会、道德评议会、红白理事会、禁毒禁赌会等自治组织的约束作用，遏制婚丧大操大办、铺张浪费、封建迷信等陈规陋习，引导贫困地区群众自我约束、自我管理、自我提高，树立勤俭节约观念，弘扬时代新风。深化贫困地区文明村镇和文明家庭创建，开展弘扬好家风、“星级文明户”评选等活动，推动贫困地区加强精神文明建设。加强扶贫题材文化产品创作生产，推出反映扶贫脱贫感人事迹的优秀文艺作品。

【扶贫新闻发布】 协调相关部门在国务院新闻办公室、全国“两会”新闻中心和国务院扶贫办共举办6场脱贫攻坚新闻发布会，邀请中央农村工作领导小组、国务院扶贫办、农业农村部等有关部门介绍扶贫政策和成效，及时发出权威声音。结合庆祝中华人民共和国成立70周年，在各省区市主题系列发布会中嵌入有关扶贫的内容，介绍各地脱贫攻坚的进展和成效。

【扶贫国际交流】 组织对外宣介，向全世界讲好中国扶贫故事。做好《摆脱贫困》《习近平扶贫论述摘编》等著作的翻译出版和发行推广，对外宣介习近平关于扶贫工作的重要论述。与国务院扶贫办联合举办“追寻美好生活”全球图片巡展，支持举办“2019全球减贫伙伴研讨会非洲区域分会”“2019中国扶贫国际论坛”。办好中国扶贫在线网站，策划推出多语种系列创新融媒体产品。组织制作播出《我们走在大路上(国际版)》等6部中外合作纪录片，推动减贫领域国际交流合作。组织“怒江行”“新疆行”“长征行”等采访活动，邀请外国主流媒体记者实地采访，介绍边疆、少数民族地区、长征沿线地区扶贫工作的进展、成效，展示中国对世界解决贫困问题的贡献和启示。

【定点扶贫概述】 2019年，中宣部定点帮扶陕西省铜川市耀州区、内蒙古自治区兴安盟科尔沁右翼中旗(以下简称“科右中旗”)，投入资金855万元，引进资金11867万元，帮助销售农产品3100万元，选派挂职扶贫干部4名。2019年4月，科右中旗脱贫摘帽。

【扶贫调研】 11月，中央政治局委员、中央书记处书记、中宣部部长黄坤明和常务副部长王晓晖赴科右中旗调研了解脱贫进展成效。1月，中宣部部务会成员、国务院新闻办公室副主任郭卫民赴耀州区调研扶贫宣传“最后一公里”落实情况。7月，副部长、机关扶贫领导小组组长孙志军与耀州区党委政府主要负责同志座谈交流。

【产业扶贫】 贯彻落实“吃生态饭、做牛文章、念文旅经”的帮扶思路，持续推进科右中旗肉牛养殖项目，支持建设优质肉牛养殖基地，带动该旗肉牛产业体量迅速扩大。2019年，科右中旗肉牛存栏26.5万头。推动发展文化旅游等特色产业。2019年，在科右中旗影视基地，协调拍摄以蒙古马文化和马产业为题材的电影《奔腾岁月》、30集脱贫攻坚题材电视连续剧《枫叶红了》。协调科右中旗现代农业产业园项目，帮助120户农民平均每户增收4.2万余元。协调帮助科右中旗依规核许蒙能电厂建设项目。协调平安集团“三村工程”(即村官、村医、村教)产业扶贫项目落地耀州区，通过“平安扶贫保”贴息贷款方式解决产业发展资金短缺问题，推进耀州区肉兔养殖、香菇种植等产业发展。

【文化扶贫】 投入资金224万元，在耀州区陈家坡会议旧址纪念馆援建1个红色教育影厅，捐赠3套激光放映设备、5套电动银幕架及农村电影放映3000场次拷贝。协调科右中旗旅游文化公益宣传片在电影频道和网络社交平台上播出，在全国各大院线连续播放10万余场次，覆盖24个省78个主要城市；反映科右中旗的纪录片在中国中央电视台《生财有道》《决不掉队》等节目中播出。向耀州区图书馆和中小学赠送图书3.43万册。协调人民出版社在科右中旗举行《习近平新时代中国特色社会主义思想学习纲要》赠书仪式，并捐赠20万元助力科右中旗脱贫攻坚。

【教育扶贫】 资助12万元，组织安排科右中旗牧区教师25人赴郑州、兰考、北京等地学习考察。协调3名专家前往两地免费培训教师1440人(耀州区200人、科右中旗1240人)。联系协调在科右中旗2所中学设立高中宏志班、2所农村中学建设科技馆。联系爱心企业捐赠108万元，帮助耀州北梁红军小学、照金红军小学、柳林小学修缮校舍。

【扶贫培训】 6月、8月，分别组织科右中旗10名宣传干部、10名社区工作者参加培训。协调外交部、中共中央党校专家学者在科右中旗、耀州区举办形势政策培训班，培训基层干部800人(科右中旗350人、耀州区450人)。协调组织2期创业致富带头人培训班，培训耀州区柳林村贫困户山桃核加工、香菇种植技能200人次。协调科右中旗举办肉牛养殖、快手、淘宝、治沙种植等培训班，培训681人次。

【扶志扶智】 在耀州区开展“八星励志”评比活动；在科右中旗实施以“学习习近平新时代中国特色社会主义思想，党组织带动，转变思想观念、转变生产方式，改变居住环境、改变陈规陋习、改变不良饮食习惯”为主要内容的新时代农牧民素质提升工程。

【消费扶贫】 联系引进“阿里巴巴·科右中旗未来农场”项目，帮助提升大米品牌效益，推动在“淘乡甜”等平台上销售。协调中国电影集团公司、华夏电影发行有限责任公司所属影院和阿里巴巴网络技术有限公司（以下简称“阿里巴巴集团”）等电商帮助销售科右中旗的矿泉水、牛肉干、大米等。协调中宣部机关食堂和直属单位购买耀州苹果、科右中旗大米等。

【生态扶贫】 协调引进阿里巴巴集团“蚂蚁森林”项目，从2019年起用两年时间打造防风固沙生态林10万亩，在沙化最严重的南部3个镇打造沙棘种植示范基地0.1万亩。2019年，项目总投资1891万元，完成造林2.85万亩，成活率为92.5%，在内蒙古自治区同类项目中排名第一。为科右中旗沙地治理、生态修复捐款100万元，专项用于1500亩沙棘种植基地建设，2019年已完成全部种植任务。

【扶贫宣传】 协调人民日报、光明日报、经济日报、中国中央电视台等媒体记者在耀州区、科右中旗开展不定期调研采访。7—8月，通过中国人权发展和交流中心，协调组织人民网、新华网、中国网、光明网、中新网、中国人权网、新浪网、搜狐网等8家网络媒体记者前往两地开展“人权事业发展——减贫脱贫的进步与成就”主题联合采访。制作中宣部机关扶贫成果展板，参加“不忘初心、牢记使命——中央和国家机关定点扶贫工作成果展”，机关党委组织部机关30个厅局室和直属单位的200余名党员干部参观展览。

（中共中央宣传部扶贫工作办公室　赵江涛　吕　凯）

中共中央统一战线工作部扶贫

【概述】 2019年，中共中央统一战线工作部（以下简称“统战部”）学习党中央关于脱贫攻坚的决策部署，围绕产业扶贫、教育扶贫、健康扶贫、人才培训、干部挂职、党建扶贫、公益扶贫等在统一战线14个定点扶贫县落实帮扶项目7类192个，支持边疆少数民族地区和“三区三州”等深度贫困地区脱贫攻坚，推动“万企帮万村”行动提质增效创新发展，助力毕节贯彻新发展理念示范区建设。

【扶贫调研】 2019年10月，统战部调研组赴贵州省毕节市七星关区、赫章县调研。统战部、各民主党派中央、中华全国工商业联合会（以下简称“全国工商联”）共34位负责同志带领调研组开展调研，相关部门（单位）深入157个村寨组织帮扶项目对接督查、驻村调研等61次，选派23名干部到定点扶贫县挂职扶贫。

【万企帮万村】 统战部联合全国工商联引导民营企业贯彻落实中共中央总书记习近平对“万企帮万村”行动的重要指示精神，鼓励民营企业家真正助力脱贫；支持全国工商联、国务院扶贫办等组织召开贯彻落实习近平重要回信精神一周年座谈会暨“万企帮万村”行动先进民营企业表彰会，对99家先进典型企业进行表彰；召开“三区三州”深度贫困地区“智慧村医”健康扶贫工作研讨会、全国“万企帮万村”教育扶贫座谈会等。9万多家民营企业精准帮扶10.27万个村（其中建档立卡贫困村5.53万个），产业投入753.71亿元（其中购买农产品75.37亿元），公益投入139.1亿元，安置就业66.15万人，技能培训94.1万人，带动和惠及1163万建档立卡贫困人口。全国工商联开展“万企帮万村”行动成效课题研究，出版《脱贫攻坚民企担当——“万企帮万村”行动优秀案例选集》。

【光彩事业】 10月，统战部召开纪念光彩事业发起实施25周年座谈会，引导民营企业家投身于光彩事业，助力脱贫攻坚。支持中国光彩事业促进会聚焦“三区三州”等深度贫困地区集中发力，实现脱贫攻坚战以来“光彩事业行”活动面向“三区三州”全覆盖。引导组织民营企业助力解决贫困地区义务教育、医疗保障、住房安全等“两不愁三保障”突出问题，筹集善款支持“光彩水窖”工程，帮助缺水地区贫困群众解决饮水安全问题，开展公益捐赠等活动。“光彩事业临夏行”产业扶贫签订103个项目合同金额234.82亿元、94个意向性协议金额256.03亿元，消费扶贫协议金额2.75亿元，组织民营企业捐赠款物1.6亿多元，“民营企业南疆行”签订176个招商引资项目金额317亿元，“光彩事业黔西南行”签约56个投资项目金额301.99亿元。

【民族边疆地区扶贫】 会同国家民族事务委员会（以下简称“国家民委”）等充实完善兴边富民行动协调小组力量，壮大民族地区脱贫攻坚队伍；会同国家民委等赴广西、云南等民族地区调研；组织统战系统单位参与实施温暖工程国家通用语言培训项目，解决少数民族群众因语言障碍无法就业、生活贫困的突出问题。

【“三区三州”扶贫】 统战部加大对边境小康村建设等项目的支持力度，配合国家发展和改革委员会（以下简称“国家发展改革委”）开展专项调研，推动西藏和四省藏区脱贫攻坚；会同国家发展改革委筹备召开第七次全国对口支援新疆工作会议，推动相关援疆省市加大项目资金向深度贫困地区建档立卡贫困户倾斜力度，将优惠政策适当扩大至农产品加工等劳动密集型产业，助力新疆脱贫攻坚；创新帮扶工作方式，在特色产业培育、生活条件改善、公益事业发展等方面取得成效，推进临夏回族自治州脱贫攻坚。中国民主同盟中央委员会形成建议信，就“三区三州”巩固脱贫成效提出意见建议。九三学社中央委员会融合教育扶贫与西部大开发战略形成调研报告。

【毕节试验区建设】 2019年，统一战线协调各方面力量在毕节完成产业、教育、医疗、公益等帮扶项目336个，协调引进资金2.43亿元，帮助培训专科医生、乡村教师、致富带头人等3.44万人次，实施各类免费手术237例，义诊贫困群众4056人，资助贫困学生5252人，协调招商引资项目3个。

【脱贫攻坚民主监督】 4月，统战部会同国务院扶贫办召开脱贫攻坚民主监督工作座谈会。各民主党派中央通过交流研讨、专家论坛等，就巩固脱贫成效、保证脱贫质量开展民主监督，注重加强对脱贫目标标准执行情况的监督等，与对口省区各级党委、政府会商座谈229次，反馈各类意见建议400余条。中国民主建国会中央委员会邀请国家发展改革委、教育部等相关部门组团调研，形成《民建中央关于中央政府支持广西云南决胜脱贫攻坚的若干建议》，以直通车形式报送中央，相关建议由国务院办公厅逐条分解至20个相关部委研究推进。

【定点扶贫概述】 2019年，统战部为14个定点扶贫县协调投入帮扶资金5.13亿元，定点扶贫县中有6个县实现脱贫摘帽，595个贫困村出列，38.46万贫困人口保质脱贫。2019年，统战部结合主要指标在5个定点扶贫县中实施产业、教育、医疗、公益等7类54个帮扶项目，投入和引进帮扶资金14730万元，培训基层干部和技术人员9061人次，购买和帮助销售农产品1035.37万元。

【干部挂职扶贫】 2019年，派出8位干部在赫章县、晴隆县、望谟县、三都水族自治县、积石山保安族东乡族撒拉族自治县5个定点县挂职，其中2位挂职驻村第一书记，分别以《选优配强村班子，凝心聚力干实事》《如何在整合资源中提高协调能力》等突出事迹入选《中央和国家机关驻村第一书记典型案例集》。7月，在贵州、甘肃等省挂职干部团队中的10位同志被当地党委政府授予脱贫攻坚优秀共产党员（优秀驻村第一书记）等称号。

（中共中央统一战线工作部办公厅
左右志）

中共中央和国家机关工作委员会扶贫

【概述】 2019年,中共中央和国家机关工作委员会(以下简称“工委”)一手抓好中央和国家机关定点扶贫的牵头联系工作,一手抓好河北省平山县、临城县、阳原县和山西省宁武县等4个定点扶贫县的帮扶。举办中央和国家机关定点扶贫工作成果展、编写《中央和国家机关驻村第一书记扶贫典型案例集》、组织“不忘初心、牢记使命——中央和国家机关优秀驻村第一书记先进事迹巡回宣讲”等活动;召开2019年中央和国家机关定点扶贫工作推进会,组织推荐中央和国家机关全国脱贫攻坚奖候选人及单位,赴贵州开展脱贫攻坚督查等。推进对定点扶贫县的产业扶贫、教育扶贫、消费扶贫等,直接投入帮扶资金227.75万元,引进帮扶资金3307万元,培训基层干部1483人、技术人员502人,直接购买农产品90.07万元,帮助销售农产品86.66万元,在2019年中央单位定点扶贫成效评价中被评为“好”等次。

【扶贫会议】 5月,工委召开中央和国家机关定点扶贫工作推进会,通报2018年中央和国家机关定点扶贫工作考核结果,推动2019年定点扶贫工作。

【扶贫调研】 2019年,工委领导班子成员5人次赴定点扶贫县调研,深入4个县5个乡镇10个贫困村,考察11个扶贫项目。8月,赴阳原县调研时看望贫困户,了解扶贫项目建设情况;10月,赴平山县、临城县调研易地扶贫搬迁项目和特色产业,为围场中心小学捐赠“明志奖学助学金”;11月,赴宁武县调研;12月,到临城县看望扶贫干部。

【扶贫培训】 7—9月,举办定点扶贫县乡(镇)党政干部、贫困村党支部书记和致富带头人培训班各1期,培训4县干部173人。10月,举办农村电子商务技能培训班,培训电商管理及技术人员94人。围绕扶贫考核、乡村振兴、健康扶贫等,邀请有关专家、组织培训师赴定点扶贫县开展培训。2019年,累计培训1985人。

【干部挂职扶贫】 2019年,新选派7名干部到扶贫县挂职,共计15人。其中,4人挂职县委副书记,2人挂职贫困村驻村第一书记;8人任乡镇扶贫干部;1人任扶贫支教队员。挂职临城县委副书记的侯兵荣获2019年全国脱贫攻坚奖“贡献奖”。

【产业扶贫】 为宁武县、阳原县争取扶贫专项资金750余万元,用于蔬菜大棚等扶贫产业建设。帮助平山县引进红峡谷生态旅游项目,投入建设资金800万元。协助阳原县完成经济开发区循环园污水处理厂及基础设施项目审批。帮助宁武县协调推进华润2×350兆瓦低热值煤发电产业扶贫能源项目。

【消费扶贫】 工委机关、中央和国家机关党校、培训中心、法制教育中心等单位食堂购买4个定点扶贫县农副产品22万元。机关工会采购贫困县农产品26.2万元。联系协调公益中国、人民优选、农业银行扶贫商城等电商平台,以及农贸批发市场帮助销售定点扶贫县农副产品。

【教育扶贫】 号召干部职工自愿捐款35.17万元,为临城县设立“明志奖学助学金”以资助贫困学生。协调国家开发银行为阳原县3150名学生发放助学贷款2443万元。向平山县、阳原县选派24位青年干部开展支教扶贫。联系南开大学、西安交通大学、河北师范大学组织师生分赴平山县、阳原县、宁武县开展暑期社会实践和下乡支教专项活动，共为300多名留守儿童义务举办各类兴趣班。

【公益扶贫】 帮助宁武县、阳原县贫困户争取专项资金1617万元。在阳原县实施中国扶贫基金会顶梁柱工程，提高投保金额和贫困户医疗报销比例。推动北京尤迈慈善基金会与阳原县签订协议，帮助128名贫困患者接受北京协和医院专家远程视频会诊。

【牵头联系工作】 8月，举办“不忘初心、牢记使命——中央和国家机关定点扶贫工作成果展”，中央和国家机关117个部门（单位）参展，人民网、新华网等中央主要媒体和各部门（单位）媒体进行报道。7—10月，举办8场“不忘初心、牢记使命——中央和国家机关优秀驻村第一书记先进事迹巡回宣讲”，5000名中央和国家机关各部门（单位）党员干部参加，《人民日报》专版刊发宣讲材料。8月，编辑出版《中央和国家机关驻村第一书记扶贫典型案例集》。会同国家发展改革委、国务院扶贫办等部门向全社会发布《动员全社会力量共同参与消费扶贫的倡议》。参与组织实施2019年中央单位定点扶贫工作成效评价等工作。

（中共中央和国家机关工作委员会
吴　珉）

国家发展和改革委员会扶贫

【概述】 2019年，国家发展和改革委员会（以下简称“国家发展改革委”）以易地扶贫搬迁、重点区域脱贫发展、以工代赈、消费扶贫、定点扶贫等为重点，加大投资力度，推动脱贫攻坚工作取得新进展、新成效。

【重点区域脱贫发展】 实施《加大深度贫困地区支持力度推动解决区域性整体贫困行动方案（2018—2020年）》，推动新增资金、新增项目、新增举措进一步向深度贫困地区倾斜，明确要求有关省份进一步优化调整投资结构，加快重大项目审核备案进度，优先安排重大工程、重大项目、重大改革。安排农村扶贫公路中央预算内投资20.74亿元，支持四川省凉山彝族自治州通“慢火车”站点公路、通建制村硬化路和乡村旅游公路项目建设。印发《革命老区开发建设与脱贫攻坚2019年工作要点》《重点革命老区2019年重大项目清单》，加大对革命老区的投入、支持和督导力度。安排2019年新疆、西藏和四省藏区专项中央预算内投资387亿元，重点用于保障和改善民生、水利交通能源等重大基础设施、生态环境保护、基层政权和社会管理能力、特色优势产业5个领域项目建设。印发《促进边民守边固边2019年工作要点》，推动重大任务、重大项目，支持政策落地实施。

【以工代赈】 2019年，安排以工代赈示范工程中央预算内投资17亿元、财政预算内以工代赈资金42.2亿元，支持有关省份实施一大批农村中小型基础设施工程。印发《关于进一步发挥以工代赈政策作用助力打赢脱贫攻坚战的指导意见》，明确把是否能够足额发放劳务报酬作为项目谋划、工程实施和竣工验收的重要依据。组织召开全国以工代赈工作现场会。加强与财政部、国务院扶贫办沟通协调，联合起草有关政策文件，推动贫困县在统筹整合使用财政涉农资金时推广以工代赈方式，激发贫困群众脱贫致富的内生动力。

【消费扶贫】 印发《国务院办公厅关于深入开展消费扶贫助力打赢脱贫攻坚战的指导意见》委内实施方案和《国家发展改革委消费扶贫成效提升行动方案（2019—2020年）》，明确工作任务和责任分工。联合国务院扶贫办等14个部门发布《动员全社会力量共同参与消费扶贫的倡议》，举办2019年消费扶贫市长论坛，推介一批消费扶贫典型案例。调度检查各地区、各部门消费扶贫工作开展情况，并对全国31个省份、30个中央部门上半年消费扶贫工作进展情况进行梳理汇总。

【定点扶贫】 2019年，国家发展改革委定点帮扶河北省灵寿县、广西壮族自治区田东县、吉林省汪清县，在资金、项目、政策、人才、技术等方面给予支持，促进扶贫产业可持续发展，共派出34名干部到定点扶贫县挂职。指导和帮助定点扶贫县编制和实施乡村振兴战略规划、脱贫攻坚和经济社会发展战略策划。制定2019年“援智灵寿”系列培训方案，共计2200人次参加“援智灵寿”系列培训。开展支部结对共建，共46个司局（单位）党组织与定点扶贫县贫困村党支部深化“结对共建”关系，建强基层党组织，开展健康知识送到村、消费扶贫等活动。

（国家发展和改革委员会
地区振兴司　李　想）

教育部扶贫

【概述】 2019年，教育部将脱贫攻坚作为重大的政治任务和“不忘初心、牢记使命”主题教育的重要实践载体，持续推进脱贫攻坚专项巡视整改工作，会同有关部门和地方政府做好教育脱贫攻坚各项工作。

【义务教育控辍保学】 5月，在青海省召开全国控辍保学暨农村学校建设工作现场推进会，对控辍保学和农村学校建设工作进行再动员、再部署、再推进。8月，会同国务院扶贫办印发《关于解决建档立卡贫困家庭适龄子女义务教育有保障突出问题的工作方案》，明确和落实工作标准、目标任务和支持政策，动态掌握底数，学籍系统与国家人口信息库、建档立卡贫困人口库“三库比对、相互核查”，对374个控辍保学国家重点监测县进行监测。建立控辍保学工作台账网上管理平台，记录每个辍学学生的信息，定期通报各省控辍保学工作的进展情况。强化劝返复学，各地探索形成“双线、四级、六长”（政府、学校两条线，县乡村组四级，县长、乡镇长、村主任、教育局长、校长、家长）和“四步法”（宣传教育、责令改正、行政处罚、提起诉讼）等劝返复学模式。

【职业教育】 2019年，统筹协调东西协作贫困地区中职招生兜底行动，把高中阶段教育招生增量主要用于发展中等职业教育。启动实施中国特色高水平高职学校和高水平专业建设计划，推动落实高职扩招百万任务。开展职业教育扶贫成效第三方评估。制定印发《关于办好深度贫困地区职业教育助力脱贫攻坚的指导意见》，细化、实化贫困地区职业教育发展思路举措。对127个未设中职学校的贫困县进行分类施策，满足适龄人口接受职业教育的多样化需求。开设贫困地区职业院校职业指导网络课程，举办12场“三区三州”职业指导专题培训。

【乡村教师队伍建设】 实施偏边远贫困地区、边疆民族地区和革命老区人才支持计划教师专项计划，选派2.3万名教师到“三区”受援县支教一年。“特岗计划”2019年的招聘规模扩大到10万人，“银龄讲学计划”招募人数增至4000。实施“国培计划”，启动实施第二批援藏、援疆万名教师支教计划和凉山教育帮扶行动。举办5期教育信息化领导力培训和3期“三区三州”中小学校长教育信息化培训，共培训教育厅局长、学校校长1000余人次。

【推普脱贫攻坚】 2019年，组织编写《幼儿普通话365句》，扩大“学前学会普通话”行动试点范围，筹划实施幼儿普通话项目“童语同音计划”。与国务院扶贫办、中国移动、科大讯飞开展战略合作，推广“语言扶贫”App项目。开展“推普脱贫攻坚”全国大学生暑期社会实践专项活动，遴选239支团队2291名大学生赴“三区三州”等242个县市区的345个贫困村开展活动。实施少数民族教师、西部农村教师国家通用语言文字能力示范培训，委托中西部有关省份开展建档立卡贫困人口中的青壮年农牧民干部、教师等群体的普通话示范培训。召开中国语言扶贫与人类减贫事业论坛。

【全面改薄和营养改善计划】 2019年，做好改善贫困地区义务教育薄弱学校基本办学条件项目收尾工作，启动实施义务教育薄弱环节改善与能力提升工作，“三区三州”规划投入资金76.2亿元。会同工业和信息化部开展学校联网攻坚行动,全国中小学(含教学点)的联网率98.4%,10个省份已实现中小学互联网全覆盖,90.1%的学校实现至少拥有一间多媒体教室。实施营养改善计划,强化食品安全和资金安全保障,联合国家市场监督管理总局、公安部、农业农村部开展整治食品安全问题专项行动。

【学生资助】 2019年,实现学生资助信息与扶贫、民政、残联在线对接共享。印发《学生资助资金管理办法》,提高资金资助的精准度和使用效益。扩大"两免一补"政策实施范围,将义务教育阶段建档立卡学生、非建档立卡的家庭经济困难残疾学生、农村低保家庭学生、农村特困救助供养学生等四类家庭经济困难非寄宿生纳入生活补助范围。

【定向招生计划】 2019年,面向贫困地区定向招生专项计划共录取11万余人,严格实施区域、报考条件和资格审核,建立教育、公安等多部门多级联合资格审核机制,确保专项计划真正惠及农村和贫困地区学生。有关高校深入贫困地区中学,通过发放宣传材料、网络访谈、现场咨询等方式开展政策宣传解读,为农村贫困地区学生提供便利和帮助。

【青年红色筑梦之旅活动】 鼓励青年学生用创新创业成果助力脱贫攻坚、服务乡村振兴战略,2019年累计100万名大学生、22万名教师、23.8万个创新创业项目深入革命老区、贫困地区和城乡社区,对接农户74.8万户、企业2.4万家,签订合作协议1.68万项,设立公益基金480余项,基金规模3.6亿元。

【高等学校乡村振兴科技创新行动计划】 依托39所高等学校新农村发展研究院,通过"专家大院""科技小院""科技大篷车""百名教授兴百村"等方式,将高校创新成果和人才优势转化为推动农业农村发展的产业动能。全国科技小院联盟已在全国建立127个科技小院,累计推广应用技术5.6亿亩,开展农民培训1470场,接受培训的农民6.88万人次,编写农民培训教材229套。

【片区脱贫攻坚】 4月,教育部部长陈宝生主持召开2019年滇西脱贫攻坚部际联系会、教育部直属系统扶贫工作推进会、滇西挂职干部座谈会。扩大滇西职业教育东西协作支援地区到津沪苏浙粤五省市、到东部五省市学生人数4250人,截至2019年年底累计招收11924人。发挥部属高校优势,为滇西片区的产业发展提供技术、人力、资金等支持,如浙江大学在景东彝族自治县支持发展茶叶、食用菌、野生灵芝等产业,陕西师范大学在景谷傣族彝族自治县帮助发展特有中药种植,中央美术学院在剑川县支持改造木雕产业升级等。

【扶贫宣传】 组织开展在京直属高校全国脱贫攻坚奖推选活动,中国农业大学农学院和杨宁教授分获2019年脱贫攻坚组织创新奖和创新奖,全国教育系统还有6人分获奉献奖和创新奖。开展第四届直属高校和第二届省属高校精准扶贫精准脱贫典型项目推选活动,共推选出10所直属高校、31所省属高校典型项目,总结推广多样化高校扶贫路径。配合国务院扶贫办开展教育系统志愿者扶贫典型案例征集工作,共挖掘246项案例,其中15项入选优秀。开展解决义务教育有保障突出问题的典型案例征集活动,共征集到来自县乡村的258个案例。开设扶贫日专栏,召开教育脱贫攻坚专题新闻通气会,组织中国教育报、中国教育电视台、新华网等媒体集中报道,多种形式展现教育系统脱贫攻坚工作。举办打赢教育脱贫攻坚战培训班,召开第三届教育扶贫论坛,引导各地各校相互学习借鉴。

【直属高校定点扶贫】 8月,会同国务院扶贫办印发《关于进一步充实教育部直属高校定点扶贫工作力量的通知》,在原有44所直属高校参与中央定点扶贫、11所高校承担滇西片区扶贫任务的基础上，新增20所直属高校参与定点扶贫，75所直属高校全部投入扶贫工作。2019年共投入帮扶资金1.68亿元，引进帮扶资金4.35亿元，培训基层干部3.6万人、技术人员5.44万人，购买定点扶贫县农产品1.6亿元，帮助销售定点扶贫县农产品3.24亿元。

【定点扶贫】 2019年，陈宝生、孙尧、翁铁慧、钟登华等教育部领导6次赴河北省青龙满族自治县（以下简称“青龙县”）、威县调研督查，30多个司局单位239人次开展调研，形成8篇调研报告。组织15所职业院校对两县实施帮扶项目26个，培训教师2000多人次，投入帮扶资金500多万元。推进威县职教园区建设，帮助青龙县制定职业教育发展规划。举办党建助力脱贫攻坚专项培训班，培训两县基层党支部书记、致富带头人150人，引导企业向两县捐赠设备、软件及奖学金400多万元。选派4名干部到两县挂职副县长和驻村第一书记，选派7名公务员到两县县直部门和贫困村基层锻炼。2019年，教育部向定点扶贫县投入帮扶资金1684万元，引进帮扶资金5766.57万元，培训基层干部6281名、技术人员24059名，购买贫困地区农产品1164.84万元，帮助销售农产品3529.01万元。

（教育部发展规划司扶贫办
白　璐　吴延磊）

科学技术部扶贫

【概述】 2019年，科学技术部(以下简称“科技部”)坚持精准扶贫精准脱贫基本方略，突出科技管理部门职能优势，组织动员全社会科技力量投入脱贫攻坚，提升贫困地区和贫困人口自我发展能力，不断提高脱贫质量，取得明显成效。科技部在2019年中央单位定点扶贫工作考核中评为“好”的等次。农村科技司基层科技与扶贫处被国务院授予“全国民族团结进步模范集体”称号。

【组织领导】 2019年，科技部党组把习近平总书记关于扶贫工作的重要论述作为“不忘初心、牢记使命”主题教育重要内容，科技部党组书记、部长王志刚召开党组理论中心组学习会专题学习，党组成员、分管副部长徐南平作重点引导发言。科技部党组针对贫困地区在科技和人才上存在的突出短板，重点开展产业培育、智力支持、成果转化、创业带动等工作，融会贯通形成科技扶贫指导方法。科技部历年党组1号文件都将科技扶贫作为重要内容，列为年度工作重点。在部省会商时将科技扶贫作为重要议题纳入。王志刚担任科技部科技扶贫领导小组组长，5次组织召开党组会研究科技扶贫工作；在四川省屏山县主持召开科技部定点扶贫工作推进会，系统部署工作；带队赴新疆维吾尔自治区和田地区等深度贫困地区调研指导科技扶贫。全年班子成员11人次深入定点扶贫县、秦巴山片区、革命老区、南疆四地州等贫困地区，督导地方党委政府履行脱贫攻坚主体责任，解决实际问题。

【扶贫制度建设】 起草《关于加强农业科技社会化服务体系建设的若干意见》，并经中央深化改革委员会第11次会议审议通过。印发《科技部2019年科技扶贫工作要点及任务分工》《科技部2019年定点扶贫工作计划》，将任务分解到季度、责任落实到单位，确保科技扶贫任务落实落地。在国家重点研发计划专项指南编制、国家农业科技园区、国家农业高新技术产业示范区建设中，明确同等条件优先支持贫困地区。

【统筹协调】 会同教育部、中国科学院等6部门制定《科技扶贫行动部际协调机制运行方案》，成立科技扶贫行动部际协调小组，共同开展“科技扶贫行动”，加强协作沟通与合作。发挥科技特派员农村科技创业行动协调指导小组作用，推动“1+9”部门协同，支持科技特派员多领域广范围助推脱贫攻坚。按照《中共中央　国务院关于打赢脱贫攻坚战三年行动的指导意见》要求，会同教育部、农业农村部落实好相关分工。四级科技管理部门选派干部组成执行团，充实一线扶贫干部力量。中央引导地方科技发展专项、“三区”人才支持计划科技人员专项计划(以下简称“三区”人才计划)、省级科技计划系统支持科技扶贫。引导东部发达地区高校院所、龙头企业等与贫困地区建立帮扶结对关系，推动东西部科技扶贫协作。实施科技援疆、科技援藏、科技支宁等科技扶贫东西协作行动。

【科技扶贫百千万工程】 围绕贫困地区科技人才、平台园区等需求，持续推进科技扶贫“百千万”工程。在贫困县建设农业科技园区283个，其中国家农业科技园区51个；星创天地969家，其中国家级星创天地432个。引导高校院所、扶贫龙头企业等与贫困地区新建帮扶结对近1500对。选派6.4万余名科技特派员在脱贫攻坚一线开展科技服务和创业带动,覆盖近8.2万个建档立卡贫困村。

【三区人才计划】 实施“三区”人才计划,优先全额满足“三区三州”深度贫困地区所在省份申报选派工作经费。2019年“三区三州”6省区倾斜支持经费共计1.45亿元。总结宣传“三区”人才计划实施成效,挖掘全国科技扶贫典型案例进行推广,提升示范效果,营造良好氛围。

【东西部扶贫协作】 2019年,科技部和省级科技管理部门实施科技扶贫项目,发展贫困地区扶贫产业。实施5个“科技支宁”东西部科技扶贫协作示范项目。山东省寿光市和江西省井冈山市投资6亿元合作建设井冈山高科技农业博览园,为井冈山市每年免费培训种植户2000户,示范带动乡镇蔬菜种植5万亩。

【连片特困地区脱贫攻坚】 2019年,科技部副部长徐南平率队赴秦巴山片区四川省巴中市、广元市等地,调研科技扶贫和脱贫攻坚工作情况,协调解决相关事项。通过中央引导地方科技发展专项计划和国家重点研发计划项目实施,推动秦巴山片区新产品、新技术的研究、示范和推广。国家重点研发计划支持秦巴山片区实施3个项目,财政拨付经费2300万元;中央引导地方科技发展专项支持秦巴山片区实施18个项目,国家财政拨付经费2890万元。通过“三区”人才计划支持片区五省一市选派“三区”科技人才共1869名,支持经费4103万元;培训秦巴山片区科技创业致富带头人等240余名;帮助各省级科技特派团开展产业技术培训924场次,培训农民等6.5万余人次。

【定点扶贫概述】 2019年,科技部围绕四川省屏山县,陕西省柞水县、佳县3个定点扶贫县如期脱贫摘帽和江西省井冈山市、永新县巩固脱贫成果,落实《中央单位定点扶贫责任书(2019年度)》。起草《关于加强农业科技社会化服务体系建设的若干意见》,并经中央全面深化改革委员会第11次会议审议通过。在国家重点研发计划重点专项指南编制,国家农业科技园区、农业高新技术产业示范区建设中明确:同等条件下优先支持帮扶定点扶贫县。共向定点扶贫县投入帮扶资金7831.91万元,引进社会帮扶资金798.215万元,举办培训班58期,培训2562人,派出挂职干部7人。

【扶贫资金投入】 2019年,科技部向定点扶贫县共投入资金7831.91万元,帮助引进资金798.215万元,主要用于产业扶贫、扶贫培训、科普活动等项目。

【扶贫调研】 王志刚担任科技部科技扶贫领导小组组长,5次组织召开党组会研究定点扶贫工作;在屏山县主持召开科技部定点扶贫工作推进会,系统部署工作。徐南平3次赴定点扶贫县调研指导,督导督促地方党委政府履行脱贫攻坚主体责任、贯彻落实中央各项扶贫政策,切实解决工作实际问题。2019年,科技部领导同志共9次赴5个定点扶贫县调研定点扶贫工作。

【工作机制】 科技部统筹协调各方力量,通过部际协同、四级联动、东西协作等机制,形成科技扶贫大格局。会同教育部、中国科学院等6个部门制定《科技扶贫行动部际协调机制运行方案》,成立科技扶贫行动部际协调小组,共同开展“科技扶贫行动”。推动“1+9”部门协同,支持科技特派员在多领域广范围助推脱贫攻坚。发挥好四级科技管理部门联动机制,合力推进定点扶贫工作。四级选派干部组成执行团,充实一线扶贫干部力量。中央引导地方科技发展专项,“三区”人才计划支持科技人员专项计划,省级科技计划系统支持科技扶贫。引导东部发达地区高校院所、龙头企业等与贫困地区建立帮扶结对关系,推动东西部地区科技扶贫协作。

【科技特派员】 2019年，习近平对科技特派员制度推行20周年作出重要指示指出，科技特派员制度推行20年来，坚持人才下沉、科技下乡、服务“三农”，队伍不断壮大，成为党的“三农”政策的宣传队、农业科技的传播者、科技创新创业的领头羊、乡村脱贫致富的带头人，使广大农民有了更多获得感、幸福感。

科技部共为5个定点扶贫县选派科技特派员320名，为陕西省佳县选派山西省农业科学院姚建民科技特派员团队。2019年，佳县扩大推广渗水地膜高粱和谷子及小杂粮种植面积4.2万亩，重点示范全生物降解渗水地膜6000亩，带动6000多户农户(其中贫困户1800户)增收。

【干部挂职扶贫】 2019年，科技部共派出7位干部挂职扶贫。创新“严、责、实、准”四字工作法以选派定点扶贫挂职干部。“严”字当头，确保挂职干部“选得优”。从科技部机关后备干部中选派事业心和责任心强、工作能力突出的党员干部挂职。“责”字落地，确保挂职干部“责任明”。明确挂职干部在定点扶贫县党委领导下开展脱贫攻坚工作，确保挂职干部工作任务明确、责任清楚、工作有力。“实”字着力，确保挂职干部“下得去”。定期到定点扶贫县跟踪考察脱贫攻坚进展情况，将挂职期间表现作为提拔任用的重要参考。“准”字定位，确保挂职干部“干得好”。要求扶贫挂职干部牢记“脱贫攻坚”职责，全面摸清定点扶贫县发展现状，分析致贫原因，通过实绩台账管理、目标责任管理和定期汇报等方式确保挂职干部出实绩。

佳县挂职扶贫干部徐辉，指导选派51名科技特派员覆盖全部102个贫困村开展科技服务，围绕红枣、山地苹果、渗水地膜、小杂粮、畜牧等产业，共引进新技术90项、新品种70个，建成新品种新技术试验基地7个。挂职干部利斌围绕木耳产业，策划申报项目、引进专家人才、搭建研发中心，引领柞水县6944户有劳动能力贫困户持续稳定增收。屏山县挂职干部钟震对接浙江省对口帮扶县，实施茵红李提质增效关键技术示范项目，建设300亩核心示范基地，对6300亩种植辐射区按照标准化生产管理，带动全县10万亩茵红李提质增效发展，直接增收1.5亿多元，带动2500余户贫困户增收。

【产业扶贫】 科技部帮助定点扶贫县做大做强优势主导产业，建设创新平台促产业转型升级。井冈山市、柞水县以“科技支撑民生改善”为主题入选首批52个创新型县(市)，建设周期3年，推动经济结构调整和产业转型升级。

2019年，帮助柞水县建成年产2000万袋木耳菌包厂5个，发展木耳产业基地32个、大棚1000余个、专业合作社300余家、家庭农场40余家，种植木耳7500万袋，年产干木耳3750吨、产值近3亿元，带动5000余名贫困群众增收致富。

帮助屏山县启动实施国家重点研发计划“茶叶、木耳扶贫产业链提质增效技术集成与示范”项目，突破产业技术瓶颈，300亩核心示范基地已动工建设，带动贫困户户均增收5000元以上。

帮助永新县做大蔬菜主导产业，种植蔬菜11.4万亩，带动贫困户5890户，户均增收800元以上。发展稻渔种养多种技术模式，每亩年均产值6800元，纯利润3500元，农户增收2500元，带动就业150余人，参与贫困户200余户。打造“恒龙白茶”国家级星创天地，已带动8家合作社加盟，提供160个就业岗位，人年均增收1200元。

【人才支持】 协调5个省级科技特派团在永新县开展科技服务，选派科技特派员98名，实现对106个贫困村全覆盖，开展技术培训16期，受益群众3000余人次。

【消费扶贫】 帮助定点扶贫县特色农产品入驻“人民优选”平台，与中国农业银行北京市分行签订战略合作协议，拓展“互联网+扶贫产品”等消费扶贫新模式，不断拓宽农产品销售渠道，实际完成销售农产品173.07万元。

【科普活动】 组织赴屏山县移民库区中小学开展科普服务活动，共覆盖8所中小学校，吸引近2万人参与；在5个定点扶贫县中小学校捐建青少年科技创新操作室，促进当地青少年的科技教育和科普活动开展。

（科学技术部农村科技司　霍季春）

工业和信息化部扶贫

【概述】 2019年，工业和信息化部（以下简称“工信部”）围绕《定点扶贫“升级版”实施方案》，加大对四川省南充市嘉陵区、南部县，河南省汝阳县、洛宁县4个定点县（区）的帮扶力度，实施网络通信扶贫工程，组织开展“两个一”活动，指导贫困地区培育发展特色产业，通过开展扶贫培训、实施教育扶贫、党建组团帮扶等帮助贫困群众扶志扶智，动员工信系统开展消费扶贫，加强扶贫工作宣传，营造脱贫攻坚氛围。

【扶贫会议和调研】 2019年，工信部召开2次党组会、1次部长办公会、3次扶贫工作领导小组会等，研究部署扶贫工作。工信部部长苗圩20余次就脱贫攻坚作出批示指示。制订2019年脱贫攻坚工作计划，扩大扶贫工作领导小组办公室成员单位为25个部机关司局、6家部属事业单位和4所部属中管高校。2019年，工信部10位领导全都赴贫困地区开展调研，深入贫困村、慰问贫困群众，督促指导扶贫工作。

【网络扶贫】 实施网络通信扶贫工程，共有五批电信普遍服务试点，中央财政和电信企业累计投入600多亿元，支持4.3万个贫困村光纤网络建设和9200余个4G基站建设，全国贫困村宽带网络覆盖率超过98%，深度贫困地区贫困村为98%。开展精准降费，基础电信企业面向全国建档立卡贫困户推出扶贫专属套餐，累计超过1200万户贫困户享受资费优惠，其中超过700万户享受通信资费5折及以下优惠。推动宽带应用，联合教育部开展贫困地区学校联网攻坚行动，全国中小学学校联网率超过98%；联合国家卫生健康委员会开展“互联网+健康扶贫”应用试点，指导成立“互联网+健康扶贫”工作推进组，支持河南省汝阳县等首批4个市县“互联网+健康扶贫”试点。汝阳县“互联网医院”实现全县216个村卫生室全覆盖，荣获“2019年民生示范工程”项目。在新型信息消费示范项目遴选过程中，重点支持农村电商平台。2019年国务院扶贫办第三方评估网络扶贫评价结果为“好”。

【农村网络维护保障专项整治】 2019年，工信部对网络扶贫工作中漠视侵害群众利益问题进行集中整治。印发《关于进一步加强农村网络日常维护保障用户正常使用的通知》，成立6个组分赴各省调研指导，走访350多个村、网点，向农村用户发送专项整治工作公益短信2亿余条。

【片区脱贫攻坚】 召开2019年燕山-太行山片区部省部际联系会，协调20家部际成员单位帮助解决河北、山西、内蒙古三省（区）提出的52个重大事项和项目。跟踪推进国家和省级“十三五”片区规划跨区域重大基础设施建设项目，截至2019年年底，片区规划的45个跨行政区域基础设施建设项目已完成20个；片区“十三五”规划的84个项目已完成41个。2019年，工信部累计向燕山-太行山片区贫困县选派23名挂职扶贫干部，其中河北省14名，山西省8名，内蒙古自治区1名。协调片区扶贫专项资金700万元，支持7个片区县7个精准扶贫项目。支持其他集中连片特困地区、革命老区、民族地区、边疆地区的脱贫攻坚工作。

【消费扶贫】 2019年，工信部建立消费扶贫长效机制，号召系统各单位扩大贫困地区特色农副产品和服务消费。引导电商企业为贫困地区设立扶贫馆，开发“机关服务中心”微信公众号扶贫特色农副产品专栏，协调中国银行公益中国扶贫平台设立“公益工信”扶贫专区、中国农业银行设立工信部专区，协调北京京东世纪贸易有限公司、北京字节跳动科技有限公司等企业开展电商扶贫培训和试点示范。2019年，工信部系统累计购买和帮助销售贫困地区农副产品5500万元以上。

【扶贫宣传】 “5·17”世界电信日期间，组织媒体赴云南省怒江傈僳族自治州等地开展“网络助力深度贫困地区脱真贫真脱贫”媒体行活动，人民日报等10余家媒体推出20余篇报道；工信微报与抖音合作发起“我的美好信息生活”话题，话题视频播放量突破13.8亿次，点赞超过3000万；举办2019年国家扶贫日系列论坛——“网络赋能信息助力　决战决胜脱贫攻坚战”网络扶贫论坛，人民日报等8家媒体对论坛进行宣传报道，央视农业农村频道组织专题采访。协调3家基础电信运营企业，配合国务院扶贫办推送扶贫日公益短信近5亿条；向农村用户发送专项整治工作公益短信2亿条。参加中共中央和国家机关工作委员会举办的“不忘初心、牢记使命——中央和国家机关定点扶贫工作成果展”。总结全国工信系统脱贫攻坚实践，汇编《工业和信息化系统脱贫攻坚典型案例集》；北京航空航天大学举办“阳坡村的乡亲们”中阳扶贫写生汇报展；北京理工大学在《中国扶贫》国家期刊上刊发《北理工定点扶贫纪实》；哈尔滨工业大学将学校扶贫工作的相关新闻、事件在校内网站、微信上同步发送；西北工业大学的《西工大扎实推进精准扶贫向纵深发展》《苗山脱贫影像志——西工大研究生支教大苗山》等被人民网、新华网、陕西电视台等媒体和网络专题报道。

【定点扶贫概述】 2019年，工信部对已脱贫定点县的帮扶措施不变、力度不减，对未脱贫定点县加大帮扶力度，指导4所部属高校履行定点帮扶责任。重点围绕“两不愁三保障”和饮水安全、产业培育等投入扶贫资金800万元，支持4个定点县（区）实施21个精准扶贫项目。用960万元党费帮助4个定点县（区）实施党建扶贫项目，累计改造当地党建活动中心及中小学校舍42间，培训教师160名，配置教学设备61套，走访慰问老党员、老干部250多名。截至2019年年底，四川省南充市嘉陵区、南部县完成“所有贫困村全部退出，所有贫困人口全部脱贫”的总目标，河南省洛宁县、汝阳县仅剩贫困村4个、贫困人口3303户7469人，贫困发生率由2018年的1.2%、3.18%分别降至0.66%、1.05%。工信部在中央单位定点扶贫考核评价中被评为“好”等次。

【干部挂职扶贫】 2019年，工信部在4个定点县（区）共有挂职扶贫干部17人。其中，1人担任市领导，4人担任县区领导，1人担任驻村第一书记，4人任县区党委办公室副职，7人驻村帮扶。4所部属高校也完成各自定点扶贫县的挂职扶贫干部选派工作。工信部驻村第一书记获得四川省脱贫攻坚先进个人荣誉称号。

【产业扶贫】 2019年，帮助4个定点县（区）引进12家企业，计划总投资148亿元。与四川省联合举办“工业产业扶贫·助力乡村振兴——走进四川南充”系列对接活动，在南充市开展汽车汽配、油气化工、纺织服装、工业设计和节能环保技术装备等5个领域的产业对接，签订合作意向17个，投资超过97亿元。组织设计企业和机构、高等院校专家等开展设计扶贫专题调研，举办扶贫对接活动；帮助嘉陵区电商企业中国农夫商城将嘉陵区贫困村农产品销售到浙江和上海，年销售额为980万元；协调赛迪研究院为南部县编制工业经济发展规划，支持创建产业转移·国家新型工业化产业示范基地；协助洛宁县引进河南省军民融合产业投资基金12亿元建设电子新材料项目；在汝阳县召开全国建材产业工作座谈会，举办绿色建材高层论坛；推动汝阳县“汝阳花生”入选农业部国家农产品地理标志产品。

（工业和信息化部规划司扶贫办公室处综合处　刘　博）

国家民族事务委员会扶贫

【概述】 2019年，国家民族事务委员会（以下简称“国家民委”）围绕铸牢中华民族共同体意识这一新时代民族工作的鲜明主线，瞄准少数民族特困地区和特困群体，实施《“十三五”促进民族地区和人口较少民族发展规划》《兴边富民行动“十三五”规划》，推进兴边富民行动，扶持人口较少民族发展，保护发展少数民族特色村寨和少数民族传统手工艺品，做好武陵山片区试点联系、定点扶贫、社会扶贫和全国民委系统对口支援西藏、新疆工作，落实民贸民品带贫益贫政策，加大对民族地区干部人才培养培训的力度。据统计，民族八省区贫困人口从2018年年底的603万人减少到2019年年底的119万人，贫困发生率从4%下降到0.79%，其中“三区三州”贫困人口从172万人下降到43万人，贫困发生率从8.2%下降到2%。

【扶贫资金投入】 配合财政部、国家发展和改革委员会（以下简称“国家发展改革委”），加大中央财政专项扶贫资金（少数民族发展支出方向）、中央预算内投资兴边富民行动专项和扶持人口较少民族发展专项对深度贫困民族地区的投入力度，在资金安排中提高深度贫困因素权重。2019年，安排中央财政专项扶贫资金（少数民族发展支出方向）65.5亿元，新增10亿元资金的60%安排“三区三州”及其他深度贫困民族地区。协调国家发展改革委安排中央预算内投资人口较少民族专项8亿元，改善人口较少民族聚居村的乡村道路、农田水利等基础设施条件。兴边富民行动专项11亿元，用于支持边境地区基础设施、基本公共服务设施、生态环境保护和人居环境整治、民族文化传承等领域的项目建设。

【兴边富民行动】 2019年，会同中共中央统一战线工作部（以下简称“统战部”）、国家发展改革委等14个部门联合开展“边境地区民族问题”专题调研。召开兴边富民行动协调小组工作座谈会，推动协调小组各成员单位贯彻党的十九届四中全会精神和中共中央强边固防战略部署，加强边疆治理。组织边境9省区及兵团参加一乡一品国际商品博览会，为边境县搭建融入全国乃至世界市场的平台，《新闻联播》对此进行专题报道。举办边境地区脱贫攻坚专题研究班。

【扶持人口较少民族发展】 实施《“十三五”促进民族地区和人口较少民族发展规划》，在资金分配、项目安排等方面加大扶持力度，推动人口较少民族聚居行政村整族整村精准脱贫。会同统战部、全国人民代表大会民族委员会、国家发展改革委、财政部、国务院扶贫办等14个部门，开展人口较少民族地区经济社会发展情况专题调研。7月，在青海省海东市召开全国人口较少民族脱贫攻坚奔小康现场推进会，总结扶持人口较少民族发展工作取得的成绩和经验，对推进人口较少民族地区分类分批整体率先脱贫、率先奔小康作出安排。

【少数民族特色村寨保护与发展】 树立少数民族特色村镇品牌、提升少数民族特色村镇品质，推进乡村旅游扶贫。印发《国家民委办公厅关于开展中国少数民族特色村镇规范管理和命名工作的通知》，要求各省级民族工作部门对本省区市已被命名的中国少数民族特色村寨进行梳理,开展规范管理工作,同时开展第三批中国少数民族特色村寨命名工作。组织开展中国少数民族特色村寨命名挂牌工作,已有国家民委命名挂牌的“中国少数民族特色村寨”1652个,直接受益人口近百万人。

【武陵山片区扶贫】 帮助武陵山片区4省市向国务院有关部门协调解决地方发展中急需解决的重大项目和资金安排问题。会同文化和旅游部、中华全国工商业联合会、国家开发银行及武陵山片区4省市,落实《推进武陵山片区旅游减贫致富与协同发展合作协议》,开展“互联网+旅游”推进武陵山片区旅游减贫致富与发展。举办民族地区经济管理香港工商业研讨班。国家民委所属6所高校开展校地合作,多措并举支持片区发展。武陵山片区已有41个全国民族团结进步创建示范区(单位)、6个全国民族团结进步教育基地。

【对口支援】 协调东中部21个省市民族工作部门以推进边疆民族地区脱贫攻坚为重点,开展全国民委系统对口支援西藏、新疆工作。对口援助省市民委系统投入自有资金及实物,并带动企业、社会力量参与对口支援,协调当地企业吸收受援地少数民族群众就业增收脱贫,加大人才培训和双向挂职锻炼,为西藏、新疆民委系统培训各类人才。对口支援革命老区县江西省乐安县脱贫攻坚,2013年以来累计投入各类资金近2500多万元。指导乐安县做好“红色文章”,发掘、保护、传承红色文化;做好“绿色文章”,建成一批各具特色的美丽宜居村庄,初步形成全域旅游格局。

【扶志扶智】 打造一批示范区、示范单位、教育基地,增强各族群众对伟大祖国、中华民族、中华文化、中国共产党、中国特色社会主义的认同,激发脱贫奔小康的内生动力。支持中国民族语文翻译局研发藏文、彝文、蒙文智能翻译软件,为少数民族群众提供优质、便捷的民族语文翻译服务。组织“三区三州”少数民族精准脱贫参观团,举办全国边境地区脱贫攻坚专题研究班、民族工作部门干部出国(境)培训班等。宣传基层一线精准脱贫实践和人物事迹,反映各族群众的获得感,教育和引导少数民族贫困群众开展移风易俗。指导西北民族大学开发国家通用语言文字民汉双语综合培训资源。11月,在海南省召开民族地区基础教育发展经验交流会。配合做好全国推广普通话宣传周活动,加大国家通用语言文字普及力度。

【消费扶贫】 印发《国家民委办公厅关于深入开展消费扶贫助力打赢脱贫攻坚战有关事项的通知》,要求机关各部门、直属各单位带头参与消费扶贫,建立产销对接关系。动员国家民委定点扶贫工作领导小组各成员单位购买和帮助销售贫困地区农产品。与中国农业银行合作,在中国农业银行App掌上扶贫商城开设专栏,帮助定点扶贫县(旗)、武陵山片区县销售农产品。组织委属单位支持贫困地区农产品进食堂,共购买贫困地区农产品180万元,帮助销售农产品2100余万元。

【定点扶贫概述】 2019年,国家民委定点帮扶内蒙古自治区巴林右旗和广西壮族自治区德保县。2月、12月,国家民委副主任陈改户分别到德保县和巴林右旗调研;其他司局级领导先后8次赴定点扶贫县(旗)调研。国家民委共向扶贫县(旗)投入帮扶资金2586万元,引进帮扶资金85.8万元,培训基层干部847名、技术人员510名。选派3名干部到定点扶贫县(旗)挂职。截至2019年年底,巴林右旗、德保县均实现脱贫摘帽。

【扶贫资金投入】 2019年,向定点扶贫县(旗)共投入帮扶资金2586万元,引进帮扶资金85.8万元。其中,向巴林右旗投入中央财政专项扶贫资金(少数民族发展支出方向)1010万元,定点扶贫工作补助经费150万元,民族团结进步创建经费5万元,引进帮扶资金

43.5万元(含捐赠物资折款23.5万元);向德保县投入中央财政专项扶贫资金(少数民族发展支出方向)1416万元,定点扶贫工作补助经费250万元,引进帮扶资金42.3万元(含捐赠物资折款22.3万元)。国家民委各部门、各单位支持定点扶贫县(旗)发展多种特色扶贫产业,如支持巴林右旗"幸福之路苏木产业扶贫示范培训基地建设项目",支持德保县凌雷村发展柑橘类产业示范基地建设,培育发展火龙果种植产业,支持坡那村发展种桑养蚕产业。

【社会扶贫】 德保县6家民贸民品企业通过扶持产业、吸收就业、捐赠设备和慰问困难群众等方式开展结对帮扶,吸纳建档立卡贫困户110余人就业,促进贫困人口增收脱贫。

【教育扶贫】 指导委属高校实施国家农村和贫困地区定向招生专项计划,2019年委属高校共招收巴林右旗考生17人、德保县考生14人。

【扶贫培训】 为定点扶贫县(旗)共培训基层干部847名、技术人员510名。其中,为巴林右旗培训基层干部511名、技术人员480名,为德保县培训基层干部336名、技术人员30名。举办国家民委定点扶贫县和联系点村党支部书记培训班,持续为其培训脱贫攻坚一线党员干部。

【消费扶贫】 2019年,国家民委机关各部门、直属各单位共购买定点扶贫县(旗)和贫困地区农产品114.93万元,帮助销售贫困地区农产品2092.3万元。

【干部挂职扶贫】 选派1名干部赴巴林右旗挂职副旗长,1名干部赴德保县挂职副县长,1名干部赴德保县挂职驻村第一书记。3名挂职干部立足脱贫攻坚一线,为地方办实事、做好事、解难事。

【工作创新】 将定点扶贫与少数民族特色村镇保护和发展助推精准脱贫、民族团结进步创建、委属高校科技扶贫、委属新闻单位宣传推进脱贫等特色工作结合,不断拓宽定点扶贫工作新途径。从自身优势出发,在资金项目安排、干部人才培训、脱贫攻坚宣传、产业扶贫、科技扶贫等方面持续探索,不断创新帮扶方式,如在巴林右旗举办"中华民族一家亲　同心共筑中国梦"海峡两岸交流暨查干沐沦苏木第十二届固伦淑慧公主文化节、中央民族歌舞团赴德保县举办"民族一家亲　走进德保"慰问演出等。

(国家民族事务委员会经济发展司　武英奇)

民政部扶贫

【概述】 2019年，民政部学习贯彻中共中央总书记习近平关于扶贫工作的重要论述、关于决战决胜脱贫攻坚重要指示精神，以及中央第十四巡视组反馈的脱贫攻坚专项巡视意见，先后召开党组会议、部长办公会、专题会和巡视整改部署会议等共18次。建立学习情况月报制度，搭建学习交流平台，各单位开展脱贫攻坚学习共300余次。建立民政部脱贫攻坚专项巡视整改工作领导小组，与民政部扶贫工作领导小组合署办公。扶贫工作领导小组暨巡视整改工作领导小组先后召开全体会议、专题会议和联络员会议等共23次。狠抓巡视整改解决民政领域脱贫攻坚突出问题，提升民政领域脱贫攻坚质量水平，做好社会救助兜底脱贫工作，加大对特殊困难群体的关爱帮扶、对重点地区的倾斜支持。

【社会救助兜底脱贫】 2019年，民政部健全完善社会救助兜底保障机制，强化社会救助兜底脱贫作用。会同国家统计局印发《关于在脱贫攻坚中切实加强农村最低生活保障家庭经济状况评估认定工作的指导意见》等，指导各地完善低保家庭经济状况评估认定指标体系，提升社会救助兜底保障对象认定的精准度。会同财政部、国务院扶贫办印发《关于在脱贫攻坚兜底保障中充分发挥临时救助作用的意见》，强化贫困人口兜底保障，助力解决“两不愁三保障”突出问题，防止贫困群众返贫。制订特困人员集中供养服务计划，加强分散供养特困人员救助服务。2019年，全国共有1857万建档立卡贫困人口被纳入农村低保或特困人员救助供养范围(已脱贫1693万人、未脱贫164万人)，共对建档立卡贫困人口304万人次进行临时救助。

【深度贫困地区脱贫攻坚】 2019年，民政部协调相关部门在政策、资金、项目、人才等方面，加大对贫困地区的支持力度。协调财政部将新增的70.6亿元中央财政困难群众救助补助资金全部给予“三区三州”等深度贫困地区。实施民政部彩票公益金“三区三州”专项倾斜项目，专项倾斜额度为3.5亿元。会同国家发展和改革委员会(以下简称“国家发展改革委”)印发《关于进一步支持“三区三州”等深度贫困地区做好社会服务兜底工程实施工作的通知》，优先安排“三区三州”等深度贫困地区的社会服务兜底工程项目。

【社会组织参与脱贫攻坚】 2019年，民政部建立全国社会组织参与脱贫攻坚数据统计及相关信息报送制度，指导各业务主管单位统计所属社会组织参与脱贫攻坚的数据。全国共有约4万家社会组织参与脱贫攻坚工作，项目投入资金将近600亿元。号召300余家全国性社会组织参与“三区三州”等深度贫困地区脱贫攻坚，召集79家业务主管单位参加全国性社会组织脱贫攻坚动员会。召开社会组织东西部扶贫协作对口支援推进会，指导8个东部发达的省份动员社会组织对口支援8个“三区三州”等深度贫困地区的贫困县。举行专题新闻发布会，解读《关于规范社会组织参与脱贫攻坚工作的通知》。加强中国社会组织公共服务平台《精准扶贫》栏目建设。在第十届“中华慈善奖”评选表彰中重点表彰在扶贫济困领域中做出突出贡献的社会组织。中国社会组织公共服务平台等官方网络平台对28家全国性社会组织开展脱贫攻坚的典型案例进行通报和表扬。

【慈善组织参与脱贫攻坚】 2019年，民政部修订《“中华慈善奖”评选表彰办法》，印发《民政部关于开展第十一届“中华慈善奖”的通知》，首次明确将50%以上的表彰名额集中到扶贫济困领域中做出突出贡献的单位、个人、志愿服务等爱心团队、慈善项目、慈善信托等。举办第七届中国公益慈善项目交流展示会，为“三区三州”等深度贫困地区的扶贫项目和消费扶贫产品对接意向资金将近75亿元。动员中国扶贫基金会、中国妇女发展基金会等多家慈善组织在江西省遂川县、莲花县实施扶贫项目，累计投入资金3000多万元。

【社会工作力量和志愿服务扶贫】 2019年，民政部组织实施社会工作专业人才服务“三区”计划，向边远贫困地区、边疆民族地区和革命老区选派1000名社工，培养500名在地社工。实施“牵手计划”，指导社会工作先发地区332家社会工作服务机构“一对一”牵手帮扶贫困地区社会工作服务机构。指导中国社会工作教育协会实施“社会工作教育对口扶贫计划”，促成200所社会工作相关院校与贫困县建立对口帮扶关系。推动各地开展一批面向贫困地区困难群众的社会工作服务示范项目，重点向深度贫困地区倾斜。会同中国共产主义青年团中央委员会实施青年志愿者助力脱贫攻坚行动。召开志愿服务组织参与脱贫攻坚座谈会，动员全国性志愿服务组织聚焦“三区三州”等深度贫困地区，开展扶贫志愿服务。印发《民政部办公厅关于进一步加强脱贫攻坚志愿服务宣传展示工作的通知》，从各省挖掘100多个脱贫攻坚志愿服务感人故事，遴选出200余个脱贫攻坚志愿服务品牌项目，总结归纳50多个脱贫攻坚志愿服务典型经验，在民政部网站上开设《2019脱贫攻坚志愿服务在行动》专栏，引导志愿服务力量参与脱贫攻坚。

【贫困地区农村基层政权建设和社区治理】 2019年，民政部指导贫困地区加强农村基层政权和群众性自治组织建设，提高乡镇政府的服务能力。联合中共中央组织部等6个部门部署开展村规民约制定修订工作，指导贫困地区等地采取约束性强的措施，完善对婚丧陋习、天价彩礼、“等靠要”、懒汉行为等突出问题的奖惩机制。31个省区市制定贯彻落实的政策性文件，绝大多数贫困村在制定或修订村规民约中补充相关内容。指导贫困地区加强村务监督委员会对村规民约遵守情况的监督，注重发挥村（居）民议事会、人民调解委员会、道德评议会、红白理事会、禁毒禁赌会等群众组织的作用，推动扶贫与扶志结合。修改完善《关于增强村级综合服务功能的指导意见》，对贫困地区社区共建共治共享行动等工作给予政策倾斜，加强对易地扶贫搬迁安置区村级综合服务设施等方面的政策指导。举办“三区三州”和罗霄山片区乡镇政府服务能力建设示范培训班、第七届全国“村官大讲堂”脱贫攻坚专班，联合中共中央宣传部举办10期全国社区工作者培训班，加大对“三区三州”、罗霄山片区和民政部定点扶贫县基层干部队伍建设的指导力度。组织开展乡镇政府服务能力建设典型经验征集活动，培育挖掘包括黑龙江省桦南县、山东省临邑县、江西省乐安县等贫困县在内的一批乡镇政府服务能力建设典型。

【农村留守老年人关爱保护】 2019年，民政部贯彻落实中共中央、国务院印发的《国家积极应对人口老龄化中长期规划》，推动建立贫困地区老年人帮扶和留守老年人探访制度，推动中央预算内投资向“三区三州”等深度贫困地区倾斜；会同国家发展改革委、财政部印发《关于实施特困人员供养服务设施（敬老院）改造提升工程的意见》，进一步加大对“三区三州”等深度贫困地区特困人员供养服务设施(敬老院)改造提升工作的支持力度。将农村留守老年人和分散供养特困对象巡访工作情况纳入2019年民政重点工作综合评估项目指标。指导督促各地制定农村留守老年人关爱服务配套政策文件或实施细则,实现省级全覆盖。印发《关于进一步做好贫困地区农村留守老年人关爱服务工作的通知》,对贫困地区农村留守老年人关爱服务工作作出专门部署。完成全国农村“三留守”人员信息管理系统的开发工作,并分三批对所有省份的相关工作人员进行政策宣传、培训。

【农村留守儿童和困境儿童关爱保护】 2019年,民政部、教育部、公安部等12个部门印发《关于进一步加强事实无人抚养儿童保障工作的意见》,明确中央财政对贫困家庭的事实无人抚养儿童给予适当补助,加强事实无人抚养儿童的帮扶救助工作。会同教育部、公安部等10个部门印发《关于进一步健全农村留守儿童和困境儿童关爱服务体系的意见》,明确要求加大对贫困地区农村留守儿童和困境儿童关爱服务体系建设的支持力度,向贫困地区倾斜,并重点支持“三区三州”等深度贫困地区开展儿童关爱服务工作。组织编写《儿童督导员工作指南》(指导版)和《儿童主任工作指南》(指导版),为“三区三州”地区免费发放3.2万册。举办罗霄山片区、临夏回族自治州和甘南藏族自治州片区儿童督导员、儿童主任骨干集训班。启动“福彩圆梦·孤儿助学工程”,投入彩票公益金2.6亿元。

【农村留守妇女关爱服务】 2019年,民政部、公安部、司法部等13个部门印发《关于加强农村留守妇女关爱服务工作的意见》,推进各地进一步完善农村留守妇女关爱服务体系、健全工作机制、提升关爱服务能力,面向有困难、有需求的农村留守妇女提供相应的关爱服务。

【帮扶农村残疾人和婚俗改革】 2019年,民政部会同财政部、国家卫生健康委员会、国务院扶贫办、中国残疾人联合会印发《关于在脱贫攻坚中做好贫困重度残疾人照护服务工作的通知》,要求各地在构建集中和社会化相结合的照护服务体系时,优先将包括精神障碍患者在内的贫困重度残疾人纳入保障范围。会同财政部、中国残疾人联合会印发《关于建立困难残疾人生活补贴和重度残疾人护理补贴标准动态调整机制的指导意见》,建立困难残疾人生活补贴和重度残疾人护理补贴标准动态调整机制,分别惠及1069.3万生活困难残疾人和1354.5万重度残疾人。印发《民政部办公厅关于在脱贫攻坚中做好“福康工程”项目实施工作的通知》《“福康工程”项目实施管理办法(试行)》,指导深度贫困地区省级民政部门,为有意愿的建档立卡贫困户、低保家庭和特困人员中的残疾人配置康复辅助器具、进行手术矫治和康复训练。2019年,“福康工程”项目在“三区三州”地区为福利机构集中供养的残障者、社会特困人员、贫困人员、低收入残障对象实施肢体畸形矫治手术150例,为残障者配置假肢500具、矫形器974具,为“三区三州”示范福利机构配发康复辅具产品1230件(套)。开展贫困地区婚俗改革调研,研究提出相关对策建议。督促指导各地区贯彻落实全国婚俗改革工作座谈会和丧葬礼俗改革工作座谈会精神,倡导婚事新办、丧事简办,培育文明健康的婚丧礼俗文化。召开全国婚俗改革暨婚姻规范化建设工作座谈会,举办贫困地区婚姻管理工作培训班。协调中国中央电视台制作《民政部:推动婚俗改革 “家事”也要有规矩》《他们这样办婚礼》,分别在新闻频道和《焦点访谈》节目中播出。

【贫困地区行政区划调整和地名管理】 2019年,民政部开展贫困地区优化行政区划设置专题研究,分析研究贫困地区行政区划设置不适应经济社会发展和脱贫攻坚的突出矛盾及问题。指导贫困地区加强地名文化遗产保护，支持相关地区申报“千年古县”，将宁夏回族自治区灵武市等贫困地区县(市)确定为“千年古县”地名文化遗产。安排大别山集中连片特困地区皖鄂线、六盘山集中连片特困地区甘宁线和有扶贫任务的晋豫线等3条省界界桩的更换工作，向相关省份拨付界桩更换经费288万元。在“中国·国家地名信息库”中增设脱贫攻坚专栏版块，为“三区三州”等贫困地区开展宣传。举办区划地名工作业务培训班，培训对象向“三区三州”等贫困地区倾斜。

【连片特困地区脱贫攻坚】　修订《罗霄山片区扶贫攻坚工作实施方案》，组织召开2019年罗霄山片区区域发展与脱贫攻坚部际联席会议、片区重点需求事项专题协调会，围绕“义务教育、基本医疗、住房安全”三保障、饮水安全，以及交通、水利等基础设施建设进行沟通。跟进片区需求事项，对2019年片区会专题协调的重点需求进行整理，跟踪长赣铁路、瑞梅铁路等重点项目的进度。加大彩票公益金的倾斜力度，2019年安排部本级彩票公益金倾斜资金5836万元支持罗霄山片区民政事业发展，共向片区安排彩票公益金12638万元，安排中央预算内投资7367万元，用于支持片区社会福利设施项目建设。组织开展民政业务培训班，安排民政部机关各业务司局业务骨干专题授课。片区23个县中19个县通过脱贫摘帽验收。

【基础设施建设】　2019年，民政部会同国家发展改革委、财政部等部门安排中央预算内投资46.4亿元，补助地方彩票公益资金38.53亿元，支持各地养老服务、社会福利、殡葬服务等民政基础设施建设。

【扶贫宣传】　2019年，民政部发布民政领域脱贫攻坚信息约稿要点近30条，向中共中央、国务院报送相关信息48条，编发民政系统内部相关信息52条。印发《民政部2019年新闻宣传工作要点》《民政部办公厅进一步加强民政领域脱贫攻坚新闻宣传工作的意见》，部署民政系统脱贫攻坚宣传工作。民政部领导出席中央和国务院新闻办公室层面的新闻发布会3场，对民政领域脱贫攻坚工作进行介绍。举行4场例行新闻发布会和3场专题新闻发布会，通报脱贫攻坚兜底保障及慈善、社工、志愿服务在脱贫攻坚中发挥作用等的情况。协调有关司局宣传解读养老服务、农村留守妇女、社会组织参与脱贫攻坚等10余个政策文件。协调组织新华社、经济日报等媒体记者深入定点扶贫县开展基层采访活动，宣传当地脱贫攻坚工作成效及特色农产品。协调中央主流媒体做好民政部门在主题教育中着力加强低保领域漠视侵害群众利益问题专项整治报道。协调中共中央宣传部、中央精神文明建设指导委员会办公室，向“三区三州”深度贫困地区和罗霄山集中连片特殊困难地区的162个县747家农村敬老院赠送6000台电视机。协调中国社会报、中国民政杂志等媒体策划专题专栏专版，采写脱贫攻坚题材新闻报道。协调民政部门户网站持续更新“坚决打赢脱贫攻坚战”专题内容，及时发布民政领域脱贫攻坚工作信息等。民政部政务微博“@民政微语”持续优化“脱贫攻坚战　民政在行动”微话题，全年阅读量超过200万人次。民政部政务微信“中国民政”策划推出《脱贫攻坚看民政》栏目，每天更新脱贫攻坚相关报道。民政部微博、微信宣传推介定点扶贫县的特色农产品；开展“我与民政脱贫攻坚”随手拍活动，公开征集民政系统温暖人心的扶贫事迹材料并择优展示，相关阅读量30余万人次。

【干部挂职扶贫】　2019年，民政部党组印发《关于进一步加强艰苦地区挂职干部管理的意见》，统筹脱贫攻坚挂职干部选育管用的各个环节。选派干部参与脱贫攻坚挂职，其中

1人挂职新疆生产建设兵团民政局局长，2人到罗霄山片区挂职市委常委、副市长，2人到西藏、青海挂职民政厅党组成员、副厅长，2人到定点扶贫县挂职县委副书记、副县长，1人任驻村第一书记，2人到遂川县锻炼。

【定点扶贫】 2019年，民政部领导多次前往江西省遂川县、莲花县调研。与中国茶叶股份有限公司、遂川县签订产业扶贫战略合作协议，投资280万元建设茶叶示范加工厂，促进狗牯脑茶产业发展。为莲花县神泉乡筹集资金130万元，支持蜂蜜养殖、中药材种植产业发展；引进资金300万元，帮助莲花县升级改造困难群众民宿，发展红色培训产业。协调中国中央电视台二套在福彩开奖节目前播放茶叶广告，在民政部门户网站开设专栏，推介两县特色农产品。动员引导社会组织支持定点扶贫，向遂川县引入29家组织和企业，引进帮扶资金3171万元，向莲花县引入31家组织和企业，引进帮扶资金2575万元。2019年4月，江西省人民政府批复遂川县、莲花县脱贫退出。开展扶贫日系列活动，组织干部职工向两县捐款36万余元。协调中国社会福利基金会向两县捐赠扶贫日活动资金110余万元，用于社会公益项目。通过福彩圆梦·改建南屏小学、修缮龙潭水库、农家小货车等项目，帮助两县完善基础设施建设，发展特色产业。2019年，民政部定点扶贫工作被国务院扶贫办综合评定为“好”等次。

（民政部　张晶婧）

财政部扶贫

【概述】 2019年，财政部贯彻落实中共中央、国务院关于脱贫攻坚的决策部署，始终把脱贫攻坚工作摆在突出重要位置，以积极的态度、有力的举措、有效的工作支持脱贫攻坚决战决胜。

【财政脱贫攻坚投入】 调整优化一般性转移支付结构，加大均衡性转移支付、县级基本财力保障机制奖补资金等投入，并向贫困地区、革命老区、民族地区等重点地区倾斜，提高地方可统筹安排使用的财力水平。增加中央财政补助地方专项扶贫资金投入，2019年增加到1261亿元。加大教育、医疗卫生、住房保障、交通等行业扶贫投入，加大向贫困地区，特别是“三区三州”等深度贫困地区的倾斜力度，部分资金适当提高补助比例或标准。

创新拓宽脱贫攻坚投入机制。落实新增耕地指标和城乡建设用地增减挂钩节余指标跨省域调剂机制，支持深度贫困地区巩固脱贫攻坚成果和实施乡村振兴战略。指导督促东部地区继续做好东西部扶贫协作工作，就加强帮扶资金管理、提高帮扶资金使用效益等提出要求。加大地方政府债务资金支持脱贫攻坚力度，安排一般债务限额1294亿元，用于支持易地扶贫搬迁、贫困地区特别是“三区三州”等深度贫困地区基础设施、乡村振兴、农村公路等重点扶贫项目。

【教育扶贫】 2019年，中央财政下达义务教育相关转移支付1882.2亿元，要求各地向“三区三州”等深度贫困地区倾斜。指导地方启动实施义务教育薄弱环节改善与能力提升工作，支持地方消除城镇学校大班额、加强乡镇寄宿制学校和乡村小规模学校建设等。

【医疗保障扶贫】 2019年，中央财政共下达医疗救助补助资金289.98亿元，支持各地资助符合条件的困难群众参加城乡居民医保，对其难以负担的基本医疗自付费用给予补助，开展疾病应急救助，支持深度贫困地区提高农村贫困人口的医疗保障水平。要求各地强化医疗保障扶贫政治责任，坚持基本标准，明确医保脱贫攻坚硬任务，确保贫困人口应保尽保、待遇政策落实到位，妥善治理过度保障等问题。

【基础设施建设】 2019年，中央财政下达农村危房改造补助资金300亿元，支持完成建档立卡贫困户等4类重点对象危房改造任务135.5万户，将4类重点对象存量危房改造任务一次性安排到位，支持地震高烈度设防地区开展农房抗震改造试点。

拨付中央基建投资农村饮水安全巩固提升工程资金122亿元，支持包括深度贫困地区在内的地方解决农村饮水安全问题。中央财政水利发展资金首次将农村饮水工程维修养护纳入支持范围，安排14.5亿元补助中西部贫困地区、东部原中央苏区等地约10万处农村饮水工程的维修养护，覆盖约1.13亿人。

【深度贫困地区脱贫攻坚】 加大中央财政专项扶贫资金向深度贫困地区的倾斜力度。专门安排144亿元增量资金支持“三区三州”，并要求“三区三州”所属省份切实优化资金投向结构，加大对“三区三州”的倾斜力度，避免形成“挤出效应”。

2019年，明确要求各地向“三区三州”等深度贫困地区倾斜，安排30亿元专门支持“三区三州”教育脱贫攻坚。2018—2019年，中央财政通过医疗救助渠道安排深度贫困地区补助资金共80亿元，其中“三区三州”为28亿元，重点支持深度贫困地区提高农村贫困人口的医疗保障水平。加大重点生态功能区转移支付力度。2019年，进一步加大倾斜支持力度，专门安排“三区三州”等深度贫困地区105亿元（其中“三区三州”为40亿元）。此外，安排生态护林员补助资金59亿元。2019年，中央财政单列“三区三州”等深度贫困地区农村危房改造补助资金139.04亿元，对“三区三州”等深度贫困地区4类重点对象危房改造补助标准每户单独提高2000元，将深度贫困地区其他农户存量危房按照户均1万元的补助标准一并纳入支持范围。2019年，安排车购税资金541亿元，加大对“三区三州”等深度贫困地区的补助力度。2019年，进一步加大对深度贫困地区的倾斜支持力度，专门安排125亿元，其中安排“三区三州”50亿元。

【扶贫资金管理】 推进扶贫项目资金绩效管理。指导各地做好2019年扶贫项目资金全过程绩效管理工作，组织财政部各地监管局对当年绩效目标和绩效自评结果进行抽查复核，实现扶贫项目资金绩效目标填报和绩效自评全覆盖。印发《财政专项扶贫资金绩效管理操作指南（试行）》，指导地方以财政专项扶贫资金为示范抓好扶贫项目资金绩效管理工作。强化绩效评价结果应用，坚持从严评价。

优化财政扶贫资金动态监控平台的功能和性能，加强对各级各类财政扶贫资金预算下达、资金支付及项目资金绩效目标执行等情况的动态监控。

强化财政扶贫领域的监督检查。聚焦深度贫困地区，开展财政支持深度贫困地区脱贫攻坚政策落实及资金管理使用情况专项核查，推动压实地方脱贫攻坚责任。组织相关监管局对179个县审计问题整改问责情况进行跟踪督促，研究提出意见建议。组织开展脱贫攻坚领域群众信访事项核查，督促地方纠正扶贫项目管理中存在的问题，切实加强扶贫资金管理。开展惠民惠农财政补贴资金“一卡通”专项治理工作，建立健全“一卡通”管理长效机制，着力整治群众身边的腐败问题。建立扶贫资金违规管理使用责任追究制度，对财政扶贫资金使用管理中的10种具体违规情形，明确相关追责形式，进一步完善问责制度。

规范和加强日常管理。将财政扶贫资金日常监管工作列入2019年度财政督查检查考核计划，组织有关监管局重点对贫困县涉农资金整合试点情况和巡视、审计、绩效评价发现的财政专项扶贫资金问题整改情况进行实地核查。

【产业扶贫】 通过农业生产发展资金支持产业扶贫，资金安排向贫困地区倾斜，加快推动贫困地区农村一二三产业融合发展，创新完善农民利益联结机制。督促指导地方突出财政专项扶贫资金支持重点，重点用于培育和壮大贫困地区特色产业；督促指导地方用好贫困县涉农资金整合试点政策，优先支持农业生产发展。支持光伏扶贫，及时公布第二批光伏扶贫补助目录，并优先拨付资金64.8亿元，惠及建档立卡贫困户152.6万户。

【就业扶贫】 2019年，中央财政下达就业补助资金547亿元，支持各地贯彻落实包括贫困劳动力在内的各项就业创业政策。加大就业扶贫工作因素占比，引导资金适度向就业扶贫任务重的地区和“三区三州”等深度贫困地区倾斜。

【水利扶贫】 2019年，中央财政安排水利发展资金546.94亿元用于支持各地中小型水利建设，资金主要向全国贫困县、革命老区县、民族县、边境县倾斜。

【贫困群众社保兜底】 2019年，中央财政下达困难群众救助补助资金1471.71亿元，切实保障困难群众基本生活。指导各地进一步发挥好临时救助在强化“两不愁”兜底保障、防范脱贫群众返贫方面的作用。

【文化和旅游扶贫】 2019年，中央财政安排文化和旅游领域扶贫资金30.88亿元，支持实施贫困地区戏曲进乡村、村综合文化服务中心和县级应急广播体系设备购置等项目，支持加强旅游景区公共服务体系建设，释放旅游扶贫富民效能。

【金融扶贫】 2019年，中央财政拨付创业担保贷款贴息及奖补资金55.6亿元，加大对创业担保贷款贴息的支持力度。加大对贫困地区“三农”和小微企业的支持力度，支持国家融资担保基金将“三区三州”和省定深度贫困地区担保贷款风险分担比例从20%提高到30%，并免收再担保费。支持农业保险保费补贴向贫困地区倾斜，鼓励各地对贫困地区给予优先扶持。2019年，中央财政拨付农业保险保费补贴资金265.59亿元。

【国际减贫】 2019年，完成中国-农发基金南南及三方合作基金第二批项目审批，推动3个与扶贫相关的多双边开发机构贷款项目列入规划，推动宁夏、青海等省区10个与扶贫直接相关的国际金融组织贷款在建项目的执行。加强与其他国家和国际机构在减贫领域的交流，通过G20财长和央行行长会议、APEC财长会议，中美、中英、中法、中俄等多双边平台介绍中国的脱贫攻坚成果。完成中国设在亚洲开发银行的中国减贫与区域合作基金年度项目审议，推动中国农业技术、标准、人才等走出去，宣传中国成就、中国经验、中国理念和对世界减贫事业的贡献，与其他发展中国家分享减贫经验。

【定点扶贫概述】 2019年，财政部定点帮扶湖南省平江县、云南省永胜县。据统计，平江县和永胜县未脱贫人口分别降至3496人、3303人，贫困发生率降至0.35%和0.97%。3月，平江县正式脱贫摘帽；5月，云南省公布2018年省级扶贫开发成效考核，永胜县年度考核等次为“好”。

【扶贫资金投入】 动员财政部内各单位捐款捐物奉献爱心，共捐助413万元。协调中国民生银行、中南大学湘雅医院、中国人口福利基金会等向定点扶贫县捐赠超过1600万元。2019年，财政部向定点帮扶县直接投入资金共1013万元，引进帮扶资金2039万元。

【组织领导】 强化对定点扶贫工作的组织领导。财政部部长刘昆担任定点扶贫工作领导小组组长，机构改革后调整领导小组成员单位。召开财政部定点扶贫工作交流推进会。财政部领导先后5次召开会议，听取定点扶贫工作情况，研究帮扶措施。研究制定《财政部定点扶贫信息报送办法》《财政部2019年定点扶贫工作要点》。

【干部挂职扶贫】 增派2名中央选调生到定点扶贫县，驻定点帮扶县扶贫干部共10人。加强对挂职干部的日常管理，组织定点帮扶县挂职干部开展集体廉政谈话。驻永胜县工作队被评为全国财政系统先进集体拟表彰对象；平江县丽江村第一书记的相关做法被编入《中央和国家机关驻村第一书记典型案例》；驻平江县工作队队长被评为湖南省“百名最美扶贫人物”；人民日报、湖南日报、云南日报，以及湖南省、云南省《新闻联播》等媒体均对工作队事迹进行报道。

【扶贫调研】 2019年5月，刘昆赴永胜县调研，督促落实主体责任。其他领导分别赴定点帮扶县督导调研。财政部35个单位共274人次赴定点县实地调研。湖南省省长许达哲，云南省委副书记王予波、副省长陈舜等赴定点县调研，督促抓好扶贫工作。3月，丽江市委市政府在永胜县召开现场会议，推动解决脱贫攻坚中的难点、痛点。11月，云南省定点扶贫工作推进会邀请财政部作为中央单位代表作典型发言。

【扶贫培训】 联系交通部等单位，对定点帮扶县基层干部进行相关业务培训。联系中华全国妇女联合会、碧桂园控股有限公司、湖南农业大学等单位开展就业和务工人员培训。2019年，培训定点帮扶县干部2214人次，专业技术人员2251人次。

【消费扶贫】 将定点县作为政府采购贫困地区农副产品的首批试点县，会同国务院扶贫办、中华全国供销合作总社指导定点帮扶县开展货源组织工作。将定点县产品纳入"关爱通"职工福利平台和活动奖品清单，鼓励干部职工购买定点县产品。帮助定点县与中国农业银行、公益中国网、阿里巴巴网络技术有限公司、北京快手科技有限公司（以下简称"快手"）、本来生活网、"脱贫攻坚战——星光行动"团队等合作，推介定点县产品。2019年，财政部直接消费定点帮扶县产品金额为343万元，帮助销售产品金额为3547万元。

【产业扶贫】 2019年，财政部联系产业资源，助力定点帮扶县稳定脱贫。与北大荒农垦集团有限公司签订保底价的随行就市订单，打造10万亩红高粱基地，推广订单农业，解决金沙江沿线贫困山区缺乏产业问题。推进永胜县三川镇申报2019年农业产业强镇建设项目，扶持壮大乡土经济。推动陕西金鹿服装厂项目落地永胜县，组织94人次贫困群众外出务工。支持生态扶贫，帮助永胜县2500名贫困人口担任生态护林员。帮助平江县引入投资建设酱干厂、豪猪养殖基地、金银花产业基地。支持中国人民财产保险股份有限公司按照先行先试的原则，结合永胜县农业产业发展需求，有针对性地开发扶贫保险产品，实现扶贫产业农业保险全覆盖。

【两不愁三保障】 2019年，财政部加大政策支持力度，督促湖南省、云南省财政部门及时下达与定点帮扶县相关的扶贫资金。支持永胜县民族中学建设，减少"直过民族"贫困代际传递。支持定点帮扶县开展家庭医生诊疗能力提升试点工作。根据实地调研情况，督促云南省财政厅帮助永胜县抓好易地搬迁工作。7月，永胜县发生4.9级地震，财政部调研组第一时间深入震中实地查看灾情，并慰问受灾群众，帮助解决困难。

【社会扶贫】 联系江疏影团队赴永胜县参加"脱贫攻坚战——星光行动"启动仪式，拍摄永胜县宣传片；推动"脱贫攻坚战——星光行动"平江县专场在中国中央电视台电影频道播出，提升定点县的知名度与社会影响力。协调"快乐儿童家园"公益项目落户定点县，优化留守儿童的成长环境。协调中南大学选派4名学生赴平江县担任第一书记助理。联系深圳广播电影电视集团策划启动帮助永胜县的"村暖花开"公益活动，推介特色农产品。联系企业通过投资落户、上线产品、开展培训、吸收就业等支持定点县脱贫。促成香港各界扶贫促进会赴永胜县调研，与香港企业家代表就产业投资、产品销售、社会公益等达成合作帮扶意向。

【扶贫宣传】 通过财政部门户网站《定点扶贫》专栏和《财政部定点扶贫简报》，宣传定点扶贫工作成效。发挥财政部所属新闻媒体作用，专题报道定点县脱贫进展，并免费刊登广告宣传定点县产品。帮助出版《永胜县跨越发展研究》等书籍，展现永胜县的脱贫成效。向有关部门宣传定点县脱贫攻坚和定点帮扶成效，国家发展改革委印发《"十三五"新时期易地扶贫搬迁工作政策指引》，将平江县易地扶贫搬迁工作作为典型经验向全国推广。

【扶贫资金管理】 财政部发挥政策优势和财政职能作用，形成具有财政特色的定点帮扶措施。扶贫资金动态监控是财政扶贫资金使用管理领域的一项制度性创新。2019年，财政部将平江县、永胜县作为“试验田”，帮助其建立财政扶贫资金绩效管理动态监控机制，不断强化扶贫资金使用管理。财政部内有关单位赴定点县开展专题调研，实地考察监控平台建设情况，完善监控平台功能。派专人指导和督促定点县数据对接工作。与定点县财政部门对接，指导当地研究制定本地区动态监控工作规程，并将监控平台应用拓展到相关部门和乡镇，推动动态监控工作制度化、规范化、常态化。

【电商扶贫】 联合快手短视频平台开展平江县扶贫产品义卖活动，共曝光2000余万次，累计销售扶贫产品908万元。邀请淘宝网红为定点县直播带货，如薇娅在永胜县石榴产区直播当天，共卖出160余吨石榴。协调微信团队开发“欢乐农场主”小游戏，玩家可通过模拟种植贫困县农产品，用游戏所得变现购买定点县产品。

【党建扶贫】 探索实践财政部基层党组织、乡镇党委、村支两委会与驻村干部、致富带头人共同协作的“3+2”基层党组织对接帮扶机制。财政部内单位党组织到定点县结对帮扶村开展联学共建等活动，帮助形成本村特色产业。把定点扶贫作为主题教育的重要实践载体和党内生活的重要内容，列入基层党建述职评议考核的重要内容，助力定点县脱贫攻坚。

（财政部机关党委　丁新庆）

人力资源和社会保障部扶贫

【概述】 2019年，人力资源和社会保障部（以下简称“人社部”）学习贯彻中共中央总书记习近平关于扶贫工作的重要论述，抓实脱贫攻坚专项巡视整改，聚焦深度贫困地区，完善政策措施，加大行业扶贫、定点扶贫工作力度，扶贫工作取得成效。

【就业扶贫】 加强易地扶贫搬迁就业帮扶，人社部会同国家发展和改革委员会等部门摸排易地扶贫搬迁就业情况，开展数据比对分析和实地调研，形成专题报告，并印发《关于做好易地扶贫搬迁就业帮扶工作的通知》，从多渠道开发岗位、属地化就业服务管理、开展万人安置点专项帮扶等方面明确政策措施。截至2019年年底，有搬迁任务的22个省份全部制定专门举措，促进235万搬迁贫困劳动力实现就业。加强公益性岗位开发管理，会同财政部印发《关于做好公益性岗位开发管理有关工作的通知》，从科学设置岗位、明确安置对象、规范岗位聘任、保障在岗待遇、明确补贴期限、实施后续扶持、强化岗位管理等方面作出规定。对安置农村建档立卡贫困劳动力的乡村公益性岗位，要求明确岗位聘任程序，根据劳动时间、劳动强度确定岗位补贴标准。推进劳务协作。明确输出地与输入地的主体责任和帮扶责任，促进贫困劳动力的就业意愿、就业技能与就业岗位精准对接。培树推广吕梁护工、化隆牛肉拉面师等一批贫困县劳务品牌，以品牌带动劳务输出。突出精准服务。开展人力资源服务机构助力脱贫攻坚行动，在“春风行动”、就业援助月等专项服务活动中，将贫困劳动力作为重点对象，召开专场招聘会。“春风行动”期间，为贫困劳动力提供职业介绍和岗位信息服务125万人次，举办招聘会、对接活动3500余场，提供岗位72.2万个。会同国务院扶贫办等部门征集认定第二批全国就业扶贫基地153家。支持顺丰速运有限公司实施“千店百县万人”就业扶贫计划，推动阿里巴巴网络技术有限公司在贫困县试点数字就业扶贫车间。实施典型引路，在第二届创业就业展示交流活动中举办就业扶贫专场，展示各地就业扶贫典型做法、劳务品牌、贫困劳动力就业创业典型人物；编印《就业扶贫在路上》和《东西部扶贫协作劳务输出输入工作手册》，在中国就业网上开设就业扶贫工作专栏，宣传典型经验做法，带动各地推进就业扶贫。截至2019年年底，已累计帮扶1213万名贫困劳动力实现就业。

【技能扶贫】 2019年，人社部筹集1138亿元失业保险基金结余实施职业技能提升行动，报请国务院办公厅印发《职业技能提升行动方案（2019—2021年）》，要求加大技能扶贫工作力度，将贫困劳动力和贫困家庭子女作为重点对象，落实培训补贴和生活补贴政策。印发《新生代农民工职业技能提升计划（2019—2022年）》，为新生代农民工中的贫困人员优先提供技能培训服务。组织贫困劳动力和贫困家庭子女参加补贴性培训233万人次。实施技能脱贫千校行动，印发《关于深入推进技能脱贫千校行动的实施意见》，聚焦深度贫困地区加大政策创新力度，做好技工院校招生工作，推动技工院校加大对农村贫困地区、贫困家庭的招生力度，为贫困家庭学生开设绿色通道，使其优先享受免学费和助学金政策，优先安排实习、推荐就业。全国技工院校新招收贫困家庭子女8.8万人，面向贫困家庭劳动力开展职业培训18.2万人次。营造技能扶贫、技能脱贫氛围。编印《技能扶贫百问百答》《职业技能提升行动口袋书》《全国技工院校资助政策选编》；通过"技能中国"微信公众号、中国就业网等媒体宣传各地技能扶贫领域的工作动态和经验做法。在全国技工院校开展技能扶贫主题的宣传教育活动，组织开展以技能扶贫为主题的世界青年技能日宣传活动、第4届中国青年技能营活动；在青海省海西蒙古族藏族自治州、四川省凉山彝族自治州等地组织多场世界技能大赛先进事迹报告会、6次技能中国行活动；举办"三区三州"职业技能大赛。

【社会保险扶贫】 将建档立卡贫困人口数据和全民参保数据库进行数据比对，指导各地利用人社扶贫信息平台精准定位社保扶贫工作对象，通过系统核验、实地走访等方式推动贫困人员参保精细化管理，为贫困人口参保扩面、社会保险精准扶贫提供技术支撑。落实城乡居民养老保险扶贫政策，为贫困人员代缴部分或全部最低标准城乡居民养老保险费，将没有领取基本养老保险待遇的贫困老人纳入城乡居民养老保险制度，按月发放养老金。2019年，为3808万建档立卡贫困人口、低保对象、特困人员代缴城乡居民养老保险费共42亿元，为2886万贫困老人按月发放城乡居民养老保险金，6694万贫困人口直接受益。截至2019年年底，全国5978万建档立卡贫困人员参加基本养老保险，未参保贫困人口由年初的766万人降至1414人，基本实现贫困人口基本养老保险应保尽保。

【人事人才扶贫】 加强贫困地区事业单位人事管理工作，指导艰苦边远地区县乡事业单位放宽年龄、学历、专业等岗位条件，拿出一定数量的岗位面向本地户籍人员（或生源）、贫困家庭大学毕业生等组织专场招聘，降低或不设开考比例，对脱贫攻坚急需紧缺专业人才采取面试、组织考察等方式公开招聘。发挥"三支一扶"（即支农、支教、支医和扶贫）计划助力脱贫攻坚作用，在全国共招募3.07万人，主要用于贫困地区、革命老区、民族地区和边疆地区，其中从事扶贫的占36%。将西部地区"三支一扶"人员的工作、生活补助标准提高至每人每年3万元，西藏自治区和新疆南疆四地州提高至每人每年4万元。开展"最美基层高校毕业生"学习宣传活动，引导高校毕业生扎根基层和贫困地区。加强人才服务和智力支持。2019年，人社部组织100期专家服务脱贫攻坚重点示范团，共有2240名两院院士、特殊津贴专家、百千万人才工程人选、留学回国人员等各类专家人才发挥智力、技术优势助力精准脱贫。批准新建的19家国家级专家服务基地中，西部地区有10家。实施专业技术人才知识更新工程，在高级研修项目中单列扶贫开发专项，专门支持以服务脱贫攻坚为主题或在贫困地区举办的高研班50期。开展新疆、西藏少数民族专业技术人才特殊培养工作，分别为新疆、西藏培养400名和120名专业技术人才骨干。

【深度贫困地区脱贫攻坚】 2019年，人社部会同财政部对"三区三州"有针对性地下达中央财政就业补助资金，并将就业扶贫作为资金支持的首要工作。全国有44所技工院校对口帮扶"三区三州"，新建技工院校或开设分校（教学点）10所。援助西藏技师学院建设，协调北京、江苏等16所技师学院对口帮扶，从加强专业和师资队伍建设等方面提出帮扶举措。针对深度贫困地区，将失业保险金标准上调至最低工资标准的90%，将稳岗返还标准提高到上一年度实际缴纳失业保险费总额的60%。2019年，共向"三区三州"2万名失业人员发放失业保险金1.4亿元，向5220家参保企业发放稳岗返还资金2.3亿元,惠及职工56.6万人。在“三区三州”等深度贫困地区开展专业技术职称、岗位“定向评价、定向使用”,2019年新增高级职称专业技术人才1.36万名。自2019年起,对护士、执业药师、社会工作者、审计、统计、高级会计师和一级翻译等7类职业资格考试,在“三区三州”单独划定考试合格标准。2019年,单独划线工作已完成,单独划线后新增加7097人通过考试。在“三区三州”事业单位中开展脱贫攻坚专项奖励,重点对表现突出、成绩显著的事业单位工作人员给予奖励,已记功或嘉奖2139个集体、34107人。

【定点扶贫】 2019年,人社部定点帮扶山西省天镇县和安徽省金寨县,将其作为落实政策的示范点和行风建设的联系点,两个定点县均已脱贫,帮助贫困劳动力转移就业10135人,每户年均增收6000元。着力打造“天镇保姆”品牌,在北京、内蒙古等周边地区及其他地区建立“天镇保姆”工作站点。筹集资金1000万元新建天镇县人社扶贫技能培训基地。推动江苏省昆山市与金寨县签订协议,推进产业优先向金寨县转移。将金寨县金梧桐创业园确定为省级返乡创业园,带动就业2.2万余人。对口帮扶安徽金寨技师学院,拨付500万元建设国家级高技能人才培训基地。2019年,人社部共向定点扶贫县投入帮扶资金1797.8万元,引进帮扶资金843万元,培训基层干部922名、技术人员7263名,购买农产品432万元,帮助销售农产品470万元。

(人力资源和社会保障部扶贫办 李三贵)

自然资源部扶贫

【概述】 2019年，自然资源部以习近平新时代中国特色社会主义思想为指导，学习贯彻习近平关于扶贫工作的重要论述，落实《中共中央　国务院关于打赢脱贫攻坚战三年行动的指导意见》，强化脱贫攻坚工作的政治担当和行动自觉，聚焦实现“两不愁三保障”目标标准，抓住政策扶贫、对口扶贫两条主线，坚持问题导向，区分轻重缓急，为打赢精准脱贫攻坚战做好分内职责。

【用地保障政策】 计划管理方面，在分解下达年度新增建设用地计划时，对全国832个贫困县专门安排每县新增建设用地计划指标600亩。同时，保障深度贫困地区基础设施建设、易地扶贫搬迁、民生发展等用地需求，土地利用规划计划指标不足的部分由国家协同所在省份解决。用地审批方面，允许深度贫困地区建设用地，涉及农用地转用和土地征收的，在做好补偿安置前提下可以边建设边报批；涉及占用耕地的允许边占边补，确实难以落实占优补优、占水田补水田的，可按补改结合方式落实，并按用地审批权限办理用地手续。土地利用方面，鼓励深度贫困地区探索农村集体经济组织以出租、合作等方式盘活利用空闲农房及宅基地；通过村庄整治、宅基地整理等节约的建设用地，鼓励采取入股、联营等方式，重点支持农村新产业、新业态和农村一二三产业融合发展，为贫困群众增加财产性收入、实现稳定脱贫提供重要渠道和制度保障。

【增减挂钩政策】 对集中连片特困地区、国家和省级扶贫开发工作重点县、开展易地扶贫搬迁的贫困老区，允许将增减挂钩节余指标在省域范围内流转使用；对“三区三州”及其他深度贫困县，允许将增减挂钩节余指标跨省域调剂使用。2019年，深度贫困地区所在省份调出节余指标20.88万亩，获得资金640.06亿元。

【耕地保护政策】 永久基本农田保护方面，允许832个国家级贫困县省级以下基础设施、易地扶贫搬迁、民生发展等建设项目，确实难以避让永久基本农田的，可纳入重大建设项目范围。生态退耕方面，扩大贫困地区退耕还林还草规模，将25度以上坡耕地、严重沙化耕地、重要水源地15~25度的坡耕地、陡坡梯田、严重污染耕地等5种地类纳入贫困地区退耕还林还草范围。明确新一轮退耕还林集中用于贫困地区所在的11个省份。跨省域补充耕地方面，出台跨省域补充耕地国家统筹管理办法，选择承担补充耕地省份优先考虑老少边穷地区。2019年，自然资源部拨付第一批承担补充耕地任务的新疆、吉林、四川、黑龙江、青海等5省区补充耕地经费约103.8亿元。

【项目支持政策】 生态保护修复方面，在全国25个山水林田湖草生态保护修复工程试点中，向生态环境脆弱的贫困地区倾斜，在“三区三州”深度贫困地区所在省区实施山水林田湖草生态保护修复试点工程6个，下达中央财政补助资金116.6亿元。土地整治重大工程方面，支持实施四川乌蒙山、云南乌蒙山、贵州乌蒙山、江西赣南、广西兴边富民、新疆生产建设兵团等6个土地整治重大工程，下达中央财政补助资金40.50亿元。地质调查方面，投入地质调查扶贫项目经费6.5亿元，在全国14个集中连片特困地区完成施工探采结合井281眼，建设饮水安全示范工程18处，帮助14.5万人解决安全饮水难题；向当地政府移交富硒等特色土地资源595万亩，提出特色农业基地规划建议316个，助推特色优质农业产业发展；识别地质灾害隐患3996处，实施地质灾害监测预警示范点21处，开展地灾防治培训3730余人次；发现地质遗迹点440多处，鉴评出国家级及以上地质遗迹点22处。

【片区脱贫攻坚】 加强片区脱贫攻坚自然资源政策差别化支持。赴片区3省5个市(州)13个县调研走访，调研结果梳理形成《乌蒙山片区自然资源政策差别化需求事项》，专题研究形成《乌蒙山片区自然资源政策差别化需求事项答复意见》《乌蒙山片区脱贫攻坚个别地方具体自然资源政策需求事项答复口径》，对11个方面150余个具体问题给予明确答复。协调有关部委加强片区脱贫攻坚支持。加强与有关部门协调，针对乌蒙山片区提出的饮水安全、医疗保障等方面的40余个需求事项，逐项提出答复意见。加强部省联动共克深度贫困堡垒。7月，将乌蒙山片区脱贫攻坚需求事项答复意见反馈给片区三省。9月，召开乌蒙山片区部际联席会议，请片区38个县直接提出困难问题，对提出的100余个需求事项已协调形成答复和支持意见并反馈给片区三省。

【组织领导】 加强工作调度，先后7次召开党组会、部长办公会、专题会、扶贫开发领导小组全体会议，传达学习习近平关于扶贫工作的重要指示批示精神，研究调度行业扶贫、定点扶贫、片区扶贫工作，推动解决有关问题。强化政策评估，开展《关于支持深度贫困地区脱贫攻坚的实施意见》和《关于打赢脱贫攻坚战三年行动的指导意见》分工任务评估，以及自然资源扶贫政策评估。注重培训指导。举办扶贫用地政策论坛，解读自然资源扶贫政策。举办3期自然资源政策助推深度贫困地区脱贫攻坚培训班，培训“三区三州”及其他深度贫困县、乌蒙山片区县及6个定点扶贫县市区自然资源主管部门负责同志460余人。

【定点扶贫概述】 2019年，自然资源部定点帮扶江西省赣州市赣县区、兴国县、于都县、宁都县，黑龙江省海伦市和海南省琼中黎族苗族自治县(以下简称“琼中县”)共6个县市区，落实定点扶贫部门职责，对标对表《中央单位定点扶贫责任书(2019)》各项任务目标，聚焦“两不愁三保障”，特别是饮水安全目标，不断加大帮扶工作力度。

【扶贫资金投入】 2019年，自然资源部直接投入项目资金12245.06万元。其中，地质调查项目资金7119万元，安排地质调查项目24个，实施探采结合井192眼，解决8万多人的饮水安全问题；提前实现赣州18个县市区主要农耕地调查全覆盖，圈定绿色富硒土地面积394.8万亩，提出特色农业基地建议区212处，重点支持贫困地区开展富硒土地资源开发利用和产业发展、富硒品牌创建等。通过下达2019年增减挂钩节余指标跨省域调剂任务和省域内流转、土地综合整治、国土空间生态修复项目等，帮助引进资金91229.8万元，协调社会力量捐赠30.5万元。

【扶贫调研】 自然资源部部长陆昊深入赣州市赣县区、兴国县、于都县调研，其他领导分赴海伦市、兴国县、于都县、宁都县和琼中县调研，督促指导定点帮扶县落实主体责任。

【干部挂职扶贫】 向6个定点帮扶县各派出1名挂职干部，任区委副书记或县委常委、副县长。派出2名干部挂职县直部门副局长。选派3名干部任驻村第一书记。

【扶贫培训】 先后举办13期定点帮扶县贫困村党支部书记、致富带头人和实用技术人才培训班，培训党支部书记343人，培训致富带头人和实用技术人才2130人。

【消费扶贫】 举办定点扶贫县特色农产品展销，设立定点扶贫县特色农产品专卖点，动员干部职工购买农产品148万元。协调京东电商和中国农业银行扶贫商城，拓宽定点扶贫县特色农产品的销售渠道，帮助销售农产品390多万元。

【党建扶贫】 研究制定《关于做好抓党建促脱贫攻坚工作的通知》，部属12个单位党支部与定点扶贫县贫困村党支部结对共建，开展联学活动，捐款88.89万元，捐赠图书2.37万册。

【教育扶贫】 2019年，组织教育扶贫1234人。组织定点扶贫县贫困学生36人前往北京、上海、青岛等地参加夏令营等研学活动；捐资建设赣县区夏潭村幼儿园，受益学生30人；捐助海伦市贫困学生59人；在琼中县设立奖学金，捐资助学，举办科普讲座，受益849人；支持琼中女足发展，受益260人。

（自然资源部办公厅　李东法）

生态环境部扶贫

【概述】 2019年，生态环境部学习贯彻中共中央总书记习近平关于扶贫工作的重要论述和习近平生态文明思想，落实中共中央、国务院的决策部署，践行“绿水青山就是金山银山”理念，推动贫困地区绿色发展，加强污染防治和生态保护，推进农村环境综合整治，建立健全生态环保扶贫机制，有效衔接脱贫攻坚与乡村振兴，协同打赢精准脱贫和污染防治攻坚战。

【推动绿色发展】 2019年，生态环境部实施《关于生态环境保护助力打赢精准脱贫攻坚战的指导意见》，深化生态环境领域“放管服”改革，推动贫困地区开展有机食品生产基地示范建设，实施生物多样性保护与减贫试点示范。会同国务院扶贫办等部门赴青海、湖北、西藏三省（区）开展生态环境保护与脱贫攻坚政策衔接专题调研，推动解决涉及自然保护区的民生工程和基础设施建设等问题。命名84个“国家生态文明建设示范市（县）”和23个“绿水青山就是金山银山”实践创新基地，涉及30个国家级扶贫开发重点县。生态环境部推荐的五峰土家族自治县中蜂养殖生物多样性保护与减贫协调发展案例，入选“110个全球减贫案例征集活动”最佳案例。

【污染防治和生态保护】 加强贫困地区环保项目储备库建设，引导中央财政生态环境资金项目向贫困地区倾斜。2019年，生态环境部共安排中央财政生态环境资金490亿元，用于支持各地，特别是14个集中连片特困地区打好大气、水、土壤污染防治攻坚战。支持贫困地区严格生态空间管控，划定并严守生态保护红线，强化自然保护地监督管理，实施山水林田湖草生态保护修复试点工程。

【农村环境综合整治】 将284个国家级贫困县的2.46万个建制村列为农村环境综合整治重点对象，支持加强农村生活污水治理，推动解决农业地膜污染，促进畜禽粪污资源化利用。配合财政部安排中央财政农村环境整治专项资金60亿元，并向贫困地区倾斜。截至2019年年底，全国已完成18.8万个村庄整治，建成运行农村生活污水处理设施近30万套，2亿多农村人口受益。

【生态环保扶贫长效机制】 推动跨省流域上下游生态补偿试点，协调财政部安排中央财政资金13亿元用于潮白河、九州江、汀江流域上下游横向生态保护补偿奖励，安排50亿元用于长江经济带11省（市）生态保护修复奖励，以及青海、西藏定额补助。对818个国家重点生态功能区县开展生态环境质量监测评价，考核结果作为中央财政重点生态功能区转移支付的重要参考依据。推动贫困地区参与碳市场能力建设，发布《大型活动碳中和实施指南（试行）》，引导碳交易履约企业优先购买贫困地区林业碳汇项目产生的减排量。

【生态环保扶贫论坛】 举办2019年全国扶贫日“加强生态环境保护，衔接脱贫攻坚与乡村振兴”生态环保扶贫主题论坛，生态环境部、国务院扶贫办领导出席，中央单位、高校学者、扶贫干部、地方和企业代表共100余人参加论坛，探讨建设生态宜居美丽乡村、构建特色生态经济体系等举措，搭建生态环境保护助力脱贫攻坚与乡村振兴衔接的交流平台。

【脱贫攻坚与乡村振兴衔接】 把加强生态环境保护作为有机衔接脱贫攻坚与乡村振兴的重要举措，组织“脱贫攻坚与绿色振兴”主题征文，召开“生态环境领域加强脱贫攻坚与乡村振兴有机衔接”系列研讨会，挖掘和创新继承脱贫攻坚期间积累的典型经验。

【扶贫宣传】 利用生态环境部官方网站、“两微”、中国环境报等媒体平台，宣传生态环保扶贫工作动态和经验成效。发布《生态扶贫“输血”变“造血”》《生态环境部赴定点扶贫县慰问调研推动工作　坚持脱贫攻坚和生态环境改善一盘棋》等稿件，推广《推动绿色发展——贵州赤水围绕“一花、一竹、一鸡”践行“两山论”》《美丽中国先锋榜——云南贡山县独龙江乡生态扶贫的生动实践》等10个生态环保扶贫典型事例，累计阅读量超过102万人次。组织开展生态环保助推乡村振兴和“绿水青山就是金山银山”典型案例征集活动。

【对口支援】 推进对口支援新疆维吾尔自治区、西藏自治区和江西省崇义县工作，在政策、资金、项目等方面给予倾斜支持。赴新疆、新疆生产建设兵团和崇义县开展对口支援专题调研，赴西藏和四省藏区等开展生态建设专项调研，开展《全国环保系统“十三五”对口援疆规划》《全国环保系统“十三五”对口援藏规划》实施情况评估，举办“绿色发展、崇义样板”生态文明建设研讨会。

【定点扶贫概述】 2019年，生态环境部发挥生态环境行业优势，压紧压实定点扶贫责任，制定实施定点扶贫年度工作要点，做好定点帮扶河北省承德市围场满族蒙古族自治县（以下简称“围场县”）、隆化县脱贫攻坚工作。两个定点县分别实现17598名、17064名贫困人口脱贫，贫困发生率分别降至0.35%、0.39%。

【组织领导】 组织召开2次党组会、2次部长专题会和8次现场推进会。12月，生态环境部部长李干杰赴两个定点县调研慰问。其他部领导分别于2月、5月、9月赴定点县慰问调研和督促指导工作。优化13个扶贫工作小组力量配置。选派5名干部到定点县挂职或担任驻村第一书记。

【压实帮扶责任】 落实《生态环境部定点扶贫三年行动方案（2018—2020年）》，与13个扶贫工作小组44家单位签订《扶贫工作小组定点扶贫责任书》。制定实施《生态环境部2019年定点扶贫工作要点》《生态环境部2019年度定点扶贫工作考评细则》，将定点扶贫工作情况纳入各部门各单位领导班子述职述党建年终考核评议。完成2019年中央单位定点扶贫责任书任务。

【党支部共建扶贫】 开展贫困村“一对一”党支部共建。深入一线蹲点调研，更新完善“一村一策”脱贫方案，建立支部共建信息表，明确共建事项清单，落实党支部书记第一责任人工作机制。强化“点对点”措施优化和任务落实推进，扶贫工作小组成员单位党支部对接贫困村、贫困村党支部对接贫困户、前方工作组临时党支部按月调度和跟踪督促落实的“三级支部促扶贫”工作格局基本形成。

【创新帮扶方式】 支持推动农村饮用水安全检测、农村分散式生活污水和畜禽养殖粪污治理等相关工作，补齐农村饮用水安全保障和面源污染防治等短板，设置970余个河湖管理员和7800余个环境治理公益岗，聘用1300余名贫困人口担任垃圾保洁员，人均年增收超过3600元。在两个定点县设立生态环保励志奖学金，共资助来自贫困家庭的658名初、高中学生。打造生态环保扶贫电商平台，发动生态环境系统干部职工购买和帮助销售两个定点县农产品超过1000万元，带动定点县145个贫困村、1700余名贫困人口就业增收。

【建设生态环保扶贫示范村】 坚持保护生态环境与扶贫减贫并重，与两个定点县共同建设7个生态环保示范村，重点从村容村貌改善、特色产业发展、乡风文明扶志、带贫减贫机制建立等加强资金和政策支持，推进以农产品有机认证、生物多样性保护与减贫、垃圾分类与减量化、农用地膜污染治理、清洁型煤取暖、助力生态旅游等为特色的示范村建设，将生态环保特色帮扶转化为脱贫攻坚绿色实效。

【问题整改】 围绕中共中央和国家机关工作委员会反馈的2018年度考核意见，检视自身差距，剖析存在的问题和不足，集中力量推进整改工作。将改进和深化扶贫工作纳入“不忘初心、牢记使命”主题教育内容，将定点扶贫县作为青年干部“走基层、接地气、转作风”的实践基地和衔接脱贫攻坚与乡村振兴战略的调研基地。组织开展自查自纠和扶贫领域作风问题专项治理。

【专项资金监督检查】 对两个定点县2018年中央财政生态环保专项资金项目执行情况进行监督检查，向地方反馈问题，跟踪督促落实进展，确保资金安全高效使用。

（生态环境部科技与财务司综合处 卿任鹏）

住房和城乡建设部扶贫

【概述】 2019年，住房和城乡建设部(以下简称“住建部”)党组学习贯彻中共中央总书记习近平关于扶贫工作的重要论述，贯彻落实中央经济工作会议、中央农村工作会议、全国扶贫开发工作会议精神，推进脱贫攻坚农村危房改造、定点扶贫、大别山片区脱贫攻坚联系等重点工作。其中，定点扶贫工作在2019年脱贫攻坚成效考核中被评价为“好”，并被青海省委省政府授予“中央定点扶贫先进单位”。

【组织领导】 住建部重视脱贫攻坚工作，从相关司局和单位抽调人员组建扶贫综合协调组，具体承担扶贫攻坚领导小组办公室的日常工作。召开20余次党组会、扶贫攻坚领导小组会等，研究部署和推进脱贫攻坚工作。住建部领导赴湖北省麻城市等贫困地区调研指导脱贫攻坚工作。

【专项巡视整改整治】 住建部成立脱贫攻坚专项巡视整改工作领导小组，研究制定整改工作方案和整改措施计划，将反馈的3方面8个问题细化成32项整改工作，明确分管部领导、责任单位和责任人。住建部领导分别赴贫困地区调研督导。专项巡视整改工作领导小组集中整改实施“一周一调度、两周一推进”，并把脱贫攻坚作为“不忘初心、牢记使命”主题教育的重要实践载体。截至2019年12月，32项整改工作按计划全部整改到位。

住建部会同相关部门开展保障贫困户基本住房安全方面漠视侵害群众利益问题专项整治。会同财政部、国务院扶贫办、民政部、中国残疾人联合会联合印发实施方案，会同财政部召开省市县有关部门代表座谈会，部署各地把专项整治作为第二批主题教育的重点内容。住建部、国务院扶贫办分管领导分别赴“三区三州”深度贫困地区和大别山集中连片特困地区开展督导调研，聘请第三方调查机构独立开展调查。开通举报电话，受理群众举报投诉，查处群众投诉举报的违法违规问题，并加强跟踪督办，解决群众最关心、最直接、最现实的利益问题。

【农村危房改造】 2019年3月，会同国务院扶贫办召开农村危房改造脱贫攻坚电视电话会议；5月，会同国务院扶贫办在河南省信阳市召开农村危房改造脱贫攻坚工作推进会。两次会议要求：各地各部门精准锁定改造任务，逐户制定改造措施；因地制宜确定建设标准和改造方式，灵活运用多种方式解决特困户的基本住房安全。会同国务院扶贫办等部门印发《关于抓紧核实报送建档立卡贫困户等重点对象危房存量台账的通知》，要求各地按程序确定危房存量，每月调度工作进展。会同财政部印发《关于下达2019年中央财政农村危房改造补助资金预算的通知》，将64.2万户建档立卡贫困户存量危房改造任务全部纳入中央财政补助范围。

提高对“三区三州”等深度贫困地区建档立卡贫困户等4类重点对象危房改造补助标准，2019年中央财政户均补助增加2000元，达到1.6万元。督促指导有关省份组织技术力量开展帮扶，指导并协助当地做好贫困户危房鉴定和改造工作。对于建房存在困难的特殊困难群众，鼓励通过统建农村集体公租房、幸福大院等方式，兜底解决基本住房安全问题。协调四川省追加补助资金2.8亿元，推进凉山彝族自治州（以下简称“凉山州”）危房改造工作，派出工作小组开展现场调研指导。召开“三区三州”等深度贫困地区调度会，重点调度凉山州工作进展并建立进度旬报制度。截至2019年年底，凉山州建档立卡贫困户危房改造全部开工。

【片区脱贫攻坚】 履行大别山片区牵头联系责任，住建部领导多次深入片区县（市）考察调研。10月，在安徽省金寨县召开大别山片区区域发展与脱贫攻坚推进会议，与安徽、河南、湖北3省政府和扶贫部门，22个片区部际联席会议成员单位和在片区开展定点帮扶的22家中央部门沟通，聚焦解决“两不愁三保障”突出问题和促进区域发展，针对片区县（市）提出的具体请求事项，研究提出支持意见和具体举措。研究制定建筑业产业扶贫政策，在建筑业产业培育、就业扶贫等方面给予指导支持，协调大型建筑业和房地产企业与有关片区县（市）对接帮扶。在农村危房改造、传统村落保护、历史文化保护传承、棚户区改造、老旧小区改造、城乡美好环境与幸福生活共同缔造等方面对片区县（市）给予指导和支持。截至2019年年底，大别山片区36个县（市）中有25个已脱贫摘帽。

【定点扶贫概述】 2019年，住建部定点帮扶湖北省麻城市、红安县和青海省大通回族土族自治县（以下简称“大通县”）、西宁市湟中区。截至2019年年底，住建部向4个定点县直接投入帮扶资金4500万元，其中向4个定点县无偿捐建装配式公厕，捐赠助听器、图书、电脑等办公设备及软件价值540余万元；引进帮扶资金2.8亿元。为4个定点县培训贫困村党支部书记等基层干部517人次，培训技术人员430人次。通过鼓励部机关和直属单位工会、食堂采购，动员干部职工自行购买，组织4个定点县农产品进机关展销，搭建“公益住建”消费扶贫平台等，购买4个定点县农副产品262.4万元，帮助销售农副产品93.6万元。红安县、大通县和湟中区实现脱贫摘帽，麻城市通过贫困县退出核查。9月，湟中区获得全国脱贫攻坚奖组织创新奖。

【创新帮扶机制】 建立定点扶贫组团帮扶机制和部县联席会议制度，分别成立4个帮扶工作组，各由1个机关司局牵头，1个事业单位、1个行业协会参与。各帮扶工作组在帮扶举措、帮扶成效、督促指导力度等方面形成帮扶工作合力。住建部分管领导带领4个帮扶工作组在4个定点县分别召开部县联席会议，研究精准扶贫、巩固脱贫成果的具体思路和举措，在城镇保障性安居工程建设、老旧小区改造、传统村落保护等方面解决实际困难。

【干部挂职扶贫】 4月，新选派1名干部到湖北省麻城市的贫困村担任驻村第一书记。

【抓党建促脱贫】 将4个定点县纳入全国第一批“美好环境与幸福生活共同缔造”试点县，扩大“美好环境与幸福生活共同缔造”试点村范围，发挥农村基层党建引领作用。组织部机关司局和直属单位6个党支部与4个定点县6个贫困村党支部结对共建，开展“支部共建聚合力，助推脱贫谋发展”活动，支持贫困村党支部加强基层组织建设。在河南省兰考县张庄村组织培训，帮助4个定点县培养一批精通抓党建促脱贫的党支部书记。向4个定点县捐赠党费补助资金80万元，捐赠电脑、投影仪等办公设备200余台，用于建设和修缮贫困村党员活动场所，并向古城村驻村第一书记拨专款2.6万元用于开展党建活动。

【产业扶贫】 组织大型建筑企业与4个定点县建筑企业结对帮扶。制定倾斜扶持政策，帮助红安县引进江苏海通建设集团、麻城市引进浙江东南网架股份有限公司。组织4个定点县开展就业扶贫专题研究，引导贫困人口在建筑业、物业服务等岗位就业。协调将麻城市作为大别山（麻城）建筑产业工人培育示范基地和湖北省城市建设职业技术学院实训基地。协调中国风景园林学会菊花分会组织专家指导麻城市菊花扶贫产业发展，帮助菊农亩均增收1000余元。协调中国房地产业协会组织会员单位将麻城市作为石材优采基地，19家房地产企业与麻城石材产业园签署战略合作协议。组织11家地铁参建企业到麻城市开展调研对接，帮助扩大石材市场。组织大通县和湟中区中药材产销合作社到云南省彝良县开展中药材种植实地培训，组织中药材采购商上门采购。将4个定点县9个村落列入第五批中国传统村落名录，将红安县祝家楼村列入第七批中国历史文化名村，在大别山黄冈世界旅游博览会上展示红安县和麻城市传统村落。

【社会扶贫】 动员部机关、直属单位、部属学协会等干部职工开展“献爱心”活动，将42万元爱心捐款用于资助4个定点县140名贫困家庭在读学生，还“一助一”资助22名贫困学生。组织有关建筑业企业赴麻城市山区小学看望留守儿童，捐赠书包和文体用品等。协调中国建筑业协会、中国房地产业协会等行业协会，北京建筑大学和碧桂园控股有限公司等帮扶定点扶贫县脱贫攻坚。协调国家发展和改革委员会将大通县列入国家第三批重点采煤沉陷区综合治理工程名单，落实支持资金1.18亿元；协调国家能源局支持麻城市大别山火电厂项目并网发电；协调中国民用航空局支持麻城市通用航空机场项目建设；协调中国红十字会总会支持红安县和麻城市实施“博爱家园”项目；联合中国农工民主党中央委员会社会服务部组织11名北京著名医疗专家，赴大通县和湟中区开展“送医上门”活动，义诊600余人次，教学查房160余人次；协调中国市长协会、北京爱尔公益基金会等，向大通县和湟中区200名贫困听障残疾人捐赠200台助听器，价值160余万元。

（住房和城乡建设部扶贫办公室
陈　瑶）

交通运输部扶贫

【概述】 2019年，交通运输部坚持以中共中央总书记习近平关于扶贫工作的重要论述和指示批示精神为指导，落实中共中央、国务院的决策部署，把打赢交通运输脱贫攻坚战作为头等政治任务和第一民生工程，将中央脱贫攻坚专项巡视整改与“不忘初心、牢记使命”主题教育紧密结合，以“三区三州”深度贫困地区为重点，推进交通扶贫、定点扶贫、对口支援和联系六盘山片区工作，圆满完成2019年各项目标任务。

【组织领导】 召开12次党组会、15次部务会、6次领导小组会，研究推进交通运输脱贫攻坚工作。组织部机关司局及部属在京各单位党组织，结合理论学习、中心组学习、“三会一课”、组织生活日等形式开展扶贫工作专题学习。调整充实交通运输服务乡村振兴战略、推进“四好农村路”建设和脱贫攻坚领导小组主要负责同志担任“双组长”，形成党组领导、小组主抓、司局落实的责任体系。成立扶贫处，充实稳定专职扶贫工作队伍。综合交通全局视野，构建交通运输部与铁路局、民航局、邮政局“一部三局”大交通扶贫格局。

【脱贫攻坚专项巡视】 对照巡视反馈问题，明确20项巡视整改任务，制定52项整改措施，由党组成员分工抓好整改落实。将巡视整改纳入“不忘初心、牢记使命”主题教育重要内容，党组成员分别深入定点扶贫县、对口支援县、六盘山片区、“三区三州”实地调研检查17次，将调研发现的问题与巡视整改任务并账管理。各类问题均已全部整改完成，并转入常态化工作。

【交通扶贫规划】 制定细化《打赢交通扶贫脱贫攻坚战2019—2020年实施方案》，分省细化分解后两年交通扶贫建设任务。会同各省区市交通运输部门抓好交通扶贫基础底数核查确认，建立县通对外通道、乡镇通硬化路通客车、建制村通硬化路通客车三级项目台账。将交通扶贫规划目标任务量化指标全部纳入统计制度，并对“三区三州”单独管理，严防数据虚假。印发《关于贯彻落实习近平总书记重要指示精神做好交通建设项目更多向进村入户倾斜的指导意见》，指导各地因地制宜推进通自然村道路建设。

【基础设施建设】 2019年，安排车购税资金2154亿元用于贫困地区交通基础设施建设，其中519亿元用于农村公路建设。新增国家高速公路通车里程约1880千米，建成普通国道约6200千米，新改建农村公路18.2万千米，实现所有具备条件的乡镇和建制村100%通硬化路。对“三区三州”交通扶贫脱贫攻坚作出专项安排，新增资金、项目、举措进一步向深度贫困地区倾斜，安排车购税资金602亿元支持“三区三州”交通项目建设，其中安排农村公路切块资金99亿元。

【四好农村路建设】 联合国家发展和改革委员会等7个部门印发《关于推动“四好农村路”高质量发展的指导意见》，组织召开全国推动“四好农村路”高质量发展现场会，加快农村公路发展从规模速度型向质量效益型转变。推动国务院办公厅印发《深化农村公路管理养护体制改革的意见》，推广“路长制”，建立农村公路管理养护长效机制。联合农业农村部、国务院扶贫办共同命名83个县为“四好农村路”全国示范县，其中36个县为贫困县。推动《中华人民共和国公路法》修订，加快《农村公路条例》立法进程，印发《小交通量农村公路工程技术标准》《农村公路养护技术规范等技术标准》，健全农村公路法规标准体系。

【运输服务水平提升】 督导各地因地制宜采取公交、班线客运、区域经营、预约响应等模式，加快推进剩余具备条件的乡镇和建制村通客车，推动将通客车工作纳入地方脱贫攻坚考核目标。2019年，贫困地区新增7000余个具备条件的建制村通客车，具备条件的乡镇和建制村通客车率为99.8%、99.6%。制定《营运客车类型划分及等级评定》标准修改单，增加乘用车普通级，适应贫困地区农村客运发展需求。推进县乡村三级物流网络节点建设，整合交通运输、农业、供销、商务、邮政等资源，构建“多站合一、资源共享”农村物流基础设施体系。印发《深化交通运输与邮政快递融合推进农村物流高质量发展的意见》，推动贫困地区交通运输与邮政快递融合发展。

【对口支援和联系六盘山片区】 组织召开六盘山片区脱贫攻坚部省协调推进会，协调有关部委帮助解决片区难题。交通运输部领导分赴对口支援县和六盘山片区督导调研，协调解决问题困难。深化结对帮扶机制。5个结对帮扶工作组制订年度工作计划，协助片区加快推进剩余脱贫攻坚任务，巩固江西省安远县和片区已摘帽县脱贫成果。开展对口支援和联系片区工作自查评估。加大行业支持力度，分别向安远县、六盘山片区安排0.68亿元、188.5亿元车购税资金，支持加快交通扶贫各项建设任务。会同地方交通运输部门制定2019—2020年对口支援专项帮扶资金使用方案，强化资金监管。截至2019年年底，对口支援县已摘帽，牵头联系的六盘山片区61个县中55个县已经摘帽，对口支援县和六盘山片区县均实现具备条件的乡镇和建制村100%通硬化路、通客车。

【扶志扶智】 做好扶贫干部轮换和管理工作。选派储备各级各类干部人才58人，轮换定点扶贫县、六盘山片区挂职干部12人，轮换第九批援疆专业技术人员4人、6名援藏干部和2名援青干部。印发《关于做好扶贫挂职干部服务管理工作的意见》，做好后方保障。通过专题培训、送教上门等方式举办精准扶贫专题培训班36期，覆盖26个省区市，累计培训3076人次。启动第二轮《对口援助新疆交通职业技术学院行动计划（2018—2020年）》，选派2批20名骨干教师支援建设。组织开展2019年度全国交通运输行业领导干部培训班。

【腐败和作风问题专项治理】 制定专项治理2019年工作要点和专项治理工作规则，构建常态化工作机制。印发《交通扶贫项目和资金监督管理办法》，开展交通扶贫资金审计调查，加强交通扶贫项目和资金监管。对中央和有关部门在各类监督检查中发现的涉及交通扶贫有关问题及内部检查发现的问题，建立台账统一归口管理，推进整改落实。

【扶贫宣传】 组织开展交通扶贫重大主题宣传活动，由人民日报、新华社等20多家媒体记者采访团深入地方报道交通扶贫成就、经验。配合人民日报、中国中央广播电视总台深入报道漠视侵害群众利益问题专项整治工作。通过官方微信发表“我的扶贫故事”系列文章，宣传扶贫挂职干部的感人事迹。利用官方微博和组织“四好农村路”示范县开展线下展示周、行业主题征文、月度特色农村路评选等，宣传“四好农村路”建设和交通扶贫成效。

【定点扶贫概述】 2019年，交通运输部定点帮扶四川省阿坝藏族羌族自治州黑水县、小金县、壤塘县和甘孜藏族自治州色达县等4个高原藏区深度贫困县，制定年度工作要点和各结对帮扶工作组年度计划，印发消费扶贫实施方案,通过教育培训、支部共建、帮助就业、捐款捐物、技术援助等方式,形成行业带动社会各方参与的合力攻坚局面。开展定点扶贫工作自查评估。2019年,投入帮扶资金约7.6亿元,引进社会帮扶资金约279.6万元。新选派轮换6名干部到扶贫一线,9名挂职干部组成州县乡村全覆盖的驻地扶贫干部团队。截至2019年年底,4个定点县已全部脱贫摘帽。2019年,交通运输部定点扶贫工作考核等次为“好”。交通运输部公路局农村公路处获得“全国民族团结进步模范集体”荣誉称号,驻四川藏区定点扶贫联络组获得“四川省脱贫攻坚奖先进集体”荣誉称号。

【组织领导】 召开党组会、部务会、脱贫攻坚领导小组会,研究部署推动定点扶贫工作。交通运输部领导分赴4个定点县调研并主持召开现场办公会,帮助解决困难和问题。4个结对帮扶工作组累计9次到定点县开展跟踪督导。驻地定点扶贫联络组抓好日常统筹调度,定期报送工作情况。

【基础设施建设】 2019年,安排15.6亿元车购税资金支持4个定点县加快交通基础设施建设。实现具备条件乡镇建制村100%通硬化路,整合涉农资金建设通组通寨路。干线公路“外通内联”。4个定点县建设266千米国省道,完成S454色达至泥朵公路建设,畅通色达县通往青海的省际通道。推进G227壤塘段改造,提升进出壤塘县主干通道的交通服务保障能力。加快S446扎窝至红岩段隧道工程建设,确保黑水县5个乡镇1.5万人通行安全顺畅。加快“四好农村路”建设。支持4个定点县建设932千米农村公路安保工程,新改建农村公路351千米。加大农村公路管理养护投入,实现有路必养。

[交通运输部投资计划处(扶贫处)
汪　忠　李　娜]

水利部扶贫

【概述】 2019年,水利部坚持以习近平新时代中国特色社会主义思想为指导,全面贯彻落实中共中央、国务院关于打赢脱贫攻坚战的决策部署,按照"水利工程补短板、水利行业强监管"水利改革发展总基调,坚持问题和目标导向,以专项巡视问题整改为统揽,聚焦深度贫困地区薄弱环节、"两不愁三保障"突出问题,扎实推进水利行业扶贫、定点扶贫、片区联系和重点区域扶贫工作。

【扶贫会议】 召开9次部党组会、2次部扶贫领导小组会、2次部巡视整改领导小组会,以及67次水利扶贫专题会,研究部署水利扶贫工作,推进巡视整改。3月,召开全国水利扶贫暨深度贫困地区农村饮水安全脱贫攻坚推进会,部署推进水利扶贫工作。4月,召开水利部定点扶贫工作座谈会,部署定点扶贫工作。5月,召开滇桂黔石漠化片区区域发展与脱贫攻坚现场推进会,部署推进片区联系工作。

【扶贫调研】 水利部部长鄂竟平先后5次赴定点扶贫县(区)、滇桂黔石漠化片区、"三区三州"深度贫困地区走村入户开展专题调研,督导水利扶贫及农村饮水安全工作。水利部其他领导39次深入定点扶贫县(区)、滇桂黔石漠化片区、对口支援地区、深度贫困地区专题调研,指导推进水利扶贫工作。

【扶贫文件】 印发《中共水利部党组关于进一步加强水利扶贫工作的意见》《水利部办公厅关于印发2019年水利扶贫工作要点的通知》《水利部关于推进农村供水工程规范化建设的指导意见》《水利部办公厅关于进一步加大贫困地区水土保持力度助力脱贫攻坚的意见》。

【扶贫监督检查】 构建以常规监督为主,综合监督、专项监督为辅的"1+N"水利扶贫监管体系,建立水利部机关22个司局对22个省级水行政主管部门"一对一"水利扶贫工作监督机制。9月,对22个贫困地区省份开展水利扶贫"一对一"监督检查,涉及64个贫困县186个村,明察暗访和电话访问1062个农户。11月,对6个定点扶贫县(区)开展定点扶贫工作任务落实情况专项督查,涉及18个村,明察暗访和电话抽查191个农户。2019年,对3109个村的农村饮水安全开展暗访督查。

【脱贫攻坚专项巡视】 成立水利部落实中央脱贫攻坚专项巡视整改领导小组,制定中央脱贫攻坚专项巡视整改实施方案,提出91项整改措施,推进脱贫攻坚专项巡视整改。其中,50项年度整改任务已完成,41项长期整改任务取得阶段性成效。

【基础设施建设】 实施农村饮水安全巩固提升工程,受益人口5480万人,其中贫困人口101.7万人。实施农田灌排工程,支持贫困地区开展31处大型灌区、455处重点中型灌区续建配套与节水改造和10处大型灌排泵站更新改造。实施水旱灾害防御工程,支持贫困地区除险加固19座大中型病险水库(水闸)和500多座小型病险水库,治理中小河流1547千米,新建38座中型水库和44座小型水库,开展31个贫困县农村基层防汛预报预警体系建设,新改建水文测站138处。实施水生态和水土保持工程,治理水土流失面积8260平方千米，占全国总治理面积的62.6%。开展9个贫困县江河湖库水系连通项目建设，支持贫困地区11个河湖示范建设。实施重大水利工程，新开4个重大水利工程，10个工程完工并发挥效益，江西峡江水利枢纽、云南牛栏江滇池补水已通过竣工验收，截至2019年年底，已开工的142项节水供水重大水利工程涉及贫困地区的有81项。

【水利惠民政策】 实施农村水电扶贫工程，支持6个省份30个农村水电扶贫工程建设，装机容量12.5万千瓦。截至2019年年底，“十三五”中央投资支持建设的农村水电扶贫项目累计投产70个，已按协议累计上缴1.18亿元收益，帮助5.4万建档立卡贫困户受益。推进水库移民脱贫工程，支持25个有贫困移民的省份库区发展特色产业，推动探索发展飞地经济、物业经济、电商经济等新业态，开展水库移民避险解困工程，助力脱贫攻坚。开展水利劳务扶贫工作，指导督促各地落实水利工程建设与管护就业岗位向建档立卡贫困劳动力倾斜的政策，贫困地区水利工程建设与管护就业岗位吸纳贫困家庭劳动力30多万人，人均增收6000多元。

【片区脱贫攻坚】 会同国家林业和草原局召开滇桂黔石漠化片区区域发展与脱贫攻坚现场推进会，组织召开滇桂黔石漠化片区部际联系会，研究推进片区联系工作。加强与滇桂黔石漠化片区部际联系成员单位沟通，组织住房和城乡建设部、教育部、国家卫生健康委员会等部委赴滇桂黔石漠化片区开展调研2次，帮助解决片区脱贫攻坚中存在的困难和问题。对片区3个省份提出28项需中央有关部委支持的脱贫攻坚事项，协调有关部委给予支持解决。加强滇桂黔石漠化片区脱贫攻坚水利建设，加快解决贫困人口的饮水安全问题，完善片区水利基础设施。推进贵州省安顺石漠化片区水利精准扶贫示范区建设。

【深度贫困地区脱贫攻坚】 组织22个省级水行政主管部门签署水利扶贫承诺书。加快推进“三区三州”深度贫困地区水利扶贫工作，统筹做好其他深度贫困地区水利扶贫工作。“三区三州”新开工新疆玉龙喀什水利枢纽工程、四川凉山州龙塘水库及灌区工程2个重大的水利工程。2019年，“三区三州”农村饮水安全巩固提升，受益人口416.6万人。支持河北省阜平县、安徽省金寨县、江西省宁都县、甘肃省临夏回族自治州、青海省贵德县等对口支援地区水利建设，加快对口支援地区“十三五”水利扶贫有关规划和方案实施。加快推进革命老区水利基础设施建设，支持革命老区21处大型灌区续建配套与节水改造、50处重点中型灌区续建配套与节水改造，实施17个农村水电扶贫工程，新开工河南引淮供水灌溉等3项重大水利工程，推进鄂北水资源配置、广西百色水库灌区等11项重大水利工程建设。

【智力扶贫】 2019年，选派21名干部到定点扶贫县（区）、滇桂黔石漠化片区等贫困地区挂职扶贫，对21名挂职期满的干部进行考核，建立健全扶贫挂职干部“六位一体”管理模式。推广贫困地区“订单式”人才培训模式，继续举办示范性和“菜单式”培训班，依托中国水利教育培训网开展远程教育培训，协调有关水利高校、职业技术院校开设贫困地区水利专班或函授班。水利部机关举办18期水利扶贫专题培训班，培训贫困地区水利干部4300多人次。加大对西藏阿里地区、那曲市等地“组团式”专业技术帮扶力度。指导贫困地区开展“一河（湖）一档”“一河（湖）一策”编制工作。接收贫困地区8名干部到水利部机关和直属单位交流锻炼，接收贫困地区26名专业技术人员参与水利重点课题研究、工程建设。组织专家指导帮助贫困地区编制水利规划、实施科研项目、推广应用技术。支持西藏、新疆等贫困地区实施6个水利技术示范项目。搭建退休老同志扶贫平台，建立技术扶贫老同志专家库。

【扶贫宣传】 协调国务院新闻办公室举行巩固提高农村饮水安全保障水平吹风会，协调人民日报、新华社等中央媒体赴重庆市武隆区和江西省赣州市开展水利扶贫主题采访报道，协调中国中央广播电视总台《乡村振兴面对面》栏目就保障农村饮水安全、助力脱贫攻坚进行专访，中央媒体宣传报道水利扶贫近200篇。水利部网站开设水利扶贫行动专题，中国水利报、中国水利网、中国水利手机报分别开设水利扶贫宣传报道专栏，中国水利杂志、水利扶贫开发微信公众号定期刊发水利扶贫文章，水利媒体宣传报道水利扶贫情况近600篇。参加中央和国家机关定点扶贫成果展和全国脱贫攻坚网络展。在水利系统舆情监测平台上开设《水利扶贫》栏目，在水利舆情快报、周（月）报中专题关注水利扶贫舆情，对舆情信息进行统计分析，加大对舆情处置力度。

【定点扶贫】 2019年，水利部定点帮扶重庆市城口县、巫溪县、丰都县、武隆区、万州区，以及湖北省十堰市郧阳区，将任务分解到6个定点扶贫对口帮扶组，深化6个对口帮扶组84家单位“组团式”帮扶模式，开展410人次调研指导。6个对口帮扶组投入帮扶资金3043.42万元，引进帮扶资金8828.94万元，培训基层干部1253名、技术人员921名，开展勤工俭学416人，购买贫困地区农产品294.92万元，帮助销售贫困地区农产品1452.56万元。推进实施“八大工程”。实施水利行业倾斜支持工程，完成水利建设投资15.11亿元，其中中央投资9.32亿元；实施贫困户产业帮扶工程，落实贫困户产业帮扶资金650万元，投入股权帮扶贫困户2844户，撬动贷款资金3206万元；实施贫困户技能培训工程，举办47期技能培训班，培训1288人次；实施贫困学生勤工俭学帮扶工程，帮助贫困学生勤工俭学416人，人均增加收入2719元；实施水利建设技术帮扶工程，组织322名专业技术人员开展技术帮扶，帮助编制规划6个，开展水利工程前期工作18个；实施专业技术人才培训工程，举办75期专业技术人员培训班，培训1024人次；实施贫困村党建促脱贫帮扶工程，划拨140万元党费支持23个贫困村修缮党组织活动场所、更新教育设施，邀请6名定点扶贫县（区）贫困村党支部书记参加水利部第二批主题教育党支部书记培训班；实施内引外联帮扶工程，与有关部委沟通协调引进帮扶资金8828.94万元，协调开展远程医疗会诊320人次。2019年，万州区、武隆区、丰都县脱贫成果进一步巩固，巫溪县、城口县、郧阳区实现脱贫摘帽。

（水利部扶贫办　靳宏强　蓝希龙　杨　帆）

农业农村部扶贫

【概述】 2019年，农业农村部学习贯彻中共中央总书记习近平关于扶贫工作的重要论述和中央脱贫攻坚决策部署，将脱贫攻坚作为全年“三农”大事要事之首，以脱贫攻坚专项巡视整改为动力，推进产业扶贫工作，召开全国产业扶贫工作推进会，到贫困地区调研现代农业农村发展和脱贫攻坚工作，组织开展以脱贫攻坚为重要内容的“百乡万户”调查活动。制定印发多个政策文件，指导各地扎实开展产业扶贫工作。遴选完成并宣传第二批产业扶贫典型范例，加大产业扶贫项目倾斜和资金支持力度，做好农产品品牌培育促进产销对接，提升新型经营主体的带贫能力，强化科技人才服务，推进定点扶贫、区域农业扶贫等工作，促进贫困地区农业农村发展和贫困群众脱贫增收。截至2019年年底，全国92%贫困户已参与产业发展，67%已脱贫人口主要通过发展产业实现脱贫，贫困地区农民人均可支配收入11567元。

【脱贫攻坚专项巡视】 坚持将脱贫攻坚专项巡视整改作为重大的政治任务，与年度扶贫工作一体部署、一体推进。农业农村部党组书记、部长韩长赋主持召开7次党组会议，研究部署和组织落实专项巡视整改任务。党组召开专题民主生活会，聚焦巡视反馈问题，研究确定78项整改措施。抽调10名干部强化扶贫工作专班，各司局、各单位成立专门工作组，做到任务到处、责任到人。建立整改任务清单和工作台账，坚持每月调度进展、每季度听取情况汇报。2019年年底，专项巡视反馈的8类16个问题均得到针对性解决，78项整改措施落实到位。

【扶贫调研】 2019年2—3月，农业农村部组织开展“百乡万户”调查活动，以脱贫攻坚和产业扶贫为主题，安排20个调查组深入全国20个省区市40个贫困县开展实地调研，总结各地脱贫攻坚和产业扶贫的经验做法。组织开展贫困地区农民合作社规范发展专题调研，完成“空壳社”清理工作。赴重庆、四川、湖南等贫困地区开展丘陵山区农机化扶贫专题调研，赴南疆、甘肃省临夏回族自治州开展“三区三州”农产品市场营销专题调研，调研成果直接推动多项农业扶贫政策措施形成。开展产业扶贫风险防范专题调研，联合国务院扶贫办、国家林业和草原局等印发《关于加强产业扶贫风险防范的指导意见》。

【产业扶贫】 发挥产业扶贫牵头部门作用，会同国务院扶贫办召开全国产业扶贫工作推进会，对新阶段产业扶贫工作作出部署和安排。针对贫困地区产业发展需求，出台主体培育、风险防范、农产品加工等方面政策措施，推动相关部门出台金融服务、信贷担保、保险支持等方面政策措施，遴选推介河北阜平香菇、江西井岗蜜柚、云南怒江草果等第二批22个产业扶贫典型范例，组织编制832个贫困县特色主导产业一县一业发展目录。完善贫困县项目资金倾斜支持和监管调度机制，2019年共安排832个贫困县各类中央财政资金700多亿元，支持贫困地区特色产业发展。

【消费扶贫】 指导各地落实贫困地区农产品产销对接措施，实施乡村特色产业品牌提升行动。印发《关于做好2019年贫困地区农产品产销对接工作的通知》，对贫困地区农产品产销对接进行安排。组织专家到四川省凉山彝族自治州、云南省怒江傈僳族自治州、新疆维吾尔自治区喀什地区等开展农产品市场营销专题调研，形成3份专题调研报告。在北京、云南省迪庆藏族自治州、甘肃省临夏回族自治州、湖南省湘西土家族苗族自治州等举办10场全国性贫困地区农产品产销对接活动，组织500多个贫困县展示展销特色农产品，现场签约累计超过150亿元。组织相关电商企业、互联网企业开展"庆丰收·消费季"活动，销售贫困地区农产品超过10亿元。扶持贫困地区建设农产品初加工设施4.3万个（座），新增初加工能力829万吨，支持发展绿色食品和有机农产品4080个、农产品地理标志67个，认定"一村一品"示范村镇131个。

【扶贫机制建设】 培育壮大带贫主体，832个贫困县已累计培育市级以上龙头企业1.44万家，平均每个贫困县17家。在第六批农业产业化国家重点龙头企业认定中，将贫困县数量作为各省区市认定名额分配的重要测算因素。农民合作社质量提升项目优先支持贫困地区，开展"空壳社"专项清理，832个贫困县已累计发展农民合作社68.2万家，直接带动贫困户626.6万户、贫困人口2197.8万人。组织龙头企业与贫困地区对接，推动龙头企业到深度贫困地区投资兴业。组织全国农业产业化国家重点龙头企业负责人培训班。组织专家赴青海藏区、云南省迪庆藏族自治州等深度贫困地区，开展农业产业化扶贫专家公益行活动。举办农民合作社带头人能力提升专题培训班。指导贫困地区构建以"龙头企业+合作社+贫困户"为主的带贫模式，探索建立产业扶持政策与带贫效果挂钩机制，引导各类主体通过订单生产、土地流转、就地务工、股份合作、资产租赁等方式与贫困户建立利益联结机制，带动贫困群众持续稳定增收。超过2/3的贫困户实现新型经营主体带动，四川省苍溪县"四保四分红"、河北省滦平县"一地生四金"、云南省怒江傈僳族自治州草果、青海省生态畜牧业等新型经营主体带贫模式和机制在全国得到推广。

【智力扶贫】 2019年，印发《关于加强农业科技工作助力产业扶贫的通知》，动员全国4400多个农业科研单位和技术部门、15000多名专家参与产业扶贫，指导832个贫困县组建4100多个产业扶贫技术专家组，在22个脱贫任务重的省份招募特聘农技人员3000多名，指导各地培养产业发展指导员26万人，到村到户开展生产指导和技术服务。与中共中央组织部联合开展的农村实用人才带头人和大学生村干部示范培训面向贫困地区实施，高素质农民培育工程向贫困地区倾斜，培训脱贫带头人和贫困农民37.5万人。

【片区脱贫攻坚】 2019年，农业农村部会同有关部门为"三区三州"等深度贫困地区安排各类中央财政资金282亿元，举办3场"三区三州"农产品产销对接专场活动，签约68亿元，帮助"三区三州"组建6个科技服务团、544个专家组，支持开展高素质农民培训11.2万人次。牵头推进大兴安岭南麓片区扶贫，累计安排中央预算内资金9亿元，安排中央财政转移支付资金67.67亿元支持片区粮食生产、草食畜牧业、农产品产地初加工和农技推广体系建设，协调推动落实105项实事。开展环京津贫困地区农业扶贫，开展技术指导、营销帮扶、企业合作、典型示范等工作。2019年，大兴安岭南麓片区19个贫困县、环京津28个贫困县全部脱贫摘帽。

【定点扶贫】 2019年，农业农村部定点帮扶湖北省咸丰县、来凤县，湖南省永顺县、龙山县和贵州省剑河县。完善定点扶贫联系工作机制，明确部长为定点扶贫工作第一责任人、每位副部长分别联系1个定点扶贫县。健全部领导调研督导、挂职干部日常督导、部扶贫办专题督导、脱贫进展定期调度、重大事项随时报告等“五位一体”相结合的督促指导机制。农业农村部领导多次赴定点扶贫县调研，分县召开帮扶措施专题对接会。组织55个司局单位党组织与定点扶贫县71个贫困村党支部开展联学共建和结对帮扶。安排5个定点扶贫县项目资金5.9亿元，帮助建立33个产业扶贫技术专家组，开展技术服务94次，培训基层各类人才4999人。组织5个县开展农产品营销推介活动58场次，帮助销售农产品8.4亿元，系统干部、职工直接购买定点扶贫县农产品207万元。5个定点扶贫县于2019年全部脱贫摘帽。在2019年中央单位定点扶贫工作成效考核中，农业农村部连续第3年被评为“好”等次。

（农业农村部扶贫办　孔箐锌）

商务部扶贫

【概述】 2019年，商务部以习近平新时代中国特色社会主义思想为指导，落实《中共中央　国务院关于打赢脱贫攻坚战三年行动的指导意见》实施方案，推进商务扶贫行动计划，履行脱贫攻坚政治责任，取得积极成效。

【组织领导】 商务部党组书记、部长钟山2次主持召开党组会议，学习传达中共中央总书记习近平关于扶贫工作的重要讲话精神；组织"不忘初心、牢记使命"主题教育专题学习，学习研讨习近平关于扶贫工作的重要论述。把商务扶贫作为践行党的初心和使命的务实举措，新时代商务改革发展八大行动计划之一，以及落实落细"不忘初心、牢记使命"主题教育的六项中心任务之一。主持召开商务部扶贫开发工作领导小组会议、专题办公会研究商务扶贫工作。对标中央脱贫攻坚专项巡视要求，开展商务扶贫专项巡视，以巡视整改为契机推进商务扶贫工作。建立商务扶贫重点工作台账，定期调度工作进展，跟踪重点工作进展情况，抓好协调督办，推进商务扶贫。

【电商扶贫】 会同财政部、国务院扶贫办印发《关于开展2019年电子商务进农村综合示范工作的通知》。电子商务进农村综合示范实现对832个贫困县全覆盖，对工作扎实的44个贫困县进行二次提升。2019年，832个贫困县实现网络零售额2392.4亿元，培训贫困户47万人次。引导21家电商扶贫频道企业与超过600个贫困县对接，为贫困县提供专栏推介、流量支持、费用减免等优惠措施。完成13个省份515家企业"三品一标"认证培训，100家企业通过认证并获得"三品一标"认证书。指导中国电商扶贫联盟在全国各地开展贫困地区特色农产品品牌推介洽谈会，帮助贫困地区销售农产品超过20亿元。

【产销对接扶贫】 会同教育部等9个部门印发《多渠道拓宽贫困地区农产品营销渠道实施方案》，建立联系机制，明确重点任务，细化责任分工，加强督促协调。开展2019年全国农产品产销对接扶贫行活动，组织有意愿、有能力、有实绩的大型农产品批发市场、连锁经营企业及电商平台深入深度贫困地区、革命老区开展对接采购，推动建立长期稳定的产销关系，建立贫困地区农产品销售专区、专栏、专柜282个。2019年，全国各地商务主管部门共举办143场产销对接活动，交易金额超过14亿元。

【家政扶贫】 会同国家发展和改革委员会等4个部门出台《关于深化提升"百城万村"家政扶贫工作的指导意见》，组织114个城市的266家大型家政服务企业与贫困县进行供需对接。支持有贫困县的部分省区新建24个家政劳务输出基地，统筹开发劳动力资源。搭建家政扶贫供需对接平台，结合家政服务信用体系建设，进一步优化家政扶贫对接和统计流程。精选31个典型案例，编印《2018年"百城万村"家政扶贫典型案例集》，总结家政扶贫方面可复制的32条经验。提高家政扶贫统计数据的精准度，与国务院扶贫办建档立卡信息逐人进行比对。截至2019年年底，家政扶贫累计带动贫困地区和农村新增就业55万多人，其中建档立卡贫困人口27万多人，人均年收入4.5万元，实现"一人干家政，全家都脱贫"。

【对外劳务扶贫】 落实《进一步加大对外劳务扶贫力度工作方案》，完善全国对外劳务扶贫统计工作系统，优先从贫困地区招收对外劳务人员，将对外劳务扶贫试点企业的数量增至99家。指导中国对外承包工程商会和中资（澳门）职业介绍所协会开展对外劳务扶贫专场对接活动。截至2019年年底，贫困县在外劳务人员5.2万人，人均年收入超过10万元。

【产业扶贫】 第125、126届中国进出口商品交易会（广交会）继续支持贫困地区企业参展，共为1582家贫困地区企业减免展位费3705万元；取消企业最低出口额门槛，设立贫困地区特色产品展区，为377家企业提供418个展位；举办贫困地区企业专场推介活动，组织包括食品、茶叶等6大类产品90家企业以展示推介、走秀演示等形式向采购商展示贫困地区企业的特色产品。依托境外办展优势，带动贫困地区企业参加中国（尼泊尔）品牌展、中国品牌商品（中东欧）展等境外展会，推动贫困地区产业转型升级。举办3期国家级贫困县商务扶贫政策培训班。

【边贸扶贫】 协助广西、吉林、内蒙古举办第十六届中国—东盟博览会、第十二届中国-东北亚博览会、第三届中国-蒙古国博览会，打造边境省区对外开放合作的大平台。落实国家级经济技术开发区对口帮扶边境经济合作区、跨境经济合作试验区三年行动计划，组织24家国家级经济技术开发区与19家边境经济合作区、跨境经济合作试验区结成25组园区结对，帮助边境地区招商引资。

【国际减贫合作】 实施《联合国对华发展援助框架》，支持中国经济社会可持续发展，特别是针对贫困地区的减贫合作项目加快实施步伐。统筹联合国开发计划署及有关公益基金开展“新疆扶贫与净水计划”，受益建档立卡贫困户学生1万多人。在第二届中国国际进口博览会中国馆“美丽中国”单元展示中国脱贫攻坚历程，宣传中国精准扶贫理念和成就。与联合国驻华系统共同编写《回顾与展望——中国与联合国减贫合作四十年案例集》，并在第二届中国国际进口博览会期间向有关发展中国家及国际组织发布，为全球减贫提供中国实践经验。

【扶贫宣传】 制定和实施《商务部2019年扶贫日活动方案》，开展具有商务特色的活动。举办商务扶贫研讨会，组织地方商务主管部门、贫困县、有关企业围绕电商扶贫等商务扶贫举措介绍做法与成效、提出意见和建议。举办“我与部领导面对面”商务扶贫青年活动，引导青年干部投身商务扶贫。以线上、线下结合方式开展定点扶贫农产品展销活动，线下采购近600人次，采购金额4.55万元，商务部机关食堂采购5万元；线上采购400笔，采购金额5.4万元。总结提炼商务扶贫经验典型，形成10个商务扶贫典型案例，组织编写《初心与使命——商务扶贫故事汇》，将成书分送有关单位参考，同时在扶贫日期间通过商务部内外新闻渠道进行宣传报道。制定实施商务扶贫新闻工作方案，新媒体平台编发商务扶贫系列稿件27篇，向国务院扶贫办等部门报送信息12篇。人民日报刊登商务扶贫组合拳相关报道。

【定点扶贫概述】 2019年，商务部部长钟山主持召开定点扶贫专题会，研究对定点扶贫县四川省广安市广安区、仪陇县和湖南省城步苗族自治县（以下简称“城步县”）的帮扶工作，签署中央单位定点扶贫责任书，赴四川省调研脱贫攻坚工作，看望慰问贫困群众，召开定点扶贫座谈会，督促指导脱贫攻坚工作。商务部部长助理李成钢赴城步县和仪陇县开展调研，实地查看定点帮扶项目，考察贫困村的生产、生活情况。结合“不忘初心、牢记使命”主题教育工作安排，通过督导调研了解定点扶贫县脱贫攻坚进展及存在的问题困难，督促指导当地党委政府更好履行脱贫攻坚主体责任、抓好党建促脱贫。

【扶贫资金投入】 2019年，商务部直接投入帮扶资金1945万元。其中，募集资金1825万元，在城步县、广安区、仪陇县的9个乡镇、1个疾控中心实施13个定点扶贫项目，支持村组道路等基础设施建设与产业发展，安排城步县帮扶资金，对已脱贫的广安区、仪陇县加大帮扶力度；落实部门预算120万元，用于支持定点扶贫县开展基层党建和农业技能等扶贫培训。引进帮扶资金1337.33万元。

【扶志扶智】 2019年，商务部新选派处级干部3名、处级以下干部9名到定点扶贫县进行压茬轮换，接收定点扶贫县及所在地市5名干部到商务部机关挂职。协调阿里巴巴网络技术有限公司选派挂职干部赴城步县帮助工作，发挥电商优势，支持产业发展。支持定点扶贫县开展基层党建、农业种植养殖技术等培训，共培训贫困村村支两委班子成员和第一书记638人、技术人员33人、农户1139人。与联合国开发计划署合作，在定点扶贫县开展扶贫与可持续发展项目，培训基层干部1168人、技术人员186人、农户6362人。

【产业扶贫】 协助引进品牌企业，先后3次组织韩国、日本的驻华使馆、商协会及在华企业代表共60人赴定点扶贫县开展扶贫和经贸促进活动，其中世界500强企业16家。引进三星（中国）投资有限公司帮扶资金，与中国扶贫基金会在广安区干埝村启动实施“乡村旅游”扶贫项目。与达能（中国）食品饮料有限公司签署合作备忘录，计划采购城步县农产品作为生产原料，支持城步县经济发展。指导中资（澳门）职业介绍所协会走进广安区开展劳务扶贫对接合作活动，岗位签约40余人，达成就业意向100余人。

【消费扶贫】 鼓励商务部内各级工会、食堂在同等条件下优先采购定点扶贫县产品。扶贫日期间，组织开展定点扶贫农特产品展销活动。2019年，商务部采购定点扶贫县农特产品157.76万元，帮助定点扶贫县销售农产品415.33万元。此外，会同定点扶贫县依托当地及周边优质的生态资源和人文景观，定制推出5条精品旅游线路，向各级工会、干部职工推介。

（商务部财务司　张冬鸣）

文化和旅游部扶贫

【概述】 2019年，文化和旅游部重视文化和旅游扶贫工作，以习近平新时代中国特色社会主义思想为指导，落实党中央、国务院关于脱贫攻坚的决策部署，立足文化和旅游部门资源优势，依托文化和旅游项目，制定出台一系列帮扶政策，策划实施帮扶项目，推动贫困地区文化建设和旅游发展。同时，配合各牵头单位参与11个连片特困地区和西藏、四省藏区、新疆南疆四地州等片区脱贫攻坚工作，推动文化建设、旅游发展与当地经济社会协调发展。

【组织领导】 2019年，文化和旅游部印发《文化和旅游部关于打赢脱贫攻坚战三年行动实施方案》及其分工方案等政策文件。建立健全分工协作、监测交流、督促检查和总结评估等4项工作制度，形成"年初有计划、年中有监督、年底有总结"的工作体系。制订《文化和旅游部2019年行业扶贫和对口支援工作计划表》《文化和旅游部2019年定点扶贫工作计划表》，明确各司局和单位的责任分工与完成时间；每季度末对各项工作任务进行督促检查，年底召开会议对全年工作进行总结，确保各项任务顺利完成。

【基础设施建设】 根据《关于加快构建现代公共文化服务体系的意见》，推进基层综合性文化服务中心建设，实施贫困地区村文化活动室设备购置等项目。2019年，实施"民族地区自治州村文化活动室全覆盖工程"，支持5000个村文化活动室建设。实施村文化活动室设备购置项目，中央财政补助资金44872万元，支持22436个村文化活动室设备购置。实施送戏下乡，中央财政投入资金3.89亿元，为贫困地区12984个乡镇每2个月配送戏曲演出，每场演出补助5000元。通过"春雨工程""阳光工程""圆梦工程"等文化惠民项目，为贫困群众提供丰富多彩的文化活动。开展"公共数字文化智能服务建设"，中央财政转移支付9970万元帮助贫困地区改善公共数字文化智能服务环境。

【产业扶贫】 2019年，在文化产业方面，持续推动藏羌彝文化产业走廊信息交互平台建设；组织实施区域特色产业发展扶持计划，以西部地区、民族地区、贫困地区为重点，投入支持经费346万元；推动创新创业，组织实施文化和旅游创客行动，广西"滇黔桂文化和旅游脱贫攻坚创客培育"、吉林"互联网+乡村旅游双创综合服务项目"和西藏"文创西藏文创产品交易展览会"等项目入选2019年地方实施项目。在旅游产业方面，投入帮扶资金550万元，帮助"三区三州"编制旅游扶贫专项规划；完成西藏冈底斯国际旅游合作区建设整体规划及南疆四地州、云南省怒江傈僳族自治州、四川省凉山彝族自治州、甘肃省临夏回族自治州旅游扶贫专项规划编制；会同国家发展和改革委员会支持"三区三州"等深度贫困地区旅游基础设施和公共服务设施建设，拨付资金32.65亿元支持旅游基础设施项目329个；宣传推广"三区三州"旅游大环线，1月会同国务院扶贫办在甘肃省临夏回族自治州组织"三区三州"旅游大环线推介活动，指导甘肃、四川、云南、西藏、青海、新疆等6省区和新疆生产建设兵团文化和旅游部门成立"三区三州"

旅游大环线宣传推广联盟；10月在西藏拉萨举办“三区三州”旅游大环线暨西藏旅游推介活动；12月“三区三州”旅游大环线专列在北京西站首发。

【文化扶贫】 2019年，支持10个“非遗+扶贫”重点支持地区设立156家非遗扶贫就业工坊，先后举办培训2065次，培训23802人次，吸收建档立卡贫困户6268户8005人参与就业。支持开展“非遗+扶贫”产品展示展销活动，帮助对接销售平台。加大对贫困地区非遗保护工作的资金支持力度，通过国家非遗保护专项经费补助国家级贫困县涉及的国家级非遗代表性项目和国家级文化生态保护实验区9087万元。支持举办各类培训、巡讲280余次，培训贫困地区非遗传承人群6400余人次。支持开展“非遗+扶贫”主题传播活动，宣传推广各地的有效经验和典型做法，吸引1051万人次参与讨论，相关信息阅读量超过1.7亿人次。截至2019年年底，393个国家级贫困县开展非遗助力精准扶贫工作，覆盖建档立卡贫困户22.9万人，人均月收入1300元，部分地区人均月收入超过3000元。

【人才支援】 根据《边远贫困地区、边疆民族地区和革命老区人才支持计划文化工作者专项实施方案》，2019年中央财政资金共安排3.22亿元，选派17000多名优秀文化工作者赴边远贫困地区、边疆民族地区和革命老区（以下简称“三区”）开展服务，为“三区”培养1500名急需紧缺的文化工作者。开展“订单式”人才援青援藏工作，根据西藏、青海等地的实际需求，选调22人赴西藏和青海开展工作。各有关司局和直属单位结合工作职能和自身业务，组织开展文化和旅游扶贫培训班、“三区三州”深度贫困地区的文艺院团长培训班、全国乡村旅游扶贫重点村村干部培训班等。

【定点扶贫】 2019年，文化和旅游部定点帮扶山西省娄烦县、静乐县，内蒙古自治区阿尔山市和广西壮族自治区巴马瑶族自治县，投入帮扶资金3900余万元，引进帮扶资金4000多万元，培训基层干部800人、技术人员1000多人，购买定点扶贫县农产品160多万元，帮助销售定点扶贫县农产品110多万元。2019年，文化和旅游部共有4位领导赴定点扶贫县慰问调研，新选派4名干部赴定点扶贫县挂职，共有7名干部在定点扶贫县挂职或担任驻村第一书记。开展消费扶贫工作，研发“公益文旅”电商App，通过“互联网+扶贫”的模式推动消费扶贫工作。组织“景福灯华——万寿灯、天灯、宫灯复原品拍卖活动”，支持定点扶贫县的文化和教育事业。

（文化和旅游部财务司规划统计处
肖　蒙）

国家卫生健康委员会扶贫

【概述】 2019年，国家卫生健康委员会（以下简称“国家卫健委”）贯彻落实中共中央总书记习近平关于扶贫工作的重要论述和党中央、国务院脱贫攻坚决策部署，按照中央脱贫攻坚专项巡视整改要求和中央单位定点扶贫工作推进会部署要求，将扶贫工作作为一项政治任务，发挥部门和行业优势，制定工作方案，细化帮扶举措，创新工作方式，加强与地方政府及有关部门沟通协调，帮扶定点县山西省大宁县、永和县，陕西省清涧县、子洲县实现脱贫摘帽。

【健康扶贫】 2019年，国家卫健委会同国家医疗保障局、国务院扶贫办等部门联合印发《关于解决基本医疗有保障突出问题的工作方案》，进一步明确基本医疗有保障的内涵标准和解决突出问题的措施要求。一是医疗卫生机构“三个一”，即每个贫困县建成1所县级公立医院、每个乡镇建成1所政府办的卫生院、每个行政村建成1个卫生室。允许人口较少或面积较小的行政村与相邻行政村联合设置村卫生室。二是医疗技术人员“三合格”，即县医院的每个专业科室、每个乡镇卫生院、每个村卫生室至少有1名合格医生。三是医疗服务能力“三条线”，即常住人口超过10万人的贫困县要有1所县医院达到二级医院医疗服务能力；常住人口超过1万人的乡镇卫生院要达到《乡镇卫生院管理办法（试行）》中的要求；常住人口超过800人的行政村卫生室要达到国家卫健委2014年印发的《村卫生室管理办法（试行）》要求。四是医疗保障制度全覆盖。农村贫困人口全部纳入城乡居民基本医保、大病保险、医疗救助制度，确保实现贫困人口看病有地方、有医生、有医保制度保障。

【深度贫困地区脱贫攻坚】 召开“三区三州”健康扶贫攻坚座谈会和卫生健康系统援藏、援疆、援青工作会议，协调加大东西部扶贫协作、对口支援工作力度，聚力攻坚。会同财政部加大对“三区三州”项目资金倾斜力度，2019年安排“三区三州”补助资金49.9亿元，其中倾斜安排资金17.5亿元。安排25.8亿元支持“三区三州”和深度贫困县县乡村医疗服务能力提升，其中补助“三区三州”199个县13.9亿元。实施贫困地区妇幼健康服务能力提升项目，统筹资源对“三区三州”等地30个市县级妇幼保健机构进行对口帮扶。推进医疗人才“组团式”援藏援疆，实施适宜技术推广扶贫，提升“三区三州”的医疗卫生服务能力。

【援藏援疆】 组织专家力量指导西藏、新疆聚焦当地主要卫生健康问题，制定健康扶贫攻坚行动方案。组织召开全国卫生健康系统援疆、援藏工作会议。统筹对口支援省（市）根据西藏、新疆卫生健康事业发展的实际需求安排项目、资金，提高帮扶成效。

【连片特困地区脱贫攻坚】 召开吕梁山片区脱贫攻坚推进会，督促推动部际联席会议成员单位落实片区脱贫攻坚政治责任，协调解决片区脱贫攻坚难点问题。截至2019年年底，吕梁山片区的20个片区贫困县、2613个贫困村全部脱贫摘帽，贫困人口减少到1.76万人，贫困发生率降至0.5%以下。

【定点扶贫概述】 2019年，国家卫健委定点帮扶山西省大宁县、永和县，陕西省清涧县、子洲县，加强与定点扶贫县及山西、陕西两省和有关市党委政府、部门沟通协调，在定点扶贫县开展产业扶贫、消费扶贫、健康扶贫等工作。

【组织领导】 国家卫健委领导6次赴定点贫困县调研，召开定点扶贫工作推进会议，共同研究推进定点县脱贫攻坚工作，督促落实定点县脱贫攻坚主体责任和帮扶举措。印发2019年定点扶贫工作计划，制定《脱贫攻坚决战决胜时期国家卫生健康委员会定点扶贫工作规则》，建立完善工作机制。新选派6名干部到定点县工作，定期召开挂职干部座谈会。

【产业扶贫】 将定点县年度健康暖心扶贫资金额度从300万元提高至800万元，并将2019年和2020年共1600万元一次性拨付到位，指导建立项目库，提高资金使用效率。协调社会资源支持定点县发展经济效益高、带贫机制明显的产业扶贫项目，将子洲黄芪打造成为国家地理标志产品，协调陕西煤业化工集团有限责任公司投资2.8亿元支持建成年产5000吨高品质黄芪药材、300吨黄芪多糖、200吨黄芪甲苷生产线，2万余个种植户直接受益。扶持清涧县黑毛土猪养殖、红枣加工、蔬菜大棚种植等特色产业项目，推动建成散养猪场（养殖户）109个，年饲养量5万头。

【消费扶贫】 支持定点县打造统一采购电商平台，指导在京各单位工会将节假日职工福利额度的30%~50%用于采购定点县农特产品，协调系统内单位食堂定量包销定点县黑毛猪等农副产品，推动消费扶贫进机关、进医院、进食堂、进家庭。2019年，国家卫健委直接购买定点县农特产品1135万元，帮助销售农特产品2620万元。

【健康扶贫】 国家卫健委与山西、陕西两省签订委省共建协议，打造定点县深化医改和健康扶贫“实验田”。安排4家委属管三级医院对口支援定点县县医院，协调山西白求恩医院托管永和县医疗集团，为定点县配置价值7000万元的高端医疗设备，支持22项卫生适宜技术落地，一对一指导定点县县医院能力建设，填补多项医疗技术空白，新开设重症医学科、妇产科等临床急需科室，开展全膝关节置换、踝关节置换等多项新技术。

【党建扶贫】 国家卫健委机关各司局、直属和联系单位党组织联合组建23个党建帮扶团队，结对帮扶定点县23个深度贫困村。党建帮扶团队发动社会力量，筹集帮扶资金和物资共计500余万元，支持贫困村基础设施建设，帮助解决“两不愁三保障”突出问题。

（国家卫生健康委员会财务司扶贫办
张 喆）

审计署扶贫

【概述】 2019年，审计署发挥审计行业特色助力脱贫攻坚，坚持扶贫同扶志扶智相结合、产业扶贫与消费扶贫相结合，定点帮扶河北省顺平县、贵州省丹寨县巩固脱贫成果。2019年，审计署直接投入帮扶资金144.61万元，主要用于发放审计长奖学金、审计署领导走访慰问贫困户、捐赠教学设备等；引入帮扶资金19480万元，主要用于水利、现代农业、光伏电站等项目建设，推进产业扶贫；举办贫困地区审计机关干部培训班和地方财会人员培训班，培训基层干部110人，发挥挂职干部驻在优势，通过讲党课、以会代训等方式培训基层干部409人，组织开展优良红薯种植、钩藤种植等技术培训班，培训技术人员67人；采取工会集中采买、预算预留份额、扶贫日活动、联系产销对接渠道等方式，直接购买贫困地区农产品135万元，帮助销售贫困地区农产品47万元。

【扶贫资金投入】 2019年，审计署向顺平县、丹寨县直接投入资金144.61万元。其中，顺平县68.40万元，主要用于发放审计长奖学金30万元，支持建设现代农业产业项目24.19万元，走访慰问贫困户、捐赠教学设备、捐建村党建设施和村民活动广场等14.21万元；丹寨县76.21万元，主要用于慰问贫困户及支持11个贫困村党群服务中心建设等。引入帮扶资金19480万元，其中顺平县6632万元，主要用于节水灌溉、水利发展项目4864万元、商务部农村电商示范县项目888万元、地质调查项目810万元、产业项目等70万元；丹寨县12848万元，主要是全国有机肥替代化肥试点县项目500万元，中央预算内投资项目补助支持丹寨残疾人康复中心建设904万元，建设丹寨万达小镇游客集散中心、剧院等项目5944万元，协调万达分红用于贫困户公益性岗位劳务报酬5000万元，国家生态护林员新增指标人员工薪500万元。

【扶贫调研】 审计署领导先后6次赴定点扶贫县开展调研。11月，审计署审计长胡泽君赴顺平县了解脱贫攻坚情况，实地考察援建和引进项目，向当地学校捐赠教学设施，召开现场工作会，围绕巩固提升帮扶县脱贫成效、防止脱贫返贫现象、与乡村振兴战略有效对接等工作作出部署安排。审计署副审计长袁野到丹寨县实地调研，推动社会扶贫模式创新发展；副审计长陈健召开扶贫挂职干部座谈会，指导定点扶贫和对口支援工作整体推进。审计署对口支援和扶贫工作领导小组办公室多次派人赴定点县掌握新情况、活情况。

【扶贫培训】 6月，在南京市举办对口支援和定点扶贫地区审计机关审计业务培训班，培训顺平县、保定市及所属其他县审计机关60余人；9月，培训丹寨县财会人员50人，提高基层干部政策理论水平，传授审计、财会业务知识。联系丹寨县农业局、农业园区等技术人员组织钩藤种植、食用菌种植培训，培训农业技术人员36人；开展顺平优良红薯种植技术培训，培训农业技术人员31人。

【干部挂职扶贫】 选派4名青年干部挂职县委副书记或县委常委以及驻贫困村第一书记。在丹寨县甲石村担任第一书记的姜海泉带领群众脱贫致富的事迹在中国中央电视台《焦点访谈》节目中播出，姜海泉被评为中央和国家机关脱贫攻坚优秀个人；在丹寨县挂职的周俊被评为贵州省脱贫攻坚优秀共产党员。

【扶贫慰问】 2019年，审计署副审计长秦博勇到顺平县调研，并开展春节慰问，为247户贫困户送去慰问物资价值4.64万元。副审计长王文斌到丹寨县调研，并开展春节慰问，为72户贫困户送去慰问金1.5万元，到贵州茅台(集团)生态农业产业发展有限公司、贵州万达职业技术学院等调研。5月，副审计长孙宝厚赴顺平县走访慰问贫困户。

【产业扶贫】 推动中央企业贫困地区产业投资基金与隆达铝业(顺平)有限公司股权合作；协调中国地质调查局开展土壤和水利资源利用、地热资源和地质灾害防治调查，在西南蒲村、永录村修建花卉大棚、蔬菜大棚；协调推动贵州丹寨龙泉山景区索道项目建设，采取“企业+合作社+贫困户”模式发展食用菌种植；协调中国地质调查局桂林岩溶所开展找水打井、洞穴资源调查等工作；评估申报丹寨县石桥地质公园，探索“地质+旅游”“农业+旅游”模式。

【教育扶贫】 审计署用30万元审计长奖学金资助顺平县贫困学生255人；组织六一跳蚤市场义卖活动，将义卖所得6200元作为扶贫助学金捐赠给甲石村女大学生。协调民建江苏泰州市医药高新区支部资助丹寨县南皋乡22名一年级学生每人每年1000元，直至高中毕业。协调中华思源工程扶贫基金会培训丹寨县教师。

【基础设施建设】 协调中国南方电网有限责任公司投入资金385万元，帮助解决丹寨县4个乡镇9个供电设施的安装改造。为顺平县恒天集团保定天鹅新型纤维制造有限公司投资25亿元新建厂区项目，协调蒸汽、水、电供应。

【健康扶贫】 协调河北雄安何氏眼科医院管理有限公司出资1500万元，投资建设顺平何氏眼科医院有限公司。该医院免费为贫困户做治疗白内障等眼科手术。

【消费扶贫】 审计署直属机关工会通过顺平县供销社采购农产品51万余元，通过丹寨县政府采购农产品16万余元，用于发放职工节日慰问品；机关服务局采购丹寨茶叶等产品10万元；怀柔培训基地采购其他贫困地区农产品57万余元。协调人民网“人民优选”等平台帮助销售贫困地区农产品47万元。

（审计署机关党委巡视办公室　闫　严）

中国人民银行扶贫

【概述】 2019年,中国人民银行(以下简称"人民银行")贯彻落实党中央、国务院关于脱贫攻坚的决策部署,发挥中央银行职能作用,围绕精准扶贫精准脱贫基本方略,加强金融政策指导,优化货币政策工具运用,组织和引导金融系统创新金融产品和服务,加大金融资源投入,增强贫困地区发展内生动力,为打赢打好脱贫攻坚战提供精准有力的金融支撑。

【信贷政策指导】 2019年,人民银行引导金融资源精准对接脱贫攻坚融资需求,促进金融精准扶贫向纵深发展。推动《关于金融助推脱贫攻坚的实施意见》《关于金融支持深度贫困地区脱贫攻坚的意见》等政策落实,出台《关于切实做好2019—2020年金融精准扶贫工作的指导意见》,聚焦2019—2020年金融扶贫工作,指导金融机构通过优化信贷资源配置、下放信贷管理权限等,加大对扶贫领域的资源投入。赴西藏、湖南、黑龙江、陕西、云南等地开展金融精准扶贫调研,召开深度贫困地区金融精准扶贫工作推进会、脱贫攻坚和乡村振兴金融服务座谈会,督促金融精准扶贫政策落实落地。截至2019年年底,全国建档立卡贫困人口及已脱贫人口贷款余额7139亿元,产业精准扶贫贷款余额1.41万亿元,带动730万人(次)建档立卡贫困人口增收。

【货币政策工具运用】 发挥货币政策工具的引导撬动作用,支持金融机构增加对扶贫开发的信贷投入。构建完善"三档两优"存款准备金政策框架,对涉农金融机构执行较低的存款准备金率,落实普惠金融定向降准政策,支持金融机构将更多信贷资源配置给贫困地区。优化扶贫再贷款管理,发挥扶贫再贷款的激励引导作用。2019年7月,印发《关于全面实施优化运用扶贫再贷款发放贷款定价机制工作的通知》,在总结前期12个省区市试点的基础上,将优化运用扶贫再贷款发放贷款定价机制范围推广至全国。放宽扶贫再贷款申请使用条件,允许央行评级为8级、9级的地方法人金融机构在提供合格质押品的条件下,继续申请使用扶贫再贷款。8月,印发《关于设立专项扶贫再贷款支持"三区三州"脱贫攻坚的通知》,针对深度贫困地区创设专项扶贫再贷款,支持中国农业发展银行、中国农业银行、中国邮政储蓄银行"三区三州"分支机构扩大当地信贷投放。截至2019年年底,全国扶贫再贷款余额1642亿元,其中专项扶贫再贷款余额139亿元。

【深度贫困地区脱贫攻坚】 按照"新增金融资金优先满足深度贫困地区、新增金融服务优先布局深度贫困地区"的原则,组织和引导金融机构通过资金调拨、人员配备等方式,加大对深度贫困地区资源倾斜力度,助力深度贫困地区脱贫攻坚。启动深度贫困地区基础金融服务提升计划,推动深度贫困地区行政村基础金融服务有效提升。支持和引导"三区三州"深度贫困地区金融机构围绕"两不愁三保障"和基础设施建设等领域,完善差别化信贷管理,创新投融资方式,满足深度贫困地区的有效融资需求。截至2019年年底,"三区三州"深度贫困地区各项贷款余额1.1万亿元,同比增长7.8%;扶贫再贷款(不含专项扶贫再贷款)余额186.41亿元,占所在6省区比重为

42.03%，同比提高10个百分点；行政村基础金融服务覆盖率为96.9%，较年初提高8个百分点。

【金融产品和服务创新】 引导金融机构根据贫困地区资源禀赋，创新金融产品和服务方式，帮助贫困地区产业发展和贫困人口就学就业。一是加大创业担保贷款、助学贷款等政策实施力度，联合中国银行保险监督管理委员会出台《关于进一步规范和完善扶贫小额信贷管理的通知》，规范发展扶贫小额信贷，满足建档立卡贫困户多样化的金融需求。二是积极推广仓单、订单质押等产业链金融，有序开展"企业+农民合作社+贫困户"等金融扶贫模式，建立健全金融支持产业扶贫利益联结机制，帮助贫困地区培育和发展扶贫产业。三是支持贫困地区符合条件的企业发行扶贫票据等债务融资工具筹集资金，拓宽贫困地区企业融资渠道，截至2019年年底已累计支持19个省区市29家企业发行扶贫票据412.2亿元。四是做好易地扶贫搬迁后续金融服务，鼓励和引导金融机构根据安置区资源禀赋和周边产业特点，加大对搬迁安置区基础设施和公共服务建设支持力度，同时运用多种信贷和支付产品支持搬迁安置区产业发展和搬迁人口的生产生活。截至2019年年底，国家开发银行、中国农业发展银行累计发行易地扶贫搬迁专项金融债券1939亿元。

【普惠金融服务】 发展普惠金融，改善贫困地区金融生态环境。一是提高贫困地区支付服务水平，引导金融机构发挥科技赋能作用，发展数字普惠金融，进一步便利农村中小金融机构接入支付清算系统，巩固发展银行卡助农取款服务，创建"刷卡无障碍示范区"，指导中国银联股份有限公司推出"乡村振兴卡"，推动支付服务从满足贫困户日常存取、支付等基础服务向支持产业发展和乡村振兴深化。二是持续推进农村信用体系建设，完善农户信用信息征集模式，推进"信用户""信用村""信用乡镇"创建工作，选择部分地区探索开展信用救助，提升贫困户对信用与征信的认知程度。三是开展"金融消费者权益日""普及金融知识，守住'钱袋子'"等金融知识普及活动，宣传普及金融知识，提高贫困地区金融消费者的金融素养和风险意识。推动普惠金融试点建设，探索依托发展普惠金融助推实现可持续脱贫攻坚的有效路径。

【金融精准扶贫统计监测和评估考核】 加强金融精准扶贫统计监测和政策效果评估，推动金融精准扶贫工作提质增效。进一步完善金融精准扶贫信息系统，实现金融机构精准对接建档立卡贫困人口、贫困村、贫困县等扶贫基础信息。完善金融精准扶贫贷款统计制度，开展统计抽查检查和数据质量评估，为金融精准扶贫工作提供全方位信息支持。开展金融精准扶贫政策效果评估，从银行信贷、基础金融服务、政策落实情况等方面，对全国836个贫困县及其辖区内银行业金融机构进行评价。

【金融扶贫巡视整改和风险防范】 开展专项巡视整改，促进实现高质量可持续脱贫。一是组织召开全国金融系统脱贫攻坚专项巡视整改电视电话会议，传达学习中共中央总书记习近平关于脱贫攻坚专项巡视整改的重要指示精神，对照中央脱贫攻坚专项巡视整改要求，梳理可能存在的金融扶贫措施不够精准、形式主义、官僚主义等问题，指导人民银行分支机构和金融机构结合自身实际做好问题整改。二是关注以扶贫名义过度举债、扶贫小额信贷使用不规范等扶贫领域可能存在的融资风险。加大扶贫小额信贷监测使用情况、资产质量的跟踪监测，防止"户贷企用"等偏离政策目标的现象，推动扶贫小额信贷合规高效使用。梳理汇总大额异常扶贫贷款信息，及时提示预警，做好风险防范。

【定点扶贫概述】 2019年，中国人民银行加大对陕西省铜川市印台区、宜君县的帮扶力度，把定点扶贫“责任田”打造成金融精准扶贫“示范田”，直接投入帮扶资金2593.32万元，协调引入帮扶资金835.42万元，培训基层干部1055名、技术人员984名，购买贫困地区农产品1663.23万元，帮助销售贫困地区农产品2425.88万元。

【金融扶贫】 运用扶贫再贷款等货币政策工具，引导金融机构加大对定点帮扶县信贷投放；巩固提升214个惠农支付服务点、13个普惠金融综合服务站，推广“乡村振兴卡”，优化2区县金融服务环境；加强农村普惠金融发展“宜君模式”的推广应用，推动世界银行全球普惠金融倡议项目（FIGI）落地，指导铜川市申报全国普惠金融综合改革试验区。

【教育扶贫】 加大所属党组织和党员干部与贫困学生的结对帮扶力度，协调中国青少年发展基金会、中国平安保险（集团）股份有限公司、东亚银行（中国）有限公司等单位和金融机构，支持定点帮扶区县改建学校、捐赠购置教学设备。

【消费扶贫】 动员各司局、直属企事业单位、分支机构采购定点帮扶区县农产品；协调北京消费扶贫双创中心、北京新发地农产品有限公司等提供仓储基地、销售场所，协助2区县合作社在多个扶贫商城搭建网络销售平台。

【产业扶贫】 向2区县投入600万元用于产业扶贫融资担保基金增资，撬动银行贷款3920万元，带动1149户贫困户脱贫致富；协调新希望集团有限公司、中国平安保险（集团）股份有限公司在宜君县投资建设生猪养殖等项目；组织召开银行企业对接会，协调9家银行与8家龙头企业签署融资协议，涉及金额1.93亿元。

【党建扶贫】 完成33个贫困村党支部环境改善工作，指导驻村第一书记落实“三会一课”等组织生活制度。

（中国人民银行金融市场司
邝希聪　熊　伟）

国务院国有资产监督管理委员会扶贫

【概述】 2019年，国务院国有资产监督管理委员会（以下简称“国资委”）全力推进中央企业脱贫攻坚工作，主要负责同志担任扶贫开发工作领导小组组长，主持召开党委会议传达学习中共中央总书记习近平关于脱贫攻坚工作的重要指示精神，研究部署贯彻落实，带队赴青海省西宁市召开中央企业助力青海脱贫攻坚推进会，在中央企业和地方国资委负责人会议上部署脱贫攻坚工作。召开中央企业脱贫攻坚工作视频会议，部署2019年重点工作。开展2019年中央企业定点扶贫成效评价工作，参与集中连片特困地区扶贫攻坚和区域发展工作。

【中央企业定点扶贫工作】 2019年，中央企业定点帮扶的246个贫困县中有219个县宣布脱贫摘帽，为打赢脱贫攻坚战奠定坚实基础。

组织推动力度持续加大。各中央企业全面落实中央单位定点扶贫工作要求，制订年度工作计划，召开扶贫工作专题会议，主要负责人扶贫调研全覆盖，班子成员对246个定点扶贫县扶贫调研全覆盖。2019年，各中央企业共赴定点扶贫县考察调研9336人次，其中主要负责人207人次，班子成员或党组成员379人次，召开定点扶贫专题工作会373次。

加大选派挂职扶贫干部力度。按照中共中央组织部和国务院扶贫办的部署要求，所有中央企业均向定点扶贫县选派挂职扶贫干部，并加强对挂职扶贫干部和第一书记的管理。此外，各中央企业普遍加大向深度贫困地区选派扶贫干部的力度，派驻大量驻村工作队员开展帮扶，在扶贫一线做出贡献。截至2019年年底，各中央企业派出挂职扶贫干部309名（其中挂任厅局级24人、处级246人、科级及以下39人），选派驻村第一书记268名。

督促指导工作力度加大。加强对地方党委政府在脱贫攻坚责任落实、政策落实、工作落实和作风建设等方面的督促检查，发现并处理在扶贫项目进度、管理等方面的问题和风险，帮助定点扶贫县完成脱贫攻坚任务。2019年，各中央企业共开展实地督促指导1243次，形成督促指导报告783份，发现并反馈主要问题1480个。

扶贫资金投入力度加大。2019年，各中央企业加大对定点扶贫县的资金投入，着重向深度贫困地区倾斜，共投入帮扶资金36.41亿元、引进帮扶资金3.74亿元。

扶贫培训力度持续加大。2019年，各中央企业为定点扶贫县培训基层干部5.84万名、技术人员13.09万名。

消费扶贫力度持续加大。各中央企业挖掘内部需求，通过食堂采购、工会福利、员工自购等方式购买贫困地区农产品。不少企业为贫困地区农产品打造品牌，利用自有销售网络、电商平台或联合社会资源拓宽销售渠道、扶持培育相关产业。2019年，各中央企业购买贫困地区农产品14.49亿元，帮助销售贫困地区农产品12.72亿元。

【中央企业脱贫攻坚工作视频会议】 6月，国资委在北京召开中央企业脱贫攻坚工作视频会议，传达学习习近平关于脱贫攻坚重要讲话精神，通报2018年中央企业定点扶贫工作考核情况，研究部署下一阶段重点工作。

【中央企业定点扶贫考核】 按照国务院扶贫开发领导小组统一部署和要求，国资委牵头开展中央企业2019年度定点扶贫成效评价工作，通过成效评价压实中央企业扶贫责任，激励先进、鞭策后进。94家中央企业中，44家评价等次为“好”，41家评价等次为“较好”，9家评价等次为“一般”，没有评出“较差”等次的中央企业。

【中央企业贫困地区产业投资基金】 2019年，国资委动员中央企业开展贫困地区产业投资基金三期募资工作，募集资金160.19亿元，基金规模为314.05亿元，为打赢脱贫攻坚战再添新动力。基金围绕党中央、国务院脱贫攻坚策略，把资源倾斜投向深度贫困地区、边疆地区、革命老区，带动贫困地区特色产业发展。截至2019年年底，基金已完成90个项目的投资决策，投资金额222.7亿元，项目分布在全国23个省，覆盖14个集中连片特困地区，吸引和撬动大量社会资本参与产业扶贫。

【全国脱贫攻坚奖评选】 按照国务院扶贫开发领导小组部署要求，国资委牵头负责在京中央企业参与全国脱贫攻坚奖的推荐工作。经评选，中央企业中有3个先进个人和2个单位获奖，分别是国家电网有限公司张雷威、中国移动通信集团公司段玉平获贡献奖，中国海洋石油集团有限公司罗新增获创新奖，国家电网西藏电力有限公司农电工作部、中国石油化工集团有限公司扶贫办公室扶贫项目管理处获组织创新奖。

【救急难活动】 国资委持续推进“同舟工程——中央企业参与‘救急难’”专项扶贫活动，帮助贫困地区群众解决因病致贫等急、难问题。2019年，各中央企业共投入帮扶资金3590.14万元，救助人数1.2万人。

【定点扶贫】 2019年，国资委定点帮扶河北省平乡县、魏县。国资委领导赴平乡县、魏县调研，慰问贫困群众，指导推进扶贫工作。国资委各厅局和直属直管单位组成13个扶贫工作协作组，召开10余次推进会。2019年，国资委直接投入帮扶资金450万元、引进帮扶资金4.6亿元，开展扶贫项目30余个、扶贫活动100余次，培训定点县基层干部750余人、技术能手400余人，直接购买农产品124万元，帮助销售农产品540余万元。

（国务院国有资产监督管理委员会
科技创新和社会责任局　孙家琛）

国家广播电视总局扶贫

【概述】 2019年，国家广播电视总局（以下简称“广电总局”）贯彻落实《中共中央　国务院关于打赢脱贫攻坚战三年行动的指导意见》，坚持精准扶贫精准脱贫基本方略，坚持目标标准，坚持党建引领，发挥行业优势。

做好脱贫攻坚宣传引导。将脱贫攻坚主题宣传报道纳入广播电视传统媒体“头条”建设和网络视听新兴媒体“首页首屏首条”建设内容，推出扶贫系列典型报道《兰桐花开》《伊犁河》《我们在行动》《脱贫大决战》等作品，在全国农村广播和电视节目中播出时间年均超过400万小时。策划实施国际传播项目，精选70余部电视剧在全球50个国家60家主流媒体上播出。

做实广播电视惠民工程。投入中央财政资金19.48亿元，构建农村广播电视现代传输覆盖体系；争取中央财政资金18亿元，补助国家深度贫困县应急广播体系建设。截至2019年年底，全国广播、电视节目无线覆盖率分别为97.85%、97.46%，农村有线广播电视实际用户数为0.74亿，直播卫星公共服务已覆盖59.8万个行政村，服务用户数为1.42亿。

做强广电行业消费扶贫。运用人工智能、大数据、云计算、区块链等高新技术，发挥广电5G和有线网络优势，通过“公益广告、节目+消费扶贫”“短视频、直播+消费扶贫”等模式，帮助贫困地区农产品产销对接。中央广播电视总台“广告精准扶贫”项目免费为贫困地区农副产品播出公益广告11余万次；上海东方卫视节目《我们在行动》帮助贫困县销售农产品超9亿元；河南卫视节目《脱贫大决战》走访50余个贫困县，帮助引进项目、牵线企业合作17项。阿里巴巴网络技术有限公司（以下简称“阿里巴巴集团”）“直播帮贫”带动销售贫困县农产品约40亿元；北京字节跳动科技有限公司（以下简称“字节跳动”）的“山里DOU是好风光”帮助152个贫困县的美景好物走出大山；北京快手科技有限公司（以下简称“快手”）的“发现美丽中国”“幸福乡村”帮助贫困县视频宣传超11亿条。

【组织领导】 成立广电总局扶贫工作领导小组和定点扶贫工作领导小组，广电总局局长聂辰席担任组长，其他党组成员任副组长，统筹推进行业扶贫和定点扶贫工作。聂辰席先后召开14次党组会和定点扶贫专题会，研究部署扶贫工作，9月赴山西省平顺县调研，推进深度贫困地区定点扶贫工作。广电总局扶贫工作领导小组成员分别赴四川、山西、江西、云南、新疆、内蒙古等省区开展专题调研，与国务院扶贫办联合印发《进一步做好广播电视和网络视听精准扶贫工作的通知》。

【扶贫宣传】 将脱贫攻坚宣传报道纳入“舆论引导能力提升”工程、“视听中国”播映工程和新闻节目质量提升计划，组织脱贫攻坚公益广告作品征集暨展播、“精彩短视频　礼赞新中国”等主题活动。推出《中国扶贫日》《精准扶贫　一路向富》等公益广告，《脱贫攻坚打硬仗》《藏北牧民南迁记》《牢记习近平总书记嘱托谱写新时代山西新篇章之脱贫攻坚》等脱贫攻坚报道，打造大型电视理论节目《思想的田野》。

举办“2019中国—东盟媒体年”、亚洲文明对话大会“亚洲文明全球影响力”分论坛和“亚洲影视周”、第四届中阿广播电视合作论坛；组织开展“壮丽七十年　荧屏庆华诞——视听中国　全球播映”活动，举办视听中国·走进希腊、视听中国·走进古巴等活动，播出纪录片《习近平治国方略》等作品。

在实施百部重点电视剧选题规划、“记录新时代”纪录片创作传播和网络视听节目精品创作传播等工程评审中，向脱贫攻坚题材作品倾斜，推出《伊犁河》《落地生根》《兴乡计》《出山记》《希望的田野：兴安岭上》等纪录片，《兰桐花开》《在桃花盛开的地方》《麦香》《花开时节》《欢喜盈门》等电视剧，《我们在行动》《脱贫大决战》《扶贫第一线》等电视节目，《毛驴上树》《李扯火脱贫》等网络电影。

【文化惠民项目】 对接老少边穷地区群众的精神文化生活需求，统筹有线、无线、卫星三种方式，构建农村广播电视现代传输覆盖体系。支持735个贫困县改善广播电视制播条件，帮助443个深度贫困县增强应急广播能力，为3.2万个贫困地区行政村配置广播器材。每年推荐2000集电视剧、18000分钟电视动画片供新疆、西藏等少数民族地区译制播出。2019年，全国广播、电视节目无线覆盖率分别为97.85%、97.46%；农村有线广播电视实际用户数为0.74亿，直播卫星公共服务已覆盖59.8万个行政村，服务用户数为1.42亿；全国农村广播电视节目播出时间年均超过400万小时，少数民族广播电视节目制作译制时间年均超过15万小时。

【消费扶贫】 2019年，广电总局协调中央广播电视总台“广告精准扶贫”项目为22个省区市共计106种农副产品免费播出公益广告11万多次，惠及贫困户186万户、贫困人口720万。上海东方卫视节目《我们在行动》帮助13个省区市23个贫困县推出25款特色产品，销售农产品金额约9亿元，惠及贫困人口100余万。河南卫视节目《脱贫大决战》走访50余个县600多位脱贫攻坚一线干部，帮助引进产业项目、牵线企业合作17项，销售农产品4000多万元。阿里巴巴集团“直播帮贫”带动5000多位新农人、300多名贫困县县长组织120万场淘宝直播，销售农产品40亿元，带动20万人就业。字节跳动推出“山货上头条”消费扶贫项目，帮助贫困县销售农产品6200多万元，“山里DOU是好风光”文旅扶贫项目累计帮助152个贫困县的美景好物走出大山。快手“发现美丽中国”“幸福乡村”战略帮助贫困县视频宣传超过11亿条。

【人才扶贫】 选派9名干部赴山西、四川、江西、青海、西藏等地挂职扶贫，开展贫困地区广播电视专业技术人才培训。协调阿里巴巴集团推出“脱贫攻坚人才培养计划”，在全国100多个国家级贫困县培养1000名月收入过万的农民主播，用电商直播的形式助力农产品推销。协调字节跳动通过“扶贫达人培训计划”和“智美乡村”项目帮助贫困地区培训新媒体人才3.4万人次。协调快手实施“幸福乡村带头人计划”“快手大学扶贫社交电商培训”，通过提供线上和线下管理教育资源、流量品牌资源等发掘乡村致富带头人。

【定点扶贫概述】 2019年，广电总局党组把定点扶贫县作为“不忘初心、牢记使命”主题教育和增强“四力”教育的实践基地，指导33个广电总局机关部门和直属单位党支部分别与四川省德格县、山西省平顺县66个建档立卡贫困村党支部结对共建。广电总局机关及直属单位深入结对村走访慰问调研34人次，落实帮扶举措200余项，资助贫困学生6000余名，义务诊疗贫困群众500余名，投入帮扶资金734万元，引进帮扶资金1559万元，培训基层干部926名、技术人员2261名，购买贫困地区农产品127万元，帮助销售贫困地区农产品8363万元。截至2019年年底，德格县、平顺县实现脱贫摘帽。

【电商扶贫】 协调阿里巴巴集团、字节跳动分别与平顺县、德格县签订帮扶协议，扶持其经济发展。阿里巴巴集团发挥电商平台资源优势，推动平顺县电商产业实现跨越式发展。截至2019年年底，平顺县电商培训建档立卡贫困户1171人，物流覆盖全县262个村，开办网店400余家，设立电商服务站点150个，快递收发量330万件，销售额超1亿元，直接带动2237户建档立卡贫困户增收，13.4万农村人口、5.1万建档立卡贫困人口从中受益。

【扶贫扶智】 将德格县特色手工艺品作为外事礼品，推动特色产品走出去；举办“最美德格人暨康巴文化优秀论文”颁奖晚会，并协调字节跳动利用今日头条、西瓜视频、抖音等媒体进行直播宣传。组织河南卫视、四川卫视等广播电视和网络视听媒体、系统业务骨干、艺术家到定点扶贫县开展宣传报道、慰问演出和文化交流。

（国家广播电视总局公共服务司
绩效管理处　孟子超）

国家统计局扶贫

【概述】 2019年，国家统计局坚持发挥统计行业优势与立足贫困地区实际相结合，围绕精准扶贫精准脱贫基本方略，强化工作责任、整合优质资源、增强工作合力，从组织领导、扶贫调研、投入资金、产业发展、干部选派、消费扶贫、技能培训等方面发力，推动统计监测、对口支援和定点帮扶工作取得新成效。

【贫困监测】 2019年，国家统计局修订农村贫困监测调查方案，加强贫困调查管理，推进住户调查应用系统建设。按季度上报贫困监测进度分析报告，向国家发展和改革委员会等21个贫困监测联系部门共享监测调查主要结果，撰写《扶贫开发持续强力推进脱贫攻坚取得历史性重大成就》，编辑出版《中国农村贫困监测报告》。指导帮助定点扶贫县做好贫困统计监测调查，加强贫困统计数据分析服务。2019年，会同国务院扶贫办做好脱贫攻坚普查准备工作，推进机构组建，部署普查专项试点。

【对口支援】 2019年，国家统计局选派3名干部到江西省寻乌县挂职，拨付支援经费180万元，协调推动实施寻乌县铸造项目、建立院士工作站寻乌科研中心，帮助寻乌县争取政策扶持、开展项目建设。

【定点扶贫概述】 2019年，国家统计局定点帮扶山西省岢岚县、内蒙古自治区正镶白旗，投入帮扶资金381.2万元，帮助引进资金803.3万元。截至2019年年底，岢岚县实现整体脱贫摘帽，正镶白旗贫困村已全部出列。

【扶贫资金投入】 2019年，国家统计局投入帮扶资金381.2万元，其中中央财政资金360万元，党费5万元，捐款11.2万元，返回奖励资金5万元。帮助引进资金803.3万元。帮扶资金主要用于基础设施建设、协助困难群众解决医疗卫生问题、加强基层党组织建设等。

【扶贫调研】 2019年，国家统计局领导班子成员先后4次赴定点扶贫县开展调研，明确精准帮扶工作举措，加大扶贫力度。国家统计局机关定点扶贫工作领导小组各成员单位坚持问题导向，先后4次对定点扶贫县在精准识别、精准帮扶、精准退出、资金管理使用等方面开展调研和督促检查，推动提升定点扶贫工作成效。国家统计局属社团中国统计学会、中国市场信息调查业协会、中国生产力学会等分别赴定点扶贫县开展专题研究，完成《中国贫困地区人口收入研究》《内蒙古自治区正镶白旗扶贫工作调研报告》。

【产业扶贫】 2019年，国家统计局与国家能源局、山西省发展和改革委员会沟通对接，帮助协调解决岢岚县中航山投军民融合风电项目，山西省发展和改革委员会于2019年下达风电项目建设计划20万千瓦，基本达到项目建设要求。帮助正镶白旗骏马湖湿地公园落实项目资金，加快项目建设进度，推动改善当地生态环境。帮助岢岚县落实晋岚绒山羊育繁推一体化项目资金，建设贫困村种植园、豆优种繁育推广产业基础设施。帮扶正镶白旗查干宝恩本村建设养驴项目，帮助南沟村建设水浇地580亩，直接收益约30万元。

【扶贫培训】 国家统计局通过现场教学和“送课下乡”相结合的方式，先后在河南省息县举办2期定点扶贫县青年干部培训班，实际培训县、乡、村三级扶贫干部422名。举办2期农业技术培训班，培训技术人员368名。

【干部挂职扶贫】 2019年，国家统计局选派经济核算、工业统计等统计专业业务骨干14人，分别到县政府、扶贫办、统计局、发展和改革局等单位挂职，负责当地扶贫、产业协调、经济研究等方面工作，指导当地开展统计调查、统计监测，协助做好经济普查、脱贫攻坚普查等工作。

【消费扶贫】 号召干部、职工购买贫困地区农副产品，协调相关单位与定点扶贫县建立供销关系。2019年，国家统计局购买定点扶贫县农产品共144.68万元。机关食堂、工会在"年货节""双十一"等期间加大对定点扶贫县特色农产品的采购力度，在办公区组织农产品展销活动。联系其他企事业单位购买，帮助销售定点扶贫县农产品134.99万元。

【扶贫宣传】 国家统计局组织开展脱贫攻坚系列宣传报道。国家统计局局长宁吉喆发表署名文章《立决胜之志担时代之责　为打赢脱贫攻坚战贡献统计力量》，为统计部门打赢定点扶贫攻坚战指明方向。组织开展扶贫日系列宣传活动，印发扶贫宣传手册，组织参加中央单位定点扶贫展，利用多种宣传平台展现定点扶贫工作情况，展示定点扶贫工作成果、挖掘先进典型、推广成功经验。在《中国信息报》上开设"脱贫攻坚"专版，共刊发脱贫攻坚系列报道180篇；在统计微信公众号等媒介中设置《扶贫故事》《青年之声》专栏，报道定点扶贫工作动态。

（国家统计局　王宜聪）

国家医疗保障局扶贫

【概述】 2019年，国家医疗保障局贯彻落实中共中央、国务院决策部署，担起医疗保障脱贫攻坚主体责任，强化一把手亲自抓、分管领导具体抓、局内各司聚合力、尽锐出战一线扶的工作机制，围绕切实解决贫困人口"基本医疗有保障"方面存在的突出问题。截至2019年年底，全国核准身份的农村建档立卡贫困人口基本实现应保尽保，基本医保、大病保险、医疗救助三项制度综合保障，贫困人口住院医疗费用实际报销比例将近80%。

【扶贫制度建设】 2019年5月，国家医疗保障局会同财政部印发《关于做好2019年城乡居民基本医疗保障工作的通知》，明确提高城乡居民医保财政补助标准，建立高血压、糖尿病门诊用药保障机制，在普惠性提高大病保险保障能力的基础上加大对贫困人口倾斜保障力度。7月，国家医疗保障局扶贫开发领导小组印发《关于贯彻落实习近平总书记在解决"两不愁三保障"突出问题座谈会上重要讲话精神、解决医疗保障脱贫攻坚突出问题的工作方案》，围绕影响"基本医疗有保障"目标实现的难点问题，明确局属各部门单位攻坚工作分工。9月，国家医疗保障局会同财政部、国家卫生健康委员会（以下简称"国家卫健委"）、国务院扶贫办印发《关于坚决完成医疗保障脱贫攻坚硬任务的指导意见》，明确医疗保障脱贫攻坚任务目标和指导标准，细化参保动员、待遇落实、过度保障治理、确保基金安全、动态监测进展等工作举措，强化部门职责任务。同时，组织召开2次专题电视电话会议、2次专项培训，促进贯彻落实，指导地方抓好落地。2019年，医疗保障脱贫攻坚围绕确保建档立卡贫困人口"基本医疗有保障"目标，基本形成参保缴费有资助、待遇保障有倾斜、基本保障有边界、管理服务更高效、就医结算更便捷的政策体系。

此外，国家医疗保障局配合国家卫健委印发《健康扶贫2019年工作重点》《关于做好2019年农村贫困人口大病专项救治工作的通知》《关于印发解决贫困人口基本医疗有保障突出问题工作方案的通知》。

【实施综合保障】 2019年，各级医保部门将建档立卡贫困人口全部纳入基本医保、大病保险、医疗救助制度覆盖范围，作为医保脱贫攻坚硬任务的底线指标，做到核准应参保人员名单到人、做好人员身份标识，跟踪核实参保状态到人、做好未参保人员参保动员工作，落实资助参保政策到人、确保应资尽资，建立参保专项台账、管理参保状态到人，突破政策限制、新增贫困人口动态参保到人。全国核准身份的贫困人口参保率为99.99%，未参保贫困人口从2018年的14.7万人下降到不足300人。

一是基本医保待遇普惠性提高。2019年，城乡居民医保人均财政补助和个人缴费分别增加30元，统一的城乡居民医保制度建立，惠及全国10.2亿城乡居民医保参保人，城乡居民医保政策范围内住院费用报销比例为68.8%。建立完善高血压、糖尿病患者门诊用药保障机制，惠及两病患者700余万人次，报销比例为70%。二是大病保险保障能力增强。居民医保人均财政补助新增30元的一半（15元）用于大病保险筹资。大病保险起付线统一降至上年度居民人均可支配收入的50%，支付比例从50%提高到60%。在此基础上，继续执行贫困人口起付线降低50%、报销比例提高5个百分点的倾斜政策，取消建档立卡贫困人口封顶线。2019年，全国大病保险惠及316.3万贫困人口，获得大病保险补偿的贫困人口实际报销水平提高18个百分点，较普通群众高6个百分点。三是医疗救助托底保障进一步巩固。25个有脱贫攻坚任务的省份，贫困人口年度救助限额内政策范围内个人自付住院医疗费用救助比例不低于70%，负担仍较重的要加大救助力度。2019年，医疗救助共救助建档立卡贫困人口住院和门诊1274.4万人次。

【片区脱贫攻坚】 一是持续加大医保资金倾斜支持。中央财政居民医保补助资金分别按中部地区60%和西部地区80%比例安排。2019年，中央财政投入245亿元医疗救助补助资金，其中90%用于支持中西部贫困地区。中央财政还安排40亿元补助资金，专项支持深度贫困地区提高贫困人口医保水平，带动省级财政同步加大倾斜支持力度。二是便捷异地就医结算管理服务。贫困人口省内转诊就医享受本地待遇政策，住院起付线连续计算，2019年共惠及深度贫困地区贫困人口20余万人次。同时，做好贫困人口异地就医登记备案、就医结算等服务。全国每个县至少有一家医院被纳入全国跨省异地就医直接结算系统，正逐步向乡镇卫生院等一级医疗机构扩围。三是鼓励医保支付互联网诊疗服务。印发《关于完善"互联网+"医疗服务价格和医保支付政策的指导意见》，进一步方便贫困群众常见病、慢性病复诊。2019年，全国各省区市基本已出台"互联网+"医疗服务价格政策，将符合规定的"互联网+"医疗服务纳入医保支付范围。

【降低就医成本】 在满足群众用药需求同时，打好控费组合拳。调整国家基本医保药品目录，并通过医保准入谈判将70个临床必需、创新性较高的独家品种降价纳入目录，平均降幅60.7%，新版医保目录中西药和中成药为2709个、中药饮片892个。推进国家组织药品集中采购和使用试点全国扩围，25个药品平均降价59%。同时，配合国家卫健委扩大大病专项救治病种范围，做好分级诊疗，降低诊疗成本。

【优化公共服务】 减少贫困人口就医结算跑腿垫资。推进基本医保、大病保险、医疗救助信息共享和服务衔接，全面推进医疗费用"一站式"结算，让贫困群众费用结算"只跑一次"。2019年，全国96%的县已经实现县内三项医保制度住院费用"一站式"结算，有15个省区市已实现地市范围的"一站式"结算。

【医保监管】 一是加强基金监管。聚焦住院率高、小病大治、小病大养等问题，严厉打击挂床、诱导住院、过度医疗等不规范行为。截至2019年年底，已累计检查81.5万家定点医疗机构（含村卫生室），其中26.4万家存在违规行为，共追回医保基金及违约金115.56亿元。二是深化支付方式改革。2019年，全国97.5%的统筹地区开展医保总额预算管理，86.3%的统筹地区开展按病种付费，在30个试点城市开展疾病诊断相关分组（DRG）付费国家试点。三是督促妥善治理过度保障。坚持基本标准，摸清过度保障情况，分析原因并明确分类整改思路，加快研究建立基本医疗保障待遇清单管理制度。

（国家医疗保障局　赵　斌）

中国银行保险监督管理委员会扶贫

【概述】 2019年,中国银行保险监督管理委员会(以下简称"银保监会")加强对扶贫工作的领导,成立银保监会扶贫工作领导小组,党委书记郭树清担任组长,各党委委员担任副组长,统筹领导银保监会扶贫工作。银保监会党委召开专题会议听取扶贫工作情况汇报。银保监会领导带队深入"三区三州"深度贫困地区调研。

截至2019年年底,全国金融精准扶贫贷款余额3.96万亿元。全国334个深度贫困县各项贷款余额1.92万亿元,较年初增加2460.76亿元,增长14.68%,增速高于全国贷款增速2.38个百分点。有深度贫困县的21个中西部省份中,16个省份实现深度贫困地区各项贷款平均增速高于本省贷款增速的目标。全国扶贫小额信贷累计发放4270.16亿元,余额1865.48亿元,累计支持建档立卡贫困户1035.73万户,余额覆盖户数470.71万。

截至2019年年底,农业保险承保农作物超过270种,基本覆盖常见农作物,备案扶贫专属农业保险产品425个,农业保险为1.91亿户次农户提供风险保障3.81万亿元,支付赔款560.20亿元,受益农户4918.25万户次。大病保险向贫困人口实施政策倾斜,降低起付线,放宽报销范围,提高报销水平。在1000多个县(市)承办面向贫困人口的商业补充医疗保险业务,覆盖贫困人口4000多万。

截至2019年年底,银行业金融机构通过机构网点、机具服务、流动服务等方式,将基础金融服务覆盖832个国家扶贫开发工作重点县的16.63万个行政村,覆盖率为99.30%;412个县设立村镇银行,覆盖率接近50%。保险服务覆盖全国3.07万个乡镇,覆盖率超过95%。

【差异化监管】 2019年3月,印发《关于做好2019年银行业保险业服务乡村振兴和助力脱贫攻坚工作的通知》,明确年度工作目标和任务,要求各银行机构实现精准扶贫贷款余额持续增长,深度贫困地区贷款增速力争高于所在省份贷款平均增速;鼓励降低深度贫困地区财政补贴型农业保险费率;将精准扶贫贷款不良率容忍度从不高于各银行机构贷款不良率目标的2个百分点提高至3个百分点,要求银行机构完善精准扶贫贷款尽职免责制度。落实有关政策要求,对银行保险分支机构和扶贫产品审批实施政策倾斜,优先支持在中西部省份设立银行保险分支机构,严格控制在贫困地区撤并银行保险网点,设置审批"绿色通道",鼓励开发扶贫专属农业保险产品。

【扶贫信贷投放】 指导银行机构精准投放扶贫信贷到户到企项目。支持产业扶贫,完善金融支持产业发展与带动贫困户脱贫的挂钩机制和扶持政策,支持贫困地区发展有市场前景的特色产业,形成"龙头企业+合作社+贫困户"等利益联结机制,实现贫困人口稳定脱贫。精准发放扶贫项目贷款,支持贫困地区水、电、路、气建设,补齐贫困地区基础设施短板,做好易地扶贫搬迁后续扶持工作。发挥监管引领作用,加大"三区三州"等深度贫困地区信贷支持力度,督促银行业金融机构补齐机构短板,优化机构网点布局;增加资源投入,缩小存贷比差距,将新增可贷资金主要用于当地。

【扶贫小额信贷】 2019年5月,银保监会会同财政部、中国人民银行、国务院扶贫办联合印发《关于进一步规范和完善扶贫小额信贷管理的通知》，从坚持和完善扶贫小额信贷政策、切实满足建档立卡贫困户信贷资金需求、稳妥办理续贷和展期、妥善应对还款高峰期、进一步完善风险补偿机制、分类处置未直接用于贫困户发展生产的扶贫小额信贷、强化组织保障等方面，提出规范健康发展扶贫小额信贷的具体措施。5月，银保监会、国务院扶贫办在湖南省宜章县联合召开全国扶贫小额信贷工作现场会，分析扶贫小额信贷工作形势，总结近年来扶贫小额信贷发展情况，对下一阶段扶贫小额信贷重点工作作出安排部署。完善扶贫小额信贷监测统计指标，监测分析扶贫小额信贷逾期贷款率、不良贷款率等风险指标，掌握各地工作情况。印发《关于扶贫小额信贷有关问题的风险提示函》，组织各地开展扶贫小额信贷风险专项排查和整改工作，对各地风险排查情况进行通报。

【农业保险扶贫】 鼓励保险机构开发扶贫农业保险产品和地方特色农业保险产品，提高农业风险保障水平，扩大农业保险覆盖面，指导行业优化农业保险服务，灾后赔付做到从快从简、应赔快赔。2019年，银保监会联合财政部将三大主粮作物大灾保险试点范围由200个产粮大县扩展至500个；研究出台三大主粮作物完全成本保险和收入保险试点方案；配合财政部制定中央财政农险保费“以奖代补”政策，支持贫困地区发展地方特色农产品保险。鼓励引导保险公司加大减负降费力度，扶贫农业保险产品费率可在基准费率基础上下调20%，深度贫困地区财政补贴型农业保险的保险费率在已降费20%的基础上可再降低10%～30%。

【健康保险扶贫】 支持人身保险业落实大病保险倾斜性支付政策，解决困难群众因病致贫、因病返贫问题。2019年，17家保险公司在全国31个省区市开展大病保险，承保11.72亿城乡居民，覆盖绝大多数建档立卡贫困群众。指导地方银保监局配合当地政府完善大病保险向困难群众倾斜的具体措施，包括降低起付线、放宽报销范围、提高报销水平等，鼓励支持人身保险业配合各地开展贫困人口补充医疗保险，参与经办社会救助。

【金融扶贫产品和服务创新】 指导银行保险机构加强金融扶贫产品和服务创新，满足贫困地区和贫困群众多样化的融资需求。国家开发银行加强与地方政府、龙头企业、农村中小银行合作，坚持“一县一策”，融资支持打造地方优势特色扶贫产业。中国农业发展银行支持产业扶贫，助力提升新疆南疆地区棉花收购、藏区青稞扶贫和牦牛扶贫等特色产业。中国工商银行依托“融e购”“工银e生活”平台，开展电商扶贫工作，推出“银行+保险+期货”、养殖业“银行+期货+保险”等金融联合扶贫模式。中国建设银行将金融科技与金融扶贫深度融合，创新网络供应链模式、农民工服务平台“民工惠”产品方案、“抵押云贷”“农信云贷”等产品。中国农业银行下放扶贫信贷产品创新权限，增加贫困地区分行“三农”产品创新基地数量，创新特色金融扶贫产品和金融服务模式，2019年共创新推出27款金融扶贫产品。中国邮政储蓄银行探索构建驻村第一书记合作模式、平台合作模式、产业引领模式、能人带动模式等金融扶贫五大模式。中国人民财产保险股份有限公司探索“农业保险+小额贷款保证保险+保险资金支农融资”试点，形成完整的金融扶贫服务链。中国太平洋财产保险股份有限公司推出“防贫保”产品，以“政保联办、群体参保、阳光操作”模式，为全国16个省140个县临贫、易贫人群提供防贫托底保障，累计保险金额2.34万亿元。

【定点扶贫概述】 2019年，银保监会贯彻落实中共中央、国务院关于脱贫攻坚的决策部署，定点帮扶内蒙古自治区察哈尔右翼中旗（以下简称“察右中旗”）、察哈尔右翼后旗（以下简称“察右后旗”）和甘肃省临洮县、和政县。银保监会党委书记郭树清担任定点扶贫工作领导小组组长，深入定点扶贫地区调研，召开定点扶贫工作领导小组会议。2019年，银保监会帮扶的4个定点扶贫旗县已脱贫摘帽，银保监会在定点扶贫工作成效评价考核中被评为“好”等次。

【产业扶贫】 在临洮县协调引入保险和信托帮扶资金400多万元，引进百合和净菜产业先进技术和生产线；在和政县实施中药材产业扶贫项目，已累计投入帮扶资金200多万元；在察右中旗引进宁波三生生物科技有限公司的孕马血清项目，可带动300户建档立卡贫困户在3年协议期内每年增收1000～2000元。

【消费扶贫】 聘请乒乓球奥运冠军郭跃无偿担任临洮县百合形象大使；扶贫日期间在机关食堂供应察右中旗、察右后旗的烤土豆等特色食品，并通过海报对4个定点扶贫旗县的农产品进行展示，得到干部、职工好评；通过线上、线下方式联系相关金融机构在电商平台上线定点扶贫旗县农产品，扩大销售范围。

【金融扶贫】 在临洮县筹集帮扶资金692.5万元，为贫困户免费参投人身、养殖、天气指数三种保险。在人身意外险方面，为全县2.83万贫困群众购买意外伤害险，实现未脱贫群众全覆盖。牛羊养殖险方面，投入170万元，为全县3584头基础母牛、25682只基础母羊购买保险。天气指数险方面，针对干旱、强降水等自然灾害，开展干旱巨灾指数保险和强降水巨灾指数保险，保额5000万元，强降水巨灾指数保险获赔158.8万元。

【教育扶贫】 协调中国民生银行、招商银行每年引进帮扶资金500多万元，通过中国扶贫基金会向和政县、临洮县的贫困家庭大学生发放助学金。

【基础设施建设】 协调中国人寿保险（集团）公司在察右后旗投入1600多万元，对大六号镇的9个贫困村开展危房拆除改造和环境整治。

【党建扶贫】 组织4个机关党支部与系统派驻的驻村第一书记所在的贫困村协同开展结对共建活动，从机关党委管理的党费中提出20万元支持经费修缮活动场所和更新党员教育设施；定期召开联席支部委员会、讲专题党课、交流学习经验和心得、开展主题实践活动等。

（中国银行保险监督管理委员会
普惠金融部　张艳丽）

中国证券监督管理委员会扶贫

【概述】 2019年，中国证券监督管理委员会（以下简称“证监会”）将扶贫工作作为政治责任，贯彻落实中共中央、国务院关于脱贫攻坚的决策部署，统筹证监会系统和证券期货行业力量，发挥资本市场作用服务脱贫攻坚。2019年，证监会在中央单位定点扶贫成效评价考核中获得“好”等次。

【扶贫政策】 自2018年6月，资本市场扶贫政策被纳入《中共中央 国务院关于打赢脱贫攻坚战三年行动的指导意见》后，贫困地区企业上市的积极性进一步提高。截至2019年年底，贫困地区企业首发上市14家，累计募集资金约79亿元。其中，2019年3家贫困地区企业首发上市，募集资金25.16亿元；7家贫困地区企业在新三板挂牌，17家挂牌公司融资5.81亿元，共减免挂牌费用39万元；交易所市场累计发行扶贫债25只，金额170.74亿元，发行扶贫资产证券化项目4单，规模20亿元。

【期货扶贫】 2017—2019年，大连商品交易所、郑州商品交易所和上海期货交易所提供主要资金支持，50家期货公司和12家保险公司合作，共在23个省区市开展249个“期货+保险”试点项目。2019年，3家商品期货交易所支持资金共立项128个，涵盖大豆、玉米、鸡蛋、豆粕、白糖、苹果、红枣、天然橡胶8个品种。3家商品期货交易所支持资金约4.1亿元，承保现货规模约339万吨，其中62个项目涉及国家级贫困县，43个贫困县15.77万户贫困户从中受益。“保险+期货”试点项目不仅给农户提供收入保障，而且推动贫困地区产业稳定发展。上海证券交易所在宿松县投入棉花“保险+期货”项目100万元。郑州商品交易所自2019年4月推出红枣期货后，出资120万元在新疆维吾尔自治区麦盖提县开展红枣“保险+期货”试点项目。推动期货公司在贫困地区开展专业知识培训和产业帮扶。

【结对帮扶】 中国证券业协会深化证券公司“一司一县”结对帮扶机制，推动79家证券公司主动增加帮扶对象，实现从“一司一县”到“一司多县”结对帮扶。截至2019年年底，有101家证券公司结对帮扶285个贫困县，其中70家证券公司与106个深度贫困县结对，累计帮助贫困地区企业融资2026亿元。中国期货业协会推进期货公司“一司一县”结对帮扶，98家期货经营机构与156个贫困县（乡、村）签订250份结对帮扶协议，累计投入3.37亿元帮助贫困户24449户、63864人实现脱贫；组织11家期货公司捐资750万元在麦盖提县建设果蔬大棚，交由农民专业合作社承包经营，所得收益用于保障46户143名困难群众的基本生活。中国证券投资基金业协会推动35家基金机构设立“基金行业扶贫公益联席会”，2017—2019年累计投入扶贫资金1.66亿元，其中2019年投入约2400万元。截至2019年年底，共有13家公募基金管理公司设立慈善基金会，15家基金机构设立专项扶贫基金，上述组织2019年共对外慈善捐款3046万元。

【产业扶贫】 上海证券交易所、深圳证券交易所加强上市公司信息披露引导。在年报披露中，1235家上市公司披露扶贫工作情况，共投入扶贫资金256.69亿元，涵盖农林产业扶贫、资产收益扶贫、旅游扶贫、电商扶贫和消费扶贫等，惠及123.78万建档立卡贫困人口。深圳证券交易所在武山县协调唐人神集团股份有限公司投资23.7亿元开展生猪养殖项目，优先吸纳贫困人口就业。上海证券交易所投资300万元，在宿松县丘陵地建设1000亩蓝莓种植区。中国证券业协会立足隰县香梨种植规模优势，推动当地优化产业布局。

【基础设施建设】 上海证券交易所投入216万元对宿松县趾凤乡趾凤村供水管道升级改造，保障2300多人饮水安全。深圳证券交易所投入160万元在麦盖提县捐建20个净水站。上海期货交易所投入500万元，对太湖县260户特困户实施危房改造。郑州商品交易所投入600万元，在桐柏县143个行政村建设标准化村卫生室，解决偏远贫困群众看病难问题。

【教育扶贫】 证监会和中国证券登记结算有限公司共同出资1500万元，支持兰考县东坝头镇新建张庄小学。通过"石榴籽计划"教育扶贫项目，对麦盖提县中小学教师和幼师进行培训，提高教师的普通话教学水平。会同清华大学组织麦盖提县青年骨干医生和优秀教师赴北京开展专业培训。中国金融期货交易所在延长县援建3个"梦想中心"，支持中小学素质教育。

【扶贫宣传】 2019年10月，证监会举办国家扶贫日"资本市场脱贫攻坚论坛"，以"积极发挥资本市场作用、服务国家脱贫攻坚战略"为主题，总结资本市场扶贫经验，贡献资本市场扶贫智慧。会同证券时报设立"扶贫在行动，2019年中国证券期货业扶贫成果展"宣传专栏，共发布58个扶贫小视频，刊登46篇扶贫文章，展现证券期货行业扶贫工作进展、成效和经验。向全系统全行业征集扶贫短视频300余个，在扶贫日期间由人民网客户端滚动播放。通过"中国证监会扶贫办"央视频平台，加大对全系统全行业扶贫工作可复制可推广经验、亮点特色做法的宣传力度。资本市场扶贫成果和经验被新华社、人民日报、经济日报等媒体报道。

【定点扶贫概述】 2019年，证监会定点帮扶河南省兰考县和桐柏县、山西省隰县和汾西县、安徽省宿松县和太湖县、甘肃省武山县、陕西省延长县、新疆维吾尔自治区麦盖提县6个省区9个县。2019年，证监会投入帮扶资金6763.48万元，引进帮扶资金5360.78万元，培训基层干部2830名、技术人员5980名，购买贫困地区农产品279.05万元，帮助销售贫困地区农产品2134.18万元。同时，证监会选派9名干部到定点扶贫县挂职副县长，并在招商引资、制定产业发展规划、培育创业致富带头人等方面给予支持。2019年，武山县、隰县、宿松县通过验收摘帽。

【党建扶贫】 把夯实定点扶贫县基层党组织同脱贫攻坚结合起来，帮助贫困县加强基层党支部建设。汾西县利用证监会捐助的党费资金，按照证监会党委"加强基层组织建设、推进脱贫攻坚"的要求，从规范使用、严格管理、积极推进等入手，建设"抓党建、强三基、促脱贫"智慧党建平台。

【消费扶贫】 开展"一果连四方"系列消费活动。2019年春节期间，组织定点扶贫县通过线上线下互动、9县联动拜年等开展消费扶贫宣传。在扶贫日期间举办消费扶贫展，现场推介来自定点扶贫县的特色农产品。上海期货交易所举办期货行业消费扶贫认购仪式和活动，动员50多家期货公司购买100万元农产品。中国证券投资基金业协会开展"电商团购扶贫年货、助力汾西农户增收"活动，发起支持汾西县2019年脱贫摘帽倡议，34家基金机构响应，共采购汾西县农产品550万元。中国证券业协会发起开展消费扶贫助力隰县巩固脱贫成果的倡议，行业机构共认购特色农产品玉露香梨985万元。

（中国证券监督管理委员会办公厅
扶贫办　杨志海）

国家能源局扶贫

【概述】 2019年，国家能源局学习贯彻中共中央总书记习近平关于扶贫工作的重要论述，落实中共中央、国务院关于坚决打赢脱贫攻坚战的决策部署，聚焦“三区三州”等深度贫困地区和特殊贫困群体，坚持精准扶贫精准脱贫方略，立足行业职能、发挥行业优势，创新思路、机制和方法，加大对贫困地区能源基础设施建设、能源资源开发支持力度，脱贫攻坚工作取得明显成效。

【组织领导】 2019年，国家能源局党组动员全局党员干部参与扶贫工作。一是健全完善工作机构，对扶贫工作领导小组成员进行更新调整。在国家能源局规划部门专门设立扶贫开发处，并将扶贫作为部门及个人年终考核的重要内容。二是制订落实年度计划。印发《2019年脱贫攻坚工作要点》《2019年定点扶贫和对口支援工作要点》《2019年定点扶贫责任目标分解表》，明确年度扶贫工作任务与分工职责。三是建立完善督办机制。每季度更新扶贫工作进展情况，并向全局通报。在重要扶贫调研和会议后，将有关议定事项列成任务清单，印送有关单位并督办落实。

【扶贫监督检查】 2019年，持续开展扶贫领域腐败和作风问题专项治理，落实《能源扶贫领域作风问题治理清单》，与驻国家发展改革委员会纪检监察组建立工作衔接机制，督促各单位从提高“四个意识”、扶贫政策精准度、基础工作扎实度、扶贫责任落实力度等方面逐项对照整改，定期向驻国家发展和改革委员会纪检监察组、国务院扶贫办报告进展情况。针对中央专项巡视及“回头看”、脱贫攻坚普查、脱贫攻坚成效考核、中央单位定点扶贫工作考核等指出的问题，提出整改措施并抓好落实，对能源领域扶贫工作开展常态化督导。

【扶贫调研】 2019年，国家能源局领导及各单位赴贫困地区及定点扶贫县调研指导工作、参加帮扶活动，先后共有205人次。已连续2年组织开展“三区三州”深度贫困地区专题调研活动，2019年组成6个调研组分赴陕西省安康市汉滨区、广西壮族自治区河池市、山西省忻州市、甘肃省陇南市、贵州省毕节市、云南省普洱市的12个深度贫困县开展调研，指导完善能源扶贫举措，改进能源扶贫工作。

【基础设施建设】 2019年，国家能源局加大对贫困地区能源基础设施建设、能源资源开发支持力度。持续推进农村电网改造升级。下达农网改造升级投资计划361亿元（含中央预算内投资140亿元），全部安排在贫困地区，其中用于“三区三州”深度贫困地区90.8亿元；会同有关部门完善农网资本金政策，将“三州”中央资本金比例从20%提高到50%，将东北地区中央资本金比例从20%提高到30%；组织编制贫困地区农村电力监测评价体系大纲，研究提出以县为单位的农村电力监测评价指标体系。截至2019年年底，国家电网有限公司供电区域的供电可靠率、综合电压合格率、户均配变容量分别为99.82%、99.8%、2.76千伏安；中国南方电网有限责任公司供电区域内分别为99.815%、99%、2.35千伏安。继续推动贫困村通动力电工程。贫困村通动力电工程于2016年年底启动实施。2019年，配合大电网延伸工程，继续推进西藏地区通动力电工程，约900个自然村新通动力电。

【光伏扶贫】 配合国务院扶贫办审核并下达“十三五”第二批光伏扶贫项目计划，梳理审核光伏扶贫项目补贴资金需求，完成第二批光伏扶贫财政补助目录审核，开展第三次存量项目审核工作，启动“十三五”第一、第二批村级光伏扶贫电站中已建成项目的信息报送工作。依托全国光伏扶贫信息监测系统，按月监测、统计、调度电站建设进度，定期发布电站运行信息，督促各地方政府加快建设。做好光伏扶贫巡视整改落实工作，召开光伏扶贫巡视整改专题会议，明确责任分工；开展专题调研，督促地方落实中央巡视指出的问题。截至2019年年底，光伏扶贫电站建设已进入收口阶段，累计建成光伏扶贫电站2650万千瓦，惠及约418万贫困户。

【能源项目帮扶】 强化电网主网架建设。对“三区三州”地区给予重点倾斜，将西藏自治区拉萨市500千伏输变电、四川甘谷地-蜀州改接等多项电网工程纳入国家规划；开工建设藏中联网工程，核准云贵互联通道工程，开工建设青海、四川等省贫困地区清洁电力外送通道；推进西藏最后12个孤网县接入大电网工程建设，2019年年底前接入4个。支持能源资源开发。核准开工金沙江拉哇水电站、河南南阳内乡2×100万千瓦火电项目、新疆徐矿俄霍布拉克新建2×66万千瓦火电项目，以及山西庞庞塔煤矿、新疆石头梅一号露天煤矿等贫困地区煤炭建设项目。安排中央预算内资金1.97亿元，用于14个贫困地区煤矿项目安全改造。会同国家发展和改革委员会、财政部等联合印发《关于做好水电开发利益共享工作的指导意见》。推动风电项目建设。先后批复四川省凉山彝族自治州、甘肃省通渭县风电基地，公布2019年第一批风电平价上网项目，对贫困地区报送的各项建设条件落实的风电项目全部予以支持。四是推动生物天然气发展。起草《关于促进生物天然气产业化发展的指导意见》，以10个部委名义联合印发实施，提出生物天然气产业化发展的思路、目标、路径、任务和措施。组织各省编制本地区生物天然气中长期规划，开展生物天然气产业化基地建设、技术研发体系建设以及监测评价体系建设。

【定点扶贫概述】 2019年，国家能源局定点帮扶甘肃省通渭县、清水县，投入、引入无偿帮扶资金5759万元；购买扶贫产品51.2万元，帮助销售农产品224.2万元；引进企业投资项目15个，总投资30.1亿元，2019年完成投资18.24亿元。实施打造农网改造、光伏扶贫、风电建设、清洁供暖、生物质发电、“光伏+”产业扶贫、就业扶贫、电商扶贫、教育扶贫、网络扶贫十大扶贫工程。通渭县、清水县分别脱贫约3.22万人、1.6万人，贫困发生率分别降至3.9%、0.89%。两个定点扶贫县的能源基础设施明显改善，能源产业对脱贫发展的支撑作用明显增强，清水县光伏扶贫成为甘肃省的样板工程。国家能源局连续第3年被甘肃省脱贫攻坚帮扶工作协调领导小组评为“帮扶工作先进集体”，通渭县孟河村扶贫工作队获得2019年“先进集体”称号。

【干部挂职扶贫】 国家能源局领导多次带队赴两个定点县调研。新选派3名干部到定点县挂职，现有5人在岗，其中2名干部分别挂任两县副县长，3名干部任驻村第一书记。

【党建扶贫】 国家能源局基层党组织与两个定点县贫困村结对共建，深入贫困村开展调研，了解结对村实际情况，开展有针对性的帮扶，提高扶贫工作精准度。

【扶贫培训】 组织电力安全、电商、养殖、经济、法律、营商环境等方面的专家赴两个定点县培训，针对不同对象专门安排培训内容。安排定点县干部赴北京、天津、杭州、安吉等东部发达地区学习参观。两个定点县选派年轻干部到国家能源局业务单位挂职锻炼，提高工作能力和业务素质。

【扶贫宣传】 在国家能源局门户网站开设扶贫专栏，报道扶贫工作进展和成效；在内网开设消费扶贫专栏，介绍两个定点县特色产品，鼓励党员干部积极购买。将扶贫工作作为宣传重点，在门户网站、微信公众号和中国电力报等媒体上刊发扶贫报道；将扶贫工作纳入庆祝中华人民共和国成立70周年重大主题报道，反映能源行业扶贫成效。组织两个定点县的挂职干部和第一书记撰写心得体会；专题采访扶贫干部，撰写制作新闻稿和视频，通过多种媒体推送；制作能源行业驻村第一书记专题片和宣传册；通渭县驻村第一书记开办电商的经验被收入中共中央和国家机关工作委员会编写的《驻村第一书记扶贫典型案例集》。

（国家能源局综合司　李　刚）

国家林业和草原局扶贫

【概述】 2019年,国家林业和草原局(以下简称"国家林草局")按照《中共中央　国务院关于打赢脱贫攻坚战三年行动的指导意见》要求,发挥林草行业推进贫困地区脱贫攻坚的优势和潜力,创新林草生态扶贫思路,完善林草生态扶贫政策。共安排贫困地区中央林业资金450亿元,其中中央预算内投资136亿元,中央财政资金314亿元。林草重点生态保护修复工程任务和资金安排向贫困地区,特别是深度贫困地区倾斜,加强森林草原防火、有害生物防治、自然保护区等基础设施建设。近100万名生态护林员实现脱贫增收和生态保护"双赢",组建2.1万个扶贫造林合作社助推持续增收,生态扶贫产业取得积极成效。在国务院扶贫办组织的第三方评估中获得"好"等次。

2019年,国家林草局定点帮扶贵州省荔波县和独山县、广西壮族自治区罗城仫佬族自治县(以下简称"罗城县")和龙胜各族自治县(以下简称"龙胜县"),通过资金帮扶、金融支持、捐款捐物、人员培训、购买和帮助销售农产品、结对帮扶、支部共建等措施,超额完成《中央单位定点扶贫责任书》中各项任务。4个定点县有4.85万人脱贫,减贫率17.2%。国家林草局连续第三年获得定点扶贫工作成效考核"好"等次。

【扶贫会议】 2019年,国家林草局多次召开专题会议,研究部署林草生态扶贫工作。国家林草局局长张建龙主持召开局党组会议、局长办公会议,研究进一步深化、实化贫困地区林草生态扶贫举措和林草生态扶贫领域存在薄弱环节的整改工作。2月、5月、12月3次召开扶贫工作领导小组会议,安排部署行业扶贫、定点扶贫等工作。9月,会同国家发展和改革委员会在罗城县召开全国生态扶贫工作会议,总结党的十八大以来的生态扶贫工作,对推动2019年和2020年生态扶贫任务落地实施作出部署。5月,与水利部在贵州省都匀市联合召开滇桂黔石漠化片区区域发展与脱贫攻坚现场推进会;11月,在北京召开滇桂黔石漠化片区部际联席会议,与部际联席会议成员单位共同探讨解决片区脱贫攻坚突出问题和推进片区脱贫攻坚的政策措施等。

【扶贫文件】 2019年,国家林草局印发《国家林业和草原局2019年扶贫工作要点》《2019年度林业草原生态扶贫宣传工作方案》《国家林业和草原局关于促进林草产业高质量发展的指导意见》,会同财政部、国务院扶贫办联合印发《关于开展2019年度建档立卡贫困人口生态护林员选聘工作的通知》,修改完善《建档立卡生态护林员管理办法》。

【生态补偿扶贫】 在财政部、国务院扶贫办的支持下,2019年中央财政新增安排生态护林员补助资金25亿元,年度中央资金规模达到60亿元。各地方政府积极响应,增加生态护林员配套资金12亿元。截至2019年年底,在中西部22个省区市选聘建档立卡贫困人口生态护林员近100万名,结合其他帮扶举措,带动300多万贫困人口脱贫增收。贫困地区涌现出一批以生态护林员带动的林草大户、产业能手和致富带头人,激发贫困人口摆脱贫困的内生动力。此外,完善天然林资源保护政策，进一步提高补助标准。协调财政部优先将贫困地区集体和个人所有的天然商品林纳入停伐管护补助范围；完善森林生态效益补偿政策，中央财政将集体和个人所有的国家级公益林补偿补助标准从每年每亩15元提高到16元。

【国土绿化扶贫】 2019年，国家林草局共安排贫困地区中央林业资金450亿元，支持中西部22个省区市实施退耕还林还草、退牧还草、京津风沙源治理、天然林资源保护、三北等重点防护林体系建设、石漠化综合治理、沙化土地封禁保护区建设、湿地保护与恢复、农牧交错带已垦草原综合治理、青海三江源生态保护和建设等重大生态工程，全国新组建2.1万个扶贫造林专业合作社，吸纳120万贫困人口参与生态保护修复工程建设。

【生态产业扶贫】 2019年，出台《国家林业和草原局关于促进林草产业高质量发展的指导意见》，重点扶持和积极推动经济林和花卉产业、林下经济、特种养殖、林产品加工、森林旅游、森林康养、草产业等产业项目。2019年，中西部22个省区市林业产业总产值为4.26万亿元，油茶种植面积扩大到6700万亩，建设国家林下经济示范基地370家，依托森林旅游实现增收的建档立卡贫困人口为110万，实现户均增收3500元。

【科技扶贫】 组织开展“推广一批实用技术、建立一批示范样板、选派一批扶贫专家、培养一批乡土专家、培育一批特色产业和构建一批服务平台”的“六个一”科技扶贫行动。开展林草乡土专家选聘工作，首批选聘100名乡土专家，推进“寻找最美科技推广员”活动，宣传报道24名基层林草科技推广工作者的先进事迹。依托林业草原工程技术研究中心、国家创新联盟、科技示范园区、生物产业基地等科技平台，开展科技扶贫活动，重点在研发推广林草产品精深加工等技术上下功夫。认定1个科技示范园区和10个工程技术研究中心，拓宽平台支撑范围。2019年，在中西部22个省安排中央财政林业科技推广示范资金3.63亿元，实施397个科技推广项目。11月，在荔波县召开全国林草科技扶贫工作现场会。

【深度贫困地区脱贫攻坚】 2019年，重点推进云南省怒江傈僳族自治州（以下简称“怒江州”）深度贫困地区林草生态脱贫。协调云南省林业和草原局下达怒江州生态护林员补助资金2.1亿元，怒江州共选聘生态护林员30145名，带动11万余贫困人口增收和脱贫，占全州贫困人口总数的77.2%。落实怒江州森林生态效益补偿补助7612.81万元，8.7万户、30.4万人受益，其中建档立卡贫困人口4.1万户、14.7万人。怒江州累计完成新一轮退耕还林还草51.28万亩，涉及贫困人口2.63万户、8.95万人，国家下达补助资金6.02亿元，退耕农户人均收入2451元。开展竹编（竹家居用品）实用技术培训，共培训怒江州4个贫困县37名建档立卡贫困户、扶贫专业合作社社员和林农群众。

【定点扶贫】 2019年，国家林草局协调贵州、广西林业部门安排龙胜县、罗城县、独山县、荔波县4个定点扶贫县中央林业资金2.9亿元，安排省级林业资金4888.72万元，为定点扶贫县开设基本建设项目审批“绿色通道”。

国家林草局主要负责人、分管负责人多次赴4个定点扶贫县慰问挂职干部，开展专题调研，指导定点扶贫工作。9月，局长张建龙赴罗城县调研。2月，副局长李春良赴独山县调研，慰问贫困户，督促地方落实主体责任；9月，赴龙胜县开展调研，慰问挂职干部，查看指导灾后重建工作。11月，副局长彭有冬赴荔波县、独山县开展调研，了解扶贫工作情况，听取意见建议。十余家扶贫领导小组成员单位与定点扶贫县开展支部共建和捐资助学活动。设立“林业草原生态扶贫专项基金”，中国林业科学研究院、中国野生动物保护协会、国际竹藤中心等单位捐款，首批募集资金1656万元，4个定点扶贫县的项目已经通过专家组风险评估和项目评审，首批1200万元项目相继落地并建设实施。中国林业科学研究院等10家单位落实19个科技扶贫项目，涉及定点扶贫县17个乡镇，项目资金共计1000万元。做好消费扶贫动员，组织机关和直属单位购买和帮助销售定点扶贫县特色农副产品，机关工会与定点县签订购货合同70余万元，涉及农副产品60余种；与人民网、中国社会扶贫网、中国农业银行等单位合作，为4个定点扶贫县特色农副产品搭建电商平台，促进线上销售。国家林业局天然林保护工程管理办公室、西北调查规划设计院向定点扶贫县捐赠图书79万册。组织开展6期扶贫培训班，培训管理、专业技术等相关林业人员600余名。

（国家林业和草原局规划财务司
陈桂首）

中华全国供销合作总社扶贫

【概述】 2019年，中华全国供销合作总社（以下简称“供销总社”）学习中共中央总书记习近平关于脱贫攻坚系列重要讲话精神，以习近平新时代中国特色社会主义思想为指导，贯彻落实中共中央、国务院决策部署，坚持精准扶贫精准脱贫基本方略，将脱贫攻坚与供销总社综合改革结合，加强扶贫调研，强化扶贫制度建设，统筹整合资源合力开展定点扶贫，发挥行业优势开展消费扶贫、产业扶贫、电商扶贫和科技教育扶贫，助力贫困地区脱贫攻坚。

【扶贫调研】 2019年，供销总社主要领导召开4次会议研究脱贫攻坚工作。2月，供销总社分管扶贫领导赴安徽省潜山市调研，看望慰问困难群众，了解当地脱贫攻坚工作情况，听取基层干部、群众对脱贫攻坚的意见建议。4月，供销总社主要领导赴江西省安远县和寻乌县就对口支援和定点扶贫工作开展专题调研。9月，会同教育部与中国民主建国会中央委员会组成脱贫攻坚督查组赴广西壮族自治区开展脱贫攻坚督查，参加脱贫攻坚督查联络员培训，撰写督查报告。2019年，赴定点扶贫县考察调研共计38人次。10月，组织召开全系统行业扶贫培训班，培训扶贫相关人员共计80余人。

【扶贫机制建设】 2019年，供销总社调整扶贫工作领导小组成员，建立理事会主任和党组书记任“双组长”的工作机制，加强和充实脱贫攻坚领导组织力量，定期召开会议统筹调度扶贫工作，研究部署脱贫攻坚举措。

【消费扶贫】 研究制定《供销合作社深入推进消费扶贫工作实施方案》，多渠道拓宽贫困地区农产品销售，明确任务分工和阶段性量化工作目标，开展消费扶贫。2019年，供销总社通过多种方式从贫困地区购进农产品共2325.8亿元。通过在系统内流通企业营业场所设立消费扶贫专区、专柜等，与贫困地区建立长期稳定的业务合作关系，带动贫困地区农产品销售，2019年全系统开设消费扶贫专区专柜3704个，组织贫困地区参加各类产销对接活动3157次。各级供销合作社组织多种购销活动，集中采购贫困地区农产品。国家扶贫日期间，在供销总社机关和中国供销集团有限公司举办“消费扶贫·奉献爱心”活动中，4个小时内卖出贫困地区农产品5万多元。国际热带农产品（海南）冬季交易会期间，供销总社举办“贫困地区优质特色农产品展示活动”，集中展示展销来自16个省区市的500多种贫困地区优质特色农产品。组织17个对口援藏省级社和中国供销集团参加在拉萨举办的“助力西藏脱贫攻坚产销对接会”，与西藏当地企业签订购销合同金额近1.34亿元。

【就业扶贫】 供销总社立足贫困地区自然资源、生产条件和产业基础，围绕优势资源和特色产业培育龙头企业、发展农民专业合作社等基层为农服务经营组织，为贫困群众创造就地就近就业岗位。通过培育中小型农产品加工企业、开展项目建设，促进农产品就地转化增值，吸纳贫困户在企业务工。招聘和吸纳贫困群众到基层经营服务网点就业，有的地区在贫困乡村发展扶贫车间，吸纳贫困家庭劳动力就地就近就业。2019年，全系统在贫困县培育引进扶贫企业4228个，开设经营服务网点14.9万个，领办农民合作社6.4万家，带动贫困户26.7万户。

【电商扶贫】 2019年，供销总社配合财政部和国务院扶贫办搭建贫困地区农副产品网络销售平台（也称“扶贫832平台”，于10月17日正式上线试运营），到年底完成预算单位账户导入22万多家，建立采购人账户10万多家。依托“供销e家”扶贫专区、国家贫困县名优特产品网络博览会等电商平台，为贫困地区农产品提供展示销售绿色通道，对贫困县的店铺实行零门槛入驻，2019年帮助销售贫困地区农产品共7亿元以上。全系统在贫困地区发展具有供销合作社特色的区域电商，帮助贫困户增收，2019年全系统贫困县电子商务销售额399.3亿元，其中农产品电子商务销售额242.8亿元。

【科教扶贫】 系统74所职业院校开展教育帮扶，为贫困地区培养实用型、技术型人才，优先招收贫困户子女入学，对贫困家庭“两后生”开展技能培训和就业帮扶，2019年招收建档立卡贫困学生1.6万人，减免贫困学生费用8215万元，资助贫困学生费用4012万元。供销总社所属行业协会、科研院所通过实地指导、技术示范、办班讲座等形式，为贫困户提供技术咨询和帮助。2019年，全系统在贫困地区培养科技特派员1523人，开展农村实用人才培训29.7万人次。

【定点扶贫】 2019年，供销总社定点帮扶安徽省潜山市、江西省寻乌县，选派5名干部到定点帮扶市县挂职扶贫。建立扶贫蹲点调研、扶贫信息月报工作机制，开展扶贫调研4次，其中供销总社领导带队2次，蹲点调研2次，形成督导报告2份，发现主要问题7个。2019年，供销总社共落实帮扶资金4438万元，帮助引进项目资金500万元。落实项目资金4008万元，其中1200万元用于支持潜山市农事综合服务中心项目建设，1800万元用于支持寻乌县惠农服务中心项目建设，1008万元用于支持寻乌县中国供销寻乌现代农业示范园司城园区建设。落实企业结对帮扶资金430万元，其中210万元用于支持潜山市坛畈村食用菌基地、300亩茶园和百姓大食堂项目建设，220万元用于支持寻乌县高布村和大仙贝村进出村大桥拆旧建新、脐橙育苗基地恢复重建、发展庭院经济和扶贫车间。为潜山市和寻乌县引进2家系统外帮扶企业，共投入资金500万元，其中400万元用于支持潜山市农产品批发市场建设，100万元用于寻乌县惠农服务中心建设。供销总社利用直属企业、科研院所、培训中心等资源，对2个扶贫县开展科教扶贫，分别举办行业扶贫、金融扶贫、乡村振兴、电商技能、果蔬技术等培训班，培训扶贫县基层干部共284名，培训技术人员共579名。直接购买包括潜山市和寻乌县在内的贫困地区农产品218.5万元，帮助销售全国贫困地区农产品7.1亿元。

（中华全国供销合作总社
经济发展与改革部　刘文君）

中华全国总工会扶贫

【概述】 2019年，中华全国总工会（以下简称“全国总工会”）把助力打赢脱贫攻坚战作为服务大局的重要切入点，印发《2019年全国总工会脱贫攻坚工作要点》，以服务基层脱贫攻坚需求为导向，制定配套措施，细化落实方案；制定《全国总工会脱贫攻坚工作自查自纠发现问题整改方案》，指导各级工会着力解决工作中存在的突出问题。

【扶贫会议】 2019年11月，全国总工会书记处第一书记李玉赋在山西省壶关县主持召开全国总工会定点扶贫工作座谈会，与省、市、县有关负责人研讨脱贫攻坚的思路与举措。1月、4月、10月，全国总工会书记处书记阎京华在北京主持召开扶贫工作领导小组会议，审议并通过《2019年全国总工会脱贫攻坚工作要点》《全国总工会脱贫攻坚工作自查自纠发现问题整改方案》等文件，对脱贫攻坚工作、定点扶贫工作作出部署安排。11月，在甘肃省临夏回族自治州召开深度贫困地区工会脱贫攻坚工作会，推动各级工会加大对深度贫困县工会经费回拨和补助比例，进一步加大对深度贫困县的倾斜支持力度。

【扶贫调研】 2019年2月，阎京华带队赴和顺县、壶关县调研慰问，走访建档立卡贫困户，看望慰问干部群众，召开座谈会，与干部和村民交流，听取大家对脱贫攻坚工作的意见和建议。组成调研组深入云南省怒江傈僳族自治州、甘肃省临夏回族自治州等深度贫困地区开展调查研究，分析深度贫困地区工会组织在扶贫工作中遇到的困难和问题，探索创新工会组织参与脱贫攻坚的方式和路径。

【贫困地区劳动和技能竞赛】 持续推动各级工会在贫困地区电力、交通、水利等基础设施建设，以及金融、健康、易地扶贫搬迁等扶贫工程中，开展劳动和技能竞赛，团结动员广大职工为脱贫攻坚贡献智慧和力量。引导贫困地区工会组织在重点扶贫产业中开展职工职业技能大赛，搭建学练技能平台，帮助贫困群众提高技能水平。

【基层工会建设】 继续推进乡镇—村—企业“小三级”工会建设，延伸拓展工会组织体系，夯实服务贫困群众的组织基础。推动各地工会按照地域相邻、行业相近和联合制、代表制原则，建立村网格工会、项目工会等工会组织，实现对分散流动农民工的有效覆盖。推动在易地扶贫搬迁集中安置点、扶贫车间组建工会，加强服务阵地和社会化工会工作者队伍建设。

【就业与创业扶持】 继续与人力资源和社会保障部、国家发展和改革委员会等相关部门，开展主题为“促进转移就业，助力脱贫攻坚”的“春风行动”，开展“全国工会就业创业服务月活动”“京津冀蒙工会跨区域促进就业创业系列活动”，促进农村劳动力转移就业和农民工就业创业。深化“全国工会技能培训促进就业”活动，为农村转移劳动力提供就业技能培训、创业培训等服务。联合教育部门推进农民工“求学圆梦行动”，2019年落实1000万元专项资金，帮助30多万名农民工提高学历层次和技能水平。

【模范引领与志愿服务】 发挥劳模在脱贫攻坚中的引领示范作用，组织动员各级劳模、五一劳动奖获得者,实施技能扶贫、产业扶贫、就业扶贫、结对扶贫。开展“践行新思想·奋进新时代”助力脱贫攻坚职工志愿服务活动,引导教科文卫体系统职工志愿者为贫困地区送去优质教育、科技、文化、医疗资源。

【农民工维权服务】 建立工会网上、手机App入会平台,引导“八大群体”中零散从业农民工、返乡就业创业农民工、农民合作社农民工加入工会。通过推进工资集体协商、保障农民工工资支付、法律服务和法律援助等,维护农民工的劳动经济权益,开展“尊法守法·携手筑梦”服务农民工公益法律服务行动,组织实施“中彩金”法律援助项目,援助农民工7万多人,帮助挽回经济损失8亿余元;通过技能培训、就业援助、生活救助、助学帮扶等方式,帮助农民工融入城市。

【深度贫困地区脱贫攻坚】 在云南举办全国深度贫困县工会主席脱贫攻坚专题培训班,对200多名深度贫困县工会主席进行培训。开展“三区三州”等深度贫困地区助学助业系列活动,帮助家庭经济困难的高校毕业生,特别是建档立卡贫困家庭高校毕业生实现“就业一个人,带动一家人”。

【东西部扶贫协作】 推动东部地区工会组织继续加大投入力度,通过引导企业投资兴业、技能培训、劳务输出、助学解困、送医义诊、对口帮扶村、产业扶持和设施配套建设等形式,在产业合作、劳务协作、人才支援、资金支持、支医支教、消费扶贫等方面积极作为。

【消费扶贫】 与国家发展和改革委员会、国务院扶贫办联合发出《动员全社会力量共同参与消费扶贫的倡议》,动员工会组织参与消费扶贫。推动各基层工会采购贫困地区农产品,用于向会员发放节日慰问品。引导干部、职工采取“以购代捐”“以买代帮”等方式,自发购买贫困地区农产品。各地工会在组织开展劳模、职工疗休养等活动时,优先将目的地安排在贫困地区。有东西部扶贫协作任务的东部地区工会,帮助结对帮扶贫困地区培育建设职工(劳模)疗休养基地,组织职工到结对帮扶地区开展疗休养活动。

【定点扶贫概述】 2019年,全国总工会定点扶贫山西省和顺县、壶关县,确定帮扶项目68个。2019年,全国总工会对两个定点县投入帮扶资金1275万元,引进帮扶资金281.55万元,培训基层干部300名、技术人员1337名,购买定点县农产品45.3万元,帮助销售农产品354.65万元。

【产业扶贫】 2019年,全国总工会在和顺县、壶关县,投入和引进的帮扶资金主要用于发展种植、养殖及农产品深加工项目80余个。在和顺县投入260万元扶持易地扶贫搬迁后续产业基地(覆盖41个搬迁村)发展种植、农产品加工产业,投入80万元扶持扶贫车间扩大再生产,投入65万元扶持菌菇、养牛、养兔等种养殖项目,投入65万元扶持农产品加工项目,共计带动贫困群众2602人增收。在壶关县投入230万元,在10个乡镇89个村种植万亩连翘,做实“全总连翘”产业扶贫品牌;投入120万元扶持建设香菇大棚60个,带动40余户贫困户人均增收5000多元;投入60万元扶持发展杂粮、西红柿、中药材、生猪等种植养殖和加工项目,带动2500多贫困群众增收。组织劳模和相关企业20多批到定点扶贫县考察,推动双方在项目、资金、技术等方面对接,引进2个扶贫企业在定点扶贫县投资兴业,吸纳100多贫困人口就业增收。

【党建扶贫】 召开全国总工会机关定点扶贫党组织结对共建对接工作协调会,明确全国总工会劳动和经济工作部、中国劳动关系学院、工人日报社、全国总工会国际交流中心、中国工人出版社、中国职工之家等6家单位党组织与定点扶贫县6个贫困村党组织结对共建。参与结对共建的各单位分别安排调研组赴结对贫困村实地调研、深入对接，制定实施方案，筹措落实帮扶资金200多万元，帮助结对村建强基层党组织，促进集体经济持续增收、贫困户脱贫致富。

【两不愁三保障】 组织上海市优秀教师和清华大学、北京师范大学等优秀大学生30多人到定点扶贫县开展支教助学活动。直接投入资金15万元帮扶贫困学生300多人，协调富士通（中国）有限公司、浙江吉利控股集团有限公司等投入80余万元，资助1000多名贫困学生。组织北京各大医院10位知名专家开展扶贫义诊活动，接诊患者千余人次，对当地100余名医护人员进行培训。投入相关资金、物资80多万元，帮助定点扶贫县改善村容村貌，补齐饮水、住房安全短板。

【驻村帮扶】 加大力度支持壶关县水池村驻村第一书记开展工作，坚持抓党建促脱贫攻坚主线不松劲，搞调研、找差距、抓整改。引导村民将200余亩地由种玉米改为种旱地西红柿、辣椒、豆王，每亩增收3000元；新种植8亩航天树莓、12亩航天番茄；300千瓦光伏电站建成并网发电，收益稳定。建成“水池记忆”村史馆，建设村规民约墙、传统文化景观小品，举办“孝亲敬老”节，评选表彰“水池劳模”“水池致富能手”“脱贫光荣户”。安排20名贫困户到村属产业务工，组织技能培训158人次，实施82户厕所改造，建成550平方米老年人日间照料中心，餐厅、健身房、图书室、理发室等服务场所。

（中华全国总工会劳动和经济工作部扶贫工作处　李　洋）

中国共产主义青年团中央委员会扶贫

【概述】 2019年，中国共产主义青年团中央委员会(以下简称“共青团中央”)学习贯彻中共中央总书记习近平关于扶贫工作的重要论述，落实中共中央、国务院关于脱贫攻坚的决策部署，结合共青团中央实际，聚焦深度贫困地区和特殊困难群体，突出青年和少年儿童对象，统筹全团力量，推动贫困地区夯实组织基础，提高动员能力，融入大扶贫格局，持续深化学业资助、就业援助、创业帮扶、志智双扶、志愿服务等工作。

【学业就业扶贫】 围绕学业资助，设立“希望工程10万+精准助学基金”“光华助学金”等专项基金，截至2019年年底，累计筹资4.34亿元资助120377名建档立卡贫困家庭学生完成学业。围绕就业援助，实施“千校万岗”大中专学生就业精准帮扶行动，组织6074所大中专院校及各级团组织提供15万个专属工作岗位，举办专场招聘会、双选会400余场，帮助11.63万名建档立卡毕业生就业。围绕创业扶助，指导775个国家级贫困县团委成立青年创业服务组织，吸纳会员6.7万余人，开展创业服务活动1700余场次，提供担保贷款2.4亿元，服务贫困地区青年创业。

【扶志扶智】 关爱支持贫困地区留守儿童健康成长。2019年，结成城乡少先队“手拉手”互助对子50.55万对，帮助农村少年儿童实现“微心愿”27.27万件次，面向贫困家庭儿童组织公益夏令营511场次；建成“童心港湾”项目点114个，为农村留守儿童免费提供亲情陪伴、情感关怀、自护教育等服务；开展农村少年儿童假期安全自护教育，帮助留守儿童学习防溺水、防性侵、交通安全、人身安全、心理健康等安全知识。组织大学生赴深度贫困地区开展暑期社会实践活动。全国100余所学校的1900余名学生及指导教师参与，采取理论宣讲、法制宣传、文艺汇演、农业知识讲解、留守儿童关爱等形式。发挥共青团网络新媒体传播优势，联合微博、抖音等新媒体平台在深度贫困地区开展“世界在眼前改变”脱贫攻坚网络直播活动，记录扶贫成效、直播脱贫实践、推广典型经验、展示人文环境、推介区域品牌。2019年，共开展网络直播活动22场，覆盖9个省的12个国家级贫困县；拍摄《乡间的行者》扶贫纪录片，邀请正能量青年代表担任观察员，深入扶贫一线感受脱贫成效，助推扶贫农产品销售。表彰宣传扶贫领域优秀青年典型。4人获“中国青年五四奖章”，6人获“中国青年创业奖——脱贫攻坚特别奖”，表彰“向上向善”好青年20名、全国农村青年致富带头人328名；结合中华人民共和国成立70周年，邀请扶贫领域各方面优秀青年走进基层讲述脱贫致富故事。

【青年扶贫志愿服务】 2019年2月，共青团中央联合民政部印发《关于实施青年志愿者助力脱贫攻坚行动的通知》，创新青年志愿公益项目，动员广大青年投身脱贫攻坚。开展大学生志愿服务西部计划和中国青年志愿者扶贫接力计划，向510个国家级贫困县派遣西部计划志愿者11613人(深度贫困地区占25%)，围绕基础教育、医疗卫生、服务三农、基层青年工作、基层社会管理、推广普通话等开展志愿服务。联合中央精神文明建设指导委员会办公室等实施关爱农村留守儿童“七彩假期”志愿服务项目，设立704个国家级贫困县服务点，直接服务18.4万名农村留守儿童和农民工随迁子女，志愿服务时长402.6万小时。深化研究生支教团、大学生志愿服务西部计划基础教育专项，为志愿者扎根当地就业创业创造条件。推动贫困地区建立本土化环保人才队伍，在第九届“母亲河奖”及绿色卫士评选活动中对参与生态扶贫的典型人物进行发掘宣传。

【青年文化扶贫行动】 组织社会各界青年文化学者、艺术家到贫困地区开展采风等活动，宣传当地脱贫成效。实施“希望工程助力脱贫攻坚”计划，投入资金1.80亿元，开展希望小学、学生资助、能力发展等项目。实施“书海工程”，捐建178个“爱心书屋”，捐赠图书835万码洋。发展贫困地区研学旅游，设计研学旅行基地和路线70个（条），参与学生459.08万人次。

【贫困地区基层团建】 制定完善农村基层团组织有关制度，促进贫困地区团组织发挥作用。将共青团中央定点帮扶的山西省灵丘县、石楼县纳入全团基层组织改革综合试点，推动两个定点县基层团组织建设全面提升；出台《中国共产主义青年团支部工作条例（试行）》，明确村团支部的重点任务；把志愿服务作为团员在农村彰显先进性的重要实践载体，重点发挥团员志愿服务项目在科技支农、移风易俗等领域的作用。助力贫困地区人才队伍建设，在“青年之家”主题活动季中开展助力脱贫攻坚、乡村振兴等活动，支持贫困地区团委开展少先队辅导员面对面培训5899场次7.88万人次。强化资金支持，开展青年创业扶贫工作线上公益募捐，筹款643万余元。

【共青团跨区域互助】 加大资源整合力度，促进金融资源下沉乡村、东部资源向中西部流通。联合中国银行保险监督管理委员会选派1302名金融干部到贫困县挂职，引导金融资源下沉。深化东西部团组织结对帮扶，组织23个省级团委、36个地市级团委结对帮扶，共同实施学业就业创业、生产、教育、人才、公益、团建等帮扶项目90余个，涉及资金3869.53万元。加强共青团对口支援新疆、西藏和四省藏区等民族地区工作，对口支援项目248个，涉及资金1.35亿元。

【定点扶贫】 2019年，共青团中央定点帮扶山西省灵丘县、石楼县，累计投入帮扶资金1673.76万元，引进帮扶资金3264.48万元，培训基层干部604名、技术人员1444名，购买贫困地区农产品196.97万元，帮助销售贫困地区农产品1384.51万元。灵丘县于2019年脱贫摘帽后，在产业增收、兜底保障上下功夫，贫困发生率为0.58%；石楼县已完成14项贫困县退出指标，贫困发生率降至0.31%，贫困村100%退出。共青团中央书记处3次召开扶贫工作领导小组会，4人分赴定点扶贫县督导调研、走访慰问，并与县市党政负责人座谈交流；抽调10名干部扎根一线接力扶贫，完善《定点扶贫干部管理办法（试行）》《定点扶贫工作队财务管理制度》《党建和党风廉政建设主体责任和监督责任实施办法》《临时党小组工作制度》等制度保障。按照“一村一品”产业发展思路，在灵丘县发展羊肚菌、灵芝、栗蘑大棚17栋，带动4个村303户762名建档立卡贫困户增收；支持154户贫困户416人建设小型拱棚或温室大棚，每棚每年最多可增收2.5万元；支持6家示范性合作社增资扩容，推动“合作社+贫困户”的带动模式；在特色古村落规划设计生态民宿项目。在石楼县，工作队做深做实“五个一”，即一碗小米、一瓶蜂蜜、一篇诗词（《沁园春·雪》）、一道奇湾（黄河第一湾）、一个品牌（区域农产品品牌），直接带动4个合作社、2个村集体、400余户群众增收。其中，“一碗粥道”签订销售合同2000万元，已完成315.4万元。投入680万元资助3536名贫困家庭子女完成学业，组织2048名基层干部、专业技术人员赴浙江、贵州等地学习先进经验，组织645名贫困家庭青少年赴北京、青岛、西安等地参加夏令营活动。选派研究生支教团成员79人，在定点县乡镇中学支教一年。在灵丘县建设“健康小屋”，受益315户762人（其中建档立卡贫困户140户169人）；在石楼县整合1000余万元物资建设9个“爱心超市”，向8000余名小学生捐赠冲锋衣；累计投入资金1323.5万元，资助定点县建设13所希望小学，为72所农村中小学配备补充教育教学设备。共青团中央直属机关30个党支部与29个贫困村党支部结对并配套党费60万元，开展消费扶贫、教育培训、项目建设、走访慰问等活动；机关党员干部捐赠图书6288册、衣物1691件，帮助386名中小学生实现“微心愿”。

（中国共产主义青年团中央委员会
青年发展部　张　帅）

中华全国妇女联合会扶贫

【概述】 2019年，中华全国妇女联合会(以下简称“全国妇联”)把团结引领广大妇女投身脱贫攻坚作为增强“四个意识”、坚定“四个自信”、做到“两个维护”的具体体现，强化政治担当，聚焦深度贫困和建档立卡贫困妇女，创新工作思路，落实帮扶举措，召开深入推进“巾帼脱贫行动”现场会，推动妇女脱贫工作取得新成效。

【扶贫宣传】 各地妇联通过深入开展“巾帼脱贫大讲堂”“巾帼脱贫故事会”等活动，依托微信群、移动客户端和农村远程教育等信息化手段，宣传中共中央总书记习近平关于脱贫攻坚的重要讲话精神、党和政府关于脱贫攻坚的惠民政策及脱贫攻坚取得的历史性成就。鼓励帮助各地组织荣获全国脱贫攻坚奖的优秀妇女典型和各地妇女脱贫典型组成“脱贫攻坚报告团”，进中央企业、进高校、进乡村开展巡讲活动，讲好妇女脱贫故事。持续深化寻找“最美家庭”活动，弘扬好家风，大力倡导移风易俗，简办婚事丧事，引导妇女自觉抵制高价彩礼。2019年共举办各类活动3.75万场次，337万人次贫困妇女群众参与；开展“时代新人说”“小康幸福你我他”“身边故事会”等活动。举办“老区妇女巾帼建功、决战脱贫攻坚”平行论坛，开设《巾帼脱贫风采》专栏等方式，营造扶贫光荣、脱贫光荣的氛围，汇聚脱贫攻坚正能量。

【扶贫培训】 2019年，全国妇联开展深度贫困地区妇女骨干培训，举办2期深度贫困县妇联主席培训班，来自山西、河南、湖北、重庆、陕西、甘肃等省区市的400余名妇联主席参加。打造共享学习平台，在“女性之声”旗舰网和中国妇女网开设“乡村振兴巾帼行动”网络课堂，与中央农村广播电视学校联合打造网络培训课程，每日推出一课，网络课程点击量50余万人次。与北京快手科技有限公司联合推出《妇联喊你来学农》短视频节目，传播“三农”新理念、新知识，点击量已超1500万人次。全国妇联组织定点扶贫县甘肃省漳县、西和县451名村党支部书记、县乡干部及致富带头人赴陕西省杨凌农业高新技术产业示范区参加培训；实施“互联网+科技扶贫”项目，共培训1544人。各级妇联争取资源，开展种植养殖、乡村旅游、家政服务、手工编织、农村电商等培训，2019年推动各地妇联动员128万人次贫困妇女参加政府各类扶贫培训，举办妇女实用技能培训班1.2万多期，培训贫困妇女和骨干61万人次。

【产业扶贫】 聚焦深度贫困地区，创建全国巾帼脱贫示范基地，2019年全国妇联扶持150个基地，直接带动11606名建档立卡贫困妇女，培训妇女125889名。各地妇联在832个贫困县创建3637个妇字号基地，扶持带动贫困妇女发展种植养殖、休闲农业、乡村旅游和特色手工等脱贫产业，帮助97万农村贫困妇女实现增收。开展网络扶贫和电商扶贫，推动各地培育一批巾帼电商扶贫带头人和“巾帼电商”“网姐”等品牌，助力7.5万贫困妇女脱贫。鼓励各地妇联争取政府支持，因地制宜创办“巾帼扶贫工厂”“巾帼扶贫车间”1400多个。协助扶贫部门发放扶贫小额信贷67.9亿元，扶持11.6万名妇女创业增收。举办“建行杯”中国妇女手工创业创新大赛，大赛分为东、西、南、北、中五个分赛区，吸引1197个女性双创团队报名参加，项目吸纳带动近100万名妇女就业创业、脱贫致富。

【健康扶贫】 围绕实施“健康中国母亲行动”，聚焦“三区三州”深度贫困地区，通过邀请专家学者开展健康大讲堂、发放健康知识宣传品、开展义诊和组织健康长跑活动等形式，解读国家卫生健康相关政策，普及家庭健康知识，传播健康理念，提高健康水平。2019年，共举办60场妇女健康大讲堂，直接培训农村妇女15000多人；带动各地妇联举办“两癌”项目培训讲座4.8万余场，参与妇女485万人次；印制发放70万册“两癌”防治折页；开设“巾帼健康行动”网络课堂40期，制作推送女性健康电子杂志，浏览量25万余人次。

配合国家卫生健康委员会在贫困地区实施农村妇女“两癌”免费检查项目，2019年，项目实现832个贫困县全覆盖，并不断扩大贫困妇女检查人群覆盖面。开展农村贫困妇女“两癌”救助，实现建档立卡贫困“两癌”患病妇女及深度贫困地区患病妇女救助全覆盖，2019年共争取中央彩票公益金3亿元，对3万名农村贫困患病妇女实施救助，其中建档立卡贫困妇女1.4万余人。与中国人寿财产保险股份有限公司合作，拓宽妇女“两癌”健康保险覆盖面，已有850多万妇女受益，提供约5600亿元保险保障。争取阿里巴巴网络技术有限公司支持，为近100万建档立卡贫困女性提供公益保险。

【关爱特殊困难妇女儿童】 2019年，全国妇联与民政部等单位联合制定出台《关于加强农村留守妇女关爱服务工作的意见》，落实任务分工，扎实推进工作。与中国残疾人联合会等单位联合扫除青壮年贫困残疾妇女文盲，助力有劳动能力的贫困残疾妇女发展产业增收。印发通知开展“姐妹手拉手·巾帼脱贫快步走”活动，组织妇联执行委员会与特殊困难妇女开展结对帮扶，因地制宜开展扶志扶智、项目带动、关爱服务。争取社会力量支持，实施“母亲健康快车”“母亲水窖”“母亲创业循环金”“春蕾计划”“儿童快乐家园”等项目。针对饮水困难妇女，建设“母亲水窖”供水工程103处，受益群众6.45万人。针对贫困、流动和患病儿童等，实施“春蕾计划”“儿童快乐家园”项目及对学龄前儿童提供营养健康支持、进行大病及住院医疗保险保障、开展支教活动等，资助惠及贫困儿童近300万人次。向偏远贫困县捐赠31辆“母亲健康快车”。

【定点扶贫】 2019年，全国妇联定点帮扶甘肃省漳县、西和县，落实帮扶资金物资1534.28万元，引进帮扶资金1173.39万元，选派40名挂职扶贫干部和扶贫小分队队员，新建16个定点扶贫基地、扶贫车间，直接培训基层干部和致富骨干3357人次。全国妇联主席沈跃跃、副主席黄晓薇赴定点扶贫县调研指导工作，主持召开4次定点扶贫专题工作会，研究定点帮扶工作。党组书记处8人次赴漳县、西和县调研解决实际问题，推进工作落实。全国妇联通过加强组织领导、坚持志智双扶、抓好三支队伍培训、开展产业及消费扶贫、推广巾帼家美积分超市以及关爱贫困妇女儿童等工作，压实帮扶责任。全国妇联在国务院扶贫办的简报信息上刊发工作纪实，在甘肃省深度贫困地区脱贫攻坚现场推进会上作典型发言，在2019年中央单位定点扶贫工作成效考核中取得“好”等次。

（中华全国妇女联合会发展部
高继辉）

中国残疾人联合会扶贫

【概述】 2019年，中国残疾人联合会（以下简称“中国残联”）坚持以问题和需求为导向，强化责任担当，强化统筹配合，积极主动作为，贫困残疾人脱贫攻坚工作取得新进展。建档立卡贫困残疾人数量大幅减少，“两不愁三保障”得到有效落实，自我脱贫、自我发展的意识和能力进一步增强，与贫困残疾人家庭结对帮扶成效明显，贫困残疾人家庭的生产、生活状况得到明显改善。建档立卡持证残疾人从700万左右减少到2019年年底不到50万人，2019年净减少120万人。全国有50.9万人次农村残疾人接受实用技术培训，6190名贫困残疾人获得康复扶贫贴息贷款扶持，4662个残疾人扶贫基地安置6.2万名残疾人就业，辐射带动10万户残疾人家庭增收。全国共完成10.4万户农村贫困残疾人家庭危房改造。

【扶贫调研】 2019年1月，中国残联党组书记周长奎主持召开贫困残疾人脱贫攻坚领导小组会议，就贯彻落实好中央关于脱贫攻坚的新部署新要求，做好2019年贫困残疾人脱贫工作和定点扶贫南皮县工作部署安排。7—8月，中国残联党组成员带头带队，组成18个蹲点调研组，分赴16个省区市的18个县市区旗，围绕贫困残疾人脱贫攻坚和残疾人反映强烈的热点难点问题，深入贫困残疾人家庭听取意见建议，协调解决实际困难。走访65个乡镇（街道）和123个村（社区），入户访谈209户贫困残疾人家庭、慰问292名贫困残疾人，随机实地考察104个残疾人扶贫（就业）基地、残疾人服务机构（设施）和助残社会组织，在乡村召开近30个贫困残疾人代表、一线扶贫干部、残疾人专职委员、村干部等参加的座谈会，了解贫困残疾人脱贫攻坚和农村残疾人工作。

【扶贫会议】 2月，中国残联会同财政部、农业农村部、国务院扶贫办召开资产收益扶贫项目优先安排贫困残疾人家庭政策落实工作座谈会，就做好资产收益扶贫项目优先安排贫困残疾人家庭工作展开交流讨论。4月26日，中国残联会同国务院扶贫办在广西壮族自治区百色市召开东西部残疾人扶贫协作工作推进会，天津、贵州等8个省区市就残疾人东西部扶贫协作工作进行交流。4月27日，中国残联会同国务院扶贫办、农业农村部在百色市召开全国残疾人扶贫基地现场会，实地观摩百色市田阳区、平果市残疾人扶贫基地，视频交流广西、江西、湖南等地产业扶持助残脱贫及残疾人扶贫基地建设的经验做法。

10月，在陕西省子长市召开全国残联系统助力脱贫攻坚推进贫困重度残疾人家庭无障碍改造现场会，巩固推广各地的好经验、实做法，采取纳入脱贫攻坚、纳入危房改造、纳入易地搬迁、争取财政投入等举措。9—10月，分别在甘肃省兰州市、贵州省遵义市、山西省大同市、浙江省嘉兴市按片区组织召开贫困残疾人脱贫攻坚工作调度会，对全国22个省区市贫困残疾人脱贫工作进展情况进行调度，交流经验做法，推动各项政策落实。

【扶贫政策文件】 2019年4月，印发《关于做好国家建档立卡贫困残疾人康复工作的通知》，推动各地着力保障贫困残疾人基本医疗，改善康复服务，加强贫困地区康复保障制度与服务能力建设。5月，印发《关于切实做好建档立卡重度残疾人家庭无障碍改造工作的通知》，推动各地做好建档立卡重度残疾人家庭无障碍改造工作。7月，印发《关于加快推进残疾人辅助器具适配服务工作的通知》，推动做好残疾人辅助器具适配服务。10月，印发《关于深入推进贫困残疾人脱贫攻坚工作的通知》，要求各地残联积极主动作为，采取有力举措、有效方式助推贫困残疾人家庭如期脱贫；聚焦贫困残疾人脱贫攻坚的重点任务，在贫困残疾人精准识别、残疾人证办理、脱贫攻坚突出问题排查等方面履行职责、发挥作用。

【扶贫培训】 8月，在青海省西宁市举办基层残联脱贫攻坚工作培训班，组织西藏、青海、新疆南疆四地州基层残联负责人参加培训。

【文化扶贫】 2019年，推进送文化下基层，助力脱贫攻坚。中国残疾人艺术团以“共享芬芳·共铸小康”为主题，赴8个省区市开展公益演出活动。

【扶贫宣传】 6月，中国残联、国务院扶贫办、中国共产主义青年团中央委员会、中华全国妇女联合会组织12名残疾人脱贫典型和助残先进典型代表组成报告团，在内蒙古、河南等6省区开展先进典型事迹巡回报告宣讲活动。

10月14日，中国残联、国务院扶贫办、民政部共同举办“残疾人脱贫攻坚论坛”，各地交流分享经验做法。10月17日，中国残联会同国务院扶贫办召开贫困残疾人脱贫攻坚专题座谈会，研究部署贫困残疾人脱贫攻坚工作。

中国残联编辑出版《自强之歌》，对近年来涌现的残疾人自强模范和典型人物的事迹进行宣传；在中国残联“两微一端”设立《自强风采录》《助残风尚志》专栏，展示全国残疾人脱贫攻坚先进典型，已推送80期。

【定点扶贫】 2019年，中国残联坚持精准扶贫精准脱贫，不断强化责任，调整补充脱贫攻坚领导小组成员，定期研究帮扶工作，制定《中国残联2019年定点扶贫南皮县工作实施方案》。2019年，中国残联定点帮扶河北省南皮县，投入帮扶资金586.27万元，引进帮扶资金250.15万元，为南皮县培训基层干部619人、技术人员808人，购买农业副产品204.55万元，帮助销售农业副产品10.03万元。2019年，中国残联在定点扶贫成效评价中被评为“较好”等次。

1月、9月，中国残联领导分赴南皮县调研定点扶贫工作，走访慰问贫困残疾人家庭，与县镇村三级基层干部座谈，调研电商扶贫项目、残疾人种植综合服务基地、扶贫幸福院建设情况，考察特殊教育学校、残疾人托养中心、残疾人服务设施等，了解贫困残疾人遇到的困难和问题。选派35批次250人赴南皮县考察调研、开展帮扶，形成督促指导报告13份，发现主要问题27个。

帮助南皮县“一中心、三基地”建设，即“县残联托养中心”投入使用，“智能辅具研发扶贫基地”“残疾人种植综合服务基地”“残疾人文化创业基地”挂牌运行。加强卫生医疗机构合作，通过医联体建设、合作办院、专业培训等，提高南皮县医疗保障水平，为残疾人特别是残疾儿童提供康复服务，捐赠适配辅助器具。《三月风》《中国残疾人》杂志为南皮县免费投放价值100余万元的精准扶贫公益广告。组织开展以“自强脱贫、助残共享”为主题的残疾人脱贫和助残扶贫先进典型事迹报告会。免费制作发放第三代残疾人证。开展盲人按摩培训，推动残疾人培训和就业工作。帮助建立村级幸福院，提供资金、设备、技术等支持。与南皮县贫困村开展结对共建，组织党员干部自发捐款捐物。

（中国残疾人联合会扶贫办　郝大鹏）

中华全国工商业联合会扶贫

【概述】 2019年，中华全国工商业联合会(以下简称“全国工商联”)落实中共中央总书记习近平给“万企帮万村”精准扶贫行动受表彰民营企业家的重要回信精神，组织引导民营企业投身脱贫攻坚战。截至2019年年底，进入“万企帮万村”精准扶贫行动台账管理的民营企业有9.99万家，精准帮扶11.66万个村(其中建档立卡贫困村6.56万个)，产业投入819.57亿元，公益投入149.22亿元，安置就业73.66万人，技能培训111.33万人，共带动和惠及1434.42万建档立卡贫困人口。

【消费扶贫】 1月，中共中央统一战线工作部、全国工商联、全国工商联农业产业商会主办“万企帮万村”农业产业扶贫论坛暨消费扶贫对接会，帮助“三区三州”深度贫困地区打通特色农产品产供销体系，利用龙头企业带动和供应链、金融、渠道的配套打造扶贫产业链闭环，帮助贫困群众建立脱贫长效机制。本次活动共签订扶贫产业投资金额18亿元，商贸扶贫金额28.2亿元，消费扶贫订单150万元。

【金融扶贫】 5月，全国“万企帮万村”行动产业扶贫项目金融支持供需对接座谈会在贵州省贵阳市召开，引导金融扶贫资源聚焦民营企业精准扶贫项目，推动形成政府部门、金融机构和民营企业扶贫合力，共同构建扶贫长效机制。座谈会上，贵州省工商业联合会与中国农业发展银行贵州省分行、中国建设银行贵州省分行、中国农业银行贵州省分行签订《支持民营经济发展合作协议》。其中，农发行贵州省分行、建行贵州省分行各自与10家企业签订拟授信协议。会前，农行贵州省分行、建行贵州省分行对370多个产业扶贫项目进行高效务实对接，形成88个放贷授信意向项目，金额41.5亿元，并在现场与部分代表企业签约。

【光彩事业】 7月，以“汇聚民企力量，助力临夏脱贫”为主题的“中国光彩事业临夏行”在甘肃省临夏回族自治州(以下简称“临夏州”)举行，由中国光彩事业促进会、甘肃省人民政府共同举办。活动期间，举行产业投资项目、消费扶贫、金融扶贫签约和公益捐赠。对接洽谈项目196个，投资金额490.85亿元，其中签订合同项目103个，合同金额234.82亿元，协议金额256.03亿元。达成光彩事业行消费扶贫协议金额1.75亿元，厦门东西协作消费扶贫协议金额1亿元，4家企业与临夏州农牧投资发展集团有限公司达成长期帮扶合作协议。中国民生银行兰州分行在5年内为临夏州提供不少于50亿元的综合授信支持和现代化金融服务。组织民营企业捐赠款物8000多万元，其中现金捐赠3546万元。甘肃省和临夏州的民营企业捐款捐物。

【扶贫会议】 7月，第十二届中华全国工商业联合会扶贫工作委员会第二次全体会议在贵州省织金县召开。全国工商联主席高云龙出席并讲话，部署脱贫攻坚工作。第十二届扶贫工作委员会自2018年11月成立以来，围绕助推广西壮族自治区百色市和贵州省织金县支柱产业发展，计划投资100多亿元，公益捐款捐物4336万元。

【民营企业南疆行】 8月，全国工商联、国务院扶贫办和新疆维吾尔自治区人民政府联合举办“民营企业南疆行”活动。3月以来，新疆南疆四地州与东中部10省市民营企业共签订招商引资项目176个，总投资317亿元，其中在活动大会现场签约的合同项目共74个，合同金额163亿元，项目涉及农副产品加工、纺织服装、电子信息、轻工、商贸物流、特色种植养殖等劳动密集型和涉农产业。

【万企帮万村】 8月，全国工商联和青海省人民政府联合主办主题为“立下愚公移山志，不获全胜决不收兵”的“万企帮万村”精准扶贫行动精选画展，重点展示“万企帮万村”精准扶贫行动中受表彰企业和扶贫一线干部投身脱贫攻坚事业的感受和实践，精选民营企业500强的扶贫事迹作品42幅，展示扶贫精神、扶贫事迹、脱贫新貌、减贫案例。

【东西部扶贫协作论坛】 8月，2019中国民营企业500强峰会东西部扶贫协作专场论坛在青海省西宁市举办。论坛的主要目的是打造一个交流对话平台，分享民营企业参与东西部扶贫协作的经验做法，总结提升“万企帮万村”行动在东西部扶贫协作领域的实践理论。

【民营企业社会责任报告】 8月，全国工商联发布《中国民营企业社会责任报告(2019)》。报告指出，2018年民营企业履行社会责任主体内容由追求守法合规，上升到创造经济社会和环境综合价值方面。截至2019年6月底，进入“万企帮万村”精准扶贫行动台账管理的民营企业有8.81万家，精准帮扶10.27万个村(其中建档立卡贫困村5.53万个)，产业投入753.71亿元(其中购买农产品75.37亿元)，公益投入139.1亿元，安置就业66.15万人，技能培训94.1万人，共带动和惠及1163万建档立卡贫困人口。

【公益慈善项目交流展示会】 9月，由民政部、国务院扶贫办、全国工商联等主办的第七届中国公益慈善项目交流展示会在深圳举行，主题为“聚焦脱贫攻坚，共创美好生活”。展示会上，22个省区市工商联组织140余家企业参与扶贫产品展销，设置“精准扶贫精选画展”，展示“万企帮万村”中涌现出的民营企业优秀代表和示范项目。本届慈展会共吸引791个机构、896个项目和917种消费扶贫产品参展，133个扶贫项目实现资源对接，项目对接金额58.4亿元，各类消费扶贫产品订单采购16.3亿元。

【精准扶贫行动论坛】 10月，全国“万企帮万村”精准扶贫行动论坛在北京举办，是2019年全国扶贫日系列论坛的重要组成部分。参与“万企帮万村”的民营企业家、商会代表、部分地方工商联和光彩会负责人，全国工商联、国务院扶贫办、中国光彩会、中国农业发展银行有关人员参加论坛。

【扶贫座谈会】 10月，全国工商联、国务院扶贫办、中国光彩事业促进会、中国农业发展银行在北京举办中共中央总书记习近平给“万企帮万村”精准扶贫行动受表彰民营企业家重要回信一周年座谈会。中央政治局委员、国务院副总理胡春华接见与会代表；会上宣读关于表彰全国“万企帮万村”精准扶贫行动先进民营企业的决定；徐志新、尹建敏、张建忠、徐冠巨、高德康和郑金龙等多位企业家在会上作交流发言。

【定点扶贫】 2019年，全国工商联定点帮扶贵州省织金县。7月，高云龙赴织金县调研，先后深入5个贫困村看望慰问贫困户，走访扶贫企业，了解经营和帮扶情况，捐款捐物1296万元。11月，中央统战部副部长、全国工商联党组书记徐乐江赴织金县调研，检查全国工商联“五个一”精准扶贫项目，走访特色农产品种植基地和精加工企业、中石化织金煤化工项目、平远古镇文化旅游综合体等，慰问贫困群众，与驻村干部、帮扶企业、扶贫干部等座谈，捐款捐物1000万元。1月，全国工商联副主席谢经荣赴织金县调研，看望挂职干部和扶贫干部，慰问贫困群众，查看帮扶项目。

围绕解决“两不愁三保障”突出问题，聚焦织金县水窖建设、危房改造和种养殖三类扶贫项目，动员十二届执委和机关、直属单位干部、职工开展认捐，募集资金5386万元，实施“五个一”精准扶贫项目，改建危房756套，新建水窖1985口，种植皂角苗2099亩，养殖肉牛115头、生猪25头，惠及建档立卡贫困群众3707户14999人。

指导织金县开展“百企帮百村”工作，联引全国工商联扶贫工作委员会企业与织金县达成农产品销售、蛋鸡养殖、全域旅游、乡村教师保险等项目合作。组织“百企帮百村”精准扶贫行动新引进帮扶企业（合作社）23家，投入产业帮扶资金2.2亿元，帮扶9590名建档立卡贫困人口。协调中蔼万家扶贫车间中心工厂开工，招收易地扶贫搬迁贫困劳动力就业；推进正邦集团有限公司年产15万头生猪扩繁厂建成；推动河北千喜鹤饮食股份有限公司（以下简称“千喜鹤集团”）与织金县合作。

购买贫困地区农产品162.09万元，帮助销售贫困地区农产品1.99亿元。其中，机关购买织金县农产品15万元，干部职工购买贫困地区贵州省雷山县茶叶16.13万元，通过“联成e家”消费扶贫专区购买贫困地区农产品130.96万元。千喜鹤集团2019年帮助销售毕节市贫困地区农产品1.99亿元，其中织金县农产品3139.53万元。

3月，举办毕节市乡村中医技术培训班，培训织金县乡村医生32名。6—7月，举办全国工商联第17期乡镇干部培训班，培训织金县乡镇干部32人。10—11月，举办织金县农民专业合作社理事长培训班，培训合作社理事长100人，其中建档立卡贫困村合作社理事长35人。开展绣娘培训班4期，培训绣娘808人，其中建档立卡贫困人口625人，协调依文服饰股份有限公司和唯品会信息科技有限公司订单提供就业保障。

全国工商联捐赠300万元为647名贫困家庭学生发放助学补贴，碧桂园控股有限公司捐赠100万元资助527名贫困家庭学生，明日之星教育基金会捐建价值100万元的人工智能创新教育示范中心。

9月，全国工商联旅游业商会参加在织金县举办的贵州省旅游发展大会，协助织金县制定全域旅游规划；3月、6月，全国工商联烘焙业公会2次为织金县马场镇百余名学生捐赠校服和学习用具；11月，全国工商联冶金业商会捐资30万元为织金县龙场镇民族村购买生活用品，修建人居改善设施；10月，全国工商联家具业商会、礼品业商会参加织金县在北京市新发地举办的消费扶贫活动，签署合作协议。

（全国工商联扶贫与社会服务部　林原羽）

国家开发银行扶贫

【概述】 2019年，国家开发银行（以下简称“开发银行”）贯彻落实中共中央、国务院脱贫攻坚决策部署，发挥开发性金融的功能和作用，全力支持打赢脱贫攻坚战。通过多年实践探索，开发银行形成“113431”扶贫工作体系：即建立一个以扶贫金融事业部为主体，全行共同参与、协同作战的高效组织保障体系；制定一个明确时间点、路线图的脱贫攻坚实施规划；明确融制、融资、融智“三融”扶贫策略；坚持易地扶贫搬迁到省、基础设施到县、产业发展到村（户）、教育资助到户（人）的“四到”思路方法；开展深度贫困地区脱贫攻坚、东西部扶贫协作和定点扶贫“三大行动”；建立一个有效的考核监督体系。2019年，开发银行发放扶贫贷款3474亿元，连续14年蝉联人民网“人民社会责任奖”，连续3年获新华网“社会责任精准扶贫奖”。

【组织领导】 开发银行每季度召开脱贫攻坚领导小组会议，并通过召开党委会、全行扶贫开发工作会议、定点扶贫专题会、东西部扶贫协作和深度贫困地区脱贫攻坚工作推进会，传达学习中央扶贫精神，研究部署工作。制定《关于切实做好2019—2020年金融扶贫工作的意见》《关于大力支持“两不愁三保障”的意见》等文件，37家分行党委签订脱贫攻坚责任书，压实主体责任，确保各项工作落到实处。

【基础设施建设】 2019年，发放农村基础设施领域贷款472亿元，累计发放3649亿元，贷款余额2834亿元，支持建设村组道路31万千米、全国中小学校舍安全工程6508个、农村危旧房改造57万户、安全饮水设施20万个，惠及建档立卡贫困人口2803万。加大贫困地区交通、水利、能源等重大项目支持力度，2019年发放重大基础设施贷款1509亿元，累计发放9213亿元，贷款余额6733亿元，覆盖300个贫困县。

【产业扶贫】 2019年，开发银行围绕巩固脱贫成果发放产业扶贫贷款1183亿元，贷款余额1643亿元，带动贫困人口40万人次就业增收。合作开展转贷款，对贫困县金融机构实施差异化准入政策，扩大贫困县转贷款覆盖范围。2019年，发放转贷款1000亿元，其中用于产业扶贫的转贷款为105亿元。引导中央企业、地方国企、大型龙头企业产业链向下延伸，支持贫困地区发展特色产业，推动构建龙头企业与贫困人口利益联结机制，以产业带动贫困户增收脱贫。

【易地扶贫搬迁】 2019年，发放易地扶贫搬迁后续发展贷款212亿元，重点支持安置人口在1000人以上，尤其是3000人以上大型安置区发展，覆盖84个县1452个集中安置区，惠及搬迁群众约27万人。比如，结合甘肃省古浪县产业特点和搬迁群众后续发展需求，贷款1.4亿元支持顶乐牧业富硒肉牛产业园、万头种羊繁育基地等搬迁后续产业项目，惠及搬迁人口872人。

【教育扶贫】 2019年发放助学贷款310亿元，贷款余额1033亿元，累计发放1957亿元，支持家庭经济困难学生1334万人，其中建档立卡贫困户学生229万人。整合社会、企业、高校等资源，举办贫困学生专场招聘会，共有6145家企业提供岗位超过14.6万个，约1.9

万名学生达成初步就业意向。

【深度贫困地区脱贫攻坚】 2019年，向“三区三州”等深度贫困地区发放扶贫贷款1436亿元。召开支持深度贫困地区脱贫攻坚第三次推进会，采取降低项目准入信用等级、贷款项目不设利率下限、提高不良贷款容忍度等差异化政策，加大政策倾斜力度。

【东西部扶贫协作】 召开东西部扶贫协作推进会，整合各方资源，对接协作需求，加大推动力度。2019年，发放东西部扶贫协作贷款389亿元，累计发放600亿元，支持东西部扶贫协作项目126个，直接带动建档立卡贫困人口1万余人，如支持北京首都农业集团有限公司在河北省大名县开展小优鸡项目，以“龙头企业+基地+农户”方式带动3300名贫困户增收。

【扶志扶智】 2019年，举办脱贫攻坚地方干部培训班9期，培训扶贫干部790人。赴云南省墨江哈尼族自治县、大关县等地“送教上门”，并通过现场授课与视频教学相结合方式扩大培训受益范围。围绕产业发展、东西部扶贫协作、乡村振兴等重点领域，累计为贫困地区编制相关融资规划和咨询报告110余份。向贫困地区派驻扶贫金融专员、驻村第一书记等各类扶贫干部228人，在政策宣传、规划编制、扶贫项目策划、融资模式设计等方面协助地方政府推动脱贫攻坚工作。

【国际减贫】 启动印度尼西亚和斯里兰卡两国咨询研究，赴两国实地调研，宣传中国的减贫经验，提出减贫咨询建议和中国扶贫参考案例。以市场化方式支持斯里兰卡饮水及灌溉项目、马尔代夫保障房项目等“一带一路”沿线重点国家减贫发展项目，打造一批可推广、能复制的国际减贫示范工程。与国家国际发展合作署等合作，举办2019年发展中国家开发性金融与国际减贫部级官员研讨班，埃塞俄比亚、老挝等10个国家相关官员31人参加，对外宣介中国减贫经验与成果。

【扶贫领域作风建设】 印发《国家开发银行落实中央脱贫攻坚专项巡视反馈问题整改要求工作方案》，对标中央要求，逐一开展自查，制定问题清单、任务清单、责任清单。开展扶贫贷款跟踪审计和脱贫攻坚专项督查，梳理扶贫领域问题，举一反三，加强制度建设，强化扶贫领域作风建设。加强风险防范，完善扶贫信贷管理方法，强化扶贫项目准入把关和信用结构建设，做好易地扶贫搬迁贷款调整规范和管理，强化监督执行，严格控制贷款用途和流向，防止贷款资金挪用。

【定点扶贫】 2019年，开发银行定点帮扶贵州省道真仡佬族苗族自治县（以下简称“道真县”）、务川仡佬族苗族自治县（以下简称“务川县”）、正安县和四川省古蔺县等4个县脱贫攻坚，4个县于2019年年底全部实现脱贫摘帽。开发银行董事长担任定点扶贫领导小组组长，赴古蔺县、正安县调研，召开定点扶贫座谈会；党委班子成员赴4个县加强定点扶贫调研和推动工作。制订《国家开发银行2019年定点扶贫工作计划》，提出11个方面35条具体支持举措。2019年，开发银行向4个定点县发放扶贫贷款20.35亿元，支持当地人居环境整治、产业发展、特色小城镇等项目；向贵州省3个县各增派1名干部，协助当地开展扶贫工作；培训4个县地方干部2256人、技术人员1673人；向4个县落实捐赠资金3300万元、引入帮扶资金284.8万元，重点支持解决“两不愁三保障”突出问题；加大消费扶贫力度，直接购买贫困地区农产品1085万元，帮助销售农产品301万元。同时，在规划咨询、招商引资、助学助业、督促指导等方面多措并举，支持定点扶贫县贫困人口脱贫和经济社会可持续发展。与最高人民检察院、中共中央党校、国家外汇管理局等部门加强合作，合力推进定点扶贫工作。

（国家开发银行扶贫金融事业部　张　波）

中国农业发展银行扶贫

【概述】 2019年,中国农业发展银行(以下简称“农发行”)彰显“支农为国、立行为民”的家国情怀,秉承“不忘初心、牢记使命”的责任担当,坚定金融扶贫先锋主力模范目标不动摇,坚持以服务脱贫攻坚统揽支农全局的战略定位,累计投放扶贫贷款4045.33亿元,余额1.39万亿元,投放额和余额保持金融同业首位,产业扶贫贷款投放占64%,“三区三州”扶贫贷款增速是全行扶贫贷款增速的1.6倍,国家定点贫困县分支机构实现扶贫业务全覆盖,扶贫类不良贷款实现双降,荣获全国脱贫攻坚奖组织创新奖,在中央单位定点扶贫工作考核中获评“好”等次。

【组织领导】 农发行坚持以服务脱贫攻坚统揽业务发展全局,组织召开脱贫攻坚工作会、深度贫困地区脱贫攻坚工作推进会、脱贫攻坚工程领导小组会、扶贫金融事业部执行委员会等会议8次,安排扶贫工作。实施“四级书记抓扶贫”,建立领导分片包干扶贫责任机制。出台《关于做实扶贫金融事业部的工作方案》,建立事业部“1+N+M”组织架构和“一组两会”运行机制。印发《中国农业发展银行省级分行支持脱贫攻坚工作考核方案(2019年修订)》,完善覆盖省级分行、总行机关部门的脱贫攻坚考核体系。

【深度贫困地区脱贫攻坚】 在贵州省贵阳市召开支持深度贫困地区脱贫攻坚工作推进会,部署支持深度贫困地区脱贫攻坚工作。实行分级督导制度,农发行总行领导深入“三区三州”等深度贫困地区调研督导38次,总行部室负责人和省级分行负责人深入中西部169个深度贫困县调研督导460余次,抓好工作落实,推动解决重点难点问题。将28条差异化政策的支持范围扩大到“三区三州”之外的中西部169个深度贫困县以及定点扶贫县和对口支援县,惠及全部深度贫困地区。印发《关于进一步加大对“三区三州”等深度贫困地区脱贫攻坚差异化支持力度的通知》,出台“新10条”差异化政策,进一步降低准入门槛、放宽担保要求、降低融资成本、简化办贷流程。量身定制深度贫困地区金融服务方案,青海“牦牛贷”金融服务方案产生示范效应,推动西藏自治区和四省藏区青稞扶贫、牦牛产业扶贫,累计发放青稞贷款2.34亿元、牦牛贷款2.98亿元。用好用足“三区三州”专项扶贫再贷款特惠政策,让利“三区三州”,贷款利率为2.75%~2.95%,率先领用30亿元首批专项扶贫再贷款资金,支持64家企业。截至2019年年底,农发行在深度贫困地区扶贫贷款余额2568.92亿元,其中“三区三州”扶贫贷款余额1199.3亿元。

聚焦“三保障”落实国务院扶贫开发领导小组《关于解决“两不愁三保障”突出问题的指导意见》,发挥政策性金融产品“组合拳”优势,支持解决“三保障”突出问题。对接国家教育扶贫工程、健康扶贫工程、贫困村提升工程项目库,总结汇编6个创新模式10个典型案例,推动公益性项目市场化运作。优化“三保障”信贷支持政策,贷款期限延长至20年,放宽偿债备付率。2019年,累计投放教育扶贫贷款、健康扶贫贷款、贫困村提升工程贷款等“三保障”专项贷款301.64亿元,余额708.9亿元,支持3900多所学校改善办学条件，支持36个贫困市县改善医疗卫生服务条件，支持1万多个贫困村改善生产生活条件。

【易地扶贫搬迁】 做好易地扶贫搬迁融资政策衔接工作，围绕1000万建档立卡易地扶贫搬迁人口脱贫问题，研究易地扶贫搬迁后续扶持信贷政策，及时将工作重心转移到易地扶贫搬迁后续扶持工作上，加大支持力度。按照"执行政策、把握精准、合规操作、防控风险"的原则，做好易地扶贫搬迁资金支付和贷后管理工作，2019年累计收回易地扶贫搬迁贷款404.68亿元，余额2015.32亿元。

【产业扶贫】 出台《关于全面推动产业扶贫信贷业务发展的工作意见》，制定产业扶贫流动资金和固定资产贷款管理办法，构建覆盖贫困地区传统产业、特色产业、新产业新业态等综合性的产业扶贫体系。支持贫困地区粮食收购，2019年累计投放粮棉油扶贫贷款1407.1亿元，余额3190.2亿元。推动种养+扶贫，支持贫困地区重点生态工程、生产基地扶贫、电商扶贫、科技扶贫，2019年累计投放特色产业扶贫贷款1051.85亿元，余额1819.86亿元。支持田园综合体、一二三产业融合、扶贫车间（扶贫工厂）等新产业新业态项目在贫困地区落地，2019年累计投放新兴产业扶贫贷款214.15亿元，余额210.89亿元。推动产业扶贫风险补偿基金"吕梁模式"加快落地，推动13个省建立风险补偿基金30支，到位风险补偿基金共11.95亿元，支持企业194家，累计投放39.87亿元，带动贫困户12890人。

【基础设施建设】 聚焦贫困地区交通出行、危房改造、饮水安全、人居环境改善、公共服务均等化等领域，加大精准扶贫项目支持力度。将脱贫攻坚与落实长江大保护和黄河流域生态保护战略有效融合，出台信贷政策支持贫困地区防洪安全、饮水安全和生态安全专项行动。2019年，累计投放基础设施扶贫贷款1150.3亿元，余额6020.7亿元。

【东西部扶贫协作和万企帮万村行动】 2019年，农发行提高东西部扶贫协作水平，推动更多东部地区优质客户、产业项目、资金、担保资源涌向西部贫困地区，通过东西部扶贫协作累计投放扶贫贷款129.25亿元，余额137.48亿元。支持"万企帮万村"行动，推动全国31个省级分行与当地工商联、扶贫办和光彩会建立省级合作机制，支持项目库企业1600家，余额884.65亿元，帮扶贫困人口76.9万人。支持"万企帮万村"案例被人民日报评选为"2019年中国普惠金融典型案例"。

【精准扶贫管理】 始终将精准作为政策性金融扶贫的生命线，进一步完善扶贫贷款认定管理，明确认定标准、规范认定资料和依据。建立以扶贫认定为关键、带贫成效为核心的扶贫贷款质效全流程管理制度，开展扶贫贷款放款监督全流程非现场抽查，提升扶贫信贷投向的精准性、资金使用的合规性和业务操作的规范性。开展扶贫贷款数据质量专项治理，按照20%比例抽样评估275个县级机构扶贫贷款数据质量，并组织全行对存量扶贫贷款进行自查。

【风险防控】 加强扶贫贷款管理，推动实施信贷管理体系改革，推动扶贫贷款基础管理水平有效提升。将内控合规管理要求嵌入扶贫业务制度和流程，做到真扶贫、脱真贫。按照打好防范化解金融风险攻坚战的要求，推进全面风险管理体系建设，推动扶贫类不良贷款实现双降。截至2019年年底，扶贫不良贷款余额31.32亿元，比年初下降6.24亿元；不良贷款率为0.23%，比年初下降0.05个百分点。

【资源保障】 农发行围绕服务脱贫攻坚强化政策扶持、优化资源配置，保障全行服务脱贫攻坚优先发展。创新发行产业扶贫债券480亿元，累计通过发行扶贫类债券筹集资金2238亿元；将抵押补充贷款（PSL）资金支持范围扩大到乡村振兴各领域，并突出支持深度贫困地区扶贫业务，累计投入贫困地区抵押补充贷款资金1265亿元，其中投入“三区三州”388亿元。加大激励性财务费用与精准扶贫贷款的挂钩力度，挂钩权重按高于其他贷款20%确定，比2018年提高5个百分点。争取财政部批复的扶贫捐赠指标比2018年有较大幅度增长。制定专门意见指导“三区三州”行与东部地区行加强干部交流，在总行机关和扶贫工作重点省市分行之间交流20名扶贫业务骨干。明确“三区三州”所在行招聘建档立卡贫困大学生原则上不少于校园招聘计划的10%，已接收126名。举办2期“三区三州”基层行骨干培训班培训120人，举办扶贫信贷业务培训班培训70人。

【扶贫领域腐败和作风问题专项治理】 开展扶贫领域腐败和作风问题专项治理，制定扶贫领域腐败和作风问题专项治理工作方案，指导各级分行把作风治理与脱贫攻坚各项重点工作一体推进、一体落实。联合驻行纪检监察组开展专项抽查，派出6个检查组对12个省级分行、48个市县级分行的整改情况进行检查。加强警示教育，通报6起扶贫领域腐败和作风问题典型案例，做到以案说法、以案明纪。

【定点扶贫】 2019年，农发行定点帮扶吉林省大安市、广西壮族自治区隆林各族自治县、贵州省锦屏县、云南省马关县，强化“四融一体”（融资、融智、融商、融情）帮扶体系，开展定点扶贫专项督导，创新合作模式，协调社会力量合力扶贫。2019年，投入帮扶资金2382.85万元，引进帮扶资金2710.78万元，投放信贷资金19.234亿元，帮助引入投资11.86亿元。发挥政策性金融优势，结合各定点县的资源禀赋、产业基础和脱贫需求，帮助量身定制金融服务方案。推出38条差异化支持政策，适当降低准入门槛、放宽贷款担保要求、执行优惠利率定价，2019年累计向定点扶贫县投放贷款19.8亿元，贷款余额90.8亿元。2019年，举办扶贫干部培训班7期，培训713人；培训致富创业带头人和实用科技人才1645人。启动乡村中小学教学水平提升项目，累计培训60名中小学教师。帮助定点扶贫县新落地招商引资项目14个，引进投资11.86亿元。在浙江省杭州市召开产业扶贫招商引资对接会，邀请东部发达地区60家企业、20家爱心捐赠单位参会，与定点扶贫县政府签订合作协议12个，意向投资金额20亿元。追加定点县捐赠指标至1550万元，用于公益性、基础性项目建设；拨付专项扶贫党费200万元，用于加强定点县基层党建，发动全行干部职工爱心捐赠400万元。建立以购代捐长效机制推动消费扶贫，自主开发上线“农发易购电商平台”，在总行机关长期设立贫困地区农副产品展销专区，累计购买扶贫县农产品1177.4万元，帮助销售贫困地区农产品37813.56万元。

（中国农业发展银行　杨雪枫）

中国农业银行股份有限公司扶贫

【概述】 2019年，中国农业银行股份有限公司（以下简称“农业银行”）将金融扶贫作为一项重要政治任务来抓，切实加大政策资源投入，不断丰富金融扶贫形式，持续优化工作推进机制。截至2019年年底，农业银行在832个国家扶贫开发工作重点县贷款余额10914亿元，精准扶贫贷款余额3942亿元。

【信贷资金投入】 加大重点领域信贷支持力度。重点支持贫困地区基础设施建设、民生设施改善、特色产业开发及贫困人口发展生产，引导扶贫企业带动贫困农户共同发展。2019年，在832个国家扶贫工作重点县新增贷款1676亿元，新增精准扶贫贷款642亿元。进一步扩大贫困地区分行的产品创新权限，增设14个三农产品创新基地，贫困地区三农产品创新基地总数为34个。指导相关分行创新符合扶贫企业和建档立卡贫困人口需要的贷款产品，全年创新推出金融扶贫产品17个。把深度贫困地区作为金融扶贫工作的重中之重，将资金、人员、政策等各类资源最大程度地向其倾斜，实施差异化信贷政策，在业务准入、审查审批、风险容忍、尽职免责等方面给予专项支持。截至2019年年底，农业银行在深度贫困县各项贷款余额4026亿元，比年初增加688亿元。其中，在“三区三州”深度贫困县各项贷款余额1128亿元，比年初增加175亿元。

【非信贷扶贫】 动员各级机构和全体员工，通过后勤集采、员工自愿购买、帮助销售等方式采买贫困地区特色农产品，直接购买和帮助销售贫困地区农产品累计超过8亿元。创办“扶贫商城”，搭建特色农产品展销平台，与160余家中央和国家机关单位、中央企业等开展合作，上线商品实现592个中央单位定点帮扶县全覆盖，对832个国家扶贫工作重点县覆盖率超过90%，线上交易额超过3000万元。发挥东部地区行经营管理、资金技术、客户资源等方面优势，统筹安排上海、江苏等12家东部地区行结对帮扶“三区三州”12个地州，建立日常对接机制，2019年共引进落地8个投资项目。组织开展教育扶贫和就业扶贫。实施“金穗圆梦”助学活动，由农业银行各级单位和员工自愿捐款5178万元，按每人5000元的标准资助3832名贫困家庭新生。实施“千人计划”，将应聘农业银行的深度贫困地区贫困家庭大学毕业生全部纳入笔试和面试范围，符合条件的优先录用，已招聘547人。

【基础金融服务】 加大贫困地区网点建设投入。优先保障贫困地区网点建设改造投资需要，向贫困地区新建网点开辟绿色通道，加快建设周期。2019年，农业银行在贫困地区累计新建在建人工网点57个、自助网点46个。扩大惠农通服务点覆盖面。在物理网点无法布局的乡镇，农业银行主要通过布放惠农通电子机具满足当地居民基础金融服务需求。全年共在832个国家扶贫工作重点县新布放电子机具4.21万台。推广掌上银行、网上银行和“惠农e通”平台，截至2019年年底互联网服务方式已覆盖至全部贫困县，扶贫重点县掌银客户数突破1000万。试点开展流动金融服务。为四川、云南、西藏、新疆等地“三区三州”分行配置移动服务车，通过优化网点劳动组合、弹性排班等方式释放人力资源投入流动服务,全年共为190个空白乡镇提供移动金融服务。

【政策资源保障】 倾斜信贷资源。对国家扶贫工作重点县支行贷款实行计划单列,予以全额保障,经济资本超计划部分由总行全额补充。在信贷业务审查审批、风险容忍、尽职免责等方面向贫困地区行倾斜。倾斜费用和捐赠资源。自2016年起,每年投入1亿元专项工资和1亿元专项费用,专项用于金融扶贫工作激励,2019年增加到2亿元工资和2亿元费用,在服务三农下乡差旅费开支政策、“三区三州”深度贫困县机构职工周转房建设等方面给予更大支持。选派优秀人才充实扶贫一线。增加贫困地区行招聘计划指标,适度放宽招聘条件,2019年共为国家扶贫工作重点县支行招聘新员工1993人,全行新选派扶贫干部667人。截至2019年年底,在扶贫一线的农行干部总数2410人,其中国家扶贫工作重点县1495人,深度贫困县842人。强化对客户让利和基层行激励。对全行个人类精准扶贫贷款执行不高于基准利率、最低可执行基准利率0.9倍的优惠政策,对深度贫困地区法人类精准扶贫贷款客户执行不高于贷款市场报价利率(LPR)的优惠政策。对经营行因发放优惠利率贷款而导致的收益损失,总行给予专项收益补贴。

【组织领导】 农业银行党委对金融扶贫工作直接部署、推动,对重点工作直接抓、直接督。2019年党委班子成员30次深入扶贫一线调研,协调解决基层行金融扶贫工作的痛点、难点问题,协调解决基层行建议诉求160余条。总行金融扶贫工作领导小组先后多次召开会议及全行性工作会议,研究金融扶贫工作,部署、压茬推进工作开展,完善“总行统筹、省市分行推进、县支行抓落实”的金融扶贫工作管理机制,层层压实责任。针对中央脱贫攻坚专项巡视反馈意见,研究制定整改问题、任务、责任清单,落实责任部门与责任人,实行挂图作战、按期督办、销号管理。

【定点扶贫】 2019年,农业银行定点帮扶河北省武强县和饶阳县、重庆市秀山土家族苗族自治县、贵州省黄平县。党委班子成员先后6次赴定点扶贫县调研,总行机关和省(市)分行先后277人次赴定点扶贫县调研,协调解决定点县支行金融扶贫中的困难和问题。截至2019年年底,农业银行在4个定点扶贫县贷款余额104亿元,比年初增加15.3亿元。选派总行优秀干部赴定点扶贫县挂职副县长、驻村第一书记、支行副行长,协助引进资金、信息、技术。聚焦定点扶贫县产业发展、贫困村基础设施建设、专业人员培训、“两不愁三保障”等领域,2019年向4个定点县累计投入直接帮扶资金1.1亿元,实施39个扶贫项目,受益贫困人口超过4.3万人次。组织北京、山东、广东、浙江4个发达地区分行对口帮扶4个定点扶贫县,2019年4家分行共协助引进无偿帮扶资金2358万元,帮助促成7个招商引资项目落地,实际投资3.7亿元。在2019年中央定点扶贫单位工作考核中,农业银行被评为“好”等次。人民日报、中国中央电视台、新华社等主流媒体都专门宣传报道农行服务“三农”举措和精准扶贫成效。在金融时报社组织的“2019年度中国金融机构金牌榜·金龙奖”评选中,农业银行获评“年度最佳脱贫攻坚银行”;被南方周末评为“2019精准扶贫贡献年度典范企业”;被中国网评为“优秀扶贫先锋机构”。农业银行选派饶阳县的挂职副县长李海波获“全国脱贫攻坚创新奖”,派驻黄平县定点扶贫工作组被评为“贵州省脱贫攻坚先进集体”。

(中国农业银行股份有限公司扶贫开发金融部　惠　超　姚长存　韦春利)

中国国家铁路集团有限公司扶贫

【概述】 2019年，中国国家铁路集团有限公司(以下简称“国铁集团”)聚焦“两不愁三保障”突出问题和深度贫困地区，发挥铁路行业企业优势，多措并举创新帮扶方式，精准推进铁路建设扶贫、运输扶贫、定点扶贫等工作。国铁集团扶贫开发领导小组研究制定贯彻落实“两不愁三保障”要求的工作方案，形成“三年行动方案+专项工作制度办法”的铁路扶贫工作制度体系，组织18个铁路帮扶单位签订《定点扶贫责任书》、与帮扶乡镇签订《帮扶项目协议书》、与扶贫干部派出单位签订《定点扶贫任务书》，把扶贫工作情况纳入公司党组巡视和专项审计，实施月度督导、半年通报、全年综合评价考核制度。在2019年度中央单位定点扶贫工作考核中，国铁集团被评为“好”等次。

【贫困地区铁路建设】 落实《铁路建设扶贫行动方案(2018—2020年)》，加快推进14个集中连片特困地区，特别是深度贫困地区铁路项目规划建设。截至2019年年底，百项交通扶贫骨干通道工程16个铁路项目，已开通3项(青藏铁路格拉段扩能、张家口至大同、郑州至阜阳铁路)，在建12项，国家批复1项(西宁至成都铁路)；14个集中连片特困地区等老少边穷地区2019年投产铁路7440千米，完成铁路基建投资4175.8亿元。2019年，新投产铁路覆盖和惠及51个国家级贫困县，结束部分贫困地区不通铁路的历史。坚持将铁路建设与沿线贫困地区发展规划紧密衔接、深度融合，统筹规划实施道路、水电、通讯等基础设施建设。2019年，在14个集中连片特困地区实施的铁路建设中，累计修建永临结合道路970千米、水井288口、通信基站135座；使用当地农民工4.8万人次，支付劳务费23亿元，技能培训15万人次，采购农副产品4200万元，有效带动贫困地区经济发展和贫困群众增收。

【贫困地区旅客运输】 运用大数据分析贫困地区出行需求，适时开行棉农、高考、返乡专列等助学惠农列车，增强服务的精准性和有效性。优化开行途经贫困地区的旅客列车，2019年日均开行2328列(其中高铁、普速列车分别为1042列、925列)。组织开好81对公益性“慢火车”，经停500余个车站，分布在21个省区市，覆盖湘西、云贵、川北、东北、南疆等35个少数民族地区，方便贫困地区、边远山区群众出行，2019年运送旅客2600余万人，其中途经新疆南疆四地州、四川省凉山彝族自治州“慢火车”发送旅客120余万人。在不通铁路的地区建设具备购取票、公铁接驳、农副产品销售等功能的铁路无轨站154个，打通百姓出行与物流运输“最后一公里”。因地制宜改善铁路站车服务条件，最大程度满足贫困群众的出行需求，2019年14个集中连片特困地区旅客发送量约2.4亿人。

【重点物资运输】 调整贫困地区物流基地布局，加强货运服务设施建设。在国家级贫困县开办的货运站有512个。全面落实国家支农惠农政策，保障贫困地区重点物资供给和农产品外运需求。组织开行新疆棉花、东北粮食等农产品“点对点”运输专列，大宗货物直达列车，集装箱特色快运班列等，为贫困地区提供方便快捷的货运服务。2019年，累计运输贫困地区货物6.63亿吨，同时对涉农物资实施运价优惠政策，减免费用17.5亿元。比如，在云南省推进“高铁+扶贫”运输模式，每天组织15吨鲜花通过高铁和普客销往全国各地；在广西壮族自治区百色市组织“百色一号”果蔬绿色专列，运行6年来开行112趟，运量近4万吨，丰富北京及周边地区的“菜篮子”，也为百色市带来经济效益和社会效益，每年解决扶贫就业岗位超4000人次。

【消费扶贫】 实施定向采购专项行动，组织铁路单位建立集中采购消费扶贫机制，定期开展贫困地区农副产品直采直销活动；实施进站上车专项行动，在全国129个车站、1396列高铁动车组设立1624个扶贫产品直销店（专柜）帮助推介销售，将公益性“慢火车”和铁路无轨站打造成“乡村农贸市场”；实施电商扶贫专项行动，投入1400余万元开发运营铁路12306、中铁快运商城电商扶贫平台，对入驻企业免收平台费，利用铁路媒体资源广泛宣传推介；建立铁路建设消费扶贫督导机制，引导铁路建设施工单位优先采购贫困地区农副产品和劳务服务。同时，强化产销对接、带贫效果和质量保障。2019年，购买和帮助销售4个县（区）农副产品5010万元、其他国家级贫困县12446万元。

【两不愁三保障】 发挥铁路行业企业优势，研究制定贯彻落实工作方案和细化措施，帮助贫困地区重点解决“两不愁三保障”突出问题，推进中央决策部署在铁路扶贫工作中落实落地。聚焦定点扶贫地区义务教育、基本医疗、住房安全、饮水安全等短板，优先安排和调整铁路扶贫资金和项目的投入方向。同时，通过中国扶贫基金会、詹天佑科学技术发展基金会等筹集帮扶资金。2019年，投入“两不愁三保障”资金2167万元，其中投入4个定点扶贫县（区）1547.8万元，帮扶贫困人口5.8万人。

【扶贫宣传】 国铁集团参加中央和国家机关工委“不忘初心、牢记使命——优秀驻村第一书记先进事迹巡回宣讲”报告会和定点扶贫工作成果展。组织开展12306电商扶贫平台上线推介、“贫困儿童乘高铁看发展、立大志圆梦想”“创青春”、铁路定点扶贫青年创业大赛等扶贫主题活动。组织铁路文工团创作话剧《火火火车头》，印制《中国铁路扶贫纪实摄影作品集》。利用铁路宣传资源和学习强国、人民网、新华网等主流媒体平台，讲好铁路扶贫故事，2019年刊播宣传报道2600余篇、视频47部，编发《铁路扶贫直通车》6万册投放到270组高铁列车，在铁路主要车站设立655个公益扶贫宣传点，取得良好的社会效应。

【定点扶贫概述】 2019年，国铁集团定点帮扶河南省栾川县、陕西省勉县、宁夏回族自治区固原市原州区、新疆维吾尔自治区和田县。5月，栾川县正式脱贫摘帽，勉县、原州区、和田县以及部分省级定点扶贫村2019年年底达到脱贫条件等目标任务。2019年，向中央和省级定点扶贫地区投入帮扶资金（含捐助物资折算等）约1.35亿元，其中向4个定点扶贫县（区）投入资金超过1亿元。组织18个铁路局集团公司签订年度定点扶贫责任书，组织13家在京铁路单位协同做好帮扶工作。对深度贫困地区和田县加大倾斜帮扶力度，和田县的贫困发生率下降到0.06%。对栾川县持续加大投入，帮助培育发展“铁路小镇”等旅游产业项目和“栾川印象”特色品牌。扶贫干部增加到165人，其中4个定点扶贫县（区）100人。组织4个县（区）所在地铁路局重点帮扶的基础上，增加13家在京铁路单位协同帮扶。对栾川县增派4名驻村干部，铁路扶贫干部共12人。强化铁路扶贫领域廉政建设和作风建设，2019年有37名驻村干部被当地政府评为“优秀”，18人获得县级以上荣誉。2人事迹被《中央和国家机关驻村第一书记扶贫典型案例集》收录。

【产业扶贫】 加强龙头企业培育，实施“铁路帮扶+龙头企业+合作社+贫困户”等产业发展模式，精准选好项目、规范用好资金，2019年在定点扶贫地区实施产业项目174个，取得明显的经济效益和带动脱贫效果。一是与地方政府合力培育龙头企业。协同栾川县对当地12家企业、7个生产扶贫基地进行整合，扶持洛阳市川宇农业开发有限公司，打造栾川印象农产品加工销售的龙头带贫企业，可带动1751户贫困人口年人均增收1100余元。二是延伸扶贫项目产业链条。结合勉县实际，投入资金455万元建设标准化加工厂及产品研发中心，解决产业加工技术落后、品牌不强、附加值不高等问题。在原州区投入580万元，精准发展“铁路帮扶+龙头企业+合作社+致富带头人+贫困户”的养鸡、养牛扶贫车间和到户产业项目。三是实施特色产业提升工程。在栾川县投入1782万元，实施“铁路报废列车利用+集中搬迁+民宿旅游”的“铁路小镇”旅游产业项目。四是推动当地优势产业发展。在和田县投入资金2183.3万元，选择适合当地经济发展的葡萄庭院经济、多胎羊基地、打囊合作社、火车头餐厅等特色种植、养殖、手工业和旅游等特色产业，精准带领贫困户持续受益。

【党建扶贫】 发挥铁路驻村第一书记和铁路基层单位党组织的优势作用，与贫困村进行党支部联建、党内活动联搞、党课联上、贫困户联帮，组织铁路单位与32个村党支部联学联建、261名干部与926户贫困户“结对认亲”，开展“四送一买”（即送温暖、送点子、送文化、送信息、买特产）活动。和田县贫困村先后有572人递交入党申请书，其中236人入党，49名优秀少数民族青年成为合格“村官”。

【扶贫培训】 邀请中央党校教授和知名管理专家深入定点扶贫县举办基层干部培训班，组织乡村干部和贫困群众代表乘坐高铁，观摩先进农产品企业。2019年，培训基层干部2799人次、村“两委”班子成员761人次、创业致富带头人340人次。

【就业扶贫】 与地方联合建设务工培训基地，组织定点扶贫县（区）贫困群众参加挖掘机、电焊工、厨师等技能培训8547人次。加大铁路单位劳务用工和招聘大学毕业生向贫困地区倾斜力度，为贫困地区安排劳务用工和毕业生就业岗位6780个。

（中国国家铁路集团有限公司发展和改革部
任　君　郭新杰　李朝飞）

国家电网有限公司扶贫

【概述】 国家电网有限公司(以下简称“国家电网”)围绕强化行业扶贫、深化定点扶贫两条主线,发挥电网企业优势,深化服务脱贫攻坚新举措,实施全力服务脱贫攻坚十大行动计划,着力提高贫困地区电网支撑能力,着力强化扶贫项目电力保障和优质服务,着力支持定点扶贫县和扶贫点脱贫摘帽。2019年,国家电网定点帮扶的湖北省秭归县、青海省玛多县脱贫摘帽,湖北省巴东县、长阳土家族自治县进入脱贫验收程序;承担地方政府安排的1952个扶贫点中,脱贫摘帽1554个,帮助10.28万户建档立卡贫困户32.98万贫困人口实现脱贫。在2019年度中央单位定点扶贫考核中被评为“好”的等次,国家电网西藏电力有限公司农电工作部、国家电网陕西省电力公司驻村第一书记张雷威分别荣获2019年全国脱贫攻坚奖“组织创新奖”和“贡献奖”。

【扶贫调研】 国家电网领导班子成员多次赴“三区两州”(即位于国家电网经营区域内的南疆四地州、西藏自治区和甘肃、四川、青海三省藏区,甘肃省临夏回族自治州、四川省凉山彝族自治州,下同)等深度贫困地区调研脱贫攻坚工作,2019年实现“三区两州”调研全覆盖。国家电网领导先后赴西藏自治区林芝市、新疆维吾尔自治区策勒县、青海等地调研,走访扶贫卫星工厂、村办公区、结亲户家以及村级民俗文化旅游示范点,了解驻村工作开展情况,慰问脱贫牧民及一线电网员工。

【贫困地区重大电力外送工程】 开工阿里与藏中电网联网工程。推动贫困地区电力市场交易,疆电外送715亿千瓦·时,其中新能源242亿千瓦·时;藏电外送17亿千瓦·时,全部为水电;青电外送204亿千瓦·时,其中新能源199亿千瓦·时。组织扶贫专项电力交易2项17亿千瓦·时,交易执行后收益用于四川藏区40个贫困县脱贫攻坚。6月,国家电网在青海省创造持续15日360小时全部使用清洁能源供电的世界纪录,弃电量和弃电率实现双降。

【贫困地区农村电网建设】 加快实施“三区两州”深度贫困地区电网升级攻坚、中西部贫困地区电网改造升级、边防部队及抵边村寨电网建设三大专项工程。2019年,安排投资1590亿元实施农网改造升级工程,提前一年完成新一轮农网改造升级任务。新一轮农网改造升级工程完成后,农网供电能力明显提升,农网供电可靠率99.82%,综合电压合格率99.80%,户均配变容量2.76千伏安,“两率一户”指标以省为单位均达到国家要求,年户均停电和电压不合格时间较2015年分别缩短7.5小时、64.6小时。推进“三区两州”农网改造升级,提前完成甘肃藏区、临夏回族自治州、南疆四地州电网攻坚任务。启动南疆四地州“煤改电”配套电网工程,惠及224个乡镇1205个村31.6万居民用户。西藏大电网新延伸覆盖尼玛县、双湖县,累计覆盖西藏自治区66个县。

【易地扶贫搬迁配套电网】 做好配套电网建设,对接地方政府,及时将有关供电项目纳入配网规划建设,确保配套供电设施与易地扶贫搬迁项目同步规划、同步实施、同步建成。2019年,完成易地扶贫搬迁配套电网建设投资7.03亿元，完成706个集中安置点配套电网建设任务，惠及安置户15.03万户62.75万人。2016—2019年，累计完成投资42.4亿元，新增配变1.12万台，完成1.03万个集中安置点配套电网建设任务，保障77.11万户278.88万人稳定用电。

【光伏扶贫并网】 做好光伏扶贫项目并网，畅通并网工程绿色通道，全额消纳扶贫电量，做好电费结算和补贴发放，实现“电站同步并网、电量全额消纳、收益及时支付”。2019年，完成配套电网投资2.24亿元，接入光伏扶贫电站233.56万千瓦，结算电费59.08亿元，转付国家补贴49.64亿元。推进全国光伏扶贫信息监测中心建设，开展村级光伏扶贫电站设备级数据接入，累计接入电站4.03万座。运用大数据、云计算等信息技术对平台数据进行挖掘，构建光伏扶贫电站故障精准研判、运行效率分析等数据模型。

【消费扶贫】 召开推进会，分解任务指标，指导公司系统组织扶贫农产品进食堂、进营业厅、进工会慰问品。开发“慧农帮”App，实现扶贫农产品线上销售，组织“爱心订购”，发动职工参与消费扶贫。2019年，消费扶贫总额1.06亿元，覆盖定点扶贫县（区）和113个国家级贫困县。

【就业扶贫】 国家电网各单位通过供电服务公司、电网建设项目吸纳贫困群众就业36.91万人次，发放工资、劳务费2.14亿元。利用本单位培训资源，组织林果、养殖等技术培训班和扶贫干部培训班1235期，培训贫困户、技术人员和基层扶贫干部6.82万人次。西藏、新疆等公司吸纳本地生源高校毕业生就业1635人。

【东西部扶贫协作】 成立国网东西帮扶投资基金，首期募资280亿元，用于贫困县电网建设。组织东部电网企业1349人赴西藏、新疆等西部电网企业帮扶。安排东部电网企业向西部电网企业调拨物资2.8亿元，建立协议库存跨省调剂机制。实施岷江水电重大资产重组，推动上市公司产业转型升级，助力四川省阿坝藏族羌族自治州脱贫攻坚。

【党建扶贫】 2019年，国家电网各单位列支自留党费307万元，帮助106个贫困村修缮基层党组织活动场所、更新教育设施。1378个单位与帮扶点开展党组织结对共建，3.84万名电力员工结对帮扶17.12万贫困群众。与深度贫困村小学结对共建，举办电力第三课堂68场次，排查用电隐患260次。

【扶贫干部管理】 2019年，组织扶贫干部培训班3期，培训扶贫干部198人次。完成定点扶贫县（区）扶贫干部轮换。组织“送文化到基层”慰问活动，深入“三区两州”等深度贫困地区，甘肃、新疆高海拔地区和定点扶贫县（区），送文艺、送书香、送健康、送安全，慰问公司驻偏远地区一线扶贫和援助干部。

【社会协作扶贫】 出资6亿元参与中央企业贫困地区产业投资基金3期募资，累计出资16亿元参与基金建设。响应北京市西城区助力贫困地区脱贫攻坚捐赠倡议，捐资150万元帮助西城区结对帮扶的河北省阜平县、张北县等改善医疗教育条件。落实中央组织部要求，捐赠53万元解决其定点帮扶的甘肃省舟曲县梁家坝村山地花椒种植等经济产业的排灌问题。开展消费扶贫协作，购买国务院扶贫办定点帮扶的甘肃省渭源县农产品。与中国建设银行、中国农业银行、本来生活网等开展消费扶贫协作，与建设银行签署联合扶贫战略合作协议，建行善融平台2019年销售扶贫农产品52万元。开展“智慧车联网+扶贫公益”活动，利用电动汽车充电负荷，消纳青海光伏扶贫电量2500万千瓦·时，通过“e充电”App引导充电用户献爱心、助脱贫。发起“电费积分捐赠”活动，引导广大用电客户捐赠电费积分，所得收益帮扶青海等省贫困学生，累计获得6.34万用户支持,筹得电费积分3818万,折合20余万元。

【扶贫宣传】 报送中央扶贫专报8期。国务院扶贫办、国务院国有资产监督管理委员会刊发国家电网扶贫信息4篇。在各级、各类媒体上刊发助力脱贫攻坚报道1600余篇,在中国中央电视台播出影像时长超过500分钟。编发《国网精准扶贫工作纪实》,创作扶贫长篇报告文学《红石榴》,通过"媒体开放日""手挽手——精准扶贫央企在行动""镜头中的脱贫故事"等活动展示扶贫成效。国家电网四川省电力公司组织创作的扶贫微电影《阿体拉巴》和《望望》,分获国际档案理事会电影节最高奖"人民奖"和第三届社会主义核心价值观主题微电影一等奖。

【定点扶贫概述】 2019年,国家电网承担湖北省秭归县、巴东县、长阳土家族自治县(以下简称"长阳县")、神农架林区和青海省玛多县定点扶贫任务。国家电网派出挂职干部及驻村第一书记共13人,投入帮扶资金1.3亿元。神农架林区、秭归县和玛多县已摘帽出列,长阳县、巴东县已达到脱贫标准,进入验收程序。在2019年度中央单位定点扶贫考核中评为"好"等次,国家电网西藏电力有限公司农电工作部、国家电网陕西省电力公司驻村第一书记张雷威分别获得2019年全国脱贫攻坚奖"组织创新奖"和"贡献奖"。

【扶贫资金投入】 2019年,国家电网向定点扶贫县(区)投入帮扶资金1.3亿元,其中捐赠帮扶资金4600万元,捐赠集中式光伏扶贫电站发电收益1812万元,实施特色产业扶贫、教育扶贫、医疗扶贫、扶贫培训、"救急难"行动等帮扶项目。捐赠玛多县总资产为6648万元的集中式光伏扶贫电站。引进帮扶资金50万元。

【调研督导】 2019年,针对定点扶贫县(区)开展督导检查11轮16县次。1月,国家电网扶贫办深入长阳县开展调研督导,慰问一线扶贫干部。2月,时任董事长、党组书记寇伟深入长阳县调研指导扶贫工作,召开定点扶贫工作座谈会,看望慰问扶贫干部和贫困群众。4月,时任副总经理、党组成员韩君深入神农架林区、秭归县开展脱贫攻坚督促检查工作。8月,总经理、党组副书记辛保安赴玛多县督促指导扶贫工作,并慰问脱贫牧民及一线电网员工,推进定点扶贫工作。10月,党组成员罗乾宜深入巴东县督导调研定点扶贫工作,走访慰问贫困户,并主持召开定点扶贫工作座谈会。

【干部挂职扶贫】 向定点扶贫县(区)选派挂职副县长5人,协助分管定点扶贫工作,派驻扶贫局副局长1人,派驻贫困村第一书记7人。扶贫干部在精准扶贫政策宣传、脱贫措施制定等方面发挥积极作用。

【产业扶贫】 结合定点扶贫县(区)的资源禀赋,捐赠资金1398万元,实施产业扶贫项目23项,建设脐橙、猕猴桃、中蜂、茶叶等生态种植、养殖基地,购置配套设施设备,同时吸纳贫困群众就业脱贫。捐建给定点扶贫县(区)的254座光伏扶贫电站已累计发电2.52亿千瓦·时,产生收益1.53亿元,已使用的1.02亿元电站收益除补助贫困户外,还设置就业岗位1158个,完善基础设施1553处,救助困难家庭1.85万个,奖补贫困村大学生968人,惠及36万贫困人口。

【两不愁三保障】 投入帮扶资金3860万元,实施住房保障、安全饮水、救急难、医疗教育等项目。捐赠542万元,帮扶长阳县实施住房保障工程,占该县解决住房投入的1/4。捐赠510万元,全部用于解决神农架林区的安全饮水问题。捐赠860万元,用于玛多县贫困村发展集体经济、基础设施建设、贫困家庭资助等,建档立卡贫困户1721户、贫困群众5075人受益。

【消费扶贫】 开发“慧农帮”App，在定点扶贫县（区）成立5家电商分公司，建设线下实体店，促进消费扶贫线上线下协调推进。开展爱心订购，组织扶贫产品进食堂、进营业厅、进工会慰问品活动，号召各单位和干部职工参与消费扶贫。在7家省公司试点开展消费扶贫“新零售”，在城市供电营业厅建设“互联网+扶贫”实物展销专区。开展“存电费　送特产”试点活动，动员客户捐赠积分，吸引广大电力客户参与消费扶贫。2019年，消费扶贫总金额突破1亿元。

【教育与健康扶贫】 捐赠790万元用于改善14所学校的办学条件，资助贫困家庭学生850余人。捐赠300万元，帮助购置生化分析仪、导联心电图机等医疗仪器26台，救护车2辆；开展医疗巡诊、送医送药活动，义诊贫困群众3100余人次；针对地方常见病防治和护理，培训医护人员200余人次，发放药品1.2万盒。

【救急难行动】 国家电网落实“同舟工程——中央企业参与‘救急难’行动”要求，捐赠203万元开展“救急难”行动，救助因病因突发事件致贫群众近400人。

【生态扶贫】 捐赠资金1154万元，用于秭归县实施茶叶加工“煤改电”示范工程。实施玛多县民族寄宿制中学清洁采暖项目，保障全校1200名师生取暖。该项目年减少燃煤消耗915吨、二氧化碳排放2387吨，解决高海拔地区传统燃煤取暖价格高、燃烧不充分、热效率低、污染严重等问题，建成全国首个高海拔清洁采暖示范县，保护三江源生态环境。

【扶贫培训】 列支培训费45万元，培训定点扶贫县（区）扶贫干部812人、技术人员871人。其中，总部组织3期，培训扶贫干部198人（定点扶贫县区11人）；与建设银行联合举办1期，培训扶贫干部25人；在定点扶贫县（区）组织16期，培训扶贫干部776人、技术人员871人。

（国家电网有限公司营销部
扶贫工作处　汤弘鑫）

中国南方电网有限责任公司扶贫

【概述】 2019年，中国南方电网有限责任公司（以下简称“南方电网公司”）统筹推进电力行业扶贫和定点扶贫脱贫攻坚工作，完成各项目标任务。行业扶贫工作中推进供电区域贫困地区农村电网改造升级，投入资金468亿元，其中电力行业扶贫资金305亿元，“三区三州”及其他深度贫困地区资金69亿元。定点扶贫工作中，承接593个扶贫任务，派出扶贫干部733名，帮助234个贫困村、7.12万人实现脱贫。2019年，南方电网公司连续第三年在中央单位定点扶贫工作考核中获得“好”的等次，连续第四年获得广东扶贫济困“红棉杯”金杯。

【扶贫调研】 2019年2—3月，南方电网公司董事长、党组书记孟振平赴广西壮族自治区东兰县调研，看望慰问困难群众和扶贫干部，与东兰县主要领导座谈，共商“百县万村”活动后续帮扶巩固措施和2019年东兰县脱贫摘帽举措。8月，赴广东省揭西县井美村调研，召开精准扶贫座谈会，部署推进工作。

9月，南方电网公司总经理、党组副书记曹志安赴云南省维西傈僳族自治县（以下简称“维西县”）调研。5月，南方电网公司副总经理贺锡强赴云南省迪庆藏族自治州（以下简称“迪庆州”）、怒江傈僳族自治州调研“三区三州”农网建设和脱贫攻坚工作。

7月、8月、11月，南方电网公司领导分别赴东兰县、维西县调研扶贫工作，先后到向阳新城、花香乡坡索村、维西县特色农业扶贫开发公司塔城基地、白济汛乡永安村、维西供电分局等地，了解扶贫工作开展情况及扶贫产业发展情况，慰问因暴雨受灾的群众，了解贫困户的生产生活情况，推进扶贫项目落实到位。

【贫困地区农村电网建设】 加大供电区域农村电网改造力度，印发《关于做好新一轮农网改造升级2019年攻坚建设相关工作的通知》，加快建设进度，2019年完成新一轮农网改造升级投资468亿元。至2019年年底，南方电网公司供区内农网供电可靠率为99.815%，累计客户年均停电时间下降到16.52小时；综合电压合格率为99%；户均配变容量提升到2.35千伏安。南方五省区农村全社会用电量2019年为4560亿千瓦·时；居民生活用电量为867.8亿千瓦·时，居民人均生活用电量为533.5千瓦·时。

推动供电区域内216个贫困县和“三区三州”深度贫困地区农网改造升级工作，在原“十三五”新一轮农网改造升级规划投资1312亿元的基础上，再调整增加300亿元，电网投资进一步向贫困地区和脱贫摘帽地区倾斜。2019年在贫困地区投入电力行业扶贫资金216亿元，在“三区三州”及其他深度贫困地区投入69亿元。截至2019年年底，供区内贫困地区农村电网供电可靠率为99.8%，综合电压合格率为98.4%，农村户均配变容量为2.16千伏安；贫困地区全社会用电量超过2000亿千瓦·时，居民人均生活用电量为477.7千瓦·时。

【脱贫攻坚配套电网建设】 建立动态分析脱贫攻坚用电需求工作机制，定期开展电力行业扶贫需求分析。2019 —2020年，供电区域内需配套电网建设的扶贫工程有1.9万项，涉及贫困人口94万户、347万人。2019年，完成1920个易地扶贫搬迁电网配套项目建设，惠及贫困人口约66万人；完成1243个光伏扶贫项目的配套电网建设，惠及贫困人口约21万人；完成674个产业扶贫项目的配套电网建设，惠及贫困人口约6万人。

【广西电网改造升级】 与广西壮族自治区党委政府磋商，明确由南方电网公司主导重组成立广西新电力投资集团有限责任公司，推进广西40个县的农网改造升级。调增资金80亿元，增补电网改造项目1.28万个，组织近3万人的施工力量推进40个县农网改造升级工作。

【电力扶贫示范县建设】 以满足扶贫用电需求、综合治理边远农村地区低电压问题、提升农网智能化水平等为抓手，通过智能化手段提高投资效率和效益，将东兰县、维西县打造成电力行业扶贫示范县。两县的供电质量和供电能力得到提高，基本解决存量低电压问题，农网三大指标以县为统计口径均超过国家标准。

【贫困人口电费减免】 落实城乡“低保户”、农村“五保户”减免电量政策，2019年累计减免电费超过2亿元；执行藏区居民用电政策，供电区域内的迪庆州居民用户累计节约用电成本2913万元。

【干部挂职扶贫】 选派1300多名扶贫干部到脱贫攻坚一线工作，2019年有733名扶贫干部在岗，其中1人获得个人全国脱贫攻坚奖，20人获得省级脱贫攻坚表彰。

【产业扶贫】 南方电网公司投入资金4747万元，发展培育产业项目301个，直接带动3.3万名贫困人口人均增收1071元。协助东兰县在40个贫困村建设扶贫车间，每村增加集体收入超过1.1万元。与云南菌视界科技有限公司合作，以科技提升扶贫产品质量，扩大羊肚菌种植面积，带动537名农户人均增收1713元。与浙江大学合作，在台江县阳芳村开展新品种五彩米种植项目，给村集体带来分红超过20万元。该项目在中国“互联网+”大学生创新创业大赛活动中获得“金奖”。

【教育扶贫】 以东兰县和维西县为试点，建设南网“知行”书屋21间。持续帮助“三区三州”深度贫困县培养人才，计划2019—2021年在迪庆州每年优选30名建档立卡户高中毕业生开展委托培养，毕业考核合格后统筹安排到县级公司就业。2019年，云南电网有限责任公司已在迪庆州挑选22名符合专业要求的大专及以上学历应届毕业生参加招聘笔试。帮助学校新建或修缮教学设施共58个，系统1584名员工直接资助贫困学生2191名。

【党建扶贫】 南方电网公司各单位470个党支部与389个贫困村开展支部共建活动596次，帮助贫困村提高党建工作水平。派出驻村第一书记176名，在176个贫困村培养党员致富带头人271人，并将97名致富带头人培养发展为党员。

【消费扶贫】 推动南网商城扶贫专区建设，截至2019年年底，销售额已超过120万元。在南网商城开发“微店销售+集中链接”功能，实现对公司员工个人销售，首批产品已上线。2019年，购买扶贫产品4763万元，帮助销售扶贫产品625万元。

（中国南方电网有限责任公司
战略规划部　黄震宇）

第六篇

社会扶贫篇

（一）东西部扶贫协作

综　述

2019年是中华人民共和国成立70周年，是打赢脱贫攻坚战攻坚克难的关键一年。各省区市深入学习贯彻中共中央总书记习近平关于扶贫工作的重要论述，落实东西部扶贫协作和中央单位定点扶贫工作推进会精神，对标对表实施《中共中央、国务院关于打赢脱贫攻坚战三年行动的指导意见》要求，进一步加强组织领导，完善工作机制，加大帮扶力度，拓宽帮扶领域，狠抓工作落实，扶贫协作协议全面超额完成，东西部扶贫协作工作强力推进，取得显著成效。

召开东西部扶贫协作和中央单位定点扶贫工作推进会。2019年3月29日，国务院扶贫开发领导小组在北京召开东西部扶贫协作和中央单位定点扶贫工作推进会，国务院副总理胡春华出席会议并发表重要讲话。会前，协作双方签订了《2019年东西部扶贫协作协议》。会上，国务院扶贫办党组书记、主任刘永富通报了2018年全国东西部扶贫协作和中央单位定点扶贫工作情况，北京市、广东省、宁夏回族自治区、公安部、中国石油化工集团有限公司等5个单位进行了经验交流发言，东部9省市代表协作双方向胡春华呈交了协议，进一步明确了基本要求和底线任务。承担东西部扶贫协作任务的东部9个省市、13个城市、中西部14个省区市扶贫协作工作主管部门负责同志和286家承担定点扶贫任务的中央单位扶贫部门负责同志出席会议。

组织开展东西部扶贫协作工作考核。根据国务院扶贫开发领导小组印发的《东西部扶贫协作成效评价办法》和《2019年脱贫攻坚成效考核工作方案》，对承担东西部扶贫协作任务的东部9省14市和中西部14省20市州2019年度东西部扶贫协作工作进行了考核。按照中央要求，东西部扶贫协作考核与省级党委和政府扶贫开发工作成效、中央单位定点扶贫工作考核统筹整合为“2019年脱贫攻坚成效考核”，结合中央脱贫攻坚专项巡视“回头看”同步开展，主要考核2《019年东西部扶贫协作协议》完成情况和创新工作开展情况。各有关省区市按要求提交了2019年度工作自评报告。考核工作组组织开展了省际间实地交叉考核。从有关省区市、中央有关单位、部分高校抽调192人，组成14个交叉考核组开展了省际交叉考核。考核组实地核查了中西部14个省区市的51个县、280个村和416个项目点，走访贫困户757户，召开座谈会、访谈会149次，累计访谈县乡干部、部门负责人、挂职干部、专业技术人才代表、企业负责人等人员2065人次。国务院扶贫办会同中共中央组织部、中共中央统一战线工作部、国家发展和改革委员会、教育部、国家民族事务委员会、财政部、人力资源和社会保障部、自然资源部、农业农村部、国家卫生健康委员会、全国工商业联合会、中国残疾人联合会等13个考核工作组成员单位分析核实了考核中发现的突出问题，进行了综合评议，形成了考核评价结果。经中共中央、国务院审议后通报各省区市党委和政府、中央和国家机关各部委。国务院扶贫办向各地一对一反馈了考核发现的问题。2019年，东部8个省份、12个城市综合评价等次为“好”，1个省份、2个城市综合评价等次为“较好”；中西部8个省份、11个市州综合评价等次为“好”，6个省份、9个市州综合评价等次为“较好”。

修改完善《东西部扶贫协作成效评价办法》。根据中共中央、国务院的新部署新要求和副总理胡春华的指示，结合2017年试考核和2018年考核情况，在征求了有关省区市和国务院扶贫开发领导小组成员单位意见基础上，对试行的考核办法进行了修改完善。经全国政协主席汪洋、副总理胡春华审定后，2019年6月3日，国务院扶贫开发领导小组正式印发《东西部扶贫协作成效评价办法》。该办法与2017年印发的试考核办法相比，正式印发的评价办法主要有四处修改：一是按照中共中央办公厅《关于统筹规范督查检查考核工作的通知》，将东西部扶贫协作考核、中央单位定点扶贫考核与省级党委和政府扶贫开发工作成效考核统筹整合为脱贫攻坚成效考核；二是以扶贫协作协议完成情况为主要评价内容；三是明确“较差”等次的评价标准；四是对东西部扶贫协作成效评价对象进行调整，增加评价工作组成员单位。

建设东西部扶贫协作业务子系统。国务院扶贫办与国务院扶贫办信息中心共同开发建设东西部扶贫协作业务子系统，将年终汇总统计的工作分摊到日常工作中，动态录入，实时进行统计调度。依托业务子系统，建立每月一统计、每季度一通报的工作机制，及时对工作进度进行分析，提醒和督促各地强弱项、补短板，进一步提高工作水平。

举办全国东西部扶贫协作和携手奔小康行动培训班。为深入学习中共中央总书记习近平关于扶贫工作的重要论述，认真贯彻落实解决“两不愁三保障”突出问题座谈会、全国东西部扶贫协作和中央单位定点扶贫工作推进会等会议精神及中央关于东西部扶贫协作的决策部署，6月18日—21日、8月27日—30日，国务院扶贫办分别在贵州省六盘水市和四川省泸州市、宜宾市举办全国东西部扶贫协作培训班、全国携手奔小康行动培训班，交流各地2019年东西部扶贫协作工作和携手奔小康行动经验做法，推动东西部扶贫协作各项政策和工作部署落地、落实、落细。

东西部扶贫协作工作取得显著成效。一是组织领导进一步强化，主要负责同志亲力亲为推动工作。据初步统计，2019年东部9个省市13个城市和中西部13个省区市20个市州党政主要负责同志带队赴对口省市开展调研对接（除湖南省外），双方厅局级以上党政干部开展互访3848人次。二是投入力度持续加大，扶贫项目带贫成效显著提升。面对经济下行压力大、减税降费影响大的不利情况，东部省市从讲政治、顾大局的高度，持续加大对中西部贫困地区的帮扶力度。全年投入财政援助资金228.9亿元，比2018年增长28.9%，县均投入4819万元；动员社会捐助款物65亿元，比2018年增长37.2%。全年共实施帮扶项目9631个，带动贫困531.3万人。三是人才交流进一步加强，打造一支带不走的干部人才队伍。扶贫协作双方互派挂职干部和专业技术人才3.86万人次，比2018年增长19%。四是劳务协作力度普遍加大，脱贫效果持续显现。帮助835.8万贫困人口在东部地区实现稳定就业，其中2019年帮助贫困人口实现跨省转移就业98.2万人。五是产业合作成果丰硕，内生动力持续增强。引导2045家企业到中西部地区开展产业合作，企业实际投资1060亿元；援建扶贫车间3715个，比2018年增长172.6%，吸纳贫困人口就业7.08万人，比2018年增长116.9%；共销售贫困地区特色农副产品482.9亿元，比2018年增长141.5%。六是携手奔小康行动持续拓展。组织东部2696个经济强镇结对帮扶中西部3120个乡镇，组织4669个村（社区）、8903家企业、1358个社会组织结对帮扶中西部18144个贫困村，组织6172所学校、2410家医院结对帮扶中西部7824所学校、3293家医院；共培训贫困村创业致富带头人7.3万人，创业成功2.4万人，带动贫困人口32.8万人。七是创新性的帮扶举措逐步展开。2019年扶贫协作双方按照中央的要求，进一步加大对深度贫困地区和特殊困难群体的帮扶力度。东部6省市和中西部14省区市全面完成土地增减挂钩节余指标跨省调入、调出任务，筹集资金1152.4亿元重点用于深度贫困地区脱贫攻坚；将帮扶残疾人脱贫作为重点，全年通过特设岗位、技能培训、转移就业等方式帮助15.2万名贫困残疾人脱贫。八是努力补齐“两不愁三保障”突出问题短板。扶贫协作双方认真落实中共中央总书记习近平在解决“两不愁三保障”突出问题座谈会上的重要讲话精神，全面排查突出问题，加大资金项目支持，补齐短板弱项。共安排帮扶资金52.55亿元，援建乡村学校（幼儿园）304所、乡村卫生院（室）3639所，资助贫困学生12.2万名。

（国务院扶贫办社会扶贫司　张　伟）

北京市—内蒙古自治区、河北省张家口市和保定市东西部扶贫协作

【概述】 2019年，北京市聚焦“两不愁三保障”突出问题，高位推动，加大投入，精准帮扶，广泛动员，圆满完成《2019年东西部扶贫协作协议》各项指标。全年投入扶贫协作财政帮扶资金26.87亿元，选派干部人才1532人，通过劳务协作帮助贫困人口新增就业12.72万人；社会捐赠款物折合6.89亿元，培训各类人员8.97万人次；引导300多家企业到内蒙古、河北投资，带动贫困人口10.88万人；助力31个贫困县摘帽，26.77万人口脱贫。2019年度东西部扶贫协作成效考核中，北京市综合评价为“好”。

【扶贫资金投入】 2019年实际投入京蒙、京冀扶贫协作资金26.87亿元，向各县平均投入资金5070万元。动员社会各界捐赠款物价值6.89亿元。财政资金分配向深度贫困旗县倾斜，内蒙古、河北23个深度贫困县县均帮扶资金6132万元；扶贫项目安排聚焦建档立卡贫困户，向基层倾斜，用于贫困乡村资金占总量99.25%。

【工作机制】 建立完善市委书记、市长亲自抓，四套班子领导共同抓、常务副市长直接抓、部门联动、援受双方协同的工作机制。召开市委常委会会议、市扶贫支援领导小组会等21次，研究推动东西部扶贫协作工作。中央政治局委员、北京市委书记蔡奇，北京市市长陈吉宁率团赴内蒙古、河北调研对接。召开京蒙、京冀高层联席会议7次，定期研究推动工作。制定实施《北京市扶贫协作和支援合作工作领导小组工作规则》，成员单位由46个扩大到55个，设立产业扶贫、劳务协作、残疾人扶贫等10个专项工作组，加大统筹协调重点工作力度。将扶贫支援办由议事机构变为市政府直属机构。

【政策帮扶】 印发《北京市关于开展消费扶贫助力打赢脱贫攻坚战的实施意见》等政策文件。组织全市扶贫支援成效考核，表彰扶贫先进集体和先进个人，进一步激发全市扶贫协作干部的工作热情与干劲。通过下达职责清单、任务清单和问题清单，压实工作责任。

【人才支援】 选优配强挂职干部，13名局级干部选派由北京市委书记把关审定，173名处、科级干部均为年轻后备干部。挂职干部与贫困地区干部一起谋划推进扶贫项目，完善带贫机制。紧扣贫困群众急需、地方发展紧缺，选派1346名教师、医生、种植养殖等专业技术人才到扶贫一线开展帮扶，并发挥“传帮带”作用，为当地培养人才队伍。

【产业扶贫】 举办50多场招商引资推介会，组织企业家代表团实地考察对接，出台优惠政策，引导300多家企业到内蒙古、河北投资，带动贫困人口10.88万人。京蒙、京冀共建产业园区71个，入园企业投资35.66亿元。支持261个扶贫车间建设，采取订单生产方式，吸纳8529人就业，其中建档立卡贫困人口6384人。支持河北张家口、保定、承德发展硒鸽、生猪、芽菜、蘑菇、黑木耳等种植、养殖产业，支持内蒙古养牛养羊、发展奶业和种植土豆、大米等优质农产品，帮助做大做强传统优势产业。

【消费扶贫】 发挥首都特大消费城市优势,推进消费扶贫。健全政策机制平台,建成"消费扶贫双创中心",推动建设银行发行消费扶贫爱心银行卡,编制消费扶贫产品目录,完善标准、物流、质量、带贫等运行体系,创建动员全社会参与的消费扶贫模式。拓展销售渠道。发挥北京新发地等大型农副产品批发市场优势,推动"百王、百强+贫困地区农副产品生产基地"模式,开设特色农展馆常年展示展销河北、内蒙古扶贫产品。在各区设立16个消费扶贫分中心,开展扶贫产品进批发市场、进商场超市、进机关事业单位、进学校、进医疗及养老服务机构、进企业、进社区"七进"活动。开展"互联网+消费扶贫"。组织阿里巴巴网络技术有限公司、北京京东世纪贸易有限公司、北京云杉世界信息技术有限公司美菜网、字节跳动科技有限公司等大型电商对接贫困地区,网上销售扶贫产品。2019年北京市采购销售内蒙古、河北农副产品154.15亿元,带动15.28万人增收。

【劳务协作】 召开北京市东西部扶贫协作就业扶贫推进会,建立北京、河北、内蒙古人力社保部门省际合作专项推动机制。加强工作指导,推广来京就业之家服务模式,开发多种形式的公益岗位,提高劳务组织化程度和就业脱贫覆盖面,促进就业29.27万人。安排项目资金支持招商引资企业、扶贫车间建设、种植养殖大户、致富带头人、设置公益岗位等,新增10.7万贫困人口就地就近就业。通过政策引导、畅通渠道做好稳岗服务,做好来京就业工作。组织现场及网络招聘会102场,提供就业岗位12万个。提升贫困人口就业技能,实施"订单培养",推动精准就业。制定《北京市深入开展技能脱贫千校行动实施方案》,推动北京汽车技师学院、北京商鲲教育控股集团有限公司、北京开放大学等职业院校与内蒙古、河北相关院校签署帮扶协议,并开展职业教育培训。

【携手奔小康】 北京市16个区主要领导到54个结对旗县对接调研,召开联席会议,谋划结对帮扶工作。投入携手奔小康财政资金26.77亿元。结对帮扶扩面下沉,北京市456个街道乡镇、957个社区(村)、736家企业、222个社会组织与河北、内蒙古乡镇、贫困村结对数分别为526个和1994个,其中乡镇、学校、医院结对数量增加258对。狠抓结对协议落实,瞄准贫困群众教育、医疗、就业、安全饮水等问题和需求,扎实开展携手奔小康行动。

【致富带头人培训】 将致富带头人培训压实到北京市16个区,明确责任任务和成效要求,抓好指导和示范提升。会同结对县从贫困村两委班子、农民专业合作社负责人、种养业大户、新型职业农民等群体中筛选培训人员,把好源头关。培训课程突出农业品牌建设与保护、休闲农业乡村旅游和民宿、乡村电商知识等当地所需内容。会同受援地区跟踪致富带头人创业和带贫成效,做好后续服务。全年培训创业致富带头人5958人,1917人培训后创业成功,带动贫困人口32921人。

【两不愁三保障】 会同受援地排查存在的突出问题,补齐工作短板。在做好资金项目倾斜的同时,追加2亿元支持内蒙古、河北补齐短板。实施住房和饮水安全工程,协调动员中国地质调查局在河北阜平、张北,内蒙古喀喇沁、鄂伦春等旗县开展打井找水调查工作。安排帮扶资金1.26亿元,支持贫困乡村改善医疗设施。张家口市13个县区建成99个县域内分级诊疗平台,实现村卫生室、乡卫生院、县医院三级网络医学远程会诊互联互通,缓解偏远地区贫困群众"看病难、看病远"问题。组织北京市467所中小学与内蒙古、河北580所中小学结对帮扶,帮助解决义务教育突出问题。

【残疾人帮扶】 签订京蒙、京冀残疾人帮扶协议,印发工作要点,确定重点任务,实施

“五个一批”工程助力残疾人脱贫，即发展产业吸纳一批、通过培训就业一批、设置公益岗稳定一批、公益事业拉动一批、公共服务帮助一批。全年涉及残疾人帮扶项目资金5578万元，受益残疾人口19402人。

（北京市扶贫协作和支援合作工作领导小组办公室　孟爱琴）

天津市—甘肃省、河北省承德市东西部扶贫协作

【概述】 2019年，天津市贯彻精准扶贫精准脱贫基本方略，坚持“升级加力、多层全覆盖、有限无限相结合”工作思路，超额完成目标任务。天津市委市政府办公厅印发《天津市高质量推进东西部扶贫协作和支援合作助力打好脱贫攻坚战2019年实施方案》，成立11个专项工作组，天津市扶贫协作和支援合作工作领导小组（以下简称“市领导小组”）与各成员单位、各区和各前方工作机构签订目标责任书51份，压实工作责任。拨付财政资金16.94亿元（甘肃省13.79亿元、承德市3.15亿元），选派干部人才1444人次，引进企业投资8.81亿元，动员社会捐款超过3亿元，消费扶贫12.85亿元，76.57万贫困人口受益。实施扶贫项目845个，其中甘肃748个，承德97个。助推甘肃、承德19个贫困县脱贫摘帽，甘肃省环县比计划提前1年实现脱贫摘帽。

【工作机制】 将“天津市对口支援工作领导小组”更名为“天津市扶贫协作和支援合作工作领导小组”，调整充实领导力量，增加市委副书记为副组长牵头负责全市扶贫协作和支援合作工作。成立11个专项工作组，对专项工作成效负总责。建立健全市区两级多层领导机制，将扶贫工作纳入全市绩效考核，各单位主要负责同志为第一责任人。市领导小组与各成员单位、各区和各前方工作机构签订目标责任书51份，压实工作责任，加强检查督导。制定市领导小组工作规则和市领导小组办公室工作细则，健全完善全市2019年考核评价办法及指标，发挥考核的“指挥棒”作用。

【扶贫调研】 中共中央政治局委员、天津市委书记李鸿忠，天津市市长张国清12次主持召开天津市委常委会议、天津市政府常务会议等，研究帮扶重点工作，做出具体安排部署。分管市领导6次召开专题推动会，研究落实举措，强化工作推进。李鸿忠、张国清率党政代表团赴甘肃、承德考察座谈；市领导20人次赴甘肃、承德考察调研，推进东西部扶贫协作。甘肃省、河北省及承德市领导26人次来津互访。市领导小组29个成员单位、16个区领导出访3427人次，全面对接、落实任务。市委市政府办公厅印发《天津市高质量推进东西部扶贫协作和支援合作助力打好脱贫攻坚战2019年实施方案》，市领导小组印发任务责任清单、助力受援地区解决“两不愁三保障”突出问题的实施方案、11个专项工作方案等文件，对接甘肃、承德制定落实天津帮扶方案及专项方案13个。

【结对帮扶】 多层面深化帮扶关系，全市16个区、248个乡镇（街道）、219个村（社区）与受援地区39个县、251个乡镇（甘肃219个、承德32个）、226个村（甘肃203个、承德23个）开展结对帮扶。多领域落实帮扶举措，继续实施“万企帮万村”精准扶贫行动，组织1590家企业、64个社会组织与2104个贫困村（甘肃1992个、承德112个）开展结对帮扶，实现每个深度贫困村至少与1家天津企业结对。组织105家二级以上医院、1039所中小学与受援地区119家（甘肃105家、承德14家）县级医院、1908所（甘肃1819所、承德89所）中小学开展结对活动。多途径提升帮扶效果，完善致富带头人导师库，培训贫困村创业致富带头人7032人（甘

肃6083人、承德949人)，其中创业成功3998人(甘肃3740人、承德258人)，带动7万贫困人口增收。推进基层党建工作，培训村级带头人2356人，提升基层党支部组织能力与带贫能力。

【项目帮扶】 实施扶贫项目845个，其中甘肃748个，承德97个，带动贫困人口76.71万人(甘肃70.09万人、承德6.62万人)。在甘肃、承德基本消除“两不愁”问题基础上，持续加大“三保障”投入，第三批追加的2.58亿元主要用于解决“两不愁三保障”突出问题。加强饮水安全设施建设，投入6494万元实施饮水安全项目14个，10余万贫困户受益；加强教育扶贫，投入1.1亿元建设幼儿园6所、网络课堂10个，资助贫困学生1450人；加强健康扶贫，投入1.66亿元建设乡镇(村)卫生室597所，选派医生650人次，培训医务人员29353人次，诊疗急诊患者14.85万人次。

【人才支援】 为甘肃选派党政干部121人、专业技术人才1149人次；为承德选派党政干部20人、专业技术人才154人次。坚持向基层倾斜，99%的专业技术人才在县级及县级以下基层挂职。为每个前方工作机构配专职工作人员、每个县配专职扶贫干部不少于3人。选派帮扶12个月及以上的专业技术人才401人次，占选派人才31%。分别向甘肃、承德选派5名商务、劳务、科技等领域专职人才，推动专项扶贫。坚持“鱼渔兼授、智志双扶”，开展培训410班次，培训党政干部7063人次、专业技术人才2.77万人次(甘肃干部5522人次、专业技术人才2.55万人次；承德干部1541人次、专业技术人才2246人次)。

【产业扶贫】 扶持带贫效果好、受益群众广的产业项目，安排产业扶贫资金10.53亿元，惠及40余万贫困群众，增强贫困地区造血能力和内生动力。合力打造“产业+消费+扶贫车间”产销扶贫模式，编印津甘、津承战略合作产业目录和项目库。设立4000万元产业帮扶专项扶持资金，甘肃配套2000万元，引导激励企业重带贫、强脱贫，有24家企业申报专项扶持资金，经评审13个项目获资助1600万元。组织千余家企业赴受援地考察对接，引导天士力控股集团有限公司、甘建联(天津)集团有限公司等135家企业落户，通过吸纳就业、利益联结带贫8.84万人，其中落户甘肃105家、投资5.2亿元，落户承德30家，投资3.61亿元。津甘两地人民政府联合举办天津百家企业陇上行暨产业扶贫座谈会，121家企业参加，达成协议、意向、合同54个，合作金额104.47亿元。

【劳务协作】 按照“一人就业，全家脱贫”思路开展劳务协作。将岗位供给与精准对接相结合，在甘肃、承德建立工作站31个，建立“岗位供给清单”，实现就业信息共享、岗位供需实时对接、就业服务同步跟进。到津就业贫困人口1900人(甘肃1525人、承德375人)。将政策引导与平台搭建相结合，通过入股集体经济企业，设立公益岗位6706个；支持建设扶贫车间559个，吸纳贫困人口8765人就业增收；落户企业吸纳就业1588人。贫困人口就近就业20710人，其中甘肃16850人，承德3860人。将技能培训与就业创业相结合，实施技能脱贫进校行动，21所技工院校定向招收贫困学生2924人(甘肃2698人、承德226人)。开展就业创业技能培训566期，培训贫困劳动力21495人次，帮助贫困人口输转到其他地区就业34012人(甘肃31509人、承德2503人)。

【健康扶贫】 天津10家三甲医院“组团式”“院包科”帮扶合作市医院，患病群众域外转诊率由58%降至16%；163名代培医学本科生毕业回到当地医疗机构就业；开展新适宜技术225项、新项目207项。推进“互联网+”健康扶贫，与微医集团(浙江)有限公司签署战略合作协议，通过微医云、微医会员、微医互联网医院等平台，向贫困人口免费开放互联网健康咨询服务，捐赠价值3000万元的互联网智能设备、云巡诊车、村医智能巡诊包、远程互联网医院及3年配套技术与服务。

【消费扶贫】 在天津市设立消费扶贫专柜专店112个，建成电子商务服务站点170个。举办消费扶贫展销活动近20场，上千家企业、10余万人现场采购。2019年消费扶贫金额为12.85亿元，其中甘肃11.44亿元，承德1.41亿元，带动14.57万贫困人口增收（甘肃13.66万人、承德0.91万人）。

【聚焦深度贫困】 超过半数资金拨付深度贫困县，共9.94亿元，占财政资金使用额的62.5%。超过半数人才援助深度贫困地区，向深度贫困地区选派干部人才685人次，占总数的53%。引进71家企业落户深度贫困地区，实际投资额4.75亿元。消费扶贫5.79亿元，带贫7.8万人，其中承德深度贫困县消费扶贫占比为65%。

【土地增减挂钩】 经天津市10个涉农区增减挂钩结余指标申报，并报自然资源部审核同意，2019年调剂任务1933亩，附加规划建设用地规模100亩，调剂资金10.165亿元。

【社会扶贫】 天津市各界向受援地区捐款捐物3亿元（甘肃2.56亿元、承德0.44亿元）。天津市委书记李鸿忠、市长张国清等11位市领导及全市党政干部与2332户贫困户结对，带动爱心企业和社会组织结对727户，实现省部级、厅局级、处级、普通干部四级干部结对全覆盖，对甘肃、承德1462个深度贫困村全覆盖。通过购买贫困户农产品、大病救助、资助就学、介绍工作等形式，为贫困户送去慰问款物近200万元，解决困扰贫困家庭生产生活问题百余个。向残疾贫困群众倾斜用力，安排财政援助资金5034万元，实施残疾人康复、辅助器械采购、就业创业等项目17个，帮扶救助20534名残疾贫困群众。动员社会各界向甘肃、承德残联各拨付100万元，实施贫困残疾人家庭无障碍改造，300余户残疾人家庭受益；捐赠价值123.7万元的文化体育器材、辅助器具等物资，丰富残疾贫困人口的文化体育生活。

（天津市人民政府合作交流办公室支援合作一处　韩　晖）

上海市—云南省、贵州省遵义市东西部扶贫协作

【概述】 2019年,上海市坚持精准扶贫、精准脱贫基本方略,聚焦解决“两不愁三保障”突出问题,强化组织体系,完善政策举措,加大投入力度,创新工作方法,凝聚各方合力,助推云南省和贵州省遵义市脱贫攻坚取得新成效。上海市、区两级安排东西部扶贫协作财政援助资金34.44亿元,其中云南省30.85亿元,遵义市3.59亿元。完成干部轮换交替,上海市援滇干部152名,援黔干部27名。截至2019年年底,完成年度协议指标,云南省和贵州省遵义市又有24个贫困县脱贫摘帽,逾70万贫困人口脱贫出列,上海市在国家东西部扶贫协作成效考核中连续第三年取得“好”等次。

【工作机制】 持续完善东西部扶贫协作的顶层设计和机制建设。深化两地高层互访和联席会议制度。上海市委书记李强、上海市市长应勇分别于2019年5月和4月率队赴遵义市和迪庆藏族自治州、临沧市学习考察,听取干部群众意见,看望建档立卡贫困户,检查指导工作。2019年,上海市副省部级以上领导率团赴云南省、贵州省遵义市10人次;召开沪滇扶贫协作联席会议2次,沪遵扶贫协作联席会议2次,期间签订协议14项。上海市委召开2次常委会会议,上海市政府召开1次政府工作会议,研究部署扶贫协作工作,上海市对口支援与合作交流工作领导小组召开1次全体会议、6次专题会议,进一步形成全市“一盘棋”的格局。

【项目帮扶】 2019年,上海市进一步加大对口帮扶投入,项目带贫效果更加凸显。聚焦脱贫攻坚核心任务,坚持向深度贫困地区、深度贫困人口倾斜,以产业发展、农村建设、劳务协作、社会事业帮扶、人才智力支持为抓手,持续精准发力。坚持目标标准,助推当地稳定实现“两不愁”的同时,不断改善“三保障”和饮水安全。在云南,全年投入财政援助资金30.85亿元,实施项目1393个。直接投向74个结对县及县以下项目资金29.23亿元,投向深度贫困地区项目资金16.28亿元。带动贫困人口53.48万人,其中贫困残疾人口16382人。在遵义,全年投入财政援助资金3.59亿元,实施项目104个。带动贫困人口5.76万人,其中贫困残疾人口968人。动员社会各界向云南、贵州遵义捐款4.25亿元,捐物折款0.83亿元。

【产业扶贫】 搭建产业扶贫平台,制订推进产业扶贫的行动计划和政策措施,完善带贫机制,确保惠及贫困人口。共有171家企业实际投资额120.3亿元:赴云南对口地区投资企业134家,实际投资51.7亿余元;赴贵州遵义投资企业37家,实际投资68.6亿元。产业合作带动贫困人口49218人,其中吸纳就业带动贫困人口1129人,通过利益联结机制带动贫困人口35010人。共建产业园区5个,引导入驻园区企业35个,企业到园区实际投资额7.65亿元,入驻园区企业吸纳贫困人口就业69人。援建扶贫车间395个,吸纳就业22263人,其中贫困人口7653人。

【消费扶贫】 发挥上海大市场大流通优势,把上海所需与云南、遵义所能有机结合起来,系统设计、整体推进,帮助改造生产链、畅通消费链、提升价值链,做大消费扶贫。直接采购结对地区特色农产品金额22.2亿元,带动

贫困人口96181人。出台《上海市人民政府办公厅关于本市深入开展消费扶贫助力打赢脱贫攻坚战的实施意见》，召开上海市消费扶贫推进大会，压实相关部门、各区、前方工作机构和各类市场主体的职能责任；在云南、遵义建设17个供沪外延生产基地，带动当地规模化、标准化生产，提高农产品供给能力；举办“10·17”上海对口地区特色商品展销会系列活动，现场销售1.1亿元，达成购销意向协议30.64亿元；推动“百县百品”，每个对口县主打一款产品，打造品牌，提升价值，入围产品优先进入上海“百店百柜”消费扶贫网络稳定销售，成为党政机关、企事业单位和社会组织优先采购商品；开展消费扶贫进机关、进学校、进社区、进商超、进菜场、进企业、进平台活动，推广销售爱心扶贫大礼包，设立市区两级消费扶贫平台20个，带动消费扶贫销售专柜、专窗253个，各大卖场、商超等销售网点2700多个。引导拼多多、本来生活、美团点评等开展电商扶贫创新探索。拼多多平台帮助云南、遵义地区将农产品销往上海1.9亿元，帮助全国832个贫困县销售产品162亿元，其中特色农产品占大部分。在云南省保山市、文山市等地，拼多多还捐赠帮扶资金，把建档立卡户组织起来成立“多多农园”，改良种植品种，推广先进技术，培养职业农民，直接连接生产端与消费端，实现“把利益留在农村，把人才留在农村”。

【劳务协作】 发挥劳务协作长效机制作用，坚持多措并举，从供给侧和需求侧两端发力，重点推进就地就近稳定就业。在云南、遵义，开展贫困人口就业培训101140人次，提升贫困人口就业技能，帮助贫困人口实现就业112856人，其中就近就地就业87165人，其他地区转移就业22065人，到沪就业3626人。赋能就业——用好“一市两地”职教联盟，针对当地主导产业加强技能培训，打通企业用工需求、职业学校专业设置链条，实现招生即招工、毕业便就业。拓岗就业。安排专项资金鼓励创业就业，规范创设公益岗位，稳定公益就业。拓展帮扶产业项目以撬动就业。稳岗就业——细化政策，精准补贴，打通供需双方对接渠道，帮助建档立卡贫困户稳岗就业。来沪就业——东方航空和春秋航空在上海对口地区特招47名航空乘务员。相关部门和区县提供消防救援、机场地勤、养老护理、绿化园林维护等岗位，定向招募对口地区贫困劳动力。开通劳务输出“直通车”，设立劳务工作站，强化跟踪服务和维权保障，采取技能培训、通识培训、生活关爱、乡亲照料、应急保障等措施，让贫困劳动力出得来、稳得住、能融入。定向培训——推动同济大学与云南省合作建设云南同济中德学院，引进德国职教先进理念和管理，聚焦云南八个主要产业，联合上海外服（集团）有限公司、京东物流、华为技术有限公司、科大讯飞股份有限公司、复星康复养老产业发展集团等行业标杆企业，共建八大产业平台学院，培育符合云南当地产业发展需要的专业技术人才。2019年，中德学院招生3015人，其中建档立卡贫困户家庭学生超过1000人。

【智力帮扶】 完成第十一批援滇干部、第三批援黔干部选派轮换，分别向云南、遵义新选派挂职干部152名、27名，向云南、遵义选派专业技术人才725名，助力改善提升贫困地区的卫生、教育等基本公共服务条件和推广农村实用技术，培养急需紧缺人才。接收255名云南、遵义党政干部来沪挂职，培训党政干部和专业技术人才67245人次。聚焦保障义务教育和基本医疗，重点培养当地教师和医生。推动“结对式”帮扶。推动学校、医院结对共建，帮助改善办学、就医条件，以跟班带教、手术示范等形式，开展“金种子校长”“影子院长”等培训，提升教学、医疗水平。开展“组团式”帮扶。崇明区派出管理团队托管临沧市大文中学，把上海的教育理念与当地实际结合，改造硬件，优化软件，提升学校整体教育教学水平。推动“互联网+”应用。发展智慧医疗、数字化医院建设和远程医疗服务，节省群众就医成本。协同建设智慧校园、智慧教室，开展远程教育培训和教育资源共享。

【社会帮扶】 动员引导企业、社会组织等各类社会力量广泛参与沪滇帮扶，发挥政策引导和项目支持作用，激励社会公益力量集聚到扶贫协作地区，支持扶贫济困、支教助医、智力支持、生态保护等，2019年动员191家社会组织参与对口帮扶，实施项目675个，投入帮扶资金4.42亿元。虹桥临空经济园区党委探索“党建引领+公益扶贫”的思路，以帮困助学和帮扶产业为重点，成立公益扶贫联盟，通过分类汇总公益需求寻找合适的承接企业，产生了示范带动效应。静安区在都市白领群体中开展“为爱奔跑”企业城市定向赛，支持村企结对精准扶贫行动，18家商务楼宇企业募得资金518万元及800余套乡村医生救护箱、1套医用检测仪器。组织相关企业成立上海消费扶贫联盟、电商扶贫联盟。聚焦对口地区特色优质农产品，帮助当地开展全产业链升级与品牌化建设工作，促进农产品优质优价，富农惠民，实现市场化帮扶优品入沪。

【文旅扶贫】 注重发掘整理、宣传推介对口地区特色文化资源和优美自然资源，做深文旅扶贫。支持文旅开发。通过“文旅+扶贫+大数据”的方式，开发哈尼梯田等旅游线路，助推当地文旅产业转型升级。以疗休养为突破口，组织上海机关、企事业单位职工到云南、贵州遵义休闲康养。支持务川仡佬族苗族自治县建设青少年研学旅行基地，打造聚焦遵义和上海、辐射全国青少年的红色教育、特色民俗文化旅游和研学旅行示范基地。传承文化遗产。在云南楚雄彝族自治州和红河哈尼族彝族自治州等地，支持“彝绣”等传统手工技艺发展，通过非遗传承人和骨干企业牵引带动，采用“公司+合作社+绣娘”的模式，建立“彝绣”扶贫车间，免费开展建档立卡妇女刺绣技能培训，组织参与民族服饰和手工艺品的加工，按照保底价格回收，帮助贫困群众实现家门口就业和家庭稳定增收。打响文化品牌。通过上海旅游节、上海艺术节、长三角文博会等重大文旅展示平台，推介对口地区的文旅产品。沪滇相关部门、文化机构联手打造“彝乡之恋”和“云绣彝裳”文旅宣传展示品牌。把“彝绣”与江南丝绸、文创潮品结合起来，推动“彝绣”登上纽约时装周，打开国际市场，带动7万绣娘实现家门口就业，形成年产值超1.5亿元的“彝绣”产业链。

【携手奔小康】 引导各方力量开展携手奔小康行动，构建两地党政部门、各类企业、社会组织和爱心人士共同参与脱贫攻坚的常态化机制。2019年6月，在云南省云龙县、保山市隆阳区召开上海市携手奔小康村企结对现场会，总结经验，以“三带两转”（带出致富带头人、带出农特产品、带出特色产业、转变村民观念和转变村容村貌）为主要内容，推动村企结对帮扶，推广典型案例。携手奔小康行动坚持聚焦精准、着眼长远布局、凸显区县特色，帮扶资源进一步下沉到贫困村，贫困群众得到更多实惠。在云南，上海市15个区217个街镇（部门）结对帮扶74个县的353个贫困乡镇，上海市338个村（社区）、1534家企业、115个社会组织结对帮扶当地2708个贫困村，上海市176所学校、188家医院结对帮扶当地193所学校、195家医院。在贵州遵义，上海市3个区26个街镇（部门）结对帮扶8个县的60个贫困乡镇，上海市37个村（社区）、135家企业、39个社会组织结对帮扶当地361个贫困村，上海市85所学校、38家医院结对帮扶当地113所学校、166家医院（含乡镇卫生院）。上海汽车集团股份有限公司、上海医药集团股份有限公司、上海华谊（集团）公司、上海临港经济发展（集团）有限公司等20多家市属国企投资农产品加工、园区开发、中医药种植加工、建材制造等产业，直接、间接带动就业超万人。

【扶贫宣传】 梳理提炼2019年上海市东西部扶贫协作典型案例，形成2019年东西部扶贫协作典型案例集，30篇案例作为工作培训教材，反映上海市创新探索帮扶工作，深化携手奔小康行动，消费扶贫全面升级，推动产业扶贫、劳务协作、教育扶贫、健康扶贫、智力帮扶等方面成果。举办以"实干彰显初心、奋斗践行使命"为主题的对口帮扶先进代表和典型案例展示活动，开展接续帮扶工作研究，举办上海市精准扶贫专题辅导报告会暨理论与实践研讨会，编撰《精准扶贫理论研究》和《精准脱贫上海实践案例集》，加强脱贫攻坚理论研究和对口帮扶成果总结。聘请智库开展援滇、援黔"十三五"规划成效评估和"十四五"规划预先研究。

（上海市人民政府合作交流办公室
扶贫协作处　凌　瑜）

辽宁省—贵州省六盘水市东西部扶贫协作

【概述】 2019年，辽宁省帮扶贵州省六盘水市持续脱贫、稳定脱贫，推动东西部扶贫协作工作向更深层次、更宽领域、更高质量迈进。累计向六盘水市提供财政援助资金1.26亿元；选派援黔挂职干部13人、专业技术人才222人，帮助六盘水市培训党政干部877人、专业技术人员2万余人次；引导企业开展产业合作14家，落地到位资金21.6亿元；帮助六盘水市贫困劳动力就近就地和异地就业4721人；动员社会力量募捐款物4775万元。大连援黔工作队荣获2019年贵州省脱贫攻坚先进集体，涌现出大樱桃专家张桂荣夫妇、优秀校长潘永久、全国奥林匹克化学金牌教练田庆斌、举家支教的刘凤羽等专家型人才。

【工作机制】 加强对东西部扶贫协作工作的组织领导，不断完善工作机制，推进各项工作落地。执行双方高层定期互访和联席会议制度。全年共有5位省级负责同志(6人次)赴六盘水调研，召开两省高层联席会议2次，召开省(市)级专题研究部署会议22次。发挥辽宁省对口支援工作领导小组统筹指导作用。将领导小组成员单位由原来的29家扩充至38家，并以领导小组名义印发《2019年辽宁省东西部扶贫协作贵州省省市联动工作方案》，细化目标要求，做好组织保障。辽宁省发展和改革委员会主要负责同志督导督战，分管领导赴一线推动落实。推进问题整改。制定《辽宁省东西部扶贫协作考核反馈问题整改方案》，梳理任务清单17项，逐项落实责任分工。印发《关于开展东西部扶贫协作资金和项目使用管理情况审计的通知》，与受援地制定东西部扶贫协作审计工作职责分工协议，开展全过程审计监督。建立整改落实长效机制，将东西部扶贫协作纳入辽宁省政府年度重点工作督查督办内容。

【项目帮扶】 加大财政资金投入，精准实施一批扶贫项目，超额完成两省《2019年东西部扶贫协作协议》目标任务。2019年向深度贫困地区累计投入资金9348万元，用于县及县以下基层援助资金1.23亿元。重点实施解决深度贫困地区脱贫攻坚和“两不愁三保障”帮扶项目56个，惠及贫困人口1.4万人，其中用于产业扶贫和促进就业项目资金6394万元，占年度总资金一半以上，投向易地扶贫搬迁安置点教育医疗配套设施建设资金4805万元，占帮扶资金的38%。发挥“领头羊”带动作用，实施扶贫车间建设、扶贫专岗设立等项目，培训贫困村创业致富带头人1111人，成功创业469人，带动贫困人口就业1677人。注重项目质量提档升级，在教育、医疗、农业等重点行业领域，对已投入使用的援建项目，通过选派专家或远程方式加强业务指导培训，全年向六盘水市输出医疗、农业等专业技术88项，填补当地技术空白，实现硬件、软件双提升。其中，大连大学、大连交通大学免费转让和实施技术支持项目10项，帮助解决六盘水边远山区吃水难问题，促进特色农业种植与管理升级；校园足球协作项目被教育部评为东西部教育扶贫精准项目。

【社会扶贫】 构建全方位、多层次、宽领域的社会帮扶格局，持续推进“一对一”结对帮扶，实现深度贫困地区的行政区域、重点行业对口帮扶全覆盖；发动社会各界力量多层次参与对口帮扶；在教育、医疗、应急、社会救助等多个领域加大帮扶力度。大连市各区市县、市直部门、街道企业及社会组织结对帮扶六盘水市4个贫困县、13个极贫乡镇和162个深度贫困村，2019年累计新建对口帮扶关系10个，提供帮扶资金1200余万元。发挥舆论引导作用，利用各类媒体平台投放六盘水市宣传片、公益广告、特色农产品广告等，营造浓厚氛围，提高社会各界参与精准扶贫的认同感。全年发动企业、社会组织、民主党派等社会各界募捐资金4328.4万元、募捐物资折款446.6万元。辽宁省各相关省直单位与六盘水市对接，签订《中国医科大学附属医院帮扶六盘水市乡村医生能力提升实施方案》《辽宁省残联贵州省残联关于残疾人扶贫协作协议》等合作文件，辽宁师范大学对口帮扶六盘水师范学院，辽宁省肿瘤医院对口帮扶六盘水市人民医院筹建肿瘤医院，辽宁省红十字会建立省市县三级红十字组织和志愿者“一对一”结对帮扶。2019年7月，六盘水市水城县发生特大山体滑坡灾害，灾情发生次日大连市分管副市长带队赶往六盘水市，追加专项财政援助资金500万元，并启动灾后远程医疗平台、心理危机干预救援等工作。

【产业扶贫】　推动东西部扶贫协作由“输血”向“造血”转变，加强规划引领，提供科技支撑。在新能源产业领域，组织辽宁省能源产业控股集团等5家企业赴贵州参加六盘水市承办的氢能源产业研究暨合作对接洽谈会，并进行实地考察调研与对接交流；协调中科院大连化物所帮助编制《六盘水市氢能产业发展规划》，为六盘水市发展新能源产业提供全面指导；推动罗宾森新能源汽车充电桩项目落地投产。在新材料领域，沈阳工业大学与石鑫玄武岩科技有限公司成立合作共同体，发挥大连理工大学院士团队的科研优势，创建玄武岩纤维树脂基复合材料工程研究中心，帮助打造玄武岩纤维生产制造基地和产业集群。在生物医药领域，大连医科大学中西医结合研究院与六枝特区政府共建六枝中医药研究基地；推动辽宁三友农业生物科技有限公司在贵州安龙建厂，到位资金6000余万元，吸纳贫困人口就业185人。在农业和农产品加工领域，推动大樱桃研发示范基地二期等13个产业合作项目建设，带动脱贫人口3335人；大连工业大学与六盘水高新区签署战略合作协议，共建食品科技创新中心；中科院大连化物所向受援地区转移转化创新研究成果，实施魔芋和猕猴桃深加工等技术推广项目。

【扶志扶智】　在“扶智”上，做到人才支援与本地培养并重；在“扶志”上，重点通过加强就业服务解决特殊困难群体的就业问题，以增强其脱贫信心。扩大选派挂职干部和专业技术人才规模，2019年辽宁省赴六盘水市挂职干部30人，挂职干部均分管或从事脱贫攻坚领域工作；重点选派教师和卫生医疗人才190人，并举办180期专业技术人才培训班，其中95%以上面向教育和医疗专业技术人才。全面加强就业帮扶指导，建立就业信息共享机制，组织沈阳、鞍山等市公共就业服务机构搜集适合贵州籍贫困人口就业岗位信息4204个，建立辽宁省64所高校906名贵州籍应届毕业贫困学生信息台账；开展贫困人口技能培训班34期，1609人参加培训；开辟多种渠道帮助六盘水市贫困人口就业，其中向辽宁转移3个月以上稳岗就业118人，实现就近就地就业2508人，帮助到其他地区就业2095人，超额完成两省协议目标任务。改善特殊困难群体生活和就业状况，投入残疾人扶贫物资折款93.2万元，惠及411户，投资扶持4个适合残疾人特点的就业创业基地，安排残疾人就业50余人。

【消费扶贫】　多措并举开展消费扶贫，2019年销售六盘水市农特产品1.5亿元，带动

4460名贫困人口增收。开展“互联网+”消费扶贫，在中国社会扶贫网东西扶贫协作板块建立辽宁馆、大连馆；利用大商集团有限公司“天狗网”、中国工商银行“融E购”、中国建设银行“善融商务”、太平洋保险股份有限公司“太保集团彩虹平台”等金融网络平台，销售六盘水市农特产品。开展黔货入连实体店营销，在大连相关区县主要商业街资助设立消费扶贫实体店，引导市民、游客采购。鼓励推动省市各级党政机关、金融机构、国有企事业单位、民营企业采购六盘水市农特产品。帮助扩大受援地区农特产品市场规模，大商集团成立特产经营单品公司，与六盘水市合作开展特色农产品上架销售；向宾馆、超市等零售经销商推介，推动消费扶贫商品快速进入市场。推进旅游协作促消费，与贵州联合开展6场“山海相连·辽客黔行”活动，组织引导3.75万名辽宁（大连）游客到贵州（六盘水）旅游。通过展会搭建消费平台，组织召开东西部扶贫协作和对口支援消费扶贫特色产品展销会，为六盘水市企业（商会、合作社）参展、投资洽谈、产销对接等提供平台。

【教育扶贫】 辽宁省在教育等重点民生领域持续发力，不断放大“组团式”帮扶叠加效应。在基础教育上强基固本，选派40名优秀教师对六盘水市12所基础薄弱学校开展全学段、全方位、全链条“组团式”帮扶，“大连高中班”先行示范，贵州六盘水学生综合素质明显提高。在职业教育上推动产教融合，资助建设产业教学基地，当地288名学生的实践能力、技术水平显著提升，并通过“2+1”联合招生模式以及中职招生兜底行动，组织招收建档立卡贫困家庭学生22名到辽宁省6所优质中等职业学校全免费就读。

【健康扶贫】 开展“叠加式医疗组团”帮扶，辽宁省20家省、市医疗机构对口帮扶六盘水78家医疗卫生机构，在县级以上公立综合医院帮扶全覆盖基础上，每个团组选派3人以上，对六盘水市4个县区医院进行“叠加式”组团帮扶，助力贫困地区医疗卫生人才队伍建设。

（辽宁省发展和改革委员会对口支援处 张 伟）

辽宁省大连市—贵州省六盘水市东西部扶贫协作

【概述】 2019年，大连市贯彻落实中共中央总书记习近平关于扶贫工作的重要论述，落实党中央、国务院东西部扶贫协作决策部署和辽宁省委、省政府工作要求，聚焦“两不愁三保障”突出问题和深度贫困地区，推动扶贫协作各项工作取得成效。在2019年度国家东西部扶贫协作成效考核中大连市被评为“好”等次。2019年，大连市向六盘水市提供财政援助资金1.26亿元，实施项目56个，带动贫困人口1.6万人。选派13名党政干部赴六盘水市挂职，选派30名大连党政根部到六盘水市扶贫一线；选派教师、医生、农业技术人员等专业技术人才210人。引导13个产业合作项目落地六盘水市，到位资金21亿元。开展消费扶贫“六进”行动，全年消费扶贫销售额1.45亿元。转移六盘水贫困劳动力到大连稳岗就业118人，帮助六盘水市贫困人口实现就近就地就业2508人，帮助到其他地区就业2095人。

【扶贫资金投入】 大连市2019年度财政援助资金1.26亿元，国家扶贫开发工作重点县县均4208万元，实施项目56个，带动贫困人口1.6万人。2019年财政援助资金中用于县以下基层援助资金1.2亿元，投入深度贫困地区资金9279万元，用于产业项目和就业项目资金6394万元，精准投向易地扶贫搬迁安置点教育医疗配套设施建设资金4805万元。

【组织领导】 两市党委、政府主要领导进行工作互访调研5次，召开高层联席会议2次，同谋划、同部署、同落实。大连市委市政府主要领导分别带队赴六盘水市调研对接。2019年，大连市共有5位省部级领导、8位市委常委，以及58位厅局级领导赴六盘水市开展扶贫协作工作。召开市委常委会、市政府常务会、市对口帮扶协作工作领导小组会议，专题研究部署扶贫协作工作18次，并组织工作团队赴福建、宁夏实地学习习近平总书记倡导和推进的扶贫协作“闽宁模式”。

【人才支援】 2019年，大连市选派13名党政干部赴六盘水市挂职，在六盘水市扶贫一线的大连党政干部30人，在六盘水市开展党政干部培训8期，共877人参加。向六盘水市选派各类专业技术人才210人，举办专业技术人才培训174期，共2万余人次参加。开展教育、医疗组团式帮扶。选派40名优秀教师组成“组团式”支教团，按照“1名挂职校长+2名以上骨干教师”的基本配置，集中力量对六盘水市12所各级各类基础薄弱学校开展全学段、全方位、全链条“三全式”组团帮扶，开展学校结对帮扶，实现对六盘水市213所农村地区中小学校（中心校以上）结对帮扶全覆盖。辽宁省、大连市20家医疗机构对口帮扶六盘水市78家医疗卫生机构，在实现对六盘水县级以上公立综合医院帮扶全覆盖的基础上，每个团组选派3人以上，分别挂任受援医院副院长、科室（护理部）主任或副主任等职务，对4个县区医院进行“叠加式”组团帮扶，并对受援医院医共体的65所乡镇卫生院进行延伸帮扶。发挥大连足球优势，将足球“扶志”作为两地教育扶贫协作的重要突破口，帮助六盘水市打造“全国青少年校园足球改革试验区”。2019年，两地开展校园足球培训6次，累计培训325人，30多个孩子到大连参加全国足球满天星夏令营。校园足球成为大连市与六盘水市教育协作亮点，被教育部评为东西部教育扶贫精准项目。

【社会扶贫】 大连市企业、社会组织、民主党派等社会各界参与扶贫协作，2019年募捐资金4775万元。在10月17日全国扶贫日，开展消费扶贫展销会、受援地主题日推介、扶贫慈善募捐等系列活动，现场销售及签订订单2500余万元，募集资金598.7万元。7月23日，六盘水市水城县发生特大山体滑坡灾害。大连市立即部署支援工作，第一时间派工作组赴灾区慰问，拨付救灾及灾后重建专项资金500万元，并在全市组织开展爱心募捐活动，共募集善款2042.6万元。大连市第七人民医院、大连市援黔医疗队还为灾区群众开展心理疏导等服务。

【产业扶贫】 2019年推动盘州国家储备林、大樱桃研发示范基地二期、韩伟集团蛋鸡养殖、工业辣椒种植、刺梨产品加工等13个产业合作项目落地，到位资金21亿元，带动脱贫人口3378人。发动国家开发银行、中国农业发展银行等政策性银行参与扶贫协作。国家开发银行大连分行会同贵州省分行，采取PPP模式实施盘州国家储备林项目，总贷款29亿元。中国农业发展银行大连分行分别为韩伟集团蛋鸡养殖、大樱桃研发示范基地项目提供贷款1.05亿元、1000万元。大连佛伦德农业科技有限公司和六枝特区大用园区共建的大樱桃研发示范中心项目一期工程，春季大樱桃实现开花结果，改变人们在六盘水种植大樱桃不结果的认识，起到了示范效果。大连草莓协会利用六盘水市小高原的独特气候开展草莓种苗繁育，再运回大连种植，使大连草莓提前2个月上市，经济效益翻一番，两地农户实现互利。大连草莓已在六盘水市保华镇海螺村种植200亩，当地贫困户每亩受益超过1万元。

【消费扶贫】 实施"六进"行动，将六盘水特色农产品引入大连。2019年实现消费扶贫销售额1.45亿元，带动贫困人口4400余人增收。进政府机关、食堂和工会，强化示范引领；进饭店百余家，把"黔货"摆上大连市民餐桌；进商超300余家，助力黔货"走进"千家万户；进大商全国380家店铺，打通全国销售渠道。进会议论坛，贵州农特产品亮相达沃斯论坛大连之夜招待晚宴及各类展销会，"黔货"登上国内、国际舞台；进各类媒体，加强宣传推介，"买黔货、献爱心"深入人心。深化旅游扶贫协作，组织引导3.75万名辽宁（大连）游客到贵州（六盘水）旅游，带动脱贫人口1000余人。

【劳务协作】 2019年转移六盘水贫困劳动力到大连稳岗就业118人，帮助六盘水市贫困人口实现就近就地就业2508人，帮助到其他地区就业2095人。提供10个大连市机关事业单位岗位，定向招聘六盘水市贫困家庭高校毕业生。出台《大连市人民政府关于做好当前和今后一个时期促进就业工作的实施意见》和《关于做好2019年东西部扶贫协作劳务协作工作的意见》，加强政策引导，采取多种方式努力解决稳岗难问题。组织22名贫困学生到大连就读职业学校，29名贫困学生到大连市进行旅游服务培训。开展贫困人口技能培训34期1609人。援建的六盘水市装备制造技能人才培训基地进一步升级，将大连捐赠的价值300多万元的11台数控机床搬至水城开发区标准化厂房，打造数控机床扶贫工厂实训基地，承接园区内机械加工订单，将日常教学与市场相结合。

【携手奔小康】 在实现市、县、乡、村、企业五级立体化帮扶的基础上，开展结对帮扶。安排大连市7个区市县（先导区）、20个市直部门、17个街道、117家企业、14个社会组织参与结对帮扶，实现对六盘水市4个贫困县、13个极贫乡镇和162个深度贫困村结对帮扶全覆盖。针对六盘水市国家深度贫困县水城县，新增大连高新园区一并与中山区“二对一”合力帮扶水城县。开展学校、医院结对帮扶，实现对六盘水市213所农村中小学和65所贫困乡镇卫生院帮扶全覆盖。举办贫困村创业致富带头人培训班，培训1155人，创业成功451人。

（大连市人民政府经济合作交流办公室对口支援一处　崔守荣　殷雅茹）

江苏省—陕西省、青海省西宁市和海东市、贵州省铜仁市东西部扶贫协作

【概述】 2019年，江苏省聚焦脱贫攻坚，注重产业对接，突出民生改善，帮助陕西省、青海省（西宁市和海东市）、贵州省（铜仁市），扶贫协作工作取得成效，年度省级帮扶协议既定各项指标任务均超额完成。

【扶贫资金投入】 2019年共安排东西部扶贫协作财政援助资金31.98亿元，县均4264万元。其中，拨付陕西省22.78亿元，县均4070万元，实施项目1298个，带动贫困人口25.03万人；拨付青海省（西宁市和海东市）3.63亿元，县均4030万元，实施项目74个，带动贫困人口5.06万人；拨付贵州省（铜仁市）5.57亿元，县均5573万元，实施项目485个，带动贫困人口28.82万人。

【组织领导】 江苏省主要领导、分管领导分别率江苏党政代表团、江苏代表团先后12次赴对口帮扶地区考察交流，召开联席会议5次，召开11次专题会议研究部署扶贫协作工作。2019年3月，江苏省委书记娄勤俭、江苏省省长吴政隆率江苏党政代表团赴陕西省考察调研对口帮扶工作；8月，省委书记娄勤俭率江苏党政代表团赴青海省考察调研对口帮扶工作，研究推进协作重大事项；省委常委、南京市委书记张敬华，时任省委常委、无锡市委书记李小敏，时任省委常委、苏州市委书记周乃翔，以及其他各设区的市党委、政府主要领导带队赴结对帮扶地区商谈帮扶工作，深挖帮扶潜力，搭建帮扶平台，进一步拓宽协作空间。省政府分别与陕、青、黔三省政府签订扶贫协作协议，及时将帮扶协议任务逐项分解到省相关部门和设区的市，进一步压实责任。与国务院扶贫办、陕西省政府共同主办“一带一路”减贫国际合作论坛，介绍江苏省东西部扶贫协作经验做法和取得的阶段性成果。出台《江苏省东西部扶贫协作2019年度工作计划要点》等政策文件，使各设区的市、县（市、区）各部门帮扶工作有目标、任务抓手，增强了工作实效。

【产业扶贫】 组织协调222家企业落户对口帮扶地区开展产业合作，实际投资额109.21亿元，带动贫困人口7.45万人；共建产业园区25个，引导61家企业入驻园区，援建扶贫车间275个，吸纳就业1.61万人。联合陕西省政府共同主办“第四届丝博会”，组织江苏省100多家企业、700多人参会，洽谈落实合作项目120个，总金额275.35亿元。

【劳务协作】 通过举办春风行动、贫困劳动力专场招聘会等活动，加大贫困地区劳动力转移就业。2019年举办劳务协作培训班336期，培训贫困人口11463人次，帮助6566名贫困人口到江苏省就业（陕西省4917名、青海省387名、贵州省1262名），帮助20550名贫困人口就近就业（陕西省6866名、青海省3444名、贵州省10240名），帮助5555名贫困人口到其他地区就业（陕西省2187名、青海省1899名、贵州省1469名），帮助15400名贫困人口在江苏省稳定就业（陕西省12800名、青海省500名、贵州省2100名）。

【人才支援】 印发《关于选派专业技术人才助力对口帮扶地区脱贫攻坚的通知》，压茬选派304名挂职干部（陕西省148名、青海省

27名、贵州省129名)、1809名专业技术人才到帮扶地区工作(陕西省1236名、青海省165名、贵州省408名)。协助安排对口帮扶地区457名干部、2114名专业技术人才到江苏省学习锻炼。举办党政干部培训班163期、专业技术人才培训班313期,帮助培训干部8612人次、专业技术人才27017人次。

【携手奔小康】 组织10个设区的市相关县(市、区)结对帮扶75个贫困县,实现扶贫协作地区"携手奔小康"行动全覆盖。另外,镇镇结对472个、村村结对619个、村企结对367个、学校结对1017个、医院结对330个。累计培训贫困村创业致富带头人3848人次,带动1365人创业成功,带动1.64万名贫困人口增收。

【土地增减挂钩】 完成土地增减挂钩节余指标跨省域调剂。2019年江苏省完成土地增减挂钩节余指标跨省域调剂任务1.2万亩,调剂资金总额90亿元。

【能源合作】 组织江苏省国信集团有限公司、徐州矿物集团有限公司、盛虹控股集团有限公司等企业赴对口帮扶地区对接煤化工项目合作,协调青电送苏、陕电送苏事项,均取得实质性进展。2019年消纳陕西、青海等西部地区电量45亿度。

【社会扶贫】 组织江苏省对口帮扶支援合作工作领导协调小组办公室、江苏省民政厅、江苏省政府国有资产监督管理委员会、江苏省工商业联合会、江苏省总工会、江苏省红十字会、共青团江苏省委、江苏省妇女联合会、江苏省残疾人联合会、江苏省科学技术学会等10个部门(单位)联合发布助力对口帮扶支援地区脱贫攻坚倡议;组织开展东西部扶贫协作定向募捐活动,省级相关部门、有关企事业单位及来自社会各界的60余家单位参加,20多家单位、企业进行现场募捐,募集捐赠资金3000余万元;组织央媒、省媒赴对口帮扶地区集中采访,营造各界参与、人人出力的扶贫协作浓厚氛围。2019年动员社会各界向受帮扶地区捐款捐物2.28亿元,其中陕西省1.31亿元、青海省0.23亿元、贵州省0.74亿元。

【消费扶贫】 出台《江苏省东西部消费扶贫协作工作要点》《多渠道拓宽经济薄弱地区和贫困地区农产品营销渠道实施方案》等文件,突出东西部协作重点,以线上线下、产销对接、综合推动为手段,创新推出"菜单式""打包式""链接式""补贴式""阵地式""触角式""联姻式""网络式""福利式""导入式"等十大消费扶贫模式,深入拓宽经济薄弱地区和贫困地区农产品销售。2019年累计多渠道支持消费扶贫20余亿元,其中帮助对口帮扶地区销售特色农产品8.51亿元,带动约6万名贫困人口脱贫致富。

(江苏省发展和改革委员会
曹　阳　吴　胜)

浙江省—四川省东西部扶贫协作

【概述】 2019年，浙江省站在“两个维护”政治高度，以更大决心、更明确思路、更精准举措、超常规力度，做好东西部扶贫协作工作，为四川省脱贫攻坚积极贡献浙江力量。浙江省印发《2019年度东西部扶贫协作工作任务书》，压紧压实工作责任，抓紧抓早开展工作，在组织领导、人才支援、资金投入、产业合作、劳务协作、携手奔小康等方面持续加大力度，聚焦深度贫困地区、“两不愁三保障”突出问题和特殊困难群体，助推对口地区高质量脱贫致富奔小康。2019年，浙江省和四川省签订东西部扶贫协作协议，指标全部超额完成。浙江省安排财政帮扶资金15.87亿元，向四川省选派干部93人、技术人员1481人，新增转移四川省贫困人口到浙江省就业5512人，帮助四川省贫困人口就近就地就业22013人，接收四川省选派挂职干部92人。

【组织领导】 2019年，浙江省委、省政府主要领导主持召开省委常委会、省政府常务会议和领导小组会议，省政府分管领导主持召开专题推进会，深入学习习近平总书记关于扶贫工作的重要论述，研究部署东西部扶贫协作工作。浙江省省级层面共研究部署东西部扶贫协作工作9次。浙江省与四川省召开高层联席会议3次，沟通扶贫协作情况，聚焦重点难点问题，谋划推进创新举措。浙江省进一步完善对口工作职责体系，充实调整浙江省对口工作领导小组成员单位，印发《2019年度浙江省东西部扶贫协作工作任务书》，组织开展浙江省内东西部扶贫协作工作考核和督查。

【交流交往】 2019年10月，浙江省委书记车俊率党政代表团赴四川省考察对接东西部扶贫协作工作；4月，浙江省委常委、常务副省长冯飞率代表团赴四川省考察对接东西部扶贫协作、参加四川省脱贫攻坚工作会议。浙江省共向四川省选派挂职干部93人，选派教师、医生等专业技术人才1481人；组织培训四川省党政干部25638人次、专业技术人才41838人次，帮助对口地区培养一批“带不走”的干部人才队伍。

【资金项目】 2019年，浙江省简化项目审批流程，加快帮扶项目计划下达，分别于3月、5月下达2019年对口支援（帮扶）四川省第一批、第二批项目实施计划，共安排项目606个。浙江省向四川省投入扶贫协作财政帮扶资金15.87亿元，县均投入财政帮扶资金4177万元。浙江省动员社会力量向对口地区捐款赠物，累计向四川省捐款赠物4.44亿元。

【产业扶贫】 2019年，浙江省共引导214家企业到四川省投资兴业，实际到位投资158.66亿元，带动贫困人口18126人。浙江省与四川省共建产业园区、“飞地”产业园30个，引导入驻企业180家，援建扶贫车间429个。在产业发展基础较好地区，与当地共建产业合作园区，如“海盐·屏山纺织产业协作示范园”，引入嘉兴天之华等纺织企业20家，年产值达50亿元，建成西南地区最大特色纺织产业园。在发展产业难度大的地区，采取在浙江省共建“飞地”产业园区模式，加快建设嘉善·庆元·九寨沟、南湖·若尔盖、海宁·黑水、诸暨·金川、新昌·小金等一批“飞地”产业园，为对口帮扶地区带去财税和分红收入。2019年6月浙江省青田县助力全国首个青花椒交易中心在四川省平昌县运营。推广浙江来料加工产业培育模式，帮助对口地区建设一批扶贫车间，浙江省义乌市按照“来料加工—来单加工—产业转移”三步走模式，在四川省汶川县建设来料加工车间30个，实现贫困人口家门口就业863人。

【劳务协作】 2019年，浙江省开发东西部扶贫协作动态管理平台，实现对贫困人口劳务协作精准服务，协调解决在浙江省建档立卡人员子女入学入托、住房、就医等问题，引导更多建档立卡人员出得来、留得住、能致富。浙江省支持2000多家人力资源服务机构深度参与东西部扶贫劳务协作，引导人力资源服务机构赴结对帮扶地区设立服务站点，摸排当地贫困劳动人口情况，定点定向批量输送贫困劳动人口赴浙江省就业。浙江省采取“线上采集用工信息—线下推送就业岗位”方式，组织赴对口地区开展劳务协作专场招聘会296场，提供岗位20.9万个，开展视频推介活动45次，推送就业岗位信息31万个。结合浙江省用工需求，组织举办“药乡月嫂”“花都美容”“宇视启航班”等订单式培训，打造“招工、培训、就业”一条龙服务新模式。浙江省新增转移四川省贫困人口到浙江省稳定就业5512人，帮助四川省贫困人口就近就业22013人，帮助结对地区贫困人口到其他地区就业10749人，引导帮扶四川省1301名建档立卡贫困学生赴浙江省就读职业院校。

【携手奔小康】 2019年，浙江省承担与四川省携手奔小康任务的县（市、区）党委、政府主要负责同志均赴38个结对县开展调研，县级负责同志到结对县调研183人次。浙江省127个经济强镇、220个经济强村、1055个企业、122个社会组织、335所学校、249家医院，参与携手奔小康结对并开展实质性帮扶活动；帮助四川省开展贫困村创业致富带头人培训8612人次，创业成功299人，带动贫困人口5268人。

【两不愁三保障】 2019年，浙江省安排义务教育保障、基本医疗保障、住房安全保障及贫困村饮水安全等方面帮扶资金1.89亿元，占援助四川省帮扶资金总数12%。浙江省对口帮扶四川省乐山市小凉山彝区，将“学前学会普通话”列入东西部扶贫协作范围，帮助彝区幼儿在学前听懂、会说、敢说普通话。浙江省台州市椒江区聚焦四川省峨边县贫困群众“看得起病、方便看病、看得好病”，成立7个专家团队工作室，帮助设立急缺学科，开展30多项四川省峨边县首例手术，开展巡回义诊24次，服务5054人次，两癌筛查1033例，完成胃肠镜检查1033例，启动“红十字光明行”活动，为白内障患者实施免费手术78例。

【消费扶贫】 2019年，浙江省印发《浙江省深入开展消费扶贫助力对口地区脱贫攻坚实施方案》，重点实施单位购销、结对助销、企业带销、活动展销、商超直销、电商营销、基地订销、旅游促销、劳务帮销、宣传推销等十大消费扶贫行动。举办浙江省首届东西部协作消费扶贫农产品展销会、四川扶贫产品产销对接（浙里行）、对口地区农产品推介会、全国消费扶贫购物节（杭州）等活动，推介展销浙江省对口帮扶四川、贵州、湖北、吉林等省的农特产品。推进“消费扶贫进机关”“消费扶贫进食堂”“消费扶贫进社区”“消费扶贫进商超”，先后举办“川货来浙里，消费促脱贫”四川省名优特农产品浙江省行政中心展销、“以购代捐、消费扶贫”扶贫农产品进食堂展销、“社区的力量”消费扶贫攻坚战（杭州站）等活动。7月，浙江省商务厅、浙江省发展和改革委员会、浙江省扶贫办公室和阿里巴巴网络技术有限公司联合举办“脱贫攻坚直播盛典——电商扶贫浙里行”活动，来自对口地区的12位县长参加活动，以“网红+县长+直播”模式推介对口地区特色农产品及品牌文化，3小时销售2000万名元扶贫产品，2200万名观众在线观看。浙江省政府采购政采云平台设立“农业扶贫馆”，作为财政预算单位参与消费扶贫对接平台。浙江省帮助四川省消费扶贫金额16.48亿元。

【社会扶贫】 2019年，浙江省做好“白叶一号”茶苗捐赠后续工作，浙江省湖州市安吉县多批次派出技术人员赴种植地开展技术指导和管理培训，截至2019年年底，在四川省青川县完成茶苗种植1517亩。谋划全国扶贫日系列活动，会同对口地区在浙江省11个市组织开展“携手奔小康，同心共追梦”——浙江省对口地区民族文艺巡演，同步开展浙江省东西部扶贫协作等对口工作宣传活动，广泛凝聚扶贫协作的社会力量。浙江省丽水市龙泉市和四川省广元市昭化区加强优势互补、协作共赢，构建立体生态扶贫产业格局，空中飞蜂、坡上种药、林下跑鸡、地里种菌、稻田游鱼、园区共建、全网电商，带动贫困群众脱贫增收。缙云县帮扶南江县发展杨梅、烧饼、茭白“红黄白”三色产业，带动培育一批致富带头人。

【残疾人帮扶】 2019年，浙江省实施“强基工程”“领雁工程”“自强工程”“康复工程”“新苗工程”“暖心工程”六大工程，助推四川省残疾人脱贫。浙江省用于残疾人帮扶资金2320万元，带动贫困残疾人口8600人；筹措1200万元援建的四川省汶川县特殊教育学校教学楼正式建成，浙江省义乌市援助的来料加工成为特教学生寓教于学的劳动技能课，30多名在校陪读家长就近在来料加工扶贫车间就业，月收入千元以上，实现陪读、就业两不误。

【网络扶贫】 2019年8月，浙江省印发《关于进一步发挥“中国社会扶贫网”平台作用　推动“互联网+”社会扶贫工作的通知》。组织开展浙江省“互联网+”社会扶贫工作现场观摩暨培训班，做好中国社会扶贫网注册对接，推动“互联网+”社会扶贫工作。中国社会扶贫网电商扶贫“爱心宁波全城涌动”宁波馆正式上线；10月，中国社会扶贫网电商扶贫“消费扶贫‘浙’里有情”浙江馆正式上线。浙江省发动社会爱心人士参与中国社会扶贫网爱心注册和爱心对接。据中国社会扶贫网统计，浙江省在中国社会扶贫网注册人数55.2万人，完成爱心对接金额超过263万元。

（浙江省发展和改革委员会对口帮扶处　季跃峰）

浙江省杭州市—贵州省黔东南苗族侗族自治州、湖北省恩施土家族苗族自治州东西部扶贫协作

【概述】 杭州市全面助推贵州省黔东南苗族侗族自治州(以下简称“黔东南州”)、湖北省恩施土家族苗族自治州(以下简称“恩施州”)打赢精准脱贫攻坚战。2019年,杭州市与黔东南州、恩施州召开高层联席会议4次;投入帮扶资金11.41亿元,实施帮扶项目530个;选派挂职干部58名,选派专业技术人才768名;引入企业153家,落实投资49.1亿元。

【扶贫资金投入】 2019年,杭州市财政援助资金累计11.41亿元,其中黔东南州7.53亿元,恩施州3.88亿元,占全市一般公共预算收入的0.63%,县均援助资金4961万元。安排项目530个,其中黔东南州225个,恩施州305个,带动两州贫困人口超16万人。筹措社会帮扶资金2.64亿元。杭州市区两级国企筹集4600万元帮扶资金,定向用于两州安排公益岗位和残疾人帮扶。

【组织领导】 2019年,杭州市召开市委常委会会议、杭州市对口工作领导小组会议及市政府专题会议10次,研究部署扶贫协作工作。17位市领导赴黔东南州、恩施州对接落实工作,召开高层联席会议4次。2019年年初机构改革新组建的杭州市对口支援和区域合作局牵头抓总、统筹推进对口工作。杭州市委常委会专题传达学习习近平总书记在中央政治局常委会和中央政治局会议听取脱贫攻坚专项巡视、脱贫攻坚成效考核等情况汇报,在重庆主持召开解决“两不愁三保障”突出问题座谈会等重要讲话和批示指示精神。浙江省委常委、杭州市委书记周江勇提出,要把对口工作作为杭州的分内之事,责无旁贷抓紧抓好抓出成效,坚决打好“三大攻坚战”的“杭州战役”。

【人才支援】 2019年,杭州市选派到黔东南州、恩施州的58名党政干部继续发挥尖刀班作用。杭州市帮扶黔东南州工作队、杭州市帮扶恩施州工作队于2019年5月被杭州市委市政府授予劳动模范集体荣誉称号,分别获评2019年贵州省脱贫攻坚先进集体、湖北省“民族团结进步先进集体”等荣誉称号。向两州选派专业技术人才768名。教育、医疗组团式帮扶向纵深推进,启动“银龄计划”,选派10位退休名医、名师到黔东南州帮扶。接收两州392名党政领导干部、1081名专业技术人才到杭州挂职锻炼。

【产业合作】 2019年,杭州市共引导153家企业到协作地区投资,实际到位投资额49.1亿元,带动贫困人口36748人稳定增收。援建扶贫车间181个,吸纳就业人口9036人。引导华鼎集团控股有限公司等一批上市公司和行业龙头企业与两地投资合作,推进剑河食用菌产业园、滨江-建始产业园等扶贫协作产业园建设。阿里巴巴、网易严选、贝贝、云集等电商扶贫持续推进。消费扶贫深入开展,推动扶贫商品进机关、进食堂、进社区、进超市等,帮助两州农特产品购销10.02亿元。组织职工赴两州疗修养4.4万人次。

【消费扶贫】 阿里巴巴、网易严选、贝贝、云集等电商扶贫持续推进。消费扶贫深入开展,推动扶贫产品进机关、进食堂、进社区、进

超市等,帮助两州农特产品购销10.02亿元。组织职工赴两州疗休养近4.4万人次。

【劳务协作】 2019年,杭州市在两州举办专场招聘会82场,组织杭州企业861家参加招聘会,提供就业扶贫岗位累计6.7万个。帮助两州建档立卡贫困人员到浙江省就业7913人(其中黔东南州4685人、恩施州3228人),到杭州市就业1811人(其中黔东南州1274人、恩施州537人)。通过引导浙商企业优先招录贫困人口、开设扶贫车间、开发公益性岗位等方式,实现贫困人口就近就业23423人。开展贫困人口就业培训7142人。接收贫困学生735人就读职业技术学校。

【携手奔小康】 2019年,杭州市13个区、县(市)主要领导赴黔东南州、恩施州结对24个县(市)对接落实任务,累计53人次赴对口地区调研。杭州市190个乡镇(街道)与对口地区192个乡镇(街道)结对,杭州市285个村(社区)与对口地区363个村(社区)结对,杭州市143个社会组织与对口地区397个村(社区)结对。杭州市575所学校与对口地区816所学校结对,杭州市233家医院与对口地区315家医院结对,杭州市444家民营企业和对口地区786个贫困村开展村企结对。发挥杭州创业创新优势,组织贫困村创业致富带头人培训3884人次,实现创业成功1940人,带动贫困人口13967人。

【创新工作特色】 资金、人才向深度贫困地区倾斜。2019年,杭州市用于深度贫困地区帮扶资金占比23.7%;选派192名专业技术人才到5个深度贫困县帮扶,占总派遣人数的25%,深度贫困县均人数高于其他贫困县8人。杭州市引导企业到深度贫困县新增投资24家,新增投资9.06亿元;在深度贫困县实现贫困人口就近就业5073人,占就近就业总人数30.86%;杭州市国有企业捐赠资金中94%用于帮扶深度贫困村;1077个贫困村接受结对帮扶,其中深度贫困村占86.5%。恩施州向深度贫困县巴东县安排帮扶资金5550万元。聚力帮助解决“两不愁三保障”突出问题。杭州市财政援助资金重点安排改善贫困村饮用水、建设幼儿园和卫生室等项目,用于解决饮水安全、学校和医院硬件基础设施薄弱等问题;社会捐赠资金集中用于“两不愁三保障”和教育扶贫项目。在人才支援、产业合作、劳务协作、动员社会力量参与等方面,特色明显、亮点纷呈。杭州市纵深推进教育、医疗组团式帮扶,既帮助实现教育、医疗质量的快速提升,更为当地培育造就一批专业人才,助力对口地区发展良性循环。组团式帮扶过程中也涌现一批领军式人物,如陈立群、汪四花等。推进产业、创业、就业联动,持续传导浙商创业精神,推动产业梯度转移,实现老百姓在家门口就业脱贫增收,国务院扶贫办东西部扶贫协作专刊第65期以“杭州市黔东南州探索‘三业联动’产业合作和劳务协作新模式”为题宣传杭州市相关做法。探索形成“总站+分站+企业+联络员”杭州特有劳务协作工作体系,为对口地区贫困人口到杭州务工提供“一条龙服务”。深入推进“万企帮万村”携手奔小康,动员社会力量参与取得明显成效。探索邀请企业家到对口地区担任“名誉村主任”工作模式,始发于杭州帮扶恩施的“五个一”活动,被国务院扶贫办称为杭州恩施东西部扶贫协作的一张“金名片”,新华社以“企业家‘名誉村主任’助力杭州东西部扶贫协作”为题作了专门报道。

(杭州市对口支援和区域合作局
范国彬)

浙江省宁波市—贵州省黔西南布依族苗族自治州、吉林省延边朝鲜族自治州东西部扶贫协作

【概述】 2019年，宁波市贯彻党中央、国务院决策部署，紧盯“确保继续走在前列，确保决胜最关键一年”目标，政治站位再拔高、工作标准再提升、帮扶力度再加码，助力贵州省黔西南布依族苗族自治州（以下简称“黔西南州”）和吉林省延边朝鲜族自治州（以下简称“延边州”）（同时出现简称“两州”）打赢打好脱贫攻坚战，全年向两州投入东西部扶贫协作财政援助资金6.83亿元。宁波市在2019年东西部扶贫协作考核中被评为“好”等次。

【扶贫资金投入】 2019年，宁波市安排财政援助资金6.83亿元（黔西南州4亿元、延边州2.83亿元），贫困县县均资金6209万元（黔西南州5714万元、延边州7075万元）。安排实施两州帮扶项目242个（黔西南州153个、延边州89个），带动贫困人口16.31万人（黔西南州14.18万人、延边州2.13万人）。协助两州解决“两不愁三保障”突出问题，安排帮扶资金和项目用于易地搬迁安置点义务教育、基本医疗等配套项目建设以及乡村道路等基础设施建设。财政帮扶资金中6.11亿元用于县以下基层，其中黔西南州3.64亿元，延边州2.47亿元；用于深度贫困地区3.24亿元。用于产业扶贫资金4.44亿元（黔西南州2.63亿元、延边州1.81亿元），用于就业扶贫资金4200万元（黔西南州3846万元、延边州354万元），5262万元用于住房安全、乡村道路、饮水安全等基础设施项目。安排教育扶贫资金8986万元，建设乡镇村幼儿园9所，资助贫困学生431名。安排资金754万元保障基本医疗，建设乡镇村卫生室、养老院7所。

【工作机制】 宁波市与两州建立东西部扶贫协作工作机制。2019年市委常委会和宁波市政府常务会7次听取东西部扶贫协作工作汇报，研究解决重点难点问题，4次召开市对口工作领导小组会议和专题会议，研究出台东西部扶贫协作制度规范文件5个。调整组建宁波市对口工作领导小组，宁波市委市政府主要领导担任组长和常务副组长。设置宁波市对口支援和区域合作局专门机构，确定“四个部”职能，即宁波市委市政府“参谋部”、宁波市直各部门和各区县（市）“指挥部”、前方工作队“保障部”、黔西南所需与宁波所能之间“协调部”。构建“四轮驱动”工作体系，即建立宁波市委市政府领导决策体系，对口工作领导小组办公室强力协调体系，区县（市）、宁波市直部门和前方工作队责任体系、社会力量全面参与体系。用好“四时评价”制度，即推行年度目标管理专项考核、季度点评、月度排名、每天通报制度。

【社会帮扶】 2019年，宁波市发动社会各界力量广泛参与东西部扶贫协作，开展“扶贫日”系列活动，推广应用中国社会扶贫网，宁波市注册用户数17.93万，认领对口地区求助9万多次，捐助资金214.38万元。全年募集社会帮扶资金（含物资）20629万元（黔西南州12929万元、延边州7700万元）。联合中国小康建设研究会举办“全国乡村振兴与扶贫协作（宁波）论坛”，与凤凰网共同举办“尤努斯中国周·甬城论善大会”。中国中央电视台新闻联

播、新华社、人民日报、经济日报等中央级媒体先后宣传报道宁波扶贫协作工作20多篇。

【劳务协作扶贫】 宁波市推进人才市场黔西南州分市场、劳务协作工作站和劳务协作专区建设，组织“甬上乐业·春风送暖”就业行动和“甬上乐业”创业集市活动，设立黔西南州专区，通过创业集市促进创业、带动就业。宁波市与两州在就业信息跟踪、输转、培训、稳岗等方面开展精准对接，组织企业到两州举办专场招聘会40多场次，向两州提供就业岗位信息6万多个，援建扶贫车间吸纳当地就业3759人（黔西南州3334人、延边州425人），其中贫困人口2102人（黔西南州1983人、延边州119人）。宁波市落实转移就业扶持优惠政策，动员企业提供爱心岗位，帮助两州贫困人口到宁波就业2208人，其中就业3个月以上的1697人（黔西南州1570人、延边州127人），未满3个月的511人（黔西南州443人、延边州68人）。帮助两州贫困人口实现就近就业17019人（黔西南州14969人、延边州2050人）；帮助两州贫困人口到其他地区就业5680人（黔西南州5574人、延边州106人）。宁波市协助举办劳动技能提升培训班480期，培训贫困人口21601人（黔西南州19524人、延边州2077人）。宁波市推进职教协作，接收两州贫困家庭345名（黔西南州271名、延边州74名）子女到宁波市就读职业学校。

【扶志扶智】 宁波市选派40名干部（黔西南州21名、延边州19名）在两州挂职。结合两州教育、卫生和农技等方面需求，宁波市调整优化专业技术人才结构，增加中长期帮扶人才和有丰富经验人才选派，强化理念交融、互学互鉴，选派670名专业技术人才（黔西南州399名、延边州271名）赴两州挂职和交流，其中帮扶时间12个月以上有125人。按照两州干部人才培训需求，宁波市协助举办各类干部人才培训班，完成党政干部培训20130人次（黔西南州87期11812人次、延边州61期8318人次）；通过实地和远程培训等方式，为两州开展人才培训63021人次（黔西南州244期56571人次、延边州142期6450人次）。

【产业帮扶】 宁波市推进经贸产业合作，引导企业到两州投资发展，研究出台《关于引导和支持企业参与对口地区产业合作的若干意见》，组建产业合作专班，搭建产业合作服务平台和产业联盟，完善产业合作带贫减贫机制。2019年新增落户两州投资企业70家（黔西南州48家、延边州22家），实际到位资金52.18亿元（黔西南州33亿元、延边州19.18亿元），带动贫困人口31784人（黔西南州30180人、延边州1604人）。宁波市与两州共建产业园区7个（黔西南州5个、延边州2个），引导入驻企业19家（黔西南州17个、延边州2个），援建扶贫车间113个（黔西南州101个、延边州12个）。一批重大产业合作项目进展顺利，总投资20亿元的延边杉杉新能源汽车项目于2019年9月28日下线第一辆新能源汽车，总投资30亿元的安龙万洋众创城产业园项目有10多家宁波企业入驻，总投资30亿元的延边敦化银泰文化旅游项目落地，总投资30亿元的吉浙合作产业示范园珲春轻工产业园有序推进。

【助残帮扶】 2019年，宁波市安排1410万元资金用于残疾人脱贫帮扶（黔西南州779万元、延边州631万元），6568名残疾群众受益。宁波市帮助黔西南州实施无障碍改造、养蜂、购买公共服务岗位、自主创业就业补助、技能培训等项目，带动贫困残疾人3294人；帮助延边州实施无障碍改造及房屋修缮、康复体育进家庭、农村残疾人日间照料站建设、残疾人综合服务中心建设、辅助器具适配、子女助学、实用技术培训等扶助项目，覆盖带动贫困残疾人3274人。在宁波市海曙区南塘老街和鄞州区建立残疾人扶贫产品销售专柜，销售两州残疾人手工艺品、农特产品、刀画等20多个品种100余万元。在宁波市“印象宁波”残疾人文创产品展销中心设立对口地区残疾人文创产品展销专柜，帮助延边州残疾人扶贫基地——吉缘工艺品有限公司改良产品，无偿提供研发指导，核桃工艺品年创收10万余元。宁波市钱海军志愿服务团队投入资金4万元，开展“千灯万户”走进贫困残疾人家庭行动，帮助50户建档立卡贫困残疾人家庭改造室内电线。

【消费扶贫】 宁波市研究出台《宁波市深入开展消费扶贫助力对口地区脱贫攻坚加快区域协调发展实施方案》，推进消费扶贫，举办“消费扶贫机关先行”活动，实施对口地区农特产品进机关、进企业、进学校、进医院、进社区，鼓励引导党员干部、工会组织采取“以购代捐”“以买代帮”参与消费扶贫。脱贫攻坚期每人每年增加500元福利费用于购买两州农特产品，带动帮扶地区农特产品销售3亿元以上。推进销售网点和展会展销，开展“黔货出山”“北粮南运”活动。支持两州在宁波开设农特产品直销点52个，借助宁波年货展销会、食博会、中国社会扶贫网、“甬工惠”App等平台，动员社会力量、企业参与，促进两州农产品扩大销售。2019年采购销售两州农特产品9.21亿元（黔西南州7.43亿元、延边州1.78亿元）。推动旅游扶贫与消费扶贫相结合，组织3.6万（黔西南州1.9万、延边州1.7万）多名职工到两州疗休养消费。

【创新帮扶】 宁波市依托延边州和龙市独特的农业优势，实施“共享稻田”扶贫计划，发动机关事业单位职工、社会组织和爱心人士，认领和龙市10000块共享稻田，每块面积100平方米，产出大米约50千克，认筹价格为1000元，带动延边州和龙市贫困群众2068人探索出一条共享共赢、增收增效的帮扶新路子。整合宁波8个对口地区资源，按照政府主导、市场运作原则和“街区化+市场化+专业化”模式，在人流密集的宁波市鄞州南部商务区建成集“日常消费+全民慈善+特色农副产品销售+民俗风情演艺”于一体的“山丘市集”消费扶贫综合体，吸纳对口地区40多家商户入驻，2019年10月17日“扶贫日”开业，打造“永不落幕的扶贫展销会”。整合东西部扶贫协作和中央单位定点扶贫资源，与公安部扶贫办开展“条加块”携手帮扶深度合作，建立“甬安合作”联席会议制度，合力推进“白叶一号”和长毛兔产业发展，共同推进消费扶贫和金融扶贫，助力黔西南州普安县加快脱贫攻坚步伐，发挥“1+1＞2”效应。习近平总书记批示关注的“白叶一号”感恩茶园，作为一号工程推进迅速，种植面积从2000亩扩大到1.08万亩；长毛兔产业园不断发展壮大，成为贵州省十大脱贫攻坚的重点产业之一。

（宁波市对口支援和区域合作局　黄俊兵）

福建省—宁夏回族自治区东西部扶贫协作

【概述】 2019年,福建省持续深化“联席推进、结对帮扶、产业带动、互学互助、社会参与”闽宁扶贫协作机制,帮助宁夏回族自治区脱贫攻坚。福建省省级领导先后11人次赴宁夏考察调研,省直部门和市县共1305人次赴宁夏开展帮扶。召开两省区第23次联席会议,签订会议纪要和13项部门合作协议。落实财政帮扶资金4.7717亿元、社会帮扶资金9248万元,实施协作项目350个,带动贫困人口12.45万人增收,落实招商项目128个,实际到资63.77亿元,带动贫困人口2.12万人。选派党政干部25名、专业技术人员448名支援宁夏,帮助宁夏建档立卡贫困人口25764人实现就业。携手奔小康从县县结对延伸到乡村、企业、社会组织、学校和医院,超额完成年度扶贫协作任务指标,2019年度东西部扶贫协作考核综合评议为“好”等次。《求是》杂志两期刊登闽宁协作经验做法,闽宁镇荣获全国脱贫攻坚组织创新奖,国务院扶贫办刊发福建省东西部扶贫简报9篇,18个典型案例在全国培训班上交流。

【扶贫资金投入】 福建省加大对宁夏扶贫协作资金帮扶力度,2019年共落实财政援助资金4.7717亿元,县均5965万元;组织福建115家企业、机构及个人,多方筹集社会帮扶资金9248万元。围绕宁夏脱贫攻坚实际情况,精准使用对口帮扶资金,重点支持宁夏建档立卡贫困人口直接受益的项目,安排特色产业、劳动力转移和培训、闽宁示范村提升和消费扶贫等协作项目350个,带动贫困人口12.45万人增收。完成土地增减挂钩节余指标跨省域调剂任务1.288万亩,调剂资金38.64亿元,完成国家下达任务。

【组织领导】 福建省委书记于伟国、福建省省长唐登杰研究部署,深入调研,推动落实。2019年,福建召开7次常委会会议、4次扶贫开发领导小组会议、18次省政府常务会议和专题会议。省委、省政府不定期召开调度会、专题协调会,听取汇报,加强统筹推进,细化实化强化帮扶措施。4月,召开闽宁扶贫协作第23次联席会议,全面部署年度对口扶贫协作重点任务,签订会议纪要,细化分解重点任务,完善台账管理;13个部门签订合作协议,强化跟踪督导,加强工作对接、沟通会商,及时掌握工作动态,确保各项工作落地见效。在第6个国家扶贫日期间,省委书记于伟国、省长唐登杰率队赴宁夏调研,召开座谈会,研究进一步深化闽宁对口协作的具体举措。副书记王宁、副省长李德金、副省长郑建闽多次赴宁夏调研对接,协调推动工作落实,福建省省直有关部门以及福州、厦门、漳州、泉州、莆田5个设区的市厅局级领导共130人次赴宁夏对接交流,全省共1305人次赴宁夏开展帮扶工作。

【产业合作】 福建省聚焦宁夏减贫带贫产业项目,多渠道、多形式组织企业到宁夏投资兴业,2019年共落地招商项目128个,实际到资63.77亿元,带动贫困人口2.12万人,实现就业2198人。开展“百场千企进宁夏”产业扶贫活动,举办招商活动73场次,发动企业家798人次赴宁夏考察。通过数字中国建设峰会、“9·8”投洽会、中阿博览会等平台深化两省区经贸合作交流,引进厦门建发集团等世界

500强、融侨集团等中国民营企业500强企业产业项目落地宁夏。扶持在宁夏企业新增投资项目59个，投资额37.7亿元。投入援助资金4789万元，累计建成扶贫车间184个，带动就业7050人，其中建档立卡贫困人口3169人。

【劳务协作】　福建省把稳就业、提技能作为贫困户稳定脱贫的重要抓手，采取岗位推送、技能培训、政策激励、工读并举等形式，加强精准对接，提升就业质量，劳务协作取得新突破。2019年，中西部22个省区共有建档立卡贫困人口108401人在闽稳定就业。福建省共帮助宁夏建档立卡贫困人口25764人实现就业，其中组织宁夏建档立卡贫困劳动力到闽就业1281人、就近就业18543人，输转到其他地区就业5940人，人均转移就业收入占农民人均可支配收入40%以上。

【人才支援】　福建省把扶志扶智、授之以渔作为推进闽宁扶贫协作的长效机制，提升人才支持。党政干部交流。福建选派25名党政干部赴宁夏挂职，宁夏选派19名党政干部到福建挂职锻炼，两地干部思想互动、观念互通、作风互鉴，提升脱贫攻坚组织力和执行力。专业技术人才交流。选派教师、医生等领域专业技术人才448人支援宁夏，重点支持深度贫困县，宁夏选派624名专业技术人员到福建学习交流，科学安排交流岗位，促进理念、观念更新。科技合作交流。开展“福建院士专家宁夏行”活动，组织14位院士专家赴宁夏开展25场学术报告、专题辅导和技术咨询服务，帮助宁夏引进59项科技成果。

【携手奔小康】　福建省10个携手奔小康县（区）党政主要负责人赴宁夏结对帮扶县调研对接19次，签订帮扶协议，落实帮扶项目，推动帮扶领域向教育、卫生、科技、文化、旅游等领域覆盖。闽宁两省区实现乡镇结对105对、村村结对129对、村企结对115对、社会组织与村结对110对、学校结对59对、医院结对25对。开展“八闽亲人宁夏游”活动，推动固原市“163”政务审批服务改革。推广南安市蓉中村贫困村创业致富带头人“1+11”培训模式，培训宁夏贫困村创业致富带头人2704人次，创业成功702人，带动贫困人口2988人。

【模式创新】　福建省持续探索创新，培育特色亮点，创新工作机制。打造闽宁协作新亮点。闽宁镇产城人融合方面，福建省加大闽宁镇新镇区、扶贫产业园区和6个行政村帮扶力度，增派13名干部和专业技术人才开展帮扶；引进、扩建富贵兰（宁夏）实业有限公司、德龙酒业有限公司等14个项目，引入电商、快递企业13家，总投资3.48亿元，推动电商物流和红酒一条街开业运营；投入帮扶资金6200万元改善人居环境和饮水安全，惠及移民搬迁人口15441人。2019年，闽宁镇常住人口6.6万人，人均可支配收入13500元。闽宁示范村带动方面，安排专项资金9441万元建设44个闽宁示范村，推广乡村治理积分卡制度，帮助宁夏培育乡村治理人才，提高乡村治理水平。闽宁产业园提质增效方面，共建成闽宁产业园10个，涉及信息、科技、电商、纺织、菌菇等特色产业，已落户企业70家，累计到资24.35亿元，吸纳建档立卡贫困人口997人就业。打造消费扶贫新业态。共帮助宁夏销售农特产品10.76亿元，带动贫困人口27419人增收脱贫。构建政策体系，福建省各级党政机关、企事业单位通过“以购代捐”“以买代帮”参与消费扶贫，在福建媒体上播放广告宣传片。福州市出台《促进消费扶贫十条措施》，在资金支持、网点设置等方面给予重点倾斜。完善供应体系，建立宁夏主要特色优势产品推荐目录，建立消费扶贫产品供应商质量准入和淘汰制度。拓展销售体系，福建开设宁夏特产展示馆11家，依托各类经贸平台、电商平台推动线上线下销售，组织商超对接，永辉超市和朴朴超市采购额超过8000万元。建立带贫体系，推动企业与贫困户建立利益联结机制，建立供货台账，帮助贫困户增收脱贫。2019年7月，国务院副总理胡春华深入闽籍企业宁夏黄土地农业食品有限公司调研，肯定福建省消费扶贫模式。打造生态扶贫新特色。组织86位专家蹲点服务，帮助宁夏实施生态扶贫“四个一”工程，走出一条山绿民富共赢的新路子。2019年7月，国家林业和草原局在固原召开全国现场会，学习福建省生态扶贫的成功做法。坚持规划引领。帮助固原制定《“四个一”林草产业试验示范工程战略发展规划》，重点打造六盘山云海梯田、中蜂、食用菌、中药材等增收致富产业。坚持科技支撑。建立专家定期把脉服务机制，新建“四个一”林草产业示范点57个，示范推广86个品种、15.2万亩。坚持生态富民。发展特色经济林29.6万亩、产值4.94亿元，带动7000多户贫困户脱贫，2019年固原市林草覆盖率达73%。打造残疾人托养帮扶新模式。创新“托养+扶贫车间+合作社”模式，解决残疾人无业可扶、无力脱贫难题。解决生活难题，投入财政援助资金320万元，帮助756个贫困残疾人家庭实施无障碍改造，实施0~6岁残疾儿童康复救助，增强残疾人生活自理能力。解决就业难题，投入帮扶资金840万元，引进人造花、花灯制作车间，提升隆德县残疾人托养创业中心，新建3个乡镇分中心，托养贫困重度残疾人224名，安置就业143名。解决收入难题，创办闽宁助残乐购电商平台，运营线下展销店4家，实现销售额600万元，带动1100多名残疾人增收。打造巩固扶贫成果新途径。围绕解决“两不愁三保障”突出问题，全面排查，采取综合措施补齐短板。紧盯贫困学生控辍保学问题，筹集帮扶资金965万元，援建校舍、资助贫困学生，设立“船政班”“百子圆梦•闽宁助学金”等教育基金项目。紧盯贫困乡村医疗条件薄弱问题，筹资1160万元支持海原、盐池县和闽宁镇乡镇卫生院改造提升，购置医疗器械，搭建远程医疗平台。紧盯贫困户危窑房问题，投入资金1385万元实施住房达标建设和危旧房改造，扶持原州、海原等贫困地区危窑危房825户，帮助贫困户3100人住上“安心房”。紧盯安全饮用水问题，投入资金577万元用于自来水入户、改善提升水质，解决隆德、红寺堡、西吉等贫困地区3.03万人吃水难、水质差难题，打通饮水安全“最后一公里”。

（福建省扶贫办　张腾云）

福建省福州市—甘肃省定西市东西部扶贫协作

【概述】 2019年，福州市贯彻落实中央和闽甘两省系列扶贫会议及有关政策文件精神，“对标定西所需、倾尽福州所能”，聚焦重点、精准发力，不断完善协作机制，拓展协作领域，提升协作成效，扎实有效推进东西部扶贫协作工作。2019年，福州市对定西市投入财政和社会帮扶资金4.47亿元；引进落地企业28家，实际投资额3.33亿元，带动贫困人口9780人；消费扶贫总额达1.99亿元，带动贫困户31429人增收；实施帮扶项目197个，带动定西市建档立卡贫困户20.94万人增收。福州市全面超额完成2019年福建省与甘肃省签订的《东西部扶贫协作协议》各项任务，助推定西市实现5个县区脱贫摘帽、715个贫困村退出、19.79万人脱贫的目标。

【扶贫资金投入】 2019年，福州市共援助定西市财政资金3.62亿元，占2018年福州市一般公共预算收入680亿元的0.53%；对定西7个县区的县均投入财政资金5171万元。

【工作机制】 2019年，福建省委副书记、福州市委书记王宁于9月4日—6日，福州市市长尤猛军于5月31日—6月3日带队赴定西市调研对接，深入察看协作项目建设进展情况，推进企业落地、社会资金捐赠，召开高层联席会议，有力推动东西部扶贫协作各项工作。全年省部级领导率队赴定西开展扶贫协作活动3人次，市厅级领导率队赴定西开展扶贫协作活动14人次，召开高层联席会议5次，专题研究部署扶贫协作工作16次(其中市委常委会会议2次，市政府常务会议2次)。两市在福州共同举办了福州·定西经贸文化旅游交流周活动和福州·定西东西部扶贫协作十大生态产业项目推介签约等系列活动。为促进福州与定西长期协作，设立了定西市人民政府驻福州办事处。

【社会帮扶】 福州市利用国家扶贫日等契机，拓展社会帮扶领域，动员社会各界和爱心人士积极参与定西脱贫攻坚，共发动社会捐资8520万元，捐物折款2670万元。

【互学互鉴】 为增强两地干部打赢脱贫攻坚战的使命感、责任感和成就感，提升定西市挂职干部的整体水平，

福州市选派26名党政干部赴定西挂职，接收定西市22名干部到福州挂职。通过干部往来，促进了两地观念互通，思路互动，方法互学，作风互鉴。

【扶贫培训】 2019年，福州市采用“组团式”“院包科”等帮扶模式，选派了136名专业技术人才赴定西开展各专业领域帮扶工作，各类人才充分发挥引领示范和“传帮带”作用，提升当地工作水平。接收定西172名专技人才到福州跟岗学习。通过开展人才培训、技术交流、成果转化全方位合作，帮助定西市培训医生、教师等专业技术人才12836人次。

福州、定西合作举办劳务协作培训班160期，培训贫困人口5242人次。培训贫困村创业致富带头人2821人，创业成功2169人，成功率达76.9%，带动贫困户23716人。深入实施“千名产业工人培训”工程，组织两市同行业企业开展对接，接纳定西市生产管理一线人员

60人到福州跟岗学习培训。

【生态扶贫】 福州市开展以生态林建设为主要内容的生态扶贫项目，编制《福州·定西东西部协作生态扶贫三年规划》，累计投入生态帮扶资金4459万元，帮扶定西建设“福州林”超过1.1万亩、树木150万株。把生态造林提升为贫困户增收致富的绿色产业，推广生态扶贫项目巨菌草种植9235亩，带动增收贫困户1200户4460人；发展林下经济中蜂养殖1万箱，种植蜜源作物近千亩，中蜂养殖产业初具规模。生态扶贫模式入选首届全球减贫案例征集活动最佳减贫案例。

【产业扶贫】 坚持把产业扶贫作为助力定西稳定脱贫的根本出路、长久之计和治本之策，努力引导更多企业到定西投资兴业。2019年，引导28家企业到定西投资，企业实际投资额3.33亿元，吸纳贫困户就业335人，通过利益联结带动贫困户9445人。

【消费扶贫】 按照政府引导、市场主导、社会参与、互利互赢的原则，通过政府采购、电商助力、企业采购和社会组织共同参与等多种举措，持续推进“农超对接”“农企对接”，2019年采购甘肃农副产品1.99亿元，带动贫困户3.14万人增收。

【扶贫车间】 2019年，福州市累计建设140个扶贫车间，共吸纳就业4119人，其中建档立卡贫困户2038名，带贫率49.48%。

【劳务协作】 2019年，共有定西籍建档立卡贫困户2626人在福州市稳定就业，帮助定西131名贫困户到福建省其他地区就业。通过引进企业和援建扶贫车间吸纳就业、创造公益岗位、开展劳动力技能培训等措施，帮助定西市建档立卡贫困户15145人实现就近就业，帮助定西贫困人口3526人到东部其他地区就业。福州市帮扶定西市劳务协作模式入选中共中央组织部丛书和中央党校教学案例，并入选首届全球减贫案例征集活动最佳减贫案例。

【定向招聘】 为深化东西部扶贫协作关系，拓宽定西贫困学生就业渠道，福州市在前两年累计招聘177名定西贫困家庭高校毕业生进入福州国有企事业单位工作的基础上，2019年再次组织国有企事业单位拿出157个岗位，定向招聘定西贫困家庭高校毕业生101名。

【教育扶贫】 2019年，福州市第一、第二技师学院共招收137名定西籍贫困学子到福州免费就读，福州外语外贸学院搭建“定西百子公益”平台，累计招收100多名定西籍贫困生入校就读。

【残疾人扶贫】 进一步聚焦贫困残疾人，统筹东西部扶贫协作资金用于残疾人培训、就业等。2019年共投入财政帮扶资金3117万元，通过教育扶贫、健康扶贫、产业扶贫和就业扶贫等各种措施，有9391名贫困残疾人受益。

【精准扶贫】 福州市把获评“中国廉洁创新奖”的项目——福州惠民资金网复制推广到定西，建成了集业务监管与信息服务于一体的惠农资金监管系统，将精准监督延伸到群众指尖，有效破解了扶贫资金发放“最后一公里”问题。惠农资金平台共公开扶贫资金信息1243万条，涉及资金106亿元，累计点击量达到3400万人次，查实问题数据4531条，共有5143名干部群众主动说清违纪问题，上缴违规违纪资金1042.15万元。

【携手奔小康】 福州市7个县市区党政主要领导均赴定西对口帮扶县区开展调研对接工作。两市119对乡镇（街道）实现结对全覆盖，福州市374个行政村（社区）、123家企业、27家社会组织分别与定西637个贫困村建立结对帮扶关系；两市137对学校、51对医院建立结对关系。

（福州市农业局　邱榕华　沈　元）

福建省厦门市—甘肃省临夏回族自治州东西部扶贫协作

【概述】 2019年，厦门市委市政府围绕"实"和"高质量"落实东西部扶贫协作各项重要任务，为如期打赢脱贫攻坚战奠定坚实基础。召开6次市委常委会会议、4次市政府常务会会议及4次对口支援领导小组专题会议，传达学习中共中央总书记习近平在重庆"两不愁三保障"座谈会上重要讲话及第6个国家扶贫日批示精神，提出贯彻落实意见。累计向甘肃省临夏回族自治州（以下简称"临夏州"）拨付各类援助财政资金5.7038亿元，实施帮扶项目416个，社会帮扶资金7532万元，带动贫困人口184542人。

【扶贫资金投入】 2019年，厦门市财政帮扶临夏州资金5.70亿元，县均帮扶资金7130万元。

【工作机制】 出台《2019年厦门市东西部扶贫协作工作意见》和《进一步加强东西部扶贫协作的实施方案》，提出8大工作任务、27项具体措施，对全年的工作进行通盘科学部署，确保与临夏州的扶贫协作有序开展、上级的各项要求落到实处。

【高层对接】 2019年6月，福建省委常委、厦门市委书记胡昌升带领党政代表团赴临夏州考察调研，召开厦临两地党政联席会，并赴东乡族自治县各乡镇开展专题调研，谋划具体帮扶工作。10月，福建省副省长郑建闽率队赴临夏州考察扶贫协作工作开展情况。7月，厦门市政协主席张健带队参加"中国光彩事业临夏行"活动。厦门市地厅级以上领导38人次赴临夏州开展调研对接。

【人才支援】 2019年3月初，选派新一批15名2年期干部到临夏州挂职，并压茬交接2个月，确保到县挂职干部的顺利轮换。新选派一年期骨干教师和医疗专家各16名到临夏州各县市开展支教支医工作。增派规划、建设、林业、交通、水利、文旅等12名专业技术人才到临夏州开展为期一年半的对口帮扶工作，推动厦门生态林建设、国土空间规划等工作。累计选派专业技术人才334人赴临夏州开展帮扶工作。

【产业帮扶】 厦门市出台《厦门市推进东西部扶贫产业合作的若干措施》，市区两级财政列支专项资金，对经厦门引导赴临夏州投资兴业的企业在有效投资、增资扩产、吸纳建档立卡户就业、鼓励企业创先争优等方面进行专项奖励。截至2019年年底，共引导企业在临夏州注册公司17家，在临企业吸纳就业的贫困人口比例较政策出台前有较大提升。引进东部企业到临夏州投资成立43家公司，实际到位投资4.3896亿元，带动贫困人口8716人脱贫。

【劳务协作】 厦门市人力资源和社会保障局组织93家企业携带28034个岗位，赴临夏州举办现场招聘会70场，输转2913人到厦门稳定就业。通过扶贫车间和公益岗位安置等措施，实现15931人实现就地就近稳定就业。利用政策奖补手段，帮助建档立卡户贫困劳动力3104人到第三地就业。采取定向招录方式，录取30多名建档立卡户高校毕业生到厦门市图书馆等15家事业单位和国有企业就业。开展劳务培训班128期，培训建档立卡户劳动力4564人。推动临夏州建档立卡户家庭“两后生”到厦门技工学校就读，共招收183名贫困生。

【聚焦“三保障”】 2019年，共安排2.3亿元用于临夏州的“三保障”及安全饮水项目建设。应临夏州东乡县请求，厦门市新增7000万元专项资金，用于解决该县寄宿制学校建设和安全饮水“清零”问题。帮助东乡县实施“互联网+医疗健康平台”项目，通过巡诊到村、人工智能辅助诊疗和远程会诊打通基层网点医疗服务的“最后一公里”。

【国企帮扶】 厦门市创新国企民企协作模式，发挥市属国企在资金上的优势，以建设园区、厂房等基础设施，购买机器设备，提供流动资金等方式，与民营企业开展产业协作。厦门市杏林建设开发有限公司在和政县购地83.274亩，建设集和兴东西部协作产业园，通过厂房免租金等扶持政策“筑巢引凤”，吸引3家东部劳动密集型企业签订入园协议。通过市属国企开展的“以商招商”工作，将东部地区拥有订单和技术的劳动密集型企业与临夏州富余农村劳动力相结合，先后引进康之琳鞋业有限公司、厦临远达服饰有限公司、甘肃拓奇实业有限公司、临夏州凯琳鞋业有限公司等企业，逐步培育一批临夏本地制造型企业。此外，援临工作队在康之琳鞋业有限公司、厦临远达服饰有限公司等扶贫车间举办“周末学堂”，倡导学习理念，传授普通话、文化知识、卫生健康、安全生产等方面知识，进行爱国教育努力提升农村群众的文化素质。

【扶贫车间】 通过设立代工网点、援建基础设施、发放稳岗补贴等方式，新增援建扶贫车间113家，截至2019年年底，在临夏州援建的扶贫车间总数达216个，协助解决4430名贫困人口的就业增收问题。

【残疾人帮扶】 2019年安排1786万元用于帮扶残疾人，通过到户产业奖补、创业就业奖补、无障碍辅助器具配备等方式，带动5446名贫困残疾人。在临夏州各县市建立16家残疾人就业培训基地，投入58万元用于残疾人培训就业，培训残疾人600多名，安置残疾人就业346名，其中建档立卡残疾人283名。厦门中达集团有限公司通过代为开设、运营网店，收益按约定比例分配的方式，成功带动近100名无劳动能力的贫困残疾人增收达到脱贫标准，探索出带动无劳动能力贫困残疾人稳定脱贫模式。

【消费扶贫】 厦门市商务局依托厦门夏商集团有限公司的国有企业主渠道作用，与临夏州当地企业建立长期稳定的农产品产销关系，在夏商民兴超市38家门店设立临夏州农产品展销专区（柜），帮助推广临夏州农特产品。厦门市商务局出台政策，对销售临夏州1000万元以上农特产品，并有效带动建档立卡户200人以上的企业，给予一次性60万元的奖励。2019年完成购买销售临夏州农特产品约1.2亿元，带动贫困人口约1.18万人增收。

【电商扶贫】 厦门市成立由厦门市商务局、厦门市对口支援工作领导小组办公室、厦门市人力资源和社会保障局、厦门市各区商务局等部门组成的市对口支援电子商务专项工作组，通过创建“农村电商（精准扶贫）服务平台”、举办电商论坛、打造电商产品品牌矩阵等形式，支持电商扶贫企业做大做强，多渠道拓宽销售渠道，助推消费扶贫工作。

【物流供应链帮扶】 厦门市交通运输局、厦门市物流办通过调研将临夏州物流货运场站建设纳入厦门市交通运输局扶持资金范畴（3年计划每年200万元），并且鼓励厦门2家物流企业入驻临夏州开展物流供应链服务。

【科技扶贫】 2019年10月，厦门市科学技术局与临夏州科学技术局、农业科学院在临夏州联合启动“农业科技研发中心”建设工作。

研发中心立足临夏州农业特色产业技术需求，通过两地农业科研项目合作，解决临夏州农业产业化进程中的突出问题和技术瓶颈，加快先进适用科技成果在临夏州的转化应用，带动贫困群众实现增收脱贫。

【金融扶贫】 国家开发银行厦门市分行推动临夏州和政县产业扶贫，2019年9月为城关镇咀头村“集和兴东西协作产业园”（一期）提供首笔“融资融智”贷款4000万元，支持产业园建设冷藏库、标准厂房和园区配套工程，推动入驻园区企业定向招聘贫困人口，带动贫困人口实现劳动增收脱贫。

【推普脱贫】 2019年6月，厦门市语言文字工作委员会办公室派出专业好、责任心强的教师赴临夏州开展省级普通话水平测试员资格和普通话水平提高班培训工作，提高幼儿园、中小学教师普通话教育水平和当地农民的普通话交流水平，并组织企业捐赠30万元购买1000台普通话学习机。

【家庭结对帮扶】 援和政县工作队在推动两地学校结对帮扶的基础上，推动“以同龄学生为纽带的家庭对家庭”结队帮扶活动，倡导同龄中小学生家庭结对帮扶，双方家庭自愿协商结对帮扶计划，开展关心慰问、力所能及的爱心助学、捐书赠物等活动，2019年累计收到爱心助学款24万余元。

【侨胞参与扶贫】 厦门市依托海外联谊会、海外社团和慈善基金会等组织，动员海外华侨参与东西部扶贫协作。厦门市海丝慈善会会同菲律宾华侨、中国香港地区同胞等爱心人士向和政县小学捐赠价值6.55万元的衣服、图书等物资，看望慰问10户贫困户。香港同胞吕奋勇以公司名义签订结对帮扶协议，并捐款10万元。菲律宾华侨柯志超、庄雄彪捐资10万元，资助2名和政县籍应届贫困高中毕业生留学。厦门市海沧区海峡城乡发展基金会台胞青年在积石山开展结对帮扶工作，开启“积石成山、爱是力量、培根计划”行动，为阳山小学捐赠150多套学习用品。

【携手奔小康】 厦门市所有行政区和火炬高新区与临夏州所有县市全结对。厦门市38个镇（街）与临夏州的52个贫困乡（镇）全结对，128个村（社区）结对帮扶162个贫困村，236家企业结对帮扶270个贫困村，67个社会组织结对帮扶112个贫困村，对临夏州贫困发生率50%以上贫困村实现结对帮扶全覆盖。厦门市57家医院与临夏州112家医院、93所学校与临夏州131所学校建立结对帮扶关系。

（厦门市对口支援工作领导小组办公室　江洪云）

山东省—重庆市东西部扶贫协作

【概述】 2019年，山东省委、省政府围绕重庆脱贫攻坚目标，坚持“资源集聚、资金整合、政策集成”，以“组团式”帮扶为引领，探索扶贫协作的新机制、新路径、新模式，扶贫协作工作取得明显成效，超额完成省际协议确定的目标任务，在国家脱贫攻坚成效考核中获得“好”等次，鲁渝消费扶贫案例入选全国消费扶贫市长论坛获奖案例。2019年，山东拨付重庆财政援助资金6.63亿元，完工援建项目259个，带动贫困人口49375人；社会捐助资金和物资折款10893万元；选派挂职干部57名，选派各类专业技术人才912人；协调引导33家企业到重庆投资兴业，到位资金34339万元；帮助重庆贫困人口2825人实现就业，其中就近就地就业2268人、转移就业557人；全省103个乡镇、89个村（社区）、141家企业、6个社会组织、160所学校、66家医院参与结对帮扶。

【扶贫资金投入】 统筹全省财力，加大财政投入，财政援助资金重点向深度贫困地区和建档立卡贫困人口倾斜，主要用于改善民生、医疗扶贫、教育扶贫及贫困村提升等领域，帮助重庆解决“两不愁三保障”突出问题。2019年，拨付重庆扶贫协作财政援助资金6.63亿元，重庆协作区县县均4738万元。计划实施援建项目435个，实际完工援建项目259个，铺设乡村道路62.24千米，建设乡镇（含村）幼儿园、卫生室、养老院103个，资助贫困学生477人，带动贫困人口49375名、贫困残疾人1404名。完成跨省域调剂建设用地增减挂钩节余指标3.28万亩，上交调剂资金98.52亿元。加大社会捐助力度，社会各界捐助资金和物资折款共10893万元。

【工作机制】 山东省委、省政府召开省委常委会会议、省政府常务会议、省对口支援和扶贫协作工作领导小组会议，传达中央精神，研究审定扶贫协作重大事项。2019年召开高层联席会议2次，召开专题会议研究部署扶贫协作工作6次。5月，山东省委书记刘家义率省党政代表团赴重庆考察调研，召开鲁渝扶贫协作第12次联席会议，研究工作推进措施。11月，重庆市委书记陈敏尔率重庆党政代表团赴山东考察调研，召开鲁渝扶贫协作第13次联席会议。研究制定《2019年山东重庆扶贫协作工作重点事项》，将全年任务细化为6大类20个重点事项，逐一明确牵头省级领导、责任单位和完成时限。确立山东省委、省政府主要负责同志负总责，省政府常务负责同志牵头抓，山东省发展和改革委员会、对口支援办公室具体抓落实，相关部门、各市按职责抓落实的责任体系，压实责任，狠抓落实，推动工作细化、实化、具体化。

【智力帮扶】 山东省选派挂职干部57人，选派教师、医务、农技等各类专业技术人才912人。依托山东培训资源，举办各类培训班217期，培训重庆党政干部4053人次、专业技术人才13444人次。利用远程网络教育培训各类教师近10万人，接收100名村党支部书记到山东培训交流，向协作区县输出实用技术61项。

【产业扶贫】 引导企业赴重庆投资，借助山东扶贫协作产业联盟、中国西部国际投资贸易洽谈会等平台，结合山东省新旧动能转换重大工程，支持农副产品精深加工、高端装备制造、旅游开发等优势产业向重庆协作区县梯度转移，共建现代农业示范园和特色产业园。协调引导33家企业到重庆协作区县投资兴业，到位资金34339万元，带动贫困人口4305人，共建产业园区8个。开展消费扶贫，开通“扶贫协作山东馆”，开展“万吨脐橙进山东”等系列消费扶贫活动，消费扶贫交易额31274万元。开展“十万山东人游重庆”等系列活动，开通济南—万州、日照—黔江等航线，开行“酉阳桃花源”号等旅游专列，引导山东籍游客赴重庆旅游观光。

【劳务协作】 做好贫困人口就业工作，推动贫困群众持续增收、稳定就业、实现脱贫。调动贫困群众积极性、主动性、创造性，培育贫困群众发展生产和务工经商的基本技能，激发贫困群众脱贫致富的内在活力，提高贫困群众自我发展能力，累计举办培训班86期，培训贫困人口3481人。开发适合贫困人口就业的工作岗位，开展“春风送岗助脱贫”行动，举办招聘会15场，在就业网开设劳务扶贫协作招聘专区。帮助重庆协作区县建设扶贫车间71个，通过产业合作、发展公益事业项目，动员当地企业、合作社和援建项目吸纳重庆协作区县贫困劳动力就业。建立完善劳务输出对接机制，出台社会保障、贷款贴息、财政扶持、税费减免等优惠政策，鼓励支持山东国有企业、民营经济组织到重庆协作区县吸纳更多贫困群众到山东就业。2019年帮助重庆协作区县贫困人口实现就业2825人，其中就近就地就业2268人、转移到山东就业531人、转移到其他地区就业26人。帮助重庆协作区县贫困学生58人到山东职业学校就读，实现就业10人。

【社会帮扶】 动员经济强县、国有企业、民营经济组织等社会力量，开展多层级、多领域结对共建帮扶。向携手奔小康结对县投入财政援助资金66088万元，社会各界捐助资金和物资折款10893万元，引导企业实际投资34339万元。山东省103个乡镇、89个村（社区）、141家企业、6个社会组织、160所学校、66家医院参与结对帮扶，协调省属重点企业与重庆13个贫困村结对。开展贫困村创业致富带头人培训，培训3037人次，创业成功811人，带动贫困人口6308人。落实结对市、县（市、区）主要负责人交流互访制度，所有结对县（市、区）的主要负责人和省直部门的负责同志63人次赴重庆协作区县调研对接，推动工作落实。

（山东省发展和改革委员会
对口支援协调处　韩晓林　赵恒杰）

山东省济南市—湖南省湘西土家族苗族自治州东西部扶贫协作

【概述】 2019年度《山东省、湖南省东西部扶贫协作协议》圆满完成，多项任务指标超额完成。济南市财政拨付援助资金3.08亿元；选派34名党政挂职干部，438名专业技术人才；464名建档立卡贫困群众到济南市务工，帮助17801名贫困群众实现就近就业；引导25家企业赴湘西土家族苗族自治州（以下简称“湘西州”）投资兴业，投资额1.98亿元，带动贫困人口7768人；销售湘西州特色产品8375万元，带动贫困人口1.74万人；各类社会帮扶款物价值7672万元。2019年，济南湘西东西部协作多项创新工作被新华社、《人民日报》专题报道。2020年年初，湘西州7个国家扶贫开发工作重点县实现脱贫摘帽。

【工作机制】 2019年11月，湖南省委副书记乌兰、副省长隋忠诚带队赴山东省专题调研对接东西部扶贫协作工作；4月，湖南省人大常委会副主任、湘西州委书记叶红专率领湘西党政代表团到济南考察；6月，时任济南市委书记王忠林率领济南党政代表团赴湘西州对接扶贫协作工作。7个结对区县党政主要领导进行互访对接，进一步明确工作方向，促进工作落实。围绕补强考核指标短板，统筹谋划开展工作，多次召开工作部署会议、有关区座谈会、工作培训等。压实责任立体推进。将东西部扶贫协作纳入工作目标考核，健全完善工作对接、高层互访、高层联席会议、干部人才挂职交流等机制。

【产业扶贫】 把产业合作作为东西部扶贫协作的龙头来抓，济南市与湘西州会商出台财税、金融、土地、服务等方面的优惠政策，引导支持山东企业、社会组织和个人到湘西州参与扶贫协作。聚焦带动脱贫攻坚、聚焦解决“两不愁三保障”突出问题，2019年共援助湘西州财政资金3.08亿元，实施援建项目89个，全部用于发展产业、促进就业和保障兜底。其中，济南湘西协作建设扶贫车间经验被《人民日报》长篇报道。引导企业扎根湘西州，济南市促成25家企业到湘西州投资兴业，合作投资建设湘西铁骨猪养殖繁育场、古丈县有机茶专用有机肥生产基地等一批特色项目，完成实际投资近2亿元，涌现出湘西得象电器、蓝翔挖掘机培训、七秀坊苗绣、湘西黄牛等一批初具规模、成长性好的扶贫协作产业。例如，济南源虎食品有限公司（以下简称“源虎食品”）与泸溪县宋家寨铁骨猪合作社开展合作，免费为合作社提供技术服务、饲料配方指导。合作社与贫困户建立托管养殖关系，源虎食品回收毛猪，每头猪为贫困户带来毛利约600元，每年为300多贫困户每户增收约1万元，村集体增收50多万元。通过建设湘西农特产品直供基地、建立线上线下“湘西特色”体验店等措施，打造一批线上、线下销售平台，搭建特色公益助销、“济南万人游湘西”和“湘货入鲁”等活动载体，列支专门资金补贴开通济南—铜仁凤凰航班，在济南市舜耕国际会展中心筹建消费扶贫常设展销中心，形成产销对接推进机制。湘西州特色产品销售额8375万元，带动贫困人口1.74万人。

【人才支援】 不断充实扶贫前线工作力量，济南市市区两级挂职干部队伍扩大到34人，选派386名专业技术人才深入湘西州基层开展扶贫帮困。组织贫困村党组织书记、两新（即新经济组织和新社会组织）党组织书记等到济南市进修，免费开办农业技术骨干培训班、金融干部培训班等，开展党政干部培训23期、培训587人次，专业技术人才培训50期、培训3666人次。人才交流的桥头堡作用更加凸显，涌现出“用情支教”的庞金岭、“好大夫”邢建廷、人民日报点赞的农技员张峰等一批先进典型。来自济南市历城区的农民技术员张峰，在帮扶湘西保靖县2年多的时间里，通过手把手、心连心的教授改变当地粗放式蔬菜种植方式，一批懂技术、会管理的新型农民加入蔬菜种植队伍，张峰为保靖县留下一支带不走的脱贫工作队。

【劳务协作】 出台相关优惠政策，创新谋划“转移就业脱贫一批”措施，打出技能培训、定向招聘、岗位开发“组合拳”。借鉴济南市内扶贫经验，建设凤凰县周生堂、湘西苗绣坊等119个扶贫车间，吸纳就近就业5950人，其中建档立卡贫困群众1958人。精准开发公益性岗位，通过公益性岗位、扶贫车间、劳务雇佣等共解决建档立卡贫困户17801人省内就近就业。加大贫困劳动力培训力度，新开办山东蓝翔技师学院十八洞分院培训班，引进济南阳光大姐家政服务公司并开展家政技能培训。济南市人力资源和社会保障局、济南市扶贫办等印发《关于落实济南市就业扶贫相关政策实施操作办法》，共组织就业培训班52期，开展贫困人口就业培训2003人次，帮扶贫困劳动力转移到济南就业464人，接收152名贫困学生到济南就读职业学校。结合贫困残疾人劳动能力较弱或无劳动能力的实际，投入资金900万元吸纳部分具有一定劳动能力的贫困残疾人就业，并通过建立完善项目利益联结机制带动贫困残疾人共2673人。2019年全年通过实施各类就业措施，带动贫困人口20363人实现稳定就业。

【携手奔小康】 2019年，济南市累计动员社会力量为湘西州捐赠款物7671万余元。其中，以10月17日“国家扶贫日”为契机，动员济南各界捐赠款物670万元，组织“泉暖湘渝”募捐仪式，为湘西3000名贫困学生捐赠冬衣，济南市国有资产监督管理委员会动员企业为湘西保靖县葫芦镇官庄组火灾受灾群众捐赠资金200万元，组织多家企业到湘西联合举办“助力精准扶贫鲁商在行动”助学活动，现场捐助30万元用于改善贫困村教学条件；济南市民政局印发《济南市社会组织参与东西部扶贫协作实施方案》；组织学校、医院等开展技术协作，如槐荫区人民医院与花垣县人民医院开展医疗合作建立肛肠疾病无痛治疗中心、济南市中区中心医院与龙山县人民医院建立远程医疗会诊平台等，让贫困患者不出远门就能享受甲级医院的医疗服务。

（山东省济南市东西部扶贫协作与对口支援领导小组办公室　于文浩）

山东省青岛市—贵州省安顺市、甘肃省陇南市东西部扶贫协作

【概述】 2019年,青岛市围绕组织领导、资金支持、人才支援、产业合作、劳务协作、携手奔小康等6项工作,对贵州省安顺市、甘肃省陇南市开展扶贫协作工作。全年安排财政援助资金8.58亿元,县均投入5721万元,带动两市31.9万名贫困人口受益脱贫。社会各界捐款捐物1.58亿元。帮扶建设产业园区4个,到位资金3.38亿元;签约产业项目47个,到位资金16.49亿元,直接带动和通过利益联结机制带动41197人脱贫。实现消费扶贫额5.59亿元,带动29554名贫困人口增收脱贫。向两市选派67名干部挂职交流,选派支医、支教等专业技术人才493名,累计培训党政干部5152人次、各类技术人才22942人次。与500所学校建立"手拉手"帮扶关系,与136家医疗机构结对共建。新增873名贫困劳动力在青岛稳定就业,帮助两市9254名贫困劳动力就近就地就业。青岛胶州市结对帮扶陕西省宁陕县,累计拨付财政专项资金2000多万元,社会帮扶捐款捐物50多万元,实现消费扶贫金额100多万元,14个社区(村)与宁陕县14个村党组织建立联建关系,帮助桅杆坝村搬迁改造建设206套住房、安置534人,2019年实现全部入住。在2019年度国家东西部扶贫协作考核中,青岛市获得"好"等次;山东省政府主要领导对脱贫攻坚和东西部扶贫协作工作作出肯定性批示;先后在山东省扶贫开发工作会议、甘肃省东西部扶贫协作工作会议上交流发言;青岛、安顺、陇南、菏泽建档立卡贫困人口"心耳康复·光明行动"在全国首创扶贫协作"三省四市"健康扶贫模式;陇南"麻辣双椒模式"特色帮扶做法等得到国务院扶贫办的肯定。

【工作机制】 调整充实由青岛市委书记、市长任双组长的市对口支援和扶贫协作工作领导小组,健全"青岛市负总责、区(市)和部门抓落实"的管理体制和党政一把手负总责的领导责任体制。青岛市委常委会会议、青岛市政府常务会议、青岛市对口支援和扶贫协作工作领导小组会议等先后10次研究部署扶贫协作工作。印发《2019年青岛与安顺陇南扶贫协作重点事项》,明确青岛市与安顺市、陇南市扶贫协作25个重点事项。山东省委常委、市委书记王清宪以及青岛市委副书记、市长孟凡利专门到国务院扶贫办汇报工作,带队赴协作地对接推动工作。青岛市人大、青岛市政协主要领导以及其他副市级以上领导20人次赴协作地对接交流,召开联席会议13次。青岛市委市政府把扶贫协作工作列入重大事项督查考核范围,由8名副市级领导牵头专班推进,实行每月一通报的调度推进机制。青岛市9个区市和2个经济功能区的党委和政府主要负责同志均带队赴结对县(区)对接扶贫协作。

【产业扶贫】 青岛市出台《关于支持我市企业赴扶贫协作地投资兴业的实施意见》,举办招商推介专场和银企洽谈会,推动产业合作扩规模、提质效。签约产业项目47个,到位资金16.49亿元,直接带动和通过利益联结机制带动41197人脱贫。4个共建产业园区引导入驻园区企业11个,到位资金3.38亿元,入园企

业吸纳59名贫困人口就业。援建扶贫车间240个，带动8995名贫困劳动力实现“家门口”就业。引进湘鲁食品、利和萃取等产业项目，打造陇南“麻辣双椒”产业扶贫模式，带动陇南发展订单辣椒面积8万亩、实现产值2.8亿元；增加花椒加工能力5000吨，累计带动陇南735个贫困村、1.4万贫困户脱贫致富。帮助安顺普定县发展韭黄种植面积10多万亩，解决2万多人就业，1.3万贫困户增收脱贫。

【教育扶贫】 组织青岛市410所学校与安顺市357所、陇南市143所学校开展“手拉手”结对帮扶，选派200名优秀骨干教师到安顺、陇南两市支教。在安顺市镇宁民族中学设立胶州班，开展“嵌入式”全科教育帮扶，2019年高考全班70%考生本科上线。青岛市向安顺市2.4万名教师免费开放山东省教师研修网络平台。青岛市南区通过“互联网+”与安顺、陇南结对学校开展“空中课堂”活动；青岛李沧区捐助600万元设立“李沧康县特困学生教育基金”；青岛崂山区每年投入50万元在陇南礼县设立助学基金。

【智力帮扶】 推进“团队带团队”“专家带骨干”智力帮扶，向安顺、陇南两市选派挂职干部67名，选派教育、医疗、农业、法律等专业技术人才493名赴两市开展智力支援。协调青岛市119家医疗机构与安顺93家、陇南43家医疗机构结对共建，协助引进新技术、新成果44项。采取来青培训、“空中课堂”、委培代培等方式，累计为安顺、陇南培训党政干部5152人次、各类技术人才22942人次。青岛大学附属医院将安顺市西秀医院纳入统筹发展，派遣21名骨干专家和行政干部，新建ICU、腹部微创等特色专科，并成功实施全球首例5G超远程机器人复杂手术。

【消费扶贫】 2019年，青岛市出台《关于鼓励消费扶贫的实施意见》，打造“政府倡导、市场主导、消费引导”消费扶贫新模式，消费扶贫金额为5.59亿元，带动29554名贫困人口增收脱贫。搭建线上线下销售平台，组织“安货入青”“陇货入青”等经贸洽谈、网上签约活动18次。协调协作地参加消费扶贫特色展、农产品博览会、青岛年货大集等展会8次，累计销售额6228万元。开设结对帮扶县区农特产品专卖店23家，在标志性场所设立协作地农特产品“体验店”“体验馆”5家，在大型农产品批发市场免费开设销售专柜。开辟网上商城扶贫协作板块，协作地117家企业入驻、272种产品上线；帮助开展跨境电商业务60余笔，销售农特产品90余类120余万元。青岛军民融合食品保障有限公司将安顺、陇南的农特产品纳入军民融合食品网平台，销售26大类129种产品，2019年年底采购陇南价值3500万元的10万个农特产品“大礼包”投入市场。各级工会使用工会经费采购集体福利，优先采购扶贫协作地产品。把安顺、陇南设立为职工、劳模、优秀公务员等健康休养目的地。

【劳务协作】 青岛市放大稳岗就业“1+10”优惠政策效应，落实就业、交通、租房、培训4项补贴，出台劳务中介财政补助政策，对中介机构介绍贫困劳动力就业成功的，每人次最高给予1000元补助。开展“春风行动”系列劳务招聘活动，协调用工单位建立“乡情关怀”等稳岗机制，新增873名贫困劳动力在青岛稳定就业。组织职业院校、技工学校、培训机构与协作地合作办学，开展订单式、定向式技能培训，举办贫困劳动力培训班79期，培训4925人次，11名贫困家庭学生在青岛就读职业学校。通过产业项目吸纳、援建扶贫车间等措施帮助9254名贫困劳动力就近就地就业，1395名贫困劳动力到其他地区就业。市南区在安顺市平坝区设立90万元专项扶贫基金。接收陇南职业学校20名建档立卡贫困学生到海尔集团顶岗实习。青岛园林环卫技校开办“陇南班”，订单培养当地学生50名。

【携手奔小康】 实施“携手奔小康工程”“强企帮弱村”活动，青岛市162个镇街、386个社区、230家企业、55个社会组织，与安顺市68个、陇南市97个贫困乡镇，安顺市372个、陇南市345个贫困村结对帮扶奔小康。

【社会扶贫】 2019年，青岛市动员企业、社会组织和爱心人士，开展捐资助学、慈善募捐、医疗救助、扶残助残等爱心活动，社会各界捐款捐物1.58亿元。携手安顺、陇南、菏泽开展建档立卡贫困人口“心耳康复·光明行动”，募集社会资金2600多万元，为当地建档立卡贫困家庭中的先天性心脏病儿童、失聪儿童以及老年白内障患者实施免费康复治疗。

（青岛市扶贫协作工作办公室
政策法规处　冯　志）

广东省—广西壮族自治区东西部扶贫协作

【概述】 广东省与广西壮族自治区东西部扶贫协作任务由广东省及深圳市、江门市、湛江市、茂名市、肇庆市共同承担。2019年，广东省各级政府拨付广西财政援助资金17.76亿元，县均5383万元，其中向深度贫困地区投入财政援助资金13.94亿元；筹集社会帮扶资金3.88亿元；选派108名党政干部和1255名专业技术人才到被帮扶地区开展工作；接收被帮扶地区190名党政干部到广东挂职交流，接收被帮扶地区2322名专业技术人才到广东学习交流；转移广西9.87万建档立卡贫困人口到广东就业，帮助广西建档立卡贫困人口11.41万人实现就近就地就业；投入帮扶资金17.18亿元，引入更多经济强镇、村（社区）和社会组织开展携手奔小康行动；引导281家企业到广西投资，实际投资额120.72亿元，带动贫困人口6.88万人脱贫。

【工作机制】 广东省委、省政府推进东西部扶贫协作各项工作落实。广东省委书记李希主持召开5次省委常委会会议，广东省省长马兴瑞主持召开3次省政府常务会议，研究部署粤桂扶贫协作工作。广东省扶贫开发领导小组召开4次省扶贫开发领导小组成员会议、2次广东省东西部扶贫协作工作座谈会、1次粤桂扶贫协作工作现场推进会。广东省、市、县三级党政主要领导部署推动，分别遍访所有被帮扶地区。加强对广西扶贫协作工作的统筹协调，从广东省农业农村厅（广东省扶贫开发办公室）增派1名正处级领导干部担任驻广西工作组常务副组长，从江门、肇庆、湛江、茂名等4市各选派1名科级干部充实到工作组。广东省委、省政府印发《对标三年取得重大进展硬任务扎实推动乡村振兴的实施方案的通知》，明确将各有关市和省直相关单位参与东西部扶贫协作情况纳入乡村振兴考核体系。

【产业合作】 广东省依托广西等地出台的鼓励企业投资、加快项目落地、强化经贸合作等相关优惠政策，引导企业到帮扶地区投资兴业。2019年11月，广西壮族自治区党委、人民政府在广东省深圳市举办2019年广西全面对接粤港澳大湾区产业发展推介会，一批知名企业与广西签约合作项目41个，涉及大健康、大数据、大物流、新制造、新材料、新能源等领域。2019年共引导281家企业到广西投资，实际投资额120.72亿元。利用广东资金、技术优势，与广西共建产业园区55个，326家企业入园发展，提高广西产业发展水平。“深圳巴马大健康合作特别试验区”正式签署合作项目34个，深圳企业31家，总投资额339亿元，完成投资33.8亿元；粤桂合作特别试验区入驻重点企业376家，招商引资到位资金累计331亿元，签约项目202个（其中75%来自粤港澳大湾区），2019年新签约项目24个，合同投资额64.45亿元。

【消费扶贫】 组织广西贫困地区农特产品进超市、进社区、进机关，做大做强消费扶贫。建设广东东西部扶贫协作产品交易市场，推动以广西为主的中西部贫困地区融入粤港澳大湾区发展，交易市场先后举办第一届广东东西部扶贫协作产品博览会和第十届广东现代农业博览会暨2019年粤港澳大湾区国际农产品采购商峰会，助力广西特色产品在粤销售。举办2019年粤桂扶贫协作消费扶贫活动及第16届广西名特优农产品交易会，达成贸易协议256项，合同协议金额400.23亿元。粤桂两省区工商业联合会、扶贫办联合举办粤桂民营企业消费扶贫对接活动，粤桂200多家民营企业参与订购广西54个贫困县的带贫益农产品和服务，广东企业采购意向超3亿元。实施粤港澳大湾区“菜篮子”工程，在全国15个省区市及香港特别行政区共认定粤港澳大湾区“菜篮子”生产基地517个，其中广西8个，带动南宁、贺州生产基地贫困群众稳定增产增收。广东省各市持续拓宽对口帮扶地区农产品销售渠道，2019年共采购、销售广西扶贫特色农产品196亿元。

【劳务协作】 抓实“三个三”就业体系，即搭建校企合作、用工招聘、就业信息三个平台；畅通异地转移就业、就近就地就业、就业权益保障三个渠道；抓好“定制化”培训、完善“保姆式”服务、强化“全覆盖”激励三项服务。继续加大“两后生”培养力度，深圳、江门等市引导广东省职业院校向广西定向招收建档立卡贫困学生，共有1687名贫困学生在广东省职校学习，深圳市技师学院“新型学徒制”智力扶贫模式入选2019年度人社扶贫典型事例。利用“春风行动”“南粤春暖行动”等，举办园区招聘、校园招聘、乡村招聘等各类针对性强的招聘活动。拓展“互联网+”应用，通过手机App、微信公众号、公共人才就业服务网站等互联网媒体，搭建实时对接的网络平台。2019年，广东省各级人社部门与广西对接727次，提供用工企业6583家、就业岗位51.86万个，共同召开现场招聘会409场、远程在线招聘会22场。共青团广东省委员会利用展翅网线上综合服务平台，设立“千校万岗”就业精准帮扶行动招聘专区，发布逾10万个就业岗位。出台《关于进一步加大就业扶贫政策支持力度着力提高劳务组织化程度的通知》，鼓励外省区在广东设立劳务工作站。广东省及各帮扶市县通过设立劳务协作机构或劳务办事处的方式，提高广西劳务输出组织化程度。在广西扶贫协作地区建设扶贫车间297个，促进贫困人口实现就地就近就业。开展“定制式”培训，实施“粤菜师傅”工程、南粤家政工程等。组织劳务培训班511期，培训1.91万人次。推动社保关系转移接续、跨省异地就医直接结算等城市融合服务，做好贫困人口稳岗就业。2019年，帮助广西贫困人口到广东就业9.87万人，帮助贫困人口实现就近就地就业11.41万人，帮助贫困人口到其他地区就业1.05万人。

【人才支援】 加大党政干部互派挂职力度。2019年，选派108名党政干部到广西扶贫协作地区开展帮扶工作，接收广西扶贫协作地区109名党政干部赴广东挂职锻炼。加大教育、医疗帮扶力度。利用基金会等社会团体，开展返聘优秀退休教师支教活动，引入优质课程，提升当地学校硬件条件。通过专题培训、手术示教、新增技术等方式，提高受援医疗单位服务能力和综合管理水平。2019年全年派出1255名专业技术人才到广西帮扶地区开展工作，接收2322名广西专业技术人才到广东学习交流。加大致富带头人培训力度。实施粤桂扶贫协作首创的贫困村创业致富带头人“双培双带双促”培育模式，通过“广东南海+广西上林”辐射带动，培训贫困村致富带头人4607人，创业成功1687人，带动3.7万人脱贫。共青团广东省委员会举办广东省农村创业青年“领头雁”培训班，培训18名广西农村创业青年致富带头人。深圳举办基层共青团干部能力提升培训班、学习培训班，培训田阳县98名团干部、农村创业致富带头人。

【残疾人帮扶】 2019年粤桂两省区签订《残疾人扶贫协作协议》，明确在开展残疾人事业干部交流、残疾人事业干部培训、残疾人就业培训、残疾人转移就业、残疾人康复服务、发动社会力量参与帮扶、资金支持等7个方面进行帮扶。粤桂两省区残疾人联合会领导、干部和技术人员交流对接51批次，广西8个地市与广东省5个地市签订帮扶协议，各级残疾人联合会开展残疾人职业培训班8次。开展两省区残疾人干部和技术骨干交流活动，做好残疾人转移就业和职业培训，建立残疾人扶贫长效机制，助推广西地区残疾人事业发展。深圳市残友集团控股股份有限公司、碧桂园控股有限公司与田东县携手开展“阿里巴巴云客服”残疾人就业创业培训项目，创新开展“政府+企业+个人”的精准助残模式，带动1.29万建档立卡残疾人增收，近200名广西残疾人在广东就业。

【携手奔小康】 在区县、镇街、村居精准对接帮扶的基础上，2019年扩大至社会组织、行业部门结对帮扶，不断扩大结对覆盖率。共组织广东137个经济强镇与广西159个贫困（乡）镇、广东544个强村（社区）与广西583个贫困村、广东566家企业与广西596个贫困村、广东89个社会组织与广西163个贫困村、广东234所学校与广西230所学校、广东122家医院与广西138家医院开展结对帮扶。开展多领域、多形式的帮扶行动，在产业合作、劳务协作、教育医疗等方面加大帮扶力度的同时，动员组织社会力量参与粤桂携手奔小康行动，深化“万企帮万村”行动，对接广东高校、慈善机构，组织大学生、义工、企业到广西贫困地区开展“三下乡”志愿服务、支教、支医、关爱留守儿童、慰问贫困户、资助贫困学生等帮扶活动，构建政府、市场、社会协同的大扶贫格局。广东、广西两省区各结对县双方党政主要领导均已完成互访对接1次以上。推进镇镇、村村、村企、社会组织开展实质结对帮扶活动，深圳结对河池、百色的深度贫困村，每村落实帮扶资金或实物不少于10万元。

【社会帮扶】 2019年，广东省把东西部扶贫协作纳入广东省“全国扶贫日”和“广东扶贫济困日”系列活动，强化中国社会扶贫网的推广使用，发挥统一战线优势，发动更多社会力量参与东西部扶贫协作，共募集社会帮扶资金27.89亿元，其中帮扶广西3.88亿元。

（广东省扶贫办　黄会腾）

广东省广州市—贵州省黔南布依族苗族自治州、毕节市东西部扶贫协作

【概述】 2019年，广州市完成粤黔两省签订的《2019年东西部扶贫协作协议》各项指标，财政援助资金，社会帮扶资金，消费扶贫金额，派出党政干部挂职，派出专业技术人才交流，扶贫车间带动贫困人口就业数，产业合作带动贫困人口就业数，结对帮扶深度贫困村、医院、学校数，完成城乡建设用地增减挂钩节余指标跨省调剂任务等11项考核指标在东部13个城市中居前列。广州市安排贵州省毕节市、黔南布依族苗族自治州（以下简称“黔南州”）财政援助资金9.40亿元，募集社会帮扶资金21.30亿元，帮助贵州省毕节市4个县（区）、黔南州10个县脱贫摘帽，共减少贫困人口45.74万人，两地贫困发生率分别降至0.7%、1.5%；选派71名党政干部、2189名专业技术人才到两地工作，接收218名党政干部到广州挂职交流、734名专业技术人才到广州学习交流；转移建档立卡贫困人口9192人到广东省就业，帮助建档立卡贫困人口81425人实现就近就地就业；实现两地878个深度贫困村结对帮扶全覆盖，捐款赠物价值9192万元；新增引进55家广东省企业到两地投资40.24亿元，带动脱贫人数23.66万人。

【工作机制】 召开粤黔和市（州）党政联席会议6次、广州市委常委会会议6次、广东市委书记专题工作会2次、广东市政府常务会会议和市政府党组会3次、广东市工作推进会1次、市委市政府专题工作会13次，加快推进脱贫攻坚工作。2019年8月，中央政治局委员、广东省委书记李希和省长马兴瑞率党政代表团赴贵州省，就深化两省特别是广州市与毕节市、黔南州扶贫协作召开联席会议，推动三地扶贫协作工作的开展。印发《广州市东西部扶贫协作对口帮扶毕节市黔南州2019年度工作要点》《广州市进一步加强东西部扶贫协作深度贫困村结对帮扶工作指导意见》《广州市推进消费扶贫实施方案》，进一步推动《广州市毕节市黔南州东西部扶贫协作联合督导评估推进工作意见》《广州毕节黔南纪检监察机关协同推进扶贫领域监督执纪问责工作机制》落实落细落深。

【项目帮扶】 广州市加大帮扶力度，投入财政援助资金9.40亿元，聚焦“两不愁三保障”，突出产业合作、劳务协作、人才支援、消费扶贫等重点，深化教育、医疗、科技等领域的扶贫协作工作，计划实施项目427个，实际完工350个。其中，投入毕节市财政援助资金3.84亿元，用于大方县、织金县等实施基础设施、教育医疗、产业发展、消费扶贫等项目111个，实际完工84个，带动13.21万贫困人口；投入黔南州财政援助资金5.56亿元，用于瓮安县、龙里县等实施基础设施、教育医疗、产业发展、消费扶贫等项目316个，实际完工266个，带动12.43万贫困人口。

【产业扶贫】 在广州举办“广东贵州东西协作产业合作”对接会，华为技术有限公司、深圳市腾讯计算机系统有限公司、广州越秀集团股份有限公司等企业签约项目134个874.5亿元。打造“五大产业”助力当地脱贫攻坚。做强刺梨产业。广州医药集团有限公司投资1.4

亿元用于贵州刺梨品牌推介，销售刺柠吉系列产品1亿元，带动贵州刺梨产品销售增长超30%。做强生猪产业。引进温氏食品集团股份有限公司、广东海大集团股份有限公司、日泉农牧有限公司等生猪养殖龙头企业，在黔南州建设超150万头生猪产能的养殖项目，黔南日泉生猪养殖项目已覆盖22个村，带动10067名贫困人口增收。广州越秀集团股份有限公司在毕节市成立贵州风行农牧科技有限公司，投资22亿元打造年出栏100万头生猪养殖全产业链项目。做强蔬菜产业。江南市场在黔南州长顺县投资5300万元建设蔬菜核心种植示范基地，年产量1.3万吨，产值6000多万元；在毕节市威宁彝族回族苗族自治县流转5000亩土地建设蔬菜核心示范种植基地，带动2500多名贫困人口增收。做强南瓜产业。广州耀泓生态农业开发有限公司在毕节市织金县投资打造现代高效农业全产业链项目，推行“公司+乡（镇）+合作社+农户”组织方式，2019年在织金县实施10万亩订单南瓜种植，覆盖30个乡镇（街道），带动21217户78925人就地就近就业（其中贫困户10502户42545人）。做强鲜花产业。深圳市港华集团有限公司在毕节市赫章县兴发乡建设“云海花田”田园综合体项目和铁匠乡建设鲜花育种、育苗种植基地，带动当地贫困户通过就业务工、基础设施分红、大棚流转租金3条途径增收。

【消费扶贫】 印发《广州市推进消费扶贫实施方案》，构建消费扶贫“广州模式”。2019年销售黔南州、毕节市农产品20.55万吨17.60亿元，带动12.19万名贫困人口增收脱贫。线上电商对接。发动唯品会科技信息有限公司“唯爱助农”“唯爱工坊”、中国建设银行善融电商扶贫平台、广州产权交易所精准扶贫综合服务平台等，助力两地农特产品“出山进城”。线下平台发力。将两地农产品纳入粤港澳大湾区“菜篮子”工程，在两地建设11个“菜篮子”生产基地。9月，广州粤港澳大湾区“菜篮子”平台启用。在广州市设立逾百个展销窗口推介扶贫产品，全市近千家连锁超市帮助贵州鸡蛋、罗甸火龙果、高钙苹果等优质农产品打入广州市场。展会宣传推介。利用中国进出口商品交易会（广交会）、第十届广东现代农业博览会暨2019粤港澳大湾区国际农产品采购商峰会（农博会）、第27届广州博览会、迎春花市等大型展会展销黔货。在第27届广州博览会上开设“广东脱贫攻坚展”展销帮扶地区产品。9月，广东东西部扶贫协作产品交易市场开业暨第一届博览会开幕。社区互动推广。在广州市各社区和建设银行广州各网点打造多个“扶贫长廊”“扶贫驿站”“扶贫港湾”，设立1000个扶贫自助售货机、50余台自动售蛋柜进社区。联盟拓展销路，成立“广州·毕节同心黔行产销扶贫联盟”，形成以广州连锁超市、农贸市场、餐饮酒店、企事业单位食堂等为主体的固定配送单位，建立长期稳定的销售渠道。

【劳务协作】 印发《广州市实施“南粤家政”羊城行动工作方案》《广州市做好对口帮扶贵州省毕节市、黔南州建档立卡贫困劳动力转移就业稳岗工作实施意见》。在广州市建立24个劳务协作工作站，举办各类校企合作培训班，招收职业院校学生1126人，其中484名贫困学生订单入学、免费就读、定向就业。共建128个扶贫车间，吸纳2677名建档立卡贫困户及贫困残疾人就业。开展“锦绣协作计划”“粤菜师傅”等重点技能培训班439期，培训两地贫困人口39973人。“锦绣协作计划”挂牌成立9个培训基地。

【教育扶贫】 广州654所学校与黔南州、毕节市两地772所学校结对帮扶。选派72名广州校长、教师到帮扶学校挂职，接收57名当地教师到结对学校跟班学习，培训两地教师3万余人次，提高受帮扶学校升学率、本科上线率和教学管理水平。按照"帮扶地一校一重点专业提升,广州市一校一优势专业对接"原则,落实全面精准结对思路,实现与两地中职学校全覆盖结对。

【健康扶贫】 广州218家医院与两地536家医院结对帮扶。加强"组团式"帮扶,组织专家团队帮助两地17个贫困县各打造一家医院"示范点",创造多项"零突破"。广州市荔湾区帮助毕节市七星关区妇幼保健院开展9项新技术和项目;广州市番禺区帮助毕节市赫章县中医院开展肘关节和髋关节置换术等12例毕节首例治疗病例,帮助威宁彝族回族苗族自治县人民医院创办第一个儿科PICU,成功救治50多名重症患儿;广州市第八人民医院帮助毕节市第三人民医院成立HIV实验室,实现毕节重症艾滋病救治"零突破";广州市对口帮扶的黔南州平塘县人民医院胸痛中心,成为黔南州全国第一批次通过认证的胸痛中心;广州专家团队帮助黔南州妇幼保健院开展无痛分娩、3D技术应用于儿童胸廓发育评估等7项黔南州首例治疗病例。

【社会帮扶】 借助全国"扶贫日"和广州市2019年"广东扶贫济困日",发动和组织企业家、各类志愿服务团队、社会各界爱心人士向两地捐款捐物21.51亿元。雪松集团捐赠3250万元,支持"毕节—广州人力资源开发基地"和织金"羊城中学"项目建设,并设立"珠江职教奖学金"。广州教育基金会向毕节市教育局捐赠100万元助学金,精准帮扶150名优秀贫困学生。广东康爱多连锁药店有限公司向毕节市卫生健康局捐赠150万元常用药品。

【携手奔小康】 广州市投入财政援助资金8.87亿元、社会帮扶资金21.37亿元和企业投资金额30.86亿元,用于广州市10个区与黔南州、毕节市22个结对县市区的携手奔小康活动。广州市63个街道(镇)与黔南州、毕节市两地64个乡、广州市175个村(社区)与两地254个村、广州市493家企业与两地573个贫困村、广州市59个社会团体与两地83个贫困村、广州市654所学校与两地772所学校、广州市218家医院与两地536家医院实现结对帮扶。培训贫困村致富带头人2473人,创业成功1351人,带动8391人脱贫。

【扶贫宣传】 协调人民日报、新华社、小康杂志、南方日报、广州日报等多家中央及省市主流媒体深入帮扶一线调研采访,开辟《广东扶贫特刊》《大爱广州》等扶贫专栏,讲好"扶贫故事""扶贫人物"。将《广东扶贫特刊》的广州市脱贫攻坚经验做法的系列专题报告整理成册,推送到全国全省两会现场。《广州市全力助推毕节黔南脱贫攻坚》经验做法在国务院扶贫办《东西部扶贫协作与定点扶贫专刊》上刊载。召开16场次新闻发布会推介两地优质农产品,首次引入两地扶贫产品走进广州市新闻发布中心现场。在第27届广州博览会开设"广东脱贫攻坚展",组织3场专题宣传报道贵州刺柠吉、黔南天眼现泡茶、港华"芳香产业"。举办2019中国广州投资年会"穗·鹤·黔产业合作投资推介会",人民日报社数字报、中国青年报等中央、省市主流媒体刊发《穗鹤黔扶贫协作结硕果》《"穗、鹤、黔"聚力扶贫协作》《投资年会广州作答精准:毕节贫困人口两年减少48万》,宣传广州与两地的帮扶举措和成效。

(广州市协作办公室　肖　坚)

广东省珠海市—云南省怒江傈僳族自治州东西部扶贫协作

【概述】　广东省珠海市对口帮扶云南省怒江傈僳族自治州(以下简称“怒江”),围绕“两不愁三保障”,加大产业帮扶和劳务协作力度,推进教育帮扶和医疗帮扶,加强志智双扶、干部交流,开展“携手奔小康”行动,落实财政援助资金3.02亿元、社会帮扶资金1.20亿元;向怒江共派出帮扶干部23人、“三同计划”干部53人、专业技术人才262人次;引导8家企业到怒江开展扶贫,转移到广东省就业劳动力7397人,帮助贫困人口就近就业1173人;18个镇、8个行政村、161家企业、55所学校、18家医院和12个社会组织分别与怒江乡镇、村、学校、医院结对,携手开展对口帮扶工作。累计召开有党政主要领导、相关协作部门主要负责同志参加的两地联席会议4次。珠海在2019年国家东西部扶贫协作考核中再次被评为“好”等次。对口怒江扶贫协作经验做法被国务院扶贫办《扶贫信息》刊载推广。

【产业扶贫】　2019年,产业帮扶受益贫困人口大幅增加。探索“分散组织生产、集中规模经营”的模式,帮扶怒江发展特色产业,在部分领域突破怒江产业“小散弱”的状况,在有条件的地方和领域开展规模化种养殖,如中华蜂养殖、高原冬早特色蔬菜种植等,走上现代农业产业的道路,并将怒江农产品与粤港澳大湾区市场和全国市场对接起来。同时,引导怒江企业和合作社与怒江州外企业建立产销合作机制,推进消费扶贫。2019年投入产业帮扶资金1.11亿元,帮扶实施特色农业种植养殖、扶贫车间、旅游服务等项目62个,受益建档立卡贫困户8725户32711人。其中,新引进8家企业到怒江注册公司开展产业合作帮扶,累计引导企业实际投资1.07亿元。通过利益联结机制带动受益的建档立卡贫困人口2896人,带动建档立卡贫困人口606人就近就地就业。引导怒江企业、合作社与州外企业和市场开展产销对接,协调相关政府机构、企事业单位开展以购代捐,并通过举办怒江农产品展销会,设立怒江扶贫产品馆,建设“兰坪O2O农产品”体验店,以及电商平台等多种形式,开展对口怒江消费扶贫。2019年帮扶销售怒江特色产品4121万元,惠及建档立卡贫困人数10716人。

【人才支援】　以扶智强素质、扶志增信心为根本点,通过广泛开展干部人才交流,扩大医院学校结对,推行“珠海班”“怒江班”办学模式,开展支医支教支农,推进“携手奔小康”行动和“百企帮百村”活动,培育产业带头人和劳务经济人等。选派党政干部76人次(含同吃同住同劳动“三同计划”干部53名)到怒江开展帮扶工作,接收怒江干部到珠海挂职20人次;为怒江培训各级各类干部人才1587人次。选派专业技术人员到怒江支医支教支农262人次;接收怒江教师、医生到珠海跟岗学习179人次;来自珠海市金湾区的“背篓医生”管延萍被中共中央宣传部授予“最美支边人”的称号。珠海市医生遍布怒江州、县(市)、乡(镇)各级医院,开展立体帮扶,既保障群众健康需求,也培养医疗人才队伍,提升医疗水平。发挥致富能手的示范作用,开办“农民军校”,

评选“标杆社”，发现和培养带贫“领头雁”，帮助怒江打造“带不走的扶贫工作队”。

【劳务协作】 2019年，珠海市从“干部带队稳人心、多方关怀获归属、政策激励强定力”三个方面制定政策，鼓励村两委干部带队外出打工，两地互设劳务工作站、建立“怒江员工之家”，人力资源和社会保障部门、扶贫办公室、工会、青年联合会、妇联等多部门对怒江务工人员多角度关心关爱，给予全方位保障和优待，继续组织高铁专列等暖心服务。同时，两地联合开展转移就业引导性培训和针对性、实用性较强的技能培训；组织80余家珠海市企业深入怒江各县市、乡镇、易地扶贫搬迁安置点开展劳动力转移对接；继续加大转移就业组织动员、带队打工奖励和稳岗奖补力度。2019年，自怒江转移到广东省就业劳动力7397人，其中贫困劳动力4199人；转移到珠海市就业劳动力3239人，其中贫困劳动力2178人。在珠海市务工的稳岗率从原来的20%提高到90%，取得转移人数和稳岗率“双突破”。在残疾人帮扶上，出台优惠政策转移珠海市就业，2019年有22名残疾人在珠海就业，1名盲童在珠海就读特殊教育学校，通过珠海市产业帮扶项目带动怒江476名残疾人实现就业或受益；帮助泸水市、福贡县200户残疾人家庭进行无障碍改造，扶持部分有意愿、有能力的残疾人自主创业。

【民生帮扶】 2019年，珠海市参与援建6个易地扶贫搬迁安置点、4个危房改造示范点全部完成，共解决2618户8530名群众的住房问题，并以“留下乡情、搬出希望”为出发点，围绕搬迁点建设蔬菜种植基地、扶贫车间，规划房车营地等产业项目。建设邻里中心，开展社区结对，帮助构建社区治理理念，增强综合管理能力。动员珠海市的成熟社区与西部易地扶贫搬迁点结对帮扶，通过“全要素”抓好现代社区的建设与配套，同步解决搬迁群众的住房、就业和发展问题，维拉坝珠海小区被云南省主要领导誉为“东西扶贫协作的标杆”。每月组织珠海市3~5家中小学校、幼儿园教师到怒江开展教育交流活动；引进社会资源捐建图书馆、捐赠图书；组织开展巡讲活动，为控辍保学劝返学生和留守儿童开展心理辅导；组建州内第一家省级标准的心理健康教育辅导室，培训未成年人心理健康教师116人次；派出4名特殊教育专业教师支持怒江开展特教规划、个训辅导、送教上门、资源教室建设指导等活动，提升随班就读师资水平。配置中小学教学平板系统300台，建设智慧课堂83间，覆盖学校76所，援建39间教师工作室，培养当地骨干教师快速成长，加强班级文化、校园文化建设，促进学校内涵发展。投入124.76万元支持53个村卫生室建设，派出40人到怒江乡镇卫生院开展常规医疗和公共卫生管理工作，组织5期“村医课堂”，培训当地医生62人次；结核病防治帮扶工作在前两年摸底调研、规范提质的基础上开展第3年的巩固评估，3年累计拨付824.7万元，2019年开展4期结核病培训班培训229人次，捐赠结核体检车、救护车、彩超机等一批医疗器械。

【社会帮扶】 2019年，珠海市共落实社会帮扶资金1.19亿元，其中企业9780万元，社会组织1788万元，个人308万元。调动企业参与的积极性，发起“百企帮百村”行动，161家珠海企业履行社会担当，主动对接开展帮扶，共到位帮扶资金1611.14万元。在怒江贫困村实施照明、厕所、垃圾处理等民生项目建设；积极发动民间力量，成立珠海“温暖上学路”基金专门资助农村籍住校小学生，截至2019年年底募集到60万元，从大兴地镇的中心完小开始试点，并逐步推广到全州各乡镇小学。此外，珠海支教教师利用自身资源，牵头发起“橄榄枝”助学活动，每月资助50个贫困学生每人300元助学金，设立珠海—怒江橄榄枝奖教基金，每月捐赠6万元。捐赠491.38万元成立珠海民盟“烛光行动”奖教奖学基金，开展社区结对活动；在积极动员本市社会力量的基础上，开拓新来源，广泛引导粤港澳大湾区及国内国际爱心力量参与怒江脱贫攻坚。

【携手奔小康】 2019年，珠海市“携手奔小康”行动全方位展开，珠海18个镇（街道、国企）与怒江19个贫困乡（镇），8个村（居委会）、161家企业、12家社会组织分别与怒江贫困村结对帮扶。在此基础上，针对怒江易地扶贫搬迁人口比例高、新建社区多、农民变市民情况普遍的特殊情况，动员珠海3个社区与怒江易地搬迁社区结对，帮助开展社区建设管理及社区党建工作。此项工作系全国首创。双方区县党政主要领导开展多次互访对接，珠海各区向怒江对口县（市）选派驻县干部12人次、专业技术人员67人次，区级财政共投入帮扶资金1.32亿元。各区帮扶对口县（市）的易地扶贫搬迁、产业、教育、医疗、劳务、干部交流等工作均取得成效。

（广东省珠海市扶贫开发办公室
吴远宏）

广东省佛山市—四川省凉山彝族自治州东西部扶贫协作

【概述】 2019年，佛山市委市政府聚焦组织领导、产业合作、劳务协作、人才支援、资金支持、携手奔小康等6个方面工作，推进对口凉山彝族自治州（以下简称“凉山”）扶贫协作工作取得成效。广东省委省政府、佛山市委市政府领导多次到凉山调研对接，其中省级领导9人次，厅级领导53人次。召开4次高层联席会议，召开13次专题会议研究扶贫协作工作。划拨凉山对口扶贫协作专项资金7.27亿元，动员社会各界向凉山无偿捐助708笔款物，共计8766万元。引导54家企业到凉山投资并带贫，实际投资金额29.11亿元。引导广东投资者在凉山注册29家企业。帮助凉山销售1.28亿元农特产品。举办劳务协作培训班550期，培训贫困人口数28816人次。帮助凉山籍贫困人口到佛山市就业6488人，帮助凉山籍贫困人口就近就业3388人。派驻开展扶贫协作的干部38名，并派出208名专业技术人才到凉山开展技术援助。增加110组村企结队、8组村村结对和11组乡镇结对，新增社会组织结对贫困村12对，增加11组医院结对和12组学校结对。2019年佛山共为凉山举办23期创业致富带头人培训班，培训1547人，其中创业成功64人，带动贫困人口684人。

【政策文件】 佛山市印发对口凉山扶贫协作工作年度计划。根据粤川两省签订的佛凉两地2019年东西部扶贫协作协议，佛凉两地共同出台《关于印发〈广东（佛山）对口凉山扶贫协作2019年度计划〉的通知》，为对口凉山扶贫协作工作提供规划引导。出台就业支持政策。帮助贫困人口在东部省份稳定就业，佛凉两地共出台10份相关优惠政策。

【项目帮扶】 2019年，共完成扶贫项目184项，佛山对口凉山扶贫协作财政援助资金6.60亿元，资金使用比例为90.74%，带动贫困人口15.18万人。用于县以下基层5.869亿元，深度贫困地区6.3753亿元，其中用于产业扶贫1.4184亿元、就业扶贫0.6905亿元、基础设施建设2.0133亿元、教育扶贫1.7313亿元、基本医疗0.1798亿元。

【社会帮扶】 教育帮扶。针对凉山失辍学突出问题，佛山投入财政援助资金9582万元用于凉山“控辍保学”项目，共惠及11个贫困县失辍学生5万多人。佛山大力支持凉山开展“学前学会普通话”行动，共投入财政援助资金3041万元，惠及11个贫困县2447个村，培训幼教点辅导员4663人，覆盖幼儿10.14万人。此外，共派出101名教育专业技术人才到凉山支教，新增12所佛山学校结对凉山12所学校。投入财政援助资金5484万元，建设10所学校及幼儿园。投入财政援助资金1567万元和社会帮扶资金204.5万元，资助贫困学生7.31万名。卫生帮扶。2019年，佛山投入财政援助资金1156万元，用于引进卫生专业技术人才。共派出103名医疗专业技术人才进行支医工作，并在喜德县深入开展“组团式”医疗帮扶。这些支医医生诊治患者2.8万人，开展手术1000多台，临床带教2500余人次，输出新技术60项。新增11家佛山医院结对凉山11家医院。社会捐赠帮扶。2019年，佛山市委市政府广泛发动社会各界爱心企业和人士向凉山进行慈善捐助708笔8766万元，其中捐款7412万元，捐物价值1354万元。

【产业帮扶】 2019年，佛山共引导54家企业到凉山投资并带贫，年内实际投资额合计29.11亿元。引导广东投资者在凉山注册29家企业，落地企业带动贫困人口数24121人，其中企业吸纳贫困人口稳定就业3个月以上1129人，通过建立利益联结机制带动贫困人口22992人增收。通过投入财政资金、引导企业入驻、帮助开拓市场等多种举措与凉山各贫困县携手共建产业园区，做到发展一个产业、振兴一方经济、带动一方群众。2019年，投入财政资金8608万元，共建产业园区20个，引导入住园区企业22家，企业实际投资额2.26亿元，入园企业吸纳457名贫困人口就业。援建扶贫车间23个，吸纳819人就业，其中贫困人口209人。佛山推动各机关事业单位、企业和社会各界通过“以购代捐”开展消费扶贫行动，2019年通过各类渠道帮助凉山销售1.28亿元农特产品，生产扶贫产品的企业通过吸纳就业或利益联结机制带动贫困人口4279人。

【智力帮扶】 解决贫困代际传递问题。帮助凉山贫困学生到凉山就读职业学校贫困学生218人。进一步深化佛凉两地劳务协作关系，为以劳务输出助力精准扶贫、精准脱贫提供保障。2019年，佛山帮助凉山籍贫困人口到佛山市就业6488人，帮助凉山籍贫困人口到广东省就业并工作3个月以上的共9657人。通过产业合作、扶贫车间、公益性岗位以及开展培训等方式，帮助凉山籍贫困人口实现就近就业并工作3个月以上的共3388人。安排佛山对口凉山财政援助资金1638.08万元，用于凉山新型农民素质提升工程劳动技能培训、“粤菜师傅”精准扶贫培训班、致富带头人培训班，共培训贫困人口28816人。通过培训帮助凉山籍贫困人口到广东、四川以外其他地区就业并工作3个月以上的1034人。佛山市为凉山共举办35期干部培训班，培训党政干部1709名。培训班立足个性化定制，根据不同的受训主体设置不同的课程，既有教授授课，又有企业家讲座及实地考察，学员普遍反映收获颇丰。技术人才方面共举办90期专业技术人才（含教师、医生等）培训班，培训专业技术人才11876人次。

【残疾人帮扶】 推进产业项目带动贫困残疾人脱贫增收。投入财政援助资金177.1万元用于25个残疾人产业项目建设，889个贫困残疾人受益。助学促脱贫。投入财政援助资金99.92万元，450名贫困残疾人家庭学生受益。通过综合帮扶助推贫困残疾人脱贫，投入财政援助资金757.05万元，提供公益性岗位带动263名贫困残疾人脱贫增收，通过转移就业帮扶贫困残疾人56名，在安全住房建设方面帮扶贫困残疾人52名。投入财政援助资金606.26万元，对贫困残疾人家庭进行无障碍改造220户，对6所残疾人康复院进行改造提升，培训贫困残疾人275名，培训残疾人专干62名。开展残联与贫困村结对帮扶。顺德区、南海区残联分别和贫困残疾人比较多的雷波县马处哈村、喜德县巴九乡树且村签订结对帮扶协议，每年给予该村3万元产业发展基金并出资助学、购销富余农产品，带动该村贫困残疾人脱贫。

（广东省佛山市扶贫开发办公室
彭焱明）

广东省中山市—云南省昭通市东西部扶贫协作

【概述】 2019年，广东省中山市与云南省昭通市开展全方位、多领域、深层次的扶贫协作。广东省到昭通调研对接29人次，其中省部级6人次，中山市厅局级8人次，召开两市联席会议1次。投入财政援助资金2.43亿元，县均投入财政援助资金6075万元。募集社会帮扶资金及物资折款1.08亿元，开展扶贫项目123个，援建工业园区3个，采购和销售农特产品1.55亿元。引进企业20家，实际完成投资7.77亿元。中山派驻昭通党政干部共14名（厅级1人、处级7人），选派医生、教师、农业、经济、心理等专业技术人员162名，培训昭通各级党政干部886人次，教师、医生等专业技术人员12773人次。帮助贫困人口实现就业7099人，带动贫困人口11万余人，推动对口帮扶的绥江县脱贫成果进一步巩固。

【工作机制】 中山市通过建立强大的组织动员体系帮扶昭通市盐津、大关、永善、绥江4个县，深入开展携手奔小康行动，以“三个全面动员”推动对口帮扶县、县级医院、县级学校和182个深度贫困村实现“四个结对帮扶全覆盖”。中山市根据实际情况，实行组团结对帮扶，组织25个镇区由经济实力强的火炬开发区、石岐区、东区和小榄镇牵头组成4个团队，参与结对帮扶昭通大关、盐津、绥江和永善四县，利用镇区力量的叠加效应，采取聚力拔“穷根”的组团结对帮扶模式。动员扶贫协作市直单位，形成“1+8+N”部门协作大格局。在推动中山、昭通两市人民政府和组织、人社、经信、农业、教育、卫健、旅游、招商等与“两不愁三保障”密切相关的行业部门开展结对帮扶的基础上，2019年再动员两市残联、工商业、红十字会等签订框架合作协议，形成“1+8+N”部门协作格局，发挥行业部门的资源优势和专业优势开展深度帮扶。动员社会各界爱心力量，拓宽社会帮扶“朋友圈”。通过签订《中山市与昭通市职业教育合作协议》，制定两地联合办学经费管理暂行办法，出台东西部扶贫协作资金管理办法、产业招商引资办法、贫困劳动力转移就业系列政策等，进一步建立健全扶贫协作工作机制。

【项目帮扶】 2019年，中山落实财政援助资金累计2.43亿元，聚焦“两不愁三保障”实施扶贫协作项目123个，帮助昭通建档立卡贫困人口脱贫50709人，惠及贫穷困难群众20余万人。其中，投入5463万元支持贫困群众开展种植养殖产业创收，投入2135万元开展就业扶贫，多措并举让贫困群众有稳定的产业收益和务工收入。投入1.13亿元援建各级各类学校10所，募集各类资金5041.5万元资助学生2229名，组织中山36所学校结对帮扶昭通32所学校。投入1790万元建设乡镇卫生室和养老院8所，投入东西部扶贫协作援助资金367万元建设残疾人康复中心2个，直接受益残疾贫困群众9000多人次。投入3240万元用于饮水安全、住房安全、乡村道路等基础设施建设，帮助近600户贫困户进行农村危房改造，义务教育、基本医疗、住房安全保障得到明显改善。

【社会帮扶】 2019年，中山市共青团、红十字会、总工会、工商业联合会、残疾人联合会、慈善总会、妇女联合会、志愿者联合会以及各类基金会、商会等30多个社会组织，通过设立慈善基金、结对帮扶、捐款捐物、消费扶贫、投资产业等方式参与昭通脱贫攻坚，募集社会帮扶资金及物资折款1.08亿元。中山市总工会向各级各类工会组织发出倡议，鼓励优先采购贫困地区农特产品、与贫困地区签订长期产品供销协议，开设扶贫产品销售专区专柜。持续开展“牵手红卡，让爱回家”项目，捐赠1300多万元的红卡智能手表和广播站电视台采编系统设备，打造留守儿童德育新平台。该项目入选第二届中国优秀扶贫案例的“扶志与扶智”10个项目。中山市侨界—香山筝乐团和广东狮子会良都服务队联合主办慈善音乐会，筹集10万元设立助学金支持“扶志助飞项目”。澳门中山东区同乡联谊会组织爱心会员捐赠价值33.6万元的教学电脑及学生生活物资。中山市江西商会等9家商会在中山开设“火炬理工学校慈善阳光班”，每年向71名昭通籍学生每人给予3000元资助，持续3年。中山市总工会、共青团中山市委员会、志愿者联合会、妇联等6家单位共同举办“博爱中山情系昭通——百个爱心家庭牵手百名留守儿童”扶贫助学之旅活动，组织中山爱心父母走访慰问和资助贫困留守儿童。中山市慈善总会·联翔慈善基金会捐赠爱心物资及善款210万元，为昭通脱贫攻坚贡献力量。

【产业帮扶】 组织100多家企业到昭通考察洽谈，举办“中山携手昭通——昭通市招商引资推介暨农产品产销对接洽谈会”，引进20家企业在昭通投资发展，共建产业园区3个，实际投资额7.77亿元，带动贫困人口37519人脱贫。其中，企业吸纳就业脱贫434人，通过建立利益联结机制带动脱贫37085人。援建扶贫车间13个，吸纳663名群众就近就业。推动中山以至广东机关事业单位、企业和社会各界“以购代捐”开展消费扶贫，采购和销售农特产品1.55亿元。创新“国有民营混合所有制”合作模式，融资1亿元，引入中山兴中集团有限公司、昭通市开发投资有限责任公司，与永善县招商引入民营企业云南菜人家食品有限公司合作，注册成立云南七彩食品有限公司，打造混合所有制东西扶贫产业协作项目，增强产业扶贫“造血功能”，带动永善县种植方竹10万亩、小米辣2000亩，辐射带动永善、盐津、大关等县62个村级集体经济和专业合作社，就地就近就业500人，带动建档立卡贫困户12000余户脱贫致富。

【智力帮扶】 开展教育帮扶。派出支教教师51人次到对口帮扶县学校挂任副校长或进行互访交流，组织中山名师走进昭通上示范课、开展教学探讨，接收昭通市中小学校长、幼儿园园长、教研员队伍到中山跟岗培训，为昭通骨干教师开展普高教育“1+9”跟岗培训。聚焦职业教育联合办学，中山市8所优质公办中职学校每年以“0+3”模式招收昭通籍初中毕业生免费就读3年，中山职业技术学院以“3 + 1”模式每年招收昭通学院大学三年级学生到校完成大学四年级学业，投入职业教育帮扶资金4890.34万元，截至2019年年底，在读的昭通籍学生达1868人。开展医疗帮扶。中山11所医院与对口帮扶县12所医院建立结对帮扶关系，根据当地医疗需求，每年选派2批共12名支医专家挂职当地医院副院长开展为期1年的帮扶工作，其中7名主任医师、5名副主任医师，专业包含儿科、骨科、心血管专业及重症医学科、超声影像科、麻醉科等多领域专科。中山专家在昭通设立专家工作站，建立“心血管”诊治中心，利用5G先进技术远程医疗会诊，组织在昭通支医的21位中山医师组成援助昭通组团医疗队走进对口帮扶四县，开展学术讲座、教学查房、义诊捐药等巡诊活动，发现并解决多例疑难杂症。组织系列培训。培训昭通各级党政干部886人次，培训昭通教师、医生等专业技术人员12773人次。培训创业致富带头人816人，创业成功108人，带动贫困人口2599人。组织贫困人口就业培训293期21103人，帮助贫困人口就业7099人，其中到广东省就业3322人（工作3个月以上）。

【易地扶贫搬迁】 开启跨县区易地扶贫搬迁，完成易地扶贫搬迁安置24.54万人，是昭通市打赢脱贫攻坚战的“头号工程”。中山市在2016年投入4000万元援建4个易地扶贫搬迁示范点基础上，2019年加大力度，因地制宜在靖安和卯家湾易地搬迁跨县区安置区、绥江县兆佳坝安置区、永善县红光易地搬迁安置点、盐津县水田新区等做好后续扶持工作，推进公共服务、产业培育、就业帮扶、社区管理等各项工作。投入2000多万元建设绥江县中城镇兆佳坝安置点给排水管网，改善安置点垃圾处理等环境服务配套设施。动员社会力量，向易地搬迁安置点捐赠价值4000万元的洗衣机、电饭煲等生活必需品。在昭阳区靖安安置点、永善县红光安置点投入财政帮扶资金4450万元，援建中山博爱学校2所，投入使用后可解决4600多名学生入学难问题。安排资金及物资586.52万元用于解决水田安置点贫困户家庭配套“七个一”（即电饭煲、电磁炉、沙发、餐桌椅、床、衣柜、鞋架）难题，降低群众搬迁成本。支持搬迁点发展仔猪和肉牛等养殖产业项目，开展就业培训，引进劳动密集型企业援建扶贫车间13个，帮助663人实现就近就业，解决搬迁群众的后顾之忧。

【残疾人帮扶】 开展困难生活补贴发放行动。中山爱兰基金会向大关县捐赠助残扶困资金33万元，其中给予重度残疾家庭每户困难生活补助1500元、轻度残疾家庭每户1000元，受益贫困残疾家庭251户。实施就业技能提升行动。中山市残疾人联合会举办对口帮扶昭通市残疾人工作培训班，提升专业机构工作水平。为贫困残疾人提供实用技术培训761人次，开展“就业帮扶，助残圆梦”“同在蓝天下·点亮微心愿”等贫困残疾人就业帮扶专项活动，各类扶贫项目带动307名残疾贫困群众脱贫。推进基本公共服务改善行动。中山市开展特殊教育专业人士支教交流40人次，资助永善县建档立卡贫困残疾在校大学生每人5000元励志助学金；出资367万元援建残疾人康复和托养服务中心2个，9000多人次直接受益；改造残疾人家庭无障碍设施，捐赠助残设备20件。

【爱心公益超市】 中山市在贫困村援建130多个“爱心公益超市”，以表现兑积分，积分换实物，激发群众脱贫致富的主体意识。爱心公益超市统一设置外观标识、制定积分方案，贫困群众完成规定的服务项目后，如参加技能培训、自主创业、重视教育、整治户容户貌、参加防汛护林公益活动等，就能获得相应积分卡，每积一分抵现金1元，积分累积到一定数量后可到超市里免费兑换大米、食用油、洗衣机、电饭煲、农具等商品。每村每月至少开展一次评分活动，每月张贴一次“爱心行为和立志脱贫积分公示榜”。截至2019年年底，兑现爱心积分卡折价5000多万元，惠及2.3万名贫困群众。

（广东省第六扶贫协作工作组
汪小峰）

广东省东莞市—云南省昭通市东西部扶贫协作

【概述】 2019年，东莞市、昭通市东西部扶贫协作工作重点在资金使用、产业合作、劳务协作、职业教育、人才支援、干部互派、携手奔小康行动等方面进行协作帮扶。东莞财政援助资金3.84亿元，县均投入6411.4万元；举办党政干部培训班12期，培训党政干部1518人次；举办专业技术人才培训班116期，培训专业技术人才6422人次；帮扶贫困户到广东务工就业11475人次；引导企业42家到昭通协作投资9.93亿元；选派专业技术人员到昭通协作165人次，接收昭通专业技术人员到东莞跟岗学习106人次；修建改造乡村道路24.54千米，发动社会捐赠24309.4万元，其中直接捐资12869.2万元、捐物折款11440.2万元，发动226家企业参与“万企帮万村”行动。2019年，累计带动脱贫人口近10万人次，帮扶项目受益贫困人口超过20万人。

【扶贫资金投入】 2019年，东莞财政援助资金3.84亿元，用于深度贫困地区3.63亿元，占比94.5%，重点用于解决“两不愁三保障”突出问题，其中用于产业扶贫和就业扶贫21171.46万元，增加造血功能，直接带动贫困户增收；用于饮水安全133.81万元，解决6950人的饮水问题；用于住房安全220.85万元，覆盖贫困户808户；用于教育扶贫14914.34万元（含职业教育9288.91万元），其中建设学校8所，资助学生3818名（含在东莞就读中职贫困生3308名）；用于基本医疗429万元，建设、修缮及完善基础医疗设备贫困村卫生室149个。

【工作机制】 2019年，东莞市党政负责人33人次（含厅局级4人次）赴昭通开展调研对接工作，在昭通召开高层联席会议1次，在东莞召开东莞市委常委会议2次、政府常务会议1次、党委政府专题会议3次研究东西部扶贫协作工作，专题研究东西扶贫协作工作，制定出台《东莞—昭通扶贫协作2019年工作计划》，把具体工作进行细化分解。

【社会帮扶】 2019年，东莞社会各界人士继续响应号召参与东西部扶贫协作，为昭通的教育、卫生、交通等民生事业贡献力量，发动企业226家参与“万企帮万村”行动，结对帮扶贫困村197个，对每个村投入资金物资不少于5万元。发动社会组织59个结对帮扶贫困村63个，发动社会捐赠24309.4万元，其中直接捐资12869.2万元、捐物折款11440.2万元。

【健康扶贫】 发动东莞东华医院、康华医院、常安医院等派出10名专家赴昭通6县区挂职服务1年。发动东莞光明眼科医院公益援助，开展鲁甸·东莞眼视光诊疗中心项目，派出专家团队长期驻扎鲁甸县人民医院，投入设备器械开设眼科和进行诊治、培训等工作，接诊眼科患者5000余人，完成白内障筛查1200余例，开展各类手术460多台。发动东莞市的24家医院结对帮扶昭通20家医院。2019年，东莞市财政援助资金用于基本医疗429万元，建设、修缮及完善基础医疗设备贫困村卫生室149个，同时投入帮扶资金419.4万元用于残疾人帮扶，协助814名贫困残疾人脱贫，并发动残联等机构捐赠电动轮椅等一批辅助器械。

【产业扶贫】 东莞引导到昭通开展产业合作扶贫企业42个，共实施扶贫项目66个，其中开工在建13个、已投产53个，项目计划总投资276476万元。援建扶贫车间27个，扶贫车间吸纳就业1369人，其中贫困人口641人。引导企业投资9.93亿元，其中共建产业园区4个，引导入驻园区企业11个，企业到园区实际投资1.1亿元，入驻园区企业吸纳贫困人口就业360人。引导企业吸纳就业带动贫困人口3727人，利益联结机制带动贫困人口68702人。东莞开展消费扶贫，采购、销售昭通特色农产品3.02亿元，带动贫困人口42145人。

【劳务输出】 东莞、昭通两地每年都会举办多场企业用工招聘会，通过多种平台发布招工用工信息，出台《东莞市进一步促进就业若干政策措施实施意见》《东莞市家政扶贫工作方案（2018—2020年）》等政策文件。举办劳务协作培训班191期，培训贫困人口15288人次。2019年，东莞帮助建档立卡贫困人口到广东省就业计划1500人，实际11475人；帮助贫困人口省内就近就业计划800人，实际46704人。帮助贫困人口到其他地区就业16413人。为贫困村培训创业致富带头人1031人次，创业成功109人，带动贫困人口3072人。

【教育扶贫】 2019年，东莞市财政援助资金用于教育扶贫14914.34万元（含职业教育9288.91万元），其中建设学校8所，资助学生3818名（含在东莞就读中职贫困生3308名），招收贫困生2112人。东莞公办中职学校有4161名昭通籍学生在读，其中贫困生3308人。发动东莞市知名学校43所结对帮扶昭通学校38所，选派东莞名师21人赴昭通对口6县区，开展教学指导交流。昭通对口6县区同时选派多名副校长、园长、业务骨干分期到东莞名校跟岗学习。东莞市财政、教育、人社、扶贫部门联合发出《关于签订〈东莞市与昭通市职业教育合作协议〉的函》至昭通有关部门，正式签署协议，约定昭通户籍学生教育经费属东莞市帮扶昭通市的专项教育帮扶资金，职业教育资金由东莞市财政局直接拨付到承担教育扶贫任务的学校。

【携手奔小康】 东莞市莞城区、石碣镇、黄江镇、大岭山镇、樟木头镇、清溪镇6个牵头镇街和16个经济强镇继续与昭通6县区开展携手奔小康的结对行动，22个镇街结对帮扶昭通贫困乡镇51个，每个牵头镇街年度援助资金不少于150万元，每个协助镇街不少于50万元。2019年，6个镇街主要负责同志带队赴昭通对口帮扶贫困县调研对接131人次，为昭通6县区的脱贫攻坚任务出谋划策。

（广东省东莞市经济协作办区域协作科 张子叶）

（二）定点扶贫

综　述

为学习贯彻中共中央总书记习近平关于扶贫工作的重要论述，落实《中共中央　国务院关于打赢脱贫攻坚战三年行动的指导意见》，2019年3月，国务院扶贫开发领导小组举办东西部扶贫协作和中央单位定点扶贫工作推进会，总结交流近年来定点扶贫工作的成效与做法，安排部署下一阶段重点工作。会上，286家中央单位向国务院扶贫开发领导小组签署2019年定点扶贫责任书，进一步明确各单位定点扶贫工作的目标任务和工作内容。5月，中央单位定点扶贫业务子系统创建。9月，通过业务子系统数据调度，首次对中央单位定点扶贫工作的进展进行通报，进一步压实中央单位的帮扶责任。12月，国务院扶贫办会同中共中央组织部、中共中央统一战线工作部、中共中央和国家机关工作委员会、中央军事委员会政治工作部、教育部、中国人民银行、国务院国有资产监督管理委员会7个部门联合印发《2019年中央单位定点扶贫工作成效评价实施方案》，组织开展中央单位定点扶贫工作成效评价，通过考核激励先进、鞭策后进，进一步压实中央单位的帮扶责任，加大帮扶力度。

2019年，中央单位认真学习习近平关于扶贫工作的重要论述，坚决贯彻落实党中央、国务院的决策部署，切实扛起政治责任，发挥自身特点和行业优势，不断加大帮扶力度，工作机制更完善、帮扶措施更有力、脱贫成效更明显，全面完成责任书的各项指标。新增的22家中央单位使帮扶力量进一步加大，持续强力推进中央单位定点扶贫工作。

据统计，中央单位主要负责同志到定点扶贫县调研522人次，其他领导班子成员到定点扶贫县调研1101人次。各单位直接投入和帮助引进帮扶资金152.2亿元，帮助培训基层干部和技术人员81.5万人，直接购买贫困地区农产品24.6亿元，帮助销售贫困地区农产品251.9亿元，为定点扶贫县引进企业865家，企业实际投资195亿元，扶持定点扶贫县龙头企业和农村合作社4534个。中央单位中有6个集体和7名个人荣获2019年全国脱贫攻坚奖。

（国务院扶贫办社会扶贫司　周晓云）

中共中央对外联络部定点扶贫

【概述】 2019年，中共中央对外联络部（以下简称“中联部”）定点帮扶河北省行唐县。中联部学习贯彻中共中央总书记习近平关于扶贫工作的重要论述，贯彻落实党中央、国务院关于脱贫攻坚的决策部署和定点扶贫工作推进会议精神，以开展“不忘初心、牢记使命”主题教育为契机，深入基层调研，全面检视问题，抓好整改落实。中联部领导班子高度重视并参与指导定点扶贫工作，中联部部长宋涛率扶贫调研组赴行唐县调研，选派1位处级干部赴行唐县南桥镇驻东安太庄村任第一书记。中联部直接投入资金40.6万元，帮助引进各类资金9000多万元，项目涉及产业、农业、教育、健康等，推动行唐县的经济社会发展和脱贫攻坚工作。5月，河北省政府正式批准行唐县退出贫困县序列。

【扶贫资金投入】 2019年，中联部直接投入帮扶资金40.6万元，帮助引进各类资金9000多万元，助力行唐县脱贫攻坚。在帮助引进的各类资金中，引进北京市华都峪口禽业有限责任公司帮扶资金8800万元，促成企业向行唐县卫生健康局捐赠100万元，中联部-中国人保行唐县教育扶贫基金支出128.3万元，促成中国扶贫基金会为行唐县东井底村和西井底村小学捐赠价值6.81万元的“爱心包裹”，促成中国农业机械流通协会为行唐县东井底村捐赠价值27.5万元的农机具。

【扶贫调研】 2019年5月，宋涛率扶贫调研组赴行唐县调研定点扶贫工作，调研帮助引进的扶贫产业、颖水河治理工程等项目，听取挂职上方乡东井底村第一书记的汇报，参加行唐县定点扶贫工作推进会。

【扶贫慰问】 2019年5月，中联部扶贫调研组走访慰问行唐县上方乡东井底村生活困难村民，送去慰问金和生活用品；看望小学师生，送去“爱心包裹”。中联部挂职干部走访慰问8个建档立卡贫困户，送去米、面、油等生活用品。

【干部挂职扶贫】 2019年，中联部在2017年选派1名处级干部赴行唐县上方乡东井底村挂职，第一书记期满后又选派1名处级干部挂职行唐县南桥镇东安太庄村第一书记。

【扶贫宣传】 2019年8月，中联部副部长郭业洲出席中共中央和国家机关工作委员会在全国农业展览馆举办的“不忘初心、牢记使命——中央和国家机关定点扶贫工作成果展”开幕式。中联部在此次定点扶贫工作成果展上突出党建帮扶、教育帮扶、外事帮扶、产业帮扶等特色，发挥自身优势，助力行唐县脱贫。中联部将参观定点扶贫工作成果展作为“不忘初心、牢记使命”主题教育党日活动的一项重要内容，组织150余名党员前往参观学习，并将定点扶贫展板制成宣传橱窗供干部职工阅览。中联部组织15名干部参加“不忘初心、牢记使命——中央和国家机关优秀驻村第一书记先进事迹巡回宣讲”报告会，学习先进典型，宣传先进事迹。

【产业扶贫】 2019年，中联部引进北京市华都峪口禽业有限责任公司帮扶资金8800万元，建成行唐县只里乡雏鸡场、上方乡蛋鸡场、饲料厂等，推广雏鸡150万只，带动养殖户235户，每户平均增收3.8万元；在行唐县东井底村建成6个家庭农场，为10户农户发放小额信贷，每户5万元，共计50万元；促成中国农业机械流通协会为行唐县东井底村捐赠拖拉机1台、旋耕机1台、秸秆粉碎还田机1台、自走式喷杆喷雾机1台、收割机2台，价值27.5万元。

【教育扶贫】 2019年，中联部-中国人保行唐县教育扶贫基金支出128.3万元资助贫困学生369名；促成中国扶贫基金会为东井底村和西井底村小学捐赠“爱心包裹”454个，价值6.81万元。

【健康扶贫】 2019年，中联部促成大唐西市文化产业投资集团有限公司向行唐县卫生健康局捐赠100万元，用于医疗设备更新和网络医疗培训。远程会诊系统为行唐县20名贫困疑难患者提供专家网络会诊，实现“治病、培训、保障、送温暖”四重功效。

【扶贫培训】 2019年，中联部开展“牢记初心、重温入党誓词”主题教育活动，召开村换届选举会议，配强村委会班子，培训基层干部32人；为行唐县培训技术人员40人，其中养鸡技术人员28人、棉花采摘技术人员6人、农机具使用技术人员6人。

【消费扶贫】 2019年，中联部购买、帮助销售行唐县农产品共计17.5万元。其中，购买农产品14.4万元，帮助销售农产品3.1万元。

（中共中央对外联络部机关党委
赵玲娟）

中共中央政法委员会定点扶贫

【概述】 2019年，中共中央政法委员会（以下简称“中央政法委”）定点帮扶内蒙古自治区扎赉特旗，共投入帮扶资金1870万元，引进帮扶资金1.42亿元，培训基层干部10334名、技术人员2961名，帮助销售贫困地区农产品2099.29万元，购买贫困地区农产品36.7万元。扎赉特旗的贫困发生率从2018年的1.16%降至0.04%，于2019年4月退出贫困县序列。

【扶贫资金投入】 2019年，中央政法委投入帮扶资金1870万元，重点用于帮助扎赉特旗开展脱贫攻坚、反邪教、扫黑除恶、“雪亮工程”建设等有关工作；引进帮扶资金1.42亿元，用作道路建设资金、林草资金，以及有关企业在扎赉特旗建设通用航空机场、安格斯肉牛养殖基地等资金。

【扶贫调研】 2019年3月，中央政法委秘书长陈一新赴扎赉特旗实地调研脱贫攻坚工作，推动有关部门、企业与扎赉特旗签订对口帮扶协议，共同研究谋划脱贫攻坚工作新举措，创新提出“产业扶贫、生态扶贫、电商扶贫、教育扶贫、健康扶贫、交通扶贫、政法扶贫、党建扶贫”八位一体新思路。

【扶贫培训】 2019年，中央政法委帮助扎赉特旗培训基层干部10334人，其中扎赉特旗脱贫攻坚、基层党建干部培训班培训1万人，政法业务培训班培训326人，协调阿里巴巴网络技术有限公司（以下简称“阿里巴巴集团”）将扎赉特旗党员干部8人纳入脱贫攻坚县域示范培训班；帮助扎赉特旗培训技术人员2961人，其中阿里巴巴集团等电商企业为扎赉特旗培训电商人才2588人，首都医科大学附属北京朝阳医院培训扎赉特旗人民医院医务人员373人。

【消费扶贫】 2019年，中央政法委帮助扎赉特旗销售农产品2099.29万元。其中，协调浙江万惠网络科技有限公司开展“我在扎赉特旗有一亩田”私人定制，售出1336.38万元；协调阿里巴巴集团等帮助销售农产品723.4万元；协调杭州绿盛集团有限公司、杭州百草味食品有限公司等从扎赉特旗购买牛肉干制品39.51万元。

【产业扶贫】 2019年，针对扎赉特旗肉牛养殖规模分散、产业链不健全、产业结构单一等问题，中央政法委协调引进万头安格斯肉牛养殖屠宰加工、湖北潜江小龙虾养殖等项目，使3万～4万农户直接受益，推动经济发展和群众增收。

【生态扶贫】 2019年，中央政法委协调国家林业和草原局给扎赉特旗以生态补偿等政策支持，并落实植被恢复及重点区域绿化、三北防护林五期工程、新增护林员等资金3025万元。

【教育扶贫】 结合扎赉特旗的足球教育深入人心、基础扎实的特点，中央政法委协调中国足球协会在扎赉特旗建立球员培养基地，选拔球员参加全国训练营；协调阿里巴巴集团公益基金会筹款资助扎赉特旗贫困学生50名。

【健康扶贫】 中央政法委协调推动首都医科大学附属北京朝阳医院对口帮扶扎赉特旗人民医院，为其提供远程医疗服务，开通扎赉特旗群众赴北京朝阳医院就医的绿色通道，2019年接待患者共200多人。

【交通扶贫】 2019年，中央政法委协调武汉卓尔文旅集团有限公司为包括扎赉特旗在内的兴安盟各旗县投资修建通用航空机场；协调争取交通运输部等支持，设立开工111国道升级改造项目；协调推动扎赉特旗至阿尔山旅游公路七家子至喇嘛洞段建设项目，帮助5个乡镇搭上旅游快车。

【乡村治理】 2019年，中央政法委加强对扎赉特旗政法工作的指导和支持力度，将扎赉特旗所在的兴安盟列为“雪亮工程”重点支持城市，为扎赉特旗协调“雪亮工程”中央专项补助资金；支持反邪教工作，推动旗和乡镇反邪教警示教育广场、村级反邪教“一墙一窗”建设，加快建设反邪教信息员、宣传员和志愿者队伍；推动综治中心标准化、规范化建设，加快建设立体化全覆盖的社会治安防控体系。

【党建扶贫】 2019年，中央政法委坚持以党建引领脱贫攻坚，结合“不忘初心、牢记使命”主题教育，组织机关各党支部与扎赉特旗贫困村党支部结对，开展发展共商、支部共建、志愿服务、捐款捐物等帮扶活动，助力贫困村加强基层党建；邀请中共中央组织部、国务院扶贫办相关同志赴扎赉特旗举办抓党建促脱贫培训班，通过党建直通车到各乡镇、嘎查(村)培训。

（中共中央政法委员会扶贫办）

中共中央网络安全和信息化委员会办公室定点扶贫

【概述】 2019年，中共中央网络安全和信息化委员会办公室（以下简称"中央网信办"）定点帮扶陕西省佛坪县，发挥网信工作优势，持续加大扶贫工作力度，共投入帮扶资金288.57万元，引进帮扶资金1507万元，培训基层干部677人、技术人员264人，购买佛坪县农产品11万元，帮助销售农产品279万元，助力佛坪县巩固脱贫攻坚成果。

【扶贫资金投入】 2019年，中央网信办在佛坪县投入帮扶资金288.57万元，具体包括发放高考激励基金76.52万元，资助建设佛坪融媒体中心75万元，资助建设香菇烘干设备50万元，资助发展特色山棕产业50万元，开展"镜头中的脱贫故事"主题网评引导17万元，举办2次培训班15.34万元、3.5万元，捐赠图书1.21万元。帮助引进帮扶资金1507万元，具体包括教育扶贫投入836万元、产业扶贫投入450万元、健康扶贫投入120万元、扶志扶智投入79万元、其他扶贫投入22万元。

【扶贫调研】 2019年6月，中央网信办主任庄荣文赴佛坪县调研，看望慰问挂职扶贫干部，实地调研智慧农业示范项目、秦岭臻药产业园区繁育种植基地、佛坪县初级中学、佛坪县中心敬老院，听取银厂沟村脱贫工作介绍，深入了解贫困户的生产生活情况，召开座谈会听取工作汇报。3月、9月，中央网信办副主任刘烈宏、盛荣华先后赴佛坪县调研，考察民宿改建、基础教育信息化建设、特色产业发展等，与当地干部进行座谈。

【扶贫宣传】 2019年，中央网信办组织"决战脱贫攻坚·决胜全面小康——陕西在行动"大型主题采访活动，宣传佛坪县脱贫攻坚工作成效和经验典型；在佛坪县启动"镜头中的脱贫故事"主题网评引导系列活动，网上总观看量3000余万人次。

【产业扶贫】 2019年，中央网信办打造佛坪旅游品牌，举办"主播带你游佛坪"等系列宣传推介活动，网上总观看量1.4亿人次，协调北京字节跳动科技有限公司与佛坪县签订旅游宣传推广协议；协调贝壳找房科技有限公司累计捐赠650万元建设高品质民宿；直接和协调社会力量投入110万元购买香菇烘干设备、建设菌棒生产厂；直接和协调社会力量投入140万元，帮助绿叶仙棕合作社新建厂房；扶持农家香食品有限责任公司、国宝岭生态农业发展有限公司、爱尚菇粮农业科技开发有限公司、倪宵堂电子商务有限公司等农特产品加工和电商销售企业发展；协调多家企业参加淘宝、京东大型促销活动；协调淘宝、快手、抖音等平台采用直播方式推广农特产品。

【教育扶贫】 2019年，中央网信办办管社会组织发放高考激励基金76.5万元，奖励佛坪县中学优秀师生；协调互联网教育企业捐赠价值800万元的教育信息化软件、硬件设备；通过开设高中自强班、高考提升班，建设空中课堂、智慧课堂，实施双师教学等多种形式，提高佛坪县教育水平。

【公益扶贫】 2019年，中央网信办动员社会力量开展捐赠、举办活动。中华文学基金会捐赠价值19万元图书7000册；全民K歌捐赠价值15万元文化设施275件；YY直播捐赠价值25万元移动直播设备；北京动因体育科技有限公司捐赠价值40万元运动服4500件；凤凰网捐赠8万元修缮银厂沟村乡村大舞台；趣头条捐赠床上用品1000套；沪江教育科技股份有限公司联合有关企业开展“唯爱助学”公益活动，捐赠22万元助学金；20余家短视频和直播平台举办网红演唱会。

【金融扶贫】 中央网信办协调中国平安保险（集团）股份有限公司“村官工程”为佛坪县两家企业提供400万元、为期3年的无息贷款；协调蚂蚁科技集团股份有限公司与佛坪县签订“智慧县城+普惠金融”协议，为群众提供金融服务。

【基础设施建设】 中央网信办协调电信企业提高佛坪县4G网络承载能力，重点解决10个村点的弱覆盖问题，建设开通佛坪县第一个5G基站；推进镇村基础光网建设，实现光网县城覆盖率98%、乡镇覆盖率95%、农村区域覆盖率90%；支持电商示范县创建，实现全县36个电商示范点200兆光网全覆盖、电商服务中心1000兆光网全覆盖；投入75万元帮助建设佛坪县融媒体中心。

【健康扶贫】 中央网信办协调中国平安保险（集团）股份有限公司“村医工程”为1140名贫困人口和60岁以上老人进行全面体检，为10所村卫生室提供价值24万元医疗设备和耗材，对30名村医进行医疗知识培训；协调北京恩福健康科技有限公司为1所镇医院和1所村卫生室捐赠1套价值80万元的智能体检系统；协调签约顶梁柱健康扶贫公益保险，为1500余名建档立卡贫困人口提供健康保障和便利赔付。

【扶贫培训】 中央网信办举办“佛坪发展大讲堂”暨全县党政领导干部和基层党组织书记素能提升培训班，培训547人，举办宣传干部素能提升培训班，培训130人；举办农业技术培训班，培训51人；举办幼师专项技能提升培训班，培训49人；举办酒店民宿扶贫暨乡村旅游专题培训班，培训72人；举办电子商务培训班，培训92人。

（中共中央网络安全和信息化委员会办公室扶贫办　袁龙生）

中共中央台湾工作办公室定点扶贫

【概述】 2019年，中共中央台湾工作办公室（以下简称“中央台办”）定点帮扶甘肃省广河县，投入帮扶资金38.25万元、引进帮扶资金1010.22万元；培训基层干部200名、技术人员2171名；购买贫困地区农产品10万元，帮助销售贫困地区农产品41.42万元。

【扶贫资金投入】 2019年，中央台办为广河县红星村拨付21.5万元，用于该村扶贫车间建设，开展基层党建活动等；向该村捐赠45台电视机，价值6.75万元。投入10万元，在广河县开办1期扶贫干部能力素质培训班。为广河县引进扶贫资金1010.22万元，用于发展产业、教育扶贫和健康扶贫等。

【扶贫调研】 2019年10月，中央台办主任刘结一赴广河县调研，研究脱贫攻坚新思路、新举措，与挂职干部座谈提出工作要求。2019年年初，中央台办副主任裴金佳到广河县调研，了解扶贫工作中的新情况、新问题，倾听基层干部、群众对定点扶贫的意见和建议。中央台办指导挂职干部组织驻村帮扶队员一同入户，掌握贫困群众的生产生活状况，开展摸底调研，排查群众的牛羊养殖、庭院硬化、房屋建设、子女就学、安全饮水、务工就业及生产收入等数据，建立、完善数据库，分析脱贫短板，将调研摸底与服务群众有机结合，使各项扶贫工作精准落地。

【扶贫制度建设】 2019年，中央台办与甘肃省人民政府台湾事务办公室，广河县委、县政府对接，就开展招商引资、服务台商台企助力扶贫等议题制定方案，形成会商制度；推动广河县政府成立农业协会，与台湾地区知名农业企业、农业协会建立长效联系机制；指导联系村第一书记建立完善基层党组织生活制度。

【党建扶贫】 2019年，中央台办为广河县红星村拨款21.5万元，建设扶贫车间，开展基层党建活动；协调县委组织部开展1期扶贫干部能力素质培训；定期为村上党员讲党课，组织观看专题片等活动，加强基层党员理论学习，增强村主任的扶贫信心。

【扶贫培训】 2019年，中央台办协助广河县相关部门、企业人员赴台湾地区考察学习农业项目经验，宣传推介广河县企业，构建“台广两地”交流平台，培训2171名贫困群众推荐到台湾地区企业务工；举办提升脱贫攻坚工作能力培训班，培训广河县乡镇扶贫专干、驻村工作队长、第一书记共200人。

【干部挂职扶贫】 中央台办选派3名优秀干部赴广河县开展帮扶。经济局二级巡视员李杨挂职广河县县委常委、副县长，宣传局四级调研员常超挂职广河县庄窠集镇红星村第一书记，法规局一级科员卢健接替常超挂职广河县红星村第一书记。2019年，李杨联系协调江苏、广东等地台办和知名台企，使台资企业成为广河籍务工人员就业的重要基地，并有一家台资企业投资建厂。常超被临夏回族自治州委、州政府评为“临夏州抓党建促脱贫攻坚优秀共产党员”。

【扶贫慰问】 2019年，甘肃省委台湾工作办公室主任孙志中协调企业或团体为广河县贫困村及贫困学生捐赠价值76万元的过冬物资。

【公益扶贫】 中央台办协调顶新公益基金会为广河县21名困难大学生每人捐赠4000元奖学金；协调全国台湾同胞投资企业联谊会为贫困户捐赠价值30万元彩色电视机200台；协调昆山慧聚慈善基金会为广河县山区学校捐赠价值40万元空气净化器200台；协调苏州优构思商贸有限公司捐赠320余件新衣、新鞋给广河县内贫困群众。

【扶贫宣传】 2019年，中央台办策划中国广播电视总台组建两岸青年报道团队赴广河县、临夏市采访扶贫工作，推介广河县电商，指导其制作《台湾女生看大陆五线城市》《广河县里会算账的马大哥》等新媒体作品，在两岸网络舆论中产生轰动效应，得到国务院扶贫办的高度关注，视频播放量超过3300万，覆盖面106万人；协调中央媒体、台湾地区知名媒体赴广河县联合采访，讲好扶贫故事、台商援建故事，提高广河县的知名度，助力台资企业进驻、援建广河县。

【产业扶贫】 中央台办协调湖南了凡农创文化有限公司与广河县燕归来电商供应链管理有限公司签订500万元牛羊肉采购协议；协调安佑生物科技集团股份有限公司捐赠价值14万元的科技饲料40吨用于饲养试验推广；引进台资企业天津康农食品集团有限公司在广河县成立分公司，投资178万元帮助当地实施智能温室建设项目，开展高效农业种植基地规划和蔬菜种植培训，解决贫困群众就业；指导红星村4个智能日光温室生产的10余种无公害有机蔬菜在广河县市场投放，并与台资企业呷哺呷哺餐饮管理有限公司（兰州店）达成订单销售意向；联系广东制造企业进驻扶贫车间开展雨伞制作加工项目，并与有关企业对接制鞋、牙刷等其他加工项目。

【消费扶贫】 中央台办采购广河县牛羊肉等农产品10万元；联系劳务输出地企业采购广河县农牧产品、羊皮制品41.42万元；组织广河县电商企业参加东莞“台博会”、湖南“一乡一品农产品博览会”，现场销售地方特色产品8万元。

【教育扶贫】 中央台办协调上海市台湾同胞投资企业协会、富邦财产保险有限公司、深圳台商协会、鹏鼎控股股份有限公司、85度C-津味（上海）餐饮管理有限公司援助广河县教育资金258万元，用于改善教育基础设施；协调上海市台湾同胞投资企业协会、台湾商业总会捐赠价值20万元的教育图书；协调台塑集团、长庚大学为6所学校捐资145.82万元修缮校舍；引入“顶新明日朝阳奖学金”，为获奖学生颁发奖学金8.4万元。

【健康扶贫】 中央台办协调昆山市政府捐资180万元扩建广河县水泉乡卫生院；协调香港仁善扶贫基金会为广河县发放10年期无息贷款180万元，修建庄窠集镇卫生院业务用房；协调广河县医院与北京尤迈慈善基金会开展远程医疗项目（100万元协议），为广河县疑难病患者网上会诊。

【就业扶贫】 2019年，中央台办协调新世电子（常熟）有限公司、玉晶光电（厦门）有限公司、福建清禄鞋业有限公司等10余家台资企业与广河县签订长期用工协议，输出劳务人员2171人；协调台资企业吸纳本土劳动力，做好“留守人口”劳务输出工作。

（中共中央台湾工作办公室机关党委 王海源）

中央外事工作委员会办公室定点扶贫

【概述】 2019年，中央外事工作委员会办公室(以下简称“中央外办”)定点帮扶重庆市彭水苗族土家族自治县(以下简称“彭水县”)。中央外办学习贯彻习近平新时代中国特色社会主义思想，贯彻落实党中央、国务院决策部署，把定点扶贫作为重要的政治任务来抓，围绕《定点扶贫责任书》的有关要求，在组织领导、干部选派、人员培训、产业扶贫、资金投入和管理等方面逐项推进，支持彭水县脱贫攻坚工作。

【扶贫资金投入】 2019年，投入帮扶资金23万元用于基层党组织建设、基层干部和技术人员培训；引进帮扶资金1440万元用于森林资源生态管护、教育扶贫。

【扶贫调研】 2019年3月、11月，中央外办副主任孙书贤和驻中央外办纪检监察组组长陈洲分别到彭水县调研脱贫攻坚工作，了解彭水县脱贫攻坚进展，听取帮扶需求，督促检查脱贫攻坚工作成效。

【扶贫培训】 2019年，依托彭水县委组织部对全县296位村党支部书记进行培训，培养领路人和主心骨；依托彭水县农业农村委对彭水县100名农民进行产业技能培训，增强贫困农民的“造血”功能，发展“小而精”的产业。

【干部挂职扶贫】 2019年，选派挂职扶贫干部1人赴彭水县开展帮扶，担任彭水县政府党组成员、副县长，协助分管脱贫攻坚工作。

【扶贫宣传】 2019年，协调重庆市人民政府外事办公室组织新华社、中新网、紫荆杂志和新加坡联合早报、香港大公报等媒体到彭水县调研脱贫攻坚和产业发展，对彭水县扶贫工作亮点进行宣传；协调人民日报数字传媒集团就脱贫攻坚对彭水县进行专访。

【产业扶贫】 旅游业是彭水县的第一支柱产业。彭水县始终将阿依河景区创建5A景区工作作为重点工程来抓。2019年，中央外办协助彭水县文化和旅游部发布公告，确定将阿依河景区创建为国家5A级旅游景区，提升彭水县旅游资源品牌影响力，带动更多贫困户就业、增收。

【教育扶贫】 2019年，协调中国海洋发展基金会向彭水第一中学捐赠价值23万元的图书；协调阳光人寿保险股份有限公司重庆分公司向彭水县高谷镇中心校捐赠30万元；向彭水县石柳乡中心校捐赠1万元建设“爱心书屋”。

【健康扶贫】 2019年5月，协调尤迈慈善基金会与彭水县人民医院签署远程会诊合作协议，完成首例贫困家庭远程会诊；协调金科地产集团股份有限公司等向彭水县乡村卫生所捐赠电脑80台。

(中央外事工作委员会办公室　赵　亚)

中共中央机构编制委员会办公室定点扶贫

【概述】 2019年，中共中央机构编制委员会办公室（以下简称"中央编办"）定点帮扶内蒙古自治区化德县。中央编办坚持以中共中央总书记习近平关于扶贫工作的重要论述为指引，把定点扶贫工作作为重大的政治任务来抓，推进各项扶贫举措，共投入和引进资金10022.4万元，培训基层干部572人、技术人员2098人，购买当地农产品19.7万元，帮助销售当地农产品589万元。化德县建档立卡贫困人口从2019年年初的1130户2465人减少到169户376人，贫困发生率从1.8%下降到0.28%。2019年年底，化德县实现脱贫摘帽。

【扶贫资金投入】 2019年，中央编办直接投入帮扶资金332.4万元，其中投入联合国开发计划署（UNDP）项目资金112.4万元，用于幸福院保温、安装暖气、新建附房等民生工程及为中蒙医院购置办公桌椅；捐助220万元，用于白音特拉村集体经济建设、修建路灯、开展基层干部和技术人员培训、实施水浇地电力配套工程和幸福院改造。中央编办引进帮扶资金9690万元，主要用于植被恢复、京津风沙源治理、填补化德县财政资金缺口、农村环境综合整治、产业扶贫、水质提升、高效节水灌溉等。

【扶贫调研】 2019年6月，中央编办主任周祖翼到化德县调研，赴白音特拉村了解基层党建、党建扶贫、档案盒扶贫车间和安全饮水水质提升项目实施等情况，听取化德县脱贫攻坚工作汇报，沟通交流有关情况。10月，中央编办副主任崔少鹏赴化德县调研，实地了解电商产业园、公共实训基地等重点帮扶项目落地情况，对接帮扶需求，督促化德县落实好主体责任，到白音特拉村了解基层党建、扶贫车间和乡村小学建设情况。2019年，中央编办定点扶贫工作领导小组综合协调办公室和组织实施办公室有关同志先后4次赴化德县一线调研，督促工作落实。

【干部挂职扶贫】 2019年，中央编办选派1名副局级干部挂职乌兰察布市委常委、副市长，1名副处级干部挂职化德县委常委、副县长，协助分管扶贫工作，1名驻村第一书记任职期满后主动申请延长1年，并选派2名干部投入前方扶贫工作。5人组成扶贫党小组，由机关党委（人事局）党支部负责管理，定期学习研讨，研究帮扶需求，推进项目实施。

【扶贫培训】 2019年，中央编办帮助培训化德县基层干部572人，其中组织化德县基层干部145人到已脱贫旗县学习先进经验，邀请已脱贫旗县干部到化德县为382名基层干部授课，支持化德县组织部组织45名基层干部赴银川开展学习；培训技术人员2098人，其中电子商务实用技能培训1814人、缝纫工技能培训59人、农艺工技能培训225人。

【公益扶贫】 2019年，中央编办向化德县捐赠价值31万元的办公家具260件，支持6个行政村改善办公条件；为困难群众捐赠过冬衣物600余件；协调所属事业单位与白音特拉村结对帮扶，捐赠电脑等价值4.2万元的办公设备；促成两支空军部队与白音特拉村开展结对帮扶，达成农产品购买意向；邀请北京专家到村举办健康知识讲座，并开展义诊；组织化德县白音特拉村驻村工作队、村"两委"和部分党员开展义务植树活动。

【产业扶贫】 2019年，投入资金24.4万元支持白音特拉村扶贫车间新建厂房230平方米，并进行厂区改造，协调引进78万元包装盒生产线；购买白音特拉村生产的档案盒1.9万元，帮助销售档案盒10万元；帮助协调产业化发展资金340万元，确定8家企业和1家农业合作社作为重点扶持的龙头企业，培育特色产业；引进农业生产社会化服务项目资金100万元，支持农业龙头企业为农户提供农业生产全流程一体化服务；促成金华市珍其源两头乌食品有限公司与内蒙古梅芳农业科技有限公司签订合作协议，引进G20经济生态园综合体项目；帮助引进北京京诚集团有限责任公司投资400万元，为贫困户创造更多就业机会。

【电商扶贫】 2019年，帮助化德县完善农村电商服务站点体系，建成农村电商服务站点41家，建立县乡村三级物流体系，确定下乡物流线路3条，物流监控中心可实现物流信息共享及快递车辆在线管理；加强电商人才培训，共举办20期培训班、44场电商培训，培训1814人次，其中建档立卡贫困户226人次；申请“德诚善礼”县域公共品牌和5个子品牌，组织“人诚意善·品味德礼”北京农业嘉年华化德县专场。

【生态扶贫】 协调京津风沙源工程资金1146万元，实现人工造林1.3万亩；协调森林资源培育资金520万元，对6万亩退化柠条林进行平茬复壮；协调植被恢复费700万元，实施县城重点绿化工程8000余亩，道路绿化50千米。

【消费扶贫】 购买当地农产品19.7万元；帮助销售当地农产品589万元，主要是糖菜和白菜，帮助白音特拉村扶贫车间销售档案盒。

【安全饮水】 协调农村饮水型氟超标改水工程资金916万元，通过分类安装净水设备，解决3572户7653人饮用水氟超标问题；协调农村饮水安全巩固提升工程项目资金216万元，新打机井6眼、筒井34眼，解决497户1146人饮水困难问题。

【美丽乡村建设】 协调农村环境综合整治资金200万元，建设3套生活垃圾运收体系和低温矿化炉终端处理设施；协调畜禽粪污资源化利用试点项目资金2000万元，实现农村粪污资源化和能源化处理。

【健康扶贫】 协调引入400万元用于支持化德县医院儿科附属楼建设；协调“改革先锋”——河南省新乡市唐庄镇党委书记吴金印为化德县多方筹资捐助270万元，用于支持中蒙医院附属楼建设。

（中共中央机构编制委员会办公室
机关党委　蔡书巧）

中共中央党校(国家行政学院)定点扶贫

【概述】 2019年,中共中央党校(国家行政学院)(以下简称"中央党校")定点帮扶河北省武邑县、江西省安远县、云南省大关县和墨江哈尼族自治县(以下简称"墨江县")。中央党校切实加强对定点扶贫工作的组织领导,加大帮扶力度,协调解决脱贫难题,全力完成定点扶贫责任书中的各项目标,投入帮扶资金722万元,引进帮扶资金307万元,帮助协调扶贫贷款32.48亿元,培训基层干部3827名、技术人员473名,购买帮扶县农产品322.35万元,帮助销售农产品2489.13万元,举办9期培训班。4月,安远县如期实现脱贫摘帽。

【扶贫资金投入】 2019年,中央党校投入帮扶资金722万元,引进帮扶资金307万元,帮助协调扶贫贷款32.48亿元,购买农产品322.35万元,捐款、捐物共计87万元。

【扶贫调研】 2019年6月,中央党校副校(院)长何毅亭、副校(院)长甄占民赴大关县调研;副校(院)长李季到武邑县调研。8月,中央党校副校(院)长谢春涛赴墨江县调研。9月,中央党校副校(院)长王东京赴安远县调研。

【干部挂职扶贫】 中央党校在4个定点扶贫县挂任县级领导4人、驻村第一书记4人。挂任县级领导的干部均协助分管扶贫工作,深入脱贫攻坚一线,在加强党建、宣传政策、组织群众、信息咨询、引进项目、协调落实、督查指导等方面发挥桥梁纽带作用。担任驻村第一书记的干部帮助所驻村加强基层党组织建设,协调村两委做好换届选举和日常党建工作,带领贫困群众走出脱贫新路。

【扶贫慰问】 2019年,中央党校拨款10万元慰问建档立卡贫困户和遭受地震灾害的困难群众;挂职扶贫干部和第一书记深入贫困村贫困户,为其送去中央党校领导和广大教职工所捐物品。

【扶贫培训】 2019年,中央党校为4个定点扶贫县举办9期培训班,培训基层干部和技术人员共4300人,组织送教到县下乡12次。其中,中国科学院心理学专家对大关县基层干部进行辅导,减轻其心理压力;对扶贫县所在赣州市、昭通市、普洱市的100名中小学校长进行培训;在重庆举办西南地区党校(行政学院)学习贯彻中共中央总书记习近平关于脱贫攻坚重要论述理论研讨会。

【扶贫宣传】 联系中国中央电视台《社会与法》频道、科教频道分别为武邑县、大关县摄制《探索电子商务扶贫机制》《中国影像方志大关篇》专题片;协调《学习时报》用整版宣传4个扶贫县的风土人情,并刊发扶贫工作通讯;在中央党校校园网开设定点扶贫工作专栏,宣传扶贫工作。

【产业扶贫】 推进"互联网+扶贫",指导武邑县与京东集团深化"京东跑步鸡"项目合作;指导安远县继续发挥电商扶贫优势;指导大关县与人民网人民优选平台深入合作;指导墨江县通过腾讯"为村项目"打造网上交流宣介平台。

在武邑县贾寺院村持续投入资金120万元,建成智能蔬菜大棚"暖心棚",探索现代化蔬菜种植新路;在安远县咀下村投入扶贫资金,推动集体经济旅游民宿、油菜特色种植等产业发展;在墨江县投入100万元建成清洁用电生产茶厂，带动137户贫困户稳定脱贫。

【扶志扶智】 帮助武邑县建设“李保国精神”主题教室，捐赠党建学习一体机1台、图书教材5600册；向大关县、墨江县拨付党建扶贫专项经费7.8万元，帮助建设贫困村党员群众活动室；在武邑县贾寺院村开展“1+1+1”支部联建工作（即班子队伍一起抓、思想观念一起带、脱贫攻坚一起干）；在大关县甘顶村定期组织“户户清动态研判会”；在墨江县坝利村举办“新时代党员群众讲习所”。

【基础设施建设】 帮助武邑县制定乡村振兴发展规划，推进美丽乡村公路建设、天然气管道铺设、供暖设施改造和居住环境整治等；投入37.6万元帮助武邑县清凉店村建成“同心”扬水站，解决村民农田灌溉难的问题；为大关县协调解决吉利镇高速公路开口1.72亿元的建设资金；累计投入360万元为大关县木杆镇甘顶村修建一条4.38千米的集体产业路，解决1.46万亩筇竹采摘难的问题，使1569户6282人直接受益；协调国家开发银行累计向4个扶贫县贷款31.75亿元，支持易地扶贫搬迁、农村基础设施、产业发展、教育扶贫等领域重点项目建设。

【劳务输出】 实施就业扶贫行动，遴选安远县25名中专生到中央党校后勤岗位带薪顶岗实习，帮助其解决就业难题。

［中共中央党校（国家行政学院）办公厅综合处　冯丰］

中共中央党史和文献研究院定点扶贫

【概述】 2019年，中共中央党史和文献研究院定点扶贫甘肃省镇原县、河南省南召县、河北省唐县，年度脱贫攻坚任务如期完成。中共中央党史和文献研究院向3个定点扶贫县投入帮扶资金259.57万元，引进帮扶资金674万元；培训基层干部1138名、技术人员220名；购买贫困地区农产品118.23万元，帮助销售农产品170.01万元。唐县于2019年5月退出贫困县序列，实现脱贫摘帽。

【扶贫资金投入】 2019年，中共中央党史和文献研究院向3个定点扶贫县投入帮扶资金259.57万元，引进帮扶资金674万元。其中，投入镇原县帮扶资金81.4万元，引进帮扶资金210万元；投入南召县帮扶资金69万元，引进帮扶资金459万元；投入唐县帮扶资金109.17万元，引进帮扶资金5万元。

【扶贫调研】 2019年10月，中共中央党史和文献研究院院长曲青山赴南召县调研，慰问困难群众，向希望小学捐赠文教用品，协调中国青少年发展基金会援建实验室、音乐室，开展结对帮扶；副院长吴德刚到镇原县调研；副院长孙业礼赴唐县调研；院务委员柴方国赴镇原县调研，慰问扶贫干部。12月，扶贫工作领导小组副组长徐永军赴唐县调研，慰问困难群众。

【干部挂职扶贫】 2019年，中共中央党史和文献研究院向定点扶贫县共派出挂职县委常委、副县长3人，第一书记6人；安排20名新入职干部、选调生挂职锻炼，其中南召县11人、镇原县4人、唐县5人。

【扶贫培训】 2019年11月，在南召县举办2期培训班，培训基层党员干部120人、各类技术人员120人；10月、12月在镇原县分别举办党支部书记培训班和农民养殖、种植实用技术培训班，培训农村党支部书记422人、产业干部30人、种养技术人员50人；11月在唐县举办农村党支部书记和乡镇技术员、贫困村第一书记2期培训班，培训农村党支部书记和驻村第一书记596人、技术人员20人。

【产业扶贫】 协调北京市顺义区赵全营镇与甘肃省镇原县毛庄村结对帮扶，2018—2020年赵全营镇每年向毛庄村投入帮扶资金200万元，共600万元，用于发展扶贫产业；协调河南省新郑市投入400万元，用于南召县城郊乡东庄村建设农田水利项目；协调河南省省级专项扶贫资金50万元，用于南召县城郊乡东庄村的道路工程建设。

【党建扶贫】 2019年9—11月，曲青山、对外合作交流局局长杨明伟等，就“不忘初心、牢记使命”主题教育为扶贫县领导干部作辅导报告。中共中央党史和文献研究院办公厅党支部与镇原县郭原乡王咀村党支部开展结对共建活动，帮助指导王咀村党支部推进党组织规范化建设，帮助挂职干部开展基层党建工作。

【电商扶贫】 推动南召县依托电商服务平台和31个村级淘宝服务站，带动企业、合作社、种养大户、贫困户线上销售特色农副产品；推动唐县建成1家县级电商服务中心、345个村级电商服务站，配套建成1个2000平方米的县级物流中心、5个200～300平方米的乡镇分拨中心、309个村级物流集散站点，打造“唐尧山下”区域公用品牌，涵盖6大品类300多款产品。

【健康扶贫】 在镇原县、南召县，协调北京尤迈慈善基金会与当地医院达成健康扶贫协作，县建档立卡贫困户大病、重病患者可免费接受北京协和医院等三甲医院远程会诊；在唐县投入8万元，为村卫生室购置生化分析仪、心电图仪等医疗设备，满足村民足不出村即可实现常规检查的需要，安装空调，购置打印机、电脑等设备，改善村卫生室办公条件。

（中共中央党史和文献研究院扶贫办　王　勇）

人民日报社定点扶贫

【概述】 2019年，人民日报社定点帮扶河北省滦平县、河南省虞城县，在两县开展扶贫调研、结对帮扶、党建扶贫工作，引进扶贫项目。直接投入帮扶资金90.4万元，引进帮扶资金37391.24万元。购买贫困地区农产品161.61万元，帮助销售农产品341.68万元。截至2019年年底，滦平县综合贫困发生率降至0.084%，虞城县综合贫困发生率降至1.03%。2019年5月，河北省、河南省先后宣布滦平县、虞城县脱贫。人民日报社在中央单位定点扶贫工作成效考核中获得“好”等次。

【扶贫资金投入】 2019年，人民日报社直接投入帮扶资金90.4万元。其中，向滦平县捐赠50.2万元用于于营村文化广场建设、特色农业种植园建设和扶贫专项培训，向虞城县捐赠40.2万元用于谷熟镇柴王村照明工程建设、人居环境改善和脱贫致富专项培训。引进帮扶资金37391.24万元。其中，联系河南省交通运输厅、财政厅，为虞城县贫困村道路建设申请财政资金8346.24万元；协助滦平县申报“岗子川小流域综合治理项目”获批资金3036.4万元；在东西部协作、千企帮千村等专项工作中引入各类无偿帮扶资金25963.6万元；协调阿里巴巴网络技术有限公司（以下简称“阿里巴巴集团”）为滦平县第一中学投入无偿助学资金45万元。

【扶贫调研】 2019年10月，人民日报社总编辑庹震到滦平县开展定点扶贫工作调研；11月，人民日报社秘书长乔永清赴虞城县开展定点扶贫工作调研。调研中，人民日报社工作组重点了解“两不愁三保障”突出问题的解决、帮扶措施落地、贫困户的脱贫路径和致富发展等情况，就开展产业帮扶、调整种植业结构、引进扶贫项目、解决帮扶企业困难及筑牢返贫防线等交换意见；研究制定推动当地巩固脱贫成果、建立返贫防线和实现高质量发展的具体措施。

【干部挂职扶贫】 2019年，人民日报社派出2人挂职贫困县副县长、2人挂职贫困村驻村第一书记。滦平县挂职副县长杨一枫访遍全县199个行政村，督促推进易地搬迁、危房改造和产业、教育、健康扶贫工作，发表扶贫报道70多篇；于营村驻村第一书记吕晓勋狠抓村领导班子建设，促成一批带动就业、改善环境的特色农业和基建项目。虞城县挂职副县长扬朴走访全县25个乡镇、30余个行政村、10余家龙头企业，在提高行政审批效率、退税等方面为扶贫企业解决许多实际困难；谷熟镇柴王村驻村第一书记时圣宇推进利民古镇开发保护等重点项目、创新村集体经济参股分红机制、创建“老人服务互助社”帮扶项目等。

【社会扶贫】 协调碧桂园控股有限公司（以下简称“碧桂园集团”）、湖州市慈善总会、北京万兴世贸国际家居建材有限公司等，为滦平县于营村的幼儿园、小学捐赠教学设备和活动设备约2.5万元；协调北京的专业设计公司为于营村的基础设施建设、环境面貌做整体改造提升规划；协调南京市湖州商会等捐款3.6万元，用于发展村级公益事业；协调广东省国强公益基金会捐赠30万元，用于支持于营村新时代文明实践中心建设；协调阿里巴巴集团在滦平县开展电商平台扶贫和助学活动。在虞城县开展“名誉村主任”聘任活动，聘任25名贫困村“名誉村主任”；协调各方资源推进改厕改厨、路面硬化等帮扶项目；组织开展特色种植养殖、捐资助学等活动。协调碧桂园集团向滦平县、虞城县投入500万元年度扶贫资金，推进扶贫车间、苗木基地建设，支持改善贫困村小学的办学条件。

【产业扶贫】 为滦平县、虞城县引进光伏、苗木种植两大扶贫产业项目，总投资为4.6亿元，2019年项目运行稳定。60兆瓦林光互补光伏扶贫发电项目通过土地流转、合作建光伏、庭院卫生奖补等形式，辐射带动两县2000户建档立卡贫困户稳定增收；碧桂园集团55亩苗木扶贫基地通过土地流转，雇用村民种植白蜡、国槐等方式，帮助村民增收数十万元。2019年，两大产业合计雇用当地劳动力超过300人次。3月，投入7万多元扶贫资金为于营村引入秋葵种植项目，通过人民网的“人民优选”平台、滦平县超市销售秋葵，当年毛收入超过7.5万元，帮助10多户村民增收超过6万元；联系帮扶企业、鼓励返乡创业青年，发展土豆、紫玉米、金银花、不老莓、钙果等农业产业项目；与碧桂园集团合作，分苗入户发展“庭院经济”，于营村的8户建档立卡户、1户五保户作为第一批试点，种植丁香、锦带、红瑞木等共4500株，户均增收3200元。

【扶贫培训】 在滦平县开展扶贫大讲堂系列培训，围绕学习习近平新时代中国特色社会主义思想和扶贫政策、产业发展经验等，组织记者为当地干部和技术人员开展培训。举办百名医师、家政月嫂、金融扶贫等专题培训班。2019年，共培训基层干部1520人，技术人员5300人。

【扶贫宣传】 对接滦平县、虞城县宣传需求，在《人民日报》上刊登相关报道12篇、评论30余篇。2019年4月16日头版报道《赶上好时代　奔向好日子》、11月19日第2版报道《滦平　决战脱贫奔向幸福》等，展示滦平县脱贫攻坚和经济社会发展成效。人民日报社“两微两端”运用图片、视频、H5等新媒体形式对脱贫攻坚进行报道，“扶贫路上”“这一年，基层滋味”等微博话题的阅读量超1.2亿，讨论量近3万，为两县招商引资、加快发展提供舆论支持。

【党建扶贫】 2019年，人民日报社的30多个党工委、党总支、党支部，与帮扶县贫困村党支部结成党建帮扶对子，开展30余次各类党建扶贫活动。除捐赠多批生活、医疗物品外，与当地党员、群众共同过组织生活，介绍党建经验做法，讲解党的理论路线、方针政策，帮助找准扶贫开发和新农村建设的最佳结合点等，以党建带扶贫、脱贫促党建，实现党建与扶贫工作的双利共赢。发挥报社群团组织作用，把帮扶县作为农副产品采购基地，开展购买贫困村特色农产品、爱心捐助帮扶等活动，助力当地农业发展，改善贫困群众的生活条件。

（人民日报社　张　雷）

中国作家协会定点扶贫

【概述】 2019年，中国作家协会(以下简称“中国作协”)定点扶贫甘肃省临潭县。中国作协坚持“文化润心，文学助力”的帮扶思路，瞄准群众的文化需求，紧抓扶志扶智引擎，争取社会资源，推进帮扶项目，加大培训力度。2019年，临潭县退出贫困村55个，退出贫困人口2644户9548人，贫困发生率下降至0.71%。2019年，中国作协被甘肃省评为“中央国家机关脱贫攻坚帮扶先进集体”。

【扶贫资金投入】 2019年，中国作协向临潭县投入资金301.87万元，包括扶贫资金150万元、文学扶助50万元、教育培训101.87万元；协调北京蔚蓝公益基金会引入帮扶资金20万元，用于改善临潭县贫困学生的生活条件。

【扶贫调研】 2019年5月，中国作协书记处书记吴义勤赴甘肃与临潭县负责同志座谈，就扶贫工作提出意见建议。6月，党组书记钱小芊赴临潭县调研，慰问池沟村贫困户，部署落实扶贫项目。7月，党组成员李敬泽到冶力关镇池沟村调研，考察挂职干部，购买农副产品。8月，书记处书记邱华栋带主题采访团到冶力关镇池沟村采访，开展文学公益活动。

【扶贫培训】 2019年，在教育培训方面投入101.87万元，主要用于在鲁迅文学院培训基层文化干部和教师110人，在临潭县培训基层干部和技术人员51人，在“洮州大讲堂”、干部夜校等活动中培训1200人。

【干部挂职扶贫】 2019年，中国作协选派2名干部在临潭县挂职副县长和担任池沟村第一书记，为临潭县扶贫工作做出贡献。

【扶贫宣传】 9月，启动脱贫攻坚题材报告文学工程，在全国遴选25名报告文学作家，安排他们深入全国脱贫攻坚一线进行现场采访、写作。其中，作家高凯深入临潭县采风创作，资助6位临潭县作家出版作品，通过主题采访活动推出15位作家的文学作品，如《洮州温度——临潭文学70年》(三卷本)、《爱与希望同行——作家笔下的临潭》《临潭有道》《临潭的潭》等，推动扶贫题材文学创作。深入开展扶贫题材作品研讨活动，在《文艺报》开设专版专题，介绍临潭文学创作成绩，用两个专版展示临潭县14位本土作家的文学作品、摄影作品共25个。

【产业扶贫】 2019年，中国作协向临潭县捐赠50万元，建设扶贫车间2家，并购买设备。该项资金投入提升合作社小杂粮加工生产能力，延伸产业链，带动4000余户建档立卡贫困户发展藜麦产业，户均增收1000元以上，解决贫困人口就业岗位10个，人均年收入增加3万元；饲料加工扶贫车间年产农作物秸秆颗粒饲料3万吨，可满足6万个羊单位的饲草需求，新增销售收入4500万元，实现纯收入630万元，可实现就近就地就业岗位50个，每人每年可增收3万元，年工资性支出共计150万元，每年给175户贫困户分红7.5万元。

【教育扶贫】 向临潭县投入100万元，用于建设计算机教室，改善当地的办学条件，提高学校的计算机教学水平。

(中国作家协会办公厅　刘　渤)

中国科学技术协会定点扶贫

【概述】 2019年,中国科学技术协会(以下简称“中国科协”)定点帮扶山西省临县和岚县。中国科协坚持“以扶贫为主题、志智双扶”的工作思路,先后5次到定点帮扶县调研,选派4名挂职、驻村干部,投入帮扶资金2072.5万元,引入帮扶资金300万元,培训基层干部438人、技术人员8518人,购买贫困地区农产品40万元,帮助销售1110万元,助力临县实现整体脱贫摘帽,助力岚县巩固脱贫成果。

【扶贫资金投入】 2019年,中国科协投入帮扶资金2072.5万元,引入帮扶资金300万元,实施科普惠民服务专项、科技助力精准扶贫项目,聚焦帮扶县红枣、马铃薯、沙棘、食用菌等主导产业,乡村振兴建设规划,以及科普业务骨干、乡村振兴干部、种植业实用技术、电商专业人才、护工护理人员、医护人员培训等,设置42个定点帮扶子项目。

【扶贫资金管理】 采取订单式项目服务。由定点帮扶县“点单”,提出脱贫攻坚、乡村振兴方面的帮扶需求,中国科协根据需求整理发布项目指南,由全国学会、科技组织申报“接单”,实施方案通过的项目由中国科协“买单”组织实施。项目的评审、对接均邀请定点帮扶县参与并提出意见,项目的组织实施、检查验收与定点帮扶县共同完成。项目资金按照《中国科协科普惠民服务专项实施管理细则(暂行)》管理。

【扶贫调研】 中国科协党组、书记处负责人5次赴临县和岚县调研和督导定点扶贫工作,考察科技助力产业扶贫、健康扶贫、乡村振兴规划编制、基层科协组织力提升“3+1”试点、基层党组织结对帮扶等情况,推动落实定点扶贫工作责任。

【干部挂职扶贫】 选派2名干部分别挂职临县和岚县副县长,2名干部分别任临县城庄镇程家塔村、岚县土峪乡店上村驻村第一书记。挂职干部组织基层干部和技术人员培训,引进农业新产品新技术,引入全国学会和基层科普资源,开展电商扶贫。

【扶贫培训】 整合优化资源,形成定点帮扶县认可的“培训订单”,通过实施服务定点扶贫县项目、开展基层党组织一对一帮扶活动,针对贫困户、农业技术人员、医务工作者、电商人才、乡村干部等,开展科普业务骨干、乡村振兴干部、种植业实用技术、电商人才、医学应急等培训,培训基层干部9期438人、技术人员114期8518人。推荐优秀护工培训学员到北京等地的医院、养老机构就业。

【扶贫宣传】 2019年5月,在中央和国家机关定点扶贫工作推进会上,中国科协代表做了题为“以科技扶贫为主题情系吕梁志智双扶”的发言,参加“不忘初心、牢记使命”中央和国家机关定点扶贫工作成果展和全国脱贫攻坚网络展,介绍推广中国科协科技扶贫的经验模式。选树宣传派驻第一书记先进事迹,原驻村第一书记房瑞标、蔡钢的事迹被选入《中央和国家机关驻村第一书记扶贫典型案例集》。7月,举办第四场优秀驻村第一书记先进事迹巡回宣讲报告会,房瑞标讲述在脱贫攻坚一线同当地干部一起带领农民脱贫致富的事迹。制作专题片《小蔡与老蔡》,讲述蔡钢在脱贫攻坚一线的扶贫工作和成效。

【产业扶贫】 实施科普惠民服务专项和科技助力精准扶贫项目，聚焦定点扶贫县红枣、马铃薯、沙棘、食用菌等主导产业，搭建桥接平台，分别举办2019年中国马铃薯产业发展高端论坛、2019年全国枣产业发展高端论坛，形成岚县马铃薯、临县红枣产业发展报告，组织吕梁地区沙棘产业咨询论证和岚县林下经济中药材产业决策咨询，在马铃薯有机富硒新品种引种试种、羊肚菌引种试种、沙棘生态经济型新品种引种试种、枣木香菇菌种改良推广、肾型大豆提质增效、临县枣树高接换优与林下经营一体化发展模式试验示范方面取得成效，帮助定点扶贫县科学布局、顶层设计，助力产业转型升级和提质增效。

【乡村振兴】 组织全国学会、科研院所编制临县红色旅游规划、岚县古迹保护与利用总体规划、7个乡村建设规划、岚县现代设施农业科技示范园区规划和岚县马铃薯现代科技科普产业园区规划等11个乡村振兴规划。同时，组织专家对规划的科学性、创新性、规范性、难易程度、应用价值等进行成果鉴定。

【扶志扶智】 中国科协26个部门和单位，41个全国学会、高校院所参与定点扶贫，在拓宽科普扶志扶智渠道、增强基层党组织能力、培养贫困群众增强内生动力、提升技能素质等方面成效显著。组织开展各类科普教育活动，如中国科技馆引入科普大篷车、车载天文台、科学实验表演等科普资源，受众1万余人次；开展科普教育、规划等科技志愿服务活动，开展“科技小院”试点调研；开展爱心帮扶，捐赠各类科普图书9727册，动员全国学会等捐建2座扶贫爱心桥，赴定点扶贫县开展下乡义诊、健康培训等医疗帮扶活动；引入海智资源，邀请定点扶贫县相关人员8956人次，参加农业技术交流、业务培训、论坛等活动；对接搭建家政服务人员就业平台。

【扶贫信息化】 依托智慧科协工作平台，建立7个定点扶贫沟通联络专题组，搭建中国科协扶贫信息化远程管理平台，通过远程视频会议系统对学会参与定点扶贫、中国科协基层党组织结对帮扶、项目实施进展等情况进行跟踪指导，促进扶贫工作的信息化管理，提高沟通效率，使扶贫工作更加精细化、专业化、协同化。推进智慧吕梁建设，定制化开发吕梁科协专属页面、公告信息频道、科普吕梁公众号等应用，发挥智慧吕梁信息化平台的作用，提升基层科协组织力。

【党建扶贫】 2019年，中国科协9家直属单位基层党组织分别结对帮扶临县的4个贫困村和1所学校、岚县的3个贫困村和1所学校，捐款捐物40.25万元，开展帮扶活动55次。

（中国科学技术协会扶贫办　郭孟楚）

中华全国归国华侨联合会定点扶贫

【概述】 2019年，中华全国归国华侨联合会（以下简称“中国侨联”）定点帮扶江西省上饶市广信区，履行中央单位定点扶贫工作政治责任，完成各项承诺任务，超额完成部分项目，投入资金130.12万元，引入帮扶资金244万元，推动当地农村道路、照明等基础设施建设，改善乡村教育和基层医疗设备落后状况，促进当地经济社会发展。

【扶贫资金投入】 2019年，中国侨联通过拨付帮扶资金及抗洪救灾款项、号召捐款捐物等形式，共投入和引进帮扶资金374.12万元，用于抗洪救灾、弘扬传统文化、完善基础设施建设、改善医疗和办学条件及帮扶救助困难群众等。

【扶贫调研】 2019年7月，中国侨联主席、副主席等先后赴上饶市广信区调研，慰问困难群众，为打开当地农产品销路牵线搭桥。组织全国政协侨联界委员、江西省中草药专家、知名侨商等考察团赴广信区调研考察。

【扶贫培训】 邀请阿里巴巴网络技术有限公司对基层干部和技术人员进行电商扶贫培训，培训100余人次。2019年，中国侨联完成基层干部培训76人次、技术人员培训104人次。

【干部挂职扶贫】 2019年，中国侨联先后选派3名干部赴广信区挂职，分别任副县长、副区长、乡长助理、驻村第一书记，精准对接侨界资源与当地扶贫工作。

【扶贫慰问】 2019年5月，广信区遭受特大暴雨山洪。中国侨联主席赴灾区调研，慰问受灾群众，协调中国华侨公益基金会捐赠30余万元用于灾后重建。开展“送温暖、献爱心”活动，专门拨付5万元慰问资金，向22名困难归侨侨眷发放慰问金和慰问品。

【教育扶贫】 协调中国华侨公益基金会出资27.5万元，在上饶市广信中学设立“侨心树人班”，定向资助100名家庭贫困生；协调香港侨商向湖村乡济腰小学捐赠2万元，用于购买校服、书籍、学习用品等；协调中国华侨公益基金会出资65.76万元，用于改善3所小学校舍陈旧、教学设备简陋等状况。

【公益扶贫】 发起向当地乡村小学学生捐书的倡议，中国侨联所属社团组织、直属机关及企事业单位干部职工为乡村小学捐赠书籍14箱667种800余册；推动中国华侨公益基金会投入50万元在广信区修建中华传统文化教育基地。

【基础设施建设】 2019年，中国侨联引入帮扶资金90万元用于基础设施建设。其中，70万元用于上乐村道路建设，20万元用于泉洋村太阳能路灯项目，为村民解决出行和资源利用问题。

【健康扶贫】 2019年1月，协调中国华侨公益基金会在广信区举办儿童血管瘤脉管畸形公益筛查活动，为患儿家长开设血管瘤公益科普讲座，为50余名贫困家庭血管瘤患儿进行公益筛查，与当地医院医护人员进行临床诊疗技术交流。中国华侨公益基金会给当地医院捐赠一台价值102万元的SM10C司迈等离子双极电切电凝系统。

（中华全国归国华侨联合会权益保障部 肖炜蘅）

全国人民代表大会常务委员会办公厅定点扶贫

【概述】 2019年，全国人民代表大会常务委员会办公厅（以下简称“全国人大常委会办公厅”）定点帮扶内蒙古自治区太仆寺旗和察哈尔右翼前旗（以下简称“两旗”）。全国人大常委会办公厅累计投入帮扶资金603.98万元，协调引进项目到位资金5163万元，购买两旗农产品865.79万元，帮助两旗销售农产品1635.56万元，举办基层干部群众集中教育培训班，培训基层干部1213人、技术人员955人。

【扶贫资金投入】 2019年，全国人大常委会办公厅投入帮扶资金603.98万元。其中，直接拨付帮扶资金100万元，援建完善基层党建活动阵地64万元，捐赠笔记本电脑、打印机、液晶电视、办公家具、服务用品2万余件价值236.84万元，减免两旗人员培训费98.34万元，开展结对帮扶捐款和贫困学子北京行活动48.6万元，为中小学图书馆捐赠图书8000余册价值40余万元，援建路灯、水井等基础设施16.2万元。

【扶贫调研】 2019年，全国人大常委会办公厅派出12个调研组130人次实地调研，协调解决脱贫攻坚中的困难和问题，督促两旗党委政府履行主体责任。全国人大常委会副委员长沈跃跃、十届全国人大常委会副委员长顾秀莲先后带队实地调研，协调捐赠公益项目和物资。全国人大常委会办公厅秘书长杨振武等赴两旗开展主题教育精准扶贫专题调研，深入部分贫困村和相关企业，看望慰问贫困群众，调研脱贫攻坚工作，听取基层干部群众的意见建议。

【扶贫培训】 发挥全国人大机关干部人才教育培训资源优势，支持和指导两旗干部群众教育培训，培训基层党员干部1213人、技术人员955人。其中，组织两旗干部参加27期县级人大常委会主任学习班、6期全国人大代表培训班，累计培训干部248人。举办基层干部群众集中教育培训班，围绕开展“不忘初心、牢记使命”主题教育、实施乡村振兴战略、农业技术、精准扶贫评估考核、发挥脱贫攻坚带头人作用等专题，培训基层干部965人、技术人员785人。协调中国关心下一代工作委员会举办“关爱启蒙者流动课堂”，培训骨干教师170余人。

【扶贫慰问】 2019年5月，沈跃跃带队赴察右前旗调研，为两旗捐赠儿童快乐家园、儿童安全体验教室和母亲水窖项目集水工程，以及HELLO小孩项目爱心套餐、家庭包、图书等价值600万元的公益项目和物资。顾秀莲带队赴察右前旗调研，看望慰问各族干部群众，开展“六一”国际儿童节慰问活动，为两旗捐赠平板电脑、文具包、图书、运动服以及创客教室等价值600余万元的物资和设施。

7月，杨振武带队到太仆寺旗开展“不忘初心、牢记使命”精准扶贫专题调研，看望慰问贫困群众，实地察看机关援建项目建设运行情况，听取基层干部群众的意见建议。全国人大常委会副秘书长、机关党组副书记信春鹰带队赴察右前旗，开展“不忘初心、牢记使命”精准扶贫专题调研。

【干部挂职扶贫】 2019年，选派1名干部赴太仆寺旗红旗镇红喜村担任第一书记。对挂职期满的3名干部进行考察考核，健全完善与扶贫干部沟通联络机制，协调对接有关工作，组织挂职干部参加中央组织部第一书记培训班、总结交流会等。

【产业扶贫】 2019年，全国人大常委会办公厅推进两旗马铃薯产业提升工程，指导协调推动内蒙古团代表调研，并提出加大马铃薯主粮化扶持力度的建议；组织召开重点督办建议办理工作座谈会和实地调研。财政部将察右前旗纳入马铃薯制种大县奖励政策，分3年安排奖励资金6000万元，推动当地马铃薯产业发展。协调新建太子城至黑城子铁路在太仆寺旗设站项目，并取得重大突破，该项目被纳入国家铁路建设项目库，已进入初步设计阶段。

【消费扶贫】 发挥"公益人大"精准扶贫平台优势，扩大机关后勤单位集中采购范围，设立两旗农特产品展销柜，建立肉食品、鸡蛋和牛奶等农产品直供直销长效机制，打造机关消费扶贫主战场。2019年，通过平台累计销售两旗农特产品556.9万元。在机关办公楼举办展销活动，两旗28家脱贫助理人企业携180余款产品参加，线上线下销售额为71.4万余元，带动800余户贫困群众增收；结合10月17日国家扶贫日活动，助推两旗18家企业100余款产品走进人民日报社、国家广播电视总局、中国航空集团有限公司等中央国家机关；协调"易捷加油""人民优选"、中国社会扶贫网、惠农网、京东、京东云仓等电商平台走进两旗，打通农产品上行渠道，提高企业和产品的知名度。

【教育扶贫】 为两旗协调捐赠价值1200余万元的教育公益项目和物资，推动当地教育基础设施建设；组织开展机关结对帮扶活动，线上线下募集捐款30万元，资助300名贫困学生；组织两旗20名优秀学生赴北京开展游学活动；组织机关青年干部实地开展志愿活动，与学生们同吃住、同上课，了解2018年结对帮扶效果，总结提升教育扶贫经验；协调全国人大代表捐赠教育教学物资和资金，签订长期幼儿园结对帮扶协议。

（全国人民代表大会常务委员会办公厅
机关党委　刘嘉琛）

中国人民政治协商会议全国委员会办公厅定点扶贫

【概述】 2019年，中国人民政治协商会议全国委员会办公厅（以下简称“全国政协办公厅”）定点帮扶安徽省舒城县、阜阳市颍东区，投入帮扶资金266万元，引进帮扶资金5935.03万元，培训基层干部142人、技术人员1800人，购买、帮助销售农副产品124.64万元，完成各项定点扶贫工作任务。2019年，舒城县退出贫困县序列，颍东区50个贫困村全部出列。

【扶贫资金投入】 2019年，全国政协办公厅为舒城县、颍东区投入帮扶资金266万元。其中，从清理收缴党费结余中向两地分别拨付18万元（共计36万元）专项扶贫资金，支持贫困村修缮村级党组织活动场所等；筹措10万元，协调文史出版社、人民政协报社、中国政协杂志社、中国政协文史馆等7家单位各拨出帮扶资金30万元，支持颍东区孝善村居建设、“爱心超市”、义务教育、产业帮扶等；协调政协杂志社捐赠10万元物资给帮扶县贫困群众。

【扶贫调研】 2019年8月，全国政协副主席陈晓光在安徽调研期间赴舒城县考察调研；11月，机关党组副书记潘立刚、机关扶贫工作领导小组组长韩建华赴颍东区调研，指导脱贫攻坚工作。

【扶贫培训】 协调国家烟草专卖局举办定点扶贫地区基层干部（乡村教师）培训班，培训40名一线教师、中小学校长；协调工业和信息化部、国家烟草专卖局举办基层干部扶贫能力提升培训班，提升脱贫攻坚能力；全国政协干部培训中心提供培训资源，分5期培训定点扶贫地区基层干部62人；组织中国农业科学院、广东农业科学院专家赴定点扶贫地区现场授课，培训农业技术人员1510人。

【干部挂职扶贫】 开展“双向挂职”，壮大扶贫工作力量。从全国政协机关青年处级干部中遴选1名骨干赴舒城县担任驻村第一书记；安排3名机关选调生到舒城县、颍东区挂职锻炼。舒城县、颍东区选派4名干部到全国政协挂职锻炼，参与定点扶贫有关联络服务工作。

【扶贫慰问】 11月，全国政协办公厅赴颍东区调研，向西康小学捐赠教育扶贫资金100万元，慰问贫困户；向舒城县、颍东区捐赠价值30万元的药品和医药书籍。

【扶贫宣传】 人民政协报组织策划“三同”（即同吃、同住、同劳动）活动，深入定点帮扶贫困县开展近距离采访；人民政协报（网）、中国政协杂志（网）等开设专栏，通过报纸、网站、客户端、微信公众号等多种渠道刊发扶贫工作报道69篇；通过刊登公益广告等方式宣传旅游资源、扶贫合作项目、文化产业教育信息及特色农副产品、特色手工艺品。

【产业扶贫】 支持舒城县农业产业融合发展，促成舒城县和县桃溪产业园分别列入融合发展先导区和示范园，助推一二三产业融合发展，整合涉农资金推进园区基础设施建设，将近9亿元投入园区产业，带动全县2620户贫困户实现稳定脱贫。助力贫困地区旅游产业发展，协调恒大地产集团有限公司推进舒城县杭埠镇恒大文旅城和千人桥镇恒大康养项目。六安恒慧旅游开发有限公司完成一期项目投资2832.77万元，带动当地建档立卡贫困户增收。

【教育扶贫】 投入10万元购置电脑、打印机等教学设施，支持舒城县、颍东区贫困乡村学校基础设施建设；协调落实100万元教育大数据与精准教学系统项目；促成全国青少年井冈山革命传统教育基地管理中心向颍东区100名贫困学生捐助20万元；动员港澳台侨爱心人士捐助舒城县千人桥镇文体活动中心建设资金68万元，资助舒城第一中学“2016政侨班”、舒城中学“2019政侨班”45万元；协调“爱云校”教育互联网企业为颍东区35所学校开通价值100万元的“互联网+”教育大数据分析平台与精准教学系统；协调中国制笔协会为颍东区贫困学生捐赠价值155.65万元的文具。

【扶志扶智】 协同中国共产主义青年团中央委员会组织“三下乡”活动；通过记者下基层开展“三同”活动，组织机关青年团员开展“根在基层”调研实践活动，传播先进文化，凝共识、促文明。

【消费扶贫】 协调中国银行创建“公益政协”App网上销售平台，帮助定点县销售农副产品31.44万元；直接采购颍东区50.2万元农副产品，以购代捐消费3万余元；采购16万元舒城县茶叶；组织定点县特色农副产品进机关，现场销售4万元；协调全国政协人口资源环境委员会采购20万元农副产品。

【基础设施建设】 协调中国铁路上海局集团有限公司向舒城县经济开发区杭埠园区北环路穿越合九铁路工程提供技术援助，为其节省资金4700万元；协调恒大地产集团有限公司为六安恒大文化旅游城项目引进公用道路建设资金816.38万元。

（中国人民政治协商会议全国委员会办公厅机关事务管理局　苏成峰）

最高人民检察院定点扶贫

【概述】 2019年，最高人民检察院（以下简称“最高检”）定点帮扶云南省西畴县和富宁县，在两个定点县开展基础设施建设、产业扶贫、教育扶贫、扶贫慰问等工作，直接投入300万元，引进帮扶资金1223.31万元，组织最高检机关工会、机关服务中心、国际合作局购买西畴县、富宁县以及宁夏回族自治区盐池县农产品213.15万元，帮助销售西畴县、富宁县农产品79.32万元。

【扶贫资金投入】 2019年，最高检直接投入帮扶资金300万元，引进帮扶资金1223.31万元，资金主要用于帮扶县的基础设施建设、产业扶贫、教育扶贫等。

【扶贫调研】 最高检调研组到富宁县、西畴县对90万吨电解铝项目工地、西洒镇瓦厂村易地扶贫搬迁项目、电子产品扶贫车间、文创产品加工扶贫车间、格当希望小学等进行调研，并向格当希望小学捐赠10万元。最高检各级干部赴定点扶贫县调研30余人次。

【干部挂职扶贫】 先后派出4名干部到帮扶地区挂职，2名干部分别担任西畴县委、富宁县委副书记，2名干部分别担任西畴县瓦厂村、富宁县格当村驻村第一书记。

【扶贫培训】 与国家开发银行联合举办培训班，共培训61名领导干部；到西畴县、富宁县举办党政干部、技术人员培训班，培训干部206人、技术人员296人；选派4名文山壮族苗族自治州（以下简称“文山州”）干部到最高检交流学习，为期一年。

【产业扶贫】 协调河南神火集团有限公司将年产90万吨的绿色水电铝项目落地文山州，第一期15万吨水电铝已投产使用；帮助西畴县瓦厂村创建扶贫车间，发展滇红花、反季节蔬菜、甘蔗种植，帮助富宁县格当村发展苦参和莪术中药材、梨树种植；协调中国服务集团有限公司到西畴县投资新建扶贫车间，已完成投资700万元，附近村寨200人就近就业问题得到解决；协调中国建设银行落实富宁县蔗糖制糖企业申请授信2亿元、文山州氧化铝项目3.5亿元流动性贷款、打造智慧景区建设资金支持300万元；协调国家开发银行落实坝美世外桃源旅游景区建设项目贷款2.4亿元；协调四川省司法厅、检察院捐赠100万元用于定点县的扶贫车间建设和产业发展。

【教育扶贫】 推动中国发展研究基金会“山村幼儿园”援建项目在帮扶县落地，共设立144所山村幼儿园，接收幼儿4046人；协调中国教育发展基金会帮助文山州17名建档立卡贫困户大学生落实专项助学资金21万元。

【基础设施建设】 协调云南省交通厅落实西畴县瓦厂村的修桥资金80万元，富宁县格当村的道路硬化资金50万元；西畴县安乐村群众的出行桥梁被洪水冲毁，协调省级部门落实桥梁重建资金60万元。

【扶贫慰问】 组织机关干部职工为西畴县儿童捐赠图书2610册；协调中国教育发展基金会、厦门市少年儿童图书馆等为帮扶县捐赠图书9000余册；协调泸州老窖股份有限公司、中国石化销售股份有限公司云南文山石油分公司等向帮扶县捐款255.5万元。

（最高人民检察院　朱帝丞）

国务院办公厅定点扶贫

【概述】 国务院办公厅（以下简称“国办”）定点帮扶河北省怀安县和张北县。2019年，国务院机关党组将定点扶贫工作摆在突出位置，向帮扶县投入帮扶资金66.84万元，引进帮扶资金8514.4万元，培训基层干部2163人、技术人员2282人，购买农产品52.84万元，帮助销售农产品2715.3万元。怀安县和张北县贫困村全部出列，达到脱贫摘帽条件。

【扶贫资金投入】 2019年，国办向帮扶县投入帮扶资金66.84万元，用于培训扶贫干部、资助贫困学生等；组织干部职工参加捐款捐物、志愿服务等活动，筹集助学资金14.55万元，资助500多名贫困学生。

【扶贫调研】 国办定点扶贫工作领导小组赴帮扶县调研脱贫攻坚工作，慰问贫困群众，考察易地扶贫搬迁安置区、特色农产品基地、制造业企业等，分析帮扶县脱贫摘帽面临的困难和挑战，研究提出突出产业带动、加强搬迁扶持、完善乡村治理、健全防贫机制等具体措施。国办扶贫办会同驻帮扶县扶贫工作组围绕旅游扶贫、脱贫人口返贫等开展专题调研，为旅游产业提质升级、完善稳定脱贫长效机制提供支持。

【扶贫制度建设】 对照专项巡视指出的共性问题和突出问题，梳理排查定点扶贫工作存在的问题和薄弱环节，研究制定《国办机关关于中央脱贫攻坚专项巡视指出共性问题的整改措施》，从坚决落实政治责任、贯彻精准方略、防范形式主义和官僚主义、加大对深度贫困地区支持力度等方面明确整改任务；聚焦剩余贫困人口和影响“两不愁三保障”的突出问题，提出解决“两不愁三保障”突出问题、推进产业就业扶贫、深化消费扶贫、防止返贫风险、抓好党建促扶贫、开展扶贫培训等6个方面23项重点任务。

【扶贫培训】 举办党组织书记专题培训班，培训县乡村党组织负责人47人，安排4次授课，组织学员赴北京参观学习乡村治理、产业发展、基层党建等方面典型经验；在张北县创建“亲历扶贫”党建扶贫教育基地，培训当地扶贫干部110余人；组织县直单位和乡镇干部189人，开展“三办”业务、政务公开和信息简报写作专题培训；联系中共中央和国家机关工作委员会、农业农村部、商务部、国家医疗保障局等部门专家，围绕基层党建、扶贫项目管理、电子商务、健康扶贫等，培训乡镇负责人、村党支部书记等1817人；联系北京大学人民医院、美团点评集团公司、北京西城区教育学院等，培训医务人员、旅游从业人员、民营企业家、中小学教师等2282人。

【干部挂职扶贫】 选派6名优秀干部到帮扶县挂职，其中2名干部挂职副县长，1人挂职驻村第一书记，3名干部分别在县直部门、乡、村任职。挂职干部调研贫困群众帮扶需求，对接多方资源力量，助力帮扶县引进项目资金、开展人才培训、加强宣传推广，推动年度减贫目标的实现。

【扶贫宣传】 梳理总结帮扶县脱贫攻坚实践的好经验、好做法，通过信息简报、新闻媒体、网络平台等加大宣传推介力度。国务院扶贫办、国家卫生健康委员会等的扶贫信息简报先后刊登怀安光伏扶贫、健康扶贫等经验做法；《农民日报》《中国扶贫》刊发《张北县打造“亲历扶贫”党建教育基地》《河北怀安县：美食“触电”富路宽》等5篇文章；中国中央电视台《脱贫攻坚星光行动》栏目对帮扶县的藜麦、小米、瓜子等特色农产品进行宣传。

【产业扶贫】 为怀安县农业强镇项目、张北县马铃薯育种项目引进资金3000万元，支持怀安县粮库新增代储粮2万吨，协助引进家育种猪集团项目和糯玉米加工销售企业落户怀安县，推动盼盼食品集团有限公司、塞翁福农业发展有限公司与张北县合作开发藜麦加工产品。联系规模企业为帮扶县扶贫车间提供订单，对接马铃薯合作社、无籽西瓜种植园等项目落户张北县，在怀安县招聘6名劳务派遣工，带动贫困户增收。推动帮扶县开设京东电商扶贫馆，在机关、超市设立扶贫产品专柜，推动机关工会采购帮扶县农产品，带动农产品销售200余万元；牵头开发“扶贫有藜”微信小程序，组织机关干部职工认购藜麦35.67万元；开展农超对接、农产品直采等活动，帮助销售农产品2400余万元。会同文化和旅游部举办旅游扶贫对接活动，组织10余家企业考察旅游项目，为帮扶县提供旅游融资服务和人才培训；协助怀安县成功申报洋河古韵国际旅游景区中央预算内投资1000万元；牵头打造的张北“亲历扶贫”党建扶贫教育基地接待50余批参观团队，募集捐款近30万元。

【教育扶贫】 实施国办“大手拉小手”、中国扶贫基金会“自强班”等项目，资助帮扶县贫困学生640余人，发放助学资金54.12万元；为怀安城镇第一小学迁建项目和张北县中小学图书馆改造项目引进资金1280万元。

【健康扶贫】 协调北京大学人民医院培训怀安县医务人员120余人，协助建立腔镜手术科室；推动中国人口福利基金会捐资200万元，为帮扶县乡村卫生室配备医疗设备；协调相关企业为帮扶县贫困群众提供远程诊疗服务。

【整村推进】 将定点帮扶的怀安县西沙城乡北庄堡村作为“试验田”，以点带面推动扶贫工作。新建30个日光温室大棚，引进优质农业企业，建立“企业+合作社+农户”的产业联合体；发展村办服装加工扶贫车间。建立“爱心超市”，开展“最美家庭”评选活动，引导村民崇尚劳动、爱护环境、向善向上；打造儿童图书馆，联系公益团队到村开展助学活动。征集“微心愿”，开展“爱心代办”，帮助行动不便的村民或独居老人料理日常生活；成功申报传统村落保护项目资金300万元，支持村内民居修缮、巷道治理。

（国务院办公厅人事司　朱绍畅）

外交部定点扶贫

【概述】 外交部定点帮扶云南省金平苗族瑶族傣族自治县(以下简称“金平县”)和麻栗坡县。2019年年底,金平县和麻栗坡县实现脱贫摘帽目标。在2019年中央单位定点扶贫工作成效考核中,外交部继2017年、2018年后连续第三年被评定为“好”等次。

【扶贫资金投入】 2019年,外交部筹集扶贫资金2937万元,向金平县和麻栗坡县拨付扶贫资金2644万元,其中拨付金平县1660万元、麻栗坡县984万元,实施温饱(饮水)、助学、教育、卫生、培训和产业扶贫6类共159个项目,改善定点扶贫县的教育、医疗设施和贫困群众的生产生活。

【扶贫调研】 2019年10月,外交部党委书记齐玉赴定点县考察。2月,时任外交部副部长王超赴麻栗坡县调研慰问。外交部扶贫办主任刘侃赴金平县调研考察。外交部领导及扶贫办负责人6批次赴定点县调研督查,对发现的问题及时指出整改。

【教育扶贫】 2019年,外交部在金平县和麻栗坡县投入1074.76万元,实施26个教育扶贫项目,其中修建金平县老勐镇小学教学楼、金平县第三小学教学楼、麻栗坡县杨万乡中心小学教学楼等,为定点县的8所学校建设图书室,为金平县沙依坡乡鱼塘小学、者米乡巴哈小学等配置课桌椅、计算机教室、希沃电子白板机、教学设备等。向金平县和麻栗坡县拨付267.7万元助学款,贫困学生2942人获得资助。

【健康扶贫】 2019年,外交部在金平县和麻栗坡县投入461.39万元,实施17个卫生项目,其中修建6个村级卫生室,为定点县各5个乡镇卫生院配备救护车,为金平县铜厂乡卫生院购置数字化医用X线摄影系统、病床,改善医疗卫生条件。

【消费扶贫】 出台《外交部政府采购贫困地区农副产品的实施方案》,通过工会组织选购春节、端午、中秋福利包以及举办部内定点县产品展销会等方式,直接购买定点县产品84.65万元,通过“钓标优选”、中石化“易捷”App“人民优选”等电商平台及其他渠道,帮助销售定点县产品300余万元。

【产业扶贫】 加大产业扶贫力度,采取更为精准实效的措施,用好在定点县设立的2244万元产业扶贫基金,推广“基金+合作社+贫困户”产业扶贫模式,扶持23家农业合作社,带动2116人增收致富。利用钓鱼台食品生物科技有限公司在食品标准认定、产业投资的优势,分别在金平县、麻栗坡县建立千亩百香果、万亩石斛标准化基地,为咖啡、古树茶、石斛、百香果等13个农产品进行标准设计、认定,开发“钓小宴”品牌百香果酱、烘焙咖啡和手冲咖啡等产品。先后推动新西兰农牧专家、北京上禾牡丹农业开发有限公司、友成企业家扶贫基金会负责人赴定点县探讨产业合作。协助金平县申报“长寿之乡”。组织首批5名贫困人员赴日本工作。

【扶贫培训】 重视基层干部和专业技术人员培训,投入160.56万元实施多个培训项目。参加金平县驻村扶贫管理工作培训412人、金平县农业农村实用技术人才培训400人、麻栗坡县基层党组织书记轮训培训1203

人、麻栗坡县现代农业产业化发展专题培训300人;委托云南省人民政府外事办公室举办两县乡村小学教师培训班,培训100人。

2019年6月,完成在两县实施的为期一年半的中澳人权合作项目。其中,在麻栗坡县开展25期乡村贫困妇女和儿童培训,培训6000人次;在金平县开展3期32个村的妇女主任培训、96期妇女卫生保健知识培训,培训2880人次,以及128期实用技术培训,培训5120人次。2019年,在金平县举办9期培训班,培训9774人次;在麻栗坡县举办11期培训班,培训1553人次。

【公益扶贫】 4月,外交部与深圳市腾讯计算机系统有限公司组织"爱心捐书、始于足下"捐步助学活动,吸引1101支队伍参与,足迹遍布全球。腾迅公益按每捐一万步配资1元的标准配捐60万元,为金平县6所中学和15所小学购买图书7万多册。10月,"大爱无国界——用爱助力奔跑"国际慈善义卖活动在北京举行,筹集善款710余万元,将为定点县中小学修建运动场。

【扶贫宣传】 2019年,外交部在各种国际场合中宣介中国的发展成就和理念,特别是减贫成就,将精准脱贫等减贫理念上升为国际共识。组织多批国外媒体记者赴地方和定点扶贫县参访,报道脱贫攻坚政策和扶贫工作巨大成就。组织国外驻京媒体记者采访报道第十一届"大爱无国界"国际慈善义卖活动和2019年减贫与发展高层论坛。维护运营外交扶贫网、公众号、微博等新媒体平台,发布中央脱贫攻坚最新政策、外交扶贫工作动态、扶贫成果等。外交扶贫公众号的关注人数有1万多,微博粉丝71万人。

【国际减贫交流与合作】 召开落实2030年可持续发展议程部际协调机制会议,推动国际社会将减贫作为国际发展合作和落实2030年可持续发展议程优先领域。组织与联合国发展系统驻华机构座谈会,推动联合国聚焦精准脱贫等。推动第74届联合国大会通过"消除农村贫困,落实2030年可持续发展议程"决议,将"精准脱贫""绿色扶贫"等中国减贫理念上升为国际共识。编写发布《中国落实2030年可持续发展议程进展报告(2019)》,宣介精准扶贫经典案例。深化减贫南南合作,落实中共中央总书记习近平在两届"一带一路"国际合作高峰论坛、联合国发展峰会、南南合作圆桌会等场合宣布的举措,利用中国-联合国和平与发展基金等在有关发展中国家实施减贫项目,并举办减贫培训班、研讨会等。

(外交部扶贫工作领导小组办公室
朱海萍)

公安部定点扶贫

【概述】 2019年,公安部定点帮扶贵州省兴仁市、普安县和广西壮族自治区三江侗族自治县(以下简称"三江县")。公安部围绕解决帮扶地区"两不愁三保障"突出问题,强化组织领导,细化扶贫措施,落实帮扶责任,向兴仁市、普安县和三江县投入、引进帮扶资金总计20403万元,在健康卫生、基础教育、产业发展等领域实施帮扶项目109个,培训农村基层干部和各类技术人员4200余人次。兴仁市巩固脱贫成效显著,普安县实现脱贫摘帽目标,三江县的贫困发生率降到3%。

【扶贫资金投入】 2019年,公安部共筹措投入帮扶资金12844.13万元,为定点扶贫县引进帮扶资金7558.95万元。教育扶贫中投入帮扶资金1128万元,支持兴仁市长青小学、普安县石砚小学、三江县归内小学等15所学校建设,改善农村基础教学条件,资助贫困学生2261名。健康扶贫中投入帮扶资金1027万元,支持普安县高棉乡卫生院以及三个县市107个贫困村卫生室建设,捐赠救护车等医疗设备。民生扶贫中投入专项资金4509万元,帮助三江县2533户贫困群众进行危房改造;投入帮扶资金2600万元,帮助普安县贫困家庭购买床、米缸、桌子、衣柜等生活必需品;投入资金445万元,帮助三江县15个深度贫困村修建便民桥产业路、整治人居环境、安装太阳能路灯、建设村级文化活动广场等。平安扶贫中投入帮扶资金490万元,支持三个县市公安机关建设执法办案中心、禁毒宣传教育基地、智能安防系统,开展公安业务培训,捐赠警用装备。

【扶贫调研】 2019年11月,公安部常务副部长王小洪前往定点扶贫地区,深入贫困村、易地扶贫搬迁安置点等,检查指导扶贫工作,看望慰问贫困群众,考察了解脱贫攻坚进展情况。3月,公安部副部长许甘露赴三江县调研,考察了解脱贫攻坚进展情况,动员部署各项扶贫工作。12月,公安部党委委员刘跃进到兴义市出席全国禁毒重点整治暨扶贫工作会议,并到普安县调研扶贫工作。2019年,公安部先后有39个调研组895人次前往帮扶地区调研,了解当地群众实际困难和帮扶需求,结合实际谋划脱贫发展思路,明确帮扶项目。调研组在调研中,向贫困群众赠送慰问金及米、面、油等生活用品。

【扶贫培训】 2019年,开展基层干部培训工作,在普安县举办3期脱贫攻坚干部培训班,对驻村干部进行培训;在三江县举办"不忘初心、牢记使命·凝心聚力决胜脱贫攻坚"主题培训班,培训贫困村支部和村委会干部;在兴仁市开展禁毒教育培训。开展贫困人口就业技能培训,在兴仁市举办"苗绣"培训班,组织贫困群众学习苗绣技艺;在普安县开展服装加工制作技术培训;在三江县举办茶叶技能培训班,帮助当地群众学习掌握茶叶种植培育、病害防治、科学管理等实用技能;驻村第一书记结合各村产业发展实际,组织肉牛、长毛兔、乌金鸡等养殖技能培训。2019年,公安部在帮扶地区组织开展30余次基层干部、实用技能培训,培训基层干部2200人次、农村各类技术人才2000人次。

【干部挂职扶贫】 向兴仁市、普安县和三江县派出8名干部，其中3人担任县（市）委常委、副县（市）长，5人担任驻村第一书记。国家移民管理局派出7名干部在三江县成立前方指挥部，协调组织各单位参与当地脱贫攻坚；公安大学派出6名研究生到帮扶的边远山区开展支教和爱心助学活动。公安部派出的8名挂职扶贫干部分别被授予贵州省、广西壮族自治区脱贫攻坚先进个人、优秀共产党员等荣誉称号。

【产业扶贫】 发展村级产业，带动5个深度贫困村发展乌金鸡养殖、萝卜和砂糖桔种植、侗族刺绣等产业，通过“企业+基地+农户”“基地+合作社+农户”等模式动员贫困群众积极参与。引进福建食用菌生产加工企业落地普安县，在兴中镇海寨坝子建设巴西菇种植、加工、销售产业链，带动贫困人口167户701人增收；引进贵州平安蓝股份有限公司落地普安县，建设生姜种植加工项目。协调引进山东盛世隆服饰有限公司、宁波乔耐鞋业有限公司等企业落地普安县，为600名搬迁群众创造就业机会。

（公安部扶贫开发领导小组办公室
刘延华）

国家安全部定点扶贫

【概述】 2019年,国家安全部定点帮扶内蒙古自治区敖汉旗和河北省盐山县,聚焦解决"两不愁三保障"突出问题,召开年度定点扶贫工作部署会,制定印发《2019年度定点扶贫工作重点任务》,明确7个方面24项重点工作内容、责任单位、进度安排。召开10次定点扶贫领导小组会议,研究决定重大事项,加强督导落实,完成《中央单位定点扶贫责任书(2019年度)》6项指标任务。敖汉旗实现贫困人口净减少10455人,贫困发生率下降到0.6%;盐山县进一步巩固脱贫成果,退出贫困户434户909人。2019年,国家安全部定点扶贫工作成效考核评价为"好"等次。

【扶贫资金投入】 2019年,国家安全部投入定点扶贫资金1521.2万元,引进帮扶资金7142.9万元。对接敖汉旗需求,投入资金1390.3万元,推进优质肉羊产业发展、产业园集体经济发展。对接盐山县需求,投入资金130.9万元,开展乡村道路硬化和排水沟建设项目,满足人民群众便利出行、安全出行的生活需求。

【扶贫调研】 2019年9—10月,国家安全部部长陈文清分别带队赴敖汉旗、盐山县调研,与旗县党委政府干部进行座谈,交流扶贫工作情况;实地察看扶贫项目、产业设施建设情况,现场对接帮扶工作需求、解决实际问题;深入贫困村考察帮扶项目、慰问困难群众,获取扶贫工作第一手资料;调动全国国家安全机关力量,确保扶贫工作务实、扶贫效益扎实、扶贫结果真实。3月,国家安全部定点扶贫工作领导小组组长李文章赴敖汉旗调研考察,督导推进工作。2019年,国家安全部扶贫办、责任单位赴定点扶贫旗县开展34次调研督导工作。

【结对帮扶】 建立完善"11+11"党建结对帮扶机制,国家安全部机关11个局级单位与敖汉旗、盐山县7个贫困村、11个农村基层党组织结对,因村制宜制定实施办法。先后投入207.8万元党建活动经费,完善党群共建阵地布局。根据结对帮扶贫困村敖汉旗扎赛营子村面积大、村民居住分散的特点,在村中心建设党建展馆、4个村民组建设党群活动室,"一星四射",促成"支部设在村里、阵地建在组里、工作做到群众家里"的党建工作格局。因村施策开展帮扶活动32次,通过捐赠图书、捐资助学、建设道路和光伏项目等方式,实现爱心捐赠与贫困群众、贫困村个性化需求精准对接,捐赠总价值272.87万元。开展国家安全教育进校园、讲授党课、青年干部支教活动,组织敖汉旗7名教师和20名中小学生到北京开展夏令营活动。通过持续对接帮扶,帮助贫困群众解决实际困难,帮助贫困村党支部提升基层治理能力。

【产业扶贫】 借鉴闽宁协作成功经验,协调浙江、福建企业负责人赴敖汉旗、盐山县考察调研,对接产业扶贫相关事宜,达成合作共识。9月底,敖汉旗与福建企业签订食用菌产业项目合作协议,打造敖汉旗成为"北方食用菌之都"。12月底,盐山县与浙江企业达成管件产业合作意向,合力打通产业上下游,形成规模效应、提升经济效益。发挥科技优势,接续投入专项帮扶资金,扶持敖汉旗羊产业发展。在实践中探索推进“繁育中心+企业+合作社+养殖户”合作模式，提高敖汉旗肉羊质量、产量，培育市场、扩大品牌知名度，促进贫困群众稳定增收脱贫。

【扶贫培训】 2019年，国家安全部在定点帮扶旗县举办41期脱贫攻坚专题培训班，共培训5637人次，其中基层干部1581人次、技术人才4056人次。培训班突出实战化训练，采取案例教学、现场教学、技能示范等方式，教师边教边展示，学员边学边训练。

【健康扶贫】 协调中国残疾人联合会捐赠总价值160.92万元的助听器90套，帮助敖汉旗听力障碍贫困户解决生活困难。协调中国扶贫基金会在敖汉旗接续推广“顶梁柱健康扶贫公益保险”项目，累计理赔537人次，赔付121.06万元。

【干部挂职扶贫】 2019年，国家安全部选派挂职干部5人，包括岗位轮换1人，其中挂职旗县党委政府副职2人，任贫困村驻村第一书记2人。扶贫挂职干部的工作成效得到地方政府认可，获得2019年赤峰市先进基层党组织等荣誉称号。

【消费扶贫】 结合节日慰问、食堂采购工作需要，协调国家安全部机关工会、直属单位采购特色农产品，设立扶贫特产直销专柜，组织展销活动，共计购买贫困地区农产品641万元。拓宽销售渠道，指导贫困村合作社开设微店，在产品外包装上印制二维码，全时段展示、销售特色农产品，帮助销售农产品383.5万元。

【扶贫宣传】 开展国家扶贫日系列活动，参加中央国家机关定点扶贫工作成果展。邀请中央媒体赴帮扶旗县采访，宣传先进经验、创新做法。在《光明日报》刊发《六年干出八项扶贫工程——中央和国家机关定点扶贫单位帮扶内蒙古敖汉旗纪实》，在《经济日报》刊发《在美丽发展中脱贫致富——国家安全部与内蒙古敖汉旗联手培育富民产业》。打造优质品牌，协调中国中央电视台大幅度减免广告费用，在央视15个频道优先集中播放“敖汉小米、熬出中国味”广告，全国1亿观众接触到广告，累计收看5.8亿人次，在全国范围内扩大品牌知名度。推荐特色农产品参加“人民优选”扶贫产品系列展销活动。

（国家安全部扶贫办　王　原）

司法部定点扶贫

【概述】 2019年，司法部定点帮扶四川省平昌县、苍溪县和河北省阜城县及2个对口支援县江西省上犹县、石城县。召开4次定点扶贫工作专题会、推进会，及时掌握各县脱贫攻坚工作进展及问题，协调相关部委、部机关各厅局及各方社会力量共同形成扶贫工作强大合力，为定点县脱贫攻坚提供强有力的帮扶和支持。2019年，司法部对定点县投入帮扶资金525万元，帮助引进资金5485万元；培训基层干部1157名，培训技术人员1089名。向定点扶贫县引进扶贫企业，培育创业致富带头人，吸纳贫困人口就业增收。开展消费扶贫，购买贫困地区农产品75.97万元，帮助销售贫困地区农产品1177.8万元，超额完成定点扶贫责任书承诺事项。

【扶贫资金投入】 司法部向平昌县、苍溪县和阜城县投入帮扶资金525万元。其中，拨付普法装备补助经费、律师党建经费、公证业务经费共计210万元，用于3个定点县普法装备采购、法治文化广场创建及律师人才培养、公证业务发展等。部直属单位法制日报社、法律出版社、中国法制出版社向3个定点县拨付扶贫经费共计300万元，捐赠价值12万元的《法制日报》。在5位挂职干部的协调努力下，共帮助3个定点扶贫县引进帮扶资金5485万元。其中，帮助平昌县引进专项扶贫资金500万元，围绕"两不愁三保障"，改善农村贫困地区基础设施，培育和壮大特色优势产业。帮助苍溪县引进现代农业发展工程资金1384万元，用于支持农业产业扶贫项目；帮助引进产粮（油）大县奖励资金3050万元。帮助阜城县引进专项奖补资金551万元，用于支持农村"厕所革命"。

【扶贫调研】 2019年，司法部多次召开部党组会、部长办公会，专题学习贯彻习近平总书记关于脱贫攻坚工作重要指示批示，听取定点扶贫工作汇报，印发《三个定点扶贫县和两个对口支援县请求解决事项责任分工的通知》《贯彻落实习近平总书记脱贫攻坚重要指示进一步做好司法部机关定点扶贫工作的意见》，从人才扶贫、物质扶贫、法治扶贫、产业扶贫、智慧扶贫、党建扶贫、信息化扶贫、关心支持挂职干部等8个方面对进一步做好定点扶贫工作作出详细安排。司法部部长傅政华，书记袁曙宏，副部长熊选国、刘志强等分别赴3个县及2个对口支援县调研，实地察看定点扶贫和司法行政工作开展情况，走访慰问贫困户，与当地群众座谈，指导定点扶贫和对口支援工作，实现对5个县部领导两轮调研、督查全覆盖。

【干部挂职扶贫】 2019年，司法部选派5名党员干部（含2名第一书记）继续在3个定点扶贫县和定点扶贫村挂职，协助当地办好农民夜校、道德讲堂等，引导贫困群众转变观念、艰苦奋斗、劳动致富。会同国务院扶贫开发领导小组办公室共同组织编写《助力脱贫攻坚普法丛书》，涵盖法律救济、婚姻家庭、土地房屋、劳动劳务、法治乡村、生态环境、防范金融集资诈骗等7个方面，以3个县挂职干部为撰稿人，结合脱贫攻坚中遇到的各项法律问题，采取以案说法的形式增强干部群众的法治观念，满足人民群众的法治需求。重视定点扶贫的宣传工作，协助当地及时挖掘提炼、总结上报好典型、好经验、好做法，传递脱贫致富正能量。司法部下属单位法制日报社以3个县脱贫攻坚为主题，分别刊发《法治扶贫让村镇大变样》《多措并举固根本　凝心聚力促稳定》《让公平正义走进寻常百姓家》，专题报道、宣传3个县政法、司法行政及脱贫攻坚工作。

【智力扶贫】　司法部机关相关业务局和河北省司法厅、四川省司法厅在普法宣传、人民调解、司法所标准化建设、公共法律服务、律师工作、社区矫正、安置帮教、行政复议与应诉、“放管服”改革、综合行政执法体制改革等方面均给予定点扶贫县大力支持。举办全国司法鉴定管理干部培训班、行政复议与应诉工作培训班、全国司法所长示范培训班、全国法律援助机构领导干部培训班、全国社区矫正教育管理工作培训班，均给予3个定点扶贫县额外名额，助力提高当地司法行政干部的能力水平和法律“明白人”的培养。推进3个县法治乡村示范区和示范点建设、支持定点扶贫县作为法治政府建设示范创建活动的试点县，为地方精准扶贫树立法治样本。

【扶贫培训】　2019年，司法部共协助平昌县、苍溪县和阜城县举办各类司法行政业务工作培训班、农村党支部书记法治教育培训班、驻村农技员培训班等12期，共培训基层干部1157名、技术人员1089名。司法部信息中心按计划对3个定点扶贫县开展信息化帮扶，邀请3个县基层司法工作人员到司法部交流学习半个月至一个月，直接参与司法部信息化建设应用工作。加强对3个县基层工作人员的信息化培训，在网络安全培训班中为其提供单独培训名额。邀请商务部门、北京京东世纪贸易有限公司为本地电商从业人员、村级电子商务服务站站长以及农业合作社、农业园区、企业等有关人员提供电商扶贫培训，促进农村电商产业发展；邀请河北省绿色食品办公室、河北省农业环境保护监测站的专家就“三品一标”认证知识进行培训授课，调动贫困群众的积极性、创造性，激发贫困群众脱贫致富的内生动力。

【扶贫资金管理】《司法部定点扶贫工作作风问题专项治理实施方案》规定由司法部派驻干部与定点县司法局共同监督，按规定用途用好扶贫资金。司法部扶贫领导小组办公室不断加强沟通协调，积极对接定点扶贫县司法局及扶贫挂职干部，通过建立司法部扶贫办扶贫工作微信联系群及时掌握定点扶贫县脱贫攻坚工作进展、存在问题及难题，通过建立定期工作汇报等机制要求挂职扶贫干部及时反馈定点扶贫工作具体开展情况、各项帮扶及优惠政策落实情况、扶贫资金落实及使用情况等，切实加强对定点扶贫工作的指导和监督，扎实推进定点扶贫工作高效、健康开展。同时，严格资金审批程序和流程，加强监督和检查，将扶贫资金用实、用细、用准。始终把高质量脱贫放在首位，咬定目标，聚焦精准，靶向施策，全力打好精准脱贫攻坚战，坚决夺取脱贫攻坚决定性胜利。

（司法部办公厅办公室　刘　鑫）

海关总署定点扶贫

【概述】 2019年,海关总署定点帮扶河南省鲁山县、卢氏县、民权县,先后选派挂职副县长、驻村第一书记各5名,选拔支教老师2批共16名,选调大学生干部12名;直接投入扶贫资金1300余万元,引进帮扶资金2450余万元;培训基层干部832人,技术人员1625人;购买定点扶贫县农产品385万元,帮助销售贫困地区农产品2.2亿元,组织捐赠物资价值2500万元,图书逾万册。各项指标均超额完成年度《中央单位定点扶贫责任书》确定任务,在2019年定点扶贫工作考核中被评为“好”等次。民权县在河南省33个县脱贫摘帽考核验收中位列第2名。《中国报道》《河南日报》、新华网等媒体多次宣传报道海关总署定点扶贫和支教工作做法。

【扶贫资金投入】 2019年,海关总署直接投入扶贫资金1300余万元,引进帮扶资金2450万元,购买定点扶贫县农产品385万元,组织捐赠物资价值2500万元。在3个定点扶贫县中,坚持产业扶贫,扩建养殖场、种植基地,投资加工车间,兴办企业,形成农产品生产、加工、销售产业链,提高经济效益、增加就业岗位。利用海关资金兴建基础设施,建成单身老人集中供养站、五保户安置房和光伏发电站。

【扶贫调研】 2019年,海关总署署长、党委书记倪岳峰赴民权县调研定点扶贫工作,赴龙南县调研对口支援工作。副署长、政治部主任胡伟春节前赴鲁山县上竹园寺村调研指导定点扶贫工作,慰问驻村第一书记、支教老师和贫困群众。全年,司局级以上领导干部赴定点扶贫县考察调研48人次。针对定点县发展集体经济后劲不足的问题,在产业项目选择上加大调研力度,支持民权县打造“冷谷”产业链,指导民权县建设好、使用好保税物流中心(B型),支持鲁山县发展跨境电商,组团到卢氏县现场调研,指导支持卢氏县发展香菇深加工。

【扶贫培训】 2019年,海关总署培训基层干部832人,技术人员1625人。在上海海关学院、秦皇岛管理干部学院和广州海关培训基地投入经费216万元,集中培训3个县505名县乡村干部骨干,组织学员赴安吉县、迁安市、北戴河新村学习新乡镇建设经验,与当地干部座谈,交流工作体会。同时,针对电商、跨境电商产业发展人才缺口,邀请河南瀚海教育信息技术有限公司和郑州海关业务处室人员,对贫困户和返乡青年等进行自媒体培训,培训1000余人次。

【干部挂职扶贫】 先后选派挂职副县长、驻村第一书记各5名,选拔支教老师2批共16名,增派12名选调大学生干部。扶贫干部因县、因村施策,充分发挥行业优势,创新方式,助力打赢脱贫攻坚战。鲁山县上竹园寺村第一书记王镝被授予河南省先进工作者、平顶山市劳动模范,卢氏县代家村第一书记方宇被授予三门峡市“优秀驻村第一书记”,支教老师黄倩敏被授予河南省“三八红旗手”。鲁山县挂职副县长杨路平、驻村第一书记王镝分别荣立二等功,卢氏县挂职副县长王建强、驻村第一书记方宇分别荣立三等功。

【产业扶贫】 推动民权县林下香菇经济

带成功获批“全国农业标准化示范基地”。帮助鲁山县举办鲁山第二届电商峰会，促进鲁山县政府与阿里巴巴网络技术有限公司、苏宁易购集团股份有限公司、北京京东世纪贸易有限公司等签订战略合作协议；成立鲁山县海关跨境电商服务中心，推动本地40余种农特产品在天猫、苏宁等电商平台销售，线上交易金额1000余万元。通过武汉海关协调卢氏县与随州12家食用菌企业签订50多万千克香菇购销协议，销售金额4000余万元。

上竹园寺村第一书记王镝帮助成立鲁山县竹园农产品销售有限公司、绿源中杏农业科技有限公司，建成村级150千瓦集中式光伏发电站，村集体收入超过60万元。代家村第一书记方宇带领群众扩建村合作社养鸡场，与卢氏县兰花科技公司合作建设兰花种植基地，投资中草药扶贫加工车间，利用坡地兴建食用菌大棚，集体经济收入15万元。民权县刘炳庄村第一书记吴文彬在全村100座扶贫大棚里种植有机蔬菜和120亩黄花菜，引导种植大户向产品深加工发展。

【教育扶贫】 海关“扶贫支教”活动被列入中共中央精神文明建设指导委员会重点工作项目。帮助民权县刘炳庄村中学校长王培勇参加“马云乡村中学校长”评选活动；继续招募具有音、体、美特长的志愿关员，选派2批16名老师赴鲁山县、卢氏县山区小学支教，直接受教学生8000余人。海关支教老师创建“金钥匙网络课堂”“金钥匙图书角”“金钥匙电台”“金钥匙信箱”等海关“金钥匙支教”系列特色品牌。“全国海关最美志愿者”黄倩敏将沙画艺术融入美术教学，助力海关“金钥匙沙画课堂”成为卢氏县教育系统示范点、中国沙画师协会“沙画艺术教学示范基地”，指导学生在全国系列沙画比赛中获得3个特等奖、1个一等奖和1金、1银、2铜的成绩。

【公益扶贫】 海关总署印发倡议书，引导全国海关干部职工使用“公益海关”App，通过工会发放节日福利、服务中心采购食材、员工个人消费等方式，购买全国585个扶贫县产品，累计销售417万余元。2019年，分两轮向3个县无偿捐赠925万元罚没侵权物资。协调世界500强企业益海嘉里金龙鱼粮油食品股份有限公司，引进资金700余万元建设民权县益海助学中心。协调达能集团为3个县儿童捐赠价值70万元的营养包。海关总署科技司、财务司从北京、上海等10个海关征集专业设备，向民权县综合检验检测中心无偿捐赠原值558万元的器材17台或套。

【基础设施建设】 为解决农村单身老人养老问题，利用海关资金在鲁山县石坡头村建成占地约1900平方米的集中供养站“海石之家”，建筑面积518平方米，有住房12间，活动室、餐厅等配套设施齐全，当年入住10人，选聘2名贫困户作为服务人员。“海石之家”利用房顶空闲资源建成70千瓦光伏电站，不仅满足供养站的日常运维费用，每年还为村集体增加3万元收入。在卢氏县代家村建设一座共2层10户的五保户安置房，每间房约20平方米，当年入住8人。

【健康扶贫】 上竹园寺村第一书记王镝通过上海海关牵线，引进复旦大学附属中山医院徐汇医院的“互联网远程医疗服务站”健康扶贫项目，为150余名村民提供远程视频诊疗服务，为50余名村民提供健康咨询意见，对500余名村民实施健康体检并同步建立个人健康档案，服务范围辐射全镇数万群众。

（海关总署定点扶贫办　游　画）

国家税务总局定点扶贫

【概述】 2019年，国家税务总局（以下简称“税务总局”）定点帮扶青海省海东市平安区和民和县。税务总局建立完善省税务局协作帮扶工作机制，形成“总局机关主导，有关省市联动配合”的联动帮扶模式。按照优中选优原则，把党性强、觉悟高、能力突出的3名干部选派到扶贫第一线。直接投入和引进帮扶资金1304万元，用于完善农村基础设施建设、搭建电子商务平台、改善困难群众生活水平等项目。大力促进消费扶贫，加大对基层干部和技术人员培训力度，认真落实扶贫领域税收优惠政策。2019年年底，民和县达到脱贫摘帽标准，并顺利通过省市县三级自评。

【扶贫资金投入】 2019年，税务总局直接投入和引进帮扶资金1304万元，其中直接投入资金404万元，引进资金900万元，主要用于完善农村基础设施建设、搭建电子商务平台、改善困难群众生活水平等项目。年度资金投入具体情况：税务总局向平安区、民和县各投入扶贫资金200万元，共400万元，占总资金的30.67%；向平安区、民和县各投入困难群众慰问金2万元，共4万元，占总资金的0.32%；相关协作帮扶省税务局向平安区、民和县各投入帮扶资金200万元，共400万元，占总资金的30.67%；交通运输部专项拨款500万元，占总资金的38.34%。

【扶贫调研】 2019年10月，税务总局党委书记、局长王军赴青海省调研定点扶贫工作，实地查看民和县大库土村村民办事服务厅、税务助学空间站、村民文化广场等地，调研易地搬迁后村庄建设和产业、教育、就业扶贫进展情况，走村入户看望困难群众，主持召开税务总局定点扶贫工作座谈会。

【扶贫制度建设】 印发《国家税务总局机关扶贫干部管理暂行办法（试行）》，明确在扶贫干部选派、日常管理、纪律要求、年度考核、培养使用、津贴补助等方面各项规定，进一步加强扶贫干部管理的规范性。

【扶贫培训】 2019年，税务总局协助平安区、民和县举办基层干部和专业技术人才培训班3期，累计培训207人。其中，培训干部174人次（含第一书记、驻村工作队员），培训各类专业技术人员33人次。

【干部挂职扶贫】 2019年，税务总局选派的3名挂职扶贫干部在引进帮扶资金、推动产业建设、拓展电商经济、促进消费扶贫方面主动担当作为，为定点区县脱贫攻坚贡献自己的力量。税务总局严格按照《国家税务总局机关扶贫干部管理暂行办法（试行）》，加强对挂职扶贫干部的管理，要求扶贫干部按季上报工作情况，每半年召集扶贫干部听取工作汇报，督促工作落实。2019年5月，弓弢被青海省扶贫开发工作领导小组评为脱贫攻坚先进个人。

【产业扶贫】 税务总局带头推进消费扶贫，购买和帮助销售贫困地区农产品96.8万元。在前期引进建设家庭牧场养殖项目、集装箱锁生产企业和物流交易平台项目的基础上，新建乡村振兴示范基地电商服务中心项目1个，打造集线下体验、品牌推广、线上销售为一体的综合电商服务中心，有效整合平安区富硒农产品资源，拓宽产品销售渠道，吸纳当地贫困人口就业，促进地方农业和电子商务发展。

【公益扶贫】 中国税务杂志社借助杂志读者遍及全国税务系统、各级政府部门和广大纳税人的优势，将少数民族边远艰苦地区学校需求与社会力量进行有效对接，发动读者力量参与精准扶贫，持续开展“税务公益助学活动”。2019年11月，“税务公益助学活动”第九站是民和县大库土村，为当地小学捐助价值20万元的图书、桌椅、书包等物品，并为25户贫困户捐助价值5万元的屋顶防水设备。

【基础设施建设】 加强基础设施建设，为平安区洪水泉乡、民和县偏远山区购买安装700余盏太阳能路灯，解决夜间照明问题。为平安区西营新村、堂寺尔村实施下水道改造、新建排水沟工程。改善教育基础设施，为民和县中川乡虎狼城教学点新建一处教学用房。切实改善困难群众生活水平，为平安区古城乡、沙沟乡新建6间公共厕所。为民和县上马家村修建水泥路1条，新建村民活动广场1个。

【协作帮扶机制】 按照税务总局党委对定点扶贫工作的部署，确定北京、上海、江苏、浙江、福建、广东、厦门、深圳8个经济发达地区省（市）税务局作为税务总局定点扶贫的协作帮扶单位，负责对平安区、民和县在招商引资、资金帮扶和人员培训等方面给予帮助支持，形成“总局机关主导，有关省市联动配合”的联动帮扶模式。2019年，8家协作帮扶单位各出资50万元为平安区、民和县共提供400万元无偿帮扶资金，主要用于当地改善基础设施建设、开展干部培训、购置医疗设备等。安排民和县1名基层干部到广东省基层税务局挂职锻炼，并联络协调招商引资相关工作。

（国家税务总局机关党委　邱述光）

国家市场监督管理总局定点扶贫

【概述】 2019年，国家市场监督管理总局（以下简称“市场监管总局”）定点帮扶甘肃省礼县和黑龙江省同江市、抚远市，围绕落实定点扶贫责任书，分解任务，超额完成《中央单位定点扶贫责任书（2019年度）》签订的各项指标任务。其中，对定点扶贫县市直接投入帮扶资金1098万元，引进帮扶资金10529万元，帮助培训基层干部574人、技术人员723人，直接购买贫困地区农产品66万元，帮助贫困地区销售农产品2366万元。深度贫困县礼县实现贫困人口脱贫3.43万人，贫困村退出143个，贫困发生率从2018年年底的9.76%降至2019年年底的2.5%。在2018年抚远市整体脱贫的基础上，2019年5月同江市实现脱贫摘帽。

【扶贫资金投入】 2019年，市场监管总局通过协调直属单位安排扶贫专项资金、动员企业和社会组织捐赠资金、号召党员干部献爱心等多种方式，进一步加大对定点扶贫县市的资金投入力度。累计向定点扶贫县市直接投入资金1098万元，帮助引进各类帮扶资金10529万元。

【扶贫调研】 2019年，市场监管总局各级干部赴定点扶贫县市考察调研共212人次，其中总局领导赴定点扶贫县市调研考察4次。6月，市场监管总局局长肖亚庆深入礼县调研，考察帮扶引进的产业项目，看望驻村第一书记，走访慰问贫困群众，并召开扶贫工作座谈会，听取当地扶贫工作以及相关企业参与扶贫的情况介绍。7月、9月，市场监管总局副局长唐军先后赴同江市、抚远市和礼县调研帮扶措施落实情况，督促指导定点扶贫县市加快推动总局引进项目和帮扶事项的落地落实工作。

【扶贫培训】 2019年，市场监管总局采取举办定点扶贫县市乡村干部培训班、在业务培训班安排免费培训名额、引导社会力量实地举办培训班等方式，累计帮助定点扶贫县市培训基层干部和技术人员1297名。培训内容包括现代农业、种养殖技术、乡村旅游、农村电商、手工艺制作、外贸营销、集体经济管理、合作社管理、新餐饮、外卖运营、民宿服务、酒店管理、互联网营销等。

【干部挂职扶贫】 选派工作能力突出、领导经验丰富的精兵强将赴定点扶贫县市挂职，到贫困村担任第一书记。2019年，市场监管总局选派刘建勇挂任礼县副县长、刘岩华挂任抚远市通江乡东发村驻村第一书记、徐然挂任抚远市副市长、彭健乔挂任礼县江口镇塄上村驻村第一书记，包括挂任同江市副市长的市场监管总局办公厅综合处处长吴少华，共派驻3名挂职扶贫副县（市）长和2名驻村第一书记，且都分管或协助分管扶贫工作，扶贫干部力量进一步充实。

【党建扶贫】 2019年6月，市场监管总局印发《开展党建扶贫结对帮扶工作的实施方案》，部署全面开展“党建+扶贫”行动，推动各司局、各直属单位党组织与3个定点扶贫县市的49个乡镇结成“一对一”或“二对一”帮扶对子，实现结对帮扶全覆盖。各司局、各直属单位党组织深入结对乡镇开展调查研究，指导基层党建，共同谋划脱贫思路，积极为贫困群众捐款捐物，帮助联系资金项目，帮助销售农产品，帮助培训基层干部和技术人员，构建机关全员参与定点扶贫工作的新格局。至2019年年底，各司局、各直属单位通过积极开展各类帮扶活动，累计为定点扶贫县市农村捐赠党群活动中心建设资金100多万元，捐赠电子阅览设备和党建书籍等价值20多万元，慰问贫困户和困难党员500多名，帮助培训基层干部和技术人员700多名，引进社会帮扶资金60多万元，帮助销售农产品30多万元。

【产业扶贫】 2019年，市场监管总局推动中国医药集团有限公司下属中国中药控股有限公司在礼县启动总投资3亿元、占地236亩的中药产业园建设项目，项目涵盖道地药材种植科研、种苗规模化繁育、鲜药材工厂化初加工、中药饮片交易市场、大健康产品开发的完整产业链条。协调浙江、福建、山东、广东等地市场监管部门，为同江市对接杭州娃哈哈集团有限公司、永辉超市股份有限公司、山东鲁花集团有限公司、碧桂园控股有限公司等知名企业提供帮助，助力中俄同江铁路大桥经济区招商引资。

【消费扶贫】 采取机关直接购买农产品、号召爱心企业和社会机构采购农产品、协调电商平台帮助销售农产品等多种方式，深入开展消费扶贫，助力定点扶贫县市拓宽农产品销售渠道，促进当地贫困群众增收脱贫。2019年，市场监管总局共直接购买定点扶贫县市农产品66万元，联系爱心企业、社会机构直接采购和推动淘宝、天猫、美团、今日头条、京东商城、拼多多、抖音、快手等电商平台帮助销售礼县苹果、同江大米、抚远蔓越莓等各类农产品2366万元。

【电商扶贫】 充分发挥职能优势，协调联系阿里巴巴网络技术有限公司、北京字节跳动科技有限公司等国内知名电商集团，助力礼县一手抓苹果产业发展不动摇，一手抓电商销售发展不动摇。2019年9月，市场监管总局连续第6年支持礼县举办“礼县苹果产销对接（电商）洽谈会”，组织40多位淘宝、抖音、快手、头条电商主播通过开展线上线下营销推广活动，推动实现礼县苹果展现量1.5亿次，线上销售礼县苹果9.5万件；推动在阿里巴巴网络技术有限公司举办的丰收节公益直播盛典活动中，通过主播推荐、现场推介等形式，3个小时销售礼县苹果75吨；10月，协调礼县苹果被阿里巴巴网络技术有限公司评选为“1688〔食尚指南　一县一品〕”重点农产品推广宣传品牌之一，有效帮助礼县苹果拓宽销售渠道；11月，协调礼县苹果登陆由优酷、浙江卫视、东方卫视直播的“2019天猫双11狂欢夜”，进一步提升礼县苹果的知名度和美誉度。

（国家市场监督管理总局办公厅　张良进）

国家体育总局定点扶贫

【概述】 2019年，国家体育总局定点帮扶山西省繁峙县、代县，选派3名干部分赴2个定点县挂职开展扶贫工作，投入扶贫资金共1173万元，引进帮扶资金320万元，培训基层党政干部409名，培训农牧业技术人员、社会体育指导员、全民健身骨干1050人，购买定点县农副产品共450万元，帮助销售农副产品98万元。同时，坚持发挥体育特有资源优势，全年在定点县举办大型体育赛事、全民健身活动共10项，向2个定点县捐赠运动器材装备、教学器具、办公用品等，可计价的19375件、折合现金价值674万元，另有无估价体育装备1450件、办公用品300余件。2019年4月，繁峙县正式退出贫困县行列。12月，代县也通过第三方的全面评估检查达到退出贫困县标准。

【扶贫资金投入】 2019年，国家体育总局向繁峙县、代县投入帮扶资金1173万元，主要包括通过财政转移支付，支持定点县体育设施建设和全民健身活动经费500万元；直接投入扶贫项目建设经费422万元；开展定点县基层干部培训45万元；由各单位和协会直接投入举办赛事活动、全民健身培训以及支教扶贫等的经费206万元。帮扶资金有针对性解决定点县部分村民饮水难、用电难、就医难、出行难突出问题373万元，支持村集体带贫项目49万元。

【扶贫调研】 2019年，国家体育总局3位领导赴繁峙县、代县调研指导扶贫工作。11月，党组书记、局长苟仲文带队到2个定点县调研指导扶贫工作，走访慰问贫困群众，进村入户开展调研，并与山西省、忻州市和2个定点县领导深入座谈交流，了解脱贫攻坚进展情况和定点扶贫工作情况。5月、9月，党组成员、中央纪委国家监委驻国家体育总局纪检监察组组长习骅和党组成员、副局长杨宁先后到2个定点县蹲点调研和检查指导，帮助2个定点县理清产业扶贫、消费扶贫、体育扶贫思路和精准脱贫的突破方向，加强对扶贫攻坚工作的监督，推动定点扶贫工作开展。此外，国家体育总局系统12名司局级领导干部到2个定点县督促落实本单位的扶贫任务，20多家单位的工作人员到2个定点县对接开展扶贫赛事活动、教育培训和支教帮扶。

【扶贫培训】 2019年11月，国家体育总局会同代县县委组织部、县非公和社会组织工委举办代县非公和社会组织党组织负责人培训班，为期7天，共139人参加。会同繁峙县县委组织部、县委党校举办繁峙县乡村干部基本素质提升暨县委联系的专家专题培训班，共207人参加。此外，协调北京农业职业学院、中国扶贫开发协会高校教育扶贫委员会等免费为2个定点县培训高级农村实用专业人员和基层教师，国家体育总局各有关单位在2个定点县开展社会体育指导员、卫生医疗和全民健身工作骨干等各类培训13项，累计参加人数2200多人。另外，举办4期少年儿童夏令营，共有320名学生参加活动。

【干部挂职扶贫】 2019年，国家体育总局派出3名处级干部到繁峙县、代县挂职扶贫，分别担任代县县委常委、副县长和繁峙县县委常委、副县长，以及繁峙县三祝村第一书记。

【产业扶贫】 2019年，国家体育总局投入41万元，支持繁峙县建设金山铺乡下浪涧村小杂粮加工厂，建成后归村集体所有，可提前与村民签订种植收购合同，承诺收购本村和金山铺乡其他村贫困户小杂粮。加工厂每年支付承租费4.5万元，其中85%用于帮扶村内失能人员；优先招聘村内有劳动能力的贫困户雇工10名，增加贫困户收入。当企业年利润达到20万元、30万元、50万元时，在每年的租金基础上再分别按利润的3%、5%、10%分配给村集体。

【基础设施建设】 2019年，国家体育总局投入70万元，为繁峙县三祝村挖掘一口300多米的深井，为村民提供安全饮水和灌溉用水，改变该村60多年缺少水源、靠天吃水的状况。投入11万元，为该村修缮集体羊舍、更换变压器。投入240万元，为代县胡峪乡分水岭的水毁道路实施恢复工程，彻底解决周边12个村1000多户的出行难题，带动当地黄芪种植加工产业的发展。

使用体育彩票公益金向繁峙县、代县各投入200万元建设体育健身基础设施。其中，在繁峙县隐峰山、灵岩山建设两条长为15.96千米、13.57千米的健身步道及其配套设施和导视标识系统。在代县建设雁门关登山步道、赵杲观登山步道和湿地体育公园笼式足球场等设施。

【健康扶贫】 2019年，国家体育总局投入60万元为代县购置40辆巡回医疗专用车，其中购买电动汽车9辆、电动自行车31辆，配备给15个偏远乡镇卫生院和村卫生室，用于开展基本医疗和公共卫生服务、健康扶贫、巡诊等工作，缓解医疗服务的交通保障难题。

【消费扶贫】 2019年，国家体育总局机关党委4次发文，安排各单位、各协会从繁峙县、代县采购农副产品，并要求有职工餐厅的单位积极采购2个定点县农副产品。全年购买定点县农副产品总计450万元。北京体育大学还联合北京农业职业学院，与代县阳明堡养鸡合作社签订3年130万元的鸡蛋采购合同。2019年，帮助销售2个定点县农副产品共98万元。

【体育扶贫】 2019年，国家体育总局在繁峙县、代县分别举办"寻找美丽中华"定向越野赛、中国繁峙毽球公开赛、代县雁门关国际骑游大会、全国大学生篮球精英赛、2019"奥跑中国"大众路跑全国系列赛山西繁峙站比赛、繁峙农商杯"篮球比赛"、五台山徒步健身大会等共10项大型赛事，还引进投入320万元的第二届全国青年运动会中国式摔跤比赛。通过举办体育赛事活动，促进2个定点县竞技体育项目的开展和全民健身运动在大众中的普及，为两县脱贫摘帽和巩固提升提供动力，营造良好发展环境，打造"体育+"扶贫新模式。

（国家体育总局扶贫办　黄　炜）

国务院参事室定点扶贫

【概述】 2019年，国务院参事室（以下简称“参事室”）定点帮扶吉林省龙井市。参事室发挥智力资源和渠道特色，结合龙井市实际，扎实开展定点扶贫工作。龙井市于2019年4月成功脱贫摘帽。定点帮扶村龙海村被评为“省级贫困村社会主义核心价值观提升项目示范村”，与龙井市红十字会合作推进的龙海村博爱家园项目被中国红十字会总会评为“全国红十字系统博爱家园助力脱贫攻坚优秀项目”。挂职扶贫干部杨文军荣获2019年“吉林省脱贫攻坚奖·特别贡献奖”。

【扶贫资金投入】 2019年，参事室累计投入帮扶资金241.44万元。其中，投入调研联系点经费30万元，用于组织贫困地区党员、致富带头人等开展脱贫攻坚和乡村振兴相关调研学习。投入划拨党费1万元用于解决龙海村冬季水冻问题，各类捐款201.54万元，其中主管社会组织华鼎国学研究基金会向龙井市捐赠“极书”传统文化教育软件40套，价值200万元。引进帮扶资金2092.61万元。协调国家发展和改革委员会拨付资金2000万元，用于龙井实验小学和龙井市第四中学教育现代化推进工程；从北京银行股份有限公司济南分行引入帮扶经费7.1万元，用于资助贫困学生、解决群众生产生活困难。协调中国医疗器械有限公司为龙井市捐赠15万元，用于改善村级卫生室基础设施；协调深圳市恒晖儿童公益基金会捐赠8.5万元，购买村卫生室医疗装备；协调吉林、四川等地医药企业捐赠价值16.3万元的家用常备药品；协调北京新发地农产品中心免收特色食品展销活动龙井市展位租金年均20万元；帮助销售农产品11.41万元；协调辽宁爱心企业引入帮扶资金12.9万元，用于龙海村环境整治、排水排涝等工作；协调其他组织和个人捐赠1.4万元。

【扶贫调研】 2019年9月，参事室党组书记、主任王仲伟赴龙井市，实地调研龙井实验小学新教学楼施工现场、龙井市中医院，并听取教育、朝鲜族医药等情况汇报。参事室党组成员、副主任赵冰调研龙井市工业园区和苹果梨农场，围绕产业扶贫研究推进有关工作。5月，参事室机关党委组织各司室及所属事业单位8名青年干部分赴智新镇龙海村、明东村、胜地村及东盛涌镇龙山村蹲点一周，开展“五天四夜”党性教育暨蹲点扶贫实践活动。机关各司室、机关党委全年组织党员干部并协调参事、特约研究员赴龙井市调研扶贫工作22人次。

【干部挂职扶贫】 2019年，参事室选派1名处级干部挂职市委常委、副市长。选派1名科级干部任龙海村第一书记。挂职干部协调中国名优食品推广中心帮助龙井市企业在北京新发地农产品中心批发市场开展特色食品展销活动，全免展位租金年均20万元；协调辽宁酿酒企业赴龙井市开展苹果梨深加工调研，筹划建设苹果梨深加工产业园。开展文化产业扶贫，组织捐赠书画作品、旅游用自行车等。驻村第一书记协助开展集中整顿软弱涣散村党组织排查和整治。2019年龙海村被评为“省级贫困村社会主义核心价值观提升项目示范村”。与龙井市红十字会合作推进的龙海村博爱家园项目被中国红十字会总会评为“全国红十字系统博爱家园助力脱贫攻坚优秀项目”。

【扶贫培训】 2019年，参事室共计培训基层干部790人，技术人员64人。组织龙海村基层党员和致富带头人到北京市农林科学院、中粮智慧农场等单位学习农业科学技术知识，参观现代农业项目，并与农业专家座谈交流。协调国务院参事汤敏引接中国慈善联合会乡村振兴委员会的乡村振兴“领头雁”计划——公益性新农人专业赋能培训项目，龙井37位致富带头人参训。组织龙井部分第一书记、农村党员和致富带头人25人赴浙江省象山县开展“乡村治理和特色产业发展”调研学习活动。组织龙井第一批9名村医参加“善医行”村医公益全科医生培训，进一步提升村医服务群众能力水平。邀请国务院参事许琳为延边朝鲜族自治州基层干部作讲座。

【消费扶贫】 参事室共计购买贫困地区农产品5.01万元，帮助销售贫困地区农产品11.41万元。龙海村联合中国第一汽车集团有限公司的包保村南阳村，投资20万元合作开发“海兰江畔农产品电商平台”，由第一书记代言，销售特色农产品20万元。协调北京银行股份有限公司济南分行购买农产品1.1万元。与中国农业银行股份有限公司北京市分行签署消费扶贫合作备忘录，通过农行扶贫商城开展业务合作。

（国务院参事室　吕海洋）

国家机关事务管理局定点扶贫

【概述】 国家机关事务管理局(以下简称“国管局”)自1993年起定点帮扶河北省阜平县。2019年,国管局配合阜平县委县政府,以职业教育、电子商务、医疗健康、产业扶持、整村推进和扶危济困等方面为重点,共直接投入资金物资1156.79万元,引进帮扶资金2.12亿元,帮助销售农产品20562.14万元,直接购买农产品32.16万元,培训基层干部330名、技术人员1873名,推动阜平县经济社会发展。2019年年底,阜平县贫困人口由2012年的10.81万人减少到832人,贫困发生率由54.4%下降到0.45%。

【扶贫资金投入】 2019年,国管局局属各单位共计直接投入帮扶资金1156.79万元。其中,向阜平县职业技术教育中心(以下简称“阜平职教中心”)捐赠价值1万余元的图书,支持梦翔图书馆建设。向县政府捐赠1辆发电车,价值48万余元。向西下关村等捐赠床品等客房用品57万余元。局属单位及全局干部职工捐款1049.48万元,与吸收引进的8家银行捐赠的资金,共3000万余元,用于设立国管局阜平县教育奖励基金。此外,国管局积极发动局属单位开展消费扶贫工作,2019年共购买阜平县农产品32.16万元。

【扶贫调研】 2019年,国管局共计105人次赴阜平县考察调研。国务院副秘书长,国管局党组书记、局长李宝荣带队赴阜平县调研推进定点扶贫工作,慰问困难群众和困难教师;其他党组领导先后6人次前往阜平县协调推进各项重点工作,并充分发挥横向联系优势,邀请有关部门实地推动相关扶贫项目。同时,还针对阜平职教中心运营管理、易地扶贫搬迁、产业项目发展、政策落实和作风建设等主题开展实地督导,并与阜平县党政主要领导召开扶贫工作座谈会,共同研究脱贫攻坚工作,进一步明确帮扶思路。此外,国管局党组中心组会同阜平县委理论学习中心组召开脱贫攻坚主题联学会,调研阜平县落实“两不愁三保障”要求的实际举措和工作成效。

【扶贫培训】 2019年,国管局在阜平县开办培训班,培训或协助培训4000余人。结合县域经济发展需求,在食用菌种植、果树管理、民俗旅游等方面培训农村劳动力1369人;结合电商销售直播平台兴起的新趋势,开展普及型电商培训1873人;结合健康扶贫要求,邀请北京专家培训中医院管理人员330人;结合易地扶贫搬迁,开展入住基本技能提升培训587人。协调清华大学在阜平职教中心设立乡村振兴阜平远程教学站并举办200余人参加的首期培训,借助优质教育资源提升基层党政干部能力素质。协调新希望六和股份有限公司与阜平县政府共建“阜平新希望绿领学院”并举办共计300余人参加的首期培训,助力农业人才发展。

【干部挂职扶贫】 2019年,国管局共7名干部在阜平县挂职工作。其中,1名处级干部挂任县委常委、副县长,负责职业教育等方面工作,协助分管扶贫开发、招商引资、电子商务工作;1名处级干部挂任平石头村第一书记;1名干部挂任县扶贫办副主任、阜平职教中心副校长。4名中央选调生同步开展基层锻炼,其中2人挂任阜平职教中心校长助理,2人挂任平石头村支部委员会副书记，形成政府部门、校村一线联动的工作格局。国管局驻平石头村第一书记赵振兴获评2018年度河北省扶贫脱贫“优秀驻村第一书记”。

【扶贫慰问】 2019年，国管局领导、局属有关单位和扶贫工作组多次开展慰问活动，共走访慰问困难群众、困难教师、困难学生等117户，送去生活物资和慰问金价值5.73万元。

【扶贫宣传】 2019年，国管局定点扶贫案例入选第二届中国优秀扶贫案例东西协作与定点扶贫十大优秀案例，人民网、新华网等媒体对此进行宣传报道。河北日报、保定晚报、北京日报等媒体刊登国管局扶贫事迹。参加中国中央电视台中国电商扶贫行动6·18特别节目，介绍国管局定点扶贫工作。在共青团中央扶贫专题培训班上介绍国管局定点扶贫工作，专题交流网络直播助推脱贫攻坚的阜平实践。

【扶贫资金管理】 2019年，国管局指导县教育和体育局、县民政局做好捐赠资金的登记和管理，督促出台《中共阜平县委阜平县人民政府关于发放国家机关事务管理局奖学奖教金的决定》，认真遴选奖金发放人选，并进行公示公告和公开授奖。

【产业扶贫】 2019年，国管局帮扶阜平县因地制宜发展产业。推进规模养殖方面，全国最大的硒鸽产业项目已有20余万对种鸽入场，形成硒鸽养殖、育肥、屠宰、销售完整产业链，惠及12816户建档立卡户；引进总投资9亿元的新希望生猪养殖项目。推进中国·阜平装配式建筑产业园建设方面，协调中国雄安集团有限公司基础建设公司、住房和城乡建设部科技与产业化发展中心与阜平县签订联合共建协议，有6家企业签订28亿元的投资意向书。推进电子商务发展，阜平县电商全网销售额突破2亿元，惠及建档立卡户3663户。增加电商销售品类，拓宽电商销售渠道，近20款产品首次进入主流电商平台，解决滞销生鲜产品销售难题。主动与新媒体接轨，举办2019中国电商扶贫行动阜平专场，中国中央电视台、中国共产主义青年团中央委员会等30余家平台现场直播，在线观看人数超过1700万，1小时销售额超过113万元。扶持4家当地龙头企业和1家农村合作社，精准带动农户增收。帮助平石头村销售核桃、蘑菇酱等农产品82万元，与北京京东世纪贸易有限公司、洽洽食品股份有限公司合作注册“村长刘”“东洽果园”品牌。

【教育扶贫】 2019年，国管局联合8家车企向阜平职教中心捐赠价值6000万元左右的物资，包括250余辆车、260多个发动机变速器和其他教学资源，大幅提升阜平梦翔汽车培训基地实训条件。汽车专业已成为阜平职教中心的龙头专业，全年共向车企输送1000人，其中建档立卡贫困家庭人口100人。紧抓高职扩招100万人的契机，协调保定市人民政府批复设立保定职业技术学院阜平校区（高职），重点面向退役军人、下岗人员、农民工、新型农民4类人群，共招生1500人。协调阜平职教中心与河北软件职业技术学院开展中高职“3+2”分段培养，全年招生160人。发挥北京·燕太片区职教扶贫协作区平台优势，面向协作区招生304人，全校有协作区学生1000余名。

【公益扶贫】 2019年，国管局将联合8家银行捐赠的3000万余元资金设立为国管局阜平县教育奖励基金，建立面向全县优秀师生的长效激励机制。全年共向425名师生发放奖学金、奖教金89.95万元。联系中华慈善总会、云南省阜外心血管病医院，对全县3.9万名18周岁以下人口进行先心病筛查，并组织患儿赴云南省阜外心血管病医院和中国人民解放军总医院免费治疗。协调中国中医科学院专家为贫困户和阜平职教中心困难教师上门诊断治疗。组织阜平职教中心40名学生参加北汽公益文化夏令营，组织阜平县优秀中小学生参与中国宋庆龄基金会举办的“做时代好少年·我和祖国一起成长”和“2019美丽乡村博鳌国际峰会”主题活动。协调河北省重庆商会等爱心组织和爱心企业开展捐赠，帮扶贫困大学生、丰富阜平职教中心文体生活、改善村小学厨房条件等。全年共组织建档立卡户参加公益岗位劳动1740人次。

【基础设施建设】 2019年，国管局继续与中国铁路总公司（现名中国国家铁路集团有限公司，编者注）加强沟通，推动雄忻高速铁路在阜平县过境设站，阜平段线路已经基本确定。完善平石头村基础设施，易地搬迁安置小区24栋楼125套房已实现全部入住；进行河道清理和主路绿化，完善村内基础设施，联通运行主村3千米地下污水管网；村小学改建工程竣工并于9月投入使用。

【健康扶贫】 2019年，国管局帮助阜平县启动阜平县中医院和医疗康复托老中心项目。协调国家中医药管理局和中国中医科学院，选派行政干部和得力专家到阜平县挂职帮扶，科学规划医院发展，帮扶建设脑病科、内科等重点科室，从无到有建设儿科，提升医院服务水平。邀请专家到阜平县举办培训班，协调中国中医科学院广安门医院等3家医院接收阜平县中医院医护人员进行短期进修，提高本地医护工作者水平。邀请中国中医科学院所属医院和驻点帮扶团队主动送医下乡，全年共下乡义诊10余次，惠及近700名山区群众。

（国家机关事务管理局第21批
扶贫工作组　王　琪）

国务院港澳事务办公室定点扶贫

【概述】 国务院港澳事务办公室(以下简称“港澳办”)定点帮扶河北省赞皇县。2019年,港澳办着力在基础建设、产业发展、教育医疗、消费带动方面下功夫,突出精准实用,强化扶志扶智,紧密结合赞皇县脱贫发展需要,对标对表、多措并举,超额完成定点扶贫责任书各项指标任务。2019年5月,河北省政府批准赞皇县退出贫困县序列。2019年年底,赞皇县建档立卡贫困人口全部脱贫。

【扶贫资金投入】 2019年,港澳办围绕赞皇县脱贫攻坚实际需要,凝聚包括港澳同胞在内的各方面力量,协调引进港澳帮扶资金3093.74万元,使用行政经费直接投入帮扶资金16万元,主要用于支持赞皇县教育、医疗卫生、文化等基础设施建设和特色产业发展。

【扶贫调研】 2019年12月,港澳办党组书记、主任张晓明带队赴赞皇县进行调研检查,实地查看帮扶项目建设情况,看望慰问贫困群众和一线扶贫干部,与县委县政府就贯彻落实中央经济工作会议关于脱贫攻坚的部署要求,传达学习习近平总书记关于聚焦“两不愁三保障”打赢精准脱贫攻坚战的重要指示精神,进一步巩固提升脱贫成效等进行座谈,研究部署下一阶段工作。5月、10月,分管定点扶贫工作的港澳办副主任宋哲先后2次赴赞皇县现场办公,加强定点扶贫工作具体指导,推进帮扶项目建设进度,督促赞皇县进一步履行主体责任,加强扶贫队伍建设和人才培养,规范帮扶资金使用管理,切实防范廉政风险。此外,港澳办派出10余人次赴赞皇县开展督促检查,指导县委县政府落实脱贫攻坚政策措施,会同一线挂职干部统筹做好项目落地、资金拨付、人力调配、推进实施等工作。

【扶贫培训】 2019年,港澳办在赞皇县开设9期培训班,帮助培训县乡村三级基层干部890人次,培训技术人员718人次。依托港澳区情研讨班等平台,定期组织赞皇县干部赴港澳地区开展培训,帮助他们开阔眼界、更新观念、提升素质,同时强化赞皇县与港澳地区的联络交流,并开展招商引资。

【干部挂职扶贫】 2019年,港澳办选派2名干部赴赞皇县任副县长和驻村第一书记。全体挂职干部扎根基层,与当地干部群众吃住工作在一处,充分发挥攻坚克难骨干和桥梁纽带作用,赢得赞皇县当地干部群众的高度评价。

【产业扶贫】 2019年,在港澳办的协调推动下,香港旭日集团有限公司与赞皇县签署协议,投资帮助建设一座加工厂,以当地特色红枣作为原料生产高端食品,进一步延伸产业链条,提高产品附加值,首期捐赠资金437.41万元(500万元港币)已经到位,项目建设稳步推进。港澳办投入帮扶资金100万元,在赞皇县莲华农庄建设6座温室大棚,主要以种植白灵菇为主,除直接吸收贫困劳动力10人以上外,每年还能带动55户贫困户平均增收2000元以上,并从项目效益中每年拿出6万元由对口帮扶的乡政府统筹使用。

【消费扶贫】 港澳办与赞皇县签订农产品长期供应协议,直接购买赞皇县农产品20.02万元。帮助赞皇县拓宽农产品销售渠道,实现销售额54.32万元。

【健康扶贫】 2019年,在港澳办持续协调推动下，香港旭日集团有限公司无偿捐赠2000万元，帮助赞皇县医院新建门诊大楼，总建筑面积6000平方米，2019年正式开工建设。经港澳办积极争取，澳门基金会2019年捐赠500万元，帮助赞皇县医院购置1套核磁共振成像系统。

【公益扶贫】 2019年“五四”青年节前夕，港澳办联合国务院扶贫办、国家发展和改革委员会、外交部等6部委赴赞皇县开展“青春心向党、建功新时代”支教扶贫主题团日活动。21名青年干部深入贫困学生和孤寡老人家中进行走访慰问，前往当地中小学开展支教活动，向孩子们讲授关于“一国两制”实践、现代科技、卫生健康、知识产权保护等方面内容。《中国扶贫》杂志以“太行深处港澳情”为题报道港澳办帮扶赞皇县和主题团日情况。

（国务院港澳事务办公室秘书行政司行政处　张　彪）

国务院研究室定点扶贫

【概述】 国务院研究室(以下简称“国研室”)推进河南省淅川县精准扶贫精准脱贫各项工作,继续强化党组统抓、部门联动、全员行动的定点帮扶格局,突出打好淅川县脱贫摘帽之战。国研室克服无行政审批职能、无资金资源调配等特殊困难,从相关经费中划拨15.5万元,动员引进各类资金超过7000万元,动员干部职工购买淅川县农产品10.5万元,帮助销售农产品700余万元。2019年年底,淅川县贫困发生率降至0.88%,159个贫困村全部脱贫出列,退出率和达标率均为100%。国研室在国务院扶贫开发领导小组关于2019年中央单位定点扶贫工作成效评价中,评价等次为“好”。

【扶贫资金投入】 2019年,国研室向淅川县直接投入帮扶资金15.5万元,动员引进各类资金超过7000万元,资金用于产业支持、基础设施建设及扶贫培训等方面。

【扶贫调研】 国研室连续两年由主要领导带队赴淅川县开展“解剖麻雀式”专题调研。2019年8月,国研室党组书记、主任黄守宏带领各司业务骨干赴淅川县开展集中调研。对贫困县退出评估、县级财政运行、减税降费、中小企业融资、就业创业、医保、乡村人才等问题进行深入分析,总结提炼经验,提出意见建议,形成10篇调研报告。中共中央、国务院多位领导作出重要批示,为优化全国脱贫攻坚政策举措提供参考。2019年,有2名室领导、7名司级干部、13名处长及青年业务骨干共计22人开展调研。

【产业扶贫】 发挥各业务司熟悉政策制度优势,加强对口业务指导和政策落实把关,帮助淅川县围绕发展高效生态脱贫产业主线,形成“短中长”三线并重的产业发展格局。指导以丹江湖5A景区创建为载体,协助推动6个乡村旅游扶贫试点村建设,协调北京天文馆为淅川县建设科普旅游扶贫基地,打造丹江湖生态旅游圈。成功申报国家级电子商务进农村示范县,全面建成面积1万平方米、配套齐全的电商产业园,吸引128家电商企业和创业团队进驻,建成259个村级电商服务站。淅川县网店发展到3600多家,销售额8.03亿元。协调引进土体稳定剂技术和社会资金,指导建成包括建筑垃圾再生透水砖厂、生态修复植被毯生产车间、固废垃圾再生商混站在内的环保扶贫产业园,与安能集团旗下的大亚湾中南实业发展总公司达成战略合作协议。

【干部挂职扶贫】 2019年,国研室先后选派3名处级干部挂职帮扶。1名干部挂任县委常委、副县长,具体负责扶贫工作,到2019年12月,因延期一年任期已满,由另一位干部接替,担任县委常委、副县长、脱贫攻坚领导小组副组长,直接分管脱贫工作。1名干部担任驻村第一书记,协调各类资金1500万元解决出行、饮水和留守儿童教育等困难,流转土地3000多亩,建成涵盖深加工花茶、化妆品、酒水等系列玫瑰产品的生态玫瑰谷,实现村集体收入连续两年突破300万元,带动130多人就业,贫困发生率从41%降至0.6%。国研室选派任淅川县银杏树沟村驻村第一书记王涛,获得第23届“河南青年五四奖章”。

【党建扶贫】 国研室制定《机关各党支部结对帮扶淅川县乡村党支部工作方案》,安排机关10个党支部与淅川县10个党建基础相对薄弱的贫困村党支部建立联席帮扶机制，帮助提高贫困村基层党组织政治功能和组织力。督导淅川县全面摸排梳理基层党组织建设状况，提升贫困村支部组织力和党建工作活力。推动贫困村党支部、党小组和党员队伍规范建设，为村党支部委员、普通党员设岗定责。把党的组织建设和扶贫项目结合起来，指导贫困村强化产业党小组和青年脱贫突击队作用，把党小组设立在扶贫项目和产业链上。推动贫困村深化“村院”党建模式，建立村党支部与贫困村老干部老党员定期座谈机制，着力解决脱贫攻坚难题和群众反映突出问题。指导贫困村设立返乡创业基金，引导村内能人回流，增强脱贫发展合力。督促结对党支部开展“五个一”（宣讲一次政策、化解一次矛盾、办好一件实事、打扫一次庭院、组织一次餐叙）帮扶，有效激发贫困村的内生发展动力。

【扶贫培训】 对淅川县各级干部进行面对面培训帮带，累计培训562名扶贫干部，772名医务、电商等专业技术人员。围绕重点领域开展面对面座谈培训，分4个小组深入5个扶贫产业基地、8家企业、5家学校和医院、12户贫困户家中实地调研，宣讲中共中央、国务院决策部署和政策举措，介绍好经验好做法，帮助淅川县干部群众掌握政策、更新观念，提升自我发展能力。创新采取外出见学等多种方式开展培训，指导淅川县启动乡村振兴人才培育计划，通过开展乡村旅游考察培训、组织返乡创业村民外出培训、到企业挂职、村集体提供创业资金支持等方式，加大电商技能、乡村旅游运营培训力度，着力培养更多更好适应市场发展、敢于创新创造的企业管理和技术人才，强化脱贫致富人才支撑。借助协调引入的尤迈基金远程会诊系统，邀请北京协和医院专家为淅川县医务人员开展案例式诊疗培训。

【扶贫宣传】 指导淅川县利用“南水北调”水源地独特优势，线上线下同向发力，打造一批响亮的农产品品牌。帮助设计“淅有山川”区域公用品牌并协调中国中央电视台予以宣传，挖掘当地历史文化资源、创办“芈月山”农特产品牌并协调北京京东世纪贸易有限公司建立农产品馆。协调北京世界园艺博览会举办淅川扶贫产品展销活动并进行招商推介，承办第三届中国石榴博览会，参与2019年农民丰收节公益直播，开展淅川石榴基地线下直播、天猫2019淅川石榴丰收购物节发布会。举办脱贫攻坚与乡村振兴高峰论坛，打出对外推介“组合拳”，有效提高淅川县及其产品知名度。

（国务院研究室农村司　张伟宾）

新华通讯社定点扶贫

【概述】 新华通讯社（以下简称“新华社”）定点帮扶贵州省石阡县和河北省新河县。新华社充分发挥自身优势，聚集全社资源力量，结合定点扶贫县实际开展扶贫工作。2019年，中国经济信息社为定点扶贫县提供免费经济信息服务价值1500多万元，帮助定点县党委政府及时掌握最新政策信息和相关扶贫动态；连续四年编发《中国·铜仁精准扶贫指数报告》，为铜仁市扶贫成效评价提供有效参考；编发《中国·梵净山生态养生指数报告》，助推梵净山成功入选世界自然遗产等。经贵州省政府和河北省政府批准，石阡县、新河县分别于2019年4月、5月脱贫摘帽出列。在国务院扶贫开发领导小组组织的2019年定点扶贫工作成效考核中，新华社定点扶贫工作被评为“好”等次。

【扶贫资金投入】 2019年，新华社向石阡县、新河县直接投入和引进帮扶资金（含物资折款）分别为4618万元、3177万元。向石阡县投入和引进帮扶资金主要有直接投入自有资金58万余元，帮助石阡县融媒体中心优化提升功能；利用新华社多媒体资源，免费提供价值1445万元的广告推介服务；免费为县委县政府提供价值上千万元的信息产品服务，并为石阡县上百家企业提供信用服务；投入43万余元捐赠报刊、电脑、学生餐桌；协调九牧集团有限公司捐赠280万元卫生洁具；协调内蒙古伊利实业集团股份有限公司捐赠学生奶2000箱；为贫困户发起大病公益募捐筹资近10万元；协调中华社会救助基金会捐赠老人温暖包500套；落实北京师范大学附属实验中学学生向贫困学生捐赠衣物300余件等。向新河县投入和引进帮扶资金主要有直接投入自有资金83万元，援建新河县融媒体中心；利用新华社多媒体资源免费提供价值1349万元的广告推介服务；赠送价值100万元的“新华财经”“新华丝路”“新华信用”等经济信息服务；赠送价值71万元的《高管信息·三农专供》《经济分析报告（乡村振兴周刊）》等信息报告；捐赠价值9万元的幼儿教学器材和户外玩具；协调九牧集团有限公司捐赠价值401万元的卫浴器材；协调深圳市腾讯计算机系统有限公司免收300万元的新河县“腾讯智慧校园”平台使用费等。

【扶贫调研】 2019年，新华社领导5人次、局级干部40多人次到定点扶贫县考察调研。党组书记、社长蔡名照于9月到石阡县调研，考察脱贫攻坚成效，查看帮扶项目推进情况。党组副书记、总编辑何平5月到新河县实地考察调研。党组成员、副社长刘思扬10月赴石阡县考察县融媒体中心、村级农业合作社产业园等建设情况。党组成员、秘书长、办公厅主任兼新华社扶贫工作领导小组副组长宫喜祥2次到石阡县深度贫困村调研。

【干部挂职扶贫】 2019年，新华社选派3名处级干部和2名科级干部，组成石阡扶贫工作队和新河扶贫工作队，分别挂任县委副书记、县委办副主任及驻村第一书记。扶贫挂职干部奋战在脱贫攻坚第一线，受到当地干部群众广泛好评。2019年，石阡扶贫工作队被贵州省扶贫开发领导小组授予“贵州省脱贫攻坚先进集体”称号，队长邓诗微被贵州省委授予

“全省脱贫攻坚优秀共产党员”称号，队员杨琨、欧甸丘被授予“贵州省脱贫攻坚先进个人”和铜仁市“全市脱贫攻坚优秀共产党员”称号。驻新河县第二批扶贫工作队队长汪鹏获河北省脱贫攻坚贡献奖。

【产业扶贫】 推进农林产业扶贫，直接投入资金在石阡县援建茶叶加工厂和酥脆枣产业园，直属企业新华网股份有限公司投资100万元，在新河县援建一座总面积约5000平方米的高标准水产养殖、香菇种植综合大棚，推动定点扶贫县农林产业提质增效。推进品牌扶贫，组织相关企业实地调研考察，培训150多家企业，累计引入帮扶资金1550万元，吸引产业链上下游企业落地。

【扶贫培训】 实施各类培训帮扶项目，2019年培训基层干部1298人、技术人员595人。派出骨干记者、技术专家到石阡县融媒体中心开展融媒体报道培训，培训近100人次；派出资深编辑记者并邀请贵州省委党校专家赴铜仁市培训市县宣传干部83人次；邀请中国农业科学院茶树种植专家到石阡县传授茶树种植管护技术，培训人员近300人；邀请农业农村部农村经济研究中心专家、元一智库负责人到石阡县举办乡村振兴与农业农村转型等多场专题讲座，培训251人次；举办新河县农村党支部书记综合素质能力提升培训班和新型职业农民致富带头人培训班，分别培训126人、107人。

【消费扶贫】 完善消费扶贫专项计划，加大消费扶贫力度，2019年消费扶贫惠及龙头企业、农村合作社近30家，惠及贫困人口上万人，有力推动贫困农户增收、当地产业发展。在组织社内资源开展消费扶贫基础上，整合社会力量广泛参与，有效拓宽农产品销售渠道，购买定点扶贫县农特产品899万元。借助新华社民族品牌工程打造“黔系列”“重庆良品行动”“京东厂直优品计划”等系列活动，为定点扶贫县企业、村级集体经济合作社等对接电商公司，引入平台流量，开展互利合作，助推特色产品销售，销售额近270万元。

【教育健康扶贫】 做好教育健康扶贫工作，协调中华思源工程扶贫基金会“善举的力量”公益项目“阅”读计划向贫困县捐赠价值140万元的书籍；好孩子国际控股有限公司捐赠价值20多万元的儿童用品；阿里巴巴“新长城高中生自强班”项目捐资15万余元资助50名学生上学；对接江西中科九峰智慧医疗科技有限公司捐赠价值上千万元的肺结核智能辅助诊断和快速筛查服务；引入中国扶贫基金会顶梁柱健康扶贫公益保险项目206万元落地；碧桂园控股有限公司国强公益基金会捐资300万元，支持建立重特大病防治基金和防贫机制。

（新华通讯社扶贫办　来江铭　顾　恭）

中国科学院定点扶贫

【概述】 2019年,中国科学院(以下简称“中科院”)充分发挥智力与人才优势,通过基地示范、技术培训等方式,在广西壮族自治区环江毛南族自治县(以下简称“环江县”)、内蒙古自治区库伦旗和贵州省水城县开展精准扶贫工作,直接帮扶7326人实现脱贫,贫困发生率分别降至1.48%、0.14%和1.51%。在国务院扶贫开发领导小组组织的2019年脱贫攻坚成效考核中,中科院获得“好”等次。

【扶贫资金投入】 中科院组织全院20多家相关单位,结合环江县、库伦旗和水城县的科技实际需求和各研究所优势,持续实施一批科技扶贫项目,合计向3个定点扶贫县投入帮扶资金1535万元,引进帮扶资金4653万元。

【扶贫调研】 中科院发挥人才和智力优势,深入调研,为当地脱贫攻坚提供科学建议,与地方党委政府责任同担,共同形成实施方案,完成顶层设计的同时做好产业示范。2019年4月、6月和11月,中科院院长白春礼、副书记侯建国、副院长张亚平、纪检组长孙也刚等先后带队赴3个定点扶贫县进行考察督导,调研扶贫项目进展情况,慰问驻村干部和一线科技人员。

【干部挂职扶贫】 中科院明确各定点扶贫县选派挂职扶贫干部人选:地球化学研究所唐从国挂任水城县副县长,西北生态环境资源研究院张铜会挂任库伦旗副旗长,亚热带农业生态研究所曾馥平挂任环江县副县长。各挂职干部均明确负责或协助负责各县扶贫工作,推进定点县脱贫攻坚任务。其中,唐从国获得2019年“贵州省脱贫攻坚优秀共产党员”称号。同时,选调2名干部担任第一书记,中科院离退休干部工作局业务主管田通任水城县院坝村第一书记,中科院地球化学研究所副处长赵贵山任水城县二道岩村第一书记。田通和赵贵山均获得2019年“贵州省脱贫攻坚先进个人”称号。

【扶贫资金管理】 把资金使用情况自查和审计作为项目过程管理和结题验收的重要环节,促进扶贫资金合理高效使用。2019年中科院印发《中国科学院科技扶贫项目管理办法》和《中国科学院科技扶贫资金管理办法》,为科学合理使用扶贫资金提供制度保障。印发《关于开展2019年科技扶贫资金专项审计工作的通知》,按照“前移监督关口、揭示风险、规范管理、促进发展”的工作定位,以“目标、资金”为主线,突出“精准、合规、绩效”主题,提高扶贫领域资金使用效益。

【产业扶贫】 在科学规划的基础上,中科院结合当地科技实际需求和各研究所优势,点线面协同发力,为定点县(旗)及周边地区的脱贫攻坚提供“中科院科技扶贫模式”。

协调12家院属单位,帮助水城县利用猕猴桃、马铃薯种薯、小黄姜、刺梨等特色农业资源和玄武岩纤维、野生动物、旅游资源,实施13个科技扶贫项目。其中,通过“公司+基地+农户”模式提升当地猕猴桃产业化水平,全县种植面积由最初的近2万亩发展到10.3万亩,该县六盘水市已发展到17.8万亩。这一新品种、新技术在当地的运用,累计创造产值14.47亿元、利润超3亿元,使1.6万贫困户、5.27万贫困人口受益。

协调院内外6家单位，帮助环江县通过培育红心香柚、砂糖橘、沃柑等特色水果，形成高值经济果林产业，通过菜牛产业示范和山豆根、牛大力、鸡血藤等中草药种植推广形成种养结合的生态扶贫产业链。其中，探索出多个由政府引导的杂交构树精准扶贫样板。已有20多个省市区的201个县种植杂交构树共计67万亩，带动近20万名建档立卡贫困户脱贫。

协调10家院属单位，帮助库伦旗支持科技扶贫项目6项，直接投入扶贫经费1557万元，引进企业投资2.37亿元，引进荞麦、燕麦、甜高粱和青贮玉米等新品种共计112个，通过优良优质饲草种植、高效青贮加工、精准饲喂体系构建、林下禽类养殖等技术体系，建立多种牛羊养殖模式。其中，"中科甜"系列甜高粱推广种植4500亩，较当地玉米品种平均亩产提高40%~50%，每亩增加收益120~140元；中科院微生物研究所利用青贮饲料菌剂技术，在当地推进青贮甜高粱及玉米饲料加工1.1万吨，损失与腐烂率从传统青贮饲料的5%~10%降到1%以下，平均每吨增值40~50元，累计示范带动382户农牧民，使每户至少增收1200元。

【扶贫培训】 中科院在科技示范项目中均有明确的培训任务，并在2019年新设项目专门针对基层精准脱贫干部进行专题培训。2019年，完成干部培训2288人，技术人员培训2140人。

【教育扶贫】 中科院在库伦旗和水城县分别共建幼儿园和小学，投入资金改善教育环境，培训各级教师，提升当地师生科学素养，并资助数百名优秀师生赴相关院所开展"走进中科院、走近科学家"活动。

【扶贫扶志】 中科院在库伦旗等地开展心理扶贫工作，精准把握贫困人口的心理、认知和行为特点，针对性地开展心理帮扶。在5所试点幼儿园开展儿童成长测评，进行家庭教育示范及师资培训，帮助幼儿园和家长掌握幼儿身心发展状况，提高幼儿教育质量；在中学开展心理健康教育示范及师资培训，开展职业生涯规划指导；针对贫困家庭、贫困母亲开展系列心理讲座，覆盖1500个家庭；面向扶贫干部开展扶贫工作方法与沟通技巧的培训，帮助基层扶贫干部掌握激发贫困户内生动力的方法。

【公益扶贫】 2019年，中科院通过中国扶贫基金会"新长城大学生自强项目"，按照每人每年3300元的标准，一方面资助50名中国科学技术大学在校特困大学生，另一方面在定点帮扶的水城县、环江县、库伦旗，每个旗县资助10名当地特困大学生，共资助80名特困大学生完成学业，总计捐赠26.4万元。

【扶贫宣传】 2019年，中科院在网站开辟扶贫专栏，及时更新交流扶贫信息；季度新闻发布会以科技扶贫为主题重点推介扶贫成效，人民日报、新华社、北京卫视等主流媒体对中科院扶贫进行报道；三八妇女节期间，《中国科学报》对中科院女性科学家扶贫事迹进行宣传；扶贫办筹备参加中央国家机关"定点扶贫工作成果展"，并组织100余人参观展览。此外，还在中国杨凌农业高新科技成果博览会组织展示科技扶贫成果。

【消费扶贫】 中科院直接购买贫困地区农产品共1180万元(其中3个定点县旗475万元)，实现帮助销售额1685万元。同时，中科院推进扶贫产品上线销售，在工会云平台开辟消费扶贫专区。与中国农业银行北京市分行签订《消费扶贫合作备忘录》，在农行"掌上银行"App建立中科院扶贫产品商城专区。2019年10—12月，该平台实现销售2.6万余元。

（中国科学院　韩永滨）

中国社会科学院定点扶贫

【概述】 2019年，中国社会科学院（以下简称“中国社科院”）定点帮扶江西省上犹县和陕西省丹凤县。中国社科院做好在江西省上犹县和陕西省丹凤县定点扶贫工作，全年投入帮扶资金550万元，引进帮扶资金32万元，选派5位著名专家为2500名县乡村干部作专题报告、培训技术人员467人、义诊600人。两县脱贫工作成效显著，上犹县于2019年摘帽，丹凤县在陕西省2019年脱贫攻坚工作成效考核中被评为“优秀”。

【扶贫资金投入】 2019年，中国社科院投入帮扶资金550万元，引进帮扶资金32万元，用于教育、文化、医疗、生态、基础设施建设、党建等。其中，上犹县光伏发电、丹凤县双孢菇生产基地等项目建设如期完成，经济效益显著。

【扶贫调研】 2019年11月，中国社科院院长谢伏瞻带队赴丹凤县调研督导定点扶贫工作，先后到丹凤西部农特产品加工交易中心、田园综合体示范园、食用菌产业园、棣花古镇等就贫困户就业、扶贫产业发展、商於古道文旅规划等情况进行实地调研，与丹凤县主要领导深入交流并就进一步做好脱贫攻坚工作提出要求；副院长、党组副书记王京清先后于5月和11月前往两个定点县进行调研督导，向两县图书馆和乡村捐赠图书3000册，向两县捐赠40万元“社科助学金”，给丹凤县竹林关镇小学231名学生赠送羽绒服，为上犹县特殊教育学校150名学生赠送书包。

【扶贫培训】 组织著名专家学者围绕“不忘初心、牢记使命”主题教育、“新中国的发展历程与逻辑”“察盛衰之理，审权势之宜——谈中国历史廉政文化”“实施乡村振兴战略，巩固脱贫攻坚战果”“文明城市创建”主题举办5场报告会。5个报告围绕中共中央决策部署，紧扣打赢脱贫攻坚战主题，听众超过2500人。5月，组织上犹、丹凤两县共34名县乡村干部赴江苏省华西村干部管理学院接受培训，聆听加强基层党支部建设经验报告、参观社会主义新农村示范展览、深刻领会基层党支部战斗堡垒作用与农村农业现代化的重大意义。

【干部挂职扶贫】 中国社科院选派2名优秀处级干部分别挂职担任上犹县委常委、副县长和丹凤县副县长，参与全县脱贫攻坚工作，有效推动中央部署和各项扶贫项目落地。选派2名青年干部到两县贫困村担任第一书记。4位帮扶干部以高度的政治责任感，全力投入脱贫攻坚战，与干部群众团结奋战、克服困难、积极作为、勇于担当，为2个定点县党建及经济社会发展、如期退出贫困县序列做出积极贡献。

【产业扶贫】 为上犹县龙头企业元源新材有限公司协调平价生产用气指标806万立方米，为企业节省成本1500万元以上，惠及全县其他企业和居民生产生活用气，提供1000多个就业岗位；投入250万元资助新建丹凤县食用菌研发推广中心和食用菌多功能展厅，可年产双孢菇二级菌种（母种）5000瓶，三级菌种（生产种）16万袋，示范种植200棚，总产值810万元，带动农户就近务工400人，其中带动贫困户100人；投入29万元资助丹凤县东炉村茶园农业园区项目，帮助该村申利达合作社建设200亩茶园，从而带动本村建档立卡贫困户30户65人就业，每户每月增收1100~2100元；协调国家中医药管理局为丹凤县推荐天麻种植、研究领域的专家，对该县天麻种植项目提供指导和支持。

【智力扶贫】 中国社科院农村发展研究所党委书记杜志雄率学者前往丹凤县就脱贫攻坚和农村集体产权制度改革情况开展实地调研，完成《丹凤县脱贫攻坚与农村集体产权制度改革调研报告》，为该县扎实推进农村集体产权制度提供有力帮助；中国社科院“三农”问题专家、学部委员、农村发展研究所研究员张晓山赴上犹县，深入乡村调研，对上犹县脱贫后稳步实施乡村振兴战略提出建议；中国社科院古代史研究所所长卜宪群、财经战略研究院院长何德旭研究员实地考察丹凤县，通过举办商於古道学术论坛，整合社会资源和力量，推动商於古道历史文化资源开发利用，振兴丹凤县旅游事业发展。

【消费扶贫】 中国社科院与中国银行“公益中国”电商平台搭建“公益社科院”，定点购买两县农产品。中国社科院50多个单位线上购买两县农产品226万元，线下购买21万元。与中国农业银行签订扶贫业务全面战略合作协议，通过电子扶贫商城销售定点扶贫县农产品，扩大两县农产品的影响力。

【教育扶贫】 为上犹县兴建上犹中学南湖校区，协调中央企业低息贷款3亿元，解决该县基础建设经费短缺问题；以离休干部夏森捐款设立“夏森助学金”，持续资助两个定点县贫困家庭学龄子女，2019年资助45名建档立卡贫困家庭学生23.4万元；投入17.2万元为上犹县特殊教育学校新建180米风雨连廊项目，更换铝合金电动门、硬化校园地面，为全校残疾学生人身安全提供保障；在两县分别设立“社科育才助学金”，单位和个人捐助共计52万元；在丹凤县竹林关镇建立社科院乡村公益图书馆，共捐赠书刊8000册；组织中国农工民主党中国社科院支部赴丹凤县向竹林关镇中心小学捐赠《新华字典》《现代汉语词典》100余册，并向当地乡村公益图书馆捐赠中国社科院与中国中央电视台电影频道联合制作的大型百集纪录片《中国通史》光盘。

【健康扶贫】 联合中国农工民主党北京市东城区委，邀请来自东直门医院、和平里医院、北京市第六医院等单位7名专家赴丹凤县开展医疗帮扶活动，为当地600多名群众义诊，免费发放价值1.3万余元的药品。医疗专家还到丹凤县医院进行现场会诊和授课，与相关科室医生围绕具体案例进行指导，对医院建设提出建议。北京市第六医院主任医师为当地医务工作者作《高血压社区管理策略》的专题报告，208人接受培训，为提升丹凤县公共卫生服务水平做出贡献。

【扶贫研究】 围绕中共中央扶贫攻坚决策部署开展研究，提出对策建议，为扶贫攻坚事业贡献力量。2019年，向中共中央报送有关扶贫攻坚对策信息21篇，其中获中央领导批示3篇，获采用4篇，得到中央有关部门肯定。出版发表有关扶贫攻坚学术专著4部，学术论文26篇，研究报告17篇，其他各类理论文章等6篇。

（中国社会科学院扶贫办　崔　静）

中国工程院定点扶贫

【概述】 2019年，中国工程院定点帮扶云南省澜沧拉祜族自治县（以下简称“澜沧县”）和会泽县，充分发挥院士专家作用，依靠科技力量支持定点扶贫县。直接投入经费280.02万元，协调引进帮扶资金200万元，用于澜沧县教育扶贫和产业发展。购买两县农产品15.49万元，院士、专家帮助销售农产品1611.32万元。培训基层干部437名，培训技术人员2794名。

【扶贫资金投入】 2019年，中国工程院直接投入经费280.02万元，其中给澜沧县投入资金230万元，拨到澜沧县财政局180万元、中科院亚热带农业生态研究所50万元，用于开展扶贫项目的咨询研究工作。给会泽县投入资金50.02万元，拨付到会泽县林业局，用于开展扶贫项目的咨询研究工作。协调引进帮扶资金200万元，包括华能澜沧江水电股份有限公司捐赠100万元、万华化学集团股份有限公司捐赠100万元，实现引进帮扶资金零突破，用于澜沧县教育扶贫和产业发展。

【扶贫调研】 2019年，中国工程院领导班子成员分别到两县开展科技帮扶共计10人次，局级干部58人次，院士专家147人次。3月和12月，院长李晓红两次与云南省主要领导会见，就加大帮扶力度、助力云南省打赢脱贫攻坚战进行沟通交流。副院长陈左宁率全国政协部分妇女界代表，到普洱市和澜沧县调研妇女就业与儿童上学问题；副院长邓秀新3次赴两县，指导当地农户开展苹果、软籽石榴、晚熟柑橘沃柑、早熟柠檬科学种植，调研种源基地建设情况；副院长何华武率中铁二院工程集团有限责任公司、中国铁路昆明局集团有限公司和沪昆铁路客运专线云南有限责任公司领导专家，指导会泽高铁选线、车站建设、跨水库大桥设计等关键技术点，推动建设施工与扶贫攻坚同步落实等；秘书长陈建峰结合主题教育到会泽县、澜沧县开展铅矿浮选、燕麦、蔗糖等产业和义务教育、职业教育情况调研，协调引入帮扶技术和资金。

【扶贫培训】 2019年，中国工程院在两县共培训基层干部437名，帮助澜沧县培训基层干部190名，帮助会泽县开办4期培训班，培训基层干部247名；培训技术人员2794名，帮助澜沧县培训技术人员2089名，帮助会泽县培训技术人员705名。

【干部挂职扶贫】 2019年，中国工程院选派4名干部赴定点扶贫县挂职。王波任会泽县副县长，致力于做好燕麦、林下三七和食用菌等特色农产品种植推广。马守磊挂职会泽县竹园村驻村第一书记。刘元昕任澜沧县委常委、副县长，协助朱有勇院士大力推进科技帮扶，将澜沧县建成云南省科技扶贫示范县。何朝辉到澜沧县挂职云山村驻村第一书记。

【扶贫宣传】 2019年12月，“时代楷模”朱有勇先进事迹报告会在北京人民大会堂举行。朱有勇院士自2015年投身西南边陲澜沧县扶贫工作4年来，带领团队深入田间地头，找到高原特色现代农业产业发展的新方向，培养一支本土科技人才队伍，造福一方少数民族贫困百姓。朱有勇院士是习近平总书记精准扶贫精准脱贫基本方略的忠诚践行者，是打赢脱贫攻坚战中涌现出的先进典型，是奋斗在脱贫攻坚主战场的“农民院士”。中共中央宣传部授予朱有勇“时代楷模”荣誉称号。中央主流媒体多方报道朱有勇院士的先进事迹。

【产业扶贫】 推动科研创新成果转化，探索产业扶贫新模式。会泽县大海乡杨梅山村海拔2500米燕麦新品种11个批次的试验获得成功，平均亩产300千克、最高367千克，贫困户纯增收每亩1200元。2019年春播0.8万亩，秋播3.8万亩，惠及全县农户9593户32605人，其中建档立卡贫困户4568户15224人。完成金钟街道竹园村20亩、5个品种苹果的高产新品种引种栽培工作，完成1000亩的品种改良工作。澜沧县建立林下有机三七科技成果示范样板11个，推广林下有机三七种植共7305亩，产后每亩收入10万元~15万元。实施冬季马铃薯绿色高产种植1万亩，带动建档立卡贫困户脱贫413户1446人。柠檬种植面积9258亩，参与柠檬产业的农户年均收入每户5万元。

【基础设施建设】 做好高铁施工建设与扶贫工作的顶层设计，协助制定《渝昆高铁铁路建设扶贫规划与管理要求》，要求参建单位必须制定扶贫方案及规划，将其作为施工单位开工条件之一。要求会泽地区站前施工单位在劳务用工方面，优先录用当地劳务人员，并进行岗位技能培训；要求施工单位依法合规优先采购和使用当地原材料和物资，促进当地经济链提升和发展；要求施工单位“永临结合”（即工程建设时统筹考虑永久设施与临时设施的设置，减少资源浪费），充分利用会泽地区20个渣场，促进形成各种经济发展建设用地，或为当地建设提供原材料；要求将建在会泽地区的梁厂、板场在建设使用结束后移交给当地，为会泽经济发展提供便利；将高铁建设过程中形成的便道在工程结束后留用，为当地百姓出行提供便利。

【扶贫培训】 在澜沧县职业高级中学举办“1+4”院士指导班，即全日制院士指导班，冬季马铃薯蔬菜种植、林下三七种植、畜禽养殖、中药材资源短期农业技术培训班。2019年开办院士指导班10个，每学期培训600名农民学员，下半年新增设1个电子商务班。院士指导班由朱有勇院士团队提供技术指导，培训招生对象不设年龄、学历限制，院士专家手把手教授农民学习科学种植技术和养殖知识，克服发展内生动力不足，文化、教育、科技滞后的困难和问题，进一步提高认识、树立自信、增长本领，切实掌握院士专家所教授的科学生产技术和技能，并把学到的知识技术带回家乡推广，带动更多的村民积极提升科学认知来改变贫穷落后的现状。

（中国工程院扶贫办　贾庆广）

国务院发展研究中心定点扶贫

【概述】 2019年，国务院发展研究中心（以下简称"国研中心"）定点帮扶河北省大名县，投入帮扶资金737.82万元。2019年5月，大名县正式脱贫摘帽。国研中心按照"四个不摘"的要求，创新帮扶举措，帮扶力度不减，不折不扣履行《中央单位定点扶贫责任书（2019年度）》规定的各项责任，印发2019年度工作计划，部署20项具体帮扶措施。

【扶贫资金投入】 2019年，国研中心通过党组成员带头捐赠、直属机构安排自有资金等多种方式，实际投入帮扶资金737.82万元。其中，安排60万元社会课题结余资金支持大名县双台村修建健康广场、自来水改造和村容村貌提升。中国发展研究基金会拨付439.19万元继续开展"山村幼儿园质量提升计划"，拨付71.02万元继续开展"大名县儿童主任计划"等儿童早期发展项目，拨付34.6万元继续实施中等职业教育"赢未来"计划。国研科技集团有限公司拨款30万元继续实施"国研励志奖学金"项目，出资60万元继续实施"千人培训就业计划"。中国经济时报社拿出价值32万元的广告版面，帮助大名县扶贫企业进行市场推广。国研中心机关工会根据双台村小学的阅读需求，为该校图书室补充一批书籍。农村经济研究部、资源与环境政策研究所、机关服务中心、国研科技集团有限公司等部门党支部（党委）和大名县3个贫困村党支部开展结对共建贫困村、结对共建党支部活动，捐赠一批办公设备、图书资料，为部分老党员发放慰问金。

【扶贫调研】 2019年3月，国研中心书记马建堂带队赴大名县调研考察。10月，副主任王安顺带队赴大名县调研定点扶贫工作。国研中心主要领导牵头组织研究团队，为大名县所在的邯郸市开展"邯郸市产业升级路径选择"课题研究，为大名县开展"大名县统筹衔接脱贫攻坚和乡村振兴""大名县'十四五'乡村振兴总体思路研究"等课题研究，为邯郸市产业升级和大名县脱贫攻坚、乡村振兴等提出针对性、指导性思路和建议。国研中心将大名县列为农村经济研究部的固定调研点，开展长期跟踪调研。国研中心研究人员撰写的"河北省大名县统筹衔接脱贫攻坚与乡村振兴调查""大名县产业扶贫的经验与启示""扶志扶智扶技是解决内生性贫困问题的治本之策"等调研报告，为大名县做好脱贫攻坚和乡村振兴工作提供参考。

【扶贫培训】 2019年，国研中心进一步加大"千人培训就业计划"培训力度，投入60万元，培训500名基层干部、500名技术人员。此外，还培训261名致富带头人，切实提高基层干部业务能力和贫困群众技术水平。双台村驻村第一书记杨玉洋发动各方资源，安排双台村2名青年骨干到山东昌辰房地产开发有限公司进行培训、实习。双台村年人均收入9100元，68户贫困户163人全部完成高质量稳定脱贫，贫困发生率降为0。

【干部挂职扶贫】 国研中心党组选派资源与环境研究所正处长级干部吴平带领"大名县乡村振兴发展模式创新研究"课题组，就空心村改造、种植养殖业发展、农产品加工，以及教育、养老等问题进行广泛调查和讨论，为大名县统筹衔接脱贫攻坚和乡村振兴提供有益参考。根据双台村党员和群众愿望，国研中心党组延长杨玉洋驻村第一书记任职时间至2019年年底。2019年10月，双台村脱贫工作分别通过河北省扶贫开发工作成效和退出第三方评估考核验收、国家抽检验收评估，提前出列完成脱贫任务。杨玉洋在3月被大名县评为“四星优秀第一书记”，6月被河北省评为“河北省优秀驻村第一书记”。7月，作为优秀第一书记代表，杨玉洋参加“中央和国家机关优秀驻村第一书记巡回宣讲活动”。

【扶贫宣传】 2019年1月，经国研中心推荐，大名县扶贫办主任参加“清华三农论坛”，介绍大名县开发启用App智慧扶贫平台，精准安排使用项目资金，瞄准扶贫攻坚难点险点持续发力等做法、经验和成效。2月，中国中央电视台直播双台村“百姓春节大联欢”活动，并在中国中央电视台“新闻联播”“新闻直播间”等滚动播放，展示双台村精神风貌建设成果。5月，《河北日报》以“乡村振兴，再蹚一条新路子”为题，报道大名县乡村振兴发展成果。7月，中国经济时报社刊发《双台村第一书记，不忘百姓脱贫致富的初心》等系列报道。11月，中国经济时报社主办的中国经济前瞻论坛上，邀请国研中心挂职干部吴平介绍大名县金融扶贫经验。

【产业扶贫】 2019年，国研中心驻双台村第一书记杨玉洋协调引进大名县聚仁服装加工有限公司，投资40余万元在双台村开展服装加工项目，带动村内包括15户贫困户在内的农民家庭劳动力就业，每月增收1500~3000元，每年为村集体增加3万元收入。双台村采用“合作社+农户+企业”模式，帮助“玉带种养服务农民专业合作社+北邯大公司”继续与北京二商大红门肉类食品有限公司进行肉羊购销合作，全年实现销售额380万元。双台村共有光伏发电、藤编加工、肉羊养殖、草编加工、微工厂5个产业项目，全村涉及村集体经济项目实现产值500余万元，人均增收3000元以上。

【教育扶贫】 2019年，国研中心投入100万元，协调北京市教育局为大名县开展“高中教师能力提升三年帮扶计划”项目，培训教师347人，有力提升大名县中学教育水平。国研中心设立“国研励志奖学金”，2019年投入30万元，累计投入87.5万元，惠及近千名优秀贫困家庭学生。国研中心协调国家开发银行在大名县实施“生源地助学贷款业务”，办理贷款3563.4238万元、惠及学生4539人，3年累计贷款7167.53万元、惠及学生9175人。中国发展研究基金会在大名县开展“山村幼儿园提升计划”等儿童早期发展项目，投入439.19万元，3年累计投入1093.65万元，大幅度提高大名县农村地区幼儿园教育质量。中国发展研究基金会持续在大名县开展“中等职业教育赢未来计划”，投入34.6万元，累计投入124.7万元，取得良好成效。

【公益扶贫】 中国西部人才开发基金会在大名县开展健康食谱进校园、“方舟”网络防溺水直播、“七彩帆”等儿童安全公益活动，拍摄公益宣传片《爸爸妈妈回家过年》，捐赠价值14.73万元的6000册图书建设“伊利方舟”安全生态校图书室。协调物美科技集团有限公司向双台村捐赠100万元，用于改善村容村貌，提升人居环境。中国发展研究基金会协调阿斯利康投资（中国）有限公司捐赠200万元，用于“大名县移动体检服务”项目，该公司还捐赠一批价值几十万元的药品。协调中国社会福利基金会授渔计划捐赠4.2万元用于资助贫困家庭学生、协调中华少年儿童慈善救助基金会捐赠图书2.4万元、协调中国绿化基金会捐赠7.88万元用于大名县公益植树。

（国务院发展研究中心农村部
周群力）

中国气象局定点扶贫

【概述】 2019年，中国气象局定点帮扶内蒙古自治区突泉县，创新多元投入帮扶机制，加大产业发展帮扶力度，发挥气象服务“趋利避害，减灾增收”作用，提高农村气象灾害防御能力、服务农牧业生产、开展增雨防雹作业，为助力脱贫攻坚提供气象保障。全年累计投入资金和捐赠物品折合等共计1206万元，开展消费扶贫金额111.7万元。2019年，突泉县146个贫困村已全部出列，11707户23157名建档立卡贫困人口脱贫11559户22858人，贫困发生率降至0.12%，在中共中央和国家机关工作委员会定点扶贫考核中获“较好”等次。

【扶贫资金投入】 2019年，中国气象局加大资金投入，累计投入资金和捐赠物品折合等共计1206万元。其中，专项帮扶资金579万元，引进企业帮扶资金74万元，气象扶贫助学金28.23万元；动员各单位、社会力量等捐助特殊党费、设备、物品折合524.77万元。业务项目主要用于“突泉县防灾减灾应急指挥中心”“突泉县突发事件预警信息发布中心”建设、为农服务平台及防雹增雨弹药购置。结合部门实际创建扶贫公岗机制，突泉县气象局与县扶贫办持续建立自动气象站维护公岗，19名贫困人口增加收入每人1000元。

【扶贫调研】 2019年，中国气象局局长刘雅鸣对扶贫工作批示20余次，并通过组织党组中心组专题学习、实地调研等专门研究部署定点扶贫工作。8月，刘雅鸣及相关职能司主要负责人到突泉县实地调研督导，了解扶贫重点项目建设和扶贫资金使用情况，走访慰问贫困群众，召开座谈会听取2018年问题整改和主体责任落实情况汇报。副局长宇如聪、余勇分别于6月和11月到突泉县督促指导。中国气象局职能司、直属单位及内蒙古气象局等80人次到突泉县调研帮扶。

【扶贫培训】 中国气象局注重强化扶智扶志相结合，激发脱贫内生动力，着力开展就业培训行动，让农户在家门口就近培训就业。安排6万元用于支持突泉县农民夜校建设和运行，农民夜校采用电视讲堂、网络课堂、远程教学、现场传授等方式，重点开设牲畜养殖、健康知识、家庭教育等课程。突泉县9个乡镇农民夜校全部开课，邀请技术人员、致富能手来到田间地头、牛棚羊圈实地授课。2019年，夜校培训基层干部457人，培训技术人员358人（含致富带头人60人）。

【干部挂职扶贫】 2019年，中国气象局派出扶贫干部3人在突泉县挂职。挂职干部积极响应全县脱贫攻坚总体安排，认真履行职责，完成好各项工作。重点针对“两不愁三保障”查找突出问题，带领驻村工作队和村两委认真开展整改。挂职县委副书记的扶贫干部深入9个乡镇、40余个村开展产业调研和入户宣传，撰写2份调研报告。驻村第一书记联合村两委积极落实县委各项扶贫政策和工作部署，抓党建、抓村集体经济、抓消费扶贫，村30户57人建档立卡人口已全部脱贫。挂职县扶贫办副主任的扶贫干部深入调研近150个村，走访贫困户和农户超400户。2人被评为兴安盟2018年度脱贫攻坚先进个人。

【扶贫慰问】 2019年，中国气象局3次赴突泉县走访慰问生活困难贫困户和党员，送去慰问金1.4万元。

【扶贫宣传】 中国气象局多渠道、多方式加大扶贫产品和扶贫成效宣传。与中国农业银行合作在“中国农业银行扶贫商城”销售突泉县农产品,在安徽农网建立突泉扶贫特产馆,在中国气象局职工食堂开设“扶贫专柜”。利用气象频道、天气网、兴农网等宣传突泉县脱贫攻坚成效,利用中国中央电视台农业农村频道等宣传突泉紫皮蒜,在江西等省开展突泉农特产品宣传,新华社、央广网等对气象扶贫工作进行报道。

【产业扶贫】 2019年,中国气象局投入帮扶资金300万元,用于支持建设突泉县扶贫特色种植产业园,年收益约40万元,使8个贫困村每村村集体经济收入增加5万元,增设公益性岗位80个,带动贫困人口就业80人,每人每年增加收入3000元。利用扶贫专项资金57万元全资援建的五三村大田田园示范种植基地于4月投入生产,年收益约8万元。扶持龙头企业和农村合作社3家。开展“直通式智慧型”气象服务,精准助力扶贫产业发展。开展畜牧业饲料种植、收割晾晒气象服务。增加地面增雨防雹作业设施,开展人工增雨防雹作业,减轻气象灾害对农业生产的影响。完成突泉县太阳能资源精细化评估报告,为1600户建档立卡贫困户的太阳能光伏电站提供服务,保障电站良好运行。

【科技扶贫】 2019年5月,中国气象局联合内蒙古自治区政府、科学技术部、国家民族事务委员会、农业农村部、国务院扶贫办、中国科学院、中国科学技术协会组织开展“2019年气象科技下乡暨科学伴我行——走进内蒙古突泉”活动。组织专家到突泉县开展知识科普讲座和宣传;组织科普大篷车、科学快车开进学校乡村,把优质科普资源送进学校乡村,把先进适用技术送到田间地头。组织捐赠科普图书和期刊1.1万余册、科普产品近2000套。

【教育扶贫】 2019年,中国气象局组织筹措扶贫助学资金28.23万元,作为突泉县贫困大学生的奖励基金。组织捐款28万元,用于改善办学条件。协调北京外国语大学附属外国语学校2名外籍教师到五三村、突泉县第二中学给小学和初中学生开展英语授课,全县近700名学生受益。组织突泉县14名贫困家庭优秀学生参加2019年气象夏令营活动。

【党建扶贫】 2019年,中国气象局帮助五三村开展共建、各级干部进村入户走访帮扶等系列活动,聚焦村集体经济薄弱等问题,五三村由年初评定的四星级软弱涣散村提升为九星级文明村。

（中国气象局应急减灾与公共服务司
农业气象处　姜　燕）

全国社会保障基金理事会定点扶贫

【概述】 2019年，全国社会保障基金理事会（以下简称“社保基金会”）按照“立足实际、深入动员、找准优势、精准对接”的工作思路，紧紧围绕“两不愁三保障”标准，积极响应定点帮扶的内蒙古自治区兴和县在民生、产业、教育等领域的需求，充分调动各部门和社会力量共同参与，不断完善“党组领导、机关党委牵头、群策群力、全员参与”的工作格局，持续加大投入力度，支持兴和县脱贫攻坚，取得明显工作成效。直接投入帮扶资金122.63万元；引进无偿资金1594.49万元，有偿资金1.6亿元；购买兴和县农产品15.31万元，帮助销售农产品234.95万元。

【扶贫调研】 社保基金会赴兴和县调研共计43人次（含部级领导2人次）。4月，社保基金会党组书记王尔乘带队赴兴和县调研，紧密结合中央脱贫攻坚专项巡视整改落实情况，与当地基层干部、致富带头人、自治区驻县脱贫攻坚总队等座谈，并看望慰问贫困户。7月，按照“不忘初心、牢记使命”主题教育安排，党组成员、副理事长吴焰带队赴兴和县对脱贫攻坚现状进行调研，并看望慰问贫困户。

【基础设施建设】 联系专业机构组织技术人员对兴和县农村饮用水质进行调研分析，研究确定“分户净化”的工作方案，多方协调资金并从党费中拿出部分结余，共计投入500万元，为兴和县98个村3285户解决饮水安全问题。

【产业扶贫】 围绕2018年考核反馈提出的“支持定点扶贫县发展现代农业方面还有提升空间”问题，引进帮扶资金635万元，建成藜麦加工、燕麦深加工生产线、肉制品加工、肉羊养殖基地4个项目，带动种植户实现每亩增收300~1000元，解决32名贫困人口就业问题，稳定为相关村集体经济带来每年分红收益约37万元。启动实施羊育肥项目，采取村集体统一分配、委托贫困户饲养的方式，提高贫困户参与度。采取“信托式”的产业项目模式，项目所有权归乡镇或村集体，租赁给致富带头人或企业经营，保证一定比例的固定收益，设定期限到期由运营方赎买，集体经济体和贫困户实现“双赢”。协调资金330万元实施“共享农机”项目，通过集体持有大型农机进行租赁、种植户少量会费入会、贫困户免费使用的方式，探索现代化的支农扶农机制，提升农机运营使用和耕种效率。协调兴和县农业企业上线工行“融e购”、农行益农融商平台，继续使用中行公益社保平台销售农产品。协调美菜网、麦当劳与兴和县就马铃薯大宗采购进行沟通调研。联系企业采购兴和县石墨产品，采购金额1.6亿元，累计贡献税收1440万元。

【教育扶贫】 2019年，社保基金会协调投入50.6万元，继续为263名贫困学生提供助学金。为当地2所小学新建多媒体教室，持续更新维护已建成的2间多媒体教室和乡镇信息系统。协调投入60.27万元，建设4间真爱梦想教室，组织开展师资培训，组织成绩优秀的贫困学生赴京游学，引入优质网课资源，不断完善教育基础设施，提升教学质量。

【扶贫培训】 2019年，社保基金会共培训基层干部2886人、技术人员480人，组织20名致富带头人到广东培训、学习先进经验。把兴和县基层干部、驻村工作队员近3000人纳入培训范围,就贯彻落实中央要求、理解认识攻坚形势、基层工作实务等进行培训,坚定思想认识,提升工作能力。协调中日友好医院、首都医科大学附属北京中医医院专家重点围绕医学知识、健康扶贫政策等,对兴和县乡镇卫生院及社区(村)卫生室医生、健康扶贫包联工作组成员等361人次进行培训,更好地为贫困群众提供基本的健康服务。

【干部挂职扶贫】 社保基金会先后派出3名干部在兴和县挂职,分别是挂职担任兴和县副县长的邓怿帅、担任大同夭乡兴胜庄村第一书记的刁怀杰,以及6月接续担任的余有德。3名挂职干部积极担当作为,在工作岗位上认真履职尽责,既发挥牵头带头作用当好"协调员",又发挥政策专业优势当好"战斗员",还发挥桥梁纽带作用当好"信息员"。刁怀杰获得"内蒙古青年创新创业创优标兵"称号。

【扶贫宣传】 向外部媒体加大推送力度,讲好社保基金会"扶贫故事"。通过理事会官方网站、微信公众号等多种媒介加大宣传,反映工作成果、报道先进事迹、展示干部风采、营造浓厚氛围,调动干部职工参与定点扶贫工作的积极性主动性。其中,帮助兴和县解决农村饮用水安全的情况被《瞭望东方周刊》、新华网等多家媒体登载转发。

(全国社会保障基金理事会　熊　鹏)

国家信访局定点扶贫

【概述】 2019年，国家信访局定点帮扶河北省海兴县，挖掘各方资源，动用多方力量参与定点扶贫，为海兴县争取公共实训基地、公共足球场、校园危房改造3个项目的财政资金4426万元；投入帮扶资金19.45万元，引进帮扶资金268.95万元；培训基层干部414人、技术人员162人，购买海兴县农产品63.4万元，帮助销售农产品282.17万元。2019年，海兴县脱贫人口401人，剩余未脱贫人口135户290人，贫困发生率降至0.15%。

【扶贫资金投入】 2019年，国家信访局对海兴县投入帮扶资金19.45万元，引进帮扶资金268.95万元。其中，局干部职工向海兴县捐款12.74万元，用于设立助学基金、支援贫困村党支部建设；拨款6.71万元用于培训海兴县基层干部、技术能手，组织贫困家庭学生到北京参观见学。

【扶贫调研】 国家信访局主要领导、分管领导以及各司室负责人，按照“三个一”（至少实地走访一次、至少支持帮扶一个项目、至少办一件实事）的要求，引进项目、捐资助教，先后12批75人次到海兴县进行实地调研。11月，原国务院副秘书长、国家信访局党组书记、局长舒晓琴到海兴县调研。7月，国家信访局党组成员、副局长，机关党委书记范小毛到海兴县考察调研。调研组在海兴县召开定点帮扶工作座谈会，与海兴县就食用盐生产、公共实训基地、公共足球场建设等8个项目达成帮扶意向。

【扶贫培训】 国家信访局在海兴县集中举办3次培训班，共培训基层干部414人、技术人员162人。2019年3月，聘请沧州市农业技术专家到海兴县为52名村技术能手、致富带头人培训种植和饲养技术。9月，国家信访局在海兴县专门举办村党支部书记、技术人员2期培训班，共培训410名基层干部和110名技术能手。此外，还组织4名海兴县信访干部参加全国信访工作专题培训班。

【干部挂职扶贫】 国家信访局派出2名处级干部到海兴县扶贫挂职，贾永强担任县委常委、副县长，协管扶贫工作；张巍婷担任张常丰村第一书记。驻村第一书记张巍婷荣获“全国三八红旗手”称号，其先进事迹在中国中央电视台、经济日报、人民网、《旗帜》杂志等多家媒体上被宣传报道。

【结对帮扶】 2019年，国家信访局组织党员向翟褚村捐款1.69万元用于支部党建，捐书545册，衣物75件；组织党员为朱王村捐款7.53万元设立助学基金；向刘前村引进扶贫资金5万元建村民活动中心，帮助村里销售农产品35.22万元；为褚王村引进195万元渔网加工项目，捐款3.52万元设立助学基金，援建健身广场；为魏庄村赠送2台电脑、2台打印机，以及一批精品图书，帮助联系销售芦苇项目；向寇庄村捐赠电脑等设备5台。

【扶贫宣传】 在国家信访局微信公众号开设“扶贫日记”专栏，利用门户网站和各主流媒介，宣传定点扶贫工作中涌现出来的优秀个人和先进事迹。其中，“张常丰”农产品入驻《今日头条》，成为国家信访局扶贫宣传的一个“主阵地”；驻村第一书记张巍婷先后参加中国中央电视台《开门大吉》、重庆卫视《谢谢你来了》等节目,节目播出后张常丰村系列农产品一周内销售4万余元。张常丰村电商扶贫微视频作为经典案例在中国中央电视台财经频道播出,事迹材料《把贫困的“盐碱滩”变成致富的“黄金滩”》被多家新闻媒体宣传报道,人民网、凤凰网、经济日报、中国妇女报、《旗帜》杂志、学习强国App等对其进行典型宣传。

【产业扶贫】 2019年,信访局协调海兴县扶贫办,在局选派驻村第一书记所在的张常丰村申请资金200万元,建设石磨面粉加工企业和面食文化一条街,注册“张常丰”商标,开设“书记商城”微信公众号,销售海兴优质面粉、辣椒酱、香油等农产品,石磨面粉加工年产量45万千克,已销售30万千克、110万余元。国家信访局投诉办、研究室直属党支部为结对帮扶的褚王村申请渔网加工项目,共投资195万元,每年给褚王村增加经济收入12万元。帮助引进鸡苗养殖业,协调熙乐经典公司向海兴县捐赠7万只扶贫鸡苗,无偿发放到2个扶贫种植园和1550余户贫困家庭饲养,直接为每个贫困户增收500元以上。

【教育扶贫】 2019年,国家信访局联系中国友好和平发展基金会、中国光华科技基金会等向海兴县学校捐赠价值20万元的图书。对参加高考落榜的贫困家庭学生进行兜底保障,组织参加南开大学“彩虹桥人才计划”,全年有8名学生到南开大学就读大专。组织国家信访局机关干部职工和社会爱心人士对9名极度贫困家庭学生进行一对一资助。组织共青团海兴县委报名参加大学生志愿者“童心港湾·农村留守儿童暑期班”活动,组织河北大学15名大学生志愿者到海兴县常丰中心小学帮教助学。

【健康扶贫】 协调河北纬林医疗科技有限公司向海兴县医院捐献10台动态心电监护仪,安装动态远程实时监控系统,解决县医院医疗设备短缺的实际困难。

【劳务输出】 与海兴县共同谋划构建“小微产业从业一批、公益岗位安置一批、就地务工吸纳一批、个人创业发展一批、劳务输出转移一批”的“五个一批”就业扶贫脱贫工作机制,帮助贫困群众增强“自身造血”功能。海兴县2018年年底3140户建档立卡贫困户中,安置就业2869人,户占比91.37%,实现有劳动能力的贫困群众就业安置全覆盖。国家信访局为海兴县提供拆信、信件扫描、国信宾馆客服、机关保安等就业岗位26个,解决部分贫困人口就业问题。

(国家信访局国家投诉受理中心 贾永强)

光明日报社定点扶贫

【概述】 2019年，光明日报社定点帮扶青海省囊谦县，发挥自身优势，坚持“输血”与“造血”相结合，扶贫扶智扶志，加大宣传力度和文化扶贫力度，帮助贫困群众提升脱贫致富的综合素质，充分调动贫困地区、贫困人口的脱贫积极性，增强自身“造血”能力。全年投入帮扶资金633.96万元，引进帮扶资金176.56万元；培训基层干部和技术人员171名（资金116.16万元）；购买贫困地区农产品83.35万元，帮助销售贫困地区农产品26.8万元。

【扶贫资金投入】 光明日报社对囊谦县开展20余项扶贫项目，折合投入帮扶资金633.96万元，帮扶资金主要用于建囊谦县宣传栏、建光明网络培训中心、赠送无人机、慰问80多户贫困户、建光明图书室等。引进帮扶资金176.56万元。其中，为囊谦县九乡一镇购买价值100万元的10台医疗设备和价值1万多元的10台打印复印一体机，为学生捐赠1144件羽绒服和3819件童装，价值68.56万元，捐赠2000册图书，价值7万元，合计176.56万元。

【扶贫调研】 2019年7月，光明日报社原副总编辑沈卫星带队调研，参加囊谦文化旅游节开幕式，调研文化宣传栏以及其他援建项目的使用情况；8月，总编辑张政带队到囊谦县就精准扶贫工作进行实地调研，先后到囊谦县医院、藏医院进行调研，并指出要进一步擦亮囊谦县藏医药尤其是药浴科的名片，尝试通过“医疗+旅游”的方式推动藏医药走出去，完善产业规划确保产业发展带动群众致富。光明日报社扶贫办主任和相关部门领导，多次到囊谦调研。

【扶贫宣传】 与囊谦县委沟通，策划报道主题，采编部门积极参与，策划部制定报道方案，总编室、记者部等多个部门抽调记者编辑组建报道组，对囊谦县进行调研式采访，全方位宣传报道。5月在《光明日报》开设专栏《走笔囊谦——来自脱贫攻坚一线的报道》，多角度深层次宣传囊谦县。2019年在《光明日报》刊发囊谦稿件30多篇，在光明网刊发稿件120多篇。同时，加大对囊谦公益广告的宣传力度，2019年刊发公益广告18版；帮助出版《人文囊谦》一书；为囊谦县相关部门赠阅300份《光明日报》。此外，由光明日报社出资31万元援建的囊谦宣传栏在文化广场启用，宣传脱贫致富、爱岗敬业典型事例，及时解读中共中央的大政方针政策。

【教育扶贫】 2019年，光明日报社为囊谦县引入一条大规模、低成本、可持续、可复制的教育扶贫新模式。全县教师通过推进“互联网+教育”提供丰富优质的在线教育资源，常规化开设网络双师课堂，弥补当地师资力量不足等短板。“光明助学金”连续5年对贫困学生进行一对一帮扶，资金来源于本社职工及社会人士的爱心捐款，共资助219名中小学生，资助金额36万元。已在囊谦县捐建6所学校、6个乡镇图书室，并配备党政类、人文社科类、实用技术类等书籍。通过社会捐助为囊谦白扎乡巴麦村小学捐赠2000册儿童图书，建立图书室。修建32个图书室。

【扶贫培训】 抓好囊谦县干部培训工作，2019年培训费用支出116.16万元。分别于

2019年4月和11月在浙江红船干部学院开展2期培训班,培训囊谦县103名党员干部。对囊谦县18名全媒体人员进行培训。在囊谦县委党校开展“光明班”村社干部义务宣讲员政策常识专题培训班,培训干部50人。培训内容包括学习习近平总书记关于“不忘初心、牢记使命”主题教育等理论课程。在捐建的网络培训中心开展2期网络技术培训班,培训50人。

【干部挂职扶贫】 选派挂职干部3名,1名挂职县委常委、副县长,主管扶贫工作,1名挂职囊谦县香达镇多昌村第一书记,1名挂职县委宣传部副部长兼多昌村扶贫工作队队员。挂职囊谦县委常委、副县长胡清强牵头、推动完成20余个扶贫项目,多昌村第一书记苏争鸣主动学习藏语、走访村民,与村党员干部一道学习政策法规,找寻发展出路,做好两委班子管理教育工作。尚杰赴囊谦挂职后,跑遍九乡一镇,有18篇《走笔囊谦》见报,另有多篇作品在微博、微信、客户端等新媒体平台刊发。中华全国新闻工作者协会为庆祝第20个记者节,将尚杰的事迹作为践行“四力”(即脚力、眼力、脑力、笔力)典型进行宣传报道。

【扶贫慰问】 光明日报社慰问组分别于1月、7月、8月分3次赴囊谦县走访慰问84户贫困户和贫困党员以及30户一对一助学帮扶学生,送上共计16.5万元的慰问金和慰问品;向囊谦县党员干部及贫困群众送去由报社员工书写的福字,送去新春祝福;在囊谦县阳光福利学校(孤儿学校),送去报社职工亲手编织的毛衣、围巾等,为该校全体学生购买羽绒服,总费用10万元。帮助囊谦县10余人赴北京就医。

(光明日报社机关党委　张君华)

中国日报社定点扶贫

【概述】 2019年,中国日报社定点帮扶江西省会昌县。中国日报社从组织领导、选派干部、资金投入、干部人才培训、消费扶贫方面发力,加大对会昌县的帮扶力度,共投入帮扶资金331.6万元,引进帮扶资金810万元,购买农产品25.65万元,帮助销售农产品147.75万元,培训基层干部和技术人员952人。2019年4月,会昌县退出贫困县序列。

【扶贫资金投入】 2019年,中国日报社投入帮扶资金331.6万元。向会昌县南田村拨付10万元经费,用于南田村建设构树种植基地;向会昌县捐赠价值25万元电脑数码设备;结对帮扶会昌县第二中学,捐赠10万元用于改善教学条件;向会昌县英语教师和优秀生源班级赠报,共捐赠报纸156180份,金额合计37.84万元;开展教师培训合计支出28.18万元;邀请著名画家赴会昌县开展文化扶贫活动支出1.58万元;为会昌县搭建网络扶贫专题网页,投入219万元。

引进帮扶资金810万元。向会昌县引进扶贫企业,打造贝贝小南瓜生产示范点,引进资金500万元。成立中国日报社驻会昌县扶贫工作队定向帮扶合作社,帮助会昌县顺得利脐橙专业合作社选址选厂房、协助筹建,落实项目总投资300万元。协调中国扶贫基金会为会昌县贫困高中生落实"新长城特困高中生自强帮扶项目",落实10万元帮扶资金。

【扶贫调研】 2019年,中国日报社总编辑周树春率队赴会昌县调研,出席二十一世纪英文报帮扶会昌县第二中学、支教会昌县高排中学项目启动仪式;副总编辑康兵出席会昌县蔬菜产销对接会、2019"茂源杯"会昌贝贝南瓜烹饪餐饮创意大赛等。

【干部挂职扶贫】 中国日报社选派1人赴会昌县挂职副县长,选派1人挂职驻村第一书记。挂职干部坚持高标准、严要求抓好精准扶贫各项工作,争取各方政策、资金支持。

【消费扶贫】 中国日报社工会组织购买会昌农特产品,制作微信农产品购买小程序和扫码购买程序,动员员工购买会昌农特产品;组织食堂采购会昌米粉、南瓜等农产品,2019年购买农产品共计25.65万元。

利用媒体渠道进行宣传推介、农超对接等,拓宽会昌农特产品的销售渠道,帮助销售农产品147.75万元。帮助销售贝贝小南瓜散装1850千克,销售礼品箱1400余箱,总价值12.1万元。通过中国日报网等渠道宣传推介会昌桔柚,共销售桔柚135.65万元。

【产业扶贫】 向会昌县引进扶贫企业,培养创业致富带头人,吸纳贫困人口就业增收;帮助落实白鹅乡、高排乡搭建标准蔬菜大棚;成立中国日报社驻会昌县扶贫工作队定向帮扶合作社,帮助会昌县顺得利脐橙专业合作社选址选厂房、协助筹建,让项目落地并正常运营;打造贝贝小南瓜生产示范点,将贝贝小南瓜作为继脐橙之后新的主打产业,截至2019年年底已种植8000亩。

【扶贫宣传】 2019年,中国日报社安排4批次记者到会昌县进行调研采访,在中国日报网设立专题,宣传报道会昌县的经济社会发展情况。在由全国扶贫宣传教育中心、中国文联摄影艺术中心主办的"脱贫攻坚精彩瞬间"全国优秀摄影作品展览中，反映会昌县脱贫攻坚精彩瞬间的10集系列短视频荣获“三类优秀组织奖”。短视频从扶贫贷款、医疗保障、结对帮扶、教育帮扶、电商培训等角度，展示会昌县打赢脱贫攻坚战的生动实践。

【扶贫培训】 2019年，中国日报社为会昌县培训基层干部348名。培训县宣传部干部及县融媒体中心业务人员71人，提升会昌宣传干部和媒体工作人员的业务水平；组织会昌县3名校长和32名优秀学科带头人分批赴北京参加为期2周的培训；组织5名会昌县教师骨干参加“2019国际英语教育中国大会”；多次组织国内外顶级教育专家赴会昌县对166名学科带头人集中培训；对南田村村干部及党员骨干26人开展普法教育培训；对45名会昌文化干部进行艺术创作培训。

培训技术人员604名。帮助南田村培训致富带头人25人，培训南田村小南瓜种植技术能手24人；开展远程医疗面对面培训，会昌县人民医院15名医护人员参加培训；在会昌县举办第四届中国日报社对口会昌县教育扶贫项目暨中小学英语教师培训会，邀请顶级国内英语教育名师为会昌县326名中小学英语教师开展集中培训；邀请国际英语教师联合会4位专家讲师对会昌县214名英语教师进行培训，为400余位高中学生举办英语学习教育讲座。

【教育扶贫】 2019年，中国日报社的研学帮扶项目推动高排中学教师、学生的精神面貌焕然一新，2019年该中学中考成绩排名全县第四，综合评比指数跃进5个名次。二十一世纪英文报和会昌二中、高排中学签署三方帮扶支教协议，开展“双师课堂”、英文报教学、教师培训等帮扶项目。落实“2019圆梦新征程——中国山区优秀校长国际领导力奖学金项目”1个免费名额，为贫困山区教育发展培养中坚领导力量。落实新长城特困高中生自强帮扶项目（每年每班10万元），为会昌县建档立卡户家庭高中生提供生活费资助。

（中国日报社扶贫办公室　郭海港）

中国外文出版发行事业局定点扶贫

【概述】 2019年，中国外文出版发行事业局(以下简称“中国外文局”)定点帮扶山西省左权县，投入帮扶资金163.51万元，引进帮扶资金12万元，资助贫困大学生38名，培训左权县中青年干部50人、英语教师128人。购买左权县农特产品54.2万元，帮助销售农产品5.16万元。捐赠图书7004册，价值20.84万元。

【扶贫资金投入】 2019年，中国外文局投入帮扶资金163.51万元，其中《人民画报》左权特刊制作费30万元，贫困大学生资助金31.73万元，左权中青年干部培训费29.28万元，产业扶贫项目资金72.5万元。引进帮扶资金12万元。

【扶贫调研】 6月，中国外文局局长杜占元赴左权县调研督导定点扶贫工作，看望慰问挂职扶贫干部，主持召开左权县精准脱贫工作座谈会。11月，副局长方正辉赴左权县督导定点扶贫工作，实地检查帮扶项目落地和收效情况，考察指导县级融媒体中心建设，走访慰问贫困户3户。

【扶贫培训】 10月，中国外文局举办左权县第15期中青年干部北京培训班，培训左权县中青年干部50名。培训主题为“全面贯彻落实习近平新时代中国特色社会主义思想，为实现全力晋位上台阶、全面脱贫奔小康目标不懈奋斗”。

【扶贫宣传】 中国外文局利用对外宣传的独特优势，对外宣传报道左权县脱贫攻坚。2019年，中国外文局编辑出版《人民画报》左权特刊，支持左权县举办以《太行奶娘》为代表的优秀文化作品展演，宣传报道“左权民歌汇·2019年国际民歌赛”。联合中国国际扶贫中心编辑出版《中国扶贫案例故事选编》，向世界介绍中国扶贫事业的新发展。

【教育扶贫】 2019年，中国外文局资助左权县38名考取二本B类以上贫困大学生，资助金近8万元。帮助引进教育信息化项目，通过信息技术在教育教学、教育管理和服务等方面的创新性应用，提升左权县教育信息化水平；向左权县职业技术中学、左权县下庄学校捐建2所“复兴书屋”，捐赠图书7004册。

【产业扶贫】 2019年，中国外文局聚焦贫困村集体经济“破零”和持续发展，新增支持左权县拐儿镇天门村生态鸡养殖和芹泉镇漳漕村牛羊养殖项目，投入帮扶资金56万元。

(中国外文出版发行事业局扶贫办
吕　梁)

经济日报社定点扶贫

【概述】 2019年，经济日报社帮扶河北省赤城县，发挥主流媒体帮扶优势，采编各类稿件500余篇，直接投入帮扶资金783.56万元，引进帮扶资金2461.98万元，直接购买农副产品46.34万元，帮助销售农副产品148.93万元，培训基层干部300人，培训技术人员100人，培训党支部书记和村委委员500人，派出挂职副县长1人、驻村第一书记1人。

【扶贫资金投入】 2019年，经济日报社向赤城县直接投入帮扶资金783.56万元，引进帮扶资金2461.98万元，主要用于为赤城建成融媒体中心，帮助中小企业和建档立卡户发展产业；建立赤城县京赤科技示范园，培植先进高科技的农作物等。

【扶贫调研】 2019年9月，经济日报社社长兼总编辑张小影和副总编辑郑波及相关部门负责同志共17人赴赤城县调查研究扶贫工作。进农户、到工厂，召开不同形式的座谈会，听取基层关于扶贫方面的意见和建议。按照张小影的要求，先后召开5次扶贫专项会议。

【扶贫宣传】 2019年，经济日报主报、子报子刊和新媒体为赤城县刊发各类稿件500余篇，《河北赤城：找准脱贫关键点确保高质量摘帽》、北京市科学技术委员会赤城扶贫专版及《赤城县实现生态资源利用与精准脱贫协同发展——专家发言摘要》专版，把对赤城县脱贫攻坚的宣传引向深入。经济日报社在赤城融媒体中心设立工作站，定期派青年采编骨干驻站帮助工作，并安排融媒体中心记者培训。经济日报社投入资金272.75万元，帮助赤城县建立融媒体中心。9月，赤城县融媒体中心正式揭牌投入运行。

【公益扶贫】 2019年，经济日报社组织社办公室、新媒体传播部、中国建材报社、证券日报社、《中国企业家》杂志社5个部门单位的党组织对接帮扶赤城县5个贫困村党支部，为困难户孩子和困难户家庭捐款5万多元。号召全体党员自愿捐款20多万元，用于赤城县政府奖励那些孝道工作做得好的家庭。向208名学生共捐赠208套服装，价值9.98万元。派驻申沟村第一书记于2019年8月组织109名村民前往北京市回民医院进行第二次全面健康体检，并建立与医院共享的村民健康档案。

【干部挂职扶贫】 2019年，经济日报社派出1人到赤城县挂职副县长，1人担任贫困村第一书记，主要负责赤城县扶贫工作。

【扶贫培训】 2019年，经济日报社继续与赤城县委、县政府开展乡村振兴大讲堂活动，邀请河北大学教授2次到赤城，对近300名党员干部、100多名科技人员和500多名贫困村党支部书记和村主任进行培训。

【党建扶贫】 2019年，经济日报社协调碧桂园控股有限公司投入32万元，为赤城县建成党员干部培训中心，可以同期容纳150人参加学习和培训。

【产业扶贫】 2019年，经济日报社协调碧桂园控股有限公司投入120万元，启动在赤城县建设15个养牛场，把全县农户散养的黄牛全部集中饲养，带动57户脱贫。

（经济日报社扶贫办　冯举高）

中国法学会定点扶贫

【概述】 2019年，中国法学会定点帮扶重庆市开州区，创新帮扶举措，从产业扶贫、电商扶贫等方面，推进定点扶贫工作。直接投入帮扶资金65万元，引进帮扶资金45.37万元；培训技术人员370名、基层干部480名；派出2名扶贫干部挂职扶贫；购买农副产品3.3万元，帮助销售农副产品16.9万元。

【扶贫资金投入】 2019年，中国法学会投入帮扶资金65万元，其中投入51万元设立开州区法学会奖励专项资金，主要用于在法治宣传、法治建设等相关领域取得重大成绩、做出重大贡献的个人或社会团体的奖励，以及法律人才培养的扶持；支持2个部级法学研究类基层调研课题研究经费14万元。引进帮扶资金45.37万元。协调开州清泉水务建设有限公司向渠口镇提供帮扶资金30万元，主要用于贫困户饮水安全和住房安全保障方面；协调中基凌云科技有限公司、瑞泰人寿保险有限公司等资助开州区紫水乡雄鹰村13万元，用于村办公室修缮改造；联系北京爱心人士捐赠资金2万元，用于贫困户大病救助；联系北京市北海幼儿园团委，发动师生捐助温泉镇白玉村徐家坝小学贫困儿童价值3700元学习用品。

【扶贫调研】 2019年，中国法学会常务副会长陈训秋，副会长王其江先后赴开州区调研，深入渠口镇毛坪村、向阳村、双丰村，紫水乡雄鹰村考察，走访慰问困难群众。

【扶贫培训】 协调北大青鸟北京课工场教育科技有限公司，选派资深电商培训师和运营专家到开州区开展农村电商人才培训，培训农村技术人员370名；举办基层干部培训班，培训开州区各镇乡街道党政主要负责人、副书记、司法所所长等基层干部480名。

【干部挂职扶贫】 选派张再魁赴开州区政府挂职，协助分管开州区扶贫工作；选派李鑫鑫挂职紫水乡党委委员、雄鹰村第一书记。委托2位挂职扶贫干部牵头负责“脱贫攻坚下‘依法治村’的理论与实践研究”“脱贫攻坚法治保障研究”2个部级法学研究基层调研课题，并组织专家学者加强脱贫攻坚法治理论和实践研究。

【产业扶贫】 推进农业与旅游业发展相结合，启动实施雄鹰村民宿项目和地产项目建设，打造多业态多功能产业集群，其中地产项目一期已完成土地转用8577平方米；民宿项目一期工程涉及扶贫资金50万元，农用地转用手续已批复。指导并培养紫水乡电商团队，先后开展直播带货、兑换卡册等线上线下销售活动，2019年紫水乡黄豆制品销售额较2018年增加300万元。帮助重庆紫水豆制品有限公司搭建电商平台，并将线上销售额的5%用于支持紫水乡扶贫事业发展。整合黄莲、桔梗等种植业和牛羊、清水鱼养殖业，与药材企业、龙头嘴森林公园、6家农家院建立长效销售机制。2019年涌现出3名致富带头人。

【消费扶贫】 2019年，中国法学会与开州区“开街网”对接，工会、机关服务中心购买产品3.3万元，帮助销售农副产品16.9万元，帮助80余户贫困户户均增收2000余元。

【基础设施建设】 2019年，中国法学会协调资金40万元，帮助雄鹰村建设村级公路1.1千米。

（中国法学会　韩圣迎　李鑫鑫）

中华全国台湾同胞联谊会定点扶贫

【概述】 2019年，中华全国台湾同胞联谊会（以下简称“全国台联”）以促进经济社会发展、助力脱贫攻坚为目标，以教育扶贫为主要抓手，推进对甘肃省榆中县的定点扶贫工作。全国台联赴榆中县调研5次，选派挂职干部1名、第一书记2名；完成基层干部培训41人次、技术人员培训70人次；投入帮扶资金63.16万元，引进帮扶资金442.61万元，购买当地农产品4.98万元。2019年，榆中县正式脱贫摘帽。

【扶贫资金投入】 2019年，全国台联投入帮扶资金63.16万元，为榆中县引进中国青年创业就业基金会等定向捐赠的款物折合帮扶资金442.61万元。帮扶资金用于义务教育363万元，用于农业种植养殖109.5万元，用于人员业务技能培训32.7万元。

【扶贫调研】 2月、12月，全国台联会长黄志贤赴榆中县调研走访，督促指导扶贫工作，看望慰问贫困户，与当地干部进行扶贫座谈交流。5月，全国台联副会长纪斌赴榆中县开展扶贫调研。7月，副会长张百良出席第25届兰州投资贸易洽谈会榆中县相关活动，并赴榆中县开展项目调研与对接。9月，副会长杨毅周赴榆中县调研并开展授课培训活动。

【扶贫培训】 4月，安排榆中县4名宣传干部参加2019年全国台联系统宣传工作研修班，帮助提升基层宣传干部业务水平。先后3次组织榆中县40名致富带头人和业务骨干等参加文创、电商、餐饮等创业就业培训。

【干部挂职扶贫】 向榆中县派出1名副处级干部挂职副县长，负责定点帮扶工作。先后选派2名青年干部到榆中县小康营乡窑坡村任第一书记。其中，朱肖宏于2019年9月完成2年驻村任务，获“甘肃省脱贫攻坚帮扶先进个人”荣誉称号。

【产业扶贫】 协调香港仁善扶贫基金会以循环滚动投入的方式，续借榆中县蔬菜产销专业合作社100万元专项援助资金，支持高原夏菜产业发展。截至2019年年底，累计帮助榆中县蔬菜产销专业合作社在12个乡镇建设标准化生产基地，建成高效钢架大棚2000多座，打造近10万亩绿色高原夏菜规模化种植基地。将9.5万元扶贫资金投入榆中县小康营乡窑坡村，开展针对贫困户的养殖产业扶贫。组织贫困农户与专业养殖合作社达成托养协议，每户运用扶贫资金在养殖场内认购繁殖母羊进行3年的托养，3年后养殖场归还认购托养资金，带动和帮助贫困农户增收增产。

【教育扶贫】 争取中国青年创业就业基金会向榆中县3所中小学捐赠价值320.61万元的云教育平台产品，丰富中小学师生的优质网络教育资源，受益师生5959人。组织第18届榆中优秀师生夏令营，44名榆中希望小学师生赴北京参访交流。协调40名榆中优秀贫困学生参加圆明园爱国主题夏令营。募集价值3万元的一体机电脑捐赠榆中县希望小学。促成5对爱心人士与贫困学生结对，资助金额1.2万元。

（中华全国台湾同胞联谊会办公室
廖云霞）

中国国际贸易促进委员会定点扶贫

【概述】 中国国际贸易促进委员会(以下简称“贸促会”)定点帮扶贵州省从江县、黑龙江省林甸县。2019年,贸促会直接投入帮扶资金2213.52万元,引进帮扶资金1545.25万元,培训基层干部456人、技术人员1340人、贫困户222人,购买定点扶贫县农特产品204.38万元,帮助销售农产品1417万元。

【扶贫资金投入】 2019年,贸促会直接投入帮扶资金共2213.52万元,包括投入资金335.53万元实施产业扶贫,帮助贫困县发展特色养殖、种植产业;投入资金190万元实施就业扶贫,设立公益岗位,帮助贫困群众增收;投入资金381.9万元实施教育扶贫,联系大学、组织专家培训贫困县基层干部、技术人员及贫困户;投入资金1188.09万元实施农村基础设施建设,对贫困户住房进行透风漏雨整治及农村人居环境改善;投入资金118万元实施党建扶贫,主要用于支部共建及第一书记工作开展经费。引进帮扶资金1545.25万元,其中1077万元中央财政专项资金补贴生态护林员岗位,200万元实施贫困户住房透风漏雨整治,其余268.2万元用于教育扶贫。

【扶贫调研】 2019年,贸促会扶贫开发领导小组成员47人次分别赴从江县、林甸县调研考察脱贫攻坚,落实推动定点扶贫工作。8月,贸促会党组书记、会长高燕赴林甸县开展“不忘初心、牢记使命”主题教育暨精准脱贫调研,考察林甸液态奶生产基地、伊利奶牛和乐尔肉兔养殖场;到新民村、宏伟村指导抓党建促脱贫攻坚,调研扶贫车间、手工编织、卓悦智慧小园等产业扶贫项目,慰问贫困群众;到东兴乡希望小学推进老旧校舍改造及多功能房扩建等教育扶贫项目;召开林甸县精准脱贫座谈会,研究高质量脱贫摘帽工作。10月,高燕赴从江县开展精准扶贫调研,主持召开扶贫工作座谈会,督促指导落实脱贫攻坚主体责任,提高工作水平,创新工作方式,高质量完成脱贫攻坚任务;考察透风漏雨房屋整治、银良小区易地扶贫搬迁、山岗小学和美娥小学建设、岜沙村旅游扶贫、生态护林员岗位、九芗农业公司、高武村小康寨建设、党支部结对共建等扶贫项目推进情况,慰问建档立卡贫困户,看望一线扶贫干部,进村入户,访贫问苦。

【扶贫制度建设】 建立健全扶贫挂职人员选派办法、扶贫资金管理办法、扶贫工作台账管理办法等。制定和完善《贸促会定点扶贫项目资金拨付核销管理暂行办法》《贸促会驻贫困县挂职干部和驻村第一书记专项工作经费管理办法》《拨付党费用于专项支持驻村第一书记开展党建活动的经费使用管理规定》。推动印发《中国贸促会定点帮扶从江项目资金管理办法》,对贸促会扶贫项目资金和相关工作经费进行规范化管理,提高资金使用效益。

【干部挂职扶贫】 增派关智中到从江县加榜乡摆党村担任驻村第一书记。贸促会派驻贫困地区挂职干部9名,其中2名在市(州)政府挂职,2名在县委和县政府挂任副职,协助分管扶贫工作,1名在县扶贫办挂任副职,4名担任驻村第一书记,形成市(州)县村三级联动的扶贫工作机制。

【产业扶贫】 协调推动内蒙古伊利实业集团股份有限公司在林甸县投资建设液态奶

生产基地(二期),引进牧原食品股份有限公司在林甸县建设生猪养殖基地。扶持定点扶贫县龙头企业和农村合作社30家。投入300万元在从江县推广种植百香果,在林甸县推广养殖狮白鹅,与3000多名建档立卡贫困户建立利益联结机制。

【就业扶贫】 为两县共222名建档立卡贫困户提供就业技能培训。组织从江县1000多名贫困群众到广东、广西等地就业务工。为从江县180名易地扶贫搬迁贫困户提供公益岗位,每人每月补贴400元。协调新增从江县近817名生态护林员指标(累计1077名),帮助建档立卡贫困户实现增收脱贫。为林甸县150名建档立卡贫困户提供保洁、保安、护路等就近工作机会,平均每人每年补贴2000元。

【教育扶贫】 联系首都师范大学、贵州师范大学为定点扶贫县900名中小学教师提供培训。投入112.5万元设立贸促会教育发展基金,资助800名建档立卡贫困家庭学生。投入286.4万元帮助从江县党扭小学、加车小学、东勤小学,林甸县新民小学、贸促会希望小学改善教学办学条件,包括新建教学楼、修缮宿舍楼、改造食堂、购置教学设备、捐赠物资等。协调澳门陈明金基金会出资120万元援建从江县摆党村幼儿园,内蒙古伊利实业集团股份有限公司向从江县捐赠24万元牛奶,戴尔(中国)有限公司出资20万元捐建从江县银潭小学计算机室,德晋慈善会出资15.55万元资助摆党村贫困学生等。

【基础设施建设】 投入742万元支持从江县开展农村老旧住房透风漏雨专项整治,帮助1150户建档立卡贫困家庭修缮住房、改善居住条件;支持从江县摆党村、平忙村、乔谷村、高武村的消防网管建设,加强农村住房消防安全保障,惠及500户1800多人。投入315万元支持林甸县危房改造项目,拆除危房177户,新建76户,维修加固154户;帮助新民村、宏伟村实施农村人居环境整治,改善村屯基础设施。

【党建扶贫】 贸促会下属办公室、财务部、促进部、法律部、专利商标事务所、中国国际商会分别与高武村、摆党村、宏伟村、新民村、平岸村、山岗村开展党支部结对共建,投入40万元党建经费,支持6个贫困村基层党支部建设。投入150.8万元支持从江县摆党村、高武村、岑偶村、打边村修缮村两委办公用房和党员群众活动场所。

【消费扶贫】 贸促会机关工会牵头组织下属企事业单位工会采购定点扶贫县农特产品211.62万元。中国国际商会协调商会副会长单位中粮集团有限公司为从江县提供指导和支持,定向销售28吨大米,销售收入近300万元。推动从江县农产品在永辉超市、大润发超市销售750万元。帮助林甸县农产品通过家乐福超市销售343万元。为从江县、林甸县在农产品、食品、大健康、中药材、旅游等国内知名展会上提供免费展位,承担相关参展费用,提升两县特色产品和资源知名度,帮助两县销售本地特色产品,其中帮助林甸县在展会上实现销售243万元。

【澳门地区帮扶从江】 协调推动中央人民政府驻澳门特别行政联络办公室和澳门特别行政区政府组织动员澳门地区社会各界力量帮扶从江县,2019年共实施14个帮扶项目,涉及资金5200余万元。

(中国国际贸易促进委员会　陈鸿强)

中国红十字会总会定点扶贫

【概述】 2019年，中国红十字会总会定点帮扶的湖北省英山县退出贫困县序列。投入帮扶项目款物1888万元；引进帮扶项目款物1531万元；帮助销售贫困地区农产品3.51亿元；培训基层干部112名、技术人员1717名，其中教师1041名，红十字救护员400名，校医100名，养老护理志愿者100名，红十字救护师资50名，乡村医生26名。

【扶贫调研】 2019年，全国人大常委会副委员长、中国红十字会会长陈竺，党组书记、常务副会长梁惠玲等分别通过召开座谈会、进村入户走访、项目实地考察、查阅档案资料等方式，督促指导英山县压实脱贫攻坚主体责任、落实扶贫政策、落实工作任务、加强作风建设。赴英山县开展各类督促检查、项目考察、调研指导等127人次，其中领导5人次、司局级干部15人次，召开英山县扶贫工作座谈会2次，调查43个村次，走访贫困户298户次，工作范围覆盖英山县所有乡镇，形成督导调研报告12篇，书面向英山县反馈4个方面的主要问题和3条意见建议。

【扶贫慰问】 2019年元旦和春节期间，开展红十字博爱送万家活动，为英山县困难群众送去羽绒服、棉衣、毛呢大衣、毛衣1300余件，棉被、毛毯1400条，大米900袋，糖果700袋等价值68万余元的生活物资。2019年年底，组织上海市、浙江省、福建省红十字会为英山县困难群众送去运动鞋2.7万余双，棉被、毛毯、睡袋4500余条，运动服1.4万余套，羊毛裤900条，电暖器300台，电火锅300个等，价值643万余元的扶贫物资。投入100余万元开展关爱老人行动。组织党员干部捐款捐物，为贫困村捐款6400元，捐赠棉衣被132件，并利用业余时间编织107件毛衣、围巾、帽子等，为英山县贫困家庭孩子送去温暖。

【博爱家园项目】 投入资金4700多万元在全国19个省份的88个国家级贫困县援建122个博爱家园项目，其中在英山县新增援建30个博爱家园项目，资金规模1200万元，该项目中的生计基金450余万元用于支持英山县贫困村、贫困户发展种植、养殖、农产品加工和乡村旅游等生计产业，带动建档立卡贫困户就业630人，当年实现劳务收入224.28万元。

【健康扶贫】 投入158万元在英山县实施大病救助项目，救助154名存在因病致贫、因病返贫风险的群众。投入45万元建设3个村卫生室。培训26名乡村医生，帮助他们掌握包括彩超、心电图在内的诊断技术。协调山西省红十字会捐赠价值220余万元的医疗设备。在2个村试点总投资50余万元的“互联网+医疗健康”项目，并送医下乡，举办健康讲座，开展义诊。资助30余万元建设红十字生命安全体验教室。培训50名红十字应急救护师资，培训救护员400名，普及应急救护知识3622人次，设置自动体外除颤仪（AED）10台，急救箱828个。在英山县实施健康扶贫项目受益群众1.95万人次。

【教育扶贫】 为贫困村捐赠电脑、多功能一体机等办公设备4套，协调北京潮星集团投入500万元无偿援建孔家坊同心学校。中国红十字基金会投入74万元援建的3个博爱学校项目启动建设，投入15万元援建的1个博爱未来教室建成投入使用。中国红十字会总会事业发展中心、顺丰公益基金会、北京华宇公益基金会等在英山县投入69万元助学资金，资助300余名贫困中小学生。中国红十字会总会事业发展中心、中国教育报刊社、中国红十字基金会、红十字国际委员会等支持英山县开展教师培训1041人。在英山县实施教育扶贫项目受益学生4.9万人次。

【消费扶贫】 通过购买、帮助销售贫困地区农产品等方式助力英山县脱贫攻坚。与美菜网合作设立“最美菜”公益基金并实施“滞销菜SOS计划”，帮助贫困地区销售滞销农产品3.1亿元；与北京京东世纪贸易有限公司成功合作举办第二届全国红十字系统众筹扶贫大赛，200余万人参与，帮助贫困地区销售农产品2500余万元；与工商银行融e购商城合作开展“百县千村”农产品消费扶贫计划，帮助贫困地区销售农产品1600余万元。推动英山云雾茶进入北京马连道茶叶市场。

【扶贫宣传】 协助英山毕昇墓成功申报第八批“全国重点文物保护单位”；邀请旅游卫视在英山县制作《乡遇》节目，专题记录和宣传当地特产特色，助力英山文旅产业。中国红十字会总会驻四棵枫村第一书记曹橙获第九届全国“人民满意的公务员”殊荣，四棵枫村获评全国学雷锋志愿服务“最美志愿服务社区”，他的事迹《不忘初心　风雨兼“橙”》刊载于《旗帜》杂志。中国红十字会总会事业发展中心党支部结对共建对口帮扶的水口村养老志愿服务事迹登陆中国中央电视台《守护夕阳》节目，事业发展中心党支部对口帮扶事迹《强化党建引领助力精准扶贫》在《旗帜》杂志刊载，并多次被《中国老年报》报道。《中国红十字报》和《中红在线》宣传英山县脱贫攻坚工作。

（中国红十字会总会赈济救护部 王永才）

中国投资有限责任公司定点扶贫

【概述】 中国投资有限责任公司(以下简称“中投公司”)定点帮扶青海省循化撒拉族自治县(以下简称“循化县”)、贵州省施秉县、甘肃省会宁县和静宁县。2019年,中投公司坚持统筹推进,因地制宜施策,召开党委会、扶贫工作领导小组会、年度扶贫工作会、扶贫推进和总结会等会议,结合“不忘初心、牢记使命”主题教育推进定点扶贫工作,推动四县脱贫攻坚取得决定性胜利。

【扶贫资金投入】 2019年,中投公司向4个定点扶贫县投入无偿资金25110.76万元;帮助引进无偿资金1099万元,引进企业投资和银行贷款11760万元;购买农产品3103.12万元,帮助销售农产品268万元。

【扶贫调研】 2019年,中投公司领导先后11次赴定点扶贫县开展督促指导,提出督导意见21条。其中,党委书记、董事长彭纯和党委副书记、监事长杨国中均深入4个定点扶贫县调研督导,并对施秉县“组组通”公路标准过高、养殖场环保等问题,循化县拉面经济发展瓶颈、打造引进龙头企业力度不够等问题,会宁县主导产业方向不坚定、缺少充分论证和统筹规划等问题提出督导意见。

【扶贫培训】 中投公司将扶贫培训工作下沉到基层,由公司系统直管企业组织开展乡村基层干部和农民技术员培训,2019年培训基层干部1907人次、技术人员8955人次。其中,会宁县基层干部773人次,技术人员195人次;静宁县基层干部890人次,技术人员、致富带头人和农户等8400人次;循化县基层干部129人次,技术人员60人次;施秉县基层干部115人次,技术人员300人次。

【干部挂职扶贫】 2019年,中投公司增派驻县扶贫干部,并成立驻县扶贫工作队,发挥排头兵作用。在实现每个定点扶贫县选派1名副县长和1名驻贫困村第一书记的基础上,又向四县派出挂职干部。2019年挂职干部总数13人,加上在当地专门设立的支公司从事扶贫人员共计37人。要求驻县工作队督促当地政府执行中央政策和扶贫工作相关标准,对接落地扶贫项目,并对重大事项和资金使用进行管理监督。

【产业扶贫】 2019年,中投公司重点扶持立足当地资源禀赋、能带动大量贫困户直接增收的特色产业,推动4个定点扶贫县增强造血功能和内生发展动力。投入1125万元重点支持循化县拉面产业扶贫项目。出资1.1亿元,分10年逐步投入,重点支持施秉县实施生猪养殖项目。投入350万元帮助会宁县乡镇合作社发展养殖、中草药种植等产业。投入1350万元支持静宁县实施集中养牛小区建设、烧鸡产业园建设、蘑菇产业发展、香菇种植基地、蜜蜂养殖园等项目。

【金融扶贫】 首创“防返贫保险”兜底机制。2019年,投入约1000万元为循化县7万多名群众(其中建档立卡贫困人口12278人)购买因病因灾因意外保险,总保障额100亿元。完成施秉县“防返贫险”项目设计方案,每年投入约400万元资金为38352名建档立卡贫困人口购买因灾因意外保险。创新“保险+期货”扶贫方式。投入资金300万元,对会宁县4.2万吨玉米开展“保险+期货”项目,助力

11786户贫困户脱贫；投入资金900万元并引入社会资金1000万元，对静宁县4.6万吨苹果开展“保险+期货”项目，实现对县域8713户贫困果农全覆盖。创新“投行服务”。派出投行团队，研究会宁县产业发展规划，帮助3家企业实施股份制改造，完善法人治理结构，辅导其到沪深主板和新三板上市。创新投行业务扶贫新模式，帮助静宁县德美地缘公司完成股改、新三板挂牌等工作。

【生态扶贫】 创新“保活付酬+综合增收”生态扶贫模式。自2018年起，在静宁县建设生态公益林工程，实行“保活付酬+综合增收”新管理模式。项目完成后，苗木成活率超过90%，每年可带动沿线1.9万贫困人口增收800万元；可招聘100名护林员就业，增收80万元。创新六盘山区缺水“贫根”治理方式。会宁县水资源量仅为全国平均水平的1/12。中投公司出资建设7个3万吨级蓄水池，惠及10979户，解决44614人的安全饮水和产业发展用水，其中建档立卡贫困人口21362人。

【电商扶贫】 中推进“授人以渔”电商扶贫模式，系统各单位与北京京东世纪贸易有限公司合作，推动四县特色产品上“中投生态圈-京东网”销售，对内吸引系统下部职工个人消费和工会资金购买土特产品，对外向全社会推销四县特色产品。实施用积分换电商扶贫产品，进一步引入社会力量参与。自2018年11月上线至2019年年底，中投电商平台累计销售四县特色产品2467万元，加上线下销售共计3575万元。

【公益扶贫】 2019年9月，中投公司组织开展金色阳光公益研学活动，邀请4个定点扶贫县的48位学生及教师到北京参加研学活动。

（中国投资有限责任公司办公室
王　亮）

中国光大集团股份公司定点扶贫

【概述】 中国光大集团股份公司(以下简称“光大集团”)定点帮扶湖南省新化县、新田县、古丈县。2019年,光大集团向3个定点扶贫县投入帮扶资金7915万元,启动实施帮扶项目66个,帮助引进帮扶资金9686万元,培训基层干部4035人次、技术人员4169人次,购买贫困地区农产品1958万元,帮助销售贫困地区农产品2245万元,建成74个乡村远程诊疗点,协调引进“母亲水窖”项目支持3个定点扶贫县饮水安全工程。金融时报、中国扶贫等媒体先后对光大集团定点扶贫工作成效进行专题重点报道。“董事长代言古丈茶”消费扶贫案例荣获“中国金融年度品牌大奖”。在2019年中央单位定点扶贫工作成效考核中,光大集团获得“好”等次。

【扶贫资金投入】 2019年,光大集团向新化县、新田县、古丈县投入帮扶资金7915万元。其中,光大集团本部投入资金3000万元,子公司合计投入扶贫资金2350万元,其他投入2565万元。

【扶贫调研】 2019年,光大集团赴3个定点扶贫县调研328人次,其中党委班子成员考察调研6人次。4月,光大集团党委书记、董事长李晓鹏赴古丈县调研远程医疗、茶产业、污水处理及文旅项目,与贫困户、基层村医沟通交流。6月,光大集团党委副书记、监事长朱洪波赴新化县调研村级党建、光大卫生院、希望小学、豆制品厂等扶贫项目。11月,朱洪波赴古丈县专题调研茶产业。

【干部挂职扶贫】 2019年,光大集团在三县分别派有1名挂职县委(县政府)副职干部,在新化县派有1名驻村第一书记。9月,古丈县挂职干部李言志挂职期满,光大集团又选派1人到古丈县挂职。新化县油溪乡东方红村第一书记汤道财的工作案例,入选中央和国家机关驻村第一书记扶贫典型案例集。光大集团派驻新化县扶贫干部陈进2019年3月获评娄底市“脱贫攻坚先进个人”,被记“二等功”。

【扶贫宣传】 2019年,光大集团在“光大未来”新媒体公众号上推送扶贫报道13次,宣传光大集团扶贫工作经验与特色。新华社、金融时报、中国扶贫、上海证券报、网易、湖南日报、湖南卫视等主流媒体先后报道光大集团扶贫成效和案例上百篇(次),金融时报头版刊发《打好“组合拳”　啃下“硬骨头”——光大集团精准扶贫纪实》。

【扶贫培训】 坚持扶贫与扶志扶智结合,在3个定点扶贫县培训基层干部4035人次、技术人员4169人次,帮助贫困人口实现转移就业1599人。帮助新化县发展果木、中药材产业,开展技术培训929人次。协助新田县举办党政领导干部专题培训班,培训基层干部247人次。发挥新田县家政特色服务优势,开展月嫂、妇女创业就业培训697人次。在古丈县开展茶叶技术、农业技术类培训613人次。在3个定点扶贫县开展远程医疗培训,培训技术人员309人次。

【产业扶贫】 2019年,光大集团在3个定点扶贫县投入1730万元,发展31个产业扶贫项目,扶持龙头企业和合作社84家,带动建档立卡贫困人口13800人。投入240万元协助新化县新建2500平方米的扶贫车间和2个标准化厂房。投入230万元,支持新田县红薯、香猪、肉牛、麻鸡养殖基地建设和食品加工生产车间建设。投入690万元,支持古丈县新建和提质14条茶企茶叶加工厂和生产线,项目覆盖3个乡镇、近20个自然村;投入250万元,支持古丈县林下养殖产业和有机肥加工项目;投入200万元,支持古丈县“白叶一号”茶园项目。光大集团将旗下的中青旅山水酒店引进新化县,助力当地旅游产业发展。

【消费扶贫】 2019年,光大集团购买贫困地区农产品1958万元,帮助销售贫困地区农产品2245万元。李晓鹏代言古丈茶,带动销售16165件,销售额近200万元。“董事长为扶贫茶代言”案例荣获2019年“中国金融年度品牌大奖”和“社会责任年度案例奖”。通过夏季“送清凉”活动,销售古丈茶36026件、新田县富硒米54356件,合计销售额900余万元。举办首届光大扶贫成果展暨扶贫产品展销会,组织三县特色农产品在北京光大中心展销。

【金融扶贫】 2019年12月,中国光大银行湘西分行正式开业,实现光大集团定点扶贫县金融服务全覆盖。光大银行“购精彩”电商平台为新田县搭建专属的电子商城,帮助当地特色产品扩大销路。光大永明人寿保险有限公司为古丈县捐赠保额为3.1亿元的意外伤害和意外养老保险,参保受益人群近3000人,包括茶产业工人、教师、学生等。

【健康扶贫】 2019年,光大集团投入603万元在3个定点扶贫县医疗资源匮乏的乡村援建74个乡村远程医疗点,帮助搭建远程医疗服务系统,累计接诊和健康签约2.8万人次。其中,远程会诊3000余人次、中西医辅助治疗8000余人次。投入160万元,支持新化县石冲口镇卫生院新院建设,改善该镇6.7万人就医条件。

【基础设施建设】 2019年,光大集团投入115万元支持新田县完善农村基础设施。投入106万元支持古丈县牛角山夯吾苗寨污水处理和生态厕所建设。光大银行投入300万元,将“母亲水窖”引入三县,支持当地“饮水安全”工程。中国光大国际有限公司在新化县投资5.77亿元建设日处理垃圾规模为1050吨的垃圾焚烧发电厂。中国光大实业(集团)有限责任公司在新化县、新田县试点建设20个生态厕所。

【党建扶贫】 2019年,光大集团推进与定点扶贫县基层党支部结对共建工作,光大集团系统基层党支部同定点扶贫县农村党支部新增4个帮扶对子。光大集团总部机关和各企业党组织筹集党费2000余万元,重点支持新化县73个村级综合服务平台建设。帮助开展贫困村两委班子培训1200余人次,培训创业致富带头人196人次,为定点扶贫县捐款捐物折合32.47万元。

【教育扶贫】 2019年,光大集团继续实施“明德”一对一扶贫助学活动,募集资金140万元,资助3个定点扶贫县2044名贫困学生。投入350万元在新化县桑梓镇、维山乡、圳上镇援建光大希望小学。组织三县师生60人到北京参加“认知远方的城市:中青旅公益研学夏令营”活动。

(中国光大集团股份公司扶贫办 丁明渊)

中国出版集团公司定点扶贫

【概述】 2019年，中国出版集团公司定点帮扶青海省泽库县，突出智力扶贫和文化扶贫，投入帮扶资金500万元，引进帮扶资金60万元，直接购买泽库县农产品153万元，并实现93万元泽库县农产品第三方销售，培训各类人员522人次，派出挂职泽库县扶贫干部3人。

【扶贫资金投入】 2019年，中国出版集团公司向泽库县投入帮扶资金500万元，引进帮扶资金60万元，主要完成10个村级党建示范点建设、和日景区环境综合治理、恰科日村镇道路硬化工程、培训就业帮扶等项目。

【扶贫调研】 2019年，中国出版集团公司调研组先后4次赴泽库县调研督导，及时推进项目，督导问题整改，推动扶贫工作落实。

【扶贫宣传】 2019年，中国出版集团公司在北京国际图书博览会上，以“讲述扶贫故事，中国出版在行动”为主题，对外集中发布扶贫主题出版成果。与国务院扶贫办、中共中央和国家机关工作委员会（以下简称“中央和国家机关工委”）等联合策划推出“中国扶贫书系”100种图书，深化中国特色脱贫攻坚制度、成果、道路、理论的经验性总结和学术性阐述。推出《中央和国家机关驻村第一书记扶贫典型案例集》，由中央和国家机关工委向100多家中央单位推广学习。出版的《脱贫攻坚干部培训教材》受到各地干部欢迎。出版的《人类减贫史上的中国奇迹》对外输出多语种版权。发布2019年“中国出版业扶贫主题精品书单”160种，展现全行业投身扶贫出版、展现中国扶贫精神的集体合唱。利用北京国际图书博览会、新华书店总店网上商城、电子书“易阅通”等线上线下平台，讲述中国扶贫故事和扶贫背后的中国道路和制度优势。

【消费扶贫】 2019年，中国出版集团公司直接购买泽库县农牧产品154余万元，帮助销售93万元。与中国社会扶贫网开展战略合作，在新华书店网上商城开设精准扶贫专栏，线上销售全国贫困县特色产品3000余种，2019年销售额50余万元。利用北京国际图书博览会展览推介泽库县特色文化和产品，现场展售泽库县和日石刻手工艺品32件、唐卡作品10幅、民族服饰8种、高原有机农畜产品20种、藏医药保障品8种等多品类产品。通过产品展售和资源推介，宣传推广“高天圣境生态泽库”的文旅名片，提升泽库县文化旅游资源和有机农产品的知名度和美誉度。

【教育扶贫】 2019年，中国出版集团公司为泽库县中小学捐赠55万码洋图书，在民族中学设立“中版阅读基地”，提升民族地区学生阅读水平和数量。截至2019年年底，累计捐赠图书8万余册，总码洋220余万元。8月，组织泽库县优秀中小学教师31名，在北京师范大学举办教学研修培训。投入100多万元培训乡村两委基层干部和卫生、农技方面技术人员520余人次。

（中国出版集团公司扶贫领导小组办公室　孔学东）

中央保密委员会办公室(国家保密局)定点扶贫

【概述】 中央保密委员会办公室(国家保密局)[以下简称"保密办(局)"]定点帮扶湖北省房县。2019年,保密办(局)为房县协调争取岩溶地区石漠化综合治理工程中央投资1100万元,投入发展资金88.8万元,帮助销售农副产品近220万元,帮助扶贫车间销售产品100余万元,捐助教育帮扶资金20余万元,组织20名房县学生赴北京参加夏令营活动,培训中蜂养殖技术人员150名,培训党政干部110余名。

【扶贫资金投入】 2019年,保密办(局)共投入资金88.8万元,机关向房县捐助31.8万元,所属单位技服中心捐助22万元,测评中心捐助25万元,协调北京启明星辰慈善公益基金会捐助10万元,用于房县安全饮水工程、扶贫车间建设、种植养殖产业发展、户院路奖补、道路照明工程等。

【扶贫调研】 2019年5月,保密办(局)3次赴房县调研精准扶贫工作,实地考察扶贫产业,走访扶贫龙头企业,慰问贫困群众和12名留守儿童,看望一线扶贫干部,与部分房县党政干部、致富带头人、脱贫示范户座谈交流,了解抓党建促脱贫、安幼养老、产业扶贫、兜底保障等情况。

【干部挂职扶贫】 先后派出1名处级干部和3名科级干部到房县挂职扶贫,分别担任副县长和驻村第一书记、副书记职务。挂职扶贫干部推动房县与保密办(局)和有关部委、大型国有企业沟通对接,实地走访慰问贫困群众。

【扶贫宣传】 2019年7月,保密办(局)协调中国农业电影电视制作中心记者赴房县采访特色扶贫产业。7月,中国中央电视台农业频道《聚焦三农》栏目专题报道房县黄酒扶贫产业发展情况。中共中央办公厅刊物《秘书工作》杂志第8期在《国家扶贫开发工作重点县风采》栏目刊登房县简介及实景照片,宣传房县人文环境和脱贫攻坚进展情况。

【产业扶贫】 2019年8月,保密办(局)组织中国保密协会及北京中保网盾公司、北京启明星辰信息安全技术有限公司、中国石化销售公司北京分公司、江苏紫京公司北京分公司4家会员单位赴房县考察,重点走访循环经济产业园、2个扶贫车间、3家产业扶贫龙头企业和2个农业合作社,实地察看房县精准扶贫成果,对接具体帮扶措施。推进电商示范县建设,在2018年争取到电子商务进农村示范补助资金1500万元的基础上,2019年获得尾款500万元。加大扶贫车间产品销售帮扶力度,在采购保密用品时,同等条件下优先考虑房县中振共济发展有限公司扶贫车间的产品,累计采购产品100余万元。

【生态扶贫】 2019年4月,保密办(局)为房县协调争取岩溶地区石漠化综合治理工程中央投资1100万元,治理岩溶面积42.85平方千米,其中治理石漠化面积19.09平方千米。主要用于林业植被、草食畜牧业、水利水保设施等建设。据计算每年可以拦蓄径流33.02万立方米,减少泥沙6.14万吨;可增加森林面积2.1079平方千米、草地面积0.4214平方千米、草地改良面积1.1696平方千米,使14.2309平方千米的森林得到有效保护,治理区森林覆盖率可以提高2.93%，每年可增加直接经济效益193.75万元。

【消费扶贫】 2019年，保密办（局）协调京东电商平台设立房县特色馆，娃娃鱼、板栗等房县农特产品在全网同类商品销量稳居前列；协调将房县庐陵王酒业、九方魔芋等8家企业32款产品录入爱心航空采购平台，并上架销售；协调多家省级卫视频道、电视购物等媒体平台宣传房县农特产品，在中国航空工业集团有限公司下属的北京和广东天虹商场等大型商超进行铺货销售。各电商平台2019年累计销售房县农特产品近220万元。

【就业扶贫】 2019年，保密办（局）协调国家林业和草原局为房县落实生态护林员专项资金218万元，面向建档立卡贫困户继续定向招募545名生态护林员，人均年收入增加4000元。保密办（局）所属单位从房县定向招聘2人，实现“一人就业，全家脱贫”。

【扶贫培训】 2019年8月，保密办（局）协调中国农业科学院蜜蜂研究所，派出专家参加房县中蜂养殖技术培训会，为中蜂养殖专业合作社、蜂产品加工企业和中蜂养殖大户150余人授课，介绍中蜂产业现状及发展趋势，传授中蜂养殖四季管理技术、病虫害防治技术、蜂产品市场营销，推介中蜂生产扶贫模式，帮助房县提升当地中蜂生产的专业化、产业化水平。

【教育扶贫】 2019年，保密办（局）机关及所属单位和中国科学院信息工程研究所的60个党支部（党总支、党小组）以“一对一”“多对一”等形式，与房县108名建档立卡贫困学生开展“结对子”教育扶贫，捐助教育帮扶资金20万元。8月，从房县贫困学生中选拔20名品学兼优的代表，赴北京开展夏令营活动。

［中央保密委员会办公室（国家保密局）扶贫办　杜清华］

国家档案局定点扶贫

【概述】 2019年,国家档案局定点帮扶四川省喜德县,在产业发展、文化教育、人才培养、社会帮扶等方面加大扶贫力度,投入帮扶资金100万元,引进帮扶资金5万元,培训基层干部171名、技术人员150名,购买贫困地区农产品40余万元,帮助销售贫困地区农产品2.76万元。

【扶贫资金投入】 2019年,国家档案局投入帮扶资金100万元,引进帮扶资金5万元,主要用于喜德县基础设施建设、产业发展、教育帮扶、文化惠民及移风易俗等。

【扶贫调研】 完善督导沟通机制,将定点扶贫工作督促指导与调查研究紧密结合。4月,国家档案局副局长魏洪涛赴喜德县实地考察调研,督导定点扶贫工作计划项目实施。7月,局长李明华深入喜德县调研,听取喜德县农业产业发展布局、项目培育、政策扶持等方面的情况汇报,推动年度帮扶工作落实。

【扶贫培训】 2019年,国家档案局投入21万元开展党政干部和农业技术等专业培训。举办"抓党建促脱贫"专题培训,参训人员82人;组织斯果觉村党员干部参加理论培训,参训人员14人;利用农民夜校举办春季田间管理技术培训班,参训人员150人;联系社会公益组织举办村民能力建设培训,24名致富带头人参训。

【干部挂职扶贫】 2018年,国家档案局选派2名干部挂任喜德县县委常委、驻村第一书记兼驻村工作队队长。2019年11月,选派1人接任第一书记。

【扶贫慰问】 2019年,国家档案局开展"共享灿烂阳光绽放每张笑脸"儿童节慰问活动,为喜德县两河口镇红星小学及斯果觉村村幼教点175人送去价值1万元的书包、笔袋等学习用品。调研期间,看望慰问贫困群众,带去慰问品和慰问金。举办"国家档案局送福到家暨暖冬行动",结合送"福"到家的主题,入户走访、慰问困难群众和重残人员,挂宫灯、送对联、贴福字,为斯果觉村275户家庭送去价值4.4万元的新年慰问品,捐赠价值10万元的羽绒服。倡议机关干部职工利用业余时间编织爱心毛衣128件,全部捐给两河口镇红星小学。

【产业扶贫】 2019年,国家档案局投入40万元支持京郁达农业观光示范公园建设。引进彝香猪养殖项目,投入产业培育资金22万元。协调北京嘉德宝业科技发展有限公司投入5万元,用于蜜蜂养殖。

【教育扶贫】 2019年,国家档案局实施"兰台助学系列活动"项目和"授渔计划",开展多层面教育帮扶。落实控辍保学任务,为40名生活困难的失依儿童发放4万元助学金。拨付16.8万元用于资助56名义务教育以上阶段的学生完成学业。落实经费30万元,表彰在"学前学会普通话"活动中表现突出的乡村幼教点教师,授予60人国家档案局"兰台助学优秀辅导员"称号。投入资金3万元,改造幼教点基础设施。协调四川省档案学校将2019级74名喜德籍学生全部纳入"授渔计划"资助范围,提供助学资金每人每年2000元。联系爱心企业开展"爱心汇聚,同心助学"公益活动,为两河口镇红星小学争取到196套捐赠课桌椅。

【基础设施建设】 投入资金7.4万元用于斯果觉村村主路原硬化路面出现破损、垮塌的路段维护建设，涉及破损路面19处，面积300多平方米。

（国家档案局档案资料报告部政法文教处　周玉文）

国家粮食和物资储备局定点扶贫

【概述】 2019年，国家粮食和物资储备局定点帮扶安徽省阜南县，以优质粮食工程为抓手，投入帮扶资金655万元，引进帮扶资金841万元，推动以粮食产业为主导的精准扶贫、产业扶贫、消费扶贫和扶志扶智协同发展；培训基层干部385名、基层技术人员831名；购买贫困地区农产品266万元，帮助销售农产品79.3万元。在中央单位定点扶贫工作成效考核中，被评为“好”等次。

【扶贫资金投入】 投入扶贫资金655万元，帮助建设5个扶贫车间和1个“光养一体”光伏电站；设立45万元的“励志奖学金”，开展农业技术等各类培训，并购置小型农机具及化肥农药等。

【扶贫调研】 2019年，国家粮食和物资储备局党组书记、局长张务锋，党组成员、副局长梁彦以及各司局单位11次、累计60人次先后深入阜南县调研督导，形成6份调研督导报告，提出合理化建议18条，推动粮食产业扶贫和各项帮扶措施落实落地。

【干部挂职扶贫】 2019年，国家粮食和物资储备局轮换3名挂职期满干部，继续保持5名挂职干部组团式扶贫。1名副司级干部任县委常委、副县长，1名副处级干部任驻村第一书记，3名科级干部分别任县扶贫开发局副局长、镇党委委员和村党支部书记助理，投入脱贫攻坚一线，协调督促落实帮扶措施，帮助销售农产品。

【产业扶贫】 国家粮食和物资储备局充分发挥粮食行业优势，邀请粮食产业强市滨州市、莱阳市和16家大型企业代表，分两批到阜南县考察投资，先后促成中化现代农业有限公司、中粮贸易有限公司、中粮粮谷控股有限公司、中国人民保险集团股份有限公司、北京京东世纪贸易有限公司、山东鲁花集团有限公司、北京盛华宏林粮油批发市场有限公司等企业和阜南县签订9个战略合作协议，粮食产业扶贫全面铺开。按照“优质品种示范种植—规模化基地种植—就地加工转发”三步走的粮食产业扶贫思路，引进帮扶资金841万元支持阜南县继续实施优质粮食工程。2018年冬季组织种植1.5万亩优质小麦喜获丰收，亩产提高50多千克，高于市场价5%被企业收购，实现产量品质双提升，每亩助农增收200多元。2019年冬季扩大种植30万亩优质小麦，逐步建立稳定脱贫长效机制。投入580万元帮助建设5个1000平方米的高标准扶贫车间和1个“光养一体”光伏电站，提供就近就业岗位200多个，带动贫困户就业60人以上。支持阜南县建设的粮食质检中心和10个粮食产后服务中心全部投入运营，为贫困户免费烘干粮食和检测服务。

【消费扶贫】 2019年6月，举办首届全国贫困地区优质特色粮油产品展销会，出资搭建3000平方米展区，组织阜南县等169个国家扶贫开发工作重点县300余家农民专业合作社和企业开展产销对接，提供“免费参展、拎包展销”一站式便捷服务，现场销售额72万元，签约额2.37亿元。其中，阜南县销售和签约874万元。帮助建设阜南好粮油直营店、京东阜南扶贫馆，开展阜南好粮油进北京产销对接活动等，拓宽阜南县小麦、冬桃、核桃、花生等农产品销路，帮助阜南县销售79.3万元。对接人人优品网销售平台，一周时间售出滞销黄桃27500千克。组织开展消费扶贫行动，全年购买贫困地区农副产品266万元。

【党建扶贫】 2019年，国家粮食和物资储备局组织23个党支部与阜南县9个贫困村党支部和15户贫困户进行结对帮扶共建，发挥基层党组织脱贫攻坚政治引领和战斗堡垒作用。

【扶贫培训】 2019年，国家粮食和物资储备局培训分管扶贫领导、各乡镇村书记、致富带头人、合作社、种粮大户、贫困户等1925人次，其中邀请粮食科研院校专家开展小麦赤霉病、水稻矮缩病防治和稻虾种养、蚕桑养殖等农技培训831人次，组织培训基层干部385人次、光伏管理员593人次，安排致富带头人为116名贫困户传经送宝、增强信心。协调优质粮食工程示范企业开展农业技术培训6100人次。

【扶贫宣传】 协调新华网、河南日报、河南卫视等媒体，对首届全国贫困地区优质特色粮油产品展销会进行专题报道，动员全社会参与扶贫，产生良好反响。河南日报、郑州日报分别以《走出山村走向市场》《贫困地区优质特色粮油产品展销亮相粮交会成为粮食产业扶贫和消费扶贫新渠道》等进行专题报道。中国粮食经济杂志社、粮油市场报免费刊登阜南县农产品广告，刊发扶贫动态。

【教育扶贫】 自2016年以来，国家粮食和物资储备局设立45万元的“励志奖学金”，连续4年累计投入180万元，帮助450名贫困儿童解决上学难题。

【健康扶贫】 2019年投入4.1万元，帮助阜南县12户贫困户修缮房屋、1户贫困户安装自来水；帮助苗集镇卫生院购买1台医用电子血压计，为3000户贫困户免费提供服务。

（国家粮食和物资储备局扶贫办　刘　晨）

国家国防科技工业局定点扶贫

【概述】 国家国防科技工业局(以下简称“国防科工局”)定点帮扶陕西省宁强县、略阳县,2019年投入帮扶资金290.43万元,引进帮扶资金413.36万元,培训基层干部503名、技术人员1276名,购买农产品56万元,帮助销售农产品559.49万元。

【扶贫资金投入】 2019年,国防科工局投入帮扶资金290.43万元,主要用于产业支持、党建联建、基础建设、科普展览、爱心帮扶等方面,其中支持两县发展特色种植养殖业100万元,开展党建联建促脱贫攻坚活动70万元,村组道路硬化50万元,开展“一对一”爱心助学帮扶活动22.3万元,路灯修建11万元,其他资金37.13万元;引进帮扶资金413.36万元。

【扶贫调研】 2019年,国防科工局党组书记、局长张克俭深入宁强县、略阳县调研,实地查看定点扶贫工作推进情况,协调解决有关难点问题。党组成员、副局长田玉龙2次赴定点扶贫县调研指导工作,召开专题会议推动落实定点扶贫工作。党组成员、副局长张建华赴定点扶贫县督导调研,协调落实电商扶贫平台建设项目。

【扶贫培训】 2019年,国防科工局邀请中国信息通信科技集团有限公司专家为289名电商干部及企业人员作互联网营销专题培训,邀请中国中医科学院专家为9名中药材种植人员作生态种植专题培训,邀请中央民族大学教授为80名羌绣从业人员讲授少数民族服饰工艺知识。

【干部挂职扶贫】 2019年,国防科工局有4名挂职干部在宁强县、略阳县负责扶贫工作。略阳县驻村第一书记王晓荣推进乌鸡养殖销售、电商平台建设、基础设施建设等工作,2019年因工作成绩突出获略阳县优秀第一书记称号。宁强县挂职副县长杜顶在协调推动中药材、食用菌、羌绣、医疗等扶贫项目中成绩突出,被汉中市委组织部等部门给予嘉奖。

【产业扶贫】 国防科工局先后投入专项资金130余万元,资助宁强县二道河食用菌产业扶贫基地高温灭菌设备改造升级,建设标准化流水线制袋车间和产业扶贫出菇基地,并协调航空工业成都飞机工业(集团)有限责任公司捐赠2台价值28万元的叉车,推动食用菌产业实现质的飞跃,每年节约资金120万元以上,累计带动150户589人脱贫致富,培养贫困户食用菌技术人才25人。

2019年,国防科工局协调文化和旅游部、中央民族大学、北京服装学院对宁强县羌绣扶贫产业开展专项帮扶指导。挂牌成立中央民族大学民族博物馆暨少数民族服饰研究所宁强羌绣研究基地,以及羌族刺绣的保护与传承专家工作站,邀请专家开展图案设计、技术培训和产品推广。达成校地框架协议,累计培训绣娘30余人次、干部55人。组织羌州绣娘文化有限公司赴中央民族大学、北京服装学院考察交流,提高羌绣创作水平。设立奖补基金,激励学校师生、绣娘开展图案和产品设计创新。将羌绣纳入国防科工局外事礼品采购范围,利用国防科工局、国家航天局、国家原子能机构外事及国际合作交流活动,向国外人士赠送、展示、宣传羌绣工艺产品,向世界讲述中国减贫故事、传播中国传统文化。

【教育扶贫】 面向中小学生，在两县举办探月工程科普扶贫展览，在略阳县举办“少年科学家”探秘核电之旅科普活动，邀请专家讲解并赠送科普模型和读物。组织两县34名贫困学生参加“走进军工、逐梦未来”夏令营，促进学生了解军工、热爱军工、崇尚科学，播撒依靠科学知识摆脱贫困、报效国家的种子。组织干部职工与两县109名贫困学生结对，捐赠22万元开展“一对一”爱心助学帮扶活动。协调10万元捐赠资金用于宁强县大安镇南屏小学购置电脑、教学用品等，改善办学条件。组织陕西航空职业技术学院、陕西航空技师学院招收两县学生111名，并为教师、农民工、退伍军人提供专业技能培训。

【健康扶贫】 2019年，国防科工局协调国家中医药管理局向宁强县、略阳县分别投入100万元补助资金，用于提升医疗服务保障能力。推动北京航天中心医院与宁强县天津医院深化合作，两院协作医院正式挂牌，持续开展远程培训、远程会诊、现场示教、现场查房、巡诊义诊、重症医学科建设等工作，基本建立稳定的长效合作机制。协调航空3201医院在两县组织开展义诊和健康讲座，参加人员500余人次，培训医务人员120人次。

【党建扶贫】 2019年，国防科工局组织局属有关事业单位、局管社会组织等党支部捐资70万元，与两县5个贫困村基层党组织开展党建联建促脱贫攻坚活动。

【基础设施建设】 2019年，国防科工局投入50万元用于略阳县黄家沟村村组道路硬化；投入11万元为黄家沟村修建路灯。

（国家国防科技工业局扶贫办人事司
陈文锋）

国家烟草专卖局定点扶贫

【概述】 国家烟草专卖局定点帮扶湖北省竹山县、竹溪县和宁夏回族自治区吴忠市红寺堡区。2019年,国家烟草专卖局向定点扶贫县区投入帮扶资金9750万元,引入帮扶资金4154.9万元,培训基层干部1073人,培训技术人员3900人,购买定点扶贫县农产品96.08万元,帮助销售定点扶贫县农产品5060.93万元。在2019年中央单位脱贫攻坚成效考核中,国家烟草专卖局定点扶贫工作获得"好"等次。

【扶贫资金投入】 2019年,国家烟草专卖局投入帮扶资金9750万元,其中竹山县3230万元、竹溪县3220万元、红寺堡区3000万元,党建扶贫资金300万元;帮助引进帮扶资金4154.9万元,其中竹山县266万元、竹溪县3738.9万元、红寺堡区150万元。

【扶贫调研】 2019年10月和11月,国家烟草专卖局党组书记、局长张建民分别赴竹山县、竹溪县和红寺堡区调研督导定点扶贫工作,走访慰问一线扶贫挂职干部,实地查看帮扶项目建设进度及带贫情况,现场协调解决实际困难。6月,副局长杨培森到3个定点扶贫县区调研项目推进、督导脱贫质量,走访慰问一线扶贫挂职干部。5月和7月,国家烟草专卖局赴3个定点扶贫县区开展"两不愁三保障"突出问题专项调研。11月,联合湖北省扶贫办、十堰市扶贫办组成督查组对定点扶贫县区开展脱贫攻坚主体责任督促检查。

【扶贫宣传】 2019年5月,国家烟草专卖局举办新闻发布会介绍烟草行业扶贫经验。6月,邀请新华网、央广网等权威媒体赴定点扶贫县实地调研,采用文字、图片及短视频等形式对烟草行业帮扶措施、帮扶成效进行宣传报道。

【产业扶贫】 国家烟草专卖局依托烟叶产业优势,坚持行业优势与地域优势相结合、烟草帮扶与精准扶贫相结合,加大烟草产业扶持力度,带动烟农脱贫、产业发展、地方增收。2019年,竹溪县和竹山县种植烤烟3.97万亩,收购烟叶8.65万担,总产值12703.47万元,提供烟叶税收2508.07万元,带动808户3031名贫困烟农脱贫致富。引导竹山县、竹溪县探索烟田基础设施综合利用,竹山县利用闲置育苗大棚培育香菇、蛹虫草等经济作物,探索"烟田+黄豆、大蒜、油菜+中蜂养殖",2019年带动876户贫困户增收432万元。竹溪县利用闲置育苗大棚培育香菇、蔬菜、天麻等作物,2019年产值360万元,带动552户1250名贫困农民增收;探索"烟叶+室外天麻+蜜蜂养殖+烟田套种"综合试点,2019年带动111户贫困户增收725万元。

【扶贫培训】 2019年,国家烟草专卖局培训基层干部1073人、技术人员3900人。其中,联合工业和信息化部、全国政协举办2期扶贫干部培训班,培训干部160名、竹溪村两委班子32人;联合全国政协办公厅在北京大学举办乡村教师培训班,培训乡村教师60名;在竹山县、竹溪县及红寺堡区分别举办厨师、家政、蜜蜂繁育、肉牛养殖、电商等培训班,培训贫困户和致富带头人3840人;举办6期行业扶贫干部、第一书记和驻村工作队员培训班,培训干部881名。

【教育扶贫】 国家烟草专卖局为竹溪县偏远乡镇小规模学校和教学点引入“双师教育”，由优秀主讲教师通过网络直播形式，打破空间限制同时给多个班级授课，本地教师做好课堂陪伴与辅导，推动学生学业进步、教师专业成长。2018—2019年，国家烟草专卖局每年投入200万元用于竹溪县“双师教育”发展，建成智控指挥中心1个、直播教室1个、智慧云教室200个、教学点网校19个。“双师教育”已成为竹溪县扶贫扶智、推进教育资源均等化的一项重要创新。

【党建扶贫】 2019年，国家烟草专卖局机关党委向定点扶贫县深度贫困村拨付党建扶贫资金300万元，用于支持村两委班子建设及空壳村集体经济发展。国家烟草专卖局发展计划司、经济运行司、人事司、财务司、专卖司、中国烟叶公司等部门和单位赴定点扶贫县与结对村开展联学联建活动，加强党建工作交流，协调解决村集体困难。

【消费扶贫】 2019年，国家烟草专卖局鼓励行业各直属单位购买竹溪县、竹山县和红寺堡区农产品，引导行业各直属单位购买兴国县、云南省、西藏自治区等其他贫困地区农产品。全年烟草行业完成农产品采购金额5645.42万元，其中局机关购买定点扶贫地区农产品96.08万元，帮助销售定点扶贫地区农产品4847.51万元，帮助销售兴国县、云南省、西藏自治区等其他贫困地区农产品共计701.83万元。探索定点扶贫地区农产品现场展销活动。国家烟草专卖局于2019年10月、12月分别在局机关、国家局党校、北京市烟草专卖局机关、通州烟草职工小区和通州烟草专卖局等地开展多场农产品现场展销活动，广大干部职工和卷烟零售户积极选购，国家烟草专卖局和北京市烟草专卖局共帮助销售定点扶贫地区农产品39.8万元，复购和新增订单30余万元。12月，在竹溪县举办国家烟草专卖局定点扶贫县2019年农产品产销衔接会议，36家单位与定点扶贫县签订农产品采购协议，确定2020年度采购金额不低于3800万元。

【行业扶贫】 烟草行业1000多家法人单位均有专门负责扶贫工作的部门或工作人员，2019年派驻扶贫干部29430人，其中第一书记944人，驻村工作队2365人，结对帮扶干部25993人。烟草行业2019年安排扶贫捐赠预算21亿元，实施项目近3000个，重点投向产业增收、人居改善、基础设施等方面。引导135个国家扶贫开发工作重点县种植烟叶，2019年计划收购量906.3万担，实现总产值126.88亿元，有效带动3.53万户贫困烟农增收。2019年，烟草行业实施烟田基础设施项目13.47万个、补贴资金15.42亿元，补贴购置农业机械项目10984个、补贴资金8755.1万元，援建水源工程7个、投入资金4.84亿元。推广绿色生产技术，2019年生产有机化肥46.3万吨，施用587.3万亩。2019年支付烟草种植保险费用8.1亿元，投入救灾资金7989.71万元。拓宽烟农发展新路子，实现烟农增收总产值87.6亿元。

（国家烟草专卖局发展计划司
董昊明）

国家铁路局定点扶贫

【概述】 国家铁路局定点帮扶贵州省榕江县。2019年,国家铁路局充分发挥自身优势,加大帮扶力度,组织召开扶贫工作领导小组会议4次、定点扶贫专题会议2次,开展调研5次,直接投入和引进资金956万元,直接购买或协助销售农特产品146.43万元,从产业扶贫、教育扶贫、基础设施扶贫、公益扶贫等方面着手,扎实推进定点扶贫工作。2019年,榕江县减少农村贫困人口12.5万人,贫困发生率下降至3.52%。

【扶贫资金投入】 2019年,国家铁路局直接投入100万元,为榕江县高扒村优化人居环境170户907人,硬化3个活动广场共1120平方米,修建边沟2条。引进扶贫资金856万元,为榕江县建设野人谷步道、公厕、产业路等4个工程项目,资助高扒小学改善学生学习生活条件。

【扶贫调研】 2019年4月,国家铁路局党组成员、副局长安路生到榕江县调研定点扶贫工作。11月,国家铁路局党组书记刘振芳到榕江县开展扶贫调研,了解脱贫攻坚工作情况,督促指导榕江县委县政府落实脱贫攻坚主体责任。5月、8月、11月,国家铁路局3次组织人员赴榕江县开展调研,重点考察乐乡社区(高扒村)脱贫攻坚情况,调研农特产品生产情况,对专项扶贫资金使用情况进行检查督导。

【产业扶贫】 持续推进小香鸡养殖项目、寨章村稻香鱼养殖基地、农家乐旅游项目及商铺出租的经营建设。协调资金建设罗汉果种植园项目,2019年养殖小香鸡2万羽,种植罗汉果园100亩,建成农产品厂房300平方米,建成农家乐房屋900平方米,创收38.84万元,以分红方式分配给高扒村贫困户。拓宽榕江县农特产品销售渠道,直接购买、帮助销售特产146.43万元。推动旅游产业发展,协调高铁伴侣杂志第3期刊登《榕江——百里苗侗画廊》,在65组动车上投放3万册;在扶贫直通车杂志上用10个版面宣传榕江县旅游产业资源,加大榕江县旅游宣传推介力度。

【生态扶贫】 2019年,国家铁路局协调国家林业和草原局为榕江县增加护林员指标905名,把护林员指标分配与贫困户帮扶工作统筹结合起来,提高贫困户家庭收入。

【教育扶贫】 2019年,国家铁路局协调贵阳职业技术学院通过分类考试的方式,录取榕江籍学生14人,提高应届中学生接受中职教育的比例;协调贵州铁路技师学校以订单班方式招收榕江籍学生47名,毕业后由中铁五局集团有限公司安排就业;组织开展"平安高铁进校园"普法教育活动,安排人员为榕江县中小学生讲解铁路安全防护知识,加强铁路安全普法教育。

【公益扶贫】 2019年"六一"儿童节前夕,国家铁路局组织人员到榕江县5所小学进行慰问,赠送价值2.5万元的水壶、书包、文具等慰问品;以第六个国家扶贫日为契机,开展"助梦未来、爱心助学"活动,向贫困地区小学生捐赠书包和文具。

(国家铁路局直属机关党委　张海东)

国家邮政局定点扶贫

【概述】 2019年，国家邮政局定点帮扶河北省平泉市，召开2次扶贫工作领导小组会议，调研指导3次，投入帮扶资金101万元，引进帮扶资金1911万元，培训平泉市基层干部175人、技术人员616人，购买贫困地区农产品33.57万元，帮助销售贫困地区农产品2272.1万元。

【扶贫资金投入】 2019年，国家邮政局投入帮扶资金101万元，主要用于控辍保学、危房改造、饮水安全巩固提升等方面；引进帮扶资金1911万元，主要用于道路建设和社会帮扶。

【扶贫调研】 2019年，国家邮政局党组书记、局长马军胜，党组成员、副局长杨春光，分别赴定点扶贫县开展调研督促指导，发现突出问题8个，提出应对举措15项，形成调研报告3篇。

【扶贫培训】 2019年，国家邮政局培训平泉市基层干部175人、技术人员616人。其中，邀请经济日报社宏观经济部专家围绕国家宏观经济形势，为平泉镇110名镇村两级干部专题授课辅导；邀请中国政法大学“博士宣讲团”讲师为平泉市65名共青团干部作专题培训。协调中国邮政集团有限公司为358名电商从业人员和村邮乐购负责人提供电商培训和运营支持；协调上海寻梦信息技术有限公司(拼多多)举办专场电商培训会1场，培训58名；协调阿里巴巴网络技术有限公司开展电商培训，普及培训200人，其中重点培训50人，带动平泉电商发展。

【干部挂职扶贫】 2019年，国家邮政局选派张惠荣挂职担任平泉市分管扶贫工作的副市长。9月，选派范世峰担任平泉市平泉镇哈叭气村第一书记。

【消费扶贫】 2019年，国家邮政局采购平泉市苹果、蔬菜、杏仁露、月饼等农特产品价值33.57万元。帮助销售农产品2272.1万元，其中助力承德亚欧果仁有限公司销售平泉山杏8.7万多件，价值1640.6万元；协调平泉邮政、快递企业帮助销售食用菌、水果、红薯等农特产品9.6万多件，价值398.6万多元；协调北京京东世纪贸易有限公司京东特产馆销售平泉农特产品5360多单，价值45.6万多元；协调韵达控股股份有限公司、中通快递股份有限公司、上海圆通速递有限公司、申通快递股份有限公司等采购平泉苹果、蘑菇鲜品、月饼、南沙酥和红薯等农特产品187.29万元。

【教育扶贫】 2019年，国家邮政局投入20万元实施“控辍保学工程”，资助贫困家庭学生195名。

【基础设施建设】 2019年，国家邮政局投入40万元，在七沟镇、青河镇、七家岱乡实施危房改造工程，帮助18户无房贫困户新建房屋；投入40万元，在卧龙镇实施贫困户饮水安全巩固提升工程，打井3口，为赶瀑河子村、碾子沟村158户501人(其中贫困户28户75人)解决饮水困难。协调1900万元，支持平泉乡级公路平广线改线工程项目建设。

(国家邮政局扶贫办　邓治国)

国家文物局定点扶贫

【概述】 2019年，国家文物局定点帮扶河南省淮阳县，投入无偿帮扶资金279.5万元，引进无偿帮扶资金360.21万元，帮助引进1家企业投资50万元在淮阳县注册成立分公司，培训基层干部284名、技术人员322名、建档立卡贫困户和贫困村村民1100名，购买贫困地区农产品44.98万元，帮助销售贫困地区农产品125.9万元。2019年5月，淮阳县正式退出贫困县序列。

【扶贫资金投入】 2019年，国家文物局投入无偿和有偿扶贫资金324.48万元。其中，无偿投入279.5万元，主要是国家文物局本级投入无偿帮扶资金223万元，用于支持淮阳县开展干部人才培训、建设园林苗圃基地、购置多媒体教学设备、建设村室、整治环境等扶贫工作；8家直属单位投入无偿帮扶资金56.5万元，主要用于支持淮阳县有关贫困村扩建敬老院、建设塑胶操场、安装太阳能路灯、建设村民文化娱乐广场和党员活动室等扶贫项目；8家直属单位投入有偿帮扶资金44.98万元，用于购买贫困地区农产品。引进无偿帮扶资金360.21万元，用于支持淮阳县加强社会综合治理、提升平安建设水平，以及资助建档立卡贫困家庭学生完成学业等。

【扶贫调研】 2019年，国家文物局到淮阳县扶贫调研52人次。10月，国家文物局党组书记、局长刘玉珠一行到淮阳县调研定点扶贫工作，实地考察四通镇时庄村、安岭镇薛孟村、王店乡陈庄村、白楼镇大李村4个贫困村以及平粮台古城遗址、双冢遗址、时庄遗址等文物保护单位和淮太西革命根据地陈列室。6月，国家文物局党组副书记、副局长顾玉才一行赴淮阳县实地走访座谈，深入了解需求，研究帮扶举措，组织国家文物局机关服务中心与淮阳县电子商务平台签订消费扶贫定点采购协议。

【扶贫培训】 2019年，国家文物局投入帮扶资金63万元，支持淮阳县委组织部举办科级干部脱贫攻坚培训班和县村“两委”干部培训班，支持淮阳县商务局举办建档立卡贫困户电商实操专题培训、扶贫车间负责人专题培训、农村致富带头人专题培训和电商扶贫普及型宣讲培训，支持淮阳县人力资源社会保障局举办农村劳动力技能提升培训班、焊工技术培训班和贫困家庭劳动力技能培训班，并通过新形势下文物保护与旅游融合发展研讨班、全国博物馆创意设计与创新思维培训班等文物系统培训项目免费为当地培训相关领域基层干部和技术人员，累计培训基层干部284名、技术人员322名、建档立卡贫困户和贫困村村民1100名。

【干部挂职扶贫】 2019年1月，国家文物局选派刘大明挂职淮阳县委常委、副县长，协助分管脱贫攻坚工作。淮阳县白楼镇大李行政村党支部第一书记曹明成于2018年8月到任。在工作中，挂职干部和第一书记履职尽责，经常深入贫困村、贫困户，加强调查研究，开展精准帮扶，帮助引进优质项目和企业，确保国家文物局各项帮扶措施落实落地，助力淮阳县脱贫攻坚。

【产业扶贫】 2019年，国家文物局投入帮扶资金50万元，用于支持淮阳县白楼镇大李行政村开拓特色产业项目，建设园林苗圃基地50亩，种植金叶复叶槭和白玉兰，组织16名建档立卡贫困人口参与种植，每日补助80元，每人增收约500元。7月，国家文物局帮助淮阳县城关镇从庄村跻身国家级乡村旅游示范村，指导全国重点文物保护单位太昊陵开展5A景区创建和景观质量提升工作，助力淮阳县做大做强旅游产业。12月，国家文物局直属单位中国文化遗产研究院引进北京帝测科技股份有限公司投资50万元，在淮阳县注册成立分公司，开展文化遗产保护利用传播服务、地理信息服务与人才培养等经营活动。

【教育扶贫】 2019年，国家文物局投入和引进无偿帮扶资金33.71万元，为淮阳县白楼镇大李行政村大李小学购置多媒体教学设备、建设塑胶操场、运维多媒体美术教室，每月举办1期文物、科技、自然、革命等专题图片展览，协调湖北省博物馆、安阳市博物馆来校举办"礼乐学堂进校园"等社教活动，为该校53名建档立卡贫困户家庭学生改善学习条件、拓宽知识面。10月，国家文物局引进湖南华凯文化创意股份有限公司向淮阳中学无偿捐赠助学金30万元，资助该校20名建档立卡贫困户家庭学生完成高中学业。

【文化扶贫】 国家文物局深挖淮阳县文化文物资源价值，优先给予资金和项目支持，推动文物保护利用服务当地民生、拉动经济发展。支持指导淮阳县加快平粮台遗址公园建设，2019年投入国家文物保护专项资金217万元，用于支持平粮台遗址考古发掘；协调中国文化遗产研究院无偿为淮阳县编制《平粮台古城考古遗址公园总体规划》《平粮台古城遗址环境整治（二期）工程设计方案》《平粮台古城南城门遗址保护展示工程设计方案》，节约资金209.64万元；协调北京大学在平粮台开展考古工作并组织考古人员培训班，为平粮台遗址公园建设提供科学依据；在平粮台遗址考古发掘过程中平均每天用工近200人，共计支出村民工资约120万元，为村民提供工作岗位、增加收入。协调国家文物局水下文化遗产保护中心为四通镇时庄行政村无偿编制龙山文化遗址保护规划，在时庄遗址考古发掘过程中平均每天用工70人，其中建档立卡贫困户35人，平均每月每人增收1500元。支持淮阳县双冢遗址、弦歌台于2019年10月被国务院核定并公布为第八批全国重点文物保护单位，并通过挂职干部加强对当地的指导，对淮阳县5处全国重点文物保护单位统筹保护、整体打造。

（国家文物局扶贫工作领导小组办公室
汪思聪）

国家中医药管理局定点扶贫

【概述】 2019年，国家中医药管理局(以下简称“中医药局”)定点帮扶山西省五寨县。中医药局发挥资源优势，在健康、产业、科技、文化、生态等方面协同发力，兑现《中央单位定点扶贫责任书》各项承诺，巩固五寨县脱贫成果。2019年，五寨县累计退出153个贫困村，脱贫32163人，14项脱贫摘帽指标任务全部完成。4月经山西省人民政府批准，五寨县退出贫困县序列。

【扶贫资金投入】 中医药局动员直属(管)单位捐赠资金1520万元，主要用于支持五寨县采购医疗设备、完善乡镇医院基础设施、培养基层医疗卫生人员，建设晋西北中药产业孵化园和中药材种子种苗繁育基地。拨付项目资金103.5万元，开展脱贫攻坚专题培训、党建扶贫、扶贫宣传和乡村振兴政策研究。协调山西省相关部门，加大对五寨县支持倾斜力度，安排省级财政资金1137.78万元支持五寨县医疗机构能力建设、医护人员能力提升等。

【扶贫调研】 11月，中医药局书记余艳红赴五寨县开展调研考察。1月、9月，副局长闫树江2次前往五寨县调研。通过实地察看产业扶贫、健康扶贫、基础设施、基层党建等，重点了解扶贫政策、项目管理、资金使用、工作考核等落实情况。对照中央和国家机关工委反馈的定点扶贫工作意见，逐项研究落实措施。2019年，18个单位(部门)、133人次赴五寨县开展调研督导、医疗培训、党建扶贫、中医药文化宣传等活动，其中司局级以上领导17人次。

【干部挂职扶贫】 2019年，中医药局派出1人挂职五寨县人民政府副县长，协助分管农业农村、教育、卫生、扶贫等工作；派出1人挂职五寨县砚城镇中所村党支部第一书记。

【健康扶贫】 2019年，中医药局制定并实施《五寨县中医院帮扶工作方案》，完善健康暖心扶贫基金入库项目管理办法。研究细化《山西省五寨县中药材产业扶贫示范区建设方案》，指导五寨县编制《五寨县中药材产业发展规划》。聚焦任务目标，开展调查研究，着力发展中药产业，推进中医药健康扶贫。

组建驻点帮扶医疗队，提升当地中医药服务能力。从中国中医科学院西苑医院、广安门医院、望京医院、眼科医院抽调5名医疗专家、管理干部长期驻点五寨县中医院，分别担任医院副院长、科室主任，从专科建设、诊疗服务、医疗质控、医院管理等方面对县级医院进行全方面帮扶。加强医院专科建设，开展专家巡回诊疗。帮助五寨县人民医院、中医院提高专科业务水平。研究制定并印发《五寨县中医院帮扶工作方案》，与省市县有关负责同志共同研究帮扶举措，加快工作进展。中国中医科学院牵头四家直属医院成立的巡诊医疗队每月前往五寨县开展巡回义诊，每次时间不少于1周，全年累计派出医疗专家56人次。五寨县中医院已成为忻州西部地区8个县的中医药服务中心。支持建设全国基层名老中医药专家传承工作室，培养县乡村中医临床技术骨干人才。举办“五寨县中医适宜技术培训班”，讲授中医药适宜技术。开展培训带教，培养当地医疗卫生人才。开展中医药文化进校园活动。设立“五寨县人群体质特点及防治策略研究”

项目，编印《五寨县百姓中医养生手册》1700册，免费发放基层医务人员和当地群众。与国家卫生健康委员会、山西省人民政府共同签订《定点扶贫县深化医改和健康扶贫“实验田”共建协议（2019—2020年）》，就“农村贫困患病人口救治保障政策、县级医院能力、‘县乡一体、乡村一体’机制、乡村医疗卫生机构标准化和公共卫生能力”，提出5项特殊任务和政策。

【产业扶贫】 2019年，中医药局加强中药材产业顶层设计，指导编制《五寨县中药材产业发展规划》，科学谋划当地中药材产业发展。协调邀请中国中药等知名药企来五寨县投资建厂，建立以黄芪种植、生产、加工、仓储、销售为一体的完整产业体系。中国中药山西华邈药业饮片产业园开工建设。协调北京四方中药饮片有限公司、北京周氏时珍堂药业有限公司等4家中药厂家与五寨县签订框架协议，在药材生产、收购、药食同源保健品开发、销售等相关领域开展合作。探索产业发展模式，投资900万元建设晋西北中药产业孵化园，支持农民合作社、小微企业等开展中药材农技推广、加工收储、饮片初加工等。动员西苑医院等在当地建立定制药园，订单采购五寨县黄芪。组织中国医学科学院药用植物研究所、国药种业有限公司在五寨县建立黄芪、柴胡等中药材良种繁育基地。举办“五寨县中药材产业扶贫专题培训班”，面向中药材种植户进行技术培训。推动五寨县正和堂药材有限公司与相关科研机构、企业合作，推荐其参与“黄芪等三种规模化无公害种植及精准扶贫示范研究”项目，并顺利通过2019年“中医药现代化”重点研发计划评审。

【扶贫培训】 在五寨县举办乡村振兴专题培训班，为县班子成员、乡镇干部、村支部书记、第一书记和后备干部进行集中授课。举办中药材产业扶贫培训班，培训基层干部281名。中国中医科学院西苑医院、广安门医院、望京医院、眼科医院，中华中医药学会、山西省中医院及驻点帮扶医疗专家开展中医适宜诊疗技术培训，中国中医科学院中药资源中心开展中药材种植技术培训。培训各类技术人员1102人。

【党建扶贫】 将局机关各部门、直属各单位以“多对一”或“一对多”形式联合组成帮扶小组，分别结对帮扶五寨县8个自然村和乡镇。各帮扶小组在五寨县开展联合主题党日、走访慰问困难党员群众、义诊咨询等活动。2019年，中医药局拨付党费专项资金40万元，支持直属机关党建扶贫点的村镇党组织加强基层党建工作。

【消费扶贫】 组织国家文化和旅游部专家赴五寨县开展实地调研，挖掘当地优势，研究把五寨纳入山西旅游路线和京郊自驾游路线，支持中医药健康养生、休闲旅游融合发展。积极组织直属单位后勤（食堂）负责人与五寨当地农副产品生产企业、蔬菜种植合作社进行供销对接。2019年累计采购五寨县小米、藜麦、醋等合计价值398万元农产品。5月，五寨县的黄芪、毛建茶在第五届中国（北京）国际服务贸易交易会上亮相，受到广泛关注。

【扶贫宣传】 组织中央主流媒体赴五寨县开展新闻调研。依托中国中医药报社，在行业报纸、杂志、微信公众号宣传推介五寨县，累计报道新闻宣传28篇。通过中医药文化进校园活动等进行中医药文化科普宣传。

【扶贫督导】 2019年，中医药局加强脱贫攻坚作风建设，解决突出问题和薄弱环节，督促五寨县委县政府落实脱贫攻坚主体责任。印发《2019年扶贫监督工作方案》，直属机关纪委两次赴五寨县开展定点扶贫调研监督。

（国家中医药管理局扶贫办　骆征洋）

国家知识产权局定点扶贫

【概述】 2019年，国家知识产权局(以下简称“知识产权局”)定点扶贫湖南省桑植县和河北省张家口市崇礼区。知识产权局党组强化政治责任，加强全面组织统筹，发挥知识产权人才、智力、信息等资源优势，扎实推进定点扶贫工作；持续加大帮扶力度，增加直接扶贫资金投入862.51万元，增加引进扶贫资金1115.95万元；广大干部职工参与扶贫实践，337人次参加考察调研，开展联学联建活动；坚持精准扶贫、多措并举，突出扶志扶智，一体推进教育扶贫、产业扶贫、信息扶贫、健康扶贫以及党建扶贫、整村帮扶等，提高贫困群众的内生发展动力；发挥扶贫干部“前线战斗队”作用，压实责任、关心关爱，与贫困群众同生同耕、并肩战贫，以“不忘初心、牢记使命”主题教育定点扶贫成果展为契机，全力做好桑植和崇礼定点扶贫工作。在2018年年底崇礼区脱贫摘帽基础上，桑植县于2019年年底如期顺利脱贫摘帽，退出国家贫困县序列。2019年中央单位定点扶贫工作成效考核中，知识产权局被评为“较好”等次。

【扶贫资金投入】 2019年，知识产权局根据中央要求和脱贫攻坚实际，通过增加扶贫支出预算，协调直属单位筹措，实际投入帮扶资金1262.51万元，精准帮扶2个定点县职教中心教学促就业，各购置捐赠1台移动智能医疗体检车方便群众就医，捐赠台式电脑270台、笔记本电脑100台，支持仓关峪村生态茶园建设，修建安全饮水、乡村道路等；动员协调知识产权代理机构、社会知名企业和慈善机构，以及定点县当地龙头公司，实际引进帮扶资金1309.95万元，投资发展养牛产业，改造学校“希望厨房”，修建文化广场、便民桥和洗衣码头等。

【产业扶贫】 2019年，知识产权局直接投资帮扶桑植县仓关峪村生态茶园基地项目，种植黄金茶100亩和莓茶100亩，总投资240万元，知识产权局直接投入116万元，引进张家界市吴丫头农作物种植专业合作社投入124万元，采用“合作社+村集体+贫困户”的模式，建立利益联结，每年按照合同约定比例或金额给村集体和贫困户分红。协助引进养牛基地项目，以湘西黄牛品改繁育为主，引伸发展林下经济，建成可持续生产常态化生态循环链，总投入800万元，已流转土地1000亩，养殖场牛舍、草料仓库、青贮池，蚯蚓养殖、鸡场，果园、道路和管理用房等设施已建设，购买了母牛110头入栏，项目实施顺利。帮助崇礼区修建田间路桥、排水沟渠、保温大棚、灌溉机井和蔬菜交易市场等设施，提高农业生产效率和收成。

【干部挂职扶贫】 2019年，知识产权局选派扶贫挂职干部6人，挂职时间是2019年2月至2021年1月。其中，2人赴桑植与原工作组1人组成第24批驻桑植扶贫工作组，组长谷威，成员时鹏、蒋鹤鸣；4人赴崇礼接替原工作组，组成第11批驻崇礼扶贫支教工作组，组长田明，成员孟超、王晓娥、潘斌。另外，机构改革后，由原工商总局商标局转隶至知识产权局知识产权保护司干部肖聂尊，在国家市场监督管理总局定点扶贫县黑龙江省抚远市挂职驻村第一书记。2019年，定点扶贫挂职干部总共8人。驻村第一书记肖聂尊获“黑龙江省脱贫攻坚贡献奖”、“佳木斯市优秀第一书记”，时鹏获桑植县“最美扶贫人”；扶贫干部蒋鹤鸣获张家界市“优秀驻村帮扶干部”。

【扶贫调研】 2019年11月，知识产权局党组书记、局长申长雨赴桑植调研脱贫攻坚工作，到仓关峪村查看知识产权局帮扶的蜜柚和茶叶2个产业项目，推进工作落实，确保贫困户得实惠；在新建村部和文化广场，查看文化、体育、党建等各类设施建设和使用情况；到贫困户张祖良家中，了解搬进新家后的生活，查看新建安置房、进出道路以及安全饮水等；召开桑植脱贫攻坚座谈会，出席知识产权局捐赠扶贫项目，以及给九阳股份有限公司（以下简称“九阳公司”）和北京三友知识产权代理有限公司（以下简称“三友公司”）、北京集佳知识产权代理有限公司（以下简称“集佳公司”）、北京尚诚知识产权代理有限公司（以下简称“尚诚公司”）、北京银龙知识产权代理有限公司（以下简称“银龙公司”）4家公司授牌仪式。12月，申长雨局长赴崇礼区调研，召开脱贫攻坚座谈会，出席局捐赠扶贫项目资金和电脑仪式；听取河北省、张家口市、崇礼区知识产权工作情况介绍，指导2022年冬奥会知识产权保护工作。局党组成员、副局长、扶贫领导小组组长甘绍宁3月赴桑植县调研2020年扶贫项目，并与九阳公司对接为桑植中小学校捐建“希望厨房”的工作；10月，甘绍宁赴崇礼区调研蚕豆产业和美丽乡村建设，并出席北京健康协会和重庆金山科技（集团）有限公司（以下简称“金山集团”）、西安中盛凯新技术发展有限责任公司（以下简称“中盛凯新公司”）联合捐赠医疗设备、书籍、健康管理卡等仪式。2019年，全局干部职工赴2定点县337人次，开展扶贫实践活动。

【扶贫培训】 2019年7月，知识产权局组织桑植县、崇礼区40名乡村干部赴广东省深圳市举办1期培训班，围绕脱贫攻坚与乡村振兴主题，聘请专家教授、行业权威、致富能人，采取课堂讲授、现场教学、座谈交流、观摩学习等形式，分脱贫攻坚、乡村振兴、农村电商、商标精准扶贫、乡村旅游、创业致富、抓党建促脱贫等专题，进行政策解读、业务指导、经验介绍、知识传授。9月，组织崇礼区45名乡村干部到北京市培训提升“增强振兴发展动力，带领贫困群众致富奔小康”能力。2019年，共在2个定点县培训基层干部1392人次、技术人员452人次。

【扶贫宣传】 2019年4月，在第19个世界知识产权日来临之际，围绕“严格知识产权保护营造一流营商环境”活动主题，持续在桑植县和崇礼区开展全国知识产权宣传周系列活动，实施“培树地标品牌、助力消费扶贫”行动，促进当地产业发展，带动贫困户增收致富。邀请并支持定点县地标产品“桑植蜂蜜”“桑植白茶”和“崇礼彩椒”“崇礼蚕豆”等，参加5月10日“中国品牌日”、7月5日“中国商标国际品牌节”、9月2日“中国知识产权年会”，推广地标产品，扩大品牌影响。10月30日，《中国知识产权报》专版报道第24批驻桑植扶贫工作组工作纪实《连心桥上的故事》。扶贫干部、驻村第一书记肖聂尊和时鹏的个人事迹，被《中央和国家机关驻村第一书记扶贫典型案例集》收录并宣传推广。

【社会扶贫】 2019年，继续联系九阳公司，持续第三年为桑植14所学校援建“九阳·希望厨房”，对厨房设备设施进行电器化改造，捐赠设备价值120余万元，近5000名学生受益，就餐条件得到改善。3月，知识产权局扶贫办公室主任朱兴国赴浙江杭州，以《九阳助力少年强》短片形式，代表2个定点县贫困学生致谢九阳公司慈善义举。动员知识产权代理机构捐赠扶贫资金，三友公司35万元、集佳公司30万元、尚诚公司7.5万元、银龙公司7.5

万元，共计投入80万元，纳入知识产权局2019年度桑植帮扶规划，为仓关峪村捐建饮水设施、便民桥、村部服务平台等项目。协助仓关峪村委会引进兴元畜牧生态养殖专业合作社投建广垭养牛基地，项目总投资800万元，通过利润分红、基地务工、提供原料、土地流转等多种方式，带动212户700余贫困人口增收脱贫。联系北京健康管理协会和金山集团、中盛凯新公司联合捐赠医疗设备、书籍、健康管理卡等，折款20万元。

【消费扶贫】 2019年，知识产权局响应党中央消费扶贫号召，干部职工19000余人，通过工会集中组织、小超市个人选购、食堂订货等，直接购买2个定点县农产品1080.81万元。同时，发挥资源优势，支持培树产品和品牌，审批“桑植白茶”为地理标志产品后，入选湖南“三湘四水五彩茶之一”，其市场由原来年销售2000万元左右，在2019年第十一届湖南省茶叶博览会上订单量达5700万元；支持帮扶经营经销企业开发产品、研发包装、联系客户、捐赠冷藏运输车等，让产品顺利走向市场。2019年，多措并举、综合施策，从“地头—加工—经销—客户”全链条给予支持，帮助2个定点县销售农产品13815.11万元。

【整村推进】 2019年，知识产权局根据桑植县确定的户脱贫1+2+3、村出列10+1的标准，持续实施“整村推进”帮扶桑植县陈家河镇仓关峪村。按照“产业支撑、设施完善、保障到位、党建引领”帮扶思路，加大资金投入和引进力度，在产业支撑上，投资116万元，带动龙头企业婉嘉公司投入124万元，推进落实200亩黄金茶、莓茶基地建设项目；同时，协调桑植县投入资金种植“桑植白茶”项目，与知识产权局2018年投资的300亩蜜柚种植基地项目，以及黑山猪放养和红薯、阴米加工项目，形成种植、养殖、加工一体，形成以循环经济产业园为中心，辐射仓关峪村的400亩绿色生态循环经济产业园。另外，协调支持兴元畜牧生态养殖专业合作社建成的广垭养牛基地项目。这些产业项目，可长期带动包括现有214户建档立卡贫困户在内的全部仓关峪村贫困群众致富奔小康。在设施完善上，筹措资金为仓关峪村提供党建活动室设施、村级公共服务平台、环境治理设施、安全饮水设施、半溪便民桥、医疗体检车等，共计178万元。在保障到位和党建引领上，支持发挥村两委组织作用，推进各项现有兜底保障政策、党员管理教育和党总支帮带做到位。2019年，仓关峪村通过考核，如期实现脱贫出列。

（国家知识产权局扶贫办公室
冯　伟）

中国地震局定点扶贫

【概述】 2019年，中国地震局围绕“两不愁三保障”脱贫目标，对接甘肃省永靖县(“三区三州”深度贫困地区)需求，发挥部门特色和帮扶优势，集中力量帮扶永靖县打赢脱贫攻坚战。投入帮扶资金600万元，引进帮扶资金2882万元；培训基层干部558人，培训技术人员724人；购买贫困地区农产品45.56万元，帮助销售贫困地区农产品126.04万元。定点扶贫工作取得了显著成效，永靖县贫困人口由2013年年底的5.2万人减少到398人，贫困发生率由27.26%下降到0.25%，达到贫困县摘帽退出标准。

【扶贫资金投入】 2019年，中国地震局投入扶贫资金600万元，实施精准到户、产业帮扶、生态帮扶、教育帮扶、行业帮扶、基础设施维修改造等6大类共18个帮扶项目；安排挂职驻村干部工作经费5万元。引进帮扶资金2882万元，其中协调落实2018—2019年冬春救助资金1763万元、2019年中央地质灾害救灾资金1100万元、暑期夏令营经费19万元。

【扶贫调研】 中国地震局党组书记、局长郑国光认真履行定点扶贫工作第一责任人职责，2次会见永靖县委县政府主要负责人，赴永靖县实地调研指导，检查帮扶项目实施情况，指导帮助创建全国综合减灾示范县，提升全县防灾减灾救灾能力，指导定点扶贫县脱贫攻坚工作，督促落实脱贫攻坚主体责任。党组成员、副局长闵宜仁与县委县政府主要负责人进行座谈。党组成员、副局长牛之俊参加甘肃省深度贫困地区脱贫攻坚现场推进会。

【扶贫培训】 举办就业技能培训、电商人才考察学习、基层干部培训、农业科技培训等4个干部人才培训班，培训党政干部、专业技术人员、农村致富带头人、贫困群众等1282人次。

【干部挂职扶贫】 2019年选派2名优秀机关干部到永靖县挂职扶贫，分别担任副县长和第一书记，任期2年。挂职驻村干部坚守脱贫攻坚一线，充分发挥桥梁纽带作用，积极融入永靖县脱贫攻坚事业，为全县脱贫攻坚事业做出了贡献。多方联络积极争取资源，全力推进永靖县与中国农科院的农业科技合作。坚持党建引领，一手抓党建强支部，一手闯销路促合作社发展，得到了干部群众的充分认可。

【公益扶贫】 为永靖县异地扶贫搬迁安置点城北新村贫困群众捐赠家电、床具等爱心物资730余件，价值40余万元；开展结对入户送温暖活动，走访慰问贫困户，累计捐赠生产生活物资价值5万余元。

【产业扶贫】 精准帮扶永靖县东山地区发展有机百合产业，发放农资补贴支持建设300亩以上的有机百合示范基地20个，惠及贫困户1748户，带动群众增收180万元。建设黄芪饮片加工厂，带动42个贫困村种植黄芪，通过“龙头企业+扶贫车间+合作社+农户”的模式培育新兴产业，为务工贫困户发放补助，吸纳200多名群众实现稳定就业。继续深化与中国农科院的合作，引进脱毒和快繁技术，培育百合优质品种，选择徐顶乡开展示范试验种植，促进百合特色产业提质增效，为永靖县创建国家有机产品认证示范县奠定基础。助推农民合作社发展，为徐顶乡3个村级农民合作社购置冷柜等生产设备。

【教育扶贫】 持续开展教育帮扶，支持永靖县第九中淀粉新教学楼电教室建设。帮助徐顶乡大干沟中心小学购置学习和生活用品，改善办学条件。组织32名小学生赴北京开展暑期夏令营活动，以爱国主义教育和防灾减灾教育为主题，强化青少年防灾减灾意识。

【基础设施建设】 建成永靖县防震减灾科普馆，提高防震减灾意识，培养避险、救援、逃生技能。实施龙汇山"减灾林"和徐顶乡经济生态林补植补种和管网维修，持续巩固绿化成果。开展农村防震减灾知识培训和农村民居抗震技术宣传。拓宽永靖县徐顶乡部分农田道路，加固维修徐顶乡百合加工车间基础设施。

（中国地震局扶贫办　潘　博）

国家自然科学基金委员会定点扶贫

【概述】 2019年，国家自然科学基金委员会（以下简称“自然科学基金委”）推进对内蒙古自治区奈曼旗的定点扶贫工作。择优资助制约当地经济发展问题的科学基金扶贫项目3个，资助经费150万元，引进帮扶资金420万元；选派挂职干部2名，培训基层干部75名，培训技术人员300名；购买扶贫农产品4.41万元，帮助销售农产品22.91万元，超额完成扶贫任务。

【组织领导】 党组书记、主任李静海担任自然科学基金委定点扶贫工作小组组长，为定点扶贫工作第一责任人；党组成员、秘书长韩宇担任常务副组长，是定点扶贫工作主要负责人，切实加强党组对扶贫工作的领导。同时，将生命、医学、地球和管理等4个科学部的主要负责同志加入扶贫工作领导小组，充实扶贫工作力量，为发挥科技扶贫优势提供组织保障。

【扶贫调研】 2019年12月，自然科学基金委党组书记、主任李静海前往奈曼旗实地调研指导脱贫攻坚工作，聚焦奈曼旗脱贫后的乡村振兴和可持续发展，召开乡村振兴软课题开题会议。李静海看望挂职干部并召开扶贫工作座谈会，推动奈曼旗精准扶贫、精准脱贫及乡村振兴与可持续发展。韩宇先后3次到奈曼旗调研，指导有关工作；专门召开定点扶贫工作推进座谈会，深入了解工作中的困难和问题，提出解决思路和办法，确保2019年定点扶贫工作落到实处。

【干部挂职扶贫】 自然科学基金委在2018年11月选派刘宁到定点扶贫县挂职，任奈曼旗旗委常委、副旗长，协助分管扶贫工作，负责结对帮扶有关事宜，挂职期2年。刘宁深入调研奈曼旗当地有关情况，统筹推进、协调、检查科学基金扶贫项目实施情况，确保扶贫项目取得实效。积极组织科学基金扶贫项目，为解决当地实际问题组织科技小分队。在第一书记选派方面，由机关党委干部杨亮接任张明清，并于12月完成工作交接。

【科学基金项目扶贫】 自然科学基金委组织专家精心遴选扶贫项目，经专家评审组评审及扶贫工作领导小组审议，确定资助：奈曼旗豆科药用植物与赤芍协同增效模式构建及关键栽培技术研究、奈曼旗甘薯特色高产优质新品种的培育推广示范和基于遥感技术的奈曼旗蒙中药材种植产业扶贫规划研究共3项科学基金扶贫项目，资助经费150万元。

【战略研究】 设立奈曼旗乡村振兴与可持续发展软课题。软课题于2019年9月召开立项来自中国人民大学、北京师范大学、内蒙古民族大学和内蒙古发展研究中心的10位专家，组成课题组，聚焦制约奈曼旗在特色产业发展、资源环境治理、经济市场开发等方面的瓶颈问题，突出科技扶贫和引智扶贫两大抓手制定相应的可行性方案和可持续发展规划。

【产业扶贫】 2019年9月由自然科学基金委主办、奈曼旗人民政府承办，召开国家自然科学基金委员会民族医药发展论坛暨第三届占布拉道尔吉蒙医药产业发展研讨会，来自全国各地的30余名医药学专家代表，深入奈曼旗蒙中药材产业实地进行调研考察，在田间地头为当地发展问诊把脉，与生产方建立直接联系，推动成果转移转化。

第一书记张明清自派驻哈沙图村以来，坚持深入基层，分类制定帮扶措施，打造蔬菜主导产业。扶持哈沙图村绿色有机蔬菜产业发展，建设春秋棚114栋（占地154亩），整个棚区年纯利润88.54万元；村集体收益12万，其中80%给贫困户分红，20%用于壮大村集体经济。探索建立“村集体+公司+合作社+农户”的发展模式，使村里的面貌发生根本性变化，全村93户精准贫困户（306人）全部脱贫，实现到2019年“村出列、旗摘帽”的目标。

【党建扶贫】 2019年7月，以“支部结对共建”为主题，自然科学基金委人事局党支部、离退休工作办公室党委、办公室党支部、机关服务中心党支部组成调研组，赴奈曼旗哈沙图村开展支部结对共建主题党日活动，以共建促党建，以党建促脱贫，助推北哈沙图村早日脱贫摘帽，实现乡村振兴奔小康。其间，自然科学基金委孟庆国以“习近平总书记的七年知青岁月”为题作精彩党课，主持召开党建促扶贫主题座谈会，调研团成员与北哈沙图村驻村干部、扶贫工作队员、村支部党员干部一起深入座谈。

（国家自然科学基金委员会扶贫办 吕 栋）

中国浦东干部学院定点扶贫

【概述】 2019年,中国浦东干部学院定点扶贫贵州省铜仁市江口县,投入帮扶资金229.28万元,引进帮扶资金294.1万元,培训基层干部2300名、专业技术人员1014名,直接购买贫困地区农产品38.5万元,帮助销售贫困地区农产品630.9万元。在中央单位定点扶贫工作成效评价等次为“较好”。扶贫挂职干部刘运喜获得“贵州省脱贫攻坚优秀共产党员”荣誉称号、“铜仁脱贫攻坚群英谱”命名等,高泽生获得“贵州省脱贫攻坚先进个人”“铜仁市脱贫攻坚优秀共产党员”等荣誉称号。

【扶贫资金投入】 中国浦东干部学院发挥自身优势,整合社会资源,加大扶贫资金投入。2019年,投入帮扶资金229.28万元,引进帮扶资金294.1万元,直接购买贫困地区农产品38.5万元,帮助销售贫困地区农产品630.9万元。探索党支部与贫困村党支部联建工作,学院划拨15万元(其中10万元为党费)经费支持岑忙村党支部阵地建设,并捐赠《全国基层党建创新典型案例》。

【干部挂职扶贫】 2019年,中国浦东干部学院选派刘运喜担任学院第二批定点扶贫工作队队长,挂任江口县委常委、副县长,协助县委书记分管定点扶贫和健康扶贫,分管医保局和卫生系统、市场监管、政务公开等工作。推动县域医共体改革创新等,使江口医保基金有效使用,成为铜仁市医保扶贫和医保基金节约最好的县,铜仁市医保局专门发文予以表扬和推广经验,食品安全和政府质量年度绩效考核上升到第3名和第5名,排名大幅上升;选派高泽生挂任江口县太平镇岑忙村第一书记,常年驻村开展扶贫工作,落实扶贫政策。扶贫干部克服各种困难,主动发挥战斗堡垒和桥梁纽带作用,倾情开展扶贫工作,刘运喜和高泽生家庭获评“中国浦东干部学院第一届最美家庭”。

【扶贫调研】 中国浦东干部学院副院长曹文泽先后3次与江口县党政主要负责人会商定点扶贫工作,2次与扶贫干部座谈、面谈扶贫工作。2019年10月,曹文泽专程到江口县调研定点扶贫工作,先后到贫困村、易地扶贫搬迁安置区和产业基地进行实地考察,副院长熊云全程参与。12月,铜仁市委书记陈昌旭开展考察交流,与曹文泽对接铜仁市及江口县的帮扶项目和教学培训合作等事宜。进村入户、开会座谈,督促与帮助解决扶贫项目难点问题。定点扶贫工作队深度融入精准扶贫,督促与帮助江口县委县政府落实脱贫攻坚主体责任。通过到江口县各乡村实地走访,督促有关乡镇及时整改扶贫开发中的问题,指导帮助江口县及扶贫工作队落实扶贫政策与项目。

【扶贫培训】 承办全国脱贫攻坚班培训。根据中共中央组织部和国务院扶贫办的工作部署,继续举办6期全国贫困县党政正职培训班,圆满完成中央交办的12期贫困县党政正职(1302名县委书记或县长)培训班。贯彻落实习近平总书记关于“做好脱贫攻坚干部培训”的要求,2019年6月至9月,中共中央组织部会同国务院扶贫办、中国浦东干部学院,在中国干部网络学院浦东分院举办扶贫干部脱贫攻坚网上专题班,2.4万余名扶贫系统干部、贫困地区干部和扶贫挂职干部参加培训。

为江口县免费举办“小城镇建设专题”“乡村振兴专题”等4个乡科级干部专题培训班，共计培训210人；安排江口县8名县处级领导干部和骨干教师到学院相关主体班次（厅局级）插班选学；为铜仁市处级领导开设1期化解金融风险的专题培训班；为江口县干部开设网络培训班4个，培训干部和致富带头人2423名。邀请冯俊、王金定分别在铜仁市和江口县作习近平总书记论意识形态和学习贯彻习近平新时代中国特色社会主义思想专题辅导报告。

【教育扶贫】 引介新加坡星雅集团执行主席吴学光先生，帮助江口县实施“学光助学行动”，共捐助资金38万元。学院“刘哲昕爱心团队”到江口县开展助学活动，共结对资助152名贫困学生，发放资助金30余万元。协调企业界朋友赴江口县考察扶贫，深入考察农村产业发展情况，走访并慰问贫困户。联系协调上海和茂发展有限公司、上海隐形翅膀基金会向贫困学生捐赠价值5万元的文具和生活用品，向江口县闵孝中学捐赠5万元。牵线上海真爱梦想公益基金和安徽省仁众教育基金，向江口县太平镇完全小学捐赠价值20万元爱心衣物，新建6个“梦想盒子”教室，减免费用60万元。联系苏州智慧家长教育科技有限公司，将拳头产品“家长慕课学习平台”捐赠江口县无偿使用，免年使用费约24万元。引荐并协调江口县委党校和南京审计大学签订《培训教育基地合作共建框架协议》，并成功举办培训班。继续推进上海市教育科学研究院帮扶江口县教育合作框架协议和落实工作。联系协调上海市工商外国语学校与江口淮阳中学签订全面战略合作协议，引荐上海优质教育资源开展“组团式帮扶”。

【消费扶贫】 推动江口县与长三角地区的交流合作。协调江口县梵韵白茶开发经营有限公司、江口县梵园农业综合开发有限责任公司、江口净山宝电子商务有限公司等6家茶业企业整体入驻上海黔茶中心，免除两间销售铺位40余万元租金，销售江口县茶业等农特产品近300万元。9月，在上海举办“梵净山茶·香溢天下”2019贵州江口走进上海茶产品、旅游资源及招商引资推介会。拓宽江口县农副产品营销渠道。2019年学院直接购买江口县茶叶25.68万元，购买江口县农特产品12.82万元；帮助江口县相关企业销售茶叶234万元，销售猕猴桃389万元，帮助销售鸡蛋等7.97万元，合计帮助销售农产品630.07万元，惠及贫困户800余人。邀请上海水产养殖专家、有机蔬菜企业、电商销售企业到江口县考察调研产业发展，为岑忙村生态养鱼集体经济进行技术指导，已帮助完成生态养鱼项目的方案设计和建设运行工作。

【扶贫宣传】 加大定点扶贫宣传力度，总结推介精准扶贫经验。与国务院扶贫办合作举办“决胜2020——脱贫攻坚展”，开设为期3个月展览，展示脱贫攻坚总体情况，重点展示河南兰考和湖南十八洞村等地率先脱贫的先进经验，受众包括在校学员及教职工共4000余人。邀请江口县委书记杨华祥为第5期、第8期“学习贯彻习近平新时代中国特色社会主义思想，坚决打好脱贫攻坚战”专题研讨班作“贫困县摘帽历程和巩固脱贫成果”案例教学的授课，分享江口在脱贫攻坚和巩固提升脱贫攻坚成果方面的先进经验和典型做法，得到中共中央组织部、国务院扶贫办跟班司局领导和学员的高度评价。优化学院门户网站的江口扶贫开发专栏，面向全国学员、社会宣传推介江口文化旅游资源，介绍江口县扶贫开发有关做法和经验。

（中国浦东干部学院
高泽生　陈　颖）

中国延安干部学院定点扶贫

【概述】 2019年，中国延安干部学院(以下简称“中延院”)定点帮扶四川省越西县，在扶志扶智上精准发力，督促越西县围绕推进扶贫工程全面完工、农林牧产业助农增收、四治攻坚整体提升、内生动力全面提振、干部作风持续转变，狠抓扶贫资金使用管理、持续深化帮扶协作工作、扎实推进“两不愁三保障”回头看大排查问题整改、抓实巡视考核反馈问题整改四项重点工作，推动脱贫攻坚各项工作落地落实。2019年共完成党政干部脱产培训323人次，农业技术人员脱产培训57人次。投入帮扶资金356.3万元，用于培训贫困地区干部和产业技术人员、越西苹果产业华阳示范园建设、教育助学金、暖冬行动、支部结对帮扶等方面。引进帮扶资金210万元，用于越西苹果产业华阳示范园建设、“精准帮扶，因户施策”行动、人才振兴工程、新时代文明实践站建设等方面工作。引入中国电力建设集团有限公司(以下简称“中国电建集团”)、陕西果业集团有限公司(以下简称“陕西果业集团”)等企业，培育创业致富带头人，帮助发展扶贫产业，解决贫困人口就业1119人次，实现增收9万多元。2019年，越西县顺利退出贫困村51个、脱贫贫困户3664户16549人，贫困发生率降至2.8%，脱贫攻坚工作取得阶段性成效。

【扶贫资金投入】 2019年，中延院累计投入定点扶贫资金356.3万元，引进帮扶资金210万元，其中中国电建集团投入资金200万元，陕西果业集团投入帮扶资金10万元，并确立扶贫项目7个。具体项目资金情况：投入261万元，在定点帮扶村华阳村建设200亩高标准苹果产业示范园，发挥产业示范引领，吸纳贫困人口就业增收；投入20万元开展“精准帮扶，因户施策”行动，鼓励支持贫困群众根据自身实际，发展家庭适宜小副业，培育创业致富带头人；投入20万元开展“四川省深度贫困县人才振兴工程”；投入64万元建设“新时代文明实践站”，助力精神扶贫、智力脱贫；投入5万元，对华阳村“新时代农民讲习所”进行功能提升完善，帮助建好“新时代文明实践站”；投入25.9万元用于实施学历奖励政策，鼓励建档立卡户考生；投入12万元用于支部结对帮扶工作，实现党建联建。

【扶贫调研】 中延院先后3次成立调研组，由学院领导带队共计14人次深入越西督导调研脱贫攻坚，走访慰问贫困群众，调研新时代文明实践站建设情况，向贫困大学生捐赠教育助学金，开展支部结对帮扶等工作。

【扶贫培训】 2019年，中延院在延安为越西县共举办3期扶贫干部培训班和1期产业技术人员培训班，选派教师赴越西县进行送教下乡，共培训323名各级干部和57名产业技术人员，培养出一大批先锋骨干和致富大户。把《习近平七年知青岁月》作为重要教材，把课堂搬到延川县梁家河村现场，引导学员深入领悟习近平总书记精准扶贫重要论述的精髓要义，切实做到学懂弄通做实；安排学员前往延安市洛川县、铜川市等地开展社会实践教学，现场学习修剪、拉苗、病虫害防治等苹果种植技术，实地调研考察当地苹果产业、特色农业、生态旅游等扶贫产业开发经验，促进合作。

【干部挂职扶贫】 中延院选派定点扶贫

县副县长1名，县委组织部副部长、扶贫移民局副局长1名，驻村第一书记1名，3人组成驻县扶贫工作队。实行定期工作报告制度，扶贫工作队每月向学院报告工作情况。设立扶贫工作队专项工作经费每年5万元。先后驻越西县的5名扶贫干部以贫困县为家，坚持走基层、入村入户，宣传党的政策、扎实开展扶贫工作，受到当地干部群众的一致好评。1人荣获2019年四川省凉山彝族自治州综合帮扶工作队优秀队员、越西县优秀驻村第一书记称号，学院定点帮扶华阳村先后荣获四川省卫生村、凉山彝族自治州先进党组织、越西县综合帮扶工作队先进集体称号。

【产业扶贫】 中延院坚持改善人居环境与发展农业产业相结合，引进中国电建集团、陕西果业集团等龙头企业。2019年，中延院投入261万元，在定点帮扶村华阳村建设200亩高标准苹果产业示范园，发挥产业示范引领，积极协调动员陕西果业集团黄龙有限公司捐赠价值10万元优质苹果树苗，并选派资深技术专家驻村免费全程指导示范园一期、二期建设，协调陕西果业集团建设苗木培育基地200亩。示范园一期、二期已建成。示范园采取“支部+公司+合作社+农户”模式，积极吸纳华阳村贫困群众就业，共吸纳贫困户劳务就业1119人次，实现贫困群众劳务收入9.07万元。越西县38个乡镇干部群众到示范园学习山地苹果种植经验。投入20万元开展“精准帮扶，因户施策”行动，鼓励支持贫困群众发展家庭适宜小副业，培育创业致富带头人。

【扶志扶智】 2019年，中延院投入资金64万元，与越西县委组织部共同打造越西牛洛村、光明村等9个片区“新时代文明实践站”，投入5万元对华阳村“新时代农民讲习所”进行功能提升完善，帮助建好“新时代文明实践站”，在华阳村联合召开越西县农村党支部建设“三化”行动暨新时代文明实践站示范推进(现场)会。

【教育扶贫】 2019年中延院研究并设立“中国延安干部学院援助越西县贫困大学生助学资金”，决定从2019—2021年对越西县考入本科及以上院校的贫困户学生，每人一次性奖励3000元，考入大专院校(高职)的，每人一次性奖励2000元，营造重视教育、上大学光荣的浓厚氛围，鼓励贫困户孩子刻苦学习，用知识改变家庭命运。2019年为115名考上大学的越西籍建档立卡户考生发放助学金25.9万元。

【易地扶贫搬迁】 中延院投入资金300万元，联合中国电建集团实施易地搬迁项目，解决该村贫困户从海拔3000米处搬迁至平坝安置区域的相关问题。学院领导和工作队多次前往施工现场，协调解决建设中的各种难题，并投入90万帮助越西教育部门在集中安置区域谋划建设搬迁安置小学，得到广大贫困群众的一致认可。

【党建扶贫】 中延院6个党支部全部与越西县贫困村党支部开展支部结对帮扶工作，通过座谈交流、实地调研、视频连线等多种方式指导结对帮扶党支部党建工作，投入党建经费12万元，用于协助规范“三会一课”制度、党建月会制度、党员积分管理办法等规章制度。

（中国延安干部学院扶贫办　李　珑）

中国井冈山干部学院定点扶贫

【概述】 2019年，中国井冈山干部学院定点帮扶江西省鄱阳县，加强组织领导，选优配强干部，及时督促检查，推动定点扶贫各项工作落实落细，超额完成扶贫责任书的各项承诺。

【扶贫资金投入】 2019年，中国井冈山干部学院从自有办公经费中拨划出帮扶资金90万元，其中教育扶贫50万元用于花桥小学建设，35万元给定点扶贫村沿环村路安装175盏太阳能，5万元用于产业扶贫，还有6万元专用于走访慰问，全年实际超额完成责任书所定指标。2019年，引进帮扶资金方面实现突破，共计8367546元，超额完成责任书计划任务。

【扶贫调研】 2019年，中国井冈山干部学院常务副院长梅黎明、副院长汪建新、副院长柯华，分别赴定点扶贫县鄱阳县开展调研督促指导。梅黎明于1月和12月分别到鄱阳县调研脱贫攻坚工作，进行督导部署和总结落实。汪建新每个季度到定点扶贫县调研一次，同时结合“不忘初心、牢记使命”主题教育，完成调研报告《脱贫攻坚调研督导报告——以井冈山市、鄱阳县为例》。柯华于4月到定点扶贫县开展扶贫工作调研，部署产业扶贫、精神扶志、文化扶智方面的扶贫情况。

【扶贫会议】 2019年，中国井冈山干部学院院务委员会4次研究部署安排推进扶贫工作。2月研究审定《学院2019年定点扶贫工作计划》，3月审定《学院扶贫资金管理办法》，7月审定《关于布置“不忘初心、牢记使命——中央和国家机关定点扶贫工作成果展”展陈方案》，10月审定《关于加强扶贫工作有关事项》

【扶贫培训】 5—6月举办鄱阳县“党建+扶贫”能力素质提升培训班，培训基层干部57名；10月举办鄱阳县商务系统扶贫干部“不忘初心、牢记使命”培训班，培训基层干部47名。合计培训基层干部104名。同时，帮助鄱阳县开展多种形式的分级分类培训，做到扶贫干部、帮扶干部培训全覆盖。3月，组织部分乡镇主官、“十大扶贫工程”单位负责人、扶贫办班子成员等56人赴余干县学习考察脱贫攻坚工作；4月在鄱阳县委党校组织开展150余名科级干部轮训暨帮扶干部能力素质提升培训；6月集中组织鄱阳县所有单位（含条管单位）干部参加扶贫政策及业务培训；8月开展2期村级党组织书记和驻村第一书记培训班，重点培训脱贫攻坚政策业务，实现鄱阳县村级党组织书记和县级以上选派驻村第一书记培训全覆盖，同时要求乡镇（街道）对其他村“两委”干部和非贫困村第一书记实行轮训。2019年，共培训鄱阳县技术干部1558名，也超额完成责任书的计划任务。

【干部挂职扶贫】 中国井冈山干部学院选派挂职鄱阳县委副书记、副县长的刘诗河2019年4月挂职期满，选派夏美春挂职鄱阳县委副书记、副县长。选派的第一书记苏子劲2019年8月挂职期满，选派熊燕军担任鄱阳县游城乡花桥村第一书记。挂职干部先后到鄱阳县工作后，沉下身子，深入一线，接续落实，送政策入户，送服务到人，确保扶贫政策应享尽享，不漏一户不落一人。

【公益扶贫】 实施“百企千户”扶贫计划，组织企业家开展扶贫捐赠。2019年1月，鄱阳县凰岗籍企业家团结全国各地本土创业成功人士280余人成立商会，响应“百企千户”扶贫计划，捐赠420万元资金，资助1050户贫困家庭。11月，惠州佳扬电子科技有限公司向鄱阳县第一中学无偿捐赠100万元，用于学校红楼的改建工程。12月，深圳市梦网慈善基金会向侯家岗乡捐赠315万元，用于支持教育事业发展，推进该乡中心学校整体搬迁征地及前期“三通一平”等工程。普文公益有限公司捐赠给花桥小学贫困学生17546元。

【消费扶贫】 中国井冈山干部学院组织采购贫困地区产品和服务，开展贫困地区农产品定向直供学院食堂活动；开展教职员工节日福利定点采购贫困县产品活动；开展扶贫商户入驻中国农业银行手机App扶贫商城活动，与中国农业银行江西分行签订合作备忘录，通过中国农业银行扶贫商场设立“中国井冈山干部学院定点扶贫专区”开展合作，共同为鄱阳县提供各种商品销售服务。2019年，中国井冈山干部学院共购买贫困地区农产品204万元。

（中国井冈山干部学院　熊燕军）

中国工程物理研究院定点扶贫

【概述】 中国工程物理研究院（简称“中物院”）结合定点扶贫陕西省富平县经济社会发展实际，围绕解决“两不愁三保障”突出问题，持续开展产业扶贫、教育扶贫、健康扶贫、党建扶贫、消费扶贫，加强扶贫督导，助力当地脱贫攻。2019年，中物院共投入定点扶贫帮扶资金1518.39万元，培训基层干部182人，培训技术人员2360人，购买农产品714.86万元，帮助销售农产品757万元，引进帮扶资金30万元，引进帮扶企业1家、投入资金100万元，全部实现《中央单位定点扶贫责任书》年度目标。富平县脱贫攻坚取得历史性胜利，于5月正式宣布脱贫摘帽。截至2019年年底，全县82个贫困村已全部出列，剩余贫困户1473户2530人，贫困发生率降至0.42%，高质量实现脱贫摘帽目标并有效巩固脱贫成果。

【扶贫资金投入】 2019年，中物院实施产业扶贫、干部人才培训、消费扶贫等20个项目，投入定点扶贫帮扶资金1518.39万元，购买富平县农产品714.86万元、帮助销售农产品757万元，引进帮扶资金30万元，引进帮扶企业1家、投入资金100万元。

【扶贫培训】 2019年，中物院以帮助提升教师教育教学能力为重点大力开展教育培训活动。7月，组织开展富平县“学科带头人能力提升”培训，在为期两周的跟岗培训学习中，当地29名学科带头人与科学城教师一起集中研修，考察交流；10月，组织院子弟校15名教师赴富平县开展送教活动，开展《高效课堂之备课与听课的思考》等讲座3场，上公开课32节，当地义务教育阶段学校和幼儿园800多名教师参加听课和研讨活动，涉及全县18个乡镇学校。组织开展多形式、多学科的医疗卫生培训活动。5月和10月，在送医送药下乡活动中，同步开展医疗卫生适宜技术推广培训工作，内容包括肺结节诊疗、产前筛查等，并与当地医生就疑难病例进行探讨交流，现场指导，共培训医疗卫生人员660人次；组织安排富平县21名医疗卫生人员来职工医院跟岗学习培训，涉及胸外科、产科、疼痛科等8个专业以及医院行政管理。立足当地农业生产实际，协助开展农业技能培训，集中培训当地致富带头人71名、贫困户133名。

【干部挂职扶贫】 2019年，挂职副县长何大鹏全面参与富平县脱贫攻坚，深入基层调研，组织开展脱贫攻坚专项检查，关心支持深度贫困地区发展，多次深入赵老峪北村就丹参种植进行现场指导，协调解决有关问题。驻车家村第一书记王磊扎根农村近4年，始终认真履行“第一书记”职责，真心实意做好驻村帮扶工作，着力加强村党组织建设，积极争取资源推动村集体经济建设，增强当地造血功能。2019年，中物院根据需要调整驻富平县帮扶工作队成员，7月选派张义龙充实深度贫困村赵老峪北村帮扶工作组，9月新任驻车家村第一书记梁勇到位。

【产业扶贫】 2019年，中物院大力实施产业扶贫，帮助增强造血功能，逐步建立稳定脱贫长效机制。引进帮扶企业四川久远投资控股集团有限公司支持县木兰摇粗布家纺有限公司发展，投资100万元，捐赠15万元，助力企业加速发展。在深度贫困村赵老峪北村持续发展丹参种植产业，通过选派驻村工作队员、加强技术指导等措施，引进帮扶资金15万元，提高群众参与意愿，新增种植面积500亩。投入95万余元为庄里镇三河村柿饼加工基地完善配套设备，提升柿子深加工能力，提高产品附加值，助力柿农增收。做好农业服务保障，投入25万元援助当地购置110技术服务车2辆。

【扶贫调研】 2019年，中物院组织开展多次扶贫调研活动，为扶贫决策、工作落实提供重要支撑。8月，中物院定点扶贫领导小组组长、院长刘仓理赴富平县调研指导当地脱贫攻坚，深入曹村镇等地实地了解当地在发展特色产业方面的具体做法和脱贫成效，听取富平县脱贫攻坚整体情况和定点扶贫项目实施进展情况汇报，着重就落实好定点扶贫整改措施、强化脱贫攻坚督促指导责任、提升产业扶贫效益等方面与当地深入交换意见并达成共识。1月，中物院定点扶贫领导小组副组长、副院长周劼赴富平县走访慰问当地特困家庭和扶贫一线挂职干部，沟通对接2019—2020年定点扶贫工作计划，深入推进定点扶贫工作。围绕扶贫计划制定、定点扶贫整改、扶贫项目实施，全年共组织开展10余次扶贫调研活动、49人参加，结合实地调研和沟通对接情况，及时调整定点扶贫帮扶项目5项。

【扶贫督导】 督导落实主体责任。刘仓理8月在富平县调研指导期间，强调富平县要切实履行主体责任，坚持问题导向，认真落实中央脱贫攻坚专项巡视、省级第三方评估、中央脱贫攻坚成效考核反馈问题整改。督导政策落实。中物院扶贫办围绕解决“两不愁三保障”突出问题、统筹推进“八个一批”措施落实情况，督促指导和帮助落实各项政策。扶贫办主任刘开武、副主任班开洪先后4次到富平县实地调研，针对县里产业基础不强，内生动力不足的问题，提出因地制宜积极发展现代农业，推动产业转型升级，深化大扶贫格局等建议。督导工作落实。通过中物院扶贫办专项检查和挂职干部常态化检查相结合的方式，认真开展督导活动，共调查走访贫困户96户，涉及8个乡镇、24个村（其中15个贫困村），形成督查情况通报2期，查找问题8个，并及时反馈整改销号。

【教育扶贫】 2019年，中物院充分利用优质教育资源集中优势，持续开展教育扶贫，阻断贫困代际传递。关心关注贫困学生，发放年度助学金30万元，资助建档立卡贫困学生100名。7月，组织富平县选送的30名建档立卡贫困家庭学生参加“科技夏令营”活动，安排聆听讲座、参观访问、科普教育、科技制作等丰富多彩的活动体验。支持当地职业教育发展，为富平县职教中心配置实训设备，价值500余万元。

【基础设施建设】 2019年，中物院继续推进援助当地基础设施建设，投资1100万元援建的老庙镇扶贫移民搬迁点幼儿园正式移交当地政府投入使用，该幼儿园共设9个班级，建筑面积3227.64平方米，占地面积约1100平方米，建成后预计容纳名幼270名学前儿童。支持富平县贫困村互助幸福院建设，出资160万元在贫困人口较多的5个贫困村，建设互助幸福院，每个幸福院建筑面积200平方米，包括阅览室、厨房、餐厅、洗浴室、卫生间等配套设施，解决留守老人以及贫困群众做饭不便、活动场地不足等实际困难。

【健康扶贫】 2019年，中物院深入实施健康扶贫，大力开展送医送药和下乡义诊活动，5月和10月两次组织职工医院骨干医生赴富平县送医送药，帮扶组深入淡村、留古等乡镇，帮助解除病患痛苦，共诊疗病患1229人次、捐赠药品和医疗器械价值6万余元，缓解贫困地区群众看病难、看病贵等问题，并调研当地人群骨关节病高发情况，围绕提升村民健康意识、改善农村饮水卫生，从根本上减少地方病、常见病、多发病进行交流指导，走访因病致贫户4户、村卫生室3个，多举措提高当地卫生健康水平。6月，从两家职工医院选派8名医疗专家赴富平县，对富平县人民医院、中医医院、妇女儿童医院进行驻点帮扶，加强富平县县级医院专科能力建设。

【文化扶贫】 2019年，中物院援助30万元支持富平县创作演出一批反映本地文化，展现贫困群众自力更生精神风貌的节目，出刊《阳光路上》文艺作品集，为脱贫攻坚注入精神动力。6月，在开展"不忘初心、牢记使命"主题教育期间，邀请富平县阿宫剧团专场演出革命题材大型秦腔现代戏剧《红梢林》，全院近2000名职工观看演出。

【党建扶贫】 2019年，中物院举办富平县基层党组织书记抓党建促脱贫攻坚工作能力提升班，富平县35名基层党组织书记、组工干部到绵阳，聆听农村党建专家授课，学习"两弹精神"和"抗震救灾精神"，深入绵阳市北川县擂鼓镇、安昌镇、宝林村、高安村以及北川电商产业港等实地考察学习。8月，中物院联合富平县委组织部在当地举办抓党建促脱贫攻坚能力提升培训班，采取领导干部讲政策、专家学者教方法、基层干部传经验和实地观摩看成效等方式，对来自全县的120余名基层干部和贫困村两委班子成员进行培训。遴选7个优秀基层党支部与当地基层党支部结对共建，明确结对帮扶范围、方式、内容和要求，搭建帮扶长效机制，帮助当地加强基层党组织建设，更好发挥其在脱贫攻坚中的战斗堡垒作用。

【消费扶贫】 2019年，中物院大力开展消费扶贫，更好惠及贫困群众，促进当地优势特色产业发展。2019年，中物院工会统一安排，各基层工会认真落实，通过集中购买等方式，购买富平县特色农产品价值715万元。中物院前期援建项目逐渐发挥帮扶作用，富平县100个电子商务服务站带动当地农产品销售750.2万元，科学城直营店销售农产品7.5万元，合计757.7万元。

（中国工程物理研究院公管部办公室　张晓波）

中国工商银行股份有限公司定点扶贫

【概述】 2019年，中国工商银行股份有限公司（以下简称“工商银行”）扎实推进四川省通江县、南江县、万源市和金阳县定点扶贫各项工作，共投入帮扶资金1.13亿元，引进帮扶资金3639万元，开展产业、教育、卫生等扶贫项目24个，惠及建档立卡贫困户84907人。紧跟脱贫攻坚需求，培训基层干部19253人，培训技术人员18260人。举全行之力，购买贫困地区农产品1.04亿元，通过自有电商平台“融e购”帮助销售农产品3.6亿元。加大金融扶贫力度，四县市精准扶贫贷款余额4.25亿元、产业扶贫贷款余额2.6亿元，较年初增幅81.23%和46.07%。捐赠1800万元党费，专项用于基层党员干部培训和支部活动阵地建设，助力基层党组织在脱贫攻坚中发挥好战斗堡垒作用。

【扶贫资金投入】 2019年，工商银行对金阳县的帮扶资金投入为7997万元。围绕当地政府规划，在极度缺水的高山地区建设4700立方米软体水窖，帮助解决贫困群众生活用水和农业灌溉问题；投入120万元用于贫困学生资助、山村教师培训、优秀山村教师表彰；投入300万元修建希望小学，解决学龄儿童读书难、读书远问题。针对金阳县农产品运输成本高、市场竞争力低的痛点问题，工商银行投入2000万元专项用于农牧产品销售物流运输补贴，帮助突破地方产业发展瓶颈。

【扶贫调研】 2019年4月，工商银行新班子成立，党委书记、董事长陈四清到任后即召开会议听取脱贫攻坚工作情况汇报，之后多次主持召开党委扩大会、定点扶贫工作领导小组会议，部署精准扶贫工作。8月、10月，陈四清两赴四川，走遍4个扶贫点，深入了解扶贫工作进展和难点，召开定点扶贫座谈会，及时对帮扶工作进行部署。分管副行长年内两次赴四川，深入农户和项目开展具体指导。结合定点扶贫四县市脱贫攻坚短板弱项，对当地党委政府在脱贫攻坚责任落实、政策落实、工作落实和作风建设等方面进行督促指导，夯实地方主体责任，总行部门、境内外分支机构、扶贫干部共开展督促指导85次。

【金融扶贫】 推广“银行+保险+期货”扶贫，联合大连商品交易所、华泰期货有限公司、安信农业保险股份有限公司等机构，将饲料成本指数保险和气象指数保险产品试点应用于四县市的畜禽养殖和特色种植业，为当地农户和企业降低经营风险、稳定收益。全年共投入保费250万元，覆盖8.1万头猪、13万羽鸡、22万只兔和1.3万亩青花椒，惠及四县市16家种植养殖龙头企业、455户建档立卡贫困户。深化金融产品创新，针对种植养殖农户创新“致富创业贷”，累计向28户致富带头人发放贷款786万元。

【产业扶贫】 推广“工行+政府+村两委+企业+农户”的产业扶贫模式，投入1200余万元，支持通江肉兔、南江黄羊、万源黑鸡、金阳高寒湿地大棚蔬菜等8个种植养殖项目，惠及贫困户3万余人。协调引进新希望集团有限公司、蓝润集团有限公司等4家农业龙头企业，企业总投资额5.79亿元，在扶贫点建设农产品种植、养殖、加工项目，带动产业发展和贫困户就业。

【消费扶贫】 工商银行充分发挥自有电商平台“融e购”优势，对扶贫商户实行“随到随批”的快速准入机制，保障扶贫商户短时间内即可完成入驻，并且给予交易手续费、保证金“双免”优惠，帮助3278家扶贫商户入驻“融e购”。组织专场活动，投入1000余万元策划开展“中国农民丰收节”“助力四川”“扶贫春茶节”等200余场扶贫专题活动；建设直通渠道，推动行内各级工会组织和食堂通过电商平台采购扶贫农产品；联动行外客户开展扶贫共建，通过电商银行平台上线采购专区、撮合产销对接等方式，承接贫困县大宗农产品采购；发动电商平台的广大商户及经销商采购扶贫商品，用于商户内部员工福利发放、客户礼品回馈等；倡议全行员工购买扶贫商品，广开扶贫产品销路。2019年直接购买贫困地区农产品1.04亿元，帮助销售农产品3.6亿元。

【教育扶贫】 坚持以人为本，对事关基础、有利长远的教育作为重点领域持续投入。做好工商银行品牌帮扶项目“烛光计划”“启航工程”，表彰和培训800名优秀乡村教师，资助420名贫困大学新生顺利入学，筛选500名义务教育阶段的优秀贫困学生进行陪伴式长期跟踪帮扶。引进清华大学、网易公开课，通过卫星电视和互联网向扶贫点投放优质教育、培训资源。

【健康扶贫】 联合中国人口福利基金会共同开展乡村医疗保障项目，为定点扶贫四县市升级乡村卫生室、培训乡村医生，完善基础医疗体系。联合同仁医院等机构为800名儿童进行视力筛查，建立电子视力档案。

【劳务输出】 连续开展贫困大学生专项招聘，面向建档立卡贫困家庭、高等院校贫困生或者获得贫困大学生国家励志奖（助）学金的应届大学毕业生，最低学历条件放宽至全日制专升本。项目开展以来累计招聘贫困大学生1482名，这批大学生被定向安排在其原籍的工行机构，不仅能发挥熟悉家乡环境的优势开展工作，更能在当地树立知识改变命运的典型。投入专项资金在四县市开展转移就业培训，累计培训10500名贫困群众，帮助他们掌握餐饮服务、农业养殖、焊接、砌筑等基本就业技能，提高劳务输出率，2019年累计帮助四县市实现转移就业2829人。

【干部挂职扶贫】 2019年遴选4位来自业务部门、各有所长的优秀干部派往通江县、万源市和金阳县挂职。注重加强对扶贫干部的日常关爱。将扶贫作为干部培养历练的平台，加强对扶贫干部的教育管理。通过视频等方式与扶贫干部进行思想上的沟通交流，尽力减少扶贫干部的后顾之忧，使他们全身心投入扶贫工作，把中央金融单位的定点扶贫政策传递到位、落实到位。工商银行在4个扶贫点派出的干部常年保持在20多人，涌现出“工行最会卖鸡”的李兴柯、“狗不咬的黑脸书记”常艺膳等一批驻村扶贫干部先进典型。

【扶贫宣传】 各类媒体刊发工商银行扶贫报道超9000篇次。中国中央电视台、新华社、人民日报等权威媒体报道工商银行产业扶贫、教育扶贫、健康扶贫的经验做法，驻村第一书记李兴柯的扶贫事迹入选人民日报微纪录片。工商银行官方新媒体刊发扶贫报道100余篇，累计阅读量超2000万；在喜马拉雅官方电台推出“金融扶贫工行样本”音频节目，收听量超过740万。

（中国工商银行股份有限公司
办公室　刘晨昱）

中国银行股份有限公司定点扶贫

【概述】 2019年，中国银行股份有限公司(以下简称“中国银行”)针对陕西省咸阳市永寿县、长武县、旬邑县、淳化县脱贫摘帽的实际，落实“四个不摘”要求，围绕巩固脱贫成效，聚焦“两不愁三保障”，持续加大帮扶力度，投入无偿资金1.01亿元，引进无偿帮扶资金1800余万元，培训基层干部、技术人员1.29万余人，帮助贫困人口实现就业588人，直接购买和帮助销售贫困地区农产品1.8亿元。2019年，中国银行在国务院扶贫开发领导小组对中央单位定点扶贫工作成效考核中被评为“好”等次。

【扶贫资金投入】 2019年，中国银行投入无偿帮扶资金1.01亿元，引进无偿帮扶资金1800万元。在资金投向上，根据中央要求和当地实际，聚焦产业扶贫，投入和引进3547万元支持光伏电站、种植养殖等产业扶贫项目22个，产生直接分红收益310余万元，带动近2000户6000名贫困群众脱贫。聚焦“两不愁三保障”，投入和引进1951万元支持当地学校硬件建设、教师培训、职业教育等教育项目56个，投入和引进2052万元支持公共医疗和健康养老项目14个，投入和引进2423万元支持供水工程、道路提升、危房改造等基础设施项目11个，弥补4个县在教育、医疗、住房和饮水安全方面的短板。聚焦深度贫困村，持续加大资金支持力度，向3个深度贫困村投入资金448万元，支持各类扶贫项目19个。

【扶贫调研】 中国银行党委书记、董事长、定点扶贫工作领导小组组长刘连舸，党委副书记、监事长、定点扶贫工作领导小组副组长王希全及其他党委班子成员先后11人次赴4个县实地调研督导，走访慰问贫困群众，现场解决困难问题，检查脱贫攻坚成效，督促当地党委政府落实主体责任。

【工作机制】 与陕西省、咸阳市及4个县党委政府保持密切沟通，班子成员每次赴4个县调研都与当地领导充分交换意见，了解脱贫攻坚成效，督促当地党委政府落实主体责任。坚持中国银行与咸阳市“信息通报、调研督查、意见反馈”工作机制，请4个县政府定期通报脱贫攻坚进展情况，及时发送扶贫工作建议督促函，提出意见建议，督促工作落实。发挥扶贫工作队一线作战优势，队员赴县乡村开展督促检查305次，形成调研督促报告43份，指出存在问题96个，提出意见建议24项，有效发挥督促指导作用。

【干部挂职扶贫】 坚持压茬派驻、新老交替的干部选派模式，向咸阳市及4个县派驻17名挂职扶贫干部，其中市委常委、副市长1人，副市长1人(任中国银行扶贫工作队队长)，市政府副秘书长1人，副县长8人，驻村第一书记6人。挂职干部全部分管或协管扶贫工作。加强扶贫干部的日常教育管理，定期召开队会，传达学习上级精神，开展业务培训交流。

【产业扶贫】 加大无偿投入力度，完善“政府+龙头企业+村集体经济组织+贫困户”的产业扶贫模式，重点支持发展前景良好、扶农益农效果明显的产业项目。无偿投入2360余万元援建旬邑县马栏镇、永寿县翠屏镇等7个光伏电站项目，为贫困群众带来20年的稳定分红收益。加大信贷支持力度，持续关注当地重点扶贫项目，为扶贫产业发展引入金融活水。批准正大集团生猪养殖项目一期工程4.2亿元扶贫贷款，向上海浩泽净水科技发展有限公司提供4000万元信贷支持，为当地产业发展提供全方位金融支持。大力引入外部资源，增强造血功能，让当地产业项目分享全产业链和价值链增值收益。引进泰国正大集团在4个县投资建厂，开创政府、企业、银行共同出资，贫困户提供土地，建设、养殖、加工、销售一体化发展的产业扶贫新模式。

【金融扶贫】 投入1.2亿元在4个县设立的4家中银富登村镇银行吸纳存款3.36亿元，发放贷款2.02亿元，向带贫企业、脱贫代理人和贫困户发放扶贫贷款640余万元，通过人员本地化、贷款县域化、税收当地化，落实普惠金融政策。

【消费扶贫】 通过单位和员工客户购买、“公益中行”平台和手机银行线上销售，中国银行各级机构和广大员工直接购买贫困地区农产品4023.3万元，帮助销售农产品1.32亿元。印发《关于进一步加大消费扶贫力度的通知》，引导各级机构和员工购买贫困地区农产品。增加“公益中行”平台农产品供应种类，提高产品质量，加大推广力度，在全国“扶贫日”期间联合全国人大机关、国家能源投资集团有限责任公司等单位举办贫困地区农产品系列展销活动，实现平台全年销售额倍增。在基层网点播放“公益中行”宣传片，把消费扶贫融入各类场景和员工客户日常生活，营造人人扶贫的良好氛围。

【扶贫培训】 发挥人才聚集、资源丰富的优势，加大扶志扶智力度，广泛开展各类培训，2019年培训基层干部3768人、技术人员9132人。在南京举办2期咸阳市党政干部金融研修班，组织106名科处级以上干部参加培训，帮助他们提高运用金融工具、促进经济发展的能力。借助外部资源，开展村医技能、剪纸艺术、种植养殖、电商技术等特色技术培训。组织中银商务公司专场招聘会，吸纳48名贫困毕业生入职工作，通过支持产业项目帮助540名贫困群众实现转移就业。

【社会扶贫】 与中国扶贫基金会合作，引入资金338.65万元实施“顶梁柱”保险项目，为四县18—60岁7.2万建档立卡贫困人口提供目录外住院费用补充保障；联合中国人民解放军空军西安飞行学院开展军地合作，引入80万元共同实施光伏电站和“梦想教室”等项目。挖掘集团海外机构的丰富资源，将全球资金、技术引入中国脱贫事业，并在国际上讲好中国故事，积极宣传我国脱贫攻坚取得的巨大成就。中国银行（香港）有限公司和中益善源（北京）科技有限公司共同出资1879万元，设立咸阳北四县定点扶贫专项基金；中国银行卢森堡分行连续两年邀请卢森堡农业协会专家赴永寿县开展肉牛养殖技术培训；中国银行伦敦分行引入伦敦金融城慈善资源，援建长武县枣园九年制学校多功能厅，均取得良好效果。

【基础设施建设】 2019年，中国银行无偿投入200万元创新实施淳化县“点亮乡村、光明万家”项目，解决官庄镇、马家便民服务中心22个行政村3942户14608人的夜间照明难题。

【扶贫宣传】 培树宣传脱贫致富和扶贫先进典型，表彰中国银行15个定点扶贫先进集体和40名先进个人，发挥示范引领作用。中国银行投入100万元帮扶的淳化县脱贫致富代表、残疾人刘斌荣获2019年全国脱贫攻坚奋进奖。中国银行派驻第一书记的淳化县大槐树村被评为陕西省脱贫攻坚模范村，第一书记王剑锋带领村民引水上塬、开展电商扶贫的故事被中国中央电视台、人民网等中央媒体深入报道。组织人民日报、新华社、中国日报、金融时报等6家中央媒体记者赴四县采访当地脱贫攻坚情况，观摩扶贫案例，刊发多篇新闻报道，取得良好社会效果。

（中国银行股份有限公司扶贫办　程大为）

中国建设银行股份有限公司定点扶贫

【概述】 2019年,中国建设银行股份有限公司(以下简称"建设银行")定点帮扶陕西省安康市汉滨区、汉阴县、紫阳县、岚皋县,直接投入帮扶资金1.3亿元,引进帮扶资金1047万元,培训基层干部1.66万人、技术人员2.86万人,购买贫困地区农产品7802万元,帮助贫困地区销售农产品8.59亿元。在2019年中央单位定点扶贫成效评价中被评为"好"等次。

【扶贫资金投入】 2019年,建设银行直接投入帮扶资金1.3亿元,帮助定点区县66个乡镇活动室和838个行政村党支部搭建村村全覆盖的培训和会议平台;建设9家标准化新社区工厂厂房,发展茶叶、金银花、香椿、羊肚菌、小龙虾等9个特色产业;为4所县级医院、84所乡镇卫生院、48所村卫生室购置医疗设备并搭建云诊疗平台;为11.6万8~60岁建档立卡贫困人口无偿提供补充医疗保险、意外险保障;修建6条深度贫困村村组道路和1座大桥。建设银行引进帮扶资金1047万元,购买4辆"云巡诊车"、10辆"母亲健康快车";资助150名贫困学生,在56所乡村学校推广"新一千零一夜"留守儿童睡前故事公益项目,并举办4期贫困学生夏令营活动。

【扶贫培训】 建设银行为定点区县量身定制培训项目,组织开展各类扶贫培训200余期,培训基层干部1.66万人,医生、教师等专业技术人员和致富带头人2.86万人。开发"扶志赋能善建新民"扶贫系列课程,开设建行大学"乡村课堂",把专业培训送到田间地头。

【干部挂职扶贫】 建设银行派驻安康扶贫干部共19名,组建驻安康扶贫工作组,成立临时党支部。其中,2名扶贫干部期满后主动申请留任。

【产业扶贫】 建设银行探索将"云生产"推广到定点区县贫困地区,打造在线三级"云生产"体系。在易地搬迁安置社区建立集中式"云生产基地",已吸纳附近村民和贫困户100多人就业;依托建设银行"裕农通"服务点开设20个分布式"云生产站点",贫困群众可就近参与云生产;推广手机端"移动云生产",培训贫困群众2700多名(截至2019年年底已有670多名贫困群众熟练掌握并利用闲暇时间参与云生产)。建设银行出资2470万元支持汉滨区县河镇财梁社区等建设9家标准化新社区工厂厂房(厂房所有权归村集体所有),发展当地特色产业,为易地搬迁贫困群众创造就近就业机会。组织东部地区分行帮助引进毛绒玩具、艾草加工等劳动密集型企业投资设厂。配套推出定制化的"新社区工厂贷",余额5235万元,支持135家社区企业,吸纳5421人就业,其中建档立卡贫困户1464人。投入帮扶资金540万元支持贫困村发展茶叶、金银花、香椿、羊肚菌、小龙虾等特色产业,结合当地条件培育自我发展能力。

【教育扶贫】 建设银行通过"高中生成长计划"资助150名贫困学生(每年每人3000元)。为贫困村学校捐建篮球场、音乐教室、电脑教室等,改善教学条件。组织4期贫困学生夏令营或冬令营活动,在56所乡村学校推广"新一千零一夜"留守儿童公益项目等。

【基础设施建设】 建设银行出资830万元修建县河镇—财梁社区公路等6条深度贫

困村村组道路，出资330万元修建汪家河坝大桥，解决长期困扰群众的出行难问题。出资315万元改造财梁学校旱厕、修建蜡烛村生活垃圾处理站和三柳村污水处理池等，改善乡村人居环境。

【健康扶贫】 建设银行出资2365万元为当地4所县级医院、84所乡镇卫生院、48所村卫生室购置DR数字化成像系统、彩超机、全自动生化分析仪等医疗设备。联合京沪知名医院等合作单位搭建“云诊疗”平台，将现代医疗资源引入贫困地区，让乡村农民在线享受到优质的医疗健康服务。捐赠4辆“云巡诊车”、10辆“母亲健康快车”，改造升级以往年度捐赠的16辆“母亲健康快车”，开展送医下乡和移动接诊。结合定点区县情况，助力打造“村卫生室小病急病初诊、云巡诊车和健康快车救助转运、镇卫生院解决常见疾病诊治、县医院支持远程会诊疑难杂症诊断”的分层医疗扶贫体系。建设银行联合子公司建信人寿保险有限公司定制推出专属保险产品，免费为定点区县8~60岁建档立卡贫困人口11.6万人提供补充医疗保险和意外险保障，防范因病因伤致贫、返贫风险，并提供免费体检、远程诊疗咨询等健康服务。

【消费扶贫】 建设银行依托“善融商务”电商平台发力消费扶贫。专设“善融扶贫馆”，丰富消费场景、配套专项费用，2019年已实现扶贫交易额8.59亿元，其中安康定点区县1.28亿元。增配专项费用1000万元，鼓励商户通过原料收购、用工和分红等方式精准帮扶建档立卡贫困户。向社会开放共享“善融商务”平台，如帮助16家中央企业开设网上“央企扶贫馆”。

【党建扶贫】 建设银行总行部门和子公司36个党支部（总支）与定点区县部分贫困村和学校党支部结对，以线上线下相结合方式开展联学共建、精准帮扶。通过深入学习宣传贯彻习近平新时代中国特色社会主义思想、习近平总书记关于扶贫工作重要论述，不断提高政治站位、增强行动自觉，发挥基层党建对扶贫工作的引领带动作用。建设银行捐赠党费800万元帮助定点区县66个乡镇党员活动室和838个行政村党支部安装远程视频系统，搭建村村全覆盖的培训和会议平台，全功能支持“云端”联学共建、教育宣传培训等，使村级党员活动室成为传播党的理论和政策的基层阵地、政治理论和专业技能学习的乡村课堂、党员干部密切联系群众服务群众的第一场所。

【金融扶贫】 建设银行与格莱珉有限公司（中国）合作在定点区县设立4家营业部，为低收入妇女和农村留守妇女创业提供培训和金融支持。截至2019年年底，已发放无抵押担保“女性创业贷”111笔、310万元。“格莱珉”模式结合中国国情，将安康新民风建设等相关要求融入其中（如勤奋工作、让孩子得到好的教育、使用卫生厕所、保持家庭内外环境整洁等），既解决贫困妇女的资金需求，又通过她们影响家庭，促进乡村精神文明建设。

（中国建设银行股份有限公司
党委办公室　范蔚然）

交通银行股份有限公司定点扶贫

【概述】 2019年，交通银行股份有限公司（以下简称“交行”）发挥金融专业优势，不断加大扶贫工作力度，持续巩固脱贫攻坚成果，定点扶贫工作取得良好成效。其中，甘肃省天祝藏族自治县（以下简称“天祝县”）实现14个贫困村、961户、2796人脱贫摘帽，贫困发生率从2018年1.79%降至2019年的0.07%，被国家民族事务委员会评为“全国民族团结进步示范单位”；四川省理塘县实现37个贫困村、1223户、5750人脱贫摘帽，贫困发生率从2018年10.2%降至2019年的0.85%；山西省浑源县实现45个贫困村、4499户、9970人脱贫摘帽，贫困发生率从2018年的3.38%降至2019年的0.4%。2019年，交行荣获中国银行业协会“助力打赢三大攻坚战成效奖”；荣获《金融时报》“年度最佳脱贫攻坚银行奖”；荣获新浪财经“金融扶贫最佳创新奖”。

【扶贫资金投入】 2019年，交行投入帮扶资金2401.3万元。其中，向天祝县投入资金1192万元、向理塘县投入资金701万元、向浑源县投入资金508.3万元，重点向深度贫困地区倾斜，主要用于医疗、教育和产业扶贫，做到早投放、早见效、早受益。同时，交行积极利用客户资源，引进帮扶资金663.58万元。其中，向天祝县引进10家企业，引进资金213.6万元；向理塘县引进8家企业，引进资金250万元；向浑源县引进3家企业及40余名个人客户，引进资金200万元。引进帮扶资金重点向深度贫困地区倾斜，聚焦“两不愁三保障”，主要用于教育、医疗、住房安全、饮水安全等项目。

【干部挂职扶贫】 2019年，交行向定点扶贫县选派挂职干部4人，其中3个定点扶贫县挂职县委或县政府副职各1人，均协管扶贫工作；选派驻村第一书记1人。

【金融扶贫】 交行通过支持产业企业带动建档立卡贫困户，以信贷支持当地支柱产业企业。截至2019年年底，交行金融精准扶贫贷款余额292.85亿元，完成监管“保持扶贫贷款余额持续增长”目标。同时，实现3个定点扶贫县的精准扶贫助学贷款全部破“零”。

【扶贫调研】 2019年，交行党委书记任德奇先后到3个定点县开展督导调研和扶贫慰问，视察天祝县第一医院、理塘县水厂和城关第三完全小学、浑源县危房改造等医疗、饮水安全、教育、住房安全等方面9个项目；走访慰问3个村6名建档立卡贫困户，实地了解、耐心询问贫困户在住房、饮水、医保、子女教育及就业等方面的情况。在督导调研过程中发现饮水安全、危房改造、产业发展等3个方面10个问题。在督导座谈会上，对调研发现问题提出明确的整改意见。交行副行长殷久勇到天祝县、副行长吕家进到理塘县、副行长郭莽到浑源县开展扶贫调研，驻行纪检监察组组长徐敏分别到天祝县、理塘县开展扶贫工作监督调研。交行党委班子成员年内到扶贫点开展督导调研比例83.3%。全年交行赴3个定点扶贫县调研总人次累计238人，其中厅局级以上领导干部80人次。

【产业扶贫】 与国家食品行业生产力促进中心沟通协调，帮助天祝县取得“高原藜麦之都”称号，并投入1050万元帮助天祝县建设藜麦种子研发中心，以及配套扶贫车间2个，受益贫困人口4011人。同时，投入资金70万元用于理塘县曲登乡集体牧场产业建设，受益贫困人口1191人。此外，投入资金55万元用于浑源县小杂粮加工厂建设，帮助推进杂粮“三品一标”认证工作，受益贫困人口39人。

【健康扶贫】 2019年，交行投入帮扶资金100万元联合华西第二医院、理塘县委县政府开展“呵护童心”医疗救助项目。10月，华西第二医院先天性心脏病儿童筛查治疗团队到达理塘县，当日下午立即展开“贫困儿童先天性心脏病筛查义诊”活动。筛查理塘县8所学校，共计10000余名学生，初步筛出72名先天性心脏病患儿。

【扶贫培训】 在交银金融学院举办3期地方扶贫干部培训班，培训人数151人，培训定点扶贫县乡村三级基层干部，带领基层干部赴江苏现场考察新农村建设。与苏宁控股集团有限公司和交行信用卡中心合作，开展6期“电商新视野”送教上门培训班，在扶贫县当地开展扶贫干部与技术人员培训，培训总人数1095人。组织天祝县2名建档立卡户王成桂、孔庆玲到苏宁实训店开展电商运营实操培训。

【消费扶贫】 利用客户资源，引荐客户购买交行定点扶贫县农特产品。累计销售超过300万元。帮助天祝县打通蔬菜直供通道，实现该县夏季高原果蔬直供上海与北京批发市场进行销售，累计销售超过500万元。利用交行信用卡“买单吧”App平台，向个人客户推广销售贫困县农特产品，2019年销售近20万元。与大型电商平台苏宁集团开展电商扶贫战略合作，在电商平台运用、技术培训师资等方面强强联手、资源共享。2019年，交行通过食堂采购、员工福利采购等方式购买定点扶贫县农产品629.43万元，动员员工和企业客户帮助销售农产品1691.72万元。

【扶贫宣传】 10月17日国家扶贫日期间，《金融时报》《中国银行保险报》在头版刊发任德奇关于扶贫工作署名文章。之后，《旗帜》杂志2019年第11期、《中国扶贫》杂志2019年第23期也先后刊发。国务院扶贫办第59期《扶贫简报》专题刊发交行《聚焦“两不愁三保障”，以“五个到位”助力脱贫攻坚》的典型做法。同时，交行通过“媒体进交行”平台，组织核心媒体记者走进扶贫点开展蹲点采访，深入田间地头和农村乡户，挖掘交行扶贫干部的感人事迹和帮扶经验，展现交行定点扶贫工作的成效。包括人民网、新华网、光明网、中国新闻网、中国网、金融时报等在内的中央权威媒体和全国主流媒体，共刊发交行扶贫工作的原发报道1200余篇，转载6800余篇。

（交通银行股份有限公司办公室
梁　雨）

中国人民保险集团股份有限公司定点扶贫

【概述】 2019年,中国人民保险集团股份有限公司(以下简称“人保集团”)把定点帮扶黑龙江省桦川县、陕西省留坝县和江西省吉安县、乐安县作为重大政治任务,发挥金融保险功能作用,助力四县全部实现脱贫摘帽。四县贫困人口由2018年年底的7577人减少到2019年年底的1462人,全年6115人脱贫。留坝县、乐安县、吉安县和桦川县的贫困发生率由2018年年底的1.08%、0.84%、0.8%和0.78%降至1.04%、0.12%、0.17%和0%。

【扶贫资金投入】 2019年,人保集团投入各类资金2.32亿元。其中,投入帮扶资金4384.09万元,引进帮扶资金5294.53万元,购买农产品(含帮助销售)4522.71万元,低息保险融资余额3890万元,各类保险赔款(不含车险)5066.54万元。全年为四县提供各类风险保障(不含车险)2935.82亿元,约为当地生产总值的8.6倍,推动四县脱贫攻坚进程,巩固脱贫成果。

【干部挂职扶贫】 2019年,人保集团继续从部门级和处级干部中遴选政治成熟、综合素质较高的干部到四县挂职扶贫。在原有挂职干部保持稳定的基础上,新增9名干部挂职,其中增派挂职政府党组成员1名、县政府直属机构副职5名、驻村第一书记2名、驻村工作队员1名。目前,人保集团在四县挂职扶贫干部已增至24人。在地方扶贫表彰中,桦川县和吉安县政府对人保集团派驻的干部授予“优秀扶贫干部”称号。

【扶贫调研】 2019年,人保集团各级机构共47次派出调研督导组深入四县开展帮扶和调研工作,调研督导301人次。建立总公司、省市分公司、县支公司领导与定点扶贫县挂钩机制,使督导经常化得到保证。四县都有人保集团主要领导亲赴检查调研督导扶贫工作。其中,人保集团党委书记、董事长缪建民赴留坝县和内蒙古扶贫点;党委副书记、总裁白涛赴桦川县、吉安县和乐安县;党委委员、副总裁唐志刚赴吉安县、乐安县。

【产业扶贫】 2019年,人保集团为帮扶地区引进企业投资额3550万元,扶持四县龙头企业和农村合作社17个,带动建档立卡贫困人口脱贫8689人。精准开发水稻、烟草、横江葡萄、井冈蜜柚、食用菌、育肥猪、竹鼠、肉鸡、肉鸭等一系列特色保险产品,全年为四县提供农险保障33.89亿元,农险赔款1655.92万元。

【金融扶贫】 2019年,人保集团通过保险保单质押、小额助贷险、农产品质量保证保险、贷款保证保险和信用保险产品,创新仓单质押、活体质押模式,为农户和新型农业经营主体提供信用增级。试点开展土地经营权流转履约保证保险、土地收益权抵押贷款保证保险、玉米产值综合保险等创新型涉农保险业务,进一步拓展涉农信贷模式。

2019年,人保集团在全国开办农业保险品种约280个,产品数量超过3800个,为3986万建档立卡贫困人口提供保障7.47万亿元。通过精准对接产业发展市场风险,创新收入保险、气象指数保险、“保险+期货”等新型农险产品,推动农险产品从“保成本”向“保价格、保收入、保质量”转变。开发推广扶贫一揽子保险项目，形成以“扶贫保”“特惠保”等“八大保”为代表的地方性扶贫组合产品26个。聚焦深度贫困地区，与国务院扶贫办联合设计推出“深贫保”产业扶贫方案，推出产业扶贫保险保障、产业综合收入保险保障，精准对接深度贫困地区产业发展需求，保险费率在一般扶贫保险已降低20%的基础上，特别为深度贫困地区再降10%~30%。2019年，“深贫保”已在60个贫困县落地，提供风险保障478.3亿元，惠及贫困人口约47万人。

人保集团首创“政府增信+支农融资+保险保障”（简称“政融保”）的保险扶贫特色模式，与四县签订“政融保”合作协议，达成8亿元金融扶贫额度，以“建档立卡”贫困户、特色农业产业和新型农业经营主体为扶持对象，为精准脱贫注入“金融活水”。2019年，“政融保”为四县龙头企业、专业合作社等13个重点扶持产业项目提供融资余额3890万元，每年可带动建档立卡贫困户4014户、6583人实现增收866万元。

【民生扶贫】 2019年，在就业保障方面，人保集团为商务部、国家发展和改革委员会、财政部、国务院扶贫办、全国妇女联合会联合推出的“百城万村”家政扶贫工作量身定制保险方案，家政扶贫保险覆盖家政服务人员近4万人。在易地扶贫搬迁和农村危房改造方面，推进农房保险，为全国范围1.26亿户次农户提供农房保险保障4.49万亿元，部分地区已将农房保险作为移民搬迁脱贫工程的重要配套保障措施。在教育扶贫方面，在贵州、甘肃和新疆等十几个省区开展贫困家庭子女升学补助金保险，为66.71万户提供风险保障34.78亿元。在兜底扶贫保障方面，针对建档立卡贫困人口，开发业内首款“政府扶贫救助保险”专属产品，解决因疾病、自然灾害、意外或子女就学等造成的致贫返贫，为31个省建档立卡贫困户和特定人群提供风险保障7876亿元。人保集团在四县提供风险保障1419.63亿元，支付赔款1065.88万元。

【健康扶贫】 人保集团参与多层次医疗保障体系建设，通过实现基本医保、大病医保、医疗救助、疾病应急救助、商业健康保险及慈善救助等制度互补联动，精准对接贫困人口健康保障需求。2019年，人保集团大病保险业务覆盖5.37亿人，在25个省承办扶贫医疗救助保险项目499个，覆盖人口3653.17万。针对参加大病保险的贫困人口，实施“一降两提升”特惠政策倾斜。“一降”，即降低起付线，将起付线降低一半或取消起付线；“两提升”，即提升报销比例和保险金额，报销比例一般提高5~10个百分点，保险金额一般将封顶线提高10万元以上，解决贫困群众因病致贫返贫问题。

专门针对困难群众提供大病补充、医疗救助等保险保障服务，使扶贫资金更多地向疾病负担重、经济压力大、救助需要迫切的对象倾斜。推动医疗救助、大病保险“一站式”结算，让贫困群众只跑一次腿，提高群众满意度。在河南，探索出保险参与建立和承办困难群众大病补充医疗保险的“焦作模式”。在基本医保、大病保险基础上，将困难群众实际报销比例再次提高10~30个百分点，进一步缓解困难群众因病致贫返贫问题。创新“两保一孤”扶贫保险，将特困群众患重大疾病“出院后报销”改变为“先给钱看病”，有效解决特困患病人群医疗前期费用问题，实现病前、病中、病后医疗保障全覆盖。

2019年，人保集团在四县提供大病保险、大病补充保险、建档立卡贫困商业补充医疗保险等保障，保险保障金额1482.3亿元，支付赔款2344.74万元。

【公益扶贫】 2019年，人保集团将慈善公益扶贫向深度贫困地区进一步倾斜。在云南省怒江傈僳族自治州、甘肃省临夏回族自治州（以下简称“临夏州”）等“三区三州”深度贫困地区开展“母亲健康快车”公益项目，捐赠“母亲健康快车”13辆；向青海省囊谦县捐赠2辆适合高原气候的急救车；向甘南藏族自治州碌曲县郎木寺镇、双岔镇、尕海镇和阿拉乡捐赠4辆医疗救护车，改善当地医疗卫生条件。在临夏州组织开展爱心巡诊周活动，直接受益人群6235人。开展“国学希望教室”等助学公益项目，累计向全国31个省市的468所偏远贫困地区小学配送国学书籍10万余册、体育用品316套、运动服6万多套。设立“中央财办-中国人保剑河县教育扶贫基金”“中联部-中国人保行唐教育扶贫基金”“寒门学子”项目，为贫困地区学生提供奖学金和助学金等。援建西藏自治州山南市曲松县五保集中供养中心，开展“关爱老人——中国人保黄手环行动”，向临夏州和四川省凉山彝族自治州患有阿尔茨海默病的老人赠送定位手表，为贫困地区老人送去人保关爱。支持凉山“贫困乡村学校安全饮水示范工程”项目建设。

【扶贫培训】 2019年，人保集团开展扶贫和专业技能培训，通过为定点扶贫县组织开展“送培训”工作，邀请专家讲解传授扶贫和产业技能，开展现场授课指导，培训各类干部、专业技术人员5448人次，培训贫困村两委班子成员、致富带头人1042人次，培训贫困人口就业技能758人次。

【扶贫宣传】 2019年，人保集团扶贫工作得到国务院扶贫办、中国人民银行、中国银行保险监督管理委员会等肯定和社会认同，成为中管保险企业中唯一一家帮扶县扶贫经验入选全球减贫案例的企业、国有金融企业中唯一一家入选国务院扶贫办《企业扶贫蓝皮书》的企业、国有保险企业中唯一一家入选国务院扶贫办《中国企业精准扶贫50佳案例》的企业、保险行业中唯一一家在中央金融单位定点扶贫工作研讨会上介绍经验的企业和唯一一家入选中国保险行业协会“保险扶贫好事迹”榜单超过10个典型案例的企业。

（中国人民保险集团股份有限公司
党委办公室　何相宇）

中国人寿保险(集团)公司定点扶贫

【概述】 2019年,中国人寿保险(集团)公司(以下简称“中国人寿”)定点帮扶广西壮族自治区龙州县、天等县和湖北省郧西县、丹江口市,全面对接四县市的脱贫攻坚工作,共选派12名优秀干部挂职扶贫,投入资金4485万元,通过保险扶贫、金融扶贫、产业扶贫、消费扶贫、教育扶贫、党建扶贫等多种方式,实施扶贫项目54个。4个定点扶贫县市均完成年度脱贫工作目标,截至2019年年底合计脱贫24837户、65681人。丹江口市于2019年4月顺利脱贫摘帽,成为继龙州县之后第二个脱贫摘帽的定点扶贫县。中国人寿在国务院扶贫开发领导小组组织的2019年中央单位定点扶贫工作成效考核中,被评价为“好”等次。

【扶贫资金投入】 2019年对龙州县、天等县、郧西县、丹江口市共投入4485万元,其中龙州县830万元、天等县1255万元、郧西县1200万元、丹江口市1200万元。实施扶贫项目54个,主要是保险扶贫、金融扶贫、产业扶贫、教育扶贫、党建扶贫等。

【扶贫会议】 3月,中国人寿2019年扶贫工作会议在北京召开,会议传达习近平总书记在“两会”期间关于脱贫攻坚的重要讲话精神,中国人寿党委书记、董事长、助推脱贫攻坚工作领导小组组长王滨围绕坚决贯彻落实中共中央决策部署、不断开创中国人寿扶贫工作新局面、切实提高脱贫攻坚工作实效等方面对年度扶贫工作提出具体要求。中国人寿全年先后召开年度扶贫工作会议、扶贫专题党委会、金融保险扶贫工作推进会、挂职扶贫干部座谈会等扶贫相关专题会议共14次,统筹谋划扶贫工作,研究解决存在问题,及时总结工作经验,推动扶贫工作深入开展。

【扶贫调研】 中国人寿2019年赴定点扶贫县考察调研87人次,其中王滨走遍四县市,深入调研督导,与当地政府共商脱贫攻坚、乡村振兴之策。党委副书记、总裁袁长清和党委副书记、监事长陈方磊及其他党委班子成员共计10人次深入定点扶贫县调研,通过走村入户,深入了解贫困群众致贫返贫的具体原因,准确把握驻地和贫困群众脱贫需求。调研结束后,调研组根据贫困地区提出的需求和调研发现的问题,逐条逐项拉条挂账,研究解决问题的措施,推动调研取得实效。

【干部挂职扶贫】 2019年,中国人寿在四县市共派出12名挂职扶贫干部,其中3名挂职扶贫副县长、1名县委常委、7名驻村第一书记、1名乡党委副书记。对其中任期满两年的2名扶贫挂职副县长进行延期挂职,对1名扶贫挂职副县长和1名乡党委副书记进行轮换。

【扶贫培训】 2019年为定点贫困县培训基层干部1702名、技术人才4042名。其中,在丹江口市培训基层干部1008人,培训农技人员和贫困人口1992人,并安排专项资金提供种苗、农资奖补。在郧西县培训基层干部304名,技术人员40名。在天等县先后分4个批次举办中小学班主任、乡村医生、党支部书记以及致富带头人培训班,参训人员共计1320人。在龙州县培训基层干部80名,组织种植技术培训班、生猪养殖恢复生产班等,培训技术人员1000人。

【保险扶贫】 发挥行业优势,投入1317.5

万元为定点扶贫县的3700余名驻村工作队员和42万余名贫困户办理人身保险和家庭住房等财产险，保险保障641.23亿元。其中，小额保险保单年度内赔付2086人次，累计赔付635.46万元；为建档立卡贫困户大病补偿6560人次，累计赔付1558.29万元，为防止贫困人口因病因灾致贫返贫提供有效保障。

【金融扶贫】 在丹江口市创新设立专项扶贫贷款担保基金，投入200万元作为贷款担保，联合广发银行和当地农商行，撬动扶贫产业贷款1000万元，为带动贫困人口的合作社、扶贫企业等提供贷款。

【产业扶贫】 在郧西县援建300亩的茶园茶厂，2019年累计销售2500多千克茶叶，带动97户贫困户和143户低收入茶农，人均年收入由2018年的3280元提高到6200元。“国寿-丹江口绿色扶贫产业基金”投资支持的“国寿丹泉”瓶装水在系统内销售额近607万元，带动3名贫困人口和16名家庭困难员工稳定就业；投资支持的博奥股份销售鱼头54万个，带动38名贫困人口和26名家庭困难员工稳定就业。

【消费扶贫】 2019年中国人寿“国寿i购”平台销售扶贫农产品超过500款，销售额5182万元，为贫困地区转变经济发展方式、优化产业结构、带动创新就业、增加贫困人口收入提供动力。

【教育扶贫】 投入350万元联合“姚基金”在定点扶贫县开展“中国人寿姚基金百校体育帮扶计划”，通过配套硬件、师资支持、篮球集训和篮球联赛等，帮助定点扶贫县187所乡村学校改善体育教育缺失的状况。投入320万元分两年在已脱贫摘帽的丹江口市推出“爱心课堂”项目，通过在乡镇中心设立主课堂、山村设立辅课堂，利用网络科技将主课堂的优质师资辐射到各辅课堂，解决教育资源不平衡的问题，2019年第一批6个乡镇19个教学点的爱心课堂已建成使用。投入近40万元，先后组织丹江口市和郧西县共计54名贫困学生到北京参加“圆梦”研学活动，参观北京历史文化景点和著名高校。

【党建扶贫】 投入600万元党费支持定点扶贫县的基层党支部建设和壮大村集体经济，共实施修缮党群服务中心、征订党建期刊杂志等项目24个。研究制定《中国人寿保险(集团)公司党委班子成员帮扶贫困村工作实施方案》，开展党委班子帮扶贫困村活动。9月，国寿投资控股有限公司扶贫办公室和党建或工会工作部到郧西县龙潭村、顺利沟村开展支部共建活动，向两个村支部分别捐赠党建、农林科技等方面的书籍各100余册，给每名党员赠送生活用品，总价值近2万元；两部门还在当地召开党员座谈会，了解支部建设情况，并听取对中国人寿扶贫工作的意见建议。

【社会扶贫】 10月，中国人寿协助十堰市委市政府在上海中国人寿金融中心举办招商会，为郧西县的经济社会发展招商引资、注入更多社会力量。郧西县在会上与来自全国各地的30余家企业签订33个项目合作协议，拟投资金额101.41亿元，2019年落地1.2亿元。引进农业领域龙头企业新希望六和股份有限公司，在龙州县响水镇、水口镇等地投资建设年出栏50万头生猪的标准化规模养殖场、生物环保饲料厂和现代化种植基地，总投资规模约20亿元，支持龙州县的产业可持续发展。

【防贫保险服务】 中国人寿和龙州县政府联合推出“防贫保险服务”。通过政府出资、企业经办，地方政府将多个部门负责的工作以委托经办形式交由中国人寿办理。县财政投入386万元创设“精准防贫救助金”，中国人寿利用强大的科技优势、专业的运营团队、高效的服务质量，通过大数据精准筛查、“回头看”全面排查、现场核查等方式，将因病、因学、因灾非贫低收入户和收入不稳定脱贫户纳入重点监控范围实施定向跟踪，符合救助条件的及时给予救助，防止出现致贫返贫。2019年，龙州县“精准扶贫保险”服务中心筛查走访确定因家庭生活困难符合精准防贫救助条件农户共103户，认定救助金44.05万元。其中，贫困户54户，发放救助金17.5万元；非贫低收入户49户，发放救助金26.55万元，解决非贫低收入户和建档立卡贫困户因病、因学和因灾致贫返贫等问题。

【扶贫工作专项巡视】 10月下旬至12月底，集团公司党委巡视办对中国人寿全系统扶贫工作组织开展专项巡视，通过抽调全系统内具有巡视、审计、财务、扶贫等相关经验人员组成3个专项巡视组，对全系统内各单位党委履行扶贫政治责任情况、金融保险扶贫措施落实情况、定点扶贫任务完成情况等方面组织专项检查，为中国人寿扶贫工作“把脉问诊”，及时发现并督促解决存在的问题，进一步提升扶贫工作质量。

【扶贫宣传】 2019年，中国人寿多次组织人民日报、新华社、中国中央电视台、经济日报、光明日报、中国日报、中新社、新华网、人民网等重要新闻媒体深入定点扶贫地区了解扶贫工作进展，中国人寿扶贫相关的原发报道233篇，各相关媒体报道共计2510篇次，中国人寿公众号连续刊载精准扶贫系列报道39篇，阅读量超25.5万次，全方位、多角度地展示精准扶贫工作的创新成就和典型经验。国务院扶贫办《扶贫信息》、人民银行《金融单位定点扶贫工作简报》等刊物专题刊发中国人寿扶贫工作信息。

［中国人寿保险(集团)公司扶贫办公室
扶贫处　张国波］

中国太平保险集团有限责任公司定点扶贫

【概述】 2019年，中国太平保险集团有限责任公司（以下简称“中国太平”）定点帮扶甘肃省两当县、安徽省六安市裕安区，着力在产业扶贫、消费扶贫、智力扶贫上下真功，发挥保险助推扶贫作用，帮助贫困地区发展经济、改善生产生活条件，各项工作任务全面超额完成。全年对两个扶贫点投入直接帮扶资金900万元，实施帮扶项目12个；引进帮扶资金13.6万元；培训基层干部370名，培训技术人员1000名。投资600万元的甘肃省两当县“五园建设”项目进展顺利，帮助当地发展食用菌、核桃、中药材、花椒、玫瑰等优质农产品种植产业，带动贫困户收入276万元；在裕安区投资120余万元的油茶产业发展项目、投资100万元的“太平永裕稻虾共作产业扶贫示范基地”项目顺利开展。同时，积极开展消费扶贫，购买贫困地区农产品1350余万元，帮助销售贫困地区农产品180万元。在中国太平的持续帮扶下，两当县、裕安区均已脱贫摘帽，脱贫成果得以进一步巩固。

【扶贫资金投入】 2019年，中国太平在两当县、裕安区投入直接帮扶资金900万元，引进帮扶资金13.6万元以上；购买农产品金额1350万元，帮助销售农产品近180万元；培训当地基层干部370人次，技术人员近1000人次。

【扶贫调研】 2019年1月，中国太平董事长罗熹带队赴裕安区调研推进定点扶贫工作。调研中表示将进一步落实中共中央“真扶贫、扶真贫、真脱贫”的要求，按照“有高度、有温度、有力度”的态度，通过产业脱贫、保险脱贫、技术培训和拓宽销售渠道等措施，持续为当地经济发展贡献力量。8月，中国太平总经理王思东带队赴两当县开展调研，深入食用菌扶贫产业园、花椒扶贫产业园及当地龙头企业，实地查看特色产业发展、脱贫攻坚工作及乡村旅游发展情况。12月，中国太平监事长周立群赴两当县开展扶贫工作调研，考察中华蜂产业龙头企业及养殖基地，实地了解中药材、食用菌、核桃、花椒产业园等帮扶项目推进和作用发挥情况。7月，中国太平先后在深圳、上海两地召开两当县扶贫工作交流暨农产品推介会。两当县委、县政府领导带队与集团扶贫办及深沪两地各机构扶贫工作部门的负责同志进行讨论交流。此外，中国太平多次组织调研小组深入考察两当县、裕安区的农业、旅游业、自然资源开发利用情况，加大扶贫力度。

【扶贫培训】 中国太平利用自身培训资源或资助扶贫点举办短期培训班，重点提高“三支队伍”的一线实际操作能力，为扶贫点培养更多懂扶贫、会帮扶、作风硬的人才队伍。组织定点县区开展扶贫干部外出学习考察、农业技术人员培训、党政干部领导力专题培训、乡村医生培训等，培训总数1300人次以上。组织定点县区中小学骨干教师赴发达地区培训，开拓思路、提升能力。

【干部挂职扶贫】 2019年，选派政治素质高、工作能力强、形象作风好的优秀干部到定点扶贫一线挂职锻炼，帮助和督促地方政府落实脱贫攻坚工作任务。中国太平在两个定点扶贫地区挂职副县（区）长各1名、驻村第一书记各1名，开展精准帮扶，督促地方落实脱贫攻坚主体责任。他们恪守工作纪律，自觉维护挂职干部的良好形象。具体工作中，他们扎根基层、服务基层，深入乡镇和部分村、企业调研，了解定点扶贫地区的经济社会发展情况和当地老百姓对扶贫项目的需求，分析贫困的现状、原因以及脱贫致富的途径，厘清工作的思路和扶贫的着力点，为当好中国太平定点扶贫工作的联系人，做好信息沟通、协调相关部门，落实扶贫方案，做扎实的基础性工作。

【扶贫宣传】 2019年，中国太平进一步加强与地方扶贫部门的沟通，交流工作成效，推广集团定点扶贫工作经验，开展一系列立意新、效果好的宣传报道，从更深层次、更广领域宣传定点扶贫工作。《甘肃脱贫攻坚动态》第58期刊发做好定点帮扶工作的经验材料，《皖西日报》在头版刊登定点帮扶裕安区的主要做法；组织参与中国保险行业协会“保险扶贫好事迹”评选活动，挂职干部赵文彬成功入选先锋榜，其先进事迹通过中国保险行业协会官方微博全文发布。中国太平官方微信公众号“共享太平”全年多次刊登定点扶贫单位的有关信息。

【产业扶贫】 中国太平始终注重贫困地区的“造血”功能的提升，帮助两地因地制宜发展产业。在深入调研的基础上，2019年两当县投入帮扶资金600万元，实施“五园建设”，帮助当地发展食用菌、核桃、中药材、花椒、玫瑰等优质农产品种植产业，项目进展顺利，带动贫困户收入276万元；在裕安区投入帮扶资金120余万元，与当地发展较为成熟的合作社共同打造油茶产业，进行1000亩低产林改造，资助194户建档立卡贫困户种植油茶，为20户带来7万元劳务收入。投入100万元实施高标准农田和水利设施改造，建立“太平永裕稻虾共作产业扶贫示范基地”。推进两地优质农特产品产销一体化建设，取得显著成效。组织广大员工共同参与定点帮扶工作，倡导员工购买定点扶贫地区特色农副产品，拓宽销售渠道，搭建面向各级机构和个人的网络销售平台。全年中国太平系统采购扶贫点特色农产品总额超过1350万元，利用太平惠汇、人民网等合作单位网络销售平台帮助销售金额近180万元。

【智力扶贫】 中国太平采取捐资助教、专业培训等方式，点对点对贫困地区开展智力扶持。2019年，共出资138万元帮助定点县区组织开展扶贫干部外出学习考察、农业技术人员培训、党政干部领导力专题培训、乡村医生培训等，培训总数1300人次。

【教育扶贫】 2019年，中国太平创新教育扶贫思路，协调内外部培训资源，出资60万元为定点县区中小学校长、教师骨干举办短期高质量培训班，帮助提高当地教育水平。此外，将两当兵变纪念馆作为中国太平爱国主义教育基地，一方面加强爱国主义教育，组织干部职工赴基地缅怀先烈遗志、追忆革命历史，继承和发扬党的光荣传统和优良作风；另一方面推广红色旅游资源，协助做好基地的宣传推广，带动当地旅游综合收入持续提升，对外不断扩大影响力。

【公益扶贫】 2019年，中国太平与中国人民保险集团股份有限公司合作，在裕安区创新“深贫保”产业保险扶贫，围绕解决产业发展中存在的自然灾害和市场波动风险，为26110户贫困人口提供风险保障5200万元，被评为安徽省扶贫交流特色项目。结合需求因地制宜开展精准帮扶，向王桥村200名贫困村民捐赠百万医疗保险，总保额4亿元。联合中国平安人寿保险股份有限公司安徽分公司开展“用AI陪伴，给你成长的力量”爱心捐赠活动，为贫困小学捐赠“助学成长大礼包”。旗下太平财产保险有限公司携手水滴公司举办“水滴汇太平扶贫e起来”活动，探索健康扶贫、保险扶贫新机制，为裕安区农副产品销售开拓新渠道，为残疾人、特困留守儿童慈善捐助送温暖。中国太平还充分发挥资源优势，利用港籍爱心人士捐赠款项，资助裕安区患病贫困群众赴北京接受专业治疗。在两当县石马村开展“2019冬季送温暖”行动，捐资为村民购买火炉、煤炭和冬衣。

【健康扶贫】 中国太平精准对接扶贫点群众健康保险需求，加大力度开发面向贫困人口的商业健康保险产品，针对建档立卡贫困人口，争取地方政府支持，开展商业医疗补充保险业务。2019年，将北京尤迈慈善基金会开展的“互联网+医疗”项目引入中国太平援建的安徽裕安韩摆渡镇扶贫卫生院等3家医院，邀请北京协和医院专家利用业余时间远程会诊，为当地大病患者提供再诊断和优化方案，并一对一免费培训乡镇医生。成功接诊24例，为当地健康服务水平提升做出贡献。

（中国太平保险集团有限责任公司
党群工作部　刘翔鹏）

中国出口信用保险公司定点扶贫

【概述】 2019年，中国出口信用保险公司(以下简称“中国信保”)定点帮扶安徽省霍邱县和江西省余干县，直接投入帮扶资金2293.25万元，其中投入霍邱县1198.65万元，投入余干县1094.6万元。2019年4月，余干县正式脱贫摘帽。

【扶贫资金投入】 2019年，中国信保投入帮扶资金2584.15万元。其中，对霍邱县和余干县直接投入资金2293.25万元。中国信保所属8个地方分公司投入定点帮扶地区资金总计290.9万元。

对霍邱县投入资金1198.65万元，其中用于教育扶贫883.65万元，支持当地小龙虾产业140万元，支持第一书记扶贫85万元，开展扶贫培训90万元。对余干县投入资金1094.6万元，其中用于教育扶贫909.6万元，支持马家柚产业扶贫143.2万元，支持第一书记扶贫27.8万元，开展扶贫培训14万元。

【扶贫调研】 2019年，中国信保共组织调研考察定点扶贫县4次。2月，党委书记、董事长宋曙光赴霍邱县调研扶贫工作，召开扶贫现场会，听取霍邱县党政领导班子介绍脱贫攻坚进展情况，并慰问贫困户，详细了解致贫原因，鼓励贫困户通过劳动早日脱贫致富；8月，宋曙光赴余干县调研扶贫工作，听取余干县党政领导关于脱贫攻坚工作情况介绍，慰问贫困户，并在当地召开出口信用险金融政策支持脱贫攻坚推进会，落实利用优惠出口信用保险政策推动扶贫工作；9月，党委委员、驻公司纪检组长李景龙赴霍邱县调研考察，了解在教育扶贫、产业扶贫、驻村第一书记扶贫等方面的落实情况，对扶贫资金落实情况进行检查，并慰问贫困户；11月，党委副书记、监事长周立群赴霍邱县调研考察，听取霍邱县党政领导关于脱贫攻坚工作介绍，并考察产业扶贫项目。

【产业扶贫】 2019年，中国信保投入产业扶贫资金283.2万元。其中，在霍邱县投入资金140万元，支持“龙虾大道”建设工程，方便小龙虾产业区运输，壮大小龙虾养殖。在余干县投入产业帮扶资金143.2万元，发展马家柚产业扶贫项目。其中，一部分提供产业扶贫资金131万元，支持瑞洪镇马家柚扶贫产业园、古埠镇五福村和禾斛岭垦殖场新芹村马家柚扶贫产业园基础设施建设；另一部分资金12.2万元，支持余干县举办马家柚管理技术培训班。

【扶贫培训】 中国信保投入115万元，推动“三支队伍”和贫困户就业技能培训。其中，在霍邱县安排90万元，组织166名贫困村干部、86名专业技术人员和357名创业致富带头人进行培训，对200名贫困人口开展就业技能培训；在余干县安排25万元，对79名基层干部、143名技术人员和90名致富带头人进行马家柚产业培训，对200名贫困人口开展就业技能培训。

【干部挂职扶贫】 2019年，中国信保在两个定点扶贫县各选派2名扶贫挂职干部，分别挂职副县长和驻村第一书记。其中，陈晶挂职余干县常委、副县长，张法挂职霍邱县副县长，均协助分管扶贫工作；刘欣、杨官军分别挂职霍邱县南北四村和余干县南墩村第一书记。做好挂职干部期满轮换工作，在两个定点县的

4名挂职干部中，有3名挂职干部挂职期满2年，按规定对挂职干部进行轮换，选派适合挂职岗位的优秀干部。

【扶贫宣传】 中国信保加强经验总结，宣传先进典型。国务院扶贫办2019年《扶贫信息》报道“中国信保深耕教育帮扶”情况。霍邱县宋店乡党委发出《关于广泛宣传范琛同志扶贫事迹的建议函》。中国信保广泛宣传范琛“不忘初心、牢记使命”的先进典型事例。

【教育扶贫】 2019年，中国信保帮扶义务教育阶段贫困学生共计33923名，每位贫困学生补助500元，总额1696万元。对当年考入高中前100名贫困生给予每人1000元奖励，对当年考入大学文理科各前20名共计40名贫困生给予每人3000元奖励。对余干县550名建档立卡因病因残不能随班就读学龄儿童及孤儿每人补助1000元，共计55万元。

中国信保团委与霍邱县团委结对，组织团员自愿认领宋店乡80名贫困学生“微心愿”，并组织30名成绩优秀的贫困学生赴北京参加夏令营活动。

【金融扶贫】 2019年，中国信保修订印发《关于扩大优惠出口承保政策覆盖面的通知》，明确将优惠出口信用保险政策适用于中国信保承担帮扶任务的全部贫困县的出口企业。8月，中国信保在余干县召开利用优惠出口信用保险政策支持扶贫现场会，确保定点帮扶贫困地区出口企业受益，提高扶贫成效。

【党建扶贫】 中国信保开展“汇聚各方力量　决胜脱贫攻坚”主题活动，调动广大干部员工力量，开展灵活多样的扶贫工作。中国信保10个部门和10多家分公司党支部多次赴两县开展党建结对帮扶，为贫困村学校捐款捐物，开展支教活动，自愿捐款累计82647元。

【消费扶贫】 中国信保工会在霍邱县、余干县采购农产品170.4万元。通过电商平台帮助销售定点扶贫县农特产品33万元。

（中国出口信用保险公司工会
韩　剑）

中国华融资产管理股份有限公司定点扶贫

【概述】 2019年，中国华融资产管理股份有限公司(以下简称“中国华融”)定点帮扶四川省宣汉县，投入扶贫资金1350万元，精准实施14个扶贫项目，引进帮扶资金358.13万元，向宣汉县派驻挂职扶贫干部2人，组织“三支队伍”培训1986人，购买贫困地区农产品240.48万元，帮助销售贫困地区农产品59.84万元，助推宣汉县贫困发生率由年初的1.5%降至0.44%。

【扶贫资金投入】 2019年，中国华融向宣汉县投入扶贫资金1350万元，其中教育扶贫资金635万元，基础设施建设资金445万元，医疗健康扶贫资金135万元，产业扶贫资金80万元，智力扶贫资金55万元。强化检查监督，以重点贫困村为抓手，实施总部、分公司、扶贫干部三级联动，开展151次实地检查，确保资金按进度规范列支、项目如期推进。

【扶贫调研】 2019年10月，中国华融党委书记、董事长王占峰赴宣汉县调研，实地察看产业扶贫项目。5月，中国华融原党委副书记、监事长马忠富赴宣汉县调研定点扶贫工作，督促推动全年任务落实。

【扶贫制度建设】 2019年，中国华融印发《扶贫工作管理规程》(F版)，进一步规范扶贫计划、资金、项目等管理，按要求落实扶贫干部关心关爱政策，激励扶贫干部扎根乡村，为高质量完成国家脱贫攻坚任务、支持乡村振兴战略实施提供制度保障。

【干部挂职扶贫】 2019年，中国华融选派鞠鹏担任宣汉县委常委、副县长，协助分管金融、扶贫移民等工作。1月，鄢宏挂职期满，选派方思国担任仁义村驻村第一书记。挂职扶贫干部和驻村第一书记推动扶贫项目落地实施，协调解决贫困户基本生活困难，支持培育特色产业，带领群众脱贫致富。

【消费扶贫】 2019年，中国华融通过全面动员、组织推广，共购买贫困地区农产品240.48万元。积极联动同业开发消费扶贫网上平台，帮助销售农产品59.84万元。

【党建扶贫】 2019年，中国华融创新党建扶贫，强化扶贫扶志相结合，从组织联建、人才联育、活动联办、资源联用四个方面组织所属4家单位与宣汉县8个偏远的贫困村党支部开展结对共建活动共13次。通过与贫困村党员一道学习，提高脱贫攻坚的行动自觉；赠送种植养殖及教育书籍；邀请贫困学生到邻近的重庆市红色教育基地学习，组织贫困村到成都市示范村考察交流等特色活动，开阔贫困村党员视野，转变工作观念，激发基层党组织的战斗堡垒作用和党员的先锋模范作用。

【金融扶贫】 2019年，中国华融创新金融扶贫，克服没有普惠金融业务的局限，发挥子公司金融牌照及专业优势，打好“融资租赁+慈善信托+智力培训”金融扶贫“组合拳”。针对贫困地区小型初创企业流动资金紧张的痛点，运用融资租赁手段，为宣汉县庙安乡花果山李子酒厂量身定制“华融·宣汉金融扶贫租赁产品”，帮助企业盘活固定资产，并通过降低利率、免收保证金等方式降低企业成本，免费为企业财务经营提供咨询，帮助企业加强内部管理。创新设立慈善信托产品，推动设立“华融信托·定点扶贫1号慈善信托”，提升医疗健康类扶贫项目的资金效益和管理效能。定制化提供综合金融服务，为宣汉县有融资需求的委办局和企业提供债券发行、基金2期金融知识培训，宣汉县政府机关及重点企业负责人120余名参加。

【产业扶贫】 2019年，中国华融支持产业扶贫项目建设，投入80万元与浙江省舟山市定海区合力支持庙安乡花果山李子酒厂建设项目。酒厂收购贫困户种植李子20万千克，提供务工岗位50个，户均保底分红156元。桃花米加工厂2019年销售桃花米约13.165万千克，实现销售收入107.32万元，帮助278户贫困户脱贫增收。

【教育扶贫】 2019年，中国华融围绕"义务教育有保障"目标，投入635万元实施"中国华融奖助学金项目""中国华融·宣汉县最美山村教师奖励项目""华融井、华融床、华融餐桌项目""南坪乡中心校食堂改扩建工程及安全饮水设施建设项目"。支持迁建中学1所，资助贫困学生1030名、奖励山村教师60名，为贫困乡镇学校捐建井、床、学生餐桌等500余个。

【基础设施建设】 2019年，中国华融围绕"住房安全有保障""饮水安全有保障"目标，投入445万元为峰城镇、仁义村和黄木村等建设饮水工程、安全住房附属设施5处，解决宣汉县近1.4万人的饮水及住房安全问题。

【健康扶贫】 2019年，中国华融围绕"基本医疗有保障"目标，投入135万元搭建"公益保险+手术救助+乡村医生培训"三位一体安全网。继续投入100万元与中国扶贫基金会合作实施"顶梁柱扶贫保险项目"，为宣汉县11万贫困户提供医疗保险，实现全县贫困户普惠性资助，累计理赔778人次。资助398名白内障贫困患者重见光明。

【扶贫培训】 2019年，中国华融加大对基层党政干部、农业技术人员和创业致富带头人"三支队伍"人员的培训力度，共培训1986人。增加培训深度，对乡村医生开展医疗知识及常见病救治技术培训，为宣汉县政府、财政等委办局以及县自来水、公交、城投公司等重点企业提供扶贫专项债、地方债等金融知识培训。

【公益扶贫】 2019年，中国华融组织开展第5期公司员工与宣汉县贫困家庭学生"一对一"爱心助学活动，组织200余名员工和社会爱心人士等结对资助201名宣汉县贫困学生，资助金额41万元。

【扶贫宣传】 2019年，中国华融向国务院扶贫办、中国人民银行、中国银行保险监督管理委员会3家上级单位报送报告8份、动态4期。提供的研究文章获评国务院扶贫办2019年度优秀征文，并入选《习近平总书记关于扶贫工作的重要论述学习文集(2019)》；专题理论文章入选《中央金融单位定点扶贫工作研讨会成果汇编》。开展"中央国家扶贫日专题"宣传，制作"扶贫日"宣传展板共62块。在网络、内部刊物、微信公众号及金融时报、中国金融家、四川扶贫等媒体发布扶贫信息稿42篇，营造积极参与扶贫、带动社会各界共同扶贫的良好氛围。

（中国华融资产管理股份有限公司 赵国骄）

中国长城资产管理股份有限公司定点扶贫

【概述】 中国长城资产管理股份有限公司(以下简称“中国长城资产”)定点帮扶陕西省陇县。2019年,中国长城资产以“帮助陇县实现持续长远发展”为目标,围绕金融扶贫、产业扶贫、人员培训、捐资助教、基础设施建设和民生工程等重点帮扶领域,调动各类资源,帮助陇县于2019年5月顺利退出贫困县序列。

【扶贫资金投入】 2019年,中国长城资产对陇县投入帮扶资金302.2万元,引进帮扶资金629万元,购买贫困地区农产品60.9万元,帮助销售贫困地区农产品120万元,捐赠电脑、书籍和文体用品各类物资合计10余万元。

【扶贫调研】 中国长城资产党委书记、董事长沈晓明赴新疆维吾尔自治区阿克苏地区,看望“访惠聚”驻村干部,听取扶贫工作进展情况汇报考察扶贫项目。党委副书记、监事长胡永康赴陇县调研扶贫工作情况,详细了解产业扶贫项目规划实施和扶贫带贫等情况。2019年,共发现问题6个,形成报告1份,指导扶贫工作落实和作风建设进一步提高。

【扶贫培训】 中国长城资产针对陇县贫困村党支部书记、致富创业带头人、实用科技人才“三支队伍”开展教育培训,组织培训基层干部507人次、技术人员5041人次,协助培训职业农民200人、致富带头人20人、能人大户50人和生产技能脱贫户80人。邀请陇县10名青年干部参加中国长城资产在井冈山举办的团干部培训班和扶贫工作培训。

【干部挂职扶贫】 选派优秀干部,助力基层脱贫。向陇县派驻1名挂职副县长和1名驻村第一书记。驻村第一书记郑志强2019年被宝鸡市评为优秀“第一书记”。

【扶贫宣传】 2019年,中国长城资产参加中央金融单位定点扶贫工作研讨会,现场讲述扶贫路上“我们的故事”,同其他金融机构进行交流研讨。将相关扶贫成果和宣传视频发布到网站和微信公众号,围绕金融扶贫项目和基层扶贫干部突出事迹等开展多角度、全方位宣传。

【产业扶贫】 中国长城资产继续加强对陇县铁塬村中蜂产业的支持力度,投入帮扶资金20万元,帮助合作社购置蜂箱、修缮基础设施和培训专业技术人员,提高产品品质,做好蜂蜜产品的宣传推广和采购工作。中国长城资产先后采购60.9万元蜂蜜产品,协助“秦都蜜”参加2019年外交部主办的第十一届“大爱无国界”国际义卖活动。中国长城资产深挖陇县资源禀赋,直接捐赠20万元用于肉牛养殖和苹果种植产业,还重点投资建设陇县城源关山水业有限责任公司,已经正式开工建设。

【教育扶贫】 中国长城资产通过“长城新盛·筑爱长城扶贫慈善信托”捐赠10万元,解决陇县16所山区寄宿学校的烧水器问题,协调所属各分、子公司捐赠10.85万元为河北镇九年制学校和东风镇川口河小学购买课桌和烧水器,捐赠10万元资助陇县农宣培训中心项目。

(中国长城资产管理股份有限公司　陈　炜)

中国东方资产管理股份有限公司定点扶贫

【概述】 2019年，中国东方资产管理股份有限公司（以下简称“中国东方”）实施贫困村集体产业引导基金、贫困户危房改造、购买和帮助销售农产品、教育扶贫、基层党建、“三支队伍”培训等项目，定点帮扶湖南省邵阳县，助力脱贫摘帽。中国东方向邵阳县投入帮扶资金1293万元，实施帮扶项目7个，引进帮扶资金160万元，培训县乡村基层干部205人，培训农业、科技、教育等技术人员609人，购买农产品182万元，帮助销售农产品161.65万元。

【扶贫资金投入】 2019年，中国东方投入帮扶资金1293万元，用于村集体产业引导基金、危房改造工程、特殊教育学校建设、对口帮扶贫困村产业发展和基础设施建设等领域。

【扶贫调研】 2019年，中国东方各级领导到邵阳县开展扶贫工作调研。全年到邵阳县调研对接扶贫工作共计70人次。发现并解决扶贫工作中存在的问题，督促地方政府落实主体责任，向邵阳县委县政府发送《提示建议函》，进行督导提示，针对贫困户内生动力发挥、村集体经济均衡发展等方面提出意见和建议。

【党建扶贫】 2019年，中国东方坚持党建工作与精准扶贫工作相结合，拨付50万元党费，专项用于帮助邵阳县加强基层党组织建设。加强对口帮扶村党支部队伍建设，在致富能手、专业大户等群体中择优选拔村两委成员。加大党员教育培训力度，利用冬闲时节开展“党建之冬”活动。

【金融扶贫】 2019年，中国东方与中国共产主义青年团中央委员会共建公益品牌项目“中华情·保险美”之“中华保险为邵阳县青年创业扬帆起航计划”，项目培训160余人，支持10家青年创业企业。组织青年志愿者在邵阳县合心小学和五皇村小学开展“东方关爱留守儿童金融知识走进村小”活动。中国东方为邵阳县五皇村、双杏村全部建档立卡贫困户共767名捐赠总计1534万元的意外伤残、死亡保险保障。

【产业扶贫】 2019年，中国东方投入600万元设立邵阳县村集体产业发展引导基金，专项用于发展贫困村集体产业，基金共惠及约20个贫困村，资助贫困村发展种植、养殖、加工等产业。中国东方资助邵阳县河伯乡发展香菇种植产业，采取“企业+合作社+农户”模式，引进龙头企业带动发展。河伯乡五皇村建设香菇示范基地15亩，建成标准化香菇种植大棚26座，种植香菇菌棒13万棒，建设250~500立方米组装式冷藏库1座、1吨每批热泵控温控湿式热风烘房1座，年产值220万元。河伯乡城背村、公屋村、陈仕村、苏江村4个村合计建设大棚24座、种植香菇菌棒12万棒，年产值200万元。

【危房改造】 2019年，中国东方投入400万元危房改造资金，完成邵阳县65户兜底保障户危房改造任务，帮助河伯乡9处贫困户集中安置点完善基础设施，改善居住条件。

【教育扶贫】 2019年，中国东方向邵阳县教育基金会捐赠50万元，资助720名贫困学生完成学业；投入400万元资助邵阳县特殊教育学校新校址建设，支持特殊教育事业发展；向2所小学捐赠价值2万元的学习用品和体育用品，向五皇小学捐赠电脑20台，帮助学校建设电教室；向东方希望小学等3所小学全体师生捐赠校服、学习用品等，折合资金投入近10万元；在河伯乡源头联校设立“圆梦东方”助学金，资助家庭困难且品学兼优的学生。

【消费扶贫】 2019年，中国东方采取食堂直供、定向采购等方式，发动所属机构和全体员工购买邵阳县农产品，购买农产品金额超过182万元，帮助销售农产品161万元。

【扶贫培训】 2019年，中国东方组织县乡村基层干部赴经济发达地区学习考察，共培训205人；邀请农村产业发展、农业技术等领域知名专家赴邵阳县授课，共培训609人；结合“不忘初心、牢记使命”主题教育，开展致富带头人和党员培训，共培训300人。

【干部挂职扶贫】 2019年，中国东方选派1人挂任驻村第一书记兼驻村帮扶工作队长，2人为驻村帮扶工作队员。3月，中国东方驻村帮扶工作队帮扶的河伯乡五皇村以全县综合考核第一的成绩脱贫摘帽，驻村帮扶工作队被邵阳县人民政府评为“全县优秀驻村帮扶工作队”。

【公益扶贫】 2019年，中国东方响应邵阳县政府“春风行动”，共计走访慰问特困家庭93户，每户发放慰问金500元，共计发放慰问金46500元。

（中国东方资产管理股份有限公司
人力资源部　魏东东）

中国信达资产管理股份有限公司定点扶贫

【概述】 2019年，中国信达资产管理股份有限公司（以下简称“中国信达”）对青海省海东市乐都区开展定点扶贫工作。全年共投入帮扶资金530万元，引进帮扶资金50万元。购买乐都区农产品136.79万元，帮助销售农产品141.85万元。培训基层干部301人，培训技术人员402人。

【扶贫资金投入】 2019年，中国信达投入帮扶资金530万元，用于扶贫培训、产业扶贫、基础设施建设、易地扶贫搬迁等；引进帮扶资金50万元。

【扶贫调研】 中国信达党委书记、董事长张子艾，党委副书记、总裁陈孝周等先后赴乐都区开展扶贫调研和考察工作。到中国信达定点帮扶村乐都区城台乡城子村实地查看帮扶工作，慰问走访贫困户，了解村民生活生产情况，指导驻村精准扶贫工作。

【扶贫会议】 召开5次扶贫开发领导小组会议。5月，中国信达与乐都区政府在北京召开联席会议，签署《定点扶贫框架协议》，进一步完善中国信达党委与乐都区委区政府对接协调机制，确保扶贫举措有效落地。

中国信达子公司信达证券股份有限公司组织专业金融队伍赴乐都区举办产业扶贫献计献策座谈会，为乐都区扶贫开发局等14个政府部门、中国人民银行乐都区支行等3家金融机构、乐都兴农中国信达资产管理股份有限公司等5家农业重点企业和青海中钛青锻装备制造有限公司等5家工业重点企业负责人以及19个乡镇的工作人员讲授金融扶贫相关知识。

【扶贫培训】 2019年，中国信达在乐都区投入60万元用于基层干部和技术人员培训，组织开展1期金惠工程志愿者素养培训班、3期乡村医生培训班和2期乡镇干部能力提升培训班，共培训基层干部301人、技术人员402人。

中国金融教育发展基金会、中国信达、乐都区政府三方合作成立的“金惠工程”农村金融教育项目于2019年结束3年辅导期，3年合计投入43.08万元用于志愿者队伍建设，保障“金惠工程”农村金融教育项目落地成效。截至2019年11月底，共开展宣讲活动169次，印制并发放金融知识读本14974本，其他宣传资料4.7万份，拍摄宣传视频1部，宣传直接覆盖17498人次，覆盖19个乡镇。

【干部挂职扶贫】 2019年，中国信达选派1名挂职干部到乐都区任副区长，协助常务副区长工作。派出1名挂职扶贫干部与驻村第一书记按照扶贫工作要求，恪守工作纪律，扎根基层工作，落实扶贫方案，做好定点扶贫各项工作。

【公益扶贫】 2019年，中国信达为驻村第一书记所在的乐都区城台乡城子村村民发放元旦春节两节慰问品，并为城子村捐赠5台油汀电暖器。

【扶贫资金管理】 中国信达设立慈善信托（2019信达大爱1号和2019信达大爱2号），为扶贫资金开立专门账户，单独管理，独立运作。同时，在信托中引入监察人机制，监督管理扶贫资金使用，确保扶贫资金使用安全。

【产业扶贫】 中国信达协调青海省农业

农村厅帮扶贫困村城台乡下台村，探索贫困村合作发展村集体产业与经济的新模式，投入7.2万元支持土鸡联合养殖，以城子村、下台村入股城台乡下台村土鸡养殖公司开展土鸡规模养殖，并保证连续两年每年购买3000只土鸡，支持土鸡养殖公司发展壮大。

【基础设施建设】 2019年，中国信达出资59.15万元用于改善乐都区城台乡城子村的基础设施建设，组织实施村级体育文化广场地陷维修项目、村级体育文化广场边坡木制围栏修建及边坡绿化项目；完成村内98米农田灌溉水渠建设；协调助力农户“厕所革命”，新修建16间；协调开展危房改造，帮助城子村2户非建档立卡户解决住房安全隐患问题；协调落实城子村河滩拦洪坝项目修建，有效延缓城子村河滩区域的水土流失情况；开展城子村村容村貌改善项目，新修建砖墙307.2米。

【劳务输出】 2019年，中国信达联系、协调、推动乐都区人民政府同拉扎斯网络科技（上海）有限公司中国信达资产管理股份有限公司签署“就业扶贫”合作协议，推进就业扶贫项目落地。

【易地扶贫搬迁】 中国信达投入390万元用于七里店社区服务站和社区老年日间照料中心项目帮扶建设，为乐都区七里店易地搬迁群众提供舒适的生活环境，服务安置点1160余位老人。

（中国信达资产管理股份有限公司
总务部　余　静）

招商银行股份有限公司定点扶贫

【概述】 2019年,招商银行股份有限公司(以下简称“招商银行”)定点帮扶云南省永仁县、武定县,圆满完成《中央单位定点扶贫责任书》各项要求。对两县投入帮扶资金5142.28万元,为两县引进帮扶资金586.96万元;为两县培训基层干部483名,培训技术人员人数1455名;向两县购买农产品1287.44万元,帮助两县销售农产品315.08万元。帮助永仁县成功脱贫出列,力争帮扶武定县如期打赢脱贫攻坚战。

【扶贫资金投入】 2019年,招商银行对永仁县和武定县投入帮扶资金5142.28万元,其中永仁县1051.62万元,武定县4090.66万元。为永仁县和武定县引进帮扶资金586.96万元,其中永仁县465万元,武定县121.96万元。

【扶贫调研】 2019年9月5日,招商银行行长田惠宇赴两县考察调研;8月、9月,副行长王云桂两次赴两县考察调研。调研了解贫困户生活、住房、就业情况,开展危房改造和易地搬迁项目,建设“葵花新村”和实施惠及1334户贫困户的危房改造贷款项目,切实解决贫困户住房安全问题,改善生活环境。

【扶贫干部培训】 招商银行为永仁县和武定县培训基层干部483人,其中永仁县95人,武定县388人。为两县培训技术人员1455人,其中永仁县623人,武定县832人。同时,招商银行开展“双一百”培训计划,每年为当地培养100名乡镇级管理干部和100名金融从业工作人员,变输血为造血,实现扶贫与扶志、扶智相结合。

【干部挂职扶贫】 招商银行向永仁县和武定县各选派1名副县长,每两年向武定县插甸镇插甸村选派1名驻村第一书记,参与当地脱贫攻坚工作。

【扶贫宣传】 招商银行在永仁县和武定县调研期间,楚雄彝族自治州、永仁县和武定县电视台等媒体进行广泛宣传报道。中国银行保险报、21世纪经济报道、证券时报、经济观察报、华夏时报和新浪网等多家知名媒体,分别对招商银行定点扶贫工作进行宣传报道。

【扶贫资金管理】 招商银行设立1亿元专项扶贫资金,通过《招商银行专项扶贫资金管理办法》,精准投向教育扶贫、文化扶贫、产业扶贫、消费扶贫、专业扶贫、就业扶贫、抓党建促扶贫、“两不愁三保障”等扶贫方向。同时,在扶贫工作领导小组下设专项扶贫项目评审委员会,实现对扶贫项目和扶贫资金的规范管理。

【产业扶贫】 招商银行将知名生鲜电商本来生活网引入两县,打造“爱心核桃”和“爱心石榴”爱心农产品。2019年,“爱心核桃”实现销售134吨,销售金额703万元,“爱心石榴”实现销售549吨,销售金额786万元。将知名电商平台拼多多引入两县,打造招银多多“爱心核桃”和“爱心石榴”示范园。招商银行扶持武定县龙头企业1家,扶持两县农村合作社6家,其中武定县3家,永仁县3家,共带动建档立卡贫困人口数1055人,其中武定县408人,永仁县647人。

【智力扶贫】 招商银行重视对贫困村党支部书记、致富创业带头人、实用科技人才“三支队伍”的培训力度,2019年,为永仁县、武定县培训贫困村党支部书记、致富创业带头人和实用科技人才近2000人。

【教育扶贫】 20年来，招商银行围绕“两不愁三保障”中的不愁吃、不愁穿和义务教育有保障，形成“两类人群、六个方面和互联网+”教育扶贫模式。

两类人群，即学生和教师。通过对学生结对帮扶，对教师开展优教计划，共资助贫困学生约2.6万人（次），教师168人（次），其中有2759名贫困学生被各大中专院校录取。

六个方面，即“吃、穿、住、用、行、学”方面。

为两县捐建招银爱心食堂10个，饮水工程6个，保障了5992名学生“吃”的需求；捐赠衣物55万余件、爱心运动鞋2500双，解决了大量贫困学生“穿”的问题；捐建爱心宿舍6栋，改善了4186名学生“住”的条件；捐助太阳能热水器28台，捐建爱心浴室2个、厕所1个，捐赠图书8.4万册、电脑2366套、文具21.3万件和电视200余台，满足当地学生学习、生活所“用”；捐助太阳能路灯57盏，照亮了5487名学生求学所“行”之路；捐建招银幼儿园3所、招银希望小学30所、招银教学楼5栋、招银图书馆（含文化室）10个、招银科技楼1栋、音乐教室2间、电脑室9个、运动场13个、招银青少年活动中心1座、金葵花合唱团2个，惠及当地无数师生。

“互联网+”，指捐建5间集网络、多媒体、图书和课堂为一体的“真爱梦想教室”。

【文化扶贫】 2019年，招商银行开展文化扶贫工作，在两县举办“招银杯”彝族刺绣大赛、彝族刺绣技能培训等多种多样的民族、民间和民俗大赛，为推进永仁县“彝绣之乡”工作奠定坚实基础。

【公益扶贫】 招商银行引导社会公益组织和其他机构加入定点扶贫工作，2019年引入招商局慈善基金会乡村教育扶贫项目、招商局慈善基金会永仁县社区综合发展项目和外普拉基础设施提升项目、台州春雨公益协会项目和中国扶贫基金会ME创新计划项目。

【劳务输出】 2019年，招商银行帮助永仁县实现贫困人口转移就业28人，培训贫困人口就业技能20人。帮助武定县实现贫困人口转移就业7人，培训贫困人口就业技能77人。

【易地扶贫搬迁】 2019年，招商银行尝试开展易地搬迁和危房改造项目试点，不仅建设“葵花新村”，而且通过“直接捐赠+委托贷款”模式创新开展危房改造贷款项目，有效提升用款方的还款约束力、脱贫内生动力和资金使用效率。

（招商银行股份有限公司工会办公室扶贫工作室　王　伟）

中国民生银行股份有限公司定点扶贫

【概述】 2019年，中国民生银行股份有限公司（以下简称“民生银行”）形成以河南省滑县、封丘县定点扶贫为主，“三区三州”深度贫困地区系列帮扶与“民生ME公益创新资助计划”为辅的“一体两翼”扶贫体系。投入2700万元帮扶资金，引进帮扶资金702万元，向两县带贫企业和建档立卡贫困户累计提供金融扶贫贷款授信2.55亿元。民生银行扶贫经验案例入选国务院扶贫办《中国企业精准扶贫案例50佳》；获得中国银行业协会“最佳精准扶贫贡献奖”、中国社会科学院“2019年度银行业社会责任指数”第一名等荣誉。

【扶贫资金投入】 2019年，民生银行为滑县、封丘县投入2700万元帮扶资金，其中民生银行员工捐款1280万元，民生银行捐款1420万元，主要用于两县开展教育扶贫、健康扶贫、金融扶贫、产业扶贫、技能扶贫、消费扶贫、电商扶贫、党建扶贫、就业扶贫等“九位一体”扶贫。其中，教育扶贫投入752万元，捐建封丘县民生学校，资助滑县建档立卡贫困户子女、滑县第二中学民生宏志班学生完成学业以及奖励该县优秀教育工作者；技能扶贫投入688万元，其中140万元用于培训两县“三支队伍”，548万元用于捐建滑县中等职业技术学校实验实训楼；健康扶贫投入838万元，为滑县乡镇卫生院配备医疗电瓶车46辆，为封丘县捐建2座乡级敬老院，帮助建档立卡贫困户购买居民补充医疗保险；“乡村振兴”发展投入122万元，用于对滑县一个试点贫困村实施村庄规划与生活设施升级改造。300万元捐赠资金用于扶贫合作社建设。

2019年，民生银行向两县带贫企业和建档立卡贫困户累计提供金融扶贫贷款授信2.55亿元，向带贫企业让利，为贫困户创业创收提供金融优惠政策。

【扶贫调研】 民生银行董事长洪崎，党委书记、行长郑万春，党委副书记、监事会主席张俊潼，党委副书记、副行长陈琼等赴两县调研3次，实地推动扶贫项目，走村入户了解脱贫情况。同时，金融扶贫领导小组部分成员单位、总行机关部门、经营单位、子公司，以及中国扶贫基金会、中国光彩事业基金会、好未来教育集团、字节跳动公司、本来生活网在内的40个部门与机构赴两县开展督导检查、项目推动、党建结对共28次，累计参与人数282人次。

【扶贫制度建设】 2019年，民生银行强化扶贫工作领导小组力量，党委书记、行长郑万春担任组长，党委副书记、副行长陈琼担任副组长，领导小组成员单位增至10个。发布《关于鼓励各经营机构积极参与脱贫攻坚工作的通知》《中国民生银行2019年定点扶贫工作计划》《中国民生银行2019年定点扶贫工作指引》《中国民生银行金融精准扶贫贷款管理办法（试行）》，进一步完善政策制度体系。

【扶贫培训】 2019年，民生银行共培训“三支队伍”2844人，其中基层扶贫干部1554人、技术人员369人、致富带头人921人。发挥民生商学院资源优势，引入教育部、北京市海淀区教育委员会等国内顶尖的教师力量参与培训工作，并引入字节跳动互联网培训教程，帮助两县305名技术人员掌握专业电商技术。组织12名扶贫干部赴成都参加为期1周的精准扶贫培训，组织64名优秀教师赴北京参加为期5天的教育提升培训，组织47名扶贫干部赴浙江大学参加为期1周的脱贫攻坚专题培训。

【干部挂职扶贫】 民生银行选派5名优秀干部到定点扶贫县挂职，分别为挂职副市长1名、副县长2名、驻村第一书记2名。挂职干部坚持扎根基层不动摇，坚持了解贫困群众的实际需求，分析致贫原因，监督扶贫捐助款的使用与项目实施，整合业务资源，对接企业提供金融业务支持，促进定点扶贫工作取得实效。

【扶贫宣传】 2019年，民生银行以中华人民共和国成立70周年和国家扶贫日为契机，举办“聚力扶贫　尽锐出战”精准扶贫展览。同时围绕脱贫攻坚在民生银行内部渠道发布宣传稿件26篇，在人民日报、经济日报等中央媒体发布宣传稿件《民生银行携手定点帮扶县：阻断代际贫困稳定脱贫奔小康》《民生银行助力教育扶贫》等17篇，转载508次。

【扶贫资金管理】 民生银行建立健全协调统一的扶贫资金管理机制，在中国扶贫基金会设立“定点扶贫专项基金”，统一管理并运行定点扶贫资金。中国扶贫基金会为“民生银行定点扶贫基金”建立管理办法。专户专账，严格执行专项资金报账制。阳光操作，全面推行公告公示制，加大社会和群众的监督力度。

【扶贫制度】 民生银行督促定点县制定《扶贫资金监督管理办法》《扶贫资金项目公告公示实施办法》《扶贫资金项目公告公示制度实施细则》等，建立健全扶贫资金分配使用管理公开公示制度，将涉农资金政策文件、管理制度、资金分配、工作进度等信息通过政府门户网站等渠道及时向社会公开，接受社会监督。

【产业扶贫】 民生银行推动民生电商、民生置业分别在两县设立子公司、签署战略合作协议，在电商销售、文化旅游、置业投资等方面帮助地方产业经济发展。同时，向两县开放合作战略客户530个。

【教育扶贫】 民生银行开展修建学校、资助学生、奖励老师、组织培训等教育扶贫项目。2019年，民生银行教育扶贫投入752万元，捐建封丘县民生学校，资助滑县489名优秀贫困生，表彰鼓励306名当地一线教师。封丘县民生学校是在连续3年的持续资助下，于2019年8月正式落成开学，是周边整体规模最大、规格最高的“九年一贯制”学校，每年招生超过1000人，规模性解决该县贫困子女上学问题。同时，民生银行大力推动好未来教育集团向封丘县免费开放价值500万元的“希望在线”教学平台，通过先进电子化辅助课程，着力提升该县教育教学质量。

【健康扶贫】 民生银行向滑县捐助医疗电瓶车46辆，有效改善该县基本医疗条件和公共卫生应急救治能力，直接受益贫困人数15000人。持续捐助贫困户购买补充医疗保险，帮助封丘县25000名贫困人口彻底解决看病自付问题。向封丘县捐建2个乡镇级敬老院，为该县290名特困供养老人提供日常医疗和养老服务，帮助解决特困人群医疗和养老问题。

【就业扶贫】 民生银行发布《关于推动我行定点扶贫地区就业扶贫工作的通知》等政策文件，招用两县贫困户子女3人。同时，动员贫困户参加能力培训，共培训贫困人数381人。

【党建扶贫】 民生银行以“不忘初心、牢记使命”主题教育为契机，推动24个党支部与两县23个村形成结对帮扶关系，累计捐助党费142.78万元，通过党建工作座谈、“金融知识下乡”、党员活动中心修缮等形式，将定点帮扶持续向乡村基层延伸，巩固贫困地区基层党组织的战斗堡垒作用。同时，组织党员捐款，民生银行共有19488名党员向两县捐款697.2万元。

（中国民生银行股份有限公司　施　燕）

中国核工业集团有限公司定点扶贫

【概述】 中国核工业集团有限公司(以下简称“中核集团”)定点帮扶宁夏回族自治区同心县、重庆市石柱县和陕西省旬阳县、白河县。2019年,中核集团制定《中国核工业集团有限公司扶贫工作管理办法》,召开4次定点扶贫专题工作会议,投入无偿帮扶资金4739万元,引进帮扶资金189万元,培训基层干部850人、技术人员3373人,购买贫困地区农产品2683万元,帮助销售定点扶贫县农产品640万元。

【扶贫资金投入】 2019年,中核集团直接拨付4家定点扶贫县的无偿帮扶资金4739万元,引进帮扶资金189万元,用于开展扶贫培训、产业扶贫等工作。

【扶贫调研】 2019年,中核集团深入4个定点扶贫县调研指导11人次。6月,中核集团总经理、党组副书记顾军赴同心县、石柱县调研;10月,中核集团党组副书记祖斌赴石柱县调研;12月,中核集团董事长、党组书记余剑锋赴白河县、旬阳县调研并慰问挂职扶贫干部。

【干部挂职扶贫】 2019年,中核集团向定点扶贫县增派扶贫干部,加大扶贫工作力度。8月,王正勇接替赖江南任石柱县白鹤村第一书记,杨才明接替刘满堂任旬阳县李家台村第一书记;10月,选派吴斌挂任白河县顺利村第一书记,陈杰挂任石柱县观音村第一书记。截至2019年年底,中核集团向4个定点扶贫县派驻挂职扶贫干部9名,其中4名挂职县委常委、副县长,5名挂职驻村第一书记。

【扶贫培训】 2019年,中核集团教育精准扶贫“核”苗计划再发力,持续在各定点扶贫县开展“志智”双扶,全年教育投入累计超过300万元。在各县开展“技能培训+推荐就业”帮扶,力争实现一人就业,一户脱贫;中核集团成功举办核科普夏令营,中核集团各类培训班纷纷走入定点扶贫县,开展精准帮扶系列培训活动。共培训基层干部850名,培训技术人员3373名。

【产业扶贫】 2019年,中核集团重点帮扶的石柱三星香米产业,实现“稻鸭共生、一地双收”,带动三星乡贫困户602户2182人增收。中核宁夏同心防护科技有限公司2019年签约金额1.91余亿元,年内实现订单总量6000万元;首个扶贫新能源项目——汇能宁夏同心100MWp光伏复合发电项目成功并网;帮扶旬阳辣椒种植产业,一年时间打通从育苗到种植到烘干到销售的全产业链,稳定带贫效果良好;在白河县建立“中核帮扶+龙头企业(村集体经济入股)+专业化合作社(基地)+农户+消费扶贫”产业扶贫模式,帮助红薯种植深加工等一批产业项目带动贫困户稳定脱贫。

【扶贫宣传】 2019年,中核集团首份扶贫责任报告在国务院扶贫办主办的企业精准扶贫高峰论坛上发布,中核集团扶贫案例获企业扶贫优秀案例称号。中华人民共和国成立70周年前夕,澎湃新闻、中电传媒等媒体走进重庆市石柱县实地调研采访,刊发《一粒种子的丰收故事》等10余篇报道,宣传中核集团精准扶贫工作成效。

(中国核工业集团有限公司党群工作部 王弘博)

中国航天科技集团有限公司定点扶贫

【概述】 中国航天科技集团有限公司(以下简称“航天科技集团”)定点帮扶陕西省洋县、太白县和河北省涞源县,2019年,投入专项扶持资金1600万元,引进帮扶资金37万元,选派挂职干部3人、驻村第一书记3人,实施帮扶项目33个,培训基层干部200人、技术人员602人,购买贫困地区农产品897万元,帮助销售贫困地区农产品219.7万元。

【扶贫资金投入】 2019年,航天科技集团向定点扶贫县投入帮扶资金1600万元,其中洋县500万元、太白县500万元、涞源县600万元;引进帮扶资金37万元。向中央企业扶贫基金增资2.27亿元,累计出资5.27亿元,持股1.68%,并担任监事长单位。

【扶贫资金管理】 2019年,航天科技集团加大扶贫资金使用的监督检查力度,修订《中国航天科技集团有限公司定点扶贫工作管理办法》,出台《关于进一步加强集团公司扶贫工作经费管理的通知》,进一步规范扶贫工作经费使用。

【扶贫调研】 2019年,航天科技集团领导9次到定点扶贫县调研指导工作。3月,航天科技集团党组副书记方向明赴涞源县调研仝川涞源试验新区、金家井乡黄土岭村帮扶党建活动阵地项目和坡水村搬迁项目进展等情况。5月,副总经理张建恒赴洋县调研马坪村天朗合作社种植茶园和老庄村绿益合作社中蜂养殖项目。6月,张建恒赴涞源县调研塔崖驿村道路硬化项目、坡水村新址基础设施建设项目和少猛合作社种植养殖项目进展等情况。7月,张建恒赴太白县调研下白云村乡村旅游帮扶项目实施运营情况和牛家沟村食用菌种植项目情况。8月,董事长吴燕生赴涞源县调研留家庄乡坡水村、中庄六旺川养殖基地和南屯镇上沟村。9月,方向明赴洋县调研戚氏中心小学和洋县职业教育中心。10月,总经理袁洁赴洋县调研溢水镇大庄坡村、谢村镇老庄村和洋县职教中心。10月,纪检组长谢俊赴太白县调研咀头镇红星村电商扶贫项目、食用菌种植、光伏发电产业和白云驿乡村旅游项目建设情况。11月,张建恒赴涞源县调研留家庄乡坡水村新村基础设施建设项目和涞源县职教中心多媒体教室项目进展情况。

【扶贫培训】 2019年,航天科技集团投入资金15万元,举办基层村干部培训、智慧农业(食用菌)种植订单班培训、乡村旅游订单班培训、农村政策法规培训等35期,组织镇村学员赴宝鸡市、汉中市、巴中市等地考察观摩现代化食用菌种植、现代化农业园区柑橘种植、新农村建设等成功案例,受益职业农民、致富带头人、村干部超过2000人。

【干部挂职扶贫】 航天科技集团加强对扶贫干部日常考核和扶贫工作监督指导,采取现场检查和书面汇报等方式加强重点工作督导,制定管理办法提高扶贫挂职干部的生活补助,改善驻村干部生活条件。2019年,选派6名优秀干部到定点扶贫县挂职副县长和驻村第一书记,接替5名任职到期选派干部。

【产业扶贫】 2019年,航天科技集团实施产业扶贫项目13个,帮助贫困户持续增收。

在洋县,航天科技集团投入帮扶资金40万元支持有机稻米产业扶贫示范园建设项目项目，提高生产效率，提升产品形象，实现产销一条龙的扶贫产业模式；投入帮扶资金40万元支持关帝镇马坪村天朗茶产业扶贫示范园续建项目，带动17户贫困户获得劳务工资24300元，劳务奖励12990元；投入帮扶资金50万元支持金谢村镇老庄村吊瓜产业深加工建设项目，建成450平方米的加工车间；投入帮扶资金20万元支持槐树关镇月蔡村香菇基地提升项目，建成烘干房及宿舍，配备烘干机等设备；投入帮扶资金38万元支持华阳镇薛氏土蜂蜜加工及储存室建设项目，建设无菌化灌装车间，采购生产、消毒、检测等设备，建立溯源追踪体系；投入帮扶资金26万元支持洋县绿益土蜂养殖基地项目，新建160箱土蜂科学养殖示范基地、蜂蜜加工车间及产品展示销售体验馆；投入帮扶资金29万元支持金水镇站房村中蜂养殖项目，新建中蜂养殖300箱及配套设施；投入帮扶资金22万元，支持茅坪镇朝阳村九池蜂蜜深加工建设项目，新建原料库、辅材库、清洗间、化验室系列配套设施。

在太白县，航天科技集团投入帮扶资金80万元支持红星村牛家沟片区蘑菇种植示范园项目，带动41户贫困户分红，户均获得1000元以上；投入帮扶资金45万元支持白云驿乡村旅游提质升级项目，帮助36户贫困户户均年增收1500元；投入帮扶资金60万元支持无人机应用林业监测项目；投入帮扶资金48万元支持智慧农业项目。

在涞源县，航天科技集团投入帮扶资金40万元支持六旺川柴鸡养殖项目，帮扶73户贫困户户均年分红收益不少于2.4万元。

【教育扶贫】 2019年，航天科技集团投入资金90万元实施洋县磨子桥镇中心小学远程教育互动平台建设项目和洋县职教中心工业机器人实训室建设项目，惠及学生1227人；投入109.6万元实施太白县“班班通”建设项目和教师备课电脑购置项目，惠及学生800余人；投入资金50.2万元实施涞源县多媒体教育建设项目，惠及学生370余人。

【扶贫日活动】 航天科技集团利用技术和人才资源，开展“航天特色扶贫”。在航天日组织开展“微爱留守·铸梦航天”扶贫助学，通过航天科普让贫困学生了解航天，通过航天夏令营带领山区孩子近距离接触航天科技。在扶贫日开展“助力脱贫攻坚、青春逐梦航天”主题助学，为学生们讲授航天知识、制作火箭模型。邀请大国工匠徐立平和航天技能大师到定点扶贫县传授专业技能、诠释工匠精神，鼓励贫困群众树立信心、勤劳致富。在中国航天报开辟扶贫专栏，通过集团官方网站、官方微博、微信公众号开展融媒体扶贫报道，为打赢脱贫攻坚战营造良好氛围。

（中国航天科技集团有限公司扶贫领导小组办公室）

中国航天科工集团有限公司定点扶贫

【概述】 中国航天科工集团有限公司(以下简称“中国航天科工”)定点帮扶云南省东川区、富源县。2019年,投入帮扶资金1016.42万元,引进帮扶资金65万元,购买贫困地区农产品333.95万元,帮助销售贫困地区农产品464.19万元。

【扶贫资金投入】 2019年,中国航天科工向定点扶贫县投入帮扶资金1016.42万元,引进帮扶资金65万元,主要用于产业扶贫、教育扶贫、健康扶贫等。

【扶贫调研】 中国航天科工党组书记、董事长高红卫,党组副书记、总经理刘石泉,党组副书记徐强分别带队赴东川区、富源县,实地查看乌龙镇碑棋村太空蔬菜基地和森林防火视频监控系统,富源县航天大棚蔬菜基地、白马航天幼儿园、县气象局、县农业局等地蔬菜基地运营情况、教育扶贫、农业大数据项目建设情况,督促检查项目施工情况和扶贫工作落实情况,走访慰问贫困户及扶贫挂职干部和驻村第一书记,与一区一县负责同志、村镇干部和扶贫工作队员深入交流座谈。

【扶贫制度建设】 制定中国航天科工定点扶贫工作三年(2019—2021年)计划(草案)。修订《中国航天科工集团有限公司对外捐赠管理办法》,规范捐赠管理流程。制订《中国航天科工集团有限公司扶贫项目和扶贫资金管理办法》,确保扶贫项目决策的规范化、程序化、科学化,使扶贫项目和资金发挥更大的效益。制订《中国航天科工集团有限公司挂职扶贫干部管理办法》,加强对挂职扶贫干部的管理、监督、激励、约束与培养,定时对上任扶贫挂职干部进行任期审计。

【干部挂职扶贫】 2019年,中国航天科工选派4名挂职扶贫干部,其中增选1名干部担任富源县驻村第一书记。

【产业扶贫】 2019年,中国航天科工全力推广智慧农业灌溉技术和产业化经营模式,组织实施自动化灌溉项目,解决蔬菜种植人工成本高、产量低、水资源浪费严重等问题,提高土地利用率和蔬菜产量,促进农户增收致富,每亩可以帮助农民增加收入4000元左右。探索“支部+合作社+种植基地+农户+当地龙头+加工+营销”的产业化经营模式,让农户不用外出务工,在家门口就能有工作、有收入,实施22个扶贫项目,惠及贫困人口达2万余人。

【科技扶贫】 依托物联网、云计算、大数据等技术,建立田间环境监测及温度控制系统,构建富源农业大数据资源中心和分析应用平台,建立农资监管、产品溯源及农业种植决策系统,实现数据对接和可视化,实现富源农业环境与资源、农业生产、农业市场的智慧管理。截至2019年年底,完成富源县农业大数据平台一期建设、二期建设。针对当地易发生的季节性自然灾害,中国航天科工充分发挥民用应急通信系统在国内领先的技术优势,完成东川区无线电应急通信指挥系统四期工程和富源县气象局气象应急通信指挥系统及气象预报App发布平台建设,提高定点扶贫县防灾减灾和指挥决策的时效性。

【教育扶贫】 2019年,中国航天科工投入帮扶资金200万元在富源县黄泥河镇新寨明德小学实施学生宿舍建设工程项目,解决

360名孩子住宿问题。投入15万元建设7个“航天七彩梦想教室”。发放航天科工助学金40万元，资助定点扶贫县200名家庭困难学生上大学。投入5万元开展“航天文化进富源”活动。

【健康扶贫】 中国航天科工航天中心医院与富源县中医院进行远程医疗会诊40余次，涉及风湿免疫、极危重症等10个专业；开展教学讲座30余次，培训医护人员300人次；航天中心医院、航天七三一医院与富源中医院等开展结对帮扶义诊，医治病人3300余人次。

（中国航天科工集团有限公司党群部
刘芳晓）

中国航空工业集团有限公司定点扶贫

【概述】 中国航空工业集团有限公司(以下简称“航空工业集团”)定点帮扶贵州省镇宁县、关岭县、普定县、紫云县和陕西省西乡县。2019年,投入帮扶资金1739.17万元,引进帮扶资金446.59万元,培训基层干部862名、技术人员4455名,购买贫困地区农产品1795万元、工业产品(服装)44.4万元,帮助销售贫困地区农产品190万元。2019年4月,镇宁县、普定县退出贫困县序列。

【扶贫资金投入】 2019年,航空工业集团向定点扶贫县直接投入帮扶资金1739.17万元,引进帮扶资金446.59万元,用于产业扶贫、教育扶贫、文化扶贫、健康扶贫等。

【干部挂职扶贫】 航空工业集团向定点扶贫县派出1名挂职副市长、5名挂职副县长和8名驻村第一书记,其中1人荣获“中央企业优秀共产党员”称号,10人荣获省级脱贫攻坚先进个人或优秀共产党员称号,1人挂职期满后予以提拔使用。

【扶贫调研】 2019年,航空工业集团党组书记、董事长谭瑞松等党组领导赴定点扶贫县督导调研6人次。航空工业集团与安顺市纪委监委签署《关于进一步加强监督执纪问责推进中国航空工业集团对口帮扶安顺工作的协议》,加强企业和地方政府合作。围绕产业项目进展、资金划拨、扶贫利益联结等工作,开展督导调研48次,形成督导报告18份,发现并解决问题4个。

【产业扶贫】 2019年,航空工业集团在定点扶贫县实施18个优质产业项目,直接投入资金1739.17万元,覆盖贫困户4128户,贫困人口14835人。建成镇宁前胡、关岭花椒、火龙果,普定莲藕、韭黄,紫云辣椒,西乡茶叶等7个蔬果种植基地,正在建设普定种鹅、西乡土鸡、土蜂养殖基地。完成3个工业项目建设并投产,2019年产值均达百万元,其中:引进安东尼(国际)服饰有限公司落户关岭县,促成移民搬迁贫困人口95人就业;引进贵州厚诚发科技有限公司落户镇宁县,解决10名贫困人口就业;帮助建设的普定包装箱厂解决贫困人口10人就业。

【文化扶贫】 2019年,航空工业集团积极发掘乡村文化特色,引入航空文化,打造特色文旅品牌。开展航空科普活动,在定点扶贫县8所学校举办航空科普活动13次,航模表演12次,组织航空夏令营活动9次,共有2000余名群众、4022名学生参与。开展乡村文化旅游活动,举办樱桃节、荷花节,其中连续举办三届的普定荷花节,2019年接待游客6万余人,直接产生经济效益150余万元。开发红色旅游,在西乡县骆家坝镇建立红色景区,已通过4A级景区省级验收考核。

【教育扶贫】 2019年,航空工业集团开展讲师团支教工作,派出24名在职职工赴贵州省的4个定点扶贫县8所学校支教,支教人数比2018年增加12人。通过校企合作对贫困学生开展订单式培养,免学杂费、保证就业,陕西航空技师学院2019年定向招收家庭困难学生420名,其中建档立卡户65名。开展“蓝粉笔”乡村教师培训活动,培训镇宁县、紫云县近2000名基层教师。“父爱母爱”“暖冬行动”捐建2个航空科普活动室、1个公益书苑,引进天虹商场和上海财经大学投资12.8万元在贵州省捐建4间“梦想飞屋”电教室。

【扶贫培训】 2019年，航空工业集团组织长沙航空职业技术学院、张家界航空工业职业技术学院、成都职业技术学院与贵州省的4个定点贫困县签署人才培养战略合作协议，选送23名贫困劳动力开展为期3个月的技能培训，保证稳定就业。

【消费扶贫】 航空工业集团大力构建“天虹商场实体店+爱心航空电商平台+单位集采”销售渠道网和“集团公司+扶贫指挥部+帮扶协作区”消费帮扶协作网，促进定点扶贫县产品外销。爱心航空电商平台签约43家定点扶贫县企业、村集体公司，共396款产品。2019年，航空工业集团购买贫困地区农产品1795万元，帮助销售农副产品190万元。建立“协作区对口帮扶机制”，航空工业集团八个党建协作区对口帮扶5个定点扶贫县，2019年完成31061笔订单，直接惠及贫困人口21691人。协助贵州省组建“黔货在京”消费扶贫联盟和“黔货在京”消费扶贫平台。

【健康扶贫】 航空工业集团通过“送医下乡+村医进城”，提升定点扶贫县医疗水平。“送医下乡”，即日常医疗下基层，2019年为贫困地区学校1000余名学生开展免费先心病筛查，常态开展大型义诊，每次议诊诊疗人数1000余人。组织北京医疗博士团下乡义诊，来自北京协和医院等4家三甲医院的13位医学博士在西乡县义诊，诊治患者1000余名，现场手术20余例，疑难病例会诊70多例。“村医进城”，即由航空工业集团所属航空总医院和302医院对定点扶贫县医生进行“一对一导师制”培养，2019年完成15名乡村医生一对一培训，并通过理论学习、技能指导、教学查房等方式对226人次基层医师进行培训。

【党建扶贫】 航空工业集团所属30家单位109个党支部与定点扶贫县18个乡镇30个贫困村建立党建帮扶联系点，指导村“两委”建设，谋划村集体经济发展，落实“两不愁三保障”等工作。其中17个党支部与68户贫困户建立党建帮扶对子，加强政策宣传，指导产业发展，帮助解决生活困难。

（中国航空工业集团有限公司
马　媛）

中国船舶集团有限公司定点扶贫

【概述】 中国船舶工业集团有限公司和中国船舶重工集团有限公司重组后，组建中国船舶集团有限公司（以下简称“中国船舶集团”），定点帮扶云南省鹤庆县、勐腊县、丘北县，2019年，派出挂职干部6人，投入帮扶资金6325.1万元，帮助引进帮扶资金34.26万元，购买定点扶贫县农产品4291.5万元，带动或惠及建档立卡贫困群众约2.56万人。

【扶贫资金投入】 2019年，中国船舶集团投入帮扶资金6325.1万元，其中：无偿资金投入4826万元、产业扶贫基金投入1499.1万元，主要用于定点扶贫县产业扶贫、消费扶贫、教育扶贫、医疗卫生扶贫、基础设施建设、干部及技术人员培训等方面；帮助引进帮扶资金34.26万元。

【扶贫调研】 2019年，中国船舶集团4位党组成员带队赴定点扶贫县开展扶贫调研督查和项目对接，推动精准帮扶项目落地实施。其中，5月，到丘北县推进精准扶贫工作并组织下属单位与丘北县签订约1500万元消费扶贫采购协议，7月赴勐腊县调研督查并推动帮扶项目实施，12月赴鹤庆县调研督查、明确追加帮扶项目并提出2020年帮扶工作思路。组织开展定点扶贫督查10次，形成调研督查报告10份、发现问题31个，并监督定点扶贫县整改。

【扶贫培训】 2019年，中国船舶集团为定点扶贫县培训基层干部1081人；支持定点扶贫县开展养蜂、土鸡养殖等技能培训，培训技术人员1413人。

【干部挂职扶贫】 2019年，中国船舶集团先后选派屈搏、黄刚、万里3位干部分别任鹤庆县、勐腊县、丘北县挂职副县长，选派程海边、杨安强、柳金3位干部分别任鹤庆县黄坪镇新坪村、勐腊县磨憨镇尚勇村、丘北县八道哨乡矣堵村驻村第一书记。挂职干部和驻村第一书记扎根基层、深入一线，推动帮扶项目落地实施，支持定点扶贫县脱贫攻坚和经济社会发展。

【扶贫宣传】 2019年，中国船舶集团制作发布定点扶贫MV宣传片《在我生命中的每一天》，被学习强国、国资小新、人民网等主流媒体转载。组织采写的《中船重工多措并举再发力倾情倾力促脱贫》《中船集团四个着力助力贫困县打赢脱贫攻坚战》分别在国务院扶贫办东西部扶贫协作与定点扶贫专刊、国务院国有资产监督管理委员会中央企业扶贫专刊刊发。中国船舶集团扶贫案例“发挥行业优势创新帮扶模式”入选国务院扶贫办《中国企业精准扶贫案例50佳》。

【产业扶贫】 2019年，中国船舶集团充分发挥在勐腊县、丘北县发起设立的产业扶贫基金作用，投资2200万元引导云南山青花燃茶业有限公司、云南玖香鲜花生物科技股份有限公司、文山云枫农业科技发展有限责任公司，在勐腊县、丘北县发展茶叶加工销售、玫瑰花种植及深加工、土鸡养殖等产业发展，带动贫困群众脱贫增收。支持35个农村合作社发展村级集体经济，帮助8个贫困村设立产业发展互助资金，带动8599名建档立卡贫困群众（含产业扶贫基金投资项目带动的6839人）脱贫致富。

【教育扶贫】 2019年，中国船舶集团投入1050余万元实施“中船春蕾班”、希望小学建设、贫困学生资助、校园设施改造、组织贫困学生到发达地区开展研学活动等项目，支持建档立卡贫困学生1694人。其中，投资500万元支持鹤庆第三中学运动场建设项目，建成后可解决1800余名师生长期缺乏运动场所问题。

【基础设施建设】 2019年，中国船舶集团投入657万元，帮助勐腊县倮德村修建黄老叭公路、岔河上下寨公路、虹桥桥梁，惠及建档立卡贫困户150户579人；投入245.3万元，支持丘北县深蚌厂村、冲头村、矣得村、出水寨村等贫困村道路建设、危房改造和人居环境提升，惠及建档立卡贫困人口269人；投入486.07万元，实施丘北县八道哨乡、官寨乡等乡镇饮水工程项目，解决1409名建档立卡贫困人口的饮水安全问题；投入195万元，支持勐腊县建设关累港边民互市场建设项目，为活跃边境贸易创造条件，带动边民脱贫致富，实现边疆地区繁荣稳定，惠及建档立卡贫困户447户1724人。

【健康扶贫】 2019年，中国船舶集团投入99万元，为鹤庆县金墩、六合、龙开口三所乡镇卫生院各购置1台DR设备（直接数字化X射线摄影系统），为贫困群众就近查体看病创造良好条件，受益人口24031户81648人，其中建档立卡贫困户3633户11153人。

（中国船舶集团有限公司
郑礼建　李成强　黄　涛）

中国兵器工业集团有限公司定点扶贫

【概述】 2019年，中国兵器工业集团有限公司（以下简称“兵器工业集团”）定点帮扶云南省红河县、黑龙江省甘南县。2019年，投入扶贫资金1720万元实施产业扶贫、电商扶贫、农机服务队、计算机教室等16项兵器特色扶贫项目，投入7900万元参与中央企业扶贫基金第三期资金募集，“创建致富带头人培育模式，带领贫困户脱贫致富”案例入选国务院扶贫办《中国企业精准扶贫案例50佳》。兵器工业集团在2019年中央单位定点扶贫成效考核中荣获“好”等次。

【扶贫资金投入】 2019年，兵器工业集团投入扶贫资金1720万元，其中：红河县1260万元、甘南县460万元，主要用于产业扶贫、教育扶贫、电商扶贫、扶贫培训等方面。

【扶贫调研】 2019年，兵器工业集团赴定点扶贫县实地调研112人次。9月，兵器工业集团党组副书记、总经理刘大山赴甘南县考察脱贫攻坚工作，走访慰问2户贫困户。党组成员、副总经理李春建赴红河县和甘南县开展调研，部署安排帮扶工作。党组书记、董事长焦开河赴红河县调研脱贫攻坚工作，走访慰问2户贫困户，并与中国扶贫基金会、红河县签署“红河哈尼梯田生态学校”援建项目三方协议。12月，党组成员、纪检监察组组长陈学钏赴红河县开展监督调研。

【扶贫制度建设】 2019年，兵器工业集团出台《中国兵器工业集团有限公司扶贫工作管理办法（试行）》《中国兵器工业集团有限公司定点扶贫项目和资金管理办法（试行）》，规范扶贫工作的组织职责、项目与资金管理、挂职干部管理、信息报送和奖惩等，为脱贫攻坚工作顺利推进提供制度保障。

【扶贫培训】 2019年，兵器工业集团联合红河县、中国扶贫基金会举办“红河县哈尼梯田产业扶贫专题培训会”，培训基层领导干部51名。举办电商扶贫与乡村振兴培训班，对100名乡镇合作社带头人、农业企业负责人、种植养殖大户、返乡创业青年开展国家乡村振兴政策、电商创业案例分析、电子商务物流管理等方面专业培训。实施“驻村工作队和村书记培训”，对甘南县216名驻村工作队和村书记进行扶贫政策、发展村集体经济典型及巩固提升典型培训。开展中小学班主任专业能力提升培训，覆盖甘南县1080名教师（班主任）。

【干部挂职扶贫】 2019年，兵器工业集团选派2名优秀干部挂职红河县、甘南县副县长，协管扶贫工作；选派2名干部分别担任红河县宝华镇朝阳行政村和甘南县兴十四镇大岗村第一书记。4名挂职干部发扬人民兵工精神，积极为民办事服务，对加强贫困县基层组织建设、推动精准扶贫发挥了积极作用。

【扶贫宣传】 2019年，兵器工业集团在网易、今日头条等主流媒体及集团公司微信、报刊等内外宣传平台上刊发报道百余篇，向国务院扶贫办及国务院国有资产监督管理委员会报送扶贫案例3篇，持续扩大了集团公司在扶贫领域的社会影响力。

【产业扶贫】 2019年，兵器工业集团投入1278万元，在红河县和甘南县实施农机服务队、稻鱼共养等8项产业扶贫项目，惠及贫困人口近2万人。其中：购置农机（具）21台套支持大岗村和新发村农机服务队，为两村441户（含贫困户101户）提供农机服务，既减少贫困户生产支出，又促进当地农业规模化生产。支持东发村酸菜厂修建食品级不锈钢发酵池2个，并完善检验设备。实施富海村大棚肉羊饲养项目，对大棚内部地面进行铺砖硬化，完善环保设施。实施稻鱼共养项目，在宝华镇宝华村和朝阳村集中养殖3428亩梯田鱼，直接受益农户2571户，其中贫困户1714户18969人，发放稻田鱼苗24000千克；亩产可达35千克，户均可增收2334元左右。实施电商扶贫，完善红河县哈尼梯田稻鱼鸭生态循环种养技术规程，探索形成梯田红米上市的一套品控落地执行体系，积极开展梯田红米推广工作，2019年带动红河县特色产品销售额近1000万元。实施哈尼梯田生态保护学校项目，2019年完成项目用地地质地形地貌等设计条件及基础资料考察，开展地质评估。完成电商物流中心项目设计规划并确定建设方案，建成运营后将降低红河县下行物流成本30%，降低上行物流成本20%。

【教育扶贫】 2019年，兵器工业集团投入110万元，在甘南县实施兵工计算机教室、兵工助学金、教师（班主任）培训等3项教育扶贫项目。实施兵工计算机教室项目，为甘南县第二中学兴十四分校、长山乡小学、甘南镇小学、兴隆乡小学、东阳镇直小学援建5个兵工计算机教室，购置计算机250台（套），为2500名学生提供计算机教学，改善办学条件。开展兵工助学项目，为50名甘南县贫困高中毕业生发放助学金15万元。启动中小学班主任专业能力提升培训，助力甘南县教育事业发展。

【健康扶贫】 兵器工业集团投入30万元为红河县宝华镇、甲寅镇和乐育镇购买医疗设备，有效提升当地医疗卫生硬件水平。

【革命老区建设】 2019年，兵器工业集团首次将江西省兴国县列入《2019年集团公司扶贫工作计划》，投入帮扶资金100万元，实施官田兵工特色小镇桥梁建设项目，并推动官田农产品进驻集团公司采购电子商务平台，联合举办“爱心兵工、橙意满满”电商扶贫活动，切实解决贫困户农特产品销路问题。协助国家国防科技工业局在江西省吉水县开展对口帮扶工作，成立的吉水中兵现代农业科技服务有限公司投资开展北斗精准农业、农业植保等科技服务，组织编制井冈蜜柚、脐橙等农业种植方案，组织开展水稻、井冈蜜柚农业技术培训交流活动，累计培训500余人，覆盖种植面积5000余亩。开发种植技术线上服务平台——中兵农服，为农户提供农业政策、农资资讯、种植技术、气象预报及市场信息等服务。

（中国兵器工业集团有限公司
社会责任部　王　飞）

中国兵器装备集团有限公司定点扶贫

【概述】 中国兵器装备集团有限公司(以下简称“兵器装备集团”)定点帮扶云南省泸西县和砚山县。2019年,兵器装备集团投入帮扶资金4122万元,帮助两县巩固脱贫摘帽成果。教育扶贫方面,资助学生1415名,援建学校3所,为6所学校建设多媒体教室;产业扶贫方面,支持林下食用菌种植、绿壳鸡蛋等特色项目,带动贫困户689户2890人脱贫致富;民生方面,援建卫生室5所,配置环卫车71辆,改善基层卫生服务水平及农村人居环境。兵器装备集团在2019年中央单位定点扶贫成效考核中荣获“好”等次。2019年4月30日,泸西县、砚山县正式退出贫困县序列。

【扶贫资金投入】 2019年,兵器装备集团向定点扶贫县教育、产业、民生等领域投入扶贫资金4122万元,实施扶贫项目21个。其中:支持泸西县2063万元,实施9个扶贫项目;支持砚山县2059万元、实施12个扶贫项目。

【扶贫调研】 2019年,兵器装备集团11次、66人次赴定点扶贫县调研指导,党组书记、董事长徐平,党组成员董春波、张登洲,纪检监察组组长余蚕烛先后6次到定点扶贫县调研、指导、督导扶贫工作,现场协调解决扶贫问题。

【扶贫制度建设】 2019年,兵器装备集团按照系统完备、科学高效、实用管用原则,制定出台《扶贫工作领导小组工作规则》《关于进一步加强精准扶贫工作的指导意见》等文件,建强扶贫工作机制。

【扶贫培训】 2019年,兵器装备集团为定点扶贫县40名干部个性化定制“乡村振兴”培训;组织汽车行业高级专家开展汽车运用与维修专业教师培训43人;支持泸西县开展基层干部素质提升培训班,培训748人。

【干部挂职扶贫】 兵器装备集团选派3名挂职干部到定点扶贫县挂职。选派杨满、谢仁峰到定点扶贫县挂职,主要负责兵器装备集团定点扶贫项目,协管扶贫工作;选派曾翠红到定点扶贫县任驻村第一书记,坚持以党建促脱贫,全力做好扶贫工作。

【教育扶贫】 兵器装备集团实施“五位一体”教育帮扶模式,开展助学行动、援建行动、暖冬行动、提升行动、就业扶贫,让贫困学生能上学、上好学,让职校学生有技能、有出路。开展助学行动,对非义务教育阶段的贫困学生实现助学全覆盖,累计资助学生9845人次,确保每一个学生能上学。开展援建行动,提升贫困地区教育硬件设施,援建18所学校,为26所学校配备班班通,为22所学校配备多媒体教室,让贫困地区学生享受优质教育资源。开展暖冬行动,资助棉被17795万套,让贫困家庭学生更有自信地到学校学习。开展提升行动,发挥汽车产业优势,提供免费规划咨询,开展教师培训,提升职业教育水平,全力打造“一技在手、一人就业,全家脱贫”的汽车实训示范基地。开展就业扶贫,累计招聘定点扶贫县480名职校学生。

【产业扶贫】 2019年,兵器装备集团投入1130万元,用于支持林下食用菌、工厂化育苗基地、黑羽乌鸡养殖等特色产业项目,持续助推定点扶贫县实现高质量发展。

【民生扶贫】 2019年，兵器装备集团成员单位长安汽车为定点扶贫县个性化定制67辆垃圾收运车，助力定点扶贫县营造山清水秀、环境优美的农村人居环境，提升人民群众满足感、获得感、幸福感。

（中国兵器装备集团有限公司运营管理部　蔡　旺）

中国石油天然气集团有限公司定点扶贫

【概述】 中国石油天然气集团有限公司（以下简称“中国石油”）定点帮扶新疆维吾尔自治区尼勒克县、托里县、巴里坤县、察布查尔县、青河县、吉木乃县，贵州省习水县，江西省横峰县，河南省台前县、范县。2019年投入资金1.08亿元，引进帮扶资金962万元。实施帮扶项目近70个（含培训班26期），培训基层干部、致富带头人、技术人员3570人次，购买和帮助销售贫困地区农产品1.68亿元。

【扶贫资金投入】 2019年，中国石油投入扶贫资金1.08亿元，其中：援建养殖合作社、民宿旅游基地、生态扶贫林等产业扶贫项目投入8300余万元；扶贫培训、医疗巡诊等方面投入2400余万元。引进帮扶资金962万元。

【扶贫资金管理】 中国石油修订《集团公司定点扶贫与对口支援项目管理办法》，对扶贫项目立项、实施、财务管理、监督检查等进行规范。制订《集团公司定点扶贫与对口支援工作评价办法》，层层压实责任，发挥所属单位工作积极性，确保脱贫成效。聚焦资金使用、运营情况等方面组织开展调研走访，督促地方政府落实脱贫主体责任，形成“及时发现、及时整改、及时推进”的工作机制，确保扶贫资金惠及贫困群众。

【扶贫调研】 2019年，中国石油有7名班子成员到定点扶贫县现场调研15次，扶贫工作人员开展专项调研164人次，看望贫困群众，检查帮扶效果。11月，中国石油董事长王宜林赴台前县和范县调研扶贫工作。

【干部挂职扶贫】 2019年，中国石油选派挂职干部12名，其中定点扶贫县挂职干部10名（每县1名，均协管扶贫工作）、驻村第一书记2名。挂职干部发挥企业经营管理经验优势，为地方经济发展和困难群众致富想办法、出主意，赢得当地政府和群众的普遍赞誉。

【产业扶贫】 2019年，中国石油投入资金8300万元，支持定点扶贫县实施产业扶贫项目。在托里县，投入400万元援建哈萨克族特色旅游扶贫项目，改造15套牧民庭院并完善周边配套设施，惠及200名贫困群众，人均增收4000多元；投入400万元援建鹰嘴豆、塔尔米等农产品精深加工车间，建设厂房、购置加工设施，惠及500户从事种植业贫困群众，户均增收1000元。

在尼勒克县，投入800万元援建巴音沟村旅游扶贫项目，建设停车场、木栈道及观景台等配套设施，项目建成后可惠及贫困群众近400人。在察布查尔县，投入800万元援建生态扶贫林项目二期，种植苹果林4000亩（累计种植6000亩），惠及80名贫困群众（每50亩雇用1名贫困群众充当护林员），人均年增收1.2万元；投入50万元为塔兰奇食品厂购置食品生产线，扩大生产能力，带动30名贫困群众就业。

在青河县，投入800万元援建牲畜养殖合作社项目，建设棚圈等基础设施，购置种牛300头，惠及400名贫困群众和1个村集体，人均增收800元、村集体增收40万元。在吉木乃县，投入320万元援建牲畜养殖合作社项目，建设棚圈、种植饲料草500亩，惠及200多名贫困群众和1个村集体，人均增收7000多元、村集体增收10万元；投入480万元援建肉类综合加工厂项目，建设厂房及配套设施，惠及6个村集体，平均每村增收5万元。

在巴里坤县，投入800万元援建三塘湖镇扶贫就业市场项目，建设门店、停车场、道路、供水等设施，为周边煤矿及采油区提供生活保障，项目建成后预计年收益60万元以上，惠及200多名贫困群众。

在横峰县，投入788万元援建光伏扶贫项目，建设1.05兆集中式光伏电站，实现年收益96.21万元，惠及16个村集体和贫困群众；投入100万元援建无花果种植项目，预计为村集体年增收10万元；投入25万元修缮古桥，方便群众出行。在台前县、范县，分别投入300万元援建设施农业项目与有机农业示范园项目，援建阳光暖棚120多座及相关配套设施，发展蔬菜种植产业，预计年收入近千万元，带动当地1000多名贫困群众就业脱贫。

在范县韩徐庄村、台前县姜庄村、习水县田坝村援建的乡村旅游扶贫示范项目是中国石油2017—2019年定点扶贫重点项目，共投入资金5000万元，其中2019年投入2000万元。项目以旅游产业为平台，以精品民宿为抓手，以合作社为基础，通过专业公司运营管理，实现项目可持续发展，贫困群众稳定增收。2019年，范县、台前县项目收入30多万元；习水县项目10套民宿主体建筑已完工，进入软装阶段。

【扶贫培训】 中国石油立足定点扶贫县实际需求，通过第三方对接优质专业培训资源，精心设计课程，采用理论学习与调研实践、长期与短期、请进来与走出去相结合的多样化培训形式，大力推进基层干部、致富带头人、医生、教师培训，为地方可持续发展培养人才。通过与中国扶贫开发协会、中国扶贫基金会合作，依托携程网、京东商城、青岛农业大学，开办电子商务、乡村旅游、农村合作社管理等培训班6期，培训基层干部、致富带头人432人次；依托苏州中组部干部培训基地，开办基层党建扶贫培训班2期，对来自定点扶贫县的100多名青年基层干部进行培训。通过与北京师范大学教育基金会、爱佑慈善基金会合作，依托北京史家教育集团、北京实验中学等名校及上海华山医院、同济医院等医疗机构，开办贫困地区教师和医生培训班18期，培训学员2800多人次。组织中国石油中心医院在定点扶贫县巡诊51天，诊疗患者2400多名，并在廊坊培训医护工作者92名。

【就业扶贫】 中国石油委托所属的中国华油集团公司结合用工需求，在河南省、新疆维吾尔自治区、西藏自治区选录34名适龄青年开展为期1年的酒店、物业服务培训，择优录用。以市场需求为导向，与中国扶贫基金会合作，在北京富平学校开办6期月嫂培训，帮助200多名贫困地区妇女在“北上广”就业；与中国扶贫开发协会合作，在北方汽车专修学校开展新疆帮扶地汽车修理培训，帮助57名群众本地创业、就业。中国石油所属的西部钻探工程有限公司在察布查尔县招聘200多名当地群众，培训技能，参与钻井队搬迁安置工作。

【消费扶贫】 2019年，中国石油通过企业引导、员工参与、市场运作等措施，推动贫困地区农产品进入员工家庭、单位食堂、矿区超市及加油站便利店。中国石油先后在乌鲁木齐、北京召开消费扶贫对接会及产品展销会，来自全国58个国家级贫困县的100多家厂商参展，展示推广特色扶贫产品1100多种，扩大产品影响力。所属中石油昆仑好客有限公司积极对接各扶贫企业，优选特色优质扶贫产品进入加油站便利店销售。依托中国社会扶贫网，打造中国石油扶贫馆，形成线上线下、内部外部相结合的多元化销售模式。2019年，中国石油总部机关及72家所属企事业单位参与消费扶贫，购买贫困地区农产品5772万元，帮助销售贫困地区农产品1.1亿元，其中涉及定点扶贫县9757万元(购买3809万元、帮助销售5948万元)。

【公益扶贫】 2019年,中国石油引进资金962万元。动员内部企业和员工,捐资助学、修缮贫困家庭房屋、为贫困地区戍边民兵捐赠40台营房车、为贫困地区学校捐赠200余台电脑。与中国扶贫基金会合作,引入社会资金670多万元,支持健康扶贫公益保险、发放医护包和爱心包裹、实施"爱心月嫂"和民宿从业人员培训等。协调河南羚锐制药股份有限公司向青河县、吉木乃县等6个定点扶贫县奉献爱心,捐赠价值80万元药品。

【党建扶贫】 2019年,中国石油所属企事业单位党组织在定点扶贫县结对基层党支部21个、贫困村24个,捐赠29.6万元,帮助解决通水、通电、通路等问题。安排结对支部相关人员到苏州市农村干部学院进行农村基层组织建设、党建促脱贫发展、基层干部成长等系统培训,提升村干部业务水平。

(中国石油天然气集团有限公司办公室
刘昉昳)

中国石油化工集团有限公司定点扶贫

【概述】 2019年，中国石油化工集团有限公司（以下简称“中国石化”）定点帮扶安徽省颍上县、岳西县，湖南省凤凰县、泸溪县，新疆维吾尔自治区岳普湖县，甘肃省东乡族自治县（以下简称“东乡县”），完成基层干部培训1441人，技术人员培训1313人；直接购买贫困地区农产品5699.77万元，帮助销售贫困地区农产品2.83亿元；派出扶贫挂职干部9人，投入扶贫资金12359万元，重点围绕产业开发、消费扶贫、就业扶贫和教育扶贫等方面实施项目53个。中国石化扶贫案例获评《中国企业扶贫案例50佳》。中国石化在2019年中央单位定点扶贫考核中被评为“好”。中国石化扶贫办扶贫项目管理处获得2019年全国脱贫攻坚奖组织创新奖。2018年8月和2019年4月，岳西县和颍上县先后退出贫困县序列。

【扶贫资金投入】 2019年，中国石化向6个定点扶贫县投入无偿帮扶资金12359万元。其中：向东乡县和岳普湖县2个“三区三州”地区贫困县投入资金7312万元，向深度贫困地区县投入资金1.01亿元。引进帮扶资金469.39万元，帮助凤凰县引进民宿酒店及扶贫商品便利店，在东乡县引入服装加工企业等，助力地方经济社会发展。

【扶贫调研】 2019年，中国石化班子成员赴6个定点扶贫县调研8人次，其中，中国石化董事长、总经理先后2次赴3个定点扶贫县调研。中国石化赴6个定点扶贫县检查159人次，形成督导报告65份，帮助发现问题76个。

【扶贫领域专项治理】 2019年，中国石化纪检监察组、审计部和扶贫办组成联合检查组，开展扶贫领域专项治理工作，在2018年检查岳西县、颍上县、泸溪县的基础上，对凤凰县、岳普湖县、东乡县进行专项检查，为脱贫攻坚有序开展提供保障。

【干部挂职扶贫】 中国石化向6个定点扶贫县派驻挂职干部9人，其中挂职县级干部7人、驻村第一书记2人。向“三区三州”深度贫困地区的东乡县选派3名挂职干部（2名副县长、1名驻村第一书记），进一步加大人才支持力度。中国石化与各县挂职干部签订《挂职干部年度目标责任书》，定期组织召开挂职干部专题会议和工作述职会，学习有关会议、文件精神，通报项目和资金管理存在的问题，警示教育挂职干部履职尽责，规范扶贫项目和资金管理。扶贫挂职干部坚持以“周报+月报”的形式，定期报送重点工作、项目进展及资金使用情况，督促责任落实。制定《关于规范扶贫挂职干部相关业务经费管理的通知》《挂职干部走访慰问的通知》，按照规定落实扶贫干部津贴、扶贫工作经费等相关待遇，解决扶贫挂职干部后顾之忧。

【扶贫培训】 2019年，中国石化举办2期扶贫干部培训班，对定点扶贫县及各直属单位的232名扶贫干部进行专题培训。组织职业技能、基层党建等培训班20余期，培训2000余人。

【产业扶贫】 2019年，在6个定点扶贫县实施产业扶贫项目28个，惠及3.8万人，带动1.3万人脱贫。在岳西县，依托当地传统种桑养蚕产业，按照“资源化、再利用”原则，以废弃桑枝为原料发展桑枝木耳、生物质颗粒燃料等循环经济，并通过股权、用工、原材料收购等途径，带动500余户群众脱贫。针对泸溪县“旱一年、涝一年”的县域自然条件，实施1500亩红心猕猴桃基地灌溉设施建设，同步建成农产品存贮气调库，产业配套设施逐渐健全，提升农产品市场价值。与甘肃省农业科学院合作，选育“陇藜一号”品种，在东乡县推广种植藜麦4000余亩，并借助中国石化专业化运作优势，打造“东乡藜麦”扶贫产品，延长藜麦种植价值链，2019年带动537户贫困户户均增收5200元。

【消费扶贫】 2019年，中国石化制定《消费扶贫实施方案》，将消费扶贫工作纳入各直属企业年度党建考核内容，号召各级组织、工会、后勤部门同等条件下优先采购832个贫困县农产品。在甘肃入股天水长城果汁集团有限公司，把苹果汁产品推向全国，带动30万果农、500余户贫困户增收；在新疆，创建“阳光巴扎”品牌，2019年实现销售600余万元，带动农民人均增收1200元。在山东、甘肃等地组织以扶贫为主题的订货会15场。在重庆举办的扶贫商品展销会，邀请5家中央单位、7家中央企业定点扶贫县的103家企业参展，帮助销售扶贫商品297.1万元。组织4期扶贫产品招商会，将11家中央单位及中央企业定点扶贫县的扶贫产品，引进“易捷加油”平台帮助销售。2019年，中国石化购买贫困地区农产品5699.77万元，帮助销售贫困地区农产品2.83亿元。

【教育扶贫】 2019年，中国石化在定点扶贫县资助贫困学生650人，发放中国石化助学金109万元。组织岳普湖县、凤凰县等地250余名品学兼优的贫困学生，赴北京参加中国石化夏(冬)令营、航天体验营、冬奥体验营等活动，激发他们热爱祖国的情感，从小树立远大理想。建成东乡县达柴小学和汪集瓦子岭教学点，142名学生实现就近入学；投资2000万元新开工建设石化中学；投资200余万元完成泸溪县石化中学基础设施配套和浴室改造项目，提高学生生活质量。参与“沪江互+”计划，将优质网络教育资源引进贫困地区，提高乡村教师师资水平，开拓乡村儿童视野。联系爱心组织和企业，为泸溪县小学生捐赠“爱心包裹”699份，为石化中学20名孤儿捐赠物资3万余元。

【就业扶贫】 2019年，中国石化梳理提供岗位需求200余个，分批开展招聘。在颍上县成功举办专场招聘会，招聘录用20余人。

【健康扶贫】 开展中国石化“光明号”健康快车项目，2019年免费为东乡县、渭源县等地2376名群众成功实施白内障手术。与北京尤迈慈善基金会合作，在甘肃、新疆等地区推广远程医疗项目，2019年远程会诊病例534例，培训地方医护人员超5000人次。为岳普湖县各镇、村卫生室购置可移动式消毒机143台，改进地方医疗条件。中国石化集团总部医务处赴凤凰县开展义诊活动，捐赠医疗药品及器械，为百余位村民进行健康体检。

【扶贫宣传】 2019年，中国石化扶贫经验做法4次被国务院扶贫办《扶贫简报》、国务院国有资产监督管理委员会《央企扶贫专刊》、国家发展和改革委员会微信公众号专题刊发。《人民日报》头版对中国石化帮扶的东乡县布楞沟村脱贫情况进行纪实报道。中国中央电视台焦点访谈推出系列节目《总书记来过我们家》，对布楞沟村发生的变化给予高度认可和赞扬。在中国石化全系统首次开展脱贫攻坚评选表彰活动，表彰先进组织单位5家，先进个人10人。扶贫干部江建兴荣获2019年“感动石化”十大人物，进一步激发全系统一线扶贫干部干事创业热情。开展“我的驻村故事”主题征文活动，并选优上报参与全国评选，3篇中国石化驻村第一书记的扶贫故事获征文活动优秀奖。

（中国石油化工集团有限公司对口支援及扶贫工作领导小组办公室　周　永）

中国海洋石油集团有限公司定点扶贫

【概述】 中国海洋石油集团有限公司(以下简称“中国海油”)定点帮扶甘肃省夏河县、合作市,内蒙古自治区卓资县,海南省保亭黎族苗族自治县(以下简称“保亭县”)、五指山市。2019年,中国海油投入帮扶资金5353.98万元,引进帮扶资金1430.5万元,培训基层干部和技术人员1646名,购买和帮助销售贫困地区农产品1765.55万元,保亭县和夏河县实现脱贫摘帽。中国海油在2019年中央单位定点扶贫考核中被评为“好”等次,派出的五指山市挂职干部获得全国脱贫攻坚奖创新奖。中国海油为中央企业扶贫基金出资达16亿元。

【扶贫资金投入】 2019年,中国海油实施扶贫项目19个,投入扶贫资金5353.98万元,其中:向夏河县和合作市2个“三区三州”县投入资金3393.42万元。在夏河县,投入资金2254.6万元,实施优质娟犏牛高效繁育示范推广、“三变”改革试点、健康扶贫和教育扶贫等项目;在合作市,投入资金1138.82万元,实施生态文明小康村等项目;在卓资县,投入资金861.73万元,实施电商扶贫、健康医疗扶贫和教育扶贫;在保亭县,投入资金481.83万元,实施什盛村美丽乡村建设和共村养羊基地建设等项目;在五指山市,投入资金617元,实施建档立卡贫困村村级光伏发电项目和“雏凤”助学基金等。

2019年10月28日,夏河县发生5.7级地震,中国海油第一时间沟通夏河县和合作市,对灾情表示关心和慰问,并拨付赈灾专项资金150万元,用于支持震后重建工作。

【扶贫资金管理】 中国海油严格实行地方政府申请、对口管理单位初审、扶贫办和中国海油公益基金会审核的扶贫项目三级审批流程;合同签订后,如需变更资金用途,须提前提出申请,批复后方可变更。在项目建设过程中,要求挂职干部紧盯项目实施进展,深度参与项目建设各个关键环节,提高项目建设质量,确保帮扶资金专款专用,提升资金使用效率。2019年,制定《定点扶贫与对口支援项目管理办法》,进一步强化项目监督。

【扶贫调研】 2019年11月,中国海油党组书记、董事长汪东进赴保亭县调研定点扶贫工作,现场考察中国海油援助项目,走访慰问贫困户,调研当地产业发展情况。其他班子成员分别赴定点扶贫县调研。

【扶贫会议】 2019年,中国海油组织召开3次扶贫专题会部署扶贫工作。3月27日,中国海油召开第十七次扶贫援藏工作会议,研究部署年度重点任务。7月16日,组织召开2019年扶贫援藏工作专题会,部署推进下半年重点工作。10月17日,组织召开扶贫援藏工作座谈会,推动各项工作全面完成。

【扶贫培训】 2019年,中国海油投入389.04万元专项资金组织19期培训,培训基层干部744名、技术人员902名。其中:在北京举办中国海油定点扶贫县三级干部培训班,83名定点扶贫县干部参加;根据定点扶贫县需求,开展个性化培训,在夏河县开展教育培训,在合作市开展4期电子商务进农牧村技能培训,在卓资县开展三级干部脱贫验收专项指导培训,在保亭县开展电商、百香果种植等帮助群众致富的培训,在五指山市开展工程管理人员培训等。

【干部挂职扶贫】 中国海油在5个定点扶贫县分别派驻1名副处级及以上挂职干部，均在当地政府担任副职，分管或协助分管扶贫工作，1名正处级挂职干部在五指山市水满乡新村任第一书记。中国海油聚焦深度贫困地区，选派1名干部在“三区三州”甘南藏族自治州挂职副州长，与夏河县、合作市的挂职干部形成扶贫合力。

【扶贫宣传】 2019年，中国海洋石油报、中国海油官方微博、官方网站、视频播放平台等全媒体平台刊登扶贫新闻产品110多篇，阅读量超过100万次，彰显中央企业脱贫攻坚的责任担当，营造坚决打赢脱贫攻坚战的浓厚氛围。

中国海洋石油报在一版开设《脱贫攻坚·中国海油在行动》专栏，并在国家“扶贫日”等重要时间节点推出扶贫特刊和扶贫公益广告，全方位、多角度报道扶贫工作。中国海油官方微博、海油螺号微信等新媒体持续关注定点扶贫县市基础设施、产业、教育等变化，挖掘发生在当地人及扶贫干部身边的感人故事，利用图文等喜闻乐见的报道形式展现。中国海油视频播放平台制作视频新闻、专题片、Vlog（视频博客）、PowerPoint（幻灯片演示文件）等作品，与报纸、新媒体深入融合，形成全方位报道合力。邀请7家主流媒体赴夏河县、合作市采访，中央人民广播电台、中国新闻社、人民网、新华网等20余家主流媒体刊发海油扶贫报道70多篇，向社会各界展示具有海油特色精准扶贫的中央企业样本。

【产业扶贫】 建设扶贫车间。中国海油发挥在安全环保等方面的优势，在“三区三州”甘南州建设劳保用品扶贫车间并内部优先采购。2019年8月，扶贫车间正式投产并获得1300万元生产订单，当年解决当地人员就业76人，其中贫困群众38人，向入股贫困户分红95.4万元，投资回报率23.8%。建设扶贫旅游营地。选取位于“三区三州”的夏河县为试点，捐赠900万元建设扶贫旅游营地。依托甘南州、卓资县等地优势旅游资源，打造旅游扶贫专线，发动更多海油员工和中央企业员工参与，其中甘南“互联网+央企员工自费游”实现参团618人，为当地创收231余万元。出资中央企业扶贫基金。2019年向中央企业贫困地区产业投资基金出资13亿元，累计出资16亿元，成为副董事长单位。积极向各县推介，帮助各县提交项目融资方案。

【教育扶贫】 2019年，中国海油在夏河县投入教育扶贫资金60万元，资助120名建档立卡贫困大学生完成学业。在卓资县投入200万元教育扶贫资金，解决861名贫困生的上学难问题。在五指山市投入资金10万元支持“雏凤”助学基金，资助120名五指山中学高中阶段贫困女生及2018年应届考上的大中专贫困女生。

中国海油组织开展员工与贫困高中生“结对帮扶”活动，提供每人每学年1000元的资助，直至高中毕业，共有683名贫困高中生得到帮扶。远在海外的伊拉克公司19名员工还与夏河县麻当镇中心小学23名贫困小学生结对，提供每人每学年1000元的资助直至小学毕业。启动定向招聘贫困大学生工作，提供60个岗位，9名贫困大学生入职，实现一人就业，带动全家脱贫。

【公益扶贫】 2019年，中国海油发起“为边远地区的孩子建一座神奇书屋”活动，中国海油员工、出版社等捐赠图书1万余册，丰富五指山市及夏河县的中小学图书馆书籍。组织“传递书香，助你向上”主题教育培训，邀请名师到五指山市、合作市、夏河县的6所中小学授课，拓宽一线教师视野。开展“蔚蓝力量”青年微公益活动，邀请保亭县10名小学生来北京参加“走进海油”研学。通过中国妇女发展基金会为夏河县引进10套价值50万元净水设备，在拉卜楞镇九甲双语幼儿园等地进行安装，让孩子们喝上纯净水，确保饮水安全。

【基础设施建设】 2019年，中国海油在合作市投入扶贫资金1000万元，实施伊合昂街道录豆昂村、勒秀镇邓应高(吾乎子)村、勒秀镇仁尕玛村和卡加道乡其乃合村4个生态文明小康村项目，改善村庄基础设施条件，提高公共服务能力。在五指山市投入扶贫资金540万元，在通什镇、毛阳镇、南圣镇、畅好乡等4个乡镇15个建档立卡贫困村建设光伏扶贫项目，建设毛道村光伏并网辅助设施，实现并网发电增收。

【健康扶贫】 2019年，中国海油在夏河县投入资金220万元，实施曲奥乡卫生院附属设施建设，改善基层医疗卫生条件。在卓资县投入资金200万元用于为贫困人口购买健康扶贫商业保险，提供重大疾病集中救治和非重大疾病贫困患者住院兜底保障，覆盖15596名贫困群众。

(中国海洋石油集团有限公司扶贫办　张中华)

中国华能集团有限公司定点扶贫

【概述】 中国华能集团有限公司(以下简称“中国华能”)定点帮扶陕西省榆林市横山区和新疆维吾尔自治区阿合奇县,对口支援青海省尖扎县。2019年,中国华能制定《精准脱贫攻坚战“红色行动”计划工作方案实施意见》,在定点扶贫县设立栋梁工程和同舟工程专项基金,对困难家庭和贫困人口给予精准帮扶;开展祝福工程兴农行动,通过培育特色产业推动贫困村集体经济发展,带动贫困户实现稳定增收、稳定脱贫;通过改善村级党组织阵地的基础设施条件、开展教育培训活动,强化党在基层的领导核心和战斗堡垒作用,帮助定点扶贫县打赢打好脱贫攻坚战。中国华能在2019年定点扶贫考核中被评为“好”等次。

【扶贫资金投入】 2019年,中国华能投入帮扶资金3781万元,其中:横山区1500万元、阿合奇县2281万元。引进帮扶资金127万元。

公司系统投入扶贫资金累计7.9亿元,提供惠农贷款6亿元,帮扶项目遍布全国219个县(市区),在7个县区、9个乡镇和73个贫困村开展脱贫攻坚工作。

【扶贫调研】 2019年5月,中国华能赴横山区考察调研,明确援建中医院重点科室及乡镇卫生院标准化建设等项目。7月,中国华能党组书记、董事长舒印彪深入横山区调研产业帮扶项目和驻村工作开展情况,慰问贫困农户。8月,中国华能党组成员、副总经理樊启祥和王敏分别赴阿合奇县和尖扎县调研,协调推进扶贫援助项目。中国华能5次赴横山区和阿合奇县,结合项目推进开展专项督导调研,形成调研报告2份、会议纪要1份。

【扶贫制度建设】 2019年,中国华能印发《精准脱贫攻坚战“红色行动计划”工作方案实施意见》,调整《定点扶贫和对口支援工作规划(2018—2020年)》,制定《总部定点扶贫和对口支援项目及资金计划(2019年)》,不断完善扶贫援助工作机制。

【督促指导】 年内先后五次赴横山区和阿合奇县,结合项目推进开展专项检查,就扶贫项目审批履行程序不到位、审计验收工作滞后、资金兑付审核周期过长等问题,向地方政府分管领导及有关部门进行当面反馈,形成调研报告2份、会议纪要1份。

【干部挂职扶贫】 2019年,中国华能选派10名优秀干部赴定点帮扶地区挂职或担任第一书记,其中横山区5人(含到期轮换2名),克孜勒苏柯尔克孜自治州、阿合奇县5人(含到期轮换1名)。阿合奇县地处南疆深度贫困地区,增派2支工作队共14名队员,安排2名局级干部和1名处级干部担任贫困村第一书记。

【扶贫培训】 2019年,中国华能在定点扶贫县安排帮扶资金360万元,培训基层干部1296名、技术人员1264名。举办“红色行动进行时”精准扶贫能力培训班,培训岗位管理人员、挂职干部、第一书记和驻村工作队长108名。

【扶贫宣传】 人民日报、经济日报、中国组织人事报、中国能源报、中国电力报、人民网、新华网等媒体,赴实地专访或专题报道中国华能扎实推进定点扶贫、帮扶云南“直过民族”、助力甘肃脱贫攻坚等工作所取得的成效,宣传中国华能挂职干部感人事迹。典型案例

"精准扶贫新时代,华能大爱暖人间"入选《中国企业精准扶贫案例50佳(2018)》,"精准扶贫,助生活更美好"入选《企业扶贫蓝皮书(2019)》,"三千精神助湖河,驻村扶贫谱新篇"入选《中央企业社会责任蓝皮书(2019)》。

【产业扶贫】 2019年,中国华能在阿合奇县设立沙棘产业发展基金,投资1400多万元建设标准化厂房,引进企业投资2305万元采购、安装生产加工设备,建设集保鲜储存、生产加工和技术研发一体化的综合性产业园区,新增就业岗位41个,其中柯尔克孜族员工38人、贫困户16人,补贴80万元提高原材料收购价格。

联合陕西榆林能源集团有限公司等当地国有企业发起设立榆林市产业扶贫投资基金,一期规模5000万元,以投资入股方式扶持具有区域特色、贫困人口参与度高的产业龙头企业。其中中国华能投入的2000万元定向用于支持横山产业项目。

结合当地羊产业发展的基础优势,在横山区贫困村设立产业互助资金,为有自我发展能力的贫困户提供流动资金借款,帮助没有劳动能力的贫困户家庭入股养殖合作社,每年可为贫困户增加1000元收入。

【教育扶贫】 2019年,中国华能资助定点扶贫县贫困家庭学生2089名,向横山中学和阿合奇华能托河小学捐赠图书和音像资料,组织16名教师、40名优秀学生参加"海洋知识教材教师培训班"和海洋科学夏令营。

【健康扶贫】 2019年,中国华能为定点扶贫县138名贫困人口提供医疗补助,为15676名贫困家庭成员购买医疗保险。

【消费扶贫】 2019年,中国华能在北京举办定点帮扶贫困地区农产品产销对接活动,帮助定点扶贫县农产品在北京云成金融信息服务有限公司所属电商平台——成长宝上架销售,将贫困地区农产品定向直供直销各单位食堂,鼓励和引导干部职工自发购买贫困地区产品。组织定点扶贫县农产品参加全国公益活动和中央企业消费扶贫展销会,购买贫困地区农产品3270万元(定点扶贫县1671万元、其他地区1599万元),帮助销售定点扶贫县农产品1216万元。

(中国华能集团有限公司　崔博乐)

中国大唐集团有限公司定点扶贫

【概述】 中国大唐集团有限公司(以下简称“中国大唐”)定点帮扶广西壮族自治区大化瑶族自治县(以下简称“大化县”)和陕西省澄城县,2019年投入帮扶资金4521.86万元,帮助引进帮扶资金185.6万元,培训基层干部284名、技术人员419名,购买定点扶贫县农产品340.64万元,帮助销售农产品72万元。在2019年中央单位定点扶贫脱贫攻坚成效考核中被评为“好”等次。

【扶贫资金投入】 2019年,中国大唐投入帮扶资金5.95亿元,其中:向大化县和澄城县投入帮扶资金4521.86万元;向云南省捐赠2.5亿元,用于傈僳族直过民族聚居区脱贫攻坚;向“三区三州”深度贫困地区西藏自治区捐赠1.5亿元援藏资金,用于解决贫困群众“两不愁三保障”及基础设施建设。

【扶贫调研】 中国大唐党组书记、董事长陈飞虎担任脱贫攻坚领导小组组长,分别于9月、10月赴大化县、澄城县调研督导定点扶贫工作。党组副书记、董事、脱贫攻坚领导小组副组长兼办公室主任王森、副总经理金耀华分别于6月、10月赴澄城县调研督导定点扶贫工作。具体负责定点扶贫任务的广西公司、陕西公司领导班子成员60余人次深入两县调研考察督导定点扶贫工作。

【扶贫制度建设】 中国大唐严格执行《中国大唐集团有限公司扶贫工作管理办法》《关于在扶贫工作中规范应用中国大唐视觉识别系统的指导意见》,实现全面计划、全面预算等原有管理手段与扶贫工作的有效衔接,确保扶贫工作系统、全面、高效。

【扶贫培训】 2019年,中国大唐组织培训基层干部284名,其中:大化县183名、澄城县101名;培训技术人员419名,其中:大化县288名、澄城县131名。举办系统内扶贫干部培训班,对130名派出驻村干部和扶贫管理干部进行为期3天的培训,进一步提高扶贫工作水平。

【干部挂职扶贫】 中国大唐选派1名处级干部挂职河池市扶贫办副主任,分管扶贫工作;选派1名副处级干部挂职大化县副县长,协助分管扶贫工作;选派2名中层干部担任大化县板兰村、安兰村第一书记。向广西壮族自治区扶贫办增派1名扶贫干部,向大化县增派2名扶贫干部,向北景镇增派1名扶贫干部,增派20名驻村队员,加大帮扶力度。

选派1名副厅级干部挂职渭南市委常委、副市长,协管扶贫工作;选派1名副处级干部挂职澄城县副县长,协助分管扶贫工作;选派1名高级主管挂职澄城县和家楼村第一书记,增派1名科级干部任和家楼村第一书记助理。

【扶贫宣传】 2019年,国务院扶贫办《扶贫信息》第99期专题刊发《中国大唐全力推进定点扶贫工作》,国务院国有资产监督管理委员会《中央企业扶贫工作专刊》第11期刊发《中国大唐树立定点扶贫新典范“六元共建”全力助推大化县打赢脱贫攻坚战》;先后在广西壮族自治区扶贫办官方公众号、人民网、新华网、中国扶贫在线、中国新闻网、中国能源报、证券日报、新浪网等主流媒体积极宣传,传播好的做法,营造浓厚的脱贫攻坚氛围,取得良好的社会动员效果。中国大唐网站《深度报道》《一线故事》等栏目对脱贫攻坚工作持续报道；编印《脱贫攻坚大唐行动》一书，增进大唐扶贫干部之间的交流，弘扬奋斗精神，传播先进经验。

【产业扶贫】 在大化县，中国大唐投入帮扶资金3921.86万元，用于产业扶贫2060万元，建成安兰李、毛葡萄46个种植基地，肉牛、努比亚羊、肉鸽、七百弄鸡31个养殖基地，实现农牧产品加工、冷链储存、中转、包装、销售一体化。成立8个专业合作社，与379户贫困户签订协议，产业扶贫100%挂靠贫困户。

在澄城县，中国大唐投资200万元建设澄城县万亩樱桃示范区农产品综合交易市场项目，主要用于冷库建设，带动周边8个村贫困户增收及就业；投资200万元建设澄城交道农产品综合交易市场项目，主要用于冷库建设，带动342名移民搬迁贫困群众增收；投资85万建设澄城县设施农业示范园，建设12座大棚，壮大集体经济；投资4亿元的5万千瓦澄城县寺前镇风力发电项目破土动工；引进的唐威服装厂（大唐员工工作服供货合作商之一）建成运行，一期投资2000万元，年产值3000万元，解决近200人就业。

【消费扶贫】 2019年，中国大唐通过“以购代捐”方式，利用党支部、食堂、工会、电商平台等采购渠道，构建消费扶贫长效机制，购买大化县贫困地区农产品224.14万元，帮助销售大化县贫困地区农产品57万元，购买澄城县贫困地区农产品116.5万元，帮助销售澄城县贫困地区农产品15万元。创新实施“党旗引领·私人订制”模式，帮助贫困户交购买种苗的订金，同时下订单解决产品的销售问题，首期45.25万元资金到位，促进贫困户实施产业项目积极性。

【党建扶贫】 中国大唐突出政治引领，把脱贫攻坚与党建结合，充分发挥党组织和广大党员干部的战斗堡垒作用和先锋模范作用，结合“不忘初心、牢记使命”主题教育，创新开展“党旗引领”系列帮扶行动。在大化县对口帮扶村安兰村、板兰村，组织“党旗引领·支部共建”系列交流座谈、党课学习、主题党日等活动；开展“党旗引领·结对帮扶”，安兰村、板兰村建档立卡贫困户471户与65个党支部形成结对帮扶；培训贫困户代表、技术能人、致富带头人288人次；拓宽村集体经济渠道，成立9个合作社，带动2059贫困人口；创新开展“党旗引领·私人订制”消费扶贫帮扶行动。

在澄城县和家楼村，利用中国大唐专项援建资金30万元建设党员活动中心，提升党建基础设施水平；加强支部共建，与下属基层单位基层支部开展交流共建活动；组织带领产业发展，支部书记积极发展集体经济，初步形成属于集体的农产品种植、粉条加工、设施大棚等产业项目，集体经济分红覆盖贫困户100%。

【教育扶贫】 2019年，中国大唐在大化县投入678万元建设大化县民族新城中学综合教学楼，投入80万元用于开展“雨露计划”资助大化县贫困大学本科生，投入30万元优化板兰村小学配套设施；投入100万元设立“大唐奖学金”，帮助贫困家庭学生完成学业；向大化县板兰小学捐款30万元，捐赠校服3038套，价值近30万元；推出“大唐启明星课堂”大型文化教育品牌活动和物资帮扶，为贫困山区学生送去电力科普课程和各类帮扶物资，累计捐赠物资价值6.2万元；向大化县中小学校捐赠新华字典38本、小音箱1台、书包138个及一批文具盒等教学用具，各类文化书籍104册。在澄城县投入10万元对贫困户子女中成绩优秀、表现良好的人员设立奖学金、助学金支持。

【公益扶贫】 中国大唐开展同舟工程“救急难”、社会救助有关行动，开展建档立卡贫困群众大病救助帮扶，向大化县直接投入帮扶资金100万元，救助211人次；向澄城县投入5万元，对贫困户大病、慢性病予以救助补贴。

【基础设施建设】 2019年，中国大唐投入240万元在大化县板兰村援建114个贫困家庭水柜，投资100万元帮助大化县各乡镇贫困家庭建设水柜，投入140万元用于安兰村、板兰村村部公共服务中心建设和垃圾焚烧处理，有效改善贫困群众居住环境。

【整村推进】 2019年，中国大唐向大化县安兰村、板兰村投入2098.86万元，实施扶贫干部区、市、县、镇、村“五级全覆盖”，项目日跟踪、周调度、月盘点、季结果“四维精管控”，帮扶安兰村、板兰村建设安兰李基地25座，种植安兰李约1650亩，建设毛葡萄基地2座约90亩，建设包括肉鸽、肉牛、山羊、七百弄鸡“党旗引领·联建联养”产业扶贫养殖基地30个。通过专业合作社运营带动贫困户人均可持续挂靠分红约每年每户6000元。创新实践1000平方米异地扶贫开发养羊基地，破解深度贫困地区土地贫乏、交通不便、水资源匮乏、建设成本高、劳动力匮乏、回收成本高等六大难题，为大石山区发展提供新模式。板兰村、安兰村贫困发生率从2018年的65.3%、35.83%分别下降至2019年的2.37%、1.78%，两村353户2059人脱贫，两村实现脱贫出列。

向澄城县和家楼村投入100万元，建设设施农业示范园项目，包含11座大棚及配套道路、供电、供水和交易场所，开展文化墙建设、奖学金、助学金及贫困户大病救助，持续巩固和家楼村脱贫成果。

【就业扶贫】 中国大塘帮助大化县贫困人口转移就业83人，所属大化总厂、岩滩公司、检修公司在物业、职工食堂、检修人员等方面招用贫困家庭人口186人，招聘当地贫困户就业生22人，通过帮助贫困家庭大学生就业，提升贫困户自我脱贫的能力，实现一人就业，带动全家脱贫。

（中国大唐集团有限公司扶贫办
高文明）

中国华电集团有限公司定点扶贫

【概述】 中国华电集团有限公司(以下简称“中国华电”)定点帮扶新疆维吾尔自治区乌恰县、阿图什市。中国华电成立以党组书记、董事长温枢刚任组长,党组成员、副总经理杨清廷任副组长,相关部门负责人为成员的扶贫工作领导小组,设立扶贫工作处。2019年,中国华电投入扶贫资金2.57亿元,选派121名扶贫干部在16个省区开展驻村帮扶工作,着力在项目发展扶贫、民生设施扶贫、特色产业扶贫、就业扶贫、教育扶贫、消费扶贫、人才扶贫、“救急难”等方面精准施策,把政策、资金、人才、措施向定点扶贫县等深度贫困地区聚焦,助力定点扶贫的阿图什市、对口支援的喀什市实现脱贫摘帽。“打出精准扶贫‘组合拳’,共享‘华电温暖’”扶贫案例入选国务院扶贫办《中国企业精准扶贫案例50佳》。在2019年中央单位定点扶贫脱贫攻坚成效考核中被评为“好”等次。

【扶贫资金投入】 2019年,中国华电在定点扶贫县投入帮扶资金2286万元。其中:投入1297万元用于解决“两不愁三保障”突出问题,在定点扶贫县援建3所乡、村幼儿园、2所乡级卫生院,实施2个饮水安全项目,资助35户重大疾病患者家庭、100名困难家庭学生,使22864名群众受益;投入642万元用于发展特色产业;投入213万元用于基层干部和技术人员培训。引进帮扶资金100万元,资助440名困难家庭学生完成学业。

【扶贫调研】 2019年,中国华电班子成员赴定点扶贫县考察调研4人次。7月,中国华电党组成员、副总经理杨清廷深入阿图什市、乌恰县调研,实地考察定点扶贫项目推进情况。9月,中国华电党组书记、董事长温枢刚深入阿图什市、乌恰县调研,实地察看援建项目,协调解决具体困难,慰问贫困户和扶贫干部。中国华电扶贫办组织到定点扶贫县调研指导89人次,对定点扶贫县开展2次督导检查,形成2份督查报告。

【扶贫会议】 2019年,温枢刚主持召开4次党组会、6次总经理办公会、2次扶贫工作领导小组会、1次年度扶贫工作视频会议研究部署扶贫工作。中国华电扶贫办定期协调落实年度定点扶贫工作计划,组织5次现场专项督导和专题会议,及时协调定点扶贫县党委政府解决扶贫工作推进问题。

【干部挂职扶贫】 2019年,中国华电向定点扶贫县选派2名挂职干部,分别担任乌恰县副县长、阿图什市副市长,协助分管扶贫开发工作;选派2名驻村干部,分别担任乌恰县巴音库鲁提村、阿图什市瓦克瓦克村第一书记。中国华电向克孜勒苏柯尔克孜自治州和喀什地区选派3支工作队21名扶贫干部开展“访惠聚”驻村帮扶。将中国华电第三届道德模范“特别奖”颁发给公司新疆扶贫工作集体。

【产业扶贫】 2019年,中国华电利用定点扶贫县优质太阳能资源,投入410万元建成乌恰县巴音库鲁提村500千瓦和阿图什市瓦克瓦克村70千瓦光伏项目,其中:巴音库鲁提村500千瓦光伏扶贫电站每年可增加村集体收入超60万元,促进100户建档立卡贫困户增收;阿图什市瓦克瓦克村分布式光伏项目通过自发自用、余电上网并辅以储能方式,彻底解决村委会、村民夜校用电问题，村集体每年增收近9万元。探索瓦克瓦克村盐碱地治理，实施示范项目，发展生态农业；创建阿图什市博斯坦村“妇女创业园”，帮助110名建档立卡贫困家庭妇女就近就业；实施乌恰县黄牛品种改良、特色林果提升改造等对农户增收明显的特色产业，带动群众发展产业积极性。

【就业扶贫】 2019年，中国华电在定点扶贫县组织举办电商、美容美发、农业科技培训班，提升农牧民的技能水平；为地方政府提供帮扶资金落实招商引资优惠政策，帮助引进科技企业在阿图什市小微产业园投资1000万元，吸纳30名贫困人口就业；通过在疆企业招聘促进贫困家庭劳动力稳定就业，在华电喀什热电厂为乌恰县贫困群众稳定提供10个后勤辅助性岗位。充分挖掘中国华电基础设施建设项目劳动力需求潜力，推行贫困地区群众参工参建（参与工程建筑材料供应、参与工程建设施工），按照“依法依规、政府主导、市场行为”原则，引导协调贫困群众个人或团队参与在建项目非关键工程施工，为当地贫困群众提供稳定就业机会。

【消费扶贫】 中国华电通过组织企业工会和职工食堂订购、动员社会力量采购等方式，拓宽贫困地区农产品营销渠道，2019年购买和帮助销售贫困地区农产品3243万元。推行“互联网+合作社+农户”模式，开展特色农产品生产、加工、销售一条龙服务，实现乌恰县柯尔克孜羊肉、牦牛肉、阿图什市核桃等优质特色农产品48小时内送达客户，解决定点扶贫县农产品卖难问题，其中柯尔克孜羊肉完成销售380万元。打造电商帮扶模式，通过网络新媒体注册成立“微商”“微店”，帮助贫困户自销特色农副产品。在就餐人数多、物流方便的职工食堂推广订单农业，保障贫困群众最低收购价格，直接采购贫困县鸡蛋、牦牛肉、青稞米等；发挥企业工会优势，鼓励、组织各级工会同等条件下优先采购深度贫困地区农产品，其中一次集中采购阿图什市薄皮核桃近250万元。

【光伏扶贫】 2019年，中国华电结合光伏电站建设管理经验，提出“1+3+21”运维管理模式，解决村级光伏扶贫电站全生命周期运营难题。运维第1年由中国华电EPC单位代管，同时招聘并培训当地运维人才；之后3年由村委会管理，中国华电提供技术支持和远程指导；从第5年开始的21年，完全由村委会自主管理，既保障电站安全稳定运行，又实现运营人才本土化培养。

【扶贫培训】 2019年，中国华电投入206万元与定点扶贫县“地企”合作办班，采取室内拓展课、“情境式”教学、红歌教学等形式，分层次、多渠道量身定制“培训套餐”，开展基层干部常态化教育和技术人才专业培训。累计举办各类培训班30期，培训基层干部717名、技术人员2073名、农牧民1560名。

【公益扶贫】 2019年，中国华电开展聚焦一个主题宣传、共建一批基层堡垒、组织一次“幸福行动”、捐赠一批文教用品、开展一次形象代言、选树一批扶贫典型的“六个一”志愿服务活动，搭建起员工与定点扶贫县联络平台，捐助衣物、文体物资近20万件。创新推出“爱心超市+积分管理”正向激励物资发放办法，用积分兑换物资，分期分批向贫困群众免费发放，极大调动村民参与村委会组织各项工作积极性。

【党建扶贫】 2019年，中国华电组织驻村党员干部成立驻村党支部，以支部联建为载体，带动村党支部全面进步全面过硬，驻村党支部利用常驻村委会等有利条件，深入村党员群众交心引领思想，协助地方党委把政治素质好、群众威望高、致富能力强、相对年轻的党员选拔到村干部岗位上，着力把致富能手发展成党员，组织村党员在家门口贴上“党员之家”标识，评选“党员模范之家”，促进村党员身份意识、组织意识有效增强，先锋模范作用日益突出。中国华电直属党委向定点扶贫县捐赠100万元党费帮扶修缮贫困村党组织活动场所，更新党员教育设施；指导驻村扶贫干部组织完善规章制度，创新开展村干部日常性学习培训考核，选聘村级后备干部与现有村委会干部同训练、同工作、同学习，一年后实行末位淘汰，切实提升基层干部素质。

【教育扶贫】 2019年，中国华电继续在西藏和四川藏区实施确定“入口”和“出口”的“三定培养”长效扶贫模式。三定即定向招生、定向培养、定点安置。定向招生，委托大专院校定向招收当地建档立卡贫困户“两后生”（即未升学的应往届初、高中毕业生），正常进行全日制教育。定向培养，与大中专院校合作办学，学校根据中国华电项目所需人员素质、专业结构、人员配置量身订制产学结合教学计划。定点安置，学生毕业合格后就近安置到中国华电所属电站从事生产运行维护相关专业工作。

【扶贫宣传】 2019年，中国华电以“一起过上好日子”为主题启动第二届扶贫宣传周，在新华网、人民网、央视网、中国电力新闻网、中国能源网等国家和行业主流媒体，深入报道中国华电助力精准脱贫的丰富实践、重大成就、先进典型，讲好中国华电扶贫故事。宣传周期间集中报道中国华电在新疆、西藏、云南、四川、贵州、山西等区域扶贫点的沧桑巨变和帮助贫困群众走上小康大道的真情实践，形成《精准扶贫助力乌恰县脱贫摘帽》《“数”说华电：亮丽扶贫答卷写在祖国天南地北》《〈脱贫〉——四川华电金川水电开发有限公司扶贫纪实》《华电新疆：扶贫路上尽锐出战》《华电新疆发电：金秋情暖“扶贫日”》《中国华电精准扶贫：行思·路在脚下》等优秀通讯稿件。

【基础设施建设】 2019年，中国华电投入资金81亿元积极推进“三区三州”等深度贫困地区水电、风光电等项目开发，助推地方经济社会发展。投入15亿元援建的云南省怒江州六丙公路一期工程、六库连接线工程和美丽公路连接线工程全面建成通车，显著改善当地主干交通条件。

（中国华电集团有限公司战略规划部 刘 敏）

国家电力投资集团有限公司定点扶贫

【概述】 2019年，国家电力投资集团有限公司（以下简称“国家电投”）定点帮扶河南省商城县、四川省美姑县、陕西省延川县。2019年，国家电投投入帮扶资金1980.01万元，引进帮扶资金222.32万元，培训基层干部341名、技术人员516名，购买贫困地区农产品1330.48万元，帮助销售贫困地区农产品472.42万元。2019年，国家电投扶贫工作取得多项荣誉。黄河公司获得“省级定点扶贫先进单位”荣誉称号；内蒙古公司被内蒙古自治区授予“优秀扶贫龙头企业和万企帮万村优秀企业”荣誉称号；广东公司获得广东省2016—2018年脱贫攻坚突出贡献集体荣誉；贵州金元纳雍电厂党委获得贵州省脱贫攻坚先进党组织称号。

【扶贫资金投入】 国家电投2019年在定点扶贫县投入帮扶资金1980.01万元，引进帮扶资金222.32万元。

【扶贫调研】 2019年6月，国家电投党组书记、董事长钱智民赴延川县调研扶贫工作，实地考察华延服装厂、双庙村阳光大棚等扶贫项目。7月，国家电投党组副书记、总经理江毅赴商城县调研，走访慰问贫困户，察看村级光伏电站运行情况，考察村小学、村级便民服务中心、党员活动室等。9月，国家电投党组成员、纪检监察组组长陈维义赴美姑县，现场调研牛坝乡吊桥项目、佐戈依达乡尼普莫村黑山羊合作社集体养殖项目及巴普镇埂则村彝家新寨项目。国家电投成立联合督查组，对美姑县、延川县、商城县扶贫工作进行督导调研，通过召开座谈会、查阅扶贫工作台账、现场调研及贫困户入户走访的方式，对县委县政府在主体责任落实、政策落实、工作落实和作风建设等方面进行督促指导，提出建议和意见。

【扶贫制度建设】 国家电投编制《集团公司对外捐赠管理办法》《集团公司扶贫与援助工作管理办法》，规范开展扶贫与捐赠工作。

【扶贫培训】 2019年9月，国家电投在人才学院组织全集团扶贫干部专题培训，培训扶贫干部40余人。8月，组织定点扶贫县领导赴光泽县进行调研、交流、学习，向沿海发达省份的贫困县学习先进的脱贫方法和思维模式，丰富和提高定点扶贫县脱贫防返贫、壮大集体经济、开展美丽乡村振兴等工作举措和成效，助力打赢打好脱贫攻坚战。

【干部挂职扶贫】 国家电投先后选派9名干部到定点扶贫县挂职扶贫，其中：选派2名干部到延川县挂职扶贫，分别担任副县长和第一书记；选派2名干部到商城县挂职扶贫，分别担任副县长和第一书记；选派5名干部到美姑县挂职扶贫，1名干部担任副县长、3名干部担任乡党委副书记，1名干部担任第一书记。河北公司驻老庙营村第一书记刘洪斌获河北省“优秀驻村第一书记”荣誉称号；广东公司傅永华获得兴宁市2016—2018精准扶贫先进个人，徐凯春获得兴宁市2016—2018精准扶贫先进个人；国核宝钛锆业股份公司王卫获得延安市优秀“第一书记”称号；江西公司林腊琪获贵溪市先进市直扶贫干部。

【产业扶贫】 国家电投发挥行业领先优势，推进绿色电力扶贫。打造“绿电+扶贫+生态”的可持续产业帮扶品牌，入编国务院国有资产监督管理委员会“央企十大精准扶贫模式”,并在中国中央电视台《手挽手——精准扶贫央企在行动》系列节目展播。一是秉持“光伏扶贫、生态涵养”理念,结合主业助力扶贫。国家电投全力推动产业扶贫,将装机容量全球第一的光伏发电产业与脱贫攻坚紧密结合,打造“绿电+扶贫+生态”示范项目,创造扶贫、生态、经济多赢的新模式。四川甘孜、阿坝地区属深度贫困地区,已建成光伏扶贫项目10万千瓦,每年产生扶贫红利1300万元,惠及1.3万贫困人口。国家电投投资建设的乌兰察布600万千瓦风电项目,总投资约420亿元,已核准开工,开发乌兰察布风电项目对于推动能源生产和消费革命、促进京津冀能源结构优化调整、增加当地就业、助力脱贫攻坚具有重要意义。二是推动集中式光伏扶贫电站建设,发挥带动效应。国家电投累计投入资金81.8亿元,建成投产光伏扶贫项目113万千瓦。集中式光伏电站主要分布在四川、云南、河北、山西等贫困地区,可为3.1万户贫困户连续创收20年、年均3000元的稳定收入,脱贫带动效果显著。三是打造村级光伏扶贫电站,灵活解决地方实际问题。国家电投建设185座村级光伏电站,建设总规模12297千瓦,主要分布在河南、河北、湖南、江西、广东、宁夏,其中河南商城建设154座村级光伏扶贫电站,建设总规模10560千瓦,扶持贫困户2100户、6655人。2019年累计发电1260万度,实现收入1091万元。河北公司先后捐赠299万元建设总容量为615千瓦的3个光伏电站,为村累计创收86万元,带动317户840名贫困人口户均年增收3000元。

【公益扶贫】 “远方”教育培训公益项目是国家电投开展多年的特色助学品牌。“远方”侧重培训师生和青年人才,从理念和方法上提升软实力。2019年,“国家电投远方助学计划”投入资金771.62万元,完成一对一帮扶贫困学生951名,培训中小学校长和骨干教师450名,举办“远方大讲堂”送教上门4期,“绿动未来”大学生暑期社会实践活动1期。实施2期“国家电投远方乡创企业家训练营”,通过资源对接和项目孵化,为有情怀、有梦想、有能力的青年乡创企业家搭建平台、荟聚智慧、整合资源,推动商业计划落地和创业项目优化实施,助力脱贫攻坚和乡村振兴伟大事业。

国家电投连续15年开展“映山红”爱心助学公益志愿服务品牌项目,“映山红”公益行动捐款金额累计1082万元,累计资助8782人,捐建“映山红”希望小学36所,捐建“映山红”爱心书屋46个,项目覆盖全国近30个省区市。在青海省贵南县、云南省泸水市等地设置专项奖学金,资助贫困生完成学业,阻断贫困代际传递。

【基础设施建设】 2019年,国家电投四川公司援建美姑县九口乡瓦屋村,投资235万元修建幼教点和多功能活动室。河南公司投入147万元开展民生基础设施建设,重点解决电、路、水等民生问题。

【健康扶贫】 国家电投在美姑县搭建“救急难”专项行动平台,成立医疗救助基金,在美姑县建档立卡救助对象信息平台范围内实施大病医疗救助,2019年继续投入40万元(累计投入120万元),帮扶240余人。

(国家电力投资集团有限公司发展部 王鹏飞)

中国长江三峡集团有限公司定点扶贫

【概述】 中国长江三峡集团有限公司(以下简称“三峡集团”)定点帮扶江西省万安县、内蒙古自治区巴林左旗和重庆市巫山县、奉节县。2019年,三峡集团加大资金投入,创新方式方法,突出工作重点,通过教育扶贫、健康扶贫、产业扶贫、消费扶贫、旅游扶贫、基础设施扶贫、光伏扶贫、生态扶贫等方式,扎实推进定点帮扶工作。巫山县、万安县、奉节县、巴林左旗顺利脱贫出列。三峡集团在2019年中央单位定点扶贫工作考核中被评为“好”等次。

【扶贫资金投入】 2019年,三峡集团向4个定点扶贫县投入扶贫资金30739万元,其中:巫山县7548万元、奉节县7540万元、万安县8141万元、巴林左旗7510万元,实施扶贫项目60个。引进帮扶资金545万元,开展旅游文创商品设计研发、“童伴妈妈”、捐资助学、暖冬慰问等项目。

【扶贫资金管理】 三峡集团对扶贫项目资金实行科学、规范、精细管理,年初有预算、实施有审核、年末有决算,做到资金到项目、管理到项目、核算到项目,全面实施审核审批和预算编制管理,加强项目资金使用的监督与管理。强化资金管理,建立项目资金分期拨付制度,除奖学助学、大病救助等少数项目外,项目资金原则上按照首次70%、验收通过30%进行拨付,确保帮扶资金安全高效使用。2019年,三峡集团开展定点扶贫项目实施情况“回头看”监督检查,抽查扶贫项目13个,涉及金额1.38亿元。

【扶贫调研】 2019年5月、8月、11月,三峡集团党组书记、董事长雷鸣山,党组副书记、总经理王琳先后带队赴4个定点扶贫县调研定点扶贫工作。9月3日,三峡集团党组成员、副总经理范夏夏,公益基金会理事长沙先华赴万安县调研。同时,四县(旗)主要领导也分别赴京走访三峡集团,确保帮扶工作落到实处,产生实效。

【扶贫培训】 2019年,三峡集团开展基层党建知识、扶贫管理能力培训,培训基层干部2574名,提升扶贫干部履责能力,助力脱贫攻坚。实施教育、卫生、旅游、农技、烹饪、汽修、妇女手工等技能培训,培训技术人员9004名,助力贫困群众就业增收。

【干部挂职扶贫】 2019年,三峡集团有9名干部在定点扶贫县挂职,其中挂任县级干部5名、驻村第一书记4名;有13名干部在川滇两省深度贫困地区挂职。三峡集团严格执行月报告制度,充分发挥挂职干部在宣传扶贫政策、落实扶贫项目、监督资金规范使用、创新扶贫方式等方面的桥梁纽带和示范引领作用。

【扶贫监督检查】 2019年,三峡集团扎实开展定点扶贫项目实施情况“回头看”监督检查,抽查扶贫项目13个,涉及金额1.38亿元。集团领导、责任单位领导及专项工作组共计20余次赴定点扶贫县调研,就定点扶贫县在主体责任落实、政策落实、工作落实和作风建设等方面持续开展常态督导,提出提升建议。

【扶贫宣传】 2019年,围绕讲好三峡扶贫故事,在全国“两会”期间,在人民日报社旗下的《国家治理》周刊刊发三峡集团主要负责同志署名文章,与人民网合作推出《两会进行时》“三峡时刻”特别访谈节目，在三峡集团全媒体推出《云南扶贫记》等系列宣传报道，全景展示三峡集团扶贫典型实践。围绕国家扶贫日等重要时点和重点品牌项目，组织扶贫专题宣传策划，通过三峡工程报、官方网站、官方微博等自办媒体平台及其他有影响力的主流媒体，多层次、多角度、全方位集中宣传报道三峡扶贫工作成效，传递扶贫工作正能量，引导社会各界关注和参与扶贫工作，2019年三峡集团全媒体发布新闻报道160余篇，其中在中宣部“学习平台”上成功推送10余篇。

【教育扶贫】 2019年，三峡集团投入7115万元支持定点扶贫县教育扶贫。帮助修建3所幼儿园（留守儿童服务中心）、2所小学、2所中学，并向300余贫困学生提供助学金，捐赠书包、图书等学习用品。开展“三峡娃娃行——宜昌水电夏令营”，邀请定点扶贫县在内9个帮扶区域计319名中小学生暑假期间相聚宜昌，重走习近平总书记视察三峡工程之路，近距离感受大国重器，引导青少年听党话、感党恩、跟党走。活动受到人民日报、新华社、中国中央电视台等主流媒体的关注和报道，网络累计阅读量达722.3万人次。与中国中央电视台合作创作活动主题曲《种下一个梦》，录制《大手牵小手——三峡娃娃行》特别节目，分4期在央视播出，受到社会关注和普遍赞誉。

【健康扶贫】 2019年，三峡集团投入11210万元提高定点扶贫县贫困群众医疗保障水平。其中：投入6300万元在巫山县、奉节县建立三峡健康扶贫医疗基金，对建档立卡贫困户住院医疗费用10%以上的个人承担部分进行全额兜底，惠及建档立卡贫困人口3.5多人次；投入1590万元在万安县实施贫困人口医疗商业补充保险项目，为农村建档立卡贫困人口、农村低保和特困人员建立商业补充保险，惠及5.3万名贫困群众；投入2894万元新建3座乡镇卫生所、4所村卫生室，标准化改扩建43所村卫生室，改善贫困乡村医疗基础设施；投入326万元培训2907名基层医疗卫生人员，全面提升基层医疗卫生机构的服务能力和管理水平；投入100万元在巫山县、奉节县持续开展“同舟工程——救急难”行动，帮助贫困家庭减轻医疗经济负担。

【产业扶贫】 2019年，三峡集团投入600万元，援建巴林左旗笤帚苗特色产品综合服务中心，建成后将具备产品展示、标准化生产流程展示、电商运营三大主要功能，对引导当地贫困群众发展笤帚苗产业发挥积极带动作用。在巫山县华家村建设千亩脆李产业园、在奉节县白龙村规划建设脐橙小镇，做到统一种植、统一管护、统一包装，助力定点扶贫县打造地理标志产品；在巴林左旗林东镇建设肉驴养殖合作社，扩建高标准圈舍1200平方米，推广“农户繁殖为主，规模育肥为辅，合作社线上销售”养殖模式，带动20户贫困户42名贫困群众实现稳定脱贫。

【消费扶贫】 2019年，三峡集团依托自有电商平台，首次与京东商城合作，为4个定点扶贫县农特产品建立线上销售渠道；通过线上线下相结合、发动集团内部员工购买四县农特产品2086万元，引入外部参建单位和合作伙伴购买3810万元。在《中国三峡》杂志刊登定点扶贫县农副产品广告、制作宣传手册和展板、设立农副产品展示专区等方式广泛宣传推介，提升消费扶贫产品知名度，推动消费扶贫。

【旅游扶贫】 2019年，三峡集团投入2630万元打造旅游村，配套旅游设施，助力贫困群众吃上“旅游饭”，挣上“旅游钱”。探索“旅游+扶贫”模式，通过为巫山县量身定制特色旅游线路、打造特色旅游产品、赠送10辆旅游大巴车等，全方位助力巫山旅游提档升级，为巫山县新增游客约20万人，增加旅游收入1.3亿元；投入资金1980万元，支持巫山县曲尺乡权发村—柑园村乡村旅游示范区建设和巫山县当阳乡乡村旅游点建设；投入资金150万元，支持奉节县编制永乐镇白龙村旅游发展总体规划，致力将该贫困村打造成集三峡风光、农业采摘、特色民俗为一体的“三峡第一村”。

【基础设施建设】 2019年，三峡集团投入6800万元修建道路26千米，建设3处提灌、堤防等水利工程，建设2个环境优美的特色小镇及多个垃圾转运站、乡镇敬老院等基础设施。其中：投入1600万元实施万安县农村饮水安全巩固提升项目，惠及3.4万村民；投入1500万元，助力万安县改善高陂画艺特色小镇基础设施条件，帮助万安县打造田北农民画村这张新“名片”。

【光伏扶贫】 2019年，三峡集团建成投产总投资约10亿元的巫山县三溪乡、两坪乡195兆瓦光伏产业扶贫项目。在项目建设期间，为当地提供约20万个工天的劳务岗位，帮助当地群众增收约3000多万元；项目建成后，每年为当地新增1400万元税源，以“农光互补”形式提供低产荒地租金220万元并且聘请当地村民参与光伏板下农业种植、养殖，为村民就近打工提供便利。投入290万元，支持奉节县永乐镇白龙村光伏发电项目，增加村集体资产收益，带动当地贫困户稳定增收。

【生态扶贫】 2019年，结合共抓长江大保护战略，三峡集团与万安县政府签订共抓长江大保护合作框架协议，先期投资5亿元，启动万安县城西区污水处理厂和雨污主管网建设项目，以及19个乡镇集中生活污水处理项目。开工建设总投资5048万元的长江大保护先行先试项目——巫山县管家溪水环境整治工程，改善县域周边生态涵养水平，优化县域生态环境。

（中国长江三峡集团有限公司集团办公室　黄晓天）

国家能源投资集团有限责任公司定点扶贫

【概述】 国家能源投资集团有限责任公司(以下简称“国家能源集团”)定点帮扶内蒙古自治区宁城县、山西省右玉县、青海省曲麻莱县、陕西省米脂县和吴堡县、四川省布拖县和普格县。2019年,国家能源集团印发扶贫工作管理办法和年度扶贫工作计划,派出挂职干部19名,投入各类扶贫资金2.01亿元,在“两不愁三保障”、产业扶贫、生态扶贫、消费扶贫、扶志扶智、就业扶贫等方面扎实开展各类扶贫帮困工作。2019年,宁城县、米脂县和吴堡县成功脱贫摘帽。国家能源集团在2019年中央单位定点扶贫工作成效考核中被评为“好”等次,入选《中国企业精准扶贫案例50佳》,被青海省评为脱贫攻坚先进单位。

【扶贫资金投入】 2019年,国家能源集团投入扶贫资金20108万元。其中,宁城县1487.28万元,实施项目7个;右玉县1819.98万元,实施项目9个;曲麻莱县3137.06万元,实施项目16个;米脂县1935.59万元,实施扶贫项目14个;吴堡县2072.52万元,实施扶贫项目13个;布拖县5295.87万元,实施扶贫项目17个;普格县4359.74万元,实施扶贫项目17个。

【扶贫调研】 2019年7月12日,国家能源集团党组书记、董事长王祥喜赴右玉县调研定点扶贫工作,深入野场村等地指导产业扶贫、生态扶贫等工作。分管扶贫工作的党组成员、副总经理高嵩先后赴7个定点扶贫县调研考察,推进各项扶贫工作。6月,党组成员、总会计师陈斌赴普格县调研扶贫工作。8月,纪检监察组组长、党组成员卞宝驰赴曲麻莱县调研扶贫工作。

【扶贫制度建设】 2019年,国家能源集团印发《定点扶贫与对口支援工作管理办法》,明确扶贫工作的组织体系与职责分工,细化援建项目筛选和年度计划申报的原则与流程,规范扶贫资金的筹措、拨付与管理,实化扶贫工作的监督检查,强化扶贫挂职干部的管理等,为做好帮扶工作提供制度保障。

【扶贫培训】 2019年,国家能源集团为7个定点扶贫县培训基层干部1031名。其中:举办彝区、藏区、革命老区基层干部培训班和电商培训班6期,培训基层干部238人;举办“两山”理论干部培训班,强化绿色发展理念和生态扶贫工作,为布拖县、普格县、曲麻莱县培训基层干部25人;举办贫困村“两委”班子素质提升培训班,为米脂县、吴堡县、普格县培训基层干部124人;在布拖县、普格县,举办一线干部集中培训班、基层干部禁毒能力提升培训班等,培训基层干部644人。

2019年,国家能源集团培训技能人才1928名,其中:在普格县、布拖县、米脂县、吴堡县、宁城县开展电商培训班,培训技能人才97人;在曲麻莱县开展民族手工艺等技能培训班,培训技能人才200名;在宁城县、米脂县、吴堡县开展电工、电焊、手工挂面职业技能培训班,培训贫困人员178名;在普格县、右玉县开展贫困户种植养殖技能培训班,培训贫困人员206名;在普格县、布拖县开展工程建设管理培训班,培训技术人员590名;在布拖县举办新型农民素质提升培训班,培训当地农民224名;在布拖县举办教学能力提升培训班,培训小学教师125名。此外，公益基金会还发挥优势在米脂县、吴堡县、布拖县、普格县举办乡村医生培训班，培训医务人员262名。

【干部挂职扶贫】 2019年，国家能源集团向定点扶贫县派出挂职干部（含第一书记）19名，确保每个县至少有1名县级挂职干部和1名驻村第一书记在岗开展扶贫工作，挂职副县长全部分管或协助分管扶贫工作。2019年，国家能源集团及时完成5县挂职干部换届工作，做到干部压茬交接、工作平稳有序，并将轮换情况及时报备有关部门。加大“三区三州”深度贫困地区的干部选派力度，向脱贫压力较大的普格县、布拖县增派挂职干部3名，人数分别达到5人和4人，建立起县、乡（局）、村三级多人挂职的扶贫工作队伍。

【扶贫宣传】 2019年，国家能源集团在内外媒体上原发及转发扶贫报道356篇。中国中央电视台《手挽手》精准扶贫中央企业在行动分3集对国家能源集团扶贫工作进行专题报道。新华社、中国扶贫杂志等媒体，先后到凉山、青海等地对国家能源集团扶贫成效和优秀挂职干部进行深度报导。

【产业扶贫】 2019年，国家能源集团投入产业扶贫资金1870万元，开展产业帮扶项目7个，扶持15个龙头企业（合作社），带动3956名建档立卡贫困户脱贫。在宁城县、右玉县投入1250万元援建蔬菜大棚项目，有效带动464人脱贫，帮助104名贫困人员实现转移就业。在普格县、米脂县投入480万元援建果蔬种植大棚和采摘园，带动2335名贫困人口增收。在曲麻莱县投入100万元购买2台运输车辆，帮助巴颜村成立物流运输公司，带动30人实现转移就业。帮助布拖县、普格县成功引进2家外部专业企业，投资239万元开展土特产包装销售，帮助当地打通物流通道，惠及当地农户5000余人。

【生态扶贫】 2019年，国家能源集团投入生态扶贫资金1630万元，助力生态脆弱地区脱贫攻坚。其中，投入1450万元在曲麻莱县黄河源头实施生态保护项目，完成核心区15万亩草场的退牧还草工作，并在162名草场管护员基础上，新增聘33名贫困户为生态管护员；投入180万元在右玉县设立“绿色生态保护扶贫基金”，聘用190名建档立卡贫困户担任护林员，实现生态保护和精准扶贫共赢。

【消费扶贫】 国家能源集团利用“能源爱购”和“国能智业慧采”两个扶贫电商平台，鼓励和引导广大干部职工和系统内单位食堂积极购买贫困地区农产品。2019年购买贫困地区农产品7002万元，帮助销售贫困地区农产品686万元。

【教育扶贫】 2019年，国家能源集团投入资金8905万元，帮助贫困人口9980人。其中：投入6834万元援建普格县株木树小学等9所学校（幼儿园），改善办学条件；投入1141万元在7个定点扶贫县设立职工爱心助学基金，资助贫困家庭学生及优秀教师；公益基金会投入930万元在布拖县、右玉县、米脂县、吴堡等县中小学援建“爱心书屋”。

2019年10月17日，国家能源集团举办“扶贫日”主题活动，动员系统内广大干部员工踊跃参加，筹集员工善款2257万元，用于定点扶贫县教育扶贫工作。

【基础设施建设】 国家能源集团在普格县安排资金800万元为316人贫困户提供安全住房建设补助，援建彝族新村工程。在吴堡县安排资金110万元，帮助当地建设水质监测实验室和饮水工程，解决贫困群众饮水难和饮水安全问题。在布拖县投入1080万元，援建博作村通村公路，打通博作村的旅游和产业发展通道。在米脂县投入88万元，新建便民桥4座、加宽便民桥1座，解决当地300余户村民的出行难问题。在曲麻莱县投入70万元，帮助麻多乡修复光伏电站，保障日常办公生活用电。

【健康扶贫】 2019年，国家能源集团投入资金4004万元，帮助贫困人口16290人。其中：投入3261万元帮助吴堡县、右玉县、布拖县购买医疗设备，提高医疗卫生水平；投入620万元在布拖县、普格县开展“爱心红丝带”活动，提高当地防艾治艾能力；投入86万元在米脂县、吴堡县开展“送医下乡”义诊活动；投入37万元在曲麻莱县、米脂县开展“救急难”活动，帮助贫困群众度过难关。

【就业扶贫】 2019年，国家能源集团帮助贫困人口实现转移就业467人，招用贫困大学生24人。其中，通过产业扶贫项目助力当地发展特色产业，帮助宁城县实现转移就业104人；通过生态扶贫选聘贫困人口为生态管护员，帮助右玉县、曲麻莱县实现转移就业270人；开展电工、焊工等技能培训增强贫困群众脱贫致富本领，帮助宁城县和米脂县培训技能人才125名，有79名贫困人口成功实现转移就业；另有14人在其他行业就业。推进贫困地区大学生招聘工作，招生政策向贫困地区倾斜，在7个定点扶贫县招聘24名大学生。此外，国家能源集团帮助推荐2名贫困大学生到合作企业成功就业。

（国家能源投资集团有限责任公司
战略规划部　贾睿涛）

中国电信集团有限公司定点扶贫

【概述】 中国电信集团有限公司(以下简称“中国电信”)定点帮扶新疆维吾尔自治区疏附县、广西壮族自治区田林县和四川省盐源县、木里县。2019年,投入帮扶资金10175万元,引进无偿帮扶资金1235万元,培训基层干部、技术人员6000余人次,实现消费扶贫金额近1亿元,在中央单位定点扶贫工作成效考核中被评为“好”等次,参与建设的国务院扶贫办“学前学会普通话”凉山试点项目组被评为2019年全国脱贫攻坚奖组织创新奖,天虎云商电商扶贫模式入选《中国企业精准扶贫案例50佳》。

【扶贫资金投入】 2019年,中国电信向4个定点扶贫县投入帮扶资金10175万元,重点投向位于“三区三州”深度贫困地区的木里县、盐源县、疏附县8375万元。引进企业投资7690万元,涉及8个扶贫项目。引入无偿帮扶资金1235万元(含物资)。

【扶贫调研】 2019年,中国电信召开1次扶贫工作推进会、3次党组会、5次扶贫开发工作领导小组会,研究部署扶贫工作。中国电信班子成员赴定点扶贫县督促检查5次,形成5份督促检查报告,发现问题11个,提出反馈建议11条。

【网络扶贫】 提升贫困地区网络覆盖。2019年,中国电信追加专项补贴建设资金提前完成第四批4G普遍服务建设任务,实现4G网络覆盖全国100%的乡镇,光纤宽带覆盖90%的乡镇,4个定点扶贫县行政村光宽、4G双100%覆盖。精准提供扶贫优惠服务。在全国3.5万个营业点上线扶贫业务,基本实现贫困县全覆盖。在“提速降费”基础上,面向建档立卡贫困户推出扶贫优惠套餐、致富包和扶贫终端。2019年办理致富包、扶贫优惠套餐超360万户,累计让利超6亿元。以信息化手段助力贫困地区智慧脱贫。支撑建设精准扶贫大数据平台等多个国家级扶贫信息化应用,截至2019年12月平台累计服务16省1030县3900多万名贫困群众。聚焦“两不愁三保障”突出问题,深入推进“互联网+教育”“互联网+医疗”“互联网+农业”工程,通过网络帮助贫困地区提升基础设施水平。

【产业扶贫】 中国电信在盐源县援建核桃加工厂,帮助果农增收致富;在木里县拓宽羊肚菌销售渠道,组织上海分公司与乔瓦镇签订《产业扶贫项目合作协议》,引入90万元为当地农业企业购置加工生产设备、促进海椒规模化种植等;在疏附县实施果汁饮料加工厂、花卉种植温室大棚、肉鸡养殖场等项目,带动效应明显;在田林县引入姬松茸种植产业扶贫项目,打造姬松茸生产基地。

中国电信将产业扶贫、就业扶贫、消费扶贫有机结合。升级“1+3”内部结对帮扶机制,明确每个定点扶贫县分别与所在省公司、1个经济发达地区省级公司、1个集团业务部门组成结对帮扶小组,为各定点扶贫县引进、培育特色农副产品种植加工产业项目。在项目推进过程中就近吸纳贫困人口就业,尽最大可能为贫困家庭提供稳定的脱贫增收渠道。利用旗下天虎云商电商平台为援建项目提供整套电商服务,动员各级工会、40万干部员工和亿万电信用户参与消费扶贫，打造出盐源苹果、木里羊肚菌等网红特色扶贫品牌，提升产品品质和销路。

【消费扶贫】 深化中国电信天虎云商农村电商扶贫模式，2019年与数十个贫困县建立直接供销关系，累计引入全国18个省、300多个地市商品，帮助近100个贫困县商家入驻商城拓宽销售渠道。累计购买扶贫产品5795万元。利用旗下天虎云商、欢go手机客户端、积分商城、翼支付等线上销售平台，组织开展数十场线下体验活动引导广大用户参加"积分+消费扶贫"，持续与中国社会扶贫网开展合作，拓宽沃尔玛（中国）投资有限公司、大连兴业源农产品有限公司等销售渠道，帮助销售扶贫产品3786万元。

【扶贫培训】 中国电信选派近4000名专兼职扶贫干部助力脱贫攻坚，其中专职1400余名，举办各级公司扶贫干部培训班，实现全集团专职扶贫干部轮训全覆盖。首创线上学习专区深化精准培训，参与培训人数近9000人（其中专职扶贫干部1230人），学习总时长近13万小时，被中共中央组织部树立为中央企业典型标杆在全国推广。利用集团下属电信学院、邮电院校、网上大学等教育培训资源，组织通信施工技能、农牧养殖、教师素养提升等行业特色及技能类培训，在4个定点扶贫县培训基层干部1857名、技术人员4220名。

【干部挂职扶贫】 2019年，中国电信选派6名同志在定点扶贫县挂职，4名处级干部担任副县长协助分管扶贫工作，2名干部担任驻村第一书记。干部轮换和增派均按要求报上级部委备案。开展全集团扶贫先进典型评选，授予102名先进个人和12个先进单位荣誉称号，给予集团级荣誉及奖金奖励。

【就业扶贫】 中国电信鼓励各单位优先聘用贫困人口，给予不占用本单位用工编制的倾斜政策。积极参与"技能脱贫千校行动"，充分利用下属技工、中高职院校等资源，对深度贫困地区建档立卡贫困家庭学生优先安排实习、推荐就业。实施"百村千人就业扶贫计划"，在4个定点扶贫县517个行政村，每村增设一个信息服务点并提供兼职机会，实现517名贫困人员就近就业，预计两年带动1000余人次就业。中国电信援建的扶贫项目，在营业厅劳务用工、通信施工、维护岗位中，吸纳更多贫困人口劳务用工。

【教育扶贫】 中国电信先后投入2600余万元、500余人次支持项目建设，完成"学前学会普通话"行动相关信息化平台开发、测试、部署、培训等工作，并投入上亿元网络建设资金提升偏远幼教点网络覆盖。截至2019年年底，平台覆盖教育机构（幼教点、幼儿园）3900余个、辅导员1.4万余人，助力凉山州提升基础教育质量，帮助学龄前儿童学好用好普通话。中国电信利用全集团员工爱心捐赠资金，2019—2020年每年向定点扶贫县分别捐赠30万~40万元，用于资助贫困学生、奖励优秀教师等。

【扶贫宣传】 国家扶贫日期间，中国电信在集团总部举办主题教育脱贫攻坚展，参展观众覆盖总部所有党支部800余人；在多省同步开展扶贫主题活动，营造脱贫攻坚良好氛围。利用各类媒体平台报道扶贫案例及成效，2019年在国务院扶贫办《扶贫简报》、国务院国有资产监督管理委员会《中央企业扶贫专刊》等刊物发表扶贫信息4篇，在人民网、新华社等媒体发布扶贫新闻288篇，在《人民邮电报》推出脱贫攻坚系列报道。在中国电信官方网站和官方微博开设扶贫专栏，在各大视频网站上线扶贫成效宣传视频。在北京世界园艺博览会、乌镇世界互联网大会上宣传推广扶贫成效。

（中国电信集团有限公司办公室
扶贫工作处　李孟祥）

中国移动通信集团有限公司定点扶贫

【概述】 2019年,中国移动通信集团有限公司(以下简称“中国移动”)定点帮扶黑龙江省桦南县、汤原县,新疆维吾尔自治区阿克陶县、疏勒县、洛浦县,海南省白沙县,依托“1+3+X”框架体系,以网络扶贫为主线,强化组织、资金和人才保障,将网络扶贫与教育、健康、民生、产业、消费、就业等领域相结合,扎实推进“网络+扶贫”工作,取得显著成效,在中央单位定点扶贫考核中连续两年被评为“好”等次,自主开发的精准扶贫系统案例入选2019年“全球减贫案例征集活动”优秀案例。桦南县、汤原县于2019年5月脱贫摘帽,疏勒县、白沙县启动脱贫摘帽程序。

【扶贫资金投入】 2019年,中国移动电信普遍服务、贫困地区网络建设、资费扶贫让利等网络扶贫各项投入超过100亿元,历年累计超过700亿元;无偿捐赠扶贫资金3亿元,其中向定点扶贫县捐赠1.8亿元,实施民生、教育、医疗、产业等扶贫项目36个,67%的资金投向“三区三州”等深度贫困地区。协调115家企业向定点扶贫县无偿捐赠帮扶资金1373万元,用于民生保障、产业扶持、教育扶智等方面。

【扶贫调研】 2019年,中国移动到定点扶贫县调研督导64次,其中:中国移动班子成员先后带队深入6个定点扶贫县实地调研,走访慰问贫困户,现场督导扶贫工作。7月,中国移动党组书记、董事长杨杰带队到桦南县、汤原县调研,党组副书记王宇航带队到洛浦县调研。11月,纪检组长郭浩带队到白沙县调研,党组副书记、总经理董昕带队到疏勒县、阿克陶县调研。

【扶贫机制建设】 横向协同,建立“分解落实、督办通报、考核问责”的协同工作体系,各部门各单位各尽其责,形成扶贫合力。纵向贯通,健全“集团统筹、省公司主管、市州公司+挂职扶贫干部抓落实”的三级管理机制,自上而下层层压实扶贫责任。结对帮扶,安排集团内部9个实力较强的东部省公司结对帮扶定点六县。内外合作,发挥企业规模和影响力优势,发动广大员工、客户和合作伙伴力量共同扶贫。

【干部挂职扶贫】 2019年,中国移动选派挂职干部10名、第一书记466名、驻村工作队成员1734名,其中定点扶贫县选派挂职干部6名、第一书记10名、驻村工作队员27名。派驻西藏阿里地区改则县副县长段玉平获“2019年全国脱贫攻坚奖”贡献奖和中共中央宣传部“最美支边人物”称号。派驻湖北宣恩县二台坪村驻村干部向明不幸牺牲在扶贫岗位上,国务院国有资产监督管理委员会发函表示深切慰问,中国移动追授集团劳动模范称号;派驻陕西东西坪村驻村第一书记赵军获评中央文明办“中国好人”。加强干部关心关爱,落实报销、补助、保险、医疗等保障,并对表现优秀的3名挂职干部提职提级。

【网络扶贫】 2019年,中国移动在832个国家级贫困县投入资金102亿元,开展4G和有线宽带网络建设。完成电信普遍服务四期工程建设任务,建设4G基站6400余个。2019年年底,全国行政村4G网络覆盖率98%,建档立卡贫困村宽带网络覆盖率96%。

【推普脱贫攻坚】 4月3日,中国移动与教育部、国务院扶贫办、国家语言文字工作委员会、科大讯飞股份有限公司签署《"推普脱贫攻坚"战略合作框架》。中国移动为该项目提供专用手机100万部,并在网络、流量、话费和数据分析等方面提供保障和支持,助力贫困地区普及普通话,更好地就业、脱贫。

中国移动向"三区三州"2.7万户贫困群众发放定制手机,帮助近20万少数民族贫困人口学习普通话。开展汉藏双语手机捐赠,惠及3.5万户贫困群众。向定点扶贫县群众捐赠约4000部自有品牌手机、电视、机顶盒等设备,价值超过200万元。中国移动为建档立卡贫困户推出18元、28元专属"扶贫套餐",普通套餐全部享受4—5折优惠,每月免费赠送上网流量1GB、语音通话100分钟,惠及建档立卡贫困户995万,减免费用15亿元。向中国社会扶贫网累计减免提供134万个通用流量包,金额3300多万元。

【教育扶贫】 校园宽带"倍增计划"惠及"三区三州"约2500所中小学,平均带宽提升126%,单兆资费下降50%。中国移动蓝色梦想项目捐赠2050万元,培训贫困地区农村中小学校长11556名,建设多媒体教室557间。"双师课堂"项目覆盖教室400余间,让2万多名贫困学生享受远程教育。"和教育"为贫困学生免费提供价值5000万元的学习资源。"同悦工程"为贫困地区送去音乐、篮球、绘画等文体课程,惠及5万多名学生。研发推广汉维语翻译软件,破解扶贫工作语言沟通障碍。

【健康扶贫】 中国移动爱"心"行动捐赠1780万元,为9320名贫困儿童免费筛查先天性心脏病,免费手术救治确诊贫困患儿615名。为17家贫困地区基层医院建设远程医疗平台,惠及贫困群众23万人。依托5G网络为新疆贫困县部署胃镜胶囊远程检查系统。

【消费扶贫】 中国移动48家单位通过食堂、福利、员工自发购买等方式直接购买贫困地区农产品7600余万元;推出"中国移动扶贫商城",通过电商平台在线销售、扶贫干部线下推销等方式帮助销售农产品3300余万元,消费扶贫金额突破1亿元,其中定点扶贫县消费扶贫金额3709万元。

【产业扶贫】 中国移动在定点扶贫县实施蔬菜种植、服装加工等产业帮扶项目9个,同时引进企业15家,引入投资1.22亿元,扶持龙头企业和农村合作社12家,带动贫困人口脱贫2601人。在疏勒县,通过"人、建、技、销"组合发力,打造村办工厂产业扶贫样板。精心培育带头人,选定有缝纫和管理经验的本地村民穆乃外尔•热合曼作为致富带头人;投入近400万元资金建设1座服装厂和1座铁件厂;开展培训促就业,近500名村民参加,服装厂吸纳53名妇女就业,铁件厂吸纳9名工人就业;拓宽销路,广泛联系订单,工厂年产值260万元。

【基础设施建设】 中国移动在定点扶贫县实施住房、饮水、公路等项目10个,惠及贫困人口1194人。在洛浦县阿合其乡实施饮水改造工程,解决当地436户近1900名村民饮水问题。在汤原县香兰镇建设8000多平方米的垃圾处理厂,解决周边4个乡镇、43个行政村的生活垃圾处理问题,并吸纳7名贫困户稳定就业。在疏勒县巴仁乡建成蔬菜大棚30个,分配给60户村民无偿使用,帮助263名贫困户脱贫。

【就业扶贫】 中国移动各单位及合作伙伴招用贫困家庭人口735人,在全国441个贫困县提供务工需求1.4万个,为贫困人口培训就业技能7568人,帮助贫困人口实现转移就业9312人;与西藏自治区协商确认就业扶贫援藏合作,承诺每年为西藏籍高校毕业生提供至少100个就业岗位。

【党建扶贫】 中国移动1200多个党支部

与近1000个贫困村结对共建，发动党员向贫困地区捐款捐物270万元。开展“和你在一起”爱心帮扶行动，员工“一对一”结对帮扶贫困学生523名。国家扶贫日期间，组织开展“衣然有爱”捐衣助贫活动，向阿克陶县捐献衣物1100余件。

【扶贫宣传】 2019年，中国中央电视台《手挽手》《走遍中国》《中国建设者》《创新进行时》等节目专题报道中国移动扶贫先进事迹。在学习强国App、人民网、新华网、环球网及国务院国有资产监督管理委员会、中共中央网络安全和信息化委员会办公室、工业和信息化部等部委专刊专题报道十余篇，扶贫新闻报道3800余篇次。

（中国移动通信集团有限公司
扶贫办公室　杨志军）

中国电子信息产业集团有限公司定点扶贫

【概述】 2019年,中国电子信息产业集团有限公司(以下简称“中国电子”)突出统筹规划和顶层设计,先后印发《中国电子信息产业集团有限公司定点扶贫工作考核办法》等扶贫相关规章制度,为定点帮扶工作高效务实开展提供有力保障。向定点帮扶陕西省镇安县、四川省阆中市、贵州省松桃苗族自治县(以下简称“松桃县”)、海南省临高县4省4县(市),派出帮扶干部10人,投入帮扶资金1575.28万元,引进资金4778.4万元,圆满完成定点扶贫各项任务。中国电子荣获中国社会责任百人论坛主办方颁发的中国优秀企业“2019年度精准扶贫奖”(金牛奖)。

【扶贫资金投入】 2019年,中国电子向定点扶贫县投入帮扶资金1575.28万元,引进资金4778.4万元,重点实施产业扶贫、教育扶贫、健康扶贫等项目。

【扶贫调研】 2019年,中国电子党组书记、董事长、扶贫工作领导小组组长芮晓武和集团公司党组副书记、董事、扶贫工作领导小组副组长曾毅5次带队深入定点帮扶地区,与地方政府和帮扶干部共同研讨脱贫攻坚工作。集团全年共开展现场扶贫调研和督促指导21批次。

【扶贫制度建设】 2019年,中国电子扶贫工作领导小组印发《中国电子信息产业集团有限公司定点扶贫工作考核办法》《中国电子信息产业集团有限公司扶贫(援疆援藏)干部管理办法》《中国电子信息产业集团有限公司扶贫(援疆援藏)工作管理办法》《中国电子信息产业集团有限公司扶贫(援疆援藏)基金管理办法》等扶贫相关规章制度,为定点帮扶工作高效务实开展提供有力保障。

【扶贫培训】 2019年5月,中国电子在贵州电子信息职业技术学院召开企、县、校三方就业扶贫工作对接会,把就业岗位、技能培训和就业意愿统筹起来,为定点帮扶地区提供大量工作岗位和就业机会。共组织基层干部培训1118人次,培训技术人员934人次。

【干部挂职扶贫】 2019年,中国电子派出扶贫干部10人,覆盖定点帮扶地区的市、县、村,其中地市级1人、县(市)4人、村级5人(含1人轮换)。下派挂职帮扶干部,严格按照扶贫工作要求,全力做好定点帮扶工作。

【扶贫慰问】 2019年1月,中国电子派出挂职干部在定点扶贫县看望慰问基层党员干部、贫困群众和特困供养户,还召开民情恳谈会暨新春团拜会,开展爱心捐资助学活动。

【扶贫资金管理】 2019年,为加强扶贫基金管理,确保基金规范有效使用,中国电子扶贫工作领导小组印发《中国电子信息产业集团有限公司扶贫(援疆援藏)基金管理办法》。通过专户管理、项目审核、分批划拨等方式,确保资金专款专用、规范高效、公开透明、监管有力。

【产业扶贫】 2019年,中国电子开展产业项目11个,撬动性投入583.31万元。帮助松桃县发展茶产业,仅当年7月、8月加工销售夏秋大众茶一项,即实现销售收入近300万元。

【消费扶贫】 中国电子与中国社会扶贫网、中国建设银行、中国农业银行、本来生活网开展消费扶贫合作,拓展帮扶地区农产品销售渠道，提升帮扶地区农产品供给水平和质量，实现消费扶贫近900万元。集团购买贫困地区农产品158.67万元，帮助销售631.83万元。

【教育扶贫】 2019年，中国电子在定点帮扶地区加大教育扶贫力度。为贵州省松桃县黄板镇枹木村、瓦厂村和普觉镇半坡村小学建设附属设施。对接中国扶贫基金会脱贫攻坚协作部，通过基金资助阆中市50名贫困学生，每个学生每年2000元。招引绵阳实验中学入驻阆中市，利用阆中本地西南航空学校的现有资源，开展联合办学，为阆中市本地教育质量提升提供支撑，项目总投资4亿元。

【公益扶贫】 2019年，中国电子在松桃县黄板镇开展"点亮爱"志愿者助学捐赠活动，捐赠物资3万余元，为考取大学的8名贫困学生每人捐助2000元，其中3位贫困学生与公司签订就业协议，每人每年再获资助5000元；资助6名贫困户学生，年资助金2.3万元，并持续至大学毕业。组织青年志愿者到镇安县黑窑沟村开展暑期支教活动。

【基础设施建设】 中国电子注重帮扶贫困地区基础设施建设硬实力的改善，通过道路建设、路灯亮化、桥梁架设、堰塘维修、广场建设、阵地修建等项目，改善群众出行与生产生活条件。2019年新开展基础建设项目11个，总投入635万元，惠及贫困地区群众8411人。

【健康扶贫】 2019年，中国电子为临高中医院采购一批无痛胃镜检查设备，对贫困患者提供免费一年的无痛胃镜检查服务。协调阆中市与中国扶贫基金会签订《阆中市2019年顶梁柱健康扶贫公益保险项目》合作协议，由基金会为阆中市建档立卡贫困家庭主要劳动力提供住院补充医疗保险。对接北京安利科技有限公司，在阆中市保宁镇、沙溪街道建成2个健康体检中心，夯实健康扶贫基础。

【整村推进】 中国电子在临高县古柳村开展整村推进项目，分别从村内道路硬化、巷道路灯亮化、文化广场建设等方面整体提升古柳村人居环境改善，项目总投资150余万元，惠及下属3个自然村1200余名村民。

【就业扶贫】 2019年5月，来自中国电子集团总部及所属20余家企业，与松桃县、阆中市和贵州电子信息职业技术学院三方，共同召开"企县校三方就业扶贫工作对接会"。三方发挥各自优势，精准发力，实施"就业引导——精准培训——定向用工"组合行动，同时帮助外出务工人员享受就业当地和贫困县各项政策支持。

（中国电子信息产业集团有限公司
扶贫办　陈　爽）

中国第一汽车集团有限公司定点扶贫

【概述】 2019年,中国第一汽车集团有限公司(以下简称“中国一汽”)承担吉林省镇赉县、和龙市,广西壮族自治区凤山县定点扶贫任务,共派出12名挂职干部,投入扶贫资金7.38亿元,其中扶贫专项资金7730万元(扶贫、援藏),红旗扶贫梦想基金3334万元,向中央企业贫困地区产业投资基金股份有限公司投入6.27亿元。在定点扶贫地区开展基础设施建设、新农村建设、产业帮扶、教育医疗及“救急难”等27个项目建设,投入4700万元。镇赉县、和龙市2019年实现脱贫摘帽。

【扶贫资金投入】 2019年,中国一汽在扶贫领域投入资金7.38亿元。其中,定点扶贫资金投入4826.6万元。一是进一步加大对处于深度贫困地区的凤山县的投入,向凤山县投入l806.6万元。二是向处于脱贫攻坚巩固期的投入力度不减,坚决做到“四个不摘”。向镇赉县投入1615万元,向和龙市投入1405万元。响应吉林省委要求,向吉林省内贫困村投入439万元;向中央企业贫困地区产业投资基金股份有限公司投入6.27亿元;向对口支援的西藏自治区昌都市左贡县、芒康县投入帮扶资金3030万元;向长征路沿线投入教育扶贫资金3334万元;向河北省阜平县捐赠价值700万元的教学用车。

【扶贫调研】 2019年,中国一汽集团公司党委书记、董事长徐留平,党委副书记、董事、总经理奚国华等共6名领导班子成员、4位外部董事及22名部门负责同志,先后赴镇赉县、和龙市、凤山县开展扶贫实地调研,帮助困难群众解决“两不愁三保障”问题,积极推进定点扶贫地区如期完成脱贫攻坚任务,巩固脱贫攻坚成果。

【干部挂职扶贫】 2019年,中国一汽先后向3个定点帮扶县选派3名副县长,向凤山县所属的河池市增派1名副市长,均分管扶贫工作;选派3名第一书记,加强村基层党建,带动村民脱贫致富。进一步加强对挂职干部的关心和管理,出台《集团公司党委关心干部十六条措施》,每年到挂职地进行慰问及考察,妥善解决挂职干部的实际困难,落实相关待遇政策。此外,还向对口支援藏区派出2名援藏干部,进一步促进受援地经济社会发展和长治久安。

【扶贫培训】 2019年,中国一汽携手成都市政府、中国扶贫基金会、华东师范大学等共同推进定点扶贫县的干部人才培训;与中国扶贫基金会在长春市举办为期一周的基层村干部培训班,3个县65名第一书记和村两委干部参加培训;携手成都市、华东师范大学等开办2期教师培训班,培训教师150人;携手中国扶贫基金会等合作伙伴前往定点县开办技术人才培训班,培训各类产业扶贫项目能人、致富带头人318人。通过培训,普遍提升了贫困地区干部和致富带头人的综合素质能力。

【基础设施建设】 2019年10月,具有鲜明汽车文化特征和浓郁朝鲜族风情的第11个“一汽小镇”在和龙市柳洞村落成。改善了帮扶地区的人居环境,促进人文旅游产业发展,为易地扶贫搬迁的贫困群众带来了稳定的工作和收入。在凤山县投入268.2万元,硬化村屯级道路,完善村级公共服务中心及附属设施建设。

【产业扶贫】　2019年，中国一汽在产业帮扶项目上投入资金累计约2262.4万元，主要用于养殖、合作社项目和农特产品推介。在凤山县投入252.4万元开展产业扶贫，通过招商合作方式，在文里村打造100亩中草药产业示范基地和210亩高山生态种养殖基地，采用“公司+合作社+贫困户”经营模式，土地流转每年收入24.79万元，带动99名劳动力就业收入63.6万元（其中贫困户25人），带动村民合作社发展，合作社年纯收入19.46万元，项目惠及84户贫困户422人。投入110万元，用于110户养蚕贫困户扩大生产自建蚕房补助，每户补助1万元，增加贫困户产业养蚕收入每年约4000元，项目惠及110户贫困户582人。投入100万元组织村基层干部和合作社（致富）带头人参加中国扶贫基金会培训，提升基层组织建设能力和合作社产业发展能力。在镇赉县投入1260万元开展肉牛养殖产业扶贫基地建设，项目将惠及59个非贫困村1.3万名建档立卡贫困人口，进一步拓宽当地居民增收渠道。在和龙市投入750万，用于旅游开发项目。打造“一汽小镇”项目建设以餐饮、娱乐、休闲度假、会议为一体的旅游综合体及朝鲜族特色民宿。

【消费扶贫】　2019年，中国一汽在全国扶贫日期间开设“中国一汽扶贫馆”线上馆、线下馆。线上馆携手红旗智联、中国农业银行进行运营，并携手天猫、京东、苏宁等电商，将3个定点县特色产品销往全国，打造“一网打尽的云平台”；线下馆新建1000平方米的，集展示、推广、品鉴、商洽服务为一体的“中国一汽扶贫馆”，主要面向机关、社区公众开放，重点直供中国一汽员工福利和食堂等大客户，打造“永不落幕的展示会”。邀请1000多款吉林省第一书记代言产品进驻扶贫馆，极大丰富了产品线。2019年实现消费扶贫超过562万元。

【教育扶贫】　2019年，在凤山县投入466.7万元，资助贫困家庭高中生、大学生，开展教师培训，为移民学校配备多媒体设备等项目；在镇赉县，投入40万元资助建档立卡贫困学生；通过红旗扶贫梦想基金，向镇赉县、和龙市、凤山县各投入资金150万元，总计450万元，用于智慧学校建设。投入125.6万元，在三个县开展红旗梦想自强班项目，受益贫困学生703人。

2019年，中国一汽设立“红旗扶贫梦想基金”，发起“高举红旗，精准扶贫，走好新时代长征路”项目。在一汽定点扶贫县和红军长征路沿线的105个贫困县开展系列活动。投入8300万元，建设6所红旗梦想智慧学校；开设140个“红旗梦想自强班”，覆盖7000名建档立卡贫困家庭贫困高中生；开展“红旗梦想艺术课堂”项目，培训800余名基层教师，受益乡村中小学生数量达到13万余名。

【健康扶贫】　2019年，在凤山县投入530万元，改造贫困村卫生室57个，完善贫困乡村医疗基础设施，在和龙市，投入360万元医疗帮扶资金，策划启动“医疗条件改善项目”；在三个县投入206万元建立救急难专项基金，直接为生活困难的弱势群体提供兜底保障；推进“吉心工程”在镇赉县、和龙市落地，无偿为39名贫困人口实施心脏病手术。

【深度贫困地区脱贫攻坚】　2019年，中国一汽派出5名援藏干部，投入援藏资金3030万元，主要用于新农村建设、基础设施建设、教育、医疗、培训就业等方面，改善农牧民居住条件和生活环境，推进当地经济社会发展。

【作风建设】　按照党中央统一部署，中央第七巡视组对中国一汽党委进行了常规巡视，扶贫领域是巡视工作重点。在历经了多次各层级面谈、提供了7批47份证明材料后，未发现中国一汽扶贫领域存在问题。针对国务院扶贫开发领导小组指出的5项共性问题和国务院国有资产监督管理委员会指出的3项问题与不足，中国一汽立行立改、举一反三、建立长效机制，进行了全面查摆、深入反思和认真整改。

【扶贫宣传】 2019年6月，中国一汽携手定点帮扶的和龙市参加央视《手挽手——精准扶贫、央企在行动》大型公益扶贫节目，展示和龙市脱贫攻坚成果，推广和龙市朝鲜族风情旅游目的地，同时展示中国一汽等中央单位定点扶贫成效。9月，中国一汽开展以"担使命·逐梦新征程"为主题的中国一汽社会责任周，活动期间，媒体发稿37篇次，发布总频次1067篇次，通过多维度、多角度集中展现了集团公司积极履责的事迹和经验，展现了中国一汽"不忘初心、牢记使命"的中央企业担当；11月，中国一汽携手中国社会科学院共同举办了第二届"红旗·扶贫高峰论坛"。论坛上发布了《中国一汽精准扶贫白皮书》，50余家媒体对该活动进行了报道。

2019年，中国一汽在人民日报、新华网、中国中央电视台等中央媒体持续开展定点扶贫专项传播，并开展中国一汽扶贫公益周、红旗扶贫梦想基金系列主题活动，全年全网平台阅读量超1亿次。

（中国第一汽车集团有限公司
社会责任办公室　葛季明）

东风汽车集团股份有限公司定点扶贫

【概述】 东风汽车集团股份有限公司(以下简称“东风公司”)定点帮扶新疆维吾尔自治区柯坪县和广西壮族自治区马山县。共向柯坪县、马山县投入扶贫资金1100万元,引进资金6130万元;两县共带动4150人脱贫,转移就业737人;培训基层干部357名,培训技术人员713名;购买贫困地区农产品798.5万元,帮助销售贫困地区农产品397万元。马山县已实现70495人脱贫,柯坪县已实现14628人脱贫。

【扶贫资金投入】 2019年,东风公司总部向柯坪县、马山县投入扶贫资金1100万元,用于基础设施建设、产业发展扶持、开展教育培训等项目。另外,公司下属的东风本田汽车有限公司(以下简称“东风本田公司”)向新疆柯坪县捐赠200万元用于购置农药喷洒无人机,组建“东风”现代化农业服务合作社,开发公益岗位;东风乘用车公司、东风柳州汽车有限公司、东风日产乘用车公司分别向马山县立星村各捐赠10万元,用于奖励马山县白山镇立星小学的在校优秀学生及给学生配备学生校服、书包等用品,协助实施教育扶贫项目。引进资金6130万元。其中,无偿引进帮扶资金230万元;引进扶贫龙头企业广西马山县华锐生态农业开发有限公司资金2000万元,引进新疆吉美达工艺科技有限公司资金3700万元,引进两个扶贫车间共投资200万元。

【扶贫培训】 东风公司在柯坪县投入30万元,依托阿克苏地区及柯坪县当地培训资源,组织开展基层干部、农业技术人员培训。培训内容包括林果业栽培、牛羊养殖等,培训方式包括集中授课、视频讲解、现场教学、现场参观等形式。全年利用农闲季节,共组织3期培训,对基层干部、技术人员培训达101人次,增强了农村基层干部和技术人员专业知识,提升了致富本领。

东风公司在马山县举办了70人参加的养牛科技培训和种桑养蚕技术培训;382名贫困户和产业发展指导员参加东风·马山县贫困户产业发展指导员服务能力提升培训班;26个贫困村共517人参加种养能手、农业机械手和新型农业经营主体专题培训班。

【干部挂职扶贫】 2019年,东风公司共选派5名干部分别担任定点扶贫县副县长和驻村第一书记。在马山县,选派1名挂职副县长、2名驻马山县白山镇立星村第一书记,2名第一书记于2019年9月按计划轮换。在柯坪县,选派1名挂职副县长、1名驻盖孜力克镇玉斯屯喀什艾日克村第一书记。5名扶贫干部在挂职岗位上积极履行政治责任,严格按照扶贫工作政策要求,坚决遵守各项纪律,克服工作和生活方面各种困难,为当地引进资金、推进项目落地,帮助销售滞销农产品,受到了受援地政府的好评,展现了东风公司干部的责任担当和素质水平。

【扶贫宣传】 2019年5月,东风公司参加了中国中央电视台和国务院国有资产监督管理委员会联合策划的扶贫节目“手挽手——脱贫攻坚、央企在行动”节目录制。东风公司工会主席、党委副书记何伟到场向全国观众推介马山县特产沃柑产品,为当地发展沃柑产业助力。

10月,以国家扶贫日为契机,组织《中国

扶贫》杂志、新华网、广西日报等党政媒体赴柯坪县、马山县进行专题采访活动，全方位、多角度传播东风公司2019年扶贫成果。走访柯坪县电子商务中心、马山县立星村沃柑产业园、马山县立星小学等27个扶贫项目，采访相关人员33名，并与东风扶贫干部进行深入交流。新华网、《广西日报》发布专题稿件，《东风汽车报》发布头版报道，东风公司官方微博发布长图文，东风公益基金会官方微博发布系列图片故事。专题采访活动主动发布新闻稿件共计110篇次，转发超200篇次，在300余个媒体平台进行全面推广，覆盖平面、网络、自媒体、App等，包括工人日报、搜狐、凤凰网等主流媒体，车主必读等自媒体，其中腾讯网为稿件进行首页文字链推送。

【教育扶贫】 东风公司依托汽车产业优势，通过向职业技术学校捐赠教学车辆和教学设备、培训师资、导入先进的教学理念和管理方式、提供实习基地、设立奖学金、优先安排就业等形式，支持和帮助贫困地区学子接受职业教育学习，帮助受援地区学员学习汽车维修技能，通过就业实现脱贫。同时，还创新了一种扶贫定向班的新形式，从根本上帮助建档立卡贫困户子弟接受职业教育，实现就业。符合条件的建档立卡贫困户子弟入学后，不仅免除全部学费、杂费，每月还能领到企业发放的生活费，毕业后由东风下属企业全部安排就业，真正实现了“零费用入学”“入学即就业，就业即脱贫”的目标。2019年11月，与马山县签定了办班合作协议。

【公益扶贫】 2019年6月，东风乘用车公司向立星小学捐赠10万元，用于设立“东风风神奖学金”；11月，东风日产乘用车公司向贫困学生捐赠价值10万元的书包、文具等学习用品；东风本田公司还组织该公司公益基金会开展帮扶活动，全年在柯坪县农村社区开展健康知识讲座1次，在两个贫困村各开办一间儿童活动室，在县城第一中学开设科技教室，各项公益投入达到22万元。

【基础设施建设】 2019年，东风公司在马山县实施基础设施建设项目13个，投入资金338万元。实施了里当瑶族乡、古寨瑶族乡等深度贫困村道路和人饮工程项目，白山镇、乔利乡建设合作社产业扶贫道路，板伏、合作易地扶贫搬迁安置点东风电白幼儿园项目等，助力实现“两不愁三保障”目标。

在柯坪县，持续加强农村基础设施建设，积极改善村民生产生活条件。考虑到农村集体经济力量比较薄弱、基础设施投入资金不足的实际情况，通过调研，充分听取村民意见，利用引进的帮扶资金，投入92万元，在盖孜力克镇玉斯屯喀什艾日克村和启浪乡托玛巴什村开展人居环境整治、田园基础设施完善、村部组织阵地加强、村民活动中心改善等13个农村基础实施提升项目，解决了村民长期以来一直期盼解决而未能解决的实际问题。

【整村推进】 按照国家“整村推进”和开发式扶贫的方针，东风公司将马山县白山镇立星村作为重点帮扶村，集中力量以点带面开展帮扶工作。东风扶贫干部结合立星村实际，给立星村产业发展定下的总体思路：采取“一入二扶三变”的扶贫思路，即将扶持资金通过入股公司或合作社，壮大特色产业和培育村级集体经济，通过资源变资产、资金变股金和农民变股民的方式发展扶贫产业；发展“三养二种一平台”产业链，即养蚕（东风蚕房）、养羊（东风羊栏）、养牛（东风牛栏），种桑、种菌（东风菌房）和电商业平台，实现输血扶贫向造血扶贫转变，帮助贫困户脱贫致富奔小康。

2019年，为提升基层党建促脱贫，引进后援单位20万元资金，为村级党总支和屯级支部建设阵地，配齐相应设备投资；为解决村民出行难问题，投资170万元建设东风桥，投资12万元扩建屯级道路，投入10万元完善坡陋屯路灯建设；为进一步加强产业扶贫，投资70万元新建养牛场，投资20万元支持民族药用植物试验示范基地的建设；为进一步完善农业基础设施，投入30万元修缮内折屯鱼塘，投资20万元完善六麦屯弄昆屯鱼塘护栏；为丰富村民的文化生活，投资10万元维修外托屯电子显示屏，投资15万元兴建乡村文化（孝文化）展示墙，举行了重阳节慰问活动。

（东风汽车集团有限公司扶贫攻坚工作领导小组办公室　刘　鹏）

中国一重集团有限公司定点扶贫

【概述】 中国一重集团有限公司(以下简称"中国一重")定点帮扶安徽省泗县,2019年累计投入扶贫产业资金473.6万元,引进帮扶资金47.16万元;培训基层干部544人,培训技术人员26人;直接购买泗县农产品20万元,帮助销售农产品17776万元。此外,2019年与泗县共同参加了"第七届中国公益慈善项目交流展示会",参展20余个农产品,进一步扩大产品影响力。推动泗县于2019年4月退出贫困县序列,泗县脱贫攻坚经验被国务院扶贫办列入全国创新举措和成功经验案例。中国一重作为扶贫企业获得安徽省宿州市2019年度社会扶贫先进单位称号,子公司中国第一重型机械股份公司获得黑龙江省2019年全省脱贫攻坚组织创新奖称号。在2019年中央单位定点扶贫工作成效考核中被评为"较好"。

【扶贫资金投入】 泗县于2019年4月脱贫摘帽,中国一重按照"四不摘"要求,累计投入帮扶资金473.6万元。其中,投入资金300万元,主要用于建设泗县大庄镇千亩簿壳核桃林、绿化经果林、村庄绿化建设等,项目已建设完成;投入机械加工设备16台套,评估价值163.6万元;投入10万元,用于医疗和教育扶贫等。

【扶贫调研】 2019年,中国一重党委书记、董事长刘明忠,公司党委副书记、董事张振戎等17人次赴泗县开展调研考察、督导检查扶贫工作。期间,召开村、镇、县三级座谈会,听取县域经济发展情况、脱贫攻坚存在的难点和重点汇报,研究部署定点扶贫工作。

【扶贫培训】 2019年,中国一重共培训基层干部544人。8月,中国一重在泗县召开基层干部培训会,培训基层干部32人,9月聘请中央党校孙培军副教授培训基层干部512人。6月,组织泗县有关机械加工企业等5人,实地到中国一重进行工艺技术、设备管理、加工生产等方面学习培训,培训技术人员26人。11月,在泗县举办技术培训会,培训技术人员21人。

【干部挂职扶贫】 中国一重向宿州市、泗县、东风村选派3名优秀干部分别挂职。吴继承任宿州市市委常委、副市长,协管扶贫工作,并包扶东风村5户贫困户。张忠圆任县委常委、副县长,协管扶贫工作。刘鹏任大庄镇党委委员、东风村第一书记。挂职干部严格按照扶贫工作要求,克服工作和生活方面的各种困难,做好各项定点扶贫工作,为泗县实现脱贫摘帽做出了积极贡献。

【扶贫慰问】 2019年,中国一重为重病贫困户送去慰问金10000元,解决部分医疗费等问题,并向东风村小学捐赠了价值10000元的书包等学生用品。

【公益扶贫】 2019年8月,中国一重具体负责扶贫工作的社会服务中心党工委与定点扶贫县安徽省泗县大庄镇党委签订了《党组织结对共建协议书》,着重从发展共促、组织共建、人才培育、文明共创等方面着手,全方位、有组织、有重点地开展结对帮扶活动。通过党组织间的互帮互助、共建联建,推动扶贫工作统筹协调进行,并慰问了10名贫困党员。11月,慰问贫困党员5人,每人送去慰问金2000元,共计10000元。

【产业扶贫】 2019年，中国一重把工作重点放在产业扶贫上，投入产业扶贫资金463.6万元。

继续深化千亩薄壳山核桃林基地建设。2019年按照《泗县2018年薄壳山核桃产业发展实施方案》要求，中国一重与地方政府经过调研，决定投入帮扶资金300万元，继续建设千亩薄壳山核桃林基地等。针对定点扶贫县装备制造业短板，投入机械加工设备16台套。中国一重经过调研，充分利用和发挥企业自身机械加工技术和设备优势，精挑细选了磨床、龙门刨床、龙门铣床、立式车床、普通车床、插床、钻床、焊接机械手等16台套设备，于9月10日前全部运抵定点扶贫县。

（中国一重集团有限公司社会服务中心 丁启春）

中国机械工业集团有限公司定点扶贫

【概述】 2019年，中国机械工业集团有限公司（以下简称“国机集团”）负责河南省固始县、淮滨县和四川省广元市朝天区、山西省平陆县共4个贫困县（区）的定点扶贫工作。国机集团立足自身资源优势及定点扶贫县（区）实际情况，通过“扶智力、扶志气、扶产业、扶民生”四翼并举，在实践中不断探索完善具有国机特色的“教育为根、产业为本、农机为枝、民生为脉”的扶贫模式。2019年年底，国机集团定点帮扶的4个贫困县（区）均已实现脱贫摘帽。

2019年，国机集团向4个定点扶贫县（区）投入帮扶资金3049.69万元；引进帮扶资金65万元，围绕教育、产业、基础设施、医疗、技能培训、党建等方面的60个项目开展精准帮扶。另外，党员干部捐款捐物共计15.92万元。同时，出资280万元帮扶甘肃省舟曲县职业技术学校建设3个实训车间。在4个定点扶贫县（区）举办各类培训班63期，培训基层干部1665人，培训各类技术人员7416名；购买农产品431.67万元，帮助销售农产品744.53万元，并购买西藏定日县价值5万元的珠峰冰泉矿泉水，积极助力西藏脱贫攻坚。

2019年，国机集团组织召开21次定点扶贫工作专题会议。国机集团主要负责人和分管负责人分别到4个定点扶贫县（区）全覆盖开展调研和督促检查工作。共有360人次赴4个定点扶贫县（区）进行调研，开展18次督促指导活动，形成督促指导报告12个，发现主要问题18个，有效地保证了定点扶贫举措的精准实施。选派4名扶贫挂职干部挂任定点扶贫县（区）常委或副县（区）长职务，并协助分管扶贫工作；选派4名干部担任驻贫困村第一书记。

【扶贫资金投入】 2019年，国机集团向4个定点扶贫县（区）投入帮扶资金3049.69万元，实施60个帮扶项目。在固始县重点围绕教师培训、国机励志学校建设、基础设施建设、基层干部培训、产业发展等方面开展帮扶，投入帮扶资金845万元。在淮滨县针对教师培训、村庄亮化、小学基础设施改善、技能人才等方面开展帮扶，投入帮扶资金729.19万元。在平陆县重点在产业扶贫、教育扶贫、基层干部培训、技能人才培训等方面开展帮扶工作，投入帮扶资金690.5万元。在朝天区主要围绕教师培训、人才技能培训、特色产业发展、基础设施建设、基层干部培训、民生改善等方面开展帮扶，投入帮扶资金785万元。

【扶贫调研】 2019年5月、9月、12月，国机集团主要负责人张晓仑，集团领导宋欣、雷光华等共计13人次，分别赴4个定点扶贫县（区）开展考察调研，看望慰问挂职扶贫干部，检查定点帮扶项目进展情况，5次召开定点扶贫工作专题座谈会，督促当地政府认真履行脱贫攻坚主体责任，切实加强作风建设，落实有关国家政策，全面推动定点扶贫工作精准实施。

2019年1—3月，国机集团组织4个定点扶贫县（区）牵头单位会同挂职扶贫干部、驻村第一书记，围绕党建、教育、基础设施、产业、卫生医疗等方面，提出了2019年帮扶建议。3—4月，国机集团分别组织成立调研组，对4个定点帮扶县(区)的帮扶建议进行了调研。同时,成立4个监督检查小组,分别对4个定点帮扶县(区)2018年定点帮扶项目实施情况、资金使用情况、扶贫干部作风建设等开展督促检查,确保定点帮扶措施精准落地。国机集团下属企业210多人次,深入4个定点扶贫县(区)开展调研22次。

【扶贫制度建设】 2019年,国机集团会同朝天区、平陆县分别研究制定了国机集团定点帮扶项目、资金、联席会议等3个方面的管理办法或制度,推动国机集团定点扶贫工作规范化、制度化。另外,为进一步规范国机教育扶贫奖励基金的使用和管理,督促指导固始县、淮滨县完成了《国机教育扶贫奖励基金管理使用办法》的修订工作。

【扶贫培训】 2019年,国机集团在4个定点扶贫县(区)投入帮扶资金126万元,对乡镇干部、驻村干部、村两委班子、基层党组织书记等基层干部进行培训,共计培训1665人,其中培训贫困村两位班子成员586人。投入帮扶资金429万元,针对教育、服装加工、种植、养殖等方面人才开展技能培训,共计培训技能人才7416人,其中为587名贫困人口开展就业技能培训,帮助396名贫困人口实现转移就业,培训贫困村创业致富带头人593人。

另外,国机集团下属合肥通用职业技术学院对固始县三所中等职业学校的18名骨干教师进行了培训交流。国机集团下属CMEC电商平台在固始县和平陆县分别举办了一期电商人才培训班,共培训近200名电商人才;在北京举办第二期精准扶贫初级养老护理员专题培训班,来自4个定点扶贫县(区)的26人参加并通过结业考核。

【干部挂职扶贫】 2019年,国机集团向4个定点扶贫县(区)各选派1名扶贫挂职干部从事脱贫攻坚工作,共有4名扶贫挂职干部在任。挂职干部均挂任所在县(区)的常委或政府副县(区)长职务,分管或协助分管扶贫工作;同时,向4个定点扶贫县(区)贫困村各派驻1名驻村第一书记。

【扶贫宣传】 2019年,国机集团利用国机集团网站、国机集团报、微信公众号等渠道,及时报道定点扶贫工作动态。《四翼并举"拔穷根"精准扶贫"绣花开"——国机集团全力帮扶朝天区脱贫攻坚》刊登在国务院国有资产监督管理委员会综合局主办的《综合参阅》(第19期)《中央企业扶贫工作专刊》(第4期)。在央视播出的大型扶贫公益电视节目《手挽手——精准扶贫央企在行动》的第一期节目中,国机集团向全国观众展示了帮扶朝天区的世界非物质文化遗产——麻柳刺绣。国机集团下属CMEC在"兴农扶贫"宣传平台上发送推文40篇,并新推出《扶贫风云人物志》栏目,专门讲述脱贫攻坚典型人物故事,多角度宣传定点扶贫工作。国机集团积极组织4个定点扶贫县(区)携当地特色产品参加"2019一乡一品国际商品博览会",免费为4个定点扶贫县(区)提供展位,为定点扶贫县(区)特色农产品拓展销售渠道。

【产业扶贫】 2019年,国机集团在4个定点扶贫县(区)共投入帮扶资金722.58万元,实施了9个产业扶贫项目,带动建档立卡贫困人口5696人。

在固始县,投入帮扶资金200万元建设观堂乡陈集村蔬菜大棚项目,可惠及400户贫困户,吸纳十多名贫困劳动力务工,每个劳动力年收入1.8万元以上。在淮滨县,投入帮扶资金40万元,对服装加工厂和扶贫车间招收的520名工人进行专业培训。在平陆县,投入帮扶资金356.58万元,帮助建设"国机现代农业产业园",新建100万斤小型水果冷藏库1座。在朝天区,投入帮扶资金126万元,围绕中草药产业园、冷水鱼养殖基地、核桃产业园等产业项目。

在固始县陈集村蔬菜大棚、平陆县后地村温室大棚、朝天区鱼鳞村冷水鱼养殖等产业扶贫帮扶项目实施中，探索“合作经营+集体+农户”的产业扶贫模式，进一步壮大村集体经济，带动贫困户就业增收，并辐射带动周边区域发展。

【教育扶贫】 2019年，国机集团投入帮扶资金1439.77万元，通过教师培训、改善教育教学条件、设立专项基金、资助贫困生等措施，持续深化教育帮扶。“国机教育扶贫模式”获得全球契约中国网络“2019实现可持续发展中国企业最佳实践(消除贫困和促进繁荣)奖”。

出资82万元，依托下属技师学校，为95名家庭贫困学生减免学费、发放补助；帮助安排34名贫困学生实习或就业，发放实习补贴。下属合肥通用职业技术学院对固始县三所中等职业学校的18名骨干教师进行培训交流；专项招收固始、淮滨籍贫困家庭学生2人，并免除学杂费。

投入帮扶资金334万元，对4个定点扶贫县(区)1373名教师进行培训。出资100万元，在淮滨县、朝天区继续设立国机教育扶贫奖励基金，奖励品学兼优的家庭贫困学生及投身教育扶贫事业、关爱贫困学生的优秀基层教职工。

在固始县，投入帮扶资金191万元，为国机励志学校建档立卡贫困生购买校服、教辅读物和平安险，惠及4184名建档立卡贫困户家庭子女。在淮滨县，投入帮扶资金493.19万元，对10所中小学基础设施进行改造升级。在平陆县，投入帮扶资金239.58万元，对常乐初中运动场进行改造，并资助50名建档卡贫困家庭品学兼优的学生。

【基础设施建设】 2019年，国机集团投入资金613万元，改善贫困人口生产生活基础设施。在固始县，投入290万元，改造郭陆滩镇敬老院房屋，改善120余名老人的居住和生活环境；修建孙岗村、长岗村农用灌溉渠，受益群众6930人，惠及贫困人口830人。在淮滨县，投入36万元，实施美丽刘围村建设项目，进一步改善贫困村生产生活环境。在朝天区，投入160万元，为鱼鳞村通村通组公路修复垮塌堡坎和破损路面30余处，修建路边沟渠约10千米，解决排水问题，保护路基；为东沟村、光明村修建通组公路8千米，解决困扰当地百姓多年的出行难题，惠及两村村民1300余人，贫困人口200多人；帮助鱼鳞村村委会新修建一个库房，解决公共物品和集体经济公司物资存放问题；改造鱼洞乡党群公共服务中心(便民服务中心)，设置办事窗口12个，并为便民服务中心和6个村级代办站添置日常办公设备，惠及周边6个村1520余户5200余名群众。投入127万元，为4个深度贫困村进行路桥建设、亮化工程、通村通组公路堡坎修复提供资金支持，帮助解决当地基础设施建设“最后一公里”问题。

【健康扶贫】 2019年，国机集团在朝天区投入帮扶资金80万元，帮助朝天区沙河镇中心卫生院购买数字化动态DR1套，实现了全区6个中心卫生院数字化动态DR1全覆盖，可助力当地通过远程手段，实现“小病不出镇，大病不出县”，惠及一镇三乡的200多户贫困户、800多名贫困人口。

(中国机械工业集团有限公司党委工作部扶贫办公室　李庆涛)

哈尔滨电气集团有限公司定点扶贫

【概述】 2019年，哈尔滨电气集团有限公司(以下简称“哈电集团”)定点帮扶云南省文山市，共投入扶贫资金1100万元，引进帮扶资金10万元，培训基层干部119人，培训技术人员50人，购买和帮助销售贫困地区农产品分别达到444.18万元、31.4万元，提前超额完成了中央单位定点扶贫责任书确定的各项承诺指标。文山市被云南省列为2019年脱贫摘帽考核县，2019年年底贫困发生率由2014年的13.67%下降到0.95%。正式脱贫摘帽。

【扶贫资金投入】 2019年，哈电集团向文山市无偿投入帮扶资金1100万元。其中800万用于房屋功能提升项目，200万用于马塘镇扶贫车间建设，100万用于德厚镇经济作物种植项目，解决了“两不愁三保障”问题，实现带动建档立卡户就业和稳定增收。

【扶贫调研】 2019年，哈电集团主要领导及其他班子成员4次深入扶贫一线，调研检查扶贫项目及派驻干部履职情况，聚焦“两不愁三保障”了解贫困群众实际脱贫情况。通过领导推动、互访交流、纪委监督、挂职干部督促等方式，加强对文山市脱贫攻坚的督促检查，对有关问题提出意见建议并督促落实。积极协调其他企业助力脱贫攻坚，哈电集团党委书记、董事长斯泽夫与中国医药集团总公司主要领导共同带队到文山调研考察，牵线国药集团与文山市在中药材采购和加工等方面达成多项共识。

【扶贫会议】 2019年，哈电集团召开1次扶贫工作领导小组会议，4次定点扶贫综合协调办公室会议，2次公司党委常委会。讨论审议《2019年定点扶贫工作计划》《2019年定点扶贫责任书》和《哈电集团助力脱贫攻坚三年行动实施计划》。

【扶贫制度建设】 哈电集团党委组织制定《哈电集团助力脱贫攻坚三年行动实施计划》，聚焦脱贫攻坚目标任务，明确了2019年支持文山脱贫摘帽的21项工作。为深化定点帮扶，助推脱贫攻坚，扶持文山市产业发展，促进地区就业和居民增收，实现基金保值增值，2019年年初，哈电集团启动实施《哈电集团文山产业扶贫基金管理办法》，规范扶贫基金的管理和使用。

【扶贫培训】 2019年8月，哈电集团在文山市举办了“送教下乡”——2019年乡村振兴发展培训班，来自文山市的致富带头人和技术人员及文山市政府、各乡镇街道部分基层干部和村“两委”成员合计130余人参加培训。邀请文山当地农业技术专家和教师，向学员讲授种植养殖技术、农特产品发展与营销等专题讲座，做到课堂学习与实践考察相结合。

3月，在哈尔滨市举办“文山市现代服务业助力脱贫攻坚培训班”，围绕文山市现代服务业发展与挑战、新形势下服务贸易创新发展等内容授课，来自云南省文山市市委、市人大、市政府、市政协及市属有关单位共计49名学员参加培训。

【干部挂职扶贫】 哈电集团向文山市派出2名挂职干部，1名挂职文山市副市长，1名挂职驻村第一书记。挂职干部在工作中对接好哈电集团和文山市各项工作，扎实做好调查研究，全力为群众解难题办实事，克服工作和生活中的各种困难，自觉维护挂职干部的良好形象。哈电集团派出挂职干部、文山市副市长闫富江，在文山州州管干部2019年度等次考核中评为优秀。

【公益扶贫】 哈电集团开展“哈电文山一家亲，爱心助学献真情”活动之暖冬行动，向文山市4个乡镇8所中小学的784名贫困学生发放价值14.58万元的棉被等床上用品。哈电集团锅炉公司、汽轮机公司先后为文山市贫困地区学生送来价值3000多元的学习文具、书包等，惠及当地学生72人次。

【扶贫宣传】 哈电集团扶贫工作案例入选《2019年中央企业社会责任蓝皮书》。2019年，哈电集团通过集团网站、集团官方微博和外界门户网站，对哈电集团助力脱贫攻坚的做法和措施做了深层次报道。通过网易、搜狐、黑龙江日报等媒体报道了“送教下乡”“产业扶贫”“定点扶贫会议”等内容，结合“哈电集团送教下乡—2019年乡村振兴发展培训班”“哈电集团扶贫项目、扶贫资金助力文山脱贫攻坚”相关内容，在《新华思路》刊发报道3篇，宣传中央企业定点扶贫工作。

【产业扶贫】 哈电集团投资190万元，帮扶文山市兵坤米业合作社建设大米生产加工生产线。经过一年的运行，合作社生产经营情况良好，秉烈大米品牌逐步树立，产品逐步进入学校、超市。截至2019年年底，合作社已经有入社建档立卡户795户3381人，合作社与建档立卡户结成帮扶对象，对贫困社员实现“三统一”，即统一供应肥料、种子，进行免费统一统防统治，统一收购，合作社每亩为贫困种植户每亩增收140元。同时合作社常年雇佣至少3名建档立卡户从事生产加工，通过就业方式确保稳定脱贫。出资200万元，在茂克村旁建设扶贫车间。自2019年9月份投入使用后，累计解决30余名群众就业。投资600万元，在马塘镇移民安置点建设百香果加工基地，110名农村劳动力实现就业转移。

【基础设施建设】 哈电集团投资210万元，为文山市卧龙街道者五舍村修建了产业路。提升了运输效率，有效带动农户转变生产方式，促进经济作物发展。

【健康扶贫】 2019年6月，在哈尔滨举办文山市医疗卫生系统“精准扶贫”专题培训班，培训围绕卫生管理、扶贫工作等内容进行授课，来自文山市医疗卫生系统共计53名学员参加培训。

【整村推进】 2019年，哈电集团派出的第一书记与石灰窑社区干部和工作队员一道，坚持党建引领，深入开展“不忘初心、牢记使命”主题教育，聚焦“两不愁三保障”补短板，实施完成八家寨自来水工程，解决了最后2户农户住房安全问题。通过搞“三改”、清“三堆”、组队伍、建制度，实施入户路硬化、庭院硬化、道路护边工程建设等，解决了农户无厕所、“人畜混居”陋习、环境“脏乱差”问题，进一步提高了社区治理水平。石灰窑社区下辖的瓦白冲、八家寨自然村2019年被文山州列为了人居环境治理示范村，者五舍自然村被文山市列为美丽庭院创建示范村。

（哈尔滨电气集团有限公司办公室 唐靖霖）

中国东方电气集团有限公司定点扶贫

【概述】 2019年，中国东方电气集团有限公司（以下简称“东方电气集团”）定点帮扶山西省吉县、四川省昭觉县和壤塘县。东方电气集团紧扣“两不愁三保障”目标，继续采取“五位一体”帮扶举措，实施“百千万亿”攻坚工程，扎实推进实施产业扶贫、教育扶贫、民生扶贫、就业扶贫、党建扶贫五大举措，全力支持定点帮扶地区和贫困群众打赢脱贫攻坚战。投入扶贫资金2437万元，引进资金400万元，培训基层干部125名，培训技术人员625名，购买贫困地区农特产品1132万元，帮助销售贫困地区农产品1803万元。

【扶贫资金投入】 2019年，东方电气集团继续加大对定点扶贫县的资金投入，直接投入扶贫资金2437万元，引进资金400万元，购买定点扶贫县农特产品1132万元。同时，加大对深度贫困县扶贫资金的倾斜力度，向“三区三州”的昭觉县和壤塘县直接投入扶贫资金2237万元，购买农特产品628万元。

【扶贫调研】 2019年2月、7月，东方电气集团公司党组书记、董事长邹磊赴昭觉县开展扶贫调研，部署定点扶贫工作，考察定点扶贫项目实施情况。10月，党组副书记、总经理俞培根赴吉县开展扶贫调研，实地考察四季采摘棚、农产品展馆、小米示范基地等帮扶项目的落实情况。9月、11月，集团公司纪检监察组组长、党组成员张希分别赴壤塘县、昭觉县调研定点扶贫工作及项目推进情况，检查扶贫领域作风问题专项治理情况，并与定点扶贫县和所在州（市）纪委监委建立了监督检查协同机制。

【扶贫培训】 2019年，东方电气集团在昭觉县开展了3期基层干部培训、2期农业技术培训、1期骨干教师培训；在吉县开展了2期基层干部培训、1期电商扶贫大讲堂培训、1期种植技术培训；在壤塘县开展了1期基层干部培训、3期焊工技能培训、3期电工技能培训；全年共培训定点扶贫县的县乡村基层干部125名，技术人员625名。

【干部挂职扶贫】 2019年，东方电气集团向三个定点扶贫县共派出6名扶贫挂职干部，分别担任昭觉县副县长、吉县副县长、壤塘县委副书记、壤塘县石里乡党委副书记、昭觉县特布洛村第一书记、吉县林雨村第一书记，并向深度贫困县派出6名驻村工作队员，加大帮扶力量。扶贫干部和工作队员根据地方党委政府的统筹安排，严格按照定点扶贫工作要求，扎实开展各项工作。因工作成绩突出，两名驻村工作队员在2019年被提拔为第一书记。

【扶贫宣传】 2019年，东方电气集团通过集团公司官方网站、东方电气脱贫攻坚网站、微信公众号、新华社、中国广播网等内外部媒体加强对扶贫工作的宣传报道。新华社、中国广播网、凤凰新闻网先后刊发了《四川壤塘：青杠木耳促增收》《聚焦东方电气扶贫：“老三样”做出产业扶贫“新文章”》《东方电气集团联合北京师范大学教育帮扶凉山州昭觉县》等8篇报道，其中《四川壤塘：青杠木耳促增收》被中国政府网、中国扶贫在线、中国工会网等媒体转载报道；通过集团公司微信公众号先后发布《瑞雪纷飞扶贫路东方电气精准扶贫暖凉山》《暖暖扶贫路东方电气助力扶贫攻坚“看得见”“摸得着”“抓得住”》等24篇文章或报道，营造了助力脱贫攻坚的良好舆论氛围。为表彰典型、弘扬先进，树立正确导向，引导集团全体干部职工关注扶贫、支持扶贫、参与扶贫，在七一庆祝建党98周年大会上，集团公司党组对东方电气集团第二批“脱贫攻坚先进集体”，“脱贫攻坚优秀挂职干部”，“脱贫攻坚先进个人”进行了表彰。

【产业扶贫】 2019年，东方电气集团向昭觉县捐资1251万元，推进村级光伏电站建设，每年可带来经济收益近600万元，项目收益覆盖全县71个村5097户贫困户；捐资389万元在特布洛乡建立苦荞、乌金猪产业园，并帮助成立专业合作社负责经营管理，合作社所属11个村每村每年可实现收益近10万元。在吉县，支持当地做优做强苹果产业的同时，通过捐赠加工设备、帮助实现优质野生资源实现商品化转化等方式，扶持花椒、小米、槐花等产业，全年累计销售花椒近5000斤、小米6万余斤、槐花产品5000多份，价值120余万元，既帮助当地群众增收，又促进当地产业结构优化。在壤塘县，捐资175万元帮助下大石沟村建立了包含综合旅游业，青杠木耳、中药材种植，联户牧场牦牛、跑山鸡、中蜂养殖的“致富一条沟”特色产业项目，每年可实现收益约40万元。

【消费扶贫】 东方电气集团通过工会集中采购、职工众筹等方式，累计购买定点扶贫县农产品1132万元，累计帮助定点扶贫县销售农产品1803万元，促进贫困地区扩大种植养殖规模，推动“订单农业”发展。

【教育扶贫】 2019年，东方电气集团继续实施“一村一幼”项目，改善学前教育环境，捐资200万元完成了第二批3所标准化幼教点的建设，3个村级幼教点可覆盖120余名适龄儿童。捐资130万元在定点扶贫县设立专项奖助学金、奖教金，支持品学兼优的贫困学生完成学业和激励教师提升教学质量。促成北京师范大学、东方电气、昭觉县签订教育帮扶三方协议，借助北京师范大学教育资源帮助昭觉县提升教育水平。联合四川省德阳市教育科学研究院、德阳市招生办公室举办中小学骨干教师培训，培训当地骨干教师200余名，加强了当地教师队伍建设。利用假期选派吉县职业技术学校优秀师生，到集团公司下属企业进行短期轮训，参加数控机加工和焊接专项技能培训。

【基础设施建设】 2019年，东方电气集团共计投入199万元帮扶资金，帮助定点扶贫县完善基础设施建设。捐资30万元在吉县车城乡桑村实施水毁路段修复项目，使1000余名当地群众受益。实施道路照明工程，捐资84万元，在昭觉县和吉县捐建349盏太阳能路灯，解决了上万名当地群众公共区域无照明设施、夜间出行不便的问题。捐资50万元，在已开展工作基础上，帮助采购专业化设备，完成了壤塘县小水电维修扩容项目，在满足周边政府机构及村民的用电需求的同时，多余的电量可出售至电网，经济效益作为乡的集体经济。在昭觉县捐资35万元，为43户贫困户实施厨卫改造和客厅三件套建设工程，促进贫困群众养成良好的生活卫生习惯，引导推进“移风易俗”。

（中国东方电气集团有限公司
付　强）

鞍钢集团有限公司定点扶贫

【概述】 鞍钢集团有限公司(以下简称“鞍钢集团”)定点帮扶新疆维吾尔自治区塔什库尔干塔吉克自治县(以下简称“塔县”)和贵州省盘州市。2019年,鞍钢集团全面履行中央企业政治责任和社会责任,综合采取党建扶贫、产业扶贫、教育扶贫、民生扶贫、消费扶贫等措施,助力塔县和盘州市脱贫攻坚。鞍钢共完成培训基层干部833人次,培训技术人员1461人次,购买贫困县农产品2575.21万元,帮助销售贫困地区农产品200.95万元,引进帮扶资金515.6万元。鞍钢投入无偿帮扶资金2277.87万元,用于学校、医疗教育等公共事业和产业发展项目建设。鞍钢立足自身优势,倾斜深度贫困地区采购政策,2019年采购盘州市煤炭36亿元。盘州市于2019年4月24日脱贫摘帽。

【扶贫资金投入】 2019年,鞍钢集团加大资金投入,重点支持深度贫困地区,共投入无偿帮扶资金2277.87万元,引进帮扶资金515.6万元。鞍钢所属子公司鞍山钢铁集团有限公司向塔县投入帮扶资金1319.16万元,攀钢集团有限公司向盘州市投入帮扶资金958.71万元。

【扶贫调研】 2019年,鞍钢集团主要领导和负责同志分批次到扶贫点调研5人次,以调研督导促项目落实,解决实际问题,走访慰问建档立卡贫困家庭,看望慰问派驻扶贫干部。

【扶贫培训】 2019年9月27日,鞍钢集团开展扶贫干部专题培训,105人参加。开展各类培训16期,共培训各类人员2603人,其中:培训基层干部833人;培训幼教、医务等技术人员1461人;贫困人口就业技能培训142人;培训贫困村两委班子成员362人;培训创业致富带头人110人。

【干部挂职扶贫】 2019年,鞍钢集团派出挂职干部20人(包括任期已满返回7人),其中副处级以上人员3人,科级人员15人,科员级2人。援派干部中,挂任副县长2人,分管扶贫工作;挂任扶贫办副主任1人;挂任村第一书记2人。鞍钢规范援派干部和第一书记管理,落实薪酬福利待遇、生活补助和通信补贴等,为援派干部办理人身意外伤害保险,组织开展健康体检。派驻盘州第一书记何凯、张勇分别荣获贵州省“优秀村第一书记”“脱贫攻坚先进个人”,挂职扶贫干部韩春辉荣获六盘水市“脱贫攻坚优秀共产党员”。

【扶贫宣传】 鞍钢集团扶贫办组织召开专题会议,研究制订扶贫宣传工作方案。2019年鞍钢集团扶贫报道量大幅增长,影响力不断扩大。据统计,外部媒体刊发、转载鞍钢集团扶贫报道156篇。其中,省级(含行业)以上媒体发稿31篇;《鞍钢日报》刊发扶贫报道43篇。以郭明义爱心团队助力精准扶贫为主要内容的《郭明义爱心团队:续写新时代雷锋故事》在《人民日报》头版头条刊发,人民网、辽宁新闻、中国青年网等超过30家媒体转载。鞍钢扶贫典型案例《新疆塔县:高原偏远学校迎来“共享课堂”》《鞍钢探索“民生+产业+党建”扶贫新模式》《鞍钢电商助力产业扶贫》分别在新华每日电讯、新华网、人民网、《新疆日报》、辽宁省人民政府网等媒体报道。

【产业扶贫】 2019年,鞍钢集团共帮扶产业项目6个,投入产业帮扶资金1459万元。重点实施了塔县搬迁土地"平整开垦+种植"项目、"互联网+"6万只蛋鸡养殖项目、贵州省盘州市淹五寨村养猪场项目等一批产业扶贫项目。

在2018年投入321.26万元基础上继续投入扶贫资金133.86万元,实施塔县搬迁土地"平整开垦+种植"项目,种植青稞、畜草3580亩,使358户贫困立卡户1418人受益,人均每年增加收入700元。为塔县投入扶贫资金849.4万元,采取"贫困户+乡村合作社+企业"的运作模式,建设无公害蛋鸡养殖场项目,该项目于2019年9月份开工建设。引进外部企业到塔县注册成立了喀什众诚鑫农牧开发有限公司,注册资金500万元。在盘州市淹五寨村投入305万元援建养猪场。2018年、2019年在盘州市瞿家庄村共投入380万元,帮助发展云茸、分葱、蔬菜大棚等特色种植产业。

【教育扶贫】 2019年,鞍钢集团共帮扶教育扶贫项目7个,投入教育帮扶资金386.06万元。投入扶贫资金213.88万元,为塔县城乡寄宿制小学建设远程互联网教育"蓓蕾"工程,修缮改造现有教学楼,增设录播教室、共享课堂、语音室、电子备课室、电子阅览室等,受益学生2307人,其中,贫困户学生997人。投入帮扶资金30万元,援建盘州市刘官街道高屯小学食堂项目惠及1540户5013人,其中贫困人口230户910人。投入99.53万元,向四川机电学院在读的建档立卡贫困家庭学生发放"圆梦助学金"。鞍钢冷轧钢板(莆田)有限公司学雷锋服务队募集5万元社会爱心捐款,为塔县波斯特班迪尔村、新迭村幼儿园购买了教学用具、娱乐设施。开展"润行动——鞍钢伴你成长"夏令营活动,邀请瞿家庄村、淹五寨村及盐源格朗河村30名贫困家庭中小学生到攀枝花参加"钢铁是怎么炼成的"、三线建设光辉历程等游学活动。

【基础设施建设】 盘州淹五寨村、瞿家庄村引水灌溉设施短缺,鞍钢集团连续两年共投入367万元(2019年支付216万元)修建干渠及田间沟渠28条8.14千米,铺设输水管道9.55千米,新建(修复)蓄水池2座,1440亩良田实现了"旱能灌、涝能排",惠及1302户4355人,其中贫困人口221户758人。

【健康扶贫】 2019年,鞍钢选派3名医疗专家组成支医队开展为期3个月的医疗援助。投入帮扶资金13.5万元,为塔县7个乡镇卫生院改善卫生站医疗环境。投入40万元,在盘州市响水镇米勒村援建村级标准化卫生室,项目惠及500户1900人,其中贫困人口100户364人。

【整村推进】 鞍钢集团援派干部运用现代化治理思维,强化体系和能力建设,将夯实农村基层党组织同脱贫攻坚有机结合起来;引入企业考核激励机制,制定《瞿家庄村脱贫攻坚调度制度》《瞿家庄村进村入户开展工作制度》等;编写360字的《村规民约三字经》,通过网格化管理做好群众工作,协调了党群关系和邻里关系。紧盯培育核心带头人,建设标准化党建阵地2个,发展党员9名,调整、充实村支两委及网格员12名。该做法在高官村、淹五寨村等得到了推广应用。

【消费扶贫】 通过在鞍钢电商采购商城开辟扶贫专区、微信小程序、农超对接、以购代捐等方式,统一策划,上下内外联动,社会力量参与,全体职工参加,实现贫困地区产品与消费市场有效对接。2019年,鞍钢集团购买贫困县产品2575.21万元,帮助销售贫困地区农产品200.95万元。

(鞍钢集团有限公司扶贫办　郑开耀)

中国宝武钢铁集团有限公司定点扶贫

【概述】 2019年，中国宝武钢铁集团有限公司（以下简称“中国宝武”）承担10县扶贫任务。其中，定点扶贫云南省宁洱县、镇沅县、江城县、广南县及湖北省罗田县、广西壮族自治区上林县等6县，对口支援西藏自治区仲巴县、丁青县、八宿县和青海省同德县等“三区三州”4县。2019年投入6255万元，直接购买定点扶贫县农产品1699.3万元，帮助销售定点扶贫县农产品4305.8万元。扶贫10县中已有7县成功脱贫摘帽，2019年有4县脱贫摘帽，定点扶贫县建档立卡贫困人口直接脱贫人数达10437人。2018年、2019年，中国宝武脱贫攻坚成效均被国务院扶贫办评价为“好”。

【扶贫调研】 2019年，中国宝武党委书记、董事长陈德荣，党委副书记、总经理胡望明3次深入贫困县并分赴广南、江城两个深度贫困县及罗田县调研督促检查工作。领导班子全体成员每人都到定点扶贫县调研督促检查工作，实现了6个定点扶贫县的全覆盖，形成调研报告8份。全年有168人次到定点扶贫县调研考察督促指导。主要负责同志带头到扶贫县现场督促检查，相关专业部门将扶贫干部监督管理、扶贫领域专项巡视巡察、扶贫审计监督检查纳入本部门年度整体工作安排中予以推进。对扶贫资金使用情况、扶贫考核系统录入数据及佐证材料做专项审计核查，推动脱贫攻坚过程中发现问题并及时整改。全年共督促指导104次，形成报告24份，发现解决主要问题点69个，夯实扶贫成效。

【干部挂职扶贫】 2019年，中国宝武以落实《2018年扶贫考核对加强扶贫干部日常管理的整改意见》为契机，将严管与厚爱结合，从严从实管理扶贫干部，按照“懂扶贫、会帮扶、作风硬”的要求，择优遴选出10名年轻有为的扶贫援派干部，圆满完成6名副县长、1名秘书长、1名挂职副局长和2名驻村第一书记压茬式交接。6个定点扶贫县对宝武挂职干部分管扶贫工作均作出了明确分工与任务安排。党委书记、董事长陈德荣围绕准确定位角色、全面履职尽责向扶贫干部提要求寄期望。加强任前任中教育培训。组织扶贫干部参加新一批扶贫干部任前培训、现任扶贫干部任中培训、脱贫攻坚网上专题班及对口地区管理干部及致富带头人培训班，加强对扶贫干部正确成功观和政绩观教育，邀请国务院扶贫办、国资委领导、扶贫先进单位解读扶贫政策、分享典型经验、研商扶贫策略。加强扶贫干部日常管理。通过扶贫干部工作季报，掌握扶贫工作动态。集团领导调研督促检查时都会慰问扶贫挂职干部，指导精准扶贫的工作方法。党委组织部为新任扶贫干部安排全面体检。从扶贫干部派出单位指定专人对口联系服务家属入手，切实做好关心关爱工作，为扶贫干部解决后顾之忧。

【扶贫培训】 中国宝武结合定点扶贫县产业发展实际需要，以提升党性修养、政治素质、创业创新意识和技能为重点，加大了帮助定点扶贫县培训基层干部和技术人才的力度。培训基层干部1334人，培训技术人员1140人。帮助贫困村培训两委班子成员819人，培训创业致富带头人198人，培训村医50人。基层干部和技术人才培训人数较上年大幅提升。

【金融扶贫】 中国宝武出资7.61亿元参与中央企业贫困地区产业投资基金三期增资，认购7.4亿股股份。旗下华宝证券在特色产业发展扶持、教育及公益扶贫、消费扶贫等项目上投入385.81万元，并与国家开发银行云南分行就原签订的战略合作框架协议签订补充协议，将双方为扶贫工作提供金融支持的范围由江城县扩展至宁洱县、镇沅县和广南县。

【扶贫宣传】 中国宝武制定《中国宝武2019年扶贫宣传工作方案》，通过新华社、人民网、中新社、澎湃新闻、解放日报、文汇报及友爱的宝武等宣传平台，讲述中国宝武脱贫攻坚好故事，推广中国宝武脱贫攻坚好做法。2019年内外部宣传媒体平台共刊发扶贫工作宣传报道69篇，平均每周推出一篇新闻报道。新华社《中国宝武推动产业扶贫》被国务院网站采用转发，浏览量超过12万。首次编制《中国宝武精准扶贫白皮书》，中国宝武扶贫体系管理经验案例在金蜜蜂公众号发布。

【产业扶贫】 中国宝武落实党委书记、董事长陈德荣对于要从捐赠式扶贫向产业式扶贫转变、提升脱贫攻坚档次、能力和效果的要求，指导定点扶贫县创新产业模式，增强“造血”能力。2019年，宁洱县通过“电商+龙头企业+合作社+贫困户”运作方式大力发展电子商务，一家龙头企业带动572户2084人建档立卡贫困户实现种植增收；上林县设立芳樟产业扶贫示范园，采用“企业+村集体+贫困户”和“委托经营”模式，将宝武扶贫资金和当地自筹资金共同注入产业园；罗田县投入资金复垦荒废多年的油茶树林，建成集种植、管理和深加工为一体的高山油茶基地，年内产品有望投放市场，带动村民就业。

【公益扶贫】 探索创客扶贫模式，呼应创客扶贫需要，创建创客扶贫中心，吸引200名创客发起“一颗核桃树的爱”公益活动，认领核桃树1900余棵。

【两不愁三保障】 提高向“两不愁三保障”薄弱环节投入资金的力度，将2019年定点扶贫投入资金总额的逾三分之一（2360.06万元）用于帮助解决定点扶贫县“两不愁三保障”突出问题，受益贫困人口22064人。加大资金力度同时更注重合理规划资金投入结构，从宝武帮扶优势和扶贫县突出问题出发，将义务教育资金投入的比例提升到45.46%。

【健康扶贫】 加大教育援助和医疗人才援助力度，派出医疗队赴江城县、宁洱县开展健康咨询和诊疗服务，对留守、残疾儿童进行心理咨询疏导，捐助医疗物资和书籍，受训村医覆盖30个村50人，义诊人数超100人次。

（中国宝武钢铁集团有限公司扶贫办
刘向捷）

中国铝业集团有限公司定点扶贫

【概述】 2019年，中国铝业集团有限公司（以下简称“中铝集团”）定点帮扶湖北省阳新县，进一步加大精准帮扶力度，丰富扶贫工作内容，投入帮扶资金840万元。中铝集团先后获得“中央国家机关等单位定点扶贫先进单位”“中央企业扶贫开发先进单位”称号。

【扶贫调研】 2019年1月，时任中铝集团党组书记、董事长葛红林和党组成员、副总经理刘建平赴阳新县考察，并带去中铝集团368名干部捐赠的36.8万元爱心助学金。4月，党组副书记、总经理余德辉赴阳新县调研。8月，中铝集团党组副书记敖宏赴阳新县调研帮扶项目情况。中铝集团人力资源部、战略发展部、党群工作部等部门及阳新周边所属企业先后54人次赴阳新县开展扶贫工作。

【扶贫培训】 2019年，中铝集团以“中铝公司田间学校”为平台，联合阳新县科协组织开展了9期农业务工实用技术培训，累计培训621人，涌现出了72名农业致富带头人，帮助100多人实现了务工就业，帮扶贫困户实现电商运营180余家。聘请湖北省委党校教授在阳新县开展了4期基层干部工作能力提升培训班，累计培训镇村干部359人。组织阳新县12名县、科级干部参加在大连高级经理学院和浙江大学开展的中铝集团“三大人才计划”培训班。

【干部挂职扶贫】 中铝集团向阳新县派出挂职干部2名。选派郭康安担任阳新县县委常委、副县长，在分管精准扶贫工作的同时，兼任阳新县八个重点贫困村之一的下容村第一书记，并对口帮扶党组织薄弱村阳新县排市镇龙口村；选派翟海敏任阳新县三溪镇柏树村第一书记，围绕“建强基层组织，推动精准扶贫，为民办事服务，提升治理水平”四大任务，按照结对帮扶到户、产业扶贫到户、培训转移到户、关怀保障到户的精准扶贫要求，扎根农村，深入农户，得到了当地干部群众的广泛认可。

【产业扶贫】 2019年，中铝集团因地制宜，积极发展特色优势产业。精准实施特色农产发展，大力扶持桑蚕和苎麻产业。投入300万元建设了100亩蚕桑苗木基地和100亩苎麻育苗基地，将培育好的种苗免费向贫困户发放并提供技术支持，带动2800户贫困户发展4000亩蚕桑种植和1600亩苎麻种植，实现户均增收16000元和9000元。出资50万元购买100台剥麻机直接发放给贫困户，解决了苎麻收割人力成本高的难题，惠及贫困人口达3500人以上。全年扶持17个带贫机制明显的合作社，带动建档立卡贫困人口562户，贫困户通过劳务增收284万元。投入129万元支持阳新县七里岗龙虎山田园综合体项目，打造集循环农业、创意农业、农事体验于一体的田园综合体，探索农村全面发展的新模式。提升农业深加工“最后一公里”能力。协助引进广东大工集团，建设龙高实业油茶深加工项目，创造了60多个就业岗位，彻底解决深加工能力不足问题，产能覆盖油茶种植户3000户。

【教育扶贫】 2019年，中铝集团在国家扶贫日期间开展爱心助学捐款活动，12余万职工参与捐助，配套成立了1000万元规模的爱心助学金，用于帮助阳新县贫困户子女就学。投入30万元资助阳新第一技工学校92名建档立卡贫困户学生，募集36.8万元助学金在阳新县富水中学设立“中铝爱心助学基金”资助贫困家庭孩子。

【基础设施建设】 2019年，中铝集团实施三溪镇农贸市场项目建设。建成运营面积达3800平方米的农贸市场，满足11万场镇居民生活所需，同时向场镇提供保洁、安防等市场运维岗位20个，农副产品清洗、包装、加工、运输、仓库等岗位80个，带动附近村民就业。农贸市场管理分红收益，帮扶和带动377名贫困户发展生产，改善生活水平。在阳新县下容村大力实施宜居环境整治，援建公路1.5千米，设置便捷生活垃圾点45个，安装太阳能路灯43个，修建符合饮用水标准储水池1座，使下容村面貌焕然一新。在阳新县月朗村修建100盏路灯，覆盖5.5千米村道主路照明，解决村民夜间出行问题；帮扶兴国镇实施1千米公路整修，改善近百户400余名村民出行条件；帮助白沙镇韩家山村修建1.5千米砂石路和1千米水泥路，解决了300名农户的农产品销售和运输问题；实施排市镇龙口村蓄水池改造，解决村内159人的安全饮水问题；支持龙港镇对大桥铺村年久失修渠道进行疏通，解决100多亩农田灌溉用水问题等。

【消费扶贫】 2019年，中铝集团组织工会集中采购阳新农产品，在传统节假日以慰问品形式向员工发放，将阳新县优质茶油、花菇等农产品搬上职工餐桌，将员工认可度较高的香菇、木耳等引进食堂，全年集采农产品达452万元。走访中国人寿保险（集团）、武钢资源集团有限公司等10余家企业，推荐阳新特色农产品，帮助销售达132万元。实施“互联网助农”计划，开通“中铝扶贫商城”网站，上架阳新县50多种农产品，面向17万员工销售；与中国建设银行开展联合扶贫行动，在建行善融商务平台开设“中铝集团扶贫馆”，帮助销售阳新特色产品，帮助阳新县销售福柑超过2万斤、土鸡蛋2000箱，销售额超过50万元。

【扶危济困】 中铝集团关怀“老、弱、病、残、孤”等缺失劳动能力的贫困群众，在传统节假日对排市镇、枫林镇及木港镇60多户走访慰问，帮助贫困户解决实际困难。对60名家庭困难的留守儿童进行生活资助，并帮助他们快乐成长。帮助排市镇西元村残疾人明廷湘建设香厂，指导兴国镇残疾人石伟慧养殖黑山羊500多只、散养鸡3000多只，带动该村26名贫困户、残疾人务工。开展抗旱救灾，2019年夏季阳新县遭遇有记录以来最严重旱灾，全县20个镇区受灾严重。中铝集团开挖5口饮用水井，解决316户1428人的饮水难题；向受灾严重的6个乡镇送生活用水355车，帮扶群众10630人；维修泵站2座，保障了500余亩农田的灌溉。

（中国铝业集团有限公司
人力资源部　杨　耕）

中国远洋海运集团有限公司定点扶贫

【概述】 2019年，中国远洋海运集团有限公司（以下简称“中国远洋海运”）定点扶贫湖南省安化县、沅陵县和云南省永德县，同时对口支援西藏自治区洛隆县和类乌齐县，19家下属单位承担地方对口帮扶任务。集团党组贯彻落实党中央国务院决策部署，先后召开5次党组会（总经理办公会）、11次专题会议研究布置相关工作，董事会专题审议年度扶贫资金计划。全年累计投入脱贫攻坚资金9064.97万元，实施项目95项，培训基层干部256人次，培训地方技术人员2614人次，助学2905人次，购买及帮助销售贫困地区产品共计985.98万元，在产业扶贫、教育扶贫、就业扶贫、消费扶贫、基础设施建设、“两不愁三保障”等方面开展帮扶工作。截至2019年年底，类乌齐县、洛隆县、安化县已先后脱贫摘帽。

【扶贫资金投入】 2019年，中国远洋海运直接投入帮扶资金6000万元，各下属单位为地方脱贫攻坚支出帮扶资金932.82万元，中远海运慈善基金会支出扶贫资金1803万元，集团职工“10.17”扶贫日捐款329.15万元，全年累计投入脱贫攻坚资金总额9064.97万元。实施项目95项，涉及基础设施建设、教育、医疗、产业扶持、人才培养、社会兜底保障等各个方面。

【扶贫调研】 2019年，中国远洋海运赴各扶贫点现场调研96人次。10月，总经理付刚峰率队赴临沧市永德县开展扶贫调研，副书记孙家康、副总经理孙云飞、纪检组长刘鸿炜也分别带队赴5个定点扶贫县考察调研。西藏自治区、湖南省、益阳市、昌都市、安化县、永德县等9批次代表团先后来到中国远洋海运共同研究扶贫开发等事宜。

【扶贫培训】 2019年，中国远洋海运共培训基层干部9批256人次，培训技术人员13批2614人次，组织洛隆县、类乌齐县85名县直机关和乡镇干部分4批前往内地学习培训考察，组织安化县、沅陵县、永德县护林员培训66人次，中药材培训83人次，中医培训50人次，林果栽培及管理培训90人次，船员培训3批25人次，茶艺师及茶叶营销、古茶树保护及利用等培训6批2300人次。在洛隆县实施西藏农牧民技能培训43人次。举办了两期扶贫干部培训班，有效提升挂职干部履职能力。

【干部挂职扶贫】 2019年，中国远洋海运共派出18名挂职干部，其中有1名挂职地级市领导职务，13名挂职副县级领导职务，4名挂职村第一书记，4家下属单位在帮扶村派有6名驻村干部，挂职干部任期都为2年及以上。2019年集团、所属各单位及派出的挂职干部相继获得地方嘉奖达24次。

【扶贫慰问】 2019年，中国远洋海运领导赴定点帮扶地区深入考察调研，开展走访慰问活动，向永德县乌木龙乡小村完小、德党镇大出水完小、县一中“中远海运希望班”师生捐赠太阳能设备2套、滚筒洗衣机2台、被褥230套、校服370套及文具、体育用品若干；向安化县田庄中学师生捐赠电陶炉50套、锅具50套、课桌椅220套；向沅陵县中远海运幸福苑老人捐赠春秋季服装各50套；向洛隆县特困中心捐赠羽绒服98件；向类乌齐县五保供养中心捐赠冬款加厚丝棉被200床。投入扶贫慰问资金合计44万元。在洛隆县投入20万元用于爱心帮扶活动,向全县教育系统发放保温杯861个,慰问贫困边缘户100人。在类乌齐县投入20万元,启动“中远海运集团2019年冬日·暖心帮扶物资捐赠”活动,为全县10个乡镇的五保户、困难户、返贫边缘户送去大米、食用油和棉被,受益人口345户。

【扶贫宣传】 2019年,中国远洋海运扶贫援藏工作共获得国家及市级以上媒体报道31篇,集团内部报道46篇。党组工作部组织媒体记者赴扶贫一线对挂职干部进行采访,制作了专题报道。各现场扶贫工作组制作了扶贫宣传材料、视频等,向广大群众宣传党的政策,展示脱贫成效。在迎国庆70周年文艺汇演中编排了扶贫援藏主题节目,向全体职工展示扶贫成果,开展生动的爱国主义教育。

【产业扶贫】 2019年,中国远洋海运投入430万元,在永德县班卡乡放马场村、小勐统镇垭口村、德党镇忙见田村建设3座村集体茶叶加工厂,帮助茶农增收、茶企增效,为村集体增加稳定收入。投资345万元,援建安化县田庄乡国有厚朴中药材基地和古楼乡仙龙村标准化毛茶加工厂,扶持安化中药材产业和茶旅一体化产业发展。投资390万元,在沅陵县建设借母溪游客服务中心,扶持当地种养殖合作社和农家乐等村集体产业,为发展乡村旅游业打好基础。中远海运物流分别在西藏、临沧市与地方国资成立合资公司,助推地方物流产业升级。

【教育扶贫】 2019年,中国远洋海运投入资金655万元,用于永德县乌木龙彝族乡小村完小、安化县田庄中学和长塘完小、沅陵县明溪口镇高砌头九校和二酉苗族乡中心小学等基础设施建设。投入资金200万元,为永德、耿马、镇康三县15所学校更新桌椅、床铺等设施共计7707套。投入资金216万元用于“为中国而教”项目,支援约50名志愿者教师到安化县、沅陵县的偏远山区学校任教。出资95万元,资助永德县“中远海运希望班”、安化县和沅陵县“中远海运自强班”共340名贫困学生。在永德县、沅陵县设立奖学金和助学金共40万元。投入资金170万元,在洛隆县、类乌齐县实施“中远海运——格桑美朵助学基金”项目,帮助贫困学生求学,资助贫困教师安心教学,受益师生1495人。2019年,中国远洋海运合计实现助学2905人次。

【文化扶贫】 2019年,中国远洋海运投资100万元,进行沅陵县借母溪村“狃子花开”实景剧舞台扩建及实景剧提质改创工程,将舞台座位由原来的150个增加到350个,增加演出时长及与观众的互动性内容,助力实景剧成为沅陵县借母溪村旅游发展的核心资源。

【公益扶贫】 2019年,中国远洋海运将2018年扶贫日捐款329.15万元分解为73个精准帮扶项目,在5个定点帮扶县落地实施,涵盖基础设施建设、饮水工程、医疗卫生、助学、产业扶持等领域。投入资金70.6万元,邀请安化县、沅陵县、永德县30名优秀少先队员代表参加“驶向蔚蓝”航海夏令营活动,传播航海文化,领略远洋风采。

【基础设施建设】 2019年,中国远洋海运在永德县实施大山乡“生态宜居布朗村”示范点人畜饮水及产业灌溉用水工程建设,彻底解决当地人畜饮水及产业灌溉用水问题。在沅陵县更换借母溪乡养老院餐桌、餐椅、休闲椅。向西藏投入资金1700余万元,在洛隆县新建潜流坝1座、减压池1座、放空阀9座、排气阀4座,铺设饮水管线8850米,解决了县城周边近两万人的饮水问题,在类乌齐县长毛岭乡、岗色乡实施安全饮水工程,彻底解决当地干部、群众、学生饮水安全问题。

【健康扶贫】 2019年,中国远洋海运投入资金100万元,在湖南省益阳市、安化县、沅陵县及云南省永德县开展“集善工程助听行动”，捐赠1套听力调试设备及538台助听器。投资150万元用于“远航·善仁”中医特训营项目，为永德县、安化县、沅陵县培养中医专业人员127人。向洛隆县“中远海运——色钦美朵医护人才培养基金”投入100万元，安排医护人员培训126人次，对获得国家级和自治区级荣誉和资质的9名医护人员予以奖励。

【就业扶贫】 2019年，中国远洋海运在永德县再次举办就业专场招聘会，12家下属企业提供招聘岗位992个，累计帮助327人实现转移就业。中远海运船员公司在湖南、云南两地开展海员培训就业项目，对建档立卡贫困户学员免培训费，已培训学员360人，其中120人开始上船工作。

【易地扶贫搬迁】 2019年，中国远洋海运投入资金1200万元，实施西藏农牧民安居工程、新农村建设、易地扶贫搬迁等工作，完成洛隆县马利镇夏玉村、类乌齐县桑多镇易地搬迁项目，惠及建档立卡贫困人口67户230余人，易地搬迁农牧民全部入住。

（中国远洋海运集团有限公司
马瑞杰）

中国航空集团有限公司定点扶贫

【概述】 2019年，中国航空集团有限公司(以下简称“中航集团”)对照《中央单位定点扶贫责任书》各项承诺，依托中航集团“8+2”帮扶体系，强化组织领导、坚持精准施策、发挥自身优势、广泛积极动员，推动定点扶贫工作取得新进展。全年向定点扶贫旗县广西壮族自治区昭平县和内蒙古自治区苏尼特右旗投入各类无偿帮扶资金3851万元，引入无偿帮扶资金384万元，培训基层干部365名、技术人员763名，派驻挂职干部3人，动员职工购买贫困地区农牧产品4537万元，帮助销售贫困地区农牧产品493万元，引入扶贫合作伙伴单位12家。在中航集团的协助和支持下，2019年4月苏尼特右旗顺利脱贫摘帽，昭平县顺利完成当年脱贫任务。

【扶贫资金投入】 2019年，中航集团在定点扶贫旗县投入无偿帮扶资金3851万元，引入无偿帮扶资金384万元，动员职工购买扶贫地区农牧产品4537万元，帮助销售扶贫地区农牧产品493万元。

【扶贫调研】 2019年，中航集团董事长、党组书记蔡剑江，总经理、党组副书记宋志勇分别深入苏尼特右旗、昭平县考察调研；蔡剑江主持召开3次扶贫工作领导小组会；带头落实精准对接机制，党组主要领导带领班子成员3次同赴京的扶贫县党政主要领导对接交流，党组分管扶贫工作领导曹建雄11次赴定点扶贫地区对接帮扶工作。

【干部挂职扶贫】 中航集团现任的3名挂职扶贫干部于2018年7月赴扶贫地区任职，任期为两年，汪峻峰任苏尼特右旗副旗长，钱江任昭平县委常委、副县长，均分管或协助分管扶贫开发工作，宣岩任昭平县江口村“第一书记”。2019年，集团持续健全“年度考核、定期述职、随时沟通”的常态化干部管理机制，支持其更好履职尽责、帮助其解决后顾之忧。将扶贫地区发展需求与集团人才资源相结合，探索扶贫短期挂职模式。选派中航集团商务系统旅游产品设计专业人才挂职该旗文化旅游局副局长，协助开发旅游产品、宣传推广旅游资源，为苏尼特右旗旅游扶贫出谋划策、贡献力量。

【扶贫制度建设】 中航集团在定点扶贫工作中坚持可持续发展理念，把制度建设作为重中之重，制定了《中航集团定点扶贫工作“8+2”重点项目推进方案(2019年度)》《中国航空集团有限公司定点扶贫资金管理办法(暂行)》《中国航空集团有限公司定点扶贫工作员工自愿捐赠资金使用和管理实施细则(试行)》等规章制度，用制度支撑行动，用制度保障成果。

【扶贫培训】 2019年，中航集团发挥自身优势，积极对接两地培训需求，统筹培训资源，以集中培训、短期挂职、座谈交流等形式，为两地干部群众提供有针对性的培训，首次在中央党校举办脱贫攻坚专题培训班，全年为两地培训党政领导干部365人，培训技能人才763人，帮助当地进一步积累了脱贫攻坚、乡村振兴的后备力量。

【教育扶贫】 2019年，中航集团常态化组织开展“中航蓝天课堂”志愿支教活动，22批210人次志愿者到昭平县、苏尼特右旗支教共计1409课时，为贫困地区中小学生讲授英语、国学、美术、音乐、科学知识等课程。选拔4名英语优异的志愿者全学期驻村，为多个年级的学生教授英语课，江口村小学英语成绩从全县排名倒数跃升至全县第一。携手法国空中客车公司开展“伴梦想着陆”航空夏令营活动。2018年以来，共计有近30名贫困地区优秀青年参与了中法文化交流，引起了广泛的关注，帮助来自建档立卡贫困户家庭的优秀青少年增强文化自信和民族自豪感，坚定努力学习、脱贫致富的决心和动力。

【扶贫宣传】 2019年，中航集团发挥企业品牌优势，利用自身媒体资源，加大对定点扶贫地区自然风光、人文风貌的宣传、推广力度。在中日通航45周年之际，邀请苏尼特右旗乌兰牧骑队员参加“人文中航走进日本——相约内蒙古”主题推广活动。在北京世界园艺博览会国航展馆设立扶贫专区、推介特色产品，组织媒体记者深入两地采风报道。参与中国中央电视台《手挽手——精准扶贫央企在行动》大型扶贫电视节目拍摄，推广两地资源。2019年在社会媒体发布宣传文章、视频200余篇次，阅读量达到1.77亿人次。

【扶志扶智】 2019年，中航集团从扶贫地区增加11名扶贫地区青年进入国航从事空中乘务工作，集团累计在扶贫地区招聘员工62人。全年为两地培训党政领导干部、技能人才超过1100人。与我国知名指挥家及其团队合作，首次在昭平县江口小学试点实施音乐课程体系建设的美育扶贫项目。持续开展“中航蓝天课堂”志愿支教，探索长期驻校支教，帮助昭平县江口村小学英语成绩跃升至全县第一。

【产业扶贫】 2019年，中航集团依托航空产业集团主、专业优势，将贫困地区发展需求对接集团产业链，增强贫困地区自我发展能力。出资200万元帮助苏尼特右旗、昭平县立足当地自然资源禀赋发展产业。投入1660万元，为两地特色产业建设提供资金支持。加大力度落实中央消费扶贫政策，中航集团员工自用采买扶贫地区农牧产品4537万元，提取帮扶资金466万元用于精准扶贫。拓展消费途径，在线销售、食堂供应、机上推广，多管齐下帮助扶贫县销售特色农牧产品493万元，在30多条国航航线及北京、杭州、成都等地机场贵宾室供应昭平茶，服务旅客的同时进一步推广扶贫地区特色产品。

【社会扶贫】 中航集团发挥不断拓宽脱贫攻坚协作范围，持续深化与中国扶贫基金会、中国林业科学研究院、中华环保基金会等12家专业机构、企业的合作，为扶贫地区引入各类无偿帮扶资金384万元，并在“扶贫日”前期联合扶贫合作伙伴向社会各界发出倡议宣言。

（中国航空集团有限公司
党组工作部　王经略）

中国东方航空集团有限公司定点扶贫

【概述】 中国东方航空集团有限公司(以下简称“东航集团”)开展对云南省沧源佤族自治县(以下简称“沧源县”)、双江拉祜族佤族布朗族傣族自治县(以下简称“双江县”)的定点扶贫工作,助推两县成功脱贫摘帽。2019年,东航集团向定点扶贫县选派2名挂职干部和1名驻贫困村第一书记开展精准帮扶,投入帮扶资金1825.17万元,引进帮扶资金253.26万元,培训基层干部423名,培训技术人员583人次,购买贫困地区农副产品563.66万元,购买非集团定点帮扶县的农产品83.29万元,共计646.95万元,帮助销售农产品307.21万。

【扶贫资金投入】 2019年,东航集团共投入定点扶贫资金1825.17万元。其中,东航集团投入870万元援助双江中学教学楼建设,惠及569名建档立卡贫困学生;投入877.92万元实施沧源县班洪乡饮用水工程建设,729名建档立卡贫困户直接受益。引入中国扶贫基金会、上海期货交易所、美国航空租赁公司帮扶资金253.26万元,用于顶梁柱计划、橡胶期货保险和圆梦助学项目。

【航运产业帮扶】 2019年,东航集团加大对临沧地区航线投放,并继续按扶贫航线的低票价运行,全年对当地航线补贴3个多亿。增加昆明至沧源航班密度,新增沧源经昆明至上海“一机到底”,以及临沧经昆明至深圳的固定航线,全年涉及临沧、沧源航班4418架次,运输旅客44.28万人次,按国际民航组织相关数据计算,东航集团全年通过航线给当地生产总值贡献8个亿,解决就业12087人。

【扶贫调研】 2019年,东航集团党组多位领导率队实地调研督促检查,赴定点县考察调研10次,主要负责同志调研4次,班子成员调研7次,累计110人次参与调研和检查。

【扶贫培训】 2019年,东航集团认真开展帮扶地区的培训工作,全年组织开展各类培训20次,培训当地基层干部423名,培训当地技术人员583人次,提升当地干部的管理能力,更新当地技术人员的思想观念。7月,东航集团组织两县县、乡、村三级干部和产业带头人在浙江安吉、桐庐开展“绿水青山就是金山银山”两山理论和乡村产业振兴的现场教学。4月和9月,东航集团邀请并联合北京国家会计学院在两县开展行政事业单位规范扶贫资金使用的培训。

【干部挂职扶贫】 2019年东航集团按程序完成1名挂职副县长、1名驻村书记的更替,现仍保持2名挂职副县长和1名驻贫困村第一书记,在当地分管或协助脱贫攻坚工作。

【扶贫宣传】 东航集团围绕“10·17”扶贫日、集团主要领导实地调研脱贫攻坚、扶贫项目新一轮部署等,开展内容丰富、形式多样、点面结合的宣传报道活动,聚焦“航空扶贫亮点”“扶贫干部故事”“教育医疗帮扶”“产业帮扶探索”等开展连续报道,人民日报、新华社、国务院扶贫办网站、民生周刊、经济日报、中国日报等都进行了报道,予以肯定。

2019年,东航集团联合东方卫视《我们在行动》大型扶贫公益栏目走进沧源和双江,节目宣传推广了当地的旅游文化和民族特色,社会企业在现场认购当地茶叶3220万元,相关网络推送阅读量3.7亿次。

【产业扶贫】 2019年，东航集团投入50万元，用于双江县南宋村农机合作社人员培训和停车场地等建设，组织8名村民外出培训并取得资质。合作社联系县域内的甘蔗场等地开展经营，全年利润超过10万元，150户建档立卡户受益。东航集团邀请安吉白茶产业带头人、中共十八大代表宋昌美，以及茶叶专家为当地产业把脉，实地指导，建立“中央企业+政府+龙头企业+合作社+农户”的帮扶机制，当地政府和龙头茶企确保对贫困村的茶叶应收尽收，贫困户的茶叶按每千克高于市场价3元的价格收购，同时提取茶企10%的利润，在当地建立扶贫基金，2019年共筹集扶贫基金42万元，有效带动建档立卡贫困茶农8746人，促进产业发展，巩固脱贫成效。联合李宁公司，成立以巴饶民族服饰公司为基础的沧源残疾人产业扶贫基地，在技术培训方面持续帮扶，并直接购买32万元产品，1600套校服，捐赠给当地800名贫困学生；直接带动17人就业，其中有6名残疾人和1名建档立卡贫困人口。联合上海证券交易所，投入90万元，实施沧源橡胶“期货+保险”项目，共有包括1299名贫困人口在内的胶农4613人直接受益。

【教育扶贫】 东航集团投入870万元，援建双江一中教学楼，包括569名建档立卡贫困学生在内，共4426名学生受益。修订公司员工结对帮扶贫困学生管理办法，组织员工新结对两县100名建档立卡贫困生，每年按需帮扶至少1200元，直至小学毕业；并利用寒暑假，将学生接到家中居住，开拓学生视野。东航集团邀请荷兰航空公司、美国航空租赁公司等国外商业伙伴，一起赴当地联合开展扶贫活动，美国航空租赁公司向贫困学生捐赠20万元；荷兰航空公司承诺全额资助两县26名优秀师生到荷兰研学。荷兰航空公司还表示将利用其机舱和杂志等媒介，宣传中国的减贫成就。东航集团与阿基米德传媒共同实施“云上东方校园书屋”项目，捐书5000余册，每本书均由东航集团飞行员写下鼓励的寄语，表达东航人对山区学生的祝福和希望。

【基础设施建设】 沧源县班洪乡原饮用水源枯竭，供水管道损毁严重，群众和学校用水都需要从5千米外运送。为此，东航集团投入1077万元，帮助实施村民饮用水工程建设，13个村民小组、3所学校、1个医院、15个居民单位，包括729名贫困人口在内共3862人受益。

【健康扶贫】 东航集团对接上海交通大学医学院附属新华医院等赴沧源县带教和义诊，并加强疾病防控和卫生知识的宣传。全年开展手术57台；带教查房、带教查片、业务培训382人次；义诊患者218人。东航集团协调中国扶贫基金会，持续在沧源县、双江县实施贫困人口住院补充医疗保险的“顶梁柱计划”，47421名贫困人口受益。对接中国扶贫志愿服务促进会，在沧源县开展白内障贫困患者免费治疗的光明行活动。

（中国东方航空集团有限公司
扶贫办公室　刘秉晟）

中国中化集团有限公司定点扶贫

【概述】 2019年，中国中化集团有限公司（以下简称“中化集团”）定点帮扶内蒙古林西县和阿鲁科尔沁旗（以下简称“阿旗”），同时承担对口支援西藏自治区岗巴县和青海省德令哈市（7月转至大柴旦地区）任务。2019年投入扶贫援助资金5600万元，其中向定点县投入资金2802.96万元。在首期出资1亿元基础上2019年再出资2.02亿元参与中央企业贫困地区产业扶贫基金三期募资。通过各种渠道引进无偿帮扶资金450.79万元，用于支持县域经济教育发展。加大对深度贫困地区支持力度，向岗巴县投入资金2000万元。中化集团2018年、2019年连续两年在上年度中央单位定点扶贫工作成效考核中综合评价为“好”，2019年获评“央企年度扶贫责任企业奖”“内蒙古自治区脱贫攻坚先进集体奖”。

【扶贫资金投入】 2019年，投入扶贫援助资金5600万元，其中向定点县投入资金2802.96万元。在首期出资1亿元基础上2019年出资2.02亿元参与中央企业贫困地区产业投资基金三期募资。通过各种渠道引进无偿帮扶资金450.79万元，用于支持县域经济教育发展。加大对深度贫困地区支持力度，向岗巴县投入资金2000万元。

【扶贫调研】 2019年9月，中化集团党组书记、董事长宁高宁带队赴阿旗、林西县督促指导定点扶贫工作，看望援派扶贫干部，走访慰问贫困农牧民。党组副书记、董事李庆8月赴岗巴县督促指导援藏工作，同月赴西宁参加中央企业助力青海脱贫攻坚工作推进会。党组成员、副总裁江正洪8月赴阿旗督导定点扶贫工作。2019年，集团党组书记、其他集团领导及扶贫办赴林西县、阿旗开展5次督促指导，召开座谈会听取进展汇报，指导项目实施，督促扶贫干部履行项目及资金管理双重职责。聚焦解决“两不愁三保障”突出问题，形成6份调研报告，提出产业、教育、医疗等方面11个问题12项建议并反馈受援地。

【扶贫培训】 提升基层干部和技术人员的综合能力、技能水平，培训县乡村三级干部1429名，培训科教文卫等领域人员1603名。

【干部挂职扶贫】 2019年8月，中化集团完成干部轮换工作，1名集团关键岗位干部挂职任赤峰市委常委、副市长，2名干部分别挂职任阿旗常委副旗长、林西县常委副县长，1名挂职任阿旗新平村第一书记，均协助分管扶贫工作。关心关爱扶贫干部，落实中央政策拨付党费慰问困难党员及扶贫干部。优化干部选用机制，通过签订责任书、汇报质询等措施加强跟踪管理，采取年度、任期综合考核，提高薪酬补贴标准，表现优秀干部回任后提拔任用。

【扶贫宣传】 动员社会各界力量参与并营造良好舆论氛围。通过99公益日、中国种子贸易协会、绿金爱心行等平台，为贫困县募集社会爱心资金并帮销农产品，全年引进社会无偿帮扶资金450.79万元。在宁夏贺兰县举办“丰收新时代”文艺演出，推进乡风文明建设，提振脱贫致富信心。积极总结宣传经验做法，人民日报、经济日报、人民网等官方媒体报导中化扶贫文章20余篇，中共中央组织部、国务院国有资产监督管理委员会（以下简称“国资委”）等上级单位主办的专刊刊发中化集团扶贫做法。参加由国资委新闻中心、中国中央电视台制作的《手挽手——精准扶贫央企在行动》大型电视节目及第七届中国慈展会，展示中化扶贫成效，扩大中央企业扶贫社会影响力。

【产业扶贫】 中化集团顺应供给侧改革与消费升级趋势，构建了MAP（现代农业技术服务平台）模式。该模式通过获取品质农产品加工企业订单，实现种植规模化并向合作社农民提供涵盖良种选育、作物营养保护、农机应用、农民培训在内的全链条服务，实现高品质农产品交付。2019年3月，农业农村部和中化集团联合印发《农业农村部办公厅中国中化集团有限公司共同促进农民合作社质量提升实施方案》的通知，推广中化MAP模式，已在全国建成106个MAP技术服务中心，为260万亩土地提供农业生产服务，服务近4万种植户，带动农民增收超过3亿元。在阿旗、林西等全国9个省份29个国家级贫困县应用，直接服务种植面积51.5万亩。在阿旗投入2300万元建成高标准MAP技术服务中心，建设MAP扶贫示范农场6座（占地5970亩），为种植户提供种植规划、农事指导、农产销售、品牌打造、农业金融等方面支持。2019年MAP模式降本增收效果明显，甜菜亩产达4吨且品质显著提升，总收入超过1300万元，农民务工收入近200万元，亩均利润超过800元，直接受益群众6000余人次（建档立卡贫困户200余人），惠及周边村落15个（贫困村5个）。该模式入选国务院扶贫办《中国企业精准扶贫50佳案例（2019）》，国资委《中央企业扶贫工作专刊》（题目为《创新扶贫模式助力全面小康——中化集团探索农业产业扶贫新路径》）和《人民日报》（题目为《旱地用上滴灌，笤帚销到海外》）刊发中化MAP产业扶贫做法。

【消费扶贫】 2019年，中化集团在阿旗投入360万元建设笤帚苗加工基地及民族手工艺扶贫车间，产品远销韩国，带动10个乡镇50余名贫困户增收。中化集团通过工会等渠道积极购买贫困县农产品，举办农产品进中央企业食堂和展销活动，阿旗“百万购销”、林西“百吨鸡蛋”双双落地。参与中央企业大型扶贫展销会，签订120万扶贫产品采购协议，打造“化小易扶贫专区”“中国社会扶贫网央企扶贫馆”“银企扶贫中化馆”“金茂U+”“本来生活”等五大扶贫电商平台，推动贫困县产品上行供给城市用户。集团各级工会组织先进职工赴内蒙古、宁夏等贫困地区疗休养，助力贫困地区乡村旅游发展。推出优质农产品榜单《熊猫指南》，发布3期榜单，36款国贫县农产品上榜，销量显著提升。中化集团在国务院扶贫办举办的社会力量参与扶贫工作培训班上受邀汇报消费扶贫经验，国务院扶贫办主管《中国扶贫》以“结合产业优势，大力开展消费扶贫”为题刊登报导。

【教育扶贫】 中化集团连续6年实施“圆梦”助学行动，一对一帮助3600余名贫困学子完成学业，捐资总额达480万元。2019年，通过北京信诺公益基金会高质量运营项目，捐款员工1200余人，捐资额138万元。设立中化奖学金、奖教金，开展融情实践营活动，邀请30余位品学兼优的学生及教师代表赴京参访企业、高校和博物馆。拿出一定比例应届毕业生岗位优先面向贫困县招聘，在阿旗、林西县举办专场招聘会，2019年6名贫困家庭毕业生被中化集团所属企业录用。提供100个岗位机会解决日喀则市就业问题。

（中国中化集团有限公司扶贫办
宋　岳）

中粮集团有限公司定点扶贫

【概述】 中粮集团有限公司(以下简称“中粮集团”)承担黑龙江省延寿县、绥滨县,江西省修水县,四川省甘孜县、石渠县,广西壮族自治区隆安县,新疆维吾尔自治区乌什县7个县的定点扶贫任务。2019年,中粮集团投入帮扶资金4495.4万元,引进帮扶资金80.6万元;培训基层干部524人、技术人员1543人;购买贫困地区农产品10247.7万元,帮助销售贫困地区农产品6001.1万元。在7个定点扶贫县扶贫挂职干部有12名,其中7名党政副职,5名驻村第一书记。在乌什县派出“扶贫驻村工作队”3个,工作队员30名。

【扶贫资金投入】 2019年,中粮集团向定点扶贫县投入4495.4万元,集团扶贫援助资金总投入为8050万元。其中,向定点帮扶的三个深度贫困县甘孜县、石渠县、乌什县共投入扶贫资金2422.4万元。

【扶贫调研】 中粮集团党组成员到7个定点扶贫县调研推动扶贫攻坚工作,落实两个督导:一是监督检查集团扶贫项目进展,考察走访贫困户,协调解决各县扶贫攻坚工作中遇到的问题;二是督促地方落实主体责任,听取县委县政府脱贫攻坚工作推进情况汇报,并对每个县反馈监督检查意见。中粮集团党组书记、董事长吕军赴隆安县、门源县调研督导,党组副书记、总裁于旭波赴石渠县调研督导,党组成员、党组副书记万早田先后赴修水县、延寿县、甘孜县调研督导,党组成员、副总裁栾日成赴乌什县调研督导,党组成员、副总裁周政赴修水县调研督导,中粮集团党组成员、纪检监察组组长徐爱生赴绥滨县调研督导。

【扶贫培训】 2019年,中粮集团召开7次挂职干部交流培训会,邀请国务院国有资产监督管理委员会(以下简称“国资委”)有关司局领导对挂职干部进行培训。培训基层干部524人次,培训技术人员1543人次。

【干部挂职扶贫】 中粮集团向定点扶贫县选派扶贫挂职干部20名,派驻扶贫工作人员30名。其中定点扶贫挂职干部共12名;对口支援挂职干部5名,包括洛扎县县委副书记、副县长,门源县副县长,新疆生产建设兵团国资经营公司副总经理,新疆生产建设兵团十二师国资经营公司副总经理;另派出扶贫挂职干部3名,担任九江市副市长、四川省金融局副局长、四川省阿坝州副州长;在新疆派出“访惠聚”工作队3个,工作队员30名。援藏干部李国伟、扶贫挂职干部周发球获“央企劳动模范”荣誉称号,叶茂被授予“全国模范退役军人”荣誉称号,孟阔荣获甘孜县“优秀援藏干部”、杨洁被评为石渠县“2019年度优秀驻村干部”。

【产业扶贫】 聚焦产业扶贫,融入全产业链,变“输血”为“造血”,促进当地脱贫攻坚和经济转型发展。打造绥滨县“公司+合作社+农户,让贫困户当股东”,修水县“横山村茶叶扶贫车间”的产业扶贫新模式。中粮集团根据扶贫县资源禀赋,融入中粮全产业链,逐一打造适合当地发展的产业扶贫项目。在绥滨县,组建农业产业公司,打造“公司+合作社+贫困户”新模式,变“输血”为“造血”,带动贫困户持续增收。在延寿县,开发地膜覆盖新技术,扶持有机稻米产业,开展非转基因玉米订单种植。在甘孜县，实施“高标准农田产业基地”项目，开展马铃薯、青稞、藏药种植，开发集农业、科普、旅游为一体的“温室热带风情馆”项目。在石渠县，开展藏系绵羊、藏猪等养殖项目，建设农林科技产业示范园，“石渠白菌”获中华品牌商标展览会金奖。在修水县，根据当地“一领办三参与”的产业政策，建立“横山村茶叶扶贫车间”，探索出一个依托当地优势资源，促进村级集体经济发展、脱贫攻坚的模式。在乌什县，采用“企业+基地+农户”的合作模式，开展订单农业和果蔬加工，让贫困户种植的农林产品最大限度创造价值。在隆安县，建设占地面积45亩、养殖面积10000平方米的城厢镇东信村肉鸭养殖产业基地。在洛扎县，建立种养殖循环农业项目，成为产业扶贫亮点和中央企业援藏的标杆。中粮集团旗下的蒙牛乳业（集团）股份有限公司帮扶西藏净土乳业有限公司打造现代化乳制品加工企业。在门源县，筹建门源县电子商务体验中心，作为当地“电子商务进农村示范县”的重要支撑。在全国产业扶贫工作推进会上，中粮集团党组书记、董事长吕军以“聚力产业发展，推进精准扶贫，为脱贫攻坚贡献中粮力量”为题作大会发言，交流集团开展产业扶贫的作法和经验。

【智力扶贫】 中粮集团发挥下属企业在生产、加工、渠道、物流等方面的技术和管理优势，为贫困人口和合作社、家庭农场等经营主体提供培训服务。在西藏，举办“科技援藏青稞产业综合培训”；在隆安县，开展“非洲猪瘟：防控策略与建议”“肉鸭的饲养管理”等专题知识培训，在延寿县，开展稻谷种植技术、品牌营销培训；四川石渠县以产业带就业，开展乳业、畜牧业和农牧业观光旅游从业人员培训，提高技术和服务水平，扩大贫困人口就业。

【消费扶贫】 中粮集团推动集团及下属企业、工会系统、企业员工购买扶贫县产品。在梁河县，依托中粮集团在梁河糖业的两个制糖工厂，开展自主产业和消费扶贫，开发当地甘蔗资源，直接带动987个贫困户3961人种植甘蔗超过1万亩，年购买甘蔗原料超过2100万元，使贫困户年均收入超过2.2万元，人均收入达到5490元。依托中粮我买网，建立扶贫县“一县一店”电商新平台，扶贫足迹已覆盖全国27个省份、53个国家级贫困县，已引入446个扶贫产品，累计销售国家级贫困县农特产品6000余万元。

【扶贫宣传】 中粮集团在绥滨县开展水稻产业扶贫、成功助力绥滨县脱贫摘帽的做法，先后在国务院扶贫办《扶贫信息》（东西部扶贫协作与定点扶贫专刊第53期）、国资委《综合参阅》（第36期）、新华社《内部参考》（第72期）等刊物上报道。国资委《国资工作交流》，以“中粮集团以产业扶贫引领推动精准脱贫”为题，报道了中粮精准扶贫的做法；《中国日报》以“中粮集团发挥优势构建精准扶贫产业链”为题，宣传了石渠县、乌什县等的精准脱贫之道；《农民日报》以“一滴牛奶的扶贫力量”为题，宣传了蒙牛乳业用“一滴牛奶的力量”帮草原农牧民打好一场脱贫攻坚战。集团开展的青稞食品加工产业研发项目，以“决战脱贫攻坚：高原上的希望”为题，在CCTV-2《深度财经》栏目予以报道。CCTV-7《手挽手——精准扶贫央企在行动》栏目，报道了中粮集团产业扶贫案例，树立了中粮集团发挥行业优势、主动承担社会责任的企业形象。

（中粮集团有限公司　匡砚涵）

中国通用技术(集团)控股有限责任公司定点扶贫

【概述】 2019年,中国通用技术(集团)控股有限责任公司(以下简称"通用技术集团")加强对扶贫工作的组织领导,加大资金投入,聚焦教育扶贫、产业扶贫和民生保障,助力内蒙古自治区武川县、商都县打赢脱贫攻坚战。2019年通用技术集团在两个定点扶贫县共投入帮扶资金2820万元,引进帮扶资金71.8万元;购买两县农产品677.79万元,帮助销售农产品42.21万元。2019年通用技术集团在中央单位定点扶贫工作成效考核中被评定为"好"。通用技术集团党群工作部获得"内蒙古自治区脱贫攻坚先进集体"称号,所属企业通用技术集团医药控股有限公司荣获"呼和浩特市脱贫攻坚先进集体"称号。

【扶贫调研】 通用技术集团成立由党组书记许宪平任组长,总经理陆益民、党组副书记谭星辉任副组长的扶贫工作领导小组。党组成员先后5次接待定点扶贫县领导干部来访,3次赴定点扶贫县开展调研检查,交流扶贫思路,协调解决工作中存在的问题,推进重点扶贫项目落实。

【产业扶贫】 支持武川县做强做大中药材产业。投入670万元用于推动引导扶持武川县中药材产业发展,助力武川县打造中国通用武川中药材产业扶贫示范园,其中投入220万元支持产业园区基础设施建设。通用技术集团所属中国医药在武川县中药材种植规模约5500亩,比2018年增加约3400亩,有效辐射带动得胜沟乡及周边合作社、农民中药材种植,带动全县总种植面积达2.5万亩。支持武川县食用菌产业发展。邀请中国科学院微生物所专家到呼和浩特武川蒙禾源菌业有限公司(以下简称"蒙禾源公司")考察技术合作,取得积极进展。协调蒙禾源公司派出3名技术员到中国科学院微生物所参加学习培训。专门安排1名干部重点加强对蒙禾源公司的指导,提高了产品质量和管理水平,扩大了产品销售。支持商都县泉脑子村发展扶贫产业。投入100万元援建"通用脱贫车间",2019年10月一期项目正式投产,主要生产工业用编织袋。编织袋原料由内蒙古驿漩包装材料有限公司免费提供并负责回购,村民每缝纫1个编织袋赚取8元工钱,经过多次培训,村民平均每天可缝纫12个,实现日均增收100元。此项目增加农民就近就业机会20个,覆盖建档立卡贫困户11人。投资建设商都县二股地村"通用养牛场"。投入100万元用于基础设施建设,带动132名有劳动能力的建档立卡贫困人口增加就业机会,推动村集体经济发展。

【教育扶贫】 通用技术集团投入800万元帮助商都县回购第五幼儿园(民营),办成公立"商都县通用幼儿园",该园有家庭困难儿童28人。继续资助商都县通用小学体育场气膜馆建设。气膜馆于2018年11月竣工并投入使用,项目资金分两年拨付,2019年投入250万元,覆盖建档立卡贫困家庭学生61人。设立通用技术教育发展基金,投入50万元资金,2019年共评选表彰116名优秀一线专任教师和558名品学兼优贫困家庭学生。推动北京机床研究所与商都县职业技术学校联合办学。继续推动所属企业北京机床研究所与商都县职业技术学校开展合作,帮助商都职业技术学校进行机加工专业建设的培训任务。投入30万元，为武川县通用技术职业中学添置教学设备10万元，设立“通用技术奖学金”10万元，设立“通用技术教学标兵奖”5万元，资助教师进修培训5万元。截至2019年年底，学校规模已达2000多人，为内蒙古自治区重点职业高中，办学成果得到社会各界广泛好评。

【干部挂职扶贫】 2019年，通用技术集团向定点扶贫县选派5名挂职干部、1名驻村第一书记。其中，向武川县、商都县各选派2名挂职副县长，向商都县十八顷镇泉脑子村选派1名驻村第一书记。此外，向内蒙古呼和浩特市选派1名干部，挂职市委常委、副市长，分管农业、扶贫工作。推荐商都县3名青年干部到中国共产主义青年团中央委员会挂职锻炼。

【公益扶贫】 2019年，通用技术集团投入200万元资助“通用爱心公益超市”运行维护，覆盖商都建档立卡贫困人口20012人、全县212个行政村；集团团委以“同心圆梦”为主题，组织开展“书香传承”“点亮微心愿”“西部计划志愿者关爱”“心理沙盘演练”等捐赠和关爱活动，累计捐赠图书3736本、各类物资23万元，帮助180余名贫困家庭孩子实现心愿；联系内蒙古青少年发展基金会向商都县捐赠500余套价值10万元的校服，联系井冈山全国青少年教育基地为武川县党性教育基地课程设置、运营提升提供有力支持；积极发动青年员工捐款捐物，2019年累计捐赠30万元。

【基础设施建设】 2019年，通用技术集团投入550万元用于定点扶贫县基础设施建设，投入50万元支持武川县革命老区“百万乡村”建设，修建得胜沟乡黄芪窑村至砬塔村产业发展沙石路；投入500万用于商都县民生短板应急项目，解决农村屋顶漏雨、墙体裂缝、简易旱厕配备不足等事项，覆盖2667名建档立卡贫困人口。

【扶贫宣传】 通用技术集团在集团内部报纸、网站及微信公众号先后报道扶贫工作8次；国务院扶贫办《扶贫开发》、今日头条、人民日报、农民日报、内蒙古日报、呼和浩特晚报、中国青年等媒体对通用技术集团扶贫开发工作及定点扶贫县进行了宣传报道。

【健康扶贫】 通用技术集团投入100万元，支持武川县为7907名建档立卡贫困户购买大病医疗保险，织密织牢因病返贫“保障网”。

【扶贫培训】 通用技术集团开展脱贫技能培训，通过送培训“上门”方式，邀请相关专家到两个县开展培训，共培训武川县和商都县基层干部875人，培训专业技术人员484人。

【模式创新】 加强党建扶贫力度，强化党建促脱贫。安排通用技术集团43个基层党支部与两县43个重点贫困村党支部开展党建共建、结对帮扶，探索“党建+扶贫”新模式，以建强基层党组织，助力村集体经济发展。同时，积极与武川县大青山抗日游击根据地党性教育基地开展共建活动，推动通用技术集团系统党工团组织把相关培训安排在大青山党性教育基地，助力脱贫攻坚。开展青春扶贫行动。推动各基层团组织与武川、商都两县30家团组织和中小学校“结对子”。调动所属企业和广大员工参与扶贫的积极性。2019年以来，通用技术集团总部及以下各单位到定点扶贫县调研、推动工作共计97次、230人次。着力帮助贫困县解决“两不愁三保障”突出问题，设立义务教育、基本医疗、住房安全专项基金，2019年两县641名贫困人口获得义务教育基金支持，7907名贫困人口获得基本医疗补助，2667名贫困人口的住房安全得到保障。

（中国通用技术集团公司党群工作部　黄　涛）

中国建筑集团有限公司定点扶贫

【概述】 2019年，中国建筑集团有限公司(以下简称“中建集团”)全面完成定点扶贫甘肃省卓尼县、康乐县、康县的目标任务。中建集团发挥建筑行业特点和资源禀赋优势，创新打造了集产业扶贫、就业扶贫、教育扶贫、消费扶贫和党建扶贫“五位一体”的精准扶贫“中建模式”，入选国务院扶贫办《企业扶贫蓝皮书(2019)》《中国企业精准扶贫案例50佳》，获评“志愿者扶贫50佳案例”。2019年投入帮扶资金6627.1万元，引进帮扶资金1013.26万元，培训基层干部846人，培训技术人员1466人，购买贫困地区农产品1868.25万元，帮助销售770.96万元。在2019年度中央单位定点扶贫工作成效考核中获得“好”的评价。

【扶贫资金投入】 2019年，中建集团认购中央企业贫困地区产业投资基金11亿元。向定点扶贫县直接投入帮扶资金6627.10万元，引进帮扶资金1013.26万元，用于支持和帮助甘肃三县脱贫攻坚。其中，向康乐县投入帮扶资金2085.62万元，引进帮扶资金287.48万元；向卓尼县投入帮扶资金2312.89万元，引进帮扶资金445.62万元；向康县投入帮扶资金2228.59万元，引进帮扶资金280.16万元。

【扶贫调研】 2019年，中建集团各级领导干部赴定点扶贫县督促指导270人次，召开扶贫座谈会41次，发现及反馈问题120条，形成62个调研督导报告。5月，中建集团党组成员、副总经理马泽平一行赴康县调研考察了康县旅游产业扶贫示范园等集团定点扶贫项目，并召开中建集团定点扶贫康县工作座谈会。9月，时任中建集团党组副书记、董事郑学选带队赴康县、舟曲县、卓尼县、康乐县调研扶贫工作，考察了舟曲县职业中等专业技术学校、中建卓尼特色产业区等12个扶贫项目。11月，中建集团党组书记、董事长周乃翔率队赴卓尼县、舟曲县两地走访调研，先后考察了公司援建的中建卓尼特色产业示范区、卓尼县“中海优家”实体店等扶贫项目，出席中建集团与甘南藏族自治州和卓尼县的定点扶贫工作座谈会。

【扶贫培训】 2019年，中建集团投入900万元与甘肃建筑职业技术学院合作创办中建高级技能人才培训班，先后开设焊工班、测量班及学历提升班，“订单式”培训82名建档立卡贫困群众，并提供就业岗位。依托中国海外集团有限公司的教育资源，组织50名乡村教师赴东莞接受52门次教学培训，选派9名教师为11所学校送学送教，开拓了师生眼界，提升了教育质量。投入120万元开展控辍保学技能培训，对辍学学生开展面点制作、汽车驾驶等技能培训，惠及贫困800名贫困群众。投入380万元开展38期扶贫专项培训，帮助定点扶贫县培训培训基层干部846人，技术人员1466人(其中农村创业致富带头人454人)。

【干部挂职扶贫】 中建集团向定点扶贫县选派13名挂职扶贫干部，其中3人挂任县委常委、副县长，5人任贫困村第一书记，4人担任贫困村帮扶工作队队员，增派1人挂任深度贫困县康乐县扶贫办副主任。为巩固卓尼县脱贫成果，延长挂职副县长1年任期。

【扶贫慰问】 2019年，中建集团投入100万元与中国妇女发展基金会合作开展“救急难”医疗救助扶贫工作，直接帮扶和救助因病因祸致贫的“急难”群众272人。向三县困难党员、群众、贫困户学生发放慰问金和慰问物资9万余元，惠及困难群众130余人。

【扶贫宣传】 2019年，中建集团利用网络、电视、内部融媒体平台开展脱贫攻坚多维宣传，累计在人民日报、新华社等媒体发稿600余篇。“鞋垫书记”罗恒、“蜜蜂书记”孙玉伟被“学习强国”专题报道，3个优秀扶贫案例在央视《手挽手——精准扶贫央企在行动》节目中热播。在国务院国有资产监督管理委员会官方网站、学习强国App等重要网媒宣传三县旅游资源和中建集团旅游产业扶贫成果。利用中建集团微信、报纸、网站等融媒体平台，集中开展专题扶贫宣传，凝聚扶贫力量。

【产业扶贫】 2019年，中建集团投入3702万元建设康县旅游产业扶贫示范园和中建卓尼特色产业示范区，全力整合康县“小远散”的旅游资源，补齐旅游基础设施短板，助力贫困村成功申报国家4A级景区，直接受益贫困群众1976人。中建卓尼特色产业示范区集展示体验、线上线下交易、特色产品研发、全域旅游服务为一体，通过“三变改革”带动247户建档立卡贫困群众脱贫致富，被甘肃省列为脱贫攻坚观摩项目。在康县杨家河村开展“乡村文明习惯养成行为公益活动”，2019年康县90%建成美丽乡村，“一带一路”美丽乡村论坛永久会址也设在康县。投入284万元扶持康乐县何家沟村饲料加工合作社、卓尼县泽丰园农产品开发有限公司、康县绿园魔芋种植农民专业合作社等11个扶贫车间。

【就业扶贫】 2019年，中建集团举办13场就业扶贫招聘会，利用门户网站、朋友圈多渠道发布定向招聘岗位信息，量体裁衣推送招聘信息，采取“点对点”方式招录和劳务输转甘肃三县贫困群众329人。印发专项通知做好就业扶贫跟踪保障，保证贫困群众一年以上稳定就业。

【教育扶贫】 2019年，中建集团捐建康乐县三条沟小学，向三县7所学校捐赠电脑104台、桌椅558套等，有效改善了当地办学条件。动员15.4万职工为三县捐款1078万元，发放“中建幸福空间助学金”360万元，开展“彩虹益路”“励志夏令营”等教育扶贫春蕾行动，惠及4211名贫困学子。引进中国扶贫基金会等投入221万元开展“爱心包裹”活动，惠及4390名贫困学子。

【消费扶贫】 2019年，中建集团建立“中建云筑扶贫商城”和“海惠优选”双电商平台，引入全国电商示范企业“食行生鲜”，开设“中海优家”实体店，免费为41家龙头企业、80个合作社开设网店，上架商品405种，“海惠优选”平台上线2个月便获得1500万元订单。为三县打造了41种特色品牌农产品，投入150万元帮助康县创立“陇康老树核桃”品牌，上线“本来生活、淘宝、供销e家”等平台，举办百余场推广活动，“双十一”当天销售48万元，该经验被中国社会科学院和时代传媒分别授予2019年“中经脱贫攻坚模式创新奖”“精准扶贫先锋奖”。

【党建扶贫】 2019年，中建集团组织中国海运（集团）总公司、中国建筑一局（集团）有限公司等6家子企业17个党支部与三县17个贫困村党支部结对共建，动员党员干部捐款捐物148.37万元，帮助培训贫困村两委班子604人，培训农村创业致富带头人454人。通过开展联合党日活动、促进村集体发展、提升就业水平等举措，加强对贫困群众的宣传教育、感情沟通，强化对贫困村两委班子的思想作风、能力素质的“点对点引领”，激发脱贫内生动力。

（中国建筑集团有限公司党建工作部　杜雪松）

招商局集团有限公司定点扶贫

【概述】 2019年招商局集团有限公司(以下简称“招商局集团”)围绕贫困地区“两不愁三保障”,以“保障民生基础,谋求长远发展”为原则,集中力量补齐民生短板,强化产业帮扶,全面落实消费扶贫,扎实推进精准扶贫工作,特别是贵州省威宁彝族回族苗族自治县(以下简称“威宁县”)、湖北省蕲春县、新疆维吾尔自治区叶城县和莎车县4县的定点扶贫工作,确保贫困县按期高质量打赢脱贫攻坚战。

【扶贫资金投入】 2019年,招商局集团以“两不愁三保障”中的重点难点为突破口,在四个定点扶贫县开展项目24项,投入帮扶资金21725.2万元,带动脱贫人口21.2万人。其中包括医疗扶贫项目1个,投入9001.8万元;教育扶贫项目6个,投入7497.6万元;产业就业扶贫项目14个,投入4334.7万元;道路住房基础设施项目3个,投入891.1万元。

【扶贫调研】 招商局集团2019年赴定点扶贫县考察调研共53人次,其中部级(单位班子成员或党组成员)6人次,司局级及以下47人次。3月,招商局集团董事、纪委书记段湘晖赴蕲春县调研。集团总经理助理褚宗生赴新疆参加深度贫困地区脱贫攻坚现场推进会,并就新疆叶城和莎车县的扶贫工作开展督查。8月,招商局集团总经理(时任)付刚峰,董事、纪委书记段湘晖赴威宁县督查扶贫工作。12月,招商局集团总会计师周松调研蕲春县定点扶贫和产业帮扶工作。

【健康扶贫】 从2016年开始在威宁县试点乡村卫生室建设。在取得良好成效后全面提速增效,三年内投入近1.67亿元,2019年年底建成523所标准村卫生室,全面实现对威宁县全覆盖。招商局集团资助善小公益基金会,联合威宁县卫生健康局共同开展威宁乡村医生“德技双馨”培训项目,结合威宁县当地常见疾病情况,为威宁县当地乡村医生量身定制100天线上与线下相结合的“德技双馨”培训,其中线上培训85天,线下培训15天,设置理论知识传授和技能培训,提升乡村医生的医德与医技。

【扶贫培训】 2019年,招商局集团共办班3期,其中蕲春县1期,威宁县1期,叶城县和莎车县1期,共计培训干部112人。截至2019年年底,招商局帮扶干部培训班项目共办班24期,培训干部学员人数共931人,其中培训威宁县干部477名,蕲春县干部341名,叶城县干部45名,莎车县干部43名,漳州市社区干部25名。

【党建扶贫】 招商局集团党委结合“不忘初心、牢记使命”主题教育和“为民办实事”的具体要求,招商局集团以“国家扶贫日”为契机开展“一份特殊党费,助力脱贫攻坚”活动,号召全体党员向叶城县中小学生捐款购置图书。活动设计了“个人捐赠图书”和“公司党组织捐赠图书室”等多种参与方式,24000余名党员干部参与了捐款活动,170个招商局集团党组织(下属公司党委、党支部)与叶城县158所学校结对捐赠图书室,共计募集捐款261.8万元,捐赠图书80.8万册,直接受益学校158所、中小学生10.7万名。

【产业扶贫】 2019年,招商局集团调动旗下企业和员工资源，助力消费扶贫，持续推广运营特色农产品销售平台——27°农。该平台重点打造扶贫产业价值链，全面链接贫困地区农产品生产主体（合作社、村委会、农业企业等），构建了贫困地区与外界市场的联系通道。2019年，招商局集团加大采购力度，将助农产品采购范围从招商局集团的4个定点扶贫县，扩大到12个国家扶贫开发工作重点县，助农产品类别升至36款，当年销售额达920万元。以冷链物流为突破口，支持威宁县开展农产品冷链扶贫项目，为冷链运输农产品的企业补贴因往返运输而亏损的费用，助推农产品外运，拓宽销售渠道，帮助贫困户脱贫增收。该项目从2019年9月开始实施，截至12月30日完成34车次，运输573吨，物流总价值112万元。同时投入86.3万元，帮助威宁县发展农产品公共品牌，2019年年底完成蔬菜品牌设计，间接带动贫困户人口收入增加。在蕲春县，招商局集团旗下招商局健康产业（蕲春）有限公司以科技引领促进蕲艾产业发展，共收储蕲艾1018吨，帮助1500户农户（含贫困户）实现增收。投入3170万元，支持叶城县建成工业园区扶贫车间、物流市场、交易市场各1个，“十小店铺”10个；支持莎车县建成交易市场2个和“十小商铺”70个，帮助4800余名贫困群众实现在家门口创业就业。

【教育扶贫】 2019年，招商局集团支持威宁县在移民搬迁点新建“招商局威宁育才小学”，投入资金7000万元。该学校规划占地面积66670平方米，总建筑面积23478平方米，办学规模预计为66个班，可解决3000名学生就读问题。招商局集团还通过招商局慈善基金会这一专业公益平台，继续与互满爱人与人（中国）、世界宣明会、北京歌路营慈善基金会等社会组织合作，在威宁县和蕲春县持续补充乡村儿童教育资源。

【革命老区建设】 招商局集团在蕲春革命老区贫困人口多、贫困程度深的16个村实施帮扶，通过修桥修路、建设中药材产业基地等，并探索“公司合作社+基地+贫困户”的模式，帮助贫困村、贫困户持续积累财富。2019年共计投入407万元持续帮扶9个村，继续围绕“一条致富路、一个致富产业、一个美丽乡村”的内容进行建设，不断完善了贫困村的基础设施，还通过产业基地建设，增加了村集体的经济收入，也让贫困户通过流转土地得租金、在合作社入股得股金、在市场主体打工得薪金的办法脱贫致富。

【扶贫宣传】 2019年，招商局集团定点帮扶实践在人民日报民生周刊、今日头条、贵州民族日报、威宁新闻等媒体上多次刊载发表。招商局集团《探索“三维”模式，促进精准脱贫》入选国务院扶贫办《中国企业精准扶贫案例50佳》。招商局集团在2019年10月17日国家第六个扶贫日举办“共享收获，脱贫有招”主题系列活动，以扶贫干部述职、动员签订消费扶贫责任书、线下贫困地区农产品推广等方式营造人人参与脱贫攻坚的氛围。

（招商局集团有限公司扶贫办 刘怡芳）

华润(集团)有限公司定点扶贫

【概述】 华润(集团)有限公司(以下简称“华润集团”)定点帮扶江西省广昌县、宁夏回族自治区海原县。2019年,华润集团向定点扶贫县捐赠资金5873万元。其中向广昌县捐赠713万元,向海原县捐赠5160万元;为两县引进帮扶资金25万元,其中为广昌县引进帮扶资金5万元,为海原县引进帮扶资金20万元;完成乡村基层干部培训197名,完成技术人员培训988名;购买贫困地区农产品487.87万元,帮扶销售贫困地区农产品7301万元。华润集团“海原扶贫的‘华润模式’”入选《中国企业精准扶贫案例50佳》;在中国社会科学院发布的中国企业300强社会责任发展指数排名中,华润集团凭借着在脱贫攻坚领域所取得的成绩,继续连续三年蝉联社会责任发展指数排名第1位;在2019年定点扶贫工作年度考核中获得“好”的等次。

【扶贫资金投入】 华润集团于2010年1月在民政部发起成立了华润慈善基金会,统一口径具体实施华润集团的定点扶贫项目。2019年,华润慈善基金会向广昌县、海原县捐赠资金总额5873万元。其中,向广昌县捐赠713万元,其中683万元用于“共创小康”项目建设,20万用于帮助广昌县千善乡购买“广昌蜜桔”选果机,10万元用于开展“救急难”活动。向海原县捐赠5160万元,其中3000万元用于海原县草畜一体化肉牛养殖项目,2000万元用于海原华润希望小镇建设,120万用于“一对一”帮扶海原贫困大学生助学项目,40万用于海原希望小镇物业管理项目。

【扶贫调研】 2019年,华润集团党委成员、集团其他领导及集团脱贫攻坚领导小组和领导小组办公室成员赴广昌县现场考察督导扶贫工作12次、82人次,赴海原县现场考察督导扶贫工作15次、139人次。华润集团党委书记、董事长傅育宁,以及集团党委副书记、总经理王祥明赴海原县考察草畜一体化肉牛养殖基地和海原华润希望小镇项目;华润集团党委副书记马璐赴广昌县实地调研定点帮扶项目建设情况。

【扶贫培训】 2019年,华润集团完成乡村基层干部培训197名,完成技术人员培训988名。其中,华润集团帮扶广昌县完成乡村基层干部培训35名、技术人员培训59名,帮扶海原县完成乡村基层干部培训162名、完成技术人员培训929名。

【干部挂职扶贫】 华润集团向广昌县、海原县先后选派1名厅级干部、3名处级干部和2名驻村第一书记,分别担任中卫市副市长、海原县委副书记、海原县县长助理、广昌县副县长、海原县曹洼乡第一书记等职务,挂职干部全部协助分管扶贫工作。另外,华润集团还向海原县选派一支30余人的扶贫工作队。

【产业扶贫】 2019年,华润集团向海原县捐赠2.65亿元,建设一座存栏10000头,设有母牛隔离舍、育肥舍、高档肉牛繁育舍、草料棚、青贮窖、办公生活区等功能的草畜一体化肉牛养殖基地。华润集团向海原县捐赠1.2亿元,创办“基础母牛银行”帮扶模式,即每头价值1万元的母牛,由华润集团提供6000元赊销款,政府提供2000元帮扶资金,农户自筹2000元即可领回,每个农户只花4000元到10000元认养2—5头基础母牛，就可建立一个小型的家庭农场。截至2019年年底，“基础母牛银行”已赊牛只30811余头，覆盖海原16个乡镇175个村9388户。

【教育扶贫】 2019年，华润集团进一步落实帮扶海原县五年战略规划中的人才扶贫战略，开展了“一对一”帮扶海原县300名贫困大学生的助学项目，为每位贫困大学生每学期资助2000元助学金。2019年，华润资助370名海原贫困大学生，共捐赠120万元。华润集团旗下的珠海华润银行继续开展“润心园丁”支教计划，长期向海原华润希望小学派驻志愿者，每2人为一组，赴海原华润希望小学开展每期4周的公益支教工作。截至2019年，共有8名志愿者完成了4期支教工作。在海原县，华润投入255万元用于海原华润希望小学和海原关桥中学项目建设，惠及建档立卡贫困学生677人。

华润集团江西区域工委动员华润在赣21家基层企业的党员干部参加爱心捐款，向广昌县驿前镇154名建档立卡贫困学生及101名边缘贫困学生捐赠了价值10.2万元的学习用品、文体用品和生活用品。

【基础设施建设】 在广昌县，自2014年至2019年11月，华润共捐赠2663万元完成了三个“共创小康”项目的援建工作，其中2019年捐赠683万元用于刘家堡村“共创小康”项目。

在海原县，华润集团新能源计划投资100亿港元开发建设100万千瓦容量的风电项目。2019年，华润集团电力投资2.8亿元，完成了12万千瓦的太阳能发电项目。截至2019年11月，华润集团累计完成电力项目投资24亿元，开展风电项目超过70万千瓦，为海原县解决了24人的就业问题，其中有9人是建档立卡贫困户。

【健康扶贫】 2019年，华润集团投入24万元建设海原华润希望小镇卫生所，帮扶小镇村民实现“小病不出村”的基本目标。向海原县卫生局捐赠了价值10万元的降压降糖及补钙药品。在广昌县开展“救急难”项目，捐赠10.6万元，资助广昌县西港村、杨坊村和答田村66名因病、因残困难群众，其中有38人为建档立卡贫困户。

［华润（集团）有限公司办公室　周建章］

中国旅游集团有限公司定点扶贫

【概述】 中国旅游集团有限公司(以下简称“中旅集团”)从2002年开始,陆续定点帮扶贵州省黎平县,云南省西盟佤族自治县(以下简称“西盟县”)、孟连傣族拉祜族佤族自治县(以下简称“孟连县”)、香格里拉市、德钦县。此外,中旅集团另结对帮扶四川省雷波县和乐山市马边彝族自治县(以下简称“马边县”)2个帮扶点。2019年累计投入4097.15万元(含雷波县、马边县,全年累计投入4570.34万元),引进帮扶资金504.18万元;购买贫困地区农产品167.64万元,帮助销售贫困地区农产品140.12万元;培训基层干部398名,培训技术人员364名。中旅集团结合企业业务特长和扶贫县资源特点,开展“教育+产业”一体两翼精准扶贫工作,支持7个帮扶县全部顺利实现脱贫摘帽。在国务院扶贫开发领导小组对中央单位定点扶贫工作成效考核中,连续两年获得“好”的等次,“教育+产业”一体两翼精准扶贫模式入选《企业社会责任基础教材(第二版)》,西盟县获得2019年全国脱贫攻坚组织创新奖。

【扶贫资金投入】 2019年,中旅集团持续加大对扶贫点帮扶力度,共投入定点扶贫资金4097.15万元;引进帮扶资金504.18万元。资金主要用于两省五县(市)地区旅游主业帮扶、特色农产业扶持、教育、兜底保障等四个方面工作。中旅集团集中力量解决突出问题,千方百计做好深度贫困地区的脱贫攻坚工作。

【扶贫调研】 2019年,中旅集团党委班子赴扶贫点调研考察共9次,其中党委书记、董事长万敏带队赴香格里拉市、德钦县各调研1次,党委副书记、总经理杜江带队赴云南西盟、孟连县各调研1次。中旅集团扶贫办或下属事业群另组织13次,共179人次考察调研。中旅集团2019年召开定点扶贫专题党委会、工作会共4次。

【干部挂职扶贫】 2019年,中旅集团在扶贫点共有在任挂职干部17名。其中,挂任云南省迪庆州副州长1名;香格里拉市、德钦县、西盟县、孟连县和贵州省黎平县政府副职各1名;云南省德钦县、孟连县专职驻村第一书记各1名。挂职干部在当地协助分管扶贫、文化旅游、招商等工作。向四川省雷波县、马边县2个深度贫困县共派出8名旅游扶贫挂职干部;向贵州省贵阳市观山湖区派出1名科技挂职干部。2019年选拔干部到“三区三州”深度贫困地区挂职,把扶贫挂职与集团未来在贫困地区打造高水平全域旅游的企地合作紧密结合起来,更好地推动旅游产业扶贫项目落地。

【旅游扶贫】 中旅集团与中国扶贫基金会合作,在黎平县打造黄岗“美丽乡村”旅游精品民宿项目,一期项目已达到试住条件;在西盟县改造修缮有“新中国民族团结第一塔”之称的盟誓塔,在香格里拉市建设非物质文化遗产建塘锅庄体验项目,在马边县建设福来美丽乡村项目,大力发展扶贫县旅游产业,筑牢扶贫脱困根基。丰富经典旅游扶贫线路。中旅集团在香格里拉市、德钦县研发3条扶贫线路,与集团2200多家旅行社网点及线上渠道同步上线,从策划推出至2019年12月底实现销售近8416万元,向大香格里拉地区输送游客23946人次。加大扶贫县旅游宣传力度。中旅集团旅行家杂志制作发行黎平旅游扶贫特刊，深度挖掘当地的文化、美食、旅游资源，被上万名粉丝转发。在马边县政府连续2年举办“乐山·马边彝族风情狂欢节暨第三届小凉山火把节”活动，联合香格里拉市举办“迪庆·香格里拉端午赛马节暨中国旅游集团首届‘时光之礼’香格里拉旅游文化节”，组织香格里拉市首届旅游业发展论坛，端午节期间共接待人数322526人次，实现贫困人口、政府、企业三方受益。创新景区“企地共建”模式。集团下属景区输出管理公司帮扶宣汉县，景区从建设到运营均按市场模式运营，2019年共接待游客80多万人次，直接带动9万多贫困人口脱贫。2019年，与黎平县签订3年期的输出管理合同，派出管理团队，通过专业能力帮助景区走出困境，助力黎平县旅游发展。

【产业扶贫】 2019年，中旅集团在孟连县帮扶异地搬迁村落建立“茶产业扶贫项目基地”，帮助该村建档立卡户35户建档立卡户每户年均增收1万元。在云南省香格里拉市建立蔬菜大棚基地和帮扶残疾人黑山羊养殖基地扩建，帮助贫困人口稳定增收脱贫。中旅集团与中国扶贫基金会善品公社合作，在西盟县打造“互联网+扶贫”示范项目合作社，让茶农和贫困户实实在在获得好处。

【教育扶贫】 2019年，中旅集团投入279万元，捐建473台电脑建设“希望之星电脑室”。推出“中国旅游集团希望之星成长营”游学品牌，2019年共组织5县200多名贫困县的中小学生参加夏令营，走出大山看世界。帮扶修缮改造贫困县小学，在西盟县和德钦县等设立2所“中旅希望小学”及1栋“希望之星综合教学楼”。中旅集团与黔东南州、迪庆州、甘肃舟曲职业学校积极实行校企合作，建立旅游学院或旅游专业，培养旅游应用型人才。2019年开办10期旅游行业专题培训班，举办定点扶贫县致富带头人电商培训。

【消费扶贫】 2019年，中旅集团通过工会、食堂或员工自发购买定点扶贫县农产品167.65万元，组织300多名中旅集团、金融、旅游投资和运营员工到扶贫县参加主题教育活动。建立线上、线下平台，帮助销售农产品127.47万元。中旅集团与中国旅游协会搭建“公益中旅协”精准扶贫平台，实现扶贫县42种产品上线，国庆节前专场促销活动销售收入数十万元。在三亚免税店开辟“星旅云品”扶贫产品专区，首期采购一批约60万扶贫县优质农产品作为民族商品进入免税店，通过在高端渠道展示产品，提高扶贫地区的知名度。

【扶贫宣传】 中旅集团配合国务院扶贫办、国务院国有资产监督管理委员会、中国中央电视台，参与制作大型扶贫公益电视节目《手挽手——精准扶贫央企在行动》，进一步推广中旅集团扶贫工作经验。旅行服务与香格里拉市联合承办的赛马节活动被中国中央电视台、人民网等多家主流媒体和国资小新、中国旅游报、新浪等媒体深入报道，累计发稿量474篇。2019年中旅集团在中国旅游报、微信公众号等共发布16篇扶贫通讯稿。中旅集团对扶贫干部中涌现出的中央企业优秀共产党员代表，组织在全集团主题教育大会介绍宣讲，以身边事教育身边人，激发全集团扶贫攻坚的热情，为全集团广大干部员工干事创业、担当作为树立榜样。中旅集团动员社会力量参与扶贫，继续协调“脱贫攻坚战星光行动”公益项目走进香格里拉市，联络电影明星共同推介香格里拉，助力产业扶贫、文化扶贫。

（中国旅游集团有限公司社群部
蔡琳娜）

中国商用飞机有限责任公司定点扶贫

【概述】 中国商用飞机有限责任公司(以下简称“中国商飞”)定点帮扶宁夏回族自治区西吉县,2019年投入帮扶资金704万元,引进帮扶资金109万元,培训基层干部390名,培训技术人员272名,购买贫困地区农产品442万元,帮助销售贫困地区产品117万元,投入117万元开展旅游扶贫,组建大飞机支教团15人,助力西吉县脱贫攻坚扎实推进,获评固原市脱贫攻坚和乡村振兴先进集体。

【扶贫资金投入】 2019年,中国商飞共投入帮扶资金704万元,用于产业扶贫、教育扶贫、文化扶贫和医疗健康扶贫等项目。帮助引进光大证券股份有限公司在西吉县开展马铃薯“证券+期货+保险”业务,价值109万元。

【扶贫调研】 2019年,中国商飞领导班子开展调研4人次。7月,中国商飞党委书记、董事长贺东风,党委副书记、董事谭万庚赴西吉县检查扶贫工作推进情况,实地察看扶贫和援建项目,看望慰问派驻西吉县挂职干部和大飞机支教团成员。11月,党委副书记、总经理赵越让到西吉县督导检查定点扶贫工作,指导“大飞机航空博物馆”建设,调研西吉产业园区龙头企业,并走访慰问挂职干部、贫困户。3月,党委副书记、董事谭万庚赴西吉县调研扶贫工作。

【扶贫培训】 中国商飞投入资金31万元,举办西吉县基层党员干部、致富带头人培训班,培训31名基层党员干部和致富带头人。投入资金25万元,举办第三期西吉县英语教师特训营,培训西吉县骨干英语教师30人。投入资金11.7万元,开展西吉县驻村帮扶干部及第一书记培训工作,为全县367名基层党员干部进行脱贫攻坚政策理论培训。

【干部挂职扶贫】 2019年,中国商飞选派张哲赴西吉县挂职,担任县委常委、副县长,负责企业对口帮扶工作。选派张杨森担任扶贫工作队队长、村党支部第一书记。挂职干部为当地经济社会发展献计出力,推动各项扶贫政策措施落地见效。中国商飞选派15人组成第二批“大飞机支教团”赴西吉县开展为期一年支教工作。

【扶贫慰问】 2019年,中国商飞组织开展“大飞机助学金”发放仪式,为西吉县39名优秀大学生每人发放助学金3000元,向什子中学和兴平中学捐赠计算机设备,建设计算机电化教室。

【扶贫宣传】 中国商飞连续开展建档立卡户中小学生夏令营冬令营、建档立卡户优秀中学生大学生助学资助活动、乡村教师特训营等项目。结合西吉县师资力量缺乏现状,开展支教工作,组建大飞机西吉支教团。国务院国有资产监督管理委员会《综合参阅》(第42期)刊发《中国商飞公司深耕教育扶贫,培育和放飞大飞机梦》典型案例。

【产业扶贫】 中国商飞通过推广艾草种植基地、镇级农机服务站和草蓄产业补贴等项目,增加村级集体经济收入,带动建档立卡贫困户增收。扶持宁夏泽爱堂生物科技有限公司、宁夏瑞信龙王坝生态文化旅游村股份有限公司、西吉县源丰农牧业综合开发有限公司3家西吉县龙头企业。扶持西吉县心雨林下产业专业合作社、西吉县坪商合作社、西吉县义丰养殖专业合作社、西吉县文杰养殖专业合作社、西吉立佳芹菜种植销售专业合作社、宁夏兴鲜杂粮种植加工基地有限公司、西吉县绿农生态休闲农业专业合作社7家农村合作社。采购农机设备建设将台堡镇镇级农机服务站，将西坪村农机服务站整合并入将台堡镇农机服务站，为平峰镇张武村采购农机设备，支持兴平乡快牛农机作业服务有限公司建设镇级农机服务站，合计投入资金122.22万元，惠及2200人。投入资金22.85万元，资助将台堡镇大飞机示范村肉牛养殖补贴，惠及676名村民。投入资金50万元建设西坪村850亩和火家沟村420亩艾草种植基地，惠及600人。投入9.8万元，完成西坪村艾草加工车间空气源热泵供暖设备安装调试工作，保障车间冬季运营需求。

【教育扶贫】 2019年，中国商飞投入资金20.44万元，组织西吉县5个乡镇共计30名建档立卡贫困户优秀中小学生赴北京民用飞机研发中心开展为期一周的冬令营活动。投入资金25万元，举办西吉县优秀中小学生夏令营活动，组织30名西吉县建档立卡户优秀中小学生“走进大飞机”。

【文化扶贫】 “大飞机航空博物馆”完成布展，传播大飞机创业精神。在大飞机西吉支教团所在的袁河中学开设航空科普第二课堂，通过文化教育影响和改变贫困地区群众精神面貌，实现贫困地区群众“精神脱贫”。

【公益扶贫】 中国商飞围绕为大飞机示范村办一件实事、开展一次公益活动、进行一次捐资助学年度目标，所属设计研发中心飞机气动能源工程技术所党总支部、总装制造中心航空制造技术研究所党总支部、北研中心先进材料结构实验室党支部分别与西吉县硝河乡新庄村党支部、火石寨乡石洼村党支部、将台堡镇火家沟村党支部开展结对共建活动，发动支部党员捐款5.66万元。投入党费专项资金67万元，为将台堡镇火家沟村建设文化广场，实施村党支部改造提升工程，累计培训贫困村两委班子5人，贫困村创业致富带头人9人。

【基础设施建设】 中国商飞聚焦住房安全和医疗保障方面短板弱项，投入资金11.8万元为将台堡镇卫生院购买超声波骨密度分析仪和自动洗胃机等医疗设备。补助资金20万元，为将台堡镇建档立卡贫困户进行危房改造，帮助贫困人口38户。投入资金11.8万元，对什字中学公共水房进行改造提升，加装净水设备，解决乡镇中学饮水安全问题，惠及什字中学建档立卡贫困户422人。

【健康扶贫】 中国商飞依托上海中医药大学举办西吉县优秀骨干医生(中医)医疗技术培训班，对县乡两级医疗卫生专业技术技能知识进行培训和业务指导，县级医院、乡镇卫生院、社区卫生服务站及村医共计221人参加培训；举办县乡两级临床骨干医师业务知识提升培训班，组织21名县乡两级医疗骨干赴上海参加培训。上述两个项目共计投入资金46.2万元，培训242人。投入18.5万元，实施将台堡镇建档立卡贫困户医疗保险项目，为西吉县建档立卡贫困户共1723户7393人购买医疗保险。

【消费扶贫】 中国商飞加大工会集中采购力度，集中采购西吉县农副产品、医疗保健品，价值442万元。通过“公益商飞”平台帮助销售农产品95.6万元。通过各种展销平台，帮助联络销售西吉县农产品22万元。拓展旅游扶贫新模式，在西吉县龙王坝村建立员工疗休养基地，共计投入资金117万元，组织新任干部、优秀班组长及离退休老干部赴西吉县开展共8期教育培训及疗休养活动，

（中国商用飞机有限责任公司
党群工作部　阎　超）

中国节能环保集团有限公司定点扶贫

【概述】 中国节能环保集团有限公司(以下简称“中国节能”)定点帮扶河南省嵩县和广西壮族自治区富川瑶族自治县(以下简称“富川县”)。2019年,对定点扶贫县投入帮扶资金1400万元,引进帮扶资金563.2万元,用于实施“乡村亮化”“山区甘露”“健康帮扶”“产业扶贫”“教育助学”等工程和项目,富川县在2019年4月份实现脱贫摘帽,嵩县完成全县脱贫摘帽。

截至2019年年底,中国节能已向定点扶贫县直接投入扶贫资金4941万元;产业扶贫项目累计投入资金4910万元;引进民营企业、慈善机构等无偿帮扶资金共计916万元;培训基层干部和技术人员1316名;购买定点扶贫县农产品78.1万元,帮助销售农产品40.4万元;资助1200名贫困学子走进大学校园;提供就业岗位1058个。

【扶贫资金投入】 2019年,中国节能对嵩县和富川县投入帮扶资金1400万元,主要用于嵩县、富川县安装太阳能路灯、铺设饮水管道、修缮乡镇卫生院、完善村级光伏电站配套设施、推进“圆梦大学 放飞希望”助学项目等。

【扶贫调研】 2019年,中国节能先后到嵩县和富川县考察调研8人次,察看帮扶资金使用、项目落实、工程建设情况,考察当地资源禀赋和产业发展空间。组织嵩县和富川县党政领导和基层干部召开脱贫攻坚座谈会,共同研究精准脱贫摘帽工作思路、行动举措和产业扶贫新模式。

在两县调研中,中国节能组织专家团队考察嵩县、富川县农业、旅游业及风、光等自然资源开发利用情况。组织医疗领域博士调研当地医疗设施,提高基层医疗诊断水平,保障农民健康幸福。

【扶贫培训】 中国节能与嵩县和富川县建立人才双向培养机制,2019年培训基层干部376名,培训技术人员850名。组织嵩县和富川县40余名扶贫一线干部到江苏省、浙江省经济发达地区参观见学、开拓视野。为嵩县建档立卡贫困户培训清洁工794名,吸纳到所属中国环保环境服务公司就业;为富川县培训技能能手56名,吸纳到古城镇山田村扶贫车间上岗。与中国农民书画研究会合作,在嵩县建立洛阳嵩县农民书画培训基地,提升农民绘画水平,增强就业能力,搭建起用艺术产业助力乡村旅游的试验平台。

【干部挂职扶贫】 中国节能向嵩县和富川县各选派1名挂职副县长,协管扶贫工作。2019年10月,完成驻嵩县新一轮挂职干部和第一书记轮换工作。

【扶贫宣传】 中国中央电视台农业频道《手挽手——精准扶贫央企在行动》专题片报道中国节能扶贫工作的典型做法。精准扶贫案例被收录到《中央企业社会责任蓝皮书(2019)》和国务院国有资产监督管理委员会业社会责任教材配套案例。编制发布社会责任报告,将精准扶贫作为专题进行宣传,扩大社会影响力。

【扶贫资金管理】 2019年1月10日,中国节能审议通过《2019年定点扶贫工作计划》,确定定点扶贫资金预算,结合嵩县和富川县实际需求,做好年度扶贫工作详细计划。

2019年,中国节能健全完善《集团公司定点扶贫资金管理办法》,规范资金管理流程,明确项目选择标准,严把扶贫资金用途,优化《集团公司定点扶贫项目资金使用协议书》《集团公司定点扶贫资金公益扶贫项目申报表》《集团公司定点扶贫资金安排及其资助的扶贫项目验收单》,完善帮扶项目评审机制,提升项目帮扶精准度,确保扶贫资金发挥效益。

【产业扶贫】 2019年,中国节能在富川县投建扶贫车间,吸纳务工人员60名,月工资2300元以上,实现"一人就业,全家脱贫"。中国节能为富川县富阳镇茶家、羊公、山宝、新坝、涝溪、洋溪7个农村合作社完善村级光伏电站配套设施,惠及建档立卡贫困人口7124人。

【教育扶贫】 中国节能实施"教育助学"工程,举办"圆梦大学放飞希望"助学活动,资助嵩县120名、富川县100名贫困学生走进大学校园。举办2期"逐梦首都行"夏令营活动,组织22名贫困家庭品学兼优初中生到北京参观游学。开展"春苗扶助计划",组织21名员工与嵩县石场村、富川新石村贫困家庭孩子结成互助对子。中国节能加大对"三区三州"深度贫困地区帮扶力度,向甘肃省舟曲县舟曲职业中等专业学校捐赠100万元,改善教学和生活质量。

【基础设施建设】 中国节能捐助459万元实施"乡村亮化"工程,为嵩县石场村、官停村等36个村庄安装太阳能路灯798盏,为富川县涝溪村、洋溪村等5个村庄安装太阳能路灯140盏。捐助371万元,实施"山区甘露"工程,为嵩县石场村、石板沟村、张花岭村、张花岭移民搬迁点近500名群众铺设饮水管道15000米,安装户用水表近200个,搭建无塔供水器,为石场自然村打490米深水井,铺设管道入户。

【健康扶贫】 针对部分乡镇卫生院业务用房年久失修、基础设施配套不足、正常医护工作不便开展等情况,中国节能实施"健康帮扶"工程,捐助200万元修缮、新建富川县朝东、麦岭、石家、新华、白沙5个乡镇卫生院业务用房、病人食堂等基础设施,受益人群达2697人,为当地群众就医和医护人员正常工作创造条件。

(中国节能环保集团有限公司
党群工作部　章　杨)

中国国际工程咨询有限公司定点扶贫

【概述】 2019年，中国国际工程咨询有限公司(以下简称“中咨公司”)定点帮扶安徽省利辛县，向利辛县投入帮扶资金120万元；引进帮扶资金28万元；培训基层干部57名，培训技术人员312名；购买农副产品19.43万元；帮助销售农副产品35.65万元。2019年核定标注脱贫对象5833户、13002人，贫困发生率降至0.28%。经安徽省政府批准，利辛县退出贫困县序列。

【扶贫资金投入】 2019年，中咨公司直接投入帮扶资金120万元，其中90万元用于利辛县建档立卡贫困村发展壮大集体产业经济。已建成黄鳝、孔雀、龙虾等养殖基地及瓜果蔬菜种植基地，促进当地农民增收；另外30万元用于中咨公司-利辛县航空航天科普教室建设，开展教育扶贫，推动科学知识普及，推动旅游资源开发利用。按照“同舟工程——中央企业参与‘救急难’行动”要求，中咨公司2019年度发放救助资金3万元。

【扶贫调研】 2019年3月，时任中咨公司党委副书记、董事、副总经理杨东民带队赴利辛县开展定点扶贫工作。9月，党委书记、董事长王安，党委副书记、董事牛向春一行，赴利辛县开展扶贫调研工作，召开座谈会，深入交流脱贫攻坚工作，对利辛县脱贫攻坚工作进行指导，督促利辛县落实脱贫攻坚主体责任，推动相关工作落地落实。深入驻村第一书记贫困村，调研村集体产业建设和经营情况，了解贫困户生产生活实际。

【扶贫培训】 中咨公司结合利辛县实际需求，加强基层干部、技术人员、致富带头人等培训工作。2019年3月，邀请北京农业职业学院两名专家教授，从养殖和种植两个主题，为利辛县胡集镇领导干部、扶贫干部、技术人员和贫困户开展专业技术培训，312人参加培训。中咨公司农村经济与地区业务部专家为利辛县领导干部、各乡镇党委书记和扶贫工作负责同志进行专题培训，共57人参加培训。

【干部挂职扶贫】 2019年，中咨公司选派曲利杰挂职利辛县委常委、副县长，张稳军任建档立卡贫困村第一书记，选派李胜辉挂职亳州市委常委、副市长，分管扶贫工作，共同推动定点扶贫工作。

(中国国际工程咨询有限公司党群工作部组织处　房吉达)

中国诚通控股集团有限公司定点扶贫

【概述】 2019年，中国诚通控股集团有限公司（以下简称“中国诚通”）加大定点扶贫力度，出台《中国诚通2019—2020年定点扶贫规划》《中国诚通2019年定点扶贫工作计划》，5位领导先后前往河南省宜阳县开展调研督导工作，召开2019年现场扶贫工作会议暨定点扶贫考核评议会，定期开展扶贫领域作风建设调研督导，分别向16个定点对接镇村下发督促检查调研报告，形成《中国诚通定点扶贫专项督导调研报告》，反馈宜阳县委县政府。

【扶贫资金投入】 2019年，中国诚通累计向宜阳县投入帮扶资金710万元，引进社会帮扶资金5万元，购买农产品117.21万元，组织党政基层干部培训592人，开展技术人员培训1766人，帮助销售农产品1261.1万元。

【产业扶贫】 针对种植类产业，中国诚通依托万亩花椒基地，扶持建立加工企业，购置烘干设备，延伸花椒产业链，提高经济附加值。扶持推广蔬菜大棚项目，实施100个蔬菜大棚。针对养殖类产业，中国诚通引入龙头企业进行技术指导，扶持扩建两个养鸽场和鹌鹑养殖场，4个养殖基地实现超预期收入。发展加工车间产业，中国诚通扶持修缮仓储物流园3间仓库，引进电商企业投入500万元购置吹膜机24台、制袋机50台、圆盘机1台、切棉机3台。扶贫车间实现由来料加工向制造业态转型，吨包袋加工产业初具规模。电商企业2019年实现收入5000余万元，带动用工140余人，日均发送快递包裹超过3万单。

【教育扶贫】 开办第四届诚通“宏志班”，通过“两免一补”教育扶贫政策和发放基本生活补贴，累计解决187个建档立卡贫困户因学致贫问题。举办第三期宏志班夏令营，100余名优秀学生分别前往天津、珠海进行参观学习。成立青年志愿者服务队，对“宏志班”学生进行一对一爱心帮扶，累计通信600余封，30余人次开展志愿支教活动。引入北京师范大学教育培训平台，实施教学质量提升工程，完成99名中小学骨干教师、294名中小学班主任、132名中小学教学业务副校长和教导主任、81名中小学校长集中培训。组织实施三岔沟村校舍改造项目，开展“乡村美丽教师”评选活动，42名优秀教师获得表彰。

【就业扶贫】 开办诚通技能人才培训学校。2019年，累计开展培训37期，培训足疗师1160人，实现528人就业，其中培训贫困人口350人次，210名贫困人口实现就业，平均工资4800元，最高月工资达9300元。中国诚通援建宜阳县赵保镇脱贫技能培训中心，被宜阳县人力资源和社会保障局确定为“乡级定点劳务输出培训基地”。

【干部挂职扶贫】 2019年，中国诚通选派宋大鹏担任宜阳县副县长，选派吴五华任宜阳县樊村镇沙坡村“第一书记”。

【党建扶贫】 中国诚通与宜阳县委组织部、宣传部及各镇乡党委沟通协调，建强16个对接贫困村两委班子，组织班子成员分期参加集中培训。为每个村建立党建小屋，配备影像设备和《求是》杂志等学习资料，发挥基层党组织战斗堡垒作用和党员先锋模范作用，增强贫困人口打赢脱贫攻坚战信心和决心。

【模式创新】 中国诚通开展“四查四看”，

聚焦精准扶贫。通过出资企业自查、挂职扶贫干部检查、领导干部调研督查、定点扶贫专项核查开展产业扶贫项目“回头看”：一看产业项目持续收益，二看带动贫困户用工数量，三看贫困户增收，四看村集体收入。专门制定产业项目分类表、推进表、指标评价表，查找产业扶贫项目存在的问题，建立产业扶贫项目后评价体系，增强产业扶贫项目带动作用。中国诚通自2016年起实施25个产业项目，23个超过预期收益，2019年实现收益5785.77万元，带动用工629人，受益人口约2100人，16个对接帮扶村集体平均收入从2016年1.71万元增加到10.1万元。中国诚通依托宜阳县科技工业局，助力推动县域产业整合提升，帮助申报高新技术企业18家，获批17家。依托宜阳县旅游局，推动县域旅游产业提升，邀请中国旅游智库秘书长石培华调研县域旅游产业并开展高端培训，引入中国旅游集团下属中国风景公司专业团队，完成县域旅游提升规划。

（中国诚通控股集团有限公司
党群工作部　钱　曦）

中国中煤能源集团有限公司定点扶贫

【概述】 中国中煤能源集团有限公司(以下简称“中煤集团”)推进产业扶贫、就业扶贫、教育扶贫、消费扶贫、党建扶贫、医疗扶贫、基础设施建设、扶贫扶志“八大举措”，助力河北省蔚县、张家口市赵家蓬区及贵州省印江县全面打赢脱贫攻坚战。2019年，中煤集团投入帮扶资金1500万元，引进帮扶资金91.63万元，培训基层干部293名，培训技术人员256名，购买贫困地区农产品378.27万元，帮助销售贫困地区农产品63.85万元。蔚县、赵家蓬区、印江县全部实现脱贫摘帽。

2019年，中煤集团被贵州省扶贫开发领导小组授予“脱贫攻坚先进集体”称号；印江县挂职干部张相乾被中共贵州省委授予“全省脱贫攻坚优秀共产党员”称号。中煤集团驻新疆企业被新疆维吾尔自治区连续评为“优秀派驻单位”，“访惠聚”工作队连续被评为“先进工作队”；驻村工作队队长李学法荣获“开发建设新疆奖章”；尼萨村第一书记王勐被评为“先进工作者”；驻村工作队员李德成荣获“全国优秀共青团员”称号。

【产业扶贫】 中煤集团根据当地资源禀赋条件和实际情况，支持蔚县重点发展小米及杂粮、林果(杏扁)、蔬菜种植、剪纸、文化旅游等特色产业，支持赵家蓬区重点发展文玩核桃、林下种植、蜜蜂养殖等绿色经济，支持印江县重点发展茶叶、食用菌、精品水果等优势产业。2019年，中煤集团投入625万元扶持贫困县发展特色产业，采取“企业+合作社+贫困户”运作模式，通过土地流转、入股或参股、务工等方式，强化与贫困户利益联结，确保贫困群众稳定增收。为蔚县、印江县引进3家企业，共计投资1.22亿元，扶持贫困县17家龙头企业和农业合作社发展，带动近2000名贫困人口脱贫。

【就业扶贫】 2019年，中煤集团组织300余人开展花椒和菌菇种植、畜牧养殖、家政服务及农村致富带头人培训。扶持发展箱包加工及其他小加工就业扶贫车间，投资100万元建设一座500余平方米的扶贫车间，建成后可为近200名贫困人口提供就业机会。先后建立9个扶贫车间，带动400余户700余名群众就业增收。

【教育扶贫】 中煤集团打造“圆梦行动”教育扶贫品牌，2019年投入28万元在蔚县、赵家蓬区设立“中煤励志奖学金”，对250余名品学兼优的贫困家庭学生进行资助。中煤集团投入170余万元开展“中煤爱心助学行动”，为贫困地区学校援建或捐赠教育设备设施，为贫困家庭学生赠送学习资料、生活和体育用品，进行结对帮扶。组织36名贫困家庭学生到北京、上海及中煤集团总部进行参观游学，对考上大学的贫困家庭学生提供3000～5000元资助，近6000名学生受益。实施“中煤关爱园丁计划”，在蔚县、赵家蓬区评选出75名“最美乡村教师”，给予一定物质奖励或安排他们进行疗养，并为他们解决工作生活难题。

【消费扶贫】 中煤集团探索建立消费扶贫长效机制，与三个贫困县签订消费扶贫协议，帮助扶贫县农产品进企业、进食堂、进工会、进家庭。2019年累计购买、帮助销售农产品440余万元。在印江县助推“印货出山”，组织农产品品牌创建及产销对接工作专班；发展电子商务，累计开通电商驿站126个，建设“梵净云商城”，设立扶贫县特色农产品销售专区。中煤集团协调中国中央电视台《中国影像方志》摄制组走进印江县拍摄纪录片，配合蔚县、印江县与中国中央电视台财经频道合作开展电商扶贫视频展播，拓宽销售渠道，并与中国农业银行签署合作协议，在农行网银App开设贫困县农产品专区。

【党建扶贫】 中煤集团组织贫困地区13名乡(镇)、村党组织负责人参加中煤集团举办的基层党支部书记培训班。组织300名基层干部、220名致富带头人参加专题培训。“七一”期间，在赵家蓬区对1000名改革开放前入党的老党员进行慰问。中煤集团动员本单位各级党组织到贫困地区进行党建扶贫，开展党内教育、联建联学、结对帮扶、爱心助学、捐款捐物等活动，与6个贫困村(党支部)进行结对共建，结对帮扶困难党员、贫困家庭学生20余名，捐款捐物31万余元。

【健康扶贫】 中煤集团在蔚县投入10万元，为贫困村援建卫生室，为400余名群众解决就近就医问题。组织对600余名贫困乡村医生进行专业培训，惠及3100余名贫困人口。在赵家蓬区投入110万元，为五所乡镇医院配备X线摄影系统及全自动生化分析仪等医疗设备，提高乡镇医院服务群众能力，覆盖900名贫困群众。协调中国中医科学院知名专家在印江县建立“名医工作室”，促进印江县医疗人才培养，不断提高医疗水平。协调北京尤迈慈善基金会与贫困地区医院进行结对，开展远程会诊、远程医疗培训、现场义诊等，解决贫困地区群众看病难、看病贵问题。

【基础设施建设】 中煤集团帮助贫困地区加强基础设施建设，破除发展瓶颈。2019年累计投入436万元，在贫困村开展民生设施项目建设，2000余名贫困人口受益。投入278万元用于19个贫困村改善基础设施。投入80万元帮助贫困村进行道路硬化、危桥改造等，解决出行难、上学难、发展生产难问题。投入50万元配套资金新建34间互助养老住房及配套设施，为9户贫困户住房进行改造或修缮。投入28万元实施贫困地区农村饮水安全巩固提升工程，提高农村饮水安全保障水平。

【扶志扶智】 中煤集团实施以表现换积分、以积分换物品的“爱心公益超市”自助式帮扶做法，2019年在赵家蓬区投资40万元建设的爱心公益超市正式投入运营。向当地群众发放16000积分，兑换近20万元日常生活物品。支持贫困地区弘扬传统美德，树立文明新风，宣传表彰自强不息、自力更生脱贫致富的先进事迹和先进典型。在赵家蓬区开展首届“最美老区人”评选表彰宣传，评选出94名勤劳致富、孝亲养老、热心公益的最美老区人。投入20万元配套资金，支持政府设立孝亲养老基金，覆盖1万名60岁以上老人。在印江县支持2名残疾人进行自主创业，宣传脱贫励志典型。

（中国中煤能源集团有限公司
王　珊）

中国煤炭科工集团有限公司定点扶贫

【概述】 2019年，中国煤炭科工集团有限公司（以下简称"中国煤科"）定点帮扶山西省武乡县和安徽省寿县，投入扶贫资金610.7万元，引进帮扶资金191.17万元；培训基层干部307名，培训技术人员305名；购买贫困地区农产品246.55万元，帮助销售贫困地区农产品66.08万元。2019年4月，定点帮扶两县正式宣布脱贫摘帽。《聚焦电商精准扶贫，让武乡老区农产品插上腾飞的翅膀》入选《2019年全国企业精准扶贫专项案例50佳》。参展第七届中国公益慈善项目交流展示会获评"优秀参展机构"。武乡县栗家沟村第一书记张磊，2019年被评为"2018山西省干部驻村帮扶工作模范农村第一书记"。

【扶贫资金投入】 2019年，中国煤科向定点帮扶县投入资金610.7万元，拨付武乡县429.2万元、寿县181.5万元。引进帮扶资金191.17万元。

【扶贫调研】 2019年，中国煤科赴定点扶贫县考察调研89人次。其中，党委书记、董事长、扶贫开发领导小组组长胡善亭11月21日赴武乡县调研；党委常委、总会计师、扶贫开发领导小组副组长赵寿森5月9日赴武乡县、11月12日赴寿县调研；党委常委、纪委书记秦永法6月13日赴武乡县调研，中国煤科所属企业及职能部门调研考察85人次。向地方政府书面反馈，形成督导报告3份，发现主要问题2个。

【扶贫培训】 中国煤科组织基层干部、技术人员培训7期。其中，基层干部培训3期共307人，分别为武乡县蟠龙镇基层党员干部教育培训、寿县县委党校基层干部赴岳西县主题教育培训、寿县扶贫基层干部赴武乡县电商扶贫培训。武乡县教师赴江苏培训1期共72人。专业技术人员培训3期共305人，分别为武乡县非洲猪瘟防控培训、武乡县新型职业农民培训和寿县草莓种植培训。

【干部挂职扶贫】 中国煤科选派张彦军、陶三宝和张磊三位干部分赴武乡县和寿县挂职副县长、驻村第一书记。新派干部韩霏赴武乡县挂职副县长，轮换两年期满的张彦军。

【扶贫宣传】 《中国煤炭报》刊登题为《打开贫困家庭的希望之门》的专题报道。国务院国有资产监督管理委员会官方网站"脱贫攻坚央企力量"上刊发文章《中国煤炭科工：发挥科技优势助力精准扶贫》。全方位宣传"辣椒书记"，在中国青年网、国务院国有资产监督管理委员会官方网站、学习强国平台、集团官方网站、官方微博对张磊帮扶事迹进行全方位宣传报道。开展2019中国煤科辣椒种植认购暨"公益中国煤科"电商平台发布、"中国小米之都"首届春播节、第七届中国公益慈善项目交流展示会、人民优选扶贫产品走进中央单位等活动。组织讲好脱贫攻坚"中国煤科故事"，推广武乡县和寿县扶贫产品。《聚焦电商精准扶贫，让武乡老区农产品插上腾飞的翅膀》入选《2019年全国企业精准扶贫专项案例50佳》。

【产业扶贫】 中国煤科在小米产业深耕细作上下功夫，与中国农业大学、武乡县政府共同开发"武乡小米深加工扶贫项目"，研究小米速溶粥、小米茶等新产品。投入帮扶资金45万元用于小米加工设备改造。2019年，辣椒产业发展迅速,种植面积已达428亩涉及11个行政村,每亩增收2000元以上。5月,中国煤科辣椒种植认购暨“公益中国煤科”电商平台发布活动在栗家沟举行,中国煤科捐赠产业帮扶资金20.8万元,认购辣椒8.6万元。

【扶志扶智】 中国煤科驻村第一书记张磊带领百姓建设村文化广场,成立村舞蹈队并担任编舞、领舞,加强贫困群众思想引导和文化教育。所属北京天地玛珂电液控制系统有限公司与贫困村党支部开展“一对一结对帮扶活动”,提高贫困群众的科技增收能力。

开展技术人员培训,提高脱贫攻坚本领。在武乡县组织开展基层党建、秸秆还田、辣椒及渗水地膜谷子种植相关知识培训,中小学骨干教师考察培训及新型职业农民培训;在寿县开展草莓种植技术培训,进行理论授课和现场观摩教学。

【教育扶贫】 2019年,中国煤科投入309万元用于教育扶贫。其中,为武乡县太行上电希望小学新建综合服务楼一座,建筑面积1447.2平方米,用于师生就餐及日常活动。对寿县梨树学校铺设塑胶跑道,惠及1500名在校师生。救助特困大学生1户、资助贫困学生58人。选派煤科总院2018级在读硕士研究生10名,赴武乡县蟠龙镇开展为期45天的扶贫支教活动。

【基础设施建设】 中国煤科拨付33万元,修建寿县双桥镇洪楼村新庄、安小圩村民组户户通水泥路,解决两个村民组101户412人出行不便问题。投入16万元建成栗家沟村扶贫“爱心超市”,对栗家沟村危房、水渠和田间道路进行修缮。

【健康扶贫】 中国煤科投入100万元,对寿县双桥镇洪楼、柏庙、胜利、尚庙4个村卫生室进行升级改造,4个村2万百姓直接受益。

(中国煤炭科工集团有限公司
党委宣传部　董智盟)

中国钢研科技集团有限公司定点扶贫

【概述】 中国钢研科技集团有限公司(以下简称“中国钢研”)定点扶贫陕西省山阳县，2019年投入帮扶资金246.8万元，引进帮扶资金8.7万元；培训基层干部50人，培训技术人员178人；购买贫困地区农产品224.1万元，帮助销售农产品27.4万元。

【扶贫资金投入】 2019年，中国钢研直接投入帮扶资金246.8万，引进帮扶资金8.7万元。

【扶贫调研】 2019年6月，中国钢研总经理助理、职工董事、工会主席韩伟带队考察扶贫工作。8月，中国钢研集团工会副主席李厚福带队一行30人到山阳县考察学习。9月，中国钢研党委书记、董事长张少明一行5人赴山阳县开展定点扶贫工作，考察调研精准扶贫。11月，全国政协常委、中国侨联常委、中国工程院院士、中国钢研副总工程师李卫赴山阳县考察调研脱贫攻坚工作。

【扶贫培训】 2019年10月，中国钢研联合山阳县委组织部举办了1期中青年科级领导干部能力提升专题培训班。镇(办)、县直机关科级领导干部50人参加培训班。中国钢研联合县委组织部、山阳县农业局于10月份联合开展“十百千”产业扶贫脱贫带头人培训第一轮培训，共有60人参加。山阳县天竺山镇三槐村组织本村技术人员开展培训，累计培训技术人员178人。

【干部挂职扶贫】 中国钢研选派1名挂职干部在山阳县任副县长，分管对口扶贫和电子商务、消费扶贫工作。选派1名驻村第一书记，赴天竺山镇三槐村任职。两位挂职干部定期报告定点扶贫县脱贫攻坚工作开展情况，协调对接帮扶工作。

【扶贫宣传】 组织“我和我的祖国”扶贫主题党日活动。镇村党员领导干部、小学全体师生、老党员代表、贫困户代表和爱心人士140多人一起歌唱祖国，活动主题视频被“学习强国”“国资小新”等中央媒体转发。10月19日，“大秦岭三棵老槐”扶贫品牌推广论坛在山阳县召开，来自陕西省12所高校师生、7个企业、2个协会共200余人出席论坛。

【产业扶贫】 2019年，中国钢研投资35万元推进民宿项目，三套民宿已经基本装修完成，拥有客房11间，总接待能力超过20人，2020年春季开张营业。出资40万元入股银花镇手工挂面扶贫产业园，年产手工挂面600吨，年销售金额超过900万元，直接带动贫困户42户，户均增收12000元。中国钢研联系西安众天食品有限责任公司给当地60多名蜂农进行蜜蜂养殖技术培训，提高蜂蜜产量和质量。

【教育扶贫】 2019年，中国钢研出资参与山阳县城区第三小学新建项目，解决移民安置点随迁子女入学难题，新建教学楼、综合楼9500平方米。中国钢研在山阳县累计援建小学校共计12所。组织爱心人士和企业给三槐小学捐赠净水器、洗澡间和多媒体设备，并从北京引入帮扶资金5万元，在三槐村成立“天之骄子”奖学基金。8月，奖学基金给三槐村2名大学新生奖励8000元。11月，南京市六合区驻山阳联络组携手中国钢研赴天竺山镇三槐村，开展“暖冬牵手”帮扶行动，与三槐村钢研小学的21名贫困学生结对帮扶，直到大学毕业。

【消费扶贫】 中国钢研2019年累计购买山阳县农产品224.1万元，帮助销售农产品27.4万元。组织其他单位采购当地茶叶和矿泉水，销售额超过30万元。

【送爱心活动】 中国钢研众筹20万元，购置小桌子、小凳子、小衣柜等家居用品和床单、被罩等基本生活用品，发放给贫困户。

（中国钢研科技集团有限公司
党群工作部　王成喜）

中国化工集团有限公司定点扶贫

【概述】 中国化工集团有限公司(以下简称“中国化工”)定点帮扶甘肃省古浪县、河北省平山县。2019年,投入帮扶资金2741.52万元,引进帮扶资金123.8万元;完成培训基层干部50人次,培训技术人员551人次,资助优秀贫困生50人;走访慰问特困户、老军人、老党员179户,发放慰问金及物资5.6万元;购买贫困县农产品1719.63万元,帮助销售农产品54.57万元。2019年,古浪县完成脱贫,全县实现脱贫摘帽。

【扶贫资金投入】 2019年,中国化工投入帮扶资金2741.52万元,引进帮扶资金123.8万元。其中,对古浪县投入帮扶资金2579.02万元,用于扶持古浪县黄花滩移民新村日光温室蔬菜大棚项目、古浪县枸杞示范园滴灌工程和枸杞深加工扶贫车间项目、古浪县万只母羊繁育基地建设项目、新长城高中生自强班项目、开展蓝星国际夏令营活动、培训基层干部及农业技术人才。对平山县投入帮扶资金162.5万元,用于支持平山县孟家庄镇木口村新村护坡修筑二期项目、基层干部及农技人员培训、走访慰问等。

【扶贫调研】 2019年,中国化工主要领导、分管领导4次带队到古浪县和平山县调研,督促指导扶贫项目开展情况,通过座谈会与古浪县、平山县委县政府就扶贫主体责任、扶贫政策落实、项目资金管理等进行交流座谈。武威市委市政府、古浪县委县政府2次到访中国化工,交流扶贫工作情况;平山县委县政府1次来访中国化工,1次到访昊华公司,交流扶贫工作情况。中国化工所属中国蓝星(集团)股份有限公司、中国昊华化工(集团)总公司多次到扶贫县督促指导工作。

【扶贫培训】 2019年,中国化工投入资金37.5万元,组织古浪县、平山县基层干部共50人,到北京进行为期一周的培训。中国化工下属科技总院投入资金2万元,组织平山县2名技术人员进行飞播技术培训。中国化工与先正达可持续农业基金会合作,培训古浪县、平山县基层农业工作人员,组织培训农业技术人员549人。

【干部挂职扶贫】 2019年,中国化工选派5名干部到两个贫困县挂职。其中,担任武威市副市长1人、古浪县副县长1人、平山县副县长1人、古浪县贫困村第一书记1人、平山县贫困村第一书记1人。

【扶贫慰问】 2019年,中国化工走访慰问古浪县贫困户169户,发放慰问金5.1万元;走访慰问平山县孟家庄木口村贫困老党员、贫困户共10家,发放慰问金及物资共计0.5万元。

【产业扶贫】 中国化工协调先正达集团股份有限公司和先正达农业可持续发展基金会,引进帮扶资金89万元,在定点扶贫县实施农业产业绿色增长计划,助力古浪县、平山县脱贫攻坚。2019年,中国化工拨付资金170万元,帮扶古浪县建设枸杞深加工车间及示范园配套滴灌设施,协助古浪县打造枸杞品牌,扩展销售渠道,延伸产业链,建立针对枸杞的农产品质量管理体系,助力古浪枸杞产业发展。中国化工在平山县开展油葵产业项目,推动平山县发展绿色可持续农业产业,提供油葵种子1.53吨,涉及耕种面积3613.5亩,惠及10余个乡(镇)。

【教育扶贫】 2019年,中国化工工会为考入"985""211"重点院校的8名古浪县建档立卡贫困户学生资助资金8万元;资助西靖镇感恩新村建档立卡贫困户子女教育费2万元;中国化工职工自愿结对帮扶古浪县12名经济困难初、高中学生完成学业,落实资助资金4.13万元。中国化工所属中国蓝星(集团)股份有限公司投入资金30万元,通过中国扶贫基金会捐资新长城高中生自强班项目,在古浪县设立"蓝星集团高中生自强班",帮助50名优秀贫困生完成三年高中学业。中国化工投入资金22万元,组织古浪县10名优秀贫困生和1名教师,参加第30届蓝星国际夏令营,让贫困地区的孩子们开拓视野,增长见识。

【基础设施建设】 中国化工投入扶贫资金1400万元,支持建设2座10万立方米蓄水池,以解决古浪县"两不愁三保障"突出问题。拨付资金80万元,支持平山县木口村新村护坡修筑和扩建宅基地工程项目,完成二期护坡修筑工程,提高木口村的防灾抗灾能力。完成二期8家贫困户易地搬迁扩建宅基地工程。

(中国化工集团有限公司党委工作部 李创业)

中国化学工程集团有限公司定点扶贫

【概述】 中国化学工程集团有限公司(以下简称“中国化学工程”)定点帮扶甘肃省华池县和环县。2019年,聚焦“两不愁三保障”,加大帮扶力度,增派1名挂职干部在环县驻村帮扶,投入帮扶资金1180.23万元,帮助华池县如期脱贫摘帽,助推环县脱贫摘帽。

【扶贫调研】 2019年3月,中国化学工程党委书记、董事长戴和根带队赴华池县和环县检查调研,与甘肃省政协副主席、庆阳市委书记贠建民,就定点扶贫工作交换意见,共同探讨帮扶工作。调研考察2019年产业帮扶项目,走访慰问贫困户。5月,中国化学工程党委书记、董事长戴和根一行到甘肃省兰州市会见甘肃省委副书记、省长唐仁健,加大合作力度,助力地区经济发展。9月,中国化学工程总经理、党委副书记刘家强带队赴华池县和环县检查调研,督促指导扶贫工作。

【就业扶贫】 2019年6月,中国化学工程在华池县和环县分别召开专场招聘会,为未就业大学生和建档立卡贫困户搭建就业平台。中国化学工程及所属23家企业共提供1200个就业岗位,涵盖化工、土木、电气自动化、物流、经济管理等多个专业和领域,实现153名大学生到中国化学工程就业。

【劳务输出】 2019年3月和12月,中国化学工程出资104.92万元,在环县劳务培训基地举办两期焊工培训班,70名贫困“两后生”学员经过培训考试合格被分配至中国化学工程所属企业上岗就业。12月,中国化学工程所属企业与华池县建筑安装有限公司、甘肃延庆路桥建筑集团有限公司签订定向施工分包合同和劳务合同,合同总额1996万元。

【扶贫培训】 中国化学工程举办多期基层干部培训班。9月,在环县县委党校举办全县县乡选派到村任职第一书记脱贫攻坚能力素质提升培训班,对104名第一书记进行为期5天的培训。利用“党建+扶贫”契机,邀请中共中央党校(国家行政学院)、中国科学技术大学等知名专家教授,为华池县近700名基层干部举办党政领导干部管理能力提升培训班。

【干部挂职扶贫】 2019年8月,中国化学工程选派2名干部担任环县驻村第一书记和华池县驻村第一书记。

【结对帮扶】 中国化学工程3521名党员干部与定点扶贫县1497户贫困户结成帮扶对子,持续开展帮扶工作。2019年累计捐款捐物121万元,有效缓解结对帮扶户看病、就业、子女上学等方面困难。

【教育扶贫】 2019年8月,中国化学工程组织贫困县品学兼优中学生暑期开展2批次研学活动。组织华池县一中27位高中一年级学生,开展为期一周的西安研学活动。组织环县10名优秀学生代表,开展为期5天的京津两地研学交流活动。

【扶贫宣传】 中国化学工程在央视焦点访谈、中国报道、国务院国有资产监督管理委员会网站等各级媒体开展宣传报道,累计50篇次。

【产业扶贫】 2019年,中国化学工程投入产业帮扶资金801.7万元,因地制宜发展特色种植业和养殖业项目5个,构建“龙头企业+合作社+村集体+农户”的产业联合体。采取

"奖补"模式扶持养殖和种植个体户。建立育苗基地,带动贫困户就近就业。2019年产业帮扶项目促进2000余户建档立卡贫困户增收。

【党建扶贫】 2019年,中国化学工程在华池县南梁干部学院集中组织开展党员轮训班13期,投入培训经费203万元,培训党员干部700余人次。培训期间,开展党支部共建、扶贫村共建和爱心捐助活动40余次,捐款捐物122万元。

【消费扶贫】 中国化学工程动员所属各企业以元旦、春节等契机,采购定点扶贫县农产品用于职工福利和食堂。主动搭建销售平台,拓展销售渠道。在中国化学工程采集平台化学云采开辟扶贫专区,与中国建设银行签署扶贫合作协议,在中国建设银行善融商务平台开馆销售定点扶贫县农产品,通过中国天辰工程有限公司商贸平台设立定点扶贫县产品专区,推介扶贫县特色产品。组织在办公楼内开办扶贫超市,扩大消费扶贫。2019年,中国化学工程购买和帮助销售扶贫县农产品558万元。

【科技扶贫】 中国化学工程选派两名技术专家赴华池县,就排污整治、污水处理厂生产管理、提标改造、石油伴生气和致密油开发应用、下游产品链延伸、化工产业发展规划、项目建办模式、融资运营模式等方面开展技术帮扶工作,为华池县环保、化工行业发展提供技术支撑。中国化学工程协调北京碧水源科技股份有限公司参与解决华池县部分农户饮用水不达标问题。2019年,第一批净水设备进入安装阶段,缓解了饮水安全问题。

(中国化学工程集团有限公司
郭黎明)

中国有色矿业集团有限公司定点扶贫

【概述】 2019年,中国有色矿业集团有限公司(以下简称“中国有色集团”)定点帮扶云南省梁河县。从技术扶贫、产业扶贫、易地搬迁扶贫、基础设施扶贫、教育扶贫五个角度开展定点扶贫工作。2019年,共投入帮扶资金700万元,引进帮扶资金102万元,培训基层干部518人,培训技术人员144人次,采购当地农产品77.33万元,帮助销售当地农产品73.56万元。

【扶贫资金投入】 2019年,中国有色集团共向梁河县投入帮扶资金700万元。其中,新增集中安置点建设项目投入300万元,照壁山集中安置点高位挡墙护栏建设项目投入60万元,小园子村光伏发电一期建设投入134万元,为勐连小学建设食堂投入11万元,向2019级贫困大学生发放助学金30万元,实施梁河地热温泉勘查和水库水质检测项目投入155万元,实施基层干部及技术人员培训10万元。

【扶贫调研】 2019年10月,中国有色集团董事长、党委书记王彤宙率队赴德宏傣族景颇族自治州(以下简称“德宏州”)及梁河县调研定点扶贫工作,与当地州、县委、政府组织召开定点扶贫工作座谈会,调研大唐中色(梁河)呼叫中心和河西乡勐连小学食堂项目等,考察丝光坪光伏电站项目和河西乡丙赛温泉勘查项目,走访慰问建档立卡贫困户。4月,中国有色集团总经理、党委副书记董长清赴梁河县专题调研定点扶贫工作,先后赴照壁山和2019年新增易地扶贫搬迁点、大唐呼叫转移中心、丝光坪村光伏电站、勐连小学和芒东第二小学、地热温泉勘查项目等地进行实地调研。

【扶贫培训】 2019年,中国有色集团投入扶贫资金10万元,帮扶梁河县开展基层干部专题培训、贫困村“两委”干部专题培训、致富带头人专题培训、农业技术人员培训和贫困人口就业技能培训等5项培训,分别培训基层干部518人,贫困村“两委”干部220人次、致富带头人50人、农业技术人员144人、贫困人口就业技能培训1568人。

【干部挂职扶贫】 2019年,中国有色集团共向梁河县及德宏州派出3名挂职干部,分别担任德宏州州委常委、副州长,梁河县副县长及梁河县丝光坪村驻村第一书记。3名干部配合中国有色集团推动消费扶贫,协助当地政府开展丝光坪村易地移民搬迁等工作。

【扶贫宣传】 2019年,中国有色集团参加国务院国有资产监督管理委员会、国务院扶贫办指导的中国中央电视台大型扶贫公益电视节目《手挽手——精准扶贫央企在行动》,与梁河县共同在中央媒体上亮相。

【产业扶贫】 2019年,中国有色集团投入帮扶资金134万元支持梁河县发展光伏发电产业,专项用于小园子村电站建设。中国有色集团2018年帮扶梁河县建设的呼叫中心产业项目大唐中色(梁河)服务外包有限公司于5月正式开业投入运营。专门安排面向梁河县建档立卡贫困户招聘通道,一期设置300个工作席位,来自建档立卡贫困户家庭员工比例达到23%,实现梁河县产业结构转型升级,带动贫困人口脱贫增收。

【教育扶贫】 2019年,中国有色集团投入30万元用于捐助梁河县2019级新入学贫困大学生部分生活费用。投入11万元用于勐连小学食堂建设项目。中国有色集团董事长、党委书记王彤宙在2019年10月调研期间,慰问2019级新生家长并为他们提供助学金。

【易地扶贫搬迁】 2019年,中国有色集团投入帮扶资金300万元,支持梁河县新增易地扶贫搬迁集中安置点建设。该项目是梁河县2019年唯一的易地扶贫搬迁集中安置点,计划总投资8542万元,建设保障性住房226套,安置全县9个乡镇有易地搬迁意愿群众206户825人,其中建档立卡户139户560人。

(中国有色矿业集团有限公司
党群工作部　王怡然)

矿冶科技集团有限公司定点扶贫

【概述】 矿冶科技集团有限公司(以下简称“矿冶集团”)定点扶贫河南省平舆县。

2019年,矿冶集团投入平舆县784.67万元;培训乡村基层干部47名,培训贫困村创业致富带头人10名,培训工程技术人员20名。开展消费扶贫,购买平舆县特色农产品白芝麻产品,共计58.13万元。通过各项扶贫工作,在平舆县直接和间接帮扶了664户贫困家庭。全面完成2019年度定点扶贫责任书承诺的定点扶贫任务,定点扶贫工作成效考核结果为“较好”。至2019年年底,平舆县101个贫困村已全部出列,贫困村退出率100%,已脱贫24051户65241人,未脱贫2892户5603人,贫困发生率0.79%。在2019年年底前,平舆县通过省市两级评估检查和国务院扶贫办的第三方评价,如期顺利退出贫困县序列。

【扶贫资金投入】 2019年,向平舆县无偿捐赠扶贫资金共计784.67万元,其中:700万元用于在驻村第一书记所在村前张村的产业扶贫和人居环境整治,重点打造农村集体经济和宜业宜居的农村人居环境;44.44万元用于教育扶贫;14.3万元开展“救急难”医疗扶贫,帮扶双庙乡和老王岗乡共44名因病致贫特别贫困人口;25.93万元用于扶贫培训及其他扶贫项目。

【扶贫调研】 2019年,矿冶集团领导共3人次到平舆县开展扶贫调研考察。3月,党委副书记王卫东率集团调研组一行9人赴平舆县调研和交流2019年度扶贫工作安排。10月,党委书记、董事长夏晓鸥,党委副书记、总经理韩龙一行9人,赴平舆县调研和交流定点扶贫工作,现场检查集团扶贫项目落实情况,考核挂职干部和驻村第一书记,参加矿冶集团北矿检测技术有限公司党支部与前张村党支部共建签约仪式,对平舆县的扶贫工作进行督促指导;结合平舆县“不忘初心、牢记使命”主题教育,应平舆县委邀请,夏晓鸥和韩龙分别讲授了党课,平舆县共100余人参加。

【教育扶贫】 2019年矿冶集团向平舆县第一初级中学捐献20万元,定向资助在校贫困学生,由矿冶集团与平舆县共同商定被资助贫困生选定标准,采取公布资助信息、填写申请、条件审核、资格认定、公示等流程,公开透明公平公正地选定被资助贫困学生,并建立贫困学生资助档案。矿冶集团增加资金开展精准教育帮扶,资助双庙乡和老王岗乡因学致贫的建档立卡贫困家庭学生。自2016年起每年捐助资金,2019年捐献16万元。

【救急难行动】 贯彻落实民政部和国务院国有资产监督管理委员会《关于开展“同舟工程——中央企业参与‘救急难’行动”的通知》精神和要求,开展“救急难”行动,对双庙乡和老王岗乡部分重疾贫困人口开展医疗扶贫。2019年资助14.3万,共帮扶44名贫困人口。

【扶贫培训】 2019年8月,矿冶集团委托中国扶贫开发协会,在青岛农业大学合作社学院举办平舆县农村三支队伍能力培训班,学员为农村两委班子、第一书记和驻村工作队、创业致富带头人等共60人。培训内容围绕打赢脱贫攻坚战和乡村振兴主题,涵盖习近平新时代中国特色社会主义思想和党的十九大精神、乡村振兴、农村基层党组织建设、党员队伍建设、农村电子商务等，通过课堂讲授、专题讲座、现场观摩教学等多种形式，进一步提高学员综合素质，增强农村基层工作、带领贫困群众脱贫致富的工作能力。9月，矿冶集团派出工程设计专家王建文对平舆县20名从事工程设计、施工、管理等相关技术人员进行专门培训，提升了他们的业务水平。

【干部挂职扶贫】 矿冶集团选派博士、高级工程师朴永超接任驻村第一书记。一年来，朴永超以村党支部组织建设为抓手，配强村"两委"班子，理顺工作机制和强化组织纪律，充分发挥党员先锋模范作用，发挥党支部的战斗堡垒作用，培养农村致富带头人，促进农村经济可持续发展，增强自身"造血"功能，工作成绩显著，前张村无返贫现象产生，得到广大群众、双庙乡党委政府、平舆县委县政府的肯定和好评。

【智力扶贫】 利用在工程设计和规划专业方面的优势，以低于市场价30%以上的价格，为平舆县扶贫产业项目提供工程咨询、规划和设计等方面的服务。2019年完成的项目有：天水湖设计项目，总用地面积6.667万平方米，总建筑面积16.54万平方米；平舆县食品产业园修建性规划设计，总用地面积514亩，总建筑面积34.8万平方米。新签订项目有：平舆县食品及户外休闲产业园施工图设计，总建筑面积18万平方米；永强户外休闲产业园修建性规划，总用地面积818亩，总建筑面积55.8万平方米；永强户外休闲产业园项目一期施工图，总用地面积17亩，总建筑面积21万平方米。

【产业扶贫】 矿冶集团和平舆县高度重视产业扶贫，在2018年建设1000平方米扶贫车间的基础上，2019年利用矿冶集团无偿捐赠的部分资金建成6座"外遮阳型连栋薄膜温室"大棚，净占地面积12000平方米，作为前张村集体资产，租赁给平舆县申利农业种植专业合作社，该合作社由返乡创业、致富带头人张占申创办，合作社自成立以来，张占申一直致力于带动贫困人口脱贫致富，通过土地流转、土地入股、资金入股、提供劳动就业岗位等模式解决贫困户就业难和增收的问题。截至2019年年底，张占申成功带动平舆县双庙乡贫困户207户412人脱贫。

（矿冶科技集团有限公司　顾洪枢）

中国中车集团有限公司定点扶贫

【概述】 中国中车集团有限公司(以下简称“中车集团”)定点帮扶广西壮族自治区靖西市、那坡县和甘肃省天水市麦积区、甘谷县4个县区市。2019年,累计投入各项帮扶资金2239万元,引进帮扶资金55.2万元;购买和帮助销售贫困地区农产品576.8万元;购买甘谷县“扶贫车间”工服1.56万套,资金216.5万元。2019年靖西市、麦积区实现如期脱贫摘帽。中车集团获得甘肃省“全省脱贫攻坚帮扶先进集体”荣誉称号,2名挂职干部荣获甘肃省“全省脱贫攻坚帮扶先进个人”荣誉称号。

此外,中车集团共投入帮扶资金2609万元,涉及14个省份15个贫困村,20名系统干部员工组成10支扶贫工作队在8个省份10个贫困村开展驻村帮扶工作。出资1.93亿元参与中央企业贫困地区产业投资基金三期项目,累计出资2.93亿元。主动担负了甘肃省天水市9家制造类企业和国有资产管理监督委员会定点扶贫的河北省魏县和平乡县产业扶持任务。

【扶贫资金投入】 2019年,中车集团向4个县区市各项帮扶资金投入累计2239万元。其中,直接投入项目资金1390.5万元;引进帮扶资金55.2万元;购买和帮助销售贫困地区农产品576.8万元;购买甘谷县“扶贫车间”工服1.56万套,资金216.5万元,为脱贫攻坚提供了坚实资金保障。

【扶贫调研】 2019年9月,中车集团党委书记、董事长刘化龙赴麦积区、甘谷县督查调研,实地考察扶贫项目,慰问贫困群众,听取地方各级政府对扶贫工作的建议,与地方各级领导研究共同推进当地脱贫攻坚工作。党委副书记、总经理孙永才于赴那坡县、靖西市就脱贫攻坚、产业发展等进行深入实地调研。中车集团其他3名党委常委和负责扶贫的干部先后28批共145人次深入4个县区市走访调查,并督导地方党委政府履行好脱贫攻坚主体责任。帮扶地区各级党委、政府领导6批47人次到中车集团对接扶贫工作,利用双方领导互访座谈等方式,了解脱贫攻坚总体情况,交流工作,提出意见,推动落实。

【基础设施建设】 坚持以改善生活环境、缩小发展差距为重点,共投入资金408万元。其中,在甘谷县投入38万元,对八里湾镇、礼辛镇19户危房进行改造。在麦积区投入50万元实施麦积镇北湾村产业路硬化700米。在那坡县共投入320万元,90万元用于平孟镇坡曼屯实施抵边村住房项目,180万元用于龙合镇德合村、智合村综合楼及联村道路建设,50万元用于百南乡上隆村教育基地项目,助力达标“两不愁三保障”。

【产业扶贫】 把产业扶贫作为脱贫攻坚的“重头戏”,强化当地“造血”功能,共投入产业资金899.7万元。其中,在甘谷县投入329.7万元,300万元用于金山、西坪、八里湾三镇12个村实施万亩花椒产业园建设项目,12万元扶持泓峰果业农民专业合作社和石坪村果品基地建设,引进17.7万元为石坪村购置热泵干燥设备一套,惠及3732人。在麦积区投入250万元,用于麦积、党川、五龙、利桥四镇实施花卉种植、中蜂养殖等项目,惠及702人。在靖西市投入300万元,建设禄峒镇大史村食用菌项目,惠及2850人。在那坡县投入20万元,帮助百南乡上隆村发展百香果产业。在做好定点扶贫工作的同时,充分发挥企业优势。一是与天水市9家制造类企业达成了一系列的合作项目,购销金额达1200多万元。二是与河北魏县和平乡县签署了有关零配件采购、技术互补等多方面的战略产业合作协议,直接购买平乡县农产品62万元。

【干部挂职扶贫】 坚持选派政治素质好、工作能力强、作风扎实的干部到定点扶贫县推进落实扶贫工作。4名干部挂职定点扶贫县副职,协助或分管县扶贫工作,2名干部任第一书记,2名干部任工作队员,8名干部严格执行《中车集团扶贫挂职干部管理规定》,在宣传党的政策、推动乡村治理等方面充分发挥作用,克服家庭和生活等各种困难,始终冲在脱贫攻坚第一线。

【教育扶贫】 2019年,共投入教育培训资金111万元。其中,投入39.48万元,在常州中车大学举办第二期“天鹅计划”培训班,2市4县区市共47名乡镇干部参加培训,提高基层干部的思想观念和工作能力;投入8万元,根据4个县区市实际,有针对性地培养农村技术能手368名;投入26万元,组织定点扶贫地区的36名贫困家庭学生赴北京及中车集团下属企业游学参观,让孩子们开阔视野,增长见识。中车北京二七车辆有限公司捐赠100台价值4.52万元二手电脑,分别给靖西市、那坡县各50台用于村部农村骨干培训电教室。引入德国克诺尔集团投资33万元,在麦积区麦积中学建设塑胶操场项目。

【公益扶贫】 中车集团继续助推甘谷县“扶贫车间”的发展和壮大,组织所属3家公司采购工服1.56万套,实施“以购代促”,仅2年时间,“扶贫车间”已发展到72家。中车集团总部及在京子公司党委号召所属党员和员工认养果树824棵,价值32.93万元。针对2019年果树大丰收,向下属公司转发了《甘谷县政府关于帮助购销甘谷苹果的函》,35个各层级企业购买贫困地区农产品共576.7万元。“中车购公益扶贫”开设的天水和百色专区扶贫商城全面展开,同时积极协调中国农业银行,发挥其点多面广且直接服务“三农”的资源优势,8月,与中国农业银行北京分行签订《消费扶贫合作备忘录》,让中车集团帮扶的4个县农特产品同时进入农业银行“掌上银行”扶贫商城。投入20万元,在那坡县开展同舟工程“救急难”行动,43户149人得到帮助,扩大了救助层面和范围。投入12万元,在春节前夕对4个定点扶贫县240户贫困群众进行慰问。中车集团党办牵头组织株机南宁公司2个党支部分别与那坡县两个村党支部签订结对共建协议,投入5万元为党员活动室购置办公设备、修建屯内硬化路等,并慰问村贫困党员。

（中国中车集团有限公司扶贫办
童福林）

中国铁路工程集团有限公司定点扶贫

【概述】 2019年，中国铁路工程集团有限公司（以下简称“中国中铁”），充分发挥企业资源、人才、平台优势，突出问题导向、靶向聚焦，各项工作扎实推进，取得显著成效。定点扶贫县中，湖南省桂东县于2018年8月脱贫摘帽，汝城县于2019年3月脱贫摘帽，山西省保德县于2019年4月脱贫摘帽。中国中铁聚焦选树典型，营造全系统职工积极关注、投身扶贫大氛围。开展“中国铁路工程集团有限公司优秀扶贫、援疆、援藏干部”评选工作，经过各单位推荐、集团公司评选，授予张忠文等10名干部“优秀扶贫、援疆、援藏干部”荣誉称号，并举行表彰大会进行表彰。对3个定点扶贫县投入扶贫专项资金7440万元，引进帮扶资金91.62万元，培训基层干部93人，培训技术人员4659人，购买贫困地区农产品666.78万元，帮助销售农产品94.73万元，均超额完成年度定点扶贫责任书确定的指标，在中央企业2019年扶贫工作考核中等次为“好”。

【扶贫资金投入】 2019年，进一步加大投入帮扶资金力度，投入扶贫专项资金7440万元。其中，投入7000万元分别支持桂东县X006线跳鱼栏坳至增口改扩建项目、汝城县职教新城二期学生宿舍楼项目、保德县中国中铁幸福大道附属工程。投入资金300万元，支持3个县的教育等常规项目建设。支持驻第一村支书配套资金90万元，加强基层组织建设。投入50万元开发建设“精准扶贫就业管理信息系统”。

【扶贫调研】 2019年，中国中铁扶贫领导小组成员带队先后4次赴定点扶贫县调研考察。9月，党委书记、董事长张宗言带队到保德县调研。10月，党委副书记、总裁陈云刚带队到汝城县、桂东县调研，并举行中国中铁重点援建项目签约仪式。纪委书记王士奇、工会主席刘建媛及扶贫领导小组部分成员多次赴贫困县调研。4月，以中国工程院院士、中国中铁特级专家、中铁大桥勘测设计院董事长秦顺全为代表的10名“中国中铁专家服务团”深入桂东县、汝城县考察调研。2019年，中国中铁扶贫领导小组共形成调研报告4份，解决实际问题21项，有效助推3个定点扶贫县脱贫攻坚工作。

【扶贫培训】 通过挂职干部“师带徒”“上讲台”等方式，开展多期知识培训及实操课程，培训基层干部93人。通过汝城县“人人有技能”精准扶贫送技能下乡活动、保德县“保德好司机”活动、桂东县“一技在手，就业不愁”活动，培训技术人员4659人。其中，汝城县“人人有技能”培养工程被教育部评为“终身学习品牌项目”；保德县因地制宜，打造“保德好司机”品牌，就地解决就业。挂职干部张忠文结合保德县运输业发达，大车司机紧缺的实际，先后投入近100万元，组织成立“保德好司机运输协会”。通过奖补学费的方式，鼓励具备开车条件的贫困户考取驾照，拿到驾照后在“保德好司机运输协会”“保德好司机职业介绍所”“保德好司机运输公司”3大平台统一协调推荐下就业，实现一人就业，全家脱贫，切实解决贫困人口就业问题，成效突出。“保德好司机”已和“吕梁护工”“天镇保姆”一起形成山西省3大“特色劳务品牌”。

【干部挂职扶贫】 2019年，中国中铁在原选派1名驻村第一书记的基础上，增派2名优秀年轻干部分别到建档立卡贫困村湖南省汝城县马桥镇外沙村、桂东县沤江镇上东村任第一书记，实现对口3个定点扶贫县挂职副县长、驻村第一书记全覆盖，共派出6名干部参与扶贫开发工作。汝城县副县长张立吉获湖南省郴州市嘉奖1次。保德县挂职常委、副县长张忠文连续3年被推荐为全国脱贫攻坚"贡献奖"候选人，荣获"忻州市劳模"和"中国中铁劳模"称号。保德县韩家川乡猯窝村第一书记刘小营，积极推进基层党组织建设成果突出，村党支部获得县委"优秀基层党组织"称号，个人获得保德县"五一劳动奖章"。

【扶贫宣传】 中国中铁借助国家级媒体平台，进一步加强扶贫工作宣传力度。2019年7月，中国中铁参与中国中央电视台大型扶贫公益节目《手挽手——精准扶贫央企在行动》录制，在节目中介绍企业扶贫工作总体成效的同时，推荐定点扶贫县特色产品——湖南省汝城辣椒。公益节目充分展示了中国中铁作为中央企业的责任担当，播出后引起社会强烈反响，增加销售额近30万元。

【产业扶贫】 2019年，在桂东县打造桂东南部地区有机茶叶加工基地，有效解决大塘及周边新坊、普乐、寨前、沙田等乡镇8000亩茶园的茶叶加工、销售难题，桂东茶叶已经成为县里农产品销售的热门产品，贫困户种植茶叶人均年增收2000元；投入2250万元，捐建的桂东大塘工业园3幢标准厂房，已经竣工并完成交接，上海朝翔生物技术有限公司等企业已经入驻，有效解决周边易地扶贫搬迁群众的就业问题。在汝城县，把南洞乡打造成产供销一体化的产业扶贫示范基地，引进汝城县绿百通农业有限公司，按照"公司+合作社（基地）+贫困户"的合作模式，对本地的茶油、蜂蜜、药材、蔬菜等特色产品进行订单式生产，为每个贫困户增加年经济收入2000元。在保德县，为李家湾村建设"保德县南河沟小杂粮加工厂"，辐射本村和周边村庄，促进农民增收；在县城修建"保德县农产品展销中心"，为保德电商、保德微商、保德县"两红一杂"（红枣、海红果、小杂粮）展销以及保德特色林果合作社搭建营销平台，辐射带动产业链各环节。

【教育扶贫】 2019年，持续坚持"扶贫先扶智"理念，把教育扶贫作为彻底稳定脱贫的重要抓手。投入资金100.4万元，资助3县贫困学生和在校大学生1209名。投入10万元，帮助桂东县沤江第一完全小学更新多媒体教学设备；投入10万元，向保德县11所偏远乡村学校留守儿童，累计捐赠336套羽绒服。聘请中国中铁高级技能人才、"全国劳模、大国工匠"白芝勇为汝城县职业教育培训中心客座高级讲师，并成立工作室，助推当地职业教育发展。

【公益扶贫】 积极开展扶贫日活动，在第6个国家扶贫日到来之际，以"点亮微心愿，我是圆梦人"为主题，启动"五彩梦想"接力计划，征集到困难群众家庭微小心愿共计283个，通过"中国中铁青年"微信公众号及"中国中铁共青团"微博发布，得到广大员工和社会人士的高度关注和积极响应。"五彩梦想"接力计划获评2019年度全国青年社会组织"伙伴计划"五星级扶贫项目。依托中铁广州局组织30名汝城县在校学生参加"展现大湾区央企担当、情暖学子助成长"为主题的"圆梦励志行"公益夏令营活动，开拓了学生视野。

（中国铁路工程集团有限公司人力资源部
技术干部处　赵郁倩）

中国铁道建筑集团有限公司定点扶贫

【概述】 2019年，中国铁道建筑集团有限公司（以下简称“中国铁建”）定点扶贫河北省张家口市万全区、尚义县及青海省甘德县；所属二级企业还在全国13个省区市承担定点帮扶任务。中国铁建遵循“真心扶贫、精准扶贫、共赢扶贫、创新扶贫、干净扶贫”工作方针，坚持政府主导与企业辅助相结合，坚持互惠共赢与扶贫攻坚相结合，坚持整体推进与重点突破相结合原则，向3个定点扶贫县派出挂职干部、第一书记7人，直接投入无偿帮扶资金1828.1万元，引进无偿帮扶资金216.1万元；培训基层干部315人、技术人员222人；购买贫困地区农产品、轻工业品等有偿投入2811.3万元，帮助销售贫困地区农产品278.6万元。获青海省2018年度脱贫攻坚先进单位。

【扶贫资金投入】 2019年，中国铁建全系统投入无偿帮扶资金5671.6万元，物资折款282万元。在3个定点扶贫县，直接投入无偿帮扶资金1828.1万元，其中，在万全区，投入294万元用于帮助修建铁建阳光幼儿园、机井及滴灌设备等；在尚义县，投入819.1万元用于修建光伏发电站、27个标准化村级卫生室，购置7台流动医疗服务车等；在甘德县，投入715万元用于修建柯曲镇游客集散中心项目、江千乡饲草基地及产业园区建设。引进帮扶资金216.1万元。

【扶贫调研】 2019年，中国铁建领导班子成员5次带队前往定点扶贫县，到河北省张家口市粤北神水发展有限责任公司、张家口伦比服饰有限公司、甘德县三江源生态畜牧业公司等扶贫企业实地考察，与当地就做强产业、加大产品销售、拉动当地百姓就业等问题沟通交流，提出建议和意见。针对不同地方特点，发挥当地特色和优势，精准对接脱贫项目，加大产业帮扶、劳务帮扶、健康帮扶、教育帮扶、消费帮扶力度，放大既有帮扶成果的辐射效应，开展精准扶贫与乡村振兴战略有机结合，修好致富之路、提升“造血”功能，保证脱贫攻坚成效经得起实践和历史检验。

【扶贫培训】 2019年，中国铁建帮助3个定点扶贫县培训基层干部315人。其中，举办万全区领导干部农村精准扶贫与乡村振兴战略培训班，培训88人；在尚义县，举办村务监督业务知识专题培训班、南朝碾村党务知识培训班，培训191人；在甘德县，举办2019年度脱贫攻坚业务培训会，培训36人。培训技术人员222人。在万全区，举办农村劳动力钢筋绑扎培训班、万铁商贸加工厂培训班，培训24人；在尚义县，举办服装缝纫制作与实践培训班、杂粮种植培训班，培训100人；在甘德县，举办生态护林员职业技能培训班，培训98人。

【干部挂职扶贫】 2019年，中国铁建选派扶贫干部7人到定点扶贫县挂职，分别担任县委副书记、副县长、驻村第一书记。在扶贫干部管理上，坚持严格管理与正向激励相结合，强化任期目标和年度目标考核，严格落实扶贫干部工作、生活待遇，充分给予关怀和保障，激发扶贫干部工作主动性、积极性。扶贫干部扎根基层、深入农村，克服种种困难，做好定点扶贫各项工作，得到各级政府肯定。其中，挂职尚义县委副书记孙洁获河北省脱贫攻坚创新奖，驻村第一书记李华一获评河北省优秀驻村第一书记,驻村第一书记刘印洲获评青海省脱贫攻坚先进个人。

【扶贫宣传】 2019年,中国铁建在国务院国有资产监督管理委员会(以下简称"国资委")网站、中国扶贫网、新华网、人民网、新华社客户端、河北新闻网、中国铁建官方网站等媒体刊物,发表扶贫报道和公益信息282条;在《中国铁道建筑报》刊发扶贫专项报道59篇。中国铁建定点扶贫的尚义籍员工,在中央企业《我们的路》形象专题片首发出镜,反映交通扶贫效果。《中国铁建扶贫综述:扶贫路上的铁建答卷》等4篇扶贫信息在国资委网站上报道。中国铁道建筑报社被中国报业协会评为全国报业推动脱贫攻坚和生态文明建设宣传工作先进单位,长篇通讯《阳光洒向希望的田野》《中国铁建咬定脱贫攻坚目标不放松》获优秀作品奖。

【产业扶贫】 2019年,中国铁建支持尚义县发展光伏项目,继续投入225万元,在下马圈乡建立290千瓦规模光伏发电站,每年可为贫困地区带来电力收入27万元,既保证贫困村摘帽后的持续帮扶,又为下马圈乡脱贫奔小康提供坚实保障。尚义县部分人员由于特殊原因,无法到伦比服饰公司工厂就业,中国铁建创新帮扶模式,建立以家庭作坊式进行生产的"家庭微车间",免费提供设备、技术培训,定期到户送收衣料和产品。截至2019年年底,"家庭微车间"已经发展到20余家。消费扶贫是帮助贫困地区产业发展、实现贫困人口增收脱贫的重要方式。中国铁建持续支持3个定点扶贫县的伦比服饰有限公司等企业发展,帮扶贫困地区村集体企业、农业合作社、养殖专业合作社等,通过做强产业,加大产品销售,拉动当地百姓就业。2019年,累计购买工装、饮用水农产品等共2811.2万元,带动建档立卡贫困人口1550人增收脱贫。

【教育扶贫】 2019年,中国铁建与尚义县职教中心、张家口职业技术学院继续合作办学,设立铁道施工与养护专业,在师资交流、岗位实践、实训器材等方面提供援助,并资助13名学生实习费用7.04万元;资助尚义县三中和下马圈小学家庭困难学生32名,每人4500元。捐赠100万元用于新建万全"铁建阳光"幼儿园,捐赠46万元帮助万全区设计第四小学迁址新建规划。

【基础设施建设】 2019年,中国铁建发挥基建优势,参与尚义县"空心村"治理大青沟安置区惠泽园东区项目建设,建成后安置搬迁人口5936人;参与张尚高速公路建设,建成后结束尚义县不通高速公路的历史。与尚义县水利局合作,为尚义县南朝碾村实施连村道路1.1千米,硬化街道7000平方米,安装路灯30盏,解决2个自然村群众多年出行不便的难题。

【健康扶贫】 2019年,中国铁建聚焦尚义县公共卫生领域短板,投入帮扶资金452万元,新建标准化村级卫生室27所,购置流动医疗服务车7辆,改善了11个乡镇、10万人口的卫生医疗条件。

【劳务输出】 2019年,中国铁建发挥劳务用工需求量大的优势,着力开展劳务输出促进就业。通过注册成立的尚农劳务有限公司,与京津冀地区和所属各单位的人力资源部门合作,为劳务输出意向人员开展政策咨询服务,搭建长期稳定的增收岗位,全年吸收3个县282人到中国铁建工作。此外,根据工作需要,优先录用招录"三区三州"深度贫困地区各类人员12001人,中央企业定点扶贫地区各类人员23208人。

(中国铁道建筑集团有限公司
行政办公室　雷　勇)

中国交通建设集团有限公司定点扶贫

【概述】 2019年，中国交通建设集团有限公司（以下简称“中交集团”）继续定点扶贫云南省泸水市、兰坪白族普米族自治县（以下简称“兰坪县”）、福贡县、贡山独龙族怒族自治县（以下简称“贡山县”）和新疆维吾尔自治区英吉沙县脱贫攻坚工作。这5个县均属于“三区三州”，是脱贫攻坚的重要战场和重点扶持地区。2019年，中交集团投入定点帮扶资金25436.56万元，引进帮扶资金63万元，高质量完成12.7万人脱贫，其中贡山县脱贫摘帽。

【扶贫资金投入】 2019年，中交集团投入定点帮扶资金25436.56万元，引进帮扶资金63万元。以交通扶贫、产业扶贫、就业扶贫、易地扶贫搬迁、教育医疗扶贫为重点，开展帮扶工作。

【扶贫调研】 中交集团党委书记、董事长刘起涛，党委副书记、总经理宋海良分别于5月、10月，对怒江傈僳族自治州（以下简称“怒江州”）开展定点帮扶工作深度调研。中交集团党委常委、副总经理文岗，副总裁裴岷山赴怒江州及英吉沙县开展调研考察，推动落实扶贫工作。共派出300多人次赴定点扶贫地区调研指导，压实扶贫责任，确保脱贫工作取得实效。

【扶贫培训】 2019年，培训定点扶贫地区基层干部508人，培训技术人员574人。着力解决贫困人口就业问题，协助怒江州开办农民讲习所，培训提升讲习员、安保员、易地搬迁群众等的工作和生活技能，累计培训1.1万余场，受众达75万余人次，部分参训人员已实现就业。讲习所被云南省委宣传部评为“云南省学习宣传贯彻习近平新时代中国特色社会主义思想基地”。

【干部挂职扶贫】 2019年，中交集团选派10名干部赴定点扶贫地区开展扶贫工作。他们扎根边疆、主动作为，带领当地群众脱贫致富，先进事迹被中国中央电视台《攻坚日记》栏目和人民日报、今日中国、中国网等多家媒体宣传。同时，中交集团总部及时与前方对接沟通，动态掌握扶贫成效、问题和困难，发挥后方在政策研究、协调动员等方面的优势，与扶贫一线形成有力协同。

【扶贫宣传】 中交集团利用网站、微信、报纸等内外部媒体，加强脱贫攻坚政策宣传和解读，搭建广度和深度结合的宣传体系，讲述脱贫攻坚的中交故事，传播脱贫攻坚的中交声音。在国务院国有资产监督管理委员会《综合参阅》中发表2篇扶贫报道，集团官方网站和微信发布了相关报道80余篇，人民日报、光明日报、国资报告、新华网等报刊媒介，对集团帮扶模式经验与基层典型事迹进行了专题报道、央视《手挽手》《攻坚日记》《扶贫日记》等栏目，对集团脱贫攻坚事迹进行系列报道、10月17日，举办扶贫宣传开放日活动，多视角、多维度展示集团开展脱贫攻坚的生动实践，编撰《扶贫攻坚纪实》，深度挖掘扶贫一线典型做法、经验，弘扬感动人心的扶贫正能量，营造全员关注扶贫、支持扶贫、参与扶贫的良好氛围，坚定贫困群众打赢脱贫攻坚战的信心和决心。

【产业扶贫】 2019年5月，中交集团出资5亿元，与怒江州共同组建中交怒江产业扶贫开发有限公司，构建在怒江州属地化投资、建设、运营的一体化平台，着力以“计划+市场”“政府+企业”“短期+长期”的全新模式，推进“扶贫+开发”“扶贫+产业”“扶贫+教育”等精准扶贫举措，将优质资源转化为优势产业，通过产业运营带动脱贫攻坚，助力怒江州实现脱贫攻坚与乡村振兴有效衔接。2019年，在定点扶贫县产业扶贫领域出资400余万元，实施火龙果种植、皮划艇野水国际公开赛等扶贫项目，带动贫困人口脱贫致富，促进产业发展。加大力度推进怒江香料产业园项目建设，着力将香料产业打造成怒江州高质量可持续发展的“金字招牌”。出资5.52亿元参与中央企业贫困地区产业投资基金，大力支持基金发展，促进贫困群众稳定脱贫。

【教育扶贫】 2019年，援建中交兰坪新时代希望学校，总造价1.5亿元，学校建成后将解决3000名易地扶贫搬迁学生入学问题。出资900万元，设立怒江州助学基金，提供教师培训、农民讲习所项目经费，提升怒江州教学水平。出资600万余元，补齐怒江州村级卫生室建设资金、提供医师培训经费，改善医疗资源配置，提高医师技能水平。出资1800万元，为英吉沙县10万名在校学生提供统一校服，校服由当地卫星工厂生产，有效推动教育扶贫与产业扶贫有机结合。联合怒江州团委，共同举办“我与祖国共奋进——国旗下的演讲”特别主题团日活动暨“青春中交圆梦基金”“青年学习实践基地”挂牌仪式，树立向上向善的鲜明价值导向，引领广大青少年开拓进取、崇德向善。与兰坪县、贡山县签订《党支部结对共建责任书》，着力通过思想的转变、文化的构建，使人的观念、动力发生转变。出资495万元，改造扩建英吉沙县村级党员活动中心建设，丰富党员群众日常文化和生活需求，提升基层党组织在脱贫攻坚中的战斗堡垒作用。

【基础设施建设】 高质量推进中交怒江渡口大桥、中交福贡木尼玛大桥援建工作，大桥建成后，将打通当地交通阻碍，完善道路交通网络，推动当地发展转型；改善群众生产生活，切实解决3万多易地扶贫搬迁安置人员的出行问题。

【就业扶贫】 中交集团依托云南及新疆在建项目，对有劳动能力和就业愿望的贫困人口，有针对性地开展劳务输出，2019年帮助解决1103名贫困人口就业，开展贫困人口就业技能培训574人，推动实现“就业一人脱贫一户”的目标，让老百姓有实实在在的获得感。组织中交集团所属的多家单位，到怒江州和云南大学，举办2场怒江籍本科、专科高校毕业生（应届、往届）专场招聘会，开通就业绿色通道，助力怒江学生就业，签署就业协议71份。中交集团特别关注和重视怒江籍毕业生的工作、生活情况，开展“传帮带”和技能业务培训，使他们加快从学生到员工的角色转变，尽快适应新的环境和工作岗位。

【易地扶贫搬迁】 2019年，中交集团扎实推进援建中交怒江渡口大桥、中交福贡木尼玛大桥怒江州易地扶贫搬迁配套项目建设，坚持“搬得出、稳得住、有事做、能致富”原则要求，确保脱贫搬迁规划工作落地见效；聚焦安置房等安置工程建设，高效配置各类资源。因地施策开展特色帮扶，实施“危房改造”项目，保障困难群众住房安全。

（中国交通建设集团有限公司
于　森）

中国普天信息产业集团有限公司定点扶贫

【概述】 中国普天信息产业集团有限公司(以下简称“中国普天”)定点帮扶青海省达日县。2019年,在达日县投入432.38万元无偿帮扶资金。中国普天多措并举实施精准帮扶,在健康扶贫、产业扶贫、智力扶贫、消费扶贫等方面施策,截至2019年年底,达日县已实现全部建档立卡贫困户脱贫,达到脱贫标准。

【扶贫资金投入】 2019年,中国普天共计投入432.38万元,开展的主要扶贫项目包括:全面开展“互联网+健康”扶贫项目,捐赠医疗设备,配备技术支持和专业培训,实施覆盖全县9乡1镇的健康筛查工作;实施建档立卡贫困人口劳动技能培训,增强就业创收本领;向全县9830名建档立卡贫困人口,购买以医疗救助为主的扶贫救助保险,增强抗风险能力;对援建的饲草基地,捐赠资金购买播种、收割机械,实现草场生产收割自动化,大大提高生产效率;援建3个村级党员活动室,帮助贫困地区改善基层党组织活动和办公条件;继续实施因病致贫“救急难”民生救助活动,开展救助32人。此外,中国普天积极发动业务合作伙伴和产业园区企业参与扶贫,经倡议引荐,向达日县捐赠资金用于教育扶贫、民生救助事业。

【扶贫调研】 中国普天集团党委书记、董事长吕卫平,党委副书记、总经理陶雄强,党委副书记孔繁新3位公司领导分别带队赴达日县进行考察调研,与县委县政府深入沟通对接,并考察帮扶项目,进一步推进定点帮扶工作。2019年,中国普天赴达日县考察调研共计25人次,其中出资企业公司领导8人次,与达日县各乡镇建立结对帮扶关系。

中国普天“互联网+健康”扶贫团队赴达日县持续推进健康筛查工作,组织开展智能医疗设备捐赠和使用培训,并联合北京医院专家通过远程视频方式,开展冠心病、脑卒中等心脑血管疾病救护技能培训,提升贫困地区基层医务人员慢病防治能力。

中国普天派出督促指导工作组赴达日县开展督导检查工作,对援助达日县的扶贫工作开展情况、帮扶项目立项与实施情况、项目经费管理与使用情况进行检查评价,形成督促指导报告。

【扶贫培训】 2019年,中国普天开展对达日县医务人员、党务干部和建档立卡贫困人口培训,邀请北京医院专家以现场和远程视频方式,对13名医院院长及73名医务人员,开展心脑血管病筛查技术与防治专项培训;在北京市、西安市等地开展基层干部党务技能专题培训,并组织赴延安革命老区考察学习,接受教育,拓宽视野;联合帮扶县组织开展技术培训,内容包含家政服务、酒店服务、机械维修等,提升贫困人口的劳动技能,共计培训300名建档立卡贫困人员,47人实现转移就业。

【干部挂职扶贫】 2019年4月,中国普天集团选派来自中国普天出资企业优秀干部吴晓飞接替上任,挂职达日县副县长,协助分管扶贫工作。吴晓飞克服高原缺氧带来的身体不适困难,主动承担起扶贫工作职责,推动集团的各项帮扶项目落地,以生力军身份投入脱贫攻坚工作中,经常走乡入户调研扶贫工作,慰问贫困百姓,彰显了一名“央企人”的社会责任担当。

驻村第一书记杨柯磊自2018年8月上任以来,积极投身于扶贫工作中,与当地干部同吃同住、并肩作战,致力于解决贫困百姓面临的问题。杨柯磊勇挑重担,把产业扶贫项目做实做细,与当地干部一道,组织入户慰问调研,扶贫帮困。他还开动脑筋,把高效、严谨的工作方式传授当地干部,授之以渔,得到了当地干部和百姓们的认可和赞扬。

【扶贫宣传】 2019年,中国普天充分利用通信工业报、官方网站、官方微博等渠道宣传扶贫开发工作,宣传扶贫干部的先进事迹,全年组织报道赴帮扶县考察调研、产业扶贫项目推进、干部培训、爱心捐赠等事项近20次。在国家扶贫日期间,举办"普天蓝"志愿服务走进高原藏区活动,发动广大职工参与扶贫。

【产业扶贫】 持续支持中国普天援建的饲草基地项目,2019年扩建300亩,并捐赠资金购买耕种、收割设备,实现机械化播种与收割,大大提高工作效率,节约生产成本。2019年,饲草基地收割40余吨干草,以市场价三分之一的价格售卖给牧民算作分红,折价让利4万余元;草场留下近10吨草料,供第一书记所在村生态畜牧业合作社养殖的牦牛食用;草场购置的农用车,在农闲时进行出租,租金收益7.2万元。

【健康扶贫】 中国普天继续发挥智慧医疗产业优势,捐赠130万元医疗设备,配备技术支持和服务,在达日县9乡1镇推广"互联网+健康"的精准扶贫模式,开展心脑血管疾病防控,取得良好成效。2019年年底,达日县凭借"互联网+健康"扶贫模式,获得国家"互联网+健康"扶贫工作推进组颁发的"2019年度健康扶贫特殊贡献奖"。

建设基于互联网的健康保障工作平台,构建居民电子健康档案,平台可自动对居民健康数据进行综合性评估,筛查识别心脑血管病低危、中危和高危人群。联合达日县卫生健康局,建起"健康达日"微信公众号,设置健康课堂和健康管理模块,开展健康知识的普及、教育工作,实现个人用户通过手机端实时查看体检数据,及时了解健康状况。

依托县、乡镇医院,协助开展贫困户健康档案立档建卡工作,完成建档人数近1200人。此外,还通过远程互联网专题培训、现场指导等方式,开展冠心病、脑卒中等心脑血管疾病救护技能培训120余人次,提升贫困地区基层医务人员慢病防治能力。

(中国普天信息产业集团有限公司
党建人力部　王　征)

中国信息通信科技集团有限公司定点扶贫

【概述】 2019年，中国信息通信科技集团有限公司（以下简称“中国信科”）定点扶贫河南省沈丘县和湖北省大悟县。中国信科履行定点扶贫工作职责，成立以党委书记、董事长为组长的定点扶贫工作领导小组，设领导小组办公室，确保定点扶贫工作组织领导健全完善。召开党委会、总经理专题办公会，研究定点扶贫工作，制订扶贫工作计划，部署定点扶贫工作，安排督促检查扶贫领域作风整治工作。2019年，投入帮扶资金240万元，引进帮扶资金1576万元，培训基层干部322人，培训技术人员1638人。沈丘县于2018年脱贫摘帽，大悟县于2019年脱贫摘帽。

【扶贫资金投入】 2019年，中国信科向2个定点扶贫县投入帮扶资金共计240万元，引进帮扶资金1576万元。与中国通用技术（集团）控股有限责任公司、中国有色矿业集团有限公司等中央企业联合，在定点帮扶县实施呼叫中心产业扶贫，运营公司的有10个县。在内蒙古自治区商都县实际投入900万元，吸纳本地就业119人，解决贫困人口就业12人；在云南省梁河县实际投入510万元，吸纳本地就业187人，解决贫困人口就业55人；在河南省新县实际投入1000万元，吸纳本地就业351人，解决贫困人口就业6人；在河南省固始县实际投入1000万元，吸纳本地就业137人，解决贫困人口就业11人；在江西省定南县实际投入1000万元，吸纳本地就业253人，解决贫困人口就业4人。

【扶贫调研】 2019年，中国信科各级领导分别到沈丘县、大悟县调研经济社会发展情况，召开定点扶贫工作座谈会，听取地方党委政府的意见和建议；深入考察2个定点扶贫县脱贫攻坚工作开展情况、建档立卡贫困户“两不愁三保障”实施情况，深入扶贫车间和贫困户家庭了解就业扶贫及农民生产生活情况。通过实地调研考察、召开县乡村三级干部座谈等多种形式，重点了解脱贫攻坚工作存在的问题，督促落实主体责任，促进干部工作作风建设。

【扶贫培训】 提升沈丘县、大悟县基层干部的管理能力，使其改善知识结构、了解科技知识，支持人才队伍建设。2019年，举办6期基层领导干部培训班，共培训322人。在中央企业联合扶贫基地定期组织开展技术培训，全年培训技术人员1638人。

【干部挂职扶贫】 中国信科派出4名干部到沈丘县、大悟县挂职扶贫，分别任副县长和驻村第一书记。挂职扶贫干部坚持贯彻落实“以人民为中心的发展思想”，参与精准扶贫精准脱贫工作，克服工作和生活方面的种种困难，做好定点扶贫各项工作。扎根基层做好调研，深入农户了解其生产生活以及贫困户家庭“两不愁三保障”问题解决等情况；做好产业扶贫的规划与协调，促进各中央单位、中央企业之间产业扶贫合作；及时互通信息，扎实推进定点扶贫工作。挂职干部李广军2019年获周口市领导干部年度考核“优秀”等次。

【产业扶贫】 2014年8月，中国信科在沈丘县建设产业扶贫基地。5年来，沈丘基地公司扩建为呼叫中心产业园，累计安置建档立卡贫困人口117人、退役军人30多人，年平均工资超过3万元，实现“一人就业，全家脱贫”目标，逐步形成呼叫中心产业扶贫“沈丘模式”。截至2019年年底，除沈丘基地、大悟基地以外，开业运营的合作扶贫基地有中国通用技术（集团）控股有限公司对口的内蒙古自治区商都县、中国机械工业集团有限公司对口的河南省固始县、机械科学研究总院集团有限公司对口的河南省新县、中国有色矿业集团有限公司对口的云南省梁河县、中国银行保险监督管理委员会对口的江西省定南县等10个基地公司。各基地公司招聘建档立卡贫困人口占员工总数的5%以上，不仅解决精准帮扶问题，更有效促进人才回流，拉动县域高科技产业发展；开展“筑巢引凤”行动计划，通过对建档立卡人员的长期培训，提升贫困人口特别是年轻人的就业技能，使其能在家门口稳定就业。为贫困户建羊舍、储料间和购买种羊，提高贫困户发展的内生动力，确保现行标准下到2019年年底所有贫困户实现脱贫、脱贫户不致贫的目标。

【教育扶贫】 2019年，开设体育、音乐、美术等课程，开展志愿支教活动22次，累计授课超过200课时，参与人次超过2000，逐步将支教活动扩展到其他乡镇学校。志愿支教活动在沈丘县引起较大反响，受到共青团周口市委和沈丘县委表彰。

【基础设施建设】 中国信科落实基础设施建设扶贫开发工作，开展“平安建设”。2019年，将20万元捐赠款用于平安乡村建设，整个沈丘县文殊庵村实现无死角全时段监控，可以随时掌握村里的治安状况。90万元捐款用于人居环境整治和“信科幸福大道”工程建设，以坑塘改造为切入点，投资新建主题文化广场3处、村史馆等。为村内“三类人员”户实施基本面改造，包括厨房、主房、地面、厕所等，改善贫困户的生活条件。

（中国信息通信科技集团有限公司党委办公室　王力轩）

中国农业发展集团有限公司定点扶贫

【概述】 中国农业发展集团有限公司(以下简称“中国农发”)定点帮扶安徽省萧县。2019年,中国农发投入帮扶资金332.9万元,引进帮扶资金15万元,培训基层干部163人,培训技术人员472人,购买农产品15.6万元,帮助销售农产品20.1万元,助力萧县达到高质量脱贫摘帽标准。

【扶贫资金投入】 2019年,中国农发投入帮扶资金332.9万元。其中,捐赠价值180万元的农机;投入60万元建成陶墟村集贸市场,修建村主干道排水设施;投入40万元对萧县永堌镇老河头幼儿园进行整修,使其达到办学标准;投入33万元,新建石林乡魏楼村卫生室;投入28万元,在陶墟村开垦荒山种植榛子林200亩;投入12万元,组织职业技术农民培训和基层干部培训;投入2.1万元,走访慰问75户贫困户和老党员;向3名考入大学的贫困户学生发放助学金1.8万元。

【扶贫调研】 2019年9月,中国农发总经理、党委副书记万军赴萧县调研,出席向萧县捐赠农机和捐资助学仪式,了解萧县的脱贫攻坚整体情况,实地考察帮扶项目,要求进一步加强产业对接、定期信息沟通交流、拓宽帮扶路径。1月,中国农发纪委书记杨佳木赴萧县调研,重点了解扶贫过程中的廉政和作风建设情况,实地考察调研石林乡、庄里乡脱贫情况,要求注重实效、廉洁扶贫,坚决防止形式主义和官僚主义。2019年,中国农发共40人次赴萧县调研,其间所属企业中国水产舟山海洋渔业有限公司邀请舟山市劳动就业局副局长李绪虎共赴萧县对接劳务用工事宜。

【干部挂职扶贫】 2019年2月,中国农发选派徐晓明挂职萧县副县长,协助抓好脱贫攻坚工作。徐晓明多方协调中国农发二级企业赴萧县调研考察;萧县领导、有关企业到中国农发进行产业对接,组织农机技术人员到中国农发所属企业培训。9月,选派李韦东任陶墟村第一书记。李韦东组织陶墟村党总支进行“不忘初心、牢记使命”主题教育,协调处理变压器容量小、线路安装不规范等安全隐患。2名扶贫干部开展扶贫项目摸底、勘察和计划。2017年选派任陶墟村第一书记的徐金海为村里办实事解难事,先后申请170多万元帮扶资金,用于产业扶贫项目和基础设施建设;协调驻地夹沟林场出资120万元,帮助修复生产路和乡村公路。

【产业扶贫】 中国农发帮扶陶墟村采取“公司+基地+农户”模式,建成艾草种植加工产业,2019年为村集体创收20万元。采取“村委会+农户”形式,中国农发帮扶28万元,建设200亩榛子林种植项目。2019年,中国农发向萧县捐赠4台4行玉米收割机、5台拖拉机和5台打捆机,总价值180万元。萧县农机局为9个乡镇收割玉米2231亩、耕整地1978亩,其中为贫困户、军烈属作业面积960亩。

【基础设施建设】 2019年,中国农发投入60万元,驻村第一书记徐金海帮助引进资金15万元,建成陶墟村排水沟和集贸市场项目,解决主干道排水难题,为村民购买、销售生产生活用品提供便利。

【教育扶贫】 2019年,中国农发投入40万元,帮助永堌镇老河头幼儿园重新修建围墙，铺设900多平方米地面塑胶，对楼梯、阳台等进行加固，使幼儿园办学条件得到改善；向3名新考入大学的贫困户大学生提供1.8万元助学金。

【健康扶贫】 2019年，中国农发投入33万元，帮助石林乡魏楼村卫生室新建200平方米标准村级卫生室，解决5300多名村民日常看病需求。

【扶志扶智】 2019年，中国农发向陶墟村捐赠300多册图书，丰富村民的文化生活。发挥在农机方面的优势，以技术投入推进扶贫，支持萧县职业农民培训工作，组织农机手、种植大户和部分农业合作社干部50多人，开展农机使用、保养、维修方面的学习培训，提高操作技能。组织陶墟村"两委"干部到中国农发所属企业参观学习。提供资金12万元，依托当地扶贫机关、农业合作社和大型果园，培训基层干部163人、技术人员472人。邀请安徽林业科学研究院、宿州市林业局专家到陶墟村开展榛子种植培训，40余名村民参加。

【消费扶贫】 2019年，中国农发动员所属企业购买萧县农特产品作为职工福利，优先采购萧县的水晶梨、桃子、葡萄醋、粉条等农特产品，采购额共35.61万元，购买新鲜水果35000千克。

【党建扶贫】 中国农发派驻陶墟村第一书记徐金海和李韦东。他们履行抓党建促脱贫职责，严格落实"三会一课"制度，组织开展"不忘初心、牢记使命"主题教育，以农村基层党组织标准化建设为依据，通过"六考双评"联动机制推进"一抓双促"，抓党建促脱贫攻坚、促乡村振兴工作，开展多种多样的党建文化和家风主题活动。2019年发展党员1名，培养年轻后备村干部3名。用好驻地革命烈士陈履真纪念馆等红色资源和改革开放的丰富实践成果，对党员干部开展理想信念教育，做好对"党员微教育"学习的监督管理工作，"党员微教育"上线率和完成率均为100%。村党总支连续2次被县委组织部评为"季度先锋榜"，驻村工作队2次被评为"季度先锋驻村工作队"。

（中国农业发展集团有限公司
党群工作部　刘　山）

中国保利集团有限公司定点扶贫

【概述】 2019年，中国保利集团有限公司（以下简称“保利集团”）定点扶贫山西省河曲县、五台县，内蒙古自治区喀喇沁旗，云南省鲁甸县、巧家县，广西壮族自治区忻城县6个贫困县（旗）。加大产业扶贫、消费扶贫、就业扶贫等各方面工作力度，对6个定点扶贫县（旗）直接投入帮扶资金4116.5万元，引进帮扶资金86.5万元，培训基层干部1034名，培训技术人员4465名，购买贫困地区农产品485.7万元，帮助销售贫困地区农产品1418.6万元。

【扶贫调研】 2019年，党委书记、董事长徐念沙到定点扶贫县（旗）调研考察4次，先后到河曲县、五台县、喀喇沁旗、忻城县进行扶贫调研。党委副书记、总经理张振高到定点扶贫县调研考察2次，先后到鲁甸县、巧家县调研。2019年，保利集团赴定点扶贫县调研共计63人次。

【扶贫培训】 推进河曲县电子商务发展，帮扶引导乡镇干部、村民等电商需求群体，打造属于自己的电商平台。举办河曲县电商专业技术人员培训，内容包括电子商务基础知识、电子商务与传统行业对比、电子商务的优势、河曲县电子商务发展情况、电商运营等，采取现场会、讲解引导、案例分享、现场微咨询、互动交流等方式，共培训820余人。

【干部挂职扶贫】 保利集团在6个定点扶贫县（旗）选派挂职副县长6人、第一书记5人。挂职干部深入乡镇和部分村、企业调研，了解定点扶贫县域经济社会发展情况和当地百姓对扶贫项目的需求，分析贫困现状、原因及脱贫致富的有效途径，理清工作思路和扶贫着力点，做好定点扶贫各项工作。

保利集团加大对特色产业扶贫的资金、技术、人才支持，实施一批特色产业扶贫项目。其中，投入500万元在河曲县帮助建设富硒功能食品深加工项目，消化6440亩富硒杂粮，年产食品195吨，带动500户农户增收；投入35万元，成立鲁甸县徐永艳扶贫专家工作站，为种植高品质经济作物提供技术支持；投入74万元，在巧家县进行羊肝菌连片种植，推进生产、加工、销售各环节；投入100万元，成立“三品一标”认证奖励基金，完成10个农业品种认证，提高农产品的生产销售规范化水平；投入500万元，在五台县帮助建设移民新区扶贫车间，带动1050人贫困人口脱贫。

【产业扶贫】 引进国内著名养蚕企业落户忻城县，投入310万元，援建忻城县上浪基地，采取“龙头企业+4龄蚕+保险”模式，向农户及贫困户提供4龄蚕，实现农户平均增收30%以上；帮助建设忻城县上浪村蚕房，蚕苗死亡率从40%降到5%，蚕丝品质从3A提升到5A，覆盖周边4个乡镇，带动800余名贫困人口增产增收。协调蚕桑基地与上游签订长约，降低交易成本，帮助六纳基地与瑞龙缫丝厂实现长期合作。引入科技界和企业家到忻城县考察，促成新医疗、材料科学、丝胶蛋白等领域合作，促进产品销售。

【两不愁三保障】 保利集团进一步加大对深度贫困地区的支持力度，向鲁甸县、巧家县投入帮扶资金2010万元。聚焦“两不愁三保障”，投入1820万元，帮助实施饮水安全、义务教育、住房安全、易地搬迁等扶贫项目。其中，投入600万元，在乌蒙山片区巧家县7个行政村建设人饮安全管网工程，帮助解决712户3179人的饮水安全问题；投入520万元，在喀喇沁旗建设32所互助幸福院，帮助解决196名农村贫困老人的住房、养老等问题；投入700万元，在鲁甸县卯家湾易地扶贫搬迁安置区建设一所幼儿园，帮助解决1950名幼儿的教育需求。

【就业扶贫】 “保利星火班”以“培训+就业”模式，由保利物业、委培院校、贫困县三方深度合作，定向招收定点扶贫县建档立卡贫困毕业生，开展免费职业技能培训，并安排到保利集团系统内实习就业，实现“培训一人、就业一个、脱贫一家”的目标。2019年，共完成128名星火学员培训实习和上岗等工作；进入保利系统就业的星火学员，实现人均年收入5.6万元。

【文化扶贫】 打造“打工不离乡，忙时抓生产，闲暇就绣花，增收又顾家”的滇绣文化扶贫项目。2019年，投入专项资金90余万元，向农村妇女、残疾儿童、刺绣爱好者免费提供刺绣培训，并负责产品销售和推广。培训人员2批600余人次，销售滇绣作品40余万元，为当地贫困户开辟一条创业增收新路。投入80余万元，帮助组织河曲二人台艺术到全国各地演出9场，观众10000多人次，助力特色文化产业发展。赴新疆维吾尔自治区组织30场援疆慰问演出，受到当地干部群众热烈欢迎。开展巡演和文化扶贫下乡6场，观众6000多人次。

（中国保利集团有限公司　刘录良）

中国冶金地质总局定点扶贫

【概述】 中国冶金地质总局(以下简称“地质总局”)定点扶贫云南省漾濞彝族自治县(以下简称“漾濞县”)和巍山彝族回族自治县(以下简称“巍山县”)。2019年,地质总局切实强化组织领导,持续加大帮扶力度,不断创新帮扶方式,实施精准扶贫项目17个,直接投入帮扶资金882万元(其中漾濞县434万元、巍山县448万元),引进帮扶资金74万元;选派挂职干部6人次;培训基层干部975名,培训技术人员335名;组织购买定点扶贫县农产品79.74万元,帮助销售定点扶贫县农产品35.52万元,完成定点扶贫责任书各项目标任务,巍山县和漾濞县均脱贫摘帽,为定点扶贫县进一步巩固脱贫成果和经济社会发展做出积极贡献。

【扶贫资金投入】 2019年,地质总局切实担起定点扶贫政治责任,进一步加大资金帮扶力度,并建立资金投入持续增长机制。2019年投入帮扶资金882万元,先后实施巍山县庙街火龙果基地建设和综合开发项目引进新品种苗木、漾濞县龙潭乡已路河村食用辣椒种植等精准扶贫项目17个,着力解决“两不愁三保障”突出问题,从产业扶贫、教育扶贫、贫困村集体经济发展、基础设施建设、地质科技发展等方面,帮助定点扶贫县进一步巩固脱贫成果。

【扶贫调研】 2019年,地质总局加强组织领导,发挥中央企业优势,深入定点扶贫县调研考察,发现并解决问题,帮助定点扶贫县谋划规划发展,共商脱贫之策、共谋致富之路。地质总局领导及扶贫办工作组多次深入定点扶贫县调研,监督工作进展,查找存在的问题,帮助解决困难,提供意见建议,形成调研检查报告4份。与定点扶贫县研究探讨精准帮扶项目和措施,帮助查找致贫原因,积极献计献策,针对“两不愁三保障”突出问题、人居环境整治提升和产业发展等,考察精准帮扶项目,助力定点扶贫县巩固脱贫成果。围绕定点扶贫县的土地资源、矿产资源、地质灾害等方面,了解掌握存在的问题困难,联系协调当地有关部门与地质总局相关产业单位进行对接。2019年,地质总局调研督导定点扶贫县脱贫攻坚工作8批36人次。

【扶贫培训】 地质总局牵头并邀请云南省安全监管局专家,对漾濞县和巍山县广大干部分别开展1次安全培训,并采取视频会议形式扩大参加人员范围,参加培训人员近1000人。从上海市浦东区聘请培训机构专家,向巍山县合作社负责人、致富能手89人开展“致富带头人”技术技能培训;邀请专家对漾濞县有关农户136人进行猪和牛养殖、育肥、疫情防治等方面技术培训;与大理技师学院合作,对漾濞籍41名和巍山籍69名在校贫困学生进行综合技能提升培训。

【干部挂职扶贫】 地质总局党委高度重视扶贫挂职干部选派工作,将扶贫挂职作为锤炼干部的重要途径,让扶贫干部在扶贫帮扶工作中深入实践、严格要求、增长才干。2019年,地质总局先后有6名挂职干部在定点扶贫县负责扶贫工作。

【产业扶贫】 2019年,地质总局共投入416万元,重点助推定点扶贫县村集体经济发展,采取“造血式”精准扶贫措施,确保贫困村长效高质量的经济发展，在相关领域开展深度合作。组织测绘专业技术人员对巍山县庙街镇中心集镇进行地形测量，为把庙街镇打造成交通便利、功能齐全的特色小镇奠定基础。承接实施定点扶贫县及周边县土地整治、地质灾害治理、环境监测治理、农业地质、工程检测等方面的工程项目。发挥地质实验室资源优势，帮助实施“漾濞核桃古树树龄测定方法研究与应用”项目。开展巍山智慧城市建设项目，立足科技扶贫，建设智慧化系统平台，为巍山县带来先进管理工具和管理理念，为经济发展筑牢信息技术基础。

【教育扶贫】 地质总局投入帮扶资金125万元，从奖学金设置、添置图书和智慧教室、增加教学设备、修建操场等方面，改善贫困学生的学习、生活条件，改善教学环境，提高教学质量，保障贫困学生完成义务教育。

【基础设施建设】 地质总局实施乡村人居环境整治提升工程，投入帮扶资金320万元，帮扶项目3个，从改善住房入手，以改善农村生态环境、提高农民生活质量为核心目标，配合产业扶贫，健全乡村治理体系。切实保障贫困村用水安全，让贫困村百姓放心吃、放心喝。投入帮扶资金47万元，建设水处理厂调节库塘，增加库容3500立方米，作为2018年捐建的六合古城水厂提升改造项目的补充水源。

（中国冶金地质总局扶贫办　宁鹏飞）

中国民航信息集团有限公司定点扶贫

【概述】 2019年，中国民航信息集团有限公司(以下简称“中国航信”)定点帮扶山西省神池县。中国航信坚持聚焦精准，加大资金投入，加大扶持力度，制定并实施《中国航信定点帮扶神池三年行动实施方案》《2019年度中国航信帮扶神池项目计划》，在就业扶贫、产业扶贫、教育扶贫、电商扶贫、健康扶贫和全员扶贫等12个领域开展20个精准扶贫项目，帮助贫困群众稳定增收。中国航信签订《2019年定点扶贫工作责任书》，35家直属单位结对帮扶神池县17所中小学和分布在10个乡镇的174户深度贫困户。2019年4月，神池县实现脱贫摘帽，贫困发生率降至0.18%。2019年，中国航信投入帮扶资金1100万元，投入研发成本66万元，共计1166万元；引进帮扶资金共计207.18万元；直接购买农产品72.4万元，帮助销售农特产品916.88万元。

【扶贫资金投入】 2019年，中国航信投入帮扶资金1100万元，投入研发成本66万元，共计1166万元，引进帮扶资金共计207.18万元，直接购买农产品72.4万元，帮助销售农特产品916.88万元。

【扶贫调研】 中国航信党委书记、董事长崔志雄，党委副书记刘建平，纪委书记陈汉清分别带队赴神池县调研考察，共3次，听取神池县脱贫攻坚情况汇报、督促神池县脱贫主体责任落实。

【扶贫培训】 通过“引进来”，邀请外部专家学者到神池县开展专题讲座35期，培训基层干部4593人次；通过“走出去”，培训基层干部58名。累计培训基层干部4651人次。通过扶贫车间在神池县培训技术人员106名；联系北京尤迈慈善基金会，培训医务人员18名；邀请专家到神池县培训教师571名、乡村医生243名；与北京师范大学、北京易盟天地信息技术股份有限公司合作，培训教师80名、家政保姆76名。累计培训技术人员1094名。开展乡村医生培训项目，培训基层医务人员243名。通过专项资金支持，推动神池县优质医疗技术人才下沉乡镇医院，方便贫苦群众看病就医。联系北京尤迈慈善基金会，开展远程会诊服务，会诊疑难病患者1名。与北京师范大学、浙江嘉兴中国航信党员教育基地、山西省市级党校等合作，分别举办多场素能提升培训班。

【干部挂职扶贫】 2018年年底选派刘崟挂职神池县副县长，协助分管扶贫工作。选派何小鹏挂职神池县东湖乡三山村第一书记。刘崟和何小鹏立足脱贫攻坚前沿，依靠当地政府，将脱贫主体当地百姓作为出发点，开展精准帮扶。

【扶贫资金管理】 2019年，中国航信扶贫工作领导小组会议审议通过《中国航信定点帮扶神池三年行动实施方案(2019—2021)》，审议执行《中国航信2019年帮扶神池项目计划》，审批22个定点帮扶项目，对扶贫资金使用进行监管监督。

【产业扶贫】 引进中垦薯业有限责任公司、无忧树生态农业科技有限责任公司、石家庄锦绣禽业有限公司和中铭国际资产评估有限公司与神池县政府签署战略合作协议。开展有机旱作农业示范扶贫项目，在神池县烈堡乡实施示范种植4647.5亩，带动7个村249户（其中贫困户167户），户均亩产增收450元。在定点帮扶村开展农户散养鸡产业扶贫项目，建设扶持贫困群众的特色扶贫产业。

【教育扶贫】 中国航信继续安排教育扶贫基金100万元，通过“组合拳”举措，奖励优秀乡村教师109名，每人5000元；资助贫困大学生157名。二本以上大学生每人资助5000元，建档立卡贫困家庭二本C类大学生每人资助3000元。2019年被统招录取的建档立卡贫困家庭研究生每人一次性资助5000元。在神池县设立教育扶贫基金，并及时捐赠投入资金，特别是贫困大学生资助政策，以弥补“雨露计划”的空白，使神池县对建档立卡贫困家庭在校大学生的资助实现全覆盖。

【文化扶贫】 中国航信投入25万元帮助部分贫困村创办“爱心超市”、农家书屋和文化活动室等。其中，东湖乡三山村、烈堡乡长城寨村通过推广以表现换积分、以积分换物品的“爱心超市”的帮扶做法，实现中国航信爱心捐赠与贫困群众个性化需求的精准对接。

【公益扶贫】 中国航信所有下属单位对接神池县17所中小学校和分散在10个乡镇的174户深度贫困户。8家二级党委牵头，联合35家直属单位156个党支部组成8个帮扶工作组，推进结对帮扶活动。各单位组织干部职工捐款捐物，总金额334503.8元，物品价值217467元。捐款由各单位按照帮扶方案规划分配，用于帮扶学校的文体教具购买、教师奖励、多媒体教室建设、购买慰问贫困户的生活用品等；中国航信党委另划拨结对帮扶专项资金670280元给神池县。

【基础设施建设】 资助农村饮水安全工程专项资金216万元，解决神池县龙泉镇项家沟村、龙元村、荣庄子村、窑子上村、温岭村的饮水安全问题，帮助改善5个贫困村1494名村民的生存环境和生活条件。通过农村饮水安全工程的持续实施，提高贫困村庄自来水的普及率和水质达标率。投入70万元，用于太平庄乡建立党员教育、技能培训、政务服务、老年照料、电商服务、文化活动等多种功能于一体的党建扶贫服务中心。

【健康扶贫】 出资72.6万元实施太平庄乡分院房屋修缮项目。医院修缮包括主体维修、医院餐厅改造、水冲式卫生间、院墙、院内硬化绿化等，帮助24个自然村、2500户、7720余人获得高质量医疗保障。出资7.4万元为神池县医疗集团10家乡镇卫生院购置远程会诊设备10套。

（中国民航信息集团有限公司
党委办公室　朱晓莉）

中国航空油料集团有限公司定点扶贫

【概述】 中国航空油料集团有限公司(以下简称“中国航油”)定点帮扶宁夏回族自治区盐池县。2019年,中国航油对盐池县投入帮扶资金850万元,用于产业、教育、医疗、基础设施建设等多个方面,取得良好的经济效益和社会效益,帮助盐池县销售农副产品6000余万元,采购盐池县农产品415万元,培训基层干部615人、技术人员1636名,引进帮扶资金69.2万元,促进盐池县脱贫攻坚与乡村振兴有效衔接。

【扶贫资金投入】 中国航油投入帮扶资金850万元,其中用于枸杞等特色种植项目180万元,滩羊等特色养殖项目200万元,特色农产品加工项目210万元,科学致富带头人等培训教育项目210万元,“同舟共济”困难救济项目50万元。

【扶贫调研】 中国航油主要领导、分管领导和挂职干部先后多次深入盐池县农村调研、督查帮扶工作开展情况,其中领导班子成员6次。

【扶贫培训】 结合盐池县实际,投入160万元,开展基层干部培训10期、共培训615人,开展基层技术人员、科学致富带头人培训19期,共培训1636人。

【干部挂职扶贫】 2019年,中国航油派出2位扶贫干部到盐池县挂职扶贫。选派明智任盐池县委常委、副县长。2019年7月,盐池县佟记圈村驻村第一书记董卫兵挂职期满,王良凯接任。派驻盐池县的挂职干部坚持“用脑用情,尽心尽力”的原则,做好帮扶工作。

【扶贫宣传】 国务院国有资产监督管理委员会网站、新华网、中国经济时报、宁夏电视台等媒体刊发《中国航油“输血”+“造血”　全面打赢脱贫攻坚战》《中国航油为盐池县累计投入帮扶资金4500余万元》等新闻报道,宣传中国航油扶贫工作的好做法、新典型、新成效,深入挖掘扶贫挂职干部的感人事迹,以精准扶贫、打造扶贫产业链等为重点,讲好中国航油的扶贫故事。

【产业扶贫】 投入帮扶资金完善丰泽种植养殖专业合作社农田基础设施,帮助其申请注册“盛思杞”枸杞商标、设计定制外包装,该合作社已形成年产枸杞2万千克的规模,累计带动周边贫困群众2066人务工就业,支出劳务工资及土地流转费243万多元,务工群众人均工资收入增加到2000元。协调盐池县中泉农牧科技有限公司与宁夏大学饲料工程技术研究中心进行技术合作,充分利用当地优质的牧草资源,确保盐池滩羊肉质。盐池县1/3的滩羊食用该公司生产的本地天然有机饲草。盐池滩羊已经成为特色品牌。

【公益扶贫】 组织开展“情系老区·爱心助学”活动。在盐池县第三中学设立“中国航油励志奖学金”,捐赠奖学金8万元,为成绩优异的老区学子提供支持和帮助。开展爱心捐书捐物活动,为盐池县捐赠图书2112册、保暖衣物745件;选拔23人组成支教团,赴盐池县志愿支教。

【健康扶贫】 为冯记沟乡卫生院捐赠2辆救护车,为花马池镇卫生院、青山乡卫生院各捐赠1辆救护车,方便当地及周边县区患者住院治疗,缓解农民“因病致贫、因病返贫,看病难、看病贵”的问题,增强乡镇卫生院的急救能力。

(中国航空油料集团有限公司
党委宣传部　白姜江)

中国航空器材集团有限公司定点扶贫

【概述】 中国航空器材集团有限公司(以下简称“中国航材”)定点帮扶陕西省白水县。中国航材将定点扶贫工作作为重要的政治任务和政治使命,统筹谋划、分步实施扶贫项目和措施。2019年,投入帮扶资金417万元,建立2个百亩苹果扶贫产业示范园,带动5个村集体经济组织开展航天蔬果种植扶贫项目,建立1个梅花盆景培育基地,资助全县贫困生56人,通过“救急难”活动救助贫困户45人,开设贫困村“爱心超市”1个;引入帮扶资金1.5万元,培训县镇村基层干部306人,培训技术人员10人,培训基层医务工作者119人,购买白水县苹果14.42万元,帮助销售定点县农产品6.59万元。截至2019年年底,白水县共退出贫困村43个,脱贫15774户55079人,贫困发生率降至0.83%。

【扶贫资金投入】 2019年,中国航材加大对白水县的帮扶力度,投入帮扶资金417万元,引入帮扶资金1.5万元,主要用于产业扶贫、扶贫培训、教育扶贫、“救急难”活动等。

【扶贫调研】 中国航材坚持定期调研的工作机制,每季度1次、全年4次(党组成员7人次)开展实地扶贫调研,党委书记、董事长贾宝军2次到白水县调研扶贫工作。坚持双向交流机制,邀请白水县领导座谈,共同研究解决脱贫攻坚中的实际问题。2019年共形成调研报告6份,提出问题及意见建议16个,有针对性地采取具体帮扶措施、落实扶贫项目和资金,并通过函件反馈给白水县扶贫部门。

【扶贫培训】 投入帮扶资金1.5万元实施教育扶贫项目,开展基层干部农村集体经济管理培训,培训县镇村三级干部共306人。结合航天育种扶贫种植项目的实施,培训农业技术人员10人。结合医疗健康扶贫行动举办基层医务人员培训班1期,培训基层医务人员共119人。

【干部挂职扶贫】 2019年,在任的挂职扶贫干部和驻村第一书记各1名。扶贫干部赴任前均进行相关培训,并采取压茬派出的方式做好干部轮换。

【扶贫宣传】 开展对内、对外扶贫宣传,利用集团OA系统、航材报、微信平台、外网等宣传途径,向新浪、搜狐、微信公众号、报刊等媒体投稿,以多种形式讲好扶贫故事;与白水县媒体加强联系,宣传定点扶贫工作。组织建档立卡贫困村古槐村干部参加2019年第七届中国公益慈善项目交流展示会,宣传定点扶贫项目经验和成果,打开贫困村扶贫产品销路。

【产业扶贫】 中国航材充分利用当地苹果种植优势,投入资金流转土地200亩,建成2个白水苹果扶贫产业示范园,帮助推广种植“瑞阳”“瑞雪”2个苹果新品种,并开展矮砧绿色有机种植,采用摄像探头实时监控、水肥一体化节水灌溉系统、防雹网及扶植杆系统等,从科学种植、管护技术应用等方面进行示范带动。项目扶持1家当地龙头企业,带动周边6个贫困村股份合作社,直接帮扶建档立卡贫困户57户216人,年底每户分红3000元,为周边各村群众提供就近务工机会。实施航天育种项目,投入215万元帮助建设现代化育苗大棚,安装标准苗床和自动喷淋设施,建立种植示范点,逐步扩大种植面积,指导种植户形成自有品种。项目先后带动村集体经济组织和种植企业13个，帮助建档立卡贫困户322户增收。投入50万元，帮助和家卓村利用闲置的玻璃大棚开展梅花盆景培育项目。

【扶贫模式】 中国航材与白水县农业部门加强联系，采取“县农投公司+合作社（企业）+农户”的模式实施白水苹果扶贫示范园项目、航天蔬果种植扶贫项目、和园梅花盆景培育项目。建立贫困群众利益联结机制，贫困户与项目绑在一起，实现企业发展与贫困户受益的双赢。

【教育扶贫】 捐赠资金30万元，对白水县高考二本以上贫困学生共计56人进行资助，帮助他们顺利入学。带动当地企业营造支持教育的良好氛围。

【健康扶贫】 投入16万元，联合中国志愿服务基金会、中国医师协会医师志愿者工作委员会共同开展“中国志愿医生行动·渭南站”活动。组织全国各地知名医院的25名志愿医生在白水县义诊，开展医疗知识专题讲座21场、手术演示6台，培训村医300余人，带教查房300余人；结合当地常见病症设立神经外科、普通外科、心脏内科、眼科等专家工作站11个。

【公益扶贫】 投入20万元组织救助对象选择及情况核实，结合定点扶贫工作对因病、因灾及突出事件导致基本生活困难的建档立卡贫困户45人实施救助。中国航材捐资捐物1万余元，与贫困村共同开展基层党建促脱贫活动，并联合外部业务单位到贫困县开展扶贫济困活动。

【扶贫扶志】 2019年，中国航材的产业扶贫项目运行良好，均于年底为贫困户进行每户3000元分红。采取将分红款托管的方式，即首次发放1000元，剩余分红款交给村委会托管，由村两委督促贫困户参与村集体劳动20日方可领取。每年向定点包联贫困村古槐村捐赠1万元，用于支持贫困村“爱心超市”。

（中国航空器材集团有限公司办公室 张飞军）

中国电力建设集团有限公司定点扶贫

【概述】 2019年,中国电力建设集团有限公司(以下简称“中国电建”)定点帮扶云南省剑川县和新疆维吾尔自治区民丰县。投入扶贫资金5475万元,实施定点扶贫项目19个,涉及产业扶贫、教育扶贫、健康扶贫、易地搬迁、农村安全饮水等领域。中国电建主要领导和扶贫工作分管领导到定点扶贫县调研3人次,与县委县政府及乡村扶贫干部座谈,看望建档立卡贫困户。中国电建扶贫工作人员到定点扶贫县调研37人次。引进帮扶资金15万元;派出挂职扶贫干部6人(含驻村第一书记3人);培训定点扶贫县基层干部14人、技术人员576人。开展消费扶贫,帮助销售和购买定点扶贫县农产品1262万元。中国电建的定点扶贫工作被国务院扶贫开发领导小组考核评价为“好”等次。

【扶贫资金投入】 中国电建投入帮扶资金共5475万元。向剑川县投入资金3355万元,其中中国电建出资2355万元,职工捐款1000万元,重点实施剑川县金华镇龙凤村等8个村级光伏扶贫项目、“博爱校医室”等4个教育扶贫项目、村级卫生室建设等5个健康扶贫项目、弥沙乡牦牛山安全饮水工程等4个项目、贫困行政村活动场所等2个项目。向民丰县投入1750万元,其中中国电建出资1051.23万元,职工捐款698.77万元,重点实施民丰县肉羊全产业项目,职工捐款专项设立民丰县教育扶贫基金,资助在校贫困学生840名。中国电建还向四川省越西县捐赠扶贫资金370万元,实施越西县易地搬迁项目。

【扶贫调研】 2019年9月,中国电建党委书记、董事长、扶贫领导小组组长晏志勇带队赴民丰县调研考察定点扶贫工作。11月,中国电建总经理、党委副书记孙洪水带队赴剑川县调研考察。4月,中国电建党委常委、副总经理、扶贫领导小组副组长姚强带队赴剑川县调研考察。

【扶贫培训】 中国电建累计培训或出资培训定点扶贫县干部和技术人员590人次。利用自身培训资源,组织中国电建延安干部学院高级研修班、中国电建投资管理高级研修班、中国电建人力资源能力提升班,免费安排定点扶贫县干部参加学习培训,共培训剑川县和民丰县干部14人次。借助善小公益基金平台,由中国电建出资,举办2期“中电建·善仁”乡村医生培训班,培训剑川县和民丰县乡村医生共100名。组织2期乡村医生培训班,共培训剑川县乡村医生160人;为剑川县中小学校教师组织专项培训4期,参加培训人数316人。

【干部挂职扶贫】 中国电建派驻4名干部到剑川县挂职,其中1名挂职副县长、1名挂职县扶贫办副主任、2名任驻村第一书记;派驻2名干部到民丰县挂职,其中1名挂职副县长、1名任驻村第一书记。中国电建派出的2名挂职副县长均分管、协助所在县的扶贫工作。中国电建派驻剑川县白蜡村驻村第一书记喻泽远被评为“大理州2019年扶贫先进工作者”;派驻民丰县驻村第一书记崔远鹏获评“和田地区2019年度脱贫攻坚先进个人”和“2019年度民丰县扶贫攻坚优秀驻村扶贫第一书记”。

【扶贫宣传】 2019年10月,新华网刊出

《多措并举助脱贫　中国电建集团定点扶贫工作成效明显》一文，对中国电建的扶贫工作进行宣传。5月，《“小奶牛”撬动“大产业”》在原国务院国有资产监督管理委员会综合局《中央企业扶贫工作专刊》第3期刊载，在中央企业系统进行交流与宣传。

【产业扶贫】　中国电建职工捐款1000万元，支持剑川县金华镇8个村级光伏扶贫电站项目建设，项目总装机容量1850千瓦，运营期25年，已于2019年年底全部并网发电。该项目年收益92.68万元，总收益3362万元，折合每个建档立卡贫困村集体可获得收入420.25万元，专项支持因病、因残完全或部分丧失劳动能力的建档立卡贫困户脱贫增收，惠及金华镇龙凤村等8个建档立卡贫困村744户建档立卡贫困户。向民丰县捐赠产业扶贫资金1000万元，采取“公司+基地+农户”模式支持优质肉羊全产业链扶贫项目建设。中国电建捐赠的1000万元扶贫资金作为资本金，引入社会合作企业投资和银行融资，最终完成总投资1.01亿元的产业扶贫项目建设。

【教育扶贫】　在剑川县捐赠资金200万元，建设象图乡初级中学运动场二期工程项目，解决学校长期以来无运动场地问题。投入资金20万元，组织中小学校教师能力素质提升工程，分4期共培训教师316人。投入50万元设立“圆梦的手”爱心助学金计划，资助160名剑川县户籍2019年参加高考并被录取的建档立卡户大学新生。捐赠90万元实施“博爱校医室”项目，建设9所“博爱校医室”，资助学校开展常规性的体检和疾病筛查。在民丰县捐款698.77万元设立民丰县教育扶贫基金，3年内锁定本金，通过基金收益资助建档立卡贫困户学生，每年资助建档立卡贫困学生840名。

【基础设施建设】　中国电建将剑川县剑湖流域水环境治理PPP项目，作为生态扶贫投资项目进行重点支持。项目总投资15.53亿元，合作期限25年。捐赠资金1180万元，集中实施剑川县农村安全饮水工程等项目。其中，建设弥沙乡牦牛山安全饮水工程，受益建档立卡贫困人口39户148人；建设沙溪镇红星村鸭子塘加固修复工程，可新增灌溉面积850亩，受益建档立卡贫困人口96户408人；实施弥沙乡大邑村交通桥建设工程，新建大邑村交通桥1座，受益建档立卡户124户491人；实施金华镇禄寿村、弥沙乡大邑东伙山、老君山镇美水龙潭村安全饮水工程，新建调蓄水池5个，安装钢管塑管20千米，解决1696户6197人、大小牲畜3224头的饮水难问题；新建剑川县西庄村等8个贫困村的活动场所和六联村公共设施项目。

【健康扶贫】　中国电建共捐赠资金640万元，在剑川县新建7所标准化村级卫生室及配套附属工程，受益建档立卡户675户2743人；完善80个村级医疗设备设施，受益建档立卡贫困户7330户28432人；帮助3个乡镇医疗进行设备换代，购置彩超4台、24小时心电监护13台等设备；建设马登镇心脑血管急救站，配套相关设备，受益建档立卡贫困人口7775户31229人。

（中国电力建设集团有限公司
扶贫办公室　万齐平）

中国能源建设集团有限公司定点扶贫

【概述】 2019年，中国能源建设集团有限公司（以下简称“中国能建”）定点帮扶陕西省镇巴县和广西壮族自治区西林县。中国能建以产业扶贫、基础设施建设、教育培训等为重点，细化完善推进机制，落实各项帮扶措施，全年投入帮扶资金1217万元，引进帮扶资金18万元，培训基层干部32人次，培训技术人员42人，购买当地农产品1529万元，助力镇巴县2019年年底完成8067户17904人贫困人口脱贫、93个贫困村退出、全县脱贫摘帽的目标，助力西林县2019年年底完成7125户30721人贫困人口脱贫、38个贫困村退出、全县脱贫摘帽的目标。中国能建建立长效机制，巩固提高镇巴县、西林县已退出贫困村、贫困户的脱贫成效，做到力度不减、政策不变、驻村工作队不撤，完成国务院国有资产监督管理委员会定点扶贫工作的一系列部署要求。

【扶贫资金投入】 2019年，中国能建向镇巴县、西林县投入帮扶资金1217万元，其中西林县400万元、镇巴县817万元；引进帮扶资金18万元，其中西林县10万元、镇巴县8万元；全部帮扶资金用于两县的重点扶贫项目。中国能建所属单位通过电商平台在西林县累计采购农副产品金额925万元、在镇巴县累计采购农副产品金额604万元。

【扶贫调研】 2019年5月，中国能建党委书记、董事长汪建平对镇巴县考察调研，实地调研工作组带动贫困户发展扶贫产业、“合作社+基地+农户”产业发展、光伏扶贫、电商扶贫等情况。7月，中国能建总经理、党委副书记丁焰章赴西林县考察调研，实地考察东民种养合作社集体经济茶园、援建的卫生室等扶贫项目。

【扶贫培训】 中国能建分别在镇巴县、西林县举办定点扶贫县基层干部及农业实用技术培训，两县32名村干部、42名农业科技种养技术人员、多名贫困人口参加培训，课程涵盖村级组织建设与管理、经营主体项目管理、村级集体经济组织建设、涉农资金审计、预防职务犯罪、乡村振兴政策解读、农业面源污染防控与治理，以及李子、食用菊、中药材、黑山羊养殖、电子商务等内容。

【干部挂职扶贫】 中国能建派驻4名干部到镇巴县、西林县挂职扶贫，分别担任县委常委、副县长和驻村第一书记。选派的挂职扶贫干部严格按照扶贫工作要求，克服工作和生活方面的种种困难，做好定点扶贫各项工作。其中，派驻西林县央龙村第一书记李贤楚获得“广西壮族自治区全区脱贫攻坚优秀第一书记”荣誉称号；派驻镇巴县泾洋街道办蒿坪子村第一书记李峻峰获得“陕西省脱贫攻坚贡献奖”。

【扶贫宣传】 中国能建强化扶贫宣传工作，《中国能建“两帮带六帮扶”模式倾情帮扶西林》综合报道在广西扶贫办网站、中国新闻网等媒体发表。中国电力电视台“第一书记”摄制组专程前往央龙村采访拍摄扶贫成效事迹，以派驻央龙村第一书记李贤楚带领当地村民打开脱贫致富之门迈向幸福生活为主线进行录制。

【产业扶贫】 根据镇巴县资源禀赋和产业基础，投入专门资金援建青花椒储存加工与中药材加工2条自动化生产线，扩建清脆李及蚕桑特色产业项目，增强镇巴县的造血功能。在引进帮扶企业方面，蒿坪子村引进镇巴县富立实业有限公司帮助建设大黄基地，帮助村民回乡创办生猪散养场，投入资金用于临时道路、场地平整、蓄水池、化粪池等建设。结合西林县足别乡产业发展实际需求，投入帮扶资金帮助足别乡6个村入股西林县鑫旺种植专业合作社，合作发展砂糖橘，为每个村集体经济增产增收。

【教育扶贫】 捐赠50万元纳入"镇巴县教育救助专项资金"统筹使用，解决建档立卡贫困家庭大学生就学困难问题，帮助镇巴县贫困家庭学生完成学业。2019年共帮扶贫困学生约200名。

【党建扶贫】 中国能建镇巴扶贫工作组分别与蒿坪子村、东院社区和碗厂沟村党支部围绕支部建设、扶贫开发等开展共建、共学活动。通过开展"不忘初心、牢记使命"现场主题教育、"爱心公益行""追星赶月逐日出"等联建活动，并将共建、共学成果转化为扶贫开发的具体举措，将蒿坪子村、东院社区和碗厂沟村党支部打造成一支不走样的扶贫工作队。

【公益扶贫】 中国能建印发《关于发动志愿服务组织面向定点扶贫县开展爱心活动的通知》。所属企业到央龙村开展扶贫志愿活动，捐赠给足别乡中心学校文体用品及书籍、慰问贫困户，捐赠物品价值2万元；为央龙村贫困户代表、贫困学生代表、80岁以上老人送去共计11800元慰问金及6300元慰问品。广西壮族自治区工程局开展定点扶贫西林县献爱心募捐活动，捐赠9.7万元为贫困户发放桌椅板凳、床板衣柜等基本家居用品，发放政治理论学习书籍数十本，并为贫困户送去助学金2万元。广西水利水电建设集团有限公司到周帮村为10户有子女上学且生活困难的家庭送去2万元助学金。

【基础设施建设】 2019年，中国能建在蒿坪子村投入80万元，实施泾洋街道办蒿坪子村路基通达工程及拓宽工程；新建4座"连心桥"。在东院社区西院坝移民安置点新建400平方米的健身广场一个，配套文化健身设施。在西林县投入300余万元，实施央龙村农户楼梯间上楼挡雨盖顶改造项目，保障100多户农户住房楼梯不漏雨、房屋稳固；实施央龙村农户住房功能间分隔改造项目，保障63户农户住房卧室够居住；实施央龙村农户卫生厕所改造项目，改善194户农户居住环境卫生；实施央龙村危旧房拆除项目，解除95户危旧房的安全隐患；实施央龙村农户危旧厨房改造项目，将174户使用茅草、泥瓦搭建的危旧厨房改造成砖混或砖瓦厨房。协调推动田林（潞城）至西林（桂滇界）高速公路建设，高速公路全长191.21千米，总投资273.74亿元。

【整村推进】 蒿坪子村是中国能建驻陕西省第一书记的定点帮扶村。截至2019年年底，蒿坪子村已建成水泥路9千米，安防工程同步到位，"断头路"全线贯通，实现"道路沿线有产业，产业基地路通达"的目标。村内各交通辨识点安装道路指示牌，在住村民均安装光伏庭院路灯，交通条件和人居环境得到彻底改观。由中国能建资助成立的原生园农牧专业合作社推进蒿坪子村产业发展，大五星枇杷和晚熟蜂糖李陆续挂果，天麻基地完成首期发掘，养殖场升级为孔雀基地，成为镇巴县近郊休闲新去处。2019年合作社销售额共149万余元，向建档立卡贫困户累计分红超过5万元。

央龙村是中国能建驻广西第一书记的定点帮扶村。由中国能建资助成立的东民种养合作社推进产业发展，茶园、黄牛养殖、山羊养殖等现有集体经济产业每年收入20余万元，立体种养—加工—产销一体化的循环经济发展新模式促进村集体和贫困农户双赢。第一书记带领驻村工作队员及村两委成员投入脱贫攻坚工作，完成拆除泥瓦危房95个，农户房间分隔63个，厨房改造26户，卫生厕所改造建设194个，住房楼梯口盖顶建设111个。央龙村的人居环境得到彻底改观。2019年，央龙村正式实现脱贫摘帽。

（中国能源建设集团有限公司战略与投资部　张曙光）

中国黄金集团有限公司定点扶贫

【概述】 中国黄金集团有限公司(以下简称“中国黄金”)定点扶贫河南省新蔡县和贵州省贞丰县。2019年直接投入定点扶贫专项资金4186万元,帮助引进扶贫资金2821.8万元;举办4期培训班,培训各类人员1461名;直接购买农产品150.37万元,帮助销售农产品1269万元。中国黄金权属企业贵州锦丰矿业有限公司(以下简称“锦丰公司”)在税收、物资采购、就业、教育等领域发挥带贫益贫作用,全年累计为贞丰县创收约1.5亿元。

【扶贫资金投入】 2019年,中国黄金投入定点扶贫专项资金4186万元,其中400万元用于中国黄金“宏志班”教育扶贫及各类扶贫培训,1600万元用于支持扶贫项目,2017万元支持贞丰县冲刺脱贫摘帽资金缺口,169万元用作锦丰公司支持周边3个村的扶贫专项资金。

【扶贫调研】 2019年,中国黄金主要领导先后3次赴两县调研指导扶贫工作。8月,时任党委书记、董事长宋鑫赴贞丰县调研,与贵州省黔西南布依族苗族自治州(以下简称“黔西南州”)主要领导交流“两不愁三保障”、贞丰县脱贫摘帽等重点扶贫工作。5月,党委副书记、董事刘冰赴贞丰县扶贫调研,与黔西南州副州长察看扶贫项目,与贞丰县主要领导交流座谈,并出席烟山小学爱心捐赠仪式;11月,刘冰赴新蔡县调研,与县主要领导交流脱贫稳贫、人居环境提升等工作。2名班子成员先后赴两县调研扶贫工作,对口帮扶企业领导多次前往扶贫一线调研。中国黄金全年开展各类扶贫调研20次,形成调研督促报告3份、专题会议纪要4份、扶贫简报15期、相关新闻报道6份,报送国务院扶贫办、国务院国有资产监督管理委员会(以下简称“国资委”)和河南省、贵州省相关扶贫部门。

【扶贫培训】 落实中共中央“抓好扶贫干部分级分类培训”指示精神,投入200多万元,面向两县共培训党政干部、扶贫干部、致富带头人、技术人员等2352人。与新蔡县妇女联合会共同举办2期“黄金大讲堂”,培训村委妇女干部、县乡村妇联干部421人;对农村留守妇女进行技能培训,共培训450人。在贞丰县组织国务院扶贫办社会扶贫司定点扶贫处专题讲座,聘请第三方评估公司专家调研培训,共计培训1040人;开展农业技术培训,对新入职特岗教师、医疗卫生从业者等进行专业培训,共计培训441人。

【干部挂职扶贫】 中国黄金累计选派7名定点扶贫挂职干部,其中3名任期已满并完成接续;2名因表现突出,履行相关程序后续任,现任挂职扶贫干部共有5名。其中2名挂职县委常委、副县长;2名挂职村第一书记;1名为驻村干部。挂职扶贫干部扎根基层,驻县挂职干部定期深入村镇进行项目调研,组织召开专题会议,研究帮扶项目和脱贫事宜,保证政策导向的精准性;驻村第一书记与当地村民同吃同住,与贫困户共商脱贫计划,保证各类扶贫项目的顺利实施,并定期组织村班子交流学习,引导帮助基层干部转变思想观念。

【产业扶贫】 2019年,中国黄金在新蔡县直接投资100万元、挂职第一书记争取产业发展资金100万元、协调上海贝蒂纺织品有限公司投资906万元,该项目已累积用工760余人,发放工资和分红约830万元,带动约300户贫困户脱贫;捐赠150万元支持返乡创业园建设,引进4家企业投资3140万元,产生销售额1600万元,带贫益贫1400人(户),人均年增收约2万元。在贞丰县累计投入约360万元发展特色农畜种植养殖业,主要实施油茶、苹果、蓝靛、食用菌、中蜂等项目,带动贫困户人均每年增收超过2000元。

【智力扶贫】 2019年,中国黄金在新蔡县出资8万余元,开展"黄金大讲堂"培训,共进行3个批次,培训人员共计871人次。其中,对农村留守妇女进行专项技能培训;对全县361个村委妇女干部进行业务培训;组织县乡村主要妇联干部进行素质提升培训。在贞丰县出资20万元用于技术人员培训,协调贞丰县农业农村局、教育局、卫生健康局组织技术人员培训441人。其中,农业技术人员培训44人,培训内容为精品水果、茶叶产业、农业技术等;新入职特岗教师技术人员培训70人,培训内容为教育政策法规、教师职业道德修养、班级管理、脱贫攻坚业务知识等;医疗卫生人才储备培训327人,培训内容为城乡居民健康档案管理、健康教育、儿童孕产妇老年人健康管理、传染病及突发公共卫生事件报告和处理等14项医疗服务。

【教育扶贫】 中国黄金招收两县贫困家庭学生进入所属三门峡黄金工业学校进行全日制免费培养,采取"思想引导+职业教育+企业就业"一站式帮扶模式和"技能培训+半军事化管理"培养模式,将毕业生分配至所属效益较好企业,实现"一人就业,全家脱贫"。2019年安排就业52人,宏志班自2014年以来累计举办6届,招生361人,安排就业237人,2019年在读学生124人。

【文化扶贫】 2019年,中国黄金出资14.5万元,联合新蔡县妇女联合会在全县范围内共评选表彰126名"美好心灵"获得者,助推形成"孝老爱亲、传承家风、助人为乐、崇德向善"的良好新风尚。

【公益扶贫】 在黄楼镇设立教育扶贫项目资金25万元,用于资助黄楼镇优秀且贫困的中小学生、鼓励教师提高教学质量,支持新蔡县教育扶贫事业发展;挂职扶贫干部联系社会爱心人士,连续5年发起捐资助学活动,共计资助82名贫困学生,累计捐款17.5万元(2019年为6万元);投入16万元捐建图书室,收到各类捐赠图书价值8万余元。

【基础设施建设】 2019年,中国黄金共出资35万元,用于支持新蔡县贫困村基础设施建设。其中,资助黄楼镇鲁庄村路灯安装经费15万元,用于实施村主干道亮化工程;资助20万元用于黄楼镇王港、黄寨、徐庄村党员群众服务中心的改造和新建。

【易地扶贫搬迁】 在贞丰县,中国黄金根据县委县政府"两不愁三保障"急切需求,调配整合扶贫资金850万元,专门用于解决教育保障短板问题,其中804万元用于捐建贞丰县龙场第二中学"黄金综合楼",解决移民搬迁点群众子女就学问题,建筑面积4.6万平方米,满足2000名学生入学,其中移民搬迁户子女799人。

【消费扶贫】 中国黄金与中国建设银行、中国农业银行合作,将两县农特产品整合到"善融商务"平台和"扶贫商城"专区。号召广大职工支持扶贫产品,开馆仅2个月销售额近180万元。包括2018年首批入驻中国社会扶贫网的中央企业扶贫馆,中国黄金上线3个电商扶贫馆。

【扶贫模式创新】 中国黄金注重开发式扶贫和保障式扶贫并举,下属锦丰公司结合企业多年扶贫经验,探索建立"四方共创"扶贫模式。"四方共创"平台是由贞丰县党委政府、外部科研机构、锦丰公司、矿区周边社区四方共同参与的发展利益带动模式。平台还成立标准化党支部,以党建工作引领扶贫攻坚。

2019年，锦丰公司通过税收上缴、各类生产资料、生活物资采购等形式，累计为贞丰县创收超过2亿元；安排贞丰籍居民就业475人，近两年发放工资总额近7000万元；与周边4个村委会签订矿区零星土建工程合同，完成锦丰公司零星土建工程13项，结算工程款总额85万元；与贵州师范大学合作开展的矿区贫困家庭中小学生助养项目为363名中小学生申请公益资助金95.5万元，企业资助周边3个村共103名大学生、高中生共计73.4万元，捐赠各类学习用品7万元。

“四方共创”平台2019年累计接待周边社区居民来访148人，协调四方共同处置各类社区居民利益诉求140项，其中诉求处理反馈率100%，合理诉求解决率92%以上。

2019年6月，在庆祝中国共产党成立98周年暨中央企业“两优一先”表彰大会上，“四方共创党支部”被授予“中央企业先进基层党组织”荣誉称号。

（中国黄金集团有限公司党群工作部　邓小睿）

中国广核集团有限公司定点扶贫

【概述】 中国广核集团有限公司(以下简称“中广核”)定点帮扶广西壮族自治区凌云县和乐业县。2019年,中广核直接投入帮扶资金2103.4万元,引入帮扶资金414万元,培训基层干部358名、技术人员828名,购买两县农产品881.83万元,帮助销售农产品351.47万元,共帮扶2362户10461人。在2019年中央单位定点扶贫考核中,中广核扶贫工作考核为“好”等次。

【扶贫资金投入】 2019年,中广核在凌云县、乐业县直接投入帮扶资金2103.4万元。在凌云县,投入820万元帮扶发展种桑养蚕;投入205万元支持“中广核-凌云县特少数民族白鹭班”。在乐业县,投入1010万元扩大猕猴桃种植面积。在定点县干部培训、贫困户走访慰问、学校帮扶及安全饮水等方面共投入68.4万元。动员中国扶贫基金会、深圳市社会公益基金会、香港道德会等在两县投入414万元。

【扶贫调研】 2019年,中广核共15人次赴全国各扶贫点调研检查,其中5人次赴定点县。党委书记、董事长为扶贫工作第一责任人,于8月赴两县推进具体扶贫项目,研究2020—2022年3年帮扶计划;党委常委、副总经理、扶贫工作领导小组组长3次赴定点县调研,加快推进各项帮扶工作实施。党委常委、分管风电扶贫项目的副总经理于5月赴定点县调研,推动产业扶贫项目尽快落地。全年共提出工作部署和后续行动56项,完成42项,长期行动项每月跟踪,按计划推进。

【扶贫培训】 中广核2019年培训基层干部358名。组织当地干部赴四川省宁南县、福建省福鼎市等地学习先进经验,共10人次参加培训;举办发展壮大村集体经济培训班和驻村干部履职能力培训班,由中广核业务专员培训企业管理、财税知识,共计348人参加培训。全年培训技术人员828名。组织农户523人参加种桑养蚕及猕猴桃种植技能培训;组织空闲劳动力205人参加就业技能培训;组织凌云县“白鹭班”100名学生参加职业技能培训,考取国家认定的资格证书。

【干部挂职扶贫】 中广核在广西壮族自治区百色市共派驻挂职干部6名,分别挂职百色市委常委、副市长,凌云县委常委、副县长,陇槐村第一书记,乐业县委常委、副县长,乐业县委办副主任,全达村第一书记兼逻沙乡党委副书记,实现市县乡村四级全覆盖。2位处级挂职干部累计走访镇(乡)村95个,走访贫困户209户,召开座谈会60余次,研究制定扶贫政策49份;2位驻村书记走访贫困户576户,与村两委成员、村民代表等召开座谈会30余次。各派出单位班子成员赴当地监督检查9次。

【扶贫宣传】 中广核坚持典型引领,加大宣传推广力度。内部新闻平台发布报道114篇;外部一线媒体推送报道56篇;总结生物质技术助力脱贫攻坚的良好实践,在《中国扶贫》发布《打好精准扶贫与生态保护“组合拳”》专题报道;在《东西部扶贫协作与定点扶贫专刊》刊发《中广核携手香港中电扶志扶智助力脱贫攻坚》;总结党建与扶贫融合经验,在国务院国有资产监督管理委员会《综合参阅》刊发《中广核"党建+扶贫"助力脱贫攻坚》专题文章。出资300万元建成赤溪村脱贫攻坚展示馆。

【产业扶贫】 出资1540万元，分2年投入（2019年投入840万元），帮助凌云县种植桑园6550亩、建设大蚕房268间共计16000平方米，采用村集体经济运作模式。贫困户种桑养蚕，村集体通过出租蚕房增加收入，每年可产蚕茧325吨，折算为生丝37吨，产值约1800万元。该项目带动10个村集体经济及1318户6021人脱贫。在乐业县出资2345万元，分3年投入（2019年投入1010万元），建设2345亩猕猴桃产业园，合计带动10个村集体经济发展、1025户4440人脱贫。2019年4月完成全部苗木种植。推进风电、辐照保鲜、生物有机肥等产业扶贫项目，建立稳定脱贫长效机制。

【教育扶贫】 2017年起开办凌云"白鹭班"，定向招收县域内贫困少数民族家庭子女。2019届100名"白鹭班"高中毕业生一本上线11人，比2018年多7人，专科上线率100%。做实做优"白鹭班"，落实品牌提升研讨会要求，增设瑶族文化课堂，总结提炼办班经验，编制"白鹭班"项目实施指引，打造"白鹭班"教育扶贫品牌，并在四川省凉山彝族自治州、云南省楚雄彝族自治州、广东省阳春市等地复制推广。

【消费扶贫】 中广核2019年购买农产品881.83万元。各级工会组织采购农产品共计868.05万元；内部平台开辟扶贫专馆，覆盖131种农产品，各餐厅不定期采购。2019年帮助销售农产品351.47万元。依托农产品交易会、公益慈善项目交流展示会等帮助销售农产品共297.21万元；发动深圳万国汇、本来生活网等电商平台帮助销售农产品共54.26万元。

【整村推进】 乐业县逻沙乡全达村和凌云县加尤镇陇槐村是中广核挂职干部对口帮扶的贫困村，均派驻驻村第一书记。在全达村，主要帮扶工作包括建设村集体经济养猪场配套基础设施、对产业路进行升级硬化、帮扶村民合作社种植245亩猕猴桃、帮扶10户特别贫困户建设安全住房。经过帮扶，全达村于2018年脱贫出列。2019年在驻村干部带领下，继续发挥产业优势，做大做强集体经济。全年成功脱贫9户21人，贫困发生率降至1.02%，村集体经济收入20.26万元。通过自筹资金和争取社会爱心捐赠，建设222盏太阳能路灯，使全达村成为全县首个整村亮化村。在陇槐村，自2017年以来累计投入884.7万元，主要帮扶工作包括开展危房改造，解决66户住房安全问题；修建水窖解决33户贫困人口吃水难问题；修建3条道路解决村民出行难问题；建设豚狸养殖基地和大蚕房发展村集体经济，帮助脱贫51户239人。2018—2019年合计帮助建设大蚕房4920平方米，种植桑园1486亩，资金投入419.2万元。开展党支部与村民小组结对帮扶。陇槐村贫困发生率降至1.4%，于2019年脱贫出列。

（中国广核集团有限公司扶贫办　雷一鸣）

南光(集团)有限公司定点扶贫

【概述】 2019年,南光(集团)有限公司(以下简称“南光集团”)定点帮扶云南省禄劝彝族苗族自治县(以下简称“禄劝县”)和甘肃省临夏县,参与帮扶贵州省从江县,统筹实施产业扶贫、教育扶贫、就业扶贫、消费扶贫、基础设施建设、“救急难”行动等帮扶举措,累计投入帮扶资金914.17万元,引入帮扶资金86.31万元,培训基层干部173名,培训技术人员709名,购买贫困地区农产品18.28万元,帮助销售贫困地区农产品35.75万元,助力禄劝县在已脱贫摘帽的基础上实现建档立卡户全部清零,临夏县贫困发生率降至2.26%。

【扶贫资金投入】 南光集团向贫困地区投入扶贫资金914.17万元。在扶贫资金安排方面,向地处“三区三州”的临夏县加大倾斜力度,投入资金482万元;对禄劝县投入资金427.17万元,保持力度不变,助力巩固脱贫摘帽成果。

【扶贫调研】 南光集团主要负责人分别赴临夏县、禄劝县开展扶贫调研,现场察看和指导帮扶项目推进,走访慰问困难群众和扶贫干部,与当地政府座谈交流扶贫工作,形成调研报告2份。南光集团董事长赴从江县调研脱贫攻坚工作,出席澳门特别行政区、中央人民政府驻澳门特别行政区联络办公室(以下简称“澳门中联办”)与贵州省扶贫工作会议,为中国海外集团有限公司援建的干团(美娥)小学教学楼项目培土奠基,实地察看澳门帮扶项目。南光集团各级领导干部赴定点扶贫县开展调研90人次。组织对两个定点扶贫县开展专项监督检查各1次。

【就业扶贫】 统筹推进就业培训、吸纳就业、转移就业等帮扶举措,培训基层干部173人次,培训技术人员709人次,提升贫困地区干部素养和贫困群众的自我发展能力,为当地稳定可持续脱贫注入内生动力;南光集团所属企业与13名贫困毕业生、群众达成聘用意向,介绍10名贫困群众到澳门地区企业工作。

【产业扶贫】 2019年,南光集团投入470万元安排产业扶贫项目。坚持精准施策、差异化发展,投入150万元,一体规划实施临夏县掌子沟乡整体产业提升项目,完成6个村6个产业项目的建设,惠及建档立卡人口超过500人。着眼于提高产业规模效应,投入160万元,实施临夏县掌子沟乡中药材种植推广项目,完成460亩当归种植,对137名建档立卡户群众进行当归种植技术培训,并雇用他们进入合作社务工。

【光伏扶贫】 2019年,南光集团在禄劝县赵家村实施光伏产业项目,投入53万元,完成40千瓦光伏屋顶发电项目建设,每年为村集体增加收入4.2万元,为聘用6名贫困户从事扶贫公益岗位提供稳定的资金保障。

【教育扶贫】 2019年,南光集团调动内外部资源,为帮扶地区带去教育扶贫资金85万余元,奖励和资助贫困学生完成学业,斩断贫困代际传递。其中,实施“南光奖学金”计划4万元,对临夏县73名建档立卡户优秀学生进行奖励;发动澳门地区工商界力量参与捐资助学,落实首批55万元助学款,资助建档立卡户4名大学生、156名高中生完成学业;动员热心人士设立“黄土计划”继续资助禄劝县贫困生,合计为71名贫困生落实助学金14.2万元；为禄劝县落实中国扶贫基金会“红旗梦想自强班”计划助学金10万元；为贵州省贫困山区师生代表团参观学习提供住宿费用2万余元减免；组织澳门地区青年代表赴定点扶贫县与贫困家庭学生交流分享学习经验和人生理想。

【基础设施建设】 2019年，南光集团通过投资加带动，累计投入资金366万余元，帮助定点扶贫县改善生产生活条件、补齐发展短板。其中，投入245万元，对禄劝县新华村到县城崇德集贸市场3.5千米泥路进行硬化；投入75万元，为掌子沟乡主干道安装176盏太阳能路灯；引入帮扶资金3.85万元，为新华村安装太阳能路灯100盏；投入45万元，实施临夏县白土窑护坡建设项目；投入驻村第一书记工作经费1.54万元，引入企业捐资2.3万元，为新华村硬化160米田埂路。

【消费扶贫】 购买和帮销贫困地区农产品54万余元，其中南光集团及所属企业落实优先采购贫困地区农产品机制要求，合计购买18.28万元。打通贵州从江大米、山泉水、椪柑和云南禄劝山泉水等“直供澳门”的渠道，帮助销往澳门中联办、广东南粤集团有限公司等机构和企业。

【干部挂职扶贫】 2019年，南光集团完成2位驻村第一书记的轮换，保证5名干部专职负责扶贫工作，其中2名分别任定点扶贫县副县长、2名任驻村第一书记、1名干部负责组织管理帮扶从江县的工作。驻村第一书记陈登被评为“甘肃省脱贫攻坚帮扶先进个人”。

【扶贫宣传】 统筹内外部媒体资源宣传脱贫攻坚成果和定点扶贫县的旅游资源、特色产品。其中，新华社在《以冲刺的状态跑出决胜的姿态——“三区三州”甘肃深贫区脱贫攻坚报告》中对南光集团定点扶贫工作进行专题报道，澳门日报6次宣传报道南光集团定点帮扶工作。南光集团在庆祝中华人民共和国成立70周年、澳门回归祖国20周年暨南光成立70周年历史纪录片、图片展等活动中将脱贫攻坚工作作为重要宣传内容。组织澳门地区工商界和青年代表23人及各类旅游团组870人次，到贫困地区开展扶贫调研和考察。

[南光（集团）有限公司社会工作部　徐春峰]

中国铁路物资集团有限公司定点扶贫

【概述】 中国铁路物资集团有限公司(以下简称“中国铁物”)定点帮扶湖北省孝昌县。2019年,投入扶贫专项资金272万元,引进帮扶资金26.5万元;帮助培训基层干部970名、技术人员744名。创新扶贫方式,投入80万元产业扶贫专项资金,扶持和培育5家龙头企业和农村合作社,撬动社会资本产业投资3850万元,吸纳建档立卡贫困户4612人次就业、512人脱贫,推动产业扶贫,带动贫困户稳定增收。

【扶贫资金投入】 2019年,中国铁物累计投入扶贫资金272万元。其中,定点扶贫专项资金200万元,主要用于教育扶贫、产业扶贫、美丽乡村建设、百县万村活动、同舟工程行动等;组织8家所属重点企业与孝昌县相关乡镇建立结对帮扶工作机制,全年投入帮扶资金72万元,主要用于结对乡镇的教育扶贫、民生扶贫等。

【扶贫调研】 中国铁物与孝昌县建立定期走访交流机制,紧密协作,精准对接。2019年,中国铁物领导班子成员和其他人员赴孝昌县调研考察12次,累计50人次,其中主要负责人2人次,班子成员3人次,高管2人次,其他人员43人次。中国铁物领导接待孝昌县方面来访共3次,包括县委书记等累计10人次。中国铁物成立工作组,分3次对孝昌县脱贫攻坚工作开展督促检查,共完成报告3份,发现问题6个,加强督促整改。

【扶贫培训】 中国铁物加大对孝昌县基层干部、技术人员、创业致富带头人和贫困人口的教育培训力度。帮助孝昌县培训基层干部共计970人,提高基层干部的履职能力;与孝昌县农业农村局共同组织养殖、苗木种植、茶叶制作、水稻种植等实用技术培训,培训技术人员共计744名;举办养殖、种植等专题培训班,培训贫困村创业致富带头人68人;培训113人贫困人口的就业技能,帮助其掌握脱贫致富“真本领”。

【干部挂职扶贫】 2019年,中国铁物派出2名干部到孝昌县挂职扶贫,分别担任孝昌县副县长和松林岗村第一书记。挂职干部按照扶贫工作要求,深入开展工作。走村入户了解民情;实现与孝昌县互联互通、深度融合,促进扶贫项目落地实施。驻村第一书记孟鹏飞被孝昌县委县政府评为“成绩突出驻村工作队员”,在孝昌县村党组织培训班上交流授课,接受地方电视台采访。《孝感日报》在头版、孝感市委组织部在官方公众号上同时以“‘第一书记’的‘三真’情怀”为题对其报道。

【扶贫宣传】 中国铁物加大扶贫宣传力度,引导全员参与扶贫。通过微信公众号、内网等多种媒介宣传扶贫工作动态,形成党政工团齐抓共管、干部员工广泛参与的良好局面。梳理和总结定点扶贫工作,并向上级部门汇报。2019年12月,国务院国有资产监督管理委员会网站以“中国铁物创新扶贫模式下沉一级助力扶贫”为题,报道定点扶贫工作。利用《铁路采购与物流》杂志免费为孝昌县旅游开展1期专题广告宣传。参与孝昌县的宣传活动,选送歌伴舞《把一切献给党》参加春节联欢晚会,选送小品《你贫我贫》参加扶贫故事会等。做好与民政部、湖北省人民政府扶贫开发办公室、中国扶贫基金会、中国农业银行等的沟通联系，促进定点扶贫工作的开展。中国铁物与中国农业银行签订《消费扶贫合作备忘录》，帮助对接定点扶贫县相关厂商入驻农行App扶贫商城。帮助创建“孝昌味道”网店，广泛推介宣传孝昌特色农副产品，增加贫困户收入，捐赠77台电脑，助力电商扶贫。

【产业扶贫】 探索创新扶贫方式，精准分配扶贫资金80万元，扶持和培育5家龙头企业和农村合作社，共撬动社会资本产业投资3850万元，吸纳建档立卡贫困户4612人次就业，带动512人脱贫，推动孝昌县产业扶贫。孝感市韵鹤生态农业工程有限公司的经营模式为“企业+基地+农户”，带动周边农户参与农业开发。中国铁物投入产业扶贫奖补资金30万元，撬动投资2450万元，吸纳建档立卡贫困户2000人次就业，带动156人脱贫。孝昌县凤凰茶叶有限责任公司以园区建设带动贫困村产业发展。中国铁物投入产业扶贫奖补资金20万元，撬动投资750万元，吸纳建档立卡贫困户380人次就业，带动127人脱贫。孝昌县兴茂农业发展有限公司以“公司+合作社+农户+科技示范基地”模式，中国铁物投入产业扶贫奖补资金10万元，撬动投资200万元，吸纳建档立卡贫困户1070人次就业，带动141人脱贫。孝昌县葆田农业种植专业合作社计划以“合作社+农户”模式发展种植规模5000～10000亩。中国铁物投入产业扶贫奖补资金10万元，撬动投资300万元，吸纳建档立卡贫困户455人次就业，带动80人脱贫。湖北锐浩农业开发有限公司建立“公司+基地+农户”产业发展模式，中国铁物投入产业扶贫奖补资金10万元，撬动投资150万元，吸纳建档立卡贫困户707人次就业，带动8人脱贫。

【教育扶贫】 中国铁物实施“两不愁三保障”扶贫项目，帮助解决贫困群众面临的突出问题。其中，义务教育投入资金28万元，帮助贫困人口225人。中国铁物从广大干部职工爱心捐款中拨出6万元，为孝昌县100余名贫困儿童送上“爱心礼包”；中国铁物所属轨道集团结对帮扶小河镇前进小学工程改造项目投入12万元，帮助贫困人口52人；中国铁物所属工业集团结对帮扶小悟乡，投入资金10万元用于林业初级中学维修改造项目及“安全书包”捐赠活动，帮助贫困人口73人。

【基础设施建设】 中国铁物投入资金30万元解决饮水安全问题，帮助贫困人口162人。中国铁物在小悟乡塘角村、十堰村自来水工程项目中投入20万元，帮助贫困人口162人；中国铁物所属招标公司结对帮扶季店乡联兴村自来水管网项目，投入资金10万元。

【整村推进】 在中国铁物产业扶贫项目10万元扶持松林岗村食用菌种植基地的背景下，湖北锐浩农业开发有限公司建立完善“公司+基地+农户”产业发展模式，带动贫困农户参与产业发展，撬动投资150万元，吸纳建档立卡贫困户707人次就业，带动8人脱贫。中国铁物在松林岗村共计投入专项扶贫资金45万元，修建双层塘堰护栏近800米、单层塘堰护栏300余米、拦水坝1座，修缮硬化道路300米（撬动当地政府投入配套资金100余万元，修缮硬化道路约1600米），惠及贫困户133户444人。中国铁物党建工作部与松林岗村党支部建立“结对一帮一”，所属轨道集团和武汉公司等赴孝昌县开展“守初心、助脱贫”主题党日活动时，与松林岗村党支部共同开展支部主题党日活动。

（中国铁路物资集团有限公司
规划发展部　唐占海）

中国国新控股有限责任公司定点扶贫

【概述】 2019年，中国国新控股有限责任公司（以下简称“中国国新”）按照国务院和国务院国有资产监督管理委员会（以下简称“国资委”）部署要求，提高政治站位，定点帮扶湖北省利川市，将助力脱贫攻坚作为守初心担使命的重要体现，全年累计投入帮扶资金780万元，加强产业扶贫、教育扶贫、人才培训、民生扶贫和消费扶贫，各项任务均超额完成。

【产业扶贫】 中国国新加大产业帮扶力度，投入510万元支持利川特色产业和村集体经济发展。支持40个村集体经济发展。出资400万元帮助40个村入股龙船调旅游发展有限公司，并以入股分红作为40个村集体经济收入，通过发展村集体经济为贫困户解决就业创收等问题。支持“利川红”茶叶交易市场建设。出资100万元建设完善利川市毛坝镇异地搬迁集镇安置点的茶叶交易市场，带动镇内企业投资200余万元，缓解149个商户门面运营资金不足、项目推进受限等问题，帮助安置点381户1351名贫困人口实现就业。支持毛坝镇竹园村集体经济发展。出资10万元支持竹园村入股茶叶专业合作社，以分红支持村茶叶产业发展，为村民提供就业岗位，解决持续脱贫问题。

【教育扶贫】 开展教育帮扶工作，投入105.95万元用于改善当地学校教学条件，资助贫困学生。帮助维修完善教学设施。投入20万元为利川市元堡乡桃元小学修建校门及围墙，为元堡乡中心幼儿园维修教学楼，解决校园安全隐患问题；为利川市南坪乡国新双水小学安装校园网络设备，完善多媒体教学设施。中国国新所属企业国新文化控股股份有限公司投入58.84万元，为国新双水小学、利川市第五中学、利川市民族实验中学等6所学校建设互动录播课堂、引入优质教育资源，提升信息化教学水平。资助利川市优秀贫困学生。中国国新设立专项扶贫援助金，动员全系统员工2371人捐款超47万元，首期援助金分3年（第1年15万元）用于资助利川市第一中学50名家庭贫困的优秀学子。中国国新所属企业中国文化产业发展集团有限公司为利川市部分小学捐赠图书。所属企业国新集团财务有限责任公司为国新双水小学学生购买校服。引入社会力量参与教育扶贫。与上海证券交易所基金会合作实施“四方联动　携手扶贫”项目，中国国新配套投入10万元，引入上海证券交易所基金会57.08万元，为利川市建南镇乐福店初级中学、道镇长坪小学、汪营镇鱼龙小学和忠路镇老屋基初级中学引入“班班通”多媒体教学设施、配备电脑打印机等教学设备、资助优秀贫困学子等。

【扶贫培训】 帮助利川市培训人才，投入40万元组织培训基层干部和技术人员共计120人。组织开展民宿旅游专题培训。与利川市文化和旅游局开设利川基层干部及旅游创业致富带头人培训班，组织市旅游管理部门、乡镇负责民宿旅游的干部和民宿旅游经营户60人赴浙江省杭州市萧山区、桐庐县开展培训。组织开展茶产业技术专题培训。与利川市农业农村局开设扶贫协作利川市茶叶产业技术研修班，组织利川市茶叶产业从业人员共计60人到杭州市萧山区、桐庐县开展培训，系统学习茶叶生产、加工技术及茶旅融合等方面的专业技术。

【公益扶贫】 2019年，中国国新设立扶贫援助金，动员全系统员工自愿捐款，支持利川市脱贫攻坚工作，资助利川市贫困人口。中国国新主要负责人带头，领导和中央企业专职外部董事率先捐款。全系统共2371人自愿捐款超47万元。捐款将分3年资助利川市第一中学50名家庭贫困的优秀学子。

【基础设施建设】 2019年投入125万元支持贫困村基础设施建设。帮助安装乡村主道路灯。投入60万元为利川市汪营镇团合村、竹园村主道沿线（10400米）安装路灯208盏，解决两村749户2390人（其中贫困户103户340人）夜间出行照明问题。解决村委办公安全隐患。投入5万元帮助团合村修缮村委办公点等村基础设施，对村委会办公楼屋面内部改建、装修，解决因大风导致楼顶脱落等问题。开展党员活动阵地标准化建设。投入60万元帮助毛坝镇白岩村修建村民服务大厅、村办公点和村民文化广场。

【消费扶贫】 加大消费扶贫力度，2019年购买和帮助销售利川特色农产品超52万元。采购利川特色农产品。中国国新及各所属企业采购贫困地区农产品，各级工会组织发挥重要作用，鼓励和引导职工自发购买利川农产品。全系统采购特色农产品近28万元。帮助销售农产品，拓宽销售渠道。协调使一些利川茶叶和矿泉水品牌进入部分物业公司供应商名录，为物业公司全年供应矿泉水和茶叶，累计销售超21万元。加强与国家开发投资集团有限公司、中国广核集团有限公司、中国中车集团有限公司、中国航空工业集团有限公司、中国医药集团有限公司等中央企业沟通合作，助力利川农产品入驻多个电商平台，开发消费群体，扩大销售规模，全年累计销售近4万元。设立利川市特色农产品展厅。设计建设利川市特色产品展厅，加大力度推动利川特色农产品"走出去"。

（中国国新控股有限责任公司
党群工作部　高洁儒）

中国国民党革命委员会中央委员会定点扶贫

【概述】 中国国民党革命委员会中央委员会(以下简称"民革中央")通过完善机制,夯实责任,发挥优势,聚焦重点,提高定点扶贫工作的针对性和有效性,为贵州省纳雍县如期打赢打好精准脱贫攻坚战做出贡献。2019年,民革中央组织有关领导、专家和企业家赴纳雍县开展扶贫考察调研和帮扶活动1027人次,直接投入帮扶资金2142.2万元,帮助引进资金8958.9万元;举办各类培训班47期,培训基层干部120人,培训技术人员2806人;组织开展消费扶贫,购买农产品144万元,帮助销售贫困地区农产品1400多万元;开展医疗义诊25次,诊疗困难群众4000多人。

【扶贫资金投入】 2019年,民革中央向纳雍县直接投入帮扶资金2142.2万元,帮助引进帮扶合作项目56个,引进各类资金8958.9万元。

【扶贫调研】 2019年7月,民革中央主席万鄂湘、常务副主席郑建邦、副主席李惠东等与纳雍县党政主要负责同志座谈,听取纳雍县脱贫攻坚情况专题汇报。李惠东及地方组织负责同志多次率队赴纳雍县考察调研,压实民革中央与纳雍县对打赢脱贫攻坚战的共同责任。

【扶贫制度建设】 民革中央建立完善"全党动员,重点结对贫困乡"的帮扶工作新机制,由北京、天津、上海、江苏、浙江、山东、广东等7个东部地区的民革组织对口纳雍县7个极度贫困乡开展结对帮扶,民革中央企业家联谊会对口纳雍县推进产业扶贫。7个省级组织向民革中央签署结对帮扶责任书,落实帮扶责任和明确工作重点,确定包含智力扶贫、产业扶贫、教育扶贫、医疗扶贫、消费扶贫、公益扶贫及其他类型扶贫项目104项。民革中央定期召开结对帮扶工作联席会议,先后印发《关于进一步加强定点扶贫工作的意见》《部分民革省级组织对口纳雍县贫困乡开展结对帮扶工作方案》和《定点扶贫纳雍县结对帮扶工作联席会议制度》,刊发4期《民革中央定点扶贫结对帮扶工作情况简报》,与纳雍县党委和政府共同研究脱贫攻坚问题,总结交流工作经验,统筹协调帮扶资源,督促推进脱贫工作。

【扶贫培训】 2019年9月,民革中央在纳雍县举办"同心攻坚,尽锐出战——纳雍县基层干部脱贫攻坚培训班"。纳雍县相关部门负责同志和26个乡镇(街道)负责脱贫攻坚工作的同志,全县98个贫困村的第一书记等120余人参加培训。

【干部挂职扶贫】 民革中央选派1名干部在纳雍县挂职副县长,协助分管脱贫攻坚工作;先后选派2名干部到纳雍县玉龙坝镇岩脚村任驻村第一书记。民革中央挂职干部尽职尽责,勤勉务实,深入基层,关注民生,聚焦建档立卡贫困村和贫困户开展精准扶贫。挂职副县长王月震被评为"2019年贵州省脱贫攻坚先进个人",驻村第一书记王超被评为"贵州省脱贫攻坚优秀村第一书记"。

【扶贫慰问】 2019年2月,李惠东到纳雍县调研,赴岩脚村开展春节走访慰问,慰问贫困农户5户,发放2500元慰问金和价值1270元的慰问物资。10月,民革中央赴岩脚村开展支部共建和扶贫慰问,捐赠价值6000元的慰问物资。

【扶贫宣传】 2019年，民革中央在中央媒体先后刊发《大山旮旯里来了“北京人”——记民革中央驻村第一书记王超》《远亲成近邻，硐口村有了民革的驻村法律扶贫副主任》《纳雍小南瓜刷屏了》《民革中央在纳雍的这个培训班不一般》等13篇接地气、力度大、传播广的扶贫宣传报道，肯定和鼓励党员干部，总结和提升扶贫工作，营造凝心聚力助力脱贫攻坚的良好氛围。

【扶贫资金管理】 民革中央完善扶贫资金和项目管理办法，印发《民革中央机关选派驻村第一书记工作经费资金管理办法》，规范驻村扶贫工作经费使用。对通过中山博爱基金会捐赠的资金，按照基金会内部有关章程和资金管理规定，进行公告公示，强化监督检查，安排专业机构进行资金审计。

【产业扶贫】 民革中央因地制宜，多措并举助推纳雍县扶贫产业发展。扶持建立扶贫车间和特色产业基地。先后建立2个苗绣手工艺品扶贫车间，带动近200名妇女就业并实现稳定增收。建立60亩“民革博爱·香姜种植产业基地”，实现贫困户户均增收3200元。组织企业家开展投资考察，协调纳雍县参加全国民族地区发展大会、民革企业助力贵州产业招商发展大会，推动贵州金蟾大山生物科技有限责任公司、纳雍博爱茗心茶业有限公司等企业参与产业扶贫。以“托牛所”为基础延长产业链条，使青储饲草料种植加工逐步成为当地农业产业结构调整的重要内容和农民稳定增收的途径，通过养殖粪污综合利用带动有机肥加工，促进当地绿色农业的快速发展。截至2019年年底，“托牛所”在纳雍县存栏肉牛7000余头，直接带动1900户贫困户稳定增收。

【消费扶贫】 2019年4月，民革中央联系快手短视频等新媒体平台，在“樱为有你·共享美好”纳雍县第二届旅游文化周活动期间开展网络视频直播。通过系列宣传，活动累计曝光量超过407万次，通过直播帮助销售农产品1400余万元。民革中央发起消费扶贫倡议，购买纳雍县皱皮南瓜、鸡蛋、面条24.2428万元。民革中央机关干部职工购买纳雍县茶叶328盒价值2.46万元，购买其他贫困县（贵州省黔东南苗族侗族自治州雷山县）茶叶447千克价值7.152万元。民革中央还从纳雍县多次购买苗族手工艺品。民革中央全年直接购买纳雍县农产品共计144万元。

【扶贫扶志】 开展“志智双扶”的励志教育，中山博爱基金会出资，在北京、上海等地举办中山博爱夏令营活动，帮助纳雍县青少年学生开阔视野、增长见识。在北京举办第三届中山博爱夏令营，分两批组织纳雍县80名贫困留守儿童参加活动。开办纳雍青少年夏令营活动。7月，民革上海市委会组织20名来自纳雍县锅圈岩乡品学兼优、家庭贫困的学生，参加上海新纪元武义双语学校的游学夏令营活动；民革浙江省委组织纳雍县董地乡19名学生赴杭州参加2019“博爱·牵手前程锦绣”红色主题夏令营。

【教育扶贫】 民革中央联系乔丹体育基金会捐资130万元，援建岩脚村幼儿园。捐款捐物援建纳雍县猪场乡中学、猪场乡中心幼儿园、猪场乡硐口村幼儿园等，提高农村地区基础教育的硬件水平。

【健康扶贫】 组织医疗专家团赴纳雍县开展医疗培训并到贫困村义诊，解决偏远地区群众因病致贫、因病返贫等突出问题。11月，组织眼科专家赴纳雍县为48名困难群众实施免费的白内障和斜视手术，并带教培训眼科医务人员。民革中央还分别向锅圈岩乡、猪场乡、新房乡卫生院捐赠医疗救护车。

【整村推进】 民革中央选择岩脚村作为脱贫攻坚重点联系村，并派出驻村第一书记。民革中央机关中共总支与岩脚村党支部开展支部结对共建，帮助本地干部改进工作方法，转变工作作风，提高基层党组织的凝聚力和战斗力。民革中央及中山博爱基金会投入资金70万元，援建完成村民文体广场、卫生室，安装太阳能路灯46盏。中国国民党革命委员会贵州省委员会协调资金78万元，帮助村内修建管道饮水工程，解决当地3000多名群众的饮水问题。推动就业扶贫，引进扶贫车间，实施制造环保购物布袋的精准扶贫项目，帮助解决贫困户就近务工6人。建设爱心·励志小屋，通过表现换积分、积分换物品的形式，开展评比奖励活动7次，试点五星示范户创评活动，调动群众的积极性，引导形成“扶弱济困、争当先进”的健康文明乡风。

（中国国民党革命委员会中央委员会社会服务部　艾　岩）

中国民主同盟中央委员会定点扶贫

【概述】 2019年,中国民主同盟中央委员会(以下简称“民盟中央”)定点帮扶河北省广宗县。民盟中央以产业扶贫、教育扶贫、健康扶贫为切入点,通过扶贫调研、扶贫慰问、扶贫培训、选派挂职干部、扶贫资金投入、帮助购销农产品等多种形式,助推广宗县经济社会事业全面发展。民盟中央及专家团队全年赴广宗县走访调研共52人次,直接投入帮扶资金106.06万元,引进帮扶资金355.5万元,帮助购销农产品3236万元,举办农业技术类、教育类、医疗类等培训9期,培训人员2300余名。

【扶贫资金投入】 2019年,民盟中央累计直接投入资金106.06万元,其中投入66余万元为广宗县第一中学安装双师课堂远程教学直播设备3套、配备1间电脑室、修建操场塑胶跑道,投入14万元为2个贫困村安装太阳能路灯,投入23万元为伏城村修建蔬菜暖棚,投入4万元购买贫困地区农产品,投入3.06万元用于贫困户慰问。

2019年,民盟中央帮助引进帮扶资金355.5万元,其中民盟天津市委为广宗中学捐赠电脑100台,价值40万元;民盟上海市委为广宗县5所学校捐赠直饮水设备30套,价值100万元;民盟中央社会服务委员会牵线美敦力(上海)管理有限公司为广宗县捐赠医疗设备,价值100万元;北京情系远山公益基金会为广宗县12所中小学捐赠教育课程,价值95万元。组织协调各地民盟组织和热心盟员为广宗县捐资图书、提供培训,为当地贫困学生提供夏令营名额,捐赠其他生活物资等,共计20.5万元。

【消费扶贫】 2019年,民盟中央在机关食堂引入广宗县出产的大米、小米、杂粮、苹果,在元旦、春节等节日集中采购广宗县特色农副产品。民盟中央与中国农业大学合作,在广宗县建立“农大教授工作站”“科技小院”,加强对广宗县特色农业产业在规范化、标准化、特色化等方面的技术指导和市场营销策划,联系盟员企业和今日头条等电商平台推广广宗县农副产品,帮助购销农产品共计3236万元。

【扶贫调研】 2019年7月,民盟中央主席丁仲礼赴广宗县考察调研脱贫攻坚工作,考察河北天王自行车科技有限公司、广顺园食品有限公司等龙头企业,重点关注在促进贫困人口就业和增加贫困户资产收益等方面的举措。1月、7月,民盟中央副主席龙庄伟率队赴广宗县调研。12月,龙庄伟一行7人赴广宗县调研慰问,为102户贫困户送去慰问金和慰问品共计3.06万元。民盟中央社会服务部部长刘圣宇先后多次赴广宗县开展定点扶贫督促检查、调研、慰问。

【教育扶贫】 2019年,民盟中央携手“情系远山”公益基金会,为广宗县5所小学开通“双师课堂”,6所小学开通课程库,为广宗县第一中学高一、高二新增双师课程。协调民盟山东省委员会为广宗县培训中学校长20名,组织10名贫困家庭学生参加科技夏令营,协调民盟上海市委员会为广宗县培训骨干教师10名。协调民盟北京市委员会为广宗县捐赠图书3000册;长安街读书会为广宗县葫芦中学1200余人捐赠红色经典图书。5月,组织7位名师为当地800余名教师开展分科教学培训。6月，组织优秀心理教师，分别面向当地校长、教师、学生家长600余人，为广宗县开展3场心理辅导。7月，联系民盟上海市委员会为当地教师开展主题研修营，培训教师400余人。

【健康扶贫】 2019年，民盟中央加大对广宗县的健康扶贫力度，民盟中央社会服务工作委员会、美敦力(上海)管理有限公司等向广宗县捐赠价值300万元的医疗设备(分3年捐赠)。组织10余位医疗专家在广宗县医院开展心脑血管疾病义诊活动和医学讲座。

【干部挂职扶贫】 民盟中央选派高睿强挂任副县长。2019年，高睿强赴各个乡镇中小学调研，到当地工厂车间了解情况。帮助引进教育帮扶资金340余万元、医疗资金120万元，落实教育培训、医疗培训、捐赠物资、购销当地农产品等20余个项目。民盟中央选派张红全挂任葫芦乡伏城村第一书记。张红全挂职期满，又申请延长1年。由于工作成绩突出，张红全荣获“2019全国脱贫攻坚贡献奖”。

【脱贫攻坚民主监督】 2019年，民盟中央对广宗县的脱贫攻坚开展督促检查。通过召开专题座谈会、走访贫困村贫困户，查看建档立卡、扶贫资金发放情况等形式，在精准识别、精准帮扶、精准退出、资金管理使用等方面给予广宗县意见建议。2019年，部级以上领导共赴广宗县开展督促检查调研4人次，形成报告3份，发现问题9项，并及时向广宗县进行反馈。

(中国民主同盟中央委员会社会服务部教育处　魏仕雯)

中国民主建国会中央委员会定点扶贫

【概述】 2019年，中国民主建国会中央委员会（以下简称“民建中央”）整合会内资源，创新帮扶举措，全力助推河北省丰宁县脱贫攻坚。全年在丰宁县开展扶贫项目39个，投入帮扶资金229.35万元，协调引进帮扶资金870.49万元；协调落实招商引资项目4个，到位资金13.37亿元；培训基层干部3601名，培训技术人员10687名；引入会员企业，培育创业致富带头人，通过产业扶贫项目吸纳贫困人口就业增收，直接帮助1660个贫困户脱贫；开展消费扶贫，直接购买丰宁县农产品36.13万元，帮助销售农产品6213.28万元。

【扶贫资金投入】 2019年，民建中央在丰宁县投入帮扶资金229.35万元，协调引进帮扶资金870.49万元，协调落实招商引资项目4个，已到位资金13.37亿元。

【扶贫调研】 2019年7月，民建中央主席郝明金、副主席兼秘书长李世杰赴丰宁县调研旅游扶贫、“爱心超市”、扶贫工坊等项目，召开民建中央帮扶丰宁县脱贫攻坚工作现场推进会。会上举行捐赠和帮扶项目签约仪式，签约项目19个，总额超过5500万元。1月，民建中央副主席吴晓青率队开展送温暖活动，为30户贫困户送去慰问金，看望挂职干部和第一书记。8月，吴晓青率民建中央文化委员会赴丰宁县调研，召开丰宁县旅游发展研讨会，为丰宁县旅游业发展把脉支招。12月，民建中央副主席孙东生率队赴丰宁县开展脱贫攻坚督促检查，召开座谈会向丰宁县反馈督查意见。

【干部挂职扶贫】 2019年，民建中央选派2名优秀干部到丰宁县挂职。其中，选派1名干部挂任丰宁县政府副县长，协助分管扶贫工作；选派1名干部到丰宁县乐国窝铺村担任驻村第一书记。

【扶贫宣传】 2019年12月，民建中央在北京市召开脱贫攻坚表彰大会，对763个脱贫攻坚先进集体和个人进行表彰。人民政协报、经济日报等中央媒体对会议情况、民建中央帮扶工作开展情况、获奖代表事迹进行宣传；《民讯》、民建各级组织网站、微信公众号等会内媒体做报道。

【产业扶贫】 2019年，民建中央在丰宁县协调引进企业4家，投资13.37亿元发展旅游综合体、香椿种植、菌菇种植等项目，持续稳定带动贫困户增收。投入32万元在2个贫困村发展食用菌种植，捐赠18万元为2个贫困村建设生态经济林。扶持丰宁元始公司发展特色杂粮种植，利用土地租金和劳动用工为贫困人口增收提供双重保障，打造“扶强带弱”的产业扶贫新模式。该公司已在丰宁县36个村种植传统杂粮3万多亩，种植户亩均增收1000元以上，2019年带动1660个贫困户脱贫。组织专家进行民宿规划，协调携程网、途家网与丰宁县商签旅游扶贫合作协议，对200多个民宿经营者进行培训。

【消费扶贫】 2019年，民建中央先后2次下发通知，动员各级组织、专门委员会、广大会员、机关干部购买贫困地区，特别是丰宁县的农副产品。推进电商扶贫和农商产销对接，利用中国电商扶贫联盟、京东商城等平台优势，帮助丰宁县企业打通销售渠道；邀请丰宁县企业参加“海峡两岸经贸交易会”等展览，提供免费展位，推动部分企业达成合作意向。全年帮助丰宁县销售农产品6213.28万元。

【基础设施建设】 2019年，民建中央协调资金149.2万元，用于修缮贫困村道路和房屋、建设水利灌溉设施、援建村部广场和候车亭等生产生活基础设施项目。

【教育扶贫】 2019年，民建中央在丰宁县投入资金86.5万元，资助1050名义务教育阶段儿童。在胡麻营乡塔沟小学捐献图书价值20万元，电脑价值6.5万元；在丰宁县开展“芭莎·课后一小时”项目；实施“丰宁助教计划”，组织北京名校教师对丰宁县师生进行培训、辅导；筹资4万元资助丰宁县10名贫困家庭学生；为丰宁县中小学校570多名师生开展5场心理讲座及科普报告。

【健康扶贫】 2019年，民建中央在丰宁县捐建村级卫生室10个，惠及3000余人；组织北京三甲医院的知名医疗专家赴丰宁县义诊2次，接诊患者近300人次，培训基层卫生人员100多人次。

（中国民主建国会中央委员会
社会服务部　赵思源）

中国民主促进会中央委员会定点扶贫

【概述】 中国民主促进会中央委员会(以下简称“民进中央”)定点帮扶贵州省安龙县。民进中央协调民进各级组织,联系社会各方力量,2019年投入定点扶贫资金378万元,引进帮扶资金2.2亿元;培训基层干部170人,培训教师、医卫等技术人员2858人次;购买农产品11万元,帮助销售农产品2.1亿元。定点扶贫考核等次为“好”。2019年4月,安龙县经贵州省人民政府批准退出贫困县序列。

【扶贫资金投入】 2019年,民进中央协调各级组织和社会力量投入资金2.23亿元,其中直接投入378万元,帮助引进各类资金2.2亿元,扶贫慰问投入11.7万元,教育投入496.9万元,基础设施投入130万元,产业投资2.16亿元,购买贫困地区农产品11.5万元。

【扶贫调研】 民进中央主席蔡达峰,常务副主席刘新成,副主席王刚、庞丽娟,副主席兼秘书长高友东等领导带队到安龙县调研指导,主持召开定点扶贫推进会、专题工作会,就乡村治理、古村落保护、产业发展等方面进行深入调研。浙江、广东的民进省级组织在安龙县设立服务基地、学习实践教育基地,开展实地调研。民进中央机关协调捐资,组织干部赴基层调研,接受教育。民进中央2019年共有38个团队、460余人次到安龙县开展调研活动。结合帮扶活动,民进中央协调开展督促检查工作,专题调研、基层组织工作调研和挂职干部日常调研相结合,帮助发现问题,共同解决问题,形成4份主要调研报告。

【扶贫培训】 2019年培训各类技术人员和基层干部共计3028人次。围绕培养一支带不走的人才队伍,重点对教师、医护骨干,美育人才等加强培训,共培训2529人次;组织民进中国农业大学支部、广西农业专家赴安龙县开展果蔬种植、畜牧养殖、种桑养蚕等产业培训,共培训农技人员329人次;组织开展基层干部考察培训活动,协调安龙县90余名基层干部到浙江省安吉县、广东省广州市、贵州省贵阳市等地考察培训,邀请专家为黔西南布依族苗族自治州1000余名干部作报告,学习“两山理论”,交流乡村建设经验。

【干部挂职扶贫】 2019年,民进中央选派杨振敏挂任安龙县副县长、满运磊继续担任安龙县万峰湖镇坝盘村第一书记。2位挂职干部克服工作生活上的种种困难,做好定点扶贫各项工作,统筹民进各级组织和社会各方力量,在教育、产业、基础设施等领域推进扶贫项目落地实施。工作期间,满运磊荣获贵州省“全省脱贫攻坚优秀共产党员”称号。

【产业扶贫】 聚焦脱贫关键,持续助推产业发展。支持扶贫项目建设,2019年温氏生猪养殖一体化项目新增投资2.16亿元,实现产业分红847.4万元,扶持县域合作社132个、建档立卡贫困户1875户4873人,培育新型职业农民(饲养管理员)320余人,实现人均增收2500元。强化消费扶贫工作,推进产销合作,帮助销售食用菌7575万余元,协调推进铁皮石斛等中药材合作项目,协调安龙县企业参加福建“6·18”中国·海峡创新项目成果交易会、长沙“一乡一品”国际商品博览会展销活动,发出《“我为扶贫下一单”活动倡议书》,以大汉福利、开明商城、进扶阁3个会员电商平台为基础,动员17万多个会员参与,联系社会各方共同助力,实现销售1862万多元。扶贫工作由单一的生产帮扶转为生产销售帮扶,让产品变商品、商品变财富,稳定贫困户增收渠道。

【教育扶贫】 开展深化“同心·彩虹行动”之“彩虹结对”“彩虹励志”“彩虹关爱”3项行动,发动全国29个民进省级组织覆盖安龙县全部乡镇街道开展教育支援工作。协助引入北京师范大学教育资源,建立西南民族地区教师教育基地,为安龙县培养优秀教师搭建有效平台;引入浙江镇海中学,在安龙一中开设“镇海中学班”,开展示范教学和师资培训,促进安龙县高中教育发展。继续实施教师培训3年提升计划,协调开展教师培训活动21期,培训安龙县教师2500余人次。

【整村推进】 坝盘村是民进中央干部挂职第一书记的驻村。2019年,民进中央继续加强携手共建,使之成为多党合作的示范村。继续加强党支部共建和慰问工作,民进中央机关党支部联合民进支部、工会和团总支2次到坝盘村开展扶贫慰问,支持挂职干部工作,慰问物品和资金合计5.1万元。民进中央机关党支部与坝盘村党支部开展共建活动,号召全体党员为坝盘村捐款1.45万元,用于资助建档立卡贫困户。加强基础设施建设,帮助引进无偿发展资金130多万元,开展道路硬化、水利设施建设工程。助力乡村特色旅游,联系会员企业华语之声传媒(杭州)有限公司为坝盘村建立“助农服务网络直播室”,直播带货,宣传布依族文化,继续加强与“兜兰小筑”民宿合作,优化村集体股本金入股民宿、参与分红模式,推动坝盘民宿二期建设尽快落地。村民人均收入由2014年年底的5700元增至8000多元,2019年实现贫困人口清零。

（中国民主促进会中央委员会
社会服务部　张　硕）

中国农工民主党中央委员会定点扶贫

【概述】 中国农工民主党中央委员会(以下简称"农工党中央")定点帮扶贵州省大方县。2019年,农工党各级组织共74批次、968人次赴大方县开展考察调研和帮扶活动。投入帮扶资金1700万元,引进帮扶资金11238万元;组织培训基层干部405名,培训专业技术人才1953名;购买贫困地区农产品216万元,帮助销售贫困地区农产品278万元。在2019年中央单位定点扶贫工作成效考核中获得"好"等次。农工党中央社会服务部综合处荣获"2019年全国脱贫攻坚奖组织创新奖",并作为先进典型参加全国脱贫攻坚先进事迹巡讲。

【扶贫资金投入】 2019年,农工党中央通过引资、捐资和协调资金、物资等方式超额完成《中央单位定点扶贫责任书》中的任务要求,直接投入帮扶资金1700多万元,引进帮扶资金11238万元。

【扶贫调研】 2019年,农工党中央领导班子成员先后赴大方县调研考察、督促指导13次。农工党各级帮扶组织一把手赴对口乡镇开展调研和帮扶工作24人次。3月,全国人大常委会副委员长、农工党中央主席陈竺率领调研组深入大方县,考察指导脱贫攻坚中存在的问题和产业发展情况,并与大方县委县政府召开座谈会,以大方县脱贫摘帽为新起点,助力巩固拓展脱贫成果,推进贯彻新发展理念试验区建设。3月,全国政协副主席、农工党中央常务副主席何维率调研组到大方县开展产业扶贫专项调研。农工党中央副主席兼秘书长曲凤宏6次赴大方县考察调研,推进和压实打赢脱贫攻坚战的各方责任。

【扶贫制度建设】 2019年11月,农工党第十六届中央常务委员会第八次会议通过《中国农工民主党社会服务工作条例(试行)》,第六条强调持续推进定点扶贫工作:以助力贵州省大方县巩固脱贫成效、实施乡村振兴战略为工作重点,履行"大方县脱了贫,农工党不断线"郑重承诺。参与毕节市贯彻新发展理念示范区建设,围绕推动绿色发展、人力资源开发、体制机制创新深入调研,献策出力。

【扶贫培训】 2019年,农工党中央和各级组织对基层干部、致富带头人、基层医务人员、职业技术人员、乡村教师进行分类培训,培训各类人员2000多人次。为405名基层干部进行脱贫攻坚政策宣讲、扶贫成功案例分析;为1953名各类技术人员传授致富经验,输送实用技术;通过"贫困人口精准医疗爱心行动"和"同心圆工程"开展乡村医生培训,提高农村基层医疗卫生服务能力和水平。

【干部挂职扶贫】 2019年,农工党中央机关选派优秀干部挂职大方县。1月,选派彭正钰驻羊场镇新田村任第一书记。彭正钰认真履行"一宣六帮"工作职责,协调引进项目资金及物资580多万元,督促抓好农村人居环境综合整治项目的实施,荣获"贵州省脱贫攻坚优秀村第一书记"称号。3月,选派郭将赴大方县任副县长,协助分管扶贫工作。郭将深入基层调研,为农工党各级组织精准帮扶提出建议,搭建桥梁,推进小龙虾养殖和恒喆文旅项目落地大方县并产生效益。

【产业扶贫】 2019年,农工党中央把产业扶贫作为重点工作推进。"金圆"猕猴桃1000余亩示范园撬动全县5万亩的种植,并成为大方县主产业之一。引进江苏省盱眙县小龙虾养殖技术和管理经验,组建科技公司示范养殖500余亩乌蒙山泉小龙虾,利用荒洼水塘、遗弃稻田进行养殖,采取"公司+基地+合作社+农户"方式,统一技术、统一培训、统一销售,项目带动248户、841人脱贫。帮助协调大方天麻酒获得国家药监局保健食品批号,促进销售,带动天麻产业发展。引进南京恒喆文体集团进驻大方县,推进农业与旅游、文化、体育的业态融合,盘活县域文化旅游资源,创造就业机会。扩建天麻、铁皮石斛、白芨苗等中药材基地,促进县域中药材产业发展。

【教育扶贫】 2019年,按照习近平总书记对毕节试验区工作的重要指示精神,助力大方县由人口大县向人力资源优势强县转变。捐赠物资674万元,助推大方县教育发展,联系慈善家何崇本捐资239万元重建猫场镇老水小学、扩建猫场镇为民小学;联系北京潮星控股集团有限公司投资200余万元援建羊场镇新朱同心幼儿园。农工党中央及省级组织捐赠99.4万元资助贫困学生504名。

【公益扶贫】 2019年,深入实施"同心圆博爱家园精准扶贫项目",助推45个深度贫困村整体脱贫成效明显。截至2019年年底,发放项目生计金1179万元,如期收回生计金473万元,收到项目收益爱心回馈捐款3.34万元,受益贫困群众1286户3858人。

【健康扶贫】 推动"贫困人口精准医疗爱心行动",各级组织沉底到村,使建档立卡贫困人口不出村就能享受医疗专家的科学诊断、规范治疗、合理用药指导,2019年共会诊4531人次,指导治疗用药3639人次,复诊病例757人次。持续实施"同心全科医生特岗人才计划",建立"县管乡用、双导师制、收入激励、培养倾斜"的全科医生培养模式,稳定基层医疗卫生人才队伍。继续推动"同心圆乡村医生培训工程",采取就近划片的培训方式,实现村医人员全覆盖。协调国家级医疗卫生机构天坛医院和中国疾病预防控制中心,帮扶大方县提高整体医疗卫生水平。

(中国农工民主党中央委员会
社会服务部综合处　刘茜茹)

中国致公党中央委员会定点扶贫

【概述】 中国致公党中央委员会(以下简称“致公党中央”)定点帮扶重庆市酉阳土家族苗族自治县(以下简称“酉阳县”),统筹协调各省级组织广泛参与,结合酉阳县脱贫攻坚实际,紧紧围绕“两不愁三保障”开展定点扶贫工作,切实加强组织领导,加大帮扶力度,帮助酉阳县于2019年年底脱贫摘帽。2019年,致公党中央在酉阳县投入帮扶资金568.3万元,引进帮扶资金130.4万元,培训基层干部1103人,培训教师、医生、致富带头人等各类技术人员1568人,购买贫困地区农产品189.3万元,帮助销售贫困地区农产品554.2万元,超额完成《中央单位定点扶贫责任书》中的各项任务指标。

【扶贫资金投入】 2019年,致公党中央及各级组织为酉阳县教育、文化、卫生等公益性事业投入帮扶资金568.3万元,引进帮扶资金130.4万元。

【基础设施建设】 致公党中央发动各级组织向酉阳县捐赠价值520余万元的教学用品及硬件设备等,包括“致公党清华大学远程教学站”“致公科普活动中心”、舞蹈教室、远程音乐教室、互联网教室和图书角,协调致福慈善基金会捐赠20万元修建何家岩村党群文化广场等。

【产业扶贫】 协调上海电商公司与致公党电商扶贫平台“酉好货”签订255万元土鸡购销协议;协助在酉阳县投资145万元办厂,扶持3家企业和5家农村合作社发展,带动100余名贫困人口脱贫;开展“豫酉旅游扶贫”项目,组织近百人赴酉阳县旅游,宣传酉阳旅游资源;向酉阳县捐赠6300亩有机肥料,帮助有机稻米增产10%。

【消费扶贫】 致公党中央帮扶酉阳县建设农产品电商平台“酉好货”,开展“以购代捐、以买代帮”。2019年,组织用户在平台消费,累计7000多人,交易额189.3万元,有效扶持8家农村合作社及百余名贫困人口实现脱贫,发动致公党员企业购买酉阳县中药材100余万元。

【健康扶贫】 致公党中央青年委员会联合致公党河南省委员会向酉阳县卫生健康委员会捐赠价值82万元的医疗科普资源和药品;协调北京市红十字会向酉阳县黑水镇医院捐赠价值48.8万元的医疗影像设备、价值9万元的药品及1680套医学科普光盘。协调组织中医专家团队20余人次赴酉阳县送诊2次,每次坐诊1周,义诊群众4000余人。

【教育扶贫】 致公党中央协调致公党四川省委员会、小平教育基金会有限公司(香港)四川代表处在酉阳县设立奖助学金,资助98名建档立卡贫困中小学生,邀请师生参加“致福青少年足球夏令营”。2019年8月,“致酉合作”文旅教育扶贫座谈会在酉阳县召开,并举行捐赠仪式,致公党中央青年工作委员会、中鸿基控股有限公司向酉阳县龙潭村八穴小学校捐赠校服680套、书包200个;致公党江苏省无锡市委员会向酉阳实验中学捐赠足球运动服48套;致公党酉阳支部、酉阳县东翔服饰有限公司向花田乡中心校捐赠校服350套。致公党中央社会服务部、宣传部和中国致公画院组织10多位知名画家,赴酉阳县龚滩镇、龙潭镇、酉水河镇、花田乡等地开展“走进酉阳——中国致公画院书画下乡助力脱贫”活动，为酉阳县创作反映当地优美自然风光及人文景观的画作。

【扶贫培训】 2019年5月，致公党中央第一次异地举办村镇支部书记乡村振兴战略专题培训班。酉阳县43名村书记深入浙江示范乡村，现场学习习近平总书记倡导的“千村示范、万村整治”先进经验和发展理念。8月，致公党精准扶贫酉阳县基层干部能力提升培训班在酉阳县开班，邀请中共中央党校（国家行政学院）和中央社会主义学院的专家授课，采取现场讲授和视频连线2种方式，39个乡镇（街道）的750余名干部通过视频连线进行学习，共1060余名基层干部参加培训。10月，助力脱贫攻坚公益慈善培训班在北京举办。来自21个省市的致公党员企业家等125人参加培训。致福慈善基金会收到学员捐款近百万元，全部用于酉阳县“三保障”义务教育和基本医疗帮扶项目。

致公党中央为酉阳县培训各类技术人员1568名，其中培训160余名乡村旅游从业人员和60名茶产业从业人员；组织酉阳县中小学校长和学科骨干教师分别赴北京师范大学、上海华东师范大学等名校培训，专门组织特岗教师赴南京师范大学参加培训，邀请专家赴酉阳县开展规范汉字书写培训等，共培训各学科教师300人次、教育管理人员750人次；“致福送诊”期间培训医生298人次。

【干部挂职扶贫】 2019年，致公党中央选派汪庆发、黄鹏飞分别挂职酉阳县副县长、花田乡何家岩村第一书记，分管扶贫工作和“致酉合作”帮助酉阳县引进各类帮扶项目，推进致公党帮扶项目落实。

【扶贫调研】 致公党中央常务副主席蒋作君、副主席吕彩霞率队赴酉阳县调研2次。各省级组织、中央专门委员会、中国致公画院、中央机关中共支部等共赴酉阳县开展调研帮扶17批次，近200名党员参与，提出意见建议17条，形成30多篇有关脱贫攻坚的理论文章，提炼形成《关于脱贫攻坚实践、思考与建议的研究报告》《关于进一步推进农村改水改厕及垃圾处理工作的调研报告》，报送有关单位。

【党建扶贫】 致公党中央机关支部与何家岩村党支部开展结对共建，每年召开1次联席支委会、开展1次主题党日活动、为何家岩村办1~2件好事实事。2019年，向何家岩村党支部捐赠习近平理论学习书籍和办公设备；何家岩村驻村第一书记黄鹏飞结合挂职感悟讲党课。

【脱贫攻坚民主监督】 致公党中央办公厅下发《关于加强和规范致公党定点扶贫和脱贫攻坚民主监督工作的通知》，4次召开主席办公会，研究扶贫和脱贫攻坚民主监督工作，召开致公党中央精准扶贫和脱贫攻坚民主监督推动会、致公党中央定点扶贫与脱贫攻坚民主监督工作总结会。2019年，致公党中央主席万钢率队赴四川省阿坝藏族羌族自治州调研，分管副主席和其他副主席调研6次，致公党12个省（市）级组织分别赴对口监督的地市州开展脱贫攻坚民主监督调研21次，走访45个县、79个贫困村，召开各类座谈会44场，提出书面建议65条。

（中国致公党中央委员会社会服务部 高　莺）

九三学社中央委员会定点扶贫

【概述】 2019年，九三学社中央委员会（以下简称“九三学社中央”）定点帮扶四川省旺苍县，直接投入无偿帮扶资金84.76万元，协调各类帮扶资金2440万元，培训干部250名，培训教师、医生等专业技术人才1160名，购买贫困地区农产品54万余元，帮助销售贫困地区农产品255万余元。

【扶贫调研】 2019年4月，全国人大常委会副委员长、九三学社中央主席、中国科学院院士武维华带队赴旺苍县开展扶贫调研，研究推动对接产业、教育、健康及消费扶贫等工作。调研组深入尚武镇寨梁村，察看种植产业、电商销售情况，了解村集体经济情况；走进旺苍县中医医院、旺苍中学、刘瑞龙红军小学等帮扶项目点，深入东河镇现代农业园，实地了解健康、教育、产业扶贫情况；走访慰问易地搬迁贫困户，察看精准脱贫实际成效。1月，九三学社中央副主席丛斌带队赴旺苍县开展慰问调研，看望慰问白水镇敬老院52名老人，调研村集体经济发展情况。10月，丛斌率队赴旺苍县开展督促检查调研，重点围绕健康（安全饮水）、产业（村集体经济）和居住条件改善（易地搬迁和危房改造）等领域进行专题督促检查。

【扶贫培训】 2019年10月，九三学社中央在旺苍县举办“九三学社中央定点扶贫旺苍县——基层干部脱贫攻坚干部培训班”，培训干部250人。培训班分别邀请杨武云做《农业生物资源保护与利用》的报告；邀请张晓红做《职场压力管理》的报告，缓解基层一线干部的心理压力。

【干部挂职扶贫】 九三学社中央选派郭晓东、张超2名干部赴旺苍县挂职扶贫。郭晓东挂任旺苍县副县长，协助分管脱贫攻坚，落实定点扶贫各项工作；张超挂任尚武镇党委副书记兼寨梁村第一书记，做好寨梁村脱贫攻坚巩固提升工作。

【产业扶贫】 以项目推动地方产业发展。安排九三学社中央“多党合作乡村振兴”产业项目经费56万元，用于支持旺苍县村集体经济发展；协调九三学社南充市委员会组织红薯、大豆和蚕桑专家到旺苍县调研指导，免费提供优质种苗和种子，在尚武镇西河现代农业园区选育适宜当地大规模发展的经济型品种。协调农业农村部“果菜茶有机肥替代化肥”“畜禽粪污资源化利用整县推进”项目和四川省农业农村厅“农业生产发展（农业社会化服务）”项目资金合计2300万元，邀请农业农村部发展规划司相关负责人到旺苍县调研指导产业扶贫工作。邀请长兴资本控股有限公司等3家企业负责人到旺苍县实地调研考察，推介旺苍县文旅康养优势资源。

【电商扶贫】 2019年，九三学社中央协调京东众筹联手凤凰卫视打造的公益帮农节目《大家来帮忙》落地旺苍县张华镇，帮助红脆香甜李上线京东众筹和凤凰卫视、凤凰网平台，解决销售难题；与中国农业银行北京市分行签订消费扶贫合作备忘录，推荐旺苍县农产品上线农业银行扶贫商城；协调供销e家推介旺苍县农产品上线供销社贫困地区农副产品网络销售平台。

【教育扶贫】 强化教育帮扶工作。深入开展“同心树人”教师培训，累计培训教师

1030人。协调九三学社天津市、上海市委员会先后到旺苍县举办3期骨干教师培训班；组织旺苍县骨干教师到北京、天津交流学习；促成天津市河西区第十六幼儿园、第四十一中学、河西区教育中心分别与旺苍县东河第一幼儿园、东城中学、教师进修学校结成友好互助单位。加大教育帮扶力度。发放第三期九三学社“同心树人”助学金10万元、第十五期中国宋庆龄基金会爨文化公益项目“泰月投资慧才添富”教育帮扶基金10万元及机关干部捐献的0.74万元助学金，200余名品学兼优的贫困学生受益；协调中国社会福利基金会免费午餐基金捐款108万元，为旺苍县26所乡村学校更换厨房设备；协调香港文旅康养企业负责人到旺苍县考察，签订捐资助学意向书。2019年旺苍县高考本科上线人数比2018年增长40.2%，有2名学生考入北京大学，1名学生考入清华大学。

【健康扶贫】 九三学社中央定点扶贫携手浙江省仙居县开展东西部协作，合并医疗帮扶“同类项”，合力创建“九三中央定点、浙川携手共建”名医工作室。双方结合旺苍县具体需求，制订名医来旺苍县和旺苍县医生外出进修计划，以“组团式、制度化”的帮扶模式，逐步提升旺苍县整体医疗水平。2019年先后组织北京、四川、浙江等地名医专家20人次到旺苍县坐诊带教，九三学社中央医药卫生专门委员会、南昌大学第一附属医院为旺苍县医生进修培训提供全方位的帮助。开展公益活动，协调深圳球爱同行慈善基金会到旺苍县开展“球爱慈善脊柱健康公益行”活动，为4320名学生进行免费脊柱侧弯筛查，对7名家庭贫困的严重脊柱侧弯患者启动救助程序，并完成1例手术救助。协调南昌大学第一附属医院为尚武镇卫生院捐赠价值14万元的检验设备。协调香港企业家到旺苍县开展助医活动。

（九三学社中央委员会社会服务部 董 刚）

台湾民主自治同盟中央委员会定点扶贫

【概述】 台湾民主自治同盟中央委员会(以下简称“台盟中央”)定点帮扶贵州省赫章县,对口脱贫攻坚民主监督甘肃省。2019年,台盟中央组织调研组140余人次深入赫章县实地开展调研,帮助赫章县培训基层行政干部35名,培训教师、医生等技术人员900余人,免费治疗白内障患者102名;协调各级组织向赫章县直接投入帮扶资金132万元,引进资金100万元;开展消费扶贫,直接购买赫章县农特产品5.7万元,协调帮助销售和购买赫章县农特产品4.1万元;选派驻村第一书记1名。2019年,台盟中央对口甘肃省开展脱贫攻坚民主监督工作,聚焦深度贫困地区,紧扣“脱贫质量巩固与提升”这条工作主线,开展多层次综合调研访查16次,调研区域覆盖临夏回族自治州(以下简称“临夏州”)、甘南藏族自治州(以下简称“甘南州”)、天水市、庆阳市、平凉市、武威市、白银市等集中连片和深度贫困市州的47个贫困村、260余户贫困家庭,形成10多项调研成果,完成年度民主监督报告,在天祝藏族自治县(以下简称“天祝县”)开展“两岸医师义诊咨询活动”,受益群众近1000人。在上海、浙江分期开展助力乡村发展人才培训活动,培训甘肃省乡村干部87人。

【扶贫资金投入】 2019年5月,台盟中央和台盟地方组织共同捐助赫章县102万元帮扶资金,主要用于支持当地中小学图书室建设、敬老院硬件设施改善及村级卫生室配套设施建设。8月,台盟中央两岸·同心帮扶活动暨助学金发放仪式在贵州省赫章县六曲河镇举行,向50名贫困大学生每人捐助2000元,共计10万元。9月,台盟中央协调正荣集团有限公司赴赫章县开展“台盟—正荣”助推赫章县乡村教育表彰活动,表彰活动由台盟中央发起,正荣集团有限公司捐资100万元,对长年扎根乡村教育的100名基层优秀教师和校长进行表彰和奖励。

【扶贫调研】 2019年,台盟中央主席苏辉协调社会帮扶资源和工作力量投入定点帮扶领域工作,赴赫章县开展工作调研。台盟中央常务副主席李钺锋带队赴赫章县开展脱贫攻坚督促检查活动。台盟中央领导班子成员共计7次带队到赫章县开展形式多样的帮扶活动和实地调研,推动定点帮扶责任落实到位。各级组织按照台盟中央统一部署,聚集人力、物力、智力各种要素,创新投入各项工作。

【扶贫会议】 2019年12月,台盟中央在陕西省西安市召开台盟社会服务暨脱贫攻坚民主监督工作会议,总结交流成果经验,讨论研究参与脱贫攻坚及开展脱贫攻坚民主监督工作的目标方向,对工作突出的先进组织和个人进行表彰。

【扶贫培训】 2019年,台盟中央根据赫章县的实际需求和台盟中央智力帮扶的统一规划,对赫章县组织实施“教师走出去”和“专家请进来”2种形式的智力帮扶培训。6月,台盟中央联合台盟吉林省委员会、吉林省教育学院在长春市举办“筑梦师者”校长培训班。7月,台盟中央与北京青年政治学院、台盟北京市委员会在北京联合举办“筑梦师者”骨干教师培训班,40名来自赫章县基层的优秀骨干教师参加培训。8月,台盟中央协调台盟辽宁省委员会和沈阳师范大学赴赫章县开展送教赫章培训活动。该次培训聚焦学校管理、新课改、德育工作及教师专业发展等重要命题，累计培训赫章县校长和优秀班主任共600余人。

台盟中央以贵州省毕节试验区作为帮扶的重点区域，大力开展医疗帮扶工作。6月，台盟中央邀请北京市妇产医院的2位妇产科专家，到赫章县为当地110余名基层医务工作者开展“筑梦医者”医师培训。8月，台盟中央社会服务部、台盟安徽省总支部、安徽医科大学第一附属医院举办第三期“筑梦医者”乡镇全科医师培训班，包括20名赫章县学员在内的59位乡镇医务工作者参加相关培训交流。9月，台盟中央邀请来自北京和上海的3位知名专家赴赫章县针对中医、儿科等科目进行集中培训，培训基层医务工作者100余名。

9月，台盟中央社会服务部、台盟浙江省委员会、中共义乌市委统一战线工作部、义乌工商职业学院共同举办第三期“筑梦乡村”行政管理干部培训班，赫章县32名县乡级行政干部在内的146名基层干部参加为期1周的培训交流活动，学习东中部地区先进的乡村治理经验、现代商品经济思维和理念。

【扶贫慰问】 2019年1月，台盟中央赴赫章县开展春节慰问活动，捐赠民生帮扶资金20万元，发放慰问品；赴双坪乡对贫困户进行走访慰问，为20名贫困学生每人发放500元助学金。

【产业扶贫】 2019年9月，台盟中央邀请来自全国各地的企业家一行15人到赫章县就当地创建新发展理念示范乡镇工作开展产业调研和项目考察。协调引进新希望集团有限公司与赫章县有关企业签订合作协议，开展大面积的生猪养殖，协议投资额1.6亿元。2019年，台盟中央协调国家能源局助推赫章“威赫电厂”项目落地。12月，台盟中央副主席吴国华出席贵州威赫660兆瓦超超临界循环流化床燃用高硫无烟煤发电项目启动仪式。威赫电厂项目将对赫章县产生直接投资56亿元，间接带动交通、水利等方面投资约200亿元，带动4600余户贫困户19000余人实现脱贫。项目投运后，年用煤量335万吨，可直接和间接提供就业岗位8000余个。

【脱贫攻坚民主监督】 2019年4月，吴国华率台盟中央调研组一行13人赴天祝县开展脱贫攻坚民主监督综合调研暨县级监测信息采集活动。6月，吴国华率调研组赴临夏州、甘南州开展脱贫攻坚民主监督调研。7月，台盟中央在天祝县开展“‘两岸医师’健康咨询公益活动”。7月，台盟中央副主席杨健率调研组赴天水市麦积区麦积镇北湾村开展第二轮脱贫攻坚民主监督村级监测调研。7月，苏辉一行赴甘南州夏河县开展脱贫攻坚民主监督调研，召开脱贫攻坚民主监督座谈暨工作推进会。7月，李钺锋率调研组赴白银市会宁县、白银区等地开展脱贫攻坚民主监督调研活动。

（台湾民主自治同盟中央委员会
社会服务部　郑润东）

北京航空航天大学定点扶贫

【概述】 2019年，北京航空航天大学（以下简称“北航”）定点帮扶山西省中阳县。北航立足中阳县脱贫摘帽新起点，拓宽教育、科技、产业和人才扶贫总路径，提升“大北航、大产业、大扶贫”格局，取得扎实进展。主要领导及班子成员分别赴中阳县调研4人次，校地间往来超过500人次。2019年，实现县城就业1500人，农村带动就业500人，护工进京500人。北航校内超市增设中阳特产专柜，直接购买销售中阳县农特产73.6万元。中阳县全国电子商务进农村综合示范项目全年总投资2200万元，完成电商公共服务中心建设和运营、农产品上行体系建设、乡村电商服务网点建设、电商培训体系建设和县乡村三级物流体系建设。培训基层干部1140人，培训技术人员1712人。2019年，直接投入帮扶资金210万元，引进帮扶资金4000万元，帮助销售贫困地区农产品2153万元。2015—2019年，中阳县贫困村全部脱贫，贫困户由2015年的7969户20918人减至2019年的22户69人，贫困发生率由20.5%降至0.06%。

【扶贫资金投入】 北航直接投入资金210万元，其中阳坡村产业扶贫引导经费20万元，中阳县党政干部北航培训经费150万元，第二代核桃硬壳碎皮机研发经费10万元，教育基金会定向募集北航“赛格威-纳恩博”励志奖学金每年10万元，支持50名中阳县贫困小学生完成学业。引进帮扶资金4000万元。吕梁市中小微企业双创基地示范县到位资金300万元；山西省级双创基地示范县到位资金400万元；电子商务进农村全国示范县到位资金1500万元。直接购买中阳县农特产品73.6万元，其中师生春节团购18.18万元，超市专柜销售农特产品5万元，食堂直采农产品30.6万元。帮助销售中阳县农特产品2153万元。

【扶贫调研】 北航党委书记曹淑敏切实履行第一责任，8月带队赴中阳县调研。北航校长徐惠彬4月赴中阳县调研。副校长王云鹏、副书记赵罡分别结合工作实际到中阳县调研。

【组织领导】 北航扶贫领导小组动员全体师生校友，构建“大北航、大扶贫”工作格局。明确程波为领导小组办公室主任，李建伟为领导小组办公室专职副主任。制定实施《关于印发〈北京航空航天大学2019年定点扶贫工作要点〉的通知》，把2019年的扶贫任务细化成46项，分解到20家校内单位。召开4次扶贫领导小组会，在中阳县召开2次校地定点扶贫座谈会，参加3次工业和信息化部（以下简称“工信部”）扶贫领导小组（扩大）会、1次部属高校定点扶贫推进会。吕梁市委书记李正印一年2次访问北航。“校友企业家中阳行”吸引40位校友到中阳县，校地间全年人员往来超过1200人次。

【干部挂职扶贫】 选派韩庚接任驻村第一书记、田原接任挂职副县长。第二批挂职期满的2名干部，1人提拔为体育部党总支书记，1人提拔为航空发动机研究院党委副书记。

【扶贫监督检查】 北航领导到中阳县调研，检查中阳县政策落实情况，听挂职干部、中阳县委县政府汇报。北航纪委办对校内单位落实扶贫任务情况进行年终检查，赴中阳县实地检查督导扶贫领域作风建设情况。挂职副县长牵头组建督查局,对各乡镇脱贫摘帽开展全覆盖、常态化督查。

【教育扶贫】 邀请中共中央党校副教授李双套为中阳县副科级以上干部520人宣讲十九届四中全会精神。离退休党委委员集体赴中阳县调研实践,为500名副科级以上干部作专题报告。北航实验学校20名师生赴阳坡塔小学、河底小学开展支教活动,邀请20名中阳县中小学师生到北京交流访问。校医院一年2次赴中阳县义诊,送医送药,为阳坡村卫生室赠送医疗设备。投入150万元专项资金,组织中阳县专业技术人才分类培训。2019年组织中阳县中小学幼儿园校长(园长)培训班、电子商务从业人员培训班、高中初中小学班主任培训班、政法干部培训班、组工干部培训班等10个班次。依托北航中汇科技孵化器,全年培训剪纸、刺绣专业技术人员300人,护理护工700人。承办中央单位定点扶贫业务子系统培训班,288家中央单位扶贫业务负责人参训。主动承担工信部系统4个定点扶贫县80名中小学教师暑期研修培训。选拔第4批研究生支教团赴中阳县开展为期1年的支教活动。"传承之焰""育暖航行"支教队连续第4年到河底小学、暖泉小学开展支教活动。组织15支大学生社会实践队、红色"1+1"实践队300名大学生,开展"喜迎建国70年,我与祖国共奋进"专项社会实践活动。与中国科学技术协会科技志愿者总队携手成立北航大学生科技志愿服务队,在中阳县阳坡塔学校、临县南关小学同步组织"AI人工智能科创训练营",参训学生100人。

【易地扶贫搬迁】 安置1254户易地扶贫搬迁贫困户,设立吕梁市北航中汇科技孵化器。引进6家校友企业和14家当地中小微企业,招聘员工500人,其中贫困户121人,月收入2000元以上,帮助贫困户在家门口就业,顾家工作"两不误",解决部分贫困户"搬得出、稳得住"的难题。中阳县先后获批吕梁市中小微企业双创示范县、山西省级双创示范县。校友企业、吕梁航电新能源公司获批中阳县首家高新技术企业。

【爱心超市】 北航第一书记利用学校后勤首批捐赠的15万元日用品,在阳坡村建起"爱心超市"。鼓励村民踊跃参加集体活动,支持村级组织建设,获得积分、兑换商品,调动村民参与集体建设的积极性和能动性。

【产业扶贫】 推进智慧农业项目落地。4月,由北航校友企业、山西耕耘金谷农业科技有限公司牵头的中艺永青农业产业科技园项目正式签约、落地中阳,项目规划占地1000亩,温室大棚200座,总投资8000万元,一期项目已建成投入使用。吕梁市北航中汇科技孵化器入驻35家高新技术企业、3家共孵化毕业企业、2家省级高新技术企业、2家规模以上企业,员工总数超过500人,其中1/3为建档立卡贫困户,3/5为搬迁户。中阳县全国电子商务进农村综合示范项目2019年总投资2200万元,完成电商公共服务中心建设和运营、农产品上行体系建设、乡村电商服务网点建设、电商培训体系建设和县乡村三级物流体系建设。

【劳务输出】 4月,吕梁山护工北京就业推介交流大会在北航召开。截至12月,已有500名吕梁山护工于"吕梁山护工北航服务站"持证上岗,在北京从事月嫂、保姆和家政服务等工作,人均月收入4000元以上。吕梁山护工成为中阳县和吕梁市就业扶贫的金字招牌。

【消费扶贫】 积极探索"超市+食堂+电商"扶贫模式。推进农超对接,在校内超市设置中阳特产专柜,组织中阳核桃、枣夹核桃等"年货团购、爱心义卖"。加强农校对接,依托校友企业建立农产品进食堂绿色通道,将小米、土豆、粉条等送进食堂。挂职副县长牵头创办中阳县电子商务管理中心、中阳县电子商务协会，整合中阳县电商资源推动中阳特产上行。

【整村推进】 阳坡村作为定点帮扶村，北航驻村第一书记坚持抓党建领脱贫。驻村第一书记牵头推动阳坡村核桃丰产园、柏籽羊养殖、有机肥生产、黄粉虫养殖、电子产品加工等5类富民经济。种植、养殖、有机肥生产形成循环经济体系，2019年村集体经济收入11.75万元，全村脱贫户人均增收2527元。建好两个幸福工程。建成5千米的通村柏油路，北航提供资金支持；建设阳坡村集中养老看护中心，阳坡村20名70岁以上老人告别“两天一锅饭、一锅吃两天”的生活，不愁吃、不愁穿、不愁住。

【扶贫宣传】 吕梁市委要求总结提炼北航扶贫精神和帮扶经验。山西日报发表吕梁市委研究室《创新四大扶贫模式　探索四种脱贫路径——北航定点扶贫助力中阳县脱贫摘帽的实践报告》。2019年，人民日报、光明日报、吕梁日报、吕梁电视台等媒体30余次关注和报道北航的扶贫工作。

（北京航空航天大学）

北京理工大学定点扶贫

【概述】 北京理工大学(以下简称“北理工”)党委自2015年定点帮扶山西省方山县。2019年,方山县贫困户由20015户51486人减至100户239人,贫困发生率由45%降至0.19%,顺利退出国定贫困县。

北理工通过资金和设备捐赠、专项工作经费支出等,共计投入帮扶资金330.6万元,引进帮扶资金1980万元,为方山县高标准农田建设提供支撑;实施专项培训计划,培训方山县基层干部、教师1237人次,培训技术人员1836人次;充分利用电商平台,结合校内农产品展销活动等,号召师生员工及社会各界直接购买农产品71.6万元,帮助销售农产品1598.27万元。打造多项精准扶贫项目。建成并运行北理工方山科技人才工作站,为经济发展注入科技动能;捐赠图书20万码洋,助力文化素质提升;暑期学校及夏令营共吸引360余名中小学生参与;建成方山县人民医院高水平特色疼痛科,打造“带不走的医疗团队”。

【扶贫资金投入】 2019年,北理工精准扶贫直接投入资金322.6万元,其中投入71.2万元组织方山县暑期学校、暑校之星北京夏令营、各类培训班等活动;投入109.5万元在方山县包联企业建设北理工方山科技人才工作站、捐赠相关设备用于科技扶贫、在校内开设扶贫超市、开展农特产品展销;投入87.9万元捐赠体育器材、衣物、图书、党内刊物、医疗器械等各类物品,用于方山县中小学生日常生活保障,支持方山县图书馆及方山县人民医院建设等;投入11万元用于包联帮扶胡堡村建设;投入30万元设立“理工梦想”精准扶贫奖助学金及捐赠教育帮扶基金,用于资助方山县品学兼优的贫困学生;投入21万元用于与当地党组织共同开展红色教育实践活动。

【扶贫调研】 2019年,北理工党委书记赵长禄和校长张军等5位领导先后前往方山县开展专项调研和督促检查,通过听取汇报、实地走访、查阅资料等方式现场指导、部署推进脱贫攻坚工作。

【扶贫培训】 北理工依托“红烛点亮助力计划”“星火致富助力计划”“公仆领航助力计划”组成的立体式扶贫培训专项,对方山县中小学教师781人次、电子商务创业人员和技术人员1863人次、县乡领导干部456人次进行培训。对来自工业和信息化部定点帮扶的河南省汝阳县和洛宁县、四川省南充市嘉陵区和南部县的共84名小学骨干教师开展基础教育专项培训。

【干部挂职扶贫】 继续选派赵汐挂职方山县副县长。派驻方山县桥沟村第一书记刘伟光主动申请延长挂职时间。选派的挂职方山县麻地会乡胡堡村第一书记吴克友获得省市县干部、群众的一致认可,多次受到人民网等各级媒体专题报道。

【扶贫宣传】 《中国扶贫》刊发北理工定点扶贫纪实;当地权威媒体吕梁日报发布北理工定点帮扶方山县深度报道;教育扶贫、科技扶贫等特色经验与做法多次作为典型案例被人民网、中青在线、山西日报等媒体报道。

【产业扶贫】 智力资源助推电商品牌发展。组织包括校友樊邦奎等3位院士在内的教授专家团队为吕梁市大数据产业发展把脉问诊，助推电子商务产业整体升级。2019年方山县电子商务进农村国家示范县项目以山西省第四、吕梁地区第一的优异成绩通过绩效考核，截至12月网络交易额累计4806.55万元，有效带动800余户建档立卡贫困户增收。通过电商平台牵引上游产业种植2万亩沙棘、150亩甜糯玉米、140亩线椒，下调全县物流快递资费至每5千克3.5元，有效促进当地百姓减支增收。科技力量助力重点企业转型。北理工科技扶贫专家100余人次先后进驻方山县重点企业，扎根包联企业建立北理工方山科技人才工作站，每月不少于10人长期驻站工作，投入50万元设立科技扶贫创新基金，累计资助7项创新项目，相关专家团队与方山县企业签署3项高水平科技合作协议。信息技术推动肉牛产业升级。瞄准方山县龙头产业——肉牛养殖的发展需求，发挥科技优势，投入资金50万元，成功研发"智慧养牛"系统，为每头牛建立"牛档案"，通过信息技术实现领域内专家与方山肉牛育肥基地远程对接，在高效育肥、繁殖及防疫等方面给予指导。该项目作为2020年第四届大数据产业推进会案例被推广。

【科技扶贫】　科技项目进企业。北理工扎根包联企业建立北理工方山科技人才工作站，以人才工作站为抓手，科技扶贫创新基金为牵引，引导专家团队主动为企业发现问题、解决问题，培育新的发展增长点，累计资助大型设备防腐抗冲击防护层优化改进等7项创新项目。北理工相关专家团队与方山县重点企业深入合作，签署"生物产品中试基地合作""液压支架电液控制系统开发""金属防腐蚀材料加工"3项高新技术项目。技术培训进农户。北理工科技扶贫专家组定期前往方山县传经送宝，针对刮板机制造、数控编程等专项技术，为广大村民开展辅导培训。胡堡村50多名贫困户找到适合自己的岗位，每月收入3000元以上，有效带动贫困户就业脱贫。科研成果进地头。选派优秀专家团队多次到方山县进行实地考察，先后自主投入研发经费，研发"手推式打枣机""手扶式秸秆旋耕机"等惠农设备，批量生产后将直接帮助广大农民群众高效发展生产，打造可复制可推广的"科技惠民"样板。

【教育扶贫】　构建"奖助激励+素质教育+专项培训"的精准帮扶模式，打造一系列"打基础、利长远"的品牌项目。综合运用专题授课、入校观摩、实践指导、研讨交流、素质拓展等形式制定一系列教育指导培训课程，培育引领基础教育发展的骨干力量。已完成对方山县全部县级中小学校长、股室长和骨干教师的教育培训工作全覆盖，其中组织3期中小学校长、骨干教师培训，跟班实习超过2500学时，组织语数外、音体美专家组赴方山县开展教学督导，累计超过2700学时。捐赠"理工梦想"助学金、科技实践教育经费等各类公益金40万元，惠及100余名贫困中小学生。设立方山一中心理健康辅导中心北理工帮扶工作室，开展教师心理健康培训、个案联合研判等。选派第四批研究生支教团开启为期1年的方山支教，覆盖方山县内中学、小学及乡镇寄宿制学校。依托暑期学校平台，选派70余名支教学生赴方山县为300余名中小学生授课，组织65名方山县优秀中小学生参加夏令营活动。

【文化扶贫】　连续3年向方山县图书馆捐赠图书，累计捐赠占馆藏图书的80%，开放大众读物电子资源，捐赠电子阅读系统软硬件5套、电子阅览屏2套，在方山县图书馆设立"北京理工大学汇雅馆区"。帮助方山县图书馆达标运行，月均接待读者4000余人。

【公益扶贫】　开展"冬日暖阳"公益捐赠活动。积极争取社会资源为方山县麻地会乡胡堡村捐赠价值近100万元的2703套服装，为方山县麻地会小学捐赠图书984册，累计惠及1322人。持续推进北理工吕梁山护工服务站点建设，帮助吕梁山护工实现稳定就业。持续投入12万元扶持日间照料中心，义务供养70岁以上老人、65岁以上孤寡以及残疾人。

【健康扶贫】 建成吕梁地区第一个县级疼痛科室，使其整体医疗水平居于山西省前列，日均接诊20余例；争取首都优质医疗资源，开设方山县远程会诊室，累计会诊疑难杂症病例65例；组织校医院及社会力量赴方山县乡镇级卫生院开展义诊，累计义诊门诊1000余例，捐赠价值6万余元常用药品。

（北京理工大学党政办公室
张田育子）

西北工业大学定点扶贫

【概述】 西北工业大学（以下简称“西工大”）定点帮扶广西壮族自治区融水苗族自治县（以下简称“融水县”）。2019年，融水县贫困发生率由年初的10.7%降至1.63%，连续第3年荣获“广西科学发展先进县”，是全区唯一获此荣誉的贫困县。

【扶贫资金投入】 2019年，西工大直接投入帮扶资金373.92万元，其中用于义务教育201.45万元，基本医疗24.67万元，住房安全4万元，饮水安全8万元，产业、技术发展等135.81万元。安排使用保障融水县扶贫工作的差旅、办公等其他资金83.2万元。引进帮扶资金2126万元。

【工作机制】 西工大扶贫工作领导小组由党委书记张炜任组长，副书记陈建有、万小朋任副组长，校内18个成员单位组成。2019年召开党委常委会5次，扶贫领导小组和扶贫专题会议11次。张炜等领导5人次赴融水县调研扶贫工作。陈建有带队与融水县委县政府领导和扶贫办、教育局等8个部门精准对接，落实帮扶任务。印发《2019年定点帮扶融水工作要点》，将44项工作任务分解至22个校内单位，确保要求到位、责任到人、任务到岗。实行学校党委与融水县委定期会商机制、学校纪委不定期督查机制，建立“周报、月商、季推”扶贫工作机制。全年编发《扶贫工作周报》41期，向国务院扶贫办、中共中央和国家机关工作委员会报送《扶贫季报》4期。

【干部挂职扶贫】 选派赵洪章挂职县委常委、副县长，协助分管融水县扶贫工作；方原担任江竹村第一书记，增派王涛挂职县长助理，对接推进科技产业扶贫。选派蒲传新与赵洪章压茬工作。西工大不断完善挂职干部管理制度，定期对扶贫干部进行检查考核。2019年9月，学校纪委到融水县对扶贫干部工作情况进行督导检查。

【扶贫调研】 落实《督促检查融水县落实脱贫攻坚主体责任暂行办法》，2019年形成督导报告4份，提出整改问题11个。安排高旭红教授团队赴融水县开展“脱贫攻坚调研诊断”，对融水县干部进行扶贫业务培训，实地走访查看4个乡镇、3个行政村，进行村干部、建档立卡户问卷调查，提供脱贫攻坚业务指导报告1份。

【扶贫培训】 邀请原中共中央对外联络部副部长于洪君、国际问题专家杨希雨等做客融水“苗山讲堂”，举办形势政策报告会。围绕地方发展和脱贫攻坚，举办16期培训班，培训县乡村干部1989人次。围绕义务教育和基本医疗保障，举办村医医疗技术培训班3期，培训村医198名；举办贫困村创业致富带头人培训班，培训致富能人95名；举办乡村教师培训班，培训教师959名。

【教育扶贫】 对融水县教师持续开展到西工大跟岗培训、名师到融水送教上门、团队指导等。组织教师跟岗培训班9期，培训骨干教师99名；组织959名融水县教师参加乡村教师在岗培训班；选派8名优秀研究生到融水县支教1年；发放翱翔助学金、奖学金、奖教金27万元。开展航模与机器人科普培训班、组织西工大-融水校园“科技周”暨归国留学人员校园行等活动，建立国防科普教育基地，受益学生8000余人，大学生与中小学生学习结对1000余个。组织142名贫困学生参加“三航科技”筑梦夏令营。

【消费扶贫】 组织购买融水县特色农产品，通过校园展销、设立扶贫专卖店等方式实现农产品进校园、进食堂、进超市；通过网上商城、校友会推介等活动，用市场解决农产品走出深山难题，直接购买融水县农产品295.67万元，帮助销售农产品913.62万元。

【党建扶贫】 组织31个标杆或样板党组织与融水县30个基层党组织（贫困村15个）结对共建，通过讲党课、送技术等形式激发党组织内生动力，发挥战斗堡垒作用。江竹村通过“抓党建促脱贫”，贫困户人均收入增至4000多元。

【产业扶贫】 引进校友特色产业项目，建设“桂北中药材仓储物流中心”“万亩GAP中药材林下种植”“中药萃取”等产业集群。帮扶引进的悦创公司2个产业项目建设顺利推进，已建成400亩林下中药材种植基地；与融水县11家龙头企业和农村专业合作社开展技术合作，带动3117名贫困人口增收致富。

【健康扶贫】 按照“基本医疗有保障”的要求，邀请专家开展义诊和医疗讲座活动，举办村医培训班3期，培训村医198名，为贫困户发放爱心小药箱200余个，为贫困村医务室提供80台价值15万元的平板电脑。围绕“住房安全有保障”的需求，投入20万元用于危房改造和安全饮水提升工程，761名贫困人口受益。

【扶贫宣传】 2019年，西工大共有34批次218名师生赴融水县开展扶贫工作。人民网、新华网、工业和信息化部网站、陕西广播电视台等先后以“西工大扎实推进精准扶贫向纵深发展”“苗山脱贫影像志——西工大研究生支教大苗山”等为专题进行报道，陕西卫视《脱贫路上》录制《江竹水陕桂情》专题宣传片。

（西北工业大学扶贫工作领导小组办公室　马西平）

中国科学技术大学定点扶贫

【概述】 2019年，中国科学技术大学（以下简称"中国科大"）定点帮扶贵州省六枝特区，投入扶贫资金307.15万元；促成科大讯飞股份有限公司与六枝特区签署战略合作框架协议，并向六枝特区捐赠共计30万元的教育信息化软硬件设施；面向六枝特区开展教育、医疗、党务和干部等培训共15场，培训基层干部886人次、技术人员1311人次；积极开展消费扶贫，购买六枝特区优质农副产品87.25万元，帮助销售六枝特区农副产品2338.66万元。2019年4月，贵州省人民政府正式批准六枝特区退出贫困县序列。

【扶贫资金投入】 2019年，中国科大共投入资金307.15万元，其中教育培训139.66万元，教育扶贫40.82万元，产业扶贫（建设猕猴桃示范基地、猕猴桃冷库、猕猴桃实验室以及开展云茸示范种植、推广绿色丰产项目）115.84万元，第一书记办公经费及组织开展六枝特区农产品展销会费用10.83万元。

【扶贫调研】 2019年10月，中国科大党委书记、扶贫开发领导小组组长舒歌群带队赴贵州省调研督导定点扶贫工作，党委副书记、扶贫开发领导小组副组长蒋一及其他同志陪同调研。舒歌群一行与贵州省副省长魏国楠以及省扶贫办、六盘水市、六枝特区等相关领导座谈，就六枝特区党委、政府切实履行脱贫攻坚主体责任提出要求，并深入六枝特区新窑镇联合村调研定点扶贫项目，走访慰问贫困群众。

【扶贫培训】 2019年，面向六枝特区开展教育、医疗、党务和干部等培训共15场，培训基层干部886人次、技术人员1311人次。

【干部挂职扶贫】 中国科大先后派出3批5位干部到六枝特区挂职。2019年10月，选派林高华、徐晶芝到六枝特区挂职，继续做好帮扶工作。陈超荣获2019年贵州省"全省脱贫攻坚优秀共产党员"称号，陈超和杨志伟均获六盘水市和六枝特区"优秀共产党员"称号；中国科大扶贫开发领导小组办公室荣获2019年"贵州省脱贫攻坚先进集体"称号。

【产业扶贫】 中国科大在中国科学院的指导与支持下，积极寻求与相关研究院所的合作，通过建设猕猴桃、食用菌、绿色丰产新技术推广等3个示范基地，带动六枝特区农业发展升级。2019年，在继续做好现有示范项目种植及推广的基础上，进一步加大对农产品深加工的技术和经费支持，赋能六枝特区农业升级发展，先后邀请中国科学院贵阳地球化学研究所团队及中国科大化学与材料科学学院团队多次赴六枝特区考察刺梨深加工项目，在饮品研发、产品设计等方面给予大力支持，帮助解决六枝刺梨产业发展瓶颈；全年在继续投入38万元建设猕猴桃基地的基础上，追加44.8万元建设猕猴桃冷库和采后实验室。

【消费扶贫】 积极开展消费扶贫，以销促产鼓励六枝特区发展特色种植。2019年，通过工会福利采购购买六枝特区农副产品87.25万元。与六枝特区签署关于支持六枝特区电子商务发展合作框架协议，推进六枝电商事业发展，帮助六枝特区对接京东、淘宝及中国银行的电商平台，全年帮助销售六枝特区农副产品2338.66万元。

【教育扶贫】 中国科大特别注意加强定点扶贫地区的教育帮扶，将提升教育水平作为斩断贫困代际传递的重要方式。坚持为六枝特区开展师资培训，每年邀请中小学生参加科技活动周活动。2019年4月以来，在六枝特区定期开展“崇尚科学·感受科技魅力”系列科普讲座活动，邀请校内教授赴六枝特区作科普讲座，共举办9期16场，受众7192人。向六枝特区5所中小学捐赠图书3814册；动员党员师生捐款，向联合村四角田小学捐赠图书696册；发起“春蕾计划”，共募集资金10800元，资助贫困女童54名。进一步加大教育帮扶投入，出资援建六枝特区“少年硅谷”创客中心，引进科大讯飞股份有限公司部署智慧教育示范点。在中国科大的持续帮扶下，六枝特区在中小学科技创新赛事中进步显著，在2019年的全国青少年科技创新大赛、贵州省青少年科技创新大赛等重要赛事中均斩获佳绩。

（中国科学技术大学扶贫办　何昊华）

北京科技大学定点扶贫

【概述】 北京科技大学(以下简称“北科大”)定点扶贫甘肃省秦安县。成立由党委书记武贵龙和校长杨仁树担任组长的定点扶贫工作领导小组,遵循“秦安实践出题,科大师生答卷”的基本思路,聚焦“两不愁三保障”突出问题,形成以加强党建为先导、教育扶贫为主线、产业扶贫为主题、科技扶贫为支撑的定点扶贫工作思路,全方位、立体式打造定点扶贫“秦安样本”。分别选派3人挂职,4名支教研究生赴秦安县支教。2019年,北科大完成定点扶贫责任书各项任务,助力秦安县减贫3.25万人。召开党委常委会研究部署定点扶贫工作9次,校地对接7次;对秦安县投入帮扶资金386.7万元,引进帮扶资金311万元;培训基层党政干部387人,培训各类技术人员1420人;购买当地农产品226.18万元,帮助销售当地特色林果461.78万元;“一对一”资助贫困学生405人。教育扶贫案例入选《全国教育扶贫典型案例汇编》;获评“甘肃省脱贫攻坚帮扶先进集体”,挂职干部沈崴被评为“甘肃省脱贫攻坚帮扶先进个人”;秦安扶贫团队荣膺“感动北科”新闻人物。

【扶贫资金投入】 2019年,北科大对秦安县投入帮扶资金共386.7万元,其中直接投入资金350万元,物资折价36.7万元。为秦安县引进帮扶资金311万元。其中,帮扶资金投入104.56万元用于教育扶贫;投入75.19万元用于“两不愁三保障”和农村人居环境提升;投入110.6万元用于产业扶贫;投入56.41万元用于科技扶贫。直接投入39.94万元用于解决“两不愁三保障”突出问题。在引进项目资金方面,从中国光华科技基金会引进100万元的爱心图书项目;从中国扶贫基金会引进90余万元的乡村小学生爱心包裹项目;从北京少年创客教育科技研究院引进50万元的“秦安县少年创客工作室”项目;从中国青少年发展基金会引进10万元的助学金项目;从苏州欧图欧食品科技有限公司引进10万元的奖学金项目和价值20万元的慰问物资;从北京生态修复学会和“教授跑团”引进价值10万元的图书及衣物;从北京永安博技术有限公司引进价值1万元的健身器材;发动教职员工及校友开展一对一持续资助贫困学生405人,每年累计资助20余万元。

【扶贫调研】 武贵龙、杨仁树及班子其他成员共6人次,分4批带队赴秦安县对接推进定点扶贫工作,督促指导脱贫攻坚工作。制定《中央单位定点扶贫督促指导工作方案》,成立由党委副书记权良柱和党委副书记、纪委书记戴井岗为组长,相关职能部门为成员单位的督导工作组。2019年,共开展综合督导1次、专项督导3次,形成督导工作报告2份。

【扶贫培训】 2019年,北科大为秦安县培训基层党政干部387人、各类技术人员1420人。其中,举办中国·秦安党建引领乡村振兴战略论坛,培训镇村干部和县直部门干部172人;举办秦安县政法系统学习贯彻习近平总书记重要讲话精神专题培训班,培训干部215人。为秦安县196个教学点在岗教师开展“送教下乡”,培训260人;联合县科技局举办秦安科技扶贫春季(冬季)果园管理技术培训,培训520人;举办2019年科技项目申报暨高新技术企业认定培训班，培训105人。组织2名中小学校长到北京科技大学附属中学、北京科技大学附属小学，3名医生到空军特色医学中心、北京佑安医院挂职进修，并在秦安县培训医生28人。举办小庄村和小寨村大讲堂，共培训315人；举办劳务输出保安技能培训，培训50人；在北京举办秦安县林果品牌培育与推广人才暨农村创业致富带头人培训班，培训50人。举办其他各类培训，累计培训87人。

【干部挂职扶贫】 北科大选派沈崴赴秦安县挂职副县长，协助分管教育精准扶贫工作。选派蒋灵斌担任西川镇小庄村第一书记。蒋灵斌挂职期间表现优秀，被评为“甘肃省脱贫攻坚帮扶先进个人”“天水市抓党建促脱贫攻坚致富带头人”“北京科技大学优秀党务工作者”。增派李萌担任西川镇小寨村第一书记。李萌挂职期间表现优秀，被评为“北京科技大学优秀党务工作者”“秦安县优秀党务工作者”。选派4名优秀研究生赴秦安县桥南初级中学支教。

【扶贫宣传】 国务院扶贫办《扶贫开发》、教育部网站《一线采风》栏目、《甘肃省脱贫攻坚专报》《甘肃脱贫攻坚动态》《天水扶贫开发工作动态》等集中报道北科大产业扶贫、教育扶贫、科技扶贫等方面的工作举措和典型经验；人民日报、新华社、中国中央电视台、甘肃日报、天水日报对北科大定点扶贫工作成效进行广泛宣传。中国教育电视台、中国教育报、中国科学报、人民网、中国青年网等主流媒体对北科大教育扶贫、产业扶贫进行专题报道。

【消费扶贫】 北科大与定点扶贫县签订政府采购协议，通过举办农特产品展销会、工会福利采购、“爱心大礼包”认购、后勤集中采购及开设食堂“扶贫窗口”等方式开展消费扶贫，共购买产品226.18万元。进一步拓展销售渠道，组织果树网络认购、公益营销大赛、引进电商平台和校友企业等，帮助销售农特产品，累计收入461.78万元。

【产业扶贫】 组织培训企业管理人才、电商人才、农技人才和农村创业致富带头人1000余人次。联合金融机构开展苹果“保险+期货”项目，投入50万元保费，补助1516个贫困户苹果种植实现收益保底。捐资20万元援建果品分拣扶贫车间，吸纳25名村民在家门口实现就业。投入20余万元修建产业路60千米。为贫困村民发放优质果苗7.5万株，扩大林果种植面积2000余亩。特聘中国中小商业企业协会7名专家为秦安县“县域经济发展顾问”。举办2019年中国·秦安党建引领乡村振兴战略论坛。携手浙江大学编制《秦安县国土空间发展规划纲要》《刘坪桃花小镇概念性规划》。

【教育扶贫】 北科大在秦安县建立9个教育扶贫基地，选派4名研究生赴秦安县桥南初级中学支教，建立“留守儿童心理健康教育基地”“北科大科普教育基地”“中学生科技创新实验室”“贝壳梦想教室”。捐赠价值47万元的科普设备和图书；投入30万元设立秦安县“教师敬业奉献奖”及学生“鼎新奖学金”“励志助学金”。发动教职员工和爱心人士“一对一”资助贫困学生405人，组织秦安县12名贫困学生“手拉手共度六一”游学北京。中国光华科技基金会捐赠价值100万元图书给秦安县100所学校。中国扶贫基金会捐赠价值90万元爱心包裹给9000余名乡村小学生；北京少年创客教育科技研究院提供价值50万元的设备，捐建秦安县少年创客工作室；中国青少年发展基金会捐赠10万元资助100名贫困学生。

【科技扶贫】 北科大划拨50万元专项经费，围绕秦安县教育、科技、文化、健康等发展问题进行研究，邀请10余支专家及研究生科技服务团队赴秦安县开展“科技下乡”活动，入选“全国高校师生主题社会实践百个优秀团队”。开展秦安县遗址保护开发和国家级“非遗”项目申报；推动东凌经济管理学院与秦安县果品龙头企业签订战略合作协议；依托环境学科参与秦安县污水处理防治项目，进行农村宜居环境“厕所革命”试点；依托教育学科开展乡村教师“走教模式”研究；依托医学大数据联合体在秦安县建立健康扶贫社会服务基地，助力秦安县成功申报全国首批健康扶贫示范项目。组织专家团队为天水市麦积区铷矿资源勘探、张家川县铁铜矿开采及冶炼提供技术支持。

【文化扶贫】 北科大挖掘整理秦安县八千年大地湾史前文明和非物质文化遗产，助力秦安文旅扶贫。联系中国中央电视台《中国影像方志》栏目拍摄甘肃“秦安篇”，讲述“羲里娲乡”的故事。携手北京林业大学编制《秦安县绿地景观提升规划》，将秦安县悠久的历史文化融入产业发展升级。组织“秦安文化走进北科大”活动，邀请“非遗”项目传承人到学校展演展示秦安文化。

【健康扶贫】 选派医生赴空军特色医学中心和北京佑安医院挂职进修。由北科大医院内外科主任医师等5人组成的团队赴秦安县为贫困村民开展义诊、捐赠医药活动，共接待义诊村民100余人，投入6万元购买药品捐赠给小庄村、小寨村村民；投入医疗卫生扶贫资金10万元，维修改建西川镇卫生室。

（北京科技大学扶贫办　沈　崴）

北京化工大学定点扶贫

【概述】 2019年,北京化工大学定点帮扶内蒙古自治区科尔沁左翼中旗(以下简称“科左中旗”)。北京化工大学共召开6次党委常委会、2次校长办公会和2次定点扶贫工作领导小组会,先后组织174人次到科左中旗开展调研考察活动,与科左中旗委和政府班子举行座谈会9场,形成监督报告1份。直接投入帮扶资金200.22万元,帮助引进各类帮扶资金620万元。开展各类培训讲座多场,共培训基层干部304人,培训技术人员1166人。组织科左中旗农产品定向直供直销食堂活动,采购农产品200万元;发动校友及广大教职工购买科左中旗农产品,帮助销售农产品218万元。截至2019年年底,科左中旗未脱贫户降至431户、1247人,贫困发生率降至0.3%,24个未出列贫困村达到脱贫退出标准,达到脱贫摘帽条件,完成脱贫摘帽第三方评估工作。

【扶贫资金投入】 2019年,北京化工大学直接投入帮扶资金200.22万元,围绕产业扶贫、教育扶贫和“两不愁三保障”等方面开展扶贫项目9项;帮助引进各类帮扶资金620万元,其中北京化工大学教育基金会捐赠奖学金10万元,北京化工大学科技园捐赠“农村牧区青年创业就业培训”费用2万元,党员干部、教职员工捐款8万元,通过扶持通辽万众生物质燃气有限公司引入国家发展和改革委员会项目资金600万元。

【扶贫调研】 2019年,北京化工大学先后17次到科左中旗(其中班子成员11人次,中层干部、专家教授、教师学生共计163人次)开展调研和帮扶工作,与科左中旗委和政府班子举行座谈会9场,调研工业园区3个、龙头企业6家、产业扶贫项目2项、中小学6所,走访嘎查村4个,慰问贫困户86户。

【扶贫制度建设】 2019年4月,北京化工大学与科左中旗联合印发《关于进一步完善与中央定点帮扶单位协作机制的实施意见》,并成立中央定点帮扶工作协调推进组,进一步健全“高层互动、部门对接、基层落实”三级对接机制。

【扶贫培训】 2019年,北京化工大学邀请民政部专家、《乡镇论坛》主编黄晓林在科左中旗举办“百校名师讲堂”,作题为“文化自信与乡村振兴”的专题讲座报告,培训基层干部304人;邀请多位知名中学教学专家赴科左中旗举办中学学科教师培训班1期,培训中学教师557人;启动“心桥工程”教育教学共建项目,开展线上线下教学培训多场,培训高中教师81人;在科左中旗5个乡镇举办就业技能培训班6期,培训建档立卡贫困户311人;举办农村牧区青年电子商务创业就业技能培训班1期,培训致富带头人217人。

【干部挂职扶贫】 2019年9月,北京化工大学选派徐泽敏为驻村第一书记,出任科左中旗党组成员,协助分管扶贫工作;选派靳万民担任科左中旗保康镇哈沙吐嘎查村驻村第一书记。

【扶贫宣传】 邀请国务院扶贫办扶贫专家为全体校领导、中层干部和部分师生代表作题为“国家脱贫攻坚政策系统解读”专题学习讲座。10月,以“不忘初心、牢记使命 众志成城、扶贫攻坚”为主题,在校内举行定点帮扶宣传展，传达习近平总书记关于扶贫工作的重要论述及指示精神，展示学校的扶贫举措和成效，利用“两微一端”新媒体平台开展宣传报道。2019年，共在北京化工大学官方网站、微信公众号上报道扶贫相关新闻26篇，以扶贫干部、研究生支教团为宣传典型，形成扶贫事迹专题报道3篇。

【科技扶贫】 2019年，北京化工大学自筹经费110万元，设立宝龙山工业园区规划项目，联合华陆工程科技有限责任公司共同开展。联合中国农业科学院和中国农业机械化科学研究院，组织科技服务团3个、专家教授24人次赴科左中旗宝龙山工业园区和保康工业园区开展“科技送上门”服务；围绕玉米深加工、肉牛产业发展等方向，帮助扶持当地企业11家。

【产业扶贫】 北京化工大学长期保持与当地龙头企业惠群生物肥业有限公司（以下简称“惠群肥业”）、通辽万众生物燃气有限责任公司（以下简称“通辽万众”）的产业扶持关系，持续推进生物质有机肥项目和生物质天然气生产项目进展。2019年，惠群肥业生产季销量首次实现增长，产销量达到5.6万吨，销售量比2018年同期翻3倍，销售额5年来首破1.68亿元大关。通辽万众在科左中旗增加投资380万元，并获得国家发展和改革委员会项目支持600万元。邀请科左中旗招商局和宝龙山工业园区管委会等单位参加第八届全球校友会负责人发展论坛暨校友企业家联盟成立大会，搭建“校友企业-学校-旗县”产业扶贫平台，协助科左中旗开展招商引资活动。

【就业扶贫】 北京化工大学实施就业扶贫行动计划，2019年共举办贫困户就业技能培训班6期，培训建档立卡贫困户311人；举办青年致富带头人培训班1期，培训青年致富带头人217人。预留24个校内后勤就业岗位面向科左中旗贫困户招聘。通过扶持的龙头企业和农村合作社，共聘用20名贫困村民，帮助贫困户实现就近就地就业。

【教育扶贫】 2019年，北京化工大学组织专家学者、一线教师、优秀学生赴科左中旗开展系列教育扶贫工作。8月，派出第五届研究生支教团3名研究生赴科左中旗保康三中开展支教扶贫活动，同时投入2.8万元用于建设保康三中美术教室。9—10月，组织社体专业本科生41名，分赴科左中旗5所中小学展开为期2个月的支教实习活动。帮助建立校级国旗护卫队2支，组建啦啦操队1支，排练150人的大型健美操表演4场，帮助3所学校在“旗长杯”足球联赛中取得优异成绩。9月，与科左中旗教科体局、保康第一中学联合启动“心桥工程”项目，聘请一线教师41人，按英语、数学、物理、化学、生物5门学科组织集体备课和线上教学，并赴保康第一中学开展面对面教学指导工作2次，举办“新形势下如何提高高中教师的学术水平和教学质量的思考”等专题讲座2场，培训高中教师81人。邀请特聘教授、全国外籍专家友谊奖获得者、科普中国特别贡献者戴伟教授，为科左中旗的中学生举办高端科普讲座4场，组织中学教师化学实验培训1场。北京化工大学在科左中旗招收、培养18名项目管理工程硕士研究生。2019年，共组织4次导师“送教上门”活动，送教导师达13人次。11月，组织答辩委员会委员赴科左中旗举行毕业论文答辩会，已毕业14人。北京化工大学共资助科左中旗贫困学生164人，累计发放奖助学金12.4万元。其中，学校教育基金会向科左中旗家庭经济困难学生资助管理中心捐款10万元，设立北化教育基金会扶贫奖学金项目。

【党建扶贫】 2019年，北京化工大学先后组建脱贫攻坚党建引领团4个，赴科左中旗哈沙吐嘎查、西浩来艾勒嘎查、巨宝山村、扎如德仓嘎查开展结对共建，共对接帮扶建档立卡贫困户86户，组织校内党员、广大师生向贫困户和贫困学生捐款捐物、发放慰问金，共计12.68万元。共组织暑期社会实践团2个，赴科左中旗开展文化扶贫和就业扶贫调研活动，其中文法学院组织的“脱贫攻坚文化服务团”荣获2019年“青年服务国家”首都大中专学生暑期社会实践优秀团队称号。

【消费扶贫】 2019年，北京化工大学组织开展扶贫农产品定向直供直销食堂活动，共采购农产品200万元。在校内设立扶贫农产品销售门店和食堂扶贫窗口、举行现场推介会和试吃活动，发动广大教职工及校友购买科左中旗农产品，依托教育部“e帮扶”消费扶贫平台和校内收费平台设立科左中旗扶贫农产品线上销售专区，共帮助销售农产品218万元。

【两不愁三保障】 2019年，北京化工大学自筹资金78万元，支持科左中旗落实“两不愁三保障”扶贫工作。投入5万元用于科左中旗丰库牧场卫生院购置医疗设备，惠及贫困户24人；投入5万元保障饮水安全，惠及贫困户38人；投入20万元保障住房安全，惠及贫困户79人；投入35.2万元用于帮助建档立卡贫困村额伦索克嘎查完善教学点功能教室建设；投入2.8万元用于建设保康三中美术功能室，惠及贫困学生156人；投入10万元为科左中旗建档立卡贫困村购置15台电脑，主要用于“机账实”等建档立卡基础工作。

【扶贫监督检查】 北京化工大学将日常督促检查与专项监督指导结合，2019年共与科左中旗委和政府班子举行座谈会9场，调研工业园区3个、龙头企业6家、产业扶贫项目2项、中小学6所，走访嘎查村4个，慰问贫困户86户。11月，北京化工大学党委赴科左中旗开展监督指导专项工作，与旗纪委监委、扶贫办、财政局等15个单位座谈，查阅扶贫相关档案资料，考察扶贫项目实际进展，发现主要问题2个，形成督促指导报告1份。

（北京化工大学扶贫工作办公室
张　睿）

北京邮电大学定点扶贫

【概述】 北京邮电大学（以下简称“北邮”）定点帮扶贵州省长顺县，探索形成以科技扶贫为主体，教育、产业、智力、消费、精神扶贫协同推进的“一主体五协同”扶贫格局。2019年，投入帮扶资金237.48万元，引进帮扶资金220.48万元，培训基层干部301人、技术人员796人，购买农产品274.5万元，帮助销售农产品863.8万元。加强扶贫工作机制建设，开展调研督导、召开专题会议、参与专项活动22次。2019年年底，长顺县剩余贫困村全部出列，剩余贫困人口1446户2979人，贫困发生率下降至1.29%，达到国家贫困县退出标准。

【扶贫资金投入】 北邮投入帮扶资金237.48万元，其中北邮教育基金会投入84.6万元，10万元用于资助长顺县困难学生，20万元用于资助长顺县中小学教师，4.6万元用于资助和慰问考入北邮的长顺籍困难学生，50万元用于暴雨救灾款。教师、干部培训投入55万元，党员资助及捐款40万元，基本科研业务费立项经费40万元用于科技扶贫系统研发、长顺县信息化规划编制。工会、后勤处专项经费中列支采购274.5万元农产品。17.88万元用于支持村级合作社项目等。

【扶贫调研】 北邮党委书记吴建伟，校长乔建永，副校长赵纪宁、张建华、徐坤分别赴长顺县开展调研，与长顺县委县政府进行座谈，听取长顺县脱贫攻坚工作情况汇报，精准对接长顺县帮扶项目实施，实地察看产业项目建设，对标检查长顺县脱贫攻坚工作情况。

【扶贫会议】 2019年，北邮召开定点扶贫工作专题会议11次，听取定点扶贫工作汇报，从加大资金、人员投入力度，开展教育、科技、消费、文化、志愿扶贫等方面研究推动定点扶贫工作。12月，北邮副校长赵纪宁带队赴贵州省黔南布依族苗族自治州，出席2019年中央单位定点扶贫工作会议。

【扶贫制度建设】 制定《北京邮电大学派驻长顺县第一书记工作经费管理办法》《北京邮电大学定点帮扶长顺县扶贫项目资金管理办法》，加强扶贫领域项目资金监管，确保项目管理规范和扶贫资金使用合规。

【扶贫培训】 举办长顺县领导干部大数据专题培训班，为51名长顺县领导干部开展为期5天的大数据知识及应用能力培训。组织专家赴长顺县开展党史文化教育专题讲座，培训干部220人。投入41万元在北京师范大学为51名长顺县中小学骨干教师“量身定制”培训。成立“专家工作站”，举办长顺县领导干部培训班；实施“智能终端维修工程师培训项目”，安排参训学员在北京就业；开展党史、文化、教育等专题讲座，培训基层干部301人、技术人员796人。

【干部挂职扶贫】 北邮选派2名挂职干部赴长顺县挂职副县长、驻村第一书记。挂职干部牢记脱贫攻坚使命，认真履职，获得“贵州省脱贫攻坚先进个人”“贵州省脱贫攻坚优秀村第一书记”等荣誉称号。

【扶贫宣传】 北邮的工作举措与工作经验得到中共中央、教育部及多家主流媒体的宣传报道。国务院扶贫办《扶贫信息》第66期印发《北京邮电大学发挥信息科技优势提高定点扶贫的科技含量》。中国教育电视台以“研究生支教团:泥土芬芳支教扶贫”“北京飞来脱贫攻坚‘领头雁’”“北邮方案:科技照亮扶贫路”3个专题对教育扶贫、产业扶贫及科技扶贫工作进行报道。《北京晚报》以“首都大学生让贫困县变了样”为题,对北邮“助顺邮我”科技扶贫团队在长顺县开展科技扶贫、助力当地经济社会发展相关工作的情况进行深度报道。搜狐教育刊登文章《“万物美好,我在中央”! 北京邮电大学开展扶贫项目,推进科技与精神扶贫》,介绍学校通过定点扶贫项目,助力长顺县学生到北京从事技术类相关工作,“学习强国”平台对此进行转载报道。

【产业扶贫】 北邮在长顺县落实扶贫专项项目资金共140万元,用于发展农村庭院经济、食用菌种植等项目,各项帮扶项目覆盖308户1300余名农村群众,年人均增收1200元。

【科技扶贫】 设立专项课题,编制《长顺县信息化发展规划》,助推长顺县成为贵州省首个启动5G建设的县市。筹措资金1300多万元,建设“智慧长顺”项目。组建师生科技扶贫专班,为长顺县农产品订单搭建产销对接平台。在景区打造智慧旅游导览系统,累计接待游客50万余人次。

【教育扶贫】 北邮在长顺县设立专项奖学金10万元、奖教金20万元,资助优秀学生和教师各100名。持续深化“优质生源基地”建设,实施国家专项计划招生和高校专项计划招生,2019年录取长顺籍考生5人,乔建永到长顺县为5位新生颁发录取通知书。引入帮扶资金200万元,用于幼儿园综合楼建设。引进阿里巴巴网络技术有限公司价值93万元的教育课程,助力当地教育教学水平、科学管理能力提升。相继派遣42名研究生到长顺县开展支教活动,参加推广普通话宣传周活动,承办各项校园文体活动,协助开展志愿服务工作。

【文化扶贫】 建设“马克思主义学院与中共长顺县委党校(长顺县行政学校)共建基地”“北京邮电大学青年师生社会实践基地”。北邮在长顺县举办校友工作会议、科技文化周活动。举办创新创业成果展,展出涉及VR、AI、机器人等领域的25个项目,向长顺县干部群众传播大众创业万众创新理念。组织3支师生团队赴长顺县开展暑期“三下乡”社会实践活动。大学生艺术团分别在长顺县神泉谷、广顺镇金竹移民社区、长寨街道杉木村等地为当地百姓献上4场“决胜脱贫攻坚战 喜迎建国七十载”扶贫慰问专场文艺演出。研究生宣讲团2次赴长顺县开展励志宣讲12场,覆盖长顺县所有初高中,受众学生1600人。

【公益扶贫】 2019年,长顺县遭受严重暴雨灾害。北邮发动党员筹款70.85万元,帮助长顺县受灾群众渡过难关、恢复生产、重建家园。组织教工党支部资助建档立卡学生54人,资助经费共计19.4万元。

(北京邮电大学扶贫办 邹 丹)

中国农业大学定点扶贫

【概述】 2019年,中国农业大学定点扶贫云南省镇康县,校领导及专家扶贫考察调研6次,召开扶贫专题会议3次,举办3期培训班,培训基层干部252人次、农技人员362人次。投入帮扶资金200万元,引进帮扶资金305万元,采购扶贫农产品214万元,帮助销售当地农产品349万元。继续选派暑期支教团、社会实践小分队,支持镇康县教育发展,依托教授工作站、教授服务团、科技小院、博士服务团,引进拼多多电商平台,为镇康县产业发展提供智力、技术和产业支持。

【扶贫资金投入】 2019年,中国农业大学向镇康县投入帮扶资金200万元,用于勐捧镇烟稻轮作项目;引进帮扶资金305万元,其中帮助引进拼多多资金135万元,帮助引进教育基金会资金150万元,帮助镇康县勐堆乡中心引进帮扶资金20万元;采购贫困地区农产品214万元,其中采购镇康县红糖、茶叶、坚果等农副产品205.8万元,采购青龙满族自治县苹果8.25万元;帮助销售贫困地区农产品349万元,其中帮助镇康县销售农副产品65万余元,帮助新疆维吾尔自治区喀什地区莎车县销售核桃188万余元,帮助贵州省安顺市关岭布依族苗族自治县销售刺梨96万元。

【扶贫调研】 2019年4月,中国农业大学党委书记姜沛民赴云南省临沧市参加教育部2019年滇西脱贫攻坚部际联系会暨教育部直属系统扶贫工作推进会,并与镇康县挂职副县长、驻村第一书记座谈,听取定点扶贫工作进展汇报。6月,中国农业大学校长孙其信一行赴镇康县调研指导定点扶贫工作。3月,中国农业大学常务副书记张东军赴云南省临沧市参加教育部高教司精准扶贫工作座谈会,调研定点扶贫工作进展。4月,中国农业大学副校长龚元石赴云南省楚雄彝族自治州参加教育部教育扶贫和教育信息化调研座谈会,介绍中国农业大学扶贫典型经验模式。3月,中国农业大学人文与发展学院院长叶敬忠一行赴镇康县开展调查研究。4月,人文与发展学院汪淳玉赴镇康县考察,对产业发展现状、进出口贸易等进行专项调研。

【扶贫培训】 中国农业大学依托教授工作站、教授服务团、博士服务团、科技小院等共建平台,结合镇康县脱贫攻坚实际需求,围绕中草药、甘蔗、蔬菜栽培与病虫害防治技术、乡村振兴与新型经营主体培育等方面开展培训,先后举办培训班3期,培训基层干部252人次、技术人员362人次。

【干部挂职扶贫】 2019年,中国农业大学选派2名副处级干部分别担任镇康县副县长和勐堆乡帮东村驻村第一书记。挂职干部通过进村入户调查,召开座谈会、查阅档案资料等方式,与临沧市驻镇康县脱贫攻坚督查巡查组一起,对镇康县脱贫攻坚工作进行督促检查,累计发现问题19个,形成报告1份,并向镇康县扶贫开发工作领导小组反馈相关督查情况。

【产业扶贫】 2019年6月,中国农业大学与镇康县签署脱贫攻坚帮扶项目和农产品采购框架协议。9月,中国农业大学与上海寻梦信息技术有限公司共同参与镇康县脱贫攻坚工作,在镇康县勐捧镇岩子头村设立扶贫兴农

"多多农园"项目,将岩子头村古树茶做成名优农副产品,有效带动50户建档立卡贫困户197人脱贫增收。

【智力扶贫】 中国农业大学继续实施"百名博士镇康行"活动。2019年7月,"百名博士老区行"博士服务团一行7人走进镇康县,分别前往凤尾镇和勐捧镇,深入凤尾村、大坝村、大寨村、岔沟村和忙耿村5个村子进行调研,分别开展主题为"香料烟种植""电商销售""乡村振兴""烤烟病虫害防治""经济学原理普及"5场讲座,近400名村民参加培训。依托教授服务团(工作站)、科技小院、研究生暑期支教团等共建平台,提供智力科技服务支持。

【人才扶贫】 2019年,中国农业大学组织全国知名扶贫专家李小云教授及团队成员深入镇康县调研,为领导干部做精准脱贫报告讲座,撰写《如何高质有效推动镇康县精准扶贫和乡村振兴战略有效衔接的调研报告》,为镇康县指明发展面临的困难与挑战及下一步发展方向。

(中国农业大学社会服务处 杜雨朔)

北京林业大学定点扶贫

【概述】 2019年，北京林业大学(以下简称“北林大”)定点帮扶内蒙古自治区科尔沁右翼前旗(以下简称“科右前旗”)，赴科右前旗调研226人次(其中单位主要负责同志3人次)，派遣挂职干部2人，投入帮扶资金209万元，引进帮扶资金1156.7万元，培训基层干部1703名、技术人员1039名，购买农产品288.4万元，帮助销售农产品823.13万元，助力科右前旗打赢脱贫攻坚战。

【扶贫资金投入】 2019年，北林大向科右前旗投入资金209万元，其中科技专项帮扶资金85万元，设立“就科右前旗沙果深加工设备存在的关键问题开展沙果去核机定向输送机构”“科右前旗文冠果高效种植模式研究”等8个科技扶贫项目，以科技力量推动产业发展带动脱贫致富；投入教育帮扶资金124万元，帮助科右前旗提升基础教育质量，阻断贫困代际传递。

【组织领导】 北林大成立定点扶贫工作领导小组，校党委书记王洪元、校长安黎哲任双组长；设立扶贫工作办公室，组建工作专班，落实帮扶举措，制订并印发《北京林业大学2019年定点扶贫科右前旗工作计划》。

【干部挂职扶贫】 北林大选派孟祥刚挂职科右前旗人民政府副旗长，分管扶贫工作；选派张骅驻村担任科右前旗科尔沁镇远新村第一书记；接收1人到北林大党政办公室挂职主任助理。

【扶贫培训】 北林大开展干部、技术人员扶贫培训，先后派遣包括中国工程院院士尹伟伦在内的数十名教授、专家赴科右前旗开展专场报告、现场指导和讲座授课。2019年，共组织扶贫培训班22期，帮助培训科右前旗基层干部与技术人员2742人。

【消费扶贫】 2019年，北林大购买科右前旗各类农产品288.4万元，其中后勤食堂采购大米、面粉、豆油合计233.6万元，工会采购教职工福利品大米、鸡蛋、西红柿、粉条合计54.8万元。与海淀区政府、科右前旗政府共同协作在北京召开内蒙古科右前旗经济合作招商推介会，介绍科右前旗的投资环境和重点项目，28家企业178种农特产品参加展销。牵头组织北京高校基地直供平台，多所成员高校深入科右前旗考察当地农副产品，将米、面、油引入北京市场，进入清华大学、中国人民大学、中国农业大学等19所高校。2019年，北林大帮助销售科右前旗各类农产品823.13万元。

【智力扶贫】 北林大组织党委学工部、林学院、园林学院、国家花卉工程技术研究中心、高校思想政治工作创新发展中心等247位干部、教师分27个批次奔赴科右前旗脱贫攻坚一线，围绕林果业加工技术升级、乡村中小学阅读空间改造、城市园林规划建设、农村医疗保障、基础教育提升等领域开展实地指导和科技服务。

【产业扶贫】 北林大提出打造一条产业链激活万亩果林的特色产业扶贫思路，选定沙果行业科右前旗企业——恒佳果业有限公司进行全方位、全产业链帮扶，从改良沙果种植入手，优化沙果加工、包装、销售。2019年，恒佳果业有限公司的沙果销售额提高到460万元。沙果收储量由2018年的1600吨提高至

2019年的2700吨，沙果地区价格由每吨1700元提高至1900元，让种植沙果的果农受益。推动科右前旗培育发展文冠果产业。2019年，5000株文冠果苗木栽植落地，另有6000个容器苗长势良好。

【教育扶贫】 北林大连续6年派出40名研究生赴科右前旗开展接力支教，在上半年派出8名研究生支教的基础上加大教育扶贫力度，派出20名青年教师、8名研究生赴科右前旗支教1年。28名教师分别服务科右前旗5所学校，讲授课程涵盖小学、初中、高中所有年级的绝大多数科目，实现对基础教育的全覆盖。北林大附属小学2019年接收科右前旗10名教师跟岗实习；组织“梦想起航”科右前旗学子赴北京游学活动，绿色学府牵手绿色草原“扶智”又“扶志”，连续2年将科右前旗59名贫困家庭的中小学生邀请到北京，入住附属小学的“手牵手”家庭，与结对小伙伴同吃同住、同上一堂课。

（北京林业大学发展规划处　朱雨晨）

中国地质大学（北京）定点扶贫

【概述】 中国地质大学（北京）自2013年起定点扶贫青海省化隆回族自治县（以下简称“化隆县”）。2019年，中国地质大学（北京）直接投入资金238.8万余元，抓好解决“两不愁三保障”突出问题，将“精准扶贫”与“大扶贫”相结合，发挥学科与人才优势，动员教职员工和社会组织参与脱贫攻坚，在教育扶贫、消费扶贫、党建扶贫、宣传推广、引进帮扶等方面开展工作。

【扶贫调研】 2019年，中国地质大学（北京）领导7人次赴化隆县调研对接扶贫工作，其中党委书记马俊杰和校长孙友宏分别于5月和8月带队赴化隆县调研督导，处级及以下干部赴化隆县调研考察99人次。

【干部挂职扶贫】 中国地质大学（北京）董铁柱继续担任化隆县挂职副县长；选派张磊任知海买村第一书记兼扶贫工作队队长，杜鹏担任扶贫队员。2019年5月，杜鹏到扎巴镇挂职副镇长。在化隆县委组织部指导下，3名挂职干部成立临时党支部，学习宣讲脱贫攻坚最新文件精神。张磊被评为化隆县“脱贫攻坚优秀第一书记”“青海省脱贫攻坚先进个人”。

【教育扶贫】 2019年，中国地质大学（北京）开展教育扶贫项目“大山里的蒲公英”支教、“化隆学子进北京”游学、“雪莲花”系列捐资助学。设立“雪莲花”助学金，教工党支部结对帮扶知海买村50余名贫困学子，共捐赠7.7万余元。设立化隆籍贫困大学生助学金，资助50名贫困大学生共15万元。开展“大山里的蒲公英”暑期社会实践活动，53名大学生志愿者赴10个村庄进行为期14天的社会实践，开展支教、家访、社会调查、科普宣讲等，通过入户访谈开展精神扶贫，为贫困学子制作《成长记录手册》。开展化隆学子进北京“三热爱一团结”主题教育活动，邀请化隆县34名中学生到北京参加为期5天的访学活动，观看天安门升国旗仪式，参观博物馆、校史馆、实验室及科技成果展，体验人文素质课程，参加素质拓展，举办主题征文活动。2019年，中国地质大学（北京）投入义务教育资金48万余元，直接帮助贫困学子600余人。

【扶贫培训】 2019年，中国地质大学（北京）共投入130万元举办12期培训班，其中采用“请进来”方式在北京为化隆县的数学教师、企业管理人才、拉面人才、镇村干部、妇女干部、贫困母亲等群体进行9期培训；采用“走出去”方式在化隆县开展“不忘初心、牢记使命”主题教育，乡村医生培训等3期培训班。2019年，培训基层干部304人次、技术人员528人次、贫困母亲53人次、党员致富带头人80人次，总计965人次。

【消费扶贫】 2019年，中国地质大学（北京）采购化隆县苏打水、黄牛肉、八宝茶、藜麦等特色农产品共计215.9万余元。通过多种渠道引导学校师生和社会各界加入消费扶贫队伍；与中国农业银行合作，开设专属展示区，打造特色电商平台，宣传销售化隆县农特产品。11月，引进化隆县拉面企业在学校食堂设立专门窗口销售牛肉拉面，日营业额稳定在8000—9000元，至2019年年底总销售额超过40万元，帮助带动5名化隆县贫困户脱贫增收。2019年，中国地质大学（北京）帮助销售化隆县“青藏冰泉”系列饮用水、拉面、虫草等农产品共计226.4万余元。

【党建扶贫】 组织学校教工党支部与化隆县实现支部共建，2019年共有16个教工党支部63名党员干部到化隆县进行支部共建，开展知识科普、调研座谈、植树造林、修建护坡、人居环境整治、慰问贫困户、修建图书馆等系列活动，党员干部捐款捐物近7万元。

【产业扶贫】 2019年，中国地质大学（北京）指导化隆县福顺德畜产品开发有限公司开发一套“三提升三带动”以消费扶贫促进地方产业提档升级的扶贫模式，帮助该企业发展成为一家集牛羊养殖、育肥、屠宰、加工、销售及冷链物流于一体的综合性肉类加工企业，年产值同比增长50%以上，成为化隆县龙头企业。中国地质大学（北京）与该企业签订100余万元牛肉采购订单，带动贫困户大幅增收。参照肉类产品进北京标准，指导企业规范加工技术，严格监管屠宰、排酸、分割、速冻、包装等环节，打造高端产品，提升市场竞争力。

【公益扶贫】 2019年，中国地质大学（北京）协调事业单位、校友企业、社会组织和个人等社会力量参与定点扶贫工作，通过中国教育发展基金会争取到中央专项彩票公益金160万元，用于改造当地中小学教室取暖设备；北京大学校友跑团捐赠玩具、衣帽、图书等物资价值16万元；北京爱尔公益基金会捐赠43万元；无锡灵山慈善基金会和祥云慈善基金会捐赠棉被、帽子、手套、围巾等物资价值40万元。中国地质大学（北京）教工党支部在“不忘初心、牢记使命”主题教育期间发起爱心募捐活动，动员海淀区第三实验小学为贫困学生募集衣物和学习用品。2019年，引进各类帮扶资金和物资共计263.7万余元。

【扶贫宣传】 2019年，中国地质大学（北京）通过网站、报纸、电视台、微信公众号等多种媒介宣传扶贫工作开展情况。4月，青海安多卫视采编制作新闻《一位援青干部的异乡梦》，采访报道扶贫干部的脱贫攻坚先进事迹。5月，青海广播电视台藏语网络台《点赞中国点赞青海》新闻特别专栏摄制组深入化隆县扎巴镇知海买村，采访报道扶贫干部的脱贫攻坚先进事迹。《中国地质大学（北京）实施“四梦”计划打造教育扶贫工程》在教育部网站主页《战线联播》栏目刊登。7月，《海东时报》报道中国地质大学（北京）举办拉面经营管理人才培训班；中国地质大学（北京）校园网和《中国海洋报》相继报道“西望知海”党建扶贫活动。8月，《海东时报》报道化隆县50余名农村妇女赴北京参加培训活动。10月，以“多维助力精准扶贫青海化隆”为题在学校宣传栏进行扶贫日主题宣传，报道6年来帮扶化隆县成效显著；中国地质大学（北京）校园网以“‘雪莲花’绽放高原　知海买学子梦圆——我校‘雪莲花’助学计划结硕果”为题专稿报道教育精准扶贫实践，《中国自然资源报》《光明日报》相继转载报道。11月，化隆县广播电视台专题报道“消费扶贫　落地行动”集中采购化隆县黄牛肉活动；中国地质大学（北京）校园网、化隆县广播电视台、《海东时报》先后报道化隆学子进北京“三热爱一团结”主题教育活动。12月，化隆学子进北京活动征文比赛宣传稿《世界这么大　我想带你去看看》发布于中国地质大学（北京）校园网主页《北地印象》栏目和学校官方微信。

［中国地质大学（北京）　李媛媛］

中国矿业大学(北京)定点扶贫

【概述】 2019年,中国矿业大学(北京)定点帮扶广西壮族自治区都安瑶族自治县(以下简称“都安县”),向都安县直接投入帮扶资金200万元,引进帮扶资金200万元,用于建设大兴镇国隆小学宿舍楼,采购贫困地区农副产品266.6万元,帮助销售都安县农副产品213.1万元,共举办各类培训班7期,培训基层干部和技术人员总计514人。

【扶贫资金投入】 2019年,中国矿业大学(北京)向都安县直接投入扶贫资金200万元,引进帮扶资金200万元,累计购买贫困地区农产品266.6万元,帮助销售都安县牛肉213.1万元。

【扶贫调研】 2019年,中国矿业大学(北京)领导先后2次带队到都安县开展考察调研和实地走访,了解都安县脱贫攻坚工作进度、工作重点难点,确保扶贫工作取得实效。中国矿业大学(北京)领导一行到驻村第一书记所在的龙湾乡琴棋村走访调研,慰问10余户贫困户。学校党政办公室党支部、党委组织部党支部与琴棋村党支部开展党建“结对子”工作,共同推动定点扶贫与党建工作有机融合,提高调研实效。

【扶贫培训】 2019年,中国矿业大学(北京)支持都安县举办各类培训班7期,共培训257名基层干部和257名技术人员。其中,支持都安县面向78名干部举办科级干部学习贯彻习近平新时代中国特色社会主义思想经济专题研讨班;支持都安县面向71人举办畜牧兽医系统疫病防治培训班;联合高等教育出版社面向130名学员开展都安县中小学校长教育教学领导力培训班;赴都安县为55名干部举办高层次人才培训班,面向54名技术人员举办毛葡萄种植技术培训班;面向60名技术人员举办养牛技术培训班;面向72名技术人员举办拉烈镇百家村贷牛还牛养殖骨干培训班。选派优秀教师到都安县开展基层干部培训,其中曾祥明教授入选教育部全国教育扶贫和乡村振兴人才库。

【干部挂职扶贫】 2019年,中国矿业大学(北京)选派王庆多挂职副县长,协助分管扶贫工作。7月,选派栾利建挂职琴棋村驻村第一书记。

【扶贫宣传】 中国矿业大学(北京)定期通过学校官方网站、定点扶贫专题网站等平台展示工作成果,宣传报道定点扶贫工作经验。在校园网首页推送新闻稿8篇,中国教育新闻网报道2次。教育部2019年国家扶贫日专栏中登载《将心灵解锁与贫困决战——记中国矿业大学(北京)第五届研究生支教团》《“五项举措”助推广西都安县“贷牛还牛”项目精准实施》。广西扶贫网刊登《谢均岩:从“北京教书匠”到“瑶山村书记”》,专题报道第一书记谢均岩的先进事迹。

【产业扶贫】 2019年,中国矿业大学(北京)投入资金53.1万元建设羊场,羊场一期已建成,规模可容纳2000只羊。在琴棋村投入10万元,援建琴棋村跑山鸡养殖示范基地。与都安县签订采购特色农产品“瑶山牛”优质牛肉协议,通过多种方式逐年分次采购和代销都安县优质牛肉300吨,价值2000余万元。动员广大教职工通过“以购代捐”定向采购都安牛肉。协调为北京金穗汇源餐饮公司等供应牛肉。与中国农业银行达成合作意向，推进都安县农副产品在手机银行App扶贫商城里上线，培育和提升都安地区农副产品品牌影响力。

【教育扶贫】 加大对义务教育保障，引入帮扶资金200万元建设大兴镇国隆小学宿舍楼。通过建立档案、跟踪排查、入学劝返及落实就学补助等措施，确保多个村屯适龄学生都能上学。2019年，中国矿业大学（北京）研究生支教团共承担12个班级数学、3个班级英语、2个班级礼仪课程的教学工作，兼任6个班级班主任、副班主任，每周教学100课时，每学年累计授课6000课时，授课覆盖1300余名学生。借鉴“第二课堂”模式，为都安职业教育中心创建篮球队，3名支教团成员分别担任校礼仪社、广播站、国旗班3个学生社团的指导教师，其辅导的多名学生在市一级中学生各类比赛中获奖。

【健康扶贫】 中国矿业大学（北京）对琴棋村2014年、2015年退出户和2016年、2017年脱贫户每人补贴50元，帮助贫困人口361人。11月，中国矿业大学（北京）校医院医务人员组成健康扶贫工作组，赴都安县开展爱心义诊、送医送药入户、药品捐赠及对口医疗帮扶等工作，义诊活动共为40余名贫困群众提供医疗服务和健康咨询，为5户困难家庭送医送药，送出价值1.5万元药品。

【驻村帮扶】 都安县龙湾乡琴棋村发展“贷牛还牛”和“贷羊还羊”产业，中国矿业大学（北京）参与出资援建养牛场和养羊场。参与组织种植村级百亩“粮改饲”示范基地，实现村集体经济收入从0到每年5万元以上，带动100余户贫困户增收。2019年9月，国务院扶贫办对广西进行“回头看”专项巡视，琴棋村代表广西接受考核。2019年年底，琴棋村实现整村脱贫摘帽。

【易地扶贫搬迁】 琴棋村“十三五”计划搬迁47户168人。2019年，中国矿业大学（北京）助力完成易地扶贫搬迁15户45人。动员2020年预脱贫户、五保户、非贫困户等进行危房改造。在当地政府补贴基础上，为17户家里未安装门窗的贫困户每户补贴1000~2000元，帮助贫困人口65人。

[中国矿业大学（北京）党政办公室 史　芳]

南开大学定点扶贫

【概述】 2019年,南开大学深入对接甘肃省庄浪县需求,在教育扶贫、医疗扶贫、产业扶贫等领域持续发力、精准施策,助力庄浪县按时脱贫摘帽。南开大学投入帮扶资金604.31万元,引进帮扶资金408.46万元,培训基层干部356人、技术人员1308人,购买贫困地区农产品306.47万元,帮助销售贫困地区农产品310万元。

【扶贫调研】 南开大学多次派团队赴庄浪县实地考察。2019年,南开大学赴庄浪县调研考察1次,师生调研共194人次。7月,南开大学党委书记、定点扶贫工作领导小组组长杨庆山带队赴庄浪县考察,督促检查中共中央关于定点扶贫工作指导精神落实情况,召开定点扶贫工作推进会,推进定点扶贫工作,加快庄浪县脱贫摘帽进程。

【扶贫会议】 2019年,南开大学共召开2次党委常委(扩大)会议、1次定点扶贫工作推进会、4次领导班子碰头会、1次定点扶贫工作领导小组会、4次定点扶贫专题推动会,就人才培训、教育扶贫、产业扶贫、环境保护等工作推进开展专题研讨。

【教育扶贫】 南开大学和教育基金会共投入358.43万元,新建15所"公能"素质教育发展教室,做好已建成14所教室的维护提升工作。与庄浪县第四中学开展结对共建,资助10名师生到天津交流访问。引进公益基金捐资10万元在庄浪县第四中学建立"公能"书屋。南开大学出版社向庄浪县教育局、图书馆捐赠价值300万元图书14万册。南开大学教育基金会向庄浪县捐赠36套电子白板。校友企业向庄浪县幼儿园和中小学捐赠10套慕校设备和软件。社会企业向庄浪县2所小学捐赠2间智能音乐教室。南开大学第二十一届研究生支教团4名成员赴庄浪县开展为期1年的支教工作。南开大学附属小学与庄浪县第二小学开展结对帮扶。庄浪县第二小学骨干教师和行政干部到南开大学附属小学开展跟岗跟班培训;南开大学附属小学定期推送分享省部级优质课。南开大学共为561名庄浪县教师提供培训,覆盖从幼儿园到高中各阶段。

【党建扶贫】 截至2019年年底,南开大学在庄浪县建成69所南开书屋。南开大学党委组织部遴选优秀师生党支部与已建成的南开书屋结对共建,开展有针对性的帮扶工作。南开大学师生捐款3.96万元对33名贫困学生给予每人1200元的年度资助,捐赠图书540余册和各类文体用品、生活用品等。南开大学师生为庄浪县田坪小学捐款6000元,资助7名家庭经济困难学生,捐赠价值1.3万元的实验器材、科普教具、书籍和体育器材等。

【公益扶贫】 南开大学将公益扶贫、社会实践和体育运动结合起来,发起第六季"公益晨跑筑梦庄浪"活动,共1932人次参加,累计里程5906.9千米。晨跑里程兑换的100个爱心书包、900册书籍、1台激光打印机等文体用品被送至庄浪县贫困小学。

【健康扶贫】 南开大学附属医院在庄浪县人民医院建立冯世海工作室,填补县域烧伤整形学科空白。组建联合医疗队赴庄浪县开展义诊,为12名患者进行免费白内障手术,为30余名疑难病症患者进行会诊,开办慢性创面的修复、重度颅脑创伤的脑内压监护等主题讲座。南开大学甘肃校友会联合中国妇女发展基金会在庄浪县开展义诊、筛查和科普讲座活动,共接待义诊820人次、带教手术9台、中医科冲击波治疗28人、针灸治疗10例,科普学术讲座100人参加。南开大学共为505名医务人员开展培训。

【产业扶贫】 南开大学针对性制定"技术推进+智力支持+平台推介"产业扶贫战略。联系西北农林科技大学,在庄浪县苹果生产、马铃薯种薯繁育等方面给予技术指导。安排经济、旅游、环境保护等领域30余位专家学者赴庄浪县实地考察,为脱贫攻坚期和摘帽后的产业发展出谋划策,向庄浪县提交《"庄浪精神"挖掘提升研究方案》《庄浪县全域混合生活垃圾处理处置解决方案》《庄浪县产业发展分析》等3份专题报告。动员广大校友到庄浪县兴业投资,与校友企业对接,为庄浪县中职毕业生提供有吸引力的就业岗位,鼓励爱心校友和校友企业购买庄浪县农特产品,并借助校友企业销售平台帮助销售。

【消费扶贫】 南开大学批量采购庄浪苹果、粉条、胡麻油等共151.64万元发放给学校教职员工;膳食服务中心采购135万元庄浪苹果,推动庄浪产品进食堂;人事处采购18.7万元庄浪苹果用于离退休教师节日慰问;金融学院从庄浪县扶贫车间采购1.13万元灯笼。校友企业批量采购庄浪苹果、土豆、粉条等共280万元。南开大学品牌文化店开设庄浪农特产品展销专区,向校友和广大市民推广庄浪农特产品。南开大学共采购毛笔、树皮画、麦秆画、马尾荷包、根雕等庄浪产品28万元。

(南开大学扶贫工作办公室　冯　跃)

东北大学定点扶贫

【概述】 2019年,东北大学定点帮扶云南省昌宁县,直接投入资金256万元,引入帮扶资金300万元,培训基层干部1400人、技术人员1558人,直接购买农产品222.16万元,帮助销售农产品360.7万元。2019年4月,昌宁县退出贫困县序列。

【扶贫资金投入】 2019年,东北大学投入专项扶贫资金51万元,用于基层干部教育培训;投入扶贫资金180万元,援建勐统镇中心完全小学运动场;设立专项科研经费25万元,实施昌宁贞元冶炼硅有限公司科技帮扶项目,全年累计直接投入资金256万元。协助成立昌宁县职业技术学校科技专家服务站,引入保山市2019年院士专家工作站省级专项经费补助10万元;协助成立张盛林专家工作站,引入经费30万元;东北大学科技产业集团捐赠扶贫资金110万元,其中80万元用于启动"大河村完小新建教学楼及附属工程项目",30万元用于当地政府日常扶贫支出;申报中国教育基金会润雨计划项目,引入资金150万元,全年累计引入帮扶资金300万元。

【扶贫调研】 2019年,东北大学党委书记熊晓梅、校长赵继、党委副书记张国臣等领导班子成员3次带队赴昌宁县考察调研,推进精准扶贫工作,召开座谈会,督促地方党委政府认真履行脱贫攻坚主体责任,深入驻村第一书记高大鲲所在新华社区进行实地考察,走访慰问新华社区建档立卡贫困户,了解生产、生活及子女求学等情况。

【扶贫培训】 东北大学选派专家赴昌宁县开展乡村振兴和美丽乡村建设专题培训,培训地方干部1300人;举办昌宁县领导干部综合能力提升专题培训班,培训地方干部100人;举办柯街镇腊邑社区农作物病虫害防治培训,培训技术人员58人;举办魔芋产业发展专题技术培训,培训技术服务人员及科技工作人员1500人。

【干部挂职扶贫】 2019年,驻村第一书记王颖牵头成立腊邑水果种植农民专业合作社,覆盖建档立卡贫困户55户236人;选派高大鲲为驻村第一书记,开办面向农民群众的商务培训"田园电商论坛",构建"知识培训+创业孵化+精准扶贫"模式,培训贫困人口319人,孵化昌宁植承农科科技有限公司等创业企业25家。高大鲲牵头开发"精准扶贫助农平台"微信小程序,与柯街水果蔬菜合作社等37家县域龙头企业和农民合作社签订长期供销协议,并与建档立卡户实现利益联结,带动22户75人建档立卡贫困人口脱贫。

【产业扶贫】 东北大学设立25万元科研经费,委托专家团队开展科学研究及中试试验,申报的昌宁县职业技术学校科技专家服务站、张盛林专家工作站于2019年6月获得云南省科学技术协会及科技厅批准设立,每年引入科研保障经费近40万元。大力扶持腊邑水果种植农民专业合作社,在农产品规模化种植、技术培训、产品销售等方面予以支持,助力实现合作社产供销全链条一体化模式建设与发展。

【智力扶贫】 东北大学在资政课题、资政服务方面为昌宁县教育、旅游规划、信息化建设助力,开展咨政服务课题研究。11月,东北大学相关教师对潾水镇和大田坝镇进行调研，对《潾水镇旅游发展总体规划》编制提出建议；为昌宁县制定《"云上昌宁"信息服务平台建设方案》，对全县统一的数据中心和信息公共服务平台进行设计，推动昌宁县农业信息化建设。

【教育扶贫】 2019年，选派第六批研究生支教团6人赴昌宁县开展支教活动；投入260万元改善昌宁贫困地区义务教育办学基础设施，为田园镇达仁村完全小学捐赠1套空气源热泵等制热设备，改善办学条件。

（东北大学校长办公室　李桂宾）

大连理工大学定点扶贫

【概述】 2019年，大连理工大学在云南省龙陵县投入帮扶资金236.2万元，引进帮扶资金208.68万元，培训基层干部432人、技术人员381人，购买龙陵县农产品200万元，帮助销售龙陵县农产品237.82万元，引进企业固定资产投资9401万元，在保山市录取工商管理和工程管理硕士研究生40人，减免学费80万元。

【扶贫资金投入】 2019年，大连理工大学在龙陵县投入帮扶资金236.2万元。其中，200万元用于壮大村集体经济；23.2万元用于完善核桃坪村小学基础设施；13万元作为励学金奖励品学兼优的贫困学生。购买龙陵县农产品200万元用于食堂消费。购买茶叶、石斛用作教工会员节日慰问品，帮助销售龙陵县农产品230.57万元。购买当地特产7.25万元，用于慰问退休同志。

【扶贫调研】 2019年4月，大连理工大学党委书记王寒松带队到龙陵县督促指导扶贫工作，与龙陵县政府召开扶贫工作推进会，到核桃坪村进行调研，走访建档立卡贫困户，对“两不愁三保障”突出问题情况进行调研和督促检查。5月、8月，大连理工大学校长助理郭金明带队赴镇安镇小田坝社区调研。7月，大连理工大学党委常务副书记姜德学到核桃坪村督促指导推进扶贫工作，考察调研落实“义务教育”保障情况。

【扶贫培训】 2019年3月，大连理工大学培训龙陵县中学教师286人。7月，大连理工大学外语学院支教团培训当地英语教师91人。7月底，大连理工大学党校及马克思主义学院教师一行5人在龙陵县松山干部教育基地为当地380名干部作专题培训。8月，在核桃坪村小学学前班开展学前教育培训。10月，52名龙陵县领导干部专程赴大连理工大学进行为期1周培训。12月，龙陵县幼儿园干部和教师4人在大连理工大学附属幼儿园接受为期1周的培训。

【干部挂职扶贫】 选派国翔宇、柴松波2名干部分别挂职龙陵县副县长、核桃坪村第一书记。2位挂职干部到任后主动谋划，从基础教育、干部培训、绿色产业发展、城乡振兴规划等方面着手开展工作。

【扶贫宣传】 在10月17日国家扶贫日，通过校园网宣传定点扶贫工作开展情况；海力网新闻中心（半岛晨报微博）刊登新闻《看大连理工大学怎样扶贫》；人民网新闻《全国第六个扶贫日　书写助力脱贫攻坚的“高校样本”》。10月21日，国务院扶贫办新闻网和央广网大连频道分别发布新闻《守初心担使命　助力精准扶贫　大连理工大学在行动》。

【产业扶贫】 大连理工大学滇西产业研究院针对滇西制定产业发展规划，帮助引进投资企业，助力乡村农产品“佧佤翁”享誉云滇。驻核桃坪村第一书记结合村产业发展实际，创立“佧佤翁”品牌。2019年6月，“佧佤翁”商标获得国家知识产权局批准。通过打造品牌带动农产品销售，创新品牌营销“1+1+2+2”线上线下相结合的模式（即1个电商平台线上销售+1个集中线下推广销售+2家扶贫单位线下定点销售+2家扶贫单位福利性销售）。先后组织核桃坪村3批共19人次赴昆明、大连等地学习考察，开拓发展观念，不断改进产品加工工艺，优化包装设计。近3年来“佧佤翁”农产品总销售额近50万元，带动村内164个建档立卡户增收，成为龙陵县农村电商发展的排头兵。7月，生物工程学院修志龙教授团队一行6人，赴保山市龙眉茶叶开发有限责任公司、云南林玉航宇生物科技有限公司、品斛堂生物科技有限公司、保山华大智慧农业科技股份有限公司，开展“保山市特色药食兼用资源的生物制造技术研究与示范”项目对接合作。

【教育扶贫】 大连理工大学在龙陵县第一中学设立研究生支教团；在龙陵县设立马克思主义学院教学实践基地，选派骨干教师支援当地中小学教学工作，组织大学生社会实践团开展支教活动。大连理工大学组织优秀学生赴核桃坪村开展支教扶贫，以党支部名义在核桃坪村小学设立支教基地。

【公益扶贫】 大连理工大学指导学生成立乡村振兴协会。2019年，乡村振兴协会组织龙陵农产品义卖，销售龙陵农产品3万余元；组织校内外募捐，打造乡村“图书馆”，为核桃坪村捐赠图书4000余册、教学设备价值3000余元；策划乡村振兴方案，为龙江乡完成景区规划等系列材料，助力龙江乡成功申报国家级3A景区。

【智力扶贫】 大连理工大学谋划乡村振兴，组建由规划专业教师、设计师组成的团队，赴龙陵县镇安镇小田坝社区进行乡村规划设计调研，制定小田坝乡村振兴社区规划方案。

（大连理工大学工会　王历聪）

同济大学定点扶贫

【概述】 同济大学结合云南省云龙县脱贫需求，聚集“两不愁三保障”突出问题，着力教育扶智、医疗服务、规划编制、永安示范、产业支持等方面，支持云龙县打赢打好脱贫攻坚战。2019年，同济大学校领导、专家学者、师生团队等234人次赴当地考察调研、帮扶指导；选派3名优秀干部挂职；对云龙县直接投入帮扶资金350.18万元，引入帮扶资金413.31万元，培训基层干部905人，培训技术人员673人次，购买贫困地区农产品353.86万元，帮助销售贫困地区农产品388.5万元，选派支教人员6名，投入和引进物资折款15.45万元。“对接产业培养高技能人才——同济大学云南省共建云南中德学院”项目入选上海市精准扶贫十大典型案例。同济大学美丽乡愁志愿者团队获2019年“中国大学生社会实践知行促进计划”核心项目——第三届立邦“为爱上色”中国大学生农村支教奖全国金奖。

【扶贫调研】 2019年4月，同济大学校长陈杰、党委副书记徐建平带队赴云龙县调研教育、医疗、交通、产业、深度贫困村扶持等工作开展情况，走访慰问贫困户并查看建档立卡户档案，查找工作中存在的不足。其间，陈杰一行与云龙县主要领导座谈，提出工作建议和解决方案。11月，同济大学党委书记方守恩、徐建平、副校长吕培明先后率队赴云龙县指导永安扶贫示范点各项目，督促检查项目实施。方守恩与大理白族自治州州长杨健、云南省交通运输厅厅长邱江座谈，就加快推进“大漾云兰”高速公路云龙段建设进行商洽。

【干部挂职扶贫】 同济大学选派周晔挂职云龙县副县长，分管负责对口帮扶、供销、县志、保密等工作。周晔争取外部资源扶持，为云龙县3所学校校园建设项目申请到中央专项彩票公益金润雨计划项目资金130万元；协调上海舜宝彩钢结构有限公司为团结彝族乡精准扶贫水利项目捐赠30万元。5月，周晔获2019年度同济青年五四奖章。7月，同济大学选派孙羽捷挂职接任云龙县永安村党总支第一书记，负责贫困村党建工作，推动精准扶贫。

【扶贫培训】 2019年8月，同济大学出资20万元，联合井冈山大学在江西省吉安市举办“不忘初心，跟党走，牢记使命向前看”云龙县领导干部党性修养提升培训班2期，云龙县50名党政人员参训。11月，吕培明做客第五期“同济·云龙大讲堂”，结合中央扶贫工作要求和具体工作实践，以“决战脱贫攻坚，共进小康社会”为题，为当地培训管理干部、教学名师、专业技术人才、优秀企业经营者等1216人。

【智力扶贫】 2019年，同济大学推进6个专项规划结题工作，其中县城控规通过评审，立面整治、景观照明等5项规划通过评审。7月，同济规划院组织中国规划学会影像学会17名专家赴云龙县调研乡村振兴、古村落保护、教育帮扶和旅游开发等，与云龙县相关部门负责人进行交流，为云龙乡村振兴、古村落及文物保护、旅游资源开发等提供建议。

【基础设施建设】 启动贫困村永安村的脱贫示范点建设工作，开展永济桥、厕所改造、村民议事中心、道路硬化、路灯等项目建设，

2019年第四季度各项目均开工建设。各项目投入帮扶资金337万元。

【教育扶贫】 2019年，同济大学继续选派6名研究生赴团结中学、长新中学支教。选派2名国际学生在团结中学开展短期支教。8月，实施“少年心向党心，植梦想助脱贫”为主题的第二批“云龙学子同济游学”项目，18名学生赴上海研学。同济大学“筑梦空间工作室”投入16万元，为长新中学、永安完全小学自主设计建造2间梦想教室，围绕乡村文化特色开设“寻乡、知乡、守乡”3个阶段素养课程，并形成学生可自选的专属课表，由同济大学志愿者团队实施线上授课。为“梦想教室”捐赠价值3.49万元图书1120册。7月，同济大学彩云支南协会、“筑梦空间工作室”、同济规划院在永安完全小学开展为期2周的“梦想家园”校园共建夏令营活动，围绕“启蒙”“唤醒”“实践”“分享”4个环节开展校园共建活动。与云南省共建云南中德学院，推动云南省职业教育改革发展。依托云南交通职业技术学院实现试点招生3015人，其中建档立卡户家庭学生超过1000人，实施教师和管理人员培训533人，覆盖全省88个贫困县。10月，“对接产业培养高技能人才——同济大学云南省共建云南中德学院”项目入选上海市精准扶贫十大典型案例。推动云南交通职业技术学院与云龙县民族职业高级中学共建云南同济中德学院滇西师资培训基地。接收云龙县民族职业高级中学2批22人次赴同济大学参加“沪滇合作·云南省职业教育管理创新团队和教学创新团队培训”。

【健康扶贫】 2019年共组织4所附属医院21名专家赴云龙县举办2次同济医疗活动周，培训医疗人员290人次，受益群众391人次。通过手术演示带教、疑难病例讨论、联合义诊、教学查房、专题讲座等，促进云龙县人民医院医疗服务水平和能力提高。协调附属医院开启“同济附属医院帮扶州人民医院，州人民医院带动县人民医院”帮扶模式，扩大服务辐射范围。同济大学附属东方医院选派2批3人次赴云龙县人民医院开展为期3个月的医疗支援，利用远程会诊提高相关科室诊疗水平。其间，完成会诊及疑难病例讨论60人次、教学查房20次，带教住院医师6名，学术讲座10次，业务讲座培训200人次。

【产业扶贫】 2019年3月，同济大学投入党建扶贫经费10万元作为启动资金，帮助云龙县深度贫困村永安村成立永民种植专业合作社，覆盖建档立卡贫困户128户517人，包括未脱贫户46户178人。与云龙县人民政府联合举办“产业扶贫+消费扶贫”绿色农产品发布推介会，实现现场销售9.6万元。联合附属单位直接采购云龙县农产品353.86万元，帮助建立的云龙高原农特产品展销中心（上海）线上线下销售农特产品388.5万元，带动云龙县建档立卡贫困人口450人增收致富。

【志愿服务】 同济大学美丽乡愁志愿者团队自2013年起在云龙县诺邓村开展持续7年的“古村传承人培养计划”。2019年7—8月，团队第5次赴诺邓村开展乡土文化创变营。活动运用团队研发的乡土教育课程为当地青少年赋能，青少年自主策划、联络、举办古村首届创意市集。11月，该团队荣获2019“中国大学生社会实践知行促进计划”核心项目——第三届立邦“为爱上色”中国大学生农村支教奖全国金奖。

（同济大学校长办公室扶贫办
王习珍）

上海交通大学定点扶贫

【概述】 2019年，上海交通大学（以下简称“上海交大”）定点帮扶云南省洱源县。上海交大向洱源县直接投入帮扶资金250万元，捐赠专项党费30万元，捐赠2270册价值3.5万元期刊、图书，引进帮扶资金329.6万元，帮助培训基层干部407人次，培训教师、医疗人才470人次，购买贫困地区农产品247.8万元，帮助销售农产品343.01万元。

【扶贫资金投入】 2019年，上海交大向洱源县直接投入帮扶资金250万元，引进帮扶资金329.6万元。其中，引入283.1万元用于加强教育信息化管理人才队伍建设相关培训工作，引入30万元用于免费救治洱源县先心病患儿，引入16.5万元用于开展建设洱源县文化教育、贫困助学等工作。直接采购贫困地区农产品247.8万元。继续支持经营上海交大洱源特产展销体验中心，帮助销售农产品343.01万元。

【扶贫调研】 2019年4月，上海交大党委书记姜斯宪赴云南省推进省校合作、定点扶贫洱源县等工作，看望附属胸科医院团队，慰问挂职干部、研究生支教团成员。8月，党委常委、副校长张安胜，党委常委、统战部部长张卫刚分别带队到云南省科技厅、大理白族自治州和洱源县开展帮扶工作。

【干部挂职扶贫】 向定点帮扶地区选派3名挂职干部与2名驻贫困村第一书记。7月，许文平赴洱源县挂职副县长，分管扶贫工作；汪开虎继续挂职副县长，分管教育、科技等工作，协助分管扶贫等具体工作；田罗银担任驻村第一书记。

【扶贫培训】 上海交大与洱源县共同组织开展“墩苗育才”干部专业能力提升研修班，培训对象是洱源县优秀干部，共培训洱源县青年干部400余人次。

【产业扶贫】 上海交大打造教职工赴对口扶贫县暑期疗休养专线，从福利费拨出75万元，提高补贴标准至人均6000元，共吸引4个团125名教职工参加，在洱源县发生服务消费近30万元，购买农特产品4万元。

【教育扶贫】 2019年，上海交大共帮助洱源县培训中小学教师130人次。牵线上海德闳学校，分别向洱源县图书馆捐赠图书期刊2270册、少儿图书和用品500册，总价值5万元。上海交大海外教育学院校友每年捐赠5万元资助洱源县第一中学10名优秀学子，2019年度助学金已发放到位。上海交大海外教育学院国学联谊会“美育西南”项目向洱源县捐助10万元，用于开展乡村助教工作，为洱源县牛街乡初级中学聘请专业音乐美术教师提供资金支持，惠及当地1600名小学生和700名中学生。选派6名研究生驻洱源县开展为期1年的支教工作。暑期共有13支实践团超过200名师生，赴洱源县开展实践活动。

【健康扶贫】 上海交大依托“心”基金开展先天性心脏病儿童救治项目，免费救治10名大理白族自治州及洱源县贫困患儿，捐款30万元用于手术费用，免除所有护理和食宿费用。定期组织医疗服务队赴洱源县开展义诊和筛查，到部分受助儿童家中进行复诊和回访。9月，上海交大医学院团委主办、附属第九人民医院承办的洱源县2019年基本公共卫生服务人员能力提升班暨“生命之光”——乡村医生助飞项目在洱源县落地。洱源县卫生健康局、县人民医院、90个行政村卫生室等共计130余人参加培训。

【基础设施建设】 2019年，上海交大援建洱源县乔后镇新坪村人饮工程建成投入使用。将新坪村人饮工程结余的24万元援建资金调整为新坪中心完全小学食堂（餐厅）建设项目整合使用，预计惠及师生205人。

（上海交通大学地方合作办公室
丁　蕾）

华东理工大学定点扶贫

【概述】 2019年，华东理工大学（以下简称“华理”）定点帮扶云南省寻甸回族彝族自治县（以下简称“寻甸县”），投入帮扶资金212万元，引进帮扶资金281万元，培训基层党政干部826人、技术人员1882人，购买寻甸县农产品214.96万元，帮助销售农产品268.06万元。20余批次266人次（含学校党政负责同志6人次）赴寻甸县推进定点帮扶工作。1名科级干部到寻甸县塘子社区担任驻村第一书记，7名研究生赴寻甸县中小学支教1年。20名来自建档立卡家庭的学生到上海参加科学营。从党费中列支3万元用于支持华理扶贫前线党支部开展工作。援建青少年科学技术馆，捐赠价值40万元VR（虚拟现实）仪器设备。继续援建中小学“悦”读空间，捐赠码洋10.76万元的新版图书。引进社会帮扶资金30万元支持华理援建的寻甸县青少年心理健康服务中心。协调引进校友企业到寻甸县投资兴业，打造高原特色农业企业。与寻甸县人民政府签署协议，共同建设“电商产业创业孵化基地”，打造“山水寻甸”区域公共品牌。华理荣获昆明市脱贫攻坚先进集体，1名挂职干部荣获昆明市脱贫攻坚先进个人，2项扶贫案例荣获全国教育扶贫典型案例。

【扶贫资金投入】 2019年，华理投入帮扶资金212万元用于寻甸县教育发展、乡村振兴示范点和青少年科技馆建设，引进帮扶资金281万元用于帮助寻甸县建设。投入资金214.96万元购买寻甸县农产品。动员校友到寻甸县投资兴业，建设功山羊养殖项目。华理从党费中单列3万元用于支持寻甸县前线临时党支部开展工作。

【扶贫调研】 2019年，华理召开5次定点扶贫工作专题会议，与寻甸县主要负责同志互访5次。华理领导班子6人次带队赴寻甸县调研巩固脱贫成效与乡村振兴衔接、电商产业发展、乡村振兴示范点、高原特色农业产业、县域经济发展。

【扶贫培训】 举办寻甸县领导干部综合素质能力提升培训班、寻甸县共青团干部专题培训班、昆明市就业扶贫干部专题培训班3期，共培训寻甸县领导干部126人。选派知名专家学者赴寻甸县作报告4期，覆盖寻甸县干部700余人次。针对寻甸县中小学校长和致富带头人开展2期专题培训，共培训82人。针对寻甸县中小学英语教师、县史志和教育领域人员、电子商务产业园从业人员开展培训，覆盖专业技术人员1500余人次。投入专项资金，邀请20名寻甸县建档立卡家庭的品学兼优高中生和2名带队教师到上海访学并参加科学夏令营。依托援建的VR科普角，为寻甸县中小学生开展科普教育；为寻甸县环保系统和科技系统干部职工开展科技培训。

【干部挂职扶贫】 华理先后派出2名处级干部到寻甸县挂职扶贫，担任县委常委、副县长，协助分管扶贫和科教文卫工作。派出3名科级干部到寻甸县贫困村担任第一书记、驻村工作队队长。

【产业扶贫】 华理科研团队对寻甸县特色植物臭参进行科技研发，开发出云南参益生菌酵素和云南参-果蔬复合酵素等6个创新产品，项目相关技术已申请国家发明专利。引进校友企业到寻甸县投资兴业，注册成立腾图高原农业（云南）股份有限公司，助推寻甸县高原特色农业产业发展。

【教育扶贫】 华理在寻甸县设立远程教育寻甸县学习中心，为寻甸县干部提供学历教育，首期毕业生18人顺利完成学业并取得结业证书。选派7名研究生开展为期1学年的支教。华理向寻甸县仁德第二小学和鸡街中学捐赠20台笔记本电脑成立“智慧+”教室。向寻甸县民族中学、仁德第一初级中学、仁德第二小学捐赠图书合计2568册，价值约10.7万元。协调校友向寻甸县金所乡119希望小学援建图书角并捐赠500册少儿图书。招录1名寻甸县籍专项计划学生到华理就读。选派华理教授曹锦清到寻甸县作报告。邀请5名寻甸县骨干教师到沪参加心理健康教育培训。邀请20名高中生及2名带队教师到上海参加“暑期科学营专项行动”，华理承担全部费用。协调上海增爱基金会向寻甸县捐赠资金30万元，用于援建寻甸县乡镇心理健康教育“阳光关爱小屋”，购置心理健康教育设施设备，开展心理健康师资培训。

【乡村振兴智库】 在寻甸县挂牌成立乡村振兴智库，遴选19名专家受聘为智库专家，向乡村振兴智库捐赠图书388册。在寻甸县建立小海新村、塘子大村2个乡村振兴示范点。在小海新村成立社工小家，安排3名社工长期驻扎。

【消费扶贫】 组织策划寻甸县扶贫水进校园活动，华理校内超市长期供应、学校办公接待优先使用寻甸县矿泉水。新修缮的学生宿舍选用产自寻甸县的家具。在学校食堂设置寻甸县食材专窗，后勤、工会等积极采购寻甸县农产品。与寻甸县共建电商创业孵化基地，签订电商合作协议，开展电商创业大赛。

（华东理工大学扶贫工作办公室 满永博）

南京大学定点扶贫

【概述】 2019年,南京大学(以下简称“南大”)定点帮扶云南省双柏县。派出挂职干部4名,分别挂职双柏县副县长、双柏县和平村第一书记。培训贫困村村支两委班子成员14名、基层干部484名、宣传干部148名、技术人员609名、幼儿园骨干教师102名。培训种植专业和养殖专业技术人员各200名。直接投入帮扶资金279万元,帮助引进资金1342.97万元,购买贫困地区农产品358.8万元,帮助销售贫困地区农产品302.25万元。和双柏县共同召开定点扶贫工作推进会7次。2019年,双柏县贫困发生率降至1.2%,正式退出贫困县序列。

【扶贫资金投入】 2019年,南大对双柏县直接投入帮扶资金279万元,引进帮扶资金1342.97万元,用于融媒体中心建设、农村环境整治、基础设施建设、产业扶贫、文化扶贫和教育扶贫等方面。

【扶贫调研】 2019年,南大赴双柏县考察调研共117人。6月,南大党委书记胡金波赴双柏县调研。7月,南大5名师生赴双柏县进行“生态建设”扶贫科考调研。9月,南大3名教授赴双柏县开展“荒坡地截留,涵养水土,培育林草的工程建设”调研。11月,南大城市规划设计院、南大国内合作办公室和南大校长吕建分别赴双柏县调研。

【扶贫培训】 2019年,南大为双柏县培训基层干部484名,培训技术人员609名,其中创业致富带头人107名、幼儿园骨干教师102名、种植和养殖专业技术人员各200名。为30人贫困人口提供就业技能培训。

【干部挂职扶贫】 2019年8月,选派王建富赴双柏县挂职副县长,分管双柏县地方志编纂委员会办公室,协管扶贫、教育、文化旅游工作。选派董飞担任双柏县和平村第一书记。

【教育扶贫】 2019年,南大对双柏县投入义务教育帮扶资金70.67万元,帮助159名贫困人口接受义务教育。选派21名志愿者赴双柏县妥甸中学进行支教志愿服务。选派8名研究生到妥甸中学、双柏县第一中学支教1年。接纳双柏县3批共20名学生到南大参加科学营、学科专题营等活动。

【产业扶贫】 2019年,南京大学科技园发展有限公司投资450万元注册成立双柏南大励行科技园发展有限公司,打造“情系双柏”和“情系滇西”系列农特产品,销售额超300万元。南京大学国家大学科技园楚雄州双柏分园在楚雄经济技术开发区落地。南京大学国家技术转移中心楚雄分中心成立。11月,举办创聚楚雄·南京大学科技项目楚雄对接交流会,南大相关学科教授、校友企业家、知名投资人和当地企业家等100余人参加活动。南大为双柏县引进云南工麻生物科技有限公司,项目总投资3.2亿元,9月项目(一期)正式开工。

【文化扶贫】 2019年,“南大论坛双柏开讲”项目在双柏县启动,邀请南大知名教授学者通过“南大双柏大讲堂”为双柏县干部群众做讲座。举办“心理调适与企业家理想信念”讲座和双柏县新闻宣传暨融媒体中心业务工作培训班。帮助协调双柏县1名文联编辑在《扬子江诗刊》编辑部跟班实习。

(南京大学国内合作办公室　周璐莹)

东南大学定点扶贫

【概述】 2019年,东南大学定点帮扶云南省南华县,直接投入帮扶资金300万元,引入帮扶资金313万元,培训基层干部725人、专业技术人员775人,直接购买南华县农产品302.07万元,帮助销售农产品332万元,向南华县捐赠物资折合约280万元。2019年4月,南华县正式退出贫困县序列。

【扶贫资金投入】 2019年,东南大学直接投入帮扶资金300万元,引入帮扶资金313万元,帮助南华县开展安全饮水工程建设、中小学义务教育信息化建设和远程人才培训系统建设,设立特殊困难群众帮扶救助基金。

【扶贫调研】 2019年,校地党政领导互访6次,学校参访人员近百人次,其中东南大学主要负责人赴南华县调研2人次,领导班子其他成员3人次。

【扶贫制度建设】 制订《东南大学2019年定点扶贫云南省楚雄州南华县工作计划》,推进实施《东南大学定点扶贫云南省楚雄州南华县三年工作方案(2018—2020)》。印发《东南大学定点扶贫工作领导小组工作规则》和《东南大学定点扶贫工作领导小组办公室工作制度》。推进《东南大学楚雄州人民政府精准扶贫合作协议》落地工作。

【扶贫培训】 举办"南华县2019年赴东南大学干部素能提升培训班"等专项培训,培训基层干部725人。举办医护人员、教学人员培训班,为南华县培训专业技术人员775人。

【干部挂职扶贫】 选派邱峰挂职南华县副县长,继续选派傅敢峰挂任南华县龙川镇二街社区(建档立卡贫困村)第一书记。

【产业扶贫】 邀请北京京东世纪贸易有限公司赴南华县调研,推进康养、电商、仓储、物流、保鲜等领域工作。邀请南京途牛科技有限公司赴南华县开展合作,建立南华县农产品网上销售平台。邀请南京农业大学相关领域专家赴南华县,在野生菌种植加工、茶叶种植和生产等方面开展技术指导。组织产业规划、旅游管理领域专家赴楚雄彝族自治州(以下简称"楚雄州")和南华县开展调研,帮助楚雄州编撰工业大麻产业园规划,帮助南华县编撰全域旅游规划。

【智力扶贫】 利用城市规划、交通设计等优势学科群,为南华县城市总体规划、交通规划、旅游规划、乡村振兴规划提供智力支持。2019年在南华县投入100万元资金,建设41间"1+N"视频互动课堂教室,帮助南华县义务教育阶段校点"1+N"视频互动课堂覆盖率达到39.42%,可满足1845名学生同时开展互动教学,间接受益学生10670人,其中包括建档立卡贫困学生1845人。

【教育扶贫】 继续选派6名研究生支教团成员赴南华县开展为期1年的支教工作。为南华县捐赠台式电脑263台、电脑主机100台,捐赠价值10万元的图书和4748册杂志、价值10万元中学理化试验设备。动员基层党组织与南华县130名家庭经济困难学生结对帮扶,每生每年资助1500元,连续3年。组织55名师生前往南华县开展2019年"至善科技"暑期夏令营。资助南华县22名优秀中学生和2名教师到东南大学参加"2019年全国高校科学营东南大学分营"。

【文化扶贫】 联络校友企业江苏金智科技股份有限公司捐资8万元，用于帮助南华县开展文化扶贫工作。组织校内编舞和艺术制作专家赴南华县采风指导，挖掘民族文化，编排展现南华文化的民族民间舞蹈《唤》，在庆祝中华人民共和国成立70周年暨2019年楚雄州新剧（节）目展演。

【基础设施建设】 2019年，投资300万元用于南华县龙川镇白衣村委会白衣闸水库修缮工程、红土坡镇依黑么村委会大地么坝水库修缮工程、龙川镇二街社区等4个小坝塘修缮工程，累计受益群众692户2995人，其中建档立卡贫困户147户632人。

【健康扶贫】 选派医疗专家团赴南华县开展义诊带教，对475名医护人员开展集中培训，捐赠价值81万元的医疗设备和药品。接收南华县6名医护人员到东南大学附属中大医院进修和培训。为南华县人民医院捐资建设远程诊疗系统，与东南大学附属中大医院开展数十次疑难病例研讨和在线远程诊疗。

（东南大学校长办公室　生沛文）

河海大学定点扶贫

【概述】 2019年,河海大学定点扶贫陕西省石泉县。河海大学领导、专家先后46次共计320人次赴石泉县开展调研和慰问,其中校领导5人次。河海大学专题会议讨论扶贫工作5次,校地双方召开座谈会8次。1名副处职干部挂任石泉县副县长,2名管理干部先后挂任石泉县五爱村党支部第一书记。直接投入帮扶资金410.45万元,引进帮扶资金277.26万元,引进产业项目投资2000万元,捐赠物资折款等其他资金投入33.3万元。购买和帮助销售农产品540.92万元。举办培训班10期,培训基层干部、专业技术人员、党员群众共2826人次。志愿服务和支教留守儿童、学生1738人次。2019年,河海大学获评"安康市社会扶贫先进集体"荣誉称号。

【扶贫调研】 2019年9月,河海大学校长徐辉赴石泉县调研,向石泉县捐赠400万元,慰问贫困群众。副校长徐卫亚等领导分别赴石泉县调研,推进扶贫工作。8月,副校长郑金海赴石泉县推进科技扶贫项目落地。7月、11月和12月,石泉县相关负责同志到河海大学对接定点扶贫工作。

【干部挂职扶贫】 挂职石泉县副县长孙彦歆挖掘各类资源开展帮扶,联系多家科研院所、校友企业参与产业扶贫、消费扶贫、教育扶贫等工作。原石泉县池河镇五爱村第一书记胡忠平被五爱村授予"荣誉村民"称号。新选派李晓东继续担任五爱村第一书记。他进村入户访贫问苦,联系企业入村考察投资。

【智力扶贫】 举办水利工程学历教育班,支持和协助石泉县申报水利项目。捐资30万元开办2期石泉县党政干部培训班。19名校内外专家被聘为中国鎏金铜蚕文化研究院、河海大学·石泉专家工作站、石泉县招商服务中心专家顾问。学生团队走进石泉县贫困村参与档案资料整理工作,学生的学术科技作品《河海大学-石泉扶贫模式探索》获得第十六届"挑战杯"江苏省赛一等奖。

【教育扶贫】 通过"河海大学助学金"、教职工—贫困户家庭"一对一"结对帮扶、支部共建等形式,帮助石泉县学生99人次。为石泉县2所中学进行校园环境改造规划设计,捐资80万元建设石泉中学图书馆电子阅览室。组织石泉县29名中学生开展暑期研学活动。组织7所双一流高校与石泉高中学校座谈交流招生政策。组织专家为石泉县1300余名中小学心理健康教育师资作系统培训。选派的5名研究生支教团成员全部担任石泉县高中班主任。

【扶志扶智】 为石泉县1000余名干部讲"不忘初心、牢记使命"主题党课,组织党员干部与共建支部赴石泉县革命纪念馆暨廉政勤政教育基地联办主题党日。联系吴毅文慈善基金向县镇两级图书馆捐赠4100册图书,折价23万余元。组织大学生艺术团开展文化汇演活动,举办"改革开放图片展",组织留学生团队开展走进"丝路之源"感知中国活动,为石泉县百余名妇女开展健康主题讲座。

【消费扶贫】 搭建线上线下销售平台,定制扶贫电商平台1个,开设石泉县特色农产品展示专柜,帮助石泉县产品入驻国家贫困地区特色食品(食材)精品馆和南京市1家超市。

举办石泉县特色农产品推介会和展销会，促成2家企业与石泉县签订农副产品采购协议，展出近30种农特产品。购买和帮助销售农产品540.92万元，共帮扶贫困户989户，受益贫困人口近3000人。

【产业扶贫】 捐资260万元用于石泉县经济薄弱村发展集体经济、用于贫困户发展种植养殖产业和农产品认证，2019年共帮助1360余名贫困户增收。引进校友企业在石泉县开展陆基循环水养殖项目，首期投资2000万元。成立石泉县招商中心驻河海大学分中心，举办石泉县招商引资推介会，6家企业与石泉县签订招商引资项目协议。将石泉县产品推荐到杭州万事利集团有限公司、南京九蜂堂蜂产品有限公司等国内知名企业。

【党建扶贫】 组织18个基层党支部与石泉县经济薄弱村或社区党支部开展结对共建活动。结对党支部通过党建经验交流、联办主题党日活动等形式实现组织建设互促。参与共建的党支部共资助贫困学生36人次，慰问贫困户30户，物资帮扶238人次。

【扶贫宣传】 通过河海大学校园网主页和微信公众号作扶贫工作、挂职扶贫干部、党支部共建、学生团队扶贫等专题报道，举办定点扶贫工作图片展；在校友恳谈会、招商引资及特色农产品推荐会等场合发布“扶贫倡议书”，动员校友及社会力量踊跃参与；邀请返校挂职干部讲述脱贫攻坚专题党课。

（河海大学扶贫办　陈红娟）

南京农业大学定点扶贫

【概述】 2019年，南京农业大学（以下简称“南农大”）定点帮扶贵州省麻江县。南农大成立党委书记和校长任双组长的扶贫开发工作领导小组，召开扶贫工作会议30余次；投入帮扶资金270万元，引进帮扶资金500万元，培训基层干部487人次、技术人员906人次，购买麻江县农产品241万元，帮助销售农特产品277万元；组织学校医院专家赴麻江县诊治群众100余人，通过健康知识讲座惠及群众300余人，发放药品价值2000余元；实施“南农麻江10+10”行动，发动10个学院结对帮扶麻江县10个贫困村。“南农麻江10+10”行动计划探索精准扶贫乡村振兴新路径项目入选教育部第四届直属高校精准扶贫精准脱贫十大典型项目。2019年4月，麻江县正式退出贫困县序列。11月，南农大扶贫开发领导小组办公室荣获“2019年贵州省脱贫攻坚先进集体”。

【扶贫资金投入】 2019年，南农大向麻江县直接投入帮扶资金270万元，主要用于结对帮扶10个村党组织建设和集体经济发展、产业扶贫科技示范项目、智力扶贫基层干部培训项目及教育扶贫实践游学活动；引进帮扶资金500万元，主要用于麻江国家现代农业产业园产业项目建设与发展。

【扶贫调研】 2019年，南农大校长赴麻江县调研，召开“南农麻江10+10行动”对接座谈会，签订年度定点扶贫工作框架性协议和党建扶贫结对帮扶协议；党委书记、副校长赴麻江县调研座谈，签订消费扶贫采购协议，成立南京农业大学·贵州省麻江县乡村振兴研究生工作站，捐赠13套“移动党支部”设备。

【干部挂职扶贫】 2019年，南农大向麻江县选派3名干部挂职扶贫。选派1人挂职副县长，1人挂职深度贫困村河山村第一书记。李玉清荣获“2019年黔东南州脱贫攻坚优秀援黔东南干部”称号；汪浩荣获“2019年黔东南州脱贫攻坚优秀援黔东南干部”“2019年麻江县脱贫攻坚优秀共产党员”“贵州省万名农业专家服务‘三农’行动优秀专家”等称号。

【扶贫培训】 组织专家赴麻江县开展农业科技指导与培训活动28场次、麻江县领导干部学习考察培训活动4场次，共培训技术人员906人次，涉及15个产业领域，培训基层干部487人次。

【扶贫宣传】 2019年，新华社、新华日报、中国教育报、央视网、教育部网站、学习强国、中国教育新闻网等权威媒体专题或专项报道南农大定点扶贫工作成效20余次，转载百余次。10月，中国教育报专版刊发《南京农业大学：“南农麻江10+10”特色扶贫路径》。11月，新华社刊发《南农大以党建为引领，催生扶贫内生动力》，浏览量达到70余万人次。

【党建扶贫】 实施“南农麻江10+10”行动，发动10个学院结对帮扶麻江县10个贫困村，学院领导赴贫困村调研22次，直接投入帮扶经费100万元。各结对学院通过挂牌党支部共建基地、捐钱捐物等方式，增强结对帮扶贫困村党支部的战斗堡垒作用。

【产业扶贫】 组建跨学院专家团队9支，指导麻江县服务产业11个，扶持龙头企业和农村合作社14家，共建新型农业经营主体发展联盟3个，解决关键技术35项，辐射农业生产10万亩次。在麻江县实施产业帮扶项目10个，带动建档立卡贫困人口226人，帮助贫困人口转移就业42人。指导农旅融合示范园1个，吸引游客超过60万人次。帮助引进智能蜂业项目投资企业1家，投资金额500万元。

【智力扶贫】 南农大协调10个学院，帮助麻江县10个结对帮扶村制定产业扶贫与乡村振兴总体规划。支撑麻江县“1258”现代农业发展工程，帮助麻江县申请获批2019“国家现代农业产业园”。与国务院扶贫办共同举办“脱贫攻坚与乡村振兴”学术研讨会，麻江县作为实践案例上会交流，27家单位120余位专家现场指导麻江县扶贫工作。

【教育扶贫】 继续选派4名研究生支教麻江县龙山中学。募捐资金物资折价11.6万余元，惠及当地学生300多人次。连续5年开展“禾苗助学成长计划”，累计资助“禾苗”75名。连续2年组织麻江县优秀学子到江苏实践游学。设立南农大奖助学金，首批奖助60名麻江县优秀学生。

【消费扶贫】 直接购买麻江县农产品241万元，帮助销售麻江县农特产品277万元。其中，联系翰苑宾馆采购麻江农特产品50万元，发动资产经营公司采购麻江农特产品50万元，帮助联系展销活动销售146万元，在“南农易农”App开通麻江供销社微店链接，帮助开设中国农业银行扶贫商城麻江专区，电商销售20万元，在校内举办定点扶贫麻江蓝莓“黔货出山”现场展销会上销售11万元。与中国农业银行签订《消费扶贫合作备忘录》，在扶贫商城设立“南京农业大学定点扶贫推荐专区”，帮助拓宽麻江县农特产品销售渠道。

（南京农业大学社会合作处扶贫办 徐敏轮）

中国药科大学定点扶贫

【概述】 2019年,中国药科大学定点帮扶陕西省镇坪县,直接投入帮扶资金212.47万元,引进帮扶资金229.1万元,培训干部477人次、技术人员570人次,直接购买农产品200万元,帮助销售农产品568.5万元,引进产业项目到账资金总额7288.5万元。2019年,镇坪县综合贫困发生率为0.54%。2019年,中国药科大学入选教育部直属高校精准扶贫精准脱贫十大典型项目,在国务院扶贫开发领导小组关于中央单位定点扶贫工作成效评价考核中获“好”等次。

【扶贫资金投入】 2019年,中国药科大学直接投入帮扶资金212.47万元,用于支持镇坪县企业科技产品研发、尘肺病患者健康检查治疗、教育扶贫和其他困难救助。引进无偿帮扶物资合计229.1万元,用于成立“中药材种植爱心基金”、捐资助学、捐赠药品、捐献中药材标本、资助贫困学生等。直接购买农产品200万元,帮助销售农副产品、中药材共计568.5万元。帮助引进的重大项目2019年到账资金共计7288.5万元,其中普欣中药配方颗粒项目到账3186.4万元,欣陕农业小石茶项目到账2482万元,镇坪县南江湖中药康养旅游示范区项目到账1477万元,广州我侬坊生物科技有限公司到账143.1万元。

【扶贫制度建设】 2019年,中国药科大学深化“院镇共建、支部结对”工作机制,与镇坪县各党支部结对共建,推进“7+7”党建扶贫模式,在科技扶贫、产业扶贫、教育扶贫、文化扶贫、健康扶贫、消费扶贫等方面开展活动。

【扶贫调研】 2019年,中国药科大学领导班子成员先后4人次赴镇坪县调研。3月,中国药科大学党委副书记、纪委书记戴建君带队赴镇坪县调研,向镇坪县华坪镇小学捐赠5万元助学资金。5月,中国药科大学原总会计师吴应宇等党委负责同志和专家教授赴镇坪县调研。8月,中国药科大学党委书记金能明率队赴镇坪县调研走访。

【干部挂职扶贫】 2019年,中国药科大学选派1人挂职镇坪县副县长,选派1人挂职党支部第一书记。

【扶贫培训】 2019年,选派专家教授参与镇坪县“国心大讲堂”活动,围绕乡村振兴战略、中药康养示范建设、民营企业管理、商业运营模式等培训基层干部477人;培训各类技术人员570人,主要针对农科所专业科研人员及中药材种植企业、大户等,开展中药材种植实用技术培训。

【扶贫会议】 2019年,中国药科大学承办第四届教育部直属高校精准扶贫精准脱贫十大典型项目集中推选会,70所教育部直属高校的140余名代表交流扶贫成效、分享扶贫经验。

【产业扶贫】 帮助镇坪县培育黄连、玄参等中药品牌,助推镇坪县黄连标准入选安康市地方标准。镇坪县黄连生产企业入选“国家林下经济建设示范单位”,建成中药材规范化种植基地14个,种植面积14.5万亩,惠及4000余户药农。划拨科研专项资金200万元,研发一批具有较强市场竞争力的高技术含量中药材产品。2019年重点打造总投资额约5.6亿元的南江湖中药康养旅游示范区建设项目,累计到账资金1.7亿元，项目被列入财政部第四批PPP项目示范库。通过飞渡峡中药康养小镇和南江湖康养旅游示范区两大项目，把分散的林下种植基地、有机食药材基地、生态工业基地串联成链，推动镇坪县康养旅游发展。

【扶贫宣传】 2019年，金能明参加教育部组织的滇西脱贫攻坚部际联系会暨教育部直属系统扶贫工作推进会，在会上做经验交流发言。“发展中药康养产业，巩固脱贫成果，助力乡村振兴”入选第四届教育部直属高校精准扶贫精准脱贫十大典型项目。镇坪县《让每一片绿叶焕发财富光芒——陕西镇坪县发展美丽经济带动脱贫摘帽》入选中共中央组织部《贯彻落实习近平新时代中国特色社会主义思想、在改革发展稳定中攻坚克难案例》。中国中央电视台综合频道、新华社、中国教育电视台等中央媒体跟踪报道中国药科大学定点帮扶事迹。

（中国药科大学党委组织部　聂庆霁）

浙江大学定点扶贫

【概述】 2019年，浙江大学（以下简称“浙大”）定点帮扶云南省景东彝族自治县（以下简称“景东县”）。浙大领导、专家先后111人次赴景东县调研考察扶贫工作，其中学校主要负责同志1人，领导班子其他成员5人次。直接投入帮扶资金804.88万元，引进帮扶资金523.75万元，培训景东县基层干部2187人、专业技术人员1270人，直接购买景东县特色农产品418.95万元，帮助销售特色农产品749.15万元，向景东县捐赠物资价值234.46万元，成立1家景东源丰食用菌种植农民专业合作社。

【扶贫资金投入】 2019年，浙大直接投入景东县帮扶资金804.88万元，其中“求是奖教金”和“求是助学金”80万元，捐赠景东县职业高级中学职教园区教学综合楼第二期项目200万元，捐赠农村临时困难家庭医疗救助基金400万元，设立3项科技产业扶贫项目60万元，发放3位景东产业扶贫首席专家津贴11.88万元，设立党建专项经费10万元，用于党政干部、企业管理人员和医务人员培训支出32.77万元，助学捐赠共计10.23万元。为景东县引进帮扶资金523.75万元，其中引进野生菌项目资金400万元，中央专项彩票公益金“润雨计划”项目捐赠100万元，“爱在滇西”公益助学捐赠23.75万元。

【扶贫调研】 2019年3月，浙大党委常委、党委组织部部长包迪鸿率队赴景东县看望挂职干部。4月，党委书记任少波、党委副书记叶民率团赴景东县调研考察指导扶贫工作，走访建档立卡贫困户，看望慰问驻村第一书记、研究生支教团成员和医务人员，捐赠景东县农村临时困难家庭医疗救助基金。7月，党委常委、党委宣传部部长应飚率队赴景东县开展新闻宣传调研，挖掘新闻宣传素材。11月，浙大副校长罗卫东率团赴景东县调研考察，签订农产品采购合同。

【扶贫制度建设】 2019年，发布《关于调整校级议事协调和临时机构及负责人的通知》，调整成立由党委书记和校长任双组长、分管副校长任副组长、相关单位主要负责人任成员的浙大扶贫工作领导小组。完善定点扶贫滇西地区（含普洱市、景东县）专项经费管理办法。

【产业扶贫】 2019年，通过浙大基本科研业务费设立3项科技扶贫项目。乌骨鸡专家团队制定“景东无量山乌骨鸡遗传资源保护场保种方案”1套、营养成分分析数据1套，指导建成遗传资源保护场1个、良种繁育示范场6个。景东县存栏种鸡2万余套，年供优质苗鸡180万羽，2019年景东县乌骨鸡出栏437.85万只，实现产值3.5亿元。食用菌产业龙头企业景东真芝宝生物科技有限公司的“运芝牌”灵芝孢子粉被推向市场，销售产值50.82万元。研发新产品灵芝普洱茶，销售额102万元。培育1家源丰食用菌种植农民专业合作社，销售菌棒40.64万元。茶产业专家在“紫金普洱”基础上开发“1897”款和“经世济民”纪念茶饼。2019年，浙大师生、校友购买“紫金普洱”普通款377.64万元，销售“1897”款67.62万元和“经世济民”纪念茶饼42.26万元。

【扶贫培训】 2019年，浙大针对党政干部、教师、医务人员、企业家和技术人员举办培训班10期，培训基层干部2187人次、专业技术人员1270人。与景东县签订深化教育培训合作协议，建立继续教育学院景东教育培训基地。

【挂职干部扶贫】 2019年，浙大选派1人挂职景东县副县长，协助分管扶贫工作；选派1人任景东县新民村驻村第一书记。景东县选派1人赴浙大挂职。

【教育扶贫】 2019年，浙大继续向景东县捐助设立"求是奖教金"和"求是助学金"，用于奖励优秀骨干教师和资助贫困家庭大学生完成学业。选派7位优秀大学生赴景东县职业高级中学开展为期1年的支教。先后组织6批共76名大学生赴景东县开展社会实践和考察调研。景东县职业高级中学职教园区教学综合楼——浙大楼顺利结项。浙大出版社向景东县中小学捐赠价值100万元的图书。

【健康扶贫】 2019年4月，浙大捐赠600万元在景东县设立农村临时困难家庭医疗救助基金，第一期400万元已拨付到位。浙大医学院附属第二医院医疗队赴景东县开展义诊活动，开设专题讲座2场，培训医务人员160名，捐赠医疗设备价值121.49万元，通过远程医疗平台开展远程会诊35例，免费接收景东县人民医院8名医护人员进修学习。

【消费扶贫】 2019年，浙大采购景东县核桃仁、核桃乳、冻猪副产品等388.58万元。设立销售专柜，累计销售景东县农产品26.25万元。协助景东县与中国建设银行股份有限公司杭州分行、中国农业银行股份有限公司浙江省分行和上海寻梦信息技术有限公司、拼多多等达成电商扶贫合作协议，通过扶贫平台销售达14余万元。牵线浙江金成控股集团有限公司采购景东县农特产品38.38万元。举办景东县优质农产品进浙大展销活动，销售景东县农产品6万余元。

【公益扶贫】 2019年，"爱在滇西"捐资助学公益活动募集资金23.75万元，共资助贫困学生450人。为景东县137名贫困学子捐资8.98万元。杭州禾迈电力电子技术有限公司捐赠价值10万元光伏发电设备。浙江曾氏文化传播有限公司捐赠价值0.9万元图书。中建二局第三建筑工程有限公司昆山融创项目组捐赠价值0.2万元学习用品和运动器材。校友企业向景东县捐赠150万元。协调"润雨计划"资助款100万元，用于支持景东县安定镇中心幼儿园食堂建设。

【扶贫宣传】 2019年，浙大定点扶贫景东县工作受到人民日报、中国新闻社、浙江日报、求是新闻网、云南省级媒体等关注，刊发报道60余篇。校内求是新闻网共报道12篇；官方微信发布10余条；头条号发布2条，文章2篇。云南省、普洱市及景东县相关媒体、网络宣传报道共计30余篇。

（浙江大学国内合作办公室扶贫与对口支援部　龚　辉）

合肥工业大学定点扶贫

【概述】 2019年,合肥工业大学(以下简称“合工大”)定点帮扶安徽省灵璧县,直接投入帮扶资金363.41万元,引进帮扶资金370万元,培训基层干部和技术人员1150余人次,定点采购农产品264.36万元,帮助销售农产品495.44万元。2019年4月,灵璧县退出贫困县序列。

【扶贫调研】 2019年,合工大主要负责同志到灵璧县调研考察1次,领导班子其他成员到灵璧县调研考察8人次,组织赴灵璧县调研、对接帮扶人员350余人次,开展各类专项调研,赴砂坝村开展扶贫领域作风督查,对学校捐赠资金使用情况进行检查。

【扶贫培训】 2019年,依托灵璧县委党校,通过砂坝村“两委”培训会、教体系统基层党务工作者培训班、创业致富带头人培训班,组织党风廉政教育活动,邀请专家为灵璧县开展7次教育培训,培训基层干部640人次。9月,合工大举办培训班,对灵璧县50位民营企业家开展培训。

【干部挂职扶贫】 选派1名处级干部挂职灵璧县副县长,协管扶贫工作。选派1名科级干部挂职驻村第一书记。

【教育扶贫】 投入200万元为灵璧县砂坝村援建幼儿园,由合工大幼儿园对口帮扶,惠及当地100多名幼儿。推动建设灵璧县中学生科创中心,设立奖优助贫基金,组织开展大学生暑期“三下乡”社会实践活动,10多所中小学、100多个班级、2000余名学生受益。在灵璧县成立合肥工业大学技师学院灵璧分院,2019年9月开学招收学生580多名。在灵璧县第一中学、灵璧中学设立“合肥工业大学优质生源基地”,将灵璧县等贫困地区纳入农村单独招生重点区域。组织开展“十百千”支教项目,遴选11个学院对口联系灵璧县11所中小学,对177个班级1100多名中小学生进行绘画、音乐、舞蹈等培训和学业辅导。开展文艺演出活动10余场,惠及群众2000多人次。

【科技扶贫】 设立“应用科技成果培育计划项目之科技扶贫应急项目”,资助灵璧县7项,每项资助20万元,共资助140万元。与灵璧县当地企业联合申报项目获批安徽省科学技术一等奖、安徽省重点研究与开发计划项目重大专项立项、重点研究与开发计划立项,带动企业技术升级。联合中国矿业大学协同帮扶灵璧县,梳理21个“中国矿业大学-灵璧县帮扶项目”。

【产业扶贫】 2019年,协调引进校友企业阳光电源股份有限公司投入200万元。协调引进校友企业安徽东来北斗智慧信息科技有限公司投入200万元,无偿用于帮助灵璧县推进5G移动通信等项目。指导灵璧县浩园果蔬种植专业合作社等10家蔬菜生产企业,联合成立安徽省高校定点采购联盟蔬菜生产基地,推荐进入安徽省高校食品定点采购联盟单位和中国农业银行“扶贫商城”平台,供应100多批次,总价值400余万元。

【消费扶贫】 依托校友企业开发的“斛兵云商”电商扶贫公益平台连续2年帮助灵璧县销售农产品754.3万元。在学生食堂设置灵璧县务工人员就业窗口,设立灵璧县农产品展销点和“斛兵云商”线下店,用于陈列销售灵璧县农产品。多次举办农产品展销会，宣传推介灵璧县、利辛县等贫困地区农产品。

【公益扶贫】 组织学校医院赴灵璧县开展扶贫义诊，举办口腔卫生和爱眼护眼专题讲座，开展灵璧县乡村医生急救知识培训，投入资金3万余元，帮助贫困人口300余人次。投入150万元用于砂坝村雨水管网改造工程项目，惠及当地92户500多名村民。

【扶贫宣传】 中国教育报、教育部网站、合工大校园网刊发合工大定点扶贫新闻报道20余篇。在安徽省社会扶贫经验交流座谈会上，合工大作为安徽省唯一的高校代表作典型经验交流发言。

（合肥工业大学　刘　峰）

厦门大学定点扶贫

【概述】 2019年，厦门大学定点帮扶宁夏回族自治区隆德县。厦门大学党委高度重视定点扶贫工作，成立由党委书记张彦担任组长的扶贫工作领导小组，召开10次专题会议研究部署定点扶贫工作。直接投入帮扶资金505.04万元，引进帮扶资金1100.55万元，培训基层干部703人，培训技术人员981人，购买农产品403.36万元，帮助销售农产品359.22万元。4月，隆德县正式退出贫困县序列。10月，厦门大学"建设厦大扶贫产业园探索高校扶贫新模式"项目获评教育部第四届直属高校精准扶贫精准脱贫十大典型项目。光明日报、中国教育报等权威媒体深入报道厦门大学扶贫工作成效。

【扶贫资金投入】 2019年，厦门大学投入帮扶资金505.04万元。其中，向隆德县直接拨付无偿帮扶资金240万元，划拨留存党费100万元。新建"厦门大学精准扶贫特色产品直营中心"，免除店面租金30万元和水电费。厦门大学相关职能部门捐款捐物价值117.42万元。引进无偿帮扶资金1100.55万元。

【扶贫调研】 2019年5月，张彦、厦门大学副校长邓朝晖率队赴隆德县考察调研督导对口帮扶工作。组织专家先后14批次赴隆德县，就文化旅游、健康医疗、经济产业进行调研。先后派出8支由党政干部、专家带领的博士团到隆德县开展暑期社会实践，形成专题调研报告论文5篇。

【干部挂职扶贫】 2019年，厦门大学继续选派马龙挂职隆德县委常委、副县长，主要负责中央单位定点扶贫、教育体育方面工作，继续选派胡雄挂职张树村党支部第一书记。

【智力扶贫】 厦门大学围绕隆德县实际需求，对隆德县领导干部、县党政部门和乡镇领导干部、企业家、"非物质文化遗产"传承人、农村"双带头人"进行轮训。在厦门大学举办3期专题培训班，在隆德县举办多期专题培训讲座，为隆德县培训基层干部703名、专业技术人员981名、教师学生1400余名。

【教育扶贫】 厦门大学在隆德县设立支教点。2019年继续派出5名优秀本科毕业生在隆德县第四中学支教，主要负责生物、地理、信息技术等课程。支教团发起"这条小鱼在乎"一对一助学活动，筹集爱心助学款7.63万元，资助136余名品学兼优的困难学生。面向隆德县学生开办4期夏令营，近200名师生参加。依托厦门大学国际学术交流中心职教实习基地，接收隆德县职业中学16名建档立卡贫困户学生实训。实训期间免费提供食宿，按每月2350元标准共发放13.87万元工资。

【产业扶贫】 2019年，"厦门大学康业扶贫产业园"生产总值4.1亿元，50家入园企业提供就业岗位2200个，其中吸纳本地人口就业1760多人，吸纳建档立卡贫困户劳动力433人，帮助就业困难残疾人58人就业。校友企业康业投资有限公司投入4535万元，建设产业园四期厂房。入驻校友企业宁夏黄土地农业食品有限公司2019年技改投资829.54万元。为隆德县黄土地农产品质量安全控制实验室捐赠8台仪器设备，价值148万元。利用帮扶资金30万元为张树村采购大型拖拉机、秸秆打捆机、犁地机各1台。

【消费扶贫】 2019年，厦门大学购买隆德县农产品403.36万元，其中购买隆德县牛肉29.5吨，总金额282.2万元；购买隆德县农产品12.3吨，总金额121.16万元。帮助销售农产品359.22万元。在厦门大学食堂开设“精准扶贫宁夏隆德县特色食品窗口”。

【健康扶贫】 推动厦门大学附属翔安医院对口帮扶隆德县医院，翔安医院和隆德县医院实现宁夏首例5G网络远程会诊，为隆德县14例白内障患者实施手术治疗。开展医疗健康讲座及培训5场，培训医务工作者358人。

【党建扶贫】 举办厦门大学党委党校第144期“双带头人”教师党支部书记“海誓山盟·精准脱贫”志合示范班，厦门大学36名“双带头人”教师和党支部书记为隆德县当地干部、专业技术人员开展培训讲座。厦门大学办公室第一党支部与隆德县张树村党支部结对共建。

【协同扶贫】 厦门大学对接福州市长乐区、闽侯县，协同帮扶隆德县。协助隆德县残疾人联合会建设厦门大学助残乐购帮扶中心，2019年销售总额339.3万元。

（厦门大学办公室　吕　铖　郑成竹）

武汉大学定点扶贫

【概述】 2019年,武汉大学定点帮扶湖北省恩施市,驻村精准扶贫芭蕉侗族乡白果树村,参与湖北省精准扶贫大悟县新城镇熊湾村。武汉大学召开脱贫攻坚专题会议4次,党委书记韩进、校长窦贤康等领导赴受援地调研考察5次。直接投入资金(含物资折价)761万元,引进帮扶资金413万元。帮助培训各类人才2600余人,开展旅游规划、人文、经济研究项目3项,引进促成1个产业项目。

【扶贫资金投入】 2019年,武汉大学直接投入资金(含物资折价)761万元,其中投入建设资金225万元、培训经费24万元、产业基金30万元,捐款捐物合计132.7万元,采购农产品349.3万元。引入帮扶资金413万元,用于驻点村的建设发展。引进促成1个产业项目落户恩施市。

【干部挂职扶贫】 2019年,武汉大学选派5名干部挂职扶贫。其中,选派杨凯军挂职恩施市副市长、李锦江担任白果树村第一书记,选派陈春荣、胡长根、孙小言组成驻村工作队进驻熊湾村。

【扶贫调研】 2019年,武汉大学先后组织专家学者、干部、师生等850余人次前往恩施市开展考察、调研、慰问等活动。武汉大学领导先后6次到恩施市调研指导定点扶贫工作。

【智力扶贫】 武汉大学发挥学科专业优势,2019年培训各类人才7批次2600余人,开展科研项目3项。组织18支暑期社会实践团队赴恩施市,围绕乡村民宿、“互联网+”、创业孵化基地、生态文明、基础教育、留守儿童、基层党建、健康扶贫开展专题调查研究,形成调研报告18篇。

【健康扶贫】 武汉大学人民医院对口支援恩施市中心医院。实现优质病理医师资源共享,开通远程会诊系统,帮助加入检验医学专科联盟,选派成于珈教授担任恩施市中心医院副院长指导恩施市中心医院等级创建。遴选武汉大学口腔医院对口帮扶大悟县中医院。武汉大学人民医院、武汉大学中南医院接收恩施市中心医院10名医护人员免费进修。武汉大学人民医院常务副院长王高华带队在恩施市进行大型义诊,对恩施市辖区内建档立卡贫困人员中患有儿童先天性心脏病、儿童白血病、食管癌等20种大病的疑难重症患者进行复筛建立救治台账。武汉大学口腔医院为熊湾村1名重度唇腭裂患儿实施免费修复手术,向村卫生室捐赠候诊椅10把、电视1台。基础医学院“暖医之家”实践队赴白果树村开展健康支教、义诊咨询等活动,赠送4000元药品。

【教育扶贫】 2019年,武汉大学投入60万元援建恩施市第一中学数字化校园及远程视频教育系统,投入15万元建设白果树小学信息化教室,投入15万元为恩施市芭蕉侗族乡白果树小学、黄泥塘小学、红土乡中心小学建设3间“魔法教室”。接收芭蕉侗族乡4名农村小学骨干教师到武汉进行跟班学习和业务培训。选派2名优秀学生赴芭蕉侗族乡白果树小学开展支教扶贫。投入3.3万元在恩施高中设立“武汉大学水利水电学院奖学金”奖励优秀师生。邀请多名专家学者为恩施市高中师生作宪法知识、心理知识等方面的讲座。组织恩施市第一中学52名师生参加“樱花诗赛”活动，组织13名师生参加青少年高校科学营湖北营活动。

【产业扶贫】 2019年，促成卓尔文旅集团有限公司投资10亿元在恩施市富尔山打造国际生态休闲度假区，项目落地资金0.56亿元。促成湖北供销合作电子商务有限公司、湖北省茶业集团股份有限公司与恩施市芭蕉侗族乡人民政府签订产业扶贫合作协议，投资500万元建成金风茶厂。引进“供销e家”新型村级电商服务站布点朱砂溪村、高拱桥村，为芭蕉侗族乡销售茶叶近300万元。援助30万元产业发展资金支持白果树村建设“绿色生态茶叶示范园”“水果观光采摘示范园”。援助20万元产业发展基金帮扶熊湾村建设蔬菜供应基地。

【基础设施建设】 2019年，筹措整合资金300多万元为白果树村援建村民活动广场，解决安全饮水工程管道问题，修通马家湾通组公路，维修3条沟渠，建设白果树村产业示范路。支持大悟县新城镇熊湾村75万元，用于整修河堤300米、修建机耕路400米、整修水库1座、清挖池塘1个、修建公厕1个。

【公益扶贫】 2019年，武汉大学组织干部师生850余人次前往受援地开展调研、考察、慰问、研究等活动，捐款捐物132.7万元。组织教职工近6000人次，为扶贫捐款60余万元。

（武汉大学定点扶贫工作领导小组办公室　陈　磊）

华中农业大学定点扶贫

【概述】 2019年，华中农业大学（以下简称“华中农大”）定点帮扶湖北省建始县，直接投入帮扶资金588.17万元，引进帮扶资金1067万元，培训基层干部2833人次、技术人员2828人次，购买农产品564.41万元，帮助销售农产品639.376万元。

【扶贫调研】 2019年，华中农大教授团队对建始县脱贫绩效评估、基层党组织结对共建、“三留守”人员心理、乡村传播等情况开展调研，共调查贫困村46个、贫困户549户、非贫困户298户，提交专题调研报告5份。开展精准扶贫到乡村振兴衔接机制研究，发表研究论文1篇。组建大学生暑期社会实践团队到建始县开展志愿服务与实践调研，提交实践调研报告9份。

【干部挂职扶贫】 2019年，华中农大先后选派挂职干部9人次，选派湖北省“基层高质量发展专才支持计划”2人次，选派博士服务团成员5人次，分别挂职副县长、县重点产业发展顾问、驻村第一书记等。

【党建扶贫】 设立党建扶贫项目1项。该项目团队赴建始县10个基层党组织，面向157户贫困户开展入户调研，举行2次专题访谈座谈会，提出校地基层党组织共建实证研究政策建议。开展党建“1+1”共建行动，推动华中农大基层党组织与建始县25个未出列贫困村党支部开展结对共建，做到贫困村、贫困人口、贫困户、贫困学生和伤残人员党员结对帮扶“五个全覆盖”。

【扶贫培训】 2019年，培训各类人才5745人次。其中，开展农业实用技术培训2183人次、贫困户劳动就业培训84人次，培训各级党政干部2833人次、专业技术人员525人次、农村创业致富带头人120人次。

【教育扶贫】 开展“乡村教师来汉培训”项目，组织建始县30名教师参加培训。选派第七批研究生支教团5名志愿者赴官店镇摩峰中心小学开展为期1年的支教活动。联合湖北日报举办第六届“大手牵小手，笑眼看世界”活动，组织官店镇摩峰中心小学部分学生赴北京开展城市体验活动。华中农大教育发展基金会向建始县摩峰中心小学捐资10.17万元，发放“水滴助学金”1.62万元，购买文化生活用品及物资价值8.55万元。为花坪镇民族初级中学200名学生和60名教师分别开展考前心理疏导和教师职业生涯发展培训活动。

【产业扶贫】 2019年，先后选派产业扶贫科技服务团队13个、湖北省科技特派员团队6支、“三区”科技人才计划11名到建始县进村入企开展科技服务。设立产业扶贫项目12个，投入项目经费253万元，支持建始县高山蔬菜、特色水果、景阳鸡等10余个产业发展。“武陵山特色园艺作物良种繁育中心”建设试验示范基地117亩，引进和收集果、菜、花、茶等园艺作物种子资源86份，引种柑橘脱毒苗240株，接芽200个，优良柑橘品种13个。甜柿苗、柑橘苗、梨苗等各类园艺作物苗木出圃30余万株，推广园艺作物优良品种5个、新型栽培技术5项。促成魔芋、猕猴桃、茶叶、高山蔬菜、马铃薯5个过亿元产业，产业总产值18.95亿元，12345户35963人通过产业扶贫脱贫。

华中农大重点帮扶企业持续发展。枸杞

珍酒业被认定为“湖北省扶贫龙头企业”，“开俏牌”枸杞珍酒荣获第十六届中国林产品交易会金奖；硒姑娘酒业获“湖北省第十一届专利奖”；武陵山良种繁育基地获批“湖北省农函大建始分校”“特色产业科普试验示范基地”；马坡玉峰茶业获评“电商扶贫贡献奖”，在恩施硒茶斗茶大赛中荣获“绿茶金奖”。

【文化扶贫】 提升扶贫产业品牌形象，为建始县关口葡萄完成湖北省地标产品申报、包装设计、品牌建设，关口葡萄单价由每盒70元提升到90元，花坪镇关口葡萄增收2000万元。推动非物质遗文化遗产元素与产业的融合。以“黄四姐”非物质文化遗产元素为核心，创新业州竹编手工艺、建始传统小吃桃片糕等传统产业，提高从业贫困户收入。结合建始县花坪、景阳两镇的农旅项目，推进建设2个乡村振兴“样板间”，2019年逾10万人前往旅游度假。

【社会扶贫】 探索“金融+科技”扶贫模式，为枸杞珍酒业引入金融帮扶资金600万元。引导校友企业、主管部门等社会资源参与建始县扶贫，2019年引入帮扶资金1072万元。

【消费扶贫】 推动建始县特色农产品进超市、进食堂、进专设门店，举办第4届建始县特色农产品展销会。2019年，购买建始县农产品564.41万元，帮助销售农产品639.376万元。

【扶贫宣传】 光明日报、教育部网站、中国扶贫网等媒体宣传报道华中农大定点扶贫工作。华中农大先后在教育部直属系统扶贫工作推进会、教育部乡村振兴科技创新专题新闻发布会、全国科技助力精准扶贫工作交流视频会上作典型发言。产业扶贫专家蔡礼鸿等一批专家教授获表彰表扬。

（华中农业大学科学技术发展研究院　余华俊）

中南大学定点扶贫

【概述】 2019年，中南大学定点帮扶湖南省江华瑶族自治县（以下简称“江华县”），直接投入帮扶资金660万元，引进帮扶资金212万元，培训基层干部326人，培训教师、医生、电商技术人员599人，购买江华县农产品730.51万元，帮销农产品547.57万元。2019年4月，江华县退出贫困县序列。

【扶贫资金投入】 2019年，中南大学直接投入帮扶资金660万元，其中直接拨付江华县帮扶资金650万元，筹集10万元用于发放2018—2019年中南大学江华县助学金。安排专项工作经费200万元。引进帮扶资金212万元。

【扶贫调研】 2019年，中南大学领导及各职能部门先后到江华县调研410多人次。4月，党委书记易红、常务副校长胡岳华赴江华县调研对接扶贫工作，签约建立中南大学-江华县高新技术产业开发区产学研合作基地。10月，校长田红旗、党委副书记伍海泉赴江华县召开脱贫攻坚工作调研座谈会。12月，胡岳华赴江华县洽谈扶贫攻坚战略合作项目。

【干部挂职扶贫】 2019年，共有7名干部在江华县挂职。6月，黎胤、周飞、简瑞余、江泽光4名干部挂职期满，重新选派张国栋、曹斌、陆宝春3名干部赴江华县挂职。张国栋挂职江华县县委常委、副县长，曹斌、陆宝春进入驻村工作队。

【扶贫资金管理】 2019年6月，中南大学委托第三方对2016年以来扶贫资金使用情况进行专项审计。2016—2019年，中南大学投入江华县帮扶资金2388万元，扶贫资金使用管理和扶贫项目实施情况无违纪违法问题。中南大学协同江华县扶贫办、财政局、大圩镇人民政府联合出台《中南大学对口帮扶专项资金管理办法》，制定《中南大学驻江华扶贫工作队工作运转经费使用管理办法（试行）》，规范对口帮扶资金使用管理，提高资金使用效益。

【扶贫培训】 针对江华县举办干部和人才培训班8期，培训基层党政干部326人、专业技术人才599人。其中，7月和8月先后召开2期“江华瑶族自治县‘抓党建促乡村振兴’村（社区）干部、村级后备干部培训班”，共培训江华县基层干部326名。召开中南大学第4期江华县青年农村电商人才培训班，培训电商从业人员62人。通过“双师教学”、跟岗实践等途径培训江华县各级教师277名。培训江华县医护人员260名。

【产业扶贫】 投入480万元协助江华县建立500亩中南大学蔬菜种植基地，在长山村及周边种植茶叶600亩、食用菌100亩、红心猕猴桃170亩，增加长期工作岗位130余个，助农增收160余万元。扶持江华县龙头企业和农村合作社25家，带动建档立卡贫困人口10478人。引进大瑶山龟寿酒业有限公司投资500万元，推动湘雅药学院与大瑶山龟寿酒业有限公司、江华县中医院达成合作意向，共同研究开发瑶医瑶药项目。引进湖南龙德晟机电有限公司投资200万元在大圩镇建立扶贫车间。

【科技扶贫】 邀请校内专家教授针对江华县扶贫主导产业进行政策、技术和市场风险评估，提供决策咨询支持。协助江华县申报国家级高新技术产业开发区，筹划《江华县高新技术产业开发区产业发展规划》，帮助江华县明确高新产业园区战略发展思路。制定《江华县企业家管理能力提升班培训方案》，推进高新园区企业管理人才队伍建设。建立学生社会实践基地，鼓励优秀大学生到当地创新创业。与江华县签订3个技术研发及产业化合同。2019年，江华县高新技术产业开发区被纳入湖南省产业园区体制机制创新试点园区，作为先进省级园区受到湖南省人民政府通报表扬。

【教育扶贫】 通过“走出去”送课、“接进来”培训、结“青蓝对”、搭建网络教育资源共享平台等途径，培训江华县教师277人。中南大学北京校友会捐赠20万元推动“双师教学”项目。先后组织18名研究生在大圩镇中学和江华县第一中学开展为期1年的支教工作，组织14支大学生暑期“三下乡”社会实践团队赴江华县。向102名江华县学生发放2018—2019年中南大学江华助学金，组织江华县100余名中小学生走进中南大学参加短期研学活动。开设书法、绘画、舞蹈、英语等20个免费培训班，一对一帮助建档立卡贫困学生培养一种才艺。引进陶行知基金会帮扶基金192万元，为江华县教育系统54所学校购买信息化教学设备。

【健康扶贫】 持续推行“人才培养、技术支撑、管理培训”三位一体医疗帮扶模式。2019年，中南大学派出常驻医生5名，接诊900余人次，操作手术100余台次，开展示范带教和讲座120余场次，培训乡村医生260人。组织义诊、捐赠药品3次，医学专家下乡17人，接收进修医护人员7人，帮助江华县人民医院整章建制15条，指导江华县7所乡镇卫生院、217个村卫生室完成标准化建设，消除43个卫生室空白村，实现江华县基层医疗卫生机构标准化建设全覆盖。推动智慧医疗服务，指导江华县开展医院信息化建设，完善基于智慧医疗体系的数字病区建设。依托新湘雅移动远程医疗平台，推进江华县远程心电、远程影像诊断中心、远程会诊、远程教育中心和江华好医在线App的建设。中南大学湘雅三医院与江华县人民医院签订协议，将江华县人民医院作为中南大学湘雅三医院精准扶贫医教研基地和航空医疗救援网点医院。

【文化扶贫】 聚焦“非物质文化遗产保护”，建立中南大学长鼓舞研习基地，举办长鼓制作工作坊，创作《长鼓之源》《迁徙之路》2套精装瑶族神话传说绘本，编纂《湖南瑶族长鼓舞》教材，开设全校性公共选修课《长鼓舞欣赏与实践》，创编瑶族长鼓操。2019年4月，中南大学千人长鼓舞广播操纪录片《传承的力量》在教育部网站等媒体展播。开发瑶族特色手工艺品，设计兼备瑶族元素和中南元素的校园文化纪念品。中南大学江华瑶族长鼓文创系列产品获全国旅游商品设计大赛铜奖。成立瑶族语言文学研究所，深入研究和传播江华县瑶族文学和瑶族文化。中南大学聂茂教授出版专著《民族作家：文化认同与生命寻根——文学湘军的江华现象》；李星辉教授出版专著《湘南江华汉语土话与瑶语比较研究》，向外界推荐江华县。

【基础设施建设】 完成村主干道道路硬化后，投入57万元实施巷道建设工程，全村实现水泥巷道直通村民门户；投入12万元为特困村民修建住房，保障3户贫困家庭的住房安全；投入20万元开展饮用水设施提质改造，帮助33户贫困户135人解决饮水安全问题；持续开展长山村家园环境整治；推进长山村卫生室建设，通过远程会诊、科普教育、定期健康评估等满足村民基本医疗需求，免费为村民体检。

【扶贫宣传】 2019年，人民日报客户端、教育部网站、中国日报、湖南教育新闻网等媒体报道中南大学扶贫工作180余篇次。8月，中南大学电商案例入选国务院扶贫办组织编写的《全国电商扶贫典型案例集》，成为全国入选的3所高校之一。10月，江华县作为全国受邀3个县区之一参加由国务院扶贫办主办的“互联网+社会扶贫”论坛，中南大学挂职副县长在论坛上推介江华县农特产品，介绍消费扶贫经验。12月，民建中南大学委员会荣获民建中央“民建脱贫攻坚先进集体”称号。

（中南大学办公室　雷先阳）

中山大学定点扶贫

【概述】 2019年，中山大学（以下简称“中大”）定点帮扶云南省凤庆县，持续加大项目和资金帮扶力度，直接投入帮扶资金665万元，引进帮扶资金894万元，培训基层干部695名、技术人员1906名，购买贫困地区农产品713万元，帮助销售贫困地区农产品759万元。2019年4月，凤庆县退出贫困县序列。

【扶贫资金投入】 2019年，中大向凤庆县直接投入帮扶资金665万元，其中医疗类投入62.9万元，教育类投入122万元，危房改造类投入311.6万元，支持产业扶贫项目投入131.4万元，党建类投入16.3万元，调研咨询类投入21.3万元；引进帮扶资金894万元，其中引入危房改造资金31.6万元，各类助学资金176.4万元，校友企业免费发放茶苗、组织贫困户生产并回购686万元。

【扶贫调研】 2019年，中大主要负责同志及专家教授等赴凤庆县专题调研356人次。4月中大党委书记陈春声赴凤庆县实地调研。5月、9月、10月，中大党委副书记国亚萍、副校长郜忠智分别带队赴凤庆县开展调研。1月、5月，临沧市副市长赵贵祥、凤庆县委书记陈昌砚分别带队到中大对接定点扶贫工作。

【扶贫培训】 发挥全国干部培训基地优势，2019年为凤庆县培训基层干部695人，协助安排27名凤庆县干部到相关部门挂职锻炼。各附属医院为凤庆县人民医院开展远程医疗培训、专项培训，培训医疗专业技术人员800人。为凤庆县第一中学、第三中学和鲁史中学培训教师530人。帮助凤庆县开展电商创业就业技能培训576人。

【干部挂职扶贫】 2019年，中大有2名处级干部、2名科级干部在凤庆县挂职扶贫。7月，重新选派王克挂职凤庆县副县长，分管县政府督查室、县政务服务管理局，协管教育、招商、扶贫工作。重新选派蓝澍德挂职凤庆县红塘村第一书记，开展驻村帮扶工作。

【扶贫宣传】 2019年，中大在凤庆县定点扶贫工作被新华社、新华网、光明日报、中国教育报、半月谈、云南电视台等权威媒体报道。其中，新华网刊发报道《特写：相距两千公里的同一堂课》，光明日报刊发报道《中山大学：以优势学科资源促精准出实效助脱贫》，中国教育报刊发报道《教育部第六批赴滇西扶贫挂职干部工作纪实》，半月谈刊发报道《从远程视频会议到“虚拟主持人”——中山大学学子通过推动党建智能化助力脱贫攻坚》。陈春声在2019年教育部直属系统扶贫工作推进会、2019年教育扶贫论坛上2次作经验交流发言。

【健康扶贫】 组织中大6名专家到凤庆县，不定期进行大型义诊活动。在凤庆县人民医院组织“临床护理教学新理论和教学技能培训班”，举办临沧市麻醉学分会三届四次学术年会，开办“临床科研能力提高和转化医学前沿进展培训班”“临床师资教学能力培训班”，培训临沧市、凤庆县医务人员740余名。帮助凤庆县人民医院新建消化医学中心暨危重儿童、新生儿救治中心，病理诊断中心，医学影像诊断中心，开通远程医疗系统。投入资金30万元，在凤庆县人民医院设立消化道肿瘤筛查专项。2019年，培训凤庆县医疗人员2408人次。

【教育扶贫】 2019年，中大向凤庆县第一完全小学、第二完全小学、青树完全小学、凤庆县青年之家等捐赠书籍4000册。4名附属中学退休教师、4名研究生支教团成员在凤庆县支教。投入52万元援建凤庆县第三中学远程教育课室。2019年，中大共录取临沧地区10名学生，其中凤庆县学生4名。协调食尚国味饮食管理有限公司与临沧高级技工学校签订“学员就业基地”和“人才输送基地”协议，帮助解决临沧地区学生就业难问题。组织马研班、青马班共61名青年学员赴凤庆县开展调研走访。组织师生20余人赴凤庆县鲁史古镇、郭大寨乡团山村开展人类学田野实习活动。

【产业扶贫】 为凤庆县云南一叶生物科技股份有限公司提供超临界二氧化碳萃取技术，落地投产核桃油、茶叶籽油生产线，举办植物资源大健康产业高峰论坛，助力农业产业升级。校友企业广州燕语食品有限公司成为临沧市首批重点引进及扶持签约企业，免费向临沧茶农发放160万棵原生种优质茶苗，建成2000亩茶山基地。扶持临沧工投顺宁坚果开发有限公司等3家企业扶贫车间，间接带动8000多贫困人口实现增收。校友企业云南友脉科技有限公司在临沧市设立分公司，在服务外包全产业链业务中帮助300多人就业。

【公益扶贫】 整合校友和社会资源捐赠176万元善款，用于凤庆县开展“一帮一”助学、发展特殊教育、奖学奖教金项目。其中，校友企业广州燕语食品有限公司为凤庆县特殊教育学校设立公益爱心基金，将特殊学校学生绘制的童画作品制成公益茶饼“茶山童画”，义卖茶饼30万元全部注入公益爱心基金。募集343万元支持凤庆县危房改造。联合凤庆县推出“中大助力·凤庆加油”套餐组合，向中大师生推介凤庆县茶叶、核桃、核桃乳、核桃油、茶籽油等农特产品。直接购买凤庆县农特产品713万元，发动校友购买凤庆县农特产品759万元。

（中山大学定点扶贫工作组　林炜双）

四川大学定点扶贫

【概述】 2019年，四川大学定点帮扶四川省甘洛县，确定帮扶项目61个，直接投入帮扶资金326万元，引进帮扶资金323.4万元，培训基层干部454人、技术人员828人，购买贫困地区农产品300.6万元，帮助销售贫困地区农产品616.6万元。截至2019年年底，甘洛县退出专项考核，顺利通过县州省三级验收考核。四川大学先心病患儿救治项目入选教育部第四届直属高校精准扶贫十大典型项目。四川大学荣获四川省高校定点扶贫“先进单位”称号，中国中央电视台、新华社等权威媒体予以报道。

【扶贫资金投入】 2019年，四川大学直接投入帮扶资金326万元，其中：基建及民生项目投入155.45万元，产业项目投入142万元，移风易俗创建帮扶项目投入6.1万元，其他项目投入22.45万元。引入帮扶资金323.4万元。协调发起捐赠活动7次，募捐资金22.37万元，募集冬衣3000余件，捐赠爱心包裹1500份，捐赠图书2169册、电子阅读卡800张，捐赠玩具和运动设施价值8万元。减免培训费用55.96万元，加减免各类规划设计费用104万元。

【扶贫调研】 2019年，四川大学领导赴甘洛县实地调研和工作6人次。10月，四川大学党委书记王建国赴甘洛县开展定点扶贫工作及脱贫攻坚督导。针对甘洛县150户贫困户实施“分户包干”，动员12个二级学院分别开展对户帮扶工作。

【扶贫培训】 开设党政干部能力提升脱产培训班等非学历教育培训班13期，培训党政干部454人，培训技术人员828人。培训县级医务人员215人，培训乡村卫生计生人员223人。

【智力扶贫】 跟进“政府和社会资本合作”项目实施技术方案的解决。组织专家团队提出和实施“智慧流域管理与防灾减灾综合治理方案”，用于应对甘洛县暴雨灾害。举办“2019年深度贫困破解学术研讨会暨国家社科基金项目专家咨询会”，30多位高校及科研机构的专家学者和20多位“三区三州”深度贫困县的代表参会。

【干部挂职扶贫】 实施“1+N”精准人才帮扶工程，对挂职期满的4名帮扶干部进行轮换，增派教师赴甘洛县商务局开展工作。2019年，共9名干部派驻甘洛县挂职扶贫。

【教育扶贫】 四川大学研究生支教团连续7年服务于甘洛县，连续4年服务于甘洛县职业技术中学。2019年，支教团开展授课覆盖甘洛县职业中学20个班级近1100名学生，约6000课时，第一期“川大梦想班”高考升学率为100%。开展“雏鹰”成长计划夏令营、冬令营活动，组织甘洛县71名师生代表赴成都市和四川大学。

【产业扶贫】 投入102万元产业专项资金，引入“稻菇轮作”“智能无土栽培气雾大棚”“红香椿”3个种植项目。

【健康扶贫】 与四川省凉山彝族自治州卫生健康委员会合作编印《乡村基层医生实操系列丛书》。针对慢性阻塞性肺疾病、尘肺病开展大病、疑难病集中诊治，指导141人次，义诊服务群众190人次。实现对先心病儿童全生命周期管理，筛查儿童2.5万余名，募集救助资金3000余万元，扶植7支先心病介入手术团队，免费救治先心病儿童1200余名。四川大学先心病患儿救治项目获评“教育部第四届直属高校精准扶贫精准脱贫十大典型项目”。

【结对帮扶】 发动12个学院结对帮扶甘洛县格布村150户贫困户。在格布村提供“三建四改”奖补基金18.8万元，设立10个公益性岗位，按每人每月300元标准共计3万元给予岗位补贴。现金物品奖励3万元举办家庭卫生评比，出资9.72万元为村民按户配备衣柜。

【社会扶贫】 协调发起捐赠活动7次，其中捐赠资金22.37万元，实物募集3000余件冬衣，捐赠爱心包裹1500份，捐赠图书2169册、电子阅读卡800张以及玩具和运动设施价值8万元。投入帮扶资金8万元帮助格布村修建便民路0.52千米，投入6.5万元帮助斯觉镇及格布村实施亮化工程安装太阳能路灯30盏。

【消费扶贫】 开辟贫困县农特产品采购绿色通道，加大采购力度。通过直接采购、以购代捐、超市专柜、实体门店直销、网上扶贫商城开店、举办现场展销会等方式，消费扶贫金额616.59万元，格布村集体经济分红16万元。

（四川大学定点扶贫工作领导小组办公室　彭嘉淇）

电子科技大学定点扶贫

【概述】 2019年,电子科技大学定点帮扶贵州省岑巩县,推进“电子信息+精准扶贫”,助力岑巩县贫困发生率降至1.03%,直接投入帮扶资金385.31万元,引入帮扶资金1936.9万元,培训基层干部1694人次,培训技术人员2542人次,购买贫困地区农产品498.52万元,帮助销售贫困地区农产品647.81万元,实地参与扶贫工作师生555人次(其中教授108人),组织11支社会实践团队127人次赴岑巩县开展“新青年”扶贫实践活动,接收岑巩县中小学教师41人到成都市进修,高考招收岑巩籍学生3人,在成都市为岑巩县举办专题人才推介会、招商推进会、农产品展销会3次。

【扶贫调研】 2019年,电子科技大学领导赴岑巩县实地调研8人次,督促推进年度扶贫工作计划的60项具体任务。4月,电子科技大学党委书记王亚非在岑巩县主持召开定点扶贫工作现场推进会暨“义务教育有保障”专项督导会。7月,电子科技大学校长曾勇赴岑巩县深度贫困村中洞村实地调研。

【扶贫制度建设】 2019年,电子科技大学新增二级单位扶贫工作联络人44人,建立校院两级扶贫工作队伍,形成常态化会议制度,定期推进和落实帮扶工作,强化“党委领导、领导小组统筹、二级单位落实、扶贫办协调推进”四级责任体系。11月,修订《电子科技大学扶贫项目管理办法》和《电子科技大学扶贫经费管理办法》,保障扶贫项目的实施和经费使用。

【干部挂职扶贫】 2019年,电子科技大学先后选派3名干部赴岑巩县挂职,构建“县、乡、村”梯队式挂职干部格局。其中,2名挂职干部获得贵州省脱贫攻坚奖项荣誉。

【扶贫培训】 2019年,电子科技大学采取指导带教、选派进修、专题培训班等方式,对基层党政干部和技术人员4236人次进行培训。增选专家教授3人,充实“岑巩县电子科技大学扶贫同心专家智囊团”,规模达到20人,对岑巩县县域发展规划和重大决策进行常态化服务指导。

【扶贫宣传】 2019年,电子科技大学扶贫工作被省级和中央权威媒体报道120余篇,其中中国中央电视台、人民日报、央视网、中国教育报等权威媒体报道25次。10月,电子科技大学联合北京邮电大学、大连理工大学、南京农业大学、湖南大学、华南理工大学、四川大学6所高校,推出短视频《我和我的祖国》。《电子土豆大学,来了!》报道全网阅读量过亿,社会反响较好。电子科技大学在滇西脱贫攻坚部际联席会议暨教育部直属系统扶贫工作推进会和教育扶贫论坛上作典型经验发言。

【党建扶贫】 2019年,电子科技大学面向岑巩县10个乡镇1227名基层干部开展“智慧扶贫作战指挥系统”业务培训。依托岑巩县塔山村带动周边5个村党支部成立区域联合党委,探索实践“把支部建在产业链上”的帮扶模式,该模式被贵州省推广。组织学校14个二级党委(党总支)、机关党支部与中小学及5个深度贫困村一对一、多对一结对帮扶,捐赠物资9.27万元。开展基层党支部与塔山村18个贫困学生“爱心一帮一”帮扶工作。

【教育扶贫】 2019年，投入40万元对岑巩县1300余名中小学校长、幼儿园园长和中小学教师开展培训，组织41名中小学管理和教学骨干到成都进修。投入200万元建成贵州省覆盖县域30所中小学校59个班级的英语口语“空中课堂”，实现贫困地区3000余名中小学生与外籍优秀教师“面对面”。投入57万元搭建贵州省黔东南苗族侗族自治州第一个“两地三端”（电子科技大学、电子科技大学实验中学与岑巩县第一中学）远程教育系统。资助64名贫困学生到电子科技大学及附属中小学进行交流学习。引入校友企业无锡蓉华文化发展有限公司、北京京东方艺云科技有限公司资源，建成BOE蓉华创新艺术体验中心。投入24.9万元建成岑巩县中小学学生德育测评系统和思政课智慧教室。持续开展扶贫助学行动，保障100余名贫困学生就学，组织127名在校大学生开展“精准扶贫”活动。“打造‘电子信息+教育’扶贫新模式深入推进‘1234’基础教育强基工程”项目入选2019年教育部直属高校精准扶贫精准脱贫十大典型项目。

【产业扶贫】 2019年，电子科技大学研发建成“数字资源分析大数据平台”，推进国土资源的精细利用和科学规划。立项并实施“天地空一体化水稻农情监测”项目，实现对岑巩县杂交水稻制种基地水稻长势的精准监测、药肥精准施用。实施“打火机产业升级”项目，促进产业智能化，生产成本降低12%。深化“智慧养猪”项目，实现年出栏生猪6000余头、带动岑巩县大有镇505户贫困户1640人增收，岑巩县获贵州省生态农业循环项目100万元支持。推进“智慧果园”项目，助力岑巩县大有镇83户贫困户脱贫，每户年均增收6000余元。丰富“智慧医疗”项目，实现岑巩县、乡、村居民健康档案标准化、电子化13.35万份。2019年，岑巩县入选全国县域数字农业农村发展先进县，获得中央财政2019年度制种大县奖励1500万元。

【健康扶贫】 2019年，与岑巩县人民医院、乡镇卫生院、村卫生室建立县乡村三级健康帮扶体系。7月，开展送医下乡活动，义诊330余人次。选派3名医生驻点岑巩县人民医院和大有镇卫生院，帮助规范化建设口腔科和中医理疗科。引入校友企业成都成电智创科技有限公司捐赠医疗信息系统2套，价值16.9万元。

【消费扶贫】 2019年，电子科技大学采购贫困地区大米725吨、土豆49吨、花椒1015斤，采用“以购代捐”模式组织教职工采购贫困地区苹果58吨，采购农产品价值498.52万元。通过举办农产品展销会、集中推介会等，帮助销售贫困地区生猪、茶叶、蜂蜜、黄桃等价值647.81万元。组织二级教授、校级荣誉获得者等30余名教职工赴岑巩县开展旅游扶贫。协调校友企业成都韩希科技有限公司搭建教育系统消费扶贫采购平台“e帮扶”，9月面向教育部70所直属高校进行研讨和集中推介。《彰显“电子信息+” 共谱“消费扶贫曲”》消费扶贫案例入选2019年国家发展和改革委员会全国消费扶贫典型案例。

【扶志扶智】 组织在校大学生开展扶贫实践活动，帮助岑巩县群众树立现代文明理念。7月，组织艺术团开展艺术下乡慰问，为岑巩县群众举办文艺汇演。由大学生文化素质教育中心（国家大学生文化素质教育基地）牵头，组织开展对思州古砚、傩戏傩技等非物质文化遗产的专项调研，形成报告3篇。向岑巩县捐赠图书36966册，建立图书室2个。组织MBA校友募捐5.85万元。

（电子科技大学定点扶贫工作办公室 段培俊）

重庆大学定点扶贫

【概述】 2019年，重庆大学定点帮扶云南省绿春县，对口帮扶开州区关面乡，利用教育、智力、人才等资源优势开展帮扶工作。组织召开扶贫专题会议6次，校领导、专家团队6次赴绿春县和关面乡督导帮扶工作。选派2名干部赴绿春县挂职扶贫。投入帮扶资金584.2万元，培训基层干部1320人。投入和引进教育帮扶资金455.5万元，选派6名研究生支教团成员赴绿春县支教，培训226名中小学英语专职教师。投入文化扶贫资金91.9万元，用于完善文化设施建设和捐赠图书，援建成立青少年文化团体。培训医务人员272名，捐赠2.6万元医疗扶贫资金。

【扶贫资金投入】 2019年，重庆大学为绿春县直接投入帮扶资金206.4万元，协调引进帮扶资金318.21万元；对关面乡投入帮扶资金59.6万元，包括25万元基础设施援建资金，捐赠价值30.6万元的报刊图书、4万元慰问金。

【扶贫调研】 2019年4月和8月，重庆大学党委书记周旬和副校长廖瑞金分别带队赴绿春县督导帮扶工作。11月，专家团队赴绿春县考察调研。重庆大学校长张宗益、廖瑞金先后3次带队赴开州区关面乡督导帮扶工作，走访慰问开州区关面乡贫困户、困难党员，发放慰问金3.7万元和慰问品价值0.3万元。

【扶贫会议】 2019年，重庆大学在3次党委常委会会议和1次校长办公会上研究讨论定点扶贫工作。组织召开扶贫专题会议6次。召开"重庆大学-中国海洋大学'1+1'定点扶贫绿春工作研讨会"，就落实"1+1"定点扶贫模式、解决绿春县脱贫攻坚过程中存在的重点难点问题提出思路。

【扶贫培训】 选派扶贫工作办公室干部参加国家教育行政学院举办的打好教育脱贫攻坚战专题培训班、国务院扶贫办举办的中央单位定点扶贫业务子系统培训班。选派挂职干部参加"第七批赴滇西挂职干部人才培训会""滇西挂职干部对口支援能力提升培训班扶贫开发专题培训班"和云南省"第一书记(工作队长)示范班"。组织专家团队赴绿春县开展脱贫攻坚业务培训，培训基层干部1288人。开展学历提升网络培训，培训开州区关面乡村镇干部32人。

【干部挂职扶贫】 2019年，重庆大学选派2名干部分别挂职绿春县副县长和驻村第一书记。挂职副县长负责绿春县与重庆大学对口帮扶工作，协管教育、扶贫、科技、住建、招商等工作。挂职干部在绿春县戈奎乡开展"重庆大学-云南省绿春县党风廉政与脱贫攻坚专题培训"，培训基层干部141名。

【扶贫宣传】 2019年，重庆大学加大定点扶贫工作宣传力度，向教育部、重庆市教育委员会、华龙网、人民网、自媒体等报送推介定点扶贫情况。

【产业扶贫】 举办以"助力乡村振兴，推广绿春品牌"为主题的第三届绿春县品牌推广大赛，优选10余份特色品牌包装、营销方案，供绿春县人民政府和相关企业无偿使用。通过"炬心筑梦"大学生创业实践项目，为绿春县农产品做网络推广。与中国农业银行共建掌上银行扶贫商城，在扶贫商户入驻平台、产品宣传、经营管理和售后服务等方面提供辅导和技术支持，拓宽绿春县农产品销路。举行绿春县优质农产品推介会，食堂开办“农校对接示范窗口”，设立绿春县特色产品展示区，宣传推广绿春县产品。

【教育扶贫】 开展支教服务，选派6名研究生支教团成员赴绿春县支教，讲授数学、英语、思想品德等科目。选派2名优秀英语教育专家赴绿春县，为当地226名中小学英语专职教师开办讲座和教学示范课展示，提升教学技能。向绿春县投入教育帮扶资金455.5万元，主要用于改善教育基础设施和奖励优秀贫困学生。免费组织关面乡10名中学生参加全国青少年高校科学营活动。

【文化扶贫】 2019年，重庆大学为绿春县投入文化帮扶资金61.3万元，其中投入20万元支持戈奎乡文化广场办公楼建设，捐赠40万元的图书和价值1.3万元的国学教材。援助成立合唱团、书画苑等青少年文化团体，面向绿春县免费招收学员，共开设7期课程，培训学员258人次。为开州区关面乡捐赠26万元的图书和价值4.6万元的报刊。

【基础设施建设】 重庆大学拨付25万元帮扶资金，帮助关面乡水溪村新修公路2千米，解决水溪村农户出行和农产品运输问题。

【健康扶贫】 2019年5月，重庆大学选派附属肿瘤医院和附属中心医院6名医学专家赴绿春县进行健康义诊。为绿春县272名医疗工作者开展医学知识培训，进行现场查房和临床指导，提升医疗人员技能和服务水平。附属肿瘤医院副院长孙安龙举办“现代医院管理理论与实践”专题讲座。向绿春县卫生健康局捐赠2.6万元医疗扶贫资金，用于医务人员技能培训。

（重庆大学国内合作办公室
陈学瑜　吴　炯）

西安交通大学定点扶贫

【概述】 2019年，西安交通大学定点帮扶云南省施甸县，直接投入帮扶资金239.48万元，引进帮扶资金318.18万元，捐赠电脑339台。培训基层干部399名，培训专业技术人员327名。购买贫困地区农产品262.25万元，帮助销售贫困地区农产品386.69万元。

【扶贫资金投入】 2019年，西安交通大学直接投入帮扶资金239.48万元，引进帮扶资金318.18万元，捐赠电脑339台，帮扶建档立卡贫困人口14108人。

【扶贫调研】 2019年，西安交通大学百余人次赴施甸县调研考察，推进落实定点帮扶措施。1月，西安交通大学党委常委柴渭率队赴施甸县调研督查扶贫工作。4月，党委书记张迈曾、党委常委洪军率队赴施甸县调研督查脱贫攻坚工作，签订基层党委结对帮扶协议。12月，洪军率队赴施甸县调研督查脱贫攻坚工作，推进茶业产业扶贫合作，捐赠爱心早餐计划64.68万元。

【扶贫培训】 2019年，培训基层干部399人次，其中开办滇西扶贫培训班1期，培训干部61人次；与施甸县合办专题讲座2期，培训干部338人次。培训专业技术人员327人次。

【干部挂职扶贫】 2019年，继续选派张书红挂职施甸县副县长、王晔挂职陇川县副县长、饶昱久担任施甸县仁和镇五楼社区党总支第一书记。选派3位专家王雪、赵小利、罗俊分别挂职施甸县人民医院院长、副院长，选派2位教师闫勇、杨继荣挂职施甸县第一完全中学副校长、年级组长。

【产业扶贫】 2019年，施甸县杨家山中药材种植基地种植中草药520亩，产量1040吨，产值约208万元，帮助贫困户79户352人实现稳定脱贫。投入二期扶贫资金50万元，继续扶持基地种植中草药800亩，覆盖建档立卡户45户。引进云南昌泰茶业集团在施甸县投资成立施甸壹捌九六茶业有限责任公司，开展茶业产业扶贫合作。与中国农业银行扶贫商城开展合作，共同拓展商户，开展扶贫商品开发，组织营销推广。继续完善与云南酿美生物科技开发有限公司、睿宸农特产品有限公司、鑫隆农产品合作社构建的校企“产+销”帮扶模式。

【扶志扶智】 2019年，西安交通大学选派王维国赴施甸县作2期专题辅导，施甸县各级领导干部338人参加培训。协调市县两级人才工作负责人61人次参训1期。与保山学院续签《西安交通大学帮扶保山学院框架协议》，帮助保山学院提升办学综合实力。设置2项专项扶贫课题，提高中药材的产值与效益，帮助提升施甸县鲜花产业，促进群众增收致富。

【教育扶贫】 2019年，西安交通大学投入资金181万元支持教育基础设施补短板项目，捐赠339台电脑、1400套图书和玩教具价值120万元。募集资金64.68万元，帮助924名学前教育阶段学生解决营养早餐。建立“三下乡”活动基地，组织志愿者31人开展暑期支教。建设劳动教育实训基地，开展实训26期，培训学员1100名。选派2名骨干教师到施甸县第一完全中学支教1年，接收施甸县第一完全中学教师跟岗学习，组织高三全体教师赴施甸县送教下乡。组织幼儿园教育专家赴施甸县开展幼儿园一日常规管理和园长、教师专业标准主题培训。为施甸县第一完全中学师生举办2场科普报告，赴施甸县第三完全中学、蒜园中学和姚关中心校开展支教和培训。组织施甸县优秀贫困学生参加“追梦思源”贫困学子夏令营、全国青少年科学营西安交通大学分营。

【健康扶贫】 选派3名专家任施甸县人民医院院长、副院长，提高医院精细化管理水平，帮助施甸县人民医院提质达标顺利通过省级验收。帮助施甸县人民医院与江西医至初医学病理诊断管理有限公司签订合作项目，获得300余万元设备投入。眼科“云南省重点专科(补短板)”项目成功获批。正在筹备建设创伤中心、慢性肝病中心。选派王雪、崔丽珺、李晓锋、张林琳、魏友霞、李宝珍等专家现场指导培训医务人员300余人次。接收施甸县人民医院3名医生、8名护士进修学习。

【文化扶贫】 组织施甸县文艺支教团队赴甸阳镇大楼中学、仁和镇仁和中学、老麦乡老麦中学、摆榔乡尖山村开展艺术扶贫活动，举办文艺汇演6场，覆盖观众1200余人。主办“振兴乡村，留住乡愁”首届乡村美术作品展，展示施甸县等贫困县的乡村美术作品。

（西安交通大学党委办公室、校长办公室 周建伟）

西北农林科技大学定点扶贫

【概述】 2019年,西北农林科技大学(以下简称“西农大”)定点帮扶陕西省合阳县,投入帮扶资金619万元,引进帮扶资金311万元。选派挂职副县长1人,第一书记1人。实施科技项目14项,先后有1061人次赴合阳县开展定点扶贫工作(其中校长书记2人次,副校长、副书记14人次)。培训基层干部356名,培训贫困人口和专业技术人员4136人次。引进无刺花椒、大樱桃、苹果、彩色小麦、鲜食葡萄、草莓等新品种120余个,推广新技术52项。购买贫困地区农产品328万元,帮助销售贫困地区农产品874万元。直接带动建档立卡贫困户2300户,带动贫困人口10000余人。2019年5月,合阳县退出贫困县序列。西农大在中国联合国教科文组织全国委员会举办的“2019年都江堰国际论坛”上作经验交流发言。西农大在中央单位定点扶贫工作考核中获得“好”等次,被陕西省教育工委评为“双百工程”先进帮扶单位。

【扶贫制度建设】 西农大20个基层党委、支部与合阳县24个社区(村)党支部结对共建,组织开展“党建+”“一对一,五帮扶”“1+X”等结对帮扶模式。西农大党委把扶贫工作列入2019年重点任务,将扶贫工作作为二级单位巡查工作的巡察点。建立“研究生助力团工作站”,出台《研究生助力团管理办法》,聘请合阳县各镇(街)和相关单位17名业务骨干担任研究生助力团成员“校外实践指导教师”。

【扶贫调研】 西农大党委书记李兴旺、校长吴普特先后赴合阳县督导调研扶贫工作,其他10位校级领导班子成员全部到合阳县开展调研帮扶工作。围绕九年义务教育控辍保学、产业扶贫等方面的责任落实、政策落实、工作落实和作风建设情况开展5次督导,形成5份督导报告,发现16个主要问题。

【干部挂职扶贫】 选派1名副处级干部挂职担任合阳县副县长,选派1名科级干部担任坊镇乾落村第一书记。选派31名优秀博(硕)士研究生非实职挂任合阳县12个镇(街)副镇长(副主任)和涉农部门副职。

【三团一队扶贫模式】 探索实施“三团一队”智力帮扶新模式。组织西农大19个二级学院党委书记和机关党委组成“书记帮镇助力团”,实施“六个一工程”(即一个学院、组建一支专家团队、结对一个乡镇、支撑一个示范基地、帮扶一个产业、带动一批贫困户),为合阳县脱贫提供组织保障。168名多学科专家组成“专家教授助力团”,按照“1+14+14+N”工作模式(即建1个产业扶贫示范基地、组建14支科技帮扶团队、实施14个现代农业园区提升工程、出台N项具体帮扶措施),开辟“政府+大学+产业园(合作社)+贫困户+互联网”产业扶贫新路径。2批次31名在校优秀博硕士研究生组建“研究生助力团”,在合阳县基层单位顶岗副职领导。合阳县从农业、教育、卫计等部门遴选148名政治素质高、文化基础好、业务能力强的本土人才,组建“优秀人才先锋服务队”,与“三团”协同。西农大“三团一队”扶贫模式被推选为“第四届教育部直属高校精准扶贫精准脱贫十大典型项目”。国务院扶贫办《扶贫信息》(第56期)介绍西农大“三团一队”智力扶贫新模式。

【产业扶贫】 重新布局校地共建的“产学研一体化示范基地”，由过去的7个乡镇10个产学研一体化示范基地增加到14个，实现合阳县12个乡镇全覆盖。建成红提葡萄、大樱桃、矮砧苹果等示范基地8000多亩，吸纳贫困户2300多户，带动贫困人口10000余人。合阳县形成1万亩集中连片樱桃、10万亩红提葡萄、2万亩红薯、20万亩苹果、30万亩花椒、30万头生猪的“112233”优质农产品产业布局。引进渭南正能农牧科技有限公司在和家庄镇投资8500万元建设种猪繁育场，在黑池镇建立1050头的肉猪代养基地。引进陕西佬香翁农业科技有限公司“薯小帅”品牌与黑池镇达成合作协议，建立“烟薯25号”试验示范田。培育艺美莲水生花卉种植专业合作社卢红珍、方寨社区股份经济合作社陈银榜等一批产业扶贫带头人。

【教育扶贫】 举办抓党建促脱贫基层干部能力提升培训班，培训基层干部356人，培训技术骨干4136人。通过音频、视频直播等新媒介进行技术培训，听众（观众）20余万人次。派出第十九届、二十届研究生支教团12人次在合阳县2个小学开展支教活动。西农大幼儿园和合阳县海峰幼儿园结对，培养16名骨干教师，帮助海峰幼儿园顺利完成省级示范幼儿园的创建工作。35支大学生暑期社会实践服务队赴合阳县开展支教支农。组织坊镇中心小学、新池中心小学120名小学生到西农大开展研学旅行活动。

【扶志扶智】 2019年，免费为王村镇现代农业产业园和“果农人”农业产业园规划设计建设方案，为甘井镇引进的北京鸭养殖企业提供鸭粪与苹果枝条、农作物秸秆等混合发酵生产有机肥的技术方案。组织17名海归人才开展技术咨询和服务。帮助引进举办“红薯文化节”“全国樱桃大会”等活动，提高合阳县农产品声誉。与杨凌农圈信息科技有限公司共同举办“曙光薯农杯”红薯节，惠及108户农户，增收200余万元。在新池镇帮助陕西洽丰农业科技有限公司发展彩色小麦特色产业500亩，累计增收25万元。

【文化扶贫】 开展“合阳县非物质文化遗产文旅产品设计策划”活动，为合阳县设计“非遗”文创产品60余件，成功申请专利3件，在浙江博览会上销售120万元葫芦艺术品。为5个企业设计21件产品包装。完成玄武青石殿和北蔡2个村墙绘进村的试点工作，开展“遵法守法·携手筑梦”法制宣传活动。

【公益扶贫】 开展公益帮扶活动60余次，参与党员230人次，捐赠图书4000余册，捐赠树苗5万余株，捐赠电脑、仪器100余台件，价值60余万元。

（西北农林科技大学扶贫工作办公室
侯　沛）

西安电子科技大学定点扶贫

【概述】 2019年，西安电子科技大学（以下简称“西电”）定点帮扶陕西省蒲城县。西电领导班子成员先后9人次赴蒲城县参加扶贫活动，开展扶贫调研考察和督促检查，直接投入帮扶资金215.96万元，引进帮扶资金258.5万元，培训基层干部562名，培训技术人员5344名，直接购买贫困地区农产品387.3万元，帮助销售贫困地区农产品614.5万元。

【扶贫资金投入】 2019年，西电直接投入帮扶资金215.96万元，实施包括教育扶贫、科技扶贫、党建扶贫等16个帮扶项目，其中“义务教育有保障”方面投入资金75万元，“饮水安全有保障”方面投入15万元。引进华为技术有限公司、深圳迈瑞生物医疗电子股份有限公司、西安航天宏图信息技术有限公司等投入帮扶资金258.5万元。

【扶贫调研】 2019年，西电党委常委会先后5次、校长办公会1次听取扶贫工作汇报，组织召开2次学校扶贫工作领导小组会议和1次扶贫工作专题会议，研究部署扶贫工作。西电党委书记查显友、校长杨宗凯及其他校领导班子成员先后9人次赴蒲城县考察调研。

【扶贫培训】 2019年，西电先后组织第四期、第五期、第六期蒲城县企业管理干部培训班，蒲城县村级集体经济负责人培训班，“不忘初心、牢记使命”主题教育专题干部培训班及第二期共青团系统优秀青年干部培训班，培训基层干部562名。培训技术人员5344名，其中通过采取“跟岗挂职”、举办基础教育师资培训班和教师全员培训方式，培训蒲城县教师5299名，通过举办电子商务特色扶贫培训班培训学员45名。

【干部挂职扶贫】 2019年，继续选派张武军挂职蒲城县副县长，协管扶贫工作。选派王敬涛接替鞠波担任驻蒲城县闫家村第一书记。加强对扶贫挂职干部的监督管理和提拔使用。

【扶贫宣传】 2019年，中国教育报、中国青年报、陕西日报、陕西卫视、人民网、学习强国平台、教育部网站等多家媒体报道西电定点扶贫工作40余次。在“10·17”扶贫日期间，西电加大宣传力度，开展全方位、多形式的扶贫日主题活动。

【扶贫资金管理】 扶贫项目及资金安排按照“三重一大”（即重大事项决策、重要干部任免、重要项目安排、大额资金的使用必须经集体讨论做出决定）决策制度执行，资金使用聚焦蒲城县经济社会发展，制定年度计划和专门方案，统筹安排扶贫专项资金使用，做到专款专用、专款专账。在资金使用过程中，采用“项目+资金+团队”的方式，召开项目需求对接会、项目论证会，校地之间充分进行对接，精准确定帮扶项目和帮扶资金，在前期准备成熟后拨付帮扶资金，组建学校帮扶团队跟进指导项目推进，监督扶贫资金使用，最终由蒲城县相关单位出具项目完成情况报告。

【党建扶贫】 投入35万元先后实施“贫困村党支部阵地建设项目”“蒲城县党校建设提升项目”，动员二级学院党委、教工党支部与蒲城县乡镇党委、联合党委及村党支部结对，组织党员赴蒲城县开展主题党日活动，动员机关党员干部捐赠4.6万元支持蒲城县产业发展和贫困户健康诊疗。

【产业扶贫】 出台《西安电子科技大学关于鼓励科研人员开展科技扶贫和科技成果转化的实施意见》，组建由34名专家组成的科技扶贫专家帮扶团和由21名博士研究生组成的科技扶贫博士服务团，定期为扶贫县开展科技咨询、科研攻关和科普服务。建设农掌门、奶山羊、食用菌及金银花等4个产学研一体化示范基地，配备专家团队，开展集中技术攻关，打造形成西电科技扶贫品牌。2019年，西电“农掌门科技扶贫搭建农民致富新平台”入选教育部第四届直属高校精准扶贫精准脱贫十大典型项目。投入27万元立项9项扶贫专项研究课题，引导教师科研团队围绕蒲城县域经济发展模式、产业规划及科技发展等方面开展研究。

【教育扶贫】 实施“一院一校一品”帮扶计划，推进20个二级学院与蒲城县20个乡镇中小学形成结对帮扶，2019年西电近1000名师生赴蒲城县开展帮扶活动50余次。组织力量赴蒲城县开展高考招生咨询会，服务蒲城县高考学子万余名。通过采取“跟岗挂职”、举办基础教育师资培训班和教师全员培训方式，培训蒲城县教师5299名。投入80万元在蒲城县建设8间“青年红色筑梦之旅”科创小屋，开展科普教育及创客培训，受益学生1800余名。直接投入和引进帮扶资金170.5万元用于蒲城县基础教育。协调真爱梦想基金会和惠普集团捐赠价值36万元的80台惠普大型打印机。向蒲城县乡镇中小学捐赠旧桌椅2125套及架子床558套。组建15支实践队253名队员赴蒲城县开展“万名学子扶千村”大学生扶贫专项实践活动。从2015年起，每年选派4名优秀研究生支教团成员在蒲城县长期接力支教。

【消费扶贫】 推进消费扶贫工作，在食堂大宗物资采购和教职工福利采购方面优先购买蒲城县特色农产品，2019年购买农产品359.7万元。通过举办贫困地区农产品进校园，建立京东蒲城扶贫馆，在校友电子商务平台上上架蒲城优质农产品，与中国农业银行合作推进消费扶贫，帮助销售蒲城县特色农产品311.5万元。

（西安电子科技大学扶贫工作办公室
张　鹏）

长安大学定点扶贫

【概述】 2019年，长安大学定点帮扶陕西省商南县，投入帮扶资金320万元，引进帮扶资金875万元，培训基层干部1109名、技术人员637名，购买贫困地区农特产品459.58万元，帮助销售贫困地区农产品351.5万元，帮扶民生项目5个、产业项目12个、党建项目6个、科技项目2个，助力商南县打赢脱贫攻坚战。

【扶贫资金投入】 2019年，长安大学直接投入帮扶资金320万元，其中投入资金200万元，支持商南县12个产业项目和5个民生工程项目建设；投入资金90万元，资助6个党建扶贫项目；投入资金15万元，为商南县22个帮扶村每村配备电脑和多功能打印一体机；投入资金15万元，设立脱贫攻坚专项科研项目。引进帮扶资金875万元，其中帮助引进陕西华阳盛泰药材有限公司在赵川镇店坊河村投入资金550万元建设瓜蒌种植基地；帮助引进资金10万元，为赵川镇小学安装空调17台；帮助引进西安曲江善水科技文化传媒有限公司资金150万元，支持商南（青山）文碧峰旅游扶贫项目建设；帮助引进商洛市景盛裕豪工贸有限公司资金165万元，支持青山镇特色畜牧养殖产业发展。

【扶贫调研】 2019年，长安大学赴商南县调研指导工作10人次。9月，长安大学校长沙爱民一行赴商南县调研定点扶贫工作，实地走访青山镇、赵川镇等，考察支持建设项目，慰问贫困户和支教团学生。12月，长安大学党委书记陈峰一行赴商南县调研指导脱贫攻坚和党建结对帮扶情况，实地走访城关镇、青山镇、富水镇等。

【扶贫培训】 2019年，长安大学培训商南县基层干部1109名、技术人员637名，其中举办商南县第三期“优秀年轻干部能力提升培训班”，培训42人；举办商南县扶贫干部、基层信息员培训班，培训167人；开展扶贫干部脱贫攻坚政策培训，现场培训120人，分会场视频培训780人；举办商南县创建国家全域旅游示范县培训班，培训旅游业技术人员97人；举办商南县音乐、艺术类教师教学技能培训班，培训140人；举办商南县医疗护理人员培训班，培训319人；举办商南县农村公路养护管理人员培训班，培训81人。

【干部挂职扶贫】 长安大学选派黄飞挂任县委常委、副县长，分管交通工作，协管扶贫工作，挂职2年；选派邵龙挂职团县委书记助理，协助负责扶贫工作，挂职1年；芦楷钧担任商南县青山镇花园村第一书记，驻村2年。

【党建扶贫】 推动“党建+扶贫”深度融合。实施党建扶贫工程，长安大学23个分党委、党总支与商南县10个镇（办）党委、22个村党支部结对帮扶，通过加强阵地建设、开展技能培训、开展扶贫帮困、树立文明乡风、强化支部联动、推动产业发展等举措，推动基层党建与精准扶贫工作深度融合。

【消费扶贫】 搭建3个消费扶贫平台，推进商南县农产品进高校。采购商南县生产的特色农特产品用于发放职工实物福利。2019年，长安大学采购商南县农特产品183万元，帮扶带动贫困户161户494人。开设商南县农特产品专柜，销售农特产品17万元，带动100余户贫困户增收。校园食堂采购商南县香菇、木耳等农特产品130余万元，设立商南特色餐饮档口，销售54万余元，解决2人贫困人口就业，带动60余户贫困户增收。

【扶贫宣传】 人民网、央视网、中国日报网、中国教育网络电视台、搜狐网、凤凰网、华商网、三秦网、教育部门户网站、陕西省教育厅官方网站等多次专题报道长安大学扶贫工作经验做法和成效。2019年，校级及以上媒体报道长学大学扶贫工作129篇，微信、微博等新媒体推送20余条。

【产业扶贫】 投入资金200万元，支持青山镇花园村高端白茶基地扶贫项目、赵川镇店坊河村瓜蒌种植扶贫项目、赵川镇松树垭村五味子基地扶贫项目、十里坪镇宽坪村高山谷物深加工扶贫项目等12个产业项目和商南县就业扶贫网络服务平台、赵川镇淤泥湾村关子沟口至石关滔河流域治理等5项民生工程项目，推动产业发展，助力民生工程基础设施建设，带动贫困户594户。

【智力扶贫】 选派专家、团队参与商南县经济社会发展，对道路规划设计、丹江画廊旅游公路可行性研究等提供技术支持。依托在商南县交通局设立的工程技术咨询服务工作站，捐赠技术图书，开展交通工程技术专题培训，提升商南县交通建设水平，获批“四好农村路”全国示范县。与商南县金丝峡景区签订合作协议，给予技术服务。利用中央高校基本科研业务费，专门设立专项扶贫科研课题，深度研究乡村振兴治理和乡村振兴规划，助力当地经济社会可持续发展。

【教育扶贫】 长安大学第八届研究生支教团10名学生赴商南县支教服务。2013—2019年，先后选派8届49名研究生到商南县开展支教志愿服务，支教教师的先进事迹被中国青年网、陕西日报等媒体报道。邀请“全国模范教师”申爱琴教授赴商南县开展中学生励志教育报告会，为600余名学生进行励志教育和生涯规划指导。组织大学生深入基层一线开展暑期社会实践和文化下乡活动，组建以“盘活基层党建·助力乡村振兴”“互联网+教育”“文化惠民·艺心助贫”等为主题的15支团队。

【健康扶贫】 长安大学组织27支医疗服务队在柳树湾村为200多名群众进行义诊活动，为村民传授普及农村常见病、多发病的防治及用药知识，指导50多名村干部、群众进行心肺复苏技能练习。为过风楼镇捐赠价值7.2万元的医疗设备，发放2500余元的常用药品和宣传画册。开展护理人员技能培训，提升商南县基层护理人员技能和管理水平。

【旅游扶贫】 长安大学利用专业学科优势为商南县乡村旅游规划、项目策划、文创产品开发等出谋划策。联合西安交通大学等9所高校，主办商南县旅游扶贫产品进高校公益宣传活动，设立旅游产品推广专柜，通过宣传推介、门票打折等方式增加商南旅游产品知晓度和旅游人流量。举办商南县国家全域旅游示范县创建工作培训会，提升旅游区服务和管理水平。开展农家乐烹饪技能培训和贫困人口旅游服务技能培训，提升旅游带动就业能力。

（长安大学校长办公室　郭万江
朱武威　王　凯）

附表　2019年中央单位定点扶贫统计表

单位名称	定点帮扶县名称	挂职干部数量（人）	赴定点县考察（人次）	本单位直接投入（含无偿和有偿）（万元）	帮助引进各类资金（含无偿和有偿）（万元）	培训情况	
						举办培训班（期）	培训人次
中共中央纪律检查委员会国家监察委员会	雷波、马边彝族自治县（四川）	15	131	2000	9745.65	87	7619
中共中央组织部	舟曲（甘肃），台江（贵州）	14	17	1678	11741	136	12500
中共中央宣传部	铜川市耀州区（陕西），科尔沁右翼中旗（内蒙古）	4	19	855.06	11867.29	25	3317
中共中央统一战线工作部	赫章、晴隆、望谟、三都水族自治县（贵州），积石山保安族东乡族撒拉族自治县（甘肃）	8	382	165	14565	153	9061
中共中央对外联络部	行唐（河北）	2	17	40.6	9000	5	72
中共中央政法委员会	扎赉特旗（内蒙古）	2	38	1870	14245	10	13295
中共中央网络安全和信息化委员会办公室	佛坪（陕西）	2	54	288	1507	5	941
中共中央台湾工作办公室	广河（甘肃）	3	14	38.25	1010.22	7	2371
中央外事工作委员会办公室	彭水苗族土家族自治县（重庆）	1	10	23	1440	2	396
中共中央机构编制委员会办公室	化德（内蒙古）	5	17	332.4	9690	23	2670
中共中央和国家机关工作委员会	平山、临城、阳原（河北），宁武（山西）	15	18	227.8	5750	11	1985
中共中央党校（国家行政学院）	武邑（河北），安远（江西），大关、墨江哈尼族自治县（云南）	8	100	722	307	9	4300
中共中央党史和文献研究院	南召（河南），镇原（甘肃），唐县（河北）	9	34	259.57	674	6	1358
人民日报社	虞城（河南），滦平（河北）	4	13	90.4	37391.24	8	6820
求是杂志社	杂多（青海）	2	14	242.2	35	4	291
中华全国总工会	和顺、壶关（山西）	6	124	1275	281.55	7	1637

续表

单位名称	定点帮扶县名称	挂职干部数量（人）	赴定点县考察（人次）	本单位直接投入（含无偿和有偿）（万元）	帮助引进各类资金（含无偿和有偿）（万元）	培训情况	
						举办培训班（期）	培训人次
中国共产主义青年团中央委员会	灵丘、石楼（山西）	10	121	1673.76	3264.48	53	2048
中华全国妇女联合会	漳县、西和（甘肃）	4	48	1534.28	1173.39	17	3357
中国作家协会	临潭（甘肃）	2	29	301.87	20	2	1361
中国科学技术协会	岚县、临县（山西）	4	5	2072.5	300	123	8956
中华全国归国华侨联合会	上饶市广信区（江西）	3	25	130.12	244	6	180
全国人民代表大会常务委员会办公厅	太仆寺旗、察哈尔右翼前旗（内蒙古）	5	130	603.98	5163	35	2168
中国人民政治协商会议全国委员会办公厅	舒城、阜阳市颍东区（安徽）	9	25	266	5935.03	7	1942
最高人民法院	睢县、宁陵（河南）	3	66	356.68	10590	18	5457
最高人民检察院	西畴、富宁（云南）	4	30	300	1223.31	3	563
国务院办公厅	怀安、张北（河北）	6	4	66.84	8514.4	19	4445
外交部	麻栗坡、金平苗族瑶族傣族自治县（云南）	3	48	2643.87	2937.22	20	11327
国家发展和改革委员会	灵寿（河北），田东（广西），汪清（吉林）	34	482	1768	3561	—	3569
教育部	青龙满族自治县、威县（河北）	13	422	1684	6876.92	—	29567
科学技术部	佳县、柞水（陕西），井冈山市、永新（江西），屏山（四川）	7	99	7831.91	798.22	58	2562
工业和信息化部	洛宁、汝阳（河南），南部、南充市嘉陵区（四川）	21	127	1756.05	120993.8	13	1138
国家民族事务委员会	巴林右旗（内蒙古），德保（广西）	3	119	2586	85.8	14	1099
公安部	兴仁市、普安（贵州），三江侗族自治县（广西）	8	895	12844.13	7558.95	30	4635
国家安全部	敖汉旗（内蒙古），盐山（河北）	4	264	1521.2	7142.9	41	5637

续表

单位名称	定点帮扶县名称	挂职干部数量（人）	赴定点县考察（人次）	本单位直接投入（含无偿和有偿）（万元）	帮助引进各类资金（含无偿和有偿）（万元）	培训情况	
						举办培训班（期）	培训人次
民政部	遂川、莲花（江西）	5	30	16419.7	5746.1	15	545
司法部	平昌、苍溪（四川），阜城（河北）	5	6	525	5485	12	2246
财政部	平江（湖南），永胜（云南）	10	274	1013.63	2039.71	52	4465
人力资源和社会保障部	天镇（山西），金寨（安徽）	9	314	1797.8	843	131	8185
自然资源部	赣州市赣县区、宁都、兴国、于都（江西），琼中黎族苗族自治县（海南），海伦市（黑龙江）	10	421	12245	91260.2	13	2473
生态环境部	围场满族蒙古族自治县、隆化（河北）	5	754	10746.38	6854.82	125	4578
住房和城乡建设部	西宁市湟中区、大通回族土族自治县（青海），红安、麻城市（湖北）	8	158	4500	28226	77	947
交通运输部	黑水、壤塘、小金、色达（四川）	9	115	75771	279.6	36	281
水利部	城口、巫溪、丰都、武隆区、万州区（重庆），十堰市郧阳区（湖北）	14	410	3043.42	8828.94	122	2858
农业农村部	咸丰、来凤（湖北），龙山、永顺（湖南），剑河（贵州）	11	7	35299	11745	30	4999
商务部	广安市广安区、仪陇（四川），城步苗族自治县（湖南）	21	195	1945	1337.33	—	9526
文化和旅游部	娄烦、静乐（山西），巴马瑶族自治县（广西），阿尔山市（内蒙古）	7	20	3970	4100	—	1800
国家卫生健康委员会	大宁、永和（山西），清涧、子洲（陕西）	12	485	6400	2654.9	1	5086

续表

单位名称	定点帮扶县名称	挂职干部数量（人）	赴定点县考察（人次）	本单位直接投入（含无偿和有偿）（万元）	帮助引进各类资金（含无偿和有偿）（万元）	培训情况	
						举办培训班（期）	培训人次
中国人民银行	宜君、铜川市印台区（陕西）	7	302	2593.32	835.42	9	2039
审计署	顺平（河北），丹寨（贵州）	4	38	144.61	19480	2	110
国务院国有资产监督管理委员会	平乡、魏县（河北）	2	240	450	46000	10	1200
海关总署	鲁山、卢氏、民权（河南）	22	351	1300	2450	11	2457
国家税务总局	民和回族土族自治县、海东市平安区（青海）	3	18	404	900	3	207
国家市场监督管理总局	同江市、抚远市（黑龙江），礼县（甘肃）	5	212	1098	10529	22	1297
国家广播电视总局	德格（四川），平顺（山西）	3	34	734	1559	11	3187
国家体育总局	繁峙、代县（山西）	3	15	1173	320	5	409
国家统计局	岢岚（山西），正镶白旗（内蒙古）	14	34	381.2	803.3	4	790
国务院参事室	龙井市（吉林）	3	22	241.44	2092.61	6	754
国家机关事务管理局	阜平（河北）	7	105	1156.79	21210.28	40	2203
国务院港澳事务办公室	赞皇（河北）	2	32	16	3093.74	9	1608
国务院研究室	淅川（河南）	3	22	26	7000	19	1334
新华通讯社	石阡（贵州），新河（河北）	5	45	4618	3177	10	1893
中国科学院	六盘水市水城区（贵州），环江毛南族自治县（广西），库伦旗（内蒙古）	6	79	1535	4653	20	4428
中国社会科学院	丹凤（陕西），上犹（江西）	2	24	550	32	8	3282
中国工程院	会泽、澜沧拉祜族自治县（云南）	4	8	280.02	200	12	3231
国务院发展研究中心	大名（河北）	3	16	737.82	314.48	10	1261
中国气象局	突泉（内蒙古）	3	83	635.23	74	9	815
全国社会保障基金理事会	兴和（内蒙古）	2	43	122.63	17594.49	5	3366
国家信访局	海兴（河北）	2	75	18.99	268.95	3	576
中华全国供销合作总社	潜山市（安徽），寻乌（江西）	5	38	4438	500	8	863

续表

单位名称	定点帮扶县名称	挂职干部数量（人）	赴定点县考察（人次）	本单位直接投入（含无偿和有偿）（万元）	帮助引进各类资金（含无偿和有偿）（万元）	培训情况	
						举办培训班（期）	培训人次
光明日报社	囊谦（青海）	3	54	833.47	176.56	4	171
中国日报社	会昌（江西）	2	32	331.6	810	11	952
中国外文出版发行事业局	左权（山西）	3	11	163.51	12	2	178
经济日报社	赤城（河北）	2	78	783.51	2461.98	2	573
中国法学会	开州区（重庆）	2	10	65	45	2	850
中国人民对外友好协会	兴县（山西）	3	39	131	183.76	10	1019
中华全国新闻工作者协会	文县（甘肃）	2	26	446.06	40.98	9	290
中华全国台湾同胞联谊会	榆中（甘肃）	3	17	63.16	442.61	6	111
中国国际贸易促进委员会	林甸（黑龙江），从江（贵州）	9	47	2213.52	1545.25	6	2018
中国红十字会总会	英山（湖北）	3	127	1888	1531	57	1829
中国国家铁路集团有限公司	和田（新疆），栾川（河南），勉县（陕西），原州区（宁夏）	100	1785	10038.8	4689.3	450	11346
中国投资有限责任公司	会宁、静宁（甘肃），施秉（贵州），循化撒拉族自治县（青海）	13	190	25110.76	12859	21	10862
中国光大集团股份公司	新化、古丈、新田（湖南）	4	328	7915	9686	47	8204
中国邮政集团有限公司	商洛市商州区、洛南(陕西)	4	230	9281	101	12	1303
中国出版集团公司	泽库（青海）	3	30	653	153	11	522
中央保密委员会办公室（国家保密局）	房县（湖北）	3	14	88.8	1100	2	260
国家档案局	喜德（四川）	3	13	100	5	5	321
国家粮食和物资储备局	阜南（安徽）	5	60	655	841	6	1925
国家能源局	清水、通渭（甘肃）	5	205	351	187900	20	1760
国家国防科技工业局	略阳、宁强（陕西）	3	54	291.2	413.36	35	1779

续表

单位名称	定点帮扶县名称	挂职干部数量（人）	赴定点县考察（人次）	本单位直接投入（含无偿和有偿）（万元）	帮助引进各类资金（含无偿和有偿）（万元）	培训情况	
						举办培训班（期）	培训人次
国家烟草专卖局	竹溪、竹山（湖北），吴忠市红寺堡区（宁夏）	7	120	9750	4154.9	16	4973
中国民用航空局	策勒、于田（新疆）	3	72	1828.52	4372.46	14	1165
国家邮政局	平泉市（河北）	2	16	101	1911	5	791
国家文物局	周口市淮阳区（河南）	2	52	324.48	536.12	22	1706
国家中医药管理局	五寨（山西）	2	133	1623.5	1156.33	51	1383
国家知识产权局	桑植（湖南），张家口市崇礼区（河北）	8	337	1262.51	1309.95	12	1844
中国地震局	永靖（甘肃）	2	9	600	2882	4	1282
国家自然科学基金委员会	奈曼旗（内蒙古）	2	13	150	420	6	375
中国浦东干部学院	江口（贵州）	2	9	229.28	294.1	9	3314
中国延安干部学院	越西（四川）	3	14	356.3	210	4	380
中国井冈山干部学院	鄱阳（江西）	2	30	90	837	20	1662
中国工程物理研究院	富平（陕西）	4	49	1518.39	130	7	2542
西北工业大学	融水苗族自治县（广西）	3	218	669.59	2126	21	3245
中国科学技术大学	六盘水市六枝特区（贵州）	4	72	307.15	30	15	2197
中国银行保险监督管理委员会	和政、临洮（甘肃），察哈尔右翼中旗、察哈尔右翼后旗（内蒙古）	8	443	1911.48	4349.25	28	1597
中国证券监督管理委员会	隰县、汾西（山西），宿松、太湖（安徽），兰考、桐柏（河南），延长（陕西），武山（甘肃），麦盖提（新疆）	10	162	6763.48	5360.78	63	8810
国家开发银行	道真仡佬族苗族自治县、务川仡佬族苗族自治县、正安（贵州），古蔺（四川）	9	75	206796	24684	6	3929
中国进出口银行	岷县（甘肃），云阳（重庆）	6	9	27000	106.57	22	4644

续表

单位名称	定点帮扶县名称	挂职干部数量（人）	赴定点县考察（人次）	本单位直接投入（含无偿和有偿）（万元）	帮助引进各类资金（含无偿和有偿）（万元）	培训情况	
						举办培训班（期）	培训人次
中国农业发展银行	大安市（吉林），隆林各族自治县（广西），锦屏（贵州），马关（云南）	16	176	194722	121310	7	713
中国工商银行股份有限公司	南江、通江、万源市、金阳（四川）	4	124	21783	46194	31	37513
中国农业银行股份有限公司	武强、饶阳（河北），秀山土家族苗族自治县（重庆），黄平（贵州）	8	59	164564.14	2357.94	103	25348
中国银行股份有限公司	永寿、长武、淳化、旬邑（陕西）	17	246	14989	7291	51	12900
中国建设银行股份有限公司	安康市汉滨区、紫阳、汉阴、岚皋（陕西）	19	138	13010.13	1047.49	54	45259
交通银行股份有限公司	天祝藏族自治县（甘肃），理塘（四川），浑源（山西）	4	238	2401.3	663.58	12	1562
中国人民保险集团股份有限公司	乐安、吉安（江西），桦川（黑龙江），留坝（陕西）	24	301	4384.09	5294.53	41	7248
中国人寿保险（集团）公司	龙州、天等（广西），郧西、丹江口市（湖北）	12	87	4635	21314.76	40	5744
中国太平保险集团有限责任公司	两当（甘肃），六安市裕安区（安徽）	4	41	900	13.6	5	1370
中国出口信用保险公司	霍邱（安徽），余干（江西）	4	4	2293.25	730	6	1321
中国华融资产管理股份有限公司	宣汉（四川）	2	26	1350	358.13	5	1986
中国长城资产管理股份有限公司	陇县（陕西）	2	22	302.2	629	—	5548
中国东方资产管理股份有限公司	邵阳（湖南）	4	70	1293	160	14	814
中国信达资产管理股份有限公司	海东市乐都区（青海）	1	25	530	50	6	703

续表

单位名称	定点帮扶县名称	挂职干部数量（人）	赴定点县考察（人次）	本单位直接投入（含无偿和有偿）（万元）	帮助引进各类资金（含无偿和有偿）（万元）	培训情况	
						举办培训班（期）	培训人次
招商银行股份有限公司	永仁、武定（云南）	3	6	5142.28	586.96	27	1938
中国民生银行股份有限公司	封丘、滑县（河南）	5	282	5008.86	1737.6	7	4765
中国核工业集团有限公司	石柱（重庆），同心（宁夏），旬阳、白河（陕西）	9	11	4739	189	37	4223
中国航天科技集团有限公司	太白、洋县（陕西），涞源（河北）	6	9	1600	37	35	2100
中国航天科工集团有限公司	富源、昆明市东川区（云南）	4	105	1016.42	65	14	2157
中国航空工业集团有限公司	镇宁布依族苗族自治县、普定、关岭布依族苗族自治县、紫云苗族布依族自治县（贵州），西乡（陕西）	14	425	3578.57	636.59	28	5317
中国船舶集团有限公司	鹤庆、勐腊、丘北（云南）	6	226	4826	34.26	0	2494
中国兵器工业集团有限公司	红河（云南），甘南（黑龙江）	4	112	1720	860.5	5	1447
中国兵器装备集团有限公司	泸西、砚山（云南）	3	66	4122	11	2	788
中国石油天然气集团有限公司	台前、范县（河南），尼勒克、托里、巴里坤哈萨克自治县、吉木乃、青河、察布查尔锡伯自治县（新疆），习水（贵州），横峰（江西）	12	164	10848	962	26	3570
中国石油化工集团有限公司	岳西、颍上（安徽），凤凰、泸溪（湖南），岳普湖（新疆），东乡族自治县（甘肃）	9	159	12359	469.39	23	2754
中国海洋石油集团有限公司	保亭黎族苗族自治县、五指山市（海南），夏河、合作市（甘肃），卓资（内蒙古）	6	55	5353.98	1430.5	19	1646

续表

单位名称	定点帮扶县名称	挂职干部数量（人）	赴定点县考察（人次）	本单位直接投入（含无偿和有偿）（万元）	帮助引进各类资金（含无偿和有偿）（万元）	培训情况	
						举办培训班（期）	培训人次
国家电网有限公司	巴东、秭归、长阳土家族自治县、神农架林区（湖北），玛多（青海）	13	56	13060.51	50	20	1683
中国南方电网有限责任公司	维西傈僳族自治县（云南），东兰（广西）	3	6	3207.02	40	15	714
中国华能集团有限公司	榆林市横山区（陕西），阿合奇（新疆）	10	29	3781	127	15	2560
中国华电集团有限公司	乌恰、阿图什市（新疆）	4	93	2286	100	30	4350
中国长江三峡集团有限公司	巫山、奉节（重庆），万安（江西），巴林左旗（内蒙古）	9	160	32825	4355	11	11578
国家能源投资集团有限责任公司	米脂、吴堡（陕西），布拖、普格（四川），曲麻莱（青海），宁城（内蒙古），右玉（山西）	19	351	20108.03	166.37	24	2959
中国电信集团有限公司	木里藏族自治县、盐源（四川），田林（广西），疏附（新疆）	6	5	10175	8925	63	6077
中国移动通信集团有限公司	汤原、桦南（黑龙江），白沙黎族自治县（海南），疏勒、洛浦、阿克陶（新疆）	6	225	28521	3073	28	6712
中国电子信息产业集团有限公司	镇安（陕西），阆中市（四川），松桃苗族自治县（贵州），临高（海南）	10	105	1575.28	4778.4	23	2052
东风汽车集团股份有限公司	马山（广西），柯坪（新疆）	5	71	1100	6130	6	1070
中国一重集团有限公司	泗县（安徽）	3	17	473.6	47.16	4	570
中国机械工业集团有限公司	固始、淮滨（河南），广元市朝天区（四川），平陆（山西）	4	360	3049.69	65	63	9081

续表

单位名称	定点帮扶县名称	挂职干部数量（人）	赴定点县考察（人次）	本单位直接投入（含无偿和有偿）（万元）	帮助引进各类资金（含无偿和有偿）（万元）	培训情况	
						举办培训班（期）	培训人次
哈尔滨电气集团有限公司	文山市（云南）	2	4	1100	10	3	232
中国东方电气集团有限公司	昭觉、壤塘（四川），吉县（山西）	6	62	2437	400	17	750
鞍钢集团有限公司	塔什库尔干塔吉克自治县（新疆），盘州市（贵州）	13	46	2277.87	515.58	16	2603
中国宝武钢铁集团有限公司	宁洱哈尼族彝族自治县、江城哈尼族彝族自治县、镇沅彝族哈尼族拉祜族自治县、广南（云南），罗田（湖北），上林（广西）	13	168	6255	371.7	67	3541
中国远洋海运集团有限公司	沅陵、安化（湖南），永德（云南）	9	96	3486.98	759.8	18	2785
中国航空集团有限公司	苏尼特右旗（内蒙古），昭平（广西）	3	208	8876.42	0	15	1128
中国东方航空集团有限公司	双江拉祜族佤族布朗族傣族自治县、沧源佤族自治县（云南）	4	110	1825.17	253.26	20	1006
中国中化集团有限公司	林西、阿鲁科尔沁旗（内蒙古）	3	107	2802.96	450.79	25	3032
中粮集团有限公司	延寿、绥滨（黑龙江），乌什（新疆），隆安（广西），甘孜、石渠（四川），修水（江西）	12	87	4495.4	80.6	150	2067
中国通用技术（集团）控股有限责任公司	武川、商都（内蒙古）	5	230	2820	71.8	8	1359
中国建筑集团有限公司	卓尼、康乐、康县（甘肃）	13	270	6627.1	1013.26	39	3112
招商局集团有限公司	威宁彝族回族苗族自治县（贵州），蕲春（湖北），叶城、莎车（新疆）	9	53	21725	126710	19	6724

续表

单位名称	定点帮扶县名称	挂职干部数量（人）	赴定点县考察（人次）	本单位直接投入（含无偿和有偿）（万元）	帮助引进各类资金（含无偿和有偿）（万元）	培训情况	
						举办培训班（期）	培训人次
华润（集团）有限公司	广昌（江西），海原（宁夏）	4	221	5873	25	67	1185
中国节能环保集团有限公司	嵩县（河南），富川瑶族自治县（广西）	4	8	1400	563.2	3	1226
中国国际工程咨询有限公司	利辛（安徽）	3	133	120	28	2	369
中国诚通控股集团有限公司	宜阳（河南）	2	136	710	5	18	2358
中国中煤能源集团有限公司	蔚县、涿鹿县赵家蓬区（河北），印江土家族苗族自治县（贵州）	4	11	1942.12	12291.63	12	549
中国煤炭科工集团有限公司	寿县（安徽），武乡（山西）	3	89	610.7	191.17	7	612
中国钢研科技集团有限公司	山阳（陕西）	2	74	246.8	8.7	3	228
中国化工集团有限公司	古浪（甘肃），平山（河北）	5	37	4461.15	123.8	11	601
中国化学工程集团有限公司	环县、华池（甘肃）	5	959	1570.33	36	8	1284
中国有色矿业集团有限公司	梁河（云南）	3	19	850.89	104.52	15	2189
中国国际技术智力合作有限公司	姚安、大姚（云南）	3	34	502.51	64.93	10	1061
中国建筑科学研究院有限公司	偏关（山西）	2	3	400	20	5	326
中国中车集团有限公司	天水市麦积区、甘谷（甘肃），那坡、靖西市（广西）	8	145	2183.8	55.2	6	451
中国铁路通信信号集团有限公司	社旗（河南）	2	11	630	10	4	510
中国铁路工程集团有限公司	桂东、汝城（湖南），保德（山西）	6	179	7740	91.62	77	4659

续表

单位名称	定点帮扶县名称	挂职干部数量（人）	赴定点县考察（人次）	本单位直接投入（含无偿和有偿）（万元）	帮助引进各类资金（含无偿和有偿）（万元）	培训情况	
						举办培训班（期）	培训人次
中国铁道建筑集团有限公司	尚义、张家口市万全区（河北），甘德（青海）	7	7	4639.4	216.1	9	537
中国交通建设集团有限公司	贡山独龙族怒族自治县、福贡、泸水市、兰坪白族普米族自治县（云南），英吉沙（新疆）	10	300	25436.56	63	20	1082
中国普天信息产业集团有限公司	达日（青海）	1	25	432.38	11.5	6	420
中国信息通信科技集团有限公司	沈丘（河南），大悟（湖北）	4	31	540	4959	18	1960
中国农业发展集团有限公司	萧县（安徽）	2	40	332.9	15	11	635
中国冶金地质总局	漾濞彝族自治县、巍山彝族回族自治县（云南）	6	36	882	74	5	1310
中国民航信息集团有限公司	神池（山西）	2	3	1166	207.18	10	4651
中国航空油料集团有限公司	盐池（宁夏）	2	37	850	69.2	29	2251
中国航空器材集团有限公司	白水（陕西）	1	36	417	1.5	3	435
中国电力建设集团有限公司	剑川（云南），民丰（新疆）	6	40	5475	15	10	590
中国能源建设集团有限公司	镇巴（陕西），西林（广西）	4	3	1217	18	2	74
中国黄金集团有限公司	贞丰（贵州），新蔡（河南）	4	58	4186	2821.8	8	2352
中国广核集团有限公司	乐业、凌云（广西）	5	44	2103.34	414	13	1186
中国华录集团有限公司	上蔡（河南）	2	27	317.9	23	6	212
南光（集团）有限公司	禄劝彝族苗族自治县（云南），临夏（甘肃）	4	90	914.17	86.31	9	882
中国西电集团有限公司	麟游（陕西）	2	245	210.22	1255	10	260

续表

单位名称	定点帮扶县名称	挂职干部数量（人）	赴定点县考察（人次）	本单位直接投入（含无偿和有偿）（万元）	帮助引进各类资金（含无偿和有偿）（万元）	培训情况	
						举办培训班（期）	培训人次
中国铁路物资集团有限公司	孝昌（湖北）	2	50	272	26.5	31	1714
中国国新控股有限责任公司	利川市（湖北）	2	25	780.95	57.08	2	120
中国国民党革命委员会中央委员会	纳雍（贵州）	2	1027	2142.2	8958.9	47	2926
中国民主同盟中央委员会	广宗（河北）	2	52	106	355.5	9	2300
中国民主建国会中央委员会	丰宁满族自治县（河北）	2	653	229.35	870.49	20	14288
中国民主促进会中央委员会	安龙（贵州）	2	467	378.4	22270.7	28	3028
中国农工民主党中央委员会	大方（贵州）	2	968	1700	11238	43	2358
中国致公党中央委员会	酉阳土家族苗族自治县（重庆）	2	200	568.3	130.4	7	2671
九三学社中央委员会	旺苍（四川）	2	80	84.76	2440	1	250
台湾民主自治同盟中央委员会	赫章（贵州）	1	140	132	100	7	1000
中华全国工商业联合会	织金（贵州）	2	30	5628	1296	7	972
北京大学	弥渡（云南）	2	52	383.41	11354.22	—	1312
清华大学	南涧彝族自治县（云南）	4	50	916.8	2693.2	32	3790
北京科技大学	秦安（甘肃）	3	112	386.7	311	12	1807
北京化工大学	科尔沁左翼中旗（内蒙古）	1	174	200.22	620	10	1389
北京邮电大学	长顺（贵州）	2	34	511.98	220.48	12	1097
中国农业大学	镇康（云南）	2	25	200	305	3	614
北京林业大学	科尔沁右翼前旗（内蒙古）	2	226	209	1156.7	22	2742
中国地质大学（北京）	化隆回族自治县（青海）	5	106	238.8	263.7	12	965
中国矿业大学（北京）	都安瑶族自治县（广西）	3	9	200	200	7	514
南开大学	庄浪（甘肃）	2	194	604.31	408.46	15	1664

续表

单位名称	定点帮扶县名称	挂职干部数量（人）	赴定点县考察（人次）	本单位直接投入（含无偿和有偿）（万元）	帮助引进各类资金（含无偿和有偿）（万元）	培训情况	
						举办培训班（期）	培训人次
东北大学	昌宁（云南）	2	18	256	300	5	2958
大连理工大学	龙陵（云南）	2	30	236.2	9609.68	5	813
同济大学	云龙（云南）	3	234	704.04	413.31	5	1578
上海交通大学	洱源（云南）	3	54	283.5	329.6	10	877
华东理工大学	寻甸回族彝族自治县（云南）	3	266	212	281	12	2708
南京大学	双柏（云南）	4	117	279	1342.97	9	1093
东南大学	南华（云南）	2	143	300	313	9	1500
河海大学	石泉（陕西）	2	320	820.61	2549.3	10	2826
南京农业大学	麻江（贵州）	3	73	270	500	54	1393
中国药科大学	镇坪（陕西）	2	37	412.47	7517.6	4	1047
浙江大学	景东彝族自治县（云南）	2	111	804.88	523.75	10	3457
合肥工业大学	灵璧（安徽）	2	360	363.41	570	6	1151
厦门大学	隆德（宁夏）	2	300	505.04	6465.09	22	3084
武汉大学	恩施市、大悟（湖北）	5	850	761	413	7	2600
华中农业大学	建始（湖北）	9	281	588.17	1067	2	5661
中南大学	江华瑶族自治县（湖南）	7	411	660	212	8	925
中山大学	凤庆（云南）	4	356	665	894	17	2601
电子科技大学	岑巩（贵州）	3	555	798.49	2584.71	16	4236
重庆大学	绿春（云南）	2	24	206.4	318.21	3	1786
西安交通大学	施甸（云南）	7	100	239.48	318.18	18	726
西北农林科技大学	合阳（陕西）	2	1061	619	311	62	4492
西安电子科技大学	蒲城（陕西）	2	9	215.96	258.5	12	5906

（三）解放军和武警部队扶贫

解放军和武警部队扶贫

【概述】 2019年，解放军和武警部队准确把握"两不愁三保障"脱贫标准，深入扎实开展产业扶持、设施帮建和党建、教育、医疗帮扶等行动，高标准高质量推动各项帮扶举措实施，参与脱贫攻坚工作取得明显成效。

【工作指导】 2019年，中央军事委员会副主席张又侠对军队参与扶贫工作作出批示，要求再接再厉，在解决矛盾问题、推进工作落实上狠下功夫，确保扶贫任务高质量完成。4月，召开军队参与脱贫攻坚工作推进会。军委政治工作部通报检查情况、组织问题整改"回头看"和座谈督导，5次与国务院扶贫办和帮扶任务重的单位研究会商，跟进加强指导。军委机关有关部门、各军兵种和武警部队普遍召开党委会、任务推进会，对工作靠后的帮扶单位进行约谈，军委办公厅、海军、联勤保障部队等单位加大人员和经费投入，推动任务落实。各单位把参与脱贫攻坚作为"不忘初心、牢记使命"的实践课堂，全年军以上领导干部1700多人次深入一线调研督导，部队官兵12.4万余人次进点帮扶。

【定点扶贫】 军队参加和支援经济社会建设领导小组印发通知，把参与脱贫攻坚作为支持西部大开发的当务之急，指导各单位重点向"三区三州"倾斜投入帮扶资金、项目和力量，扎实推进各项工作落地落实。10月至12月，军委机关有关部门组成4个督导组，重点赴"三区三州"深贫地区和革命老区，检查部队帮扶的66个贫困村、4所医院、8所学校；军委政治工作部副主任刘德伟带队赴河北阜平调研检查军队助力脱贫攻坚工作，实地查看军委国防动员部、北京军区善后工作办公室帮扶的2个贫困村和援建的1所"阜平八一爱民学校"。截至12月底，帮扶的4100个贫困村、29.3万贫困户、92.4万贫困群众，已有4005个村、28.3万户、89.6万人脱贫，帮扶村脱贫比例达97.7%。检查的66个村，帮扶成效均为"较好"以上，"好"的比例占89.4%。国务院扶贫办对部队帮扶的100个村进行核查，反馈部队帮扶工作扎实、群众满意，不少帮扶对象成为当地脱贫明星村。

【扶贫扶志】 各部队充分发挥思想政治工作优势，深入村组院落、田间地头，持续激发贫困群众内生动力。部队扶贫注重把帮党建与促脱贫捆在一起抓，广泛开展军地基层党组织互学互帮互促活动，组织支部建设过硬的基层单位与3468个贫困村党支部结对共建，共学创新理论、共过组织生活、共育人才队伍、共解发展难题，帮助贫困村建强脱贫致富的战斗堡垒。省军区系统协调地方有关部门探索建立县、乡两级"复退军人适用人才库"，推荐5100多名退役军人担任"兵支书""兵委员"，成为地方欢迎、群众信赖的脱贫致富带头人。驻西藏、广西、云南等地部队积极参与党政军警民"五位一体"强边固防行动，把脱贫攻坚与民族团结、维护稳定、强边固防捆在一起抓，与少数民族贫困群众"结对认亲"，促进边疆民族地区长治久安。

【产业扶持】 各部队立足贫困村资源禀赋和地域实际，瞄准贫困群众脱贫需求，精准制定帮扶台账，做到一村一个脱贫计划、一户一个帮扶措施。对集体经济薄弱、群众收入缺少来源的贫困村，重点帮助发展产业，全军共扶持蔬菜大棚、水果基地等种植项目4380个，家禽、家畜等养殖产业2146个，帮建扶贫车间、乡村旅游、光伏发电等项目1825个，帮助贫困群众实现稳定增收。对地处山大沟深、交通不便的贫困村，重点帮助援建基础设施，各级共出动机械车辆8.6万台次，帮助修建村组道路1.2万千米，架设通行桥梁460多座，有力改善了群众生产生活条件。军委后勤保障部投入720万元，帮助渭南市柿村发展猕猴桃、清水莲菜和渭华起义红色旅游等项目，贫困户户均增收1.8万元。军委装备发展部协调组织各军兵种、军工集团等与西部地区近300家企业进行需求精准对接，有力拉动贫困地区产业发展。空军在贫困地区开放军民合用机场40余个，支持拉萨、和田、阿克苏等机场改扩建，协调开通与经济发达地区直通航班，密切东西部交流合作。

【教育扶贫】 各部队突出支持贫困地区发展农村义务教育和职业教育，重点帮助乡镇寄宿制学校和乡村小规模学校改善办学条件，让贫困家庭孩子受到好的教育。全军部队沿长征路持续援建156所“八一爱民学校”，在贫困村帮建1544所村小学，许多单位组织贫困地区孩子走出大山、到城市过“军事夏令营”，许多官兵自发参加“1+1”捐资助学活动。火箭军3100多名团以上干部参与结对助学，协调安排定点帮扶村学校老师到北京优质学校跟班学习，提高贫困地区学校办学水平。西部战区空军在西藏、青海等地援建66个留守儿童“快乐家园”，教少数民族孩子学汉语、唱国歌，从小培育爱党、爱国、爱军队的淳朴感情。检查的帮扶村，适龄儿童就学率100%，没有一个孩子辍学。军委政治工作部实施革命老区“八一”助学扶贫工程，4年投入4000万元在中央苏区、鄂豫皖、陕甘宁等5个革命老区资助10所中职学校学生，2019年资助贫困学生5081人。

【健康扶贫】 军队医疗系统以创建军队健康扶贫“三大工程”为牵引，持续深入开展医疗帮扶行动，防止群众因病致贫返贫。军委后勤保障部适应军队卫生系统调整改革实际，及时调整部队医院对口支援贫困县县级医院接续帮扶关系，各帮扶单位派出医疗队深入受援医院开展专科门诊、疑难会诊、教学查房、手术指导、技术培训等工作，促进优质医疗资源下沉基层、深入贫困地区。截至12月底，74所军队医院对口支援的113所贫困县县级医院，有105所达到国家二级以上标准。各级还帮建贫困村卫生室1458个，不少开通远程医疗系统，群众足不出户就能享受优质医疗。联勤保障部队开展“军医老区行”活动，选派1028名专家深入延安、瑞金等106个老区县巡诊。解放军总医院第五医学中心深入开展藏区包虫病救助行动，派出11批次77名专家，克服高原缺氧等困难，进牧场、入毡房为群众治病，每次驻点3个月以上，累计筛查7520人、治疗657人，与西藏丁青县人民医院建立结对帮扶关系，让先进医疗技术更直接惠及藏区群众。

【消费扶贫】 中央军委政治工作部和国家发展和改革委员会、国务院扶贫办等15个部门共同发布《动员全社会力量参与消费扶贫的倡议》，把部队消费扶贫工作纳入国家层面有关部署安排共同推进。11月中旬，军队参加和支援经济社会建设领导小组部署推进部队消费扶贫工作，各部队充分发挥集团消费优势，积极推动贫困地区农副产品进军营。截至12月底，各部队在营区开设扶贫专区专柜450多个，开通电商平台110多个，采购贫困地区农副产品1.5亿元，惠及贫困群众90万人。陆军部队在新疆22个贫困县和甘肃临夏回族自治州扶持扶贫车间、卫星工厂320多家，分类梳理各部队需求，就近采购贫困村农产品，以部队大需求带动驻地小产业稳定发展。海军部队依托军营超市、便民餐厅开设专区专柜、开展“我的家乡我的舰”专项消费扶贫行动，形成了实体平台、电商平台、专项平台相结合的消费渠道。贵州省军区大力推进“黔货出山进军营”，专门成立军地联合工作专班，从黔货生产“前端”到军营销售“终端”军地之间全程协作，实施“点对点”扁平化销售，带动实现销售额1亿多元，惠及贫困群众、退役军人等群体10万余人。

【扶贫宣传】 中央军委政治工作部协调新华社、人民日报、解放军报、中央广播电视总台等主要媒体加大对军队参与脱贫攻坚工作宣传力度，2019年累计刊播部队参与脱贫攻坚新闻稿件450多篇，国务院扶贫办《扶贫简报》《扶贫信息》《中国扶贫》等20多次刊发反映部队扶贫工作情况。武警四川省总队帮扶的梭梭拉打村是凉山彝族自治州深度贫困村，部队协调投入3000多万元，帮建果蔬大棚、生态养殖、河堤走廊等19个项目，选派彝族干部布哈常年驻村，扶志扶智移风易俗，扶持产业改善生活，全村151户607名贫困群众全部稳定脱贫，村民生活发生了翻天覆地变化。2019年全国脱贫攻坚奖评选，军队有1个单位、3名个人获奖。扶贫日期间，军委政治工作部主任助理汪利平率团赴江西、安徽两省开展巡回报告，部队帮扶工作在多个场合受到地方党委、政府和群众好评。

（中央军委政治工作部群众工作局
阳　晶）

（四）企业扶贫

综　述

2019年，是打赢脱贫攻坚战的关键一年。中共中央总书记习近平多次强调，要广泛调动社会各界参与扶贫开发积极性，鼓励、支持、帮助各类非公有制企业、社会组织、个人自愿参与扶贫。为贯彻落实习近平总书记重要指示精神，中央企业、民营企业、外资企业充分发挥自身优势，创新扶贫方式，积极参与脱贫攻坚事业。

中央企业扎实完成定点帮扶任务。2019年，中央企业继续坚持精准扶贫精准脱贫基本方略，进一步聚焦定点扶贫、行业扶贫，聚焦深度贫困地区和特殊贫困群体，创新方式方法，尽锐出战、精准施策，在全社会发挥了示范带动作用。中央企业结对帮扶246个国家扶贫开发工作重点县，约占全部中央单位结对帮扶592个国家扶贫开发工作重点县的41.6%。截至2019年12月底，94家中央企业直接投入帮扶资金36.41亿元，引进帮扶资金3.74亿元，培训基层干部5.84万名，培训技术人员13.09万名，购买贫困地区农产品14.49亿元，帮助销售贫困地区农产品12.72亿元。

民营企业帮扶成效显著。"万企帮万村"精准扶贫行动自2015年10月启动以来，民营企业积极响应、踊跃参与。截至2019年12月底，进入"万企帮万村"精准扶贫行动台账管理的民营企业有9.99万家，精准帮扶11.66万个村（其中建档立卡贫困村6.56万个）；产业投入819.57亿元，公益投入149.22亿元，安置就业73.66万人，技能培训111.33万人，共带动和惠及1434.42万建档立卡贫困人口。2019年，全国工商业联合会、国务院扶贫办、中国光彩事业促进会和中国农业发展银行联合表彰了99家"万企帮万村"行动先进民营企业，树立了民营企业参与脱贫攻坚的先进典型。

2019年，国务院扶贫办与全国工商业联合会、新疆维吾尔自治区人民政府创新开展"民营企业南疆行"活动，南疆四地州与对口援疆省市共签订产业扶贫招商引资项目176个，总投资317亿元。8月2日，在喀什市举办"民营企业南疆行"活动大会，现场签约74个项目，合同金额163亿元。国务院扶贫办指导天津、甘肃两地举办"天津市百家企业陇上行"活动，组织天津的民营企业到甘肃开展产业帮扶，现场签约金额达100亿元。

外资企业逐步加入脱贫攻坚队伍。2019年，在脱贫攻坚工作的不断推进和大扶贫格局的深化发展下，外资企业积极关注并参与脱贫攻坚。三星（中国）投资有限公司、益海嘉里金龙鱼粮油食品股份有限公司、梅赛德斯-奔驰（中国）汽车销售有限公司等外资企业积极承担社会责任，发挥自身优势，参与精准扶贫，取得比较突出的帮扶成效。比如三星（中国）投资有限公司和中国扶贫基金会联合开展的"美丽乡村——分享村庄"项目，在河北省保定市南峪村、贵州省雷山县白岩村等建设民宿，提供就业岗位，带动贫困地区发展和贫困群众致富增收。

（国务院扶贫办社会扶贫司　安　珣）

中铁十四局集团有限公司扶贫

【概述】 中铁十四局集团有限公司(以下简称"中铁十四局"),2001年改制后隶属于中国铁建股份有限公司,是国务院国有资产监督管理委员会管理的一家大型国有建筑企业。接受定点扶贫任务以来,中铁十四局按照中国铁建股份有限公司"真心扶贫、精准扶贫、共赢扶贫、创新扶贫、干净扶贫"的要求,成立由公司主管领导任组长的扶贫工作领导小组,建立领导小组统筹决策、保障小组衔接运行、相关单位支持配合、挂职干部靠前担当的"统一管理、分级负责"工作机制,将企业的自身优势与贫困地区实际结合,以订单帮扶带动就业脱贫、教育扶贫、消费扶贫、健康扶贫、民生工程兜底扶贫、基础设施建设扶贫为依托,精心打造中央企业定点扶贫的"铁建模式",带动中国铁建投入扶贫资金3000多万元,帮助贫困地区补短板、强弱项,引导和支持所有有劳动能力的贫困人口依靠自己的双手创造美好明天,稳步提高贫困人口的自主脱贫能力。截至2019年年底,河北省尚义县剩余45个贫困村全部出列,5807户、9892人高质量脱贫,贫困发生率降至0.79%,实现脱贫摘帽。

【产业扶贫】 2019年,中铁十四局按照"以产业帮扶带动就业"的扶贫思路,重点扶持培育尚义县本地有发展潜力、能够发挥带贫效益的企业,将张家口伦比服饰有限公司(以下简称"伦比公司")作为产业帮扶对象,发挥自身作为建筑施工企业工人多、工装需求量大的优势,以工装订单扶持伦比公司扩大生产,拉动就业,走出一条以订单帮扶带动贫困人口就业脱贫的产业化扶贫新路子。针对无法到工厂上班的贫困户,创新帮扶模式,建立居家生产的"家庭微车间",使贫困群众实现足不出户就能就业增收。帮助伦比公司建立大青沟服装产业扶贫基地,为当地易地搬迁贫困人口提供在家门口就业的机会。截至2019年年底,中铁十四局带动整个铁建系统购买工装达11万套、合同金额1358万元,"家庭微车间"发展到130户,安置贫困人口就业达200人,人均月工资可稳定在3000元以上。中铁十四局在尚义县甲石河乡建立无公害小杂粮种植基地,在基地生产各环节均使用人工,并且优先雇用贫困人口,生产的杂粮统一负责包销,形成"公司+基地+贫困户"的产业就业扶贫模式,拓宽群众就业增收渠道。截至2019年年底,种植基地投入资金116万元,产出杂粮6万千克,带动附近村庄贫困人口务工2000人次。

【消费扶贫】 2019年,中铁十四局借助整个铁建系统体量庞大的优势,加大对谷之禅张家口食品有限公司(以下简称"谷之禅公司")燕麦系列产品和下马圈乡小杂粮加工厂杂粮产品的消费扶贫力度。一方面激发农民的种植积极性,带动有土地有劳动能力的贫困人口通过土地流转、收益分成、打工种植,成为收"租金"、分"股金"、赚"薪金"的"三金"农民,实现稳定增收脱贫;另一方面推动谷之禅公司和下马圈乡小杂粮加工厂增加更多工作岗位,带动贫困人口稳定就业脱贫。截至2019年年底,铁建系统采购谷之禅公司燕麦产品达500万元,辐射带动贫困户1451户、3217人实现脱贫;采购下马圈乡杂粮杂豆近300万元,带动全乡种植户434户、984人通过小杂粮产业实现脱贫。

【教育扶贫】 2019年,中铁十四局通过合作办学、捐资助学、解决大学生就业等途径,解决贫困家庭学生上学、就业的后顾之忧,阻断贫困的代际传递现象。与尚义县职业技术教育中心和张家口职业技术学院联合开办“铁道施工与养护”专业,“订单式”培养学生13名,对毕业学生进行集中安置。设立中国铁建爱心助学基金,资助贫困学生1198名;针对尚义县第三中学和下马圈乡中心小学的32名特困生,制定帮扶每名学生3000元的助学政策。招聘5名符合条件的尚义籍大学毕业生到中国铁建各项目工作,人均年工资收入可达5万元以上。

【民生工程兜底扶贫】 尚义县下马圈乡青壮年大量外出,留守老人缺少子女照顾,居住的房屋年久失修,老年贫困人口的住房和养老问题比较突出。针对这一状况,中国铁建前期投入帮扶资金455.6万元,建成下马圈幸福互助院,解决116户老人的住房、养老难题。2019年,投入帮扶资金225万元为下马圈幸福互助院建成屋顶光伏,光伏收益用于补贴入院老人的刚性支出,减轻老人的经济负担,提升他们的生活满意度。

【基础设施建设】 2019年,中铁十四局参与尚义县“空心村”治理工作,承担建筑面积20万平方米、总投资5.2亿元的回迁房施工任务,安置搬迁人口2288户、6072人。中铁十四局还将业务触角伸向偏远贫困地区,提升贫困地区基础设施建设水平,促进人居环境和城乡面貌的改善,助推尚义县脱贫攻坚。

【健康扶贫】 2019年中铁十四局援助资金452万元,帮助尚义县新建标准化村级卫生室27所、购置流动医疗服务车7辆,提升基层医疗卫生服务水平,打通健康扶贫“最后一公里”。

【扶贫培训】 2019年,中铁十四局与伦比公司联合举办服装加工技术工人培训,培训技术工人90名;投入培训经费9万元,培训中小学教师186名,培训基层干部200名。

【企业扶贫模式】 坚持精准扶贫。采取分类施策、精准帮扶,针对无劳动能力的贫困人口重点解决现实困难,采取投入资金援助建设幸福互助院、建成屋顶光伏等扶贫举措,持续改善“输血”能力,为民生兜底提供有效保障。针对有劳动能力的贫困人口,主要采取开发式、造血式、参与式扶贫方式,突出“造血”功能建设,通过订单帮扶、建立种植基地等举措拉动就业,激发贫困人口自主脱贫的内生动力。此外,在扶贫资金使用方面,改变传统的“撒胡椒面”做法,变“大水漫灌”为“精准滴灌”,实现扶贫资金的精准投放、有效投放。坚持共赢扶贫。立足中央企业自身优势和贫困地区实际,找准双方需求的契合点,采取共赢扶贫的新思路、新做法。比如,通过校企合作办学、安置尚义籍大学生就业等,既解决尚义县贫困家庭学生的就业难题,又满足中央企业对人才的需求;通过对伦比公司进行工装订单帮扶,既增加贫困人口的就业机会,又为企业干部职工提供优质的工装;通过建立种植基地、采购谷之禅公司和下马圈乡小杂粮加工厂的农特产品,既带动当地贫困人口就业增收,又使企业员工享用来自贫困地区的有机农产品;通过参与尚义县空心村治理,不但将业务触角伸向更偏远的贫困地区,而且提升了当地基础设施建设水平,助推脱贫攻坚。

(中铁十四局集团有限公司　孙　洁)

中国供销电子商务有限公司扶贫

【概述】 中国供销电子商务有限公司(以下简称“中国供销电商”)履行企业扶贫责任,不断创新帮扶方式,使资源向贫困地区倾斜,依托“新网工程”项目专项资金助推贫困地区产业发展,2016—2018年累计在国家级贫困县实施65个项目,投资额为2.58亿元。中国供销电商通过政府采购助力消费扶贫,政府采购贫困地区农副产品网络交易平台(即“扶贫832平台”)于2019年10月17日上线运行,到2019年年底平台建设已取得初步成效。开展电商扶贫培训和营销活动,扶贫与扶志结合,开展线上、线下电商培训,2019年累计完成线上、线下培训近5000人。

【消费扶贫】 根据财政部、国务院扶贫办、中华全国供销合作总社联合印发的《政府采购贫困地区农副产品实施方案》,以及中华全国供销合作总社办公厅印发的《关于做好政府采购贫困地区农副产品有关工作的通知》,中国供销电商负责贫困地区农副产品网络交易平台的建设运营工作。该平台是用于各级预算单位、中央企业、地方国企等采购832个国家级贫困县农副产品的B2B平台,集“交易、服务、监管”于一体,可实现贫困地区农副产品在线展示、网上交易、物流跟踪、在线支付、产品追溯的一站式聚合服务。该平台一头连着全国832个国家级贫困县县域内注册的企业、农民专业合作社、家庭农场等供应端,一头连着各级财政预算单位等采购端,为运用政府采购政策助力脱贫攻坚提供渠道。

2019年10月17日,扶贫832平台上线运行,中国供销电商开展业务推进,交易平台与采购人管理系统稳定运营,平台各功能模块满足要求,持续完善平台功能,优化使用体验。扶贫832团队在内蒙古自治区太仆寺旗、四川省越西县、甘肃省成县、云南省大理白族自治州、江西省寻乌县、安徽省潜山市等地组织开展多场线下培训活动。同时,扶贫832团队开展“微课”线上培训,以短视频的形式进行精彩分享,对平台建设的政策、规则、系统操作、运营提升、农副产品质量及服务等进行全方位讲解。

【扶贫宣传】 2019年10月24日,由供销合作总社办公厅、供销合作总社经济发展与改革部、直属机关党委、机关服务局、中国供销集团有限公司牵头,中国供销电商具体承办,以“消费扶贫·奉献爱心”为主题的贫困地区农产品展示活动在供销合作总社机关食堂和中国供销集团有限公司举办。此次活动是贯彻落实国务院办公厅《关于深入开展消费扶贫,助力打赢脱贫攻坚战的指导意见》精神的具体举措,聚焦贫困地区优质特色产业和产品,采用“线下产品展示品鉴与线上下单”相结合的方式,集中展出供销合作总社帮扶的包括潜山市、寻乌县和安远县在内的17个贫困县的63种名优特农产品。仅4个多小时线上、线下共销售2161单产品,总计5.1万余元。

中国供销电商承办“春归峡江橙正好”暨“2019秭归伦晚脐橙开园节暨电商扶贫产品发布会”,提出“溯宗源、树正源,核心渠道辐射式营销推广”秭归伦晚脐橙整合解决方案,与湖北省秭归县政府、秭归县农业局多次进行深度研讨,规划举办秭归伦晚第一届开园发布会，邀请国内一线渠道参加，扩大秭归伦晚的市场影响力，总计达成2400万元的意向采购协议。

2019年，中国供销电商子公司湖北供销e家运营的贫困地区农产品恩施小土豆、宜昌黑木耳、秭归脐橙在东方卫视播出的大型“星素”互动励志体验节目《极限挑战》中精彩亮相。在第五季第八期节目《助农为乐》中，栏目组挑选8款代表性扶贫产品，其中3款扶贫产品均来自湖北中国供销电商下属县域电商子公司，3款扶贫产品是恩施小土豆、宜昌黑木耳、秭归脐橙。节目播出后，吸引144万人次进店浏览，成团订单3947件。

【产业扶贫】 中国供销电商子公司湖北供销e家因地制宜地挖掘贫困县域的优质特色农副产品，打造“供销荆选”品牌，将贫困村初级农产品升级为有标准、资质、品牌、扶贫元素的定制扶贫产品，从而创新性地将传统帮扶式扶贫升级为造血式扶贫、电商化扶贫、带动式扶贫，使贫困村农特产品能够通过电商平台上行销至全国各地，贫困户得以增收直至脱贫。2019年湖北供销e家打造来凤藤茶、云梦大米、秭归脐橙等20余种“荆选”定制扶贫产品。

2019年，中国供销电商子公司绍兴供销e家与谢塘镇政府联合打造“虞生优梨”区域公共品牌，设计LOGO和统一包装，与梨农签订农业订单、品控合作、销售协议，成功策划“互联网+谢塘梨”模式，全面打通翠冠梨线上销售渠道，共计销售翠冠梨5万余千克，有效改善往年供应链组织化程度较低、产品直销的局面，为农户打通更多销售渠道。

2019年9月，中国供销电商联合广东省大埔县人民政府举办“世界长寿乡·中国大埔——梅州柚大埔蜜柚系列推广活动”，根据大埔蜜柚的实际情况并结合自身优势，利用线上、线下相关资源，制定“一推两会三上四进”的全套推广策略，组织进商超、进高校、进社区、进部委及线上蜜柚节等活动。

【扶贫培训】 2019年，中国供销电商在扶贫过程中着力加强贫困地区电商人才培训，采用线下面授和线上远程教学等形式，分层次、分阶段地对贫困地区进行培训，帮助贫困地区建立自己的讲师团队，累计举办线上、线下培训10余场，参训人数近5000人。同时，充分发挥“供销e家”全国平台在资源、渠道、技术专业等方面的优势，从建设、运营、品牌打造到明确主体产业全程指导帮扶。

（中国供销电子商务有限公司
陈月敏）

云南省建设投资控股集团有限公司扶贫

【概述】 云南省建设投资控股集团有限公司(以下简称“云南建投集团”)履行国有企业责任担当,充分发挥资源禀赋优势,推进基础设施建设、产业扶贫、教育扶贫和党建扶贫,全力帮助解决“两不愁三保障”突出问题,打好定点扶贫“组合拳”,打造精准扶贫“建投模式”。2019年,云南建投集团在定点帮扶的云南省宣威市、大关县、昭通市昭阳区、玉龙纳西族自治县(以下简称“玉龙县”)、金平苗族瑶族傣族自治县实施帮扶项目31个,投入专项帮扶资金1262.78万元,选派驻村工作队员34人,帮助实现脱贫1197户、4968人。云南建投集团连续4年获省级单位定点扶贫考核最高等次评价。

【基础设施建设】 2019年,云南建投集团聚焦基础设施补短板和人居环境提升,统筹推进脱贫攻坚和乡村振兴工作,投入175万元实施“村村通”硬化村组道路2.6千米,织密乡村路网,打通乡村“毛细血管”;投入255.28万元实施光伏、提水、铺设饮水管网等项目,修筑“爱心水窖”(蓄水池)300余个,完善乡村水网,解决人畜饮水安全及生产灌溉问题;投入76万元修建党员活动室3个、公厕1个、卫生室1个,投入60万元购买勾臂车3台、勾臂箱(垃圾箱)50个,投入30万元发放“爱心公益超市”积分,提升村民清洁意识,不断提高乡村人居环境。通过持续开展一系列项目帮扶,云南建投集团定点帮扶的5个县市区7个行政村基础设施得到了显著改善,农户生产生活条件明显好转,农户生活方式和内生动力大幅提升。

【产业扶贫】 2019年,云南建投集团聚焦产业就业帮扶,统筹考虑短期脱贫和长期致富目标,投入25万元组织350余人次开展技能提升培训,帮助农户树立市场意识,提升农特产品种植水平;投入10万元帮助建档立卡户建立消费扶贫体系,提高合作社经营管理水平;投入65万元流转土地200亩,帮助农户建立软籽石榴、猕猴桃等高原绿色农特产品生产基地,投入100万元流转土地20亩建设宣威市得禄乡务乐村蔬菜大棚群,投入112万元修建冻库2个,投入200万元建设宣威市得禄乡集镇农贸市场,采取“建档立卡贫困户+产业带头人+专业合作社+公司+基地”的产业发展模式,提高农户营销水平,带动贫困户致富。同时,集团发动职工参与消费扶贫,先后购买跑山鸡、青花椒、野生天麻、生态大米、软籽石榴、核桃乳、宣威火腿等农特产品110余万元;借助集团所属物流公司“云上营家”线上平台,打通农户“在家门口就可以把地里种的、家里养的、山上捡的、树上摘的农产品进行售卖”的销售渠道,解决了农户销路不畅的后顾之忧。

通过在技能培训、产业培育、产品优化、品牌打造上持续投入,集团定点帮扶的玉龙县奉科镇成功创建了农产品交易中心,完成了跑山鸡合作社、农产品冻库、青花椒烤房、晾晒场和核桃榨油坊建设,注册了“鸡鸣三省五县”商标,开通了“玉龙扶贫风物”微店以及“云上营家”玉龙扶贫产品专区,初步形成了“生产—加工—储存—销售”一条龙式的产业链,为其他帮扶地区产业致富提供了经验和借鉴。

【教育扶贫】 云南建投集团聚焦教育扶贫阻断贫困代际传递,将捐资助学和设立奖助学金作为一项重要扶贫方式。2019年，先后捐赠5.6万元为镇雄县以勒镇大山村小学购置爱心包200套，捐赠5万元为昭通市镇雄县波机镇鹿角小学购买书籍296套，捐赠2.54万元为福贡县易地搬迁范围内适龄学前儿童购买校服，捐赠2.35万元为玉龙县奉科镇奉联村小学、新民完小购买书包、文具、体育用品等学习和生活用品，减轻贫困家庭的供学负担，全面提升教育软硬件条件；依托集团扶贫专项资金，发放奖助学金16.35万元，受益学生54户61人，帮助孩子们快乐学习，健康成长。

【易地扶贫搬迁】 云南建投集团承担了云南省2018—2019年易地扶贫搬迁安置项目60%的工程建设任务，项目分布于昆明市、昭通市、曲靖市、丽江市、楚雄彝族自治州、怒江州、迪庆藏族自治州7个州市，总计48个项目，包含84个安置点，涉及搬迁人口33万余人，安置房建设面积665.37万平方米，项目总投资313.76亿元。截至2019年年底，84个安置点已全部交付使用。

【企业扶贫模式】 一是聚焦主责主业，充分发挥企业专业技术优势。积极参与云南省移民搬迁工程项目建设、易地搬迁项目建设、云南九大高原湖泊生态治理、长江流域六大水系治理、新型城镇化建设、特色小镇和美丽省份建设等重点项目建设，引导带动贫困地区劳务公司劳务队伍参与，充分发挥企业技术、质量、安全优势，提高贫困区劳务队专业技术水平。

二是聚焦项目帮扶，充分发挥企业资金富集优势。积极进行基础设施投资建设，改善提高农村农业生活条件，解决农户最低生活保障。积极参与云南绿色“三张牌”、乡村振兴、生态农业中脱贫攻坚投资项目，逐步改善农村人居环境。加强特色种植、生态养殖、乡村旅游等扶贫举措的资金投入，有效壮大农村集体经济，早日实现短期扶贫，长期致富。

三是聚焦“互联网+”，充分发挥企业市场网络优势。实施“互联网+扶贫”，帮助建设网络销售平台，搭建“线上线下”销售市场，实行订单农业，提高高原特色农副产品影响力，扩大销售面、增加销售额，推动扶贫农产品上线率，解决农村农产品销售、走出去等问题，增加农户销售收入。

四是聚焦就业帮扶，充分发挥企业就业容量优势。利用集团系统内技工学校、培训中心等机构，组织建档立卡贫困户和农村富余劳动力进行技术培训，取证上岗后，提升就业竞争能力。联合大专院校，组建技术服务队，加强农村实用技术、种植养殖培训，提高农户就业技能水平和种植养殖能力。

五是聚焦产业帮扶，充分发挥企业产业带动优势。大力推行“一村一品牌，一村一特色”产业扶贫发展思路，采用“公司+农户”等产业化经营方式，协助当地龙头企业强化供应链管理，制定农产品生产、服务和加工标准，发挥专业合作组织的带动作用，充分发挥贫困地区资源优势、产业特色和发展实际，助农增收，助推乡村振兴发展战略。

（云南省建设投资控股集团有限公司
党委工作部　杨　强）

内蒙古平庄煤业(集团)有限责任公司扶贫

【概述】 内蒙古平庄煤业(集团)有限责任公司(以下简称“平庄煤业”)经中国国电集团公司与神华集团有限责任公司重组,现为由国家能源投资集团有限责任公司实际控制的特大型煤炭企业,主要从事煤炭的开发、投资、生产、加工和经营。平庄煤业作为定点帮扶内蒙古宁城县的组长单位,2019年在组织领导、资金投入、选派干部、帮扶指导、加强监管上力度不减,坚持真扶贫、扶真贫,因地制宜,精准施策,全方位多渠道开展帮扶工作。2019年4月18日宁城县退出国家级贫困县序列。平庄煤业坚决落实“摘帽不摘责任、不摘政策、不摘帮扶、不摘监管”四不摘要求,做好精准扶贫工作,助力宁城县稳定脱贫和经济社会发展。

【产业扶贫】 平庄煤业开展设施农业驱动产业扶贫,2018年建设宁城县大双庙南马架子园区,当年建成投入使用23个日光温室蔬菜大棚,后续24个棚室已于2019年6月底全部建成,种植尖椒、黄瓜。通过土地流转、入园经营、务工就业、资产收益安置公益性岗位、发展集体经济等形式实现增收脱贫,有效带动119个贫困户、464人实现增收。2019年继续投入1000万元新建全兴园区,29个日光温室大棚已全部出租投入使用,道路硬化等后续工作正在有序推进。

【教育扶贫】 2016—2020年,平庄煤业每年出资200万元,总计1000万元设立宁城县“金秋助学扶贫基金”,用于资助宁城县建档立卡贫困家庭的高中学生,2019年共资助符合条件的贫困学生893人,截至2019年年底,累计救助3274名贫困学生。此外,2019年用于奖励出色教师、优秀学生及贫困师生的134.41万元“爱心助学”基金,按照《爱心基金实施办法》确定第一批奖励方案,奖励2017年度、2018年度优秀教师共114人、学生共188人,奖励资金共39.29万元。同时,2019年招收6名建档立卡贫困大学生到平庄煤业就业,6个贫困家庭实现稳定脱贫。

【扶贫培训】 2019年,平庄煤业充分利用平庄煤业(集团)公司技工学校的资源优势,出资100万元,先后分两期为宁城县105名建档立卡贫困群众培训电工和电焊工技能。全部培训采取全封闭管理,采取“白天实操+晚上理论”的白加黑培训模式,每期培训时间为45天,实现全体学员能够独立上岗作业。跟踪学员的就业情况,80%的学员都能利用学到的技能实现就业,在外地就业的个别学员月收入可达万元,本地就业的学员日工资为200~300元。同时,积极组织20名基层干部、40名致富带头人分别参加右玉干部学院培训班和置业公司组织的电商培训,都收到明显效果。

【公益扶贫】 2019年,组织发动宁城县万利水泥厂捐赠105吨水泥(折合3.57万元)、内蒙古辽中京化工有限责任公司捐助2万元帮扶资金、宁河源酒业有限公司捐助1.2万元爱心资金、天乐防水材料厂捐助1万元扶贫资金,用于河东台村基础设施建设,修复维护村道路地基25处,消除村民出行、校车通行的安全隐患;与6名大学生结对帮扶,资助每人2000元,帮助他们完成学业。

【扶贫宣传】 加大扶贫工作宣传力度,制作微信推送文章在国家能源集团微信平台上发布，助力宁城县脱贫摘帽宣传稿在集团三大媒体上发布，并在中国扶贫网播发。《怀揣初心而来，满载赞誉而归》在学习强国平台上发布，《用心用力用勤用智　助推驻村脱贫致富》分别在扶贫网、中国电力网、旗帜网等媒体上发布。2019年，共在国内外大小媒体上发布宣传文稿20余篇，营造宣传扶贫的良好舆论氛围。

[内蒙古平庄煤业(集团)有限责任公司　马　然]

方正证券股份有限公司扶贫

【概述】 方正证券股份有限公司(以下简称“方正证券”)自2016年9月开展精准扶贫工作以来,围绕“善行无界　大爱有方”主题,创新提出“2+3”精准扶贫模式,以金融、产业扶贫为点,以教育、消费、公益扶贫为面,通过打“组合拳”,体系化设计、系统化推进、品牌化运营,发挥证券公司的专业优势、人才优势和资源整合能力,为帮扶县脱贫攻坚服务。

截至2019年12月,方正证券及子公司方正承销保荐有限责任公司、瑞信方正有限责任公司、方正中期期货有限责任公司共签约跨15个省区的29个国家扶贫开发工作重点县,派遣挂职扶贫干部13人、驻村扶贫工作队员1人,接收贫困地区挂职干部7人,业务条线服务的足迹已达18个省的80多个国家扶贫开发工作重点县,落地实施扶贫项目100多项。其中,2019年为贫困地区融资17亿元,捐赠资金935万元,实施扶贫项目35项,派出挂职干部11人。2019年,方正证券、湖南方正证券汇爱公益基金会分别获中国扶贫基金会颁发的2018年“杰出贡献奖”、2018年“突出贡献奖”;方正证券总裁、首席运营官何亚刚获评“湖南省2019最美扶贫人物”。

【金融扶贫】 创办“创富”金融扶贫系列项目,立足帮扶县资源禀赋,引导金融资源下沉,运用多种金融工具,引入资本“活水”,支持当地产业扶贫。2019年,为贫困地区融资17亿元,推进债券、新三板、首次公开募股、财务顾问、产业基金等项目20余单。

增强县域企业发债能力。2019年3月,方正证券帮助湖南省安化县企业发行7亿企业债,当地主要的脱贫产业黑茶产业和中药材产业也由此得到长期稳定的资金支持。2019年4月,方正证券成功为河南省兰考县发行10亿公司债,资金将服务于兰考县的脱贫攻坚与乡村振兴。

首创县域产业发展扶贫基金。方正证券在湖北省探索产业基金扶贫模式,在麻城市首只基金规模共2亿元。截至2019年12月,基金首期到资1.75亿元,麻城基金已开始筛选投资项目。

创新开展“保险+期货”。子公司方正中期期货通过“保险+期货”“场外期权”等方法,“云南勐腊天然橡胶‘保险+期货’精准扶贫项目”顺利入选上海期货交易所“保险+期货”精准扶贫试点项目名单,为云南省勐腊县共计1000吨橡胶进行价格保险。此外,该模式还运用于新疆维吾尔自治区喀什地区的棉花、河北省大名县的玉米、云南省双江拉祜族佤族布朗族傣族自治县的白糖等贫困地区涉农主体产业,提供累计超过8000吨的现货保价服务,有效降低价格波动给当地农户带来的风险,惠及贫困户合计超过2.7万户,让贫困户“旱涝保收”。方正中期期货已结对帮扶20余个贫困县(乡、村、镇)。

【产业扶贫】 开展“汇致富”产业扶贫项目,以公益创投的方式,建立产业创富中心发展产业、助力脱贫。支持湖南省凤凰县樟坡村和通道县独坡村的罗汉果“农业产业合作社”,采用“上市公司+协会+合作社+农户”的方式,下“订单”生产罗汉果,有效帮助当地建档立卡贫困户303户、785人,使樟坡村从集体经济收入为零到2019年年底集体经济年收入过百万，顺利脱贫。

【旅游扶贫】 方正证券与中青旅控股股份有限公司共同开展“旅游+产业”扶贫，举办2019年“羚锐·新县相亲公益半程马拉松”活动，吸引5000多人参与，活动期间的旅游收入超过500万元。推动河南省信阳市新县全域旅游，已经成为新县旅游的品牌项目。

【扶志扶智】 创办“智·富大讲堂”，坚持以“一切改变从思想开始”为理念，理论与实践相结合，通过志智双扶增强贫困地区领导干部、企业家、群众对资本市场政策的理解，帮助他们提高运用金融知识和金融工具的能力，达到“扶贫先扶智，致富奔小康”的目标。2019年，方正证券联合扶贫开发协会、各帮扶县等开展“智·富大讲堂”活动80期，涉及受众10000人，让更多的领导干部、企业家能够参与学习、开阔视野、开拓思路，认识和了解资本市场，也让更多的百姓和学生接受投资者教育、防范金融风险。

结合县域产业发展需求，邀请被帮扶县领导干部和企业参加金融工具服务实体经济研讨会；方正证券与中证机构间报价系统股份有限公司、中国中小企业协会、农业项目股权投资促进会等联合举办两场贫困地区企业精准扶贫投融资路演会，20余家来自贫困地区的企业和近100家投资机构积极参与，有效提高企业利用多层次资本市场对接各种资源的水平与能力。

同时，在云南省弥渡县青丰村开展“厨房革命+爱心超市”积分制试点，改变贫困农户的生活习惯，效果显著，被全县推广。

【消费扶贫】 “汇爱·致富”积极运用互联网，创新消费扶贫手段，拓宽、提高贫困地区农产品的销售渠道和品牌知名度。2019年，方正证券通过消费扶贫采购、大宗农产品上行等协助销售农产品3600多万元。

针对帮扶县特色产品，方正证券多次开展“汇爱·致富”活动，协助帮扶县累计销售价值1500多万元的农产品，其中2019年直接采购帮扶县农业产品500万元，使安化黑茶、弥渡玫瑰、石城莲子、隆德黄芪、新县茶油、樟坡腊肉、孙斌大米、桐柏花生油、通道兔肉等特色优质农产品进入千家万户。

方正证券还引入北京京东世纪贸易有限公司、从禾（上海）农业发展有限公司、上海本来生活信息科技有限公司、金融街股份有限公司等合作伙伴，推广特色产品，推动当地产业发展。针对帮扶县的大宗农产品，联合社员网打造“互联网+”大宗农产品销售体系，2019年为帮扶县销售近30个品类3100万元农产品，促进帮扶县农产品销量及知名度提升。

【公益扶贫】 方正证券联合三家子公司捐赠1000万元设立湖南方正证券汇爱公益基金会。截至2019年年底，湖南方正证券汇爱公益基金会募集资金3815万元，联合中国扶贫基金会开办“大爱有方”高中生自强班26个，资助贫困高中生1301人；开展安化“一对一”结对帮扶活动，累计资助491人；资助新县贫困孤儿164人；帮助弥渡县建立真爱梦想教室30个，惠及6000名学生。2019年，方正证券及子公司公益捐赠935万元，开展公益项目35个。

（方正证券股份有限公司　陈济沧）

九阳股份有限公司扶贫

【概述】 九阳股份有限公司(以下简称“九阳”)主动承担社会责任,持续参与教育、扶贫、救灾等相关公益慈善活动。2019年,九阳的精准扶贫聚焦于以“教育”“健康”为主题布局的公益扶贫项目,发掘自身优势,在教育助学、九阳希望厨房、产业扶贫、消费扶贫等具体工作中共投入约742万元,自九阳2008年上市以来,各类社会捐赠及产业扶贫等总投入超过1.5亿元。

【教育扶贫】 2008年,九阳在济南槐荫区慈善总会设立2000万元的慈善教育基金,每年将基金本金的利息捐赠给济南市槐荫区慈善总会,已陆续捐赠1500余万元,2019年捐赠120万元专项款资助200余名贫困学生和学校等。

【公益扶贫】 2010年,九阳与中国青少年发展基金会推出希望工程公益项目——希望厨房。十年来,九阳在希望厨房累计投入超过5000万元,带动地方、社会投入共计5400余万元,创造共计2.3亿元的社会效益。截至2019年,在27个省区222个县区,建成1007间九阳希望厨房,覆盖50万名师生,累计受益超过260万人。

九阳希望厨房公益扶贫项目积极参与东西部对口帮扶工作,联合国家部委、各省市对口支援扶贫办,形成九阳希望厨房与扶贫办“1+1对口协作”精准扶贫模式。2019年在湖北省恩施土家族苗族自治州、贵州省黔东南苗族侗族自治州、湖南省平江县和桑植县、四川省凉山彝族自治州、云南省普洱市、重庆市云阳县、新疆维吾尔自治区阿克苏市等贫困地区陆续实施“援建一批、改善一批、规范一批”的“三一”行动,“援建一批”指解决贫困地区迫在眉睫的乡村学校供餐需求,让学生能在学校吃上营养餐;“改善一批”指提高贫困地区的学校供餐能力和效率,解放生产力;“规范一批”指加强贫困地区学校厨房的规范性建设,组织后勤人员、厨房操作人员进行培训。从设备、管理、人员三方面进行支援,全面提高当地学生营养餐的基础条件和管理水平,保障学生在学校能吃上干净卫生的营养餐。

此外,九阳希望厨房在平江县、桑植县等地连续3年投入资金,不断巩固效果,除改善厨房的硬件设施外,与当地教育局参考《膳食营养素参考摄入量》《中国居民膳食指南》,并结合当地的饮食习惯、市场供应情况、经济条件等因素,按照合理营养和平衡膳食的要求,坚持“五谷搭配、粗细搭配、荤素搭配、多样搭配”的原则,组织相关专家制定《中小学学生食堂带量营养菜谱》,并在全县范围推广,从制度上进一步保证项目的实施效果。

九阳希望厨房公益扶贫项目的实施,有效改善农村学校厨房的环境和卫生条件,提高供餐能力和效率,保障学生吃上卫生安全、营养均衡的饭菜。2019年,第三方评估数据显示,九阳希望厨房项目学校学生用餐人数平均增加34%,学生就餐人均能耗成本降低18%,使受益学校的学生营养不良率降低14.92%。抽样五年级男生平均长高1.25厘米,女生平均长高1.57厘米,整体平均长高1.43厘米。对比2010年的基线数据,项目学校五年级男生平均长高5.56厘米,女生平均长高3.92厘米,整体平均长高4.68厘米。九阳希望厨房有效助力“农村义务教育学生营养改善计划”的实施。

九阳希望厨房积极参与东西部对口支援工作，形成九阳希望厨房与各级扶贫办“1+1对口协作”精准扶贫模式，获得第十六届(2019)中国慈善榜“十大慈善项目奖”“希望工程实施三十周年突出贡献者”等荣誉称号。

【产业扶贫】 九阳从2018年起加快推动豆业原产地采购生产模式。经过系统调研，九阳在非转基因大豆原产地的东北投资建厂，摒弃过去在全国范围采购原材料、运送到浙江省杭州市、山东省济南市等地集中加工的模式。这样，既优化九阳的产业布局，通过订单农业的方式扶持农户种植非转基因大豆，也为九阳供应健康的原料。该厂远期规划总投资3.2亿元，年加工优质大豆5万吨，年产豆浆粉3万吨，带动种植面积40万亩，预计年销售产值达5亿。工厂一期项目于2018年年底投产，2019年年初帮助187人实现就业，并为当地3503名建档立卡户购买为期3年的大病医疗保险，避免因病致贫、因病返贫等情况。项目的落成不仅为当地带来产业投资增量资金，而且引入九阳先进的企业管理模式，派遣专业的技术团队长期驻点黑龙江省杜尔伯特蒙古族自治县，围绕大豆深加工这一产业核心，通过协调产业上下游带动大豆种植业、豆制品初加工、商贸业、物流运输业、服务业等多产业联动，激发多元化产业创新活力，促进产业结构转型升级。

【消费扶贫】 九阳采取“以购代捐”的消费扶贫模式，在三八妇女节、中秋节期间采买贫困区县和山海协作区域的农特产品，对内不定期推出“善品市集”“消费扶贫年货节”等活动，向员工及其伙伴推荐农特产类扶贫产品。

（九阳股份有限公司　黄　晖）

北京五八信息技术有限公司扶贫

【概述】 北京五八信息技术有限公司(以下称“58同城”)作为国内领先的互联网生活服务平台,积极响应国家号召参与精准扶贫,结合企业所能和贫困地区所需,发挥企业优势,在贫困地区扎实开展各项扶贫工作。2019年,58同城在中共中央网络安全和信息化委员会办公室、国务院扶贫办的指导下,集中资源开展信息扶贫、消费扶贫、公益扶贫、教育扶贫、健康扶贫等工作,累计投入资金超过500万元,并持续在签订对口帮扶协议的湖南省安化县、贵州省正安县、江西省遂川县、四川省喜德县开展帮扶工作。

【信息扶贫】 58同城创新推出“信息扶贫”模式,通过58同镇这一乡镇信息服务平台,打造“一个中心、两张网络、三项任务”的网络扶贫体系,提高贫困群众的网络技能和信息素养,激发贫困地区的内生动力。

“一个中心”,即在贫困县成立信息扶贫服务中心,搭建为百姓服务的线下载体,着力解决农产品销售、求职等问题。

“两张网络”,即推动线上信息网络与线下服务网点的有机结合,为贫困群众提供更全面、便捷、高效的本地信息服务。

“三个任务”。一是培养一批“信息扶贫带头人”。58同城将在全县每个乡镇优先选拔建档立卡贫困户作为“信息扶贫带头人”,提供专项资金补贴,并为其提供系统培训,指导“带头人”实现脱贫致富,为各县直接解决10~20个就业岗位。二是积极开展农民手机应用、农村电商技能培训。2019年,58同城积极参加农业农村部组织的农民手机应用培训相关活动,在全国举办60多场培训,直接受益农民1万余人。三是开展农产品产销信息对接、在线招聘等活动。58同镇可为农产品销售提供信息发布渠道,促进买卖双方有效对接。

截至2019年年底,58同镇信息平台的日均信息发布量超过30万条,日访问人数超过1000万,影响超过4360万人次;已开设17345个乡镇信息站点,覆盖全国30个省、2265个县区。其中,在国家扶贫开发工作重点县开设的信息站点已超过2600个。2019年,58同镇平台帮助农户就近成功售卖农产品达26万次,为全国乡镇提供的就业机会超过2574万次,失物找回记录176万次。

【消费扶贫】 2019年,58同城整合公司的平台资源和需求,通过“集中采购+外部推广”的方式拓宽贫困地区的农产品销路,用流量帮助贫困地区百姓变现。

在公司内部,58同城集中采购贫困地区的农产品,从市场活动伴手礼、公司员工福利到员工食堂食材、茶水间食品,通过长期以来多种渠道的采买,帮助当地特色农产品商家发展,帮助贫困人口增收脱贫。2019年,58同城采购江西省遂川县、四川省凉山彝族自治州(以下简称“凉山州”)及湖南省安化县等地的农产品超过100万元。

【公益扶贫】 在社会范围内,58同城推出“神奇土地”公益扶贫计划,打造58同城优选电商平台,免费为农村电商经营者提供产品开发、文案撰写、包装设计、网店运营、产品追溯、人才培训等专业服务,帮助贫困地区的农产品拓宽网络销售途径。2019年实施三期

"神奇土地"公益扶贫计划,为正安县、喜德县、安化县、遂川县等50多家企业推广和销售农特产品超过30万元。

【教育扶贫】 扶贫先扶智,教育是阻断贫困代际传递的最重要方式。58公益中心与58同城房产、汽车事业群联合发起"筑•梦工程"公益项目,通过广泛动员58生态合作伙伴和社会力量,为贫困地区乡村学校的教学条件、学生的生活状况改善提供援助。2019年,58同城已向喜德县、正安县、安化县和陕西省蓝田县、山东省乐陵市的贫困小学捐赠爱心图书、助学金、学习用品、生活用品等物资共60余万元。

【健康扶贫】 2016年,58同城开始向爱佑慈善基金会捐赠,支持在爱佑贫困地区开展的儿童大病医疗援助项目。项目援助病种包括先天性心脏病、神经系统疾病、消化系统疾病、肌肉骨骼系统疾病、早产儿等5大类至少35小类。除此之外,项目还在四川、湖南等地开展义诊筛查和乡村医师培训活动。2019年,通过58同城捐资救助的患儿200多人,培训乡村医生40余名。

2019年5月,58公益联合中华少年儿童慈善救助基金会开展"筑梦关爱基金"救助项目,捐资100万元用于减轻罹患重特大疾病儿童所在家庭的经济负担,提高儿童的健康水平,共10个大病患儿得到基金的援助。

（北京五八信息技术有限公司公共与公益事务部　王九一）

北京快手科技有限公司扶贫

【概述】 北京快手科技有限公司(以下简称“快手”)是面向普通人的记录和分享生活的短视频社交平台。2019年,有2200万人通过快手平台获得收入,其中,来自国家级贫困县的将近500万人。快手自2018年起系统性开展扶贫项目,正式成立“快手扶贫”办公室,开展“网红新村官”“幸福乡村带头人计划”“福苗电商扶贫”和“打开快手发现美丽中国”等战略项目,以赋能乡村为己任,从电商扶贫、就业扶贫、旅游扶贫、生态扶贫等方面探索“短视频+直播”的扶贫新模式,大力推动贫困地区脱贫攻坚。2019年,快手与黑龙江省、贵州省、云南省、广东省和西藏自治区等达成扶贫战略合作,与全国近百个县市区达成区域战略合作,推介贫困地区的文旅、物产资源,进行精准扶贫。

【就业扶贫】 快手“幸福乡村带头人计划”在全国挖掘至少100位有能力的乡村快手用户。2019年,项目已发展为乡村创业者成长孵化器和乡村产业加速器,覆盖全国10个省的21个县市区,培育25家乡村企业和合作社,共挖掘和培养43位乡村创业者,提供超过120个在地就业岗位,累计带动超过1000户贫困户增收。带头人全年总产值超过1500万元,影响覆盖数百万人,还形成贵州省黎平县盖宝村“快手村”模式。

【电商扶贫】 “福苗计划”是快手依托于自身的流量优势,借助短视频、直播技术开展的社交电商扶贫项目。通过社交扶贫电商,帮助国家贫困地区进行特产推广、销售,从而带动当地相关产业发展,实现可持续脱贫和乡村振兴。2019年4月,快手扶贫举办第一届福苗计划春季专场,联合20多家地方扶贫办甄选地域性山货,邀请97位快手主播,举办475场直播带货。参与活动的25种扶贫山货均提供地方扶贫办和贫困地区政府的扶贫证明,扶贫资质认证溯源到人,可追溯至帮扶的38个贫困县,覆盖843个贫困村,共助力16万建档立卡的贫困人口实现增收。快手在活动的3天里,每3秒就有一件扶贫山货实现销售,快手扶贫线上市集的浏览量超过1.54亿次,上线“点赞福苗乡货”标签页,标签页参与人数超过9248.8万人次。

【扶贫宣传】 2019年6月10日,中国中央电视台《焦点访谈》节目采访和介绍遍布全国的快手乡村新主播的故事,由点及面地肯定快手“短视频+直播”的扶贫创新实践。快手“‘短视频+直播’打造流量扶贫创新模式”案例入选国务院扶贫办《企业精准扶贫综合案例50佳》。在人民网主办的人民企业社会责任高峰论坛暨第十四届人民企业社会责任奖颁奖典礼上,快手获得第十四届人民企业社会责任奖年度扶贫奖。2019年,快手被人民日报、新华社、央视新闻、人民网等中央媒体和地方媒体、门户网站等报道近千次。

(北京快手科技有限公司扶贫办公室 李秉钧)

北京易盟天地信息技术股份有限公司扶贫

【概述】 2019年,北京易盟天地信息技术股份有限公司(以下称“管家帮”)加强政企合作,加大人力和资金投入,结合技能培训、全国安置就业等系列举措,利用平台技术打通培训就业通道,投入扶贫资金500余万元,设立扶贫项目小组,与山西、安徽、甘肃、河南等省的50个贫困县市对接扶贫工作。

【扶贫培训】 2019年,管家帮在各贫困地区线下培训共计1600人,其中909人实现就业。

在山西省神池县,管家帮与中国民航信息集团签订家政扶贫战略合作协议,帮助神池县贫困家庭妇女提高家政服务技能。7期家政服务培训班共培训130人,实现就业80人。

在河南省柘城县,与柘城县人力资源与社会保障局联合举办北京管家帮商学院家政培训班,6期培训班培训600人,实现就业351人。

在安徽省亳州市,与亳州市妇女联合会签署战略合作协议,助力亳州市脱贫攻坚及精神精准扶贫工作。5期培训班培训600人,实现就业350人。

在山西省天镇县,对直抵北京管家帮的天镇县保姆展开“补缺行动”,使其驰援北京春节期间家政市场的“用工荒”。天镇保姆与管家帮强强联手,为中国家政扶贫事业探索出一条新路。2019年,全年共培训150人,实现就业70人。

管家帮派出培训师赴甘肃省定西市开展家政技能培训,培训家政从业人员120人,实现就业58人。

【扶贫培训体系建设】 管家帮旗下管家汇平台2019年发展1300多家企业入驻,秉持“资源共创、信息共享、合作共赢、生态共建”的合作理念,帮助促进全国各地的家政企业实现标准化、职业化、规模化,并积极带动当地扶贫培训。2019年,共有100余家平台企业开展扶贫培训和就业工作,惠及36万人。

管家帮加强与贫困县的对接,通过与贫困地区地方政府、办学机构(技校等)达成协议后开展招工宣讲,由贫困地区输送学员,管家帮进行标准化培训、评级、认证、输出,已与四川省仁寿县、山西省吕梁市等地区卫校、技校建立合作,每年培训学员2000人。

与贫困地区政府达成战略合作,成立家政公司或培训学校。由当地政府提供办学场地、负责招工,管家帮负责学校或公司的建设、运营、管理、培训,对学员进行培训、考核、就业输出。2019年,管家帮在贵州省桐梓县和织金县、河南省濮阳市、安徽省亳州市的家政学校共有在校生2000人,实现就业1223人。

研发线上培训App家政家园,推广管家帮的家政培训体系,使更多家政从业人员能够学习标准化、规范化的服务技能和服务理念。针对贫困人群免费开放线上教学平台,惠及贫困人口70万人。

全国铺设就业网,已在100个城市设立分支机构,可根据学员的意愿向全国各城市输送学员,优先向北京、上海、广州等城市输送贫困学员。现已实现就业3000人,月平均工资6000元以上。

【就业扶贫】 管家帮在全国50个县市区开展招工工作,重点对贫困地区进行宣讲招工。同时,针对困难群体实行初级课程培训免费、吃住免费、推荐就业免费的优惠政策。2019年,在重庆市万州区、辽宁省铁岭市、河北省石家庄市和遵化市等地招工3000人,分别到北京市、天津市、河北省廊坊市等地务工。

【消费扶贫】 2019年,管家帮与河南省傅潭酒业有限公司联合推出管家帮酒,由管家帮对酒进行包装宣传,共同销售。全年销售4200件,销售额达453.6万元。管家帮私人管家根据客户的需求,推动贫困地区农副产品的销售,为客户定制全套解决方案,包括水果套餐、蔬菜礼盒、柴鸡蛋、杂粮、大米等,帮助贫困户分销农副产品增加收入,带动经济发展。

【扶贫经验推广】 2019年10月,2019—2020年全国家政培训提升行动(礼县站)启动仪式在甘肃省陇南市召开。会上,管家帮介绍家政扶贫的经验和做法。经过多年的扶贫摸索和实践,管家帮将如何快速实现贫困人口脱贫、达到精准扶贫,总结出两条具有创新性、可持续性、可复制性的措施:一是人员输出,即将贫困地区富余劳动力通过培训输送到相对富裕的地区,使他们能够自食其力,达到有基本生活保障的目的;二是产品输出,即尽量减少中间环节,使贫困地区的农副产品更高效地销往全国各地。

(北京易盟天地信息技术股份有限公司 付昕昕)

（五）社会组织扶贫

综　述

2019年10月，中共十九届四中全会明确指出“加强和创新社会治理，完善党委领导、政府负责、民主协商、社会协同”。充分说明了社会组织在参与社会治理、落实国家政策方面有着独特的优势和重要性，能够拾遗补缺，是政府的有效补充。广大社会组织充分发挥了自身特长优势，踊跃参与脱贫攻坚，在教育、健康、就业、金融扶贫等方面发挥了积极作用，取得了明显成效。

2019年，国务院扶贫办、民政部等部门落实中共中央脱贫攻坚战略部署，积极动员社会组织参与脱贫攻坚。完成社会力量参与脱贫攻坚的制度性设计。国务院扶贫办、民政部印发《关于规范社会组织参与扶贫工作的通知》，国务院扶贫办联合财政部、国家税务总局发布《关于企业扶贫捐赠所得税税前扣除政策的公告》和《关于扶贫货物捐赠免征增值税政策公告》。建立社会组织参与脱贫攻坚台账。召开全国性社会组织业务主管单位会议，进一步动员、部署社会组织参与脱贫攻坚；与民政部建立定期沟通机制；通过288家中央定点扶贫单位发动所属社团参与脱贫攻坚，同时建立社会组织参与脱贫攻坚台账。2300个全国性社会组织正式立项开展脱贫攻坚的共有686个，占比29.8%，共实施扶贫项目1536个，总支出323亿元，受益建档立卡户63万户，受益建档立卡贫困人口581万人。50%以上的全国性社会组织采取不同形式参与脱贫攻坚。2019年扶贫日期间，广泛动员社会力量参与脱贫攻坚，全国共筹集社会资金122亿元。

社会组织是教育扶贫发展的重要推进者。社会组织拥有资源聚集、智力密集、专业能力突出的优势，适宜提供灵活的扶贫开发行动，提供教育文化发展规划、可持续发展综合技术指导，促进贫困地区的教育发展。例如，中国扶贫志愿服务促进会在四川省凉山彝族自治州（以下简称“凉山州”）启动了“学前学会普通话”项目，到2019年9月，试点行动已经覆盖了凉山州全州和乐山市马边县、峨边县、金口河区共计24万不会普通话的学龄前儿童。

社会组织是特殊贫困的专业帮扶者。政府扶贫关注的是大多数贫困群众的共性需求，受限于工作成本、工作总体考虑，政府对于特殊困难群体难以及时予以支持。社会组织运行成本低，适宜解决这类问题，是政府扶贫的有力补充。中国扶贫志愿服务促进会实施的“光明扶贫工程”白内障复明项目和“强直性脊柱炎健康扶贫工程”，围绕贫困地区多发的两种疾病开展专项救助，组织贫困地区白内障患者和强直患者到定点医院进行集中救治，对建档立卡贫困患者各项政策报销之后的部分进行补助。

社会组织是扶贫资源整合的重要载体。社会组织开展的业务多为社会扶贫、社会工作、教育发展、社区服务等，与政府公共管理密切相关，成为政府工作的助手，是社会扶贫的主要执行力量。如中国扶贫基金会发起的顶梁柱健康扶贫公益保险项目，运用公益保险的杠杆价值，为现行贫困标准下18~60周岁的建档立卡贫困户提供专属扶贫公益保险，不区分病种和医院，对住院总费用中“自付费用”进行补充报销，减轻了贫困患者的负担。

（国务院扶贫办社会扶贫司　宿　盟）

中国扶贫基金会扶贫

【概述】 2019年，中国扶贫基金会广泛开发资源，实施各类扶贫项目，发挥自身优势，筹措社会资源，影响带动社会力量参与脱贫攻坚。围绕“两不愁三保障”的目标任务和精准助力贫困人口脱贫的要求，以“围绕总目标、聚焦主战场、拓展大扶贫、注重专业化”四个方面为重点推进脱贫攻坚工作，不断规范完善机构治理与项目管理，瞄准贫困的主要成因和助力脱贫的主要突破口，推进各领域项目实施。推进“顶梁柱健康扶贫公益保险项目”，启动“大病救助”项目，破解贫困弱势群体因病致贫、因病返贫等突出问题；继续实施“爱加餐”项目、“童伴妈妈”项目，关爱贫困地区儿童身心健康；持续开展“爱心包裹”、“加油计划”“新长城助学”等项目，助力城乡教育公平发展；探索深化“百美村宿”旅游扶贫项目和电商扶贫项目模式，促进三产融合；启动“经济林生态扶贫项目”，发起“乡村能力培训及职业教育项目”，激发群众内生动力，推进乡村“输血式扶贫”向“造血式扶贫”发展转变。组织开展“善行者公益徒步活动”“捐一元·献爱心·送营养”活动、“善行100”大学生志愿者劝募活动、“大爱无国界”国际义卖活动、“小小公益传播官”“小小减灾官”等扶贫公益倡导活动，创新公众参与形式，深入开展社会动员。在国际减贫交流合作中，秉承“大爱无疆，民心相通”的工作理念，响应国家“一带一路”倡议，减贫发展项目和国际爱心包裹项目惠及多国，不断扩大国际影响力，传递中国减贫经验，讲述中国扶贫故事。

捐赠款物收入8.81亿元，慈善活动支出8.30亿元，687.6万人次受益。国际项目在缅甸、尼泊尔、埃塞俄比亚、柬埔寨、纳米比亚、乌干达、老挝、蒙古国、朝鲜、津巴布韦、巴基斯坦11个国家开展。

【健康扶贫】 顶梁柱公益保险健康扶贫项目是中国扶贫基金会联合阿里巴巴公益基金会、蚂蚁金融服务集团公益平台发起顶梁柱健康扶贫公益保险项目，旨在为建档立卡贫困户中家庭主要劳动力提供免费住院补充医疗保险，以此降低因病致贫、因病返贫发生率。

2019年，项目筹集善款10495.19万元，其中约10002.81万元来自阿里巴巴公益平台，通过“公益宝贝”等互联网公益产品带动社会公众捐赠。项目落地合作涉及12省区市71县市区，受益人数达410.57万人次，投入12083.83万元。

爱加餐健康扶贫项目以贫困农村小学为重点，通过营养加餐、爱心厨房和营养宣教等方式，解决贫困地区儿童营养不良问题。项目筹集款物5474.22万元，投入款物4342.43万元，涉及13省区市29市州38县市区，受益学生超过19.18万人次，提供约661万份营养加餐，为404所学校配备爱心厨房设备。

童伴妈妈留守儿童福利项目建立“一个人·一个家·一条纽带”的模式，选配培养有条件的农村妇女实施，为贫困地区留守儿童开展学前、学后管理，组织活动，沟通亲人，联系有关部门解决个性问题等服务。项目筹款1775.28万元，投入1948.34万元，收集并解决儿童福利保障需求6.94万例，组织童伴之家活动3.24万次，参与儿童达28.36万人次、家长5.92万人次。

光明扶贫工程·白内障复明扶贫项目是国务院扶贫办与国家卫生健康委员会联合发起的健康扶贫项目。中国扶贫基金会作为项目公开募捐单位，会同中国扶贫志愿服务促进会作为白内障项目的组织实施单位，负责资金募集、管理和拨付资金、受理项目申报、监测项目实施情况和效果，中国社会扶贫网作为信息发布及众筹平台。截至2019年年底，累计募集善款115.94万元，支出45.87万元，惠及河北省、山东省16县市区的200人。

【教育扶贫】 爱心包裹教育扶贫项目致力于改善贫困地区农村小学生综合发展和生活条件，通过动员社会力量捐购包裹形式，关爱贫困地区及灾区小学生的全民公益活动。项目筹集善款6124.66万元，支出7009.43万元，62.04万人受益，发放学生型美术包53.56万个，学生型温暖包6.49万个，开展美术教师培训10余场，惠及21个省区市116个县市区(含41个深度贫困县)2479所学校的61.95万名学生和900多名美术教师。

加油计划教育扶贫项目旨在通过持续性的社会关爱和专业化支持，为贫困地区的儿童改善学习环境，共享优质教育资源，项目连续实施6~10年。2019年，接受捐赠2255.83万元，支出1888.32万元。在贵州省威宁彝族回族苗族自治县、赫章县，云南省镇雄县、会泽县，广西壮族自治区隆林各族自治县和四川省茂县开展实施。

新长城特困大学生资助教育扶贫项目针对高校家庭经济困难大学生给予助学资助，每人每年3000元，根据情况资助1年~4年，通过高校自强社为学生提供成才支持服务。募集善款1065.36万元，支出1234.01万元，向157所项目高校的4116名合格候选学生发放助学金。

新长城高中生自强班教育扶贫项目为家庭经济困难高中生提供经济资助和成才支持，帮其实现求学之梦。累计筹集善款8038.3万元，支出款物7012.27万元，在23个省区市287个县市区350个高中学校开设626个高中生自强班。受益学生3.21万人次，新增受益学生1.3万人次。

公益未来发展项目旨在整合社会资源，支持高校公益社团发展，带动大学生参与公益，鼓励青年人用创新的方式探索社会问题的解决之道，使其成为富有创造力、行动力和社会责任感的新一代青年，创造美好的社会未来。筹集善款901.47万元，支出911.18万元，87个城市247个公益社团参与，影响9.6万名大学生。开展大学生金融素质教育、玛氏箭牌"垃圾投进趣"、中国石油社会实践、希尔顿社会实践、点亮未来·红旗梦想夏令营、青年视野拓展、新长城自强人社会实践、全国高校公益社团领袖集训营8个专项活动。

学前学会普通话扶贫项目旨在帮助少数民族学龄前儿童学习普通话，实现"听懂、会说、敢说、会用"的目标。中国扶贫基金会会为项目公开募捐单位，中国扶贫志愿服务促进会负责项目组织实施，中国社会扶贫网为信息发布及众筹平台。项目筹集善款13059.71万元，支出9926万元。7月，项目在凉山彝族自治州实现全覆盖，惠及幼教点3895个、幼儿26.96万人次。

【产业扶贫】 百美村宿(美丽乡村)旅游扶贫项目选择有条件的建档立卡贫困村，依托村两委和合作社民主协商，通过整体规划和专业设计对旧村庄、旧民居进行内部改造，对特色产业产品进行品牌设计，对周边生态环境进行维护整治，帮助打造一村一式、一村一品新模式，构建以合作社为载体、以农户为主体，成员共享、建档立卡户优惠、利益联结的分红分配机制，促进乡村旅游发展及第一、第二、第三产业融合。项目筹集善款4550万元，支出4263.78万元，惠及7省19县市区20村2.2万人次，其中建档立卡1222户4434人。投入运营村庄10个，年度综合收入754万元，提供就业岗位110个，其中建档立卡贫困户15个。网络传播量超过1亿次，荣获14个全国性奖项。

善品公社电商扶贫项目重点在“三区三州”和深度贫困地区落地开展，以贫困地区产业发展为切入点，以农民专业合作社为载体，以提高组织化水平为核心，打造合作社生产标准化、产品品牌化、经营产业化的机制。项目募集款物1654.67万元，投入1542.90万元，惠及14省区市35县市区51家合作社，扶贫产品涵盖生鲜、坚果、饮品和粮油四大类，帮扶贫困地区农产品实现线上销售4000余万元，网络传播量4.5亿次，受益农户23685户，其中建档立卡贫困户2951户，参与支持的消费者超过10万人。

经济林生态扶贫项目通过在生态脆弱地区发展适宜经济林木，增加贫困人口务工收入及经济成果收入，丰富收入来源渠道，帮助生态脆弱地区百姓增收致富。截至2019年年底，项目已在山西、甘肃、内蒙古3省区的7个县旗落地，其中深度贫困县3个，4.16万人次受益。

溪桥工程生计发展项目以“架设爱心，让过河者有其桥”为宗旨，在贫困地区修建便民桥，解决老百姓过河难的问题。项目筹集善款410.63万元，支出381.98万元，实施60个溪桥工程项目，竣工57个，惠及全国8个省区市15个县市区(其中“三区三州”地区2个，国家扶贫开发工作重点县7个)，受益人数5.21万人次。

乡村能力培训及职业教育扶贫项目通过合作社扶持、致富带头人培训、职业能力培训等措施为乡村产业发展提供资金、智力等资源支持，助力贫困群众脱贫与乡村振兴。项目筹集善款2156.95万元，支出1612.10万元，惠及19省区市58县市区，受益人数2.08万人次。

【救灾扶贫】 救灾扶贫项目涉及我国31省区市与亚洲、非洲、北美洲、南美洲等的12个国家的受灾地区。2019年，项目募集款物3827.43万元，开展30次灾害救援行动和13次项目援助，支出救灾款物3912.61万元，惠及中国17个省区市30.11万人次。

灾后重建生计发展项目针对重大灾害后灾区人民在生产生活方面需要重建问题，通过基础设施援建、生计发展等方式使之摆脱因灾致贫的境况，恢复原有的生活状态。2019年，开展芦山地震灾后重建、鲁甸地震灾后重建的收尾结项工作和九寨沟地震灾后重建的执行工作，涉及款项支出1500.07万余元，受益人数2.41万人次。其中芦山地震灾后重建主要开展社区发展、紧急救援等项目，支持6个合作社项目；鲁甸地震灾后重建工作主要开展学校援建等项目，召开“8·3”鲁甸地震救灾及重建工作总结座谈会，发布《中国扶贫基金会鲁甸地震紧急救援及灾后重建项目评估报告》；九寨沟地震灾后重建开展12座溪桥的建设项目、第一救援人项目、能力培训等项目。

通过开展减灾防灾发展项目，提升公众减灾意识、减灾能力和抗灾能力。项目包括三方面工作：减灾倡导、减灾培训、减灾资助，形成了以儿童减灾研究，儿童减灾科普知识倡导活动，儿童减灾教育教材推广和儿童减灾教室援建为主的儿童减防灾教育模式。项目筹集资金335.31万元，支出436.81万元，援助校园减灾教室51所，研发救灾通App并正式上线，开展43场“向灾害SAY NO”——小小减灾官全国公益科普活动，惠及6省区市7县市区，直接受益人数5.64万人次。

【社会组织扶贫能力支持】 公益同行发展项目针对社会组织解决社会问题能力不足的状况，中国扶贫基金会2013年发起公益同行项目。通过为社会组织提供项目资金、项目管理能力建设等，支持引导社会组织在四大领域(教育、健康、救灾、生计发展)开展项目(脱贫攻坚的项目优先支持)。2019年,项目筹集善款3040.07万元,支出2838.26万元,惠及30省区市249县市区,受益人数5.53万人次,其中深度贫困县24个。

针对社会组织资源不足的状况,中国扶贫基金会于2014年发起人人公益发展项目。通过为社会组织提供互联网募捐平台支持以及项目设计、项目管理、项目筹款等能力建设,不断提升机构资源动员能力。项目筹集善款3799.62万元,支出5370.71万元,惠及29省区市147县市区,其中深度贫困县18个,受益人数14.74万人次。

【扶贫倡导活动】 "捐一元·献爱心·送营养"活动倡议全社会一人捐一份爱心,用于为贫困地区儿童提供营养加餐,为贫困地区学校配备爱心厨房设备,并开展营养知识宣教。通过消费者从"捐出一份爱心"的点滴小事做起,让每个人参与公益成为可能,倡导"毋以善小而不为",从而培养和激发更多人的爱心和社会责任感,推动"人人可公益"的理念。累计接受捐赠超过1829万元,超过820万人次参与。

善行者公益徒步活动是一项公益和运动相结合的大型户外徒步活动,鼓励公众4人组成一队,在规定时间内完成50千米徒步挑战,以"每一步都会带来改变"的信念,动员身边的人以实际行动支持公益,关爱贫困地区儿童及弱势群体,助力脱贫攻坚。活动在四川省成都市、北京市、广东省广州市等成功举办,有3533支队伍报名参与,4204人完成挑战;筹集善款1271.22万元,其中259.59万元用于爱心包裹项目;256.35万元用于爱心厨房项目;436.19万元用于公益同行项目,30.05万元用于人人公益项目;120.2万元用于旭航助学项目,35.29万元用于新长城高中生自强班项目,21.49万元用于新长城大学生项目。

善行100大学生志愿者筹款活动是一项全国性大学生公益志愿服务活动。活动倡导青年大学生投入百分百的热情参与公益慈善事业,推动营造社会全民公益的良好氛围;活动倡导青年大学生投入百分百的努力,以志愿精神开展社会募款动员,帮助更多贫困地区儿童圆梦,助力脱贫攻坚;活动倡导青年大学生投入百分百的精力,拓展社会视野,增强适应能力,提升综合素质,实现助人自助,自我提升。开展两场主题活动,招募92481名志愿者,提供超过141.21万小时志愿服务,为贫困地区小学生筹集善款1255.26万元。

【国际扶贫】 国际扶贫项目秉持"爱无疆,心相通"的理念,坚守"尊重当地,需求导向"的原则开展国际援助和国际倡导项目。国际项目募集资金1605.19万元,支出1687.21万元,惠及62952人次,其中在缅甸开展缅甸胞波助学金项目、中缅友好奖助学金项目、净水项目、国际爱心单车项目等,在尼泊尔开展学校重建项目、贫困妇女职业支持项目、青年职业培训项目,在埃塞俄比亚开展微笑儿童学校供餐项目、家庭水窖与学校净水项目,在乌干达开展"幸福家园"难民自立与社区融合项目,在柬埔寨与世界粮食计划署合作开展供膳项目。

国际爱心包裹扶贫项目为改善受益国有需求小学生的基本学习条件,促进学生的全面发展,同时传递中国人民的情谊,促进民心相通,搭建友谊之桥。中国扶贫基金会和阿里巴巴公益基金会于2019年2月26日共同启动。项目累计募集资金4954.47万元,支出3809.88万元,惠及348945人次,10个国家的小学生收到包裹。

(中国扶贫基金会监测研究部　朱　峰)

中国扶贫开发协会扶贫

【概述】 2019年中国扶贫开发协会发挥社会组织优势，广泛动员社会力量，凝聚脱贫攻坚合力，聚焦“三区三州”深度贫困地区，开展建平台、建团队、建制度、建体系的“四建”基础建设，开展消费扶贫系列活动、健康扶贫系列活动、产业扶贫系列活动、人才培训系列活动、理论创新论坛系列活动等。

【扶贫调研】 赴甘肃、内蒙古、辽宁、安徽、广东、湖南等12个省区市28个市区县56个村与38家会员企业，进行产业扶贫专题调研，形成调研情况报告。组织甘肃庆阳中盛农牧集团产业扶贫调研。2019年9月，由中国扶贫开发协会联合中宣部城乡统筹发展研究中心，中国农产品市场协会，赴甘肃庆阳对中盛农牧集团产业扶贫情况进行调研，召开专题座谈会。形成产业扶贫“331+”新模式的调研报告。组织全国部分省区市扶贫开发协会会长座谈会。11月，围绕“交流脱贫攻坚经验，研讨扶贫长效机制”，组织辽宁、安徽、湖北、四川等11个省的扶贫开发协会会长召开专题座谈会，审议通过《充分发挥社会组织作用，建立扶贫开发长效机制协作倡议书》。

【定点扶贫】 中国扶贫开发协会完成扶贫办安排的定点扶贫工作。会长、副会长多次赴甘肃省渭源县毗达村调研，帮助定点扶贫村开展产业扶贫等。帮助销售产品。主办盘锦农产品对接会，邀请渭源县、麻家集镇和毗达村参展。毗达村作为展会唯一被邀请的村级单位，将产品在展厅长期留展。在为毗达村捐赠30万元基础上，2019年又捐赠6万元用于后期支持百合加工产业。发动会员企业采购定点帮扶村百合产品，利用自有资金采购10万元百合捐赠到武汉抗疫一线。“高举红旗，精准扶贫，走好新时代长征路”项目向渭源麻家集中学捐赠4间“智慧教室”（每间智慧教室包含86寸触控智能设备和记忆黑板、智能录播设备、班级云班牌以及教育相关资源等），一座“智慧图书馆”（包含朗读亭、图书智能借还系统、管理系统、数字电子显示屏等），总价值80万元。

【消费扶贫】 中国扶贫开发协会开展消费扶贫系列活动，促进贫困地区贫困人口增产增收。2019年5月，在辽宁省盘锦市举办全国贫困地区农产品对接会，来自全国24个省区市的400多个贫困县，1000余家贫困地区龙头企业携数万种全国特色优质农产品参展。12月，作为支持单位，参与四川省组织的川货进京活动，四川21个市州企业与京城215家单位签订购销合同67.9亿元，其中扶贫产品43.6亿元。尝试新的消费扶贫模式，与安徽省潜山市合作，开展网红销售模式，销售国家地理产品瓜蒌子170多万元。在会上设立“健康为民，精准扶贫”论坛，组织十多家企业分别向安徽省萧县、泗县、岳西县，江西省袁州县，山西省临县5个贫困县捐赠价值2069万元的药品及医疗设备。11月，作为支持单位，参与第二届四川（乐山）中医药博览会暨2019中医药产业扶贫大会，来自22个省区市的300多家参展商、200多家采购商、100多名投资商、2000名中医药界专业人士参会，签约项目25个、总金额33.75亿元，其中：投资类医药康养项目7个、投资金额28.5亿元，交易类项目18个、交易金额5.25亿元。12月26日举办中国扶贫开发协会“健康扶贫系列活动”安徽站启动仪式，援助价值1600万元左右的医疗设备。联慈医疗扶贫工程项目向16个市、县区援助市场价值8235.73万元的医疗设备，为各市、县区节省资金5555.56万元。

【扶贫培训】 中国扶贫开发协会根据自身优势，开展基层人才培训，为贫困地区培养脱贫攻坚的生力军。人才培训部开展13期培训，培训人才1200人。与广东省顺德区共同组织在四川省凉山彝族自治州开展5期贫困村农民合作社带头人培训；与中国石油天然气股份有限公司合作组织5期扶贫人才培训；与国家开发投资公司合作开展2期扶贫培训；与北京矿冶科技集团有限公司开展1期三支队伍人才培训。7月，开展“深度贫困地区乡村教师教学技能培训提升计划”培训，来自全国13个省19个贫困县的236名教师参加，培训科目有音乐、美术、体育、德育和英语。健康扶贫系列活动分别在湖南省、四川省举办3期四维彩超适宜技术培训班，共300多人参加。

【扶贫会议】 2019年10月，扶贫日期间，主办“榜样的力量致敬扶贫人”论坛，脱贫攻坚获奖者代表、市县代表等一起研讨。与浙江中小企业协会等单位联合主办第四届杭州企业家论坛，举办攻克深度贫困”论坛、数字生命高峰论坛、“一带一路”跨境电商国际仲裁高峰论坛等10场分论坛、5场政府企业家对话大会，企业家6000多人次参加论坛活动。12月28日，与《小康》杂志在广东省顺德区联合主办第十四届全面小康论坛，以“高质量发展创新与全面小康”为主题，就全面小康建设中的重点及难点问题展开讨论。

（中国扶贫开发协会　余朝霞）

中国老区建设促进会扶贫

【概述】 2019年，中国老区建设促进会（以下简称“中国老促会”）开展扶贫宣传，深化扶贫调研，持续推进扶贫工作，为贫困老区决战决胜脱贫攻坚、全面建成小康社会贡献力量。

【扶贫宣传】 2019年5月，围绕庆祝中华人民共和国成立70周年、助力老区打赢脱贫攻坚战，以“老区人民永远跟党走”为主题，在湖北省恩施土家族苗族自治州召开全国老区宣传工作会议，组织与会代表现场观摩恩施精准扶贫成果并参观由湖北省“两会”（湖北省老区建设促进会、湖北省扶贫基金会）主办的湖北省老区脱贫攻坚展览，宣传老区脱贫攻坚精神。10月，第6个国家扶贫日期间，以老区妇女伟大精神砥砺脱贫攻坚胜利前行为主线，组织承办“老区妇女巾帼建功决胜脱贫攻坚”分论坛，系统阐述以“爱党爱国的坚定信念、坚忍不拔的顽强毅力、大爱无私的宽广胸怀、自强自立的优秀品质”为主要内容的老区妇女伟大精神。为纪念黄土岭战役胜利80周年，协调北京军区善后办、河北省军区等单位出资百余万元，助力河北省涞源县黄土岭村脱贫攻坚及修缮国家级抗战纪念遗址黄土岭战役系列纪念设施。

【扶贫调研】 中国老促会领导带领5个调研组，分赴河北、内蒙古、贵州、广西、湖北、甘肃、海南7个省区深度贫困县的50个深度贫困村调研。以《来自老区脱贫攻坚第一线的报告》为题，形成了1个综合报告、1个中期报告、4个分报告和50个逐村报告；以“瞄准短板弱项，攻克深度贫困”为题，分为“脱贫攻坚重如山”“产业扶贫正当时”“三保障短板在攻克”“深度贫困村在行动”等6个板块，梳理形成36个典型案例。组织开展老区贫困县信息采集加工工作，对17个省区市110个老区深度贫困县革命历史情况、脱贫攻坚进展情况及建设发展现状进行调查分析、数字化加工，推进老区贫困县数据库建设。

【产业扶贫】 推进“双百双促”（动员百家企业，帮扶百个贫困革命老区村；促进贫困老区村率先脱贫，促进帮扶企业优质发展）落实。发挥6家支持协作的社团组织作用，联合推动68家签约企业帮扶。10月，利用121万元会费，对“双百双促”签约结对老区贫困村中发展较弱、基础较差的35个村，给予村集体经济资助。参与国务院扶贫办对江西省石城县的定点帮扶行动，在2018年流转土地1300亩，开垦荒山6000余亩的基础上，2019年又流转3000亩林地进行油茶种植，面积已达5000亩。为石城县“石城白莲”设计制定品牌发展战略规划，为该品牌产品5次提供参展平台。推进“一县一品”品牌扶贫行动。与北京市和东城区政府职能部门联合，对北京市东西部协作扶贫的老区县进行品牌打造，在7个县选定9个产品。10月，组织14个老区县的100余种品牌农产品在北京市举办贫困老区品牌农产品展览活动，7天展览70余万人观展，20个产品与北京等地大型商场、超市销售签约。

【教育扶贫】 发挥全国革命老区职业院校扶贫发展联盟平台作用，2019年7月，联合陕西省老区建设促进会、江苏省老区建设促进会在陕西省西安市召开老区职教东西协作与就业扶贫工作座谈会，出台《关于发挥老区职校联盟平台作用，推动老区职业院校高质量发展的实施意见》，印发《老区职教东西协作与就业扶贫苏陕试点工作实施方案》，促成15所老区职业院校与东部院校达成2个专业共建意向合作，促成10所东部职校、10家东部企业与10所老区院校达成意向结对帮扶，开展180名老区职业院校校长管理能力提升培训工作和200名"双师型"教师培养工作。12月，在浙江省宁波市召开老区职业院校校企合作对接会，达成120多项意向性合作。

【健康扶贫】 推进革命老区智慧分级诊疗平台覆盖工程。项目已在河南、河北、甘肃、青海等省份的近千家医疗机构免费搭建，设备价值近2亿元，完成远程诊断病例近18万例，各类影像资料100余万份，覆盖人口近1亿余人，降低患者直接就医成本3500余万元。联合联勤保障部队白求恩国际和平医院和中国老促会专家，在革命老区涞源县开展"情系老区、健康惠民"义诊和捐赠医疗设备、药品。组织北京长峰医院在黑龙江、四川、陕西、山西以及新疆等省区共筛查癫痫病患者2000余人，免费救助患者100余人。

【电商扶贫】 2019年11月，在河南省汝南县举办老区消费（电商）扶贫观摩活动，推广"金雀爱心购"五位一体三结合，把政府、干部、企业、大学生（含中专生、志愿者、义工、创客、村民）和贫困人五个有共同扶贫脱贫目标的群体通过互联网集成在金雀爱心购电商平台上；组建干部、大学生和贫困户"三结合结对帮扶小组"来扶贫扶智扶志。搭建贫困老区农特产品供需对接平台，促进农特产品进机关、企业、学校、医院、军营、社区点、交通点和旅游点，开展电子商务营销、供销对接承销、龙头企业带销、宣传推介展销、商场超市直销、基地认领订销、旅游带动促销、帮扶单位助销和劳动就业推销。

【科技扶贫】 发挥中国老区农民现代远程教育中心作用，依托"北京长城网""12396北京新农村科技服务热线""智农宝"电子商务平台及技术培训专家和农业产业规划团队，面向全国老区农民开展远程教育培训、农业技术服务、电子商务扶贫和农业产业规划服务。

【巾帼扶贫】 会同各省老区建设促进会在老区开展"两癌"筛查工作。2019年建立10支老区脱贫巾帼志愿扶贫团队，为推进"老区脱贫、巾帼建功"活动提供组织保障。

（中国老区建设促进会
张建设　李学峰）

友成企业家扶贫基金会扶贫

【概述】 2019年，友成企业家扶贫基金会(以下简称“友成基金会”)投入4852万元，继续开展定点扶贫、教育扶贫、电商扶贫，参与国家的精准扶贫事业，并注重精准扶贫和乡村振兴的衔接。

【定点扶贫】 2019年，友成基金会向贵州省雷山县投入2000万元，通过电商扶贫、教育扶贫、旅游扶贫、产业扶贫、技能培训等多种方式开展帮扶，助力雷山县脱贫后巩固提升。发展“五黑一绿”乌鸡产业，养殖10万只，带动200户农户，户均增收2万元；发展中华土蜂产业，220户农户(贫困户占40%)养殖3600箱，带动户均年增收2.2万元；发展笋用竹产业，3400户农户(贫困户占72%)种植6292亩，带动户均年增收0.7万元以上；发展羊肚菌产业，50户农户(贫困户占40%)种植150亩，带动户均年增收5.4万元；发展食用菌产业，100户移民搬迁贫困户种植450亩，带动户均年增收6.2万元。

2019年，友成基金会在雷山县举办社交电商人才专项培训。邀请北京电影学院浙江培训中心面向涉农小微企业、合作社、家庭农场负责人或骨干，电商企业、电商服务站点负责人、种植养殖大户、村级妇联主席、返乡创业青年、大学生村干部等扶贫带头人，开展社交电商培训。

友成基金会在雷山县开展2期医疗培训班。2019年，开展面向全县乡村医疗技术人才的培训项目；面向龙塘村及周边村寨开展以组织社区应急救援队，提高应急医疗救援能力为目标的能力建设项目。通过“线上直播培训+线下集中实训+社群答疑指导”方式，为雷山县200名乡镇卫生院和村卫生室(站)从事临床医疗、公共卫生、护理、村卫生室服务等专业卫生技术人员和社区应急救援人员，提供中医诊疗、院前急救、社区应急救援等技能培训。

友成基金会定点帮扶雷山县西江镇龙塘村，投入500余万元，重点支持龙塘村的民宿改建和文化、景观设施建设。完成1栋示范民居的改建工作，并通过乡村旅游发展计划支持6户农户完成自有民居改建和1户农户餐厅改建，已有52张可接待床位；完成村内道路、水塘等景观提升改造和村级文艺舞台建设及村史馆的初步建设。

协调融创中国控股有限公司购买龙塘村农特产品203万元；各类活动接待所得收入共计9万元，累计带动600余人到村消费；合作社累计为社员分红31.99万元，受益人群覆盖100%贫困户。

2019年，友成基金会继续推进村集体经济组织合作社的建设工作，已完成合作社组织架构搭建、全职管理团队的岗位设置和人员配置；累计召开14次全体理事会、2次村民社员大会，并公示项目进展及资金使用情况。引导14名妇女自发成立刺绣发展小组，通过村合作社支持村内原生村民自组织，如教育基金、老人协会等的发展。文化方面，协助村内开展村民全家福拍摄活动、村志编制编纂工作、村史馆和非遗工坊的建设，并且协助完成2019年苗族新年活动的策划和宣传。添置30个分类垃圾桶，村民自愿成立龙塘义工队，组织村民开展清洁家园行动。为龙塘村105名村民开展手工炒茶师培训、刺绣手艺培训、蜡染手艺培训、民宿运营系列培训、乡村导赏员系列培训、社区应急响应队培训、外出学习等活动。为龙塘村建立村级微信公众平台，累计发送公众号文章23篇；10月，龙塘村乡村振兴项目作为“可持续发展乡村”案例被收入由联合国教育科学文化组织国际创意与可持续发展中心主办的“创意2030”期刊。

【乡村振兴领头雁计划】 乡村振兴“领头雁”计划由中国慈善联合会、友成基金会、清华大学社会学系牵头，联合20余家机构共同发起，旨在更高效整合各领域优质资源，通过“线上学习、社群互动、项目支持、实地培训”四大模块相结合的形式，为广大新农人接入更加全面的综合赋能体系，培养一批“懂农业、爱农村、爱农民”的新时代新农人骨干。2019年，共开展“线上+线下”培训2期，培训学员18657名。

【电商扶贫】 2019年，友成基金会研发人才赋能创新模式，针对乡村女性及在校大学生开展创新赋能培训项目。截至2019年年底，该项目在贵州、甘肃、江西、四川、河北、广西、湖北、安徽8省区76个县（其中贫困县37个）实施，培训14909名贫困地区学员，其中65%的学员通过电商领域就业创业改善经济状况，人均收入增加500元—3000元。

【乡村女性赋能项目】 2019年，友成基金会与摩根大通基金会在甘肃、四川、湖北、安徽、贵州等省开展乡村女性赋能计划，为1600名乡村女性提供线上线下培训和6个月女性就业创业陪伴成长，实现800人成功就业创业，并为800名学员提供金融公益导师一对一咨询陪伴。参与金融咨询的学员385人，开展线上女性课3次、就创业课11次，组织外出研学1次，建立4个女性互助小组，并进行线下2次、线上4次小组活动。2019年，甘肃、四川、安徽、湖北、贵州5省14县5校，已完成23期培训，1076人参训，924人结业。

协调沃尔玛基金会在甘肃、贵州、湖北3省11县开展“全国零售训练营”电商扶贫带头人培训项目，累计开设16班次培训，培训876名电商扶贫带头人，其中女性学员占学员总数的68%，89%的学员通过7天线下培训及结业考核顺利结业。培训结束后，友成基金会为学员提供3个月的电商扶贫孵化支持，组建线上学员社群18个，开展线上课程直播64次，开展线下孵化座谈会11次，深入走访学员22次。通过以上孵化形式及对接网货供应、物流支持、对接企业就业岗位等资源支持，已有48%的学员开展电商扶贫工作，帮扶带动1082余名贫困户脱贫增收。

2019年6—12月，友成·埃森哲2019年度“成功之技”贫困地区扶贫带头人就业创业培训项目在四川省广元市昭化区及剑阁县落地实施，共为167名受益人提供线上+线下电商培训课程。有156名学员通过考试并获得结业证书，结业率为93.4%，其中女性110人，占总结业人数的70.5%。培训结束后的3个月内，通过开展线上课程直播9次，线下沙龙2次，外出研学1次，以及一对一指导、社群讲师答疑等活动，有26名学员实现就业，68名学员成功创业，其中77名学员带动170人实现月均增收1046.79元。

【教育扶贫】 青椒计划通过线上直播授课的模式，为乡村青年教师，尤其是特岗教师提供为期1年社群化、规范的系统性培训。项目覆盖17个省份61个县市教育局，2806所学校的9027位青年教师参加培训。2019年，青椒计划被评为全国青年社会组织“伙伴计划”五星优秀项目。

友成—波音“放飞梦想”乡村航空科普项目在边远、乡村地区推广航空科普课程，开展针对乡村教师航空科普教学实践的培训，并提供免费的航空科普培训课程、线上专家支持、课程教材及航模耗材等。项目累计支持10个省份的44所乡村学校，培训教师150人次，项目学校开设课程2000余课时，直接受益学生3500人，共录制课程视频超过50节，线上直播答疑20次。同时，通过举办一系列主题活动，间接辐射15000人。

“编程•创未来”乡村编程教育普及项目，由友成基金会常青基金于2019年7月发起，联合社会各界力量培养编程教育种子教师，助力乡村孩子多元发展。项目在达内时代科技集团有限公司及重庆市彭水县关心下一代工作委员会的支持下，在彭水县的5所学校进行项目试点，培训教师10名，直接受益学生250人，提供9堂面向学生的线上直播课及4堂面向项目教师的线上直播课，举办6场线下青少年编程教育活动。

2019年6月—12月，益教室获得广发银行股份有限公司、周大福慈善基金会、网易公益教育的支持，项目在贵州省赫章县、沿河土家族自治县、雷山县，四川省喜德县，云南省富源县、宣威市、玉龙纳西族自治县、文山壮族苗族自治州，新疆维吾尔自治区洛浦县和河南省濮阳县实施，培训教师7241人次；6月、8月，受邀于清华大学教育扶贫办公室，面向26个县的93名艺术教师开展集中培训。项目覆盖15个省份40个区县，受益学校1850所，直接受益教师16943人次，受益学生338万余人，开发乡村中小学艺术课程494课时，教师线下培训累计1336小时，线上培训累计38小时。

友成—德保粤桂教育对口帮扶项目是友成基金会与广西壮族自治区德保县在2019年联合发起的县域教育创新扶贫项目，由友成小鹰计划学员组成项目驻地团队实施。项目直接覆盖6所重点项目学校，教师培训、心理教育等项目内容辐射全县50所学校，先后与十多家公益组织、企业达成合作，派驻专家、志愿者100多人，开展大小活动数百场，直接服务德保县中小学生5000多人，培训教师340人，间接影响德保县50多所学校的上万名学生。

【TOMS布鞋发放项目】 2012年起，友成基金会与TOMS秉承新公益的合作理念，不断扩展帮扶范围。依托友成志愿者驿站的平台，友成共调动志愿者3700人次，将TOMS布鞋送到四川、湖北、云南、宁夏、内蒙古、广东、广西、河北、陕西、甘肃、青海、贵州、吉林13个省区的60个区县的千所中小学。

【友成-SAP领头雁计划专项基金】 2019年6月，为了鼓励更多中青年返乡就业创业，思爱普(中国)有限公司(SAP)与友成基金会发起友成-SAP领头雁计划专项基金，以SAP主导的数字科技手段和互联网+模式为途径，对返乡创业青年、农村基层干部、合作社及驻村企业负责人开展系统性赋能培训，解决其就业创业过程当中存在的实际问题，提高其扎根乡村、服务乡村的动力与能力，从而推动落实国家关于促进返乡青年就业创业的相关政策，服务乡村振兴战略大局。

【友成众扶教育专项基金】 2019年，友成众扶教育专项基金坚持“提高革命老区尤其是贫困地区的职业教育水平，营造全社会职业教育扶贫的良好氛围，阻断贫困代际传递”的愿景使命，聚焦职业教育扶贫工作。4月，联合河南省职业技术教育学会举办由400多位职业院校校长参加的“河南省新时代提升职业院校改革创新能力专题研修班”。6月，联合贵州省中华职业教育社举办由200多位职业院校校长参加的“贵州省职业院校改革创新提升办学能力高级研修班”。12月，联合中国老区建设促进会举办多位职业院校教师参加的“美容与形象设计和新能源汽车高级维修两个专业双师型教师研修班”；联合中国老区建设促进会举办100多家职业院校和企业参加的“校企合作对接会”，并联合全国革命老区职业院校扶贫发展联盟先后赴山东、江西等省近20所职业院校开展调研和送企入校活动。

【友成三农励志可持续扶贫专项基金】 友成三农励志可持续扶贫专项基金是由郭东瑜于2018年发起，自2019年4月成立的专项基金。组织专家对湖北省巴东县、云南省金平苗族瑶族傣族自治县、河北省威县、安徽省歙县的乡村旅游及扶贫体育赛事等进行专业指导，并为当地县政府、乡镇、扶贫村提供扶贫产品策划，结合三农励志行动的专业项目策划，提升乡村旅游业发展水平。

（友成企业家扶贫基金会　张小茅）

中国扶贫志愿服务促进会扶贫

【概述】 2019年，中国扶贫志愿服务促进会始终坚持以习近平新时代中国特色社会主义思想为指导，认真学习贯彻习近平总书记关于脱贫攻坚重要论述和党中央关于脱贫攻坚的决策部署，在国务院扶贫办和民政部的大力支持下，各项工作取得明显成效，为打赢脱贫攻坚战发挥了应有作用。

【中国社会扶贫网】 2019年，中国社会扶贫网新增注册用户1400余万人，其中建档立卡贫困人口347万人，同比增长25.5%。截至2019年12月底，注册用户5681万余人，其中建档立卡贫困人口1777万人，覆盖全国28个省区、351个市、2489个县、36万个行政村。贫困户在爱心帮扶平台共发布健康、教育、住房、民生等4类需求信息174万条，成功对接145万条，帮扶现金4264万元、帮扶物资价值8877万元。拓展众筹服务。“两病一学”众筹项目上线以后，捐赠116486次，累计筹款2.58亿元。同时，帮助中西部多个省份开展社会组织扶贫项目众筹活动，入驻社会组织126家，开展众筹项目186个，筹款1.48亿元。社会扶贫网众筹平台通过了民政部2019年上半年公开募捐信息平台工作考核。推进青海牦牛、青稞，新疆核桃、大枣等扶贫商品资源库建设，做好商品上行和供应商评测。拓宽大宗扶贫商品营销渠道，与中国海洋石油集团有限公司、中国石油化工集团有限公司、中国石油天然气集团有限公司等销售渠道对接。完善电商平台服务体系，扶贫商品已覆盖24个省区346个贫困县。创新运营策略。开设企业扶贫风采、个人扶贫风采、扶贫典型案例等栏目，宣传扶贫先进事迹，带动用户参与；完善积分体系，提供定制模式，展示地方特色，提升用户体验感；协助举办全国“互联网+”社会扶贫培训班，促进地方骨干队伍的业务建设。改进工作流程。改善审核方式，提高捐款拨付速度，缩短贫困户受益周期，增强贫困户和执行机构的获得感；健全法人治理结构；完善运营规范和财务内控流程。

【消费扶贫】 探索消费扶贫途径，推进扶贫产品产销对接。协助青海省开展“十万头牦牛产业扶贫示范项目”，实地考察牦牛养殖合作社和加工企业规模，协助龙头企业开发牦牛、青稞等特色优质农产品；协助西藏自治区推动“西藏日喀则青稞牦牛扶贫产业园”项目，建成并投产年加工能力10万吨青稞生产线，实现青稞产业化、标准化生产。与多家中央企业及地方国企商洽开放福利集采、食堂采购、电商渠道；针对贫困地区策划产销对接活动，动员民营企业、爱心人士等社会力量参与。2019年5月起，由中国扶贫志愿服务促进会、中国物业管理协会主办，中国社区扶贫联盟及易居乐农联合承办的“社区的力量”消费扶贫攻坚战专项行动已发动全国498家物业企业参与，已在石家庄、重庆、成都、上海、杭州、广州、深圳、合肥等数十个城市开展150余场线下“扶贫集市”活动。动员国内知名物流企业参与消费扶贫。推动顺丰速运(集团)有限公司和地方政府联合建设扶贫物流园，搭建贫困地区县、乡、村一体化的物流服务体系，助力贫困地区农产品更快更好更便宜地进入城市市场，第一个物流基地已在新疆维吾尔自治区建成。

【健康扶贫】 2019年与安徽、湖北、河南、云南、西藏等省区定点医院签署合作协议，已覆盖20个省区的贫困地区定点医院共1350家。救治建档立卡贫困白内障患者13.3万人。中国扶贫志愿服务促进会和中国残疾人福利基金会作为强直性脊柱炎健康扶贫工程的执行单位，于4月起陆续在安徽省霍邱县，临泉县，河南省平舆县，陕西省镇巴县，甘肃省渭源县，贵州省大方县进行试点。已对198名贫困强直患者开展救治，并培训基层有关医政人员120人次。

【教育扶贫】 国务院扶贫办、教育部在四川省凉山彝族自治州（以下简称“凉山州”）启动的“学前学会普通话”行动试点工作由中国扶贫志愿服务促进会负责组织实施。建立整体筹划、分工协作、以点带面、分步实施的工作机制。2019年，实现凉山州所有3894个幼教点和幼儿园共26.83万名学龄前儿童学习普通话的全覆盖，进一步扩大至四川省马边县、峨边县、金口河区289个村级幼教点9191名学龄前儿童。组织专家团队培训并指导幼教点的辅导员按照“浸润式”教学法营造语言环境，达到“听懂、会说、敢说、会用”目标，同时教育孩子养成讲卫生、懂感恩、爱学习、讲礼貌的好习惯。募集社会资金，解决试点中的经费问题。“学前学会普通话”行动得到广东省佛山市、中植企业集团有限公司、君康人寿保险股份有限公司、北京师范大学、中国电信集团有限公司等的支持。“学前学会普通话”行动凉山项目组获“2019年全国脱贫攻坚奖组织创新奖”。

【扶贫培训】 利用东西部扶贫协作优势、针对不同地区学员特点和需求，运用课堂教学、情景模拟、现场体验等多种教学手段相结合，确保学员“来了能听懂、学了记得住、回去用得上”。引导贫困地区学员成为真正的脱贫带头人，在确保致富带头人在发展产业的同时，能够带领贫困户增收，并促进贫困村外出人才回流。依托东西部扶贫协作和中央定点扶贫单位积极开展培训活动。举办培训班84期，受训人员6370人，其中3949人创业成功或正在创业，预计可带动2.6万建档立卡贫困人口通过发展特色产业实现增收脱贫。截至2019年12月底，开展培训158期，培养12630名创业致富带头人，学员创业成功6554人，创业成功率51.9%，带动9.6万贫困人口实现增收脱贫。

（中国扶贫志愿服务促进会 徐建东）

中国光彩事业促进会扶贫

【概述】 2019年，中国光彩事业促进会（以下简称“中国光彩会”）坚持“义利兼顾，以义为先”核心理念，以促进“两个健康”为工作主题，以参与“三区三州”等深度贫困地区脱贫攻坚为重点，以开展“光彩行”“万企帮万村”行动为抓手，扎实推进精准扶贫、精准脱贫。

【扶贫会议】 2019年10月，纪念光彩事业发起实施25周年座谈会在北京举办，中共中央政治局常委、全国政协主席汪洋出席会议并讲话。中共中央书记处书记、中共中央统一战线工作部部长尤权主持会议。5位企业家代表、地方统战部代表、地方工商联代表和国务院扶贫办负责同志分别在会上发言。

【光彩行活动】 2019年，组织近500位企业家赴甘肃省临夏回族自治州开展“中国光彩事业临夏行”，签订合同项目103个，合同金额234.82亿元，组织民营企业捐赠款物8000多万元，其中现金捐赠3546万元。“中国光彩事业临夏行”公益项目中，“百度智慧课堂”等5个“互联网+教育”在线项目全面完成，受益师生11.8万名；中国民生银行救护车项目等7个项目顺利完成，共计投资2170万元；和政县新营镇元菜坪小学教师周转房等8个项目正在建设，公益项目落地率100%。引导民营企业家参与深度贫困地区脱贫攻坚，把优势资源最大限度地用到贫困村和贫困人口身上，实现对“三区三州”全覆盖。

【万企帮万村】 2019年国家扶贫日期间，中国光彩会与全国工商业联合会、国务院扶贫办、中国农业发展银行在北京联合举办全国“万企帮万村”精准扶贫行动论坛，召开贯彻落实习近平总书记重要回信精神一周年座谈会暨“万企帮万村”行动先进民营企业表彰会，表彰99家先进典型企业，加大产业扶贫力度，推进“万企帮万村”精准扶贫行动向深度贫困地区倾斜。截至2019年12月底，进入“万企帮万村”精准扶贫行动台账管理的民营企业有9.99万家，精准帮扶11.66万个村（其中建档立卡贫困村6.56万个）；产业投入819.57亿元，公益投入149.22亿元，安置就业73.66万人，技能培训111.33万人，带动和惠及1434.42万建档立卡贫困人口。

【定点帮扶】 引导民营企业参与统一战线定点帮扶，组织40家企业赴贵州省黔西南布依族苗族自治州开展产业投资考察，举办“光彩事业黔西南行”活动，签约投资项目50个，金额301亿元。组织北京企业参加光彩事业十堰行暨湖北省“千企帮千村”推进会，支持新一轮京鄂对口协作战略实施。与全国工商联合作，募集5000余万元在贵州省织金县开展“五个一”（一套危房改造、一口水窖、一头牛、一头猪、一棵树）精准扶贫项目，解决当地贫困户住房难、用水难、生产难等问题。

【公益项目】 配合解决贫困地区“两不愁三保障”突出问题，开展公益帮扶。万科企业股份有限公司捐赠8000万元为云南省怒江傈僳族自治州25636户96631名贫困群众配备生活设施；波司登公益基金会深入江西省广昌县、四川省凉山彝族自治州、贵州省织金县、广西壮族自治区百色市、新疆维吾尔自治区南疆四地州等地，每年向贫困群众捐赠价值500万元的羽绒服。万科专项基金开展实施的项目中，寿宁东区中学、百色市易地搬迁等项目推进，支持中央统战部定点帮扶五个县改善基础教育条件的资助资金已经到位（每县500万元），项目正在推进中；出资1亿元为云南省昭通市建设8所幼儿园项目已经完成协议签署。龙湖专项基金开展资助重庆市巫溪县190户农村贫困残疾人的危房改造，西湖大学数字资源保障体系一期建设16个外文数据库等公益项目。均瑶专项基金资助中国残疾人联合会“站立计划”公益项目和贵州省望谟县万亩板栗高产示范园等项目，其中“站立计划”公益项目救治115名股骨头坏死的贫困群众，336名建档立卡贫困户在望谟县洛朗镇实施万亩板栗高产示范园项目中受益。

【教育扶贫】 西部光彩帮扶基金资助2019—2020学年高中（含中职）及以上学段具有全日制学历教育正式学籍的农村建档立卡贫困户学生647人。均瑶专项基金开展为期2年的“光彩助教”百色市教师培训项目，对百色市中小学校长、骨干教师等进行专业培训，已培训296人。龙湖专项基金在重庆市、四川省、云南省100所农村寄宿学校开展“新一千零一夜——农村寄宿留守儿童睡前故事”项目，向约3万名寄宿学生提供6年的睡前故事和起床音乐陪伴。复星国际有限公司“海南光彩教育奖励基金”资助海南省九所中学440名学生。

【健康扶贫】 中国光彩会与中国民生银行签订五年救助计划，中国民生银行计划捐赠总金额不低于5000万元，在“三区三州”开展先心病救治工作，计划5年救治800名患儿。项目主要包括先心病救治、培训、科研、医疗知识普及四部分，2019年度完成9批次患儿的救治工作，救治患儿189人。“光彩•复星乡村医生精准扶贫专项基金”为1442名乡村医生购买重大疾病保险，在江西省于都县、云南省普洱市等地对811名乡镇医院院长、公共卫生人员、乡村医生开展业务培训。

（中国光彩事业促进会）

中国人口福利基金会扶贫

【概述】 2019年，中国人口福利基金会（以下简称“人口基金会”）积极发挥社会组织作用，广泛动员社会资源，围绕打赢脱贫攻坚战，开展了一系列扶贫济困的公益项目。

【特殊重点人群项目】 人口基金会持续开展“幸福微笑——救助唇腭裂儿童”公益项目。2019年在安徽省滁州市、云南省昭通市、新疆维吾尔自治区喀什地区、新疆维吾尔自治区克孜勒苏柯尔克孜自治州开展5次医疗队集中性救助活动，筛查患儿349人，手术救助患儿207人；在河南省驻马店市、山东省济南市、新疆维吾尔自治区乌鲁木齐市和喀什地区相继启动实施唇腭裂救助工作；依托11个省份的18家项目定点医院开展唇腭裂常规性救治活动，筛查患儿1533人，手术救助患儿950人。项目共筛查1882人次，手术救助患儿1157人。此外，人口基金会持续关注贫困母亲，1995年起开始实施我国首个以贫困母亲为救助对象的公益项目“幸福工程——救助贫困母亲行动”。通过“小额资助，直接到人，滚动运作，劳动脱贫”的帮扶模式，为贫困地区农村妇女和家庭提供小额资助、技能培训、健康检查，帮助她们提高发展能力、创造幸福美好的生活，探索形成了“扶困、扶智（志）、扶助健康”的救助方法。截至2019年年底，已在全国29个省区市的829个项目点开展过项目救助，累计投入资金18.36亿元，帮扶贫困母亲34.24万人，惠及146.46万人，脱贫率85%以上，还款率90%以上。

【健康扶贫】 人口基金会依托健康暖心扶贫基金，定点帮扶深度贫困县。2019年筹款1.7亿元，除国家卫生健康委员会定点扶贫的山西省大宁县、永和县，陕西省清涧县、子洲县，对口帮扶的江西省于都县、山西省五寨县外，扩大到河北省怀安县、湖南省平江县、云南省永胜县、甘肃省舟曲县等10个深度贫困县，其中包括“三区三州”部分区县，全年支出1.16亿元，重点支持“两不愁三保障”等民生项目和扶贫产业发展等。为提高基层医疗装备能力，按照“填平补齐”的原则，根据地方需求，人口基金会健康暖心扶贫基金通过政府采购招投标方式为定点扶贫县采购价值2186万元的医疗设备，已安装到位，提高基层医疗服务能力。扩大中国大病社会救助平台影响力，拓宽救助渠道，动员社会力量参与大病社会救助工作，截至2019年12月31日，已救助患者547人，拨付善款总额1321万元，捐款超20万人次。为进一步发掘大病平台潜力，总结利用大病平台优势，聚集社会爱心力量，推出中国大病社会救助工程，实施大病联合救助等专项救助计划，建立防止因病致贫、因病返贫长效机制，巩固脱贫攻坚成果。

【营养扶贫】 为改善贫困老人、儿童营养和健康状况，2019年内蒙古伊利实业集团股份有限公司捐赠价值916万元的婴幼儿、低体重老人营养扶贫乳制品，定向捐赠定点扶贫县，用于改善儿童和低体重老年人的贫血、生长发育迟缓和营养不良等营养问题，促进贫困地区群众营养健康素质提升。针对3~5岁儿童营养不良的情况，纽迪希亚制药（无锡）有限公司向人口基金会捐赠1200盒价值7.8万元的儿童营养包，定向用于子洲县3~5岁儿童，提升贫困地区儿童健康状况，缓解因营养不良而造成的贫困代际传递。

【乡村医生守护计划】　开展“乡村e康工程——中恒乡村医生培训”项目，2019年1月至11月，在吉林省靖宇县、贵州省遵义市、内蒙古自治区兴安盟、四川省峨边彝族自治县等地举办14场培训，培训乡村医生2200余人，开展义诊服务30场，接受健康科普知识讲座和义诊服务的各族群众近两万人。开展“健康暖心——乡村医生健康扶贫项目”，围绕守护村医、赋能村医与激励村医三大方向，通过驻点扶贫方式，开展家庭医生签约服务包、龙门梦想计划、暖心村医及卫生院院长优秀案例征集等系列帮扶行动。针对村医薄弱环节，在陕西省子洲县、重庆市秀山土家族苗族自治县、甘肃省东乡族自治县、贵州省道真县等13县有针对性地开展了乡村医生能力培训，培训人数2394人；在江西省广昌县、云南省永胜县、河南省光山县等25县开展家庭医生签约服务包活动，累计投入500万元，提升基层医疗服务能力和可及性，减少因病致贫和因病返贫现象的发生。合作开展“健行者”公益活动，定向资助定点扶贫县乡村医生，“健行者”公益活动是一项全民健身与公益扶贫相结合的大型户外徒步公益活动，活动开展期间，募集善款70余万元，定向为定点扶贫县的乡村医生捐赠医用摩托车。

【扶贫会议】　2019年10月14日，由人口基金会承办的全国扶贫日健康扶贫论坛在北京市举办。论坛旨在宣传健康扶贫成果，凝聚各方力量，合力攻坚。约300人参加，20余家主流媒体进行报道，进一步扩大国家卫生健康委员会及人口基金会在健康扶贫方面的影响力与社会效益。

（中国人口福利基金会　高　航）

中国网络社会组织联合会扶贫

【概述】 中国网络社会组织联合会(以下简称“中网联”)发挥自身优势,开展网络扶贫工作,取得成效。2019年,组织动员互联网企业捐款捐物价值近3500万元。5月21日,民政部社会组织管理局对中网联参与扶贫工作进行通报表扬,中网联的网络扶贫工作入选国务院扶贫办《社会组织扶贫案例50佳》。

【扶贫调研】 2019年,中网联走访企业会员,及时了解企业帮扶意愿和资源优势,建立扶贫工作台账;全国人大社会建设委员会副主任委员、中网联会长任贤良带队赴中共中央网络安全和信息化委员会办公室定点扶贫县陕西省佛坪县,走访调研,实地了解察看当地扶贫需求;组织召开西藏地区扶贫座谈会、四川巴中地区扶贫座谈会,帮助贫困地区与互联网企业对接。

【产业扶贫】 指导抖音、斗鱼等直播平台打造流量扶贫创新模式,通过“直播+公益+扶贫”的形式,推介贫困地区农产品和旅游资源,为当地村民创收。指导美团大众点评举办旅游从业人员培训班,邀请旅游行业知名专家、教师为贫困地区酒店和民宿从业者、乡镇干部提供职业培训。

【教育扶贫】 2019年,中网联搭建社会力量参与教育扶贫平台,遴选优质教育信息化服务内容,与中央电化教育馆联合启动“网联优教”——教育信息化精准扶贫项目,坚持“专业评估准入与贫困地区自主选择相结合”的原则,采取“广泛动员、专业评估、自主选择”相结合的方式,面向互联网教育行业企业征集扶贫意向和扶贫方案,经专家审核评估通过后进入方案库,供贫困地区选择,经捐助单位和贫困地区双方确认后,签订帮扶协议,项目执行中进行动态跟踪,执行后进行评估反馈。该项目第一期向河北、湖南、青海、宁夏、云南等5个贫困地区捐赠价值2503万元的教育信息化产品和服务。

动员趣头条、360公司为佛坪县捐赠100万元和价值50万元的儿童定位手表。动员4家互联网企业向佛坪县中小学校捐赠捐建价值842万元的智慧课堂、互动教室以及图书等教育资源,解决佛坪县音乐、美术、英语等薄弱学科师资力量严重匮乏难题。

【网络扶贫案例征集】 2019,中网联举办网络扶贫优秀案例征集活动,面向各地网信办、各级各类网络社会组织、全国互联网企业等公开征集网络扶贫优秀案例,总结推广网络扶贫的好经验、好做法。中网联发动380家会员单位以及100多家网络传播专业委员会的宣传力量,对网络扶贫优秀案例进行宣传推广,实现宣传效果的最大化。

【汉藏双语移动应用程序征集评选活动】 2018和2019,中网联主办汉藏双语移动应用程序征集评选活动,发掘出创新创意、生活服务、休闲益智、应用工具等四类数十款优秀移动双语应用程序,便捷藏区群众生活,助力藏区脱贫。

(中国网络社会组织联合会会员部
金　苗)

上海真爱梦想公益基金会扶贫

【概述】 上海真爱梦想公益基金会(以下简称“真爱梦想”)从2008年起开始在西部贫困区县开展教育扶贫工作,在全国252个贫困县建成1680间“硬件+软件+五年服务”的“梦想中心”的素养教育公益项目,投入项目善款约2.42亿元(不含物资捐赠),服务师生超过487.5万人次。

【教育扶贫】 真爱梦想推进建设“梦想中心”多媒体教室,“梦想中心”包含500册图书、24台平板电脑、短焦互动式投影仪、一体机等设备设施。2019年在云南、贵州、新疆、内蒙古、青海等省区市75个贫困区县建设了268间“梦想中心”,投入资金5240万元。在268所已建成“梦想中心”学校,培训一线教师2581人、校长172人,参与升级培训的教师108人,直接服务贫困区县学生268867人,开展综合实践课110432课时。

面对贫困区县教育局、学校办公物资、图书缺乏的局面,真爱梦想联合中国惠普有限公司为新疆、贵州、江西3个省区26个贫困区县的20个教育局和6所学校捐赠407台打印机,帮助教育局和学校改善办公设施。联合招商局慈善基金会、中国光华科技基金会,为新疆喀什地区叶城县158所学校捐赠807770册图书,总价值约1500万元,直接受益学生106974人。

【生活扶贫】 真爱梦想长期关注贫困区县困境学生的学习生活状况,联合爱心企业安踏(中国)有限公司成立“真爱梦想-安踏茁壮成长专项基金”,向新疆叶城县、巴楚县、莎车县,甘肃会宁县、临洮县、岷县,云南省泸西县等85所学校68564名学生,建档立卡贫困人口100028名,发放书包、鞋子、运动服装、运动配件等,总价值1564.4万元,提高贫困地区青少年儿童学习生活质量。

【关爱留守儿童】 在支付宝公益平台和腾讯公益平台爱心网友的支持下,真爱梦想在云南省鲁甸县火德红村小凉山安置点,甘肃省临夏市城北街道,张掖市山丹县清泉镇南街,河南省社旗县马埂村委会,湖北省大悟县阳平村5个乡村社区捐赠社区“梦想中心”,暨乡村留守儿童关爱中心。真爱梦想联合所在地社会组织,动员、培训本地社工和志愿者,提供绘本故事、拓展活动,为留守儿童提供暑期、周末的陪伴服务,2019年服务留守儿童1650人次。

【规范化管理】 遵循“公开透明、专业高效”的质量方针,真爱梦想依据ISO质量管理标准,建立基金会运行质量管理分级文件,包括手册、流程文件、指南文件和表格纪录四级质量管理文件,对业务范围涵盖产品开发设计、善款募捐预算支出管理、物资供应链管理、运营支持服务等,建立全套的管理流程和制度,并于2017年通过ISO9001—2015认证,2019年通过第三次复审。保障扶贫项目质量和慈善资金高效、透明使用。

(上海真爱梦想公益基金会秘书处
谢　鹏)

广东省和的慈善基金会扶贫

【概述】 广东省和的慈善基金会(以下简称“和的基金会”)自2017年起,重点在四川省凉山彝族自治州(以下简称“凉山州”)及广东省韶关市开展精准扶贫与乡村振兴工作,累计捐款2.4亿元,惠及8.5万人。和的基金会联合广东省(佛山)对口凉山州扶贫协作工作组,结合凉山州实际情况,以“精准聚焦、软硬结合、持续协作”的思路开展凉山州精准扶贫和精准脱贫项目。截至2019年12月,和的基金会已在凉山州及7个县域相继支持了24个精准扶贫项目,涵盖47个乡镇、14所学校、3所医院、1所儿童福利院与1所养老院,已累计执行2462万元,直接受益贫困人口5.3万人。

2017年起,和的基金会定向捐赠2亿元用于支持韶关市精准扶贫、精准脱贫与乡村振兴事业。为保证资金的高效管理和项目的专业执行,和的基金会整合资源,由美的置业集团有限公司出资200万元,于2018年6月注册成立韶关市乡村振兴公益基金会(以下简称“韶关基金会”)。韶关基金会着眼于乡村主任远发展,推进乡村人居环境整治、公共基础设施建设、社区共同缔造,根据韶关地区在民生、教育、产业等方面的公共服务需求,参与韶关精准扶贫和乡村振兴工作。截至2019年12月,韶关基金会已在3个县市区16个行政村援建1所村小、1所县级中学、1座村委办公楼、1个村居文化室、1座乡村公园、6项自然村饮水工程等;培育3个村庄自组织,举办5场大型会议及交流活动,开展32场社区活动,累计推进46项乡村工程建设,惠及33986人,已拨付资金4899万元。

【教育扶贫】 2019年,和的基金会再为美姑县民族中学修建校运动场;为金阳县热柯觉乡中心校和金阳县初级中学修建热水淋浴系统,惠及300余名师生。为布拖县拉果乡中心校、觉撒乡中心校和美撒乡中心校修建饮水系统,保障4550名师生的用水安全。

和的基金会与河北省知合公益基金会协作,在美姑县、布拖县开展2期足球教师培训,为30所学校捐赠足球包,推动54所学校开展足球课,引导102名当地体育教师组织1182次足球特色活动。

与北京师范大学教师教育研究中心构建学前教育、九年义务教育、高中教育阶段的本土区县教师教育体系。在对凉山州15个县70余名教育工作者进行培训的基础上,以会理县、雷波县为试点,深化培训课程,培育并提升试点县130多名教师的教学与课程研发能力,惠及2万名学生。

【健康扶贫】 2019年,和的基金会投入134万元为凉山州儿童福利院捐赠新型智能康复设备,满足残疾儿童的康复需求,完善福利院儿童的医疗保障。

【产业扶贫】 和的基金整合内外部企业资源,引入顺德家电商平台在凉山州生根发芽成为社会企业,在2019年注册成立属于当地的“凉山家”平台,打造凉山州区域性特色产品品牌,喜德县、金阳县的地标性产品走出凉山州,带来经济效益。

和的基金会与佛山市顺德区创新创业公益基金会、凉山州人民政府联合举办多届青年创新创业大赛,进一步挖掘区域性特色产品价值，赋能当地农业企业和创业青年，助推当地产业的积极发展。

【新农村建设】 2019年，韶关基金会在专业规划团队的协作下，开展8个村的人居环境基础整治，5个为省定贫困村、3个为新农村示范村，完成两个自然村的整村规划提升，推进乡村绿化、水环境治理、闲置土地改造等工作。截至2019年12月，韶关基金会完成33个乡村公共节点的建设，逾10400人受益。

【基础设施建设】 韶关基金会以“基金会+政府”的工作模式，引入专业力量，回应韶关当地公共服务需求。韶关基金会向仁化中学捐建宿舍楼、图书馆和综合楼。

韶关基金会为浈江区群丰村、下陂村，南雄市角湾村、泰源村等11个行政村的村民用水提供保障，进一步提高农村水利工程、饮水安全工程的供水能力和安全水平，为村民用水提供保障。截至2019年12月底，韶关基金会已完成浈江区群丰村、下陂村的饮水工程和仁化县坪岗村生态改造，直接受益7572人。南雄市珠玑镇饮水工程改造项目正在推进施工，覆盖南雄市9个行政村，使18500人受益。

【社区共同缔造】 共同缔造作为韶关基金会2019年的创新性尝试，是通过充分挖掘乡村社区需求，以参与式规划或建设的方式推动新农村示范村建设。韶关基金会与专业团队及本土村民组成“三合一”团队：村民投工投劳，自主成立工程管理小组；本地专家结合村民想法设计、指导施工教学；韶关基金会提供资金，协调政府、村民、专家等资源整合意见。通过这一实践，在两个项目村共发动97名村民参与了3个景观节点工程建设，村民以投工投劳方式直接受益27万元，节省工程成本约41万元，村民技能和村庄凝聚力得到提升。

【产业扶贫】 韶关基金会偕同合作伙伴发展文旅产业，推动当地人居环境整治以及产业经济的发展。2019年，在河富大井村，引入民宿产业；协同美的置业控股有限公司共同举办“风物节”与“年货节”，对贫困村合作社的农产品整合包装，进行电商和社区销售，打通农产品的生产、包装、销售链条，助力贫困村的产业发展。

【乡村振兴】 韶关基金会建立顶层智库资源，与清华大学公共管理学院联合成立清华大学社会创新与乡村振兴研究中心，整合专家资源对三农问题、社会创新等领域开展研究。2019年，该中心举办5期清华社会创新与乡村振兴系列沙龙，包括“三治融合走好乡村善治之路”“乡村治理的新议程”“村庄治理与乡村产业振兴”等主题；举办4场乡村振兴系列研讨会，其中“社会组织参与乡村振兴”“社会组织参与乡村人居环境的策略与方法”主题研讨会在韶关举行，政府机构、社会组织、企业、规划等各界代表出席。中心先后组织教授、研究员、博士后、硕士生等到广东省韶关市、安徽省金寨县水坪村、河南省信阳市郝堂村等地进行调研，了解当地特色乡村振兴模式，并与当地贫困户、扶贫干部和参与当地乡村振兴的企业代表访谈。

（广东省和的慈善基金会　伍立弘）

中国残疾人福利基金会扶贫

【概述】 中国残疾人福利基金会(以下简称“基金会”)成立于1984年,始终秉承“集天下善心,谋残疾人福祉”的理念,广泛动员社会支持。2019年,基金会的助听行动、助行行动、助困行动等长期助残项目紧跟国家扶贫开发战略,结合自身和捐赠方扶贫地区,在原有基础上深入开展精准扶贫工作。

【助听行动】 2019年筹集1.03亿元资金和助听设备,直接帮扶和带动地方项目帮扶1.2万名听障人士和困难群众。把听障康复服务和社会关爱送到听障残疾人和困难群众身边。澳门基金会捐赠305万元资金,开展“澳门基金会助听行动”,在贵州、河南、河北、甘肃、江西、陕西6省帮扶1345名贫困听障残疾人和困难群众改善听力状况;捐建5个“关爱基层听障服务机构”,1万名有需求人士在机构接受听力检测;培养10名受助地本地听力康复师。

中远海运慈善基金会捐赠100万元资金,开展“中远海运助听行动”,重点帮扶湖南省益阳市、安化县、沅陵县,云南省永德县,捐建湖南省益阳市1个“关爱基层听障服务机构”,培养2名本地听力康复师;资助两省四地538名听障残疾人和困难群众安装高品质助听器,改善他们的听力状况和生活质量。

澳门霍英东基金会捐赠100万元资金,支持开展“澳门霍英东基金会助听行动”,在河北、广东、甘肃3省捐建3个“关爱基层听障服务机构”,培养6名听力康复师,帮扶184名听障残疾人和困难群众改善听力状况。

中国银行股份有限公司捐赠33万元,支持开展“中国银行助听行动”,招标采购242台高品质助听器,帮扶重庆市云阳县242名听障残疾人和困难群众。

“(奥智·悠济)助听行动”在甘肃、湖南等9省市开展试点项目,获捐7700万元高品质助听器,帮扶1500名听力残疾人和困难群众。

基金会动员社会捐赠2075万元资金和助听设备,帮扶8000余名听障人士和困难群众。主要包括:深圳市奥笛声学科技有限公司捐赠514.5万元;瑞声达听力设备贸易(上海)有限公司捐赠504.4万元;北京亮耳听力技术有限公司捐赠387.4万元;中国联合网络通信有限公司北京市分公司捐赠330万元;人工耳蜗(香港)有限公司捐赠41.5万美元;北京爱德发科技有限公司捐赠50万元资金;斯达克听力技术(苏州)有限公司捐赠10万元支持助听行动项目。帮扶北京、河北、甘肃、湖南、贵州等12个省区市听障残疾人和困难群众。

【助困行动】 2019年,“助困行动”累计捐赠服装、保健品等款物1269万元,帮扶3万名贫困残疾人和困难群众。

上海拉夏贝尔服饰股份有限公司捐赠10万件全新服装。继续开展“爱心温暖服装捐赠项目”,重点帮扶吉林、新疆等省区2.5万余名贫困残疾人和困难群众。

北京迎政时装有限公司捐赠5000件全新服装,帮扶山东、湖南2省2000余名贫困残疾人及困难群众。

深圳海王集团股份有限公司继续开展“‘助您健康’海王集团捐赠保健品项目”,捐赠1万余瓶(罐)保健品,帮扶山东、新疆等地

3000名贫困残疾人和困难群众。

【财政资金支持助残项目】 2019年，中国残疾人联合会财政资金支持220万元开展助听、助行、助困系列助残行动，帮扶12个省区市3977人。其中，用于支持助听项目资金74万元，帮扶563名听障人士安装高品质助听设备；用于支持助行项目资金73万元，帮扶884名肢体残疾人配备电动和手动轮椅；用于支持助困项目资金为73万元，招标采购10146罐蛋白粉帮扶2530名贫困残疾人改善营养状况。各地争取地方财政和社会支持，示范带动和促进地方项目开展，促进当地残疾和困难群众帮扶工作。

（中国残疾人福利基金会
朱晓峰　杜　玥）

中国儿童少年基金会扶贫

【概述】 中国儿童少年基金会(以下简称“中国儿基会”)以下立足为儿童少年福利事业服务的宗旨,紧贴儿童成长需求,不断探索帮扶儿童的新思路、新举措,在儿童教育与发展、儿童健康与救助、儿童安全与灾害救援、留守及特殊儿童关爱、家庭亲子教育、儿童综合素质提升等领域不断探索,实施了“春蕾计划”“儿童快乐家园”“安康计划”“HELLO小孩”等一系列儿童慈善项目,凝心聚力,募集54亿多元款物,直接帮助逾5000万名儿童少年走上了健康之路、求学之路和成才之路。

2019年,中国儿基会从“三区三州”等深度贫困地区儿童的成长发展需求出发,以防止因学和因病致贫、返贫为着力点,深化推进教育扶贫、健康扶贫、生活扶贫工作,为决战决胜脱贫攻坚、全面建成小康社会作出积极努力。

【教育扶贫】 2019年,中共儿基会实施“春蕾计划”等公益项目,资助广西、云南、西藏等省区春蕾学生44371人次,资助100名贫困大龄女童进行职业技能培训,资助130名优秀教师开展教学培训,为300所偏远地区学校派遣2200名支教教师,累计授课200多万节,惠及54万名儿童。

【健康扶贫】 “无忧计划——儿童保险礼物”公益项目累计为52万人次建档立卡贫困儿童提供大病及住院医疗保险保障。救助困难白血病、脑瘫、听障患儿665名,对772所幼儿园48592名学龄前儿童提供营养健康支持。依托北京优质医疗资源,组织专家在西部地区开展6期儿科医师培训,提高贫困地区儿科医生从医水平。

【献爱心活动】 “恒爱行动——百万家庭亲情一线牵”项目号召广大爱心父母为新疆少数民族家庭儿童及其他孤困儿童捐赠爱心毛衣等编织物品59412件。“HELLO小孩”项目为19个省区市贫困儿童发放包含17种类儿童学习生活必需品的爱心套餐53628套。

【留守儿童关爱】 在中央专项彩票公益金和社会各界支持下,在19个省区市和新疆生产建设兵团共捐建168个“儿童快乐家园”,配备有电脑、电视、图书、文体用品等硬件设施,通过动员和征集“爱心爸爸”“爱心妈妈”与留守儿童结对子,进行一对一陪伴照顾;动员爱心志愿者团队开展托管服务、心理咨询、儿童安全自护知识培训等关爱活动,一定程度上解决了留守儿童校外学习、生活中面临的安全、孤僻、缺少交流等问题,直接受益留守儿童15万人次。

为进一步丰富留守儿童校外学习生活,累计捐建1800个图书角,捐出36万本高质量的儿童读物和1618台蓝牙音箱,开展逾11000次图书阅读陪伴活动,惠及江西、贵州等26个省区市的150万名留守流动儿童。牵头承办“关爱儿童服务社会——‘守护童年’大学生暑期牵手共成长行动”,动员410所高校的3800余名大学生志愿者利用暑假为留守儿童送去关爱和陪伴,传递社会大家庭的关怀和温暖。

【儿童安全】 围绕儿童安全健康成长需求,捐建13间儿童安全体验教室、10间儿童防灾减灾科普教室,发放儿童防灾减灾科普教育手册10万册,帮助儿童少年提高安全防范意识和技能。

【规范化管理】 建立合规审查机制，执行六级审核流程，层层把关，对一些来历不明、动机不纯、公益性不足、有商业化色彩的公益捐赠坚决不接收、不合作。建立项目预决算制度，重点在资金拨付使用、专项基金管理、项目过程监督反馈等事前预算、事中跟踪监督、事后总结反馈三个关键节点下功夫。探索建成集在线办公、捐赠管理、资助管理、项目执行及大数据决策支持为一体、互联互通的综合管理信息平台。通过技术手段，对项目资金的收、管、支、结进行全过程监督管理，提高资金使用透明度。认真执行党建、议事决策、行政事务、信息传播、项目管理和财务管理六类共77项制度，建立起靠制度管人管事、靠制度约束行为的内控管理体系，切实让有规可依、有章可循作为团队的自然习惯和自觉遵循。做好做实信息公开工作，努力以阳光透明的内部治理不断取得社会的信任和支持。

（中国儿童少年基金会　许长秋）

（六）公民个人扶贫

公民个人扶贫

2019年，是我国打赢脱贫攻坚战的关键一年。2019年10月，国务院总理李克强在扶贫日的批示中指出：“继续动员全社会力量参与脱贫攻坚，各方面形成合力。”国务院扶贫办认真落实中央领导的批示指示精神，积极动员社会力量参与脱贫攻坚，推进公民个人参与扶贫。

充分发挥中国社会扶贫网作用。国务院扶贫办指导中国社会扶贫网充分运用互联网新技术和新模式，构建爱心帮扶、电商扶贫、扶贫众筹、扶贫展示、扶贫评价五大功能平台，搭建连接贫困人口和社会爱心人士、爱心企业的网络服务平台。截至2019年12月底，中国社会扶贫网累计注册用户5681万人，其中贫困户占1/3，爱心人士占2/3，贫困需求发布640万件，对接成功率达78.7%，实现了精准帮扶对接。

开展扶贫志愿服务相关工作。推动落实扶贫志愿服务工作，建立扶贫志愿服务人员库，共收集8076名志愿者的基本信息，为下一步开展扶贫志愿服务工作奠定了基础。

总结宣传志愿者扶贫典型案例。2019年，国务院扶贫办开展了志愿者扶贫典型案例研究项目，总结经验做法，加强典型示范，面向社会共征集志愿者扶贫典型案例715个，通过专家评审最终评选出志愿者扶贫50佳案例，提升了脱贫攻坚志愿服务的知晓度、传播力和影响力。

（国务院扶贫办社会扶贫司　胡玉盆）

（七）网络扶贫

网络扶贫

【概述】 2019年，中央网络安全和信息化委员会办公室（以下简称“中央网信办”）会同国家发展和改革委员会、国务院扶贫办、工业和信息化部等部门制定印发《2019年网络扶贫工作要点》，聚焦深度贫困地区加大工作力度，瞄准建档立卡贫困户推进网络扶贫工程实施，面向特殊贫困群体创新“互联网+”帮扶举措，齐心协力，合力攻坚，扎实推动网络扶贫取得明显成效。网络设施方面，截至2019年年底，全国行政村通光纤、通4G比例均超过98%，全国贫困村通宽带比例超过98%，提前超额完成2020年“宽带网络覆盖90%贫困村”的目标。电商平台方面，电子商务进农村综合示范实现对832个国家级贫困县全覆盖，累计建设乡村电商服务站点12万个，全国55.6万个建制村提前完成“村村直接通邮”目标，快递乡镇网点覆盖率达到96.44%。网络教育方面，全国中小学（含教学点）网络接入率达98.4%，中小学多媒体教室覆盖率达90.1%，网络教育切实打开孩子通过网络学习成长、青壮年通过网络就业创业改变命运的通道。信息服务方面，全国统一的扶贫开发大数据平台、一县一平台（电商扶贫平台或频道）、一乡（镇）一节点、一村一带头人、一户一终端、一户一档案、一支网络扶贫队伍的“七个一”网络扶贫信息服务体系基本建立。

【扶贫会议】 2019年5月，在北京召开2019年全国网络扶贫工作视频会议。会议深入学习贯彻习近平总书记关于打赢脱贫攻坚战、推进网络扶贫行动作出的重要指示批示精神和中央领导批示要求，部署推进2019年网络扶贫工作。

【工作机制】 中央网信办会同网络扶贫行动部门协调小组成员单位，加强统筹协调、整体推进和督促落实，构建起部门协同、上下联动的全国网络扶贫工作格局。各地区建立健全工作机制，完善政策体系，结合实际落实网络扶贫各项任务。中央网信办建立了全国网络扶贫行动大数据分析平台，在线动态监测网络扶贫五大工程进展，跟踪评估网络扶贫项目的成效，每月编发《网络扶贫动态》，通报各地区、各部门工作进展，交流做法经验。

【政策文件】 2019年5月，中央网信办会同有关部门联合印发《2019年网络扶贫工作要点》，从聚焦深度贫困地区脱贫攻坚、着力帮扶特殊贫困群体、引导网信企业持续参与网络扶贫、务实推进网络扶贫东西部协作、推进网络扶贫工程升级版、进一步释放数字红利、压实网络扶贫工作责任7个方面部署了25项重点任务，并明确了任务分工。9月，国家发展和改革委员会、中央网信办、农业农村部、中国农业发展银行联合印发《关于支持推进网络扶贫项目的通知》，重点支持网络覆盖、产业扶贫、农村电商、涉农服务等领域的网络扶贫项目。

【网络扶贫五大工程】 截至2019年年底，网络覆盖工程持续深化，组织实施了五批电信普遍服务试点，共支持4.3万个贫困村光纤网络建设和9200多个贫困村4G基站建设，推动基础电信企业推出资费优惠，已惠及超过1200万户贫困群众。农村电商工程促进增收作用显现，推动主要电商平台开设贫困县特产馆、O2O特色馆，开展网络直播销售扶贫产品，助力贫困地区农产品上行。网络扶智工程提高贫困群众文化素质和就业能力，整合开发英语、音乐、美术等学科资源，按教学进度通过网络和卫星两种方式免费推送，帮助农村贫困地区学校开足开齐开好国家规定课程，累计推送资源总量超过7.5T。信息服务工程进一步夯实，健全跨部门扶贫信息共享机制，促进扶贫、教育、卫生健康、民政等部门实现实时数据交换。网络公益工程深入实施，鼓励和引导网信企业履行社会责任，积极与贫困县开展结对帮扶，实施一批网络扶贫项目。

【深度贫困地区网络扶贫】 中央网信办继续指导推进“网络扶贫深度行”活动，推动更多网络扶贫项目和资源向“三区三州”等深度贫困地区汇聚。甘肃省网信办举办“I@甘肃2019网络扶贫博览会”，“#我有甘货#”在网上点击量达2亿余次，带动销售全省各类农特产品6.48亿元。云南省打造“一部手机云品荟”促进普洱茶、宣威火腿、元阳红米等190个品牌、1382个产品在线交易，提升品牌影响力。2019年9月，中国互联网发展基金会开展第二批网络扶贫手机捐赠公益项目，为藏族贫困群众捐赠15000余部国产智能汉藏双语手机。

【网络扶贫东西部协作】 2019年8月，中央网信办指导贵州省委网信办在贵阳市召开“东西部扶贫协作·网络扶贫贵州交流推进会”，协调上海、广州等7个网信办分别与贵州省网信办及贫困县签署11个网络扶贫合作协议。2019年9月，中央网信办指导四川省委网信办在凉山彝族自治州举行网络扶贫东西部协作暨试点工作推进活动，深入贯彻落实《2019年网络扶贫工作要点》，加快推进网络扶贫东西部协作和试点工作，广泛调动各方力量参与深度贫困地区网络扶贫。各级网信部门及相关部门围绕产业发展、劳务合作、电商发展等方面，务实开展网络扶贫东西部协作。福建省通过阿里巴巴、京东等电商平台开展消费扶贫，采购、销售宁夏农特产品3.4亿元。广东省组织网信企业在四川省甘孜藏族自治州、凉山州投资兴业，为凉山特色农产品打通网上销售渠道，销售规模已突破2.3亿元。上海市指导沪江网深入新疆喀什地区开展小胡杨网络教育公益项目，覆盖285所学校3401个班级，1.2万名教师参与网络培训。天津市委网信办在新疆和田地区、西藏昌都市等地区开展“互联网+医疗健康扶贫”工作，提升当地医疗健康保障水平。

【扶贫日活动】 2019年10月14日，中央网信办信息化发展局、国务院扶贫办社会扶贫司、民政部社会组织管理局指导，中国网络社会组织联合会和友成企业家扶贫基金会共同举办以“凝聚社会力量助力脱贫攻坚”为主题的2019年国家扶贫日社会组织扶贫分论坛。会上发布了2019网络扶贫十大案例、典型案例，举行了“网联优教”——教育信息化精准扶贫项目捐赠仪式，中国网络社会组织联合会和中央电化教育馆向贫困地区捐赠价值2503万元的教育信息化产品和服务。

【网信企业结对帮扶】 各级网信部门积极引导网信企业参与网络扶贫，组织网信企业开展与贫困县结对帮扶项目。中国电信集团有限公司向“三区三州”深度贫困地区投入超100亿元网络建设资金。中国移动通信集团公司积极开展“互联网+健康扶贫”，构建“一网三服务”体系，帮扶260万贫困人口。中国联合网络通信集团有限公司2019年在3省6个地市建设完成503个行政村的4G网络。阿里巴巴网络技术有限公司、北京京东世纪贸易有限公司、北京五八信息技术有限公司、沪江教育科技(上海)股份有限公司等互联网企业积极开展一批网络扶贫项目。贵州省委网信办组织开展网络扶贫公益广告项目，组织网信企业从全省14个深度贫困县和20个极贫乡镇中选择产品进行拍摄、视频制作、推广撰写，组织43家媒体单位进行公益广告集中刊播，促进山货出山。

（中央网络安全和信息化委员会办公室
信息化发展局　龙　凯）

（八）中国社会扶贫网扶贫

中国社会扶贫网扶贫

【概述】 2019年，中国社会扶贫网(以下简称“扶贫网”)坚持以构建社会扶贫网络服务平台为宗旨，以满足贫困群众脱贫的实际需求为己任，积极响应脱贫攻坚战决战决胜，不断完善平台功能建设，提高技术服务能力和力度，提升用户体验和扶贫精准度；大力推进扶贫对接、扶贫众筹、消费扶贫、服务领域拓展等，引导社会各方面广泛参与脱贫攻坚战，建设推动“互联网+”社会扶贫可持续发展，营造全民参与扶贫的社会氛围。截至2019年年底，该平台累计注册用户5680万人，其中，爱心人士3851万人，贫困人口1776万人，管理员53万人。2019年新增注册用户1517万人。贫困户在扶贫对接平台累计发布需求信息662万条，成功对接523万条，对接成功率79%。2019年新增发布需求219万条。

【扶贫对接模式】 扶贫网通过多种创新形式，推进扶贫对接工作。一是积极动员互联网企业参与社会扶贫，携手共同推出多项专题活动，取得良好效果；二是打造湖南“互帮互亲帮亲，互助脱贫奔小康”、重庆地方企业对接帮扶等活动模式，拓展帮扶方式；三是打造社会力量帮扶典型，挖掘典型案例，动员社会爱心力量为贫困群众提供帮助；四是推出消息推送、邀请码、企业入驻、大额捐及匿名捐等功能，在动员更多爱心人士、机构、组织参与帮扶方面给予有效的技术支撑。

【公益扶贫模式】 扶贫网联动各地扶贫及民政体系，在湖南、陕西、江西等多个中西部省份开展扶贫项目，聚焦贫困群众，涵盖健康扶贫、教育扶贫、产业扶贫及特殊群体帮扶等领域。2019年，平台入驻社会组织121家，发布项目176个，筹款1.48亿元。此外，“两病一学”项目累计筹集资金超过2.58亿元。其中，“学前学会普通话”行动(试点)项目2019有34054人捐赠，累计捐赠38090次，捐赠1.31亿元；“光明扶贫工程·白内障复明”项目2019年有52451人捐赠，累计捐赠58829次，捐赠7109.5万元；强直性脊柱炎健康扶贫工程项目2019年有17571人捐赠，累计捐赠19644次，捐赠603万元。

【消费扶贫】 扶贫网做好消费扶贫品牌建设，加强品类管理意识，建立扶贫网商品标识。推进农产品上行，加快西藏青稞、牦牛，新疆核桃、大枣等商品资源库建设，做好供应商评测。同时，拓宽大宗扶贫商品营销渠道，收集企业集采需求，与中国海洋石油集团有限公司、中国石化集团公司、中国石油天然气集团有限公司等销售渠道成功对接；以扶贫馆建设为基础，积极运用中国电信集团有限公司、中国移动通信集团公司、中国联合网络通信集团有限公司等运营商的积分商城，做好售后服务，推动消费者购买。截至2019年年底，该平台内供应商已覆盖24个省349个贫困县，供应商入驻数量773家，在售扶贫商品3844个，累计销售扶贫商品2749万元。

【内容模式创新】 夯实地方干部原创内容的分发机制，持续推进内容建设，以各省扶贫事迹为素材建设企业扶贫风采、个人扶贫风采、扶贫案例等栏目。上线扶贫短视频栏目，让更多的扶贫事迹通过图文、视频等方式向广大用户传播，加强内容可观性，提升用户活跃度。

【服务地域拓展】 扶贫网推广工作涉及31个省区市，基本实现贫困地区全覆盖。东部省份初见成效。北京市、浙江省、天津市等地采用“进机关、进工会、进社区、进企业”四进推广形式，扩大爱心人群覆盖，发动爱心人士对接贫困需求；广东省在全国消费扶贫活动（深圳站）对接会上，达成本省24亿元消费扶贫意向。中西部省份树立典型，百花齐放。湖南省推进服务帮扶和以购代捐等帮扶新模式；河南省立足宣传，创新方法，拍摄专题片，协调各类媒体播放；湖北、江西、陕西、四川、云南等省统筹推进，积极探索由量向质的转型调整；推动扶贫对接、扶贫众筹、消费扶贫在四川省古蔺县、重庆市秀山县土家族苗族自治县、山西省娄烦县、河南省兰考县等地落实。同时，结合各省扁平化管理需求，相继上线贵州、江西及重庆3个地方调度平台，依托扶贫网五大业务板块进行地方定制，展示区域特色，为地方政府提供个性化社会扶贫模式。

【扶贫会议】 2019年7月，全国“互联网+”社会扶贫工作现场观摩暨培训会议在湖北省大悟县顺利召开。会议整体设计和展示以科技感为主要基调，重点学习大悟经验，大悟通过织密“一张网”，建好“一个群”，做实“一条链”，推进中国社会扶贫网在大悟县的应用。各省市通过此次培训班，充分交流，找典型，学经验，共同推进“互联网+”社会扶贫工作开展。

9月，第七届中国公益慈善项目交流展示会（以下简称“慈展会”）在深圳会展中心召开，扶贫网应邀参加本届慈展会。慈展会现场，扶贫网在“消费扶贫展馆”主题展厅，现场共展出186款扶贫商品，覆盖18个省区市，30个国家级贫困县。扶贫网共与9家单位达成意向采购，累计签约金额37.77亿元。

10月，中国扶贫日“互联网+”社会扶贫分论坛——你我同行在北京召开。论坛由2019年扶贫日论坛组委会主办，扶贫网承办，分论坛设主会场和地方分会场。参与活动的企业和单位对扶贫网的工作内容和意义有了充分的认识，有利于加强合作，落实签约；地方管理员与爱心代表的表彰活动为扶贫网的重要用户群体树立了榜样，具有较大的激励作用。

（社会扶贫网科技有限公司办公室
肖辉华）

第七篇

地方扶贫篇

河北省扶贫开发

【概述】 2019年，河北省落实精准扶贫、精准脱贫基本方略，坚持脱贫防贫一起抓，实施清单管理，共减贫36.6万人，剩余1448个贫困村全部脱贫出列，13个贫困县和涿鹿县南山区实现脱贫摘帽。全省累计净减贫297万人，贫困发生率由5.88%下降至0.07%，7746个贫困村全部出列，62个贫困县全部摘帽，历史上首次消除区域性整体贫困。2018年、2019年，河北省连续两年在省级党委和政府扶贫开发工作成效考核、东西部扶贫协作成效考核中综合评价为“好”等次，在财政专项扶贫资金绩效评价中连续两年为“优秀”等次，张家口、承德、保定3市在东西部扶贫协作成效考核中连续两年综合评价为“好”等次。省委、省政府在全国产业扶贫工作推进会、全国扶贫开发工作会议上分别就产业扶贫、防止致贫返贫作典型发言；李保国同志被授予“人民楷模”国家荣誉称号。

【扶贫资金投入与管理】 2019年，中央和省级财政专项扶贫资金分别投入33.9亿元、55亿元，市县投入35.7亿元。规范资金管理，健全完善扶贫资金监督管理追责、支付监控和扶贫资产资本监督管理等制度，实行贫困县审计全覆盖。提高项目库建设水平，有扶贫任务的县（市、区）全部建立脱贫攻坚项目库，2019年入库项目3.72万个，预算总投入335.6亿元。加强扶贫信贷管理，河北省新增扶贫小额信贷6.48亿元。

【两不愁三保障】 出台《关于解决“两不愁三保障”突出问题的工作方案》，督促省直部门制定专项方案、市县制定具体实施方案，省市县逐级成立工作专班、开展专项行动。组织五级干部逐村逐户、逐人逐项排查，层层签字背书，彻底兜清底数。河北省共排查出未解决义务教育问题220户220人（均为非建档立卡户）；得大病经救治后基本生活仍无保障的3户3人（均为非建档立卡户）；未解决住房安全问题3.07万户6.06万人（其中建档立卡户0.94万户1.76万人）；未解决安全饮水问题1.13万户3.44万人（其中建档立卡户0.26万户0.56万人），全部解决到位。

【问题整改】 统筹推进，整改落实中央巡视、专项巡视、国家脱贫攻坚成效考核及督查反馈问题与省内考核、督查、巡视、审计等发现的问题。组织29个督查组对85个县开展2轮暗访督查。2019年，国家脱贫攻坚督查反馈的各方面问题全部整改到位。持续查摆整改，开展脱贫攻坚“回头看”，明确10个方面47项重点内容，推动整改落地。

【深度贫困地区脱贫攻坚】 安排深度贫困县省以上财政专项扶贫资金39亿元。每县分别安排财政专项扶贫资金1亿元。加大对深度贫困县低保保障标准、医疗救助资金、土地增减挂钩项目等的倾斜力度。强化项目落地，以206个深度贫困村为重点，实施一批带贫项目，943个“双基”（基础设施和基本公共服务）提升工程全部完工。强化重点监测，对贫困发生率较高的5个县145个村开展贫困监测，覆盖建档立卡贫困户15.15万户31.05万人，确保各项政策和工作落实。河北省10个深度贫困县全部脱贫摘帽。

【产业就业科技扶贫】 实施特色产业扶

贫项目5.3万个，有劳动能力的贫困户产业项目实现全覆盖。累计认定省级扶贫龙头企业448家，发展农民专业合作社5.26万家，贫困村新型农业经营主体实现全覆盖。建成扶贫产业园197个，总数达551个，贫困县扶贫产业园区实现全覆盖。光伏扶贫装机容量393万千瓦，帮扶贫困群众29.3万户。建成115个旅游扶贫重点村，3万贫困人口实现增收。推进职业技能培训全覆盖行动，面向京津市场推动跨省就业，开发扶贫公益岗位，发展扶贫车间，累计帮扶28.33万贫困劳动力实现就业。深化农业科技精准扶贫三年行动，设立科技特派员工作站891个，派遣科技特派员1000名，形成省市县乡村五级科技服务体系。与阿里巴巴网络技术有限公司签署合作协议，落实工作方案，45个国定贫困县全部列为国家电子商务进农村综合示范县。62个贫困县实现网络零售额206亿元。河北省销售贫困地区农特产品19.87亿元，带动14.08万贫困人口增收。

【易地扶贫搬迁】 2019年，河北省纳入“十三五”搬迁计划的30.2万人全部搬迁安置，其中贫困人口13.59万人；406个集中安置项目全部交付使用。落实后续帮扶，坚持“两区同建”，配套建设的632个扶贫产业园区或项目已建成568个，贫困人口全部落实后续帮扶举措。同步推进“空心村”治理，统筹开展旧房拆除、土地复垦、增减挂钩等工作，拆除旧房3.92万套，复垦复绿1.45万亩。

【脱贫防贫长效机制】 出台《关于建立健全脱贫防贫长效机制的意见》，制定解决“两不愁三保障”突出问题、“千企帮千村”结对扶贫等一系列行动方案。排查非建档立卡低收入户和非持续稳定脱贫户，锁定防贫边缘群体。河北省共实施防贫监测27.2万户、47.8万人。向11.3万救助对象支出保险金2.63亿元。中国太平洋保险（集团）股份有限公司与魏县首创“防贫保”的做法，荣获全国脱贫攻坚奖组织创新奖。制定《关于设立社会救助基金的指导意见》，重点资助兜底政策覆盖不到、有特殊困难的群众。创办脱贫攻坚“农民夜校”“讲习所”6900余个，设立“爱心公益超市”1100余家。

【东西部扶贫协作】 北京市、天津市党政主要领导分别率党政代表团到河北省对接，河北省党政主要负责人率队赴京津学习考察。京津两市共投入财政帮扶资金14.69亿元；实施项目744个，完工719个；干部挂职99人，支援专业技术人员829人。出台《对接服务中央单位驻河北省定点扶贫工作机制》，31个中央国家机关和有关单位共派出挂职干部122名。中央国家机关主要负责人及分管负责人深入定点县调研推动脱贫攻坚，直接投入帮扶资金3.84亿元，帮助引进资金9.94亿元、项目318个，培训基层干部2.56万人次、技术人员5.85万人次，购买贫困地区农产品0.51亿元，帮助销售贫困地区农产品3.23亿元。河北省军区局办以上干部、军分区（警备区）处以上干部每人联系帮扶一个贫困村，重点帮扶100个贫困村。中央军事委员会办公厅、中央军事委员会联合参谋部等11个军队单位定点帮扶，实施扶贫项目92个，投入资金5187万元。推进“千企帮千村”行动，动员1.12万家企业和社会组织结对帮扶1.64万个行政村（其中贫困村7746个），累计投入资金57.9亿元。

【扶贫领域作风建设】 执行国务院扶贫办《关于进一步落实贫困县约束机制的通知》要求，开展力戒形式主义、官僚主义集中整治，杜绝“面子工程”“形象工程”“政绩工程”。切实减轻基层负担，统筹整合省级脱贫攻坚成效考核，市级以下未经省级批准不得开展第三方评估。开展扶贫领域腐败和作风问题专项治理，采取32项有效措施，开展漠视侵害群众利益专项整治。组织省级示范培训57期、市级重点培训229期、县级兜底培训1558期，累计培训34.2万人次。

【扶贫宣传】 总结推广脱贫攻坚先进典型，段春亭、孙建设、贾菇、邯郸市魏县等获评7个先进个人和先进集体全国脱贫攻坚奖；省级脱贫攻坚奖共选出先进集体73个、先进个人183名；孙建设、贾菇、邯郸市魏县等3个典型入选全国脱贫攻坚先进事迹报告团，组织河北省巡回报告会，全省3.44万人集中收看。2019年，省级以上主流媒体报道316篇，被国务院扶贫办评为2019年度扶贫宣传工作先进集体。与新华社总社合作，深入集中连片特困地区采访报道，撰写《河北阜平县骆驼湾村和顾家台村脱贫调查》。河北省5大类9个案例入选第二届全国优秀扶贫案例。10篇案例入选《我的驻村故事》征文活动。

（河北省扶贫办　张亚楠）

山西省扶贫开发

【概述】 2019年，山西省攻坚深度贫困重点，集中解决“两不愁三保障”突出问题，强化巩固提升和风险防范两大支撑，高位推动、持续发力，分类指导、统筹推进。2019年，中央和省市县各级投入153.21亿元，项目库储备项目8.8万个、837亿元。出台解决“两不愁三保障”突出问题、做好易地扶贫搬迁后续扶持工作、加强扶贫资产管理等文件，持续释放攻坚深度“一县一策”政策红利，推动八大工程二十个专项行动（即特色产业扶贫、易地扶贫搬迁、培训就业扶贫、生态补偿脱贫、社会保障兜底、基础设施改善、公共服务提升、社会力量帮扶工程），认定扶贫龙头企业426家，光伏扶贫收益惠及36.39万户贫困户，退耕还林48.1万亩，兑现补助7.1亿元，累计完成整村搬迁3345个，完成9.27万贫困人口转移就业培训、10602个贫困村提升项目。建立完善返贫防贫预警机制，狠抓问题整改，防范和化解各类风险隐患。剩余17个贫困县（16个国家扶贫开发工作重点县、1个省级扶贫开发工作重点县）全部脱贫摘帽，剩余918个贫困村全部退出，23.9万人脱贫，贫困发生率降到0.1%以下。贫困地区农村居民人均可支配收入为9379元，同比增长13.7%，高出全省3.9个百分点，高出全国2.2个百分点。

【扶贫资金投入】 2019年，各级财政扶贫投入153.21亿元，其中专项扶贫资金133.11亿元（中央38.48亿元，省级44.36亿元，市级17.67亿元，县级32.6亿元。中央彩票公益金2.4亿元，脱贫攻坚地方政府债17.7亿元。统筹整合资金使用，明确“负面清单”，整合150.6亿元。扶贫再贷款64亿元。项目库储备项目8.8万个，837亿元。

【扶贫资产管理】 山西省政府出台《关于进一步加强扶贫资产管理的意见》，建立“四明确五规范”（明确资产管理范围、类型、职责、收益分配，规范资产登记、确权、管护、盘活和处置）管理制度，梳理脱贫攻坚期内扶贫资金投入形成的资产，厘清行业主管部门、建设单位、使用单位权责，抓好扶贫资产管理，确保扶贫资产安全运行、保值增值、集体和群众长期受益。

【两不愁三保障】 山西省脱贫攻坚领导小组出台《山西省关于解决“两不愁三保障”突出问题的实施意见》，省直牵头部门出台工作方案，逐村逐户查漏补缺。义务教育“一县一案”控辍保学，应劝返529人全部复学。新建改造乡镇寄宿制学校508所，完成“全面改薄”任务。各阶段贫困家庭学生应助尽助。开展乡村医疗卫生机构人员空白点“清零”行动，村卫生室1035所建设达标、1245所配齐设备，为149个村配齐合格村医。开展农村危房鉴定、规范档案管理、质量提升专项行动，完成危房改造6.9万户（其中建档立卡1.95万户、非建档立卡4.95万户）。饮水安全聚焦水量、水质、方便程度和供水保证率，饮水安全建设工程4962处，21.9万人（建档立卡4.4万人、非建档立卡17.5万人）饮水安全问题基本解决。

【问题整改】 召开省直部门问题整改专题部署会，17个计划摘帽县、41个已摘帽县、45个非贫困县“三类县”问题整改交办会，逐市逐县逐部门交办问题清单，实行“点办理、批处理”,实施台账管理、跟踪督办、提级验收、清单交账。省脱贫攻坚领导小组召集38个省直单位主要负责人谈话,集中约谈省考综合评价一般且存在突出问题的6个县,专门约谈计划摘帽县、易地扶贫搬迁项目县的主要负责人,常态化约谈扶贫资金、建档立卡数据存在突出问题的10个县。省级党委政府脱贫攻坚成效考核反馈7方面41个问题、市县党委政府脱贫攻坚成效考核反馈195个问题、督导发现356个问题、中央巡视对照自查3146个问题,全部完成整改。

【易地扶贫搬迁】 山西省政府出台《关于做好易地扶贫搬迁后续扶持工作的实施意见》,召开现场推进会。聚焦3350个深度贫困自然村,紧盯项目竣工率、搬迁入住率、稳定脱贫率和拆除复垦率,六环联动(即精准识别对象、新区安置配套、旧村拆除复垦、生态修复整治、产业就业保障、社区治理跟进),闭环推进。建立质量验收、质量安全鉴定省市两级备案制度。安置点后续产业纳入“一村一品一主体”优先支持,开发就业岗位,确保每户至少一人就业。落实养老、低保、健康和残疾人等政策,配套养老中心、日间照料中心、卫生院所等设施。2019年,完成整村搬迁3345个、整村拆除2647个、复垦1785个,土地增减挂交易5.59万亩、104.68亿元。

【生态扶贫】 持续实施退耕还林奖补、荒山绿化务工、森林管护就业、经济林提质增效和特色林产业增收“五大项目”,深化生态建设参与机制。山西省58个贫困县退耕还林48.1万亩,兑现农户补助7.1亿元。造林绿化258.3万亩,带动贫困人口3.1万人。森林管护方面,3.08万名贫困护林员人均增收7000元。经济林提质增效65.5万亩,带动贫困户14.1万户户均增收550元。建设生态庄园513处,打造经济林高效管理示范园300多个。

【产业扶贫】 持续推动发展“一村一品一主体”产业扶贫模式。特色农业扶贫完善提升“五有机制”(村有产业、有带动企业、有合作社,户有项目、有技能),省级出台支持农业龙头企业10条政策,动态认定省市县三级扶贫龙头企业426家,扶贫农民专业合作社448家,吸纳贫困劳动力2.41万人务工,带动贫困户23.46万户。选聘产业指导员10749人,覆盖9931个村。光伏扶贫“十三五”第二批23.2万千瓦村级电站全部建成并网,总规模达到294.84万千瓦,居全国第二位,惠及8512个村(其中贫困村6077个、非贫困村2435个),36.39万户贫困户。电商扶贫县级服务中心实现贫困县全覆盖,村级服务点覆盖6575个贫困村,带动15.9万贫困人口。旅游扶贫依托黄河、长城、太行三大旅游板块,推进300个示范村建设,累计带动16.1万贫困人口。山西省包容性农业产业融合发展项目完成投资合同额2亿元,培训1100人次。

【就业扶贫】 实施全民技能提升工程,打造特色劳务品牌,拓宽有组织劳务输出、扶贫车间、公益岗位等就业渠道,开展“春风行动”,组织“民营企业招聘周活动”贫困劳动力专场,举办就业扶贫专场招聘会。2019年,培训贫困劳动力4.54万人,转移就业9.27万人。山西省各类特色劳务品牌近70个,主要涵盖家政服务、护理护工、烹饪烹调、交通运输、建筑施工等行业。“打造天镇保姆品牌脱贫致富”事例入选人力资源和社会保障部“2019年人社扶贫典型事例”。建设扶贫车间794个,带动1.61万人贫困劳动力就近就业。

【健康扶贫】 规范落实“三保险三救助”“双签约”“一站式”结算等政策,贫困人口住院75.6万人次,综合保障比例接近90%;建档立卡贫困人口全部纳入基本医疗保险、大病保险、补充医疗保险和医疗救助保障范围,基本医疗保险率100%。对贫困县35岁—64岁农村妇女免费进行“两癌”检查,开展健康服务和慢性病综合防控。实施残疾人服务设施建设改造提升工程，落实残疾人“两项补贴”，补助生活困难人口22.8万人、重度残疾人口31万人。

【教育扶贫】 健全义务教育控辍保学机制，资助体系实现各阶段教育、公办民办学校和家庭经济困难学生“三个全覆盖”。2019年，中央和省级拨付各级各类资助资金约19.4亿元，惠及各学龄段学生约124万人次。实施深度贫困县建档立卡贫困学生教育扶贫个人资助账户，对具有当地户籍和正式学籍的普通高中三年级且当年被高校正式录取的建档立卡贫困学生进行资助，共133.36万元。推进国家生源地信用助学贷款管理工作，生源地助学贷款受理25.5亿元，贷款学生39万人。畅通家庭经济困难学生入学“绿色通道”，对被公办普通高等学校录取入学、家庭贫困的新生，先办理入学手续。2019年，安排国家助学金及励志奖学金8.81亿元，惠及22.62万人次。

【雨露计划】 对山西省建档立卡贫困家庭子女初中、高中毕业后接受中、高等职业教育（含普通中专、职业高中、技工学校、普通大专、高职院校、技师学院等）的在校学生（包含在校期间顶岗实习），每生每年补助标准提升至3000元。“雨露计划”资助高职学生63088人。

【以工代赈】 2019年，中央以工代赈投资1.24亿元、省级以工代赈资金1亿元，新建基本农田5780亩，新增和改善农田灌溉面积27010亩，修建乡村道路167千米，新建或修建桥梁14座（326延米），建设堤防197千米，新增小流域治理面积27.5平方千米，建设草场1500亩，开展村容村貌整治的村庄35个，改善贫困群众农业生产和生活条件。同时，优先安排贫困群众参加以工代赈工程建设，增加其工资性收入。

【社会兜底扶贫】 农村低保推进对象衔接、标准衔接、政策衔接、管理衔接，符合条件的贫困老年人、贫困残疾人和重病患者全部被纳入低保，贫困人口与低保对象重合度为43.6%。农村低保保障标准省级提标360元，山西省平均4760元，43.55万贫困人口享受政策扶持。

【贫困村提升】 分类推进空心撤并、退出达标、巩固提升、典型示范四类村，投资58.03亿元，在5220个村实施项目10602个。新改建农村公路1.31万千米，实现山西省所有具备条件的建制村通硬化路，具备通车条件的建制村通车率为99.8%。推进电信普遍服务试点项目，54个行政村通光纤，1455个行政村通4G网络，1059个行政村通宽带，山西省贫困村宽带覆盖率99%以上。行政村全部实现村村通电、村村通动力电，贫困地区供电可靠率和综合电压合格率均超过国家标准。山西省58个贫困县有12942个行政村开展村庄清洁行动。

【深度贫困地区脱贫攻坚】 2019年，持续加大政策、资金、项目、帮扶向10个深度贫困县倾斜支持，推动“一县一策”（为10个深度贫困县量身定制10条共享政策、每县1条专享政策）落地见效。中央和省财政专项扶贫资金投入23.06亿元，占县资金的39.3%；省级扶贫周转金安排1亿元，占资金总量的20%；地方政府债安排3.64亿元，占总量的20.6%。人工造林30.6%、退耕还林29%、光伏扶贫19.6%重点布局到10个县。10个深度贫困县1505个扶贫专业工队，以议标方式承接项目554个，项目金额2.94亿元，带动3.68万贫困人口增收。拓展领导联系、单位包村、县际结对、企县合作、专业人才挂职、学校医院对口“六个帮扶”。省级15家新增帮扶单位安排到深度贫困县。10个县的贫困发生率下降到0.45%。

【消费扶贫】 落实“五进九销”（“五进”指进机关、企业、学校、医院和军营。“九销”指“五进”对接承销，龙头企业带销，宣传推介展销，商场超市直销，电子商务营销，基地认领订销，旅游带动促销，帮扶单位助销，劳动就业推销）

措施，建立完善组织领导、协调推进、工作支撑、工作保障和考核评价五大体系，省机关事务管理局"四购六销"进机关模式被国务院扶贫办总结推广。"四购六销"进机关是指省直属机关事务管理局作为"消费扶贫进机关"牵头单位，构建展厅展销、超市直销、网站推销、微店营销4种销售模式，拓展单位定向采购，工会福利团购、干部职工直购、进村入户认购、行业部门助购、省外平台联购6种购买渠道。山西省消费扶贫助推贫困地区农产品销售48.14万吨、23.36亿元，带动49.2万户贫困户，户均增收2398元。

【驻村帮扶】 组织36名省直驻县大队长、13985支驻村工作队、40472名工作队员、10009名第一书记，开展驻村帮扶。强化驻村帮扶属地在编管理，"五天四夜"全脱产帮扶。开展村情民意走访、基础工作巩固、政策举措落实、资金项目盘点、内生动力提升、作风问题整治等"六大行动"，帮助解决问题18.9万余个，引进帮扶资金17.43亿元，实施万元以上项目6046个。提拔使用驻村干部1374人，表彰奖励2637人次。4名个人、1个集体获全国脱贫攻坚奖，80名个人、30个集体获山西省脱贫攻坚奖。

【信息平台建设】 持续推进"四库"（即数据库、政策库、项目库、人才库）建设。持续完善数据库的数据分析、质量监测、成效展示系统，提高数据统计分析、专项数据分析能力。政策库梳理集成党的十八大以来山西省"三农"普惠政策、扶贫特惠政策、部门优惠政策11类210余条，实时动态更新、平台公布公开。完善补充项目库，对实施主体、建设内容、资金投入、带贫机制精准管理。持续推进人才库建设，省级脱贫攻坚专家库1个、260人，各市县两级组建"脱贫攻坚人才库"103个、专家5720人。

【建档立卡】 紧盯"五个重点"（识别贫困户、认定返贫户、纠正错退户、清退错评户、确定脱贫户），按季度动态管理。2019年，新识别贫困人口1.2万人，认定返贫人口193人，排查脱贫监测户7.7万人、边缘户4.7万人，动态监测、跟踪帮扶，以动态管理常态化为基本制度，对脱贫人口开展"回头看、回头帮"。

【化解风险隐患】 2019年，山西省对2014年以来各类扶贫工程项目开展风险隐患大排查大清底，发现整改隐患项目1096个。与人民网合作，对涉贫舆情适时预警、一周双报，分类研判、及时处置。对到期贷款、逾期贷款、"户贷企用"存量贷款，逐笔评估风险，制定处置预案，及时稳妥处置。2019年，为7.98万贫困户发放贷款38.14亿元，逾期率0.38%，低于全国平均水平。推广以返贫险为基础的"一保通"扶贫保险，山西省已有84个县推广、44个县开展"一保通"。

【扶贫扶志】 落实"有志想做、有事可做、有技会做、有钱能做、有人领做"的帮扶机制，推广中国社会扶贫网+爱心扶贫超市、项目扶贫超市、消费扶贫超市"一网三超"社会扶贫，设立爱心扶贫超市4090个、帮扶65万人，项目扶贫超市1710个、惠及85.5万人。实施农村本土人才回归工程，开展感恩奋进教育，选树自主脱贫典型，开设夜技校8414个，培训贫困村创业致富带头人12853人、自主创业3526人，带动3.34万贫困人口。

【扶贫培训】 省级抓示范、市级抓重点、县级广覆盖，培训各级扶贫干部1300期、41.42万人。省级成员单位共培训31期3422人。举办3期"学习贯彻习近平总书记关于扶贫工作的重要论述坚决打赢脱贫攻坚战"示范培训班，分别对103个县扶贫办主任、各市扶贫办主任，省脱贫攻坚领导小组成员单位分管领导、承担专项扶贫工作处室负责人、22个省定贫困县县长，各市市委副书记、副市长，省委脱贫攻坚督导组成员进行专题培训。

【社会扶贫】 26家中央在山西省的定点

扶贫单位投入引进8.4亿元，实施万元以上项目543个。全国人大专题调研，省人大审议脱贫攻坚报告，省政协视察监督、专题协商。统一战线“百千百”工程、共青团助学助困等“五项工程”，省妇联“三晋巾帼脱贫行动”，民营企业“千企帮千村——精准到户”扶贫行动，助力脱贫攻坚。2410家民营企业投入37.64亿元，帮扶5540个村、41万贫困人口。2309个社会组织参与脱贫攻坚，投入3.26亿元，实施项目546个，惠及13.6万人次。实施“TCL希望工程烛光奖计划”，从贫困地区遴选40余名优秀乡村教师，给予每人5000元资助。开展光明扶贫行动，免费为1.5万名贫困群众治疗白内障。中国社会扶贫网山西省注册101.15万人，成功对接65013次，累计受捐金额68.9万元。

【扶贫宣传】 2019年，中央媒体报道山西省脱贫攻坚973篇，山西省内媒体报道1.8万篇(次)。组织中央媒体网络行，集中报道山西省109篇。全国扶贫日开展“尽锐出战、决战决胜”主题活动，省市联动举办脱贫攻坚成就网络展、开展优秀摄影作品征集评选活动，乡村振兴(太谷)论坛专设脱贫攻坚分论坛，举办脱贫攻坚奖先进事迹报告会。在北京举办纪实报告文学《掷地有声——山西脱贫攻坚故事》研讨会，出版《掷地有声——山西第一书记故事》。扶贫题材电影《一个不落》入选国家精品电影。2019年，推出脱贫攻坚先进事迹汇编、中央单位在山西省定点扶贫案例、省领导联系帮扶案例、百户脱贫案例。生态扶贫案例、天镇县许家窑脱贫实践案例入选全国案例。人民日报、新华社、中国中央电视台等媒体在重要节点推出生态扶贫、深度贫困村整村搬迁、特色产业扶贫专题报道。山西日报、山西电视台开设“一县一策”攻坚深度贫困、“脱贫攻坚战场上的第一书记”等专题专栏。

(山西省扶贫办　刘源源)

内蒙古自治区扶贫开发

【概述】 2019年，内蒙古自治区坚持把脱贫攻坚作为重大政治任务和第一民生工程，强化责任落实、政策落实和工作落实，推动脱贫攻坚工作取得决定性进展。2019年，内蒙古自治区实现14.1万贫困人口脱贫，贫困发生率下降至0.11%，剩余676个贫困村已全部出列，20个国家级贫困旗县全部摘帽。在2019年度国家扶贫开发成效考核中，内蒙古自治区被评价为“好”，东西部扶贫协作评价为“好”，资金绩效评价均为“优秀”。

【扶贫资金投入】 2019年，各级财政共投入扶贫专项资金99.23亿元，其中中央安排24.58亿元，自治区本级投入44.87亿元；整合资金75.38亿元。2019年，新增扶贫小额信贷15.32亿元，累计发放42.84亿元政府债券用于易地扶贫搬迁。完成建设用地增减挂钩节余指标跨省域调出任务3600亩，调剂资金11.1亿元。

【扶贫资金管理】 由财政、扶贫等部门牵头成立资金使用监管指导组，对57个贫困旗县的扶贫资金使用情况开展两轮督查，及时发现问题并督促解决。2019年，内蒙古自治区入库项目2.15万个，资金规模194.23亿元，已实施项目1.37万个，投入资金99.58亿元。

【扶贫资产管理】 开展扶贫资产清查和管理工作，形成到户类资产、公益类资产、经营类资产“三本账”。2012—2019年，共投入财政专项扶贫资金781亿元，形成各类资产452亿元。其中，财政专项扶贫资金投入485亿元，形成资产333亿元，含公益类资产73亿元、经营类资产128亿元、到户类资产132亿元。

【扶贫制度建设】 坚持自治区负总责、盟市旗县抓落实的管理体制，落实五级书记抓扶贫责任，实施省级领导干部“一对一”联系贫困旗县制度。内蒙古自治区18个专项推进组分行业、分领域推动任务落实。向57个贫困旗县分别派驻由1名厅级干部带队的工作总队，向所有贫困嘎查村选派驻村工作队，为每个贫困户落实1名帮扶责任人。优化脱贫攻坚考核机制，对自治区18个脱贫攻坚专项工作推进组进行年度考核，对盟市按照脱贫攻坚完成情况进行差异化考核，把各级党委（党组）书记抓脱贫攻坚职责情况纳入党建述职评议考核。

【建档立卡】 组织开展两次动态调整，累计动员乡村干部、帮扶责任人等13.5万人，走访各类贫困户和农牧户102.7万户。2019年，内蒙古自治区脱贫14.1万人。截至2019年年底，在扶贫开发信息系统中内蒙古自治区有未脱贫户0.7万户、1.6万人，贫困发生率降至0.11%。识别边缘人口2.9万人，标注脱贫监测户1.3万人，边缘人口和脱贫监测人口合计4.2万人，占系统中建档立卡贫困人口总数的3.28%。建成内蒙古自治区精准扶贫大数据平台，实现国家、自治区、盟市、旗县四级数据纵向贯通，22个部门之间的数据实现横向对接。

【驻村帮扶】 出台驻村工作队调整工作意见，调整优化驻村工作队员，加大从自治区、盟市和旗县选派驻村工作队员力度，自治区新选派126名处科级干部到深度贫困地区建档立卡贫困嘎查村驻村工作队，盟市、旗县新选派2523名干部到建档立卡贫困嘎查村驻村工作队，调整撤换216名贫困嘎查村驻村干部，减少1352名苏木乡镇干部。

【产业扶贫】 发展优势特色产业，采取“菜单式”、企业带动、资产收益等方式，让贫困人口在产业链条中受益。2019年，实施项目8096个，覆盖贫困人口115.2万人次。向贫困旗县投入农牧业产业发展资金140亿元。组建自治区、盟市、旗县三级专业技术团队230个，选聘产业发展指导员1.2万人，因村因户开展产业指导。

【电商扶贫】 建成48个国家级电子商务进农村综合示范县（敖汉旗、太仆寺旗、多伦县入选2019年电子商务进农村综合示范县），4264个乡村电商服务站，累计服务建档立卡贫困人口47.71万人次。

【旅游扶贫】 结合内蒙古发展全域旅游、四季旅游和实施“旅游＋”战略，投入6400万元实施旅游项目152个，带动贫困人口4199户。累计帮助建档立卡贫困户销售各类产品8447.89万元，帮助增收2468.65万元，带动建档立卡贫困人口创业就业1.14万人。

【光伏扶贫】 31个集中式光伏扶贫电站全部建成投运，保障4万户无劳动能力贫困人口每户每年稳定增收3000元以上。“十三五”实施两批433个村级光伏电站项目，增加2143个贫困嘎查村集体经济收入，惠及11.3万贫困人口。

【消费扶贫】 内蒙古自治区出台《关于深入开展消费扶贫助力打赢脱贫攻坚战的实施意见》，动员社会各界扩大贫困地区产品消费。开展贫困地区特色优质农畜产品“进京”行动，加强与阿里巴巴、京东、首农、字节跳动等网络平台合作，探索互联网、新媒体下的消费扶贫新模式。启动自治区“农校对接”工作，促进贫困地区产品与学校食堂精准对接。2019年，组织购买、销售贫困地区农畜产品36.93亿元，带动贫困人口近9万人。

【易地扶贫搬迁】 “十三五”期间，内蒙古自治区规划搬迁贫困人口12.49万人、5.33万套安置住房的建设任务全部完成。2019年，建设19个集中安置点、3715套安置住房，9309名搬迁人员全部入住。因人因户落实后续扶持措施，确保实现搬得出、稳得住、能致富。

【生态扶贫】 将81.4%的国家和自治区林业重点生态项目安排到贫困旗县，为1.67万名贫困人口提供公益性护林员岗位，年人均享受补助1万元。

【就业扶贫】 2019年，实现贫困人口就业10万人次，其中新增扶贫车间96个，实现贫困人口4343人就业，公益岗位7.3万个，实现8.8万贫困人口就业。

【教育扶贫】 改善贫困地区薄弱学校基本办学条件，完成1793所学校达标建设。建立控辍保学动态数据库，实时监控贫困家庭儿童辍学失学情况。继续在31个国家级贫困旗县实施农村牧区义务教育阶段学生营养改善计划。2019年，资助建档立卡贫困家庭学生9.27万人，落实资助资金3.41亿元。

【健康扶贫】 将贫困人口全部纳入基本医保、大病保险和医疗救助范围，贫困患者救治比例和25种大病患者救治率均为99.9%，33万名贫困慢病患者享受签约服务，签约率98.5%。完成752所卫生室和176个卫生院达标建设工作。

【危房改造与饮水安全】 排查发现需要危房改造的贫困户8073户17056人，其中4644户被纳入国家危房改造政策，其余由地方财政解决，全部完成改造任务。解决393户862人贫困人口饮水安全未达标问题、2.1万户贫困人口的饮水安全隐患问题。

【社保兜底扶贫】 将15.24万未脱贫人口中符合条件的9.49万贫困人口纳入低保。为符合条件的7.17万未脱贫人口代缴基本养老保险费，实现政府代缴全覆盖。

【交通扶贫】 推进贫困地区“四好农村路”建设，农村牧区公路里程累计12.4万千米，其中2019年新改建贫困地区农村牧区公路6565千米。

【电力扶贫】 内蒙古自治区3681个贫困嘎查村全部通动力电，58万户贫困人口全部通生活用电。其中，2019年完成剩余15个贫困嘎查村通动力电工程，惠及2300余人；解决剩余517户贫困人口通生活用电问题。

【信息网络扶贫】 内蒙古自治区3681个贫困嘎查村中，已通光纤3657个，已通4G网络3615个，已通宽带（包括4G网络）3676个。其中，2019年新建4G基站209个村，新通宽带1个村。

【京蒙扶贫协作】 北京、内蒙古自治区主要领导率团互访，各层级、各领域深入对接。2019年，北京市共投入各级财政援助资金15.33亿元，其中16个结对区安排区以下财政援助资金3.77亿元用于支持自治区31个国贫旗县。2019年，实施扶贫协作项目809个，北京市社会各界捐款捐物4.39亿元，通过资金和项目支持带动自治区14.54万建档立卡贫困人口受益。北京市选派挂职干部107人、技术人才671人，自治区选派赴京挂职干部126人、专业技术人才实习培训2335人次。2019年，引进北京市200余家企业到自治区投资兴业，总投资5000万元以上项目225个，到位资金377亿元；引导北京市107家企业到扶贫协作地区完成实际投资31.4亿元，带动2.1万贫困人口受益。北京市各界通过各种渠道采购销售自治区特色农畜产品金额35.71亿元，带动建档立卡贫困人口8.45万人。

【定点扶贫】 29个中央和国家机关单位定点帮扶内蒙古自治区31个国贫旗县，2019年中央单位领导班子成员调研对接57次，直接投入帮扶资金2.08亿元，引进帮扶资金5.66亿元，引进项目214个，带动8.7万贫困人口增收，选派挂职干部54人，培训基层干部和技术人员3.4万人次，贫困人口转移就业1959人。内蒙古自治区159个厅局单位定点帮扶159个贫困嘎查村，直接投入帮扶资金3.62亿元。

【社会扶贫】 发挥中国社会扶贫网的作用，自治区累计注册近60万人，累计捐赠次数10万余次，捐赠金额236万元。组织企业和社会组织以各种形式公益帮扶8000余万元，成立扶贫志愿服务团队116个、1万人，累计服务时长80万小时。开展“光明行”公益活动，实施复明手术3.52万例。开展“万企帮万村”活动，共有1027家企业与2248个嘎查村结对，累计投入资金28.7亿元，实施项目2171个，带动贫困人口13.24万人。

【问题整改】 把中央专项巡视反馈问题、国家成效考核指出问题、扶贫领域各类检查督查发现的问题和自治区自查问题，一并安排部署，一体整改。中央专项巡视反馈的4个方面10类问题，细化为91项整改措施；国家成效考核反馈的8个方面27项48个问题，确定149项整改措施，以及国务院扶贫开发领导小组督查组反馈的3个方面8个问题4条建议，细化为38条整改措施；国家审计2019年扶贫资金使用情况涉及自治区8个旗县35个问题。

【扶贫领域作风建设】 开展扶贫领域作风建设深化年活动和漠视侵害群众利益问题专项整治，力戒形式主义、官僚主义等问题。畅通12317扶贫信访渠道，强化监督服务。2019年，共受理信访事项278件。落实扶贫、信访、纪委监委问题线索移送工作机制，开展全区扶贫领域信访问题专项受理行动。利用精准扶贫大数据平台和扶贫开发信息系统调取数据。规范督查检查，安排1次全区性暗访和1次集中调研指导。

【队伍建设】 内蒙古自治区出台《关心关爱脱贫攻坚一线干部若干办法》。截至2019年年底，表彰奖励驻村干部5604人，提拔重用

3335人，调整召回3484人，受到处分165人，扶贫干部牺牲26人。其中，2019年表彰奖励基层干部2610人，提拔重用19名旗县脱贫攻坚工作总队队员和1233名驻村干部，扶贫干部牺牲5人。

【扶贫宣传】 启动建设自治区脱贫攻坚3D网上展厅，创新“10·17”扶贫日宣传形式，如制作公益宣传广告、开展专题研讨、召开新闻发布会、发表署名文章、组织电视访谈等。截至2019年年底，在国家级媒体上刊发扶贫稿件6040篇，自治区级媒体上刊发21564篇。挖掘全国脱贫攻坚奖推荐人选，2019年内蒙古自治区2个集体、4名个人荣获全国脱贫攻坚奖。自治区扶贫开发领导小组对全区73个脱贫攻坚先进集体和73名脱贫攻坚先进个人进行通报表彰。

（内蒙古自治区扶贫办　祁　盈）

辽宁省扶贫开发

【概述】 2019年，辽宁省紧盯脱贫攻坚“决战决胜”年度任务，聚焦解决“两不愁三保障”突出问题，高位推进、尽锐出战、全向发力、成效明显。2019年，辽宁省13.02万人、128个贫困村达到脱贫标准；5个省级贫困县摘帽。

【扶贫资金投入】 2019年，落实省以上扶贫资金20.2亿元，其中中央扶贫发展资金8.4亿元，省本级扶贫发展资金10亿元，新增省本级医疗补充保险专项资金1.8亿元。市县投入超过5亿元。银行业金融机构支持金融扶贫，累计发放扶贫小额信贷4.47亿元，惠及贫困户8921户。

【扶贫会议】 辽宁省委、省政府召开全省脱贫攻坚大会、全省10个已摘帽省级贫困县成效巩固现场会等10次会议，省领导出席会议并讲话，部署推进各项工作。省扶贫办召开4次全省扶贫办主任工作会议，多次召开产业、医疗补充保险、金融、驻村、项目库、建档立卡动态调整、资金监管等会议和培训，联合省委组织部、省委党校举办2期全省市县乡党政领导干部精准脱贫专题培训班。

【组织领导】 辽宁省委、省政府带动全省落实“五级书记抓扶贫”“党政同责”责任机制，深入葫芦岛市、建昌县、义县等县市区开展专题调研，召开座谈会，指导检查扶贫工作。1月，省脱贫攻坚领导小组与12个市党政主要负责人签署《2019年减贫责任书》，并签订责任状。3月，辽宁省扶贫办印发《关于认真落实2019年脱贫任务的通知》，将脱贫攻坚任务分解到市、到县，并落实到户、到人。印发省委、省政府3次全省大会精神的贯彻落实责任分工或工作安排。出台《2019年全省脱贫攻坚月调度季调度工作方案》建立省扶贫办周例会制度；建立扶贫办班子“包片负责”制度，4个班子成员每人包3个市，建立联系指导关系、持续推进工作。

【扶贫文件】 4月，辽宁省委、省政府两办印发《辽宁省促进产业扶贫提质增效实施方案》《辽宁省建档立卡贫困家庭子女就业扶贫实施方案》《辽宁省建档立卡贫困人口医疗保障实施方案》，在产业、就业、医疗三个方面集中发力，破解制约脱贫质量的瓶颈问题。

【建档立卡动态管理】 印发《辽宁省脱贫质量大普查大排查大督查工作实施方案》，组织开展全省大普查大排查大督查工作。入户调查建档立卡贫困户39万户，走访贫困边缘的非建档立卡农户35万户，新识别贫困人口11738人，脱贫不稳固回退（含贫困家庭自然变更）5762人。辽宁省扶贫办印发《关于做好2019年度扶贫对象动态管理工作的通知》，组织开展扶贫对象动态管理工作。

【两不愁三保障】 聚焦解决“两不愁三保障”突出问题，推动各地区、各部门落实产业、就业、危房等举措。实施《辽宁省促进产业扶贫提质增效实施方案》，落实产业扶贫资金17.8亿元，实施产业扶贫项目4211个，惠及贫困人口62.96万人。实施《辽宁省建档立卡贫困人口医疗保障实施方案》，大病集中救治4.25万人、慢病签约健康管理14.02万人、重病兜底保障1.86万人。建立贫困人口医疗补充保险“第四重保障”，完成理赔5925万元、惠及贫困人口8.3万人，截至2019年年底理赔1亿元以上、惠及贫困人口超过13万人。完成建档立卡贫困户危房改造任务1.63万户。实施《辽宁省建档立卡贫困家庭子女就业扶贫实施方案》，全年安置贫困家庭大学毕业生1230人，其中各级事业单位安置653人。健全学校、班主任和监护人沟通机制，防止贫困家庭学生因贫失学、辍学。省以上投入6.4亿元，解决1.2万建档立卡贫困人口和62个贫困村的饮水安全问题。加大对5个未摘帽省级贫困县的扶持力度，建设农村公路1385千米，改造危桥18座，实施农村公路生命安全防护工程872.5千米。将农村低保标准提高到每年5073元，全省建档立卡贫困人口中有23.96万人享受低保扶持。

【精准退出】 辽宁省扶贫办指导5个市、5个县成立领导小组，召开贫困县退出大会，出台专项工作方案，制定工作台账；落实省以上扶贫资金对朝阳县、建昌县倾斜投入2000万元，对彰武县和葫芦岛市南票区倾斜投入1000万元，推进市本级增加投入7982万元；6—7月，省扶贫办联合省教育、民政、交通、农业等10个部门，对5个县的退出工作进行预评估；省扶贫办安排对5个市、5个县“一对一”进行“月督查”。128个贫困村、13.02万贫困人口完成退出。

【定点和驻村扶贫】 辽宁省扶贫办联合省委组织部印发《关于明确机构改革后省（中）直有关单位定点（驻村）扶贫工作的通知》《关于明确有关单位定点（驻村）扶贫任务的通知》，调整38家相关单位的帮扶任务，走访省派工作队53支，调整备案省派工作队247支、队员724人。省扶贫办联合省委组织部、省科技厅举办2期省派驻村工作队队长专题培训班，共培训省（中）直单位112家、驻村工作队队长126人。召开省直定点扶贫牵头单位联络员座谈会，总结交流工作经验，研究部署帮扶工作。各级定点帮扶、驻村帮扶、派驻干部单位主要负责人多次到扶贫点调研，选派1.2万名乡村干部和5700名驻村工作队员，选派800名干部驻乡驻村。

【社会扶贫】 推广中国社会扶贫网网上扶贫，辽宁省已注册贫困户19万户，已注册爱心人士19万人，对接帮扶3万次。组织开展“爱心救护车”、药品、太阳能路灯等捐赠活动。会同辽勤集团有限公司举办绿色农产品展览会，联合辽宁省工商联青年企业家创业商会共建精准扶贫项目，组织各地区、各部门举办全国扶贫日主题活动。

【扶贫宣传】 在2019年全国脱贫攻坚奖评选中，辽宁省2名个人、1个集体获奖。全省有5名驻村干部荣获辽宁省“五一劳动奖章”。省委组织的第六届辽宁省“人民满意的公务员”“人民满意的公务员集体”和记一等功公务员中，1人被评为“人民满意的公务员”、3人被评为一等功公务员。加大典型宣传工作力度，编发《脱贫攻坚快报》70期，编印《辽宁扶贫》12期，人民日报报道8条，辽宁新闻报道208条，辽宁日报报道668条。

【扶贫考核】 制定《全省脱贫攻坚督导督查评价验收标准》，选派业务骨干对14个市进行“一对一”督导检查。督导督查组深入全部涉农县（市、区），随机抽查197个乡（镇、街道），268个村，走访700户贫困户，检查63个省直驻村工作队。制定《省扶贫办“重强抓”专项行动工作方案》，印发《2019年辽宁省脱贫攻坚工作成效考核实施方案》《辽宁省脱贫攻坚工作检查验收实施方案》，完成省直部门脱贫攻坚工作考核共性指标设置，细化完善脱贫攻坚工作考核内容。

【扶贫信访】 2019年，共接到各类群众来电来访836件，其中咨询类760件，投诉类76件。出台《辽宁省扶贫信访工作处理办法（试行）》，规范信访处理程序。对重复访和突出的信访问题进行8次督办回访。

（辽宁省扶贫办　李文锋）

吉林省扶贫开发

【概述】 2019年，吉林省的贫困人口从2018年年底的77673人减至10063人，贫困发生率降至0.07%，剩余223个贫困村全部退出，8个国家级贫困县全部摘帽。贫困人口均被纳入基本医保、大病保险和医疗救助保障范围，义务教育阶段贫困家庭失辍学学生控辍保学措施、贫困人口饮水安全巩固提升措施落实，贫困户存量危房纳入计划并完成改造。西部连片特困地区新能源并网装机容量达到528万千瓦，500万千伏特高压输变电线路建成运行；推进引嫩入白、河湖连通等；东部连片特困地区发展林特产业和全域旅游，打造汪清木耳、朝鲜族民俗旅游等品牌。

【扶贫资金投入与监管】 2019年，吉林省筹措财政专项扶贫资金32.1亿元，其中省级资金9.8亿元，；贫困县整合涉农资金46.6亿元；安排新增地方政府债券资金4.5亿元。对贫困地区11家金融机构定向降准，发放扶贫再贷款20.9亿元，投放产业精准扶贫贷款92.1亿元，“助保贷”余额32.8亿元，金穗增信脱贫贷余额1.4亿元。扶贫小额信贷累计发放39.5亿元。实行扶贫项目资金全程绩效管理，开展专项检查和审计，定期调度通报、适时约谈。

【组织领导】 吉林省委、省政府多次召开会议研究脱贫攻坚工作，省委书记、省长主持召开东西两个片区座谈会；培训各级各类人员12万余人次。落实五级书记抓扶贫责任制，形成五级主体责任清单、省直部门监管责任和主要任务清单等；出台省直部门脱贫攻坚和省内扶贫协作成效考核办法。成立6个专项组，分战线抓落实。实行双周视频调度、直接到县，相关领导集中点评。建立重点工作月交流制度。组建脱贫攻坚调研指导组，常态化开展调研，帮助基层查摆问题，提出对策建议，持续跟踪问效。

【饮水安全】 开展拉网式排查，落实省级投入10.2亿元；同步解决贫困人口与连带非贫困人口的饮水安全问题，保障26792名贫困人口的饮水安全。提出农村安全饮水工程“横管2米以下、竖管进屋”等施工标准。

【健康扶贫】 开展排查见底、整改清零、巩固提升专项行动，健全县乡村卫生医疗机构、配备医务人员；建立“定期比对、随到随参”机制，实现应保尽保；提高参保资助标准和住院、慢病门诊费用报销比例；建立健康档案，开展家庭医生签约服务，对贫困患者实行“一人一策”个性化诊疗。“看病120，服务111”宣传模式被国家卫生健康委员会作为典型案例推广。

【教育扶贫】 抓好控辍保学、农村学校和教师队伍建设、贫困学生资助，排查并帮助161名义务教育阶段贫困家庭失辍学学生返学，为贫困县招聘特岗教师614名，落实乡村教师生活补助政策和学生营养改善计划，实施农村学校取暖改造工程。

【产业扶贫】 新上产业扶贫项目1070个；编制实施省市县产业精准扶贫规划；省级农业产业化发展专项资金重点支持贫困县；创新出台“6+N+1”扶贫产业保险办法；组建省级专家服务团队，设立产业发展指导员；开展展示展销系列活动，“第一书记代言”活动累计销售扶贫产品超5亿元；打造汪清木耳、通榆辣椒等产业品牌，推介70个项目。

【就业扶贫】 选聘、续聘生态护林员5020人。出台易地扶贫搬迁后续帮扶政策，推进产业培育、就业扶持等工作。加强贫困劳动力技能培训、外出务工品牌培训、创业培训，利用“吉林保安”“吉林大姐”等品牌推动劳务输出；培育创业致富带头人，承办全国贫困村创业致富带头人培训班；出台《关于巩固脱贫成效保障稳定脱贫的意见》，从提升稳定增收能力、激发内生动力等方面提出24项措施。

【深度贫困地区脱贫攻坚】 加大深度贫困地区支持力度，从省级专项扶贫资金中划出2.5亿元，安排新增一般债券资金2.1亿元，定向投入2个深度贫困县、150个深度贫困村；深度贫困县统筹整合涉农资金14.1亿元，向深度贫困县发放精准扶贫贷款7.7亿元、扶贫再贷款1.6亿元；支持深度贫困县开展跨省土地增减挂钩试点，拨付调剂资金3.6亿元。

【社保兜底扶贫】 对完全或部分丧失劳动能力且无法通过产业就业帮扶实现脱贫人口实施兜底保障，人均4049元；贫困人口大病保险起付线从5000元下调至3000元，报销比例比普通人群提高5个百分点，并取消当年封顶线；强化贫困慢病患者分类管理，做到签约一人、履约一人、做实一人；开展贫困患者大病救治，对行动不便的送医入户；为贫困残疾人实施家庭无障碍改造，提供托养服务，发放困难生活和护理补贴；为80周岁以上贫困人口落实高龄生活津贴；为符合条件的贫困人口代缴基本养老金。

【东西部扶贫协作】 吉林省及延边朝鲜族自治州（以下简称“延边州”）党政负责人赴浙江对接，延边州84名干部赴宁波市挂职学习。延边州与宁波市实施援建项目89个，带动和惠及贫困人口2.1万人；22家企业落户延边州，到位资金19.2亿元，带贫1604人。帮助贫困劳动力就业2351人。延边州43个乡镇、87个贫困村与宁波市开展结对帮扶。

【定点扶贫】 每个中央单位明确一位省级领导负责联系，13位省级领导对接27次。中央单位赴定点县考察236人次，选派挂职干部32人，投入和引进资金11.5亿元，培训干部人才2577人，帮助劳务输出729人。

【省内扶贫协作】 长春市投入5000万元，支持白城市发展棚膜和牧业园区。派出健康专家和医疗骨干，赠送5辆救护车、10台（套）医疗设备，开展医疗帮扶。吉林市投入2470万元，援建白山市光伏电站和公路项目。

【社会扶贫】 持续开展民企帮扶“光彩行动”，近1500家企业参与；推进志愿服务，形成吉心工程、日行一善等品牌；77.5万人在中国社会扶贫网注册，与贫困户需求对接成功率超90%。

【党建扶贫】 整顿软弱涣散的村党组织84个，调整撤换不胜任、不尽职贫困村书记21人。加强驻村干部教育、监督、管理和考核。抓好村党组织带头人队伍建设，“第一书记代言”活动荣获全国脱贫攻坚奖组织创新奖。强化扶贫领域监督执纪问责，严肃查处腐败和作风问题。出台《关于解决扶贫领域形式主义突出问题切实为基层减负的具体规定》，督查检查考核突出结果导向，不简单用开会发文、台账记录等痕迹资料评判。

【扶贫宣传】 在人民日报、新华社、中国中央广播电视总台等主流媒体刊发稿件77篇，吉林日报、吉林广播电视台等省内媒体播发刊发脱贫攻坚新闻367篇。强化典型引领，有3人、1个集体荣获全国脱贫攻坚奖，112人和20个集体获吉林省脱贫攻坚奖，1625人和41个集体获全省事业单位脱贫攻坚专项奖，评选“吉林好人·脱贫攻坚先锋”13名、“最美第一书记”10名。

（吉林省扶贫办　马延峰）

黑龙江省扶贫开发

【概述】 2019年，黑龙江省坚持目标标准，聚焦“两不愁三保障”，攻克深度贫困堡垒，巩固拓展脱贫攻坚成果，实现10.15万贫困人口脱贫，剩余贫困人口12551人，贫困发生率降至0.07%，剩余100个贫困村全部脱贫出列，剩余5个国家级开发工作重点县全部脱贫摘帽。

【扶贫资金投入与管理】 2019年，黑龙江省投入各级财政专项扶贫资金和中央专项彩票公益金支持贫困革命老区脱贫攻坚资金54亿元。其中，省级安排财政专项扶贫资金20.9亿元。20个国家级开发工作重点县整合使用财政涉农资金54.9亿元。入库项目3198个，资金规模109.9亿元。2019年，累计实施项目4608个、资金规模151.87亿元，清理闲置资金2004万元。

落实公告公示制度，各级专项扶贫资金在省直部门和县级政府网站公开，乡、村两级扶贫资金使用和项目安排一律公告公示，可在黑龙江扶贫资金手机App上查询“到人到户”项目分类信息。清查2012—2019年财政专项扶贫资金和贫困县涉农整合资金扶贫项目14510个，涉及资金215亿元。

【问题整改】 组织驻村工作队、帮扶责任人、行业部门干部、乡村干部等15万多人，深入村屯、农户和工程现场，开展问题排查整改，贫困人口“三保障”和饮水安全基本实现。查出农村饮水安全工程水源地保护、运行管护不到位问题工程4254处，完成整改4239处。查出因水灾等原因新增农村4类重点对象危房7967户，改造完成5866户，其中贫困户791户。查出农村义务教育阶段失学辍学学生1100名，其中贫困户家庭有辍学学生4名。查出建档立卡贫困人口未参加基本医疗保险的3987人，全部解决。中央脱贫攻坚专项巡视举一反三的4个方面、93个问题，中央第六巡视组反馈扶贫领域存在的15个问题，国家扶贫成效考核反馈的7个方面、85个问题，国家脱贫攻坚督查发现的5个方面、10个问题，全部完成整改。

【深度贫困地区脱贫攻坚】 省级对3个深度贫困县和107个深度贫困村新增专项扶贫资金1.67亿元。安排3个深度贫困县重大项目21个，资金11.27亿元。落实深度贫困县土地增减挂钩政策收益和易地占补平衡项目交易资金10.27亿元，其中2019年跨省调出城乡建设用地指标2100亩、省域内流转指标1980亩，省域内耕地易地占补平衡项目出让9639亩。支持深度贫困县发展鲜食玉米、果蔬、食用菌、汉麻等特色作物种植。到2019年年底，3个深度贫困县贫困人口减少到7804人，贫困发生率下降到0.52%，全部脱贫摘帽。

【产业就业扶贫】 发展小菜园、绿色食品等特色农业，2019年新增落地项目1031个，覆盖贫困户11.9万户。涵盖全部20个贫困县在内共31个县（市）开展“国家电子商务进农村综合示范县（市）”建设，新增网商5205个，农产品网络零售额50.4亿元，带动贫困人口受益32507人。新建旅游扶贫点195个，带动贫困人口15233人。新建村级光伏电站10个。黑龙江省光伏扶贫电站实现收益3.83亿元，带动贫困户受益2.03万户。全省实现贫困劳动力就业13.9万人次，其中跨省就业1.9万人次，省内就业2.3万人次，就地就近就业9.7万人次。村级公益岗实现贫困人口就业4.4万人，316个扶贫车间带动贫困人口就业5056人。

【社会扶贫】 2019年，黑龙江省10家中央定点扶贫单位选派挂职干部18人，投入资金9266万元，引进项目58个，转移就业贫困人口1076人。购买贫困地区农产品3.55亿元，帮助销售贫困地区农产品4305万元。全省参与“百企帮百村联万户”精准扶贫行动的民营企业1370家，实施项目2980个，投资17.1亿元，帮扶1613个村，受益贫困人口13.5万人。803个社会组织投入8851万元，受益贫困人口17.2万人。动员社会各界购买和帮助销售农副产品3.44亿元，受益贫困人口24.2万人。

【精准帮扶】 黑龙江省为贫困群众解决医疗、住房、就业等实际困难和问题35.8万个。全省排查出脱贫监测户和边缘户共9307户19890人。推广互助菜园、托牛入场、田园地定制等13种产业扶贫模式。投入44.2亿元，推动贫困村提升工程。全省1778个贫困村全部脱贫退出，每村平均投入858万元，全部通光纤宽带、生活用电、动力电。贫困地区交工农村公路4555千米，农村通硬化路41934千米。宣传推广脱贫典型3840个，落实生产奖补、劳务补助、以工代赈等措施。

【扶贫宣传】 学习宣传《习近平扶贫论述摘编》，省市、县领导干部2500多人收听收看国务院扶贫办主任刘永富作专题辅导报告；编印各市(地)和有扶贫任务的县(市、区)以及领导小组成员单位主要负责人学习体会文章汇编。出台《决战决胜脱贫攻坚主题宣传活动方案》，成立宣传工作专班。建立宣传典型案例库，共入库案例4840件。冷菊贞、陈华和黑龙江日报报业集团全媒体经济新闻中心获得全国脱贫攻坚奖。评选出省级脱贫攻坚奖先进个人80人、单位30家。开展“壮丽70年奋斗新时代”脱贫攻坚专场新闻发布会和媒体特别节目宣传活动。10月，全国脱贫攻坚先进事迹巡回报告团在哈尔滨市进行宣讲报告，全省共有1.2万余人以电视电话会议形式观看。

【扶贫领域作风建设】 开展“不忘初心、牢记使命”主题教育，全面检视、专项整治扶贫领域形式主义、官僚主义和“四个不摘”政策落实不力、工作松劲懈怠等漠视侵害群众利益问题。黑龙江省扶贫开发领导小组对国家和省年度考核评价一般或存在突出问题的9个县(市)党委主要领导及所在7个市分管领导和1家省直部门主要负责人进行约谈，对农村危房改造进展慢的1个市党委主要领导等进行常态化约谈。2019年，共查处扶贫领域腐败和作风问题1349个，党纪政务处分1173人。2019年，在岗驻村工作队4889个，第一书记4889人，驻村干部14982人，调整5065人，召回291人；提拔重用扶贫干部2400人，各级表彰2314人，处理275人，调整基层扶贫干部5999人，牺牲1人；培训驻村干部、第一书记及基层扶贫干部等39.7万人次。

(黑龙江省扶贫办　许艳东)

江苏省扶贫开发

【概述】 2019年，江苏省聚焦户脱贫、村达标、县“摘帽”，有55.15万低收入人口达到6000元标准，印发《解决农村低收入人口“两不愁三保障”突出问题行动方案》，97个省定经济薄弱村集体经济年收入全部超过18万元，12个重点帮扶县全部脱贫摘帽。全省累计254万建档立卡低收入人口年人均收入6000元，821个省定经济薄弱村全部达标，扶贫开发重点片区面貌改善。

【扶贫资金投入】 2019年，江苏省投入财政专项扶贫资金36.44亿元，其中中央财政专项扶贫资金2.9亿元、省级14.1亿元、市级3.5亿元、县级15.94亿元。中央及省级财政扶贫资金主要用于建档立卡低收入人口精准帮扶5.71亿元、苏北重点片区关键工程建设1.54亿元、苏北地区低收入人口住房条件改善5亿元、建档立卡低收入人口医保补助1.75亿元、宿迁国家扶贫改革试验区建设及少数民族发展等2.99亿元，实施项目436个，其中产业及资产收益类项目387个。

【产业扶贫】 推进重点县产业富民工程，将国家重大项目优先支持重点帮扶县，制定实施八大千亿元特色优势产业规划和10个专项行动计划，集中力量帮助每个重点县选准1—2个主导特色产业，支持经济薄弱地区发展“一村一品”“一乡一业”。下达农业产业富民专项资金6.12亿元，实施233个农业产业富民项目，带动6300多户低收入农户和270多个经济薄弱村增收。编印“经济薄弱地区特色农产品名录”，组织产销对接消费扶贫签约专场会，2019年有42个企业签订农产品购销合同，签订金额20亿元；821个省定经济薄弱村实现电商服务站点全覆盖，130多个省定经济薄弱村发展成为“淘宝村”，有8.3万低收入人口直接参与网络经济。强化资产收益扶贫，苏北5市已累计形成扶贫资产53.3亿元，其中经营性资产44.7亿元。

【就业扶贫】 2019年，江苏省新增21家全国就业扶贫基地，为20.7万人次低收入农户劳动力提供各类免费就业创业服务，实现新增转移就业8.5万人，开展免费就业技能培训1.3万人。

【重点村、重点群体帮扶】 向省定经济薄弱村安排60万元或200万元财政专项扶持资金，发展资源利用、提供服务、物业管理、混合经营等集体经济。运用农村土地制度改革、集体产权制度改革、国家扶持村级集体经济发展试点、村级公共空间治理等成果，深化“五方挂钩”帮扶（即省级机关、高校科研院所、大型国有企业、苏南经济相对发达的县市区与苏北经济相对薄弱的县区挂钩帮扶）、南北共建园区、村企结对共建、领导干部包村等机制。督促地方对未达标的97个村落实“包干”制度，对已达标村开展“回头看”，巩固帮扶成果。对疾病、遭灾等情形落实临时救助、专项救助、司法救助、商业保险、资产收益扶贫等保障性防贫措施。将符合条件的无劳动能力对象纳入最低生活保障，强化社会救助兜底保障工作，江苏省农村最低保障标准为每人每月520元。对既不符合条件又无劳动能力的特殊困难群体，落实集体经济分红、社会组织定向帮扶、地方政府兜底等综合措施。推广孝善基金、签订赡养协议等做法,解决分户老人脱贫问题。

【重点片区帮扶】 “十三五”时期,江苏省扶贫开发重点片区为“6+2”格局,即在苏北确定6个重点区域,苏中苏南以黄桥、茅山革命老区为主。把苏北成子湖片区、西南岗片区、涟沭结合部片区、石梁河水库片区、丰县湖西片区、灌溉总渠以北片区6个重点片区作为主战场,定期召开联席会议,推动实施片区整体帮扶规划,实施基础设施、产业发展、民生改善等帮扶项目2680个。聚焦解决制约片区发展的瓶颈问题,安排专项资金7.6亿元,规划确定的25个关键工程项目已完工24个。巩固提升黄桥、茅山革命老区富民强村行动成果,累计投入专项支持资金1.33亿元。

【扶贫改革试验区建设】 2019年,宿迁市贯彻落实中央和省委、省政府的决策部署,坚持以扶贫试验区建设为引领,加大改革创新力度,着力破解制约瓶颈。截至2019年年底,宿迁市62.9万名低收入人口、188个省定经济薄弱村全部稳定脱贫达标,3个省级帮扶重点县摘帽,三大片区面貌明显改善。

【扶贫小额信贷】 2019年,江苏省扶贫办、省财政厅、中国人民银行南京分行、中国银行保险监督管理委员会江苏监管局联合印发《关于进一步调整完善江苏省“十三五”扶贫小额贷款有关事项的通知》,按照《通知》要求,累计发放贴息扶贫小额贷款28.5亿元,9.32万低收入农户受益。

【驻村帮扶】 深化“五方挂钩”帮扶机制,2019年江苏省262家省级“五方挂钩”单位落实帮扶资金5.2亿元、实施项目550个。坚持选派工作队驻村帮扶,省市县同步选派干部,对省市县定经济薄弱村实现全覆盖,落实建档立卡低收入农户帮扶联系人33.69万名。

【扶贫宣传】 2019年,江苏省累计在各级各类媒体发表1300余篇新闻报道。扶贫办领导接受新华日报等省内媒体采访,参加扶贫新闻发布会。国家扶贫日期间,组织开展全省脱贫攻坚奖评选表彰,在新华日报开设12个省定重点帮扶县(区)委书记《坚决打赢打好脱贫攻坚战》专栏。全省扶贫领域涌现出一批先进典型,有2人获全国脱贫攻坚奖,盐城市滨海县获全国脱贫攻坚奖组织创新奖,16人获全省脱贫致富奖,15人获全省扶贫济困奖,16家单位获全省脱贫攻坚组织创新奖。

【扶贫领域作风建设】 执行“两公告四公示两比对”“五签字五确认”程序,对家庭年人均可支配收入达不到6000元或者“三保障”存在问题的一律不得认定脱贫。加大扶贫资金投入和监管,出台资金项目管理办法,通过专项督查、月报制度、印发通报、填报国家信息系统和“阳光扶贫”监管系统等举措,对财政扶贫资金使用情况进行清查,加快项目实施及资金拨付进度,2018年及以前结余资金已清理归零,2019年资金已基本支出到位。开展扶贫领域形式主义、官僚主义集中整治和漠视侵害群众利益问题专项整治,强化脱贫攻坚巡视、审计、检查,查处扶贫领域贪污挪用、虚报冒领、优亲厚友及履责不力、作风不实等问题,2019年共查处问题1840件、处理2522人,其中党政纪处分1270人。将脱贫攻坚纳入江苏省高质量发展年度综合考核。做好“12317”扶贫监督举报受理工作,共处理674个群众来电。

（江苏省扶贫办综合处　张　煜）

浙江省扶贫开发

【概述】 2019年，浙江省坚持社会保障性扶贫与开发性扶贫并重的方针，完善解决相对贫困阶段扶贫开发体制机制，实施低收入农户高水平全面小康计划，增强低收入农户自我发展能力，壮大重点帮扶村村集体经济，将26个加快发展县培育成区域经济新的增长点。全省消除家庭人均收入7600元以下现象，低收入农户人均可支配收入为12546元，省定集体经济薄弱村基本消除，26个县主要发展指标增速高于全省平均水平。

【扶贫资金投入】 2019年，浙江省级财政安排扶贫资金等合计28.19亿元，其中专项扶贫资金8.91亿元，“两山(一类)”财政专项激励资金18亿元，扶持经济薄弱村专项资金1.28亿元。中央财政专项扶贫资金投入3.25亿元。各级财政专项扶贫资金主要用于扶贫异地搬迁、扶贫小额信贷、光伏小康工程、“雨露计划”和扶持低收入农户发展产业等。

【扶贫资金管理】 2019年，浙江省出台《浙江省扶贫产业增收项目管理办法》《浙江省扶贫小额信贷管理办法》《关于规范异地搬迁工作的通知》《关于全面提升财政专项扶贫资金绩效的通知》等扶贫资金与项目管理办法，理清各级各部门扶贫项目资金监管职责，加强扶贫资金管理，提高扶贫资金管理的规范化、精细化水平。落实财政专项扶贫资金使用目标管理、绩效监控，组织开展综合评价。

【扶贫对象动态调整】 按照《中共浙江省委办公厅、浙江省人民政府办公厅关于推进新时代社会救助体系建设的实施意见》要求，各地扶贫、民政部门组织开展低收入农户和低保边缘户经济状况“两线合一”工作。浙江省民政厅、农业农村厅等10部门联合印发《浙江省社会救助家庭经济状况认定办法》，民政部门负责低收入农户的认定，扶贫部门协同配合，开展低收入农户动态调整工作。截至2019年年底，全省调出已不符合低收入农户认定标准的农户(包括增收脱贫、户籍外迁、死亡等)502177人，调进新出现的低收入农户(包括因病因残因学因灾致贫、低收入家庭新出生等)374605人；共调查认定低收入农户558518户、886505人，其中低保户405921户、593950人，其他经济困难农户152597户、292555人；淳安县等26个加快发展县和金华市婺城区、兰溪市、台州市黄岩区共认定低收入农户278461户、449426人。

【社会保障完善】 浙江省在全国率先实现县市区范围内城乡低保标准一体，截至2019年年底，省平均低保标准每月814元，全省困难群众基本生活救助支出(含低保、特困、临时救助)58.8亿元，其中中央资金补助8.59亿元，省级财政安排资金16.10亿元(包含困境儿童补助资金1.22亿元)。全省城乡居民社会养老保险参保1199万人，其中60周岁及以上领取养老金待遇537万人，新增首次参保45万人，基础养老金省定最低标准155元。参加养老保障制度的被征地农民654万人，其中156万人参加被征地农民基本生活保障，68万人领取待遇；498万人参加职工基本养老保险，279万人领取待遇。城乡居民基本医疗保险参保人数3035万人，筹资标准1252元，其中财政补助838元，政策范围内住院报销比例

68.05%。农村特困人员基本生活标准平均每月1387元。临时救助困难群众8.6万户、15.3万人次，其中低保对象2.66万户、4.22万人。各地发放临时救助金1.98亿元，户均救助2302元，人均救助1294元。

【教育扶贫】 学前教育等级幼儿园比例为96.9%，义务教育入学率为99.99%，高中阶段毛入学率为97.6%，15年基础教育普及率为99.14%，义务教育标准化学校比例为96.8%。农村义务教育阶段学校每年每生平均公用经费标准小学为650元，初中为850元。农村小学低收入家庭子女爱心营养餐标准为每生每年1000元，受益学生占义务教育阶段学生总数的3%。义务教育中小学随迁子女在校生153.5万人。浙江省高职(高专)院校50所(含筹)，中等职业学校323所(含技工学校78所)。参加成人“双证制”教育培训毕业4.79万人。享受本省涉农专业免费就读政策的大中专学生3.2万人。

【健康扶贫】 浙江省所有县市都已建成至少1所二级甲等以上医院，全省卫生机构3.4万个(含村卫生室)，其中医院1374个，卫生院1092个，社区卫生服务中心(站)4922个，诊所(卫生室、医务室)12312个，村卫生室11593个，疾病预防控制中心100个，卫生监督所(中心)102个。卫生技术人员52.1万人，其中执业(助理)医师20.6万人、注册护士22万人。医疗卫生机构床位数35万张，其中医院30.7万张、卫生院2.1万张。医院2019年总诊疗29985万人次。

【文化扶贫】 2019年，浙江省新建农村文化礼堂3282家，累计建成14341家，全省500人以上行政村覆盖率为74%。组织送文艺演出下乡2.49万场次，送书下乡345.22万册，送讲座、送展览15042场，组织文化走亲活动2045场次。

【产业扶贫】 扶持发展各类特色产业，引导和支持帮扶对象发展高效生态特色产业，2019年产业项目落地931个，落实各级项目资金6.5亿元。扶持发展新经济业态，重点支持帮扶对象发展农家乐、农村电商等。截至2019年年底，浙江省农家乐休闲旅游特色村(民宿集聚村)1162个、农家乐特色点(农庄)2100个，农家乐经营户2.22万户，带动就业超过100万人；接待游客4.56亿人次，休闲农业收入527.4亿元，其中直接营业收入404.6亿元，出售农产品等收入122.8亿元。全省拥有活跃涉农网店2.2万家，实现农产品网络零售额842.9亿元。

【异地搬迁】 坚持走生态保护、绿色发展道路，考虑生态保护、土地利用总体规划、城乡基础设施、公共服务和人口布局等因素，鼓励偏远乡村整村搬迁。浙江省政府印发《关于规范异地搬迁工作的通知》，明确异地搬迁类别和补助政策，制定异地搬迁负面清单，将低收入农户搬迁标准提高至每人30000元、配套用地指标增至每人80平方米，完善宅基地复垦、建设用地指标交易等倾斜政策，健全后续户籍管理、上学就医、产业发展、转移就业、社会保障等制度和机制。2019年，完成农户搬迁5793户、2.1万人。

【金融扶贫】 推进扶贫小额信贷，加大政策宣传力度，推动低收入农户增收。建立风险防控机制，完善数据库质量，加强信贷后续管理和预警监测，防范金融风险。2019年，浙江省发放扶贫小额贷款2.06亿元，受益低收入农户8560户，发放贴息616.93万元。

【社会扶贫】 引导社会力量参与精准扶贫，推动各方资源向省级扶贫重点帮扶村、低收入农户倾斜。由309个省级机关、事业单位(科研机构、高等院校、城市医院)，国有企业(含中央企业驻浙江省企业)，金融机构及其有条件的下属单位和经济强县组成26个省级扶贫结对帮扶团组、252个驻村工作组，对淳安县等26个县中的306个扶贫重点帮扶村开展帮扶。省级结对帮扶单位实施帮扶项目1088个，筹措落实帮扶资金8.4亿元。

【扶贫改革试点】 抓好丽水扶贫改革试验区工作，以打造“三山品牌”、推动“六权改革”、培育“丽水农师”为抓手，促进低收入农户增收。打造“丽水山耕”生态产品、“丽水山居”田园民宿、“丽水山景”乡村旅游品牌，增加农民就业岗位。推进农房、林权、水域使用权，农村承包土地经营权，集体经济组织股权，生态公益林补偿收益权等农村产权制度改革，构建“政银保”“村级奖金互助会”“丰收爱心卡”“商业保险”四大金融扶贫模式。培育缙云烧饼、云和师傅、松阳茶师等一批“丽水农师”。2019年，丽水市农村常住居民人均可支配收入21931元，低收入农户人均可支配收入10732元。

【扶贫领域作风建设】 印发《中共浙江省纪律检查委员会机关、浙江省扶贫开发领导小组关于印发2019年扶贫领域腐败和作风问题专项治理调研方案的通知》，组织开展扶贫领域腐败和作风问题专项治理。组织财政、民政、教育、建设、医保等省直有关单位共32人组成6个调研组，对25个县市区47个乡镇50个行政村244户农户开展调研，发现问题73个，提出有针对性的意见、建议39条。针对存在的问题，要求有关县市区严格执纪问责，提高项目绩效。

（浙江省扶贫办　王武强）

安徽省扶贫开发

【概述】 2019年，安徽省实现40.4万贫困人口脱贫、64个贫困村出列，贫困发生率降至0.16%，10个国家级贫困县和8个省级贫困县经省政府批准退出贫困县序列，剩余9个国家级贫困县的贫困发生率均降至2%以下。贫困地区农村居民人均可支配收入13485元。在2019年国家脱贫攻坚成效考核中，安徽省综合评价为“好”等次，获奖励资金3亿元。

【扶贫资金投入】 2019年，中央财政安排安徽省专项扶贫资金34.48亿元。安徽省本级预算安排财政专项扶贫资金26.73亿元，统筹安排31亿元地方政府债务资金用于脱贫攻坚。市、县财政专项扶贫资金投入80.82亿元，盘活安排存量资金7.1亿元用于扶贫。32个试点县整合财政涉农资金127.1亿元(其中，20个国家级贫困县整合资金97.9亿元)。发放扶贫小额贷款20.3亿元。15家中央直属定点扶贫单位直接投入帮扶资金1.44亿元，引进帮扶资金0.85亿元。9058个省(市、县)定点帮扶单位直接投入帮扶资金9.47亿元(含物资折款)，帮助引进资金9.87亿元。20个经济较发达的县市区向结对帮扶的20个国家级贫困县投入帮扶资金3.36亿元。参与“千企帮千村”精准扶贫行动的9116家民营企业，累计向6123个村投入帮扶资金49.64亿元。2019年，扶贫日期间认领扶贫项目4968个、5.41亿元，认捐2.09亿元。贫困县通过省内跨县调剂增减挂钩节余指标1.77万亩，成交金额62.62亿元。

【扶贫资金管理】 安徽省完善脱贫攻坚项目库建设管理，制定中央和省级财政资金使用“负面清单”，修订《安徽省扶贫资金管理办法》，明确中央和省级财政专项扶贫资金、整合资金禁止支出事项。出台《安徽省扶贫项目资金管理规程》，规范扶贫项目资金分配、项目库建设、项目计划安排、项目实施等信息的公告公示内容、方式、时间。出台《安徽省贫困县涉农资金整合试点工作规程》，形成贫困县涉农资金整合试点工作机制。制定《安徽省财政扶贫资金动态监控平台工作规程》，设立预警规则14条，并嵌入动态监控系统。组织开展扶贫资金和惠民惠农补贴资金“一卡通”管理使用专项整治。在2019年中央财政专项扶贫资金绩效评价中，安徽省被评为“优秀”等次，获奖励资金8000万元。

【深度贫困地区脱贫攻坚】 落实加强大别山等革命老区脱贫攻坚实施意见、行蓄洪区安全建设三年(2019—2021年)分类推进方案等政策措施。2019年，安徽省级新增财政专项扶贫资金5.2亿元，用于革命老区贫困县、省定深度贫困县；省级财政安排贫困革命老区县16.48亿元、省定深度贫困县12.01亿元。23个贫困革命老区县各单列城乡建设用地增减挂钩计划3000亩。启动淮河行蓄洪区安全建设，完成174个庄台人居环境综合整治。

【建档立卡动态管理】 加强扶贫对象动态管理，标注脱贫人口183529户、404260人，新识别贫困人口2980户、9533人。开展“两摸底一核查”，标注脱贫监测户1.99万户、5.32万人，录入边缘户6万户、16.56万人。核准纠正建档立卡数据。

【两不愁三保障】 2019年，安徽省出台《关于解决“两不愁三保障”突出问题的实施意见》,建立问题核查、整改和销号制度,逐村逐户逐人逐项排查核查、对账销号。全省排查"三保障"及饮水安全问题,涉及贫困户32960户、69023人。伏秋冬连旱造成4.63万贫困人口饮水困难问题得到解决。

【产业扶贫】 2019年,安徽省历年累计发展且仍在发挥效益的到村产业扶贫项目2.24万个,村均项目7.47个;历年累计发展且仍在发挥效益的到户产业扶贫项目305.56万个,户均项目1.84个。累计建成并网光伏扶贫电站装机规模242.3万千瓦,惠及47万贫困户、2867个贫困村。实施特色种养业扶贫项目108.3万个,其中到村11789个、到户107.2万个,覆盖79.6万户贫困户。推广"电商企业+基地+合作社+贫困户"模式,增加贫困村电商服务网点功能,31个贫困县农产品网销215亿元。提升乡村旅游扶贫重点村"八个一"工程,乡村旅游扶贫带动贫困人口1万人脱贫增收。

【就业扶贫】 2019年,安徽省帮扶4.27万名贫困劳动者就业;开发居家就业岗位1.73万个,吸纳0.76万名贫困劳动者就业;开发公益岗位5.68万个,吸纳3.39万名贫困劳动者就业;认定就业扶贫车间950个,带动贫困劳动者1.05万人;招募就业扶贫基地744个;开展技能脱贫培训4.16万人。遴选认定贫困村创业致富带头人1.3万名,培训致富带头人2万余人次,带动24万余名贫困人口增收。

【易地扶贫搬迁】 2019年,安徽省竣工安置住房531套,搬迁入住2000人,完成"十三五"时期8.5万贫困人口搬迁入住任务。出台加强易地扶贫搬迁后续产业发展和就业扶持指导意见。推进农村危房改造,2019年完成贫困户危房改造3.06万户。

【生态保护扶贫】 2019年,安徽省完成人工造林75.89万亩。吸纳贫困人口参与生态工程建设,新增生态护林员5041人,带动6万多贫困人口稳定增收或脱贫。组建脱贫攻坚造林专业合作社200个,吸纳4000个贫困户参与,带动1.2万名贫困人口增收脱贫。

【智力扶贫】 2019年,安徽省资助贫困家庭学生121.7万人次、14.8亿元,春秋两季"雨露计划"职业教育资助17.1万人次、2.61亿元。实施省级科技扶贫项目66个,安排转移支付项目155个,支持项目经费4486万元。推进科技特派员与贫困村结对服务,向全省3000个贫困村选派科技特派员2909名。组织文艺小分队深入10个贫困县20个贫困村,开展"文艺扶贫 携手小康"惠民演出20场。开展"送戏进万村"活动,演出1.9万场。

【社保兜底扶贫】 安徽省完善农村低保、特困人员救助供养、临时救助等扶贫措施,全省农村低保标准为每年6806元,每月人均补助360元,惠及贫困户107万人。全省保障农村特困人员36.2万人,基本生活标准为每月人均776.8元。全省临时救助10.8万人次,支出资金2.21亿元,平均救助水平为每人2036元。

【健康扶贫】 健全完善健康脱贫"三保障一兜底一补充"综合医保政策。2019年,贫困人口住院补偿103.05万人次,综合医保累计报销比例为88.22%;663.26万人次享受慢性病门诊补充医疗保障待遇,累计报销比例为95%。实施"百医驻村、千医下乡、万医轮训"工程,从省、市三级医院选派113名医疗人才驻村帮扶2年。组织24家省、市三级医院"组团式"帮扶31个贫困县医院。

【基础设施建设】 2019年,安徽省完成农村公路扩面延伸工程2.5万千米,实现乡镇和建制村通硬化路,贫困地区基本实现村民组通硬化路。农村饮水安全巩固提升工程完成投资28.7亿元,饮水型氟超标改水工程完成投资5.4亿元,解决410个行政村、144万人饮水型氟超标改水问题。贫困地区农村电网升级改造完成投资47.9亿元,其中贫困村电网升级改造投资25.66亿元。全省农村地区光纤网络新覆盖自然村1320个，农村宽带用户705.9万户；新建4G电话基站6062个，4G网络信号新覆盖近1.6万个自然村。

【金融扶贫】 创新推广户贷户用自我发展、户贷户用合伙发展、户贷社管合作发展、户贷社管合营发展"一自三合"扶贫小额信贷模式，2019年累计向5.3万户贫困户发放扶贫小额信贷20.3亿元。加强存量"户贷企用"贷款监测，监管"户贷企用"超过1000万元和贷款资金集中用于政府融资平台的用款主体。截至2019年年底，安徽省金融精准扶贫贷款余额2279亿元。

【定点扶贫】 安徽省出台《关于进一步加强省直单位定点扶贫工作的实施意见》，细化定点扶贫责任清单，压实"定点帮县、驻村帮扶、联系帮户"责任。定点帮扶安徽省19个国家扶贫开发工作重点县的15家中央定点扶贫单位，选派挂职干部57人，直接投入帮扶资金1.44亿元，引进帮扶资金0.85亿元，实施及引进帮扶项目224个，贫困人口转移就业1702人，直接购买贫困地区农副产品1974.24万元，帮助销售贫困地区农副产品5835.67万元。参与定点扶贫的省（市、县）三级帮扶单位9058家，赴定点扶贫地区调研71.81万人次，直接投入帮扶资金物资9.47亿元，帮助引进资金9.87亿元，直接购买贫困地区农副产品11.41亿元，帮助销售贫困地区农副产品5.15亿元，带动18.28万贫困人口增收。20个经济相对发达县结对帮扶20个国家级贫困县，投入帮扶资金3.36亿元；实施帮扶项目391个，受益贫困人口10.46万人；双方市、县负责人互访5233人次，主要负责人互访112人次；挂职交流干部413人；开展各类人才培训9094人次。在岗驻村工作队8324支、驻村干部20429人，驻村干部获得省部级以上表彰84人、市县级表彰1746人，提拔重用610人，调整召回492人（其中召回56人），处分30人。

【社会扶贫】 安徽省参与"千企帮千村"精准扶贫行动的9116家民营企业结对帮扶6123个村，投入资金49.64亿元，帮扶贫困人口81万人次。全省参与扶贫的社会组织1000余家，开展扶贫项目865个，投入资金超1亿元，受益对象21万余人。全省高校食堂面向贫困地区定向采购农产品累计1.4亿元。中国社会扶贫网（安徽省）规范运行，全省累计注册用户464.43万人，物品需求成功对接35万个，资金需求成功对接1.63万个，累计捐赠资金27.1万次，捐赠金额827.15万元。2019年扶贫日期间，安徽省组织开展扶贫项目认领认捐、社会扶贫工作经验交流会、省属单位脱贫攻坚典型选树、脱贫攻坚理论研讨征文、贫困地区农产品展示展销等活动，认领扶贫项目4968个、5.41亿元，认捐2.09亿元。

【脱贫成果巩固】 实施"一县一策"，对9个拟摘帽县逐县制定个性化措施。对22个摘帽县制订并落实后续帮扶计划和巩固提升措施，省级以上投入专项扶贫资金30.55亿元。落实"一村一规划"，安徽省3000个贫困村投入扶贫资金64.05亿元，村均投入213.5万元；贫困村集体经济收入6.4亿元。落实"一户一方案、一人一措施"，优化调整帮扶措施，对146.16万户脱贫户落实帮扶措施541.43万条。

【脱贫攻坚奖评选】 在2019年全国脱贫攻坚奖评选中，六安市扶贫开发局荣获组织创新奖；六安市舒城县五显镇梅山村村民纪道明荣获奋进奖；亳州市利辛县汝集镇朱集村第一书记、扶贫工作队队长刘双燕，宿州市埇桥区支河乡路湖村扶贫专干曾翙翔分别荣获贡献奖；淮南市寿县挂职副县长邬平川荣获创新奖。

【扶贫督查】 2019年，安徽省开展五级书记遍访贫困对象推进乡村振兴行动，省委书记李锦斌采取"四不两直"等方式深入9市21县市区随机走访，开展专题调研督导；省长李国英走遍扶贫联系点金寨县所有乡镇；其他省级负责人深入16个市、70个有扶贫开发任务的县市区开展220余次调研指导。

【扶贫考核评估】 开展2018年度市县党政领导班子和主要负责同志脱贫攻坚工作成效考核，对综合评价为“好”等次的市、县通报表扬，对综合评价为“较差”等次的2市、3县党政主要负责同志单独约谈，对综合评价为“一般”等次的2市、10县以及县域结对帮扶工作成效考核评价为“一般”的4县党政分管负责同志集体约谈；对省直单位定点帮扶工作成效考核综合评价为“较差”的3家单位、“一般”的15家单位集体约谈；对形式主义、官僚主义问题较为突出的1市、2县进行个别约谈，对市、县党政领导班子和主要负责同志脱贫攻坚工作成效考核综合评价为“好”和“较好”，但在后续帮扶、责任落实、光伏扶贫、扶贫小额信贷等方面存在突出问题的2市、2县集中约谈。实施第三方监测评估，组织13所省属高校师生对2019年拟出列贫困村、拟脱贫户进行全覆盖监测评估。

【扶贫宣传】 2019年，人民日报、新华社等中央媒体报道安徽省脱贫攻坚工作420篇，省级媒体2628篇，网络媒体27400余篇；国务院扶贫办网站刊载安徽省脱贫攻坚工作报道216篇，国务院扶贫办信息简报采用安徽省扶贫信息13篇；推出李娟、曾翙翔、刘双燕、何家庆等50多个扶贫领域先进典型。安徽省扶贫办创新扶贫小额贷款模式加快产业扶贫发展、金寨县光伏扶贫、固镇县农副产品产业与电商深度融合案例入选全球减贫案例，岳西县成为中国县域脱贫攻坚案例首批两个县之一，六安市脱贫攻坚项目库建设入选脱贫攻坚典型案例，宿州市埇桥区入选脱贫攻坚扶贫扶志案例。开展“时代新人说——我和祖国共成长”演讲大赛“脱贫攻坚”主题演讲比赛100余场，安徽省驻村扶贫干部代表王聪荣获全国“脱贫攻坚”主题演讲总决赛银奖。安徽省扶贫办获评全国扶贫宣传工作先进集体。

【扶贫领域作风建设】 2019年，安徽省出台《关于坚持“三严三实”整治形式主义官僚主义突出问题的意见》，开展“严规矩、强监督、转作风”集中整治专项行动。落实基层减负年工作举措，全年纳入精简范围发文同比减少60.87%，会议减少40%，督查由3次减少到1次。推进漠视侵害群众利益问题专项整治，深化扶贫领域腐败和作风问题专项治理。全省举办脱贫攻坚培训2112次，培训40.36万人次。

【彩票公益金试点】 2019年，安徽省在砀山县、太湖县、六安市裕安区、潜山市、舒城县实施中央专项彩票公益金支持贫困革命老区农业生产发展和农村基础设施建设等项目，投入中央专项彩票公益金资金1亿元，实施道路、坑塘清淤、桥梁水利、产业等扶贫项目285个，涉及60个乡镇148个村，其中贫困村145个，受益贫困户1.43万户3.32万人。

【以工代赈】 2019年，国家发展和改革委员会安排安徽省以工代赈11690万元，其中中央财政预算内以工代赈投资5590万元，以工代赈示范工程中央预算内投资6100万元，主要用于贫困县乡村道路、农田水利、小流域治理等中小型基础设施建设。

（安徽省扶贫办　程　春）

福建省扶贫开发

【概述】 2019年，福建省聚焦老区苏区脱贫奔小康，推进精准扶贫精准脱贫，现行标准下农村建档立卡贫困人口全部脱贫，2201个建档立卡贫困村全部摘帽，尚未摘帽的6个省级扶贫开发工作重点县达到退出标准。省委召开8次常委会会议、省政府召开25次常务会议和专题会议，先后召开全省扶贫开发工作会议和现场推进会、老区苏区脱贫奔小康工作座谈会，省委召开十届八次全会，部署推进老区苏区脱贫奔小康工作。省委印发《关于做好革命老区中央苏区脱贫奔小康工作的实施意见》，出台26条具体政策举措，强化老区苏区发展的政策、项目、资金、产业、人才和生态等支撑。省级财政投入综合扶贫资金75亿元。排查解决“两不愁三保障”和饮水安全突出问题。组织11.17万名党员干部挂钩帮扶贫困户。研究解决扶贫领域漠视侵害群众利益问题，全年受理有效办理件90件。举办县级以上培训班521期，培训16.04万人次。

【扶贫资金投入】 2019年，中央安排福建省财政专项扶贫资金61262万元。福建省继续加大省级财政专项扶贫资金投入，共安排财政专项扶贫资金135033万元。各级财政共安排专项扶贫资金投入384856万元，各项扶贫资金主要用于扶持建档立卡贫困户发展生产、就业创业、造福工程、易地扶贫搬迁、扶贫小额信贷、“雨露计划”培训等项目补助、贷款贴息等。

【扶贫资金管理】 开展2018年设区市财政专项扶贫资金使用管理绩效评价，评价结果向各地反馈并组织开展问题整改。落实资金项目公告公示制度。省一级由财政、扶贫及扶贫资金主管部门在部门门户网站公开。完善扶贫资金在线监管机制，构建贯通纪律监督、部门监督、群众监督、科技监督的精准监督体系。对省级以上21项扶贫资金使用管理实行全程智能化在线监管，通过“福建扶贫”App、微信小程序、闽政通App和电脑网页可查询扶贫资金分配发放情况和补助政策。设置91个预警风险点，将资金监管模式从事后监管转向事前、事中、事后全过程监管。

【动态管理】 组织福建省各地对收入低于5000元且存在致贫返贫风险的脱贫户和边缘户进行摸排，全省认定已脱贫但不够稳定的重点帮扶对象4557户14157人。从识别纳入的主要原因看，因病2202户，因残1349户，缺劳力677户，因学285户，因灾44户。逐户分析致贫原因，逐户建档、单列管理，加强动态监测，加大扶持力度。

【产业扶贫】 2019年，安排财政专项扶贫发展资金6.34亿元，扶持建档立卡贫困户实施10.27万个产业扶贫项目。采取“龙头企业公司（合作社）+基地+贫困户”等模式带动贫困户增收脱贫。福建省有5246个农业新型经营主体参与带贫减贫，带动建档立卡贫困户36085户106404人，增收13829万元。推广地理标志精准扶贫“宁德模式”，向国家知识产权局报送“安溪铁观音”“福鼎白茶”等5件地理标志产品助力精准扶贫典型案例。加强县级脱贫攻坚项目库建设，策划生成基础设施、产业扶贫等13类项目11602个、资金规模89.16亿元。通过复审的光伏扶贫村级电站数1561

个，建设规模12.24万千瓦。福建省政府办公厅印发《福建省产业扶贫保险实施方案》，帮助建档立卡贫困户有效防范风险。为全省46388名发展农业产业项目的建档立卡贫困户提供风险保障金额5.34亿元，总保费2412.37万元。

【易地扶贫搬迁】 连续26年将造福工程列为省委、省政府为民办实事项目，着力解决“一方水土养不活一方人”问题。2019年，福建省搬迁任务3650人，完成搬迁3924人。建设8个造福工程集中安置区，工程包投资1.32亿元。印发《关于进一步做好易地扶贫搬迁后续扶持工作的实施意见》，做好产业、就业等后续帮扶工作。

【扶贫小额信贷】 2019年，福建省累计为76440户贫困户发放扶贫小额贷款41.75亿元，发放贴息资金2.4亿元，贫困户累计贷款覆盖面为55.74%。管好用好扶贫再贷款，发放贷款余额13.46亿元。全省新发放扶贫小额贷款5.93亿元，发放贴息资金8777.49万元，贫困户贷款覆盖面为55.05%。

【就业扶贫】 2019年，福建省对贫困户实行就业创业优惠政策，开发公益性就业岗位并重点安排贫困劳动力就业，公益性岗位安排7653人。全省务工就业贫困人口12.99万人。

【教育扶贫】 对因学致贫的，给予免除学杂费和提供助学资助、助学贷款、就业支持。2019年，福建省对8892名在读中、高等职业院校（含中专、技校）的农村建档立卡贫困家庭子女给予“雨露计划”补助，提供每人每学年3000元扶贫助学补助，累计下达补助资金2655.3万元（含县、市、区补助资金）。2019年，全省贫困家庭适龄儿童因病因残及厌学辍学从5月底2838人（多为省外贫困户子女）降至2人。

【健康扶贫】 2019年，省政府办公厅印发《关于进一步完善精准扶贫医疗叠加保险政策的通知》，推进精准扶贫医疗叠加保险。组织对参保记录异常的1091个建档立卡贫困人口信息进行核实。落实基本医疗保险、大病保险、医疗救助等政策，完善精准扶贫医疗叠加保险政策，贫困人口医疗费用报销比例从79.13%提高到92.71%。2019年，福建省享受精准扶贫医疗叠加保险政策的贫困人口有80445人。开展家庭医生签约服务，有8.6万人得到基本救治和管理服务。

【社保兜底扶贫】 将完全或部分丧失劳动能力、无法通过开发性扶贫措施实现脱贫的建档立卡贫困人口全部纳入低保兜底，把11.22万农村低保人口纳入扶贫开发政策扶持范围。2019年，福建省农村低保平均标准为7350元，最低的县市区为6144元。

【山海协作对口帮扶】 落实扶持23个省级扶贫开发工作重点县的政策措施，完善山海协作对口帮扶机制。持续挂钩帮扶23个重点县，新确定11个经济欠发达老区苏区县，各由1位省领导、若干省直部门、1个经济较发达县市区进行挂钩帮扶，每县再确定1个老少边岛村进行挂点帮扶。省领导到重点县开展调研帮扶45人次，落实帮扶项目375个、帮扶资金19.85亿元；23个沿海经济较发达县市区落实财政援助资金3.65亿元、县均1586万元。

【整村推进】 2019年，省、市、县选派2997名干部到贫困村驻村帮扶，覆盖全省贫困村。其中，省里选派400名党员干部驻村担任第一书记、7名党员干部担任驻村工作队领队，安排180个省直和中央驻闽单位进行挂钩帮扶。福建省财政安排8210万元省级专项资金，用于扶持400个省级扶贫开发重点村。省领导有207人次深入省级扶贫开发重点村调研指导驻村工作，慰问困难群众。有4257人次厅处级干部到驻村调研指导帮扶工作。全省投入省级扶贫开发重点村帮扶资金18.17亿元（平均每个村454.25万元），实施帮扶项目4335个。全省培训贫困村创业致富带头人

1038人。选认省级科技特派员5479名，到农村开展服务。2201个建档立卡贫困村全部实现道路硬化、通光纤网络、通动力电，村集体经济收入平均为22.89万元，其中10万元以上的有2105个。

【社会扶贫】 实施“千企帮千村”行动，2019年通过福建省光彩事业促进会向宁夏、新疆昌吉市、西藏昌都市工商业联合会捐资200万元，用于当地精准扶贫。福建省录入全国“万企帮万村”精准扶贫行动台账管理的民营企业（商会）1300家、贫困村1398个，企业共投入帮扶资金7.9亿元，帮扶贫困人口48294人。仁善扶贫基金会捐赠300万元，用于帮扶松溪县、政和县、寿宁县等地产业发展。推广并规范应用中国社会扶贫网，2019年共注册用户121207人，发布一批帮扶需求，对接成功2168次。

【扶贫宣传】 推出以“学习贯彻习近平总书记回信重要精神　走好乡村振兴之路”为主题的专版和专栏，做好主题宣传报道，刊发《摆脱贫困的福建担当》等稿件40篇。组织福建日报、福建电视台开设《红土地上的致富路》《红土地　新征程》专栏，深度报道老区苏区脱贫攻坚的探索与实践。推出“脱贫攻坚奋斗者”系列报道，宣传福建省全国脱贫攻坚奖获得者的先进事迹。组织《福建日报》、福建电视台综合频道、东南卫视、新闻广播等新闻栏目，报道全省各地举办的扶贫日活动。全省共有268家社会组织开展扶贫活动，开展帮扶活动116场次，共落实帮扶资金1446.9万元，惠及149个贫困村近10万人。

【扶贫督查考核】 组织开展设区市党委和政府扶贫开发工作成效考核，对扶贫开发工作成效考核等次“好”的进行表扬和奖励，对考核发现问题较多的单位进行约谈。建立扶贫领域监督检查联合工作机制，2019年省级开展1次联合考核检查。更多采取随机入户走访开展调研，及时发现问题、解决问题。

【扶贫表彰】 2019年，福建省有2名个人和1个组织获2019年全国脱贫攻坚奖。福建师范大学地理科学学院教授陈志彪获全国脱贫攻坚创新奖，福耀玻璃工业集团股份有限公司董事长曹德旺获全国脱贫攻坚奉献奖，宁德市扶贫办获全国脱贫攻坚组织创新奖。

【彩票公益金试点】 2019年，财政部、国务院扶贫办下达福建省中央专项彩票公益金1亿元，扶持福建省长汀、政和、宁化、顺昌、连城等5个原中央苏区县的贫困村路、桥等村内小型生产性公益基础设施建设。福建省共实施项目110个，修建村道、生产机耕路等交通基础设施177.55千米，灌溉渠、排洪渠等农田水利设施11.75千米，小型生产桥8座，小型拦河坝3座，河堤护岸（挡土墙）5351.86米，惠及群众约18万人，其中贫困人口2700人。

【以工代赈】 2019年，福建省下达以工代赈省级配套资金52万元到龙岩市和三明市，共安排6个项目，用于支持乡村道路、农民饮水等基础设施和民生工程建设。采取“切块”方式下达以工代赈补助资金。建立省、市、县三级上下联动的监督检查制度，加强以工代赈资金使用绩效考评和资金监管。

【革命老区建设】 2019年，下达中央财政老区专项扶贫发展资金3000万元，补助老区村扶贫发展项目535个，用于支持老区村交通工程、人饮工程、环境整治等基础设施建设，种植、养殖等生产性建设，老年人活动中心建设等项目，实际惠及93.51万老区群众。

【东西部扶贫协作】 2019年，福建省持续深化“联席推进、结对帮扶、产业带动、互学互助、社会参与”闽宁扶贫协作机制。召开两省区第23次联席会议，签订会议纪要和13项部门合作协议。省委书记于伟国、省长唐登杰率团赴宁夏，召开闽宁协作工作座谈会。省级领导先后11人次赴宁夏考察调研，130人次厅局级干部赴宁夏对接交流，1305人次赴宁夏开展帮扶。组织福建省10个携手奔小康县(区)党政主要负责人赴宁夏调研对接，逐县签订帮扶协议。增加财政援助资金，落实援宁财政帮扶资金4.77亿元、社会帮扶资金9248万元，安排扶贫协作项目350个，带动贫困人口12.45万人增收，落实招商项目128个，实际到资63.77亿元。选派25名党政干部和448名专业技术人员赴宁夏交流挂职。帮助25764名宁夏建档立卡贫困人口实现就业。福建省政府办公厅印发《关于印发福建省深入开展消费扶贫助力打赢脱贫攻坚战实施方案的通知》，实施消费扶贫，帮助宁夏销售农特产品10.76亿元。聚集两省区优势资源向闽宁镇倾斜，引进企业13家，扩建14个项目，总投资3.48亿元；投入帮扶资金6200万元，用于改善人居环境和饮水安全，惠及移民搬迁人口15441人。闽宁镇常住人口6.6万人，农民人均可支配收入19370元。推进44个闽宁示范村建设和10个闽宁产业园提质增效。

（福建省扶贫办　黄肇文）

江西省扶贫开发

【概述】 2019年，江西省聚焦解决“两不愁三保障”突出问题。剩余7个贫困县脱贫退出，全省25个贫困县全部摘帽；剩余387个贫困村退出，全省3058个贫困村全部退出；实现41.1万人脱贫，贫困人口减至9.6万人，贫困发生率降至0.27%。江西省贫困地区农民年人均可支配收入10845.2元。在2019年脱贫攻坚成效考核中，江西省的综合评价为“好”等次。

【扶贫资金投入】 2019年，中央财政安排江西省财政专项扶贫资金30.81亿元。江西省、市、县各级财政专项扶贫资金投入60.22亿元，其中江西省本级投入33.45亿元，市、县共投入财政扶贫专项资金26.77亿元。投入25个贫困县55.43亿元，占比60.89%。投入58个资金整合县75.46亿元，占比82.9%。江西省24个国家级贫困县共整合资金64.42亿元，其中农业生产发展20.2亿元，农村基础设施建设42.16亿元，其他0.68亿元。脱贫攻坚项目库入库项目19.84万个，资金677.64亿元。江西省2019年度财政专项扶贫资金绩效评价为“优秀”等次。

【脱贫成果巩固】 2019年，江西省扶贫开发领导小组印发《关于建立健全脱贫成果巩固提升机制的实施意见》，聚焦摘帽贫困县、退出贫困村和脱贫人口，建立健全五项工作机制，即脱贫成果回查监测机制、脱贫人口增收发展机制、防止返贫保险保障机制、扶贫项目运维管护机制、志智双扶激励约束机制。明确夯实筑牢责任保障、组织保障、政策保障、帮扶保障、基层保障、作风保障等措施。

【产业扶贫】 2019年，江西省强化完善“选准一项主导产业、打造一个龙头、设立一笔扶持资金、建立一套利益联结机制、培育一套服务体系”的“五个一”产业扶贫模式，倡导村干部与能人带头领办、村党员主动参与、村民自愿参与、贫困群众统筹参与的“一领办三参与”产业合作形式。强化农民专业合作社的带动作用，带动73.38万户贫困户获得产业扶持，全省贫困村建有合作社6487个。培育贫困村创业致富带头人9829人，带动3.16万户贫困户发展产业。推进电商扶贫工程，累计建成站点7030个，其中贫困村880个；电商销售农产品19.96亿元，其中贫困村（贫困户）产品5.21亿元，带动贫困户31968户。规范光伏扶贫，实施差异化资产收益扶贫。

【就业扶贫】 夯实就业扶贫各类平台，本地户籍28.03万未脱贫人口实现就业。清理扶贫车间，规范要求、完善政策，江西省2301个扶贫车间吸纳2.34万贫困人口实现家门口稳定就业。推进就业技能培训，有意愿贫困劳动力应培尽培。推行“雨露计划”信息化管理，发放1.67亿元培训补助11.16万人次。因需因事因人设立公益岗位，吸纳贫困弱劳力10.05万人。

【易地扶贫搬迁】 2019年，江西省落实县乡村“三级梯度”安置，易地扶贫搬迁计划3.5万户13.47万人全部入住，健全安置点社区管理“机构、人员、服务”三到位体制。落实后续帮扶措施，搬迁贫困户有1.58万户发展产业，5万人实现就业，累计13.05万人脱贫，剩余少量未脱贫人口全部落实如期脱贫重点帮扶措施。

【危房改造】 采取“一房一鉴”保障住房

安全方式，开展农村危房全面排查和安全鉴定，严控改造建房面积，其中对3.57万户贫困户等四类对象建立详细台账。通过拆旧建新、维修加固、“交钥匙工程”等措施，确保贫困户住房安全。江西省贫困户危房改造开工1.78万户，竣工1.77万户；特困农户“交钥匙工程”实施2557户，竣工2513户。

【饮水安全】 开展贫困人口饮水安全问题排查“回头看”，逐村逐户摸排。推进农村饮水安全工程，下达农村饮水安全巩固提升资金23.49亿元，惠及291万人，其中贫困人口7.9万人。

【健康扶贫】 统筹贫困群众基本医保、大病保险、补充保险和医疗救助，贫困患者住院实际报销比例为90.77%，县域内定点医疗机构实现“先诊疗、后付费”和“一站式”结算。推进基本医保普通门诊统筹，加强乡镇卫生院、村卫生室建设管理和运行，确保常见病、慢性病在县、乡、村三级医疗机构及时诊治。2019年，江西省贫困人口城乡居民基本医保累计报偿238.9万人次，大病保险报偿94.7万人次，医疗补充保险报偿102.6万人次，医疗救助87.4万人次。

【教育扶贫】 落实义务教育资助学校校长与乡镇属地“双负责”，2019年江西省发放11.81亿元，惠及69.24万人次。落实“联控联保、动态监测、行政督促、书面报备、精准帮扶”控辍保学机制，实行“无学籍的补起来、厌学的劝回来、无法上学的送教来”，贫困学生无因贫失学辍学。2019年，共资助建档立卡贫困家庭学生47.23万人，发放资助资金10.54亿元。

【社保兜底扶贫】 2019年，江西省落实困难和重度残疾人保障、孤儿养育、农村留守儿童和老年人等特殊困难群体的关爱保护。将农村低保制度与扶贫开发政策有效衔接，农村低保标准为每月人均385元，特困人员集中和分散供养标准分别为每月人均505元和400元；向农村困难、重度残疾人发放生活补贴和护理补贴。

【电商扶贫】 2019年，江西省新增石城县、安远县、永丰县3个县共46个市、区列入国家电子商务进农村综合示范县，其中24个国家贫困县全覆盖，累计获得中央财政支持资金8.655亿元，培育了10个省级电商进农村综合示范县和12个省级电商扶贫重点推进县，建立了146个电商园区（基地），培育农村电商主体，实施电商创业创新行动、青年电商培育工程。2019年，全省新培训电商扶贫人才47616人次，其中建档立卡贫困人口10350人次；实施“赣品网上行”行动和“村播计划”，组织农商互联、产销对接、展示展销、网络直播等形式的农产品上行网络促销对接活动50余场次，实现网络零售额882.1亿元；电商扶贫促成农产品销售19.96亿元，带动全省31968户贫困户户均增收2812元；共培育淘宝镇46个、淘宝村19个。赣州经验、安远模式、老俵情、廖奶奶等农村电商或电商扶贫典型及品牌，发挥示范效应。

【村庄整治】 2019年，江西省加快贫困村村庄整治，特别是269个深度贫困村的道路、饮水安全、电力、通信、文化、卫生等设施建设。贫困地区新改建公路6184千米，基本实现全省组组通水泥路。农网供电可靠率为99.85%，综合电压合格率为99.89%，户均配变容量为2.25千伏安。在2018年年底行政村光纤宽带、4G网络全覆盖的基础上，宽带用户为473.7万户，新增农村4G基站12774个、总数超过7.26万个。

【问题整改】 2019年，江西省建立“动态专报、台账管理、销号报告”机制，采取“周小结、月报告、勤督办”方式，对有脱贫攻坚任务的107个县市区及功能区开展2轮暗访督导，印发6期《暗访督导情况通报》。巡视反馈61个问题202条整改措施、考核反馈73个问题

168条整改措施、巡查反馈8个问题25条整改措施，全部整改到位。

【社会扶贫】 推进“千企帮千村”和“百社解千难”助力脱贫攻坚行动，参与行动的民营企业有3901家，帮扶村5165个，帮扶贫困人口66万人，帮扶项目9783个。社会扶贫网累计发布需求157万项，对接帮扶135.1万次。促进“互联网+”“展销会”线上线下产销对接，构建“以购代捐”“以买代帮”和基地认养等消费扶贫特色模式，销售扶贫产品35.02亿元。全国消费扶贫首期现场观摩培训班在江西省安远县举办。

【扶贫培训和表彰】 江西省完成2018—2019年扶贫干部分级分类全员精准培训计划，面向地方党政领导干部、扶贫系统干部、部门行业干部、帮扶干部、贫困村干部等开展培训。全省各级共举办各类培训班4223期，培训43.2万人次，其中地方党政领导干部2.6万人次、扶贫系统干部5.6万人次、行业部门干部4.1万人次、帮扶干部14.2万人次、村级干部11.3万人次、其他干部5.4万人次。2019年，提拔表现优秀县乡扶贫干部3310人、第一书记557人；1个集体和4名个人获全国脱贫攻坚奖，全省脱贫攻坚奖表彰10个集体和40名个人；扶贫领域4个集体和1名个人获省政府及时奖励，推选“新时代赣鄱先锋”227人。

【扶贫宣传】 2019年，江西省开展决战决胜脱贫攻坚大型主题宣传活动，中央和省内新闻媒体累计刊播稿件1500余条次，其中中央主要媒体报道140余条次，江西广播电视台制作专题节目30余期，播放扶贫类公益广告2000条次。开展“送理论　进中心”文明实践活动。开展全省文化、科技、卫生“三下乡”活动，推动省、市、县各级单位组织医疗、科技、农技、文化等小分队赴基层，特别是深入贫困地区开展政策宣讲等活动。开展“脱贫攻坚精彩瞬间”优秀摄影微视频作品征集展示活动，共征集作品1万余幅(个)、视频120个，举办江西省脱贫攻坚成就“精彩瞬间”优秀摄影(微视频)作品展，江西新闻客户端联合江西日报、新华社现场云、人民视频、北京新媒体集团对作品展进行网络直播，在线观众51万人次。开展文艺扶贫活动，打造赣剧《红星恋歌》、越剧《春暖花开》、广播剧《大山的承诺》《排头兵》、电影《一生只为一事来》等作品。组织全省各地红色文艺轻骑兵小分队深入村镇社区、学校军营、工矿企业，开展文化进万家活动，组织文艺演出、送戏下乡等各类活动2000余场。

（江西省扶贫办　龚亮保）

山东省扶贫开发

【概述】 2019年,山东省坚持把防止返贫和新致贫摆在重要位置,以解决"两不愁三保障"突出问题为重点,以问题整改为抓手,以作风建设为保障,结合开展"不忘初心、牢记使命"主题教育,狠抓政策落实,分类精准施策,提高脱贫质量,脱贫攻坚成果得到巩固提升。全省享受脱贫政策人口197.9万人。

【扶贫资金投入与管理】 2019年,山东省各级投入财政专项扶贫资金72.88亿元。其中,中央安排财政资金6.87亿元,省级投入28亿元,市、县两级财政投入38.01亿元。印发《关于加强2019年财政专项扶贫资金使用管理的意见》,进一步明确资金使用方向、管理要求和监管责任。2019年,财政专项扶贫资金分配与绩效评价成绩挂钩,对2018年度财政专项扶贫资金绩效评价为"优秀"等次的济南、淄博、潍坊、泰安、日照、临沂6市,每市奖励1000万元,共计6000万元。

【组织领导】 贯彻落实党中央、国务院脱贫攻坚决策部署,先后召开10次省委常委会会议、8次省政府常务会议和党组会议,研究贯彻落实意见。山东省委书记、省扶贫开发领导小组组长刘家义先后主持召开全省推进乡村振兴暨脱贫攻坚现场会议、2次领导小组全体会议,谋划推进脱贫攻坚工作;省委副书记、省扶贫开发领导小组副组长杨东奇先后主持召开扶贫开发工作会议、审计调查发现扶贫领域问题整改落实推进会议、解决"两不愁三保障"突出问题和考核整改工作电视电话会议等,推动解决重点、难点问题。出台《关于加快推动乡村振兴和巩固提升脱贫攻坚成果的支持政策》,提出24条具体措施。省委把脱贫攻坚作为全省重点督导落实事项之一,由省领导带队组成督导组,实现所有县市区督导全覆盖。省扶贫开发办落实省委、省政府工作部署,先后召开扶贫系统抓整改促落实视频会议、"工作落实年"推进会议等。

【两不愁三保障】 开展脱贫攻坚"回头看",逐村逐户逐人逐项核查,摸清"两不愁三保障"情况。对发现的问题,建立工作台账,补齐贫困人口义务教育、基本医疗、住房和饮水安全短板。资助贫困家庭学生25.4万人,参加高考的8087名贫困学生全部被高校录取,"雨露计划"补助贫困学生5.79万人次、资金9506.8万元。将贫困人口全部纳入基本医疗保险范围;降低贫困人口大病保险起付线,提高分段报销比例,取消封顶线。分类开展大病救治6.49万人次;各级医疗机构减免医疗费用1.03亿元;医疗商业补充保险赔付3.77亿元,惠及70.2万人次。简化危房改造程序,提高贫困户危房改造补助标准,对贫困户住房逐户鉴定,改造贫困户危房3.16万户。饮水安全方面,完成400个省扶贫工作重点村饮水提升工程。

【聚焦重点难点】 2019年,山东省把"4个2"(即山东省建档立卡贫困人口比较多的菏泽、临沂2个市、20个脱贫任务比较重的县、200个重点扶持乡镇、2000个扶贫工作重点村)和黄河滩区作为巩固提升的重点区域,在资金、项目、政策等方面给予倾斜,省级以上财政专项扶贫资金安排临沂和菏泽2个市20.96亿元,安排20个脱贫任务比较重的县市区22.06亿元。推进黄河滩区居民迁建,累计下达投资226.6亿元。单列新增建设用地计划指标6000亩，支持扶贫及黄河滩区脱贫迁建配套等项目。省委办公厅、省政府办公厅印发《关于抓好20项重点民生实事落实的工作方案》，统筹解决严重精神障碍患者、空巢老人、残疾儿童和困难家庭留守儿童等面临的突出问题。贫困人口中的2.2万名严重精神障碍患者，全部纳入系统管理；对全省5.2万名农村留守老年人建立定期探访制度；全省农村低保平均标准为每人每月427元。

【产业扶贫】 2019年，山东省各级投入财政专项扶贫资金40.71亿元，实施产业扶贫项目1581个，覆盖带动贫困人口87.3万人。印发《关于加强产业扶贫项目及资产管理工作的通知》，指导各地强化产业扶贫项目及形成资产的监管，落实“四权分置”，推进扶贫项目资产管护运营、提质增效。组织各地对全省已建成的产业扶贫项目进行排查，对存在问题的分类制定措施，逐一整改落实。选择沂源县开展扶贫项目资产专业化运营管理试点，创新管理模式。山东省政府办公厅印发《关于深入开展消费扶贫助力打赢脱贫攻坚战的实施意见》，动员社会各界购买贫困地区产品和服务，2019年全省消费扶贫交易额11.3亿元，其中东西部扶贫协作交易额7.6亿元。开展省级扶贫龙头企业评审认定，新认定省级扶贫龙头企业100家。培育壮大创业致富带头人队伍，全省培育创业致富带头人4261名，带动2.1万户贫困户增收。

【行业、社会扶贫】 推进行业扶贫，改造提升山东省扶贫工作重点村道路416千米；安排电网建设资金5.7亿元，支持省扶贫工作重点村电网晋档升级；投入农村网络更新改造资金2604万元，所有行政村实现4G网络全覆盖。深化省内“6+6”6对城市扶贫协作，帮助市安排财政协作资金3.54亿元、带动社会投资22.99亿元，实施项目237个，带动贫困人口6.8万人。开展“千企帮千村”行动，1782家民营企业累计投入10.35亿元，帮助贫困人口8.43万人。开展第四轮第一书记选派，各级共选派第一书记1.3万余名，其中省派628名。开展“万名干部下基层”，选派10477名干部到基层，助推脱贫攻坚等重点任务。深化“金晖助老”——青春扶贫志愿者行动，招募20324名青年志愿者结对帮扶10162名贫困老年人。开展“巾帼送暖”关爱帮扶活动2.6万次，帮扶困境妇女、儿童6.5万人。扶贫日期间，开展健康扶贫系列活动，全省组织1000多支医疗服务队，诊治困难群众10.5万人次；开展慈善募捐活动，募集资金8681万元。

【金融扶贫】 2019年，山东省累计发放扶贫小额信贷和富民生产贷款180.1亿元，支持带动建档立卡贫困人口30.61万人。省市县三级共统筹各级财政资金5.2亿元，其中省级统筹3.15亿元，为全省2018年年底脱贫享受政策人口购买以医疗商业补充保险、意外伤害保险、家庭财产保险等3个险种为主的“扶贫特惠保”。各项险种已累计赔付16.82亿元，其中医疗商业补充保险已赔付203.93万人次，赔付额15.38亿元；意外伤害保险已赔付3.1万人次，赔付额1.26亿元；家庭财产保险已赔付7487人次，赔付额0.18亿元。

【彩票公益金项目】 2019年，山东省在5个沂蒙革命老区县实施中央专项彩票公益金支持贫困革命老区扶贫项目，其中2018年度中央专项彩票公益金项目县为五莲县，2019年度提前批中央专项彩票公益金项目县为莒县、莒南、兰陵和平邑4个县，每县投入中央专项彩票公益金2000万元，共1亿元，用于支持贫困村生产路和小型农田水利设施建设。项目总投资13769.9万元，其中市、县投入3769.9万元，共修建生产路131.15千米，新建塘坝、蓄水池、扬水站等小型水利设施44处，项目覆盖70个贫困村，惠及8.96万人。

【扶贫改革试点】 淄博市在扶贫资产专业化运营管理、两项制度衔接与融合等方面开展改革试验。淄博市在沂源县探索扶贫资产专业化运营管理制度，对34个县乡统筹和联村实施产业扶贫项目形成的8534.74万元资产，委托第三方公司管理运营，采取保底收益和收益增幅激励措施，每年开展绩效评估。在临淄区11个镇（街）推开扶贫开发政策与农村低保制度衔接与融合，将低保户和建档立卡贫困户的审批权限下放到镇（街）扶贫办，产业扶贫、扶贫特惠保险等扶贫政策同样扶持低保户，对退出低保的贫困户按照低保政策继续保留低保待遇3个月。在周村区实施城乡精准防贫保险保障，投入250万元为农村贫困户、低保户、低保边缘户和城市低保户等困难群体1.3万人购买防贫保险，2019年已理赔457人、230.57万元。

【扶贫扶志】 2019年，山东省印发《关于开展扶贫扶志行动的实施意见》，指导各地深入开展扶贫扶志行动，调动贫困群众依靠自身能力脱贫致富奔小康的积极性、主动性。平阴县开设“新时代脱贫攻坚讲习所”，聊城市东昌府区开展“脱贫之星”评选活动，庆云县探索教育扶贫“三帮一”做法，曲阜市通过加强“孔子学堂”建设推进精神扶贫。通过加强技能培训、加大产业就业扶持、改进帮扶方式，增强贫困群众的自我发展能力。全省务工就业贫困人口40.1万人；有43个县市区推广以表现换积分、以积分换物品的做法。全省有110个县市区设立扶贫孝善基金、签订养老协议，倡树乡村文明新风。

【动态管理】 组织各地对全国扶贫开发信息系统内的19大类、90多项疑似问题先后开展3轮数据清洗工作，修正各类问题数据20多万条。做好扶贫对象动态管理，制定工作方案，逐级开展培训，山东省培训10多万人。与民政、卫健、农业、残联等部门进行信息比对，将贫困户年内享受过的各类政府补贴收入列出明细，基层干部带着明细入户采集，保障了贫困户收入信息的准确性。组织各地按照标准和程序将33.4万稳定脱贫人口标注出去，不再享受扶贫政策。建立即时发现即时帮扶机制，对因病因学因灾因意外等可能致贫和返贫的困难群众，开展针对性帮扶，2019年年底全省有即时帮扶人口2.45万人。

【问题整改】 统筹山东省审计调查、年度考核等发现的问题，全年抓整改，全面查缺补漏。全省扶贫系统开展“沉一线全覆盖、抓整改促落实”调研活动，对124个有扶贫任务的县市区，1638个有扶贫任务的乡镇（街道），6.6万个有贫困人口的行政村实现调研全覆盖，即时发现问题即时督促整改。

【扶贫督查考核】 对各市和省扶贫开发领导小组成员单位2018年度扶贫开发工作成效进行考核，4位省领导对考核成绩一般的市和成员单位主要负责人进行约谈，考核情况在《大众日报》上全文刊发。改进考核方式，加大脱贫攻坚在经济社会发展综合考核中的比重，脱贫攻坚所占比重为8%。开展年中督查，采取“明查+暗访”辅以大数据比对方式进行督查，重点查看扶贫项目资金运营管理、省扶贫工作重点村稳定退出、贫困户“两不愁三保障”政策落实等情况，全省通报。

【扶贫领域作风建设】 印发《关于在脱贫攻坚工作中力戒形式主义、官僚主义的通知》，编印山东省扶贫领域形式主义、官僚主义典型案例150例，扶贫领域腐败和作风问题典型案例22例，以案示警、以案为戒。省委把扶贫领域腐败和作风问题专项整治作为“不忘初心、牢记使命”主题教育的专项整治内容之一，省扶贫开发办制定实施方案，明确17项具体措施。

【扶贫调研】 2019年，山东省开展五级书记遍访贫困对象行动。省领导联系指导20个脱贫任务比较重的县市区，采取“四不两直”

方式，深入村户走访调研。市、县、乡、村书记带头遍访脱贫攻坚任务比较重的乡镇、村和所有贫困户。2019年，省级领导调研指导脱贫任务比较重的县（市、区）22次，市级领导开展遍访918人次，区、县级领导开展遍访1.8万人次，镇街、村级领导开展遍访78.3万人次，解决各类问题21.3万个。

【扶贫队伍建设】 开展“不忘初心、牢记使命”主题教育，读原著、学原文、悟原理，对标对表，检视问题，抓整改。组织各级各部门培训扶贫干部33.8万人次，省级举办全省、县、乡扶贫干部脱贫攻坚专题培训班。开展“七赛七比”“对标先进”活动，成立对标赶超活动领导小组，以浙江省扶贫开发工作为标杆，到浙江进行实地考察学习。

【扶贫宣传】 2019年，中央主要媒体刊发山东省扶贫稿件828篇，其中人民日报117篇，新华社145篇，中国中央电视台72篇，其他494篇；省级主要媒体刊发扶贫稿件1.2万余篇。山东省扶贫开发办荣获2019年度全国扶贫宣传工作先进集体。

【扶贫表彰】 山东省2个单位、3名个人荣获全国脱贫攻坚奖。组织开展全省脱贫攻坚先进集体和先进个人评选表扬活动，评选表扬39个扶贫开发工作先进单位、30个先进集体和100名先进个人。

【扶贫创新】 开展防贫保险试点，安排省级财政专项扶贫资金1100万元，支持3个县、区探索实施防贫保险，对因病因灾因意外可能致贫或返贫的提供保险保障。推动省委农业农村委员会出台《关于加快推动乡村振兴和巩固提升脱贫攻坚成果的支持政策》，在着力解决“两不愁三保障”、建立健全即时帮扶机制、加强扶贫资产运营管理等方面，提出具体措施。联合省委组织部、省委宣传部等14个部门印发《关于开展扶贫扶志行动的实施意见》，围绕培育贫困群众主体意识、提高脱贫能力、改进帮扶方式等，提出10项政策措施。

（山东省扶贫办　韩秀丽）

河南省扶贫开发

【概述】 2019年，河南省着力产业扶贫、就业创业扶贫、生态扶贫、金融扶贫，开展健康扶贫、教育扶贫、扶贫助残、易地扶贫搬迁、危房改造清零、扶贫扶志“六大行动”，实施交通扶贫、水利扶贫、电网升级和网络扶贫、环境整治“四项工程”。全省实现68.7万农村贫困人口脱贫、1169个贫困村退出，2019年计划退出的14个贫困县如期脱贫摘帽。全省贫困地区农村居民人均可支配收入13252元。“十三五”规划搬迁的26.03万贫困人口全部搬迁入住。

【扶贫资金投入】 2019年，河南省健全与脱贫攻坚相适应的投入保障机制，中央、省、市、县四级投入财政专项扶贫资金153.22亿元，其中中央投入46.69亿元，省级投入26.19亿元。53个贫困县统筹整合财政涉农资金205.7亿元。发行地方政府新增债券47.9亿元，交易宅基地复垦券收益63.63亿元，全部用于脱贫攻坚。

【扶贫资金管理】 2019年，河南省151个县市区对中央、省级、市级、县级财政专项扶贫资金的分配情况在政府门户网站上公告公示。加强县级脱贫攻坚项目库建设，2019年录入全国扶贫开发系统项目库项目43695个，涉及资金规模423.45亿元，录入2020年项目库项目27319个，涉及资金规模309.15亿元。创新财政扶贫资金动态监控机制，完善监控平台功能，对中央财政42项和省级财政40项资金开展实时动态监控。各级财政专项扶贫资金、38个国家级贫困县统筹整合涉农资金支出进度分别为97.2%、90%。

【组织领导】 各省辖市、省直责任单位向省委、省政府签订年度脱贫攻坚责任书。召开省委十届九次全会、十次全会和全省脱贫攻坚第七次推进会议，把脱贫攻坚作为重中之重进行安排部署。召开11次省委常委会会议、5次省政府常务会议、4次省脱贫攻坚领导小组会议。省委、省政府主要负责人带头遍访贫困对象。省级干部每人联系一个国家级贫困县，开展常态化指导帮扶。省脱贫攻坚领导小组定期对拟摘帽县退出达标情况、已摘帽县巩固脱贫成果情况、非贫困县减贫工作情况进行分析研判，加强分类指导。省委召开市、县党委书记履行脱贫攻坚责任述职评议会，推动脱贫攻坚“三落实”。把脱贫攻坚作为省委巡视的重点内容。对136个有扶贫资金的县市区开展扶贫审计。出台《河南省脱贫攻坚常态化约谈提醒实施办法》，建立随时发现问题、随时约谈机制。对2018年全省脱贫攻坚成效考核综合评价“较差”的2个省辖市、“一般”的3个省辖市进行约谈，对2019年专项督查巡查发现问题较多的2个省辖市，9个县市区进行提醒谈话。

【金融扶贫】 2019年，河南省推广金融扶贫“卢氏模式”，形成覆盖县、乡、村三级的金融服务网络，新增扶贫小额信贷47.91亿元，惠及13.72万贫困户。全省精准扶贫贷款余额1668.65亿元。推动资本市场融资，贫困地区有12家上市公司、8家在审在辅导企业，贫困县新三板挂牌公司31家，融资31.29亿元。

【产业扶贫】 发展优质小麦、花生、草畜、林果等十大优势特色农业，覆盖带动贫困人口193万人。规范建设扶贫车间3811个，受益贫困人口5.1万人。发展旅游产业,以“十百千万示范工程”为抓手,带动贫困人口约6万人。持续发展电商产业,带动贫困人口就业创业5.93万人。因地制宜发展光伏产业,光伏扶贫电站累计总规模容量256.5万千瓦,覆盖贫困户39.98万户。

【就业扶贫】 2019年,开展河南省贫困劳动力就业状况核查,新增贫困劳动力就业19.99万人,实现有就业能力和就业愿望的181.75万贫困劳动力全部就业。开发公益性岗位,安置贫困劳动力26.8万人。全省在聘生态护林员2.72万名,带动9万贫困人口脱贫。返乡下乡创业新增22.83万人,累计146.95万人,带动贫困劳动力就业18.1万人,其中贫困劳动力创业2.84万人。全省培育贫困村创业致富带头人4.6万名,带动52万贫困人口增收。

【易地扶贫搬迁】 在完成26.03万“搬迁群众全部入住新居”的基础上,重点抓好产业发展、就业帮扶和社区规范化管理。858个集中安置点实现基层组织、服务机构全覆盖,有劳动能力的搬迁群众10.7万人基本实现全部就业,搬迁贫困人口累计脱贫24.5万人。

【社保兜底扶贫】 2019年,河南省农村低保标准提高到每人每年不低于3860元,特困人员年供养标准不低于低保标准的1.3倍,贫困群众基础养老金最低标准增加到每人每月103元。开展扶贫助残行动,86.2万人享受到困难残疾人生活补贴,114.5万人享受到重度残疾人护理补贴,为3.49万名贫困残疾人提供辅助器具适配服务,完成5.83万户建档立卡重度残疾人家庭无障碍改造。改造4类重点对象危房10.64万户。探索贫困家庭重度残疾人集中托养,建成集中托养机构396个,托养重度残疾人7986人。制定《关于进一步加强和改进临时救助工作的实施意见》。

【教育扶贫】 落实贫困家庭学生资助和保障政策,2019年资助贫困家庭学生195.42万人次。加强控辍保学工作,实现贫困家庭义务教育阶段无辍学学生。加大教育资源配置向贫困地区倾斜和支持力度,新建改扩建中小学、幼儿园4549所,为贫困地区招聘特岗教师9800名,定向免费培养全科教师1958名,选派2500名教师开展城乡、校际对口交流支教。

【健康扶贫】 减少因病致贫存量,对36213名25种大病贫困患者开展专项救治,为24.62万贫困人口提供标准化家庭医生签约服务,重点慢性病患者随访率为98%。基本公共卫生服务人均经费补助标准提高到69元。在4个深度贫困县建设8个县级临床重点专科、24个乡镇卫生院和131个基层中医馆,在贫困地区建设15个县级临床重点专科。加大贫困地区医疗卫生人才培养力度,2019年为贫困地区培养培训各类医疗卫生人才2400人次。完善符合河南省情的“3+3+N”医疗托底保障模式,资助贫困人口参加基本医保,大病保险向贫困人口倾斜。全省贫困人口全部参保、县域内就诊率为97%、合规医疗费用平均报销比例稳定在90%左右,贫困人口25种大病救治率为100%、家庭医生签约服务实现应签尽签,贫困村标准化村卫生室、合格村医实现全覆盖。

【扶贫扶志】 采取以工代赈、生产奖补等帮扶。组织开展脱贫政策、脱贫故事、脱贫经验宣讲活动,推广“爱心超市”“孝善基金”等有效做法,建成“爱心超市”1.2万家。修订完善《河南省文明村镇测评体系》,加大扶贫扶志考核权重。加强农村精神文明建设,全省90%以上的行政村修订完善了村规民约,28189个行政村建立了“四会”。

【基础设施建设】 2019年,河南省投资66.7亿元,新改建贫困地区农村公路7980千米,行政村通硬化路率、具备条件的行政村通客车率均为100%。高速公路“双千工程”15个项目中,有14个经过革命老区、贫困地区或偏远山区。投入农村安全饮水巩固提升项目资金17.61亿元，受益行政村2443个，其中贫困村933个，受益贫困人口39.47万人，全省建档立卡贫困人口基本实现饮水安全全覆盖。全省农村户户通电、村村通动力电，全面实现20户以上自然村4G网络和光纤接入。全省90%以上贫困村环境得到有效治理。

【定点扶贫】 182家省定点扶贫单位引进帮扶资金7.63亿元，投入帮扶资金1.37亿元，发展引进产业项目942个。河南省选派1.3万名驻村第一书记、2.1万个驻村工作队，实现全省贫困村、脱贫任务较重的非贫困村全覆盖。第一书记和驻村工作队协调推进，累计引进帮扶资金45.6亿元，引进致富项目6171个，培育支柱产业4812个。提拔重用驻村干部2403人，表彰5449人。

【社会扶贫】 组织19个经济实力较强的市、县结对帮扶19个脱贫任务较重的贫困县，落实产业投资22.48亿元，基础设施建设和公共服务项目投资21.47亿元，动员企业吸纳贫困劳动力5.39万人次；53所省属高校结对帮扶53个贫困县，选派科技扶贫团、科技特派员、科技顾问2423人次，转化或示范先进实用技术成果220个。推广运用中国社会扶贫网。

【动态管理】 出台《关于巩固脱贫成果有效防止返贫的意见》《关于做好贫困县退出后有关工作的通知》《贫困村脱贫后驻村第一书记帮扶任务清单》，指导基层工作实践。落实摘帽不摘责任、摘帽不摘政策、摘帽不摘帮扶、摘帽不摘监管“四个不摘”要求，做到投入不减、项目不少、政策不变、帮扶不撤。开展贫困县脱贫摘帽后“四个不摘”政策落实问题专项治理。强化动态管理，精准识别认定新致贫人口和返贫人口。加强行业部门数据共享比对，实现新致贫人口即时纳入。对10类返贫风险较高的脱贫户进行重点监测。2019年，河南省新识别贫困人口0.8万户、2.6万人，返贫23户、82人，将其纳入管理、开展帮扶。

【扶贫领域作风建设】 落实中央“基层减负年”要求，省级督查和考核评估为每年1次，会议多采取视频会形式。开展扶贫领域腐败和作风问题专项治理决战年行动，加强精准问责和以案促改，河南省共受理问题线索3355件，处理4452人。省市县三级开通扶贫公共服务热线，加强12317扶贫监督举报电话管理。分级分类开展扶贫干部轮训，利用各级党校和培训基地，采取现场观摩、政策解读、专题辅导、案例教学等形式，举办培训班2442期，培训48.5万人次。

（河南省扶贫办　郑　方）

湖北省扶贫开发

【概述】 2019年，湖北省把脱贫攻坚作为“头等大事”和“第一民生工程”，减贫92.5万人，800个贫困村出列，17个贫困县脱贫摘帽。全省37个贫困县全部脱贫摘帽，4821个贫困村全部出列，建档立卡贫困人口由581万人减少至5.8万人，贫困发生率降至0.14%。贫困地区农民人均可支配收入为12911元。

【扶贫资金投入】 2019年，湖北省财政扶贫资金投入215.75亿元，其中中央财政扶贫资金52.63亿元，省级财政扶贫资金45.91亿元，市、县财政扶贫资金117.21亿元。28个国家级贫困县统筹整合使用财政涉农资金224.59亿元。

【扶贫资金管理】 完善资金绩效评价指标体系。资金项目审批权限下放到县级，实行资金、项目、招投标、管理、责任“五到县”。开展贫困县财政涉农资金整合试点。运用财政扶贫资金动态监控平台，对各级各类资金进行逐环节全流程监控。推进扶贫资金项目公告公示。

【基础设施建设】 2019年，湖北省水利基础设施建设进一步完善和巩固，“十三五”规划内贫困人口饮水安全问题基本解决。完成新改建农村公路33210千米，具备条件的乡镇全部通二级路，所有行政村通硬化路、通客车，20户以上的村组通硬化路。完成110千伏及以下农网投资83.6亿元，在大电网延伸范围内所有行政村全部通动力电，66个县、市、区易地扶贫搬迁集中安置点的供电需求同步解决，已纳入国家补贴目录的4295个光伏扶贫电站接网工程全部同步建成。所有行政村实现光纤、4G、宽带全覆盖，20户以上村民小组光纤通达率为92.7%，净增农村宽带接入用户93.2万户。

【整村推进】 2019年，湖北省完成800个贫困村出列任务，全省4821个贫困村全部出列。统筹抓好贫困村水、电、路、通信、住房等基础设施补短板工作，确保饮水安全，农村生活用电稳定、有生产用电需求的地方不卡口，村村通沥青路、村内主干道通沥青路、自然村(组)通砂石路，4G信号全覆盖，符合条件对象危房改造全覆盖。37个贫困县建档立卡贫困村和全省507个深度贫困村实现专业合作社全覆盖，平均每个村有2.57个农民合作社。

【易地扶贫搬迁】 2019年，湖北省易地扶贫搬迁建设任务全部完成，累计建房2330.83万平方米，累计搬迁入住31.84万户88.23万人。共建设集中安置点10359个，集中安置率为76.22%。到2019年年底，全省共配套建设道路6682.6千米、管网1.6万千米、污水处理设施1万个、垃圾处理设施1.5万个、幼儿园206所、学校328所、医疗卫生设施1406个、社区服务设施1921个、综合活动室2301个、文化广场2012个。99%以上搬迁户实现脱贫，搬迁群众正从“搬得出、稳得住”向“有就业、能脱贫、逐步能致富”转变。

【产业扶贫】 2019年，湖北省组建三级农技专家团队179个、专家639名，特聘161名农技员，设置1.8万余名产业指导员，培训贫困人口38.7万人次。贫困地区优质粮油和茶果菜药等特色经济作物种植面积为4466.79万亩，37个贫困县初步形成54个主导产业，创建

5个国家级特色农产品优势区和23个省级特色农产品优势区，建设特色产业扶贫基地近2万个。全省“三品一标”等品牌数为1201个，农产品质量安全合格率为99%。运用订单、股份、劳务、服务、租赁等方式，完善“租金、薪金、股金”等利益分配机制，推广“三乡工程”“五位一体”“121+X”等模式，促进带贫减贫。统筹各级财政资金5.8亿元，支持1168个村发展集体经济。

【雨露计划】 对建档立卡贫困家庭中接受中、高等职业教育的学生，按每生每学年不低于3000元给予补助，深度贫困地区补助标准为每生每学年5000元。2019年，湖北省共组织开展“雨露计划”职业教育扶贫助学19.69万人次，落实补助资金4.05亿元。

【革命老区建设】 2019年，湖北省投入中央专项彩票公益金资金2亿元，用于道路、水利、环境治理和产业发展等小型生产型公益设施项目建设，涉及10个老区贫困县、24个老区乡镇、64个建档立卡贫困村。共修建村道（含机耕路、生产路、联户路等）211.84千米，桥梁2座，水窖及蓄水池28口，灌溉池3口，晒场6处，公共厕所38个，整修堰塘7口，新建垃圾中转站和茶叶加工厂各1个，革命老区贫困村的基础设施和群众生活条件得到改善。

【以工代赈】 2019年，投入中央以工代赈资金11590万元，根据省政府扶贫资金整合要求，该项资金实行“资金、项目、招投标、管理、责任”到县（市），由县政府按照脱贫攻坚规划统筹使用。配合加强资金监管，督促及时发放劳务报酬。

【产业扶贫】 修订出台《湖北省产业精准扶贫规划（2019—2020年）》，制定印发农业产业扶贫三年行动方案、农业科技帮扶、农产品品牌培育等系列指导性文件。在贫困地区培育农民专业合作社29211家，认定241家省级龙头企业、150家省级扶贫龙头企业，在贷款贴息等方面给予政策支持。出台《湖北省新型经营主体高质量发展意见》，专项清理注销“空壳社”0.7万家，对507个深度贫困村每村安排10万元，推动提高农民专业合作社、家庭农场发展质量。在贫困地区建设2000余座产地初加工设施，创建12个省级现代农业产业园，实施11个农业产业兴村强镇建设项目，建设44个全国一村一品示范村镇、85个省级休闲农业示范点和858个农旅产业扶贫基地。黄冈市健全产业转移承接推进机制，加快承接沿海地区和周边大城市劳动密集型产业、农产品加工业、装备制造业和加工贸易产业转移。

【社保兜底扶贫】 推动农村低保制度和扶贫开发政策有效衔接，对完全丧失劳动能力和部分丧失劳动能力且无法依靠产业就业帮扶脱贫的贫困人口提供兜底保障。2019年，湖北省农村低保平均标准为5594元，农村特困人员救助供养平均标准为10286元。

【定点扶贫】 2019年，湖北省实行省领导联系贫困县工作制度下的省直单位协同推进制度和牵头责任制度，明确37个省直单位牵头，会同17家中央驻鄂定点扶贫单位，整合411家单位、36个省内经济强市、县集团式帮扶37个贫困县。各帮扶单位累计投入帮扶资金20.31亿元，帮助引进各类资金20.29亿元，培训基层干部、群众8.5万人次，实施消费扶贫5.76亿元。其中，17家驻鄂定点扶贫中央单位累计投入帮扶资金6.24亿元，引进帮扶资金2.89亿元，培训基层干部6251名、技术人员4750人，购买贫困地区农产品7288万元，帮助销售贫困地区农产品1.43亿元；411家省直定点扶贫单位共投入帮扶资金7.38亿元，帮助引进各类资金16.9亿元，培训基层干部、群众7.39万人次，实施消费扶贫1.94亿元；36个省内经济强市、县累计投入财政援助资金6.69亿元，引进企业资金5050万元，提供就业岗位5446个，购买协作地区农产品2941万元，帮助销售协作地区农产品2100万元。

【东西部扶贫协作】 湖北省与浙江省2019年东西部扶贫协作协议内容全部完成。杭州市向恩施土家族苗族自治州(以下简称“恩施州”)提供财政援助资金3.88亿元,其中3.5986亿元用于县以下基层,投入深度贫困县巴东县资金5550万元;明确协作项目305个全部开工。加强产业合作,引导新增落地企业和投资项目47个,实际到位投资12.58亿元,带动贫困人口8985人;援建扶贫车间71个,吸纳就业人口3347人;消费扶贫4.52亿元,直接带动贫困人口2.46万人。举办培训班49期,帮助恩施州贫困人口实现就业15013人,湖北省贫困人口在浙江省就业的有44544人。加强人才支援,双方党政干部交流139人,专业技术人才交流579人。加强社会帮扶,杭州社会各界向恩施州帮扶资金8840.3万元。开展携手奔小康行动,杭州市8个区、县帮扶恩施州8个县、市,60个乡镇帮扶恩施州65个乡镇,65个村(社区)帮扶65个村;170家企业帮扶恩施州197个贫困村,41家社会组织帮扶41个贫困村,130所学校结对恩施州128所学校;62家医院结对78家医院。湖北省援疆工作有序开展,武汉、宜昌、咸宁等3个市,江岸区、夷陵区、赤壁市等11个县市区与博尔塔拉蒙古自治州23个贫困村开展结对帮扶。

【军队和武警部队扶贫】 2019年,驻鄂部队共投入帮扶资金4678.66万元,协调社会资金29802.4万元,帮扶项目238个,定点帮扶贫困村129个,帮扶贫困户10182户、32236人。

【社会扶贫】 2019年,湖北省组织民营企业与贫困村开展结对帮扶,开展“五联五帮”活动,共有6678家民营企业签约帮扶6089个行政村,其中贫困村3559个,累计投入帮扶资金67.09亿元,惠及贫困人口75.52万人。全省6571个社会组织帮扶4960个贫困村,帮扶贫困人口76万人次,共投入帮扶资金19.49亿元,组织人员培训92254人次,购买和帮助销售贫困地区农产品1.07亿元。

【金融扶贫】 落实扶贫小额信贷政策要点,坚持户借、户用、户还,精准用于贫困户发展生产。截至2019年年底,湖北省累计发放扶贫小额信贷211.05亿元,累计45.83万户贫困户获贷;新增扶贫小额信贷22.56亿元,5.44万户贫困户获贷;扶贫小额信贷余额97.19亿元,逾期余额536.35万元。

【扶贫宣传】 组建220余名专职人员、4800余名乡村兼职信息员队伍开展扶贫宣传工作。2019年,组织脱贫攻坚专题理论和政策宣讲1.4万场次,举办扶贫培训班1330期,培训31.8万人次,各类媒体刊载湖北省脱贫攻坚报道1.75万篇。湖北省5名个人和1个组织荣获2019年全国脱贫攻坚奖;十堰市扶贫办、襄阳市扶贫办程建胜分别荣获第九届全国“人民满意的公务员集体”“人民满意的公务员”称号;罗田县燕儿谷景区带村促产业发展减贫模式入选2019世界旅游联盟旅游减贫案例,湖北省国际农发基金贷款项目获首届全球减贫案例征集活动最佳案例。湖北广电集合18个广播电视频道、频率,通过品牌公益传播搭建农产品信息交流平台;47个部门开展103个活动助力脱贫攻坚;募集扶贫捐赠资金2.87亿元。组建299人的舆情网评员队伍,印发舆情周报44期。

(湖北省扶贫办　李新华)

湖南省扶贫开发

【概述】 2019年,湖南省聚焦“两不愁三保障”突出问题清零行动,推进精准扶贫、精准脱贫取得显著成效。全年63万农村贫困人口脱贫、718个贫困村出列、20个贫困县脱贫摘帽,全省贫困发生率降至0.36%。51个贫困县农村居民人均可支配收入为11344元。湖南省在中央2019年脱贫攻坚成效考核中被评为“好”等次。

【扶贫资金投入】 2019年,各级财政专项扶贫资金投入123.6亿元。其中,中央财政专项扶贫资金投入55.1亿元,省本级财政专项扶贫资金投入45.7亿元。湖南省整合涉农扶贫资金186.4亿元,40个国家级贫困县整合资金159.3亿元。财政专项扶贫资金项目审批权下放到县,由县级自主用于农村基础设施和扶贫产业发展。

【扶贫资金管理】 2019年,湖南省落实扶贫资金各项监管措施,组织开展扶贫资金绩效考评。探索建立扶贫资产后续管理制度,组织各地对脱贫攻坚期内扶贫资产进行确权登记,规范管理。

【连片特困地区扶贫】 2019年,中央和湖南省投入武陵山、罗霄山两大集中连片特困地区37个贫困县财政专项扶贫资金59.74亿元,增幅26.55%。出台《关于支持湘南湘西承接产业转移示范区发展的若干政策》,编制湘南湘西承接产业转移示范区发展规划,为片区单列2.4万亩扶贫专项用地计划。浩吉铁路、黔张常铁路正式通车运营,启动建设13条高速公路。落实中央预算内资金30.99亿元,实施石漠化治理、防护林建设、湿地保护与修复等三大生态林业工程。两大片区减少贫困人口38.98万人,转移就业贫困劳动力115.31万人,武陵山、罗霄山集中连片特困地区贫困发生率分别降至0.57%和0.23%。

【老区建设】 2019年,中央下达湖南省专项彩票公益金支持贫困革命老区脱贫攻坚资金1.2亿元。省里按照每个县2000万元的标准,安排到平江县、汝城县、宜章县、溆浦县、涟源市和永顺县6个革命老区县市。

【驻村帮扶】 2019年,湖南省选派6万余名干部组成2.1万多支工作队开展驻村帮扶工作,实现对贫困村和贫困人口100人以上的非贫困村工作队选派全覆盖。累计约谈提醒983人次,召回不胜任工作驻村干部220人(其中省派工作队约谈提醒9人次、召回省派驻村干部7人),对49支人数不足3人的驻村工作队补强力量,对604名党组织关系未转到村的驻村工作队员全部整改到位。提拔重用驻村干部1525名,其中省派驻村干部52名,市、县驻村干部1473名。

【扶贫队伍建设】 2019年3月,湖南省扶贫开发办公室由省政府直属事业单位调整为省政府直属机构,设置内设机构8个,另设机关党委。湖南省扶贫开发办公室配备领导班子1正4副,提任副厅级干部1名、正处级干部1名、副处级干部9名,晋升职级公务员38人次。开展干部轮岗交流调整,处级及以下干部交流13人。

【联点督查】 湖南省推进脱贫攻坚常态化联点督查,由35名省级领导牵头、42个省直单位参与,采取“四不两直”的方式,深入51个贫困县和25个非贫困县调研指导。督查村1.2万个(次),走访群众13.26万户,访谈干部5.36万名,查看项目2.29万个,发现问题6174条。

【基础设施建设】 加快贫困地区水、电、路、讯等基础设施建设。安排贫困地区省级以上水利投资38.52亿元,完成贫困地区23个水土流失治理项目,治理水土流失面积164平方千米,建成7个小水电扶贫项目,惠及15971户建档立卡贫困户。新增贫困地区农村电网改造升级资金38.95亿元,湖南省6920个贫困村农村电网改造升级全面完成,惠及贫困人口984万人。累计完成贫困地区交通固定资产投资223.72亿元,新改建干线公路415千米,建设自然村通水泥路2601千米、窄路加宽2438千米,完成安保工程10000千米、危桥改造538座。利用电信普遍服务补助资金3.1亿元开展贫困地区农村自然村通光纤和4G基站建设,8456个自然村实现通光纤,在1799个贫困村建设农村4G基站1895个,全省贫困村通光纤和4G网络的比例为100%。

【饮水安全】 2019年,湖南省完成农村饮水安全总投资19.58亿元,新建农村饮水安全工程2057处,巩固提升农村安全饮水人口159.86万人(其中建档立卡贫困人口35.23万人),新增自来水人口133.46万人,全省农村自来水普及率为88.44%。

【易地扶贫搬迁】 2019年,湖南省按照“先定区域再定人”原则核实搬迁对象,优化搬迁模式,对全省30户以上的集中安置点委托有资质的国有企业零利润总承包,实行交钥匙工程,确保工程质量和进度。完成“十三五”确定的69.4万人搬迁任务。

【产业扶贫】 2019年,湖南省组织131个县、市、区编制产业扶贫规划,引导贫困地区重点发展茶叶、油茶、油菜、水果、水产、中药材、南竹等特色产业。51个贫困县建设现代农业特色产业园省级示范园272个,创办扶贫产业园364个。将“千企帮千村”行动提升为“千企帮村万社联户”行动。打造“湖南红茶”等4个省级区域公用品牌。51个贫困县新认证“三品一标”602个,增长12.3%。组织586名省级农业科研院所专家组建51个专家服务团,对贫困县开展组团式科技服务。

【特色产业扶贫】 省委农村工作领导小组印发《关于打造农业优势特色千亿产业促进乡村产业振兴的意见》,提出13条支持农业优势特色千亿产业发展的政策措施。安排特色发展资金1760万元,完善农产品初加工基础设施。在贫困地区实施“品牌强农”行动,培育“湖南红茶”“湖南茶油”“安化黑茶”3个省级区域公用品牌。安化黑茶产量为8.9万吨、产值220亿元。

【扶贫小额信贷】 2019年,湖南省新增贷款24.8亿元,累计发放贷款224.69亿元,累计到期贷款135.56亿元,累计还款151.14亿元,贷款余额73.35亿元,连续17个月贷款逾期率控制在1%以内,带动60余万贫困户发展产业稳定脱贫。

【雨露计划】 2019年,湖南省“雨露计划”补助30.06万人次,补助金额5.023亿元,其中51个贫困县补助21.46万人次,补助金额3.735亿元。

【就业扶贫】 深化“1143”劳务协作,建实任务清单、稳岗清单、责任清单,实现省市县乡四级就业扶贫信息服务全覆盖,190.6万名贫困劳动力实现就业,稳定就业率为97.3%。建设就业扶贫基地1047家、就业扶贫车间2958个,设立生态护林员、乡村保洁员等公益岗位16.5万个,吸纳52.7万名贫困劳动力就近就业。

【教育扶贫】 2019年,湖南省资助义务教育阶段贫困家庭学生133.12万人次,资助金额7.79亿元;劝返建档立卡贫困家庭义务教育阶段适龄学生384人。营养改善计划覆盖53个县、市、区,受益学生201.47万人。竣工投入使用24所“芙蓉学校”，新增学位17.4万个，消除义务教育大班额2万个。

【社保兜底扶贫】 2019年，湖南省农村低保和特困供养人员分别为134.2万人、36.1万人，其中兜底保障对象97.6万人。加强农村低保制度与扶贫开发政策衔接，提高农村低保指导标准，农村低保标准不低于每年3700元，农村特困人员基本生活标准为每年5674元。临时救助74.4万人次，支出经费8.4亿元，人均救助经费1129元。

【危房改造】 2019年，中央下达湖南省4类重点对象农村危房改造指标3.38万户，落实危房改造补助资金5.72亿元。湖南省配套投入资金8.91亿元，实际完成农村危房改造6.54万户。贫困户危房改造户均补助标准提高到2.45万元，11个深度贫困县贫困户危房改造户均补助标准提高到3万元。组织开展4类重点对象住房安全性鉴定排查，鉴定住房264.55万户，其中258.78万户A、B级安全住房全部挂牌标识，C、D级危房完成改造。

【健康扶贫】 实施“三个一批”行动，落实先诊疗后付费和“一站式”结算服务，建档立卡贫困人口参保率为100%，住院综合报销比例87.55%，1153个卫生室“空白村”全部消除，定向扩招乡村医生1500人，实现行政村卫生室、乡镇卫生院全科医生和县市二甲公立医院全覆盖。

【扶贫扶志】 省扶贫开发领导小组办公室印发《关于深入开展扶贫扶志扶智行动的实施意见》，提出开展扶志教育、加强技能培训等12条措施。在省级媒体每月发布“脱贫攻坚群英谱”，在乡村挂出“脱贫光荣榜”，召开“扶贫夜话”“屋场会”“户主会”，组织编印《脱贫攻坚百问百答》，激励贫困群众自主脱贫。

【科技扶贫】 2019年，湖南省投入国家和省科普专项经费2250万元，安排科技助力精准扶贫项目225个。支持引导681名科技专家赴贫困村开展科技对接帮扶工作，培育科技示范户712户，推广新品种112个，辐射带动农户2160户，开展技术培训1733次，培训群众52991人，助力2万余名贫困群众增收脱贫。

【定点扶贫】 2019年，14家中央单位继续对湖南省20个国家扶贫开发工作重点县开展定点扶贫。派出扶贫干部58人，中央单位领导调研1532人次（其中部级领导调研31人次）；直接投入帮扶资金4.39亿元，帮助引进资金4.68亿元，实施帮扶项目292个；组织劳务就业培训6821人次，农村创业致富带头人培训2335人次；累计开展捐资助学2473.2万元，资助贫困学生42939名；帮助贫困地区销售农畜产品9.57亿元。

【东西部扶贫协作】 2019年11月，湖南省党政代表团赴山东商洽对接扶贫协作工作。济南市援助湘西土家族苗族自治州财政帮扶资金3.08亿元，投入社会帮扶资金（含物资）7671.92万元，实施帮扶项目89个，带动贫困人口18.6万人；两地互派党政干部96人（其中湘西州62人）、专业技术人才824人次（其中湘西州438人次）挂职交流；新引进25家东部企业投资，实际投资额1.97亿元；帮助贫困劳动力赴济南市务工464人，就近就业1.8万人；湘西州特色产品在济南市的销售额为8375万元。

【结对帮扶】 组织省内经济较发达的长沙市等14个市、区、县与龙山县等14个贫困县开展对口帮扶和携手奔小康行动。14个帮扶市、区、县向被帮扶地区投入财政援助资金4.39亿元，引导社会援助资金0.32亿元，互派党政干部挂职210人，实施产业项目202个，帮助建档立卡贫困人口就业15941人，带动贫困人口98416人脱贫。

【社会扶贫】 推进中国社会扶贫网上线应用工作，成立湖南省“互联网+”社会扶贫管理中心，健全省市县乡村五级运营推广体系，全省注册用户982万人，贫困户发布资金和物品需求232万条，对接成功170万条；88家具有公募资格的社会组织入驻，发布众筹项目127个，筹集到位资金1.6亿元。推进“万企帮万村”，全省新增1292家民营企业精准帮扶1444个村，投入资金17.5亿元，帮扶贫困人口21.6万人。开展“户帮户亲帮亲互助脱贫奔小康”活动，对接帮扶120万余人次，实施陪护照看、心理健康、环境卫生、医疗服务等帮扶249万次，落实帮扶资金9462万元、物品81万件。

【扶贫培训】 2019年，湖南省举办各类扶贫培训班1412期，分级分类培训扶贫干部38.42万人次，其中省级组织培训22期，参训人员6000人次。承办全国深度贫困县第一书记示范培训班。

【扶贫宣传】 2019年，湖南省在人民日报、中国中央电视台等中央主流媒体刊发扶贫报道3000余篇，在省级主要媒体刊发扶贫报道32000余篇。数十篇稿件在人民日报、《新闻联播》《焦点访谈》等中央主流媒体的头版、头条及核心栏目刊播。宜章县脱贫攻坚做法被国务院扶贫办发文推介，新化油溪桥村、渌口星级创建等入选全国扶贫典型案例。“精准脱贫在三湘”网络名人湖南行活动微博话题阅读总量超1.3亿人次。

【脱贫攻坚普查试点】 2019年，湖南省被选定为全国脱贫攻坚普查专项试点省。湖南选定芷江侗族自治县和新晃侗族自治县作为专项试点县。对芷江侗族自治县5个村和新晃侗族自治县4个村的所有建档立卡户进行调查，并在每个村抽选1个村民小组调查所有非建档立卡户。试点完成2067户普查户的调查登记工作，其中建档立卡户1332户，非建档立卡户735户。

（湖南省扶贫办 肖坤林）

广东省扶贫开发

【概述】 2019年，广东省贯彻习近平总书记关于扶贫工作的重要论述以及对广东重要讲话和重要指示批示精神，落实党中央、国务院对脱贫攻坚的决策部署，聚焦重点贫困地区和特殊困难群体、“两不愁三保障”突出问题、稳定脱贫和防止返贫，进一步加大工作落实力度，强化精准施策，创新帮扶举措，深化改革探索，截至2019年年底全省有劳动能力相对贫困户年人均可支配收入为14331元，累计160万人相对贫困人口实现脱贫，94%以上相对贫困村达到出列标准，2277个贫困村的人居环境基础整治任务完成。

【扶贫资金投入】 2019年，广东省各级财政投入扶贫开发资金150多亿元，省级安排财政专项扶贫资金44.11亿元，其中省定相对贫困村新农村建设资金43.8亿元；向桂川滇黔协作地区拨付财政援助资金50.93亿元。印发《关于进一步做好扶贫小额信贷工作的通知》，新增扶贫小额贷款2.25万笔7.95亿元，惠及贫困户1.99万户。完成城乡建设用地增减挂钩节余指标跨省域调剂任务3.51万亩，资金总额214.5亿元。

【产业扶贫】 2019年，广东省2018-2019年共建设100个现代农业产业园，参与实施主体949个，带动农户共287.4万人；建设“一村一品”基地1000个，带动建档立卡贫困人口6万多人。全省实施产业扶贫项目38.08万个，产业项目收益10.8亿元，带动在家有劳动能力相对贫困户6.57万户28.94万人；培育创业致富带头人7243名，带动约4万户贫困户增收脱贫。

【就业扶贫】 2019年，广东省制定实施精准扶贫“1+4”行动方案，实施就业、技能、社保、人才等4项扶贫行动计划。2019年，广东省有劳动能力贫困人口实际转移就业40.14万人。协调5649家企业，提供岗位15万多个，帮助7.98万人实现跨县就业。创建扶贫车间、扶贫工作坊等837个，吸纳贫困劳动力就业6022人，设立公益性岗位安置贫困劳动力就业9506人，帮助7.14万名贫困劳动力就地就近就业，为32.4万人已就业贫困劳动力提供动态跟踪服务，为有转岗需求的2.8万人贫困劳动力提供跟踪服务15.2万次，帮扶2.1万人再就业。中西部22省(市)在广东省务工的贫困劳动力总数为321.5万人。组织跨地区劳务输出贫困人口3039人次，2862人农村贫困人口实现就业。组织5278人贫困人口参加职业技能培训。

【教育扶贫】 2019年，印发《广东省建档立卡学生补助工作指引》，将建档立卡本科生和研究生纳入补助范围，补助建档立卡学生共29.5万人，发放免学费和生活费补助资金10.8亿元；选派400多名教师赴边远贫困地区、民族地区和革命老区支教。统筹做好控辍保学工作，建档立卡贫困学生人数从4548人降至631人。

【健康扶贫】 2019年，广东省全额资助参加城乡居民基本医疗保险153.47万人。贫困户基本医疗保险缴费标准提高到220元，基本医疗救助比例提高到80%以上。基本公共卫生服务人均财政补助经费提高到每人69元。省级农村妇女两癌免费检查项目从精准扶贫村扩大到广东省东西北地区和江门市、惠州市、肇庆市的90个县(市、区),覆盖134.54万名农村适龄妇女。

【贫困村建设】 2019年,广东省开展贫困村创建新农村示范村工作,贫困村行政村村庄规划、人居环境综合整治完成率100%,生活垃圾得到有效处理的行政村比例在95%以上,贫困村行政村和自然村的集中供水率分别在95%、90%以上。贫困村公共服务站、标准化卫生站、通快递物流覆盖率分别为99.8%、98.5%、80.2%,2277个省定相对贫困村全部连通光纤,并建立4K电视体验点,全省14.2万个20户以上自然村光网覆盖率为95.4%、4G网络覆盖率为97.3%以上。

【社会扶贫】 2019年,广东省组织开展企业走访活动,发动社会组织、军队、机关干部、社区群众、爱心学子等各类群体献爱心,重点支持老区苏区、少数民族地区脱贫攻坚,认捐资金69.43亿元,其中省级认捐27.21亿元。设立定向支持民族地区捐赠资金类别,筹集的资金全部用于民族地区扶贫济困事业。认定广东扶贫济困红棉杯金杯56个、银杯15个、铜杯265个。开展"互联网+"社会扶贫系列活动、关爱困难老兵专项行动、"助力脱贫攻坚献爱心"众筹活动、广东"扶贫优品"短视频大赛、2019年南粤慈善盛典等活动。

【消费扶贫】 2019年,广东省建设东西部扶贫协作产品交易市场,打造农博会、种博会、渔业种业博览会"三大展会平台",创建农产品市场营销"12221"体系,举办"南果北上、北品南下"系列活动。举办第一届广东东西部扶贫协作产品交易博览会和第十届广东现代农业博览会暨粤港澳大湾区国际农产品采购商峰会,吸引1200多家企业参展,5000余种产品展销,实现贸易额(含意向合同)107亿元。全年共采购、销售结对地区特色农产品金额224.5亿元。组织"5G+消费扶贫"暨中国社会扶贫网广东馆开馆活动。

【电商扶贫】 2019年,广东省新增9个国家级和17个省级电子商务进农村综合示范县,全省国家级和省级示范县数量分别为17个和42个。2019年,全省农村网络零售额479.34亿元,农产品网络零售额354.66亿元。各地累计开展各类电商精准扶贫产销对接活动262场,成交金额7.5亿元。在省定贫困村建设电商服务站点1155个,对建档立卡贫困人口开展电商培训超3.4万人次,通过电商带动建档立卡贫困人口就业创业超4.9万人。

【党建扶贫】 2019年,广东省完成第三批2277个相对贫困村第一书记第一期期满轮换、驻村岗前全员培训工作。排查整顿软弱涣散村党组织,挂牌整顿软弱涣散重点、难点村。抓党建促脱贫攻坚,出台《关于坚持和加强农村基层党组织领导扶持壮大集体经济的意见》,在841个村试点,扶持壮大集体经济。

【扶贫培训】 2019年,广东省各级党委、政府和扶贫部门累计举办扶贫办主任座谈会、扶贫系统干部电视电话会、驻村工作专题培训会等培训活动579期,共培训90280人次。

【扶贫宣传】 做好全国"攻坚克难——全国扶贫攻坚展"网络展,打造唯爱助农·广东扶贫馆;在广东省扶贫信息网、广东扶贫微信公众号和广东省脱贫攻坚动态等编发原创稿件超6800篇,在《广东脱贫攻坚工作动态》编发40期简报;协助做好"发展中国家政党农村发展与减贫专题研修班"在广东省的考察培训工作;联合南方日报、新快报等省内媒体开辟《扶贫日记》《广东脱贫攻坚好故事》等专栏专刊,发布一线扶贫故事2000余篇。

(广东省扶贫办　林悦欣)

广西壮族自治区扶贫开发

【概述】 2019年，广西壮族自治区实现125万建档立卡贫困人口脱贫、1268个贫困村出列，马山县、上林县、隆安县等15个国家扶贫开发工作重点县，以及灌阳县、藤县、桂平市等6个自治区扶贫开发工作重点县共21个贫困县实现摘帽退出。在国家对中西部22个省区市2019年省级党委和政府脱贫攻坚成效考核中，广西被评为“好”等次。派驻乐业县新化镇百坭村第一书记黄文秀被追授为“全国脱贫攻坚模范”等荣誉称号。

【扶贫资金投入】 2019年，广西投入财政专项扶贫资金181.55亿元，其中中央财政专项扶贫资金84.01亿元（包括扶贫发展支出方向76.60亿元、以工代赈支出方向1.24亿元、少数民族发展支出方向5.70亿元、国有贫困农场支出方向0.17亿元、国有贫困林场支出方向0.30亿元），自治区本级财政扶贫资金53.52亿元，市、县级财政投入扶贫资金44.02亿元。2019年，广西投入33个滇桂黔石漠化片区县、国家扶贫开发工作重点县的中央财政专项扶贫资金45.43亿元。对8个扶贫开发工作任务较重的非贫困县（区）、200个贫困人口较多的非贫困村和10487户生活比较困难的非贫困户，制定专项支持政策，从资金、项目、基础设施建设等方面给予专项支持，每年安排8个非贫困县每县2000万元以上，200个非贫困村每村100万元，并一次性安排30万元村集体经济发展资金。

【扶贫资金管理】 2019年2—7月，开展闲置扶贫资金专项清理“回头看”，组织14个市、106个县进行再核查、再清理，限时支出上一年度的结存资金。坚持短期清理与长效治理结合，完善长效机制。优化脱贫攻坚项目库运行管理，提高项目资金使用精准度，对绩效目标不实的项目一律不予入库。

【教育扶贫】 2019年，在实施义务教育家庭经济困难寄宿生生活补助的基础上，将义务教育阶段非寄宿建档立卡贫困户等四类家庭经济困难非寄宿生纳入生活补助范围。提高连片特困地区乡、村学校，教学点以及其他地区教学点的义务教育教师生活补助，2019年补助标准提高到每人每月350元。组织开展控辍保学专项行动和解决贫困地区义务教育阶段孩子辍学问题专项整治，贫困户辍学适龄子女从1479名减少到12名。对接受全日制普通高校本科学历教育的农村建档立卡贫困户新生落实精准补助、应补尽补政策，2019年资助本科新生2.07万人，发放补助资金9596.23万元。

【基本医疗保障】 符合参保条件的建档立卡贫困人口100%参保。推进贫困人口基础信息数据库和医疗救助人员基础信息数据库互联互通建设。贫困人口在县域内定点医疗机构看病就医全部享受“一站式”系统即时结算和“先诊疗后付费”服务。全面实行门诊特殊慢性病“先享受待遇后备案”制度。上门入户对疑似慢病贫困人口进行筛查，共筛查73.8万名疑似患慢性病贫困人口，为符合条件的门诊特殊慢性病贫困人口62.22万人办卡。落实“198兜底保障政策”（即建档立卡贫困人口100%参加基本医疗保险，住院报销比例达到90%，门诊特殊慢性病实际报销比例达到

80%)，明确差异化医疗保障政策，实施“基本医保、大病保险、医疗救助、基本医保二次报销、政府兜底”五重保障政策，建档立卡贫困人口住院和门诊特殊慢性病医疗费用实际报销比例分别为90%、80%。完成艰苦边远地区全科医生特岗招聘120人。

【危房改造】 印发《住房安全保障战役实施方案》《关于开展扶贫领域漠视侵害群众利益问题专项整治工作实施方案》《关于进一步规范推进住房安全保障有关工作的通知》等文件，明确农村危房改造任务完成时限要求、开工和竣工标准等。对广西81.1万户4类重点对象进行逐户鉴定核实，完成2019年度国家下达广西的5.7万户(含建档立卡贫困户2.9万户)农村危房改造任务。

【饮水安全】 2019年，广西完成饮水安全项目总投资21.05亿元，受益人口177万人，解决剩余7.2万建档立卡贫困人口的饮水安全问题。广西农村自来水普及率为84.7%，农村供水质量和水平显著提高。全年共投入农村饮水工程维修养护资金1.12亿元(中央资金0.87亿元、自治区资金0.25亿元)，维修养护工程1153处，供水受益人口153万人。

【产业扶贫】 优化调整特色产业目录，将产业目录调整为93个；安排产业开发资金25.89亿元，投入小额信贷资金250.78亿元，覆盖55.32万建档立卡贫困户。各级发放奖补资金35.15亿元，受益贫困户85.2万户。54个贫困县共创建国家级现代农业产业园1个，自治区级现代农业产业园4个，带动贫困人口约6万人，人均增收约3100元；创建国家级特优区5个，自治区级特优区17个，带动贫困人口约100万人，人均增收约1500元；创建产业强镇8个，带动贫困人口约3.7万人，人均增收约2900元；认定自治区级现代农业核心示范区162个，带动贫困人口5.95万户，户均增收1890元。

【易地扶贫搬迁】 完成易地扶贫搬迁项目建设，建档立卡贫困人口71万人实现搬迁入住。推进“三个一”(即“一户一策”“一户一帮”“一户一档”)措施的落实，安排帮扶联系人14.06万人跟踪帮扶搬迁贫困户，对搬迁到县城、产业园区、重点镇安置的贫困户，按照每户有1人以上有劳动能力且有就业意愿的家庭成员实现就业的要求落实。投入资金25亿元，实施后续扶持项目2291个；投入资金34.77亿元，实施安置点公共服务配套设施项目341个；获得2019年第四批中央预算内投资补助资金6.87亿元，安排大型安置点配套教育、医疗设施项目41个。

【村集体经济】 广西村级集体经济年度新增经营性总收入16.6亿元。建档立卡贫困村集体经济年度新增经营性总收入4.38亿元；所有村集体经济收入全部达到4万元以上。2019年，广西村级集体经济累计带动366.88万人增收，其中贫困人口81.98万人。

【基础设施建设】 2019年，广西完成县、乡联网道路提级改造工程325.6千米，窄路基路面拓宽改造工程88.38千米，新建和改造屯级道路13483.26千米。解决贫困地区低电压、停电多、报装受限等问题，实现贫困户通生活用电、贫困村通动力电全覆盖，全面满足易地扶贫搬迁、光伏扶贫、产业扶贫等扶贫项目用电需求。实现全部行政村至少设有1个4G基站，100个深度贫困村每个行政村设有2个4G基站。50户以上自然村4G网络覆盖率为99.3%，20户以上自然村4G网络覆盖率为97.9%。

【东西部扶贫协作】 2019年，广西获得广东省财政帮扶资金17.76亿元，实施扶贫项目681个，完工项目582个。举办粤桂加工制造业投资洽谈会，邀请广东省加工制造企业70家，达成21个意向投资合作项目，总投资36.9亿元；举办广西全面对接粤港澳大湾区产业发展推介会，签约合作项目41个，总投资超过2000亿元。加快建设粤桂合作特别试验区等扶贫产业园，截至2019年年底粤桂共建扶贫产业园56个，引导入驻企业326家，投资额28.37亿元，吸纳贫困人口就业2501人；共建扶贫车间297个，吸纳就业11245人（其中贫困人口4690人）。广西各级人力资源和社会保障部门与广东省对接727次，提供用工企业6583家、就业岗位51.86万个，召开现场招聘会409场，帮助贫困人口22.34万人实现就业。

【消费扶贫】 8月，举办粤桂扶贫协作消费扶贫活动、第16届广西名特优农产品交易会，达成贸易协议256个，协议金额400.23亿元。10月，举办粤桂民营企业消费扶贫对接活动，200多家民营企业参与订购广西54个贫困县的带贫益农产品和服务，广东省企业的采购意向超过3亿元，现场签约意向协议1.21亿元。建设“广西馆”，宣传推介广西特色产品。

【定点扶贫】 2019年，24家中央定点扶贫单位帮扶28个国家级贫困县，选派挂职干部67名，投入和引进资金12.02亿元，培训干部等1.97万人次，购买定点贫困县农产品7550万元，帮助销售定点贫困县农产品6289万元。9112家自治区定点扶贫单位派出5379名第一书记和3.7万名工作队员驻村帮扶，投入帮扶资金（含物资折款）18.6亿元，引进帮扶资金11.04亿元。

【社会扶贫】 2019年“扶贫日”活动期间，自治区党政机关、事业单位、军队武警、民营企业和社会组织1.3万多个，开展走访慰问、扶贫捐赠等活动3万多次，走访慰问贫困群众60多万人次，募集资金（含引进资金、捐物折款）3.6亿元（不包括广东捐赠资金）。推广使用中国社会扶贫网，综合注册用户219万，累计受捐金额近400万元。9540家民营企业结对帮扶8080个村（其中贫困村4669个），投入资金37.9亿元，培训14.3万人次，带动3.7万人就业，116万户贫困户受益。

【驻村帮扶】 推进帮扶贫困户、联系贫困户学生工作（即“一帮一联”），落实52.3万名干部结对帮扶，累计选派驻村帮扶干部7.6万人，其中第一书记1.1万人。联合国富人寿保险股份有限公司向5379名第一书记捐赠保险，增加捐赠交通意外险。

【扶贫宣传】 2019年，编纂《广西脱贫攻坚英名录》，收录牺牲的扶贫干部的先进事迹。评选表彰100个脱贫攻坚先进集体、100名先进个人。选树脱贫攻坚好支书、好党员、优秀第一书记各100名。出台《进一步关爱激励脱贫攻坚（乡村振兴）工作队员的若干措施》。

【扶贫小额信贷】 成立自治区扶贫小额信贷回收工作专班，采取“1234”工作法，即1个督导专班，《广西扶贫小额信贷管理办法》《广西扶贫小额信贷回收处置方案》2个文件，提前提醒、狠抓到期回收、强化逾期追缴3个步骤，预警、联动、激励、惩罚4项机制，实行“一次提醒、二次约谈、三次考核”督察约束机制，强化回收追缴。2019年，广西累计现金收回贷款164.2亿元，年底逾期率为0.32%。

【动态管理】 组织15.37万人进村入户，共排查出脱贫监测户2.06万户8.46万人、边缘户3.35万户12.3万人，将其全部纳入扶贫系统监测管理。组织开展贫困户脱贫“双认定”和贫困村摘帽认定，新识别贫困户37户134人。实现扶贫项目“四化”管理，即项目精准化、程序标准化、管理信息化、调整合理化，2019年录入项目7.66万个，投入资金476.8亿元。

【雨露计划】 实施“雨露计划”，落实中、高等职业学历教育精准补助、应补尽补政策，鼓励和支持建档立卡贫困户青壮年劳动力参加转移就业短期技能培训、农村实用技术培训。2019年，“雨露计划”投入财政专项扶贫资金5.57亿元，扶持农村贫困家庭子女和青壮年劳动力51.02万人次接受中、高等职业学历教育和技能培训，其中中、高等职业学历教育补助5.01亿元，资助农村贫困学生35.82万人次；劳动力转移就业技能培训投入5167.53万元，培训农村贫困家庭青壮年劳动力5.67万人次；农村实用技术培训投入434.46万元，培训贫困农民9.53万人次。

【就业扶贫】 截至2019年年底，广西累计认定就业扶贫车间3233家，吸纳就业总人数22.02万，其中贫困劳动力3.45万人，带贫比例15.66%。实施技工院校结对帮扶计划，全年共资助贫困家庭“两后生”参加中期就业技能培训4948人次，发放扶贫培训补助1358.34万元。开发扶贫公益性岗位，累计开发4.26万个，选聘、续聘生态护林员5.81万名。出台并落实致富带头人创业扶持政策，成立县级创业指导服务中心和创业导师跟踪服务团队。截至2019年年底，广西共培育致富带头人1.98万人，已创业1.26万人，带动4.63万户贫困户脱贫。

【外资扶贫】 广西贫困片区农村扶贫试点示范项目利用世界银行贷款资金1亿美元（折合人民币约为6.7亿元）、国内配套资金约0.82亿美元（折合人民币约为5.5亿元），项目覆盖百色市和河池市的10个项目县117个行政村，截至2019年年底累计完成项目资金36962.77万元。世界银行结果导向型贷款广西扶贫示范项目，利用世界银行贷款4亿美元（折合人民币约27亿元），实施区域覆盖广西28个县，对其中20个深度贫困县实现全覆盖。截至2019年年底，广西向世界银行提款1.8亿美元（折合人民币约为12亿元），累计拨付67200万元。

【彩票公益金项目】 2019年，中央彩票公益金项目覆盖广西11个项目县，实施项目594个，2.73万户11.06万贫困人口从中受益，累计完成年度投资2.1亿元。

【国际减贫交流合作】 承办第十三届“中国-东盟社会发展与减贫论坛”系列活动，推广广西的减贫实践经验。推进东亚减贫示范合作技术援助项目（老挝部分）和广西国际减贫培训考察基地建设，完成“2019年农村发展与减贫官员研修班”“2019年发展中国家中小企业发展与民间组织扶贫能力建设官员研修班”“卢旺达农村发展与减贫研修班”“缅甸产业扶贫能力研修班”等4期国际研修班在广西的实地考察活动。

（广西壮族自治区扶贫开发办公室
文湘林）

海南省扶贫开发

【概述】 2019年，海南省完成14496户45002人年度脱贫目标任务，剩余3个贫困村实现出列，剩余3个贫困县包括深度贫困县白沙黎族自治县脱贫摘帽，全省农村贫困发生率降到0.01%。

【扶贫资金投入与管理】 2019年，海南省安排财政专项扶贫资金33.61亿元，共实施9342个项目，其中省级资金10.81亿元。5个贫困市、县共整合涉农资金15.63亿元用于脱贫攻坚。实行资金支出进度半月(周)通报约谈制度，对支出进度排名靠后的及时约谈，共发进度通报18期、约谈市、县5人次。加强扶贫资金使用管理，完善扶贫资金管理制度体系，规范组织化产业扶贫项目资金管理，落实公告公示制度。

【组织领导】 2019年，海南省委、省政府先后召开3次全省电视电话会议和5次省委常委会会议、3次省政府常务会议，召开4次省扶贫开发领导小组会议、22次省打赢脱贫攻坚战指挥部会议，专题研究部署脱贫攻坚工作。5月，省委、省政府召开由省、市县、乡镇、村(社区)各级干部、所有帮扶责任人和贫困群众代表共13.77万人参加的全省聚焦“两不愁三保障”脱贫攻坚推进大会，部署脱贫攻坚工作。8月，省委、省政府将“脱贫攻坚创优保优”纳入全省“两个确保”百日大行动。

【扶贫政策】 2019年，省级层面共印发40个有关扶贫开发帮扶工作的政策性文件。实施特惠性教育扶贫资助政策，实现建档立卡贫困学生全覆盖，将专项救治大病病种增加至25种，“先诊疗后付费”“一站式”结算扩大至省域。实施农村危房改造激励措施，实现农村危房改造任务开工率、竣工率、入住率全部100%。将农村低保标准从每年3600元提高到4200元。

【动态管理】 2019年，通过两次动态调整，海南省共新增贫困人口129户458人，脱贫14496户45002人，3个贫困村实现出列，3个贫困县如期摘帽；确定边缘户2831户10716人、脱贫监测户1242户5205人，无返贫人口，全省农村贫困发生率为0.01%以下。

【教育扶贫】 将按学期发放资助改为按学年发放，春季学期发放1.75亿元、惠及14万人，秋季学期发放1.97亿元、惠及15.5万人。开展“万名教师访万家”活动和“控辍保学”大排查，对辍学学生进行分类精准劝返或安置。在14所中等职业教育学校试点开设职业初中班，在五指山中学试点开设初中职业班，先后在联合国教科文组织主办的国际论坛和教育部主办的教育扶贫论坛作经验介绍。

【健康扶贫】 组建家庭医生签约团队2164个，与建档立卡贫困人口签订服务协议。推行乡医村医“县属乡用”“乡属村用”制度，对医务人员到基层服务采取工作补贴、绩效奖励、编制待遇等政策。对新招聘的村医给予事业编制，2019年招聘村医184人，从乡镇医疗机构下派乡村医生161人到村卫生室服务。为海南省143个缺医生的村卫生室配齐合格医生，为196个村卫生室配齐基本药品。实施1279个基层医疗卫生机构标准化建设项目。

【危房改造】 执行危房改造标准，开展分类整改，对补助超标和多发的补助资金收回，对未满足最低建设要求的危改房进行整改。2019年，海南省建档立卡贫困户危房改造任务10515户，已全部实现竣工入住。

【饮水安全】 2019年，海南省对所有贫困人口进行饮水安全核查，建立脱贫攻坚饮水安全相关台账，制作农村饮水安全用户“明白卡”，加强农村饮水水质检测和供水设施运行管护。全省建设农村饮水安全巩固提升工程131处，投入资金1.45亿元，受益贫困人口1.56万人。

【社保兜底扶贫】 开展农村低保专项治理，建立工作台账并逐月更新。落实未脱贫建档立卡贫困户重病重残人员单独纳保政策，将建档立卡贫困户5414户1.2万人纳入低保或特困进行兜底。

【产业扶贫】 2019年，海南省产业扶贫共投入23.7亿元，专项扶贫资金占比超过50%，实施农业产业项目1811个，全省贫困户发展种植业规模34.09万亩，发展养殖业规模772.115万头（只），辐射带动贫困户9.98万户41.77万人。制定橡胶、椰子、槟榔传统“三棵树”发展规划。推广天然橡胶价格（收入）保险，全省参保受益贫困户胶农4.96万户，面积51.09万亩。推广“椰子贷”贷款产品，给予单户10万—200万元贴息贷款。推动贫困户种植槟榔，重点是延伸槟榔产业链增加附加值，以及稳定价格、促进增收。推行产业发展指导员和科技特派员制度，采取“一户一策”选准帮扶产业，进行产前、产中、产后精准帮扶。出台《海南省科技特派员认定管理办法》，对300个“十三五”建档立卡贫困村每村至少安排1名科技特派员；共派出4628名产业发展指导员，实现贫困村全覆盖。

【就业扶贫】 实施建档立卡贫困户就业信息电子化管理，对“零就业”家庭做到动态清零。2019年，海南省贫困劳动力358524人，已就业299864人，有劳动能力、有就业意愿的“零就业”贫困家庭基本有1名劳动力实现就业。开展就业扶贫公益专岗清查，开发护林、护路、管水等就业扶贫公益专岗16686个。为有外出就业意愿的贫困家庭提供技能培训，通过举办招聘会、就业岗位推介会、就业扶贫服务微信公众平台等方式，帮助农村29.99万名贫困劳动力实现就业。对“零就业”家庭，做到动态清零；对新出现的“零就业”家庭，做到出现一户、帮扶一户、解决一户。

【生态扶贫】 启动第一批白沙黎族自治县高峰村118户498人整体生态搬迁。完成1973个生态护林员指标选聘或补聘，争取2000个生态护林员指标。完成183个贫困村污水治理设施建设。

【旅游扶贫】 2019年，海南省实施旅游产业扶贫项目94个，投资8.01亿元，已完成投资6.96亿元，直接带动贫困户2366户5712人脱贫。

【光伏扶贫】 2019年，海南省新建村级光伏扶贫电站70个，增加装机规模8673千瓦，涉及五指山市、白沙县49个建档立卡贫困村，帮扶贫困户1820户。纳入国家光伏扶贫目录的村级光伏扶贫电站共84个，装机规模10062千瓦，涉及儋州市、白沙县、五指山市、保亭黎族苗族自治县共60个建档立卡贫困村，帮扶贫困户2228户。

【消费扶贫】 创新“四动四全”消费扶贫模式，即以“海南爱心扶贫网”“爱心扶贫大集市”活动等为载体，党政强力推动，做到全保障；各方联动，做到全覆盖；线上、线下高效互动，做到全服务；贫困群众自觉主动，做到全参与，实现消费扶贫常态化。该项工作荣获2019年度“全国脱贫攻坚奖组织创新奖”。

【电商扶贫】 2019年，海南省共有10个国家电子商务进农村示范县，10个市县均建起县级电子商务公共服务中心、物流配送中心，共建立107个镇级电商服务中心（站）、556

个村级电商服务站(含建档立卡贫困村服务站300个),带动贫困人口1.9万人就业创业。

【基础设施建设】 完成20278个具备条件的自然村通硬化路,2560个具备条件的行政村通班车。新建、改建电力线路3549.51千米,实现贫困村动力电全覆盖。全省自然村光纤宽带网络覆盖率提至93.36%,4G网络覆盖率提至99.45%。

【社会扶贫】 2019年,海南省定点扶贫242家单位定点帮扶261个贫困村。组织936家民营企业开展"百企帮百村"活动,累计投入帮扶资金超过5.4亿元,实施帮扶项目1576个,帮扶贫困人口19.8万余人,受益村委会941个。

【定点扶贫】 2019年,4家中央单位定点帮扶海南省5个国家级贫困县,挂职交流10人,选派专业技术人员交流475人,累计投入和引进资金6649.50万元,引进项目4个,实现贫困人口71人转移就业。

【扶贫培训】 开展各级各类培训,举办脱贫攻坚培训班652个班次、248471人次,其中省直单位共举办各类脱贫攻坚培训班128个班次、126825人次,19个市、县共举办脱贫攻坚培训班524个班次、121646人次。

【扶志扶智】 推出"脱贫攻坚+扶智扶志+感恩励志教育"专题,邀请脱贫户现身"说法",讲述脱贫故事。开展"夜校帮你找工作"活动,为5000多名贫困户介绍就业岗位。设立2712个脱贫夜校教学点,配套完善各项管理制度。每周开播1期,平均每期有56.2万人观看,贫困户平均参学率90%以上。组织开展"六治"(即治懒散、治酗酒、治私彩、治浪费、治不孝、治脏乱)专项治理活动。与产业扶贫入股分红、就业扶贫公益岗位安排、乡风文明大行动、农村人居环境整治、农村社会综合治理等工作结合,增强贫困户的内生动力。加强感恩教育,推出新编琼剧《圆梦》、歌曲《吃水不忘挖井人》。选派1000多名教师、卫生人员、科技人才等到基层开展智力帮扶和人才培养工作。

【驻村帮扶】 增加驻村帮扶工作力量,驻村工作队增加至2767支共8685名干部。省级以上表彰奖励驻村干部51人,市、县级表彰奖励驻村干部249人,提拔重用驻村干部204人。

(海南省扶贫工作办公室政策法规处 张　伟)

重庆市扶贫开发

【概述】 2019年，重庆市实现城口县、巫溪县、酉阳土家族苗族自治县（以下简称“酉阳县”）、彭水苗族土家族自治县（以下简称“彭水县”）脱贫摘帽，33个贫困村脱贫，11.4万贫困人口脱贫，贫困发生率降至0.12%。在国家2019年脱贫攻坚成效考核中，重庆市综合评价、东西部扶贫协作被评为“好”等次，财政专项扶贫资金绩效评价被评为“优秀”等次。

【扶贫资金投入】 2019年，重庆市投入中央财政专项扶贫资金24.07亿元，市级财政专项扶贫资金19.2亿元、区县资金17亿元；整合资金102.8亿元，直接用于贫困区县农村基础设施和扶贫产业发展。设立项目库负面清单，对项目库实行全程动态监管，2018—2020年共纳入扶贫项目4.6万个、计划投资621.3亿元，其中2019年实施扶贫项目1.6万个、投资195亿元。落实贫困县区“四好农村路”补助资金55.1亿元，实现行政村100%通油路或水泥路、撤并村100%通公路、99.3%的行政村通客运，村民小组通达率、通畅率分别为95.3%、74.4%。落实贫困县区水利资金37.4亿元，建设集中和分散供水工程项目2695个，农村集中供水率为87%、农村自来水普及率为80%。贫困县区建设污水管网2324千米，实施污水处理设施技术改造29座。

【组织领导】 2019年，重庆市开展市领导蹲点“促改督战”行动，书记、市长带头，22位市领导深入18个贫困区县、87个乡镇、174个村蹲点调研，走访贫困户310户，开展扶贫政策宣讲112场次，现场推动扶贫项目267个；市委常委会班子、市政府党组带头，33个有扶贫开发工作任务区县、32个市级部门召开脱贫攻坚专项巡视整改专题民主生活会，查摆问题。开展“访深贫、促整改、督攻坚”活动，全体市领导赴石柱土家族自治县（以下简称“石柱县”）开展主题教育脱贫攻坚集体调研，召开脱贫攻坚现场工作会议。

市委书记、市长常态化深入一线，22位市领导蹲点“促改督战”，解决脱贫攻坚重、难点问题；组建16个督查巡查组，对33个区县和16个市级重点部门进行集中督查巡查；召开市委常委会会议25次、市政府常务会议20次、市扶贫开发领导小组会议9次。33个区、县党委书记遍访贫困村1823次，乡镇党委书记遍访贫困户48.5万次，村党组织书记遍访贫困户123.6万次。完善“扶贫集团+国企定点+区县结对”帮扶机制，18个市级扶贫集团、38家市属国有企业分别投入帮扶资金1.81亿元、4亿元，主城区都市圈18个区落实对口帮扶实物量4.2亿元。

【两不愁三保障】 落实“一人一案”控辍保学机制，实现控辍保学和教育资助全程动态管理，2019年共落实家庭经济困难学生资助资金52.09亿元，惠及学生450.9万人次。建立以基本医保、大病保险、医疗救助为基础，商业补充保险、疾病应急救助为补充，扶贫济困医疗基金、健康扶贫医疗基金为核心的“三保险”“两救助”“两基金”保障体系，贫困人口大病救治率、家庭医生慢病签约服务管理率、重病兜底保障率分别达到100%，县域内就诊率为96.96%。将22.8万贫困人口纳入低保保障、1.17万贫困人口纳入特困人员救助供养，农村低保标准增至每人每月440元。完成住房安全等级鉴定84.8万户，补助贫困区、县农村危房改造资金4.71亿元，改造危房3.9万户。推进农村饮水巩固提升工程，投入资金13.93亿元，开工项目2695个，全覆盖开展饮水安全普查，实行饮水安全挂牌标识。

【易地扶贫搬迁】 2019年，重庆市完成“十三五”搬迁任务25.2万人，实施农房整宗地收储1.8万户，培训搬迁贫困人员9952人，安排相对集中安置贫困户公益性岗位就业0.97万人，“零就业”家庭实现动态清零。

【生态扶贫】 制定《统筹解决生态保护和脱贫双赢的指导意见》，落实生态护林员1.9万人。探索生态补偿机制，成交金额2.5亿元。

【扶贫小额信贷】 创建金融扶贫实验示范区，累计发放扶贫小额信贷75.19亿元、20.61万户。建立扶贫小额信贷风险补偿金8.8亿元，健全“政府+银行+保险+助贷员”风险防控体系，建立贫困户产业发展动态监测、季度更新机制。

【产业扶贫】 引导2093家龙头企业参与产业扶贫，推行资产收益、土地流转、资金入股等8种产业扶贫利益联结方式，选聘产业发展指导员1.58万人，扶贫产业覆盖89.3%的建卡贫困户。成立重庆电商扶贫联盟，建成农产品产地集配中心150个、乡镇村电商服务站点3350个，培育农村电商带头人4772人，2019年14个深度贫困区、县实现农村产品网络零售额134.1亿元。举办产销对接活动400余场次，建成重庆农产品直营店541家，实现交易额6.69亿元。创建全国休闲农业和乡村旅游示范区县6个，培育乡村旅游示范乡镇55个、示范村点254个，乡村旅游带动贫困人口33万人。

【就业扶贫】 建立贫困劳动力就业信息实名制动态数据库，开展“定向式”技能培训，新增贫困人口7.4万人就业；培育致富带头人6881人，建成扶贫车间276个，针对贫困人口开发公益性岗位7.5万个。安排“志智双扶”专项资金3.2亿元，开展雨露技工转移就业、实用技能及精气神提升培训8232期43万人次，开展“榜样面对面”典型宣讲5730场次。

【问题整改】 从15个市级部门、6个区县抽调干部28名，组建市委整改工作领导小组办公室，推进巡视、考核、督查等各类问题整改，制定巡视整改工作方案、提出175项整改任务，制定考核问题整改方案、提出133项整改任务。建立“领导小组+专项小组+定点包干”整改工作责任制，召开整改领导小组会议10次、专项小组会议60余次。制定问题、任务、责任“三个清单”，开发整改工作信息管理平台，实现市、区县、乡镇、村“四级联动”。制定及修订脱贫攻坚政策制度25项。完成中央巡视175项、国家考核133项和国家督查44项整改任务。

【深度贫困地区脱贫攻坚】 对城口县、酉阳县、巫溪县、彭水县4个贫困县投入市级以上财政专项扶贫资金16.7亿元。18个深度贫困乡镇累计开工项目2209个，贫困发生率下降到0.33%。33个深度贫困村的贫困发生率下降到0.63%。加大对贫困病人、残疾人、老人、失能人员等13.9万贫困人口精准帮扶力度。

【扶贫协作】 2019年，山东省落实援建资金6.63亿元；33家山东省企业到重庆市实际投资3.43亿元，吸纳贫困人口就业457人；重庆市贫困人口到山东省就业531名，就近就地就业2268名；组织“十万山东人游重庆”，开通4条航线、2个旅游扶贫专列；互派挂职干部107名、专业技术人员1161名。9家中央单位投入帮扶资金1.96亿元，引进帮扶资金10.83亿元，实施扶贫项目135个；帮助培训基层干部4986名、技术人员12812名；采购贫困地区农产品2230万元，帮助销售农产品1406万元。

【社会扶贫】 重庆市1659家民营企业开展“万企帮万村”行动，投入帮扶资金20.27亿元。引导社会组织捐赠资金8.28亿元。社会扶贫网注册爱心人士80.3万人，成功对接率80%以上。

【脱贫成果巩固】 出台《关于巩固拓展脱贫成果的实施意见》。实施贫困村提升工程，统筹推进重点区县与非重点区县、贫困村与非贫困村帮扶发展。市级部门（单位）累计选派扶贫干部443名，选派驻村工作队5800支，在岗驻村干部2.27万名，结对帮扶干部19.9万人。

【抓党建促脱贫】 整治软弱涣散村党组织739个，新发展农村党员9649名，回引在村挂职本土人才9329名。健全扶贫干部激励关爱机制，区县提拔重用脱贫攻坚一线干部1243名。市级表彰脱贫攻坚先进集体50个、先进个人100名，3名个人和石柱县荣获全国脱贫攻坚奖。建成精准扶贫大数据平台，减少基层填表报材料，市级每年只开展1次成效考核、1次专项督查巡查。

（重庆市扶贫开发办公室 向海兰）

四川省扶贫开发

【概述】 2019年，四川省实现50万人减贫、1482个贫困村退出、31个贫困县摘帽，贫困发生率降至0.3%，在扶贫开发工作成效考核中被评为“好”等次。组织实施打赢脱贫攻坚战三年行动，召开全省落实“两不愁三保障”回头看大排查工作部署会议、全省推动彝区藏区脱贫攻坚工作会议、全省扶贫开发工作会议等推动各项工作落实；实施19个年度扶贫专项，全年投入各类资金1501.06亿元，其中财政资金999.6亿元，实施项目30729个。

【扶贫资金投入】 2019年，中央财政专项扶贫资金下达四川省91.47亿元，省市县三级财政专项扶贫资金投入143.67亿元，其中省级资金64.05亿元，市级资金17.67亿元，县级资金61.95亿元。发行易地扶贫搬迁地方政府债券资金58.75亿元，累计398.75亿元。

【扶贫资金管理】 2019年，印发《关于进一步建立和完善扶贫资金使用管理长效机制的通知》，建立和完善扶贫资金使用管理责任机制、预算管理机制、专项库款保障机制等“七大长效机制”，加强贫困县统筹整合涉农资金指导，加快扶贫资金支付进度，防止扶贫资金沉淀和闲置。制定《四川省进一步规范完善县级脱贫攻坚项目库操作指南》和扶贫资金公告公示参考模板，规范加强扶贫项目库建设，累计入库项目27.39万个、资金总量2715.97亿元，其中2019年入库项目10.85万个、资金总量929.61亿元，已实施项目9.28万个。

【两不愁三保障】 2019年，开展落实“两不愁三保障”回头看大排查工作，分县级自查、市级抽查、省级核查3个阶段，对161个县市区，4115个乡镇，11501个贫困村，32790个非贫困村开展排查，共排查建档立卡贫困户188.8万户608.5万人，排查易地扶贫搬迁户37.6万户135.6万人，排查非建档立卡特殊困难户（边缘户）3.8万户。针对发现的问题，一户一户整改、销号。安排26亿元脱贫攻坚资金，用于支持彝区藏区深度贫困县大排查发现问题对标补短和提升内生动力。

【深度贫困地区脱贫攻坚】 2019年，四川省藏区所有贫困县摘帽，凉山彝族自治州（以下简称“凉山州”）4个贫困县摘帽；彝区藏区深度贫困地区贫困人口减至18万人。在彝区出台支持特色产业发展、加强安全住房建设等16条措施；在藏区锁定3州9县和甘孜藏族自治州雅砻江上游24个深度贫困乡镇，安排资金1.1亿元对标补短。组织实施深度贫困县脱贫攻坚专项方案，年度投入财政资金348.1亿元，累计投入财政资金773.5亿元。易地扶贫搬迁入住2.07万人，累计30.52万人；建成彝家新寨2.17万户、藏区新居0.98万户，累计19.31万户、9.72万户。推进“学前学会普通话”行动，实现凉山州17个县（市）和乐山市峨边彝族自治县、马边彝族自治县、金口河区全覆盖，惠及24万学龄前儿童。“学前学会普通话”凉山州试点项目组获得2019年全国脱贫攻坚组织创新奖。解决深度贫困地区11.3万人的安全饮水问题。颁布施行《凉山州禁毒条例》，凉山州吸毒人员新增人数下降51%，4个艾防重点县艾滋病抗病毒治疗覆盖率89.47%、感染孕产妇治疗覆盖率100%。对新识别的3686户18011人凉山自发搬迁到州外的贫困人口安排扶持资金2亿元，解决住房、户籍、教育等问题。强化藏区地方病防治，包虫病检出率下降至0.04%，大骨节病没有新增病例。推进彝区藏区移风易俗，“等靠要”不良倾向、大操大办、厚葬薄养等陋习得到治理。

【基础设施建设】 2019年，四川省解决12.98万人贫困人口的饮水安全问题；新改建农村公路1.8万千米，通村级硬化路3425千米；累计完成7568个行政村电网升级；新增42个贫困村通光纤，952个贫困村4G覆盖。

【易地扶贫搬迁】 2019年，四川省累计建成住房涉及114.6万人，住房建成率98.8%，已搬迁入住113.4万人，搬迁入住率97.7%。2019年，新增的20.05万人搬迁任务中已建成住房涉及12.3万人，住房建成率61.3%。

【产业扶贫】 2019年，产业扶贫项目落地10558个，带动脱贫20.95万人；培育四川省扶贫龙头企业159个，长期稳定带动79162户贫困户增收；新培育农民合作社省级示范社285个，培育运行机制健全的村级集体经济组织4264个；建立致富带头人名录库3.6万人，举办产业扶贫培训班2期，培训骨干700多人。出台《关于深入开展消费扶贫助力打赢脱贫攻坚战的实施意见》，创建全省消费扶贫数据库，线上帮助销售贫困地区农副产品21.8亿元、带动贫困户6.45万户22.7万人，线下组织购买贫困地区农副产品25.7亿元、带动贫困户27.76万户92.01万人。推广“四川扶贫”公益品牌标识，全省用标企业、用标产品分别增至1756家、3999个。巩固32个省级旅游扶贫示范区，592个省级旅游扶贫示范村创建成果。推进工业产业扶贫行动，带动贫困地区16595人就业，新增中小微企业1937家。落实省级科技扶贫项目393项，支持重点贫困县建立科技扶贫产业示范基地62个。

【就业扶贫】 2019年，四川省制定就业扶贫“十五条措施”，贫困劳动力外出199.5万人，其中省外务工92.8万人，省内县外务工39.1万人，县内务工67.6万人；建成扶贫车间631个，认定省级就业扶贫基地189家，吸纳带动贫困群众就业3.7万余人，累计安置贫困劳动力14.2万人。组织开展“雨露计划”“春风行动”“扶贫专班”等专项活动，为全省16.7万名贫困劳动力提供政策宣传、岗位推介、技能培训、权益维护等公共就业创业服务。

【以工代赈】 2019年，开展以工代赈资产收益扶贫试点，共分解各类以工代赈资金9.05亿元，其中向深度贫困县下达以工代赈资金8.06亿元，支持贫困地区基本农田、农田水利、乡村道路、小流域治理、村容村貌整治等农村中小型公益性基础设施建设。

【雨露计划】 2019年，四川省扶贫开发局、教育厅、人力资源和社会保障厅印发《关于进一步做好“雨露计划”支持农村贫困家庭新成长劳动力接受职业教育工作的通知》，严格执行每年每生不低于3000元的补助标准，发放“雨露计划”补助资金20139.8万元，共资助贫困家庭学生16.26万人次。

【社保兜底扶贫】 2019年，全面开展低保政策兜底对象数据复核等工作，将138万贫困人口纳入低保兜底保障，农村低保标准低限调整为每年4200元，将建档立卡贫困人口、低保对象、特困人员等困难群体全面纳入城乡居民养老保险制度，为其代缴养老保险费；困难残疾人生活补贴标准提高至每人每月90元。

【东西部扶贫协作】 2019年，川浙、川粤高层互访4次，累计13次。选派148名干部、694名专业技术人才到浙江、广东两省挂职锻炼和学习交流，联合培训干部和专业技术人才83868人次；浙江、广东两省选派157名挂职干部、1709名专业技术人才到四川帮助工作。落实财政性帮扶资金29.45亿元，实施帮扶项目992个。引导浙江、广东两省275家企业到贫困地区投资兴业助贫；举办四川（广东）产业扶贫投资推介会，签约项目190.58亿元。组织1.52万名贫困劳动力到浙江、广东两省就业，帮助2.58万名贫困人口就地就近就业。浙江、广东两省160个镇与四川省151个镇建立结对关系，286家医院、399所学校分别与四川省287家医院、370所学校结对；帮助四川省销售贫困地区农产品21.46亿元。

【定点扶贫】 2019年，24个中央在四川省的定点扶贫单位直接投入资金8.6亿元，实施帮扶项目357个，帮助引进各类资金2.7亿元，选派挂职干部107人；379家省内定点扶贫单位直接投入资金6.26亿元，实施项目2363个，帮助引进资金13.25亿元。

【对口帮扶】 2019年，四川省召开对口帮扶彝区藏区贫困县工作推进会，组织帮扶地1437个部门、679个乡镇、2216个村（社区）、1201家企业、989所学校、435家医疗机构、217个社会组织与受扶地对应单位全域结对，投入政府性帮扶资金13.02亿元、实施项目1252个，累计资金50.9亿元、项目3425个。

【社会扶贫】 2019年，四川省开展全国扶贫日系列活动，社会各界捐赠款物合计25.11亿元。香港地区各界定点帮扶南江县，投入资金0.6亿元。组织7.6万家民营企业和商协会参与“万企帮万村”精准扶贫行动，7482家民营企业结对帮扶7574个贫困村，4695个社会组织参与扶贫，累计投入资金16.2亿元，帮扶贫困人口114万余人次。开展“微心愿”等扶贫志愿服务2.2万余次。

【驻村帮扶】 出台《关于进一步加强贫困户帮扶责任人帮扶工作的通知》，促进15133个驻村工作队、58646名驻村干部履职尽责、发挥作用，召回驻村干部78人。落实《切实关心爱护脱贫攻坚一线干部激发干事创业活力办法（试行）》；各地提拔重用驻村干部1244人。

【扶贫扶志】 2019年，持续发挥4.6万个“农民夜校”作用，组织群众学文化、学政策、学技术、学法律。采用以奖代补、劳务补助、以工代赈等方式，推广“星级奖励”“村民积分制管理”等模式。深入实施千村文化扶贫行动，支持2199个贫困村建设综合文化服务中心（文化院坝），创建命名“文化扶贫示范村”274个。推进基层治理制度创新和能力建设，指导5.2万余个村（社区）修订村规民约，推广扶贫理事会、道德评议会等做法。

（四川省扶贫开发局　白　楠）

贵州省扶贫开发

【概述】 2019年,贵州省聚焦"两不愁三保障"、深度贫困地区、产业扶贫、易地扶贫搬迁、脱贫质量及成果巩固,深化扶贫协作;加大资金投入,中央和省投入财政扶贫资金445.31亿元,财政专项扶贫资金182.79亿元。全年减少贫困人口124万人,贫困发生率下降到0.85%,24个贫困县脱贫摘帽。

【扶贫资金投入】 2019年,贵州省投入中央和省级财政专项扶贫资金182.79亿元。其中,中央财政专项扶贫资金99.6亿元,少数民族发展资金3.35亿元,以工代赈资金0.87亿元,省级财政专项扶贫资金78.55亿元。

【扶贫资金管理】 2019年,贵州省下发《全省扶贫领域财政资金绩效大调研实施方案》《关于调整<财政专项扶贫资金绩效评价指标评分表>的通知》《关于抓紧做好县级脱贫攻坚项目库建设的通知》,出台《贵州省扶贫资金管理使用问责办法》《贵州省扶贫资金管理使用不规范专项治理工作方案》,成立专项工作组,建立专项工作组会议制度、材料报送等制度,通过扶贫资金大清查、大整改、大监督、大梳理、大调研、大培训等措施规范扶贫资金使用管理。

【基础设施建设】 2019年,贵州省推进水利、电网、道路等与产业增收项目配套的基础设施建设。下达农村饮水安全工程建设资金24.53亿元,实施农村饮水安全工程项目3351处,基本解决288.24万农村人口的饮水安全问题。农村电网改造升级完成投资74.5亿元,农村电网供电可靠率99.806%、综合电压合格率98.89%。推进天然气"县县通"工程,全省共53个县通天然气管道。截至2019年4月,全省三年累计建成通组硬化路7.87万千米,完成投资459亿元,全省30户以上村民组100%通硬化路。组织开展电信普遍服务试点工作,2019年获得中央财政补贴资金4.2亿元,用于3513个4G基站建设及其运行维护。推进30户以上自然村的延伸,2019年完成1万个30户以上自然村4G网络覆盖。

【易地扶贫搬迁】 截至2019年年底,贵州省"十三五"时期易地扶贫搬迁任务全面完成。三年累计建成安置点946个,住房45.51万套,搬迁入住188万人,其中建档立卡贫困人口151万人,实际搬迁入住188万人,其中建档立卡贫困人口154万人。配套建成学校333所,建成基层医疗卫生服务机构或县级医院235个。全省已搬迁入住家庭中,有劳动力家庭40.32万户,实现就业78.92万人。已悬挂新旧住房对比照片38.61万户,开展感恩教育7653场次、普法教育5236场次、市民意识教育6857场次,评选搬迁群众文明家庭10889户,开通740个安置点多彩贵州"广电云"信号,启动70个安置点标准化体育设施建设项目。全省搬迁安置点成立街道办事处59个,设立社区居委会547个、居(村)民小组2543个,设立综治中心629个、调解室621个。建设社区警务室571个,其中搬迁规模3000人以上的安置区建警务室182个。

【产业扶贫】 2019年,贵州省推进农村产业革命,调减低效仔粒玉米种植面积511.55万亩,替代种植蔬菜、水果、中药材、茶叶、食用菌等经济作物508.58万亩,带动111.8万贫困人口实现增收。全省4178家县级以上农业产业化龙头企业共计联结合作社11016个，增收总额144.18亿元，带动建档立卡贫困户38.34万户，增收总额26.86亿元，户均增收7005元。建立完善股权合作、资金整合、产业带动等机制，131.5亿元社会资本参与资源变资产、资金变股金、农民变股东“三变”改革，试点村新增4163个，其中贫困试点村3883个。试点村集体增加收益7.12亿元，村均获得收益6.24万元，人均增收353.15元，户均增收1354.92元。

【雨露计划】 2019年，贵州省累计投入各级各类学生资助资金（含营养改善计划）137.40亿元，惠及学生1064.34万人次。其中，投入营养膳食补助资金35.18亿元，惠及学生485.58万人（学前营养膳食补助资金5.37亿元、义务教育营养膳食补助资金29.81亿元）；完成建档立卡贫困劳动力培训29.46万人，农村转移劳动力培训88.35万人。下达中小学、幼儿园项目建设中央和省级资金79.3亿元，发放各级各类学生资助资金102.22亿元，受益学生578.76万人次，累计下达教育精准扶贫学生资助资金17.95亿元，资助农村建档立卡贫困学生56.18万人，下达职业教育精准脱贫专项补助资金6090万元，完成建设500所公办幼儿园、50所易地扶贫搬迁安置点配套学校、50所义务教育阶段学校。

【定点扶贫】 2019年，40家中央单位继续在贵州省对50个贫困县开展定点扶贫工作。中央单位共选派干部172人到贫困县挂职；共派出干部6494人次到贫困地区考察调研；直接投入帮扶资金10.42亿元，实施帮扶项目1204个，引进企业159个，实际投资额29.31亿元；落实帮扶需求848项；举办各类培训班574期，培训党政干部2.64万人次、技术人员6.27万人次、贫困人口3.56万人次。

【东西部扶贫协作】 2019年，贵州省8个市州、66个携手奔小康县赴帮扶城市开展交流互访9247人次。东部帮扶城市共选派361名党政干部、4048名专业技术人员到贵州省，接收贵州省748名党政干部、3622名专业技术人员到当地学习。共同举办党政干部培训班355期、专业技术培训班1598期，引进技术627项。东部帮扶省市投入贵州省财政帮扶资金34.79亿元，整合资金实施帮扶项目1691个。2019年，共引进361家东部企业，实际投资额279.39亿元，带动贫困人口32.27万人。8个市州与7个帮扶城市共建合作园区51个，引导到园区投资企业191个，实际投资68.62亿元，入驻企业吸纳贫困人口2367人就业。建立面向东部省市的农产品供应基地290个，参与市场主体的省外企业964家，在对口帮扶城市设立绿色农产品旗舰店和展销中心86个，开展农产品品鉴会或推介会29场，销往东部帮扶省市农产品总额49.7亿元。制订《贵州省农民全员培训三年行动计划（2019—2021年）》，在帮扶省市建立各级劳务协作工作站141个、召开专场招聘会368场、举办劳务协作培训1519期，培训贫困人口8.48万人次，帮助贫困人口实现就业20.269万人。引进对口帮扶城市资源到贫困村、易地扶贫搬迁安置点设立扶贫车间（工厂）540个，吸纳就业31739人。协力实现深度贫困村和贫困县中小学结对帮扶全覆盖。

【社会扶贫】 恒大集团有限公司捐赠毕节市资金70亿元，大连万达集团股份有限公司投入丹寨县21亿元实施万达职院、万达小镇等项目。召开社会扶贫创新工作现场会。组织民营企业参与“千企帮千村”精准扶贫行动，累计共有5300家民营企业在6072个村参与行动，帮扶贫困人口132.1万人，帮扶资金220.7亿元。推广应用中国社会扶贫网，召开全省中国社会扶贫网应用推广工作推进会，累计注册用户208.46万人。召开贵州省、澳门特别行政区、中央人民政府驻澳门特别行政区联络办公室扶贫工作会议，澳门与从江县签订18项协议共计60个项目，到位资金（物资）6672.49万元。

【扶贫法制化建设】 贯彻落实《贵州省大扶贫条例》，开展贯彻实施执行情况执法检查和专题询问。推进贵州省法律援助精准扶贫项目，组织20家律师事务所结对帮扶全省20个极贫乡镇和威宁彝族回族苗族自治县、晴隆县。出台《关于在高质量打赢脱贫攻坚战中加强协调配合的十七条措施》《关于提高服务保障意识强化易地扶贫搬迁中审判执行工作的实施意见》《全省公安机关贯彻落实打赢脱贫攻坚战三年行动发起总攻夺取全胜的总体实施方案》《贵州省公安厅关于做好服务扶贫搬迁的工作意见》。

【扶贫宣传】 邀请国务院扶贫办主任刘永富开展脱贫攻坚形势政策专题报告会；全国脱贫攻坚典型宣传研讨班在贵州召开，贵州作经验交流发言。制作《书写中国减贫奇迹的贵州篇章》脱贫攻坚主题画册和《脱贫攻坚的"贵州篇章"》视频汇报片。在各级新闻媒体报道贵州省扶贫新闻400余万条，其中人民日报、新华社、中国中央电视台、光明日报等中央级媒体发布805条，省内主流媒体发布3202条。人民网、新华网、央视网、央广网、中国新闻网等发布网络信息3269条。通过门户网站发布扶贫宣传信息8157条；微博发布248条；"微扶贫"发布255期1117条；《贵州脱贫攻坚战报》248期2062条；《贵州脱贫攻坚信息》12期98条；国务院扶贫办网站刊发15条，《中国扶贫》微信平台发布57条，《中国扶贫》杂志刊发涉及扶贫宣传报道文章51篇。"微扶贫"公众号订阅量44999人，阅读量662961人次。策划"长诗书写大英雄"活动，完成"攻坚克难——全国脱贫攻坚展"网上展馆贵州展区图片、视频、脚本等报道。

（贵州省扶贫开发办公室综合处

马　军）

云南省扶贫开发

【概述】 2019年,云南省实现136.8万贫困人口净脱贫、3005个贫困村出列、31个贫困县脱贫摘帽,贫困发生率降至1.32%。

【扶贫资金投入与管理】 2019年,中央财政专项扶贫资金投入127.54亿元,安排省级专项扶贫资金63亿元,省级源头统筹整合财政涉农资金482.5亿元。安排27个深度贫困县中央和省级整合涉农资金253.88亿元,其中财政专项扶贫资金107.74亿元。全省落实贫困县每年投入产业扶贫项目资金不低于县级财政整合涉农资金的30%,整合涉农资金投入产业扶贫项目178.65亿元。新增发放扶贫小额信贷102.56亿元,惠及建档立卡户22.65万户(次)。改革扶贫资金投入监管机制,出台《关于进一步加强扶贫资金管理的实施意见》《全省贫困县扶贫资金管理使用问题专项清理整治方案》,完成88个贫困县扶贫资金使用管理情况专项整治。

【组织领导】 2019年,云南省坚持"五级书记"抓扶贫,召开11次省委常委会、16次省政府常务会、5次省扶贫开发领导小组全体会议,部署推进脱贫攻坚。省委书记、市州委书记、贫困县市区委书记、乡镇党委书记、村党组织书记全覆盖遍访88个贫困县、8502个贫困村、189万贫困户。实行"一月一分析、一月一研判、一月一调度",共召开调度推进会56次。16个州市党委、政府和16家省级主要负责部门,构建省、州、县、乡、村"五级联动"责任体系。

【精准攻坚机制】 2019年,云南省建立扶贫数据管理和共享联席会议制度,构建省、州、县、乡、村五级数据信息管理工作机制。出台《关于实施"六定"措施强化脱贫攻坚项目库建管用的通知》,122个县市区,1312个乡镇,12137个村做实脱贫攻坚实施方案,构建精准组织、精准指挥、精准落实的工作机制。全省脱贫攻坚项目累计入库15.2万个,实施完成13.5万个。开展脱贫人口"回头看",对141.37万户、571.78万脱贫人口逐户核查、逐人核对、逐项核账。排查出脱贫不稳定户38.6万人,贫困边缘户39.1万人。

【两不愁三保障】 2019年,云南省88个贫困县实现县域义务教育基本均衡发展。贫困县县级医院、乡镇卫生院、贫困村卫生室达标,建档立卡贫困人口基本医疗保险、大病保险、医疗救助实现全覆盖,住院医疗费用报销比例为89.34%,县域内就诊率提高到89.45%。改造完成四类重点对象危房户39.31万户,非四类重点对象自身无力改造危房户28.63万户。排查解决24153户99543人贫困人口的饮水安全问题。建档立卡贫困人口153.93万人纳入农村低保、特困救助供养范围。贫困地区农民人均可支配收入为10771元,已脱贫人口人均纯收入为6949元。

【基础设施建设】 2019年,云南省14449个建制村全部通硬化路、通邮、通动力电、通光纤宽带网络,通客车率为97.4%。农村集中供水率96%,自来水普及率94%。农村公路新改建18327千米,"直过民族"、人口较少民族和沿边地区20户以上自然村通硬化路5762千米,实现1790个自然村道路通畅。

【深度贫困地区脱贫攻坚】 2019年,云南省对27个深度贫困县实行一县一个省级领导挂联,制定一县一帮扶方案,落实一月一调度制度。省级以上财政涉农资金和专项扶贫资金的50%以上投入深度贫困县。协调中国长江三峡集团有限公司等新增15亿元,帮扶昭通、曲靖两市9个深度贫困县。从省级部门、昆明市和玉溪市遴选90名干部,增强怒江傈僳族自治州(以下简称"怒江州")、镇雄县脱贫攻坚一线力量。深度贫困地区贫困人口减少到36.54万人,迪庆藏族自治州贫困发生率降至0.53%,怒江州贫困发生率下降到10.09%。

【直过民族和人口较少民族帮扶】 2019年,云南省创新实践"一个民族一个行动计划、一个民族一个集团帮扶"模式,累计整合省级行业部门资金343.9亿元,协调中国长江三峡集团有限公司、中国华能集团有限公司、中国大唐集团有限公司等投入帮扶资金64.9亿元,累计帮扶"直过民族"和人口较少民族贫困人口脱贫70.75万人,贫困发生率降至2.41%,独龙族、德昂族、基诺族、佤族、普米族、阿昌族、拉祜族、布朗族、景颇族等9个"直过民族"和人口较少民族实现整族脱贫。

【易地扶贫搬迁】 2019年,云南省易地扶贫搬迁24.3万套安置房主体工程全部完工,入住86.64万人。累计拆除旧房15.5万套,搬新拆旧率80.4%。易地扶贫搬迁集中安置点新建幼儿园97个,中小学校57所,卫生室266个。产业覆盖率71%。建成扶贫车间1263个,安排公益性岗位1.86万人,建设就业服务站2593个,实施就业技能培训38.3万人次,转移就业29万人,培训率83.6%,就业率72.8%。

【产业扶贫】 2019年,云南省产业扶贫覆盖有产业发展条件的建档立卡贫困户169.01万户,2.95万个新型经营主体带动有产业发展条件的建档立卡贫困户165.71万户。中央和省级农业保险保费补贴7.15亿元,为226亿元农业生产提供风险保障。遴选聘用产业发展指导员2.86万人。

【就业扶贫】 2019年,云南省建档立卡贫困劳动力技能培训67.41万人次,新增贫困劳动力转移就业30.01万人,累计新增贫困劳动力就业172.90万人次。新开发乡村公共服务岗位13.38万个,就业12.8万人。新增贫困劳动力护林员岗位8.2万个,累计聘用贫困劳动力护林员17.04万人,安排贫困劳动力护路员1.26万人。

【定点扶贫】 2019年,云南省新增7家中央单位定点帮扶,中央定点帮扶单位增至54家,共选派挂职干部和驻村第一书记199名,直接投入帮扶资金8.55亿元,帮助协调引入资金3.64亿元,购买云南省贫困地区农产品1.49亿元,帮助销售贫困地区农产品2.68亿元。

【社会扶贫】 云南省4888家企业、商会参与"万企帮万村"精准扶贫行动,投入资金61.41亿元,实施1.15万个项目。加强旅游扶贫,打造"一部手机云品荟"等品牌,促进农副产品线上交易41.69亿元。

【东西部扶贫协作】 2019年,上海市投入财政帮扶资金30.85亿元,实施项目1393个。云南省选派228名干部到上海市挂职,选派1060名专业技术人才到上海市交流学习,上海市派驻云南省挂职干部152人。上海市95家企业到云南省投资10.57亿元,带动贫困人口3万人。沪滇共建产业园区3个,11家企业入驻,投资4.81亿元。上海市15个区的217个镇(街道)与云南省353个乡(镇)538个贫困村建立结对关系,惠及贫困人口53.47万人。上海市组织云南省0.28万贫困人口到省外就业,7.14万贫困人口省内就地就近就业;组织1534家企业结对帮扶2068个贫困村,188所医院结对帮扶195所贫困县医院,176所学校结对帮扶193所贫困县学校。上海市社会各界捐赠资金3.81亿元,采购云南省特色农产品16.60亿元。

2019年，广东省投入财政帮扶资金9.30亿元，实施项目426个。云南省选派63名干部到广东省挂职，选派467名专业技术人才到广东省交流学习，广东省派驻云南省挂职干部111人。广东省94家企业到云南省昭通市、怒江州投资19.12亿元，带动贫困人口11.33万人。广东省东莞市、中山市、珠海市的60个镇（区、街道）与昭通市、怒江州86个乡（镇）172个贫困村结对，惠及贫困人口34.96万人。组织云南省1.89万贫困人口到省外就业，5万贫困人口省内就地就近就业。广东省组织459家企业结对帮扶云南省432个贫困村，53所医院结对帮扶46所贫困县医院，134所学校结对帮扶122所贫困县学校。广东省社会各界捐赠资金3.07亿元，采购云南特色农产品4.98亿元。

【军队扶贫】 2019年，驻滇部队累计投入帮扶资金9280万元，协调社会资金近2亿元，定点帮扶41个贫困村、4152户、16844人，帮助40个贫困村出列，贫困人口3897户、15708人脱贫。

【驻村帮扶】 2019年，云南省共调整驻村队员4445人、轮换15841人，共有驻村工作队员35319人，其中总队长88人、副总队长103人、第一书记（工作队长）8935人、工作队员26193人。中央及国家机关选派74人，省级选派1703人，州市级选派6020人，县市区级选派23530人，大学生村官（选调生）选派3992人。

【扶贫宣传】 2019年，云南省组织新闻发布会4场次、脱贫攻坚主题访谈节目6次，中央和省级媒体共发表云南省扶贫宣传稿件7584篇，各州市级媒体刊播稿件10万余篇。开办“云南扶贫热线”微信公众号，订阅人数30.1万人，总阅读量1031.2万人次，累计发稿1599篇。

（云南省人民政府扶贫开发办公室
政策法规处　普想春）

西藏自治区扶贫开发

【概述】 2019年，西藏自治区精准施策、合力攻坚，实现15万贫困人口脱贫、19个贫困县区摘帽。截至2019年年底，全区累计实现62.8万贫困人口脱贫、74个贫困县区摘帽，贫困发生率降为0，基本消除绝对贫困。

【扶贫资金投入】 2019年，西藏自治区财政统筹整合涉农资金176.2亿元；累计发放扶贫小额信贷资金15.76亿元，贷款户次增加3.6万。综合各县区贫困程度，实行差异化政策扶持，向昌都市、日喀则市、那曲市和深度贫困县区安排资金120.5亿元。对深度贫困地区脱贫攻坚完成项目2286个，投资552.3亿元。

【组织领导】 2019年，西藏自治区党委、政府贯彻落实"中央统筹、自治区负总责、市县抓落实、乡镇专干"的工作机制，坚持党政"一把手"脱贫责任制，聚焦深度贫困、"两不愁三保障"突出问题，走遍19个计划摘帽县区，联系深度贫困地区贫困程度深、脱贫难度大的贫困县，地市、县区、乡镇党委书记遍访贫困县乡村和贫困户。坚持党政主体和部门主责相结合，统筹规划各行业部门与自治区年度脱贫计划。

【产业扶贫】 累计投资产业扶贫资金367.41亿元，实施产业扶贫项目2639个，带动23.8万贫困人口脱贫，受益农牧民群众超过70万人。实现旅游总收入549.04亿元，带动2.4万名建档立卡贫困人口脱贫。支持27个县区开展电子商务进农村综合示范工作，网络销售额2亿多元。累计建成扶贫车间193个，培训贫困人口15.51万人次，转移就业18.64万人次。

【易地扶贫搬迁】 2019年，西藏自治区975个易地扶贫搬迁安置区（点）已竣工953个，搬迁入住26.3万人，新增易地扶贫搬迁建档立卡贫困人口3000人。开展边境小康村建设，改善基础设施和公共服务条件。

【生态扶贫】 2019年，西藏自治区落实专兼职生态补偿岗位65.5万个，面向建档立卡贫困人口26万个，年补助标准提高到3500元。

【教育扶贫】 2019年，继续实施15年免费教育政策，每个学生平均补贴3720元，累计受助学生231.21万人次。精准解决贫困家庭子女的入学问题；落实贫困家庭大学生"三免一补"政策；建立建档立卡贫困家庭0—15岁适龄少年儿童信息库，累计劝返适龄少年儿童24536人，其中建档立卡贫困家庭学生5213人全部劝返。

【社保兜底扶贫】 2019年，西藏自治区建立以免费医疗为基础的新型合作医疗、医疗救助、商业保险、重大疾病再救助"四重医疗保障机制"，落实"先诊疗后付费"政策，解决11个乡镇没有卫生院、81个村没有卫生室、215个乡镇卫生院没有合格执业（助理）医师的问题。大病集中救治4337人，慢病签约服务18948人，重病兜底保障1149人，救治率99%。11.32万贫困人口享受农村最低生活保障，为34.7万贫困人口代缴城乡居民养老保险。

【饮水安全】 2019年，实施贫困群众安全饮水巩固提升工程，解决7185户3.23万人建档立卡贫困人口的饮水安全问题。

【危房改造】 累计排查实施危房改造4.36万户，其中3.04万户建档立卡贫困群众危房全部改造完成。2019年，排查实施危房改造3024户，其中1256户建档立卡贫困群众的危房全部改造完成。

【对口帮扶】 国务院扶贫办与西藏自治区连续4年召开深化对口援藏扶贫工作会议，累计签约项目247个、签约资金349.48亿元。2019年，对口援藏扶贫工作会议签约项目202个，签约资金151.5亿元。援藏消费扶贫签约超过20亿元，跨省安排就业8000多人。开展中央企业助力西藏脱贫攻坚行动，“央企助力富民兴藏”和“央企助力脱贫攻坚”累计投资1752亿元；开展自治区内企业“百企帮百村”行动，推动683家非公企业、社会组织与1009个贫困村结对帮扶，投入资金23.2亿元，受益贫困人口7.68万人，与4478名农牧民工建立劳务合作关系。援藏中央企业吸纳西藏籍高校毕业生744人，在藏机构录用西藏籍高校毕业生1527人，吸纳当地农民工1.12万人。

【驻村帮扶】 累计选派八批干部共17万余人次赴5480个村（居）开展驻村工作，581个区（中）直部门驻村工作队全部调整到“硬骨头”贫困村。选派三批共1.6万余人次，担任村（居）党支部第一书记。2019年，从高校毕业生中招聘乡村振兴专干5399名，培养党员致富带头人3476名；排查整顿软弱涣散村（居）党组织599个，新建、改（扩）建标准化村级组织活动场所2513个，发展村集体经济实体4425个，消除“空壳村”638个，全区有集体经济村的数量达到5127个。

【基础设施建设】 2019年，西藏自治区实施“水电路讯网、科教文卫保”十项提升工程。全区主电网已覆盖66个县（区）、4155个行政村和15084个自然村，农牧区主电网覆盖290万人。投资15.74亿元，实施农网改造升级工程217项。续建农村公路项目1288个，完成固定投资114.86亿元，新增21个乡镇、557个行政村通硬化路。截至2019年年底，全区85%的乡镇和55%的行政村通硬化路。全区5366个村（居）通光纤宽带，5310个村（居）通4G网络。完成11.8万户农牧民家庭广播电视村村通工程，解决易地扶贫搬迁点学校配套建设，新建双语幼儿园1294所，改造薄弱学校900余所。

【问题整改】 中央脱贫攻坚巡视反馈的34项具体问题，除产业项目小弱散问题持续整改外，其他问题已整改到位。2018年省级党委政府脱贫攻坚成效考核反馈的31个具体问题和国家审计署2018年脱贫攻坚审计反馈的16个具体问题已完成整改。自治区审计厅2018年脱贫攻坚审计反馈的343个问题，省级领导干部包县调研检查反馈的15个问题，已大部分完成整改。

（西藏自治区扶贫开发办公室　原瑞军）

陕西省扶贫开发

【概述】 2019年，陕西省集中力量解决"两不愁三保障"突出问题，攻克深度贫困，常态化、精准化、系统化推进问题整改，实现57.88万贫困人口脱贫退出，贫困人口减少到18.34万人，贫困发生率下降到0.75%，剩余29个贫困县均达标退出，贫困地区农民人均可支配收入为11412元。

【扶贫资金投入与管理】 2019年，中央和省级财政专项扶贫资金投入96.16亿元，其中省级财政专项扶贫资金36亿元。贫困县涉农整合资金202.96亿元。成立扶贫小额信贷风险防控工作组，制定资金使用负面清单、常见问题清单、风险防范事项清单"三张清单"，加强扶贫资金监管。获得国家财政专项扶贫资金绩效评价"优秀"等次。

【责任落实】 2019年，陕西省发挥省脱贫攻坚领导小组统筹协调作用，先后召开14次省委常委会会议、10次省政府常务会议、6次省脱贫攻坚领导小组全体会议，研究部署脱贫攻坚工作。按照"责任唯一"原则，厘清牵头行业部门和配合部门的责任，完善问题清单，建立工作台账，逐项整改、形成闭环。分片区召开陕南、陕北、关中脱贫攻坚推进会，召开贫困县县委书记脱贫攻坚工作推进会，强化责任、细化举措，合力攻坚。整顿软弱涣散基层党组织，推进村党组织书记、村委会主任"一肩挑"。开展常态化督查，实施严格考核，压实脱贫攻坚责任。

【脱贫攻坚问题整改】 省委、省政府成立5个整改工作专班，压实产业扶贫、易地扶贫搬迁、资金使用监管、基层党建和干部作风等重点问题整改责任，制定《陕西省脱贫攻坚问题整改工作导则》和《陕西省脱贫攻坚领导小组关于强化脱贫攻坚巡回督促指导工作的意见》，突出精准施策，开展常态化督促指导。将发现的问题点名到县、到事、到项目并通报全省，对整改质量不高、整改效果不明显的责令补课。中央专项巡视、国家脱贫攻坚成效考核反馈问题和省内自查问题全面整改销号。

【深度贫困地区脱贫攻坚】 落实"三个新增"要求，向11个深度贫困县投入中央和省级财政专项扶贫资金22.23亿元，安排苏陕扶贫协作资金11.57亿元。组织19个经济强区（开发区）叠加帮扶10个未脱贫的深度贫困县。剩余10个深度贫困县全部脱贫摘帽，贫困发生率降至1.02%。

【革命老区脱贫攻坚】 贯彻落实革命老区脱贫攻坚实施意见，扩大老区转移支付资金规模，向63个革命老区县区市投入中央和省级财政专项扶贫资金65.66亿元，重点加强基础设施、产业发展等建设，解决"两不愁三保障"突出问题，25个革命老区县脱贫摘帽。

【产业扶贫】 实施"3+X"产业扶贫工程，发展以苹果为代表的果业、以奶山羊为代表的畜牧业、以棚室栽培为代表的设施农业和茶叶、核桃、食用菌、花椒等区域特色产业，制定56个贫困县优势特色产业菜单，使有劳动能力、发展意愿和发展条件的贫困户每户至少有1个稳定增收的产业项目。加强市场经营主体培育，总结推广22种模式35个范例，通过以奖代补、先建后补等方式引导新型经营主体1.4万家参与产业扶贫，带动89.9万户贫困群众增收。

【就业扶贫】 强化贫困劳动力技能培训，拓展有组织劳务输出、本地企业吸纳、公益性岗位托底等多元化就业扶贫工作格局，深化苏陕劳务协作，探索推广“村级劳务公司＋用工企业主体+贫困劳动力”、培训就业“二合一”等模式。紫阳县“修脚”技能脱贫、宝鸡市中期技能培训、平利县社区工厂助力移民搬迁贫困户脱贫等模式，入选首届全球减贫案例征集活动最佳案例。

【易地扶贫搬迁】 2019年，陕西省“十三五”易地扶贫搬迁累计投入资金483.07亿元，建设易地扶贫搬迁安置点2216个，涉及10个市93个县，24.92万户84.39万人的安置房已全部竣工并达到国家规定的入住标准。制定加强完善易地扶贫搬迁后续扶持工作意见，以及后续产业支撑、安置点基层党建、安置区基本公共服务、搬迁安置社区治理等举措，推动后续帮扶措施落实，搬迁群众适龄子女已全部入学(园)，搬迁群众基本医疗需求得到保障。

【危房改造】 建立陕西省农村危房改造监管平台，对146.7万建档立卡贫困户逐户开展住房安全鉴定，实现四类重点对象住房鉴定全覆盖。2019年，实施建档立卡户危房改造8207户，建立完善对象、鉴定、改造、验收四个清单，持续推进存量危房清零工作。

【教育扶贫】 陕西省强化控辍保学，精准资助建档立卡学生48.1万人。累计投入专项资金221亿元，改善5900多所薄弱学校的办学条件，“全面改薄”工作在财政部专项绩效考评中获得“优秀”。将乡村教师的生活补助扩大到所有国家级贫困县。

【健康扶贫】 2019年，陕西省将农村建档立卡贫困人口全部纳入基本医保、大病保险、医疗救助制度范围，确保贫困人口应保尽保，全省建档立卡贫困人口465.42万人、“边缘户”4.28万人全部参保。落实县域内定点医院住院“先诊疗后付费”“一站式”结算服务，推进贫困人口大病、慢病分类救治和贫困县、乡、村医疗卫生机构服务能力建设，25种大病患者救治率99.89%，签约服务慢病患者63.3万人。成立地方病临床研究中心，6.3万名大骨节病等地方病重度患者得到救治。

【安全饮水】 2019年，陕西省建成农村饮水工程4552处，剩余的29个贫困县、1921个贫困村、56.5万贫困人口的饮水安全达到退出标准。落实农村安全饮水管理“三项责任、三项制度”，建立“省有平台、市有清单、县有组织、乡有人员”四级回访监督机制，及时发现、反馈、解决问题。

【社保兜底扶贫】 推进农村低保制度与扶贫开发政策有效衔接，将符合条件的建档立卡贫困户按规定程序全部纳入农村低保或特困人员救助供养范围，将农村低保标准提高到每人每年4310元。截至2019年年底，陕西省未脱贫建档立卡贫困户中，纳入低保11.27万人，纳入特困供养4.52万人。全年累计实施农村临时救助60.4万人次。

【东西部扶贫协作】 2019年，江苏省投入帮扶资金22.78亿元，支持1527个扶贫项目，带动25.03万建档立卡贫困人口；引进130家企业到陕西省投资，落地金额40.78亿元。陕西省累计有301个乡镇、386个贫困村、388所学校、119家医院分别与江苏省相关单位建立结对关系，并获得实质帮扶。两省党政代表团交流互访，省级相关部门、各相关县市区主要负责同志赴江苏省对接工作，党政干部364人次、专业技术人员1607人次赴江苏省挂职锻炼和交流学习。

【定点扶贫】 2019年，37家中央单位省部级以上领导到陕西省调研扶贫250人次，直接投入帮扶资金5.16亿元，引进资金4.23亿元，实施扶贫项目746个，帮助销售贫困地区农产品4.64亿元，带动建档立卡贫困户22.5万户。全省各级参扶单位共派出驻村干部35713人，直接投入资金15.4亿元，协调引进资金25.4亿元，购买和帮助销售贫困地区农产品12亿元。

【社会扶贫】 2019年，陕西省发挥国企“合力团”、校地结对“双百工程”、优质医疗资源下沉三大体系作用。其中，9个国企“合力团”建成投产项目56个，带动贫困户2.9万户；校地双方举办各类教育培训800余场，培训7万余人次，产销对接购买农产品5643.4万元；111家三级医院向101家贫困县医院派驻专家1668名，新建临床专科92个。7681家民营企业和8461家社会组织累计投入资金87.55亿元，惠及贫困人口超160万人次，运用中国社会扶贫网对接贫困需求47万个，成功率为92.9%。

【扶志扶智】 2019年，陕西省推广“扶志六法”（即教育引导法、行为规范法、村规民约法、文明创建法、公益救助法、司法保障法）、安康新民风建设、铜川市耀州区“八星励志”等做法，宣传脱贫致富先进典型，“爱心超市”实现贫困村全覆盖。分层次、分类别培训59万人次，编撰《扶贫扶志在基层——陕西省扶贫扶志工作实例选编》，开展各类宣讲活动3.9万余场，受众300余万人。

【脱贫成果巩固】 2019年，陕西省制定《巩固脱贫成果工作导引》《扶贫领域风险防范和化解工作导引》，研判返贫风险和隐患，分类落实巩固措施。建立稳定脱贫长效机制和预警监测机制，运用脱贫攻坚大数据平台加强动态监测，开展动态调整和“两摸底一核查”、脱贫人口“回头看”。2019年，全省返贫人口较2018年减少57.39%、新增贫困人口减少78.53%。

【扶贫领域作风建设】 开展扶贫领域腐败和作风问题专项治理，陕西省各级纪检监察机关共查处扶贫领域腐败和作风问题4322件，党纪政务处分3636人。落实中央《关于解决形式主义突出问题为基层减负的通知》要求和中共陕西省委办公厅《解决形式主义突出问题为基层减负十条措施》，加强扶贫系统信息化建设，减少基层填表报数，统筹督查检查，优化考核指标和方式。

（陕西省扶贫开发办公室政策法规处 王建鹏）

甘肃省扶贫开发

【概述】 2019年，甘肃省以深度贫困地区和特殊困难群体为重点，以完善和落实“一户一策”为路径，把突出问题整改贯穿于脱贫攻坚全过程，夯实精准帮扶、产业扶贫、各方责任、基层队伍、工作作风“五个基础”。全年减贫93.5万人，贫困人口减少至17.5万人，贫困发生率下降到0.9%。退出贫困村3392个，累计退出6868个。31个贫困县摘帽退出，累计摘帽67个，占贫困县总数的89%。藏区实现整体脱贫。

【扶贫资金投入】 2019年，甘肃省投入脱贫攻坚各类资金473亿元。投入财政专项扶贫资金207.67亿元，其中中央财政专项扶贫资金108.07亿元，省级财政专项扶贫资金60亿元，市、县两级财政专项扶贫资金39.6亿元。

【扶贫资金管理】 制定县级脱贫攻坚项目库建设流程图，将项目入库细化为6大流程、16个具体工作节点。对县级脱贫攻坚项目库和涉农资金整合方案开展“一对一”“面对面”业务指导培训和联合审查，入库项目1.51万个，投资估算745.54亿元，整合使用财政涉农资金251.2亿元。采取“五查五看”办法，即查资金流向、看资金使用是否精准；查资金流量、看资金有无挤占挪用闲置浪费；查资金流速、看资金有无拨付迟缓或以拨代支；查监督管理、看有无违纪违规使用资金造成严重损失浪费；查责任落实、看监管责任有无缺失。开展实地核查和业务培训，提高精准使用资金水平。甘肃省在2019年国家财政专项扶贫资金绩效评价中被评为“优秀”等次，奖励财政专项扶贫资金1.2亿元。

【3+1冲刺清零专项行动】 2019年，甘肃省组织开展义务教育、基本医疗、住房安全和饮水安全“3+1”冲刺清零专项行动，逐村逐户、逐人逐项解决问题，基本实现重点领域主要任务清零达标。采取单独编班、普职融合等方式分类施教，义务教育阶段辍学学生全部返校上学。统筹各类资金16.85亿元，改善1273所义务教育学校办学条件，新建和改(扩)建寄宿制学校414所。1801个未达标村卫生室实现分类达标，1154名合格村医缺口配备到岗，247个科室设置不全乡镇卫生院全部达标，75个县级公立医院全部达到分类建设标准并配备合格医生，1.85万未享受参保资助贫困人口全部落实政策。医保政策调整到“基本医保公平普惠、大病保险有倾斜、医疗救助有托底”的三重保障制度框架内。纳入国家计划的“四类重点对象”危房改造2.65万户和固强补弱及新筛查危房改造1.27万户，全部完成改造。集中供水率、自来水普及率分别为91%、88%。

【深度贫困地区脱贫攻坚】 2019年，甘肃省投入“两州一县”(即甘南藏族自治州、临夏回族自治州和天祝藏族自治县)专项扶贫资金52.78亿元，省定18个深度贫困县74.44亿元，占中央和省级财政专项扶贫资金总额的75.7%。整合涉农资金277.11亿元，切块下达到县，倾斜支持深度贫困县。城乡建设用地增减挂钩节余指标跨省调剂收入52.3亿元，全部用于深度贫困县脱贫攻坚和支持实施乡村振兴战略。“两州一县”减贫15.29万人，贫困人口减至3.55万人，贫困发生率降至1.39%；18个省定深度贫困县减贫54.78万人，贫困人口减至10.16万人,贫困发生率降至1.46%。

【产业扶贫】 2019年,甘肃省投入产业扶贫资金60.3亿元,扶持贫困户109.4万户。出台《关于进一步完善产业扶贫措施和带贫减贫机制促进高质量打赢脱贫攻坚战的通知》,规范资金使用,强化风险防范,健全新型经营主体带贫减贫机制,带动52.02万贫困户融入现代农业产业发展体系。75个贫困县新增龙头企业303家,累计2746家。开展"壮大万家合作社行动计划"和合作社带头人"万人培训计划"。"十三五"第一、第二批光伏扶贫项目全容量建成并网,村级光伏扶贫电站70.14万千瓦,受益群众12.35万户。12个村被列为全国乡村旅游重点村,扶持贫困地区187个村发展乡村旅游,带动3.8万户15.2万贫困人口脱贫。3594个集体经济"空壳村"全部消除,贫困村村均收入4.22万元。贫困县电商服务中心实现全覆盖,农产品网上销售金额159亿元,带动农民人均增收370元。农业保险对有投保意愿的贫困户主要增收产业全覆盖,贫困户参保给予保费减半的特惠政策。

扩大"牛羊菜果薯药"六大特色产业种养规模,牛羊存栏分别为458.8万头、2000万只,蔬菜、苹果、马铃薯、中药材产量分别增长3.3%、62.5%、23.46%和5.69%,特色优势产业种植面积扩大到3286万亩。扶持8.28万户贫困群众发展小庭院、小家禽、小手工、小买卖、小作坊等"五小"产业。贫困县建设果蔬保鲜库1019座,购置厢式冷藏车222辆。举办甘肃特色农产品贸易洽谈会、"三区三州"贫困地区特色农产品产销对接活动,签约金额283.99亿元。推广两个"三品一标"(即无公害农产品、绿色食品、有机农产品、地理标志农产品和品种、品质、品牌、标准化生产),打造"甘味"农产品品牌,会宁胡麻油、永登苦水玫瑰等10个品种入选2019中国农业品牌。

【就业扶贫】 2019年,甘肃省就业扶贫培训38.55万人,输转贫困劳动力116.9万人,创劳务收入236.2亿元。累计建成扶贫车间1982个,吸纳就业9.18万人。新开发乡村公益性岗位1.23万个,解决半劳力、残疾人、贫困妇女等就业问题。"陇原妹"等劳务品牌被中华全国妇女联合会、人力资源和社会保障部评为全国家庭服务业著名品牌。

【东西部扶贫协作】 2019年,甘肃省委、省政府主要领导赴天津、青岛、福州、厦门4市开展互访对接。11个牵头单位分别出台对接落实干部人才支援、产业帮扶、劳务协作等专项工作实施方案。东部4市共投入财政援助资金28.25亿元,实施重点协作项目1470个,带动贫困人口136.67万人;帮助引进企业201家,带动贫困人口13.7万人;帮助销售贫困地区农产品17.96亿元,带动贫困人口20万人;向东部协作地输转贫困劳动力6983人,吸纳就近就地就业5.2万人;社会组织帮扶累计投入资金和捐物折款3829.67万元。2019年,在国家东西部扶贫协作成效评价中被评定为"好"等次。

【定点扶贫】 2019年,36家中央单位选派100名干部在定点扶贫县挂职,直接投入帮扶资金4.91亿元,实施帮扶项目344个,帮助引进各类资金6.75亿元、项目249个。劳务输出培训1.56万人次,帮助贫困户实现劳务就业7971人次。购买贫困地区农产品1.3亿元,带动贫困人口10.48万人。

【易地扶贫搬迁】 2019年,甘肃省"十三五"49.9万建档立卡贫困人口11.4万套安置住房全部竣工,拆除旧房6.47万套。出台《关于进一步加大易地扶贫搬迁后续扶持工作力度的实施意见》,将易地扶贫搬迁群众纳入产业到户扶持范围,通过特色种养、扶贫车间、乡村旅游、公益岗位、资产收益分红等措施引导搬迁群众在安置点就地就近就业。

【基础设施建设】 2019年,甘肃省完成巩固提升1413处集中供水工程和4430处分散供水工程，改造冬季冻管4888千米，试验安装水窖水净化设备3.99万套。贫困地区新改建农村公路3084千米，“畅返不畅”整治2271千米。实施农网改造升级，自然村全部实现通动力电和生活用电。累计建设4G基站10.1万个，行政村光纤宽带网络和4G网络覆盖率99%以上。

【以工代赈】 投入以工代赈资金11.15亿元，项目资金审批权和使用权全部下放到县。推广自建、自管、自营等以工代赈方式，鼓励当地贫困群众参与基础设施、生态保护、水利工程等项目建设。

【动态管理】 开展动态管理和数据比对，新识别贫困人口0.1万人、返贫人口0.02万人，清退1.3万人。对收入在5000元以下且有致贫风险的边缘户和有返贫风险的脱贫户进行摸排，共摸排出9.6万户38.66万人，全部标注录入全国扶贫开发信息系统进行监测和帮扶。

【驻村帮扶】 2019年，甘肃省新增驻村帮扶工作队员10148名，总计22587名。对驻村帮扶工作队员进行全面培训，夯实到户帮扶责任人责任。

【雨露计划】 2019年，甘肃省出台《关于进一步做好“雨露计划”支持农村贫困家庭新成长劳动力接受职业教育实施意见》，对符合“雨露计划”补助发放条件的学生按每生每年3000元左右的标准进行补助，共发放补助8.81万人次，补助资金1.98亿元，受益贫困人口18.14万人。

【社会扶贫】 2019年，甘肃省实施“千企帮千村”精准扶贫行动，2138家企业与4531个村建立结对帮扶关系，投入资金40.07亿，实施项目2618个，带动贫困人口78.59万人。“中国光彩事业临夏行”活动签约项目103个、金额234.8亿元，募集公益捐赠资金1.88亿元。“津企陇上行”活动签约项目54个，金额104.5亿元。中华思源工程扶贫基金会捐款1420万元，用于农村茶叶扶贫、教育扶贫等。欧美同学会总会捐助教育、医疗等设备物资653.5万元。

【扶贫宣传】 编发《甘肃省脱贫攻坚专报》61期、《甘肃脱贫攻坚动态》87期，编印《甘肃精准脱贫100例》《激发脱贫内力100例》。2019年，甘肃省1个集体和4名个人获全国脱贫攻坚奖，1名个人获全国脱贫攻坚模范称号。组织开展全省脱贫攻坚奖评选表彰，20个集体和19名个人获全省脱贫攻坚奖，100个单位和199名个人获全省脱贫攻坚先进集体和先进个人，189个集体和410名个人获全省脱贫攻坚帮扶先进集体和先进个人。

（甘肃省扶贫开发办公室　冯宝元）

青海省扶贫开发

【概述】 2019年,青海省围绕17个贫困县摘帽、170个贫困村退出、7.7万贫困人口脱贫的目标,强化民生保障,加速补齐短板。2019年,全省170个贫困村全部退出,7.7万贫困人口全部脱贫。

【扶贫资金投入】 2019年,青海省投入财政专项扶贫资金62.38亿元,其中中央财政专项扶贫资金35.99亿元,省级财政专项扶贫资金26.39亿元。年度争取城乡建设用地增减挂钩节余指标跨省域调剂任务5700亩,全省跨省域调剂任务累计1.25万亩,涉及调剂资金41亿元,已到位30亿元。统筹整合财政涉农资金182.41亿元,支持农业生产发展和农业基础设施建设;累计投放扶贫小额信贷25.93亿元,扶贫再贷款余额98.2亿元。

【攻坚责任】 2019年,青海省委、省政府主要领导围绕年度绝对贫困"清零"目标,召开省委脱贫攻坚工作会议,承办全国人口较少民族脱贫攻坚奔小康现场推进会,召开领导小组会议7次、专题会议9次、现场会3次,研究部署推进脱贫攻坚各项工作。省扶贫开发工作领导小组与8个市州、17个省直相关行业部门签订年度"清零"责任书,开展扶贫领域"收好官开好局""百日攻坚""夏秋季攻势"等活动,对督查考核排名靠后的4个县进行约谈提醒,督促各地各部门攻重点、补短板、强弱项、抓长效。

【扶贫队伍建设】 2019年,青海省强化基层队伍建设,开展村"两委"换届"回头看",年度整顿软弱涣散党组织362个,调整村党组织书记192名,培育村级后备干部2.4万余人。落实第一书记和驻村干部各项管理制度,提拔任用368人、表彰241人、调整551人、召回16人。向贫困程度深、攻坚难度大的地区选派200名优秀选调生,招募100名"三支一扶"工作队员。对党政领导干部、部门行业干部、帮扶干部、贫困村干部和致富带头人进行培训,开展各级各类培训277期20018人次。

【深度贫困地区脱贫攻坚】 2019年,青海省推进深度贫困地区脱贫攻坚三年行动方案落实,安排财政专项扶贫资金42.72亿元,落实行业部门投资82.87亿元。从省直机关和已摘帽市县抽调50名业务骨干,进一步增强深度贫困地区的攻坚力量。与国务院扶贫办联合召开青海省深度贫困地区脱贫攻坚现场推进会,争取外部助力。北京、上海、天津、江苏、浙江、山东等6省市落实援助资金17.66亿元,实施各类援助项目450多个。提高突出特困群体低保救助标准,2019年农村低保标准为每人4300元。新建各类残疾人、老人托养机构15所,实施养老服务设施能力提升项目41项,投入9600万元对全省94所养老机构和特困供养机构实施能力提升建设,对3000余名残疾人开展实用技术培训,为2000名残疾人提供托养服务,无障碍设施改造1000户,对1.3万户贫困单亲家庭实施综合性扶持措施,全省"十三五"期间6.4万名特殊困难贫困群众的生产生活条件得到改善。

【产业扶贫】 2019年,青海省持续做大做强牦牛、青稞产业,与中国农业银行签订10亿元贷款协议,与中国扶贫志愿服务促进会联合实施十万头牦牛产业扶贫示范项目,签订

1000万份扶贫大礼包推广销售协议，在人民大会堂举行青海牦牛公用品牌发布会，在西宁举办青稞产业高质量发展峰会。完成471.6兆瓦村级光伏扶贫项目建设，全省累计落实光伏扶贫指标721.6兆瓦，每年发电预期收入5.7亿元，直接带动8.74万户贫困户增收。对208个村的乡村旅游扶贫项目进行提档升级，带动贫困人口1.63万户5.54万人。举办2019年度中国（青海）藏毯国际展览会，组织唐卡艺术海外精品展，打造以刺绣、唐卡、藏毯、银铜器等为主的高原“青”字民族手工艺品牌，带动全省近8万贫困群众增收脱贫。推进1622个贫困村村均290千瓦光伏扶贫项目建设，全部实现并网发电。在2358个有贫困人口的行政村每村投入100万元，扶持发展村集体产业。

【就业扶贫】　2019年，青海省组织贫困劳动力技能培训1.7万人次，培训致富带头人2400名，辐射带动贫困群众16151户58074人，转移就业贫困劳动力1.33万人。输送2286名贫困群众省外就业，3444名贫困群众实现就近就地就业。实施拉面产业“带薪在岗实训+创业”培训，全省有19.1万群众从事拉面产业，在全国开设拉面馆3.2万家，年产值150多亿元，辐射带动近2万贫困人口。

【电商扶贫】　2019年，青海省12个县入选国家电子商务进农村综合示范县，实现全省贫困县（市、区、行委）综合示范项目全覆盖。全省累计建成20个电子商务服务中心，188个乡镇综合服务站，1201个村级综合服务点。

【生态扶贫】　2019年，青海省紧抓全国草地生态畜牧业试验区建设、清洁能源示范省建设、三江源国家公园建设、国土绿化提速三年行动等政策机遇，组建成立961家生态畜牧业合作社，6.5万户入社群众实现资源变股权、资金变股金、牧民变股民；培育扶持380家造林（种草）专业合作社，各类营造林工程务工带动农牧民群众8.2万人；4.99万贫困群众从事生态公益性管护工作，占全省建档立卡贫困户的31.2%，占藏区建档立卡贫困户的47%。通过还林补助、还草补贴、湿地补偿等形式，让贫困群众充分享受生态保护红利。

【易地扶贫搬迁】　截至2019年年底，青海省完成“十三五”易地扶贫搬迁5.2万户20万人和20万户农牧民危旧房改造任务。召开全省易地扶贫搬迁收官总结会，对后续扶持和管理服务工作进行部署。

【教育扶贫】　加大控辍保学力度，青海省累计排查疑似失辍学适龄儿童2.82万名，义务教育巩固率96.87%。教育部在青海省召开全国控辍保学暨农村学校建设工作现场推进会。完成4706名学前教育阶段普通话不达标教师培训任务，配发《幼儿普通话365句》34198册。

【健康扶贫】　2019年，青海省新（改）建基层村卫生室700所，“十三五”期间1971所村级标准化卫生室改建任务全面完成。全省17836名贫困大病患者全部得到救治，慢病签约4.98万贫困人口，贫困群众住院医疗费用实际报销比例为90%。

【饮水安全】　实施2.1万建档立卡贫困群众安全饮水巩固提升工程，全省“十三五”期间30.14万贫困群众安全饮水保障水平进一步提升。

【基础设施建设】　推进“四好农村路”建设，全省贫困地区具备条件的行政村通硬化路率、客车通达率均为100%。做好深度贫困地区电网改造、村村通动力电、易地搬迁供电配套等项目，县域大电网覆盖率100%，贫困地区乡镇大电网覆盖率97%，剩余12个乡镇通过离网光伏供电。推进广播电视基础设施建设，贫困地区具备条件的行政村光纤宽带率为100%，无线覆盖率98%，广播电视综合人口覆盖率98.8%。

【东西部扶贫协作】　2019年，江苏省投入财政援助资金3.35亿元，选派27名党政干部赴青海挂职支援，派遣专业技术人员165

人，青海36名党政干部赴江苏交流学习；与青海省54个乡镇、51个贫困村、77所中小学校、20家医院结对帮扶。

【定点扶贫】 与国务院国有资产监督管理委员会召开中央企业助力青海脱贫攻坚推进会，13家中央定点扶贫单位选派挂职干部23名，落实年度援助资金9000万元，实施各类民生项目52个。2019年，青海省2990个省、州、县定点帮扶单位投入帮扶资金3亿元，实施各类民生项目2350余个。

【外资项目】 国际农发基金项目完成年度投资1.59亿元。推进灌溉基础设施改善、以市场为导向的农业、非农生计培训、项目管理等国际农发基金项目实施。蒙古国代表团专程赴青海考察学习，民和回族土族自治县米拉沟灌区水利项目入选首届全球减贫案例征集活动最佳案例。

【社会扶贫】 召开持续推进"双百"精准扶贫成果现场会，747家民营企业（异地商会）与1822个村（其中建档立卡贫困村952个）建立结对关系，累计投入帮扶资金10.21亿元。开展扶贫日系列活动，推进"互联网+社会扶贫"，全省社会扶贫网爱心人士注册用户12万人，注册贫困户15万户。

【脱贫攻坚问题整改】 2019年，青海省成立脱贫攻坚问题整改工作领导小组，坚持一月一调度，统筹推进扶贫领域各类问题整改。建立健全省领导小组抓总、行业部门协同发力、地方党委政府抓落实的责任制，各地各部门层层动员部署，明确整改方向。对标中央专项巡视反馈的4个方面12条意见、国务院扶贫开发领导小组通报的4个方面18条意见，梳理细化为42个问题，研究制定140条整改措施；将2018年脱贫攻坚成效考核通报的9个方面28条意见，梳理细化为54条问题，研究制定74条整改措施。组织开展全省脱贫攻坚问题整改情况"回头看"，对整改进度进行对账盘点。

【脱贫成果巩固】 2019年，青海省制定《关于巩固脱贫成果的实施意见》，推进产业扶贫、培训就业、义务教育、健康卫生、住房安全、基础设施、环境整治、低保救助、精神脱贫等"九大后续巩固行动"。将有返贫致贫风险的人口及时纳入民政救助体系，实行低保渐退制度。建立健全"救急难"制度，对贫困地区农牧民群众突发性、紧迫性、临时性生活困难的，最高给予3.48万元临时救助。制定印发《关于开展消费扶贫促进精准脱贫的实施意见》，发动省直机关、企事业单位、人民团体购买贫困地区特色农畜产品，在帮扶省市开设青海名优特产展馆、农畜产品直销店。联合中国扶贫志愿服务促进会召开全国消费扶贫产销对接会，助力青海青稞、牦牛消费扶贫。通过消费扶贫，贫困地区累计收益2.88亿元。投入8700万元，按照农区每县每年300万元、牧区每县每年200万元的标准，在县级层面设立防止返贫资金，对因病、因灾、因残、因突发事故等导致存在返贫风险的农牧户给予相应的项目扶持和资金救助。对接中国太平洋保险（集团）股份有限公司，在西宁市、海东市等地开展精准防贫保试点。

【扶贫表彰】 组织召开全省精神脱贫现场推进会，印发《青海省精神脱贫工作方案》，推动精神脱贫工作提质增效、扩面升级。全省累计评选"五星级文明户"31万户，通过示范引领树立文明新风。组织2018年度脱贫攻坚表彰大会，对8个先进集体、63个先进单位、100名先进个人进行表彰。对2018年度2000户脱贫光荣户实施奖励。西宁市湟中区获得全国脱贫攻坚组织创新奖，华格加、苏晓莉分别获得奋进奖和奉献奖。

（青海省扶贫开发局　李晓林）

宁夏回族自治区扶贫开发

【概述】 2019年，宁夏回族自治区聚焦“两不愁三保障”和深度贫困地区，推动全区脱贫攻坚取得决定性进展。2019年，全区贫困地区农民人均可支配收入为10415元；10.25万建档立卡贫困人口脱贫退出，贫困发生率下降到0.47%；红寺堡区、同心县、原州区、海原县实现脱贫摘帽。

【扶贫资金投入与管理】 2019年，宁夏回族自治区投入财政扶贫资金101.6亿元，其中中央财政专项扶贫资金29.1亿元，区级财政专项扶贫资金9.2亿元，9个贫困县整合涉农资金51.2亿元。紧盯资金使用、项目建设、公告公示、拨付进度等关键环节，对全区扶贫审计全覆盖和常态跟踪审计。开展扶贫资金结转结余清理行动，支付结转滞留资金3.29亿元。制定《2019年开展扶贫领域腐败和作风问题专项督查实施方案》，派出巡察督查组对15个县（区）258个项目进行跟踪督查。强化县级脱贫攻坚项目库建设，2019年入库项目17811个，预算总投资174.2亿元，已实施项目15628个，覆盖贫困人口73.6万人。

【建档立卡动态管理】 宁夏印发《关于开展2019年扶贫对象动态调整的通知》《关于进一步做好自主迁徙农村贫困人口纳入建档立卡工作的实施意见》等文件，将符合条件的农村自主迁徙居民纳入建档立卡识别范围。开展脱贫人口“回头看”和“两摸底一核实”工作，及时跟踪监测、因户施策、精准帮扶，全区新识别贫困人口432户1498人、返贫63户232人；自主迁徙农村居民纳入建档立卡8666人；边缘户2.2万人、脱贫监测户1.3万人，占建档立卡人口的4.4%。

【深度贫困地区脱贫攻坚】 2019年，宁夏聚焦“五县一片”深度贫困地区，紧盯病老残特殊困难群体，安排深度贫困地区资金37.4亿元，170个深度贫困村建设项目430个，完成投资10.93亿元。组织100家国有和民营企业结对帮扶107个深度贫困村，投入帮扶资金3150万元。2018年度城乡建设用地增减挂钩跨省域调剂资金2.52亿元全部下达深度贫困县（区）。2019年，全区深度贫困地区减贫8.25万人，剩余的92个深度贫困村全部实现脱贫出列。

【产业扶贫】 2019年，宁夏实施产业扶贫“四个一”示范带动工程，打造扶贫示范村150个、扶贫龙头企业166家，规范培育扶贫合作社925家，提升发展致富带头人7419名，通过发展产业带动脱贫6.7万人。肉牛（羊）养殖累计带动18%以上的贫困群众发展产业，养殖业收入占贫困家庭收入的60%以上。海原“华润基础母牛银行”模式等4个产业扶贫典型案例入选全国乡村产业典型案例汇编。

【扶贫小额信贷】 宁夏出台《关于进一步加强扶贫小额信贷管理的意见》《扶贫小额信贷风险补偿金管理办法》，规范风险补偿金管理，全区累计向9.3万户建档立卡贫困户发放扶贫小额贷款52.3亿元，贷款覆盖率为80%，户均贷款5万元。建立扶贫小额信贷款逾期情况监测、通报和约谈机制，成立县级扶贫小额信贷逾期清收小组，化解逾期贷款。逾期贷款余额1317.7万元，逾期率0.17%。严禁新增“户贷企用”扶贫小额信贷，对存量“户贷企用”

按月重点挂牌跟踪监测。推进“扶贫保”工作，实现大病补充医疗保险和家庭人身意外伤害保险全覆盖。

【就业扶贫】 2019年，自治区组织各类培训8.53万人；建设扶贫车间306个（其中新建133个），就近就地组织6674名贫困劳动力就业；设置公益性岗位3750个，帮助特殊困难的建档立卡劳动力就地就近就业。“雨露计划”补助贫困学生23218人。开发建档立卡专项公益性岗位3500个。电商扶贫新增70个行政村，带动贫困群众1976人就业。

【易地扶贫搬迁】 2019年，宁夏出台《解决政策性移民发展问题实施意见》《进一步做好易地扶贫搬迁群众后续扶持发展意见》，抓好移民安置区产业发展、就业培训、社会管理等后续工作。安排地方债资金3亿元，派驻工作队和网格员解决移民产业发展、户籍迁转、社会保障接续、住房困难等突出问题。全区“十三五”累计搬迁定居1.8万户8.08万人。

【生态扶贫】 2019年，宁夏推进造林绿化生态扶贫，9个贫困县区完成造林任务99.3万亩，使用1.5万户建档立卡户苗木1852万株，建档立卡贫困户植树造林劳务收入1545万元。优先将贫困县区纳入新一轮退耕还林范围，项目资金重点向生态脆弱的贫困地区倾斜支持，兑现贫困县区退耕农户政策补助资金3.36亿元，惠及贫困户9.36万户33.83万人。累计选聘建档立卡贫困人口生态护林员11300人，带动约3.39万人脱贫。聘用管护人员3679人，贫困人口人均增收5894元。安排专项资金5880万元，支持贫困地区生态旅游产业发展。

【驻村帮扶】 2019年，宁夏共选派驻村干部4187名。召开全区驻村帮扶工作电视电话会，向有脱贫攻坚任务的536个非贫困村选派925名驻村第一书记和工作队员。印发《关于进一步做好扶贫干部安全保障工作的通知》。落实驻村帮扶十项任务，提拔重用144人，表彰奖励489人。2019年，驻村工作队投入和引进帮扶资金6.36亿元，为贫困村办实事7104件。

【基础设施建设】 2019年，宁夏回族自治区整合各类资金10.9亿元用于贫困村提升工程，新改建农村公路1146千米，完成窄路整治114千米，所有建制村全部通硬化路、通客车，县、乡物流网点覆盖率为94%以上。实现全区贫困村光纤、宽带全覆盖，4G覆盖率99%以上。所有自然村通动力电。筹措资金3000多万元，实施农村生活污水垃圾治理、厕所革命、村容村貌整治。“十三五”光伏扶贫村级电站第一批项目全部建成并网，建设111个村级电站和30个联村电站，装机规模9.967万千瓦，受益对象覆盖2.36万贫困户。

【社保兜底扶贫】 做好低保与扶贫政策有效衔接，确保将符合条件的贫困人口纳入建档立卡和低保范围，实现应保尽保、应扶尽扶。全区未脱贫建档立卡贫困人口中纳入农村低保等民政保障范围4.9万人，占未脱贫建档立卡贫困人口总数的40.8%。

【教育扶贫】 2019年，印发《宁夏家庭经济困难学生认定工作暂行办法》，提高学生资助工作精准度，调整完善义务教育学生生活补助政策，将义务教育阶段建档立卡学生、非建档立卡的家庭经济困难残疾学生等四类家庭经济困难的寄宿生和非寄宿生纳入生活补助范围。安排学生资助资金近6亿元，资助学生31.6万人次；发放家庭经济困难大中专在校学生价格临时补贴资金586.9万元，资助学生13.2万人次；下达营养改善计划膳食补助资金2.7亿元，惠及学生26万人。各类专项计划共录取学生1006人，增加贫困地区学生接受优质高等教育的机会。建立区内高职院校分类考试招生面向建档立卡贫困家庭学生倾斜政策，报名参加区内高职院校分类考试的1239

名建档立卡贫困家庭学生全部予以录取。区内高职学院五年制专业定向招收建档立卡贫困家庭初中毕业生，录取建档立卡贫困家庭学生539人。

【健康扶贫】 2019年，宁夏落实医疗保障政策和“一站式”结算服务，核实核准建档立卡患者73235人(其中57994人已脱贫，未脱贫的建档立卡贫困人口患病15241人)，入院救治或签约服务69788人，其中大病、重病已累计救治35389人次，慢病签约服务50525人，救治比例98.1%，贫困患者住院36812人次，医疗总费用3.66亿元，个人自付3030.64万元，平均自付比例8.28%。宁夏12家城市三级综合医院、中医医院选派81名医务人员对口支援9个贫困县(区)的县级综合医院、中医医院。为全区基层医疗卫生机构招聘385人；为贫困地区分配订单定向医学毕业生96人。

【危房改造】 2019年，宁夏下达改造任务2.56万户，其中9个贫困县下达危窑危房改造任务2.25万户。共开工、竣工危窑危房改造3.7万户(含建档立卡贫困户1.35万户)，兑现补助资金9.85亿元，其中中央补助资金7.11亿元，自治区本级财政安排0.83亿元，县(区)自筹1.91亿元。

【安全饮水】 2019年，宁夏将9000万元中央预算内资金向深度贫困地区倾斜拨付，通过财政配套、资金整合等措施督促项目县区筹集农村饮水安全工程建设资金3.55亿元，解决3.16万户农村居民的饮水安全问题，其中涉及建档立卡贫困户5451户2.1万人。聚焦贫困县区饮水安全“最后100米”突出问题，成立专家技术指导服务组开展定向技术指导服务，贫困县区自来水普及率为95%。

【脱贫成果巩固】 2019年，宁夏回族自治区印发《关于坚决做到“四个不摘”全面打赢脱贫攻坚战的通知》《关于加快补齐脱贫攻坚短板推进全面建成小康社会的实施方案》等文件，实施贫困村巩固提升工程，投入财政扶贫资金9.9亿元，巩固991个已出列贫困村。组织开展脱贫攻坚“回头看”，建立致贫返贫监测预警机制，对贫困人口、脱贫人口、边缘人口等进行定期核查、动态管理、精准帮扶。

【东西部扶贫协作】 2019年，先后在福州市、银川市召开福建和宁夏对口帮扶第23次联席会议和闽宁对口扶贫协作座谈会，不断拓展合作广度、深度和领域。福建省投入资金4.7亿元。双方签订34个经贸合作项目，其中31个投资类签约开工建设19个，完成投资15.97亿元。投入产业发展、龙头企业和合作组织培育等项目资金3亿元，实施产业项目151个；宁夏向福建省输出贫困劳动力1593人，就近就地转移贫困劳动力16895人。福建省85个乡镇、134个行政村结对帮扶宁夏105个乡镇、128个行政村，结对县区、乡镇实现交流互访107批859人次，开展各类招商引资活动40余场次，共引进企业129个。福建省各机关、企事业单位开展消费扶贫，购买宁夏5.5亿元农产品。宁夏选派380名干部、专业人员赴福建省挂职锻炼、交流学习。

【社会扶贫】 2019年，9家中央单位向宁夏选派挂职干部12名、驻村工作队员24名，投入各类帮扶资金1亿元，加大消费扶贫力度，支持建设一批基础设施、特色产业和社会事业项目。

【扶贫扶志】 2019年，宁夏组织扶贫扶志题材类眉户剧《丁香花开》在深度贫困地区巡演60场次，观看群众20余万人次。评选表彰先进村153个，脱贫光荣户2351户。

闽宁镇成为“国家名片”，讲述脱贫攻坚宁夏故事。红寺堡区大河乡龙源村李耀梅、西吉县偏城乡涵江村驻村第一书记秦振邦和闽宁镇分别获得全国脱贫攻坚奖奋进奖、贡献奖和组织创新奖。

(宁夏回族自治区扶贫开发办公室　高海林)

新疆维吾尔自治区扶贫开发

【概述】 2019年，新疆维吾尔自治区实现64.57万贫困人口脱贫、976个贫困村退出、12个贫困县摘帽，贫困发生率降至1.24%，其中南疆四地州64.43万人脱贫、976个贫困村退出、12个贫困县摘帽，贫困发生率降至2.21%。在2019年省级党委和政府扶贫开发工作成效考核综合评价中被评定为“好”等次。

【扶贫资金投入与管理】 2019年，新疆维吾尔自治区安排财政扶贫资金375.67亿元，其中安排南疆四地州扶贫资金343.35亿元。加强扶贫资金项目常态化监管，各类扶贫资金向“两不愁三保障”项目倾斜，入库项目8759个，资金规模451.29亿元，实施项目5182个。

【两不愁三保障】 2019年，新疆维吾尔自治区紧盯解决“两不愁三保障”突出问题，开展所有农户“两不愁三保障”核查和脱贫人口“回头看”，逐村逐户逐人逐项核查。对标国家统一基本标准，出台自治区农村饮水安全验收标准、住房安全评价标准和简明鉴定程序，对饮水安全和住房安全进行排查，实施危房改造工程。全区剩余9355户贫困户安全住房全部竣工入住，全年解决34.62万贫困人口的饮水安全问题。

【产业扶贫】 2019年，新疆推动良种推广、林果业提质增效和畜禽规模养殖，推广县乡村三级产业“双覆盖”“双保险”，发展特色产业；强化二产带贫，推进南疆四地州纺织服装、电子产品组装、农副产品加工等劳动密集型产业发展；发展服务产业，推进旅游精准扶贫、电商扶贫、光伏扶贫。

【就业扶贫】 2019年，新疆加强贫困劳动力技能培训，拓宽就业渠道，加大转移力度，通过疆内跨地区转移就业、转移内地援疆省市企业就业、转移兵团就业、转移县域内城镇企业园区就业、转移乡村卫星工厂（扶贫车间）就业、小微创业带动就业等方式，实现贫困群众就业脱贫。南疆四地州22个深度贫困县3年（2018—2020年）10万人转移就业规划累计转移就业在岗14.4万人。清理722.53万亩农用耕地，通过贫困户自种、土地入股、土地流转和发展集体经济购买公益岗位等形式，累计带动71.94万贫困人口增收。优先从贫困人口中选聘护边员，保持26238名护边员队伍稳定，平原地区护边员每人每月补助2000元、高原地区每人每月补助2600元。落实国家新一轮草原生态保护补助奖励政策，通过购买服务、专项补助等方式，累计选聘生态护林员和草原管护员67814人。

【易地扶贫搬迁】 2019年，新疆全面完成“十三五”易地扶贫搬迁建设任务，累计有40026户16.92万人迁入新居，其中2019年4380套1.9万人搬迁住房全部完工入住。发展后续产业，创造就业机会，配套完善基础设施和公共服务设施，加强安置区社会治理。

【社保兜底扶贫】 2019年，新疆精准落实低保兜底政策，符合条件的贫困人口应纳尽纳；统筹推进乡镇“幸福大院”建设，对有意愿的“五保”老人和孤儿集中供（收）养，集中供养率、收养率分别为90%、92%；落实困难残疾人生活补贴和重度残疾人护理补贴制度、城乡居民基本养老保险政府代缴政策，贫困人口养老保险应保尽保。

【教育扶贫】 截至2019年年底，新疆小学适龄儿童净入学率为99.97%，初中阶段适龄少年净入学率为99.78%，九年义务教育阶段巩固率为95%以上，贫困家庭义务教育阶段孩子无因贫失学辍学现象。推广普及国家通用语言文字，实现各级各类学校国家通用语言文字教学全覆盖；推进城乡教育一体化发展，支持642所农村义务教育学校改善办学条件；义务教育阶段适龄儿童入学率为99.9%；加强中高职业学校建设，加大对贫困家庭子女的招生力度，做好毕业生就业创业指导服务。

【健康扶贫】 2019年，新疆统筹基本医疗保险、大病保险、医疗救助与补充医疗保险，贫困人口基本医疗保险、大病保险参保率为100%，为深度贫困人口投保补充医疗保险，降低贫困人口医疗费自付比例；实施全民免费健康体检，体检项目应检尽检；县乡两级定点医疗机构实现贫困患者住院治疗“先诊疗、后付费”“一站式”结算，对11.78万肺结核病患者进行治疗；推进基层医疗卫生机构标准化建设，乡村卫生院（室）标准化率均为100%。

【基础设施建设】 2019年，新疆完成剩余1个乡镇、23个建制村通硬化路建设任务，全区所有乡镇和具备条件的建制村100%通硬化路、通客车；实施贫困村供电能力提升工程，实施11个边远村电网延伸工程，解决剩余4个贫困村通动力电；新增通光纤贫困村716个、覆盖4G信号贫困村965个，深度贫困村通光纤实现全覆盖。

【社会扶贫】 2019年，新疆维吾尔自治区不断巩固完善专项扶贫、行业扶贫、社会扶贫、援疆扶贫“四位一体”的大扶贫格局，区、地、县三级7090个部门定点扶贫深入推进，33个经济强县市区协作帮扶南疆四地州27个县市持续开展，1251家民营企业帮扶1292个贫困村成效明显，5000余支志愿服务队参与扶贫奉献爱心，开展“万里边防扶贫固边”和“巾帼脱贫”行动。

【驻村帮扶】 2019年，新疆实现贫困村派驻第一书记、“访惠聚”驻村工作队全覆盖，选派国家公职人员、致富能手和外出务工经商返乡人员担任村党支部书记，选优配强村“两委”班子，村党组织带头人配备整体优化。

【扶志扶智】 2019年，新疆运用“访惠聚”驻村、“民族团结一家亲”等载体，开展“文明新风进万家”活动、政策宣讲、感恩教育等。组织贫困群众技能技术培训1.89万期200.3万人次。实行生产奖补、以工代赈等机制，组织贫困群众参与帮扶项目，支持农牧民创办专业合作社、从事致富项目等。评选表彰2019年自治区脱贫攻坚先进典型，开展先进典型巡回报告15场次。

【扶贫领域作风建设】 2019年，新疆开展扶贫领域腐败和作风问题专项治理，落实“两个责任”，加大脱贫攻坚工作中形式主义、官僚主义的整治力度。落实中央《关于解决形式主义突出问题为基层减负的通知》精神，落实自治区党委加强和改进作风20条具体措施，开展“基层减负年”活动。

（新疆维吾尔自治区扶贫办）

新疆生产建设兵团扶贫开发

【概述】 2019年，新疆生产建设兵团（以下简称“兵团”）聚焦4个深度贫困团场和解决“两不愁三保障”突出问题，减少建档立卡贫困人口6018人，35个贫困连队脱贫退出，4个深度贫困团场摘帽。

【扶贫资金投入】 2019年，兵团投入财政扶贫资金50754万元，其中财政专项扶贫资金16846万元，主要用于贫困团场的住房安全、转移就业、生态补偿、基础设施建设、社会保障、教育扶贫、产业发展等方面。中央财政以工代赈资金6550万元，主要用于贫困团场、连队配套道路、建设高标准农田、农田水利建设、小流域治理、片区综合治理及连队环境整治。扶持少数民族发展资金455万元，专项用于支持少数民族聚居团场经济社会发展。扶持人口较少民族发展项目资金160万元，专项用于补助第三师托云牧场少数民族经济社会发展项目。兴边富民行动项目资金23667万元，主要支持兵团58个边境贫困团场建设。中国农业银行兵团分行分别与三师、十四师签订扶贫小额贷款协议，设立风险补偿金，落实贷款发放，累计发放扶贫小额信贷1090.7万元。

【组织领导】 2019年，兵团党委常委会议定脱贫攻坚事项3件，组织召开3次扶贫开发领导小组会议和3次专题会议、2次现场推进会，兵团党委书记孙金龙批示35件，兵团司令员彭家瑞批示14件，分管兵团领导批示129件。

【两不愁三保障】 2019年，兵团按照“民为主、连引导、团服务、师实施、兵团统筹”和“先建机制、后建工程”的工作机制，拆危拆旧19109户，建设居住区27个，新建平房9583套，1800余户建档立卡贫困户全部住上安全住房。构建贫困人口基本医保、大病保险、医疗救助制度网，3237名建档立卡贫困人口被纳入低保，建档立卡贫困人口基本医疗保险参保率100%。建设38个贫困连队标准化卫生服务室。对团场义务教育学校实施师办师管，统筹教育资源，改善4个深度贫困团场义务教育薄弱学校办学条件，落实“两免一补”政策。落实4个深度贫困团场补助资金7159万元，资助学生3.8万余人次。剩余22户71人的饮水安全问题全部解决。

【产业扶贫】 2019年，兵团印发《关于进一步加强产业扶贫的指导意见》《新疆生产建设兵团扶贫龙头企业认定管理办法》，分类施策推进产业扶贫，发展扶贫合作经营主体、扶贫车间或卫星工厂。组织开展兵团扶贫龙头企业认定工作，认定3家企业为2019年第一批兵团扶贫龙头企业。三师引进总投资2.5亿元、年产3万吨乳品的天润唐王城乳制品建设项目；51团引进总投资8000万元、养殖2250头奶牛的奶牛养殖场项目。

【就业扶贫】 2019年，兵团实施“一户一就业”专项扶贫工程。1889名建档立卡贫困劳动力实现就业，1288人贫困劳动力拿到稳定就业补贴，149户贫困户拿到创业补贴，1107人成为生态护林员，334人通过合作性公益岗位就业。组织建档立卡贫困劳动力参加职业技能培训2183人次，“两后生”职业技能培训893人次。

【社会扶贫】 2019年，兵团组织兵团机关、大专院校、直属单位等56家单位与33个贫困团场连队结对帮扶。南疆6个团场投入资金3.93亿元，用于产业发展、基础设施和民生领域建设。实施对口援疆项目301个，总投资26.02亿元，援疆资金80%投向基层和民生领域。组织企业参加10个全国级展会，开展产销对接活动。

【动态管理】 开展扶贫对象退出和动态管理工作，1423户6018名贫困人口全部脱贫，35个贫困连队(村)全部退出。对人均纯收入低于5000元且有致贫风险的边缘户，及人均纯收入低于5000元且有返贫风险的脱贫监测户进行摸排。开展“回头看”和“大排查”，排查影响巩固脱贫攻坚成果的突出问题，采取预防性帮扶。

【扶贫领域作风建设】 制定印发《关于贯彻〈新疆扶贫领域有关干部作风问题立行立改工作方案〉的实施方案》，建立常态化长效化机制。分析查找存在的问题和短板，开展扶贫领域腐败和作风问题专项治理。组织开展对44团、51团、皮山农场和225团的脱贫攻坚巡视“回头看”。开展专项巡视和审计发现问题整改，对发现的106个问题逐月督办。

【扶贫宣传】 2019年，兵团组织开展全国扶贫日宣传活动，组织中央驻疆媒体赴脱贫攻坚一线采风。举办兵团脱贫攻坚展，累计参观2500余人次。持续推进扶志扶智，实现国家通用语言文字培训全覆盖，举办各类脱贫宣讲活动2500余场次，制作各类宣传标语1800余幅，播放宣传材料2500余小时。强化典型引领示范，兵团2人获全国脱贫攻坚奖。

【扶贫培训】 加大扶贫干部培训力度，选调50名扶贫干部赴福建省参加专题培训班。组织选派38名贫困连队党组织书记学习考察。组织4500余名连队“两委”成员参加脱贫攻坚专题培训。

【助力地方脱贫攻坚】 2019年，兵团党委、主要领导和分管扶贫工作领导深入自治区扶贫联系点墨玉县、英吉沙县、库车市指导脱贫攻坚工作。兵团财政安排3000万元，专项用于帮扶3个县脱贫攻坚。选派2000余名兵团支教人员到南疆四地州农村幼儿园支教，兵团中小学校、幼儿园及中职学校就近招收地方学生8.28万人，2090所兵团医疗卫生机构全部向地方群众开放。选派干部进驻地方103个村开展“访惠聚”工作，投入资金1.21亿元改善当地民生。选派科技人员200余人次，进驻地方20个深度贫困村开展科技扶贫。

（新疆生产建设兵团　毛思敏）

第八篇

国际合作篇

综　述

减贫领域的国际交流合作是中国特色扶贫开发道路的重要内容，也是中国对外开放大局的重要组成部分。中国政府高度重视减贫领域的国际交流与合作，一直是世界减贫事业的积极倡导者和有力推动者。随着脱贫攻坚进入决战决胜、全面收官的关键阶段，如何讲好中国扶贫故事、推荐好中国扶贫方案成为国际减贫交流合作的重要内容。2019 年，国务院扶贫办在国际减贫交流合作工作中积极进取、持续创新，各项工作取得良好进展。总体上看，2019 年工作有三个明显特点：一是对外宣传与交流分享有机结合；二是政府与民间两条渠道共同发力；三是多边与双边活动相互促进，在减贫交流、扶贫外宣、经验分享等方面都有创新性活动。

下一步，国务院扶贫办坚持以习近平新时代中国特色社会主义思想为指导，围绕共建人类命运共同体总体目标，服务脱贫攻坚和中国特色大国外交，以讲好中国扶贫故事、宣介中国扶贫方案为主线，统筹机制性活动，创新形式、拓宽渠道、打造精品、营造氛围、展现形象，积极落实联合国 2030 年可持续发展议程，为共建一个没有贫困、共同发展的人类命运共同体而奋斗。

国际减贫交流

【领导出访】 2019年3月18日—23日，国务院扶贫办副主任洪天云率团赴阿根廷参加第二次联合国南南合作高级别会议及相关活动，宣介中国减贫成就与经验，提出“加强国际减贫合作、共同推进2030年可持续发展议程”的倡议。

5月12日—18日，国务院扶贫办副主任夏更生率团出席在意大利罗马举办的2019年全球减贫伙伴研讨会，与联合国粮食及农业组织、国际农业发展基金会等国际机构进行会谈，并赴丹麦就中丹减贫合作进行交流，推动落实国务院扶贫办与丹麦外交部签署的减贫交流合作备忘录相关工作。

11月26日—2月1日，国务院扶贫办副主任陈志刚率团赴乌干达出席第十届中非合作论坛——减贫与发展会议，并在开幕式上致辞。

【外事活动】 2019年3月14日，国务院扶贫办主任刘永富在北京会见联合国驻华协调员罗世礼。双方围绕加强中国与联合国机构减贫交流合作，共同推动实现联合国2030年可持续发展目标等内容进行交流。

3月20日，国务院扶贫办副主任陈志刚在北京会见东南亚国家联盟(以下简称“东盟”)副秘书长康富一行。双方围绕加强中国与东盟国家减贫合作、推动东盟减贫事业发展、举办中国—东盟减贫论坛等内容进行交流。

4月1日，国务院扶贫办主任刘永富在北京会见新加坡驻华大使罗家良。双方就进一步加强中新减贫领域交流合作进行交流。罗家良大使表示，新加坡驻华大使馆将积极发挥自身特点，动员更多的新加坡企业继续参与和支持中国脱贫攻坚事业。

4月26日，国务院扶贫办主任刘永富在北京会见国际农业发展基金会总裁洪博。刘永富介绍了中国脱贫攻坚有关进展情况和下一步工作，并就推动下一步合作进行了交流。洪博表示，国际农发基金将一如既往地参与和支持中国扶贫事业，不断加强与中国政府的减贫合作。

5月27日，国务院扶贫办副主任陈志刚在北京会见香港小母牛董事局主席梁锦松。陈志刚对香港小母牛积极参与国内脱贫攻坚事业表示赞赏。梁锦松表示，香港小母牛将进一步发挥好自身特点和优势，不断加强双方合作。

6月18日和8月27日，国务院扶贫办副主任陈志刚在北京先后会见两批有关国家常驻日内瓦大使代表团，介绍了中国减贫促进和保障人权的有关政策与做法。

7月5日，国务院扶贫办主任刘永富在北京会见联合国大会候任主席班迪。刘永富介绍了中国脱贫攻坚主要进展情况。班迪对中国扶贫事业取得成就表示高度赞赏，希望不断促进中国与联合国在减贫与发展领域的交流合作。

10月15日，国务院扶贫办副主任陈志刚在北京会见东盟副秘书长康富。双方就进一步推动中国与东盟国家减贫领域合作进行交流。

国际会议

【减贫与发展高层论坛】 2019年10月17日，减贫与发展高层论坛在北京市召开，主题为“全球贫困治理：世界经验与中国实践”，开幕式由国务院扶贫办主任刘永富主持，国务院副总理、国务院扶贫开发领导小组组长胡春华出席论坛开幕式并致辞。来自30多个国家、13个国际组织的200余名中外专家出席论坛。胡春华强调，在脱贫攻坚进入决战决胜、全面收官的关键阶段，中国政府坚持充分发挥中国共产党领导和中国特色社会主义的制度优势，聚力攻坚深度贫困地区、特殊贫困群体及“三保障”和饮水安全短板等突出问题，巩固拓展脱贫攻坚成果，确保如期历史性地解决困扰中华民族几千年的绝对贫困问题，为全球减贫事业作出更大贡献。开幕式上，联合国驻华协调员罗世礼宣读联合国秘书长古特雷斯的扶贫日致辞。

【国务院扶贫办与驻华国际机构座谈会】 2019年6月14日，国务院扶贫办同有关驻华国际组织和境外非政府组织举行座谈会，国务院扶贫办主任刘永富主持会议。联合国驻华协调员罗世礼代表联合国驻华系统参会并发言。联合国开发计划署、联合国儿童基金会、联合国粮食及农业组织、联合国世界粮食计划署、国际农业发展基金、世界卫生组织、世界银行、亚洲开发银行等16个国际组织和比尔及梅林达·盖茨基金会、国际美慈组织、香港小母牛3个境外非政府组织的34名代表参会。刘永富介绍中国脱贫攻坚的主要进展情况，并就多维贫困、相对贫困、儿童贫困、增强贫困人群内生动力、加强中国扶贫经验国际分享等内容与参会代表进行交流。会前，5月29日—30日组织部分国际组织代表赴河南省兰考县实地考察。

【中国-东盟社会发展与减贫论坛】 2019年6月26日—28日，由国务院扶贫办与广西壮族自治区人民政府联合主办的第13届“中国-东盟社会发展与减贫论坛”在广西壮族自治区南宁市开幕，论坛以“面向联合国可持续发展目标的中国-东盟减贫合作”为主题。柬埔寨农村发展部大臣、菲律宾国家反贫困委员会秘书长、老挝农业与林业部副部长、东盟秘书处副秘书长出席开幕式并致辞。来自中国、东盟国家、亚洲、非洲、拉美等国家的政府官员、学者和联合国开发计划署、亚洲开发银行、联合国粮食及农业组织等国际机构的代表200余人出席论坛。

【中非合作论坛——减贫与发展会议】 2019年11月28日—29日，第十届中非合作论坛——减贫与发展会议在乌干达首都坎帕拉市举行，主题为“加强中非减贫合作，助力非洲转型”。乌干达总统穆塞韦尼、联合国副秘书长、联合国秘书长非洲事务特别顾问参加会议，来自尼日利亚、塞拉利昂、利比里亚、毛里求斯、塞舌尔7个非洲国家的15位部级代表出席会议并致辞。来自中国和14个非洲国家的政府官员、专家学者以及来自国际组织、NGO、企业及媒体的代表300余人参会。与会代表就推动国际减贫知识分享、创新合作伙伴关系、推动南南合作框架下的中非减贫合作等议题进行深入讨论。

国际减贫合作

【东亚减贫示范合作项目】 2019年，国务院扶贫办组织2次项目实施推进会和1次项目检查，2次选派财务专家对项目财务管理进行检查指导。

【澜沧江湄公河减贫合作项目】 2019年3月，国务院扶贫办在广西壮族自治区南宁市举办第二个"澜湄周"系列活动，包括东亚项目推进会、澜湄减贫合作研讨会和扶贫考察，以及《同饮一江水·澜湄花正开》纪录片开机仪式。举办澜湄合作减贫能力提升项目研修班，来自柬埔寨、老挝、缅甸、泰国等澜湄流域国家的27名学员参加，深度了解中国的扶贫理念、政策措施及成效。

【中国—巴基斯坦合作项目】 2019年，国务院扶贫办指导协调中国国际扶贫中心、中国扶贫基金会分别开展中巴扶贫工作研究、减贫培训班、国际爱心包裹等工作，使减贫合作备忘录得到有效落实。

【海外公益扶贫项目】 2019年，国务院扶贫办支持中国扶贫基金会与阿里巴巴公益基金会等国内外慈善组织合作，实施国际爱心包裹、非洲微笑儿童学校供餐等项目，累计募集项目资金5600多万元，并在埃塞俄比亚成功注册首个海外办公室，进一步深化国务院扶贫办民间对外减贫合作工作。其中，国际爱心包裹项目筹集资金4600万元，在"一带一路"沿线10个国家发放约36万个爱心包裹。非洲微笑儿童学校供餐项目筹集资金587万元，帮助2300名学生。缅甸教育助学项目惠及缅甸10个省邦29所学校共计900名在校学生。

【世行六期扶贫贷款项目】 2019年，国务院扶贫办组织推进世界银行六期扶贫项目中期调整工作。2019年2月、5月和10月，协调世行项目管理专家团队赴3个项目省11个项目县22个合作社开展实地检查督导。项目累计完成投资近9亿元人民币，占项目总目标的51.3%。

【比尔及梅林达·盖茨基金会合作项目】 2019年，国务院扶贫办指导中国国际扶贫中心与比尔及梅林达·盖茨基金会共同编制项目管理手册，组织召开2次国内外专家研讨会、15次工作交流会。2019年5月，中国国际扶贫中心与比尔及梅林达·盖茨基金会正式签署合作协议，共同开展"中国扶贫经验总结与国际共享"合作项目。

国际减贫培训

【出国培训】 2019年9月1日—15日，云南、内蒙古、海南、西藏、广西、陕西、甘肃、重庆8个省区市，上海、江苏、浙江3省市及中国国际扶贫中心共14名扶贫干部赴南非开展“南非农村改革与减贫模式培训”，学习了解南非通过土地改革促进农村减贫的主要做法和减贫政策经验。

2019年9月15日—28日，重庆、云南、陕西、山东、宁夏、河南、海南、广西、湖南、西藏、甘肃、湖北12个省区市以及中国国际扶贫中心共16名扶贫干部赴巴西开展“巴西减贫模式培训”，学习了解巴西在缩小贫困差距、优化收入分配和加大农村社会事业投入等方面的政策措施和主要做法。

【援外培训】 2019年，中国国际扶贫中心共举办20期减贫培训班，为亚洲、非洲、拉美的53个国家的471名减贫官员提供培训，切实帮助发展中国家官员提升减贫实践能力。

（国务院扶贫办综合司　赵懂文）

第九篇

专题研究篇

精准脱贫攻坚

——中国治国理政与扶贫的新实践

一、引言:中国减贫的历史概要

摆脱贫困一直是中国近代以来政治、经济、社会议程的核心问题。通常认为,中国的社会经济发展自19世纪中叶以后开始落后于西方。1840年以后,工业化和科技发展的差异导致了中国与西方,甚至与曾经远远落后于中国的日本的发展差距急剧扩大。一个曾经长期位居世界文明发展前列的大国到了清末已经软弱无力,危机四起。中国早期的革命先驱们大都把学习西方科技和发展经济作为复兴中华的重要手段,而摆脱贫困也是他们政治主张中的实质性内容之一。中国民主革命的先驱孙中山先生于1919年致信当时的美国商务部长威廉·瑞德菲尔德(Willian Redfield),请求美国对中国提供援助,支持中国的工业化发展,帮助中国摆脱贫困。他认为对中国的援助不仅仅是援助中国,同时也是对世界和平的贡献(Macekura, Manela, 2018)。中国共产党从其建立的那天起,就将改变中国的贫困落后作为其领导中国革命的核心使命。孙中山先生发起的旧民主主义革命虽然也秉承了旨在打破造成贫困的结构性约束的平均地权思想,但是由于平均地权的实践遭受了旧民主主义革命阵营大地主阶层的抵制,旧民主主义革命走向失败。

(一)中国革命:早期扶贫探索

毛泽东同志将马克思主义的基本原理与中国革命的实践相结合,准确把握了要改变中国贫困落后的局面需要聚焦农民问题和土地问题的实际。在他的领导下,新民主主义革命阶段,中国共产党通过武装斗争争取新民主主义革命覆盖全国,同时在解放区实施以土地改革为核心的扶贫实践。1931年,中国共产党制定了“依靠贫农、雇农,联合中农,限制富农,保护中小工商业者,消灭地主阶级,变封建半封建的土地所有制为农民的土地所有制”的土地革命路线。

在过去长达一百多年的历史中,众多以农业为主体、农民人口占主要成分的国家及很多未能取得长足发展和脱贫的国家,基本上都属于在土地改革上失败的国家。实际上对这些国家而言,土地的分配格局在很大程度上决定了这个国家是否能够取得发展和摆脱贫困。20个世纪70年代以来,以基恩·格里芬(Keith Griffin)为代表的一批学者对于土地分配与减贫关系做了大量的研究,他们从理论和实践上积极推动在发展中国家实施普遍的土地改革,从而实现有意义的减贫(Griffin, et al., 2002)。中国长期处在一个以农业和农民为主体的经济结构中,土地是农民生计最为重要的生产资料,而中华人民共和国成立前不公平的土地占有正是中国贫富差异的重要体现。根据陈翰笙等人在20世纪30年代所做的调查,中国

30%~50%的土地集中在不到10%的地主和富农手中(陈翰笙,2002;钱俊瑞,1986;薛暮桥,1980)。土地改革的核心是实现"耕者有其田",从而从制度上消除产生贫困的根本性结构,因此在这种情况下,土地革命恰恰是根本性的制度性扶贫实践。与此同时,中国共产党在新民主主义革命阶段不仅从政治、经济、社会结构的角度探索消除不平等和贫困的机制,也在解放区内普遍实施以"识字扫盲""男女平等""组织农民合作组织"等形式的经济社会变革。虽然中国共产党领导新民主主义革命的主要精力在于武装夺取全国政权,但是中国共产党并没有忽视管理国家事务的政治实践。在解放区实施的土地改革和相应的社会改造是中国共产党超越旧民主主义革命,改造中国现状的现代化政治实践的初步探索。这个实践的过程已经开始形成了以党的议程驱动国家现代化的治理雏形。在这样的过程中,中国共产党开始探索以突破结构与社会改良相结合的国家现代化模式,这个模式聚焦了中国政治、经济、社会的核心问题——不平等和贫困。所以从某种意义上讲,中国共产党的革命议程通过聚焦农民的土地权益和在农村实施现代化的社会运动,为中国其后的发展与减贫奠定了政治实践的基础。事实上,中华人民共和国成立后的一系列发展实践也都始终围绕着这条主线。因此,中国共产党领导的新民主主义革命正是中国摆脱贫困的早期探索。

(二)社会主义建设:广义性的扶贫实践

中华人民共和国成立以后,中国共产党开始以执政党的身份设置其治国理念的框架。中华人民共和国成立初期政治、经济、社会议程的制定就是围绕着农民和土地问题。1950年,中央人民政府颁布《中华人民共和国土地改革法》,重新将大约占全国耕地面积43%的土地和地主、乡绅的牲畜以及他们大部分的生产、生活资料分配给了贫穷和无地的农民,到1952年为止,全国3亿农民分得7亿亩土地。土地改革极大地调动了广大农民的积极性。中国的粮食总产量从1949年的11318万吨增加到了1952年的16392万吨,粮食单产从1949年每公顷1029千克增加到1957年每公顷1460千克,8年间粮食单产大约提高42%(中华人民共和国农业部,2009),中国的饥饿性贫困在中华人民共和国成立的第一个五年期间有了极大的改善。从1949年到1978年,中国实施面向市场改革的30年期间,虽然中国的工业化过程出现了各种波折,农村集体化也对这个时期经济的整体发展产生了不同程度的影响,但是在特殊的国际环境和那个阶段国际主流发展范式条件影响下,中国采用了通过农业集体化的路径来有效地转移农业的原始积累从而进行工业化,特别是通过优先发展重工业来实现工业化的路径,这对于中国这样一个一穷二白的发展中国家而言是极端重要的。中国几乎是那个阶段取得民族独立以后全世界发展中国家中唯一基本实现工业化的国家。中国在推动工业化的进程之中始终没有偏离摆脱贫困这样一个总体的目标。土地改革所释放出的制度性外溢极大地缓解了中国的饥饿性贫困,与此同时,中华人民共和国成立以后开始大规模建立全国普惠性教育体系和医疗体系,通过开展大规模扫盲运动、发展合作医疗制度、执行全民健康计划等措施,极大地降低了我国文盲率,提高了我国人均预期寿命。我国的文盲率由1949年中华人民共和国成立初的80%以上,下降至1978年的22%;人均预期寿命从1949年的35岁提高到了1978年的68岁(玛雅,2012)。虽然中国在这个阶段没有类似现在的扶贫开发计划,但是从1950年开始的国家现代化进程实质上则是从根本上消除贫困的探索，是中国消除贫困历史上广义性的扶贫实践。

（三）改革开放：发展型的扶贫实践

1978年以后，中国的发展进入了一个新的阶段。这个阶段的重要特征是：中国共产党所设定的改革与发展议程将中国的发展纳入了全球化的体系之中。面向市场的经济改革，推动了经济的迅速发展，并开始启动中国经济社会的转型。聚焦农民和土地问题再次成为中国共产党在新的历史条件下的政治议程的核心。改革开放初期展开的联产承包责任制极大地调动了农民的积极性，标志着中国大规模农村减贫的开始。与此同时，中国共产党敏锐地意识到，经济增长将会产生发展的差异。20世纪80年代初，中国正式启动“三西农业建设”工作，这是中国政府第一个正式向贫困开战的国家计划（王爱云，2017）。我们不难从这个计划的起因来探究今天中国为什么会取得如此巨大的减贫成就。中国共产党的高级干部在80年代初期考察了生活极其艰苦、环境条件极其恶劣的西北三西地区，他们经过考察之后实时向中央提交有关这些地区贫困状况的报告。中国第一个与贫困斗争的正式计划恰恰来源于这些革命者所牢记的中国共产党基本的使命——摆脱贫困。对于一个国家的治理而言，有效地把握公平与效率的关系是极端困难的。竞争性政治实践往往通过利益的交换与妥协来寻求一致，与此不同的是，中国共产党依托其根本的使命和最广泛的代表性，能够迅速地通过其领导下的政府，对贫困作出回应，这也就是中国人自己说的——中国的政治优势。虽然中国在1978年之前，无论从工业化还是社会发展的角度都已经取得了可观的成就，但是与发达国家相比，中国进入80年代以后，依然是一个贫困、落后的国家。中国没有能力通过大规模的收入性转移来解决中国日益凸显的收入性贫困问题。即便中国在80年代初期发起了三西地区的农业开发计划，并且从1986年开始正式实施国家有计划、有目标的扶贫，中国都非常谨慎地通过地区瞄准的机制，聚焦基础设施和生产条件的改善，而并不是马上瞄准贫困群体。中国这个时期贫困的基本治理理念是在发展中消除贫困，也就是通过改善贫困地区的发展条件，为贫困群体提供发展的机会，鼓励贫困群体自力更生，改善生活水平，提高收入。因此尽管中国经济的不断提升，中国政府在面对庞大的贫困群体的条件下，依然坚持开发式扶贫的战略。开发式扶贫的战略有三个重要的要素：第一，通过体制改革带动经济发展，具体表现在通过农业的发展、工业化和城市化带动贫困群体直接受益、提高收入；第二，在经济发展的过程中，不断改善农村教育、卫生和公共服务；第三，在国家划定的贫困区域内，实行更加优惠的政策，帮助贫困地区在经济发展中实现减贫和社会的发展。中国在发展中实现减贫的经验是自20世纪中叶以来，中国的乃至全球范围内的发展奇迹。这个发展奇迹编织了引人注目的中国发展故事，这个发展故事的核心就是在经济持续高速增长的同时实现大规模的减贫，学术界将其定义为有利于贫困人口的经济增长模式（Ravallion，Datt，2002）。与中国同时采用面向市场经济改革的发展中国家，只有很少的国家在不同的时期取得了不同程度的成功，而中国几乎是唯一备受瞩目的成功案例。学习中国的发展与减贫经验也成为过去20年全球发展学习的重要内容。中国1978年以后的减贫是在中国1978年之前广泛意义的减贫实践基础上通过经济发展而取得的，是发展型扶贫实践。

进入21世纪以来，中国的经济社会在全球化和改革的推动下开始发生根本性的变革。

农业在国民经济中的贡献率逐年下降，1978年中国农业在国民经济中的比重为28%，到2017年，农业占国民经济中的比重下降到8%以下。农村人口从1978年的80%以上，减少到2017年的50%以下。中国经济社会结构的根本转型意味着通过发展实现减贫的经济结构已经发生了根本的变化。这在某种程度上也意味着，依托传统的经济发展模式对于减贫的作用越来越小（汪三贵，刘未，2016）。随着经济的发展，中国社会的收入不平等和社会公共服务的差异不断扩大。中国的基尼系数从1978年的0.121增加到2007年的0.376（罗楚亮，2012）。社会不平等程度的加大会影响高经济增长的可持续性，同时也会极大地削弱减贫的效益（Datt，Ravallion，1992；Kakwani，Pernia，2000；Ravallion，2001；胡兵，等，2005；林伯强，2003；罗楚亮，2012；张伟宾，汪三贵，2013）。这意味着继续通过经济增长来减少贫困也日益困难。应该客观地看到，中国的大规模减贫存在着以收入为衡量标准设定较低贫困线的条件，但随着中国人均GDP的迅速提升，采用较低的贫困线不能客观地反映中国的实际贫困状况。因此中国在2011年决定大幅度提高农村绝对贫困线。按2011年前贫困线衡量，中国2010年的贫困人口是2688万，而按照调整后的贫困线，中国贫困人口骤升为1.65亿（李小云，等，2018；汪三贵，刘未，2016）。贫困线的调整看起来是一个简单的统计数据，却是一个政治问题。假设对于一个竞争性政治的国家，执政党在原有贫困线下取得了巨大的减贫成就，我们很难想象这个政府会突然增加贫困线，因为这就意味着在其任期之内贫困人口的增加。政治制度与发展和减贫的关系是复杂的，但是如果没有一个稳定的政治，同时又缺乏贫困人口优先的核心理念，那么从长久和持续的角度来确保贫困人口利益是非常困难的。对中国政治制度的优劣，无论从学术还是实践都有不同的观点，但是中国特殊的政治体制以及对发展的因地制宜的把握所形成的发展型政治议程，毫无疑问对于一个贫穷的发展中国家的发展而言是至关重要的。

从新民主主义革命到中华人民共和国成立以后再到改革开放，中国的政治议程始终未能离开"农民和土地"这个核心，没有离开摆脱贫困这个议题。进入21世纪的第二个十年，中国的经济社会格局已完全不同于历史上的任何时期，但是中国共产党仍将在农村消除绝对贫困作为2020年发展的重要目标，而在这样的经济社会的新格局下要想实现彻底消除中国农村的绝对贫困的目标，必须采用不同于以往的超常规的扶贫战略和扶贫实践。

本研究主要聚焦中国2011年确定的到2020年实现消除中国农村绝对贫困的扶贫计划，特别聚焦自2013年11月习近平在湖南省花垣县十八洞村考察时正式提出精准扶贫战略以来中国的扶贫战略政策和实践。本研究的目的不是针对这一个期间中国的减贫效益予以定量或定性的评价，也不是对精准扶贫工作进行系统的总结，而是从历史的纵向维度和与处于同期的其他发展中国家比较的横向维度两个方面，基于中国政府在此期间所颁布的一系列扶贫的政策和所采用的扶贫实践方式，从政治、社会和经济的不同方面，特别是从治国理政以及这个阶段减贫的全球意义上进行概括性的理解和归纳，从而提出一些能说明中国新时期扶贫的特点和相应经验的观点。

二、启动精准脱贫攻坚的政治、经济和社会条件

精准脱贫是中国进入21世纪第二个十年以来中国政治、社会、经济发展的重大事件。中国自改革开放以来的发展实践虽然从未轻视社会公平，但是受到发展滞后的严重约束，

中国这个时期的政治议程一直秉持“发展是硬道理”的理念，采用了优先经济发展兼顾公平的发展策略。而进入21世纪以来，中国政府审时度势地将社会公平问题逐渐提升到与经济发展同样重要的位置，在21世纪的第二个十年提出了到2020年完全消除农村绝对贫困的目标。这一目标的确定为中国在新时期的改革和发展议程确定了明确的政治方向，使得中国的改革和发展议程更加完整，更加贴近“以人民为中心”的宗旨。

很显然，以精准脱贫攻坚为特色的新时代的扶贫不是一个偶然的行动，它是中国经济社会发展到一定阶段的必然选择，因为共同富裕是邓小平同志在中国经济改革开启之时就为中国发展设定的根本目标。第一，到2020年全面实现小康社会的宏远目标不允许上亿的农村人口依然处于绝对贫困之中。因此，无论从经济社会全面协调发展的客观需要的角度，还是全面实现小康社会的政治承诺的角度，中国必须全面消除农村绝对贫困。第二，农村绝对贫困的存在，以及不平等程度的加剧，不断滋生各种形态的民粹思潮。各种民粹思潮不断绑架民意，碎片社会，这对于中国自改革开放以来所形成的通过发展所凝聚的广泛社会共识构成了挑战。而共同富裕也成了中国政治议程克服民粹主义，重新建构社会共识的核心内容，从根本上消除农村绝对贫困则集中反映了共同富裕是否真正实现。第三，日益增长的不平等已经开始削弱经济增长的潜力。大量的研究表明，不平等和贫困对可持续的经济增长造成伤害。随着社会不平等程度的增加，即使存在经济增长，实现减贫也非常困难，这就是不平等与减贫关系的基本理论框架（Datt，Ravallion，1992；Ravallion，2001；胡兵，等，2005；张伟宾，汪三贵，2013），且其对贫困减少的负面影响随时间在增强，精准脱贫战略的出台正是出于上述三个方面的考量。

进入21世纪以来，中国社会经济的结构在转型的轨道上进一步深化，经济社会转型的新特点不断出现，经济社会发展的矛盾也呈现出新的变化，这个阶段的社会经济条件与以往任何时候都不同，新的经济社会结构和特征既是消除农村绝对贫困的有力条件，同时也是约束的条件。这意味着要在2020年实现消除农村绝对贫困目标既需要延续和改善以往的扶贫战略和措施，更重要的是要基于新的经济社会条件，采用新的扶贫战略。

（一）精准脱贫的政治条件

改革开放以来中国政治议程的核心是通过推动国内改革和逐渐融入全球化实现经济增长。从人均GDP的比较可以看出，1978年中国人均GDP只有381元，到2012年中国人均GDP达到38420元[1]，中国成为世界第二大经济体。伴随着中国经济的增长和社会的转型，中国经济社会发展所面临的问题开始逐渐复杂化。改革开放之初，经济落后是中国当时的主要问题，因此发展经济的主张容易凝聚社会共识。进入21世纪以后，一方面，中国的人均GDP依然不高，需要继续推进经济增长；另一方面，收入不平等日益加剧，社会分化日益明显，环境资源问题凸显，农村以及城乡差异等问题更是受到社会的广泛关注，中国开始面临公平和效率的双重挑战。因此，仅仅通过传统的改革议程很难面对这些新的挑战。这在客观上决定了中国的政治议程需要在继续确保经济增长的同时更加关注社会不平等和经济社会发展的可持续问题。党的十八大对于中国的经济社会发展的主要方向和任务都做了相应的判断和政策的阐述。党的十九大更是对于如何解决这些问题做出了明确的部署。从某种意义上说，中国的政治议程进入了新的

[1] 数据来源：2013年中国统计年鉴。

阶段。这一阶段的重要特征是，从过去追求经济的数量增长开始强调和聚焦经济增长的质量。同时在社会发展的角度，开始将调节收入分配作为重要的政策内容。在继续推进经济增长的同时，更明确地强调实施以人口、环境、资源和经济发展相互适应和促进的可持续发展战略。这突出地表现在生态文明建设、“打好蓝天保卫战”等众多的可持续发展和绿色发展的计划实施方面，而精准脱贫则是这个新的政治议程中的一个重要内容。从这个意义上讲，党的十八大，特别是中共十九大以来所形成的一系列深化改革的战略和政策为精准脱贫工作奠定了坚实的政治基础和有利的政治条件。

（二）精准脱贫的经济条件

进入21世纪第二个十年，中国的经济总量和人均经济总量都急剧上升。2000年，中国人均GDP为1767.834美元，2010年增长到4550.454美元，到2018年急剧增长到7754.962美元。在经济总量急剧提升的同时，虽然人均GDP在迅速增长，但由于不平等程度的扩大，增长的减贫效益大大下降。虽然农业总产值从2000年的1778.8亿美元增加到2010年的5676.38亿美元，再到2018年的9784.53亿美元，农业劳均产值从1073.71美元（按2010年不变美元价格计算），增加到2010年的2076.505亿美元，再到2018年的3818.405美元，但是农业对国民经济的贡献从2000年占GDP的14.68%，减少到2010年的9.33%，并持续下降到2018年的7.19%。[1]农业总产值的持续增长显示了中国经济在结构转型的过程中农业依然存在巨大的增长潜力，同时劳均农业产值的增长也意味着农业劳动生产力在不断提升，而需要指出的是，农业劳均产值的提升是发生在城市化率不断提升的条件之下。2000年中国的城市化率为36.22%，到2010年提高到47.5%，到2018年提高到59.58%。[2]这意味着农业劳动生产率的提升主要是建立在农业人口减少的基础之上，显示了中国整体经济社会转型的益贫特点。从微观水平来看，尽管农业劳动生产率在不断提升，但是农业在农民收入中的比例却逐年下降。如表1所示，2000年农业在农民总收入中的比例为63%，非农收入占比37%，到2010年农业在农民总收入中的比例为48%，非农收入占比52%，而到2017年以农业为主的经营性收入在农民可支配收入中所占比例减少到了37%，非农收入占比63%。很显然，从收入角度看，工业化和城市化对这一期间的减贫发挥着重要作用，而长期作为支持中国农村贫困减少的农业部门，对于农民收入的贡献则越来越少。

表1　农民收入构成的变化（2000—2017年）

年份	可支配收入（美元）	工资性收入（美元）	经营净收入（美元）	财产净收入（美元）	转移净收入（美元）	经营性收入占比（%）
2000	2253.42	702.3	1427.27	45.04	78.81	63
2001	2366.35	771.9	1459.63	134.82*		62
2002	2475.63	840.22	1486.54	148.87*		60
2003	2617.24	913.38	1541.28	162.58*		59
2004	2936.4	998.46	1745.79	192.15*		59

❶ 数据来源：世界银行，https://data.worldbank.org.cn/。

❷ 数据来源：国家统计局，http://data.stats.gov.cn/easyquery.htm?cn=C01。

续表

年份	可支配收入（美元）	工资性收入（美元）	经营净收入（美元）	财产净收入（美元）	转移净收入（美元）	经营性收入占比（%）
2005	3254.93	1174.53	1844.53	88.45	147.42	57
2006	3587.04	1374.8	1930.96	100.5	180.78	54
2007	4140.36	1596.22	2193.67	128.22	222.25	53
2008	4760.61	1853.73	2435.56	148.08	323.24	51
2009	5153.18	2061.25	2526.78	167.2	397.95	49
2010	5919.02	2431.05	2832.8	202.25	452.92	48
2011	6977.3	2963.4	3222	228.6	563.3	46
2012	7916.7	3447.5	3533.4	249.1	686.7	45
2013	9429.6	3652.5	3934.9	194.7	1647.5	42
2014	10488.9	4152.2	4237.4	222.1	1877.2	40
2015	11421.7	4600.3	4503.6	251.5	2066.3	39
2016	12363.4	5021.8	4741.3	272.1	2328.2	38
2017	13432.4	5498.4	5027.8	303	2603.2	37

*该年份数据的统计口径为财产净收入和转移净收入之和，不单独分列。

这一格局对于消除农村绝对贫困产生影响。一方面，在以户籍制度为主要特点的城乡二元结构的约束下，农村的总人口数量依然庞大，工业化和城市化无法很快吸纳如此巨大的农村人口。另一方面，中国经济结构本身的升级换代虽然极大地提升了经济总量和人均经济总量，但这并不意味着社会不同的群体均能从中受益。2000年，中国服务业占经济总量的比重为39%，到2010年达到了43%，到2018年已经攀升至52.2%。[1]高新技术产业和金融等构成了中国服务业增长的主要动力，虽然这些行业的增长都具有不同程度减贫外溢，但均不能直接导致贫困人口收入的提升。与改革开放之后很长一段时间中国经济增长的主体是农业和劳动密集型制造业这种有利于贫困人口增长的模式不同的是，进入21世纪以后，中国的经济增长越来越失去其曾经的益贫性增长的特征。这也意味着在这样一种经济条件下，继续通过传统的主要依靠经济增长并辅助于有目标的开发式扶贫的路径来帮助滞留在农村的贫困人口提高收入、摆脱贫困将日趋困难。经济结构越来越远离贫困人口的生计特征迫使政府不得不重新考虑新的农村扶贫战略和政策，以便能在2020年完全消除农村绝对贫困。而这一政策的核心则是如何能一方面通过提升贫困人口的人力资本对接正在转型的经济结构，使得扶贫不脱离经济发展的轨道，否则将会出现潜在的福利陷阱的风险。另一方面又必须采用以收入分配为主要手段的保护式扶贫来减少不平等。中国2012年之后开始实施的新的扶贫战略，特别是2013年以后启动的精准脱贫攻坚战所采用的一系列扶贫策略正是在这样的基础上建立起来的。

[1] 数据来源：国家统计局，http://data.stats.gov.cn/easyquery.htm?cn=C01。

(三)精准脱贫的社会条件

进入21世纪以来,城乡差异、发达地区与落后地区的差异以及贫富差异已经凸显。中国的基尼系数在1988年为0.332,2002年增长到0.367,到2010年前后已经上升到了0.376左右[1],收入的不平等达到了顶峰(表2)。很显然,收入的不平等与上述经济结构转化之间存在着相关性。在经济结构的转型变得越来越有利于一部分群体的条件下,有条件和有能力进入增长领域最快部门的群体会更多地获得收入,而不具备相应条件和能力的群体则可能被排除在外并滞留在低收入的部门,这就是经济增长导致不平等扩大的基本原理。中国城市化的快速推进,以高新技术、信息技术、金融服务等为驱动的服务业迅速提升,特别是这些行业总产值和人均产值的增长拉大了与制造业和农业的行业收入差距。与此同时,由于领头行业增长导致领头行业群体收入的急剧扩大,不断推高中国劳动力的成本。这反过来又加大了从事农业和制造业的人力成本。这就出现了在中国农村尚有数量巨大的剩余劳动力,同时农业和劳动密集型制造业又出现劳动力不足的双重困境。农产品进口连年上升,以及劳动密集型产业不断发生外移的现象即充分说明了中国经济结构在结构转型、就业与贫困减少等方面所面临的新问题。从某种程度上讲,收入不平等的加剧正在伤害中国经济的可持续发展,同时也阻碍继续依托农业和劳动密集部门提高低收入和贫困群体的收入。

表2 收入水平与收入差距

年份	人均纯收入(元)	人均纯收入(1988年为100)	变异系数	基尼系数	MLD	Theil指数
1988	534	100	0.737	0.332	0.404	0.204
1995	711	133	0.847	0.381	0.292	0.259
2002	1089	204	0.835	0.367	0.237	0.243
2007	1670	313	0.851	0.376	0.286	0.253

数据来源:历年中国统计年鉴。

进入21世纪以来,除了收入不平等以外,城乡之间、发达地区和落后地区之间,社会公共服务方面的差异也日益扩大。虽然中国政府自21世纪以来就开始通过实施免除农业税、在贫困地区实行义务教育和"两免一补"、实施农村最低生活保障制度和新型合作医疗制度以及农村养老保险制度等一系列社会保障制度的改革来减小社会公共服务差异,但是社会公共服务的均等化依然面临挑战。社会公共服务的差异本身一方面直接产生多维度的贫困;另一方面,由于贫困地区教育医疗的落后严重影响了数量巨大的农村人口转化成人力资本。如表3所示,尽管国家在教育经费上给予了乡村更多的倾斜和扶持,但是在师资力量等方面城乡差距依然较大(文军,顾楚丹,2017),这从根本上限制了日益结构化的产业领域对农村庞大劳动力资源的持续吸纳,同时也在很大程度上影响了继续通过经济发展带动脱贫的政策效果。

---

[1] 数据来源:中国住户调查年鉴(1988—2011)。

表3 专任教师“学历比”的城乡差异 (单位:%)

基础教育领域	学历	2003年		2013年		十年对比	
		城市	乡村	城市	乡村	城市增加	农村增加
学前教育教师学历比	本科及以上毕业	5.66	1.18	21.58	8.48	15.91	7.30
	专科毕业	3.28	10.32	1.30	5.87	−1.98	−4.45
	高中阶段毕业	45.70	23.01	55.32	45.53	9.61	22.52
	高中阶段以下毕业	45.36	65.49	21.81	40.12	−23.55	−25.37
小学教师学历比	本科及以上毕业	9.42	1.41	58.06	24.97	48.64	23.56
	专科毕业	54.99	30.36	37.38	55.23	−17.61	24.87
	高中阶段毕业	34.83	65.45	4.53	19.47	−30.31	−45.97
	高中阶段以下毕业	0.76	2.78	0.04	0.33	−0.73	−2.46
初中教师学历比	本科及以上毕业	48.65	14.28	86.18	80.86	37.53	66.58
	专科毕业	48.45	74.47	13.55	18.69	−34.90	−55.78
	高中阶段毕业	2.82	10.99	0.26	0.44	−2.55	−10.55
	高中阶段以下毕业	0.09	0.26	0.01	0.01	−0.08	−0.25
高中教师学历比	本科及以上毕业	86.69	59.46	97.89	97.70	11.19	38.24
	专科毕业	12.93	39.52	2.06	2.25	−10.87	−37.27
	高中阶段毕业	0.36	0.99	0.05	0.05	−0.31	−0.95
	高中阶段以下毕业	0.02	0.03	0	0	−0.02	−0.03

数据来源:2003、2013中国教育统计年鉴。

总而言之,进入21世纪以来,特别是进入21世纪的第二个十年以来,缓解和消除中国农村贫困的经济社会条件已经发生了根本的变化。与改革开放以来很长一段时间的经济社会状况不同的是,经济结构的转型越来越不利于贫困人口直接受益于经济发展。在经济的日益结构化的条件下,贫困人口由于人力资本水平较低无法被吸纳到增长快、收入高的产业中,出现了这些产业转向吸引大量国外技能技术工人的现象。同时在需求不断提升的条件下,日趋增加的劳动力成本又导致了本属于低收入和贫困群体的就业部门的生产开始转向寻求低成本的产品进口替代以及劳动密集型产业的向外转移。以纺织业为例,2010—2015年,全国在东南亚投资的纺织服装企业数量从18家增加到75家(图1),增幅达3倍,5年间我国在东南亚投资的纺织服装类企业就达到230多家,其中仅柬埔寨西哈努特港经济特区就吸引了超过50多家中国纺织和轻工企业入驻。与此同时,中国纺织业龙头企业在东南亚地区也在进行产能扩张,部分企业的海外产能占比已经接近了40%,并仍在积极布局。❶

❶ 数据来源:2015年中国对东盟和南亚产业转移情况,https://wenku.baidu.com/view/f839d6ddcc1755270622089b.html?sxts=1563296139611。

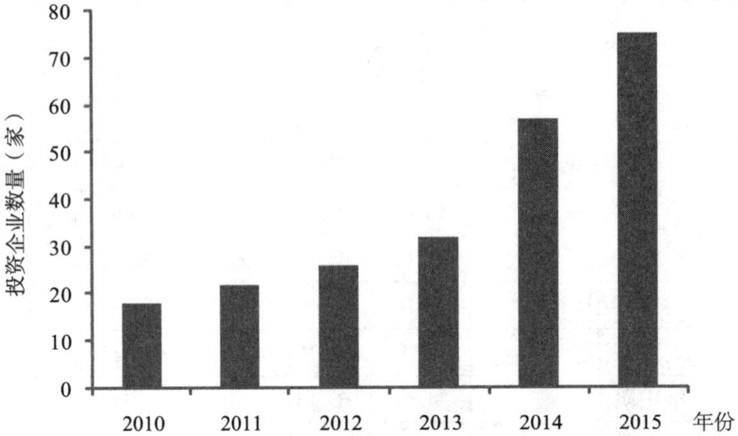

图1　2010—2015年投资东南亚纺织服装类企业数量统计

在上述的条件之下，农村人口的分化也日益明显。一部分群体借助于自身人力资本的提升和社会经济的转型，迅速走出了低收入和贫困的状态，这充分体现了自21世纪以来农村贫困群体减少和农村贫困状况极大改善的情况。按照原有的贫困线衡量，中国贫困人口从2000年的2309万人减少到2010年的1751万人。与此同时，经济社会的转型也在不断抛下无法直接受益于经济社会发展的群体，大量贫困群体以绝对贫困的形态被不断沉淀在社会收入的底层。中国政府在2011年调整了贫困线，按照2010年的不变价格2300元，作为农村新的绝对贫困线，因此2011年中国农村绝对贫困的数量增加到16567万人。需要指出的是，虽然这个数字的相对比例并不算很高，但绝对数量依然很大。如果我们假设按照2011年全国农村低保平均标准143.2元/(月·人)的平均水平，通过工资转移的形式进行扶贫的话，那么就意味着财政必须每年支付2864亿元。[1]这个数字即使对中国这样一个庞大的经济体而言，依然是一个巨大的数字。与改革开放以来贫困群体特征不同的是，在经济转型的过程中落入底层的绝对贫困群体主要分布在中国的山区、边境地区和少数民族地区。这些地区交通不便，基础设施落后，无法形成能够吸收大量劳动力的产业集群。而且这些群体大多都属于少数民族，很多还属于老弱病残和残疾群体。他们的人力资本水平很低，因此帮助这些群体摆脱贫困，一方面在客观上需要坚持在发展中脱贫的战略；另一方面又不能仅仅依靠单纯的经济发展的脱贫路径，让这部分群体脱贫的任务远比改革开放以来任何时候的脱贫任务都要复杂和艰巨，这是中国在自改革开放以来取得了大规模的减贫成就之后进入21世纪，特别进入了21世纪第二个十年以来，在扶贫工作中遇到的新挑战。经济社会特点的变化以及贫困群体特点的变化都在客观上要求对如何让这部分群体摆脱贫困的战略做出重大的调整，这就是中国几乎举全国之力展开脱贫攻坚战的主要原因。

三、中国治国理政的新实践

中国过去40多年的改革开放所引发的经济快速发展和社会的转型，在总体上为到

[1] 注：按照上文假设的均值计算所得。

2020年消除农村绝对贫困提供了坚实的经济基础，也为在新的经济社会格局下为消除农村绝对贫困所需要的一系列战略和政策的调整提供了良好的回旋空间，这是精准脱贫攻坚战得以不断推进的重要的政治、社会、经济条件。与此同时，中国经济社会转型所出现的经济结构自身的特点，以及社会不平等和农村社会公共服务不均等的社会分化格局又对到2020年消除农村绝对贫困造成了制约。因为大多数绝对贫困群体从某种意义上来说已经陷入了一个系统性的、结构性的贫困陷阱之中。一方面，寄希望于继续沿用传统的路径来帮助贫困群体摆脱贫困会越来越困难，因为这些贫困群体既不能马上通过提升人力资本从而融入主流经济发展的大潮中，同时他们赖以生存的生计系统又无法帮助他们获得足够的收入来弥补福利的差距；另一方面，由于绝对贫困人口的绝对数量依然很大，也不可能贸然实施大规模的收入性转移支付，即便在财力上存在可能性，全面实施收入性转移的扶贫也会带来一系列与福利陷阱相关的负外部性问题。因此，从这个意义上来讲，到2020消除农村绝对贫困的任务就不仅仅是扶贫本身的问题了，而是一个涉及治国理政的国家治理问题。本节将从经济发展、扶贫与国家治理的关系方面，简要梳理精准脱贫与国家治理的关系，特别是将精准脱贫放置在新的政治、经济、社会条件下，对其与国家治理的关系作出简要的说明和讨论。

（一）优先经济发展兼顾公平的治国理政

党的十一届三中全会在全面总结中国以往发展的经验与教训的基础上，开始实施通过改革开放促进经济发展从而摆脱贫困的新战略。虽然在改革开放之初就提出了共同富裕的目标，但从策略上讲，在推动改革开放的过程中，中国政治议程的核心任务是对阻碍经济发展的各种体制进行变革以适应市场化和全球化的需要，从而全面推进经济发展。中国共产党在推动改革开放的过程中并不仅仅着眼于改革和市场开放的具体事项。因为如果不涉及治国理政的系统性改革，推动改革开放是不可能的。治国理政体系涉及执政党管理国家的基本理念以及所采取的基本路径。在改革开放的长期过程中，围绕着改革开放所形成的“坚持中国共产党的领导”“联产承包责任制”“发展是硬道理”“摸着石头过河”“经济改革试验区”等这些实践形态和政治议程的话语表述，在总体上构成了改革开放以来以中国特色的发展型政治为核心的治国理念模式。该模式将全国人民追求生活改善的预期与只有通过改革开放才能取得发展这一理念相结合，将规范政治治理中的问责、合法性、代表性和利益调节等政治实践通过改革开放得以整合。20世纪70年代末期推出的以联产承包责任制为起点的农村改革，极大地调动了农民的积极性，让农民直接从改革中受益，并继续通过推进农村工业化和城市化，使得社会中的大多数群体直接受益于改革开放。中国农业年均增长率从1952—1978年的2.2%提高到1978—2016年的4.5%，其中，1978—1985年，中国的农业年均增长达到了7.7%。农民年均收入从1978的133.6元增加到了1985年的397.6元，1978—1985年，农民年均收入增长高达16.5%（黄季焜，2008）。按照中国原有的贫困线，1978—1986年，农村贫困人口从2.5亿人减少到1.25亿人。改革开放凝聚了广泛的社会共识，又为中国政府实施长期的改革开放战略提供了稳定政治社会格局的基础。因为这一社会共识的建立不是基于一般性的口号和号召，而是基于中国共产党为人民服务的根本宗旨以及党领导政府所推动的一系列直接惠及广大人民群众的举措。把发展这个广大人民群众普遍接受的共识作为改革开放阶段中国共产党治国理政的核心，并本着发展的需要对党的领导体制、国家的治理体制、市场的配置体制和人民群众的参与体制进行有机的配置，通过党的政治议程发展化，形成了具有中国特色的、政府主导的、发展型政治体制和当代中国特色的治国理政国家治理模式。从这个意义上讲，这样的治国理政经验可以归纳为“发展型治国理政模式”。

（二）精准脱贫攻坚：经济发展与社会公平并重的实践

与竞争性选举政治体制不同的是，中国共产党长期执政的政治实践需要具有植根于大多数群体利益的核心政治原则。不同时期的政治议程需要体现以“人民为中心”这个初心。通过这个核心原则来确保不同时期政治议程的一致性，这就需采取弹性的灵活策略，以不同阶段广大人民群众最为关切的问题为基点，调整不同时期的政治议程。进入21世纪以来，特别是进入21世纪第二个十年以来，广大人民群众对于日益加剧的社会不平等的状况反应强烈。中共十八大所形成的一系列决议体现了中国共产党对中国实现民族复兴和经济发展道路的长期性的把握。因此十八大在确定全面建成小康社会宏伟目标的同时，明确提出了全面深化改革的战略部署。这是中国广大人民群众提高生活水平的基本条件。与此同时，中国共产党认识到了社会不平等、区域发展差异、资源环境等问题的严重性，将解决这些问题提升到与经济发展同等重要的位置，这既是对经济社会发展规律的娴熟把握，也是对广大人民群众重大关切的严肃回应，而精准脱贫攻坚恰恰是这样一个政治议程最核心的内容。在中国政府设定的到2020年全面消除农村绝对贫困的目标中，不仅仅局限在按照2010年不变价格所设定的年均可支配收入2300元的收入性标准，同时将脱贫攻坚的目标具体化为“两不愁三保障”和社会公共服务均等化，即“到2020年，稳定实现扶贫对象不愁吃、不愁穿，保障其义务教育、基本医疗和住房，贫困地区农民人均纯收入增长幅度高于全国平均水平，基本公共服务主要领域指标接近全国平均水平，扭转发展差距扩大趋势”❶。

进入21世纪以来，消除贫困的经济社会条件已经发生了深刻的变化，帮助已有的绝对贫困群体摆脱贫困的任务远远难于以往的任何阶段。因此，从某种意义上说，如果仅仅在已有的体制下通过常规性的扶贫措施，不可能实现到2020年完全消除农村绝对贫困的目标。这意味着到2020年，消除农村绝对贫困这样一个具体的任务必须上升到国家发展治理的层面。由于已有的贫困群体之所以脱贫困难的主要原因是这些群体陷入了系统性的结构贫困陷阱之中，而破解结构性制约无法仅仅从技术上加以解决，因此自2012年以来，中国共产党将脱贫攻坚工作确立为新时期深化改革与发展的三大任务之一，将脱贫攻坚工作作为缓解不平等的重要抓手，不是通过由顶层收入向下调节传递的一般路径，而是采用旨在大幅度提升最底层群体的收入和福利的倒置型策略，力图改变中国社会不平等的基本结构，缩短收入差距的梯形长度。2013—2018年，贫困地区农村居民人均可支配收入年均名义增长12.1%，扣除价格因素，年均实际增长10.0%，实际增速比全国农村平均水平高2.3个百分点。2018年贫困地区农村居民人均可支配收入相当于全国农村平均水平的71.0%，比2012年提高8.9个百分点，贫困地区与全国农村平均水平的差距进一步缩小。❷

---

❶ 数据来源：《中国农村扶贫开发纲要（2011—2020年）》。

❷ 数据来源：国家统计局，http://data.stats.gov.cn/easyquery.htm?cn=C01。

收入分配格局的调整对于治国理政的挑战是:既要通过激励继续寻求扩大发展所需要的经济盘面,同时由于精准脱贫攻坚战本身需要巨大的资源投入,因此需要把握在新的条件下公平和效率的关系。从战略层面上看,精准脱贫这场战役实际上是中国共产党在新的历史条件下治国理政经验的调整。中共中央总书记习近平在主持中央政治局第十五次集体学习时强调,“我们党作为百年大党,如何永葆先进性和纯洁性、永葆青春活力,如何永远得到人民拥护和支持,如何实现长期执政,是我们必须回答好、解决好的一个根本性问题。我们党要求全党同志不忘初心、牢记使命,就是要提醒全党同志,党的初心和使命是党的性质宗旨、理想信念、奋斗目标的集中体现,越是长期执政,越不能忘记党的初心使命,越不能丧失自我革命精神,在新时代把党的自我革命推向深入,把党建设成为始终走在时代前列、人民衷心拥护、勇于自我革命、经得起各种风浪考验、朝气蓬勃的马克思主义执政党”❶。精准脱贫攻坚战所进行的一系列的战略、政策以及体制方面的调整,事实上既是在新的条件下推进和深化改革开放的重要内容,也是通过不断学习自我革命的实践。精准脱贫攻坚战所采用的“五级书记挂帅”、精准瞄准、精准施策以及全社会动员等一系列制度安排,不仅仅是一个针对贫困治理的制度型安排,也是中国共产党在长期经济发展的基础之上,面对新的社会矛盾和广大人民群众新的诉求,调整其治国理政方式在扶贫领域的实践。首先,将长期以来由行政工作主导的扶贫工作上升到党的工作的首要位置,习近平总书记亲自统帅精准脱贫攻坚工作,通过其自身深入贫困地区了解贫困人民的境遇为表率,带动了党的各级领导也同样率先深入贫困地区,从而将解决贫困问题有效地置顶于其他工作之上。其次,过去四十年的改革开放逐渐形成了分权化的格局,这一格局不利于应对新的、极为复杂的国内外挑战,精准脱贫恰恰是党和国家机构功能向更加集中统一模式的先行实验。

精准脱贫攻坚期所采用的超越行政官僚的治理模式克服了行政官僚的技术理性和行政利益两个方面对于资源统筹的约束,将脱贫攻坚这个置顶型的战略目标落实到了实处。通过这样一个超越行政官僚体制的模式,将中国共产党不忘初心的理念,植入行政官僚体制之中,强化了行政官僚体系对党的政治议程的服从。在很多竞争性政治体制的国家,很多倡导性团体往往通过一系列的倡导手段试图将贫困问题主流化,这些努力往往都很难成功,或者游说的成本很大。之所以将精准脱贫攻坚与治国理政相联系的主要原因在于,消除贫困是一个能够跨越不同争议的政治实践,具有寻求共识、克服争议甚至超越已有的法律法规约束的社会正义性。脱贫攻坚战中党政部门、国有企业被要求利用自己的资源和专业投入脱贫攻坚战场,这一做法本身并不一定符合这些部门和企业的核心的任务,资源统筹也在很多时候上触动了行政法规和程序。很多研究者都将脱贫攻坚战看作一种运动型治理和行政型治理的实践。周雪光认为运动型治理机制是对常规型治理机制失败所产生的替代和纠偏方案,并期许进一步转型(周雪光,2017);欧阳静认为基层运动式治理实际上就是常规性行政机制(欧阳静,2014);许汉泽等则认为精准扶贫是“运动式治理和常规治理的混合”,在实践过程中保持着“逆科层化”和“再科层化”的特性(许汉泽,李小云,2019)。事实上,脱贫攻坚战是中国共产党依托消除农村绝对贫困这样一个场域,探索通过强化中国共产党

❶ 习近平主持中央政治局第十五次集体学习并讲话,新华社,2019-06-25,http://www.gov.cn/xinwen/2019-06/25/content_5403066.htm。

的领导地位，从而确立党的政治议程超越行政官僚的行政议程和市场的经济议程的治国理政模式的创新。这是自改革开放以来大规模调整经济高于政治的治理模式的一个具体实践。这一模式创新的核心在于调整由于改革开放以后面对市场发育和全球化的客观需求而逐渐形成的分权化格局，同时由于这样格局的进一步演化，势必强化不同利益集团和权力集团的结构权威。通过聚焦最贫困群体的需求来重新配置行政和经济权力格局，可以极大地减少来自行政和经济利益集团的阻力。因为实施对最贫困群体的援助具有超越利益的道德正当性。从这个意义上说，精准脱贫是中国治国理政的新实践。

（三）精准脱贫与贫困治理

中国的贫困治理在不同的时期都有着不同的治理模式。改革开放之前，由于普遍的低收入和低福利，收入和福利的差异并不大，因此在很长一个阶段的贫困治理是以救助模式来呈现的。即便大部分群体在总体上都很贫困，但是相互之间的差异不大，因此很难界定出真正的贫困群体，只能选择特殊的群体，如“五保户”等类型的群体作为救助对象。改革开放以后，随着地区差异和群体间收入差异的出现，在客观上出现了明显的落后地区和发达地区、富裕群体和贫困群体的分化。由于很长一段时间，贫困群体的数量一直比较大，除了继续通过救助式治理瞄准最贫困的群体以外，用于救助型的资源有限，即使能够瞄准除了特殊救助群体之外的其他群体，国家在财政上无法真正为庞大的贫困群体提供工资转移性的救助。因此中国政府在20世纪80年代中期开始正式建立以国家农村扶贫开发体制为制度基础的，以瞄准贫困地区通过向贫困地区提供支持，改善贫困地区基础设施和经济发展为主要内容的瞄准区域的贫困治理模式，该模式的核心是通过促进贫困地区的经济发展从而带动贫困人口的收入提升。由于区域性瞄准的扶贫治理并不直接聚焦贫困群体，因此在贫困地区的经济开发活动中就一直存在着相对富裕群体更多地受益于针对贫困地区发展所提供的优惠政策。这是20世纪末期针对中国扶贫工作最大的批评（李小云，等，2018；汪三贵，2008）。为了改善中国的贫困治理机制，使得扶贫资源更多地受益于贫困群体，同时继续维持区域性瞄准的机制，中国政府在21世纪初制定了21世纪第一个十年农村扶贫开发战略。该战略将中国的扶贫治理单元在保持以县为主的基础上，将瞄准单元下沉到村。基本的假设是瞄准到村可以聚焦更多的贫困群体，同时围绕着贫困村展开基础设施和生产条件的改善也会使得更多的贫困人口受益。在此战略的推动下，全国共识别出14.8万多个贫困村，以村为单元展开了十年的整村推进扶贫计划。但是，整村推进的扶贫计划也并没有完全确保贫困群体优先受益。汪三贵和Park Albert等在调查中国2001—2004年整村推进工作成效时发现，村内富裕家庭面对村级扶贫投资的获益更多，收入和消费的增长率高6%以上，而贫困家庭受益不明显，因而得出了“尽管实施整村推进村的农户比未实施村的农户受益更多，但是在整村推进村内则是富裕户的受益程度高于贫困户”的结论（汪三贵，等，2007）。21世纪第一个十年的扶贫战略虽然将扶贫瞄准单元下降到村一级，但这依然没有改变扶贫治理机制区域瞄准的基本性质。虽然中国政府从1986年就制定了农村绝对贫困线，但是农村绝对贫困线一直都作为扶贫资源筹措与分配的重要依据之一，并没有利用贫困线直接瞄准贫困群体。实际上，由于中国农村扶贫工作长期秉承开发式扶贫的理念，而开发式扶贫的方式在性质上与保护式或救济式不同，后者瞄准的群体贫困特征明显，如残疾、大病贫困人口等，这些群体容易识别，而识别哪些农户能在市场中创业则很困难。所以从这个意义上讲，从中国政府正式实施国家有计划有目标的农村扶贫工作到2011年为止，虽然到了21世纪以来农村低保等具有贫困群体瞄准特点的扶贫方式开始不断出现，但是中国贫困治理的模式在总体上一直是基于区域开发为主的兼顾贫困群体的开发式治理模式。

中国政府在2010年制定了“十二五”规划，在这个规划中正式提出到2020年消除农村绝对贫困。基于这样的目标，2011年中国政府调整农村绝对贫困线，以2010年不变价格为基准，将农村人均纯收入2300元作为新的绝对贫困线，同时设定了“两不愁三保障”的多维度扶贫目标。由于这样一个目标具体到了对农户脱贫的要求，这在客观上形成了直接针对贫困群体的扶贫治理的模式。虽然中国政府依然沿用贫困县这样一个扶贫单元，但精准脱贫攻坚实施以来，贫困县作为扶贫基本单元的作用明显下降，特别是在2013年，习近平总书记提出了精准脱贫方略以来，直接瞄准贫困群体成为扶贫治理的最重要的特点。在2020年全面消除农村绝对贫困目标的约束下，中国的扶贫治理模式发生了根本的转变。2014年，中国政府开始采用建档立卡的制度，这是中国扶贫史上第一个直接针对贫困人口的体制创新。由于原有的贫困治理机制缺乏精准的贫困目标识别，仅仅依靠原有的以县或以村为单位的瞄准机制，在各种政治、经济、社会要素的影响下，虽然部分贫困群体可以受益，但偏离和漏出却非常严重。因此，如果不采用直接的贫困人口瞄准机制，将会大大削弱中国政府通过精准扶贫践行其治国理念的效果，也会影响通过首先让最需要的群体摆脱贫困的形式来实现缩小贫富差异、调节社会收入分配和福利分配的目标。同时从技术层面上讲，如果没有对目标群体的精准识别，精准施策也无从谈起。

精准脱贫的贫困治理模式的特点是：第一，通过“五级书记挂帅”与考核问责将脱贫攻坚置顶于改革开放工作全局中的中心位置之一。这不同于以往的任何时期扶贫的治理体制，党的五级书记直接负责确保了资源统筹和社会动员方面的有效领导。第二，强化了从中央到地方扶贫开发领导小组的领导、协调和落实的权威与职责。很长一段时间中央和地方的扶贫开发领导小组事实上形同于一个政府部门。精准脱贫攻坚战实施以来，各级扶贫开发领导小组的核心作用得到了前所未有的强化，从而确保了“五级书记挂帅”机制在政府层面的具体落实。第三，党和政府的各个部门以及事业单位、研究机构和大专院校，均被赋予具体的挂钩帮扶工作。鼓励这些部门和机构通过不同的形式，投入脱贫攻坚工作。第四，动员包括国有企业和民营企业在内的全社会资源，以不同的形式参与脱贫攻坚。新时期中国共产党治国理政的核心是一切工作围绕以人民为中心的核心理念，而到2020年消除农村绝对贫困则成为这个新的政治议程的核心内容。所以，在贫困治理层面所做的一系列部署也就与中央所设定的整体议程相一致。虽然从某种意义上说，精准脱贫所采用的贫困治理的模式继承了以往贫困治理模式的要素，如定点扶贫、挂钩帮扶、全社会参与等，但是从领导体制、运行机制以及贫困治理的核心手段等方面则完全不同于以往的贫困治理模式。这突出的表现在党对扶贫工作的超常规领导，扶贫资源的筹措、配置与整合的超常规高效性，以及从贫困识别到精准施策，再到最后脱贫考核评估等方面。从这个意义说，围绕着脱贫攻坚而形成的贫困治理模式成为新时代扶贫治理的新模式。

四、中国扶贫的新实践

2012年以来的农村扶贫工作，有两个通常使用的术语，一是精准扶贫，二是脱贫攻坚战，这两个术语形象地代表了这一个阶段农村扶贫工作的基本特征。精准代表了扶贫的方式，脱贫攻坚战呈现了扶贫的机制，两者共同构成了新时期扶贫工作的新特征。正如本文“启动精准脱贫攻坚的政治、经济和社会条件”一节所阐述的那样，进入21世纪以来，特别是进入21世纪第二个十年以来，中国农村扶贫工作所基于的政治、社会、经济条件都发生了根本的变化。其中，经济增长模式日益脱离益贫轨道，加上社会分化日益明显是这一阶段扶贫工作所面临的新挑战。与以往任何时候不同的是，虽然进入新的阶段以来，贫困人口的比例并不算很高，但是绝对数量依然很大，这在客观上存在着无法全面实施保护托底式的脱贫方式来解决这部分贫困群体的贫困问题。同时，这一部分群体又陷入很难通过一般的经济开发方式摆脱贫困的贫困陷阱之中，强化社会保障为特点的保护式扶贫方式需要凸显，扶贫工作进入了双重压力阶段。

国际上大致有两种贫困治理的模式。一是以美国为代表的强调“个人努力进取”的模式。这个模式的核心是个人在市场中通过努力改善自己的生计并主要通过个人的收入在市场机制下保障自身的福利，如商业化的教育、医疗和养老保险等机制。虽然在美国联邦和州的层面都有各种扶贫救助计划，特别是美国的社会慈善救助，但从总体上讲，美国的贫困治理不是依靠收入转移。二是北欧和西欧福利国家的贫困治理模式。该模式的核心是通过高的税收抑制收入差异，通过收入分配形成相对公平的、在国家分配主导下的社会保障和就业保障机制。美国的贫困治理虽然具有很强的效率激励效应，但由于其无法应对陷入贫困陷阱的贫困人口的贫困问题而备受诟病。欧洲模式虽然从制度上最大限度地发挥了兜底作用，但却背负巨大的福利负担，形成了同样备受诟病的福利陷阱。很多后发型国家，如日本、韩国、新加坡等在其经济发展以后也都逐渐采用了欧洲的模式。有的经济发展程度较高的发展中国家，如巴西，也尝试创新收入转移模式。由于巴西不具备类似欧洲的经济条件加之其贫困人口数量很大，无法直接实施工资性转移，所以创新了巴西有条件转移支付的模式，这一模式虽然有效果，但是由于这一模式无法解决贫困人口的收入问题，因此也就无法从根本上解决国家的整体贫困问题（阿莱斯纳，格拉瑟，2004）。

中国政府从21世纪以来就已经注意到了影响农村减贫的经济社会条件的变化，在21世纪第一个十年的扶贫战略中开始强调建立农村社会保障体系，并在其后开始部署逐步实现两项制度的衔接，以此推动了一系列针对贫困地区的社会保障政策的建立与落实。虽然21世纪以来，中国的农村贫困治理已经开始，但是一个开发和保护有机衔接的贫困治理机制一直未能得到完整的发育。到了21世纪的第二个十年，这样的压力日益突显。在贫困人口的绝对数量依然很大、经济发展水平还未达到一个很高程度的条件下，一方面需要进一步挖掘开发式扶贫的潜力，避免直接的收入转移；另一方面又需要根据财政承受能力发育有效的保护和托底机制。这一格局迫使贫困治理模式在精准脱贫阶段从两项制度的衔接最终走向两项制度的有机融合，从而形成了开发式与保护式扶贫相互结合的扶贫机制。这不仅开创了新时期中国农村扶贫的新格局，同时也为国际减贫实践提供了新经验。

新时期农村扶贫所设定的到2020年全面消除农村绝对贫困的目标，既是中国共产党一百年前成立时的基本使命，也是70年前中华人民共和国成立时中国所承载的核心任务，更是41年前实施改革开放的重要目标之一。从这个意义上讲，精准脱贫攻坚战是中国共产党在新的时期治国理政的新实践。脱贫攻坚战实施以来所采取的一系列政策是在以往的以扶贫开发为核心的扶贫战略的基础之上展开的，精准脱贫攻坚的一系列战略和政策是为应对21世纪以来，特别是21世纪第二个十年以来的经济社会转型所出现的一系列新的经济社会挑战所形成的新的扶贫战略和政策。精准脱贫攻坚战实施以来贫困人口年均减少1000万以上，几乎是减贫历史上最好的业绩。

如表4所示，脱贫攻坚实施以来，农村绝对贫困人口的数量和贫困发生率大幅下降。全国农村贫困人口从2010年的16567万人下降到2018年的1660万人，贫困发生率从2010年的17.2%下降至1.7%。与此同时，农民居民可支配收入从2010年的5919元增加到2018年的10371元。

表4 按现行农村贫困标准衡量的农村贫困状况

年份	全国农村贫困人口（万人）	贫困发生率（%）	农村居民人均可支配收入（元）	人均增长率（%）
2010	16567	17.2	5919	14.86
2011	12238	12.7	6977.3	17.88
2012	9899	10.2	7916.6	13.46
2013	8249	8.5	9430	19.12
2014	7017	7.2	10489	11.23
2015	5575	5.7	11422	8.9
2016	4335	4.5	12363	8.24
2017	3046	3.1	13432	8.65
2018	1660	1.7	14617	8.8

数据来源：历年《中国农村贫困监测报告》。

不仅从收入性的贫困指标可以看出精准脱贫攻坚战的巨大成就，同时从贫困地区基础设施、教育、卫生条件改善等方面，也可以看出精准脱贫攻坚战业绩。从住房质量改善看，2017年贫困地区农村居民居住在钢筋混凝土房或砖混材料房的农户比重为58.1%，比2012年上升18.9个百分点；农村居民户均住房面积也比2012年增加21.4平方米。从饮水安全看，2017年贫困地区农村饮水无困难的农户比重为89.2%，比2013年提高了8.2个百分点；使用管道供水的农户比重为70.1%，比2013年提高16.5个百分点；使用经过净化处理自来水的农户比重为43.7%，比2013年提高13.1个百分点。

截至2017年年末，贫困地区通电话的自然村比重从2013年的93.3%上升到2017年的98.5%，比2013年提高5.2个百分点；通有线电视信号的自然村比重为86.5%，比2013年提高17.5个百分点；通宽带的自然村比重为71.0%，比2012年提高32.7个百分点。2017年贫困地区村内主干道路面经过硬化处理的自然村比重为81.1%，比2013年提高21.2个百分点；通客运班车的自然村比重为51.2%，比2013年提高12.4个百分点(表5)。

表5　2013—2017年贫困地区基础设施条件[1]　(单位:%)

指标名称	2013年	2014年	2015年	2016年	2017年
通电话的自然村比重	93.3	95.2	97.6	98.2	98.5
通有线电视信号的自然村比重	70.7	75.0	79.3	81.3	86.5
通宽带的自然村比重	41.5	48.0	56.3	63.4	71.0
主干道路面经过硬化处理的自然村比重	59.9	64.7	73.0	77.9	81.1
通客运班车的自然村比重	38.8	42.7	47.8	49.9	51.2

2017年，贫困地区农村居民16岁以上家庭成员均未完成初中教育的农户比重为15.2%，比2012年下降3.0个百分点；84.7%的农户所在自然村上幼儿园便利，88.0%的农户所在自然村上小学便利，分别比2012年提高17.1和10.0个百分点；有文化活动室的行政村比重为89.2%，比2012年提高14.7个百分点(表6)。

表6　贫困地区农村教育文化情况

指标名称	2017年	2012年	2017年较2012年提高(百分点)
16岁以上成员均未完成初中教育农户比(%)	15.2	18.2	-3.0
所在自然村上幼儿园便利的农户比重(%)	84.7	—	17.1*
所在自然村上小学便利的农户比重(%)	88.0	—	10.0*
有文化活动室的行政村比重(%)	89.2	74.5	14.7

注:带*是与2013年相比提高。

2017年，贫困地区农村拥有合法行医证的医生或卫生员的行政村比重为92.0%，比2012年提高8.6个百分点；所在自然村有卫生站的农户占比高达92.2%，比2013年提高7.8个百分点；拥有畜禽集中饲养区的行政村比重为28.4%，比2012年提高12.4个百分点；61.4%的户所在自然村垃圾能集中处理，比2013年提高31.5个百分点(表7)。

表7　2013—2017年贫困地区农村医疗卫生条件　(单位:%)

指标名称	2013年	2014年	2015年	2016年	2017年
拥有合法行医证医生或卫生员的行政村比重	88.9	90.9	91.2	90.4	92.0
所在自然村有卫生站的农户比重	84.4	86.8	90.3	91.4	92.2

[1] 表5、表6、表7数据均来自国家统计局:《扶贫开发成就举世瞩目脱贫攻坚取得决定性进展——改革开放40年经济社会发展成就系列报告之五》，http://www.stats.gov.cn/ztjc/ztfx/ggkf40n/201809/t20180903_1620407.html。

续表

指标名称	2013年	2014年	2015年	2016年	2017年
拥有畜禽集中饲养区的行政村比重	23.9	26.7	26.9	28.0	28.4
所在自然村垃圾能集中处理的农户比重	29.9	35.2	43.2	50.9	61.4

脱贫攻坚所取得的成就主要得益于精准脱贫所建立起的一系列新的机制基础之上的战略和政策。这一系列的战略和政策在贫困治理的场域中实事求是地把握了公平和效率的辩证关系，在政府的扶贫责任、识别贫困人口、打破贫困的制度性约束下，整合不同的扶贫资源，在创新扶贫方式、为贫困人口提供人力资源支持、凝聚社会的扶贫共识等诸多方面进行了全面的创新，构成了中国扶贫历史过程中的新实践和新的经验，是中国减贫叙事中的新故事。

（一）从政府主导到党主导：扶贫领导的新体制

中国消除贫困的重要经验之一是中国的体制经验，用中国的话语表达就是“党和国家高度重视扶贫工作”。就一般的国家治理机制而言，执政党的政治主张如要成为国家的行动均需要遵循通过议会同意然后由政府落实这一路径。中国的政治体系是中国共产党的政治主张通过全国人民代表大会将其政治主张合法化，并由政府具体落实。但这仅仅是中国政治议程的基本程序，并非中国的特色。中国宪法确定的中国共产党的领导地位意味着中国共产党具有超越行政、司法和立法的领导权威，从国家法治角度讲，中国的特色是中国共产党领导下的法治国家治理，并非分权制的国家法治治理。这是中国“党和国家高度重视扶贫工作”和“集中力量办大事”的政治实践在宪法条件下的文本合法性基础。1986年，中国政府成立了国务院扶贫开发领导小组，至此农村扶贫工作正式成为中国政府的专项职责。正是这样一个机制发育出了中国在发展中摆脱贫困的“政府主导”的扶贫模式，同时也需要看到这种模式依然属于政府序列的行政治理。这一模式虽然在战略统一和实施效率上优于技术官僚的治理，但是即使有中国特有的政治体制，当扶贫工作需要超越政府部门利益的情况下，“政府主导”依然显得力不从心。国务院扶贫办在过去很长时间里是一个与部委相当的部门，所给定的综合协调职能不能很好发挥的实例就说明了这个体制安排的局限性。

如前所述，到2020年消除农村绝对贫困的任务不是一个简单的行政、经济和社会项目，而是涉及如何突破结构性的制约和资源的再分配的重大政治议程。落实这个议程必须基于“政府主导”的原则从而统筹社会资源。同时，这一议程的落实如没有超越行政的政治力量的介入就很容易陷入政府部门行政结构的约束之中。也就是说传统的“政府主导”模式虽然能避免社会层面碎片化扶贫议程，但无法避免行政层面分割扶贫议程。而应对新时期扶贫工作面临的双重压力需要在社会和行政两个层面实现高度的集中统一。很多针对精准扶贫的研究认为中国现行的扶贫属于行政治理和运动式治理，精准脱贫虽具有很强的运动式和行政式特点，实质上则是“超行政的集中”治理的政治实践。首先，在精准脱贫开始实施之时，中国共产党就将到2020年实现脱贫的任务作为党的工作的核心之一，实施“五级书记挂帅”，特别是党的总书记直接挂帅，从而将扶贫工作作为置顶性任务展开部署。这在领导体制上超越了以往的“政府主导”，将政府主导转变为党主导、政府落实的新领导体制。其次,不仅在领导的形式上,还通过双首长负责、压力层层传递和考核问责等机制将这一领导机制具体化,又极大地强化了"政府主导"的机制。国务院扶贫办在精准脱贫工作中权威的加强和工作效率的提升很清楚地说明了这一问题。最后,再通过以总书记亲自深入贫困地区的行动带动各级党的书记直接参与扶贫行动的形式将这一体制加以落实。

精准脱贫工作的领导体制是自中国20世纪80年代实施有组织有计划的扶贫开发工作以来,中国扶贫治理体制的重大创新。这一体制在充分发挥政府主导的优势的基础上,克服了政府主导的不足,为在新的经济社会条件下打破利益集团和部门利益奠定了坚实的政治基础,这也是自2012年以来贫困人口的数量能够迅速下降的根本原因,是中国新时期扶贫新故事的重要内容之一。

(二)打破行政治理边界,实现资源统筹:扶贫资源筹措的新机制

贫困治理是几乎所有发展中国家国家治理的重要内容,但也是治理的难点,因为扶贫的议程涉及利益的调整和资源的配置,需要广泛而实质性的政治共识。在竞争性政治的条件下,行政官僚治理是这些国家治理的基本结构,以此确保治理体系不因党派更替而发生混乱。政治议程纳入行政落实议程需要基于已有的法律,或通过议会立法,再或是修改法律,这样也是为了防止政党更替所产生的潜在混乱的风险。因此,在这些国家中,除非执政党在议会压倒多数席位,否则执政党提出的任何建议都会成为政党政治斗争的牺牲品。解决贫困问题涉及利益的调整,也涉及部门的资源分配和使用,最终都成为政治和行政官僚博弈的工具。英国涉及扶贫的法案从1601年的《伊丽莎白济贫法》开始到现在经历了几百年的演化。美国前总统奥巴马的全民医疗法案从提出到终结,更是现代社会一个社会正义议题是如何被竞争性政治条件下党派政治和利益集团牺牲的典型案例。

在行政部门治理的格局下,各个部门都会按照自身的技术官僚理性来确定其部门的工作重点。虽然在任何国家,专业行政部门的治理都会受到政治的影响,也就是说,即便在选举政治的条件下,行政治理仍具有一定的独立性,但是不可避免政党政治议程的影响,专业行政部门的治理同时又很容易在行政独立运行的体制下确保其部门利益。部门利益来源于两个方面的影响,一是专业部门的治理往往会遵循专业技术主义的理性和逻辑,如农业部门和水利部门都需要遵循自身作为专业的理性逻辑,部门划分越细,由于技术理性所形成的隔离也会越大,所以在很多情况下,为了发展规划的整体性,就会出现部门的反复划分与合并,这也体现在中国历次的机构改革方面。另一方面,任何部门的治理都是人的治理,人是政治化和社会化的,这就是所谓的治理的人格化。各个部门在部门业绩的激励下,需要呈现各自部门独立的业绩,这就势必造成需要以其自身的专业和领域的独立业绩来体现。因为按照部门合作的逻辑,有些时候很难区分这个业绩到底是哪个部门做出的贡献,从而使部门的业绩竞争比较出现困难,造成激励的失灵。在中国特色的政治体制下,通过党的集中领导,可以很大程度上克服部门专业治理的弊端,特别是在精准脱贫攻坚战中所形成的"五级书记挂帅"的新政治体制下,各个部门之间围绕着脱贫攻坚的任务,可以做到统一协调和统一部署。但是在过去强调行政法治治理的条件下,部门专业治理已越来越法治化,如任何一个部门发展项目从论证立项到目标区域的选择,以及具体的产出,都是在相对严格的法律框架下进行的,考核和审计也都是基于已

经批准的文本来展开。因此即便有“五级书记挂帅”体制的强烈约束，资源的统一部署依然遇到行政部门专业隔离的阻碍。脱贫攻坚实施以来，中央要求按照脱贫攻坚的任务对资金进行统筹使用，但到了地方以后，很多地方的行政长官并不敢做主对资金的使用方向进行调整，因为这会面临严格的审计问责。基于这样的情况，中央将属于扶贫的资金的使用与管理做出改革，将资金使用与管理的权限，下放到县一级，同时从计划和审计等基础性制度方面做出调整，要求涉农项目按照中央精准扶贫的战略安排，尤其是以深度型贫困地区的需要为重点，进行资源的统筹。这种资源的统筹涉及农业、林业、水利、教育、卫生、交通和基础设施等几乎所有的部门。21世纪第一个十年的扶贫开发确立了整村推进的战略，由于把贫困村作为扶贫的基本单元，因此就出现资金投向贫困村的具体问题，而在那个阶段仅仅依靠财政扶贫资金大多是杯水车薪，所以那个阶段就已经提出了资金整合使用的问题，在以后十多年中，这一问题在上述提到的各种约束的条件下始终未能加以解决。精准脱贫攻坚战在确立了“五级书记挂帅”领导机制以后，迅速通过该体制打破了行政专业治理的结构性制约，使得摆脱贫困这样的政治议题超越了行政治理的界限，形成了扶贫资源筹措使用的新机制。在这样一个机制下，涉及农村发展类的各种资源迅速向贫困地区和贫困人口集中，极大地提高了资源的利用率。从某种意义上讲，脱贫攻坚实施以来，之所以能够取得如此大的成绩，很大程度上得益于用于扶贫资源供给的强度。

（三）建档立卡：直接瞄准贫困群体的新方法

扶贫是一个涉及贫困人口的系统工程，衡量扶贫效益的高低始终都会围绕着贫困人口能否受益这一问题。而如何瞄准贫困人口则是全球扶贫工作的难题，除了极容易识别的特殊群体，如残疾、老弱人口等以外，用发展和福利性的指标来识别贫困群体是一个非常复杂的政治社会过程。一方面，由于真正意义上的扶贫具有无偿或优惠资源转移的性质，因此在识别贫困群体的过程中，很容易出现挤入。大量的挤入现象会严重地干扰扶贫的公正性，同时也会增加资源的负担。另一方面，由于权力关系无处不在，在权力关系的制约下，又会发生对贫困人口的排斥，而这则会严重地扭曲扶贫工作的基本原则。从技术角度讲，仅仅依靠收入贫困线很难准确地瞄准贫困群体。中国20世纪中期开始实施的“八七扶贫攻坚”，开始关注贫困群体问题。大量的研究表明，以县为单位的区域性扶贫瞄准机制无法有效地瞄准贫困群体，592个国家扶贫开发工作重点县仅仅覆盖了50%的贫困人口。[1]21世纪第一个十年的扶贫开发战略，在继续依托贫困县为基本单元的基础之上，将扶贫工作的工作单元下沉到贫困村，基于收入、基础设施等指标，在全国共识别了148500个贫困村（李小云，等，2007）。以贫困村作为基本单元的重要考量之一是聚焦贫困村可以覆盖更多的贫困人口，然而将扶贫识别单元下沉到村一级，虽然覆盖了更多的贫困人口，但是这样一个机制实际上还远不是真正意义上的贫困群体的瞄准机制。中国扶贫瞄准机制的演化长期以来在如何直接瞄准贫困人口的问题上一直存在着客观上和技术上的困难。首先，中国长期以来坚持开发式扶贫的基本策略，开发式扶贫的机制是通过改善贫困地区基础设施和生产条件，同时，通过对贫困地区的人口提供技术支持，以便他们能够在市场竞争中增加收入，摆脱贫困。其次，开发式扶贫战略中的很多具体措施本身很难通过对贫困群体的直接瞄准而展开，因为这

---

❶ 数据来源：2000年《中国农村贫困监测报告》。

些扶贫开发措施是开发性的，要求有经济效益，而且所承担这些项目也需要一定的条件，如在“八七扶贫攻坚”和整村推进扶贫工作中的许多养殖业、种植业的扶贫项目，为了提高项目的经济效益，很多项目要求有配套资金，同时，要想这些项目在市场中有竞争力，承担项目的主体往往需要有劳动力而且需要有相应的技术和市场的信息。因此，开发式的项目本身限制了向真正贫困群体的瞄准。最后，从扶贫瞄准与扶贫方式的关系上讲，保护式的扶贫，如教育、医疗、社会保障等更容易瞄准贫困人口，这是因为教育、医疗和社会保障缺失的群体容易识别，如谁是辍学儿童、哪一户的哪一个人因病致贫、谁没有养老保险等是容易辨识的，而瞄准谁能够通过一定的培训在市场中通过竞争增加收入则非常困难。

随着贫困人口数量的不断减少，贫困的特征也在发生变化，事实上，到了21世纪的第二个十年，所谓的农村绝对贫困人口大多都是被沉淀到社会底层的贫困群体，这些群体已经具备了相对容易识别的特征，但是从技术上讲，即使2011年确定了2300元的贫困标准，但是按照这样一个标准依然难以确定究竟谁是贫困群体。到2020年消除农村绝对贫困，这在客观上需要识别谁是扶贫的对象，这也是中国扶贫历史上第一次从真正意义上来考虑如何瞄准贫困人口。2014年，中国政府开始在全国展开贫困户的建档立卡制度[1]，该制度相当于通过行政人力资源展开贫困人口的普查。为了准确识别农村贫困人口，中国政府采用了2011年不变价格2300元的收入标准，同时附加容易识别的“两不愁三保障”的非收入性贫困指标，这一指标体系一方面把握了收入标准的维度，但更重要的是克服了利用收入维度难以识别贫困人口的缺陷，将容易识别的衣、食、住房、教育、医疗作为瞄准的指标内容，从而从技术的角度解决了识别贫困人口的方法问题。这是中国扶贫历史上第一个真正意义上的贫困人口瞄准机制。在这样一个体系的基础之上，各地根据自己的情况创造出了众多的瞄准创新，如贵州广泛采用的“一看房，二看粮，三看劳动力强不强，四看家中有没有读书郎”，极大地丰富了识别贫困人口的方法。按照这个方法，2014年全国共识别出2948万户建档立卡贫困户[2]、8962万贫困人口（汪三贵，郭子豪，2016），为了确保建档立卡农户的精准性，中国政府对已识别的建档立卡农户进行了反复的核查，扶贫标准设置在技术上的可识别性以及相应的核查机制，最大限度地减少了挤入和漏出，而确保了真正贫困人口的覆盖度，为精准脱贫攻坚提供了坚实的科学基础。

（四）精准施策：确保扶贫效益的新方案

准确瞄准贫困群体只是确保贫困人口真正受益于扶贫政策的基础，在此基础上要想实现贫困群体真正受益于扶贫的一系列政策和措施，需要对症施策。在以往的扶贫实践中，除了针对贫困群体的瞄准偏离所出现的扶贫效益低下的原因之外，扶贫措施并未针对致贫的原因是影响贫困效益的重要因素。针对整村推进扶贫措施的研究发现，虽然贫困村的农民平均收入比非贫困村的农民收入有显著的改善，但就贫困村内部而言，非贫困户的受益程度依然高于贫困户（汪三贵，2007），虽然造成这一结果的原因主要在于到村扶贫项目设

---

[1] 国务院扶贫办关于印发《扶贫开发建档立卡工作方案》的通知（国开办发〔2014〕24号），国务院扶贫开发领导小组办公室，2014-04-02，http://www.cpad.gov.cn/art/2014/4/11/art_50_23761.html。

[2] 十八大以来中国每年超1000万人脱贫扶贫精准有力，中国青年网，2017-07-13，http://cunguan.youth.cn/jjsn/201707/t20170713_10286825.htm。

置的约束，但却反映了过去常规的扶贫项目在对接真正贫困群体需求方面的弊端。一方面，从国家的整体角度讲，将扶贫项目聚焦到每一个贫困人口的需求上虽然在技术上是可行的，但其成本是非常大的，因此实施起来是非常困难的。另一方面，按照中国政府提出的到2020年全面消除农村绝对贫困问题的目标，在客观上要求不仅需要知道谁是贫困人口，同时也必须实行精准施策。

中国政府在建档立卡的基础之上对建档立卡后的致贫原因进行了分类，2014年，全国建档立卡贫困户中因病致贫和因学致贫的贫困户分别占38.5%和9.1%。除此之外，缺资金、缺技术和缺劳力也是贫困户致贫的主要原因[1]，基于此，中国政府做出了"五个一批"的具体部署。虽然从学术角度讲，这样的分类未必科学，因为一个农户和一个个体的致贫的原因往往是综合的，简单地把贫困归结为某一个因素可能往往是片面的。例如，某一农户存在因学致贫的现象，另一个农户可能是因病致贫，但原因可能是农民收入低下，无法支付教育和治疗的费用，其根本的原因则在于城乡社会基本服务的不平等。但需要指出的是，如果从防止贫困的角度讲，则需要从根本上解决城乡社会公共服务均等化的问题，所以中国政府在设定到2020年全面消除农村绝对贫困的目标体系中增加了社会服务均等化的内容，由此也可以看出精准脱贫体系设计的严密性。但是如果从扶贫的角度讲，分类施策则仍具有重大的现实意义。扶贫的目标是解决已经陷入贫困中的贫困群体的问题，在不断健全防止贫困发生的长效机制的同时，扶贫工作的重点需要直接瞄准已经发生的问题，也就是说，在社会公共服务还不能够马上实现均等化的条件下，需要解决儿童辍学问题和医疗救助的问题，从这个意义上讲，需要对产生贫困的第一层原因进行分类，从而实施及时性的扶贫救助，这是任何扶贫战略都必须面对的技术问题，忽视这样一个问题则很容易导致扶贫资源使用的偏离。精准施策的意义不仅仅如此，还在于精准施策本身会引导通过扶贫资源的整合机制所实现的扶贫资源最终进入最需要的领域，可以相对科学地、以专业部门治理的形式投入扶贫中，这在某种程度上也回归了部门专业技术理性的权威，调动了各个部门的专业积极性，同时也为这些部门回应部门业绩考核和审计提供了合法的依据。针对贫困农户致贫原因的分析和分类，虽然直接服务于扶贫的需要，但是对于致贫原因的分析实际上直接披露了社会经济发展不平衡的诸多方面，这又为国家发展战略和计划工作如何更好地针对具体问题提供了诸多的来自实际的案例。

（五）多样化的扶贫方式创新

精准施策是基于不同群体不同的致贫原因，针对不同的致贫原因依然需要采用不同的扶贫方式。中国贫困地区地域分布广泛，社会经济条件差异巨大，即使同一类别的致贫原因也无法采用同一种方法来解决。在到2020年全面消除农村绝对贫困这样一个目标的政治压力约束与要求不落下一户的扶贫质量的监督考核机制下，中国各地创新出了数量巨大的不同扶贫方式。针对贫困农户收入低下所展开的产业扶贫形成了各种类型的产业扶贫模式创新，扶贫车间是众多产业扶贫模式中的一个典型的案例。在贫困人口集中的村庄，建立扶贫车间，将劳动密集的产业转移到贫困村。这种模式从根本上瞄准了留守人口和城镇返乡人口无法就业的根本问题，同时又规避了劳动力外出离家以及在外生活成本高昂的问题。

---

[1] 数据来源于中国国际扶贫中心研究处副处长徐丽萍在第13届中国—东盟社会发展与减贫论坛（2019年6月26日，广西南宁）上的汇报材料。

在贫困村开展增收的扶贫项目，实现了经济社会效益的最大化。光伏扶贫是产业扶贫中的另一个创新模式，光伏扶贫将贫困人口无法实现增收的土地资源，以入股的形式与能源企业相结合，通过能源的收入获得股份收入，从而实现资产收益的增值。土地流转扶贫是精准脱贫实施以来的又一个扶贫方式的创新，在很多贫困地区农户都有大量的荒山荒地，农户没有资本投入这样大面积的荒山荒地，同时也缺乏技术和信息以及相应的组织形式利用这些荒山荒地进行开发。通过各种帮扶计划，企业与农户签署土地流转协议，以每年数百元不等的价格将土地从农民手里长期租用，很多地方农民流转多达五十亩以上荒山荒地，每年可获得数万元的收入，基本实现脱贫。电商扶贫是在精准脱贫实践中影响最大的扶贫方式创新，该模式直接触及了以农产品生产为主体的大多数贫困群体的基本需求，长期以来如何让小农对接市场一直是开发式扶贫难以解决的障碍，为此曾有过很多方面的尝试，但均无法越过中间层次多、中间成本高，导致农户农产品出门价格被不断挤压的困境，因此如何直接面对消费者，减少中间层次的盘剥，一直是针对小农户扶贫的重大技术难题。阿里、京东和拼多多等大型农商在这方面进行了众多的技术创新，其中阿里的淘宝村、直播，拼多多的多多农园等项目，有效地对接了小农生产和市场的需求，特别是拼多多的社交农商模式，通过其瞬间凝聚巨量需求信息的模式，有效衔接了鲜活农产品需要及时消费的特点。旅游扶贫是产业扶贫实践中最引人瞩目的产业扶贫创新，长期以来贫困地区由于交通不便，基础设施落后，苦于没有能够产生收入的产业，同时大多数贫困地区自然环境都比较优越，随着交通和基础设施的改善，自然环境和文化资源越来越成为贫困地区的优势资源，在这样的条件下，大量的乡村旅游模式不断出现。乡村旅游的产业模式最大的特点是让其自然的环境和社会文化资源转化成创收的资源，同时可以直接吸纳贫困农户的就业，而且从收入的角度讲，可以产生比农业更高的收入。云南勐腊县河边村原是一个人均可支配收入只有4000元的贫困村，经过四年的建设，如今成为知名的小型会址和自然教育基地，农民收入实现了倍增。河北省的社会保险扶贫工作从防止贫困的角度在国内率先进行扶贫创新，保险扶贫模式聚焦了贫困农户脆弱性的核心特点，将涉及的生产、医疗和教育等方面的风险整合为一体，从制度建设的角度探索了可持续的脱贫方式。

自2012年以来，全国各地围绕着精准脱贫展开了各种类型的扶贫方式创新，一年一度的全国脱贫攻坚奖的候选名单和入选名单都可以找到很多不同类型的案例，这些扶贫方式的创新有的涉及建立脱贫长效机制的问题，有的涉及技术的可持续问题，更多的则是在现有的体制下如何更能够聚焦贫困群体的需求和他们的实际能力。总之，脱贫攻坚以来的这些扶贫方式的创新极大地丰富了中国扶贫实践，这些适合于不同地域特点、不同经济社会条件和不同群体需要的扶贫形式创新为2012年以来的脱贫攻坚工作做出了巨大的贡献。

（六）定点帮扶和全社会参与：社会扶贫的新行动

定点帮扶与社会参与扶贫是“八七扶贫攻坚”开始采用的扶贫方式，这样一种扶贫方式主要有两个含义。第一，通过动员全社会的力量参与扶贫从而对国家扶贫资源提供相应的补充，同时也丰富了扶贫的方式。第二，通过定点帮扶将社会帮扶行动具体化，以便通过相应的激励鼓励更多的社会力量参与扶贫工作。精准脱贫实施以来，定点扶贫和全社会参与的范围不断扩大，在中央各项政策的激励下，一方面大量的社会资源以前所未有的强度进入了贫困地区；另一方面，定点扶贫和全社会参与的模式形成了众多的创新。据不完全统计，2018年正式立项开展脱贫攻坚的全国性社会组织就有686家，共开展扶贫项目1536个，扶贫项目总支出约323亿元，受益建档立卡户约63万户，受益建档立卡贫困人口约581万户。[1]总的来说，这样一种扶贫模式主要分为三种类型。第一种类型为党和国家机关与高校、研究机构等事业单位的定点扶贫，这种类型的特点是所使用的资金仍属于公共财政范围的资金，但各个单位均可按照自身专业的特点进行帮扶工作，所以在这类定点帮扶的类型中往往呈现出明显的行业和专业的特色。第二种类型为发达地区和落后地区之间的定点帮扶，如北京帮扶内蒙古和青海，上海帮扶云南和贵州，这一类帮扶的特点是既使用地方财政的公共资源，同时又动员发达地区的国有和民营企业的资源。中国最发达的地区上海在云南文山、红河、普洱、迪庆4州市的26个县及德昂族、独龙族聚居区定点帮扶，截至2014年，累计投入财政无偿援助资金27.87亿元，援建各类帮扶项目6182个，其中整村推进项目3942个，逾60万各族群众直接受益；[2]在贵州遵义定点帮扶，2013—2015年共投入援助资金10400万元（不含捐赠3000万元），实施项目59个，尤其是在教育帮扶方面，投入了帮扶资金2870万元，用于遵义市、县两级5所中等职业技术学校基础设施建设及实训设备配置，极大地改善了当地的教学条件。[3]北京市在青海玉树定点帮扶工作中，2018年累计安排支援资金45855万元，安排项目65个，其中累计投入7359万元支持医疗教育事业发展，“院长+改革+团队”的医疗援青模式惠及群众40余万人，产业就业扶贫项目资金3800万元，间接助力3000余人创业就业脱贫；[4]北京在内蒙古的定点帮扶已经实现全市所辖16个区对内蒙古自治区31个国家扶贫开发工作重点旗县的结对帮扶全覆盖，2018年帮扶资金投入增加到了9.3亿元，2013—2017年全区建档立卡贫困人口由2013年年底的157万人减少到2017年年底的37.8万人，贫困发生率由14.7%下降到3%以下[5]，定点帮扶的脱贫成效十分显著。第三种类型是企业和其他类型行业的帮扶，这种类型的模式主要有国有企业和民营企业共同参与，国家级国有企业是在国家一级的统一部署下进行定点帮扶，而民营企业则会根据所在地区的要求以及自己所投资的贫困地区的实际情况展开帮扶。民营企业恒大集团在贵州毕节大方县投入40亿元进行扶贫工作，到2017年通过易地搬迁实现12.73万贫困人口脱贫。全国工商联发起的“万企帮万村”行动动员了上万家企业参与精准扶贫，截至2018年6月底，进入“万企帮万村”精准扶贫行动台账管理的民营企业有5.54万家，精准帮扶6.28万个村（其中建档立卡贫困村3.99万个），帮助

---

❶ 民政部：去年全国性社会组织扶贫项目总支出约323亿元，中国新闻网，2019-06-28，http://www.chinanews.com/gn/2019/06-28/8877658.shtml。

❷ 上海对口援滇工作基本情况，上海市人民政府合作交流办公室，2015-06-29，http://www.shzgh.org/node2/node4/n1021/n1023/n1031/u1ai105777.html。

❸ 上海对口帮扶遵义工作情况，上海市人民政府合作交流办公室，2015-06-17，http://www.shzgh.org/node2/node4/n1021/n1023/n1031/u1ai105206.html。

❹【京玉情】“精准扶贫　精准脱贫”提升对口支援成效，玉树州新闻网，2019-01-15，http://www.yushunews.com/system/2019/04/01/012844591.shtml。

❺ 北京今后三年帮扶内蒙古增加支持资金近20亿元，中青在线，2018-07-10，http://news.cyol.com/yuanchuang/2018-07/10/content_17369751.htm。

755.98万建档立卡贫困人口；产业投入597.52亿元，公益投入115.65亿元，安置就业54.92万人，技能培训58.31万人。[1]

定点帮扶和全社会参与扶贫模式的重要特点是：第一，极大地补充政府扶贫资源的缺口，虽然政府通过增加中央和地方两级的财政扶贫资金用于扶贫，但由于按照到2020年全面消除农村绝对贫困人口的目标，资金需求巨大，因此通过这样一个机制所动员的额外资金对于完成这个目标发挥了重大的作用。第二，大量的社会资源由于其使用的灵活性从而使其更容易进入很多政府资源无法马上触及的范围，从而极大地补充了政府资源的不足，如浙江新湖集团在云南深度性贫困地区学前教育的相关政策下，发起了怒江学前教育全覆盖的扶贫行动，这样一个教育扶贫计划使云南地方教育扶贫的政策有了落实的依托，同时及时弥补了政府在学前教育方面资金上的短板。第三，同样由于社会资源使用灵活加上各类参与定点帮扶机构自身专业的特点，促进了大量的扶贫方式创新。尤其需要指出的是，以企业为主体的定点帮扶行动，大多都充分发挥了企业的市场经营能力，在贫困地区，通过建立各种益贫性的产业既为贫困人口的收入提供了机会，同时也为贫困地区的经济发展打下了良好的基础，众多的公司+农户和土地流转扶贫等方式，均来自企业的定点帮扶行动。

在定点帮扶行动中，企业，特别是民营企业的帮扶行动意义尤其重要。从市场的角度讲，企业面对贫困地区的传统模式是慈善捐助和所谓的企业社会责任，在最近几年中，社会企业的实践在西方渐渐成为企业回归社会价值的创新模式，而在很多发展中国家，除了一般的慈善捐助以外，很难从国家层面号召或要求企业直接从事扶贫活动。同样，即使在中国这样一个特定的条件下，无论从保护企业的积极性的角度还是从法律的角度，都不能强迫企业参与扶贫，因此在企业参与扶贫的行动中，中国政府一直强调企业结合自身的经营特点，通过在贫困地区企业自身的发展带动贫困地区的发展和脱贫，这从某种程度上引导了企业在市场的机制下，更有效地回归社会价值的轨道。

（七）扶贫村的“第一书记”：扶贫战略政策落实的新举措

“五级书记挂帅”的领导不仅仅是指中央和地方党对扶贫工作的领导，同时还包括了党在扶贫工作第一线的落实领导，向贫困村派驻第一书记的措施将这样一个领导体制从战略政策层面一直贯穿到了战略和政策的落实层面。截至2018年年底，全国共派出45.9万名第一书记，目前仍有20.6万人在岗。[2]向贫困村派出第一书记的主要原因是：在过去几十年中，农村地区的智力流失极为严重，农村地区组织人力资源极度缺乏，贫困地区则更为严重，扶贫措施精准到每一户需要工作做到每一户，这需要大批量的人力资源，将中央和地方和各事业单位的年轻人以第一书记的形式派驻贫困村，极大地补充了贫困地区乡村的人力组织资源。扶贫工作是一个复杂的政治社会工作。中国的乡村是一个以地缘亲缘为纽带的乡村社会，扶贫工作到村以后涉及复杂的利益分配问题，如贫困户的识别、扶贫措施的到位，这些工作虽然都有明确的指标和程序的要求，但是即便这些规定非常客观科学，在面对熟人社会的条件下，如果仅仅依靠村干部自己，还是很难展开工作，村干部自己本来就是

---

❶ 高云龙同志在全国“万企帮万村”精准扶贫行动先进民营企业表彰大会暨扶贫日论坛上的讲话，中华全国工商业联合会，2018-11-07，http://www.acfic.org.cn/wqbwc/ldjh/201811/t20181107_69523.html。

❷ 第一书记助力乡村振兴，人民网，2018-12-04，http://dangjian.people.com.cn/n1/2018/1204/c117092-30440661.html。

村里人，有自己的亲戚朋友，在实际操作中确保公平是非常困难的。外部的组织资源的介入可以有效地协助村干部相对公平有效地展开工作，事实上，从建档立卡工作的展开到各种扶贫措施的落地，正是在第一书记到位的条件下展开的。

贫困村派驻的第一书记不仅仅是乡村利益的社会调节器，同时也是贫困村扶贫的重要资源，所有的第一书记均是受过高等教育的中青年，很多都具有专业的知识和技能，更重要的是他们既有所在部门的社会联系又有他们自身的社会网络关系，很多第一书记都有效地利用了他们的社会网络关系将信息和技术引入自己的扶贫工作中，很多的扶贫创新都来自第一书记的工作。向贫困村派驻第一书记不仅仅是扶贫工作的一个工具性需要，同时也是中国共产党在新的阶段条件下基于自身治国理政要求培养接班人的重要举措。在政府部门、事业单位和企业中工作的绝大部分年轻人，即使来自农村，接受过良好的教育，但都缺乏农村实际工作的经验，更谈不上对贫困的体验。这些第一书记一方面在贫困村里真正体验到了中国乡村的真实状况，体验到了贫困人口的生活；另一方面也在每天的工作中面临基层社会经济的复杂局面，因而能从他们自身的生活经历和处理复杂的基层社会问题中锻炼自己，这也为中国国家治理提供了巨大的人力储备。

（八）第三方独立考核评估：确保脱贫攻坚质量的新工具

精准脱贫是中国政府在进入21世纪第二个十年以来实施的重大的政治议程之一，其投入的资源之大、所动员的范围之广、参与的机构和人数之多是中国扶贫历史之最，被称为“贫困战役中的最后决战”以及精准脱贫攻坚战。中国政府从实施这一计划开始即提出了脱贫攻坚的效果要经得起历史的考验的要求，除了通过设定2020年这个严格的时间段实现2300元年人均收入和“两不愁三保障”的目标，以及“五级书记挂帅”的领导机制以外，中国政府对于脱贫攻坚的每一个环节都设置了严格的考核评估制度，对于诸如建档立卡、精准施策等实行了定期的核查，其中对于完成脱贫攻坚则采用了严格的第三方独立评估机制。2016年中国政府颁发《省级党委和政府扶贫开发工作成效考核办法》，要求从2016年到2020年针对精准扶贫的成效进行独立第三方评估，在此基础上，2018年又全面推出建立分省交叉评估制度、全员培训认证制度、App全数据采集系统、评估大数据平台系统及标准化统计分析系统。精准脱贫中第三方独立评估体系的建立和实践，是自2004年中国正式成立第一家政府业绩评估专业机构展开独立评估以来在发展产业中展开的最为系统和严谨的第三方独立评估。精准脱贫第三方独立评估的主要内容是：贫困瞄准和精准施策是否到位，特别是围绕着“两不愁三保障”的具体指标，由第三方独立机构开展考核评估工作。一旦出现考核不合格的问题，就会出现第一书记被问责的结果，严重的会被层层追责。第三方独立评估机制不仅是确保扶贫资源使用效率的制度性约束，更重要的是确保到2020年如期完成全面消除农村绝对贫困目标的制度性保障。

五、精准脱贫攻坚的意义

21世纪第二个十年之所以以如此大的规模开展脱贫攻坚的主要原因在于，即使农村绝对贫困人口的存量只有一亿多人次，但是扶贫所基于的社会经济条件发生了根本的改变。与改革开放初期相比，一是贫困人口越来越难以在经济发展中直接受益，这意味着仅仅通过常规的经济发展辅助扶贫的措施难以消除农村绝对贫困。二是不平等的程度日益加大，社会公共服务差异所造成的多维度的贫困凸显，不可能仅仅通过一般的救助措施消除贫困。这一格局在客观上需要超常规的政治承诺和制度安排以及相应的资金和技术的投入，否则不仅到2020年无法消除农村绝对贫困问题，而且在不平等程度和经济结构转型的压力下，将会出现绝对贫困人口数量反弹的不利局面。因此，脱贫攻坚所面临的任务是双重的，一是需要消除已有的农村绝对贫困人口的存量；二是要为防止新的贫困的发生，探索长效性的制度安排。

（一）脱贫攻坚是新发展阶段治国理政的新实践

自改革开放以来，中国共产党一直领导中国人民将经济发展作为其政治议程的核心内容，形成了“发展是硬道理”的发展型治国理政的模式。伴随着经济社会的转型，广大人民群众依然希望通过深化改革提升生活水平，同时也对于日益不平等的社会问题反映强烈，而能否消除农村绝对贫困则涉及中国共产党是否能够及时回应人民群众的重大关切这样一个大问题。从这个意义上讲，把精准脱贫作为现阶段中国共产党最重要的政治议程之一，是中国共产党和政府对于现阶段人民群众重大关切的严肃回应。这也如同四十多年前，中国共产党通过改革开放来回应人民群众的关切一样，精准脱贫体现了中国共产党在治国理政方面对经济社会变化规律的娴熟把握。以脱贫攻坚的形式将社会公平回置于中国的政治议程，使“以人民为中心”的基本原则得以具体的呈现，也使得自改革开放以来中国的政治发展议程更加完整。

脱贫攻坚不仅仅是一个到2020年消除农村贫困的发展目标，脱贫攻坚战过程中所形成的“五级书记挂帅”的领导体制是正在展开的中央和国家机构改革的系统性试验。这个改革的核心是力求在极为复杂的国内外政治、经济、社会条件下，重新建构以中国共产党为领导的集中统一的领导体制。精准扶贫实践中所强化的“五级书记挂帅”正是在扶贫的场域中实践了党的集中统一领导如何超越各种经济和行政利益集团在扶贫中的约束，以扶贫领域为场域，重新构建了以党的集中权威为核心的政府和社会之间的关系，强化了具有中国特色的“政府主导”的发展模式。精准脱贫的一系列战略和政策不仅仅是扶贫的战略和政策，也涉及国家发展的战略和政策。这期间不断突破的难题，无论是体制上的（如资金整合、土地流转、公益捐助抵税、土地用地指标调配和易地搬迁等），还是技术层面的（如建档立卡制度、第三方评估等）均是过去十多年国家发展面临的问题，扶贫只是这些问题集中呈现的场域而已。在扶贫中解决这些问题事实上为在全国范围解决类似问题进行了实验。这些问题很多都属于在利益分化的格局下突破结构性制约的利益调整的系统工程。所以从这个意义上讲，精准扶贫是中国共产党在新的阶段治国理政的新实践。

（二）精准脱贫是中国扶贫的新实践，是中国长期减贫叙事中的新故事

中国改革开放的政治议程开启了中国经济高速增长和社会经济的快速转型。伴随着这一过程的农村贫困人口大规模减少是20世纪中国发展的重大成就。在发展中减贫是这个阶段中国减贫的核心经验。进入21世纪以来，特别是进入21世纪第二个十年以来，中国农村扶贫工作所基于的政治、社会、经济条件都发生了深刻的变化。其中经济增长模式日益脱离益贫轨道，加上社会分化日益明显是这一阶段扶贫工作所面临的新挑战。与以往任

何时候不同的是，虽然进入新的阶段以来，贫困人口的比例并不算很高，但是绝对数量依然很大。这在客观上存在着无法通过全面实施保护托底式的脱贫方式来解决这部分贫困群体的贫困问题。这一部分群体又陷入很难通过一般的经济开发方式摆脱贫困的贫困陷阱之中，强化社会保障为特点的保护式扶贫方式的需要凸显，扶贫工作进入了双重压力阶段。

（三）构建人类命运共同体的中国新经验

在中华人民共和国成立的70年中，中国一直是发展中国家的榜样。中国共产党通过武装斗争夺取政权建立中华人民共和国，是全世界被压迫民族实现民族独立的样板。从中华人民共和国成立开始实施土地改革的广义性的扶贫，再到改革开放以来通过发展实现减贫，中国实现了通过经济增长大规模减少贫困的全球奇迹，为发展中国家提供了一个贫困的国家如何利用全球化的条件，通过经济改革实现经济增长和减少贫困，在发展中实现大规模减贫的经验。

在过去几十年的全球发展中，大多数发展中国家都不同程度地实现了经济的高速发展和贫困的减少。从全世界发展中国家的发展和减贫的情况来看，大致出现了三种主要的类型：第一种类型是经济增长并没有伴随大规模的贫困减少，这主要是在撒哈拉以南非洲国家，在过去二十年中都实现了经济的高速发展，贫困有了相应的减少，但是贫困减少的速度并不令人满意，陷入了增长与减贫脱节的困境中。第二种类型是高速的经济增长伴随着快速的经济社会转型，贫困也有很大程度的减少，这主要是在大部分的东南亚国家，但是这些国家的经济社会转型同时伴随着不平等的加剧。在最近几年中，在面对如何减少数量庞大的贫困群体方面进展缓慢。第三种类型是很多陷入了中等收入陷阱的国家，如部分亚洲国家和很多拉美国家，这些国家一方面无法启动经济增长；另一方面在不平等高居不下的社会经济条件下，减贫工作几乎没有大的进展。这些不同类型的发展与减贫的模式几乎都面临如何突破结构性约束、将公平和效率关系进行调整的制度性难题。造成这些问题的原因是多方面的，其中政治体制在这些问题的逐渐演化过程中起了很重要的作用。大部分发展中国家主要采用了竞争性的选举政治体制，即使某些政治相对稳定的国家也都存在着不同利益集团绑架政治议程的情况。中国的精准脱贫实践是在与很多发展中国家经济社会发展所面临的以不平等为特点的结构性挑战相似的条件下发生的，中国之所以能够在比较困难的条件下突破来自经济利益集团和行政利益的约束，大幅度减少农村绝对贫困的主要原因在于，中国的政党议程超越了社会利益格局和行政利益格局。如果说中国过去四十年经济增长和在发展中的大规模减贫是基于政府主导的经济发展模式，那么中国在21世纪第二个十年中消除农村绝对贫困的成就则是在中国共产党议程的主导下强化了政府主导模式，在动员全社会参与并创新扶贫方式的条件下取得的。不同国家的发展模式是自身历史经济社会的产物，任何一个国家都不能复制其他国家的发展模式。发展学习的过程不是复制任何一个国家经验的过程，而发展经验的分享主要是学习成功者的经验和吸取失败者的教训。这一经验并不必然意味着其他国家只有采用同样的模式才能克服涉及摆脱贫困的结构性约束，而意味着即使在竞争性和选举性政治的条件下，执政党依然可以采用超越经济利益集团和行政利益集团的约束，依靠其自身的政治体制的路径来帮助贫困人口摆脱贫困。撒哈拉以南非洲国家，如卢旺达、埃塞俄比亚，亚洲的许多国家，如越南、柬埔寨、印度尼西亚等,其历史、政治、经济、社会条件完全不同,也都不同程度地实现了突破结构性制约的成就。

(四)精准脱贫攻坚中的若干问题

任何涉及调节公平和效率的实践都不可能是没有代价和没有问题的,中国到2020年消除农村绝对贫困的目标,承载着中国共产党和政府的承诺,这个过程中涉及一系列的战略和政策的调整以及巨大的资源投入,中国的贫困发生率从2012年的10.2%到2018年的1.7%[1],这是精准脱贫攻坚战的重大成果。但是这样一个过程中也自然而然地出现了各种各样的问题。在实现消除农村绝对贫困目标的强力约束下,以及在严格的考核问责的制度压力下,出现了形式主义、文本主义、数字脱贫等众多的问题。这些问题暴露了在贫困治理中如何科学地把握消除贫困这样一个政治社会工程与贫困发生基本规律之的关系,过度性的目标约束和激励压力会滋生形式脱贫。贫困群体依托产业开发实现收入增加的关键在于所依赖产业是否在市场上有可持续性,精准脱贫攻坚战中的产业扶贫出现的盲目扩大规模、产业类型雷同、可持续性低等问题,都反映了可持续的脱贫需要很好地把握政府强力推进与产业自身发展规律的关系问题。通过社会保障进行兜底的前提条件首先应具备相对较大的财政能力,其次更重要的是必须针对数量不大的、真正需要救助的群体,才能解决精准脱贫过程中出现了大量的瞄准失灵导致社会保障资源泛化的问题。在众多的依托公司、市场加贫困农户的发展模式实践中,出现了市场主体过多分割产业利润的现象,造成了贫困农户资产收益和收入等相对性流失,这些问题呈现了依托市场机制扶贫的复杂性。中国自21世纪第二个十年以来开展的精准脱贫工作,虽然是一个目标明确、战略设置清晰的社会政治工程,但是中国政府在这样一个过程中也是一个学习性的政府,针对这些问题中国政府都及时出台了各种各样的应对性政策,从技术上和制度上对这些问题进行纠正。精准脱贫战出现的中国新经验,不仅仅是一个充满了成就的新经验,同时也是一个在不断纠错中的发展型、学习型经验。

(中国农业大学
李小云　吴一凡　武　晋)

参考文献

阿莱斯纳,格拉瑟,2004. 美国与欧洲的反贫困[M]. 牛津:牛津大学出版社.

陈翰笙,2002. 陈翰笙文集[M]. 北京:中国社会科学院.

胡兵,胡宝娣,赖景生,2005. 经济增长、收入分配对农村贫困变动的影响[J]. 财经研究,(8):89-99.

黄季焜,2008. 制度变迁和可持续发展:30年中国农业与农村[M]. 上海:格致出版社,上海人民出版社.

李小云,唐丽霞,李周,等,2007. 参与式村级扶贫规划系统的开发与运用[J]. 林业经济,2007(1):74-76,381-400.

李小云,徐进,于乐荣,2018. 中国减贫四十年:基于历史与社会学的尝试性解释[J]. 社会学研究,33(6):35-61.

林伯强,2003. 中国的经济增长、贫困减少与政策选择[J]. 经济研究,(12):15-25.

罗楚亮,2012. 经济增长、收入差距与农村贫困[J]. 经济研究, 47(2):15-27.

玛雅,2012. 中国医改世纪大突破——专访北京大学教授、卫生经济学家李玲[J]. 决策与信息,(9):8-19.

欧阳静,2014. 论基层运动型治理——兼与周雪光等商榷[J]. 开放时代,(6):180-190.

[1] 数据来源:2019年中国农村贫困监测报告。

钱俊瑞,1986. 钱俊瑞选集[M]. 太原:山西人民出版社.

汪三贵,2008. 在发展中战胜贫困——对中国30年大规模减贫经验的总结与评价[J]. 管理世界,(1):77-88.

汪三贵,Park Albert,Chaudhuri Shubham,等,2007. 中国新时期农村扶贫与村级贫困瞄准[J]. 管理世界,(1):56-64.

汪三贵,郭子豪,2015. 论中国的精准扶贫[J]. 贵州社会科学,(5):147-151.

汪三贵,刘未,2016. 以精准扶贫实现精准脱贫:中国农村反贫困的新思路[J]. 华南师范大学学报(社会科学版),(5):110-115.

王爱云,2017. 1978—1985年的农村扶贫开发[J]. 当代中国史研究, 24(3):36-50.

文军,顾楚丹,2017. 基础教育资源分配的城乡差异及其社会后果——基于中国教育统计数据的分析[J]. 华东师范大学学报(教育科学版),35(2):33-42.

许汉泽,李小云,2019."行政治理扶贫"与反贫困的中国方案——回应吴新叶教授[J]. 探索与争鸣,(3):58-66.

薛暮桥,1980. 旧中国的农村经济[M]. 北京:农业出版社.

张伟宾,汪三贵,2013. 扶贫政策、收入分配与中国农村减贫[J]. 农业经济问题,34(2):66-75.

中华人民共和国农业部,2009. 新中国农业60年统计资料[M]. 北京:中国农业出版社.

Datt G, Ravallion M, 1992. Growth and redistributioncomponents of changes in poverty measures: a decomposition with applications to-Brazil and India in the 1980s[J]. Journal of Development Economics,38(2):275-295.

Griffin K, Khan A R, Ickowitz A, 2002. Poverty andthe distribution of land [J]. Journal ofAgrarian Change,2(3):32-36.

Kakwani N, Pernia E M, 2000. What is pro-poor-growth? [J]. Asian Development Review, 18(1):1-16.

Macekura S J, Manela E, 2018. The DevelopmentCentury[M]. Cambridge:Cambridge University Press.

Ravallion M, 2001. On the Urbanization of Poverty[R]. New York.

Ravallion M, Datt G, 2002. Why has economicgrowth been more pro-poor in some states ofIndia than others? [J]. Journalof DevelopmentEconomics,68(2):381-400.

乡村振兴与减贫

——通过农业投资深化中国与东盟减贫伙伴关系研究

一、引言

(一)研究背景及意义

随着世界经济一体化的不断推进❶,国际金融危机带来的影响更趋复杂,后金融危机时代下世界各国对农业的基础地位越来越重视,全球农业发展格局发生了变化,但很多发展中国家仍然受到全球粮食安全和贫困问题困扰,世界上仍有7.95亿人忍受长期饥饿,20亿人遭受营养不良。农业持续增长动力不足和农产品市场供求结构显著变化,已经成为世界各国需要共同面对的新问题、新挑战。亟须通过开展农业合作,促进全球农业资源的整合利用和农产品市场的深度开发,促进农业要素有序流动、农业资源高效配置、农产品市场深度融合,推动各国实现经济互利共赢发展。

东南亚国家联盟成立于1967年,简称东盟(ASEAN),由文莱、柬埔寨、印度尼西亚、老挝、马来西亚、缅甸、菲律宾、新加坡、泰国、越南共十个东南亚国家组成,总面积约448万平分千米,人口为6.28亿。❷农业不发达和农业人口的贫困是东盟部分国家的重要特点之一。在东盟十国中,柬埔寨、老挝、缅甸、菲律宾、越南、印度尼西亚等国经济发展水平较低。这些国家建设起步普遍较晚,或多或少都有国内政治动荡、政治腐败的经历,多数存在基础设施不完善、农业生产技术落后、教育水平较低等致贫因素。其中,农业人口的贫困、高失业率以及较大的贫富差距是这些国家贫困状况的直观体现(鞠海龙,邵先成,2015)。

我国有关减贫的主要研究始于20世纪80年代中期,在以市场为先导的经济发展初期,历史机遇较好,减贫速度较快。2010年以来,对国内减贫及国际合作减贫研究的广度和深度明显增加。通过近三十多年的不懈努力,实现了经济的高速增长,同时也取得了举世瞩目的减贫成就,研究和学习中国的经济增长和减贫经验成为国际发展理论和实践领域中的热点。联合国《2015年千年发展目标报告》显示,中国极端贫困人口比例从1990年的61.0%下降到2014年的4.2%,中国对全球减贫的贡献率超过70%,成为世界上减贫人口最多的国家,也是世界上率先完成联合国千年发展目标的国家。

在实现2030年可持续发展议程减贫目标的过程中,中国政府向国际社会展示了中方与各国携手推进议程的意愿和决心,习近平总书记在出席G20杭州峰会、东亚领导人系列会议、澜-湄合作首次领导人会议等一系列重大国际场合宣布务实援助举措,特别是在减贫领域提出新的国际合作方案,表达了为促进各国共同发展一道努力的良好愿景。2017年年初,习近平总书记在出席世界经济论坛2017年年会开幕式和联合国"共商共筑人类命运共同体"高级别会议上,再次重申坚持合作共赢、

❶ 共同推进"一带一路"建设农业合作的愿景与行动,2017.5.13,https://www.yidaiyilu.gov.cn/zchj/qwfb/12972.htm.

❷ "东南亚国家联盟",http://www.fmprc.gov.cn/web/gjhdq_676201/gjhdqzz_682518/jbqk_682520.

共建共享、共同繁荣理念的重要性。

中国农业对外投资"走出去"战略已有十多年的时间，到2013年，中央又提出"一带一路"的重大倡议，由于"一带一路"沿线的64个国家都拥有丰富的农业资源，这使得我国对外农业投资越来越热。东盟国家与中国所处地区是目前全球经济发展最有活力和最具潜力的区域之一，通过二十多年的交流合作，双方从当初的对话伙伴关系逐步发展为战略伙伴关系。经过多年努力，中国农业投资对改善东盟农业生产技术、提高生活水平、提升双向交流等方面取得了较好的成就。截至2016年年底，中国对东盟国家的农业投资存量40.3亿美元，占中国对外农业投资存量总额的36.5%。

在中国减贫取得较好成绩的背景下，如何促进东盟地区国家的减贫和发展，分享减贫理论和实践创新，共享发展，具有国家层面的战略意义及实践价值。

本项目研究将围绕中国对东盟国家进行农业投资的实践案例，以中国农业投资企业在东盟国家的投资活动为切入点，分析中国在东盟国家的农业投资活动如何在减贫方面深化与当地社区的伙伴关系，并通过多个国家的农业投资案例，揭示农业投资活动对当地乡村振兴的有益作用。

（二）研究内容和方法

1. 研究内容

引言。主要回答项目研究背景及研究价值基本问题，并对目前学界关于中国农业对外投资、国际合作、与东盟农业合作的相关文献进行综述。

中国—东盟农业投资概要。介绍中国—东盟投资规模与分布的概况，对中国—东盟目前的投资内容、投资模式进行梳理，概括呈现中国—东盟农业投资的整体现状。

中国对东盟典型国家的投资实践。选取中国对外农业投资知名企业作为研究对象，对其在老挝、越南、缅甸、菲律宾四个国家进行农业投资合作深入分析，梳理不同国别背景条件下，中国企业在当地的投资概况、与当地政府社区合作模式以及社区关系处理的重要经验，形成研究典型案例。

中国农业投资对东盟国家乡村减贫的影响。依据东盟农业投资企业典型案例分析，归纳总结中国农业投资过程中对东盟国家当地乡村，在农村生计、经济发展、生态环境、社会文化等方面带来的影响，并深入探寻其产生的原因，为进一步加深中国东盟农业投资合作、深化减贫伙伴关系提供可借鉴实践经验。

未来中国东盟农业投资减贫伙伴关系的启示。依据典型案例的成功经验，总结中国—东盟农业投资合作中的典型模式，积极探讨未来中国在国际减贫中的创新做法，并提出具体的实施策略和方法建议以供参考。

2. 研究方法

一是文献研究法。笔者查阅大量国际机构及对应国家的外文网站，如UNDP、World Bank、FAO、CPA（Combat Poverty Agency）等；本文的大量数据来源于国际学术研究数据库，如Springer Link，Elsevier，ResearchGate等外文数据库，涵盖了各国学者对减贫研究的最新进展；本文还参考了大量外文著作对减贫的专题研究亦具有重要的参考价值。

二是案例研究法。本文搜集不同中国农业投资企业在东盟国家的投资案例，并进行整理归纳，总结了其成功经验与失败教训。

三是对比研究法。本文将不同国家的农业企业投资案例进行梳理，从不同视角进行横向、纵向比较，提炼农业投资对当地减贫的有效做法。

(三)研究综述

1. 关于中国对外农业投资的研究

西方学术界关于对外投资理论的研究,主要有对外直接投资微观理论和对外投资宏观理论。前者从微观层面出发,以对外投资主体即跨国公司为研究对象,分析研究跨国公司对外直接投资的动因、流向和决策,代表理论有海默(Hymer)、金德尔伯格(Kindleberger)的垄断优势理论,维农(Vernon)的产品生命周期理论,凡尤格勒斯的战略性对外直接投资理论等;后者则从宏观层面出发,以国家作为研究对象,分析探讨对外直接投资可能给双边国家带来的经济利益,并揭示不同国家允许和接受直接投资的原因,代表理论有麦克道格尔(Macdongall)和肯普(Kemp)的国际投资利益分配模型、邓宁的投资发展阶段理论等。在发展中国家的对外直接投资理论研究中,威尔斯、拉奥、坎特威尔等认为应该从发展中国家技术积累的演变过程,对发展中国家的对外直接投资进行研究,提出了小规模技术理论、技术地方化理论和技术创新产业升级理论等,以及投资诱发要素组合理论。

随着中国对外开放政策的实施,国内学者关于对外直接投资的研究也越来越丰富,通过对文献的梳理,中国对外农业投资研究主要集中在投资现状、政策、动机及投资模式等方面。

关于中国对外农业投资现状的分析主要如下(杨易,等,2012)。对中国农业对外投资合作的规模、区域分布等现状进行研究,整理数据显示中国农业对外直接投资企业分布93个国家和地区,投资覆盖率为37.96%,其中亚洲和非洲是中国设立农业境外企业最为集中的地区,其次是北美洲、大洋洲和南美洲。云南省、山东省和黑龙江省是中国在境外设立企业数目位居前3位的省份。其中,云南省在境外设立了83家农业企业,占中国境外农业投资企业数目的13.90%,主要分布在越南、老挝、缅甸等东南亚国家;山东省设立了81家境外企业,主要分布在日本、韩国、新加坡等东南亚国家;黑龙江省境外设立企业42家,主要分布在俄罗斯、阿根廷等。

关于对中国对外农业投资政策的研究主要如下(胡月,等,2016)。分析了中国对外农业投资政策的历史演变过程、阶段性特征和政策体系结构,认为在现行对外农业投资政策中,还缺乏对中国农业特殊性的考虑,针对农业领域的专门政策不足的问题,提出了对外农业投资政策的改革建议(胡海,2017)。通过对中国、美国、欧盟、日本的对外投资保障制度比较研究,认为我国对外投资保障制度与发达经济体相比存在监管法律体系不健全、监管机制不合理、监管政策不完善、配套保险制度不完善的问题。从而提出了要多角度完善监管体系;改革简化对外投资审批体系,减少行政审批对投资的干预;建立更完善的外汇管理制度,积极营造良好的双多边环境;进行能够灵活地适应环境变化的金融体系改革,减低融资约束(杨易,陈瑞剑,2012)。认为,政策体系不完善是中国农业对外直接投资比例失衡的重要原因之一,在梳理现有对外农业投资合作资金支持政策的基础上,结合中央关于"走出去"总体部署、农业产业特点以及农业外向型企业的实际需求,分析了现有支持企业主体的资金政策执行情况和效果,进而提出推动对外农业投资合作资金支持的政策建议。对现阶段加快中国农业对外投资提出政策建议,提倡加大中国农业企业的联合重组以减少我国企业在境外的内耗,通过建立不同国别地区的农业投资协会,协调双方在生产、加工、流通及劳动力资源流通等方面的分歧,营造良好的企业投资环境。同时,在农业对外投资的区域选择以亚洲为基础,建立共同农业市场,实施统一的投资政策和产品标准。

关于对外农业投资的动机的研究主要如

下（宋洪远，张红奎，2014）。认为中国企业进入海外市场的农业投资动机主要是土地便宜、市场机会和原料供应。因此，农业自然资源、市场规模及潜力是影响中国农业对外直接投资的重要因素。

关于对外农业投资风险的研究主要如下（杨易，等，2012）。针对中国农业对外投现状进行分析研究得出，中国农业对外投资集中度高，亚洲是农业对外投资的重点区域，虽然符合比较优势原则，但可能因个别区域的政治和经济不稳定而加剧中国农业对外投资的风险。

关于对外农业投资模式的研究主要如下。由于不同国家政策及地理环境差异大，中国对外农业投资在不同国家具有不同的模式。在对中东农业投资的研究中，根据投入的资金、技术、人才，总结了常见模式为直接型、间接型和混合型的多元化农业投资模式。在对老挝的研究中显示，老挝的外国农业投资模式主要采用土地特许经营和订单农业两种方式。

综上所述，伴随着中国对外开放的进程，农业发展水平不断提高、农产品供求格局的发生变化，虽然在中国对外投资中农业方面的投资所占比例仍然很小，但对外农业投资发展势头迅速。学界研究关于宏观政策建议的研究居多，能够有效改善中国企业对外投资条件，但对于不同国家实施农业投资具体情况及案例研究相对少，对于企业与当地的可持续发展缺乏微观行为指导。

2. 关于农业国际合作的研究

关于国际合作研究，国内外学界的有很多研究理论和实践，能够为分析中国东盟农业国际合作提供理论依据。互惠理论学者认为在国际合作中存在三种互惠模式（Hamilton，1964），第一种是亲缘互惠，著名的生物学家汉密尔顿在其《社会行为的遗传进化》这篇文章中运用亲缘选择理论并引用广义适合度（inclusive fitness）概念来解释近亲个体间的利他行为。这种理论认为，利他行为虽然降低了自己的适合度，却提高了广义适合度，自我的基因在具有亲缘关系的族群个体中仍然得到延续，因此仍然是互惠的，而且个体之间的亲缘关系越是密切，彼此利他的倾向就越强。第二种是弱互惠，一般也称互惠利他，互惠利他是诸多学科和学者普遍共识的一种互惠模式。国际关系的历史和实践一再说明，互惠利他是广泛存在的，并且十分强大。第三种是强互惠，这种模式在国际关系和人类社会还不是普遍存在，却很重要。强互惠指纯粹的利他行为。强互惠的特征之一是善良，特征之二则是无私。在国际关系中，集体安全、联合国维和行动等是强互惠模式的集中表现。亲缘互惠认为同质性的国家比较容易形成温特所谓的“共同命运”，即每个个体的生存、健康、幸福取决于其他个体与整体的状况。故三大互惠在行为上都表现为利他，更具体地讲，亲缘互惠和互惠利他以利他的方式利己，价值目标是自我，强互惠牺牲个人成本实施利他惩罚和无私援助，属于纯粹的利他。这三种互惠在行为上利他的动力机制是国家为了实现自我的延续、为获取可预期的未来收益、为维系人类共同体。

国内学者关于中国对外农业国际合作的研究始于对外开放政策的提出。20世纪80年代以来，世界范围内区域经济一体化发展势头下（刘钧霆，2014），认为早期农业“走出去”主体和形式比较单一，主要以政府主导的国有企业采用对外援助的方式展开。随着国家“走出去”步伐不断的加快，民营企业和个体农户也走出国门，通过合资、独资或联合参股等形式参与境外农业开发与合作（郭静利，等，2017）。针对我国境外企业进行研究，通过统计显示目前我国境外企业多数分布于老挝、缅甸、柬埔寨和印度尼西亚，这四国地理位置上紧靠中国内陆，大多与中国有着良好的经济往来和文化联系，地缘优势明显，对于许多投资规模小、缺乏境外投资经验的国内企业来说，东南亚和南亚国家是农业科技走出去的重点区域。农业对外合作已经从单一的租地和购地行为，转为“多层次、多领域、全产业链”合作模式。

在与东盟各成员国国际农业合作研究中（王禹，等，2017），对中国与泰国的农业合作现状及面临的风险和挑战进行了分析，并从加强两国政府农业合作交流、保障涉农企业作为发展的重点和主体，明确中国企业参与泰国投资的方向和目标，加强两国农业结构布局的合理分工和优化等方面对加强两国农业合作提出对策建议（陈前恒，吕之望，2009）。阐述了中国与东盟开展农业合作的重要意义，在分析中国—东盟农业合作现状和存在问题的基础上，提出了促进中国与东盟农业合作的政策建议（曹云华，胡爱清，2015）。运用区域公共产品理论，分析了中国与东盟农业互联互通合作的动力、合作的内容与进程，在此基础上分析了影响中国与东盟农业互联互通合作的主要因素，提出了中国应该积极与东盟共建丝绸之路经济带，以多领域互联互通建立区域合作机制，拓展双方在农业领域的合作平台。

3. 关于中国对东盟农业投资的研究

新功能主义认为，区域合作最初主要是围绕具体的功能性任务而展开，但随后发现履行一项职能会对其他相互依赖的活动带来外部效应，进而出现“外溢”和“非本意”的结果（陈峰君，祁建华，2007）。一体化也因此能从一个部门外溢到另一个部门，在这个过程中，各国在一个更广阔的一体化背景下，提高国家利益的目标以实现共同利益。哈斯认为成功的一体化发生的情景是非政治的，而是经济、社会和技术的。功能性合作必须从相对不重要的经济和社会层次上开始，由民族国家中有着特殊利益和目标的集团主导共同体的组建过程。当这一过程有利可图时，他们才愿意满腔热情地支持超国家行动。

2013年以来，在提出构建“一带一路”共同发展的理念和倡导下，中国与东盟的农业合作不断加深，随着农业对外投资规模的不断扩大，学术界对其关注度也越来越高，研究热点主要集中在对东盟农业投资的意义和存在的问题及其解决对策方面。

针对中国对东盟农业投资存在的问题的分析（潘晓燕、孟宪泽，2012）。认为中国对东盟投资合作发展态势良好，但农业投资合作方面存在规模偏小、合作领域偏窄、效益偏低的问题，并对导致中国对东盟农业领域投资合作中出现问题的原因进行了分析，从改善投资环境、健全服务体系、完善财政金融政策支持体系及完善法律法规的建设方面提出解决对策。

针对中国与东盟农业投资合作的研究（廖东声，2011）。认为东盟国家在生活习惯、语言、文化传统等方面与中国十分相似，有着“文化互通”，这种互通性为中国企业走出去投资东盟国家提供了独有的优势，使中国企业已融入当地市场开拓业务。因此，东盟是中国理想的农业投资对象（阮建平，陆广济，2018）。在对当前中国东盟合作中的问题和挑战进行研究的基础上，提出建立基于深度利益和战略互信的命运共同体是深化中国东盟合作的根本路径（翁鸣，2015）。从产业协调角度研究中国与东盟农业合作发展动力，提出以国家项目带动农业投资，加强对海外投资的培训辅导，注重产业投资整体性和互补性，发挥海外侨胞的热情和力量作为合作发展的新动力。

约翰·外斯（John Weiss）（2004）对中国与东盟国家贸易及经济合作前景进行了研究，并指出中国与东盟国家在劳动密集型产品方面的优势更为突出。（潘晓燕，孟宪泽，2012）认为中国对东盟农业投资合作具有充分的资源、经济和社会基础，虽然目前中国对东盟农业投资比重较低，但未来发展潜力大。并对中国对东盟农业投资的动因进行了详细的分析，认为主要有三种类型投资：资源利用型投资、寻求市场型投资、技术合作型投资。资源利用型投资通过利用东盟一些国家丰富的农业、林业、渔业等相关产业的自然资源和劳动力资源，使我国一批具有在经济、技术和专业化水平上都有较大实力的企业，可以实现互补，从而使未来具有较大开发潜力。而寻求市场型投资可以借助东盟国家降低生产成本并打开出口渠道，有效避免中国农业企业遭受发达国家的反倾销制裁，规避贸易壁垒。另外，由于中国在农业领域（如种植、农业生物开发、良种繁育、病虫害防治等方面）有着许多领先技术，开展农业领域技术合作型的投资空间较大。

关于对东盟农业投资影响的研究（赵琳，于晓萍，2008），提出中国与东盟建立自由贸易区会对中国农产品贸易产生影响，中国要积极增加农产品的出口贸易，增加农业收入，优化农产品贸易结构，实现双方优势农产品互补、市场多元化发展（周春雪，2007）。运用区域经济理论分析提出了中国与东盟合作中，要发挥中国优势产品，加强双边合作实现"双赢及共赢"，中国在合作中应加快调整农业产业结构，要注重农产品出口，促进企业合作共赢（廖东声，2009）。对中国企业投资东盟农业做了对比分析，认为中国企业投资东盟农业的优势明显，主要包括地理优势、农业资源优势、农业生产技术优势、劳动力资源优势和华人网络优势。但我国有实力从事农业跨国投资经营的企业不多，信息资源不足，境外投资项目贷款困难。中国东盟自由贸易区的建立和"走出去"战略的实施，为中国企业投资东盟农业提供了政策激励。

国外对中国东盟对外农业投资与当地社区的影响。Heike Baumüller, Kate Lazarus 在对老挝的外国农业投资中，认为外国农业投资为老挝的部分农民提供了直接和间接的就业机会，为东道国带来了更广泛的收益，外国农业投资有助于刺激配套商业和教育的发展。Shi 在老挝琅南塔省的研究中发现，在老挝北部的中国商贸活动促使当地居民接受更高层次的教育以便增加与中国公司合作的机会。另外，外国公司包括中国公司，在社区发展中也提供了大量的资金支持，为当地社区出资修建公路、电力、灌溉系统，为政府提供了修建医院、小学以及减贫基金的多种方式的捐赠、缴纳税收及创造收入。

东盟一直是中国周边外交的优先方向，作为"一带一路"倡议的重要合作伙伴，加深中国对其农业投资的研究有着十分重要的意义。目前针对中国东盟农业投资研究多站在国家战略角度上，以及企业利益和着重于东盟的形成及其行为倾向研究分析，然而随着全球化的加速发展，各国利益日益交融，各国关系发展呈现从利益共同体向命运共同体方向发展趋势。虽然学界对中国东盟农业投资关注度高，但针对企业对外投资运行中，与当地社区在文化、生态、经济等方面的形成的矛盾及问题的解决对策研究较少，特别在通过农业投资深化东盟国家减贫伙伴关系的研究尚属空缺，未来难以为中国东盟农业投资合作的深入发展提供可借鉴经验。

二、中国—东盟农业投资概要

（一）投资规模与分布

进入21世纪以来，世界的经济格局越来越全球化和一体化，世界各国之间的经贸关系竞争也越来越激烈，但同时国家之间的影响和依赖范围更大、层次更深。在这种趋势下，对外直接投资模式已经逐渐成为国际经济领域的重要研究课题。越南原国防部长范文茶曾经说过一句话，"天堂很远，中国却很近"。这句话形象生动地反映了亚洲国家对中国的需求，由此产生了对中国的外交倾斜，并形成了地缘政治经济格局中长期以中国为主体板块的局面；同时，中国与东盟国家的经济贸易关系显得更加重要（雷瑞，2017）。

自2000年中国开展与东盟国家农业互联互通合作以来，极大地促进了双边农产品贸易、农业投资和技术交流。根据东盟统计年报数据，东盟对华农产品出口由2001年的12.37亿美元增至2009年的98.68亿美元，成为仅次于欧盟和美国的对华第三大农产品出口国；中国对东盟直接投资也由2001年的1.48亿美元上升至2009年的15.09亿美元。以2002年签署的《中国—东盟全面经济合作框架协议》为起点，"早期收获计划"提出选择双方共同感兴趣、互补性强的农产品，用较快速度和较大幅度提前进行降税，先行开发市场，以农产品为主的快轨道产品关税陆续降至零，促进了双方农产品贸易额大幅上升，2005年，正常轨道产品开始陆续降税。

2007年，中国与东盟签订《全面经济合作框架投资协议》，双方互相给予投资者国民待遇、最惠国待遇和投资公平公正待遇，提高了促进投资相关法律法规的透明度，为双方创造了良好的投资环境和更为有利的投资条件，提升了双方投资便利化和自由化的水平，为中国东盟双向农业投资提供了更为有利的制度保障。

2010年之后，对东盟新增投资占中国对外投资总量的60%以上，中国希望通过集群式投资提高双方互利合作的水平。2010年1月1日，中国—东盟自由贸易区全面正式启动，标志着中国与东盟农业互联互通合作进入发展期（曹云华，胡爱清，等，2015）。

在"一带一路"倡议提出后，中国对东盟农业投资存量快速增长，相比倡议提出前增加了2.6倍。从流量数据来看，近5年以来中国对东盟每年新增的农业直接投资保持着比较稳定的增长趋势，从存量数据看，农业投资的存量平均比重为4.02%，位居所有行业第8位。总体水平不高，远低于位居第一位的租赁和商务服务业。从企业投资规模来看，2015年年末，中国在境外农业企业数量为1421家，只占到境外企业总数的4.6%（尚永辉，魏君英，2017）。至2016年年底，中国对东盟国家的农业投资存量40.3亿美元，占中国对外农业投资存量总额的36.5%，而2013年"一带一路"倡议提出之前是11.3亿美元。目前东盟在中国对外农业投资存量和流量中的占比均达到1/3左右，远远高于东盟在中国总体对外投资10%的比重。❶

从中国—东盟农业投资总体情况来看，投资的规模较小，比较分散，投资分散在多个投资主体和农业项目中，难以形成规模效益。多个政府部门单独投资容易造成重复投资，引起不必要的资源浪费，难以形成投资的互补效益，如中国农业部、科技部、商务部及江西、湖北两省都与菲律宾开展了水稻的技术合作，由于这些部门间缺乏有效的沟通，造成了内容的重复和资源的浪费，进一步影响了规模效益的形成（王金凤，梁瑞华，2016）。

从中国—东盟农业合作国家分布来看，对东盟的农业投资主要集中在柬埔寨、老挝、印尼。印度尼西亚、马来西亚、越南为出口主要市场，马来西亚、印尼、泰国、越南为主要进口市场。贸易国家在区域内呈现集中分布，从贸易产品的构成来看，蔬菜、水果和水产品及其制品等初级农产品是出口的前三大类产品，深加工农产品贸易涉及很少。从贸易产品的关系来看，双方都具有优势的有58种，双方优势

❶ 中国东盟农业投资存量增长快. 广西日报. 2017-09-12. http://www.xinhuanet.com/local/2017-09/12/c_129702031.htm。

互补的有45种，两者所占比重为77.59%。

但是中国农业投资企业“走出去”存在明显不足，项目区域日趋广泛。例如，中国数万渔民在东盟作业区，包括马来西亚、缅甸、印度尼西亚等周边（公海）作业区，广东农垦在泰国等地收购并扩建天然橡胶厂。项目投资较为分散，涉及粮食种植、经济作物种植、动植物保护、设施农业、农业机械、农村能源、远洋捕捞等。同时，中国对东盟的农业投资尚未与工业投资、港口和公路等设施建设形成有机、密切的关联。

（二）投资内容

中国—东盟的农业合作基本上以政府主导为主、私营企业和民间机构为辅的格局开展。多年来，除农产品贸易的加速增长，中国—东盟农业合作主要集中在：一是粮食领域的合作，重点是杂交水稻方面的合作；二是养殖业领域的合作，主要是养鱼、养猪的合作；三是农村能源领域合作，尤其是农户用沼气示范项目的建设；四是跨境动物疾病防控领域合作，重点是禽流感的监测防控；五是热带经济作物领域合作，主要是园区园艺、麻类、橡胶、木薯等方面的合作，包括项目示范、贸易促进等内容。这其中均不同程度包括了技术方面的合作、援助、交流、示范、培训和监测等内容。中国—东盟不断增加双边农业合作的现代生产要素已成为共同的愿望。

随着“一带一路”的兴起和发展，地方省份也积极参与了中国与东盟的农业合作项目，利用地域优势、资源优势、技术优势等条件，丰富了农业合作内容，拓宽了合作面，加大了合作力度，农业领域的合作已扩展到生态农业、旅游观光农业、农产品加工、渔业、畜牧业、养殖业，另外有人才培训、科技交流等的合作，东盟与中国的农业合作也逐渐延伸到中国内地，亦开展了互联网农业方面的合作（黄梅森，2015）。

从投资内容上看，2002年在《中国东盟农业合作谅解备忘录》的框架下，双方在农业技术交流、技术示范、人才培训等方面的合作已经开展。2004年中国和老挝国两国率先开展合作，在老挝占巴塞省建起了“中—老合作农业试验基地”。2012年中国和老挝双方在《2012—2013年中国—老挝农业合作工作计划》框架下共商共建中老农作物优良品种试验中心。2012年，中国—东盟农业培训中心在广西设立，促进了技术交流和人才培训等方面合作的深入，加强了广西作为中国与东盟农业合作排头兵的地位。虽然双方先后不断开展合作，但合作不成体系、协调不畅，范围不广、深度不够等问题仍然突出，双方还未建立统一的人才培养标准和技术合作模式，合作的协调机制尚不完善（尚永辉，魏君英，2017）。

从中国—东盟各国农业增加值占国内生产总值的比重来看（表1），第一层次有印度尼西亚、马来西亚、泰国和菲律宾，这四个国家农业较为发达；第二层次有老挝、缅甸、越南和柬埔寨，这些国家经济水平较其他国家相对落后，农业发展水平也较低；第三层次有新加坡和文莱，由于自然条件等原因，这些国家几乎没有农业发展。从东盟各国农业发展的层次来看，中国与位于第一层次的国家在农产品贸易领域的合作潜力较大，在“一带一路”背景下双方农产品贸易的范围将进一步扩大，贸易便利化的程度将进一步提高。对位于第二层次的国家来说，双方合作的重点领域在技术输出和农业机械化。位于第三层次的新加坡虽然农业发展规模很小，但在绿色高效城市农业领域具备优势，未来双方将加强绿色农业、农业高科等领域的合作。

表1　农业在东盟各国经济中的地位一览表　（单位：%）

国家	农业增加值占国内生产总值比重				农产品出口占货物比重	农产品进口占货物比重
	2011年	2012年	2013年	2014年	2014年	2014年
文莱	0.6	0.7	0.7	—	—	0.2
柬埔寨	36.7	35.6	33.6	29.8	2.7	0.7
印度尼西亚	13.8	13.7	13.7	13.7	5.8	2.7
老挝	29.5	28.1	26.5	27.5	—	—
马来西亚	11.8	10.0	9.3	9.1	1.8	1.8
缅甸	—	—	—	—	10.6	0.4
菲律宾	12.7	11.8	11.2	11.3	1.0	0.6
新加坡	—	—	—	—	0.3	0.4
泰国	13.3	12.3	12.0	11.6	3.8	1.7
越南	20.1	19.7	18.4	18.1	2.4	3.3

数据来源：尚永辉，魏君英，2017. 中国—东盟统计手册.

以位于第一层次的菲律宾农业合作为例，菲律宾经济结构失衡较为明显，服务业是经济发展最重要的支柱，农业生产严重依赖自然条件，目前尚未实现自给自足，对GDP贡献不到10%；农业和制造业相对落后也是造成菲对华贸易逆差的重要原因之一，热带水果、自然资源等初级产品是菲对华出口的主要商品，随着菲律宾政府南海政策的调整，搁置争议、共同发展不仅成为两国的共识，也已经转化为双方在渔业、经贸、投资、旅游等诸多领域的务实合作。❶

以位于第二层次的越南农业合作为例，越南版图南北狭长，中间纤细，好似一根扁担挑着两筐稻米，越南是传统农业国，著名的鱼米之乡，农业人口约占总人口的75%，耕地及林地占总面积的60%。同时，越南也是世界第二大稻米出口国。狭长的地形，让越南旅游资源凸显，由南到北一条线就能游遍越南。下龙湾等多处风景名胜被联合国教科文组织列为世界自然和文化遗产。近年来，越南的旅游业增长迅速，经济效益显著。截至2016年统计数据显示，目前，中国是越南第一大贸易伙伴，也是越南农产品第一大出口市场。越南已经超过马来西亚成为中国在东盟中的最大贸易伙伴。大量中国企业在越南投资兴业，累计投资达112亿美元，为越南经济发展做出重要贡献。最新的数据显示，2019年1—10月越南向中国出口大米198万吨，占大米出口总量的39.3%，位居大米出口市场首位，出口量同比增长32.8%，出口额同比增长31.1%。除了进出口方面的合作，我国的农业技术对越南农业的发展也有着十分重大的促进作用。近几年，中国和越南之间的农业科技合作从未间断，中国先进农业技术在越南从落地到生根，从开花到结果，在“一带一路”建设中写下了浓墨重彩的一笔。❷

❶ 中国与东盟农业合作前景广阔. 新农村商报. 2017-11-24. http://www.farmer.com.cn/xwpd/gjdt/201711/t20171124_1339321.htm。

❷ 同❶。

（三）投资模式

1. 替代种植

1990年伊始，由联合国禁毒署、联合国亚太经合理事会、联合国工业发展组织、世界卫生组织等国际组织共同发布了将在毒源地开展实行罂粟替代种植，发展替代经济的方案。各国际组织把切断毒源供应视为国际禁毒的核心任务，他们认为毒品种植与生产的存在是该地贫穷落后的根本原因，而发展合法经济是解决该危机的唯一方法。替代发展要着力解决的3个问题：减少毒品的种植与生产问题；生存问题；可持续发展问题。替代种植（opiumpoppy control development）以市场为导向，以资源为基础，以科技为依托，充分发挥我国毗邻金三角的区位特点与经济技术优势，积极帮助周边国家和地区，利用农业经济作物及其他产业替代罂粟种植、毒品生产，以逐步削弱这些地区对毒品经济的依赖，用有益的经济替代有害的经济，从而减少乃至消除其毒品对我国和全世界的危害。

替代种植的投资模式主要集中在老挝北部、缅甸北部罂粟种植区，据云南省商务厅提供的数据，替代种植企业从2005年的42家增加到现在百余家，企业累计投资近20亿元人民币，开展境外替代种植项目200余个，境外替代种植面积超过350万亩，遍及老挝北部，主要种植甘蔗、水稻、玉米、热带水果、橡胶等近40个农业科目类（董向诗杰，2016）。

2. 订单农业

订单农业是近几年来世界各地广泛采用的一种“公司+农户”结合成利益共同体的合作生产形式，多产生于取得稳定的原材料的加工企业。通过签订协议，明确规定农产品收购的数量、质量以及最低保护价，协商双方应享有的权利、义务和约束力。通过合同契约形成较为稳定的利益联结关系，具有法律效力。企业在农业投资中向农户提供技术、管理和种苗、化肥等生产物资，在种植期间还须向农户提供技术指导以保证原材料农产品的质量；当地农户负责种植、生产；收获时按协议收购价向农户收购农产品。采用“订单农业”模式的企业多为边境周边的农业合作社，采取传统、集中的订单方式。由企业从农户那里收购初级农产品进行加工、销售，在每一个生长季节开始时签订合约，期间严格进行质量检查。另外，个体企业或小公司根据市场行情、季节情况与农户签订简单的、非正式的生产合同，如新鲜蔬菜和热带水果。某些城市的超级市场也经常通过个体开发者购进新鲜农产品。

3. 土地租赁

企业向农户或政府支付地租而获得该地土地使用权，用于从事农业种植经营活动。企业通过出租土地主要投资种植水稻、玉米、蔬菜、热带水果，以及养殖业生产。有的企业向政府租地、与政府签订的租赁合同，一般有30年的租赁期限，到期后可以申请延期。投资者还可以向当地政府或各省政府申请土地特许经营权。合同生效后，企业自主经营，每年按规定支付约土地租金。

土地租赁较为明显的一个影响是，许多批准的土地租赁和特许经营项目缺乏对社会、环境影响的评估，绝大多数项目没有相关报告，只重视投资项目的价值，缺乏细致的实地调查。例如，在老挝，当地政府认为由于现有的土地租赁使用项目对森林、河流等自然生态环境产生了较为严重的破坏，2012年老挝政府全面暂停了投资者或公司新的橡胶、桉树种植的土地租赁和特许经营项目，政府开始重新审视这一流程并且对于在土地投资中出现的问题加以研究以实现绿色土地经济。

4. 股份合作

股份合作是指企业以入股的形式，与当地政府和或社区农户进行投资合作，分享收益。这种模式可以形象地描述为“参与式的订单农业”。目前,中资企业在老挝、缅甸的农业投资中多数使用的就是该种模式。公司与农户合作的模式多分为“2+3”和“1+4”两种,“2+3”模式是中资企业采用最普遍的生产经营形式。在这个模式中共有5类要素投入,农户提供土地和劳动力,公司负责技术、市场、资金(包括种苗、肥料和设备)。农户与公司签订合同协定对将来产生的利润股份的分配,通常利润的60%~65%为农户所有,35%~40%为公司所有。通过“公司+农户”的股份合作方式能让当地农户感受到安全管理自己土地并拥有土地所有权。“1+4”模式,也称“类自主经营模式”,同样也有5个要素:土地、劳动力、技术、市场、资金。农户只用提供土地,公司提供技术、市场、劳动力、资金(包括种苗、肥料和设备)。投资者须负责出佣金雇佣劳动力来进行生产经营。相应地,利润15%~30%为农户所有,70%~85%为公司所有。这种模式村民不仅拥有土地所有权,还有地租和薪酬。

5. **农业示范园区**

中国—东盟农业投资合作中,建立农业示范园区,由地方政府规划现代农业合作示范区、综合农业示范园、农业综合试验站以及示范基地建设等项目,中方农业科技部门、农业政府部门,根据双边签署合作协议,共同建设合作示范区。示范园区覆盖的领域包括良种、仔畜饲养,虾、蟹种苗繁殖及饲养示范,热带鱼苗繁殖及饲养示范,热带水果种植示范等(郑颖)。例如,重庆—老挝综合农业园、云南—乌多姆赛省农业科技示范园、广西—老挝农作物优良品种试验站、湖南—老挝经贸合作区。

采用农业示范园区模式的多为种业企业和农业科技公司,通常租用土地,进行农作物的示范种植。一方面,“因地制宜”:利用当地的土壤进行种子、种苗的培育。另一方面,“因地施策”:当地农户通过直观的方式就能了解到这些种子、种苗的种植效果,种业公司可根据农户的实际情况答疑解惑,实地地、直接地推广销售给农户,使老挝农户产生购买的积极性。而科技公司则通过生产技术示范、经营管理示范,让农户了解到采用新技术将带来的好处,从而让他们愿意采用新技术进行生产。

三、中国对东盟国家(部分)农业投资实践

(一)老挝:云南昌胜达投资有限公司——深山中的咖啡使者

1. **公司基本情况**

云南昌胜达投资有限公司(以下简称“昌胜达公司”),于2009年10月在昆明注册成立,法人代表为尹新华,是云南省商务厅批准成立的境外罂粟替代种植及对外贸易投资企业。该公司主要经营范围为:中国国内贸易、物资供销;货物及技术进出口业务;项目投资及对所投资项目进行管理,是一家集生产、加工与销售为一体的中资企业。成立之初该公司注册资本金1000万元,经过多年发展增至6000万元。2013年10月,昌胜达公司在上海股交中心中小企业股权报价系统挂牌。2014年5月27日,该公司在昆明投资1000万元成立其全资子公司——云南昌胜达咖啡有限公司(以下简称“昌胜达咖啡公司”),主要从事咖啡产品研发、咖啡加工设备及器械销售、预包装兼散装食品销售、货物及技术进出口业务,生产的产品主要有咖啡挂耳包、咖啡生豆、烘焙豆、焙炒粉、速溶咖啡等。

为积极响应国家政策,在云南省商务厅、财政厅、农业厅等部门的支持与领导下,该公司把“走出去”列为其战略发展的途径和目标,以“罂粟替代种植”作为海外咖啡基地发展合作模式,在2011年投资334万美元在老挝丰沙里省注册成立全资子公司——老挝昌胜达咖

啡种植与烘焙独资公司[以下简称“昌胜达(老挝)咖啡公司”],开展境外农业种植、罂粟替代种植等业务,为云南农业产业升级及社会禁毒事业尽一份力。随后,昌胜达公司在丰沙里省下辖的奔怒、丰沙里、温带、孟桑盘、勐垮、勐迈6个县各建立1个子公司,经营咖啡、橡胶等农产品的种植及产品加工事业。伴随着云南农业对外投资的加强,多层次合作机制的不断完善,昌胜达公司在“一带一路”“农业走出去”和“替代种植”政策指引下不断发展,18万生态雨林咖啡产业项目被确认为2017年“一带一路”重大在建项目,目前已成为拥有170余名员工的跨国集团公司。

未来,昌胜达公司将秉承“利国、利民、利产业、利公司”企业宗旨,按照生产“最富有爱心的原生态、高品质咖啡”的品牌经营理念,充分挖掘咖啡消费文化,通过咖啡吧、超市、自动咖啡机、连锁门店等经营方式打造营销网络,依托云南旅游市场,以代理、加盟、连锁等现代营销方式,着力培育国内和国际终端消费市场,打造属于自己的“老咖啡”“SaBaiDee”等咖啡品牌,培养与自身理念一致的具有咖啡种植、加工技术的高素质人才及管理团队、研发团队,建设咖啡产品的精加工厂、开拓贸易及终端销售渠道,实现“洁白的咖啡花代替妖艳的罂粟花,老咖啡的芬芳驱散贫困的阴霾”企业愿景。

2. 投资基本情况

1)投资区域概况——丰沙里省

丰沙里省(Phôngsali)是老挝最北部的一个省,西、北邻中国云南,东邻越南。丰沙里省是老挝凸进中国的一部分,与中国有长达400多千米的边境线,面积1.6万平方千米,人口17万左右,曾是老挝北部种植罂粟最泛滥的地方。这里基本没有工业,物价水平较高,华人很多且大多经商。由于丰沙里全省地处中国的云贵高原以南延伸部分,地势平均高于1000米,故全年气温也与云南省大部分城市的温度相似。

丰沙里省首府丰沙里,是老挝北部边境重镇,人口约3000人,位于南乌河上游山区,北纬21°41′,东经102°07′。西距中国边境35千米左右,东距越南边境约50千米,南至琅勃拉邦市200千米,地理位置非常重要,有公路北至孟乌怒,西南经孟约通中国云南省勐腊,东南到越南奠边府。城西有一座小型简易机场。丰沙里周围群山环抱,属热带季风气候,年平均气温20.1℃,极端最低气温1.1℃,年降水量1700~2060毫米。农作物多为水稻和玉米,为附近各地农林产品集散地。附近矿藏有锑、煤、石膏、岩盐等。中国企业在丰沙里的投资方向主要是农业,包括咖啡、橡胶、甘蔗、茶叶、蔬菜、玉米等。

2)投资地点概况——丰沙里6县

2011年起,昌盛达公司在老挝丰沙里省的丰沙里县、奔怒县、温带县、孟桑盘县、勐垮县和勐迈县开展了18万亩咖啡种植项目,启动了“咖啡种植”替代“罂粟种植”的模式。18万亩田地分布在186个村,共计22479户。按一户6人推算,项目涉及134982人,占丰沙里省总人数的75.4%。

昌胜达公司在老挝投资咖啡项目区的6个县经济较为落后。据资料显示,丰沙里省人均生产总值为683美元,而项目区的6个县人均生产总值350美元左右,40%的农户为贫困户。

3)公司投资概况

(1)生态雨林咖啡种植基地。

2009年,昌胜达公司经过考察,把咖啡种植与生产项目基地确定在老挝丰沙里省。2011年,该公司在老挝丰沙里省6个县设立了办事机构(子公司),并将“昌胜达(老挝)咖啡公司”总部设在丰沙里省奔怒县,与丰沙里省各县政府签订达18万亩面积的咖啡种植项目合同。2012年，在奔怒县签订第一期项目，咖啡园面积1000公顷，即1.5万亩。2013年1月，与勐垮县、勐迈县、温带县、孟桑盘县、奔怒县政府签署达16.5万亩的咖啡种植项目合同。至此，老挝18万亩生态咖啡园及初加工建设项目种植面积正式签约确立。该公司在项目建设中努力推进咖啡产业示范园建设，按照技术先进、管理科学、发展强劲、效益良好的，具有现代农业科技特色、多功能的综合性现代化国际产业园区建设要求，积极打造国家级“罂粟替代种植示范项目”，截至2017年，昌胜达公司在老挝的咖啡种植总面积约4.73万亩，打造了老挝北部最大的咖啡种植基地。

(2)标准化咖啡初加工厂。

为保障咖啡鲜果收购能力，提高效益，该公司先后在奔怒县的朴萨村、仙塘村、龙三湾村，温带县的三盘赛村，孟桑盘县的阿色村、南里村，孟迈县的顶都村、苏龙村等处设置临时加工厂8处。2016年该公司选定奔怒县仙塘村标准化加工厂厂址后立即开展了相关工程建设。仙塘加工厂能解决奔怒县范围内咖啡鲜果加工、咖农技能培训和有机肥生产供应等问题，是昌胜达公司从替代种植向替代产业发展的重要转折点。2017年4月12日，昌胜达(老挝)咖啡公司仙塘加工厂奠基仪式在奔怒县举行。老挝国家副总理宋赛·西潘敦、副部长兼总理府办公厅副主任送沙泥·苏湾那拉、计划与投资部副部长康联·彭谁那、能源与矿产部副部长喜纳瓦·苏琶努翁、交通与运输部副部长棉沙旺·喜潘冬等老挝国家领导及丰沙里省省长坎坚一行出席奠基仪式。2017年，仙塘加工厂主体工程建设基本完工。

(3)合作模式及期限。

昌胜达公司与老挝项目区当地政府签订的合同约定以“2+3”模式开展项目，即农民投资劳动力、土地，昌胜达公司投资资金、技术、市场(回收产品)。同时，咖啡鲜果的回收将受相关合同的保护。2017年，该公司提出“政府+公司+基地+农户”的新型整村扶贫合作模式的工作思路，并在丰沙里省6个县中各选取至少1个村寨正式签约开展试点工作。

昌盛达公司与老挝政府约定的经营期限共30年，自2011年8月起至2041年8月止，到期可以顺延合同。至2017年年底已累计完成咖啡种植4.73万亩。项目总投资为102123.77万元，建设投资90361.48万元，流动资金投资2199.99万元。

3. **投资对该地区减贫的影响**

1)积极影响

(1)增加就业途径。

老挝丰沙里省拥有适宜咖啡种植的大片土地。过去由于经济落后，农村没有优势产业，大量劳动力闲置在家。昌胜达公司咖啡项目实施后，积极吸纳当地劳动力从事咖啡种植。目前，该公司替代种植项目区已有140余个村寨、4783户农户、约19300人参与到咖啡种植项目中，解决了近3万人的就业和生活问题。如果18万亩咖啡基地项目在丰沙里省6个县成功实施，参与项目的农户将超过2万户，解决13万多个劳动力就业问题。

(2)增加农户经济收入。

截至2017年12月底，老挝政府与昌胜达公司合作的咖啡替代罂粟种植覆盖140余个村寨，累计产生的经济效益约3600万元，在咖啡种植重点村朴萨村，每年全村平均收益超过6000元，一些咖啡种植户每年仅咖啡鲜果收入就达到2万元。由于种植经济效益明显，老挝已经把发展咖啡作为振兴经济、减少贫困的支柱产业，列入其下一个五年发展规划中；丰沙里省也已经把发展咖啡种植与加工产业已经列入其下一个五年发展规划。

(3)提高农业生产水平。

由于经济社会发展水平的影响，老挝农业发展水平总体上比较低，农业生产技术比较落后，特别是丰沙里等北部地区。项目实施中，该公司聘请中国国内农业技术员，深入各村寨农户家里，开展咖啡种植技术培训，进行咖啡种植技术指导。每个月都要对咖啡重点村的村级技术员进行技术培训。不断提高农户种植水平，提升劳动力素质。

2017年4月，为提高老挝丰沙里省农户咖啡种植技术，加快咖啡产业的发展，推动境外罂粟替代种植事业的进步，昌胜达公司在中国农业部、老挝丰沙里省各级政府及相关单位的支持下，借澜沧江–湄公河农业合作暨中柬老缅泰村长论坛的东风，协调组织丰沙里省考察团到曼歇坝精品咖啡庄园考察调研。丰沙里省考察团由丰沙里省副省长兼省委副书记平·尼拉翁带队，工贸厅厅长通山万·坦玛温等各级领导及丰沙里省村长代表组成。普洱市咖啡协会会长刘标详细介绍普洱市咖啡发展历程及曼歇坝咖啡基地情况，并带领该考察团深入基地、初加工厂、农业部国家种子工程云南省小粒咖啡良种苗木繁育基地等地调研。随后，该公司在普洱市洲祥酒店举行咖啡种植培训会。昌胜达公司技术员胡发广、普洱市咖啡协会会长刘标从世界咖啡种植情况、咖啡市场、种植技术等方面作了培训和讲座，对参会的代表提出的咖啡生长速度缓慢、遇到病虫害以及咖啡种植合作模式等问题，作了详细的回答。

(4)支持当地各项社会事业发展。

在老挝投资期间，该公司积极支持丰沙里省、县级政府部门开展球赛等文化活动，捐赠当地政府摩托车方便公务人员开展各项公务活动。该公司致立于老挝项目区的公益事业，捐建了学校、村级办公楼、医院等，大力扶持当地政府的教育事业，为当地学生捐赠学习用品，免费组织开展中文学习班及电脑培训班。针对项目区基础设施及道路状况较差的现状，该公司主动承担社会责任，从2012年起为先进咖啡种植村免费修路。该公司已累计投入公益性资金650多万元，修建通村公路18条（覆盖萨村、扑曼村、博贡村等21个村，合计约252.91千米），有效地解决了当地居民出行问题，给当地交通带来便利。

(5)替代种植已见成效。

多年来，昌胜达公司在老挝开展生态咖啡替代种植与初加工项目建设，在项目区宣传和推行“罂粟替代种植”政策，将咖啡种植扩展到种植罂粟的区域，引领丰沙里省内广大农户种植咖啡，以禁除毒源、减轻贫困，使原来种植罂粟的186个村寨的罂粟种植比例下降到5.25%，吸纳种植罂粟的1万余名烟农改种咖啡，为中国和老挝罂粟替代种植与丰沙里省经济发展开创出一条合作共赢的新模式。

2)消极影响

近年来，随着中国和老挝经贸关系的日益密切，两国交往越来越多，中国进入老挝投资经商和务工的人员也日益增长。虽然大部分企业能注重社会责任的履行，但由于企业本身的逐利本能和两国之间社会文化等方面的差异性，对中国企业在老挝投资的评价也出现了不同的声音。老挝长期以来农业发展水平较低，特别是北部山区，基本是粗放经营。虽然老挝本国有相应的法律规范，但由于农民在生产中基本不使用农药、化肥，过去政府在这方面的监管较为宽松。昌胜达公司在项目发展中虽然按照标准传播咖啡种植的农业科技、农药化肥使用量和操作规范，但在实际种植中，少数农户由于理解上的偏差导致出现农药化肥的不规范使用的现象。虽然只是少数情况，却在舆论上造成了中国企业对外投资的负面影响。

4. 建议

1)注重生态环境的保护

在2011年之前丰沙里省没有成片的咖啡，咖啡种植与加工对老挝丰沙里省乃至老挝北部都是个新生事物，在种植、加工过程中的必需的农药、化肥使用和操作规程要按照2013年修订颁布的老挝《环境保护法》的要求严格执行，这样才能保证投资项目的顺利开展，也才能进一步打造中国企业形象，营造良好的对外投资空间。

2）加强沟通与合作

昌盛达公司在老挝进行的替代种植工作，得到了当地农户、政府、社区好评，从经济收入、社会发展、技术传播等方面为老挝带来了积极的变化。因此，为进一步创造和谐稳定的生产经营环境，树立中国农业投资企业跨境投资的形象，昌盛达公司应该进一步加强与当地政府的沟通、与社区的沟通、与农户的沟通，通过积极履行社会责任，回馈当地农户和政府，融入老挝社会，提高中国和老挝公司在当地的影响力，为其营造更好的发展空间。

（二）越南：云南西南农牧集团有限公司——让大家过上好日子

1. 西南集团简介

云南西南农牧集团有限公司（以下简称“西南集团”）成立于1993年，前身为西尔南饲料有限公司，是云南省最早成立的饲料企业之一。西南集团是以饲料生产销售为主业，并涉及养殖、贸易等领域的国际化、现代化农牧企业集团，是农业部重点关注企业、云南省中小和非公企业上市培育重点企业、国家级100家生猪核心育种场之一、云南省饲料工程技术研究中心、云南省省级重点龙头企业、云南省创新型企业、云南省优质种业基地，被云南省委省政府授予“社会扶贫先进集体”的荣誉称号，并被评为2016年全国30强饲料企业、云南省民营企业100强、云南制造企业50强，是“云南省饲料产业技术创新战略联盟”盟主单位，在云南省饲料行业中处于领军地位。

西南集团旗下拥有1个省级工程技术研究中心、1个国际科技示范园、2个院士工作站、1个国家生猪核心育种场、3个实验基地和32家子公司，分布于吉林、北京、山西、内蒙古、河南、四川、云南、海南等省份及越南义安、海阳两省。其中饲料生产企业19家、养殖企业12家、第三方检测机构1家，现有员工2000余名。该集团拥有注册商标品牌8个、自主专利16项，与共建单位共享发明专利80余项；集团所属的研发中心近几年完成了100余项新产品、新技术、新工艺的开发；在新成果的基础上制定并更新企业标准4个；发表的科技论文30余篇，其中中文核心期刊13篇、学术交流会议论文3篇。该集团相继承担国家级项目6项，省级项目30余项，市级项目40余项。西南集团经过20多年的积累，拥有一批多年从事饲料和养殖的科研、生产、销售、管理专业技术人才。

该集团主要生产猪、鸡、牛、羊、鱼等系列饲料产品及预混料系列产品；饲养有特色的地方鸡种和国外引进的优质良种鸡；培育瑞典系大约克、长白，台系、新美系杜洛克等优良种猪，现已成为享誉国内及东南亚的名牌产品。

2. 西南集团在越南投资概况

西南集团自2005年开始实施国际化战略，率先走出国门，是云南第一家走出国门的农牧企业。该集团目前拥有境外企业4家，位置分布在越南中部和北部，2018年6月启动了缅甸投资项目。境外投资公司均秉承“让大家过上好日子”的共同宗旨开展运行。

2005年该集团在越南中部义安省投资2500万元，成立了第一家海外现代化饲料企业——越南金星饲料有限公司，该公司引进荷兰设备，年产量12万吨，主要产品包括猪、鸡、鸭、肉牛配合饲料，猪、鸡浓缩饲料，当时在中部是最大的生产现代化的公司。根据越南相关规定，中方人员在越南公司比例一般在3%~5%，越南金星饲料有限公司现有中方员工5名，越南员工200名。该公司营运采用代理经销商直销模式，拥有代理经销商260户，分布在142个村，与当地400多名驾驶员建立稳定合作关系，保障产品及时配送。

2009年西南集团在国家和省委省政府“走出去”战略和政策鼓舞下，在越南北部发达地区河内海阳省，投资5000万兴建了第二个现代化饲料企业——越南海阳西南饲料有限公司，引进中国成套现代化设备，年产18万吨，主要经营饲料有25个品种，两个品牌运作（西南牌，家家好牌），年销售收入达3.5亿元。聘用越南本地员工220人，拥有代理经销商406户，直销相对较少，涉及16个村。

2015年西南集团与美国康地公司合作，在越南河内成立西南康地预混料有限公司，主要面向越南、东南亚市场提供“康地”品牌高档猪全价料，力争成为越南猪料第一品牌。

2015年8月在越南中北部义安省成立了越南家家俏农牧科技有限公司，采用“公司+农户”的经营模式进行养鸡，年出栏优质鸡400万羽以上。

3. 企业对当地减贫的影响

1）正面影响

第一，促进当地员工生活水平的提高。

据该集团负责人介绍，西南集团在对越南的农业投资中一直秉承“让大家过上好日子”的宗旨，并付诸实际行动。多年来在该集团工作的越南员工，福利多、收入也比较稳定，目前员工中有60%的家庭建了房屋，16名员工购买了轿车（均为日本原产轿车）。一般情况下工作7年以上的员工均有能力改善家庭住房条件自建房屋。

第二，有效带动当地农户的增收。

该集团多年来在越南的投资实践中踏实做事，带动当地老百姓脱贫致富，形成双赢局面。据调查，2015年在越南中部成立的家家俏农牧科技有限公司，带动当地农户140户进行优质土杂鸡养殖，每户养殖规模在3000~5000只，采取“公司+农户”的模式运行，由该公司提供种苗、饲料、技术、兽药并负责销售，户自愿领取鸡苗并交一定押金，负责提供鸡舍和养殖管理，养殖期一般为75天，当养到规定天数，由该公司进行回收及结算。企业承担市场风险，养殖户只负责按标准养殖优质鸡，由于该公司管理及气候环境条件好，出栏率均比较高，一户农户一年可养殖2.5批次，年收入远远高于当地其他农户收入。

第三，引入先进管理理念和技术服务。

越南虽然劳动力廉价，但懂技术的熟练劳动力不多，员工整体工作效率并不高。该集团建立院士工作站，用院士研发技术指导，在营养、养殖方面提高企业竞争能力，并定期对中层和普通员工进行分类培训。中层管理人员，即经理、财务、技术骨干，定期、集中与中国中层管理人员一起，进行两年一次中越双方后备干部集中培训。通过小组任务或管理类经典书籍读书会，引导双方管理人员学习、交流国际最新管理理念和团队合作经验，让他们把学习到的知识和经验带到自己的团队。这些培训不仅引入国际先进技术、管理经验，还注重培养管理人员自主学习习惯，同时倡导员工积极参加体育锻炼保持良好的健康状况，关心员工鼓励员工身心健康发展。

针对普通员工的培训，主要着重于养殖、生产等方面的适用技术，邀请国内知名学术机构的博士和有实际经验的技术人员，到当地对越南员工进行实地技术培训。越南分公司的销售人员每月在不同村落，都会召集用户，召开养殖技术培训交流会，培训农民养殖技术，解答农民在养殖过程中遇到的问题。销售人员通过这些养殖座谈会与养殖户面对面沟通，进行价值营销，为养殖户制定用料流程及技术指导，帮助养殖户解决自动饮水、自动料槽、保温等养殖硬件问题。当农民们的一个用料流程结束后，即养殖户的猪出栏时，他们会举办杀猪比赛，屠宰部分使用该公司饲料的猪，比拼屠宰率、肉质，邀请大家一起品尝猪肉。让养户对该公司产品"效果看得见，效果听得见"，诚信经营，用数据说话，让养户放心、得实惠，并请部分养户在座谈会中为大家讲解养殖技术及公布养殖结果。

第四，与当地社区建立良好关系。

西南集团在越南投资初期经历过融资、国际贸易摩擦等困难，但随着对投资国深入的了解和对自身的调整适应，经过10多年的积极发展，在经营上取得显著成绩的同时，也与当地投资环境从不适应到适应，逐渐走上正轨，最终建立了良好关系，成为当地五星级纳税大户，并获得越南工商银行每年5000万美元的无抵押贷款等信任支持。

该企业在发展过程中总结经验"适应、适应再适应"，认为发展离不开当地政府和社区公众的认可和支持。然而要成功融入当地社会环境，就必须适应，从生活习惯和工作习惯上调整适应。该企业除了参与当地社区的公共设施建设、捐赠学校、捐赠公益活动外，也不断积极探索实践融入社区的成功经验。例如，该企业生产的饲料包装通常为40千克/袋，但由于越南当地农户和搬运工身材普遍矮小，为适应当地情况而改变包装规格为25千克/袋，获得了当地人的认同和好感；另外，由于越南人没有加班和晚上上班的习惯，该集团尊重越南员工意愿，放弃通过加班提高产能的计划。在尊重当地习俗和法律方面，该集团遵守越南法律法规，给予越南女职工多次生育期待遇福利；根据当地习俗，给予员工因亲戚、朋友婚礼庆祝传统为期3天的假期；节假日看望退休职工，如翻译、行政管理人员等，均体现了对越南员工高度的尊重和关怀。除此之外，该集团在发展中给予越南员工职业提升的空间，给予管理层员工公司股份，把其当作公司一员命运与共。该集团中方管理人员与越方员工同吃同住。越南员工按意愿可以在该集团获得稳定的工作和收入直到退休。越南员工对该集团及中方员工感情深厚。该企业多年来的管理理念和实际行动获得了当地政府的认可。

2）负面影响

第一，对外投资环节处于产业链末端，使当地整体增收水平受限。

很多中国的中小企业为了享受越南与其他国家优惠的贸易政策和低廉的劳动力，只选择在越南加工组装和出口产品，而企业内部核心的生产环节（即价值链高端环节）依然在中国国内进行，使得越南民众参与企业活动大多处于价值链低端，总体收入水平提高受限。另外，中国和越南两国间的历史原因及政治关系，容易引发越南民众对中国企业的仇视及中越矛盾的激化，影响中资企业在越南的经营和形象地位。西南集团在对外投资过程中，为降低风险与美国康地公司合作在北部河内成立西南康地预混料有限公司，通过技术及品牌入股，改变包装，在一定程度上使公司未来发展及安全有所保障。

第二，市场竞争激烈，企业履行社会责任职能受到影响。

西南集团在越南投资的第二家公司位于北部发达地区，其产能规模有所提高，年产量达到18万吨，但竞争压力也更大。北部地区由于经济发展水平相对高、地理优势和区位优势，外资企业投资建厂数量不断增加，竞争者来自美国、韩国、日本等国家，产能规模均在30万吨以上，但产品竞争同质化严重，并且越南饲料市场已经处于供过于求的不利市场环境，各企业之间竞争愈加激烈，而企业亏损削弱了对东道国环境和社会方面的利益兼顾。

4．建议

2008年粮食危机之后掀起的跨国农业投资热潮，给全球粮食安全、减贫及农村发展等领域带来了复杂的经济、政治和伦理道德影响。在发达国家和民间团体的推动下，国际社会加快制定农业领域的国际规则来约束和管理农业国际投资行为。在坚持和平自主的外交政策下，企业对外投资要尽可能地吸纳当地人口就业，增加居民的收入，促进当地居民生活状况的改善，缓解各种矛盾冲突。

1）境外投资向全产业链延伸

随着中国对外农业投资的发展、投资领域不断拓宽，全产业链模式能够使位于产业链上下游的参与者形成一个利益共同体。越南农业发展水平相对中国滞后，向其引进农业先进适用技术、品种和设施可提升越南农业生产能力，企业通过"公司＋农户"的模式，直接新建、收购或租用生产基地或加工厂，或直接利用当地成熟的农业生产服务体系，整合越南当地的资源，能够促进企业境外农业投资与合作的合作层次的逐步升级，由单纯的合作开发资源发展到资本联合经营，推动产业发展，向产业链、价值链的高端延伸。

2）加强科技创新，提高企业竞争力

为避免市场同质化低水平竞争，提高产品质量及创新是必然途径。借鉴巴西农业科技创新经验，建立完善的科技创新体系，由农业科技创新研究机构、成果与技术推广机构和相关农业科技创新支撑措施组成。以政府为主导，整合中国国内农业院校、科研机构、数据研究机构和"接地气"的农业推广服务机构，通过与高校科研机构的合作获取高级农业科研人员多方位技术支持，研究评价投资地农业生产条件，精准确定适宜的养殖环境和养殖品种，并完善服务体系建设，为参与养殖的农户提供更方便的服务和指导，提升公司产品品质与产量，并更好地适应投资国环境特征。

（三）缅甸：临沧南华糖业有限公司——甘蔗撑起缅北农户的希望

缅甸农业资源丰富，可耕面积1077万公顷，人均耕地面积0.2公顷，森林面积3013.4公顷，森林覆盖率46.14%。大部分地区属于热带季风气候，境内湖泊及河流众多，水资源丰富，适宜多种作物生长。农业是缅甸国民经济的支柱产业，农业总产值约占GDP的40%，农产品出口占外汇总收入的14%。

由于经济和地缘位置优势，中国一直是缅甸最大的投资来源国。截至2017年5月，对缅甸投资国家和地区中，中国以总投资额180亿美元位居首位，共有183个已批准投资项目。中国对缅投资额占缅甸吸收外资总额的26%，排在首位。其中，中缅双边在农作物品种交换、育种和栽培技术的交流、农业科研技术人员培训等方面开展了一系列合作，并取得了积极的成果。以替代种植项目为代表的中缅边境农业合作取得明显成效，部分中国企业通过替代种植项目在缅甸进行农业开发，已经形成政府搭台、民营企业为主体的格局，缅甸北部罂粟种植面积大幅下降。中国的小型农机、种子、化肥、农药等农资产品，特别是手扶拖拉机及其散件，在缅甸市场占有很大比例。现选择对缅甸进行甘蔗替代种植的云南临沧南华糖业有限公司（以下简称"南华公司"）为例进行分析。

1. 企业简介

20世纪90年代末，南华公司在临沧市注册，后为中国制糖生产规模最大的企业集团广西洋浦南华糖业集团股份有限公司收购重组，现为广西洋浦南华糖业集团股份有限公司全资子公司，是云南省百强企业和农业产业化重点龙头企业，有下属企业19家，包括双江南华、沧源南华勐省、耿马南华孟定、耿马南华华侨、耿马南华勐永、镇康南华南伞、镇康南华勐堆、临翔南华晶鑫等十个糖业子公司（日处理甘蔗能力29000吨）和沧源南华生物能源有限公司、双江南华纸业有限公司、勐永药业及五个生物有机肥有限公司。其中，镇康南伞、耿马孟定和沧源勐省是先后成立的主要经营跨境甘蔗替代种植的糖厂。

2. 企业在缅甸投资概况

根据云南省委、省政府实施"走出去"发展战略及国际禁毒组织提出的在毒源地实施罂粟替代发展、切断毒源供应的指示精神，南华公司先后在2007年、2008年和2012年分别签订甘蔗种植合同，发展境外罂粟替代种植项目，南华公司先后成立了沿边三县的镇康南伞、耿马孟定和沧源勐省等三家糖厂对接跨境甘蔗加工业务，专门注册成立了临沧南华原料发展有限公司，负责协调境外甘蔗替代（罂粟）种植工作，十年来累计斥资8亿元加快对缅北果敢县进行甘蔗替代种植投资。

1）投资方式：以提供农资和技术为基础的订单农业

具体操作模式如下：首先，提供资金、技术和种苗、肥料、农药等农业生产资料，扶持缅甸企业和农民种植和管理甘蔗。其次，在境外组建了8个甘蔗专家工作站，长期驻站服务人员145人，其中：中方人员62人，聘请缅方人员83人，负责为境外农民提供全程甘蔗种植技术服务和技能培训，并配合当地政府做好甘蔗的生产规划。最后，以市场价包销区域内甘蔗，执行"过磅付款，不打白条"的结算制度，并通过修路、出车等方式保障规划区内所种植甘蔗的运输及运输费用。不在规划区内或者距离糖厂较远、运费成本高的区域，公司鼓励和支持运输到厂的包干价（2018年是460元）的方式种植和收购甘蔗。

2）投资区域：中缅边境线为轴的跨境区域

投资区域主要分布在缅甸联邦共和国掸邦省滚弄县（Kunlong）、户板佤族自治州（Hopang）、果敢自治区、贵概县勐举，以及勐冒县、南邓特区等。以边境线为轴，距边境口岸80千米，海拔在1200米以下的区域。截至2018年，蔗区辐射了缅北果敢县、贵概县、户板县、滚弄县、木邦县、腊戌县、勐冒县等7县区126个乡，实施18.5万亩高优蔗园建设，2018年创产值2.43亿元，完成蔗区内包括果敢族和佤族等13695户共64694人的生计发展和减贫问题。

3）投资金额：累计8.2亿元

近十年来，累计收购替代种植农产品（甘蔗）553.12万吨（含种苗）；扶持款投资56879.19万元，扶持罂区农民种植甘蔗，向农民提供种苗、肥料、农药等生产资料；直接补贴罂区农民7220.75万元；基础设施投资10533.94万元，帮助缅北地区建设道路、水利、工作站等基础设施，累计开挖公路5335.19千米，建设工作站、仓库11处（含租赁）；支付管理费7733.44万元，帮助缅方政府禁种罂粟，发展甘蔗产业。

4）主要问题

目前农业投资的主要问题是战事影响和指标限制生产。例如，受"209"事件影响，蔗园面积从2014年26.88万亩减到2016年的17.26万亩，两年下滑9.62万亩；农业产量从2015年度100万吨减到59.39万吨。另外替代种植返销指标制约了产量和产值，加上缅北区域的特殊性口岸难以升级，企业在生产、经营和运输层面都存在一定的风险。

3. 企业对当地减贫的影响

由于中方人员在缅甸遵守缅甸法律和风土人情，甘蔗种植既不破坏生态环境，又能为当地农民提供中国最先进的甘蔗技术、甘蔗新品种等现代农业生产资料，还能给当地农民带来丰厚的经济收入，甘蔗种植深受当地政府和农民的欢迎和支持，产生蔗区内农户生计发展、产业联动、基础设施、水利建设、饮用水和教育医疗等全方位的积极影响。

（1）带动三大产业发展，解决蔗区6万余人的替代生计和减贫问题。

缅北甘蔗产量从1997年的2525.57吨增长到2015年的100万吨（含种苗），2015年度实现农业产值40000万元，人均甘蔗收入6193元，这一产业发展直接带动了缅北地区甘蔗加工、餐饮住宿等服务业和及交通运输业等三大产业的蓬勃发展。目前，村庄房屋普遍从茅草房翻盖为砖瓦房和现代楼房，大部分家庭能提供住宿服务和餐饮服务。从没有机动车辆到家家配备摩托车、县城300多辆机动车。

（2）加强基础设施覆盖，提高路、桥、水利等设施的生产便利性。

近十年来，在中国政府的援助和企业的合作下，缅北蔗区已覆盖中国移动和南方电网基塔，实现通信、通电、通路、通水等基础设施的覆盖，大大提升了生产便利性。所谓“要想富，先修路”，蔗区目前已通公路5335.19千米，可谓“有甘蔗的地方就有路”，据统计临沧南华糖业有限公司在修路上最多一次就投资8000多万元，以有效保障甘蔗运输的畅通。同时，在每年一月至五月是云南临沧甘蔗榨汁季节，由于量大，南伞口岸为蔗农和企业专门开通了甘蔗专用通道，为跨境运蔗车辆办理备案免检登记，提高出入境通关效率。

另外，三个跨境糖厂针对蔗区收购布局不同，对道路、水利、饮水和教育等方面开展援助。例如，南伞糖厂通过村民出劳动力，公司援助水泥、砖、管道、挖掘机等约30多万元物资援助，解决引流灌溉水利和滚弄地区3000户山地区民饮用水问题。现正在计划整合资源翻修1965年中国援建的滚弄大桥，另外出资帮助村寨翻修学校等，促进蔗区基础教育建设。

（3）提升农民减贫能力，增强农户生计的可持续发展。

南华公司在蔗区广泛开展农业科技推广，极大地提升了农户的减贫能力。其农业技术推广具有精准性和适应性的特点，主要体现在技术培训是随着甘蔗生产节令展开的，内容依次为种植技能、中耕管理和收割运输，地点一般是村寨的田间地头展开，培训由中国技术人员和缅甸技术人员协同进行，同步配备生产机械，如拖拉机、栽秧机、收割机等，由技术专家现场指导，以便于有针对性地无障碍沟通和完成培训目标。培训经费由该公司统一安排，并非常人性化地准备了啤酒等餐食。这一双边配套且精准融入当地文化的培训方式很受村民喜欢，不仅可以有问即答、实问实答，有针对性地提升了村民的甘蔗生产能力，而且增强了村民的社会交往和减贫能力。

另外，南华公司以提供农资和部分生产资料借贷的方式促进了农户生计的可持续性。不仅进行甘蔗种植，公司鼓励农户进行上下游的生计拓展。2017—2019年南华公司计划投资400万元以运费折款方式扶持当地农民购买货车（7万元/辆），并进行运输培训。在这种多元化的生计拓展策略下，蔗区很快能实现村民自种、自砍、自运生计的可持续性自主运作。

总体而言，南华公司在缅北开展甘蔗替代（罂粟）种植农业合作是成功的，既符合国家发展战略，又有利于地方经济发展和农民增收。

4. 建议

（1）企业对缅甸社会内部的融入还有待深入，而相关报道不多，可见对外宣传也尚不足，亟待在内外两个层面拓展投资影响。

该企业侧重对缅甸蔗区提供农资和技术培训与返销收购，对当地民间社会文化的融入不够，缺乏跨文化交流的培训，更缺乏相关学科（如民族学、社会学等人文学科）调研，在民间交往和社会融入上有待深入。同时，虽然该企业专注于投资合作，做了很多实事，但缺乏对接与宣传意识，在面对外界对环境破坏和社会发展质疑上过于被动。

（2）强化可持续生计引导，避免单一化甘

蔗种植对当地村民的冲击风险。

在跨境农业合作中,企业投资与村民生计是一体两面的问题。从长远来看,单一化甘蔗种植带来的农户生计脆弱性不容忽视,一旦发生市场风险,村民层面会引发更大的动荡进而影响边境稳定和国家形象。土地作为最重要的生计可持续资本,应在宏观层面获得政府的引导,即通过多样化的生计策略兼顾收益最大化和风险最小化,同时应考虑自然环境承受力和社会发展稳定性。

(四)菲律宾:瑞丽市众益商贸有限公司——致力做黑暗中的一盏明灯

菲律宾是一个群岛国家,其西部和北部与南中国海相邻,东部是太平洋。农业是菲律宾经济的重要组成,有40%的劳动力靠农业为生,农业产值占到全国GDP的20%。菲律宾农业资源丰富,主要出产大米、椰子、玉米、甘蔗、香蕉、菠萝、芒果等农产品。

菲律宾农业偏重于发展外向型的水果生产,而不是供给国内市场,这就增加了菲律宾对进口水果和蔬菜的依赖。菲律宾是世界主要的水果生产国之一,盛产香蕉、菠萝、芒果、木瓜和椰子。其水果主要进入日本、韩国、中国大陆、中国香港和中国台湾市场。但是同时,菲律宾要从美国、澳大利亚、加拿大以及中国等进口超过1.2亿美元的水果和蔬菜。

菲律宾是东盟的重要成员国,也是中国农产品贸易的重要伙伴国。但随着近几年中菲外交关系的变化,中国与菲律宾经济贸易关系也受到了影响。尤其是"黄岩岛事件"和"南海仲裁"闹剧对中国与菲律宾的农产品贸易冲击较大。

1. 企业简介

瑞丽市众益商贸有限公司(以下简称"众益国际")成立于2007年,年销售收入3亿元,拥有员工136人,主要从事光伏产品、家电产品、汽车用品三大系列产品的国际贸易业务及缅甸互联网业务。光伏生产基地位于浙江宁波,占地面积30000平方米,年产值8亿元。经过十年的发展,众益国际逐步形成四大核心竞争优势:一是坚定有力的经营管理团队;二是遍布全缅甸乃至东南亚国家的分销渠道;三是方便快捷的仓储物流运输系统;四是具有较高知名度的自主品牌。为顺应国家"一带一路"倡议,2017年该集团将运营总部搬迁至云南昆明,在此成立管控中心、采购中心和市场营销三大运营中心,在新加坡、缅甸仰光和缅甸曼德勒成立三大海外事业部,重组瑞丽众益商贸和云南日林新能源两个子公司;携SANDISOLAR(光伏专业品牌)、HOMAGIC(电器专业品牌)、WISTART(汽车后市场专业品牌)和INLENET. COM(缅甸茵莱网)四大自主品牌百余种产品,深度开发缅甸市场并强势进军菲律宾、老挝、泰国、印度尼西亚、柬埔寨、印度等东南亚国家市场。

2. 企业在菲律宾的投资概况

众益国际自成立以来,公司始终坚持让客户受益、员工受益、公司受益、国家受益的企业理念,致力让全世界无电区域的人都能用上电。在菲律宾的投资主要集中在太阳能农用照明和农用灌溉设备、农用水泵等农用基础设施,在菲律宾的马里拉设置办事处,外资农业投资企业较多的是棉兰老岛(Mindanao)和巴拉望岛(Palawan和内格罗斯岛(Negros)。越来越多的大型跨国公司和合资企业在新开发的土地上雇佣劳工,种植高附加值的水果并出口国外。由于易腐烂的水果需要产后罐装、冷藏和包装,这些都需要极高的资本投入。

菲律宾是电力、能源和公共事业板块中最具活力的亚洲市场之一,是中国友好近邻,也是共建"一带一路的重要伙伴"。众益国际携优质光伏专业品牌SANDISOLAR组件、电池、控制器、逆变器、水泵、市政套灯、太阳能背包等一系列产品参加国际太阳能展览会。该展会始于2014年，作为菲律宾的能源会议展览，菲律宾太阳能展将政府、主要公共事业、电力生产商、项目开发人员、投资者和解决方案提供商聚集一起，提供了新的商业机会和产值链接。

菲律宾人口数量为1.03亿，在区域内仅次于印度尼西亚，近6年来GDP增速均保持在6%以上，无疑具有支撑电商发展的巨大潜能。谷歌公司和淡马锡控股公司在一份联合推出的研究报告中预测，菲律宾电子商务市场有望在2025年达到97亿美元，超过新加坡、越南和马来西亚。众益国际立足于集团主营的光伏行业，借助互联网科技，在菲律宾打造“互联网+光伏”的理念，在菲律宾宣传和倡导“绿色新能源”概念，培训当地的居民利用绿色新能源的优势，安装和使用绿色新能源产品，通过绿色新能源产品脱贫致富。该项目也得到当地教育部和高校的欢迎和认可。同时还在当地不定期地给当地的企业和农户培训烘干技术，方便当地的农产品可以更好地保存。

同时，为践行国家“一带一路”倡议，分享中国优质产能，将中国制(智)造、中国技术分享到东南亚各国，帮助东南亚各国实现技术创新。众益国际与菲律宾科技大学进行一场关于光伏新能源的学术交流会。

3. 企业对当地减贫的影响

菲律宾总统杜特尔特参加布基农省少数民族节日庆典时说，希望得到中国的帮助来提升菲律宾农业产业，这也是菲本届政府农村发展的重要议程之一。杜特尔特提议将布基农省列为中国优先援助清单，把首辆农用拖拉机运到布基农省，以便该省的农业能够得到全面的发展。杜特尔特也鼓励该省农民种植可以出口到中国的农作物。布基农省位于菲律宾棉兰老岛北部，是菲律宾第八大省，经济以农业为主，被称为棉兰老的粮米之乡，是该地区大米、玉米和牛、猪、鸡等畜产品的主要产地，同时也出产菠萝、香蕉、咖啡、橡胶、土豆、木薯和甘蔗等经济作物。[1]

众益国际通过提供环保节能的太阳能农用水泵、照明、喷雾等设备，派专人进入社区培训社区居民安装和使用，改变了之前果园一周停电三四次，一次停电好几个小时的局面，受到社区居民的欢迎。众益国际为医院、寺庙和学校捐赠部分太阳能照明设备，解决了当地太阳下山后就黑暗一片的局面，赢得了当地政府和社区老百姓的认可。

四、中国农业投资对东盟国家乡村减贫的影响

(一)提高了当地的基础设施水平

东盟国家中，柬埔寨、老挝、缅甸、越南等国的经济发展水平较低，基础设施建设起步普遍较晚，农业基础设施方面更是不完善。柬埔寨多年的国内冲突导致公路和铁路网破坏严重，虽然近年来有了较大改进，但离建成全面发达的基础设施仍有待时日。缅甸长期以来农业生产投入严重不足，农业基础设施发展滞缓，缺少有效的灌溉措施(原瑞玲，等，2017)。老挝近一半农田缺乏相关配套水利设施，灌溉能力低下且国内的公路网建设尚不完善，运输道路情况不理想(王栋，2018)。中国企业到这些国家进行农业投资，出于自身需要也出于社会责任感，或多或少地都对投资项目区的道路、桥梁、水利等基础设施进行了修建和改造。很多道路修建后被称为“咖啡路”“香蕉路”，在改善企业运输条件的同时，也惠及当地农户。

在缅甸投资的南华集团为帮助当地政府禁种罂粟，发展甘蔗产业，在近十年中针对基础设施投资达10533.94万元，用于帮助缅北地

---

[1] 菲律宾《马尼拉时报》《太阳报》，2017-03-27.

区建设道路、水利、工作站等基础设施，累计开挖公路达5335.19千米，在一定程度上改善了当地的基础设施水平。

（二）提升了当地的农业生产力水平

如前所述，东盟国家中，柬埔寨、老挝、缅甸、越南等国由于经济发展水平不高，农业生产技术较为落后。柬埔寨农业仍处于粗放式、广种薄收的落后局面，缅甸缺乏完善的农作物良种繁育和提供体系，新品种繁育缓慢，化肥、农药的需求缺口非常大（张芸，等，2015）。与之相对的是，中国改革开放40多年，农村经济迅速发展，已形成一批成熟的农业产业技术。中国企业到当地进行农业投资，尽管投资模式不同、农业投资的种类不同，但普遍带去了农业生产技术和方法，提升了当地的劳动生产率。很多中国企业把农业良种良法、生产技能和管理技能带到了项目区，农业机械、加工设备也带到了项目区，从各个方面带动了当地的农业生产力水平。西南集团在越南投资期间充分意识到当地劳动力整体生产素质不高的问题，特别邀请了国内知名学术机构的博士和有实际经验的技术人员，到当地对员工进行技术培训。该集团越南分公司每月在不同村子召开养殖技术培训交流会，培训农民养殖技术，解答农民在养殖过程中遇到的问题，不断提升当地农民的生产力水平。

（三）提高了当地人的经济收入

东盟八国的经济发展水平很不平衡，2017年统计数据显示，马来西亚的人均国民生产总值超过9660美元，泰国达到了6336美元，但印度尼西亚、菲律宾、老挝、越南、柬埔寨、缅甸的人均国民生产总值则在3900~1200美元，人均收入水平也较低。中国企业的农业投资，为当地居民带来了直接的收益。当地农户或收到土地租金，或参与到订单农业中，或到企业工作拿到工资，收入有了稳步提高，经济条件得到明显改善。云南昌胜达公司在老挝丰沙里省的18万亩咖啡种植项目建设带动了当地农民种植咖啡，增加了农民的收入，不少农户买了摩托车、建了新房。孟桑盘县阿色区乱江村的松庞是昌胜达咖啡公司的咖啡种植户，从2012年开始种植咖啡，起初种了720株，到2013年又新种了3700株，到2014年9月，咖啡有了产量，到11月两个月时间，采摘了四次，一共400多千克咖啡鲜果，获得咖啡收益120万元老币。就在2017年10月，松庞终于如愿以偿地盖起了新房。

（四）促进了当地农业产业化、商品化和市场化的进程

东盟八国均属于发展中国家，农业是这些国家国民经济发展的基础（廖东声，2009）。但是农业发展程度不高，尤其柬埔寨、老挝、越南和缅甸，农业产业化水平不高，很多偏远地区农业还处于传统农业阶段。中国企业进驻当地进行农业投资，从农业发展模式创新上入手，改变了当地的农业发展状态。伴随中国企业而来的是现代农业的发展要素，这些要素与当地农业要素相结合，促进了当地农业产业化、商品化和市场化的进程，提高了劳动力和土地的效率与效益，焕发了当地民众农业产业发展的热情，提升了农民减贫能力，增强了农户生计的可持续发展。南华集团在发展跨境甘蔗种植中，鼓励农户不仅种植甘蔗，还进行上下游的生计拓展，更多地参与到甘蔗产业链中，促进了农户市场意识的形成与发展。当地蔗农不仅学习了种植技能和田间管理方法，还学习了收割、运输管理，过去自给自足的农业生产观念发生了很大转变，市场意识有了较大提高。南华集团带来的生产机械，如拖拉机、栽秧机、收割机等，也对当地农户的农业

生产意识形成较大影响，促进了当地农业发展进程。

（五）拓宽了当地人的就业渠道和收入来源

东盟八国总体来说长期经济发展缓慢，越南、柬埔寨、老挝和缅甸等国在过去几十年均出现战乱或者内部政治问题，尽管近年来各国开始注重经济发展，但产业发展基础还是比较弱。中国企业对这些国家进行农业投资，为当地提供了大量就业机会。很多当地民众参与到种植、养殖业中，相关的农产品收购、运输和加工也创造了很多就业岗位。产业的发展不仅增加了当地人的就业渠道，提供了收入来源，还带动了产业发展，为投资项目区域的产业结构调整、经济发展提供了动力。以西南集团为例，该公司在越南义安省投资建设的越南金星饲料有限公司，已有越南员工200名，在代理经销商模式中雇用了260个经销商，为保障产品及时配送还与当地400多名驾驶员建立了稳定合作关系；此外，在越南海阳省兴建的越南海阳西南饲料有限公司，聘用越南本地员工220人，拥有代理经销商406户，为当地人带来了更多的就业机会和收入来源。

（六）提升了当地社区的教育和医疗水平

东盟国家在经济、社会发展水平的差异导致各国的劳动力受教育程度、医疗水平方面存在很大差异。柬埔寨、越南、泰国和缅甸四国农业就业比重较高，劳动力成本相对较低，除马来西亚和新加坡劳动力素质普遍较高、劳动力中中等以上教育程度的超过80%外，其他各国的受教育程度不高（尚永辉，魏君英，2017）。中国企业到东盟各国进行农业投资的同时，为更好地融入当地，很多企业投资修建学校、医院、饮水工程，采用从中国引进的医疗设备和药物捐助学校，资助学生，免费提供电脑操作和中文、英文培训等方式，为提高当地民众素质与健康发挥了积极作用。南华集团的耿马县孟定糖厂、镇康县南伞糖厂和沧源县勐省糖厂三个糖厂在发展跨境甘蔗种植中从当地人的教育和饮水健康等方面开展工作，如通过村民出劳动力，公司援助水泥、砖、管道、挖掘机等方式，提供了约30多万元物质援助，解决引流灌溉水利和滚弄地区3000户居民饮用水问题，保障了居民的健康；此外，南华集团还出资帮助蔗区各村寨翻修学校，改进了当地教育资源水平，保障了基础教育建设。众益国际在缅甸发展期间，根据当地社区发展的需要，为当地的医院和寺庙捐赠了太阳能路灯，受到了当地群众的欢迎。

（七）提升了当地人的发展自信心

过去，由于战乱、政治等原因，东盟几个国家社会经济发展水平不高，虽然近年来进步较快，但无论是产业基础还是劳动力素质等方面与发展的需要还有很大差距。中国企业到当地的投资，除了经济方面的直接影响外，对当地农业劳动力的职业素质和劳动技也带来了明显的提升，更重要的是很多当地民众在参与中方企业的产业发展中，学习了知识与技能、开阔了眼界、感受到自身素质的提升，从而增强了参与社会竞争的能力和自我发展的自信心，为当地社会经济的长远发展奠定了良好的发展基础。云南昌胜达公司在老挝丰沙里省的18万亩咖啡种植项目中的很多咖啡种植户过去由于收入较低，在村子里一直都是过着自给自足的生活，对未来并无太多期盼。昌胜达咖啡公司刚开始去投资的时候，他们抱着试试看的心态去种植，当真的拿到钱后不仅他们的生活，而且他们的心态也发生了改变，他们产生了脱贫致富的希望。老挝丰沙里省本怒县的王阿恒家一共种植了5亩多的咖啡，在种植过程中王阿恒积极参加培训，认真管理生产，咖啡产量很高，咖啡豆饱满色泽好。有了好的收成，生活得到改善，王阿恒一家更加幸福了。

五、深化未来中国—东盟农业投资减贫伙伴关系的启示

（一）强化投资者对文化多样性的敏感性和包容性

人类文化的多样性既是地理环境的产物，也是民族精神的凝聚。我国与东盟国家山水相连，文化多样中又有相通，文化相近中又有差异，以华人为联结的社会网络和文化交流绵延互长，但也应密切关注投资过程中的跨文化交流障碍和个别投资者文化中心主义的思维惯性，特别需要重视投资者对投资国文化多样性的敏感性和包容性。

第一，拓展跨境民族的社会及文化联结，促进文化资本和社会资本再生产。

跨国经济活动不仅仅是单一经济资本的活动，还交织着政治资本、文化资本和社会资本等象征资本的运作，这与“一带一路”政策是一致的，尤其“一带一路”的社会根基“民心相通”离不开文化资本的交换和社会资本的联结。东盟有数以千万的以汉族和回族为主体，兼有傣族、彝族、佤族、苗族等多个跨境民族在内的海外华人是我国深化投资减贫伙伴关系的最牢固的社会根基，应充分利用文化联结并进行关系拓展，进行社会资本与文化资本的再生产。

由于农业投资是经济再生产与自然再生产的统一，需要劳动力将土地、作物等农业生产资料和自然节令相配合进行规模化种植，特殊的周期性具有更大的风险。应发挥并维系亲缘关系、拓展地缘关系和业缘关系等多层次的先天优势和后天积累，促进文化资本与社会资本的再生产。

第二，发挥中华文化的包容性，从理念和行为上落实对文化多样性的尊重。

加强全民尤其是“走出去”企业及其员工的对“团结互信、平等互利、包容互鉴、合作共赢”的丝路精神的理解和认知，既有文化自信认同本民族文化，又以文化相对论来尊重其他民族文化，对异文化保持求同存异、兼收并蓄的包容性理念，尊重差异并理解不同，在企业文化与民族文化之间建立良性的沟通渠道和双向的沟通机制，以较强的敏感性避免和应对文化差异与冲突。

第三，加强跨文化培训，消除文化优越感，提升跨文化交流能力。

我国跨国投资企业中，偏重员工的纯技术培训，往往忽略了员工尤其是管理人员的跨文化理念与交流技术培训，以致某些层面的文化优越感甚至文化中心主义妨碍双方建立稳定的情感联结和持续的价值认同。然而，跨文化培训正是解决民族-国家的文化差异、有效跨文化沟通的基本技能。通过跨文化培训加强双方对彼此民族文化和地方性知识的认知与理解，在文化理解、言语沟通、冲突处理、地区环境模拟等培训过程中避免现实中可能的文化冲突，于细节处体现对东道国社会习俗与生活习惯的理解尊重和社会价值观的深层认同，从而有效提升文化敏感性、适应性和包容性，协调跨国投资合作区域内的关系亲密性和稳定性，树立良好的企业形象和国家形象，促进民心相通和命运共同体建设。

（二）强化当地人对发展及减贫项目的拥有感

拥有感是一种将有形或无形的“标的物”认可为“我的”或“我们的”的心理状态，是一种对所有权实现占有的结果。在投资减贫项目

中,投资模式和投资内容直接影响拥有感的程度,由于投资而带来的持续就业机会和生计发展前景是拥有感这一感受的来源,并会使人们对标的物产生责任感,自觉产生保护的行为,从而作用于投资的长期效益和减贫贡献。按照黑格尔把人占有物分为三种方式,即“直接的身体把握”“给物以定形”和“标志”(黑格尔,1961),在不同层次上提高当地人对发展及减贫项目的拥有感,从而获得“以物的依赖性为基础的人的独立性”,从根本上获得减贫的能力与持续的生计。

农业投资过程中,“直接的身体把握”是最容易实现的,也往往为投资者所重视,只有当地人有机会直接获得对于某投资物的所有权,凭借身体或与之直接相关的力量而占有投资物。如今中国在老挝、缅甸的股份合作的方式越来越为农户欢迎,正是因为“公司+农户”的股份合作方式能让当地农户获得“直接的身体把握”的安全感,在拥有土地所有权的基础上管理自己的土地并获得地租和薪酬,在农业技术的层面上升级“身体化文化资本”并获得可持续生计的发展能力。

“给物以定形”的占有方式可视为“人把自身蕴藏的可能性、能力、素质等内在元素外化转移到某物之中,使该物体现自己的意志,而归属于自己”(陈立新,2012)。耕种土地和作物种植正是该种占有方式的体现。作物的收益归属自己,作为占有方式的“标志”则旨在“标明人们已把自己的意志体现于某物中,凭借观念而占有了物”,可视为对占有的确信从而获得安全的归属,对关系的认同又巩固了占有权的确信,同时新技术的掌握也加强了能力发展的自信。

从身体到物质再到精神占有,构成拥有感的三个层次。无论哪一层次的拥有感都需从内心安全出发,通过将意志外化为身体的把握和物的占有实现自我满足的愉悦感和实现感,但现实中往往忽略了当地人对这种拥有感的意义建构和反馈。总之,投资物进入社区应与当地人的社会文化意义相联结而避免冷冰冰的农资商品同时盯在异化了的回报率上,忽略了情感沟通和意志尊重,更不能剥夺对方的“拥有感”。

因此,强化当地人对发展及减贫项目的拥有感即是双方认可并投入“拥有感”的标的过程,以“身体的直接把握”“给物以定形”和“标志”等占有方式为基础的“拥有感”的增强会有助于实现长期合作、积极成效与互动影响。

(三)建立基于当地社区的发展及减贫项目可持续管理制度

社区发展是指社区居民能依靠本社区的力量,改善社区经济、社会、文化状况,解决社区共同问题,提高居民生活水平和促进社会协调发展的过程。在中国—东盟合作平台上,基于当地社区发展和减贫项目可持续管理制度需要考虑政府、企业和民众三个层面考虑,具体如下。

首先,政府在宏观层面引导农业投资减贫伙伴关系建设的战略对接及其可持续管理制度。以长期的制度建设来引导企业履行社会责任,通过双边高层沟通引导多元化生计资本渠道、规划惠贫订单农业和小额信贷等长效机制增强当地人应对气候风险、经济风险和疾病风险的韧性。

其次,企业在中观引领农业投资减贫伙伴关系的战术对接及其可持续管理制度。企业通过国内外调研了解企业员工和当地人的基本需要与基本能力,根据实际情况创新设计跨文化培训和农业技术培训,设立以过程管理为主的执行机制,构建企业跨国投资能力和农户的减贫能力建设的中长期机制。

最后,民众(包括员工和当地农民)在微观

层面加强社会网络建设和文化交流深度，提升跨国的社会支持能力，尤其是在应对气候变迁、市场风险和战争风险的时候双方都能够获得理解和相互支持。

（四）加强对中国—东盟农业投资与减贫的研究和宣传

我国企业跨国农业投资与研究和宣传呈现分离状态，现有新闻报道与调查研究存在客位视角较为单一、学术理论推演不足、缺少国际话语声音的问题，在新的合作背景下这亟待实地调研、学术对话和理论升级并转化为跨国投资效益。同时，跨国农业投资现有研究集中在国际关系、区域经济、国际贸易、地缘政治等宏观层面分析以及自然资源产业化开发与利用的中观层面论证，对农业减贫的研究实不应盯在以GDP为评价指标的经济增长上，更需要加强微观上民众的主位视角考察其可行能力的贫困治理（阿马蒂亚森，2013），才能获得与国际对话的话语权。

实际上，与西方学界重视跨境农业项目运作产出学术研究和反馈评估相比，中国学界在实践运作与理论研究的配套结合明显不足，迫切需要与国际接轨进行有学术论证合理性的实践运作。农业作为减贫伙伴关系深化发展的重中之重，集中了美国、韩国、日本、印度等国家和世界银行，法国、瑞士、德国国际合作机构等公益组织的诸多项目，伴随产生了一些评估报告和学术著作。

我国虽在20世纪80年代就开始有民间的跨境种植投资和21世纪初国家扶持的跨境农业投资，相关新闻报道和相关文章往往缺乏主位视角的深入调研、即时反馈和成果转化。因此，促进相应学术研究和成果配套转化并建立良性循环的反馈评估体系，拓展以学术研究、新媒体和民间交流为基础多元化宣传渠道，减少跨文化误解问题，推进澜-湄合作发展和“一带一路”建设的深度和广度具有迫切性与必要性。

（五）将政府间援助、企业农业投资与贸易尽量结合

回望中国—东盟建立对话关系的二十多年来，基于平等互惠的经贸合作和“增长驱动型”的减贫新方式不断为“命运共同体”增色添彩。不同于西方传统的过程驱动型援助方式，中国努力将政府间援助与农业投资企业项目结合，共同建构国家整体发展战略，这集中体现在农业投资尤其是替代种植合作领域，但是，结合还存在一些深度和广度的问题，导致重复援助与投资，趋同化明显而造成一定程度的资源浪费。

我们提出将政府间援助、企业农业投资和贸易“三合一”的超越官方发展援助（ODA）的合作方式，具体如下：援助集中于大型工程和基础设施建设，为投资和贸易服务。同时促进双边政府和双边市场的有机结合；投资让市场发挥主导的作用，促进本土经济增长和减贫效益，使受援国减少援助依赖；贸易则打通受援国国内市场与国际经济链条的联系，发挥受援国的比较优势。从而不仅促进贸易平衡、拓展相互投资领域，扩大基础设施建设，增强援助的有效性，投资的效益性和贸易的互惠性，从不同层面提升民生水平、促进国家内生力的增加，实现援助、投资和贸易在跨国投资减贫伙伴关系的“三合一”共振作用。

（六）加大环境保护与社会发展方面的投入力度

农业投资具有密切的环境相关性和社会影响度，因而在农业投资过程及其效益评估中，应采用尽可能少的资源、能源，创造相同的甚至更多的社会财富和减贫影响，这应是我国农业投资深化伙伴关系的重要途径，即将单一

的经济投资模式转换为环境友好型和资源节约型投资模式。

首先,重视保护环境。最重要是的引导保护土地资源和自然环境。土地是与贫困联系最为紧密的生产性资产。由于农业投资而诱发的将农作轮作地变为林木种植园会带来环境破坏和土地过度利用等问题需要引起重视。

其次,发展生产力要以东盟国家绿色革命为基础,促进农业增长,为东道国创造了就业、受益、增长并减少贫困,同时注意提升应对气候风险、经济风险和疾病风险的韧性,积极防范订单模式对农民利益的潜在威胁,为投资者带来良好的回报和长期的效益。

最后,重视农业发展中的地理与民族政治差异,利用各自不同的比较优势,如中国在基础设施建设方面和农业规模化种植的比较优势,基于市场、土地和公私合营等方式融资援建基础设施和深化农业投资减贫,采用平等地位的共同学习和探索的方式释放双方发展瓶颈,关注经济增长的质量和环境的可持续性,以深层转型和升级产业来促进集群发展以及各种工业和服务业的集聚项目,攀登全球化背景下"结构转型"这同一座山峰。

（云南农业大学）

参考文献

阿马蒂亚森,2013. 以自由看待发展[M]. 任赜,于真,译. 北京:中国人民大学出版社.

安特耶·维纳,托马斯·迪兹,2009. 欧洲一体化理论[M]. 朱立群等,译. 北京:世界知识出版社:64.

曹云华,胡爱清,2015. "一带一路"战略下中国—东盟农业互联互通合作研究[J]. 太平洋学报,23(12):73-82.

陈峰君,祁建华,2007. 新地区主义与东亚合作[M]. 北京:中国经济出版社,43-44.

陈立新,2012. 感觉的贫困化与生活世界变迁的原动力[J]. 江苏社会科学,(6):26-32.

陈前恒,吕之望,2009. 中国—东盟农业合作:现状与展望[J]. 东南亚研究,(4):46-50.

董向诗杰,2016. 中国(云南)企业赴老挝农业投资生产经营模式研究[D]. 昆明:云南农业大学.

郭静利,盛彩娇,李思经,2017. "一带一路"农业科技走出去的政策思考[J]. 中国农业科技导报,19(11):1-7.

黑格尔,1961. 法哲学原理[M]. 商务印书馆:62-66.

胡海,2017. 中国对外投资保障制度国际比较与借鉴[J]. 河南社会科学,(12):23-28.

胡月,马志刚,王琦,等,2016. 中国对外农业投资政策演变及体系结构分析[J]. 世界农业,(9):11-17.

黄梅森,2015. 广西与东盟农业合作现状与对策[J]. 经贸论坛,(7):181.

鞠海龙,邵先成,2015. 中国—东盟减贫合作:特点及深化路径[J]. 国际问题研究,(4):26-39.

雷瑞,2017. 东南亚国家农业投资潜力与我国农业"走出去"策略[J]. 农村经济,4:80-85.

廖东声,2011. 中国—东盟农业领域相互投资问题研究[M]. 北京:经济管理出版社:22-25.

廖东声,2009. CAFTA 背景下中国企业投资东盟农业的 SWOT 分析[J]. 东南亚纵横,(12):45-51.

刘钧霆,2014. 中国农业向东盟国家"走出去"战略研究[J]. 经济问题探索,(5):86-89.

潘晓燕,孟宪泽,2012. 中国对东盟农业的投资问题分析[J]. 中国软科学增刊(下):20-28.

阮建平,陆广济,2018. 深化中国—东盟合作:从"利益共同体"到"命运共同体"的路径探析[J]. 南洋问题研究,(1):8-18.

尚永辉，魏君英，2017. “一带一路”下中国与东盟农业合作研究[J]. 合作经济与科技，9:9-11.

宋洪远，张红奎，2014. 我国企业对外农业投资的特征、障碍和对策[J]. 农业经济问题，(9):4-10，110.

王栋，2018. 老挝农业发展的困境与对策——兼论当前中老农业合作的现状与展望[J]. 安徽农业科技，(7):36-38.

王金凤，梁瑞华，2016. “一带一路”战略下中国—东盟农业合作发展分析[J]. 经济研究导刊，22(303):162-163.

王禹，李干琼，李哲敏，等，2017. “一带一路”背景下中国和泰国农业合作研究[J]. 农业贸易展望，(1):54-57.

翁鸣，2015. 从产业协调看中国与东盟农业合作发展的新动力[J]. 国际经济合作，(11):67-69.

杨易，陈瑞剑，2012. 对外农业投资合作资金支持政策现状、问题与政策建议[J]. 世界农业，(6):33-37.

杨易，马志刚，王琦，等，2012. 中国农业对外投资合作的现状分析[J]. 世界农业，(12):107-112.

原瑞玲，翟雪玲，2017. “一带一路”背景下中国与缅甸农业投资合作分析[J]. 中国经贸导刊，(16):21-24.

张芸，崔计顺，杨光，2015. 缅甸农业发展现状及中缅农业合作战略思考[J]. 世界农业，(1)151-154.

赵琳，于晓萍，2008. 中国与东盟农产品经贸合作的现状与前景分析[J]. 黑龙江对外经贸，(11):4-5，36.

郑颖，2017. 德宏州跨境农业合作的形式与对策[J]. 德宏师范高等专科学校学报，1(25):1-4.

周雪春，2007. 中国东盟农业合作进展与影响分析[J]. 农业发展与国际借鉴，(1):27-29.

John Weiss, 2004. People's Republic of China and its neighbors: partners or competitors for trade and investment[J]. ADB Institute Discussion: 13.

William Hamilton, 1964. The genetical evolution of social behavior I and II[J]. Journal of Theoretical Biology, 7(1): 1-16.

2019年中国扶贫脱贫理论研究综述

2019年，是打赢脱贫攻坚战决战三年行动的第二年，一方面，按照既定脱贫计划有序推进脱贫进程，截至2019年年底，我国贫困人口减少到551万人，贫困发生率降至0.6%，脱贫攻坚取得了决定性成就，脱贫目标任务接近完成；另一方面，针对到脱贫攻坚战中存在的突出问题和出现的新情况，特别是“两不愁三保障”目标实现存在的一些薄弱环节，以及针对深度贫困地区脱贫难度比较大，稳定脱贫长效机制还需要进一步探索建立。梳理2019年扶贫脱贫理论研究，扶贫研究成果在质和量上均有了进一步的提升。从已发表的学术成果来看，据不完全统计，2019年扶贫、脱贫研究领域发表学术论文约13500篇，博士和硕士论文中与扶贫、脱贫、减贫相关主题的学位论文约有1600篇，数量较之2018年有大幅度提升。从主办专著成果来看，2019年出版扶贫脱贫研究专著299部，比2018年增加了100余部，这也从侧面反映了学术界对扶贫脱贫关注度有了更大的提高，成果也明显增多。

一、继续深入开展学习习近平扶贫论述的研究

2019年聚焦深入学习和研究习近平扶贫论述的思想内涵、理论意义及实践指导是时代背景下科学推进中国减贫的重要内容。在内涵阐释方面，刘永富指出，习近平总书记关于扶贫工作的重要论述，是对全面建成小康社会、实现第一个百年奋斗目标的担当，是对近代以来无数先贤和革命先烈对理想社会幸福生活向往的回应，是对全人类解决贫困问题提供借鉴和中国方案的责任承接，彰显着“让老百姓过上好日子是我们一切工作的出发点和落脚点”的价值追求。黄承伟认为，习近平扶贫论述中，坚持党的领导是打赢脱贫攻坚战的根本保障，坚持精准方略是打赢脱贫攻坚战的核心要义，坚持加大投入、提高资金使用效果是打赢脱贫攻坚战的根本条件，坚持社会动员、凝聚合力是打赢脱贫攻坚战的强大动力，坚持从严要求确保质量是打赢脱贫攻坚战的底线要求，坚持群众主体、激发内生脱贫动力是打赢脱贫攻坚战的根本目标，坚持携手消除贫困、共建人类命运共同体是打赢脱贫攻坚战的价值诉求。李萍、田世野认为习近平精准扶贫脱贫重要论述内在逻辑集中体现为三大要点：第一，精准扶贫脱贫的根本特征是“发展性减贫”；第二，基于致贫因素的异质性、多重性特征和扶贫脱贫政策的针对性、有效性要旨，提出全方位的精准要求，探索新时期的减贫规律；第三，以中国共产党为领导核心，通过政府与市场协同作用的机制来战胜贫困。姚树洁等认为习近平扶贫重要讲话、重要论述、重要指示形成了一个思想深邃、内涵丰富、逻辑严密的理论体系，具体特点包括以人为本的扶贫攻坚理念、精准化脱贫的扶贫理念、全面小康的扶贫目标、人类命运共同体的扶贫理念几个方面。白维军认为作为习近平对中国贫困治理认识的升华，精准扶贫既是中国古代民本主义思想的当代体现，又是中华人民共和国成立后我国历代领导人反贫困思想的延续与发展，也是马列主义贫困治理思想的中国化表现。

在意义研究方面，刘永富指出，习近平扶贫重要论述明确了脱贫攻坚的目标任务，阐述了脱贫攻坚的基本方略，保证了脱贫攻坚的正确方向。黄承伟强调习近平总书记关于脱贫攻坚的最新重要论述，深刻指出了决战决胜脱贫攻坚面临的主要挑战，科学阐述了决战决胜脱贫攻坚的科学路径。贾希为认为习近平扶贫重要论述具有丰富的战略意义、人民性意义、方法论意义、世界意义，进一步发展了马克思主义消除贫困思想和中国特色扶贫理论。燕连福、马亚军认为习近平扶贫重要论述的时代价值主要体现在推动马克思主义反贫困理论发展、丰富中国特色社会主义扶贫理论，指导我国脱贫攻坚取得决定性展、推动中国人民全面摆脱贫困，助力实现中华民族伟大复兴中国梦、为世界反贫困实践提供中国智慧和中国力量三方面。王朝明、张海浪认为精准扶贫、精准脱贫战略思想是习近平新时代中国特色社会主义经济思想的重要组成，反映了以习近平同志为核心的党中央对我国扶贫脱贫攻坚实践及其发展趋势的科学认识，体现了我们党审时度势和不畏险阻的改革精神，为决胜全面建成小康社会和实现社会主义现代化进程中的减贫战略指明了方向。在研究专著成果方面，黄承伟著《一诺千金　新时代中国脱贫攻坚的理论思考》系统阐述习近平扶贫思想提出的国内国际减贫背景、形成过程及其思想体系，深刻分析了习近平关于扶贫开发重要论述的精神实质，以习近平扶贫思想为指导，全面论述了减贫顶层设计的战略、机制、政策体系。

二、中华人民共和国成立70年和改革开放40年来的扶贫开发的历程总结研究

2019年是中华人民共和国成立70年，从70年发展历程来系统总结扶贫脱贫经验，也是2019年研究重点之一。黄承伟回顾和总结了中华人民共和国成立70年来中国农村扶贫开发的战略政策演进及其伟大成就，凝练分析了中国特色扶贫开发的基本经验、最新发展及未来发展趋向。李小云等提出70年以来中国减贫实践经历了三个阶段，即从中华人民共和国成立初期开始的社会主义建设的广义性减贫实践，到改革开放以来的发展性扶贫实践，再到2013年以来精准脱贫攻坚的扶贫新实践。三个阶段相互衔接，减贫机制各有不同，共同构成了完整的中国减贫故事。庄天慧、张海霞认为中华人民共和国成立70年的贫困治理形成了开放包容的贫困治理体系，即发展是硬道理和发展成果由人民共享的治理理念、政府主导和多元参与的治理主体、改革开放和包容发展协同的治理方式、自身发展与促进世界减贫相统一的治理目标。檀学文研究了中华人民共和国成立70年移民扶贫史，提出移民扶贫的对象包括非自愿移民、自愿移民和准自愿移民，这3种情况都存在导致移民脱贫困难的特定原因，需要通过延展和加强后期扶持、扩展和强化社会支持、防范和化解债务风险等措施予以应对。李先军、黄速建从企业参与扶贫视角将70年扶贫事业划分为五个阶段，即企业间接减贫功能发挥阶段（1949—1977年）、乡镇企业为主参与下的“开发式扶贫”探索阶段（1978—1993年）、企业的有效支持与参与下的开发式扶贫阶段（1994—2010年）、政策激励下企业参与的大规模精准扶贫阶段（2011—2016年）、新时代农村企业内生发展参与乡村振兴阶段（2017年至今）。吴国宝著《中国减贫与发展（1978—2018）》全面回顾和分析中国改革开放40年来的减贫历程和取得的成就，系统研究了中国减贫的政策和治理体系及其变化，深入分析了中国扶贫的主要做法和经验，中国减贫的主要经验突出表现在实行综合的减贫方式，发挥政府、市场和社会组织

在减贫中的作用,注重扶贫创新、不断改进扶贫方式三个方面。王爱云著《中国农村扶贫开发研究》以农村扶贫(开发)为研究对象,重点研究中华人民共和国成立70年来农村扶贫(开发)的历程和经验。从中华人民共和国成立到改革开放前的近30年间,经过农业合作化、人民公社化的发展,农村扶贫工作呈现出重点扶持集体、通过集体经济的壮大改变贫困农民面貌的时代特征。之后,在农村扶贫工作实践基础上,改革开放初期确定了农村扶贫开发方针,此后经过40年的实践,中国农村扶贫开发取得了重大成就,积累了丰富的中国特色减贫经验,为2020年实现整体消除对贫困、全面建成小康社会奠定了坚实的实践和理论基础。

三、以多维贫困为核心的贫困测度及影响机理研究

2019年多维贫困的测度与影响机理依然是学者研究焦点之一。贫困测度方面,左停、贺莉以陕西省109个县为输出单元,采用FGT指数对陕西农村多维贫困状况进行测量,通过二维分布法呈现出陕西省县级层面的贫困轮廓图。王磊、李聪以联合国开发计划署开发的多维贫困指标为参考,构建起教育、技能、就业、健康、饮水、能源、住房和资产等8个维度的多维贫困测度体系,对陕西省易地扶贫搬迁安置区不同群体的多维贫困状况进行了测度和分解。刘伟等采用A-F多维贫困测量方法估计了连片特困地区农户在不同维度的多维贫困水平,并选择多元线性回归模型和Tobit模型实证分析了易地扶贫搬迁对农户多维贫困的影响。马明义、李桦则以陕西省太白县农户调查数据为样本,利用A-F多维贫困测度模型,在收入、教育、健康和生活水平维度的基础上引入社会关系维度,对秦巴山区农户的多维贫困进行测度和分解。朱丽君基于A-F法选取生活水平、教育、健康、发展能力四个维度10个指标对中部地区某少数民族自治县的多维贫困进行测度,并分析多维贫困形成机理。王三秀、高翔则基于物质、能力及权利三方面对多维贫困的分层及耦合进行理论建构,依据“2013年中国社会状况综合调查”数据和多维贫困测算方法,对民族地区农村居民多维贫困状况进行实证研究。何思好等依据恩格尔理论和扩展线性支出系统模型建立多维贫困测度模型,对长江上游金沙江等6大流域库区移民的多维贫困指数进行测算与比较。此外,部分学者还就多维贫困发生率的影响因素及机理展开研究。在多维贫困研究专著成果方面,包括刘艳华的《中国农村多维度贫困的地理识别及扶贫模式可持续减贫效果评估》、庄天慧的《四省藏区多维贫困及其治理对策研究》等。

四、聚焦扶贫脱贫机制及问题研究

(一)扶贫脱贫机制研究

李小云等基于以往的扶贫开发实践,从贫困治理机制、扶贫领导机制和扶贫方式创新等不同方面对精准扶贫工作进行了比较性解释和说明。于乐荣、李小云认为中国经济增长与减贫相互促进的模式呈现了益贫经济增长的内在机制,益贫性经济增长是中国经济增长和减贫的核心。李小云等认为精准脱贫攻坚战是中国治国理政的新实践,在扶贫场域通过“五级书记挂帅”的机制先行探索了党的集中统一权威的运行模式,强化了在新的政治、经济社会条件下“政府主导”经济社会发展的机制。王莺桦、孙兆霞认为有效的机制构建是实现脱贫致富的基石,扶贫开发法制不断完善是

扶贫开发各项工作依法持续推进、良好运行，并最终实现良性循环的关键。张琦、张涛从生存伦理与互惠伦理角度对精准扶贫中出现的非贫困户“不公平感”问题的原因进行了探讨，提出在扶贫脱贫中，要注重内外结合、整体推进、激发内生动力、完善扶贫脱贫机制等，让精准扶贫政策能够发挥更大效益。左停等指出中国扶贫工作的重点将逐步从解决绝对贫困转向解决减缓相对贫困。因此，从理论和实践层面来理解处于转型期的贫困相对性，对东部已开展相对贫困治理的省份的实践进行总结、提升并尝试融入全国反贫困的政策体系中，将有助于实现相对贫困群体的包容性、可持续发展。何阳、娄成武提出驻村“第一书记”存在权责匹配冲突现象，需要推动集权式管理向分权式管理转变，由“尖”型组织结构向“扁平”型组织结构转变，创新驻村“第一书记”扶贫机制，重厘“第一书记”扶贫责任与追责规则。

在此项研究的专著上，雷明著《贫困与贫困治理——来自中国的实践（1978—2018）》提出了贫困与贫困治理理论架构，分析了贫困与贫困治理模式选择、实现路径、机制设计、制度安排以及组织保障等诸多重大理论和实践问题。刘俊英著《项目制贫困治理：理论与实践》综合运用管理学、经济学、社会学以及政治学等多学科理论和方法，围绕项目制贫困治理问题，对中国项目制扶贫的运作逻辑、参与主体、政策执行碎片化、目标异化、治理困境及其实现路径等一系列问题进行深层次的理论分析和实证考量，为中国项目扶贫政策的高效实施提供较具操作性的指导性意见和建议。刘小鹏著《发展地理学视角下区域贫困的地方化》结合国家2020年、2035年、2050年目标，借鉴发展地理学空间分异、空间扩散和空间整合分析框架，梳理贫困地理研究进展与趋势，紧扣可持续发展地方化趋势，构建适用于区域贫困研究的地理贫困分析框架，系统研究区域贫困地方化机制，进一步探讨贫困治理和可持续减贫的原则、战略、行动计划、模式和路径选择等。另外，还有谭贤楚著《武陵山农村贫困的形成机理与治理研究——以恩施州为例》、国务院扶贫开发领导小组办公室政策法规司编写《脱贫攻坚前沿问题研究》、傅蕴英的著作《中国特色反贫困理论与实践研究》、阿拉坦格日乐的著作《精准扶贫进程中内蒙古贫困牧户可持续生计研究》、刘宇翔的著作《欠发达地区农民合作扶贫模式研究》等。

（二）脱贫攻坚的基层实践探索及其经验案例

在专著研究成果方面，有黄守宏主编的《2019中国经济社会发展形势与对策——对标全面建成小康社会任务扎实推进精准扶贫精准脱贫》、汪三贵所著《当代中国扶贫》、张琦所著《中国减贫政策与实践：热点评论（2017—2018）》、洪名勇所著《扶贫开发战略、政策演变及实施研究》、崔华泰所著《中国特色减贫之路：打好精准脱贫攻坚战》。

在案例研究与脱贫经验的研究成果方面，有国务院扶贫开发领导小组办公室主编的《脱贫攻坚先锋》、张丽君、吴本健等编写的《中国少数民族地区精准扶贫案例集（2018）》、农业农村部信息中心的《2018农村电子商务案例选》，贵州省社会科学院、魏后凯、檀学文所著《扶贫攻坚示范区建设的贵州实践》、兰传海所著《“扶贫攻坚”实践与地方经验》、中国政策研究网汇编《精准扶贫政策解读与经验集萃》、李秀芸所著《江苏省农村精准扶贫脱贫致富实践研究》、杨盛菁所著《乡村振兴视域下甘肃省扶贫脱贫效果的调查案例研究》、周宗敏主编的《中国扶贫故事》、国务院扶贫开发领导小组办公室全国扶贫宣传教育中心、中央党校党章党规研究中心所编《守护神圣国土建设幸福家园——中国新时代脱贫攻坚的曲水实践》、刘善庆、刘超、田延光所著《赣南产业扶贫与乡村振兴：赣州市信丰县，兴国县，安远县的实践》。村级案例研究与脱贫经验方面，中国社会科学院社会学研究所组织院国情调研特大项目“精准扶贫精准脱贫百村调研”陆续出版了紫霞村卷、太邑存卷、龙凤村卷等系列图书，廖永松著《党建下的苗村脱贫之路》等。

（三）提升扶贫成效机制研究

刘永富指出我国的脱贫攻坚仍存在深度贫困问题突出、剩余贫困人口脱贫难度较大、基础设施和公共服务发展滞后等问题。为确保如期打赢脱贫攻坚战，要继续聚焦深度贫困地区攻坚，提高精准扶贫的精准度有效性，补齐贫困地区基础设施和公共服务短板，同时谋划好2020年后的扶贫工作。黄承伟梳理了脱贫攻坚的伟大成就、指导思想、目标标准、基本方略，并对攻克深度贫困、完善大扶贫格局、激发内生动力、实现稳定脱贫、总结脱贫攻坚的理论实践、谋划2020年后扶贫战略等方面进行归纳。张琦分别从贫困户层面、村级层面、区域层面、工作层面就未脱贫地区如何脱贫、已脱贫地区如何防止返贫问题提出对策建议。张琦、张涛认为提升脱贫质量和水平的重点主要包含五个方面，即提升产业扶贫质量；提升精准扶贫精准脱贫质量；加大社会保障支持力度，促进乡村公共服务均等化；提高乡村智力水平，促进贫困乡村振兴；积极探索新机制，增强扶贫脱贫可持续性功能。曾小溪、汪三贵认为脱贫攻坚战进入深水区后，预期维度、经济维度、时间维度、标准维度的挑战与难度日益增加，应通过做好贫困地区和贫困群体的期望引导等举措予以应对。左停则认为可以通过加强全价值链的风险意识建立、风险分析和风险管理，培育和发展贫困地区的相对优势产业等举措巩固和拓展脱贫成果。吴晓燕强调当前精准扶贫实践存在着扶贫对象怀疑或抵触产业扶贫、抵触脱贫摘帽或利用精准扶贫政策压力投机等问题，急需在政策理念和具体执行上予以修正。

五、扶贫脱贫区域及人群差异化研究

党的十八大以来，全面脱贫攻坚战打响，脱贫攻坚取得决定性进展，谱写了人类反贫困历史新篇章。目前，脱贫攻坚任务仍然艰巨繁重，剩下的都是贫中之贫、困中之困，都是难啃的硬骨头，亟须针对不同贫困地区和贫困人口致贫原因和脱贫需求，制定合理的减贫措施，实现扶贫资源的有效利用，提升反贫困政策的整体合力。

（一）扶贫脱贫区域差异性研究

深度贫困地区扶贫开发研究方面，左停提出对于深度贫困地区而言，不利的自然环境和物质条件限制了其自我发展能力，部分传统习俗和文化因素影响其内在动力发挥和内生能力培育，“近邻效应”影响其发展动力和能力，缺少能力建设视角的扶贫项目会弱化其脱贫动力，而动力不足也容易造成能力培育失败，因此需要激发内生发展动力、培育自我发展能力。张琦等提出对于全国来说，打好深度贫困歼灭战是确保脱贫攻坚任务如期全面完成的重要保障，而已脱贫地区要继续巩固扶贫脱贫成果，提高脱贫质量和水平，同时还要积极建立精准的防止返贫预警监测和帮扶机制，防止脱贫人口返贫。邢成举等提出转型贫困的概念，即因经济社会转型困境引发的贫困，其本质是深度贫困村的经济社会转型无法与现代性的市场伦理与商业伦理进行有效衔接。李春根等从自然环境、社会环境、个体因素层面解析深度贫困地区致贫机理，提出秉承多中心治理主体加多维治理工具的深度贫困治理格局,加强基本公共服务体系建设、分类施策提高贫困治理精准度、培育农村市场机制等政策建议。

连片特困地区扶贫开发研究方面,孙久文等对集中连片贫困地区2015年、2018年贫困发生率、2013—2018年人均生产总值、2015—2018年农村居民人均可支配收入的变化及2017年交通等基础设施与公共服务情况进行统计分析,提出相对贫困现象将成为需要瞄准的课题。丁建军等基于武陵山片区农户调查数据,构建生计响应“四维度-三强度”测度框架和要素体系,定量测度农户的城镇化生计响应,识别和阐释农户城镇化生计响应的影响因素、作用机制与路径。连片特困地区扶贫开发专著成果有潘明明《连片特困区产业精准扶贫模式研究:以新疆三地州为例》,其以新疆三地州为对象,以产业扶贫为切入点,依托精准扶贫理念,对连片特困区产业精准扶贫模式展开构建,对在连片特困地区最大限度发挥产业扶贫模式扶贫的带动能力,尽快、尽早消除贫困人口的贫困问题具有重要现实意义。民族地区扶贫开发研究方面,邢成举、李小云认为民族地区贫困带有深厚的结构烙印,体现在生态、经济、金融、人力、社会等方面结构性资本的不足。因此,民族地区的精准扶贫工作应注重进行非均衡结构的调整。张丽君等认为民族地区扶贫面临要素和资源变现能力、扶贫资金使用效率和基层扶贫队伍服务能力的限制,且对基本公共服务关注不够。而深度贫困民族地区高标准扶贫可能会产生“福利陷阱”,容易导致“农户脱贫内生动力不足”。齐义军、巩蓉蓉则对内蒙古少数民族聚居区贫困现状进行考察,分析其存在的问题及原因,对构建内蒙古少数民族聚居区稳定脱贫长效机制提出政策建议。此外,孙晗霖等利用生计资本和代际可持续性两个关键属性构建生计可持续性框架,通过BP神经网筛选出可持续生计24项评价指标及其权重,对甘肃、四川等8个省份贫困地区的可持续生计指数进行测算。上官子恒等用洛伦曲线得出的FGT指数测算了湖北省2005—2016年的绝对贫困和相对贫困状况,并通过回归方程得出影响湖北省农村脱贫的主要因素。王富珍等以湖南省山区贫困县安化县为案例地,构建脱贫稳定性评价指标体系,运用模糊计算方法划分农户脱贫稳定性等级,揭示脱贫稳定性的空间分布特征、影响因素及作用机理。民族地区扶贫研究专著有李俊杰所著《民族地区特殊类型贫困与反贫困研究》、方堃所著《民族地区精准扶贫难点问题研究》。边境地区扶贫研究专著方面有黄世芳所著《益贫式边境贸易探究:基于广西中越边境贸易的实践思考》。革命老区扶贫专著研究方面,中国社会科学院人口与劳动经济研究所百县调研组所著《红色革命老区脱贫之路的启示:红安篇》等成果。城市贫困研究方面有陈云所著《城市贫困精准治理体系的建构》、吴玲所著《中国城市女性贫困问题研究》等。

(二)扶贫脱贫人群差异性研究

妇女、老人、小孩等弱势群体由于自身发展条件不足更容易陷入贫困,是脱贫攻坚过程中应当给予重点关注的群体。李小云等基于其在西南少数民族地区进行的一项社会项目,探讨了在特定社会文化背景中,妇女直接参与经济创收对贫困、自身地位以及村庄性别关系产生的影响。何瑾、向德平从贫困特征及成因、扶贫机制、扶贫经验和挑战方面梳理并归纳现有国内文献,分析新时期少数民族地区女性贫困特征,并对今后女性减贫格局做出展望。黄森慰等采用MPI指数的A-F方法,利用2015年福建省妇联“巾帼扶贫”五年攻坚计划专项调研数据,从11个维度对贫困妇女进行多维贫困测量。李实提出虽然中国农村减贫取得巨大成功,但老年人贫困日显突出,同时老龄化在加速，且农村老龄化速度超过了城市。需要通过进一步提高农村养老金待遇等举措缓解农村老年贫困问题。朱冬亮则指出贫困“边缘户”的发展境地和纳入精准扶贫的贫困户相差不大，却不能享受精准扶贫政策红利，由此引发的心理不平衡和相对剥夺感，会影响精准扶贫政策的执行力和公信力，必须加以重视和应对。老年人贫困研究专著成果有于长永所著《农村老龄人贫困化研究》、章晓英所著《中国西部地区农村老年贫困问题研究》等。

六、聚焦实现如期脱贫的扶贫路径创新研究

（一）产业扶贫研究

产业扶贫是扶贫脱贫的根本之策。不同学者就扶贫产业的选择、减贫效果提升、特定区域扶贫产业发展展开研究。扶贫产业选择研究方面，姜长云指出科学选择扶贫产业及其可持续发展机制，要注意走出片面强调资源优势、片面追求规模扩张、片面模仿复制先进经验的误区，将资源开发与市场开发有机结合起来，更加重视小众型产业和特色竞争优势的培育，注重培育扶贫产业创新发展能力。汪三贵认为我国的产业扶贫主要有生产带动、就业带动、资产收益带动、混合带动四种模式，贫困地区应根据自身资源条件和贫困户特征和能力，合理使用这四种产业扶贫模式。陈忠言对本地龙头+合作社、外地龙头+合作社、龙头+政府推广、国企+合作社、能人带动等五种典型产业扶贫模式进行案例分析后提出，基层政府要根据自身比较优势、产业基础、人力资本等客观情况选择优势互补的组合模式。减贫效果提升方面，梁栋、吴惠芳提出政治绩效的挑战、市场联结的缺位、分散的扶贫部门体制、双轨治理的激励缺失及治理悖论等造成了产业扶贫实施的困境，须在扶贫观念、长远规划、村庄治理、特惠与普惠政策的双向设置等方面作出进一步改善。王伟认为产业发展要有耐心、分阶段推进，通过因地制宜选择最有效的经营主体、经营模式、经营规模，使业态、主体、产品等多元化，为贫困村脱贫致富提供持续有效动力，降低返贫风险。杨龙等建立“精准识别—农户参与—影响效果”的多维贫困瞄准分析框架，通过多维贫困农户分组，使用内生转换回归模型评估了农业产业扶贫对不同组农户的影响效果差异。庞庆明、周方认为可以从法律法规制定、要素定向配置和扶贫组织建设等方面为产业扶贫提供保障，使产业扶贫所依赖的高级要素同时发生聚集效应和益贫效应，实现产业发展效益与收益分配公平相统一的高质量脱贫预期。特定区域扶贫产业发展研究方面，张琦等从产业发展供给侧，即基于土地、资源、基础设施、公共服务等要素入手，构建政府、企业、农村合作社、农户、贫困户等多主体参与机制，提出民族地区产业精准扶贫的实现路径。许汉泽、李小云运用阿玛蒂亚·森“可行能力”理论对深度贫困地区实施产业扶贫面临的实践困境进行解释分析后，提出进行农户赋权与产业创新、分类治理与叠加支持突破贫困陷阱以及市场规制和进行扶贫制度层面改革等政策建议。

产业扶贫研究专著成果主要有李秀芬所著《区域发展诊断视阈下民族地区产业扶贫精准性研究》、熊正贤、吴黎围所著《特色文化产业扶贫问题研究——以武陵山连片特困地区为例》、陈治松所著《助力脱贫攻坚校园携手田园：贵州“校农结合”扶贫模式研究》、耿宝建所著《产业扶贫法律服务实务与风险防范》等。

（二）就业扶贫研究

党的十九大报告指出，就业是最大的民

生，要促进农民工多渠道就业创业，拓宽居民劳动收入渠道；同时强调，扶贫同扶志、扶智相结合，提高贫困人群的自我发展能力。部分学者对影响农村劳动力就业选择的因素以及劳动力就业类型对农户贫困的影响展开研究。唐丽霞、张一珂强调以工代赈和公益性岗位作为就业推动机制在扶贫领域发挥了重要作用，其本质与工作福利理念一致。谢玉梅、丁凤霞认为扶贫政策应注重政策靶向目标的修正，将目标集中于未来贫困农户，进一步落实产业配套政策，推动就业扶贫，促进农村地区劳动力市场发展。关爱萍、刘可欣探究农村劳动力个人人力资本与家庭禀赋在影响其就业选择的过程中是否存在替代或互补关系后，进一步探究了人力资本、家庭禀赋和就业选择三者对农户贫困的交互影响。此外，虽然外出务工更能减缓未来贫困，但在实践中既要考虑收入维度的益贫效率，也应关注支出型贫困问题。就业扶贫研究专著方面，人力资源和社会保障部就业促进司将各省就业扶贫典型案例汇编成《就业扶贫在路上》，综合反映了就业扶贫工作的进展和成效，包括整体情况介绍、富有地方特色的政策措施、机制建设、具体办法、取得成效等，突出了各省区为政策落实、精准识别和精准服务、省内劳务协作、省际劳务协作、就地就近就业、创业带动或省内自行确定的创新做法。

（三）易地扶贫搬迁研究

2019年是易地扶贫搬迁最关键年份，经过多年建设，我国易地扶贫搬迁项目取得巨大成绩，但也暴露出很多缺陷和不足，对此的研究主要体现在以下几个方面：针对易地扶贫搬迁政策实施过程中仍存在的问题研究上，张琦、张诗怡对11个省份易地搬迁后扶贫措施进行比较分析后，提出整合迁入迁出两地资源、丰富后续帮扶供给的可持续减贫机制，协调推动搬迁后续产业发展与生态建设、农业现代化、新型城镇化相结合等政策建议。曾小溪、汪三贵认为打赢易地扶贫搬迁脱贫攻坚战应该从找准搬迁对象、严控住房面积、合理选择安置方式、做好新老政策衔接、动员搬迁群众参与、适当放宽搬迁用地政策、降低搬迁税费负担、研究制定有针对性的后续发展路径等几个方面入手。从搬迁户意愿影响因素研究上，时鹏、余劲对影响易地扶贫搬迁农户意愿的因素进行分析后指出，农户的行为态度、主观规范对行为意愿有显著的正影响；农户易地扶贫搬迁的决策理性尚处在“生存理性”向“价值理性”的过渡阶段，经济理性是促使农户搬迁的主要动机；家人意见、已搬迁户意见、邻里和村干部意见对农户易地扶贫搬迁决策具有显著的正影响。吕建兴等则利用Probit模型对搬迁户返迁意愿进行实证分析，发现政府提供就业机会的扶持政策和搬迁户自我身份认同、邻里互助的社会融入能显著降低返迁意愿；而政府提供产业发展支持、金融贷款支持、社会保障支持的扶持政策和参加当地村（居）委会选举投票的社会融入对降低搬迁户返迁意愿的作用不明显。从搬迁农户贫困脆弱性研究上，刘明月等基于VEP的脆弱性测度方法，对易地扶贫搬迁农户的贫困脆弱性进行了测度。李聪等使用VEP方法，按照家庭消费的水平和波动对不同类型家庭的贫困脆弱性进行分解，从而深入研究了易地扶贫搬迁影响农户贫困脆弱性的性别差异。

在易地扶贫搬迁专著成果方面，主要有侯军岐所著《易地扶贫搬迁项目管理前沿问题理论与实践》、何玲玲、区小兰所著《易地扶贫搬迁与新型城镇化协调发展：基于广西深度贫困地区的实践研究》、陈胜东、孔凡斌所著《农户生计改善视域下区域易地扶贫搬迁政策评价研究——以赣南原中央苏区为例》以赣南原中央苏区13个县为研究对象，从农户家庭生计资本角度，通过比较移民农户在实施移民搬迁前后家庭生计资本的变化情况，来反映区域易地扶贫搬迁政策实施所取得的实际效果，并根据移民农户对现阶段移民政策实施的满意度调查情况，寻找易地扶贫搬迁政策在实施过程中存在的不足之处，结合移民农户对易地扶贫搬迁政策的不同需求，提出进一步完善易地扶贫搬迁政策的具体措施。

（四）网络及电商扶贫研究

互联网时代，电商扶贫作为精准扶贫的重要创新模式，为贫困地区赋能，是我国贫困地区实现弯道超车的有效途径。张永丽、徐腊梅对互联网对贫困地区农村居民消费水平以及消费结构、贫困家庭和非贫困家庭消费的影响进行分析，并提出对策建议。梁俊山、方严英认为目前互联网扶贫面临信息基础设施不健全、贫困主体文化水平低、互联网扶贫秩序混乱等困境，可通过完善基础设施建设、强化信息化建设、引导贫困主体思维转变等策略促进网络扶贫的健康发展。杜永红深入分析当前网络扶贫的主要阻碍要素，对如何推进贫困地区电子商务进农村，有效促进贫困地区农业与农村电子商务快速发展提出对策建议。胡伦、陆迁讨论互联网信息技术使用对农户总收入、人均纯收入、非农总收入和农业总收入的影响，并深入分析不同教育背景、年龄下互联网信息技术使用对农户不同收入结构增长群组的差异性，进而分析互联网信息技术使用的作用机制。网络和电商扶贫专著研究方面的成果有姚庆荣所著《电商扶贫理论与实践》、关洪军所著《电子商务精准扶贫研究》、赵丽所著《少数民族县域跨越式发展与电商扶贫开发》等。

（五）旅游扶贫研究

乡村旅游扶贫是旅游产业发展与扶贫活动的结合，它将贫困居民的生计能力的提升嵌入乡村旅游产业的发展中，将贫困村的生态环境和文化转换为可增值的旅游资本，从而提升贫困居民的人均资本量，带动脱贫增收。

旅游精准扶贫研究方面，斯丽娟等构建起包含脆弱性背景、生计资本、生计策略、结构和过程转变、生计结果5方面的农户可持续生计水平评价指标体系对研究区进行旅游精准扶贫绩效评价。王庆生等运用共生理论研究乡村旅游利益主体之间的共生模式，力图化解各方利益冲突，发挥各利益主体自身优势，解决乡村旅游扶贫困境，助推贫困人口和地方财政脱贫致富。在民族地区旅游扶贫研究方面，金松兰等认为目前民族地区旅游扶贫发展仍存在发展思路不明确、引导能力不够、宣传力度缺乏、责任分工不详等问题，应从开发战略、参与机制、管理制度、配套设施、专业人才引进等多个层面制定合理的旅游扶贫开发建设政策。何星对阿坝州旅游、扶贫、生态环境之间的相互作用进行分析后，提出转变旅游发展理念，建立农村旅游合作社，建立当地居民旅游资源入股企业的新模式，促进产业融合，发展“旅游+”培养新兴业态等建议。韩磊等以恩施州22个旅游扶贫村为研究区，运用PCI分析居民旅游影响感知的内部差异，并以具有较大内部差异的维度为变量对居民进行分类，以深化对旅游扶贫村居民旅游影响感知的理解，为旅游扶贫村的旅游发展决策提供了参考依据。专著研究成果主要有梁留科所著《乡村旅游扶贫理论与实践》《重庆渝东南民族地区旅游精准扶贫研究》，曾蓉著《基于乡村振兴背景下乡村旅游扶贫研究》等。

（六）教育扶贫研究

教育扶贫既是手段也是目标，通过扶志、扶智，转变贫困人口的文化观念，可以提升其文化素质和技能，增加收入，巩固脱贫效果。

在职业教育扶贫研究方面，马建富、吕莉

敏认为职业教育扶贫目前面临着培训对象难以精准甄别、职业教育吸引力弱、贫困群体培训参与动力差、职业教育扶贫协同不力等问题，需要通过赋权提能、重视乡村精英培育等举措予以解决。杨小敏就经济社会和扶贫开发新的发展形势要求，对职业教育在精准扶贫中的新定位、新挑战进行了阐述，并提出改革意见与建议。季飞、吴水叶则通过对贵州省职业教育发展政策工具的使用情况以及在促进扶贫过程中存在的问题进行研究，提出完善职业教育发展政策。现代技术与教育扶贫相结合方面，谢治菊以贵州省长顺县“志智双扶”智慧教育扶贫项目为例，探讨了大数据提升教育精准扶贫对象——老师和学生能力的逻辑机理、运行机制与可行路径。张欣欣等提出信息技术手段在增强教育基本公共服务供给能力、扩大优质教育资源覆盖面等方面展现了独特优势，理应肩负弥补贫困地区扶贫短板、突破教育扶贫瓶颈制约的历史使命。唐智彬等以联合国教科文组织、经济合作与发展组织、世界银行以及国际劳工组织的教育扶贫理念、政策以及具体实践为研究中心，考察了教育扶贫的国际经验。史志乐在对社会分层与代际传递的作用机理以及教育在扶贫开发中发挥的作用及效果进行分析后，就如何充分发挥教育在阻断贫困代际传递中作用提出支持举措。专著成果有李兴洲、白晓、张琦主编的《中国教育发展与减贫研究》、史志乐所著《走进贫困的教育：如何阻断贫困代际传递》、许峰、张岩松所著《正版高职院校专业群建设研究：兼论职业教育精准扶贫》、张艾力所著《民族教育扶贫理论及其内蒙古实践》等。

（七）财政与金融扶贫研究

金融扶贫既是金融机构积极为国家扶贫战略服务的充分表现，也是现阶段我国金融发展的重要体现。金融扶贫机制研究方面，杜晓山、孙同全在分析了中国公益性小额信贷的起源与发展历程后，对其制度环境与组织制度的变迁、经营管理成败的经验与教训以及继续发展的必要性和机遇进行了深入分析。徐玮、谢玉梅从理论和实证两方面分析了“贫富捆绑”和“银保互动”两种模式对贫困户贷款可得性的影响。武丽娟、李定考察了农户自有资本与信贷资本在农户增收中发挥的作用，分析了不同收入层次农户的金融资本回报率如何以及区域差异如何。刘明月等对5省10家企业进行调查分析，阐述产业扶贫基金的运行机制，总结凝练不同带动方式及其效果，在此基础上探讨了产业扶贫基金的优势及其制约因素。普惠金融减贫方面，王瑜等认为扶贫互助资金破除了农村金融供给的两难困境与二元逻辑，除非找到比互助资金更好的农村普惠金融供给替代方案，否则不应放弃。应让扶贫互助资金成为贫困地区发展生产，促进稳定脱贫、助力乡村振兴的造血式举措。郑秀峰、朱一鸣分析经济机会对普惠金融减贫增收作用的调节效应和中介效应后指出，经济机会是普惠金融影响贫困群体收入水平提高的重要机制，一方面个体就业机会对普惠金融的减贫增收作用存在显著的调节效应；另一方面对于贫困县中的低收入组的农民，普惠金融的减贫增收作用完全是通过宏观经济机会的中介效应。保险减贫效果方面，朱蕊、江生忠利用2010—2016年各省的面板数据对农业保险的减贫效果进行门限模型分析。结果显示：农业保险和农险财政补贴扶贫效果均存在门限特征，说明农业保险扶贫效果受制于经济发展水平。郑军、杜佳欣以2015年各省农业保险相关数据作为研究样本，运用DEA与SFA相结合的三阶段模型，对中国农业保险精准扶贫的效率进行了测度和分析。黄薇研究发现，以适当财政补贴个人缴费、降低起付线、放宽封顶线、提升报销比例为核心的“倾斜性保险扶贫政策”，能够显著激发贫困户医疗保险的需求，对其收入和支出等福利具有显著正向影响，起到积极的减贫效果。金融扶贫效果方面，杜兴洋等以湖南省9个市（州）为样本，采用DEA模型对金融扶贫绩效进行衡量，利用Tobit模型分析影响金融扶贫绩效水平及其差异的因素，提出优化金融扶贫效率的政策建议。陈钦、林秋斌选取资本、技术、劳动三种投入要素的代表性变量，利用2010—2015年我国26个省份的面板数据，对农村金融支持与农民增收、农村减贫关系进行研究检验。金融扶贫的主要著作有张爱玲所著《金融支持精准扶贫研究》、喻新安、杨保成所著《深度贫困地区金融扶贫创新研究》、祁晓慧、乔光华合著《金融扶贫的实践与成效：以内蒙古农村牧区扶贫小额信贷为例》、江生忠、薄滂沱所著《保险助推脱贫攻坚理论与实践》。在财政扶贫研究专著成果方面，曹润林所著《中国农村反贫困财政政策研究》从能力、动力、地理三个维度剖析了农村贫困的成因，重点阐述了农村反贫困作用机制，进而设计了财政政策农村反贫困的路径，包括财政政策对农村能力贫困、动力贫困、地理贫困三个方向，剖析了其中的内在逻辑机理，为政策建议出台厘清了脉络思路。此外，还有朱良华著《财政扶贫的收入分配效应研究》和李丹著《财政转移支付对贫困地区财政收支行为影响研究：基于国定扶贫县的实证分析》等。

（八）培育农民内生动力研究

授人以鱼不如授人以渔，激发贫困人口脱贫内生动力是巩固提升脱贫成果关键所在。理论研究方面，黄承伟系统阐释了习近平总书记关于激发内生动力扶贫论述的科学内涵和践行要求后，对各地激发内生脱贫动力的典型案例进行了总结分析，并提出了激发内生脱贫动力的对策建议。左停、田甜以列斐伏尔的空间理论为基础来理解发展空间，探索贫困和内生动力不足的结构性原因。实证分析方面，郑瑞强实证分析了兴安盟贫困群众脱贫内生动力激发与发展能力增强的工作实践与潜在提升空间，并探寻了未来扶贫开发过程中通过建立社会关联提升贫困群众脱贫内生动力激发效果的实现途径。汪三贵等则提出针对民族地区部分贫困群众缺乏脱贫志气问题，需找准原因，因地制宜，培育内生动力；针对民族地区贫困人口能力不足的问题，则需要从教育扶贫等方面采取针对性的措施，阻断贫困代际传递。而林闽钢则对国外激活贫困者内生动力的相关路径和成功政策措施进行了总结。

七、社会保障与扶贫开发相结合的减贫理论研究

建档立卡户中的残疾人、因病致贫者、丧失劳动能力者较少有能力从事经济活动，无法在开发式扶贫工作中脱贫，只能通过保障性的扶贫维持其生存、生活及其子女的教育。孙久文、张静认为探索开发与保障并重的扶贫模式，应针对因病、因残、因老等原因不能参与或只能少量参与经济活动的人群构建生活、居住、健康、养老、教育保障和就业保障体系。张璟、许竹青认为基于国际经验和中国当前在扶贫与社会保障制度衔接领域出现的法律缺失、措施不足、效率不高等问题，应加强政策创新，增强社会保障制度的覆盖广度和深度、鼓励多方参与的扶贫与社会保障制度相结合。左停、徐卫周认为目前剩余贫困人口的脱贫任务十分艰巨，需要针对贫困人口的实际需求和当前脱贫攻坚的阶段进展进一步加大保障性扶贫的政策和制度供给。兰剑、慈勤英认为面对后脱贫攻坚时代农村反贫困的新形势，农村社会救助政策亟需强化兜底脱贫保障和政策衔接，更加关注相对贫困和多维贫困，规避救助依赖，建立贫困风险预警机制，注重贫困者长远

发展。健康扶贫研究方面，李华所著《健康贫困治理行动与效果》在界定“健康贫困”及其治理的基础上，系统梳理了健康贫困治理理论，进而构建立了以政府为的多元主体共同治理，即医疗保险、医疗救助和慈善、医疗服务为主的健康贫困治理理论分析框架，并深入分析了中国医疗卫生保障改革行动——大病保险、商业医疗保险和分级诊疗治理健康贫困的效果，并剖析了我国欠发达地区和发达地区各自治理健康贫困的典型案例。

八、社会扶贫下大扶贫格局理论探索研究

全社会力量参与扶贫开发，是中国特色扶贫开发道路的重要特征，也是我国扶贫开发事业的成功经验。在地区扶贫协作研究方面，崔建刚、孙宁华运用投入产出分析，对苏陕、浙川、沪滇三个协作帮扶对象之间的溢出效应和反馈效应以及对帮扶协作地区的交互关系进行了实证分析。社会主体参与扶贫方面，向德平、程玲提出在发展性社会工作指导下，我国反贫困领域的社会工作应以整合社会发展与经济发展为目标，以社区为基本介入单元，以多重社会工作干预联动为方法，以能力提升和可持续生计为策略。张静、朱玉春运用秦巴山区连片贫困区208家科特派企业的观察样本，运用似不相关回归模型实证分析了企业社会资本对科特派企业精准扶贫的影响。刘蕾、周翔宇对现有政府与社会组织合作的相关理论进行梳理，分宏观、中观与微观3个层次明确当前社会组织与政府合作已有理论框架，然后基于扎根理论从大病医保巴东模式中得出扶贫类社会组织与政府合作策略的机制框架。此外，在专著成果方面，吴大华、刘杜若、黄景贤著有《东西部扶贫协作问题研究》，中共贵州省委政策研究室、贵州大学著有《中国反贫困的贵州样本——以恒大集团帮扶大方县为例》，钟玲、陈莉出版了《扶贫社会组织多维公信力研究》，武汉大学、全国扶贫宣传教育中心主编了《中国反贫困发展报告(2018)——公益慈善扶贫专题》等，它们都从不同角度全面地对我国社会化扶贫进行了理论和实践研究。

九、绿色减贫和生态扶贫研究

精准扶贫的目标不仅在于贫困地区精准脱贫，更在于贫困地区可持续发展。在我国扶贫攻坚和全面建成小康社会的决胜期，应把绿色发展理念“注入”精准扶贫的实践中，从而推动贫困地区实现精准脱贫，引领贫困地区走向绿色可持续发展。张琦、冯丹萌认为针对脱贫目标以及乡村振兴发展，需要从绿色发展角度构建贫困地区绿色减贫机制，挖掘深度贫困地区的绿色资源，充分转化绿色资源的经济、文化和生态价值，提升贫困地区的内在动力，促进贫困地区快速脱贫。谢贤君等对中国绿色扶贫性增长进行测度发现：各地区绿色扶贫性增长水平、纯技术进步以及效率改进存在明显差异，东部地区绿色扶贫性增长水平和效率改进水平最高，中部地区纯技术效率水平最高，而西部地区三个方面指标都最低。杨文静所著《绿色发展理念下精准脱贫可持续性研究——以甘肃省为例》则以甘肃贫困地区精准脱贫研究为切入口，深入研究甘肃省贫困地区精准脱贫可持续问题，为甘肃省贫困地区实现可持续发展提供思路与方向。李虹所著《贵州省生态资本与反贫困研究》研究生态贫困生成机制，通过对贵州省生态资本载体——贵州省自然资源与生态环境情况进行研究，来论证发展贵州省生态资本对贵州省经济发展与反贫困的意义。结合CAS理论与博弈论，对贵州生态资本进行了主体分析，并结合贵州省循环产业新技术应用与环境污染责任保险市场研究了不同博弈主体，总结了运用生态资本反

贫困的经典案例，从理论与实践层面为正在进行的贵州省精准式反贫困提供切入思路。曾维忠、杨帆所著《森林碳汇扶贫理论、实证与政策》阐明了森林碳汇扶贫的基本内涵和本质特征，剖析了森林碳汇项目开发对区域和个体减贫的影响机理，搭建了森林碳汇扶贫理论分析框架，深入分析了西南民族地区森林碳汇扶贫现状与挑战。在此基础上，从项目实施区域及其社区农户微观尺度，实证研究了在西南民族贫困地区实施的森林碳汇项目社区农户持续参与意愿、行为选择与参与障碍、农户扶贫效应感知及其关键影响因素，创建了森林碳汇扶贫绩效评价指标体系，定量测评和验证了典型项目开发的阶段性综合扶贫绩效，并提出了以关注贫困人口受益和发展机会创造为核心理念的森林碳汇扶贫发展思路、政策框架及建议。

十、扶贫政策绩效评价研究

我国脱贫攻坚已取得决定性成就，脱贫攻坚战即将取得胜利。此时对扶贫政策进行绩效评估，总结提升在扶贫脱贫中已取得的经验和教训，可以为全面消除绝对贫困后我国的下一步扶贫计划提供支撑。目前，学者对扶贫绩效的评价主要集中在对精准扶贫战略对特定地区的减贫效应与具体扶贫举措的减贫效果两方面。

在精准扶贫战略减贫效应研究方面。孟佶贤基于随机占优条件的统计检验，选用精准扶贫以来，甘肃省农村居民在教育文娱和医疗保健两个项目上的支出进行分析，对精准扶贫的绩效进行评估。聂君、束锡红构建了村级精准扶贫绩效评价指标体系，对青海藏区某贫困村扶贫绩效进行评价，同时深入探究了该村庄精准扶贫绩效的影响因素，提出了进一步优化精准扶贫路径建议。刘丹等利用改进的粗糙集和层次分析法的组合赋权测算了兴安盟科右前旗的精准扶贫绩效。王振振、王立剑将“可持续生计”作为精准扶贫实施效果评估的标准，运用TOPSIS对陕西省70个县（区）贫困户的可持续生计进行量化并从贫困户整体和类型出发，运用方差分析探讨了精准扶贫的实施效果。黄强等构建起涵盖5个一级指标和15个二级指标的评价指标体系对江西省精准扶贫绩效进行评价，发现江西省精准扶贫绩效逐年提高，但在精准识别、精准帮扶等方面仍待改进。方迎风选用2008—2014年县级面板数据分析了中国扶贫重点县战略的短期和长期经济增长效应：长期而言，扶贫重点县的设立对21世纪中国区域经济增长有显著的推动作用；短期来说，贫困县的经济增长却比非重点县偏低。

在扶贫脱贫举措减贫效果研究上，土地整治与流转减贫效果方面，贺胜年等在“可行能力”理论和多维贫困模型基础上，构建起土地整治减贫的多维贫困指数，分析了农户在土地整治前后的多维贫困变动以及影响因素。蔡洁、夏显力利用六盘山集中连片特困区调研数据，从收入增长和收入分配视角探讨了农地流转和兼业程度对减贫的影响机理，实证分析了农地流转和兼业程度的增收效应、收入分配效应，探讨了农地流转、兼业程度与农户家庭减贫的关系。此外，卢洪友、杜亦缳基于CFPS2012调查数据和投入产出表，构建起居民收入核算账户，运用标准财政归宿法，测算出中国居民的财政净受益。同时，采用“匿名”与“非匿名”评价指标，综合测度了“一揽子”财政工具的再分配和减贫效应。马文武、刘虔研究了人力资本作用农村非农收入和涉农收入下的异质性减贫效应。王刚等以重庆市石柱土家族自治县调研数据为依据，运用DEA模型测度了精准扶贫视角下不同属性农户类别的耕地利用效率，并以Tobit模型回归分析了影响农户耕地利用效率的关键因素。

十一、脱贫攻坚与乡村振兴战略有效衔接与协同发展研究

现阶段，我国正处于乡村振兴与脱贫攻坚叠加推进、历史交汇的时期，深入研究脱贫攻坚与乡村振兴有效衔接，推动两者协同发展已成为当前学术界研究重点。有效衔接方面，张琦认为脱贫攻坚与乡村振兴衔接应遵循三个基本原则，即要始终坚持精准扶贫思想，坚持分阶段有序推进，坚持分地区逐步推进。汪三贵、冯紫曦提出实现脱贫攻坚与乡村振兴有机衔接，要充分借鉴和利用脱贫攻坚积累的成功经验，为乡村振兴战略的起步做好准备。衔接的重点内容主要体现在产业发展、生态环境、体制机制与基层治理、公共服务与生活质量等方面。左停等认为做好两个战略的有效衔接，既要抓好梯度跟进，又要抓好优化升级，继续推广脱贫攻坚形成的经验，推进产业扶贫的优化升级，提供高质量的金融供给服务，提高农村治理能力和水平，加强对弱势群体的社会保障力度。豆书龙、叶敬忠认为虽然两战略在衔接方面取得了积极进展，但仍存在体制机制衔接不畅、产业发展升级困难和内生动力难以激发等问题。应着力在体制机制统筹落实、产业发展多元化、积极培育主体意识等方面精准发力，推动有机衔接。高强认为促进脱贫攻坚与乡村振兴有机衔接，需要明确两大战略的政策着力点，分析二者间的内在逻辑，从政府与市场两个层面着眼，从微观政策转移接续入手，做好规划统筹、政策统筹、监管统筹、工作统筹。协同推进发展方面，文丰安认为需从健全管理体制和强化技术支撑、将乡村振兴战略融入精准扶贫方略、依托乡村振兴战略巩固脱贫成果等三方面，促使脱贫攻坚与乡村振兴相互支撑、相互促进，共同协同发展。廖彩荣等提出，协同推脱贫攻坚与乡村振兴战略需要在思想协同、产业协同、人才协同、文化协同、生态协同、组织协同和社会协同等七方面有所作为。边慧敏等则认为连片特困地区脱贫与振兴协同发展路径在于政策措施协同、产业发展协同、易地扶贫协同、人才振兴协同、组织工作协同五个方面。

专著成果有魏后凯、吴大华主编的《精准脱贫与乡村振兴的理论和实践》、郑长德主编的《减贫与发展(2019)：2020年后的乡村振兴与贫困治理》、周少来所著《党政统合与乡村治理——从精准扶贫到乡村振兴的南江经验》、鲁可荣、杨亮承所著《从精准扶贫迈向乡村振兴》等。

十二、2020年后中国反贫困道路探索

2020年我国必将打赢脱贫攻坚战，全面建成小康社会。但这并不意味着农村贫困的彻底终结，届时农村贫困将进入一个新的历史发展阶段，新问题、新挑战将不断涌现，我国减贫战略的重点思路、政策以及扶贫减贫的治理体系也必将随之转变。张琦、孔梅认为2020年后，贫困将依然是中国必须关注和着力解决的关键问题之一。但跨越绝对贫困门槛后，扶贫工作将面临新的目标、新的要求、新的对象等一系列新问题，更多复杂性也叠加进来，逐渐走向质量提升和现代化发展的新时代。同时，张琦、孔梅还提出打赢脱贫攻坚战后需要通过设置一个巩固期以实现脱贫成果的常态化和持续化，将巩固拓展脱贫成果作为“十四五”时期的减贫新目标，牢牢把握巩固拓展脱贫成果的战略重点，为开启治理相对贫困奠定良好的基础。孙久文、李星认为2020年后扶贫开发的战略方向要放在推进基础设施建设，筑牢脱贫基础，注重精神扶贫，加强社会参与，实现生态扶贫与绿色发展相协调，将绿色发展的理念整体注入到精准扶贫过程中，让生态环

境优势通过科学的产业开发转化为生态农业、生态工业和生态旅游等具有生态经济价值的发展成果,进而带来经济的发展。雷明认为面对即将到来的2020后扶贫时代,需要构建集共生、共建、共享为一体的反贫困命运共同体,以确保实现可持续减贫。邢成举、李小云认为2020年后中国的扶贫将转向以相对贫困为核心的贫困治理。而相对贫困具有的相对性、转型性、发展性、多维性、结构性和特殊群体性等特征,意味着要在统筹考虑相对贫困内涵的基础上建立普遍性与特殊性相结合的新型贫困治理机制。叶兴庆、殷浩栋认为2020年后相对贫困群体将取代绝对贫困群体成为贫困群体的主体,应按中位收入比例法制定相对贫困线,统一城乡扶贫目标与治理机制,以包容性增长和多维度改善促进长期减贫。孙久文、夏添认为2020年之后的相对贫困线设定应采取两区域、两阶段方法——非沿海地区实施绝对贫困线相对化,沿海地区实施基于居民可支配收入的相对贫困线,并每5年上调一次。白永秀、刘盼认为2020年后,我国反贫困的战略重点应集中在新贫困标准的制定、反贫困产业的可持续发展、城乡一体化反贫困体系的建立、农民工市民化配套设施的完善四个方面,以巩固脱贫攻坚成果,实现共同富裕。凌经球认为2020年后中国的贫困治理将从解决绝对贫困问题向解决相对贫困问题转变。为适应这一形势发展需要,贫困治理迫切需要实现以可持续脱贫为导向的贫困治理战略转型,强化贫困治理新理念,完善贫困治理政策、创新贫困治理模式、健全贫困治理机制。陈志钢、吴国宝、毕洁颖合著的《从乡村到城乡统筹:2020年后中国扶贫愿景和战略重点》分析了中国减贫工作面临的国际国内形势与新问题,并提出了2020年后中国减贫新愿景,即到2035年建立城乡融合的贫困治理体系,以城乡基本公共服务均等化为减贫战略方向。同时提出了2020年后的减贫战略需聚焦的五个重点问题:未来经济社会发展条件的研判、新贫困标准的制定、城乡统筹的贫困治理体系的建立、基于权利的社会保障体系的建设、保障扶贫投入的财政金融改革,以期为新的减贫战略制定提供决策参考。

(北京师范大学中国扶贫研究院
张　琦　张欣欣　薛亚硕)

附:2019年出版扶贫研究相关专著

序号	名称	作者	出版社	出版时间
1	党建下的苗村脱贫之路	廖永松	社会科学文献出版社	2019年1月
2	精准扶贫与中国特色发展经济学研究	施红	经济日报出版社	2019年1月
3	贫穷的终结:智能时代、避免技术性失业与重塑世界	[美]安妮·罗瑞	中信出版社	2019年1月
4	精准扶贫精准脱贫百村调研·东胜村卷	王昌海	社会科学文献出版社	2019年1月
5	决战赤水:中国首批脱贫出列县	刘子富	新华出版社	2019年1月
6	贫民中的友善探访	[美]玛丽埃伦·里士满	华东理工大学出版社	2019年1月
7	打赢脱贫攻坚战——帮扶脱贫攻坚案例选	本书编写组	安徽师范大学出版社	2019年1月

续表

序号	名称	作者	出版社	出版时间
8	空间视角下的城市贫困：格局、耦合与感知	薛东前	科学出版社	2019年1月
9	中国特色扶贫战略研究：以甘肃省东乡县为例	王海霞、王国斌	人民日报出版社	2019年1月
10	转型与发展：当代中国农村贫困问题研究	潘泽泉	中国社会科学出版	2019年1月
11	精准扶贫精准脱贫百村调研（紫霞村卷）	李群、刘涛	社会科学文献出版社	2019年1月
12	精准扶贫精准脱贫百村调研（太邑村卷）	张小溪、张平	社会科学文献出版社	2019年1月
13	精准扶贫精准脱贫百村调研（龙凤村卷）	赵学军	社会科学文献出版社	2019年1月
14	精准扶贫精准脱贫百村调研（何畈村卷）	叶秀敏、周红	社会科学文献出版社	2019年1月
15	精准扶贫精准脱贫百村调研（三山井村卷）	刘同山、汪武静	社会科学文献出版社	2019年1月
16	精准扶贫精准脱贫百村调研（长乐村卷）	李平、刘建武、张友国	社会科学文献出版社	2019年1月
17	精准扶贫精准脱贫百村调研（崔家沟村卷）	梁春梅、胡冰川、李越	社会科学文献出版社	2019年1月
18	精准扶贫精准脱贫百村调研（顺安村卷）	廖永松、张宗帅、韦鹏	社会科学文献出版社	2019年1月
19	精准扶贫精准脱贫百村调研·庆阳农场卷	孙壮志、王爱丽、田雨、马睿泽	社会科学文献出版社	2019年1月
20	精准扶贫精准脱贫百村调研·白石口村卷	王谋	社会科学文献出版社	2019年1月
21	陕西精准脱贫研究报告（2019）	白宽犁、罗丞、于宁锴	社会科学文献出版社	2019年1月
22	脱贫攻坚涉农系列合同示范文本	毕健	法律出版社	2019年1月
23	精准扶贫精准脱贫百村调研（初化村卷）	崔红志、刘亚辉、黄乃鑫	社会科学文献出版社	2019年1月
24	精准扶贫精准脱贫百村调研（追高来村卷）	刘小珉	社会科学文献出版社	2019年1月
25	精准扶贫精准脱贫百村调研（沙壕村卷）	曾俊霞、郜亮亮	社会科学文献出版社	2019年1月
26	精准扶贫精准脱贫百村调研（百豪村卷）	侯慧丽、黄婉婷	社会科学文献出版社	2019年1月
27	精准扶贫精准脱贫百村调研（打安村卷）	潘劲、张德生	社会科学文献出版社	2019年1月
28	精准扶贫精准脱贫百村调研（青龙寺卷）	侯一蕾	社会科学文献出版社	2019年1月
29	（1978—2018）中国减贫与发展	吴国宝	社会科学文献出版社	2019年1月

续表

序号	名称	作者	出版社	出版时间
30	乡村振兴战略下中国农村贫困人口社会保障研究	李立清、胡扬名、江维国	中国社会科学出版社	2019年1月
31	中国扶贫故事	周宗敏	新华出版社	2019年1月
32	农业精准扶贫引论	张子睿、谭军华	中国商务出版社	2019年1月
33	过剩之地：美式富足与贫困悖论	［美］莫妮卡·普拉萨德	上海人民出版社	2019年1月
34	精准扶贫精准脱贫百村调研（河畈村卷）	叶秀敏、周红	社会科学文献出版社	2019年1月
35	扶危济困：感天动地的扶贫故事	《故事会》编辑部编	上海故事会文化传媒有限公司	2019年1月
36	打赢脱贫攻坚战基层干部群众读本	何得桂	知识产权出版社	2019年1月
37	扶贫攻坚示范区建设的贵州实践	贵州省社会科学院、魏后凯、檀学文	社会科学文献出版社	2019年2月
38	精准扶贫精准脱贫百村调研（灯塔村）	张瑞娟、任晓娜、李培林	社会科学文献出版社	2019年2月
39	扶贫开发战略、政策演变及实施研究	洪名勇	中国社会科学出版社	2019年2月
40	中国精准扶贫发展报告（2018）	陆汉文、黄承伟、刘晓山、蔡志海、刘飞、郭之天	社会科学文献出版社	2019年2月
41	中国教育发展与减贫研究（2018年第2期）	李兴洲、白晓、王小林	社会科学文献出版社	2019年2月
42	中国脱贫在行动（西）	文炜	外文出版社	2019年2月
43	乡村公共服务与反贫困联动：来自武陵山重庆片区的实践	刘安全	经济科学出版社	2019年2月
44	读懂中国脱贫攻坚（英文版）	胡富国	外文出版社	2019年2月
45	脱贫攻坚的可持续性探索：贵州的实践与经验	王春光、孙兆霞	社会科学文献出版社	2019年2月
46	扶贫：虞城县精准扶贫影像志	杨健	北京摄影出版社	2019年2月
47	贫困的哲学（法）	[法]蒲鲁东著	商务印书馆	2019年2月
48	扶贫社会组织多维公信力研究	钟玲、陈莉	中国社会科学出版社	2019年2月
49	探路：产业扶贫十八洞村思考	谭云明	中国经济出版社	2019年2月
50	“中国脱贫攻坚之路”专题资料汇编	财政部干部教育中心	财政部干部教育中心	2019年2月

续表

序号	名称	作者	出版社	出版时间
51	女性贫困	[日]NHK电视台特别报道组	上海译文出版社	2019年2月
52	中国少数民族地区精准扶贫案例集（2018）	张丽君、吴本健、张春敏、和萍	中国经济出版社	2019年3月
53	扶贫札记	唐成	长江文艺出版社	2019年3月
54	精准扶贫的"宁德模式"	叶兴建	厦门大学出版社	2019年3月
55	精准扶贫进程中内蒙古贫困牧户可持续生计研究	阿拉坦格日乐	中国经济出版社	2019年3月
56	中国企业精准扶贫案例50佳（2018）	曲天军、钟宏武、王大洋、汪杰	经济管理出版社	2019年3月
57	电商扶贫理论与实践	姚庆荣	中国经济出版社	2019年3月
58	温暖记忆：林西县精准扶贫工作纪实	陈秀民	内蒙古科学技术出版社	2019年3月
59	2018农村电子商务案例选	农业农村部信息中心	中国农业出版社	2019年3月
60	助力脱贫攻坚校园携手田园：贵州"校农结合"扶贫模式研究	陈治松	贵州人民出版社	2019年3月
61	旅游精准扶贫规划实践与创新	马勇、刘军、马世骏	科学出版社	2019年3月
62	战国红	滕贞甫	春风文艺出版社	2019年3月
63	悬崖村	阿克鸠射	天地出版社	2019年3月
64	山海情深：闽宁扶贫协作20年海原专辑	政协海原县第十一届委员会	宁夏人民出版社	2019年3月
65	发展地理学视角下区域贫困的地方化	刘小鹏	科学出版社	2019年3月
66	中国特色社会主义理论在浙江的实践脱贫致富篇	郭金喜	中国社会科学出版社	2019年3月
67	基于人力资本视角的新疆反贫困问题研究：以新疆集中连片特困区为例	张霞、潘明明、胡建元	经济管理出版社	2019年3月
68	脱贫攻坚前沿问题研究	国务院扶贫办政策法规司	研究出版社	2019年3月
69	贫困治理中的就业与失业社会保险深化改革研究	王飞跃、杨阳	中国社会科学出版社	2019年3月
70	乡村旅游扶贫理论与实践	梁留科	科学出版社	2019年3月
71	保险助推脱贫攻坚理论与实践	江生忠、薄滂沱	南开大学出版社	2019年3月
72	四省藏区多维贫困及其治理对策研究	庄天慧	科学出版社	2019年3月

续表

序号	名称	作者	出版社	出版时间
73	中国反贫困的贵州样本——以恒大集团帮扶大方县为例	中共贵州省委政策研究室、贵州大学	人民出版社	2019年3月
74	全面小康目标下甘肃农村反贫困研究	杨智	中国社会科学出版社	2019年3月
75	井冈山的答卷	凌翼	江西人民出版社	2019年3月
76	大学生助力农村小微企业成长的扶贫路径研究	卢圣旭	经济管理出版社	2019年4月
77	扶贫·脱贫·防返贫:湖南省怀化市调研报告	邹吉忠	中国经济出版社	2019年4月
78	精准扶贫携手行真情电亮小康梦——云南电网有限责任公司扶贫漫画集	陶洁	中国电力	2019年4月
79	绿色发展理念下精准脱贫可持续性研究以甘肃省为例	杨文静	人民日报出版社	2019年4月
80	守护神圣国土　建设幸福家园—中国新时代脱贫攻坚的曲水实践	国务院扶贫办全国扶贫宣传教育中心、中央党校党章党规研究中心	研究出版社	2019年4月
81	赣南产业扶贫与乡村振兴:赣州市信丰县,兴国县,安远县的实践	刘善庆、刘超、田延光	经济管理出版社	2019年4月
82	奋力担当脱贫攻坚的农科重任——北京市农林科学院对口援助工作巡礼	高华、秦向阳	中国农业科学技术出版社	2019年4月
83	财政扶贫的收入分配效应研究	朱良华	经济科学出版社	2019年4月
84	王万才脱贫日记选	中共唐河县委宣传部、唐河县扶贫开发办公室	中州古籍出版社	2019年4月
85	赣南苏区高质量脱贫攻坚研究:以信丰、兴国、安远为例	刘善庆、刘超、田延光	经济管理出版社	2019年4月
86	追寻初心——我的扶贫札记	杨志勇	西安出版社	2019年4月
87	东西部扶贫协作问题研究:以贵州省为例	吴大华、刘杜若、黄景贤	经济管理出版社	2019年4月

续表

序号	名称	作者	出版社	出版时间
88	财政转移支付对贫困地区财政收支行为影响研究：基于国定扶贫县的实证分析	李丹	经济科学出版社	2019年4月
89	贵州少数民族地区特色旅游产业精准扶贫路径研究	王超、吴倩、王志章	科学出版社	2019年4月
90	外国人眼中的中国扶贫	中国国际扶贫中心	外文出版社	2019年4月
91	公共政策、农业发展与减贫	蒋辉、刘兆阳	经济科学出版社	2019年4月
92	抓党建促脱贫攻坚案例选　战斗堡垒	中共中央组织部组织二局	党建读物出版社	2019年4月
93	一诺千金　新时代中国脱贫攻坚的理论思考	黄承伟	广西人民出版社	2019年4月
94	庄严的承诺：甘肃脱贫攻坚战纪实	王宏甲、王琰	甘肃教育出版社	2019年4月
95	历史决定论的贫困	[英]卡尔·波普尔	上海人民出版社	2019年4月
96	抓党建促脱贫攻坚案例选　先锋引领	中央组织部组织二局	党建读物出版社	2019年4月
97	人类减贫史上的中国奇迹——中国扶贫改革40周年论文集	国务院扶贫办政策法规司、国务院扶贫办全国扶贫宣教中心	外语教学与研究出版社	2019年4月
98	脱贫攻坚干部培训十讲	国务院扶贫办政策法规司、国务院扶贫办全国扶贫宣教中心	外语教学与研究出版社	2019年4月
99	中国特色扶贫开发的政策与实践	孙大伟	中国社会科学出版社	2019年4月
100	百村搬迁案例	山西省扶贫开发办公室	北岳文艺出版社	2019年4月
101	“心”走扶贫路：北京理工大学自动化学院社会　实践纪实	张洪亮	北京理工大学出版社	2019年4月
102	心无百姓莫为官——精准扶贫的下姜模式	劳罕	浙江人民出版社	2019年4月

续表

序号	名称	作者	出版社	出版时间
103	惩腐败正作风　护航脱贫攻坚——全国扶贫领域腐败案件警示录	国务院扶贫开发领导小组办公室、中国纪检监察报社	人民出版社	2019年4月
104	中国精准扶贫与案例研究	刘璐琳、彭芬	中国人民大学出版社	2019年5月
105	扶贫领域腐败和作风问题案例剖析	本书编写组	中国方正出版社	2019年5月
106	精准扶贫的理论与实践:基于木老元乡和摆榔乡的调研	戴波	社会科学文献出版社	2019年5月
107	全面改善贫困地区义务教育薄弱学校基本办学条件中期评估报告	叶赋桂、罗燕、赵琳	清华大学出版社	2019年5月
108	金融精准扶贫:政策、实践和经验	潘功胜	中国金融出版社	2019年5月
109	盐池县扶贫开发志	《盐池县扶贫开发志》编纂委员会	中国文史出版社	2019年5月
110	申纪兰:脱贫攻坚巾帼英豪	李大刚、杨国栋	上海文化出版社	2019年5月
111	中国特色反贫困理论与实践研究	傅蕴英	科学出版社	2019年5月
112	媒介融合背景下新闻扶贫的经验探索与实践模式研究	孙穗	吉林大学出版社	2019年5月
113	坚决打好精准脱贫攻坚战	郭玮	中国言实出版社	2019年5月
114	民族地区特殊类型贫困与反贫困研究	李俊杰	经济科学出版社	2019年5月
115	街角社会一个意大利人贫民区的社会结构	(美)威廉·富特·怀特	商务印书馆	2019年5月
116	城市精准扶贫的武昌经验	刘杰、向悦	武汉大学出版社	2019年5月
117	市化背后——不同视角下的城市贫困人口分析	朱晓	南京大学出版社	2019年5月
118	重庆渝东南民族地区旅游精准扶贫研究	李莉、陈雪钧	北京理工大学出版社	2019年5月
119	精准扶贫的湘西经验:中央媒体集中采访湘西精准扶贫报道和研讨集	中共湖南省委宣传部、湖南省扶贫开发办公室	湖南人民出版社	2019年5月
120	第一书记——精准扶贫的“一线战斗员”	刘道云	江西人民出版社	2019年5月
121	精准扶贫　上海实践案例集	陈康令	复旦大学出版社	2019年5月
122	海兰江畔稻花香	李春良	时代文艺出版社	2019年5月

续表

序号	名称	作者	出版社	出版时间
123	精准脱贫监测与考核评价研究	唐曼萍	西南财经大学出版社	2019年6月
124	中国农村家户贫困动态问题研究	赵锐	西南财经大学出版社	2019年6月
125	精准扶贫案例解析	高健龙、高建伟	中国农业出版社	2019年6月
126	反贫困视域下社会救助依赖问题的解构及其治理	兰剑	科学出版社	2019年6月
127	中国农村多维度贫困的地理识别及扶贫模式可持续减贫效果评估	刘艳华	中国社会出版社	2019年6月
128	精准扶贫脱贫战略模式研究:以河南省为例	吴一平、乔鹏、刘林博、唐华	中国农业出版社	2019年6月
129	正版高职院校专业群建设研究:兼论职业教育精准扶贫	许峰、张岩松	东北财经大学出版社	2019年6月
130	山区少数民族贫困代际传递及阻断对策研究	陈全功	中国社会科学出版社	2019年6月
131	中国农村扶贫开发研究	王爱云	华中科技大学	2019年6月
132	山西吕梁山区生态环境与经济贫困综合研究	徐满厚	中国环境出版社	2019年6月
133	中国教育发展与减贫研究	李兴洲、白晓、张琦	社会科学文献出版社	2019年6月
134	反贫困的中国路径:基于能力开发的视角	邹薇、方迎风	武汉大学出版社	2019年6月
135	扶贫学论纲	杨临宏	中国社会科学出版社	2019年6月
136	改革开放40周年支撑服务赣南革命老区脱贫攻坚地质调查成果	自然资源部中国地质调查局	中国地质大学出版社	2019年6月
137	城市贫困精准治理体系的建构	陈云	科学出版社	2019年6月
138	贵州贫困地区县域人居环境建设研究	周政旭	中国建筑工业出版社	2019年6月
139	扶贫扶志在基层:陕西省扶贫扶志工作实例选编	中共陕西省委宣传部、中共陕西省委文明办、陕西省扶贫开发办公室	陕西人民出版社	2019年6月
140	精准扶贫政策解读	高健龙、高建伟	中国农业出版社	2019年6月
141	精准扶贫方法与路径	高健龙、高建伟	中国农业出版社	2019年6月
142	社会企业参与精准扶贫研究	李健	中国社会出版社	2019年6月

续表

序号	名称	作者	出版社	出版时间
143	乡村老龄人口贫困化现状与社会救助机制研究	张耀华	中国商务出版社	2019年6月
144	西藏农牧区精准扶贫对象瞄准及施策效果研究	吴春宝	中国社会科学出版社	2019年6月
145	教育精准扶贫与代际流动	陈纯槿	华东师范大学出版社	2019年6月
146	丰裕社会的贫困及其治理	刘敏	社会科学文献出版社	2020年7月
147	中国减贫经验分享理论与实践	侯军岐	中国农业出版社有限公司	2020年7月
148	云南省林下产业扶贫绩效评价研究	李娅、绿色发展研究院	中国林业出版社	2020年7月
149	牧区贫困状况与提升牧民自我发展能力研究	哈斯其其格	经济管理出版社	2020年7月
150	扶贫惠农政策与法规百问百答	孙哲、冯桂真	中国农业出版社	2020年7月
151	新农合制度的劳动供给与贫困缓解效应研究	沈政	经济科学出版社	2020年7月
152	深度贫困边疆地区人口与经济协调发展研究——以南疆为例	马胜春	中国财政经济出版社	2020年7月
153	挺进大石山:广西精准扶贫纪事	朱千华	广西教育出版社	2020年7月
154	西藏及四省藏区精准扶贫研究	黄维忠	中国藏学出版社	2020年7月
155	减贫与发展(2018):精准扶贫地方实践	郑长德	中国经济出版社	2020年7月
156	亚太地区小农与扶贫新进展	夏英	中国农业科学技术出版社	2020年7月
157	社区主导发展对精准扶贫的借鉴价值研究	左常升	中国农业出版社	2020年7月
158	精准扶贫在察雅	察雅县人民政府办公室	社会科学文献出版社	2020年7月
159	旅游·扶贫与乡村振兴研究	桂拉旦、张伟强、刘少和	经济科学出版社	2020年7月
160	中国西部县域绿色发展与精准扶贫研究	杨小杰、朱广财、陈昌华	西南财经大学出版社	2020年7月
161	鲁山县精准扶贫实录	鲁山县地方史志办公室	河南人民出版社	2020年7月
162	坚守与探索:樊希安出版论集	樊希安	商务印书馆	2020年7月

续表

序号	名称	作者	出版社	出版时间
163	贫困与饥荒	［印度］阿马蒂亚·森	商务印书馆	2020年7月
164	2018年贵州脱贫攻坚群英谱	中共贵州省委宣传部	贵州教育出版社	2020年7月
165	反贫困理论前言与创新实践	李秉勤、房莉杰	社会科学文献出版社	2020年7月
166	中国健康扶贫研究报告	中国人口与发展研究中心	人民出版社	2020年7月
167	精准扶贫:成就、问题与新思路	范东君	社会科学文献出版社	2020年7月
168	向贫困宣战　如何看中国扶贫	胡富国	外文出版社	2019年8月
169	中央和国家机关驻村第一书记扶贫典型案例集	中央和国家机关工委	研究出版社	2019年8月
170	我国农村贫困地区儿童入学准备与学业发展追踪研究	张莉	华东师范大学出版社	2019年8月
171	少数民族县域跨越式发展与电商扶贫开发	赵丽	中国社会科学出版社	2019年8月
172	精准扶贫中国方案与西盟实践	施红	经济日报出版社	2019年8月
173	发达地区农民合作扶贫模式研究	刘宇翔	中国财政经济出版社	2019年8月
174	脱贫攻坚先锋	国务院扶贫开发领导小组办公室	中国劳动社会保障出版社	2019年8月
175	区域发展诊断视阈下民族地区产业扶贫精准性研究	李秀芬	中国社会科学出版社	2019年8月
176	决战沙子坡:一个乡镇的脱贫攻坚纪实	申元初、萧子静	新华出版社	2019年8月
177	易地扶贫搬迁与新型城镇化协调发展:基于广西深度贫困地区的实践研究	何玲玲、区小兰	经济科学出版社	2019年8月
178	当代中国扶贫	汪三贵	中国人民大学出版社	2019年8月
179	就业扶贫在路上	人力资源和社会保障部就业促进司	中国劳动社会保障出版社	2019年8月
180	中国共产党反贫困实践研究	张瑞敏	人民出版社	2019年8月
181	贵州省生态资本与反贫困研究	李虹	中国社会科学出版社	2019年8月
182	我的扶贫故事	交通运输部新闻办公室	人民交通出版社	2019年8月

续表

序号	名称	作者	出版社	出版时间
183	贫困与贫困治理——来自中国的实践（1978—2018）	雷明	经济科学出版社	2019年8月
184	马缨花下的扶贫记忆——从脱贫到振兴的红土地群像	储琰	华东理工大学出版社	2019年8月
185	欠发达地区农民合作扶贫模式研究	刘宇翔	中国财政经济出版社	2019年8月
186	基于乡村振兴背景下乡村旅游扶贫研究	曾蓉	经济管理出版社	2019年8月
187	精准扶贫调查报告：江西师范大学2015级思想政治教育专业社会调查成果集	韩桥生	现代出版社	2019年8月
188	益贫式边境贸易探究：基于广西中越边境贸易的实践思考	黄世芳	天津大学出版社	2019年8月
189	贵州大扶贫战略发展报告：2019	郑云跃	社会科学文献出版社	2019年8月
190	贫困指标测度的研究范式与机理分析	张会敏、刘超、刘秉龙	社会科学文献出版社	2019年8月
191	中国扶贫理论研究	万广华、史清华	中国农业出版社	2019年8月
192	中国城市低保政策减贫效能研究	肖萌	中国妇女出版社	2019年8月
193	今日中国：全面小康	朱建纲、颜晓峰、张琦	湖南教育出版社	
194	区域农村贫困现状、脱贫路径及其绩效研究	廖文梅、胡春晓、彭泰中	中国商业出版社	2019年8月
195	走进贫困的教育：如何阻断贫困代际传递	史志乐	经济日报出版社	2019年8月
196	易地扶贫搬迁项目管理前沿问题理论与实践	侯军岐	中国农业出版社	2019年8月
197	人间正是艳阳天　湘西十八洞的故事	彭学明	广东人民出版社	2019年8月
198	八万里路云和月：一个国家扶贫开发工作重点县的互联网+	莫问剑	电子工业出版社	2019年8月
199	结构转型、战略转换与消除贫困——以甘肃省为例	张永丽、李秀萍	中国社会科学出版社	2019年9月
200	植物保护与脱贫攻坚	陈万权	中国农业科学技术出版社	2019年9月

续表

序号	名称	作者	出版社	出版时间
201	红色革命老区脱贫之路的启示:红安篇	中国社会科学院人口与劳动经济研究所百县调研组	中国社会科学出版社	2019年9月
202	西藏贫困与反贫困问题研究	杨阿维	经济管理出版社	2019年9月
203	转型与发展:当代中国农村贫困问题研究	潘泽泉	中国社会科学出版社	2019年9月
204	农村最低生活保障与扶贫对象动态管理机制研究	杜毅、李娜	西南财经大学出版社	2019年9月
205	中国农村反贫困财政政策研究	曹润林	经济科学出版社	2019年9月
206	四省藏区多维贫困及其治理对策研究	庄天慧	科学出版社	2019年9月
207	中国反贫困发展报告(2018)——公益慈善扶贫专题	武汉大学全国扶贫宣传教育中心	华中科技大学出版社	2019年9月
208	技能扶贫百问百答	人力资源和社会保障部职业能力建设司	中国劳动社会保障出版社	2019年9月
209	扶贫笔记	张伟	时代文艺出版社	2019年9月
210	特色文化产业扶贫问题研究——以武陵山连片特困地区为例	熊正贤、吴黎围	经济科学出版社	2019年9月
211	贫困地区城乡居民基本养老保险筹资机制研究——以武陵山片区为例	李琼、朱鹏	中国社会科学出版社	2019年9月
212	人社扶贫在路上	人力资源和社会保障部扶贫办	中国劳动社会保障出版社	2019年9月
213	企业参与乡村旅游精准扶贫机制研究	张琰飞	经济科学出版社	2019年9月
214	中国扶贫开发年鉴2018	《中国扶贫开发年鉴》编辑部	中国农业出版社	2019年9月
215	中国共产党贫困治理的实践探索与世界意义	王灵桂、侯波	中国社科出版社	2019年9月
216	农村金融、社会资本与多维贫困	苏静、肖攀	经济科学出版社	2019年9月
217	精准脱贫与乡村振兴的理论和实践	魏后凯、吴大华	精准脱贫与乡村振兴的理论和实践	2019年9月
218	脱贫攻坚手记	姚元和	西南师范大学出版社	2019年9月

续表

序号	名称	作者	出版社	出版时间
219	中国农村发贫困问题经济学研究—以国定贫困县为研究重点	张洪武	经济日报出版社	2019年9月
220	精准扶贫——农业知识100问	陈峰	武汉理工大学出版社	2019年9月
221	中国全面小康发展报告:北京样本	马新明、赖惠能、中国全面小康发展报告样本编辑委员会	红旗出版社	2019年9月
222	汉鼎之光:“全国脱贫攻坚模范”武汉鼎纪事	刘巧玲	远方出版社	2019年9月
223	安徽产业发展报告　脱贫攻坚篇	吴学民	人民出版社	2019年9月
224	中国少数民族地区精准扶贫案例集	张丽君、吴本健、王润球、张春敏	中国经济出版社	2019年9月
225	少数民族贫困地区生态文明建设的关键因素和有效路径研究——以云南为例	杨红娟	科学出版社	2019年9月
226	掷地有声:脱贫攻坚山西故事	鲁顺民、杨遥、陈克海	北京工业大学出版社	2019年9月
227	电子商务精准扶贫研究	关洪军	经济科学出版社	2020年10月
228	减贫与发展(2019):2020年后的乡村振兴与贫困治理	郑长德	中国经济出版社	2020年10月
229	从乡村到城乡统筹:2020年后中国扶贫愿景和战略重点	陈志钢、吴国宝、毕洁颖	社会科学文献出版社	2020年10月
230	中国减贫政策与实践:热点评论(2017—2018)	张琦	经济日报出版社	2020年10月
231	连片特困区产业精准扶贫模式研究:以新疆三地州为例	潘明明	经济管理出版社	2020年10月
232	大学生助力农村小微企业成长的扶贫路径研究	卢圣旭	经济管理出版社	2020年10月
233	社会力量参与文化精准扶贫研究	黄奇杰	浙江大学出版社	2020年10月
234	项目制贫困治理:理论与实践	刘俊英	中国经济出版社	2020年10月
235	支持脱贫攻坚税收优惠政策指引	《税收制度分类指引丛书》编写组	中国税务出版社	2020年10月
236	县域精准扶贫的生态文明模式	师守祥	中国社会科学出版社	2020年10月

续表

序号	名称	作者	出版社	出版时间
237	江苏省农村精准扶贫　脱贫致富实践研究	李秀芸	中国农业出版社	2020年10月
238	我的扶贫日记	罗光成	安徽文艺出版社	2020年10月
239	哲学的贫困	姜海波	辽宁人民出版社	2020年10月
240	产业扶贫法律服务实务与风险防范	耿宝建	法律出版社	2020年10月
241	西南边疆人较少民族聚居地区贫困治理研究	刘苏荣	民族出版社	2020年10月
242	从精准扶贫迈向乡村振兴	鲁可荣、杨亮承	云南大学出版社	2020年10月
243	时代答卷:来自一个贫困县的脱贫攻坚报告	梁庆才	河南人民出版社	2020年10月
244	语言扶贫问题研究(第1辑)	李宇明	商务印书馆	2020年10月
245	新时代的贫困治理:理论、实践与反思	邢成举、魏程琳、赵晓峰	社会科学文献出版社	2020年10月
246	党政统合与乡村治理——从精准扶贫到乡村振兴的南江经验	周少来	中国社会科学出版社	2020年10月
247	社会资本导向型扶贫模式及其政策应用	刘敏	社会科学文献出版社	2020年10月
248	中国特色减贫之路:打好精准脱贫攻坚战	崔华泰	中原农民出版社	2020年10月
249	精准扶贫精准脱贫百村调研 景阳村卷	方素梅、李培林	社会科学文献出版社	2020年10月
250	国际减贫合作:构建人类命运共同体	中国社会科学院国家优选战略智库、国家开发银行研究院	社会科学文献出版社	2019年11月
251	精准扶贫:寻甸县创新扶贫模式研究	杨子生、朱石祥	社会科学文献出版社	2019年11月
252	"扶贫攻坚"实践与地方经验	兰传海	中国金融出版社	2019年11月
253	新中国农民脱贫之路	韩连贵	中国财政经济出版社	2019年11月
254	全国易地扶贫搬迁年度报告(2019)	国家发展和改革委员会	人民出版社	2019年11月
255	深度贫困地区金融扶贫创新研究	喻新安、杨保成	社会科学文献出版社	2019年11月
256	中国脱贫在行动(阿)	陈国海	外文出版社有限责任公司	2019年11月
257	机会平等下中国西部农村反贫困研究——基于财税视角	杨颖	中国社科出版社	2019年11月

续表

序号	名称	作者	出版社	出版时间
258	“互联网+”精准扶贫的顶层设计与地方实践——以广西为例	谢舜、覃志敏	人民出版社	2019年11月
259	金融扶贫的实践与成效:以内蒙古农村牧区扶贫小额信贷为例	祁晓慧、乔光华	经济管理出版社	2019年11月
260	农村金融改革创新与精准扶贫	蒋远胜、王挺	西南财经大学出版社	2019年11月
261	武陵山农村贫困的形成机理与治理研究——以恩施州为例	谭贤楚	科学出版社	2019年11月
262	山村调查　中国脱贫攻坚的社会调查(5册)	连玉明	社会科学文献出版社	2019年11月
263	农户生计改善视域下区域易地扶贫搬迁政策评价研究——以赣南原中央苏区为例	陈胜东、孔凡斌	经济管理出版社	2019年11月
264	金融科技助力精准扶贫问题研究	郭晓蓓	企业管理出版社	2019年11月
265	贫困地区城镇化的特征及对策研究——以重庆市集中连片特困地区为例	杨培峰、薛颖、龙香	科学出版社	2019年11月
266	雁门关下攻坚曲——代县脱贫攻坚纪实画册	张东家	山西教育出版社	2019年11月
267	空间视阈下中国藏族聚居区的贫困问题研究	廖桂蓉	经济科学出版社	2019年11月
268	大爱无疆——爱德基金会援助宁夏贫困地区卫生纪实	崔学光	宁夏人民出版社	2019年11月
269	民族教育扶贫理论及其内蒙古实践	张艾力	社会科学文献出版社	2019年11月
270	回顾与展望:中国与联合国减贫合作四十年案例集	中华人民共和国商务部	中国商务出版社	2019年11月
271	习近平扶贫论述摘编(法)	中共中央党史和文献研究院	外文出版社	2019年11月
272	百村脱贫案例	山西省扶贫开发办公室	北岳文艺出版社	2019年12月
273	国家电网精准扶贫工作纪实	国家电网有限公司	中国电力出版社	2019年12月
274	乡村扶贫人:与70位“老村长”面对面	陈海保	中国经济出版社	2019年12月
275	区域致贫原因与土地帮扶对策差别化研究	林晨、闵敏、金志丰	南京大学出版社	2019年12月

续表

序号	名称	作者	出版社	出版时间
276	国际社会保障动态　健康贫困治理行动与效果不详	李华	上海人民出版社	2019年12月
277	城市贫困精准治理体系的建构	陈云	科学出版社	2019年12月
278	精准扶贫 政策解读与经验集萃	中国政策研究网编辑组	中国言实出版社	2019年12月
279	农村贫困　就业　收入增长与区域经济发展研究	王旭明	中国经济出版社	2019年12月
280	民族地区精准扶贫难点问题研究	方堃	科学出版社	2019年12月
281	脱贫攻坚·三门峡	梅淑娥	经济日报出版社	2019年12月
282	用教育阻断贫困代际传递	朱永新、汤敏	山西教育出版社	2019年12月
283	2019中国经济社会发展形势与对策——对标全面建成小康社会任务扎实推进精准扶贫精准脱贫	黄守宏	中国言实出版社	2019年12月
284	中国深度贫困地区跨越贫困陷阱研究	蓝红星	经济管理出版社	2019年12月
285	中国西部地区农村老年贫困问题研究	章晓英	经济管理出版社	2019年12月
286	金融支持精准扶贫研究	张爱玲	中国金融出版社	2019年12月
287	中西部贫困地区中小学阅读扶助机制研究	谢巍	文化发展出版社	2019年12月
288	乡村振兴视域下甘肃省扶贫脱贫效果的调查案例研究	杨盛菁	中国商业出版社	2019年12月
289	农村老龄人贫困化研究	于长永	中国财政经济出版社	2019年12月
290	中国城市女性贫困问题研究	吴玲	经济管理出版社	2019年12月
291	河北省太行山区产业扶贫长效机制研究	卢秀茹、李辉、张岩峰	中国农业出版社	2019年12月
292	精准扶贫　精准脱贫　科学决策大数据案例精选	邹德文	人民出版社	2019年12月
293	在扶贫路上：一位挂职扶贫干部的实践与思考	汪鹏	社会科学文献出版社	2019年12月
294	农村贫困地区电子商务精准扶贫模式推进方略研究	刘威	中国经济出版社	2019年12月
295	浙江省电商扶贫案例集	盛秋平	浙江工商大学出版社	2019年12月
296	基于生活质量视角的农村贫困测度方法及应用研究	韩君	中国商业出版社	2019年12月
297	磅礴大地：昭通扶贫记	沈洋	云南人民出版社	2019年12月

续表

序号	名称	作者	出版社	出版时间
298	森林碳汇扶贫　理论、实证与政策	曾维忠、杨帆	社会科学文献出版社	2019年12月
299	义务教育阶段贫困生就学资助制度研究	东海、安雪慧、万明钢、王爱兰	人民教育出版社	2019年12月

城市贫困问题研究

一、研究现状

城市贫困问题研究，主要关注城市贫困人群识别、城市贫困形成机理及城市反贫困措施等方面。城市贫困人口的识别逐渐由绝对贫困转向相对贫困，由单一贫困转变为多维贫困（魏后凯，2018），对贫困的测度也成为一个综合性的概念（魏后凯，王宁，2013），居住环境（刘泽琴，2012）、权益保障（何宗樾，宋旭光，2018）、精神贫困（高颖，等，2008）等均涵盖其中。引发城市贫困问题的原因是多方面的，从宏观层面来看，经济结构转型（高云虹，2009）、住房与户籍制度转型（文建龙，肖泽群，2007）等产生了大量贫困人口；从微观层面来看，个人（苏勤，林炳耀，2003）、家庭（刘扬，赵春雨，2008）、文化（何深静，等，2010）等因素都将导致贫困的发生。我国城市反贫困措施侧重于构建社会保障体系和福利体系，在一定程度上可以缓解城市贫困，但并不能从根源上消除贫困（都阳，Park，2007），因此构建发展型社会政策指导下的积极福利体系（杨宇，2008），将宏观福利保障体系构建和微观个人能力培养相结合具有更为现实的意义（侯学英，2014）。

2019年城市贫困问题的研究主要集中于梳理城市贫困致贫原因、城市贫困治理经验、区域城市贫困治理问题及对反贫困政策的展望等方面。

多数学者以具体的省级区域为研究对象，邹鹰、程勇、沈晨（2019）以江西为研究对象，提出了发展型社会政策理论以社会投资为基本遵循生计策略，主张通过“发展”来实现社会平等，江西城市贫困治理实现了目标的经济性、方式的多元性、脱贫主体的能动性等三方面转向。蔡兴冉、梁彦庆、黄志英等（2019）以河北省为研究对象，采用空间自相关法分析空间特征，并运用地理信息系统方法探测区域贫困影响因素，研究发现地区生产总值、固定社会资产投资、公共财政预算收入等因素会影响县域相对贫困度，河北省县域相对贫困度空间分布差异显著。杨海、张天祐、杨鑫浩（2019）以武昌市为研究对象，提出在“动力—策略”的框架下，借鉴农村精准扶贫的制度设计和实施经验，并结合城市贫困的特点，在地方自主性驱动下进行制度移植。马蓓蓓、李想、李海玲等（2019）以西安市为例，基于2015年居民收入调查数据，采用相对贫困概念和FGT指数研究城市内部贫困空间的收入差异特征和人口嵌入性，研究发现西安市整体的贫困广度较大且对基尼系数敏感，贫困程度较低，提高最低工资标准等针对贫困广度的扶贫政策将对改善其贫困现状起到了较为显著的成效。

探究城市贫困问题致贫因素的研究中，祝建华基于城市贫困脆弱性的概念和分析框架，通过CFPS数据测度了城市居民家庭的贫困脆弱性，研究发现我国有近一半的城市居民家庭属于贫困脆弱性家庭，文化程度、生活支出、家庭资产、就业状态等因素影响着城市居民家庭的贫困脆弱性（祝建华，2019）。冯丹萌、陈洁（2019）从国际视角出发，通过梳理城市贫困的内涵、标准和测度等内容，重点对城市贫困形成原因及城市贫困治理的经验进行整理分析，并对未来城乡融合发展进程中，如何进一步推进中国城市贫困治理问题进行了探讨。关信平（2019）认为当前我国城市贫困存在城市中生存型贫困大幅度减少但生活型和发展型贫困突出、城市贫困者群体多样化等特点，他分析了城市贫困致贫原因的复杂化，提出仍需要加强以社会救助制度为基础的城市反贫困行动。于涛（2019）考虑城市常住流动人口情况，结合城市内部二元结构的背景情况，研究发现中国经济增长在城市总体上是亲贫的，经济增长和收入差别变动共同影响了中国城市贫困的变动轨迹。

同时，有学者从城镇化、金融素养等视角出发，分析推动减贫的积极因素。张跃、黄帅金（2019）基于2000—2016年中国30个省份的省际面板数据，从城镇化的人口、就业和空间三个方面研究城镇化对农村和城市减贫的空间溢出效应和门槛效应，研究发现城镇化对贫困减缓具有显著的积极影响，不同城镇化指标对贫困减贫的影响存在差异性，就业城镇化对于城市减贫效应大于人口和空间城镇化的减贫效应。王玉玲、程瑜（2019）利用夜间灯光数据测度了城镇化的发展水平，分析了新型城镇化的减贫效应，研究发现由于区域经济发展的差异和城市化发展的不同程度，新型城镇化的推进对减贫的作用并不显著，对降低收入分配差距的作用也不显著。单德朋（2019）引入金融素养视角，使用父母金融素养和同社区平均金融素养作为工具变量，建立联立方程模型，并对金融素养减贫效应的内在机制进行扩展研究，研究发现金融素养对城市贫困减缓具有显著积极影响，该影响有其金融知识属性和金融决策内涵，不同于一般认知能力。

另外，部分研究关注城市精准扶贫问题。杨帆、庄天慧、王卓（2019）认为精准扶贫理论在城市流动人口贫困治理中具有理论指导价值，城市流动人口贫困识别和精准帮扶管理应当坚持以政府为主导、企业为主体、社区为主力、社会共同参与的基本原则，构建以政府、市场、社区、社会、贫困者自身协同推进的贫困治理大格局。白永秀、刘盼（2019）提出2020年按现行标准，实现农村全面脱贫后，我国反贫困的战略重点应集中于新贫困标准的制定、反贫困产业的可持续发展、城乡一体化反贫困体系的建立、农民工市民化配套设施的完善等四个方面。李梦娜（2019）从社会资本视角分析农民工的贫困机理，发现社会资本在“资本欠缺”和“回报欠缺”对贫困发生作用，由此提出城市农民工反贫困治理对策。孙久文、夏添（2019）通过回顾中国的贫困线调整和扶贫政策演变，分析贫困类型的转变，对城乡二元结构未打破背景下的农村相对贫困规模进行测算，提出基尼系数区域化的设想，最后对城乡统筹下的相对贫困线设定进行现实考量，并给出了设计方案。徐丽萍、夏庆杰、贺胜年（2019）使用中国家庭追踪调查（CFPS）2010年和2016年数据，考察中国老年人收入贫困、多维贫困状况及其变化，研究发现农村老年人贫困降幅超过城市的10%左右，农村老年反贫困效果更明显。

二、城市贫困基本状况

（一）人口规模

2019年是打赢脱贫攻坚战的关键一年，农村贫困问题逐步得到解决，但城市贫困现象却日益凸显（朱晓，段成荣，2016）。目前由于缺乏统一的城市贫困标准，我国城市贫困人口通常指家庭人均收入低于所在城市最低生活保障标准的城镇居民。2019年我国以常住人口计算的城镇化率为60.6%，而在2010年这一数据仅为49.9%，预计2025年我国城镇化率将突破65%（图1）。

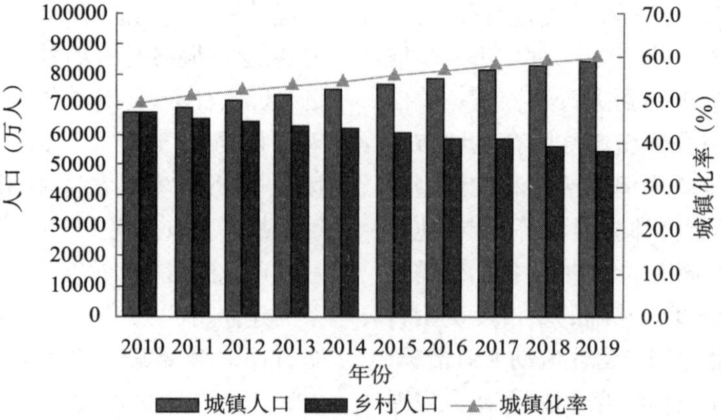

图1　2010—2019年我国城镇人口与乡村人口数

数据来源：国家统计局。

1999年10月1日我国实施《城市居民生活最低保障条例》，标志着我国开始对低收入群体在制度层面上进行保障。制度实施以来，我国低保人数总体呈现出先上升后下降的趋势（图2）。2002年以前，低保群体覆盖面积快速扩张，由2000年的402.6万人扩大至2002年的2064.7万人，3年间增长了4倍；2003年，低保制度全面落实，覆盖2246.8万人口，基本实现应保尽保；2009年，受金融危机的影响，低保人数达最高值2345.6万人，此后城市低保人数开始逐年下降；截至2019年已降至861.0万人，实现了自2001年以来首次低于1000万人，占城市人口总数的比例也由2003年最高的4.3%降至1.0%。

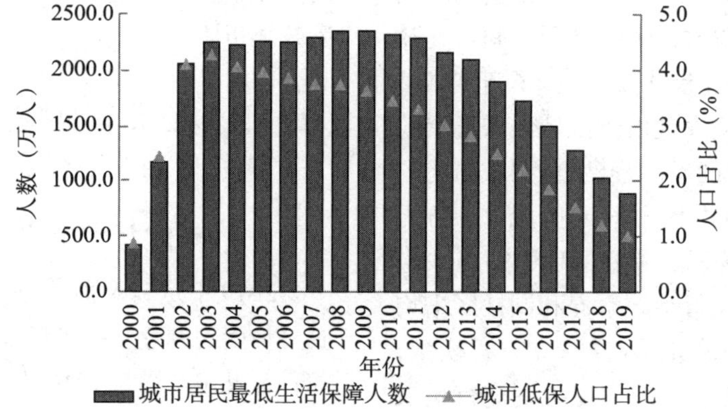

图2　2000—2019年我国城市低保人数及城市低保人口占比

数据来源：民政部《社会服务发展统计公报》、国家统计局。

城市最低生活保障政策的实施是以城市户籍人口为基础范围，但城镇常住人口中，包括了大量的非城镇户籍的流动人口。从1982年到2015年，中国人口流动数量由657万人快速增长到2.5亿人，之后流动人口规模由持续上升转为缓慢下降，2019年为2.4亿人[1]，但基

[1] 数据来源：国家统计局《中华人民共和国2019年国民经济和社会发展统计公报》。

数仍然较大。利用市场化手段脱贫之后，大量农民工在进入城市务工时由于城乡差距和户籍制度门槛而成为潜在贫困人口，其家中未进城务工的子女和老人返贫率变高；这部分贫困人口用哪种标准去识别成为理论难题（孙久文，夏添，2019），仅以“低保人口”为标准的城市贫困测算可能会低估了城市贫困人口的实际规模。

（二）人口结构

根据贫困人口特点可将城市贫困分为旧贫困和新贫困。城市旧贫困指长期以来我国政府的扶贫对象，以“三无人员”[1]为主；随着我国城市社会保障制度的实施，“三无人员”生存保障问题基本解决。随着企业改革、经济结构调整、社会转型等原因，出现的相当数量失业或下岗人员，因失去了原有的保障和福利而陷入贫困，成为城市新贫困主体之一。按照民政部的分类标准，目前我国城市贫困人口还包括经济困难居民（如残疾人、老年人等）和贫困大学生。我国社会保障制度因为受到户籍制度影响，农民工普遍未纳入实际上以户籍为认定前提的城市社会保障网。由于自身防范风险意识和抵御风险能力较弱，就业出现问题就容易陷入贫困，也成为城市新贫困主体（朱火云，杨超柏，2019）。同时，由于住房价格长期呈现上升趋势，城市基本生活开支不断增长，“支出型贫困人口”也应受到重视，贫困人口结构日趋多元化。

我国失业人口主要包括因企业亏损和结构性调整而下岗的无业人员、长期失业人员、企业停产或半停产而被拖欠工资生活特困职工（其中有些处于半失业状态）、收入低的退休职工及其所赡养的家庭成员，这部分人口以女性和中年人为主，文化素质偏低，就业竞争力较弱，再就业难度大，成为贫困人口和贫困边缘人口。如图3所示，2019年城镇登记失业人数相比2018年有所下降，为945万人，近5年来人数始终维持在1000万人以下；城镇登记失业率始终维持在4.0%以下，呈现下降态势，2019年为3.6%；城镇调查失业率[2]高于城镇登记失业率，近5年始终徘徊在5.0%左右，2019年最高，年末为5.2%，比登记失业率高1.6个百分点。

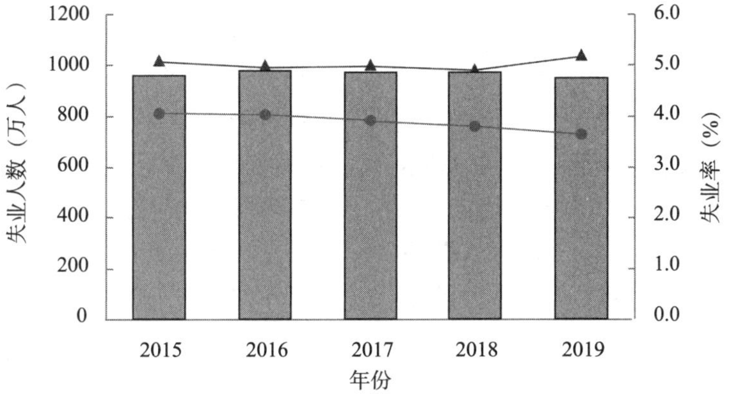

图3　2015—2019年城镇登记失业人数、登记失业率与调查失业率

数据来源：国家统计局，《2019年人力资源和社会保障统计快报数据》，中经网全国宏观月度数据库 https://db.cei.cn/page/default.aspx?NodeURL=DBbase_m_newhg。

---

❶“三无人员”主要是指无劳动能力、无经济来源、无法定赡养人的贫困人员。

❷ 城镇登记失业率与调查失业率区别之一在于统计范围不同，前者是本地非农户籍的人员，后者按照常住人口统计（既包括城镇本地人，也包括外来的常住人口）。

经济困难居民(如残疾人、老年人等)以及贫困大学生也是重要的贫困群体。2019年全国城乡持证残疾人就业人数为855.2万人,城镇新增就业12.2万人,农村新增就业26.9万人。残疾人群体贫困的原因:一是由于身体障碍,丧失或缺乏劳动能力,缺少就业机会,影响收入;二是部分残疾人除基本生活支出之外,还需要医疗、护理、康复等硬性支出,极易陷入困难境地(安华,陈剑,2019)。截至2019年年底,我国65周岁及以上老年人口占总人口的12.6%[1],我国已经进入了老龄化时代。老年人的身体机能与劳动能力下降,并且患病、行动不便、生活孤独的老年人需要更多的收入和医疗服务来维持正常生活,但其收入主要是养老金,难以抵抗通货膨胀、疾病、致残、失能等外部风险的冲击,导致相当一部分城市老年人口处于贫困的状态中。此外,贫困的大学生、没能就业的毕业生也是一个容易被忽略的城市贫困群体。近年来每年全国高校毕业生超过800万人[2],但目前经济增长速度放缓,企业增长乏力,企业裁员或同时控制招聘规模,就业形势的严峻,已成为不可忽视的问题。

非城市户籍的进城务工人员作为城市流动人口的主要部分,是构成城市贫困人口的主体之一。2019年流动人口2.4亿人,全国农民工总量29077万人,比上年增长0.8%,增速较上年0.6%有小幅度增加。[3]由于进城务工人员教育培训不足、收入水平低、边缘感较强、主要以租房生活为主,其人力、金融、社会与物质等资本极易处于匮乏状态(汪超,2019)。对于进城务工人员而言,难以得到户籍城市居民同等公共服务和社会保障,处于社会保障体系覆盖的盲区,不少中小城市的吸引力和承载能力有限,不能提供有竞争力的就业岗位和服务品质,进城务工人员在大城市难以落户,在小城市难以养家,其贫困风险较大。

"支出型贫困"成为一种城市新贫困现象,主要包括由于住房、医疗、教育等基本生活开支不断增长,由此出现特殊贫困人口群体,其收入看似高于贫困线,实际生活水平则处于贫困线以下。对于一些流动人口、低保边缘户、较低收入的应届毕业大学生而言,居住、医疗等维持性消费支出过高,收不抵支,从而陷入贫困状态。其中,房价上涨过快导致的居住消费支出增加问题愈发严重。如图4所示,相比2018年,2019年城镇居民人均可支配收入为42359元,增长7.9%,人均消费支出28063元,增长7.5%;人均居住消费支出[4]6780元,占总支出的比例为24.2%,增长了8.4%,高于收入与总支出的增长速度。如表1所示,2019年12月70个大中城市新建商品住宅销售价格同比上涨的城市个数为68个,下降的仅有2个,房价仍有涨幅。[5]不断上涨的消费居住支出与高昂的房价背后,被捆绑的是以农民工和新就业人口(高校毕业生等)为代表的中低收入群体,住房消费支出占总支出的比例越来越高,不仅挤压了其他消费,还增加了其储蓄意愿,对消费产生的影响实际上更为广泛。

---

❶ 数据来源:国家统计局。

❷ 资料来源:《国家统计局局长就2019年全年国民经济运行情况答记者问》,http://www.stats.gov.cn/tjsj/sjjd/202001/t20200117_1723470.html。

❸ 国家统计局《中华人民共和国2019年国民经济和社会发展统计公报》。

❹ 居住消费支出指与居住有关的支出,包括房租、水、电、燃料、物业管理等方面的支出,也包括自有住房折算租金。

❺ 国家统计局《中华人民共和国2019年国民经济和社会发展统计公报》。

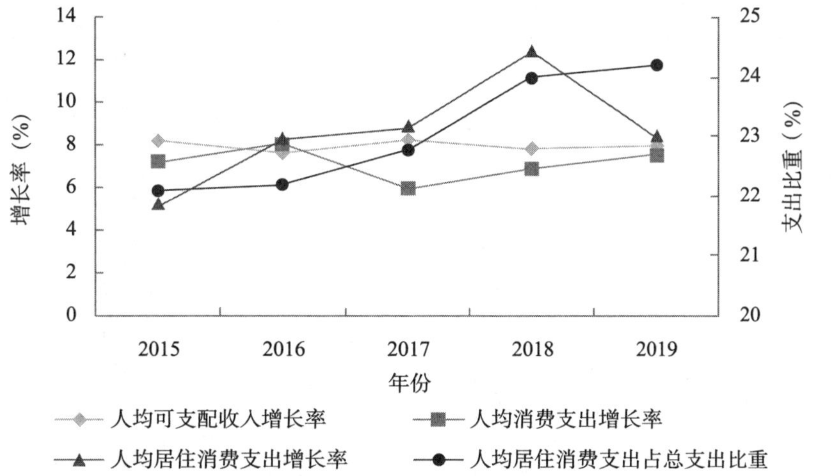

图4　2015—2019年城镇居民人均可支配收入、人均居住消费支出增长率与人均居住消费支出占总支出比重

数据来源:国家统计局。

表1　2019年12月70个大中城市新建商品住宅销售价格指数

城市	同比	定基	城市	同比	定基
	上年同月=100	2015年=100		上年同月=100	2015年=100
呼和浩特	115.9	150.6	包头	106.3	123.6
大理	115.4	148.1	牡丹江	106.0	123.6
西安	114.2	169.6	三亚	105.4	153.1
洛阳	114.0	143.7	杭州	105.0	147.5
西宁	113.8	136.1	兰州	104.9	126.8
唐山	112.9	138.4	北京	104.8	144.6
南宁	112.7	151.2	广州	104.7	156.3
银川	112.3	128.7	太原	104.6	130.1
秦皇岛	112.2	148	长沙	104.5	146.3
武汉	111.8	160.9	遵义	104.5	128.9
徐州	111.6	157.4	湛江	104.3	130.9
昆明	111.1	147.3	福州	104.2	145
扬州	111.1	151.1	青岛	104.2	138.9
成都	110.6	153.7	温州	104.2	120.7
吉林	110.2	134.6	南京	104.1	153.4
襄阳	110.2	135.3	常德	104.0	127.9
哈尔滨	110.1	143.1	合肥	103.9	160.8
烟台	110.0	142.2	厦门	103.9	157.2

续表

城市	同比	定基	城市	同比	定基
	上年同月=100	2015年=100		上年同月=100	2015年=100
济宁	109.8	135.0	惠州	103.9	141.2
石家庄	109.5	155.7	深圳	103.6	151.2
长春	109.4	137.8	南昌	103.5	140.4
沈阳	109.3	141.5	泉州	103.0	115.7
锦州	108.9	119.6	赣州	103.0	128.7
无锡	108.7	153.0	安庆	102.9	126.5
平顶山	108.5	129.9	蚌埠	102.7	129.7
金华	108.4	134.4	南充	102.6	128.7
宁波	108.3	138.8	上海	102.3	149.7
大连	108.2	136.7	郑州	101.7	144.7
重庆	108.1	142.7	乌鲁木齐	101.5	116.7
九江	108.1	142.5	天津	101.4	132.6
海口	108.0	148.5	宜昌	101.3	130.1
丹东	107.7	128.3	济南	100.5	141.7
北海	107.6	141.6	韶关	100.2	123.0
桂林	107.4	130.5	泸州	99.1	121.2
贵阳	106.5	146.4	岳阳	97.8	120.6

数据来源：国家统计局《2019年12月份70个大中城市商品住宅销售价格变动情况》。

（三）分布特征与变化

根据各年来民政部提供的各地城镇低保人数的统计数据，采用贫困发生率公式 $H_c = q/n$ 作为城市贫困发生参照指标，其中 H_c 为贫困发生率，q 表示城镇低保人数，n 表示当地城镇常住人口（梁汉媚，方创琳，2011）。2019年各地区贫困人口与城镇化率的变化趋势如图5所示。

我国城市贫困人口分布具有典型的地域特征[1]：第一，我国城市贫困人口主要分布在西部和东北部老工业基地两大区域；第二，各地区城市贫困发生均有下降趋势，同时区域间差距逐渐缩小；第三，除东北地区外，城镇化率越高的地方，城市贫困发生率就越低。图5是以城镇常住人口为基础进行统计，而城市最低生活保障针对的是持有非农业户口的城市居民；因此，城市中的流动人口（如农民工群体）并没有被统计在内，实际贫困发生情况可能会高于此数据。

改革开放以来，我国政府实行优先发展东部沿海地区的经济发展战略，国内外资本、人才、生产要素等迅速向东部沿海地区集中；受自然环境、地理资源等多方面因素限制，中西

[1] 东部地区包括河北、北京、天津、山东、江苏、上海、浙江、福建、广东、海南；西部地区包括四川、云南、贵州、西藏、重庆、陕西、甘肃、青海、新疆、宁夏、内蒙古、广西；中部地区包括山西、河南、安徽、湖北、江西、湖南；东北地区包括辽宁、吉林、黑龙江。

部地区技术水平较高的劳动力较少,产业结构单一,企业生产规模较小,经济发展的后劲不足,加剧了中西部地区城市贫困的发生问题。值得注意的是,东北地区城镇化率高于全国水平,五年以来均在60%以上,但是其贫困发生情况却最为严重。如图6所示,2018年东北地区城镇人口增长率最低,且整个地区的总常住人口和户籍人口增长率为负,年末常住人口净流失达38.57万,流出人口规模大且流出的年轻人、高学历者占比增加,人口老龄化程度高、人才流失严重使东北地区经济发展更加困难,城市贫困发生率常年处于全国较高水平。

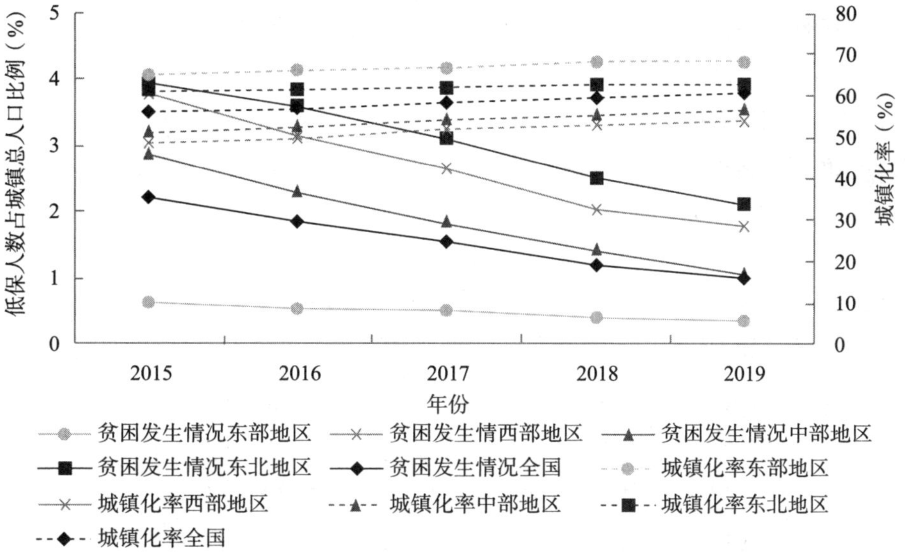

图5　2015—2019年我国各大区域城市贫困发生情况与城镇化率

数据来源:根据民政部历年各省第四季度社会服务统计数据及国家统计局数据整理。

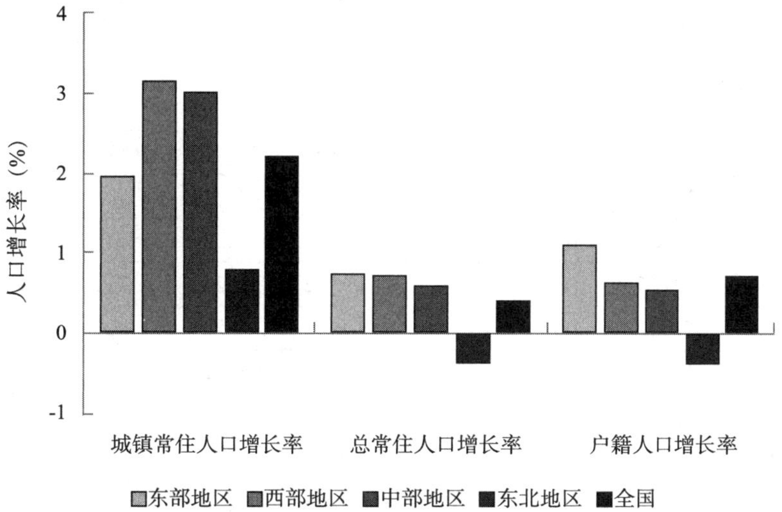

图6　2018年各大区域城镇常住人口、总常住人口与户籍人口增长率比较

数据来源:根据《中国人口和就业统计年鉴2019》数据整理。

注:《中国人口和就业统计年鉴2020》尚未发布,2019年户籍人口数据缺失,采用2018年数据。

城市最低生活保障制度有效解决了绝对贫困问题，以城市最低生活保障线作为参照的绝对贫困人口数量正在不断减少，但转型贫困、流动性贫困和支出型贫困等相对贫困问题更加突显(邢成举，李小云，2019)。在社会保障体系中，城市居民最低生活保障制度作为最后一道安全网，在满足城市贫困人口的生活需求上发挥了基础性作用(唐钧，1998)。受地方经济发展水平和财政支出能力的影响，不同地区的城市最低生活保障标准存在较大差异，2019年第4季度，全国城市最低生活保障支付平均标准为624.0元/(人·月)，高于这一标准的省份有13个，低于这一标准的有18个❶，因此本文采用消费支出替代率❷来衡量低保标准的高低，避免由于经济发展水平差异产生的差距。

表2显示了2017—2019年全国31个省区市低保标准、人均消费支出以及相应的消费支出替代率，可以看出，截至2019年各地区消费支出替代率均位于0.2~0.4之间，其中位于0.3及以下的省份有20个，位于0.3以上的省份有11个；西藏与广西最高，分别为0.39和0.37。相较于西部地区，东部地区消费支出替代率较低。

表2　2017—2019年31个省区市低保标准、人均消费支出以及相应的消费支出替代率

城市	2017年			2018年			2019年		
	低保标准（元/月）	人均消费支出（元/年）	消费支出替代率	低保标准（元/月）	人均消费支出（元/年）	消费支出替代率	低保标准（元/月）	人均消费支出（元/年）	消费支出替代率
北京	900	40346	0.27	1000	42926	0.28	1100	46358	0.28
天津	860	30284	0.34	920	32655	0.34	980	34811	0.34
河北	544	20600	0.32	601	22127	0.33	663	23483	0.34
山西	467	18404	0.30	496	19790	0.30	550	21159	0.31
内蒙古	592	23638	0.30	641	24437	0.31	689	25383	0.33
辽宁	562	25379	0.27	590	26448	0.27	636	27355	0.28
吉林	483	20051	0.29	507	22394	0.27	525	23394	0.27
黑龙江	551	19270	0.34	565	21036	0.32	584	22165	0.32
上海	970	42304	0.28	1070	46015	0.28	1160	48272	0.29
江苏	646	27726	0.28	682	29462	0.28	718	31329	0.28
浙江	706	31924	0.27	763	34598	0.26	811	32026	0.30
安徽	531	20740	0.31	570	21523	0.32	597	23782	0.30
福建	590	25981	0.27	606	28145	0.26	615	30946	0.24
江西	532	19245	0.33	577	20760	0.33	636	22714	0.34
山东	513	23072	0.27	532	24798	0.26	577	26731	0.26

❶ 数据来源：民政部《2019年4季度各省城市低保标准》表。

❷ 消费支出替代率是不同地区低保标准占当地人均消费支出的比例。一般而言，人均消费支出高的地区，基本的生活成本也相对较高，满足当地居民的最低生活需求的保障支付标准就高一些。

续表

城市	2017年			2018年			2019年		
	低保标准（元/月）	人均消费支出（元/年）	消费支出替代率	低保标准（元/月）	人均消费支出（元/年）	消费支出替代率	低保标准（元/月）	人均消费支出（元/年）	消费支出替代率
河南	460	19422	0.28	493	20989	0.28	539	21972	0.29
湖北	564	21276	0.32	605	23996	0.30	636	26422	0.29
湖南	444	23163	0.23	469	25064	0.22	517	26924	0.23
广东	675	30198	0.27	749	30924	0.29	807	34424	0.28
广西	518	18349	0.34	590	20159	0.35	666	21591	0.37
海南	484	20372	0.29	486	22971	0.25	563	25317	0.27
重庆	500	22759	0.26	546	24154	0.27	580	25785	0.27
四川	485	21991	0.26	507	23484	0.26	552	25367	0.26
贵州	557	20348	0.33	592	20788	0.34	613	21402	0.34
云南	516	19560	0.32	567	21626	0.31	620	23455	0.32
西藏	752	21088	0.43	805	23029	0.42	834	25637	0.39
陕西	532	20388	0.31	568	21966	0.31	608	23514	0.31
甘肃	459	20659	0.27	489	22606	0.26	530	24454	0.26
青海	451	21473	0.25	503	22998	0.26	575	23799	0.29
宁夏	473	20220	0.28	570	21977	0.31	575	24161	0.29
新疆	409	22797	0.22	433	24191	0.21	467	25594	0.22

数据来源：低保标准采用各年度第四季度的低保标准作为该年的标准，数据来源于民政部网站；人均消费支出数据来源于国家统计局与各地统计局官方网站。

表3显示了2017—2019年各地消费支出替代率分布趋势，综合看其中最大值由0.43下降到0.39，最小值在0.22与0.21之间浮动，均值保持在0.29不变，中值上升到0.29的水平。从表2数据可以看出，虽然最大值有所减小，但到2020年消费支出替代率的最大值和最小值之间依旧有0.17的差距，且大部分省份的消费支出替代率都处于0.2~0.4之间，皆不足0.5，一些研究认为，当前城市低保标准仅仅满足贫困家庭的基本生存需要，待遇水平偏低（胡杰容，杨朔，2018），我国城市低保标准在与社会平均消费水平相适应方面仍有提升的空间。

表3　2017—2019年各地消费支出替代率分布趋势

年份	最大值	最小值	均值	中值
2017	0.43	0.22	0.29	0.28
2018	0.42	0.21	0.29	0.28

续表

年份	最大值	最小值	均值	中值
2019	0.39	0.22	0.29	0.29

三、城市贫困影响因素分析

现阶段我国城市贫困问题具有鲜明的体制转轨特征，城市产业结构升级、城乡二元制度变革、人口结构转型转型等均在一定程度上加剧了城市贫困人口的规模与密度。同时国际贸易摩擦、居住型贫困、女性贫困等也因其广度与深度而引起了广泛关注。

（一）经济因素

近年来，市场需求波动，不确定性和风险持续增加，投资、外贸和消费对增长支持的效用减弱，宏观经济下行压力增大，很大程度上制约或影响稳定就业和居民收入提高。以中美贸易摩擦为例，2012年商务部发布的《全球价值链与我国贸易增加值核算报告》中披露，2012年我国出口贸易总额为20487.8亿美元，而出口贸易产生的就业岗位高达1.2亿个，即每出口17073美元，就能带动国内1个就业岗位。2019年中国对美出口总额为4522.4亿美元。如果按2012年贸易就业系数测算，中美贸易战将有可能影响到中国的2648万个就业岗位。据此测算，若500亿美元出口贸易订单丧失，可能涉及国内290万个就业岗位。按2019年城镇登记失业率计算，将会使失业率上升0.9~1.4个百分点（李长安，2018）。经济增速的下滑将会引起城市流动人口失业率上升，增加再就业困难等。

另外，随着物联网和人工智能技术的发展，城市劳动力市场对高端专业技术人才的需求不断扩大，当前城市贫困群体中有绝大部分劳动力无法被现有的劳动力市场吸纳。以农民工为例，全国89.1%农民工仍为高中及高中以下学历，在外出的农民工中，高中及以下文化程度占86.2%[1]，由于学历水平的限制导致农民工群体在城市就业时仍然是流动或临时性就业，收入不稳定，这个问题会逐步显现，成为城市贫困的重点问题之一，将是未来较长时期需要面对的课题。

（二）社会因素

传统城乡分隔的户籍制度是我国城乡二元结构的基础性制度。改革开放以来，市场化不断推进、人口流动性不断增强，我国城乡二元结构开始改革，但不同规模和发展水平的城市在此过程中所面临的难题有很大差距，进展也有所不同。总体来看，尽管户籍制度改革不断深化，但改革尚未产生系统性、本质性效用。例如，城市贫困人口的福利制度以及各项公共服务仍与其密切相关。2019年我国常住人口城镇化率为60.60%，较上年提高1.02%，但同期户籍人口城镇化率仅为44.38%[2]，相差16.22%，即约有22708万城市常住人口为非城市户籍人口（图7）。以2019年城市贫困发生率1.38%估算，城市非户籍人口中至少有314.5万人处于低保线以下，而且没有获得最低生活保障支持，长期处于贫困救助的真空地带，是“隐形贫困人群”。

[1] 数据来源：国家统计局《中国统计年鉴2019》。

[2] 数据来源：国家统计局发布：《中华人民共和国2019年国民经济和社会发展统计公报》。

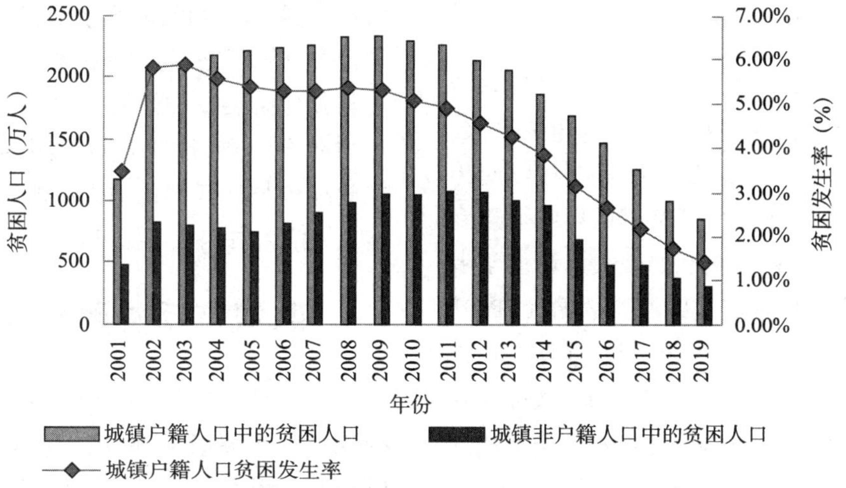

图7　2001—2019年城镇户籍与非户籍贫困人口

注:①城市户籍人口贫困发生率=城市低保人口/城市户籍人口。其中城市低保人口数据来源于民政部《社会服务发展统计公报》,城市户籍人口由户籍人口城镇化率与年度总人口数计算得出。

②相较户籍人口而言,非城市户籍人口收入水平更低,住房等消费支出更多,因此以城市户籍人口贫困发生率进行测算是一种保守估算,因为会有更多的人群处于保障水平以下,实际发生率可能略有差异。

此外作为基本生活需要(衣、食、住、行)之一的"住"支出,也成为不可忽视的城市贫困因素。2019年,我国城镇居民人均居住消费支出6780元❶,较2013年上涨57.64%,占城镇居民总支出的24.06%,即将近1/4的花费都用于住房;对农民工和新就业人口,特别是高校毕业生为代表的流动性人口形成较大的负担。2018年外出务工农民工中仅有17.4%有能力购买商品房,租房居住的占农民工总数的61.3%,仅有2.9%可以享受到保障性住房❷。高额的住房负担与较差的居住环境容易使其丧失劳动热情和信心,不仅影响劳动者生活和发展,也使其贫困风险上升。

考虑到越来越严峻的老龄化问题,我国社会保障体系,特别是养老保险刚性支出压力持续增大的情况也不能忽视。2019年年末,我国60岁及以上人口25388万人,占总人口的18.1%,其中65周岁及以上人口17603万人,占总人口的12.6%❸,分别比2011年上涨37.24%和43.25%。根据人力资源和社会保障部数据显示,尽管我国基本养老保险覆盖面不断扩大、基本养老保险基金累计结存不断增加,但自2012年以来,养老保险基金年支出平均增速明显高于年收入的平均增速。2019年我国养老保险基金年支出与收入的平均增速进一步扩大,相差7.18个百分点❹。同时,作为基金收支结果体现的"养老基金可支付月数"下降明显,2014年的可支付月数为15.1个月,而2019年已经下降至13.4个月❺。

❶ 数据来源:国家统计局《2019年居民收入和消费支出情况》。

❷ 数据来源:国家统计局《2018年农民工监测报告》。

❸ 数据来源:国家统计局:《中华人民共和国2019年国民经济和社会发展统计公报》。

❹ 数据来源:根据《2019年人力资源和社会保障统计快报数据》计算。

❺ 数据来源:中国劳动保障局:《中国养老金精算报告》。

(三)文化及其他因素

一般而言,贫困的代际传递也是导致城市贫困的重要因素,教育条件、邻里关系、公共服务、居住环境、医疗条件等在代际间传递,使得子女由于受父辈贫困的影响而遭到社会排斥,导致社会权利的缺失。诸多学者还通过观察中国家庭追踪调查数据(CFPS)❶发现,贫困的代际传递与性别差异存在很强的关联度。如刘新波等(2019)引入代际收入弹性,指出父子之间的代价收入相关系数为0.36,而父女之间的代价收入相关系数为0.48,说明女儿比儿子更容易继承父亲的贫困;同时母亲与子女之间的代价收入相关系数为0.56,说明母亲更容易将贫困传递给子代。

此外,贫困的区间集聚也是影响城市贫困的重要因素。随着我国经济改革的深化、人口流动的加速,我国在计划经济时期形成的"单位综合体"城市空间格局逐渐被打破(刘玉亭,何深静,2009),同等社会经济地位的人群开始在一定的空间形成集聚,贫困邻里问题逐渐凸显出来。我国的贫困邻里问题主要有老城衰败邻里、退化的工人新村(产业劳动者聚居地)以及城中村三种类型,设施不足的老城衰败邻里主要是退休人员、下岗失业人员以及农民工的混合聚居区;退化的工人新村成为国有企业改革后众多下岗工人的聚居地;城中村则吸引了大批农村移民(何深静,等,2010)。这三类形态的共性就在于其主体都是低收入的贫困人群、同为社会底层的弱势群体,自身受教育水平较低,工作机会等社会资源匮乏,同时处在贫困邻里之中,缺乏与其他阶层或群体的互动机会,造成其自动与社会脱离,形成相对封闭的生活系统。在此环境与社区文化中生活的家庭,也更易出现或陷入贫困代际循环。

四、城市反贫困政策和措施

反贫困是城市发展、公共服务及管理基础工作的重要组成部分。我国已初步形成以最低生活保障制度为基础,专项救助为辅助,应急救助、社会互助等补充的预防、救济一体的综合性、多层次反贫困体系。贫困治理也由单纯的物质救助转向居住环境改善、社会权益保障、人力资本提升等综合性措施,推进并逐步完成"救济式扶贫"向"开发式扶贫"转变,长效可持续城市反贫困机制正在形成。

(一)城市最低生活保障制度

最低生活保障制度是我国分层次保障体系中的最后一道屏障。目前我国已基本形成了低保对象有进有出、补助水平不断上升的动态管理机制,基本实现了应保尽保。2019年我国城市低保对象共有860.5万人,525万户❷,较2018年分别减少14.6%、13.3%,2019年我国城市低保标准为每人每月624元,较2018年上涨7.6%(图8)。

❶ 数据来源:由北京大学中国社会科学调查中心实施,属北京大学和国家自然基金委资助的重大项目。

❷ 数据来源:民政部:《2019年4季度民政统计数据》。

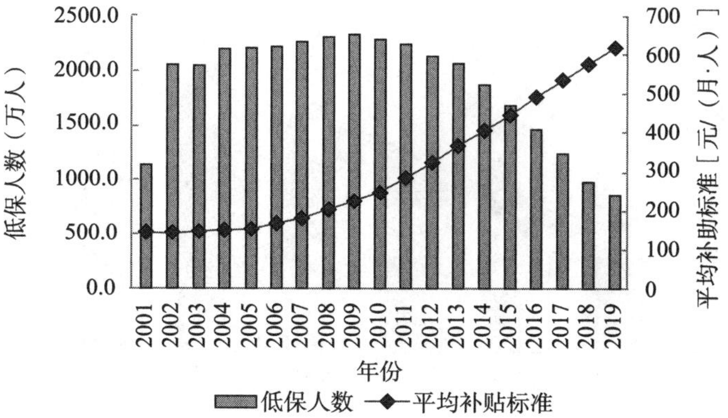

图8　2001—2019年城市低保人数和平均保障标准

数据来源：根据民政部历年《社会服务发展统计公报》和《2019年人力资源和社会保障统计快报数据》。

我国最低生活保障标准与各地的经济发展水平、财政收支、人均可支配收入等直接挂钩，因此存在一定的区域差异。2019年全国平均城市低保标准为624元/(人·月)，较2018年上升了7.6%。其中，东部地区低保标准普遍较高，除山东省和海南省以外，其余地区均在600元/(人·月)以上，上海市最高为1160元/(人·月)。西部地区低保标准相对较低，新疆维吾尔自治区仅为467元/(人·月)。但同时应注意到西部地区的年增长率相对较高，除宁夏回族自治区、西藏自治区、贵州省以外，其余地区年增长率均在6%以上，表明最低生活保障标准总体处于并保持上升趋势。

(二)社会保险制度

我国的社会保险制度由“五险”构成，即基本养老保险、基本医疗保险、工伤保险、失业保险、生育保险，可以预防和分担因年老、失业、疾病以及死亡等社会风险所造成的贫困。根据中共中央办公厅、国务院办公厅印发的《国税地税征管体制改革方案》，自2019年1月1日起，五项基本保险费将由税务部门统一征收，社会保险制度进一步整合完善，其功能与效用改善和提高值得期待。

2019年我国社会保险覆盖面进一步扩大，总计参与人数达29.95亿万人，比2018年同比上涨7.12%，五大类社会保险基金总收入82275.2亿元，总支出74696亿元，分别比2018年上涨5.4%和11.9%[1]，总支出的增速约是总收入增速2倍。

1. 养老保险

2019年3月，国务院办公厅出台《降低社会保险费率综合方案》[2]，提出各省、自治区、直辖市及新疆生产建设兵团需调整城镇职工基本养老保险单位缴费比例，高于16%的可降至16%，低于16%的需阶段性逐步过渡。

2019年末全国参加城镇职工基本养老保险人数为96748万人，比2018年上涨2.6%，城镇职工基本养老保险基金收入56083亿元，比2018年增长了2%；基金支出51897亿元，比2018增长了9.1%；城镇职工基本养老保险基金累计结存50901亿元，比2017年增长了15.8%(图9)。

---

❶ 数据来源：根据人力资源与社会保障部：《2019年人力资源和社会保障统计快报数据》，国家医疗保障局：《2019年医疗保障事业发展统计快报》整理计算得出。

❷ 国务院办公厅：《国务院办公厅关于印发降低社会保险费率综合方案的通知》国办发〔2019〕13号。

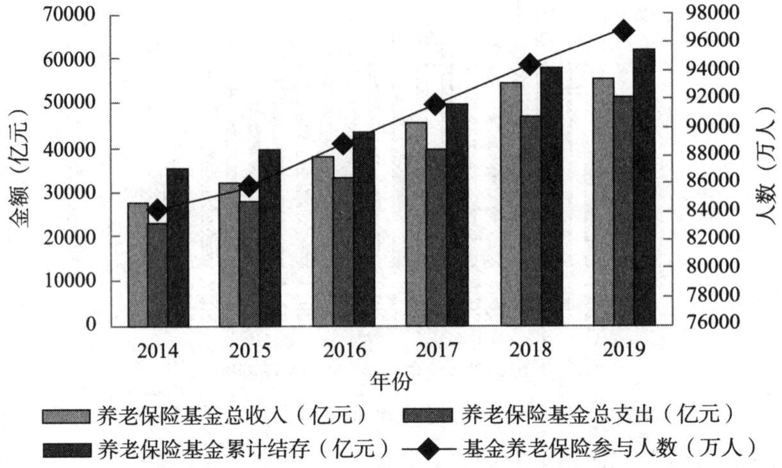

图9　2014—2019年我国养老保险基本状况

数据来源：由中国人力资源和社会保障部历年《人力资源和社会保障事业发展统计公报》与《2019年人力资源和社会保障统计快报数据》统计计算。

2. 失业保险

2019年4月3日，国务院常务会议明确提出，使用1000亿元失业保险基金结余实施职业技能提升行动，提高劳动者素质和就业创业能力；同时通过高职院校扩招100万人实施方案，加快培养各类技术技能人才以促进扩大就业[1]。

2019年我国参加失业保险人数为20542万人，比上年增加4.6%。年末失业保险基金收入1272亿元，基金支出1340亿元，分别比上年增长了8.7%、46.7%、4.8%。年末失业保险基金累计结存5749亿元，比上年下降4.6%，主要是由于2019年失业保险支出过大导致（图10）。

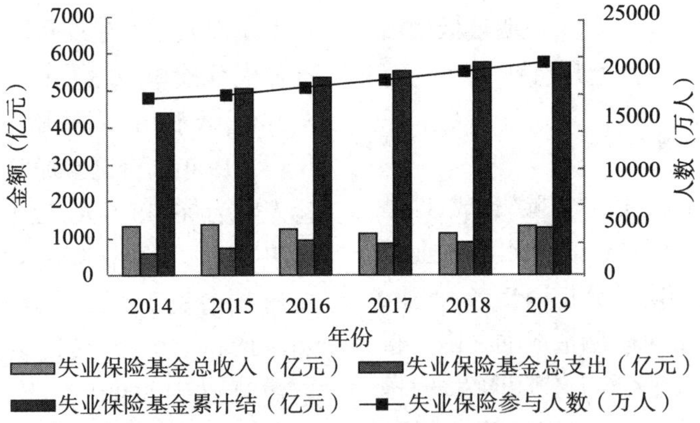

图10　2014—2019年我国失业保险基本状况

数据来源：由中国人力资源和社会保障部历年《人力资源和社会保障事业发展统计公报》与《2019年人

[1] 数据来源：人力资源和社会保障部：《李克强主持召开国务院常务会议 确定使用1000亿元失业保险基金结余实施职业技能提升行动的措施等》。

力资源和社会保障统计快报数据》统计计算。

3. **工伤保险**

2019年是脱贫攻坚关键节点，发挥工伤保险在预防和减少贫困方面的作用，十分重要。扶贫车间是精准脱贫的重要抓手，目前，全国扶贫车间有3万多个，从业人员达到200多万人❶，不少车间安全防范措施少、抗风险能力小，是工伤保险最需努力的方向。

2019年我国参加工伤保险人数为25374万人，比上年末增加6.29%。全年失业保险基金收入723亿元，支出721亿元，分别比2018年减少20.8%、2.8%，全年累计结存1787亿元，比上年增长0.1%(图11)。

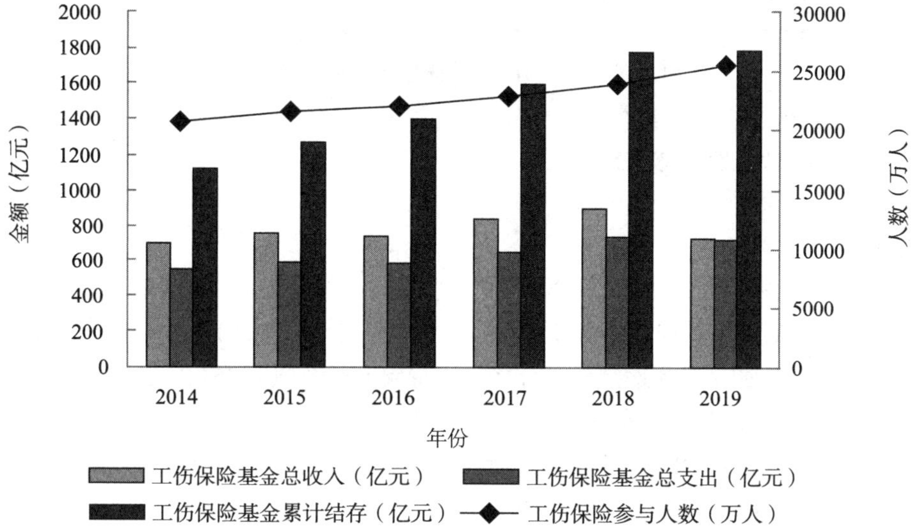

图11　2014—2019年我国工伤保险基本状况

数据来源：由中国人力资源和社会保障部历年《人力资源和社会保障事业发展统计公报》与《2019年人力资源和社会保障统计快报数据》统计计算。

4. **医疗保险**

2019年11月，国家医保局调整了《国家基本医疗保险、工伤保险和生育保险药品目录》❷，这是我国建立医保制度以来规模最大的一次的调整。经此轮调整后，共收录药品2709个，不仅药品费用明显降低，还将近几年上市的国产创新药品纳入其中，突出了鼓励创新的导向。

2019年我国医疗保险参与人数达135436万人，比2018年增加0.73%，全年医疗保险基金总收入20233亿元，支出16789亿元，比2018年分别上涨10.6%和13.3%(图12)。

❶ 数据来源：中国劳动保障报：《抓好工伤保险主力脱贫攻坚》。

❷ 数据来源：国家医保局、人力资源社会保障部：《关于将2019年谈判药品纳入<国家基本医疗保险、工伤保险和生育保险药品目录>乙类范围的通知》（医保发〔2019〕65号）。

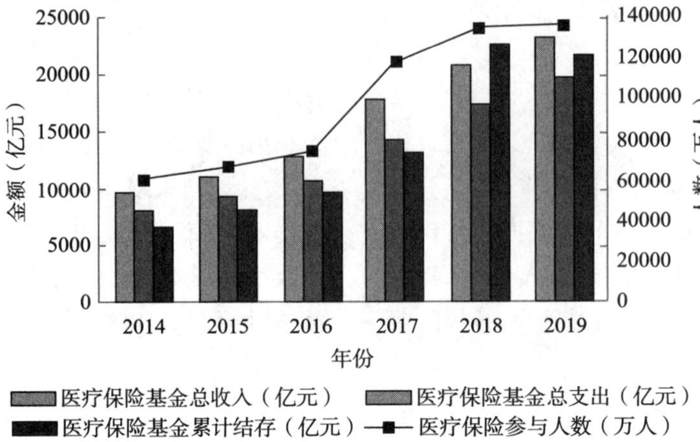

图12　2014—2019年我国医疗保险基本状况

数据来源：由中国人力资源和社会保障部历年《人力资源和社会保障事业发展统计公报》与国家医疗保障局《2019年医疗保障事业发展统计公报》统计计算。

5. 生育保险

2019年根据国务院办公厅《关于全面推进生育保险和职工基本医疗保险合并实施的意见》[1]，生育保险将与职工基本医疗保险合并实施，即将生育保险并入职工基本医疗保险，实现参保同步登记、基金合并运行、征缴管理一致、监督管理统一、经办服务一体化。截至2019年12月，已有超20个省份公布了两类保险合并方案。

2019年我国生育保险参与人数总计21432万人，比2018年上涨4.88%，全年生育保险基金总收入861.36亿元，总支出792.07亿元，较2018年分别上涨13.94%和7.33%，累计结存619.29亿元，比2018年上涨7.89%（图13）。

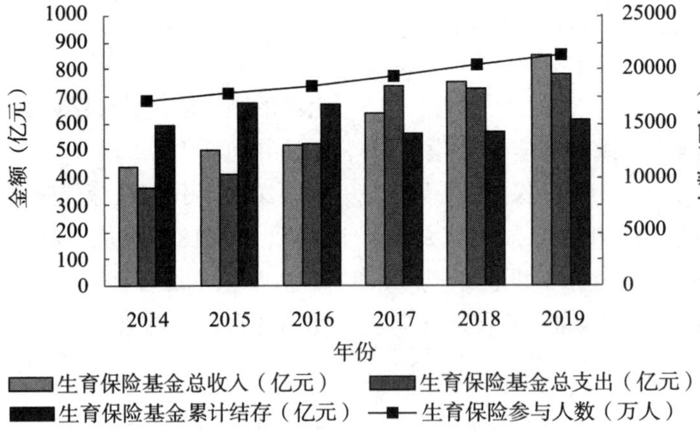

图13　2014—2019年我国生育保险基本状况

数据来源：根据人力资源和社会保障部历年《人力资源和社会保障事业发展统计公报》与《2019年人力资源和社会保障统计快报数据》计算。

---

❶ 国务院办公厅：《关于全面推进生育保险和职工基本医疗保险合并实施的意见》国办发〔2019〕10号。

（三）救助政策

1. 医疗救助

医疗救助政策是减轻贫困群体就医负担、增进民生福祉、维护社会和谐稳定的重大制度安排。国家医疗保障局、财政部、国家卫生健康委员会、国务院扶贫办发布的《关于坚决完成医疗保障脱贫攻坚硬任务的指导意见》（医保发〔2019〕57号）强调要提升资金使用效益，增强医疗救助托底保障功能。推进医疗救助管理层次与城乡居民医保统筹层次衔接，增强各类人群待遇公平性协调性。

2019年我国医疗救助对象数量进一步增多，全年资助参加基本医疗保险7782万人次，直接救助6180万人次，同比上年分别增加56.5%和61.6%。2019年中央财政投入医疗救助补助资金245亿元，安排40亿元补助资金专项用于支持深度贫困地区提高贫困人口医疗保障水平。2019年，全国医疗救助支出资金502.2亿元，实施门诊和住院救助7050万人次，次均住院救助水平1123元，门诊救助水平93元（图14）。❶

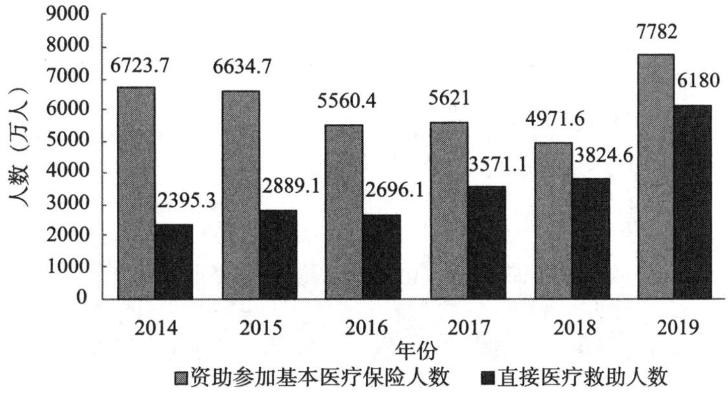

图14　2014—2019年城市医疗救助实施情况

数据来源：1. 民政部“社会服务发展统计公报”（历年）

2. 国家医疗保障局：2018至2019年《年医疗保障事业发展统计快报》

注：2013年城市和农村医疗救助数据部分合并（直接医疗救助人次）；2013年的支出总金额只包括直接医疗救助金；2014年以后城市和农村医疗救助合并统计。

2. 教育救助

完善教育救助制度是我实施脱贫战略、巩固脱贫成果的重要举措。目前，我国“以政府为主导、学校和社会积极参与”且覆盖学前教育至研究生教育的学生资助政策体系已形成，并实现了“三个全覆盖”❷，从制度上保障了不让一个学生因家庭经济困难而失学。

2019年，下达义务教育家庭经济困难学生生活费补助94.3亿元，可用于扩大家庭经济困难学生生活补助覆盖面；下达支持学前教育发展基金168.5亿元，比上年增加19.5亿元，可用于持续实施学前幼儿资助政策；下达高等教育奖助学金235.7亿元，可用于调整高职院校奖助学金政策。

❶ 国务院关于加强社会保障体系建设助力打好精准脱贫攻坚战推进社会救助工作情况的报告 http://www.npc.gov.cn/npc/c30834/201912/2d2149602f2349c78ab282802be1a617.shtml。

❷ “三个全覆盖”即各个学段全覆盖、公办民办学校全覆盖、家庭经济困难学生全覆盖。

（四）就业促进政策

就业乃民生之本，是贫困群体脱离贫困、改善生活的基本前提和基本途径。2019年，我国针对解决城市贫困阶层的就业问题进一步出台相关就业促进政策，以健全就业援助制度，对就业困难人员实行托底帮扶。国务院办公厅印发《职业技能提升行动方案（2019—2021年）》，强调加大贫困劳动力和贫困家庭子女技能扶贫工作力度，鼓励通过项目制、购买服务等方式，为贫困劳动力提供免费职业技能培训，培训期间按规定通过就业补助资金给予补贴，不断提高参训贫困人员占贫困劳动力比重。《国务院关于进一步做好稳就业工作的意见》（国发〔2019〕28号）指出要加强托底安置就业，加大对就业困难人员的就业援助力度，鼓励围绕补齐民生短板，拓展公益性岗位。对实现就业的低保对象，可通过"低保渐退"等措施，增强其就业意愿和就业稳定性。

2019年，全年城镇新增就业1352万人次，较上年减少9万人次；城镇失业人员再就业546万人次，较上年减少5万人次；就业困难人员就业人数179万人，较上年减少2万人次；期末城镇登记失业率为3.6%，较上年降低1.8个百分点（图15）。

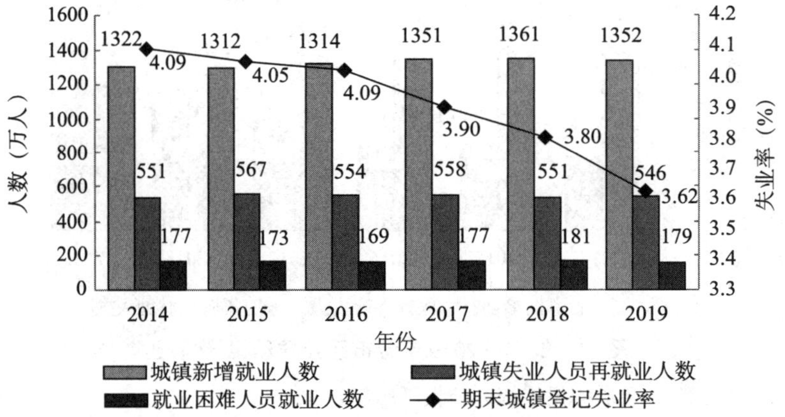

图15　2014—2019年我国就业基本状况

数据来源：1. 2014至2018年《人力资源和社会保障事业发展统计公报》。

2. 2019年人力资源和社会保障统计快报数据。

（五）社会互助发展

社会互助是基本社会保障（如社会保险、社会救助等）的重要补充。建立多层次、多领域的社会互助网络是解决城市贫困问题、巩固脱贫成果的重要举措。主要包括工会组织、妇联、共青团组织的群众性互助互济活动，以及民间公益团体组织如中国红十字会的慈善救助活动等（表4）。

表4　2019年中国慈善联合会采集大额捐赠情况

月份	全国大额捐赠（亿元）
1月	19.23

续表

月份	全国大额捐赠(亿元)
2月	8.86
3月	12.71
4月	22.01
5月	14.87
6月	30.53
7月	11.7
8月	12.74
9月	124.68
10月	33.67
11月	6.68
12月	100.65
累计	398.36

数据来源:中国慈善联合会慈善之声(第11—21期),http://www.charityalliance.org.cn/cszs2019/index.jhtml。

注:大额捐赠为单笔金额在10万元人民币以上的捐赠,捐赠数据中包含实际捐赠及承诺捐赠,货币捐赠中包含现金及有价证券。

根据《慈善蓝皮书(2020)》数据显示,2019年全国登记认定的慈善组织总数超过7500个,较2018年5285个增长了四成以上,占全国社会组织总量的0.87%;全国慈善信托共备案273件,信托财产总规模为29.4亿元。[1]中国慈善联合会数据显示,2019年全国大额捐赠398.4亿元,涉及多个领域,主要集中在教育、医疗、扶贫发展。

另外,中国慈善信托快速发展:2018年9月1日到2019年8月31日,全国成功备案成立了108单慈善信托,慈善信托初始规模达到7.2亿元,已备案慈善信托中,信托目的明确包含"扶贫"目的的慈善信托有51单,明确包含"教育"目的的慈善信托有46单(图16)。[2]

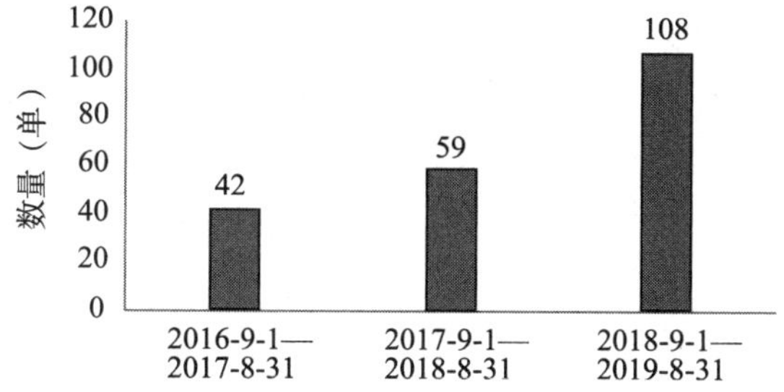

图16　慈善信托备案数量变化情况

数据来源:《2019年中国慈善信托发展报告》。

[1] 数据来源:中国慈善联合会 http://www.charityalliance.org.cn/cszs2019/13183.jhtml.

[2] 数据来源于《2019年中国慈善信托发展报告》。

互联网的出现使得公益慈善能够与广大潜在爱心人士深度连接，移动支付方式的兴起极大降低了参与社会互助的门槛，逐步形成互联网互助网络，使得原有传统社会救助、社会互助无法顾及的贫困群体纳入其保障网络，其普惠特性能为贫困群体拓宽了新的社会救助与社会互助渠道（表5）。

表5　2019年部分网络互助平台相关运营情况

平台名称	帮助人数/人	募集金额/亿元
相互宝	14201	21.83
水滴互助	8313	11.37
众托帮	956	0.7
e互助	3226	5.62
夸克联盟	1968	1.76

数据来源：《艾媒报告|2019中国网络互助发展专题研究报告》。

此外，随着“互联网+慈善”的深度融合，互联网慈善募捐形式逐渐多元化，如行走捐、阅读捐、消费捐等。互联网募捐平台涉及扶贫济困、教育助学、医疗救助、救灾救援等多个领域。2019年上半年，民政部指定的20家互联网公开募捐信息平台发布募捐信息1.7万余条，累计获得52.6亿人次的点击、关注和参与，募集善款总额超过18亿元。[1]互联网的出现突破了原有社会互助形式空间与时间上的桎梏，对社会捐赠稳定增长，社会组织力量逐步壮大，社会互助理念普及，发挥了前所未有的积极作用，对于未来城市贫困问题的缓解和反贫困体系的完善发展有重要意义。

（中央民族大学　张建平　黑学双
林泽慧　丁语曈　唐艺嘉　聂静怡）

参考文献

安华，陈剑，2019. 支出型贫困残疾人家庭社会救助机制研究[J]. 社会政策研究，(3)：51-62.

白永秀，刘盼，2019. 全面建成小康社会后我国城乡反贫困的特点、难点与重点[J]. 改革，5(303)：29-37.

蔡兴冉，梁彦庆，黄志英，等，2019. 河北省县域相对贫困度空间分异及影响因素分析[J]. 西南大学学报(自然科学版)，10(41)：62-71.

都阳，Albert Park，2007. 中国的城市贫困：社会救助及其效应[J]. 经济研究，(12)：24-33.

冯丹萌，陈洁，2019. 2020年后我国城市贫困与治理的相关问题[J]. 城市发展研究，11(26)：102-107.

高颖，张欢，周瑜，2008. 城市家庭贫困程度判定模型的构建——基于北京西城区社会救助工作实践的研究[J]. 北京社会科学，(4)：50-56.

高云虹，2009. 中国转型期城市贫困问题研究[M]. 北京：人民出版社.

关信平，2019. 当前我国城市贫困的新特点及

[1] 科技“新变量”让公益有了“新玩法”[EB/OL]. 中国社会报，2019年12月31日.http://epaper.shehuiwang.cn/epaper/zgshb/2019/12/31/A04/story/399913.shtml.

社会救助改革的新方向[J]. 社会科学辑刊，4:81-89.
何深静，刘玉亭，吴缚龙，等，2010. 中国大城市低收入邻里及其居民的贫困集聚度和贫困决定因素[J]. 地理学报，65(12)：1464-1475.
何宗樾，宋旭光，2018. 中国农民工多维贫困及其户籍影响[J]. 财经问题研究，(5)：82-89.
侯学英，2014. 当前我国城市贫困问题研究的评述与展望[J]. 现代城市研究，(3)：64-73.
胡杰容，杨朔，2018. 北京城市低保标准研究：从绝对贫困到相对贫困[J]. 北京科技大学学报(社会科学版)，34(2)：40-47.
李梦娜，2019. 社会资本视角下城市农民工反贫困治理研究[J]. 农村经济，5：121-127.
李长安，2018. 中美贸易摩擦对就业的影响及对策[J]. 中国劳动关系学院学报，32(3)：5-8.
梁汉媚，方创琳，2011. 中国城市贫困人口动态变化与空间分异特征探讨[J]. 经济地理，31(10)：1610-1617.
刘新波，文静，刘轶芳，2019. 贫困代际传递研究进展[J]. 经济学动态，(8)：130-147.
刘扬，赵春雨，2008. 我国城镇低收入群体动态变迁及微观致贫因素分析[J]. 国际城市规划，23(4)：7-11.
刘玉亭，何深静，2009. 城市低收入住区的产生机制及其影响研究[J]. 南方建筑，(6)：79-81.
刘泽琴，2012. 贫困的多维测度研究述评[J]. 统计与决策，(10)：33-36.
马蓓蓓，李想，李海玲，等，2019. 西部城市贫困空间的收入差异特征与人口嵌入性——以西安市为例[J]. 干旱区资源与环境，11(33)：25-33.
单德朋，2019. 金融素养与城市贫困[J]. 中国工业经济，4：136-154.
苏勤，林炳耀，2003. 我国新城市贫困问题研究进展[J]. 中国软科学，(7)：19-25.
孙久文，夏添，2019. 中国扶贫战略与2020年后相对贫困线划定——基于理论、政策和数据的分析[J]. 中国农村经济，(10)：98-113.
唐钧，1998. 最后的安全网——中国城市居民最低生活保障制度的框架[J]. 中国社会科学，(1)：116-127.
汪超，2019. 可持续生计理论对农民工资产贫困的理解与公共政策启迪[J]. 理论月刊，(6)：123-130.
王玉玲，程瑜，2019. 新型城镇化对缓解贫困的作用[J]. 城市问题，(11)：30-37.
魏后凯，2018. 2020年后中国减贫的新战略[J]. 中州学刊，(9)：36-42.
魏后凯，王宁，2013. 参与式反贫困：中国城市贫困治理的方向[J]. 江淮论坛，(5)：9-17.
文建龙，肖泽群，2007. 城市低收入群体住房权利贫困的经济学解释及对策[J]. 财贸研究，(5)：19-23.
邢成举，李小云，2019. 相对贫困与新时代贫困治理机制的构建[J]. 改革，(12)：16-25.
徐丽萍，夏庆杰，贺胜年，2019. 中国老年人多维度精准扶贫测算研究——基于2010年和2016年中国家庭追踪调查数据[J]. 劳动经济研究，7(5)：105-132.
杨帆，庄天慧，王卓，2019. 城市流动人口贫困识别与精准帮扶管理机制研究[J]. 内蒙古社会科学(汉文版)，3(40)：51-57.
杨海，张天祐，杨鑫浩，2019. 扩围与突围：地方自主性驱动下的制度移植——基于武昌区城市精准扶贫的创新实践[J]. 晋阳学刊，4：98-107.
杨宇，2008. 城市贫困治理研究：发展性社会政策的视角[J]. 马克思主义与现实，(6)：179-182.
于涛，2019. 中国的经济增长、收入差别变动与城市贫困——基于城市内部二元结构的分析[J]. 财贸研究,(5):1-12.

张跃,黄帅金,2019. 城镇化减贫的空间溢出效应及门槛特征——基于贫困乡城转移背景[J]. 云南财经大学学报,12:36-48.

朱火云,杨超柏,2019. 城市新贫困:政府与非政府组织合作扶贫研究[J]. 杭州师范大学学报(社会科学版),41(5):129-136.

朱晓,段成荣,2016. "生存-发展-风险"视角下离土又离乡农民工贫困状况研究[J]. 人口研究,40(3):30-44.

祝建华,2019. 城市居民家庭贫困脆弱性的测度、因素识别与消减策略[J]. 河北大学学报(哲学社会科学版),3(44):129-138.

邹鹰,程勇,沈晨,2019. 发展型社会政策视阈的城市贫困治理研究——基于江西城镇脱贫解困的实证分析[J]. 社会工作,6(285):60-75.

第十篇

宣传表彰篇

【综述】 2019年，中共中央宣传部、国务院扶贫办出台《关于加强和改进脱贫攻坚宣传工作的指导意见》《关于开展决战决胜脱贫攻坚大型主题宣传活动工作方案》等文件，统筹指导推动脱贫攻坚宣传工作。各主要新闻媒体将重要版面和镜头聚焦脱贫攻坚，各地宣传、扶贫部门密切合作，加大力度，上下互动、部门联动、共同行动的大扶贫宣传格局进一步巩固，扶贫宣传工作取得显著成效。

习近平扶贫重要论述学习宣传持续深化。中共中央"不忘初心　牢记使命"主题教育领导小组办公室将习近平扶贫重要论述纳入《习近平关于"不忘初心　牢记使命"重要论述选编》等学习书目，在全体党员中广泛学习。中共中央宣传部、国务院扶贫办联合举办习近平扶贫论述理论研讨会，人民日报、光明日报专版宣传研讨成果。国务院扶贫办党组带头宣讲习近平扶贫重要论述，国务院扶贫办主任刘永富在中央党校等单位和有关省区市宣讲习近平扶贫重要论述，国务院扶贫办党组其他成员也结合分管工作进行多次宣讲。继续组织开展主题征文活动，编印出版《习近平总书记关于扶贫工作的重要论述学习文集（2019）》。各地开展理论研讨、主题征文和专题调研等学习宣传活动。

政策宣传不断强化。在国务院新闻办、全国"两会"新闻中心和国务院扶贫办共举办6场脱贫攻坚新闻发布会，及时发出权威声音，宣传阐释脱贫攻坚重大政策举措。组织30多家新闻媒体赴17个省份开展3次走基层采访活动；编写《脱贫攻坚干部培训十讲》等系列教材，在深度贫困地区党政正职培训班、脱贫攻坚网络培训班等培训活动中，重点进行政策解读辅导。

成就宣传有声有色。庆祝中华人民共和国成立70周年大型成就展推出了27个扶贫历史成就展览条目和"小康路上一个都不能掉队"大型扶贫专题展墙。会同商务部在第二届中国国际进口博览会中国馆中推出脱贫攻坚专题展览。积极筹备"决胜2020——脱贫攻坚展"和脱贫攻坚网络展。

典型宣传催人奋进。评选出140个先进单位和个人，追授黄文秀、张小娟2名同志为"全国脱贫攻坚模范"。召开全国脱贫攻坚奖表彰大会，对获奖者进行隆重表彰。组织巡回报告团赴25个省份开展巡回报告，推荐23名全国脱贫攻坚奖获得者参加国庆"脱贫攻坚"主题彩车游行和观礼。与中国中央广播电视总台新闻频道联合开设"攻坚之星"电视栏目，共推出21期脱贫经验典型和人物典型报道。

媒体报道持续加强。2019年，全国扶贫宣传战线不断加大正面宣传报道，中央主流媒体发挥主渠道、主阵地作用，共推出扶贫报道28万余条，同比增长19.7%，省级主要媒体推出扶贫报道56.7万余条，网络媒体640.2万余条，全年涉贫正面舆情信息占95.4%，脱贫攻坚主流声音更加强劲，为维护脱贫攻坚工作大局作出积极贡献。

【2019年全国扶贫宣传工作会议】 2019年4月29日，2019年全国扶贫宣传工作会议在北京市召开，国务院扶贫办党组书记、主任刘永富出席会议并讲话，国务院扶贫办副主任夏更生作工作报告。会上，国务院扶贫办对2018年度扶贫宣传工作先进集体、先进个人和"脱贫攻坚好新闻"进行表彰。

会议强调，做好扶贫宣传是学习贯彻习近平关于扶贫工作重要论述的重要举措，是提振打赢脱贫攻坚战信心的必然要求，是统一思想凝聚共识的重要保障，是为国际减贫事业贡献"中国方案""中国智慧"的重要途径，越是在脱贫攻坚的关键时期，越要高度重视扶贫宣传工作。扶贫宣传工作具有前瞻性、引导性，扶贫部门要发挥主观能动性，把好导向口径，提供新闻素材，做好组织协调服务，汇聚扶贫宣传工作合力。

会议指出，2019年是中华人民共和国成立70周年，做好扶贫宣传工作具有特殊重要意义。要持续加强理论武装，推动习近平关于扶贫工作重要论述学习宣传贯彻不断向纵深发展。要坚持扶贫宣传与脱贫攻坚同频共振，扶贫宣传工作要紧跟脱贫攻坚伟大实践，发挥引导作用。要切实做好脱贫攻坚政策宣传，总结宣传推广脱贫攻坚重大典型，全面展示脱贫攻坚伟大成就，做强做大正面宣传。

【扶贫日系列活动】 2019年10月17日是我国第6个扶贫日，也是第27个国际消除贫困日。国家层面主要开展了六个方面活动：举办习近平关于扶贫工作的重要论述研讨会、举办2019减贫与发展高层论坛、举办2019年全国脱贫攻坚奖表彰大会暨脱贫攻坚先进事迹报告会、录制播出2019年全国脱贫攻坚奖特别节目、举办扶贫日系列论坛、开展全国脱贫攻坚先进事迹巡回报告会。据统计，9月20日至10月30日，有关全国扶贫日话题的新闻报道50.6万篇，营造了脱贫攻坚人人皆可为、人人皆愿为、人人皆能为的浓厚氛围。

深入开展习近平关于扶贫工作的重要论述研讨会，强化理论武装，增强思想共识和行动自觉。10月11日上午，中共中央宣传部、国务院扶贫办第三次联合举办理论研讨会。研讨会前，在全国范围内开展主题征文活动，收到来自各地各部门和专家学者共4203篇论文，评选出196篇优秀论文。研讨会上，国务院扶贫办主要负责同志作交流发言，中央党史和文献研究院、求是杂志社、光明日报社等负责同志，北京大学等高校5名专家学者、2名优秀论文获奖代表发言。研讨会后，人民日报、光明日报分别专版刊登研讨会发言摘编，对研讨成果进行宣传；国务院扶贫办政策法规司和全国扶贫宣传教育中心组织编写、并由研究出版社出版了《习近平总书记关于扶贫工作的重要论述学习文集·2019》。

举办减贫与发展高层论坛，对外讲好中国减贫故事。高规格举办以“全球贫困治理：世界经验与中国实践”为主题的2019减贫与发展高层论坛和“一带一路国家减贫政策对话”“全社会参与的减贫实践”两个平行论坛。国务院副总理胡春华出席论坛开幕式并致辞，联合国秘书长古特雷斯给论坛发来书面致辞，多名外国部长级嘉宾作主旨发言，国家卫生健康委员会、国务院扶贫办、山西省人民政府负责同志和中国农业大学有关专家介绍减贫成效和经验做法，向全世界进一步展示中国减贫事业的成就。

评选表彰宣传先进典型，更好发挥示范引领作用。各地各牵头部门共选送5170个候选个人和单位，经过层层筛选评选出140个先进单位和个人，实现对31个省区市和新疆生产建设兵团，以及中央和国家机关、统一战线、教育系统、金融系统、国有企业、民营企业、军队系统等方面全覆盖。10月17日，全国政协主席汪洋接见2019年全国脱贫攻坚奖获得者并讲话，国务院副总理胡春华出席表彰大会并讲话。陈望慧、李鹏、刘双燕、张玉玺、王建球、冷菊贞等6位获奖代表在会上作先进事迹报告。

录制播出全国脱贫攻坚奖特别节目。2017年以来，国务院扶贫办与中国中央电视台联合录制并播出了以“最深的牵挂”“庄严的承诺”为主题的特别节目。2019年的节目以“攻坚的力量”为主题，着眼于政治性、思想性、创新性、艺术性的有机统一。节目于10月17日在中国中央电视台综合频道首播、在社会与法频道重播，收视率位居同类型节目前列。节目播出后，社会反响热烈，相关微话题参与量超过1.2亿条，相关短视频累计点击量超过300万次，共有22个省级电视台对节目进行了转播。

举办扶贫日系列论坛。各部门结合行业特点，开展形式多样的活动。国家发展和改革委员会、民政部、教育部、农业农村部、自然资源部、生态环境部、工业和信息化部、国家卫生健康委员会、中国证券监督管理委员会、中国残疾人联合会、中华全国妇女联合会等牵头举办21个扶贫日系列论坛，围绕“攻坚克难”主题研讨问题、破解难题、分享经验，共有15位省部级以上领导出席相关论坛和活动，总参与人数3500，受到社会广泛关注。

开展全国脱贫攻坚先进事迹巡回报告。10月18日—25日，共组织49名报告人组成8个巡回报告团，由国务院扶贫办、中央军委政治工作部、中共中央统一战线工作部、国务院国有资产监督管理委员会、中华全国供销合作总社、中国共产主义青年团中央委员会、中华全国妇女联合会、中国残疾人联合会、全国工商业联合会9部门领导同志带队，分赴25个省区市和新疆生产建设兵团开展巡回报告，22个省份以视频会议形式举行报告会，共设置7059个分会场，聆听报告的人数超过123万。贵州省、重庆市全程进行网络直播。

各地结合地方实际，开展了丰富多彩的活动。据初步统计，各地筹集的扶贫款项121.62亿元。募捐活动作为各地扶贫日活动的传统项目，至今已累计筹款587.94亿元，连续三年超过百亿元。消费扶贫成为新亮点，北京、上海、湖北、湖南、四川、陕西、甘肃等30个省区市开展消费扶贫活动，销售额79.45亿元、签约额235.67亿元。

【新闻发布会和媒体座谈会、通气会】 2019年，国务院扶贫办共举行新闻发布会6次、媒体座谈会和通气会各1次，及时发出权威声音，宣传阐释脱贫攻坚重大政策举措。

新闻发布会。2月20日，国务院新闻办举行例行吹风会，国务院扶贫办副主任欧青平结合国务院第39次常务会议，介绍脱贫攻坚工作进展情况。

3月7日，十三届全国人大二次会议在梅地亚新闻中心举行“攻坚克难——坚决打赢脱贫攻坚战”专场记者会，国务院扶贫办党组书记、主任刘永富出席发布并答记者问。

5月23日，国务院新闻办举行例行吹风会，国务院扶贫办副主任夏更生介绍国务院对2018年落实重大政策措施成效明显地方予以督查激励有关情况。

6月26日，国务院新闻办举行“聚焦深度攻坚克难”主题新闻发布会，国务院扶贫办副主任欧青平出席发布并答记者问。

7月2日，国务院扶贫办举行“2018年脱贫摘帽县抽查”新闻发布会，国务院扶贫办副主任夏更生出席发布并答记者问。

9月27日，庆祝中华人民共和国成立70周年第三场新闻发布会在梅地亚新闻中心举行，发布会的主题为“全面建成小康社会 扎实推进脱贫攻坚和乡村振兴”，国务院扶贫办党组书记、主任刘永富出席发布并答记者问。

媒体座谈会、通气会。2月27日，国务院扶贫办政策法规司副司长李富君主持召开新闻媒体记者座谈会，介绍脱贫攻坚宣传工作安排。

10月9日，国务院扶贫办副主任夏更生主持召开扶贫日媒体通气会，介绍2019年扶贫日各项活动安排。

（国务院扶贫办政策法规司 王政壹）

第十一篇

扶贫数据篇

表1　2013—2019年分省贫困人口统计表

地区	2013年年底			2014年年底			2015年年底			2016年年底			2017年年底			2018年年底			2019年年底		
	建档立卡(万户)	建档立卡(万人)	发生率(%)	建档立卡(万户)	建档立卡(万人)	发生率(%)	建档立卡(万户)	建档立卡(万人)	发生率(%)	建档立卡(万户)	建档立卡(万人)	发生率(%)	建档立卡(万户)	建档立卡(万人)	发生率(%)	建档立卡(万户)	建档立卡(万人)	发生率(%)	建档立卡(万户)	建档立卡(万人)	发生率(%)
全国	2947	8962	10.3	2400	7206	8.3	1846	5433	6.2	1379	4242	4.9	932	2840	3.3	466	1381	1.6	97.8	266.4	0.3
河北	196	499	9.8	183	389	7.6	148	284	5.6	88	184	3.6	51	106	2.1	20	40	0.8	1.6	3.4	0.1
山西	119	328	14.1	98	252	10.8	81	202	8.7	66	165	7.1	37	90	3.9	11	26	1.1	1.0	2.2	0.1
内蒙古	46	125	8.7	47	109	7.6	35	80	5.5	26	58	4.0	17	38	2.6	7	15	1.1	0.7	1.6	0.1
辽宁	44	126	6.1	43	100	4.9	35	77	3.7	23	49	2.4	11	22	1.1	6	13	0.6	0.6	1.4	0.1
吉林	48	99	6.9	45	86	6.0	37	70	4.9	18	35	2.4	10	18	1.3	4	8	0.5	0.5	1.0	0.1
黑龙江	34	111	5.8	36	84	4.4	29	65	3.4	21	45	2.3	14	30	1.6	6	12	0.6	0.6	1.3	0.1
江苏	20	55	1.8	20	55	1.8	0	0	0.0	0	0	0.0	0	0	0.0	0	0	0.0	0.0	0.0	0.0
浙江	21	41	1.3	21	41	1.3	0	0	0.0	0	0	0.0	0	0	0.0	0	0	0.0	0.0	0.0	0.0
安徽	189	483	9.0	161	390	7.3	129	305	5.7	90	217	4.1	52	120	2.2	23	50	0.9	3.8	8.7	0.2
福建	15	42	1.7	10	28	1.1	9	26	1.1	4	11	0.5	0	0	0.0	0	0	0.0	0.0	0.0	0.0
江西	117	342	9.4	85	259	7.1	64	189	5.2	44	136	3.7	30	88	2.4	19	51	1.4	4.8	9.6	0.3
山东	128	263	4.8	80	152	2.8	56	109	2.0	21	39	0.7	4	8	0.1	0	0	0.0	0.0	0.0	0.0
河南	199	698	8.1	177	533	6.2	137	394	4.6	113	314	3.7	86	221	2.6	45	104	1.2	15.8	35.3	0.4
湖北	192	581	14.4	180	504	12.5	141	388	9.6	109	293	7.3	78	204	5.1	40	98	2.4	2.7	5.8	0.1
湖南	285	682	12.2	184	569	10.2	148	451	8.1	108	356	6.4	69	216	3.9	30	83	1.5	9.0	19.9	0.4
广东	24	91	2.3	24	91	2.3	0	0	0	0	0	0	0	0	0	0	0	0	0	0	0
广西	172	634	15.7	134	538	13.3	114	451	11.1	92	361	8.9	70	267	6.6	41	151	3.7	7.6	24.1	0.6

续表

地区	2013年年底			2014年年底			2015年年底			2016年年底			2017年年底			2018年年底			2019年年底		
	建档立卡(万户)	建档立卡(万人)	发生率(%)	建档立卡(万户)	建档立卡(万人)	发生率(%)	建档立卡(万户)	建档立卡(万人)	发生率(%)	建档立卡(万户)	建档立卡(万人)	发生率(%)	建档立卡(万户)	建档立卡(万人)	发生率(%)	建档立卡(万户)	建档立卡(万人)	发生率(%)	建档立卡(万户)	建档立卡(万人)	发生率(%)
海南	15	64	11.1	12	48	8.4	10	44	7.7	7	29	5.1	2	9	1.6	1	5	0.8	0.0	0.0	0.0
重庆	48	165	8.3	47	160	8.0	22	80	4.0	9	30	1.5	7	22	1.1	5	14	0.7	0.8	2.4	0.1
四川	211	625	9.7	155	486	7.5	119	376	5.8	83	273	4.2	52	171	2.6	20	71	1.1	4.6	20.3	0.3
贵州	235	746	20.6	182	623	17.2	150	493	13.6	116	395	10.9	83	280	7.7	48	155	4.3	11.0	30.8	0.9
云南	196	700	21.3	161	577	17.5	133	473	14.4	118	447	13.6	87	332	10.1	48	181	5.5	11.9	44.2	1.3
西藏	20	80	29.9	19	72	27.1	15	59	22.1	12	48	18.0	8	33	12.4	3	15	5.6	0.0	0.0	0.0
陕西	138	445	18.4	102	308	12.7	79	231	9.5	78	229	9.4	66	183	7.6	34	78	3.2	10.7	18.3	0.8
甘肃	129	552	28.0	100	415	21.0	71	296	15.0	63	256	13.0	48	189	9.6	29	111	5.6	5.1	17.5	0.9
青海	20	74	24.4	17	60	19.9	16	53	17.7	11	40	13.1	7	25	8.1	2	8	2.5	0.0	0.0	0.0
宁夏	13	51	12.7	12	47	11.7	10	38	9.4	11	42	10.4	7	24	5.9	4	12	3.0	0.6	1.9	0.5
新疆	72	261	19.4	67	228	17.0	58	199	14.9	48	190	14.1	36	143	10.7	20	82	6.1	4.2	16.6	1.2

注：本篇表1~表17数据由国务院扶贫办规划财务司提供。

表2　按现行农村贫困标准衡量的农村贫困状况

年份	当年价贫困标准[元/(年·人)]	贫困发生率(%)	贫困人口规模(万人)
1978	366	97.5	77039
1980	403	96.2	76542
1985	482	78.3	66101
1990	807	73.5	65849
1995	1511	60.5	55463
2000	1528	49.8	46224
2005	1742	30.2	28662
2010	2300	17.2	16567
2011	2536	12.7	12238
2012	2625	10.2	9899
2013	2736	8.5	8249
2014	2800	7.2	7017
2015	2855	5.7	5575
2016	2952	4.5	4335
2017	2952	3.1	3046
2018	2995	1.7	1660
2019	3218	0.6	551

注:①本篇表2~表17资料来源于国家统计局历年《统计年鉴》《中国农村贫困监测报告》和《农村贫困监测资料》。

②本篇表格中,“.”表示数值较小,统计上不显著。

表3 2019年中国农村贫困人口数量和贫困发生率

地区	全国贫困人口(万人)	全国贫困发生率(%)
全国	551	0.6
北京	.	.
天津	.	.
河北	.	.
山西	16	0.6
内蒙古	.	.
辽宁	.	.
吉林	9	0.6
黑龙江	.	.
上海	.	.
江苏	.	.
浙江	.	.
安徽	.	.
福建	.	.
江西	.	.
山东	.	.
河南	51	0.6
湖北	.	.
湖南	42	0.7
广东	.	.
广西	51	1.2
海南	.	.
重庆	.	.
四川	52	0.7
贵州	53	1.5
云南	66	1.8
西藏	4	1.4
陕西	17	0.6
甘肃	46	2.2
青海	5	1.2
宁夏	4	1
新疆	20	1.7

表4　2019年贫困地区农村贫困人口数量和贫困发生率

地区	贫困人口(万人)	贫困发生率(%)
全国	362	1.4
河北	10	0.7
山西	7	1.3
内蒙古	6	0.8
吉林	2	1.6
黑龙江	3	0.6
安徽	16	0.8
江西	11	0.9
河南	38	1.3
湖北	14	1.2
湖南	33	1.6
广西	17	1.6
海南	.	.
重庆	.	.
四川	25	1.5
贵州	46	1.6
云南	56	2.2
西藏	4	1.4
陕西	14	1.1
甘肃	41	2.5
青海	5	1.2
宁夏	3	1.4
新疆	12	1.7

表5　2019年连片特困地区农村贫困人口数量和贫困发生率

地区	贫困人口(万人)	贫困发生率(%)
全部片区	313	1.5
1.六盘山区	45	2.6
2.秦巴山区	27	1
3.武陵山区	49	1.7
4.乌蒙山区	41	2
5.滇黔桂石漠化区	36	1.4
6.滇西边境山区	28	2.3
7.大兴安岭南麓山区	4	0.7
8.燕山-太行山区	11	1.2
9.吕梁山区	5	1.4
10.大别山区	32	1
11.罗霄山区	9	1
12.西藏区	4	1.4
13.四省藏区	10	1.8
14.南疆四地州	12	1.7

表6　2019年国家扶贫开发工作重点县农村贫困人口数量和贫困发生率

地区	贫困人口(万人)	贫困发生率(%)
全国	307	1.5
河北	9	0.7
山西	6	1.2
内蒙古	6	0.8
吉林	2	1.6
黑龙江	2	0.6
安徽	16	0.9
江西	9	0.8
河南	30	1.3
湖北	14	1.3
湖南	19	1.9
广西	16	1.8
海南	.	.
重庆	.	.
四川	21	1.5
贵州	40	1.8
云南	47	2.3
陕西	13	1.2
甘肃	37	2.8
青海	4	2.1
宁夏	3	1.4
新疆	11	2.1

表7 全国农村常住居民人均可支配收入消费结构及增长

指标	水平(元)							构成(%)							名义增长(%)					
	2013年	2014年	2015年	2016年	2017年	2018年	2019年	2013年	2014年	2015年	2016年	2017年	2018年	2019年	2014年	2015年	2016年	2017年	2018年	2019年
一、人均可支配收入	9430	10489	11422	12363	13432	14617	16021	100	100	100	100	100	100	100	11.2	8.9	8.2	8.6	8.8	9.6
1. 工资性收入	3653	4152	4600	5022	5498	5996	6583	38.7	39.6	40.3	40.6	40.9	41	41.1	13.7	10.8	9.2	9.5	9.1	9.8
2. 经营净收入	3935	4237	4504	4741	5028	5358	5762	41.7	40.4	39.4	38.3	37.4	36.7	36	7.7	6.3	5.3	6	6.6	7.5
(1)一产净收入	2840	2999	3154	3270	3391	3489	3730	30.1	28.6	27.6	26.4	25.2	23.9	23.3	5.6	5.2	3.7	3.7	2.9	6.9
#农业	2160	2307	2412	2440	2524	2608	2740	22.9	22	21.1	19.7	18.8	17.8	17.1	6.8	4.6	1.2	3.4	3.3	5.1
#牧业	460	443	489	574	586	575	657	4.9	4.2	4.3	4.6	4.4	3.9	4.1	−3.7	10.4	17.4	2.1	−1.9	14.3
(2)二产净收入	253	259	276	288	319	378	2032	2.7	2.5	2.4	2.3	2.4	2.6	12.7	2.4	6.6	4.3	10.8	18.7	8.7
(3)三产净收入	843	980	1074	1184	1318	1491		8.9	9.3	9.4	9.6	9.8	10.2		16.3	9.6	10.2	11.3	13.1	
3. 财产净收入	195	222	252	272	303	342	377	2.1	2.1	2.2	2.2	2.3	2.3	2.4	13.8	13.5	7.9	11.4	12.9	10.3
4. 转移净收入	1648	1877	2066	2328	2603	2920	3298	17.5	17.9	18.1	18.8	19.4	20	20.6	13.9	10.1	12.7	11.8	12.2	12.9
二、人均消费	7485	8383	9223	10130	10955	12124	13328	100	100	100	100	100	100	100	12.0	10.0	9.8	8.1	10.7	9.9
1. 食品烟酒	2554	2814	3048	3266	3415	3646	3998	34.1	33.6	33	32.2	31.2	30.1	30	10.2	8.3	7.2	4.6	6.7	9.7
2. 衣着	454	510	550	575	612	648	713	6.1	6.1	6	5.7	5.6	5.3	5.4	12.3	7.8	4.5	6.3	5.9	10.1
3. 居住	1580	1763	1926	2147	2354	2661	2871	21.1	21	20.9	21.2	21.5	21.9	21.5	11.6	9.2	11.5	9.6	13	7.9
4. 生活用品及服务	455	507	546	596	634	720	764	6.1	6	5.9	5.9	5.8	5.9	5.7	11.4	7.7	9.2	6.4	13.6	6
5. 交通通信	875	1013	1163	1360	1509	1690	1837	11.7	12.1	12.6	13.4	13.8	13.9	13.8	15.8	14.8	16.9	11	12	8.7
6. 教育文化娱乐	755	860	969	1070	1171	1302	1482	10.1	10.3	10.5	10.6	10.7	10.7	11.1	13.9	12.7	10.4	9.4	11.1	13.8

续表

指标	水平（元）							构成（%）							名义增长（%）					
	2013年	2014年	2015年	2016年	2017年	2018年	2019年	2013年	2014年	2015年	2016年	2017年	2018年	2019年	2014年	2015年	2016年	2017年	2018年	2019年
7. 医疗保健	668	754	846	929	1059	1240	1421	8.9	9	9.2	9.2	9.7	10.2	10.7	12.9	12.2	9.8	13.9	17.1	14.6
8. 其他商品和服务	144	163	174	186	201	218	241	1.9	1.9	1.9	1.8	1.8	1.8	1.8	13.2	6.7	6.9	8	8.7	10.6

注：国家统计局从2013年起才统计人均可支配收入及相关构成，2014年起才统计名义增幅。

表8 贫困地区农村常住居民人均可支配收入消费结构及增长

指标	水平(元)						构成(%)						名义增长(%)					
	2014年	2015年	2016年	2017年	2018年	2019年	2014年	2015年	2016年	2017年	2018年	2019年	2014年	2015年	2016年	2017年	2018年	2019年
一、人均可支配收入	6852	7653	8452	9377	10371	11567	100	100	100	100	100	100	12.7	11.7	10.4	10.5	10.6	11.5
1. 工资性收入	2240	2556	2880	3210	3627	4082	32.7	33.4	34.1	34.2	35	35.3	16.7	14.1	12.7	11.8	13	12.5
2. 经营净收入	3033	3282	3443	3723	3888	4163	44.3	42.9	40.7	39.7	37.5	36	8.8	8.2	4.9	6.9	4.4	7.1
(1)一产净收入	—	—	2696	2826	2794	2986	—	—	31.9	30.1	26.9	25.8	—	—	2.7	3.2	-1.1	6.9
#农业	—	—	1931	2061	2008	2045	—	—	22.8	22	19.4	17.7	—	—	2.1	4.6	-2.5	1.8
#牧业	—	—	571	562	578	711	—	—	6.8	6	5.6	6.1	—	—	6.9	-2.2	2.8	23.2
(2)二三产净收入	—	—	747	897	1094	117	—	—	8.8	9.6	10.6	10.2	—	—	13.9	20.4	22	7.6
3. 财产净收入	81	93	107	119	137	159	1.2	1.2	1.3	1.3	1.3	1.4	29.9	15.2	14.3	11.9	14.8	16.5
4. 转移净收入	1497	1722	2021	2325	2719	3163	21.8	22.5	23.9	24.8	26.2	27.3	14.4	15	17.4	14.8	17	16.3
二、人均消费	6007	6656	7331	7998	8956	10011	100	100	100	100	100	100	11.2	10.8	10.1	9.2	12	11.8
1. 食品烟酒	2197	2411	2567	2689	2808	3121	36.6	36.2	35	33.6	31.4	31.2	6.5	9.8	6.5	4.8	4.4	11.2
2. 衣着	370	405	423	453	488	549	6.2	6.1	5.8	5.7	5.4	5.5	11	9.4	4.4	6.9	7.8	12.4
3. 居住	1244	1376	1543	1695	1995	2173	20.7	20.7	21.1	21.2	22.3	21.7	8.6	10.7	12.2	10	17.7	8.9
4. 生活用品及服务	382	411	448	485	537	585	6.4	6.2	6.1	6.1	6	5.8	14.8	7.4	9.2	8.3	10.8	9
5. 交通通信	615	693	803	935	1045	1200	10.2	10.4	11	11.7	11.7	12	19.5	12.6	15.9	16.3	11.8	14.8
6. 教育文化娱乐	590	680	790	883	1017	1163	9.8	10.2	10.8	11	11.4	11.6	17.5	15.2	16.2	12.1	15.2	14.3
7. 医疗保健	511	567	638	725	919	1054	8.5	8.5	8.7	9.1	10.3	10.5	19.2	11	12.5	13.7	26.7	14.7
8. 其他商品和服务	99	114	118	134	147	166	1.6	1.7	1.6	1.7	1.6	1.7	15.7	15.1	4	13.4	10.3	12.9

表9　集中连片特困地区农村常住居民人均可支配收入消费结构和名义增长

指标	水平（元）						构成（%）						名义增长（%）					
	2014年	2015年	2016年	2017年	2018年	2019年	2014年	2015年	2016年	2017年	2018年	2019年	2014年	2015年	2016年	2017年	2018年	2019年
一、人均可支配收入	6724	7525	8348	9264	10260	11443	100	100	100	100	100	100	12.9	11.9	10.9	10.5	10.7	11.5
1. 工资性收入	2188	2503	2846	3163	3550	3990	32.54	33.26	34.09	34.1	34.6	34.9	16.1	14.4	13.7	11.7	12.2	12.4
2. 经营净收入	3019	3264	3429	3715	3915	4226	44.90	43.38	41.08	40.1	38.2	36.9	10	8.1	5	6.8	5.4	8
（1）一产净收入	2439	2565	2647	2777	2767	2986	36.27	34.09	31.71	30.0	27.0	26.1	9.7	5.2	3.2	2.8	−0.4	7.9
#农业	—	—	1848	1981	1935	1973	—	—	22.14	21.4	18.9	17.2	—	—	2.8	4.4	−2.3	2
#牧业	—	—	587	573	590	748	—	—	7.03	6.2	5.8	6.5	—	—	6.3	−3.2	2.9	26.7
（2）二三产净收入	—	—	782	938	1148	1240	—	—	9.37	10.1	11.2	10.8	—	—	11.9	20.5	22.3	8
3. 财产净收入	70	84	97	111	128	152	1.04	1.12	1.16	1.2	1.3	1.3	29	19.2	16.2	14.8	15.6	18
4. 转移净收入	1446	1674	1976	2274	2666	3076	21.51	22.25	23.67	24.6	26.0	26.9	13.7	15.8	18	15	17.2	15.4
二、人均消费	5898	6573	7273	7915	8854	9898	100	100	100	100	100.0	100.0	10.7	11.4	10.7	9	11.9	11.8
1. 食品烟酒	2205	2428	2575	2693	2790	3089	37.39	36.94	35.40	34.0	31.5	31.2	6.5	10.1	6.1	4.7	3.6	10.7
2. 衣着	358	392	414	443	476	532	6.07	5.96	5.69	5.6	5.4	5.4	11.9	9.7	5.5	6.6	7.5	11.7
3. 居住	1217	1342	1519	1668	1985	2163	20.63	20.42	20.89	21.1	22.4	21.9	8.2	10.1	13.1	10.1	19	9
4. 生活用品及服务	374	407	447	486	530	579	6.34	6.19	6.15	6.1	6.0	5.8	13.4	8.8	9.8	9.1	9.1	9.3
5. 交通通信	595	681	790	918	1033	1210	10.09	10.36	10.86	11.6	11.7	12.2	18.1	14.5	16	16.1	12.6	17.1
6. 教育文化娱乐	575	672	788	878	1013	1160	9.75	10.22	10.83	11.1	11.4	11.7	17.8	16.9	17.3	12	15.4	14.6
7. 医疗保健	477	544	623	696	879	1002	8.09	8.28	8.57	8.8	9.9	10.1	16.9	14.1	14.6	11.6	26.4	14
8. 其他商品和服务	96	107	118	134	146	163	1.63	1.63	1.62	1.7	1.7	1.6	16.8	11.4	10.2	14.1	9.5	11.3

表10 国家扶贫开发工作重点县农村常住居民人均可支配收入消费结构和名义增长

指标	水平(元)							构成(%)							名义增长(%)					
	2013年	2014年	2015年	2016年	2017年	2018年	2019年	2013年	2014年	2015年	2016年	2017年	2018年	2019年	2014年	2015年	2016年	2017年	2018年	2019年
一、人均可支配收入	5944	6717	7543	8355	9255	10284	11524	100.0	100.0	100.0	100.0	100.0	100.0	100.0	13.0	12.3	10.8	10.8	11.1	12.1
1. 工资性收入	1861	2175	2480	2797	3136	3595	4040	31.3	32.4	32.9	33.5	33.9	35.0	35.1	16.9	14.1	12.8	12.1	14.7	12.4
2. 经营净收入	2711	2944	3212	3385	3633	3782	4105	45.6	43.8	42.6	40.5	39.3	36.8	35.6	8.6	9.1	5.4	7.3	4.1	8.5
3. 财产净收入	62	81	89	103	116	131	150	1.0	1.2	1.2	1.2	1.2	1.3	1.3	30.4	10.9	15.0	12.4	12.9	15
4. 转移净收入	1311	1517	1761	2070	2371	2776	3229	22.1	22.6	23.4	24.8	25.6	27.0	28.0	15.7	16.1	17.5	14.6	17.1	16.3
二、人均消费	5376	5962	6616	7260	7906	8935	10028	100.0	100.0	100.0	100.0	100.0	100.0	100.0	10.9	11.0	9.7	8.9	13	12.2
1. 食品烟酒	2067	2201	2430	2573	2694	2820	3139	38.4	36.9	36.7	35.4	34.1	31.6	31.3	6.5	10.4	5.9	4.7	4.7	11.3
2. 衣着	328	365	400	414	442	482	544	6.1	6.1	6.0	5.7	5.6	5.4	5.4	11.3	9.6	3.5	6.6	9.2	12.7
3. 居住	1139	1226	1358	1516	1678	1972	2165	21.2	20.6	20.5	20.9	21.2	22.1	21.6	7.6	10.8	11.7	10.7	17.5	9.8
4. 生活用品及服务	328	379	408	443	474	539	585	6.1	6.4	6.2	6.1	6.0	6.0	5.8	15.7	7.7	8.7	6.9	13.8	8.5
5. 交通通信	506	605	680	783	901	1041	1189	9.4	10.2	10.3	10.8	11.4	11.6	11.9	19.5	12.3	15.2	15	15.5	14.2
6. 教育文化娱乐	531	583	671	782	868	1019	1176	9.9	9.8	10.1	10.8	11.0	11.4	11.7	15.5	15.0	16.6	10.9	17.4	15.5
7. 医疗保健	424	510	560	636	721	913	1065	7.9	8.6	8.5	8.8	9.1	10.2	10.6	20.4	9.8	13.6	13.4	26.6	16.6
8. 其他商品和服务	81	93	109	112	127	149	165	1.5	1.6	1.6	1.5	1.6	1.7	1.6	14.3	18.0	2.8	13.4	17.1	10.7

表11 全国分省农村常住居民人均可支配收入及增长情况

地区	2013年		2014年		2015年		2016年		2017年		2018年		2019年	
	人均可支配收入[元/(人·年)]	名义增长(%)	人均可支配收入[元/(人·年)]	名义增长(%)	人均可支配收入[元/(人·年)]	名义增长(%)	人均可支配收入[元/(人·年)]	名义增长(%)	人均可支配收入[元/(人·年)]	名义增长(%)	人均可支配收入[元/(人·年)]	名义增长(%)	人均可支配收入[元/(人·年)]	名义增长(%)
全国	9430	—	10489	11.2	11422	8.9	12363	8.2	13432	8.6	14617	8.8	16021	9.6
北京	17101	—	18867	10.3	20569	9.0	22310	8.5	24240	8.7	26490	9.3	28928	9.2
天津	15353	—	17014	10.8	18482	8.6	20076	8.6	21754	8.4	23065	6.0	24804	7.5
河北	9188	—	10186	10.9	11051	8.5	11919	7.9	12881	8.1	14031	8.9	15373	9.6
山西	7949	—	8809	10.8	9454	7.3	10082	6.6	10788	7.0	11750	8.9	12902	9.8
内蒙古	8985	—	9976	11.0	10776	8.0	11609	7.7	12584	8.4	13803	9.7	15283	10.7
辽宁	10161	—	11191	10.1	12057	7.7	12881	6.8	13747	6.7	14656	6.6	16108	9.9
吉林	9781	—	10780	10.2	11326	5.1	12123	7.0	12950	6.8	13748	6.2	14936	8.6
黑龙江	9369	—	10453	11.6	11095	6.1	11832	6.6	12665	7.0	13804	9.0	14982	8.5
上海	19208	—	21192	10.3	23205	9.5	25520	10.0	27825	9.0	30375	9.2	33195	9.3
江苏	13521	—	14958	10.6	16257	8.7	17606	8.3	19158	8.8	20845	8.8	22675	8.8
浙江	17494	—	19373	10.7	21125	9.0	22866	8.2	24956	9.1	27302	9.4	29876	9.4
安徽	8850	—	9916	12.0	10821	9.1	11720	8.3	12758	8.9	13996	9.7	15416	10.1
福建	11405	—	12650	10.9	13793	9.0	14999	8.7	16335	8.9	17821	9.1	19568	9.8
江西	9089	—	10117	11.3	11139	10.1	12138	9.0	13242	9.1	14460	9.2	15796	9.2
山东	10687	—	11882	11.2	12930	8.8	13954	7.9	15118	8.3	16297	7.8	17775	9.1
河南	8969	—	9966	11.1	10853	8.9	11697	7.8	12719	8.7	13831	8.7	15164	9.6

续表

地区	2013年		2014年		2015年		2016年		2017年		2018年		2019年	
	人均可支配收入[元/(人·年)]	名义增长(%)	人均可支配收入[元/(人·年)]	名义增长(%)	人均可支配收入[元/(人·年)]	名义增长(%)	人均可支配收入[元/(人·年)]	名义增长(%)	人均可支配收入[元/(人·年)]	名义增长(%)	人均可支配收入[元/(人·年)]	名义增长(%)	人均可支配收入[元/(人·年)]	名义增长(%)
湖北	9692	—	10849	11.9	11844	9.2	12725	7.4	13812	8.5	14978	8.4	16391	9.4
湖南	9029	—	10060	11.4	10993	9.3	11930	8.5	12936	8.4	14093	8.9	15395	9.2
广东	11068	—	12246	10.6	13360	9.1	14512	8.6	15780	8.7	17168	8.8	18818	9.6
广西	7793	—	8683	11.4	9467	9.0	10359	9.4	11325	9.3	12435	9.8	13676	10
海南	8802	—	9913	12.6	10858	9.5	11843	9.1	12902	8.9	13989	8.4	15113	8
重庆	8493	—	9490	11.7	10505	10.7	11549	9.9	12638	9.4	13781	9.0	15133	9.8
四川	8381	—	9348	11.5	10247	9.6	11203	9.3	12227	9.1	13331	9.0	14670	10
贵州	5898	—	6671	13.1	7387	10.7	8090	9.5	8869	9.6	9716	9.6	10756	10.7
云南	6724	—	7456	10.9	8242	10.5	9020	9.4	9862	9.3	10768	9.2	11902	10.5
西藏	6553	—	7359	12.3	8244	12.0	9094	10.3	10330	13.6	11450	10.8	12951	13.1
陕西	7092	—	7932	11.8	8689	9.5	9396	8.1	10265	9.2	11213	9.2	12326	9.9
甘肃	5589	—	6277	12.3	6936	10.5	7457	7.5	8076	8.3	8804	9.0	9629	9.4
青海	6462	—	7283	12.7	7933	8.9	8664	9.2	9462	9.2	10393	9.8	11499	10.6
宁夏	7599	—	8410	10.7	9119	8.4	9852	8.0	10738	9.0	11708	9.0	12858	9.8
新疆	7847	—	8724	11.2	9425	8.0	10183	8.0	11045	8.5	11975	8.4	13122	9.6

表12　贫困地区分省农村常住居民人均可支配收入及增长情况

地区	2013年		2014年		2015年		2016年		2017年		2018年		2019年	
	人均可支配收入[元/(人·年)]	名义增长(%)	人均可支配收入[元/(人·年)]	名义增长(%)	人均可支配收入[元/(人·年)]	名义增长(%)	人均可支配收入[元/(人·年)]	名义增长(%)	人均可支配收入[元/(人·年)]	名义增长(%)	人均可支配收入[元/(人·年)]	名义增长(%)	人均可支配收入[元/(人·年)]	名义增长(%)
全国	6079	—	6852	12.7	7653	11.7	8452	10.4	9377	10.5	10371	10.6	11567	11.5
河北	6150	—	6886	12.0	7575	10.0	8382	10.7	9331	11.3	10393	11.4	11684	12.4
山西	4875	—	5430	11.4	6078	11.9	6623	9.0	7330	10.7	8250	12.6	9379	13.7
内蒙古	6545	—	7375	12.7	8201	11.2	9005	9.8	9852	9.4	10965	11.3	12272	11.9
吉林	5798	—	6414	10.6	7045	9.8	7669	8.9	8361	9.0	9330	11.6	10494	12.5
黑龙江	5896	—	6450	9.4	7174	11.2	7828	9.1	8572	9.5	9621	12.2	10815	12.4
安徽	7119	—	8062	13.2	8952	11.0	9890	10.5	10931	10.5	12078	10.5	13485	11.7
江西	6053	—	6830	12.8	7759	13.6	8643	11.4	9602	11.1	10635	10.8	11767	10.6
河南	7070	—	7983	12.9	8865	11.0	9735	9.8	10789	10.8	11911	10.4	13252	11.3
湖北	6971	—	7831	12.3	8682	10.9	9502	9.4	10471	10.2	11552	10.3	12874	11.4
湖南	5715	—	6461	13.1	7222	11.8	8029	11.2	8908	10.9	9875	10.9	10938	10.8
广西	6252	—	7044	12.7	7927	12.5	8800	11.0	9719	10.4	10761	10.7	11958	11.1
海南	7145	—	7449	4.3	8284	11.2	9163	10.6	10312	12.5	11545	12.0	12789	10.8
重庆	7131	—	8044	12.8	9120	13.4	10244	12.3	11273	10.0	12470	10.6	13832	10.9
四川	6282	—	7091	12.9	7966	12.3	8799	10.5	9759	10.9	10837	11.0	12127	11.9
贵州	5557	—	6381	14.8	7171	12.4	7894	10.1	8677	9.9	9528	9.8	10580	11.0
云南	5616	—	6314	12.4	7070	12.0	7847	11.0	8695	10.8	9595	10.4	10771	12.3

续表

地区	2013年		2014年		2015年		2016年		2017年		2018年		2019年	
	人均可支配收入[元/(人·年)]	名义增长(%)	人均可支配收入[元/(人·年)]	名义增长(%)	人均可支配收入[元/(人·年)]	名义增长(%)	人均可支配收入[元/(人·年)]	名义增长(%)	人均可支配收入[元/(人·年)]	名义增长(%)	人均可支配收入[元/(人·年)]	名义增长(%)	人均可支配收入[元/(人·年)]	名义增长(%)
陕西	6162	—	6963	13.0	7692	10.5	8424	9.5	9297	10.4	10267	10.4	11421	11.2
甘肃	4487	—	5106	13.8	5782	13.2	6323	9.4	6968	10.2	7687	10.3	8592	11.8
青海	6462	—	6209	-3.9	7933	27.8	8664	9.2	9462	9.2	10393	9.8	11499	10.6
宁夏	5840	—	6555	12.2	7255	10.7	7937	9.4	8809	11.0	9744	10.6	10804	10.9
新疆	5986	—	6635	10.8	7341	10.6	8055	9.7	9985	9.8	10907	9.2	12035	10.3

表13 集中连片特困地区农村常住居民人均可支配收入及增长情况

片区	2014年		2015年		2016年		2017年		2018年		2019年	
	人均可支配收入[元/(人·年)]	名义增长(%)	人均可支配收入[元/(人·年)]	名义增长(%)	人均可支配收入[元/(人·年)]	名义增长(%)	人均可支配收入[元/(人·年)]	名义增长(%)	人均可支配收入[元/(人·年)]	名义增长(%)	人均可支配收入[元/(人·年)]	名义增长(%)
合计	6724	12.9	7525	11.9	8348	10.9	9264	10.5	10260	10.7	11443	11.5
1. 六盘山区	5616	13.9	6371	13.4	6915	8.5	7593	9.8	8429	11.0	9370	11.2
2. 秦巴山区	7055	13.4	7967	12.9	8769	10.1	9721	10.8	10751	10.6	11934	11
3. 武陵山区	6743	10.8	7579	12.4	8504	12.2	9384	10.3	10397	10.8	11544	11
4. 乌蒙山区	6114	16.7	6992	14.4	7994	14.3	8776	9.8	9650	10.0	10684	10.7
5. 滇黔桂石漠化区	6640	12.4	7485	12.7	8212	9.7	9109	10.9	10073	10.6	11262	11.8
6. 滇西边境山区	6471	12.1	6943	7.3	7754	11.7	8629	11.3	9560	10.8	10931	14.3
7. 大兴安岭南麓山区	6801	8.9	7484	10.0	8399	12.2	9346	11.3	10721	14.7	11876	10.8
8. 燕山-太行山区	6260	10.2	7164	14.4	7906	10.4	8593	8.7	9701	12.9	10797	11.3
9. 吕梁山区	5589	6.3	6317	13.0	6884	9.0	7782	13.1	8890	14.2	10229	15.1
10. 大别山区	8241	14.4	9029	9.6	9804	8.6	10776	9.9	11974	11.1	13341	11.4
11. 罗霄山区	6776	13.2	7700	13.6	8579	11.4	9598	11.9	10637	10.8	11746	10.4
12. 西藏区	7359	12.3	8244	12.0	9094	10.3	10330	13.6	11450	10.8	12951	13.1
13. 四省藏区	5726	15.4	6457	12.8	7288	12.9	8018	10.0	9160	14.3	10458	14.2
14. 南疆三地州	6403	12.5	7053	10.2	7868	11.6	9845	9.7	10762	9.3	12009	11.6

注：2013—2016年贫困监测范围不包括阿克苏地区，2017年贫困监测扩大到南疆四地州。

表14 国家扶贫开发工作重点县分省农村常住居民人均可支配收入及增长情况

地区	2013年		2014年		2015年		2016年		2017年		2018年		2019年	
	人均可支配收入[元/(人·年)]	名义增长(%)	人均可支配收入[元/(人·年)]	名义增长(%)	人均可支配收入[元/(人·年)]	名义增长(%)	人均可支配收入[元/(人·年)]	名义增长(%)	人均可支配收入[元/(人·年)]	名义增长(%)	人均可支配收入[元/(人·年)]	名义增长(%)	人均可支配收入[元/(人·年)]	名义增长(%)
合计	5944	—	6717	13.0	7543	12.3	8355	10.8	9255	10.8	10284	11.1	11524	12.1
河北	6045	—	6921	14.5	7528	8.8	8344	10.8	9190	10.1	10414	13.3	11824	13.5
山西	5054	—	5661	12.0	6346	12.1	6748	6.3	7429	10.1	8313	11.9	9502	14.3
内蒙古	6544	—	7375	12.7	8201	11.2	9005	9.8	9852	9.4	10965	11.3	12272	11.9
吉林	5799	—	6414	10.6	7045	9.8	7669	8.9	8361	9.0	9330	11.6	10494	12.5
黑龙江	4838	—	5327	10.1	6007	12.8	6767	12.7	7843	15.9	9254	18.0	10568	14.2
安徽	7124	—	8064	13.2	8944	10.9	9892	10.6	10903	10.2	12077	10.8	13520	11.9
江西	6044	—	6794	12.4	7711	13.5	8593	11.4	9540	11.0	10572	10.8	11701	10.7
河南	6943	—	7839	12.9	8740	11.5	9653	10.4	10812	12.0	11905	10.1	13300	11.7
湖北	6910	—	7705	11.5	8480	10.1	9357	10.3	10442	11.6	11590	11.0	12768	10.2
湖南	5354	—	6141	14.7	6818	11.0	7671	12.5	8528	11.2	9469	11.0	10544	11.4
广西	5772	—	6546	13.4	7659	17.0	8741	14.1	9700	11.0	10632	9.6	11876	11.7
海南	7142	—	7449	4.3	8284	11.2	9163	10.6	10312	12.5	11545	12.0	12789	10.8
重庆	7131	—	8044	12.8	9120	13.4	10244	12.3	11273	10.0	12470	10.6	13832	10.9
四川	6138	—	6991	13.9	7952	13.7	8664	9.0	9589	10.7	10645	11.0	11998	12.7
贵州	5322	—	6157	15.7	6964	13.1	7693	10.5	8488	10.3	9332	9.9	10347	10.9
云南	5362	—	5979	11.5	6846	14.5	7635	11.5	8518	11.6	9568	12.3	10802	12.9

续表

地区	2013年		2014年		2015年		2016年		2017年		2018年		2019年	
	人均可支配收入[元/(人·年)]	名义增长(%)	人均可支配收入[元/(人·年)]	名义增长(%)	人均可支配收入[元/(人·年)]	名义增长(%)	人均可支配收入[元/(人·年)]	名义增长(%)	人均可支配收入[元/(人·年)]	名义增长(%)	人均可支配收入[元/(人·年)]	名义增长(%)	人均可支配收入[元/(人·年)]	名义增长(%)
陕西	6027	—	6816	13.1	7624	11.9	8406	10.3	9209	9.6	10347	12.4	11484	11.0
甘肃	4245	—	4810	13.3	5415	12.6	5936	9.6	6572	10.7	7343	11.7	8419	14.7
青海	5543	—	5948	7.3	6953	16.9	7676	10.4	8330	8.5	9238	10.9	10391	12.5
宁夏	5842	—	6555	12.2	7255	10.7	7937	9.4	8809	11.0	9744	10.6	10804	10.9
新疆	5904	—	6530	10.6	7389	13.2	8039	8.8	8860	10.2	9509	7.3	10846	14.1

表15　2019年国家扶贫开发工作重点县基础设施和公共服务状况

单位:%

地区	1. 所在自然村通公路的农户比重	2. 所在自然村通电话的农户比重	3. 所在自然村能接收有线电视信号的农户比重	4. 所在自然村进村主干道路硬化的农户比重	5. 所在自然村能便利乘坐公共汽车的农户比重	6. 所在自然村通宽带的农户比重	7. 所在自然村垃圾能集中处理的农户比重	8. 所在自然村有卫生站的农户比重	9. 所在自然村上小学便利的农户比重	10. 所在自然村上幼儿园便利的农户比重
合计	100.0	100.0	99.2	99.4	75.8	97.3	86.3	96.1	89.4	91.7
河北	100.0	100.0	98.4	99.7	88.2	99.8	94.7	99.7	92.3	96.0
山西	100.0	100.0	97.2	100.0	92.9	98.2	88.3	97.1	79.2	82.1
内蒙古	100.0	100.0	100.0	100.0	77.7	97.0	72.9	98.3	74.4	79.5
吉林	98.2	100.0	100.0	100.0	93.0	100.0	88.8	99.0	92.7	96.7
黑龙江	100.0	100.0	100.0	100.0	88.1	100.0	55.9	96.7	86.4	86.0
安徽	100.0	100.0	99.5	100.0	74.5	99.1	95.1	93.6	95.5	98.7
江西	100.0	100.0	96.9	100.0	66.1	98.6	98.4	92.5	89.5	93.3
河南	100.0	100.0	100.0	100.0	89.4	97.9	97.7	97.6	98.2	99.2
湖北	100.0	100.0	99.3	99.8	83.1	100.0	90.6	96.7	91.8	92.8
湖南	100.0	100.0	97.9	100.0	77.9	97.7	86.6	97.1	84.4	86.8
广西	100.0	100.0	100.0	99.6	53.4	95.7	89.0	89.4	87.6	90.4
海南	100.0	100.0	95.4	100.0	60.4	94.9	97.1	81.5	87.6	90.8
重庆	100.0	100.0	100.0	100.0	76.3	99.2	94.4	99.9	90.8	93.6
四川	100.0	100.0	100.0	99.5	61.4	97.2	84.3	98.3	93.6	90.5
贵州	100.0	100.0	99.6	100.0	66.0	97.5	77.1	98.3	89.1	89.4
云南	100.0	100.0	99.7	97.0	58.4	93.5	72.7	88.7	86.9	92.6
陕西	100.0	100.0	99.6	99.2	77.6	93.8	83.2	97.8	78.7	82.4
甘肃	100.0	100.0	100.0	97.7	79.6	96.4	82.7	96.6	90.2	91.8
青海	99.3	96.3	87.0	99.1	78.7	83.9	78.7	94.4	88.2	88.3
宁夏	100.0	100.0	100.0	100.0	96.0	99.0	79.8	100.0	78.9	91.7
新疆	100.0	100.0	100.0	100.0	92.5	100.0	85.9	100.0	100.0	98.8

表16　中央扶贫资金历年投入情况(1980—2019年)

年份	中央财政专项扶贫资金(亿元)
1980	8
1981	8
1982	8
1983	10
1984	10
1985	19
1986	19
1987	19
1988	10
1989	11
1990	16
1991	28
1992	26.6
1993	41.2
1994	52.35
1995	53
1996	53
1997	68.15
1998	73.15
1999	78.15
2000	88.15
2001	100.02
2002	106.02
2003	114.02
2004	122.01
2005	129.93
2006	137.01
2007	144.04
2008	167.34
2009	197.30
2010	222.68
2011	272

续表

年份	中央财政专项扶贫资金(亿元)
2012	332.05
2013	394
2014	432.87
2015	467.45
2016	667.47
2017	860.95
2018	1060.95
2019	1260.95
总计	7888.8

注:2017年起,中央财政专项扶贫资金口径调整为中央财政预算安排补助地方部分。

表17　省级财政扶贫资金历年投入情况(2001—2019年)

单位:亿元

地区	2001年	2002年	2003年	2004年	2005年	2006年	2007年	2008年	2009年	2010年	2011年	2012年	2013年	2014年	2015年	2016年	2017年	2018年	2019年
全国	21.31	23.09	24.15	27.22	30.24	34.13	42.09	52.58	64.3	80	101.31	164.52	208.43	266.99	316.25	493.55	538.26	735.25	945.97
河北	0.87	0.86	0.89	0.91	0.95	0.95	1.06	1.1	1.56	1.77	2	7.61	11	10.1	10.8	20.27	9.94	41.11	55.05
山西	1.65	1.65	1.65	1.68	1.71	2.01	2.11	2.44	4.18	4.29	4.31	5.72	7.91	8.14	10.97	19.82	18.23	25.09	26.7
内蒙古	0.33	0.33	0.33	0.33	0.33	0.33	0.38	0.7	1.18	1.2	1.93	10	12	18.88	18.75	16.79	33.49	36.22	44.14
辽宁	0.11	0.6	1.53	1.92	2.15	2.39	2.43	2.66	2.48	2.7	2.97	2.6	2.63	3.72	3.63	4.1	5.08	7.08	9.93
吉林	0.18	0.18	0.18	0.18	0.2	0.22	0.24	0.26	0.28	0.3	0.37	1.07	1.15	1.38	1.45	6.5	7.59	9.3	9.8
黑龙江	0.17	0.22	0.22	0.45	0.51	0.53	0.82	0.82	1.28	1.19	0.87	0.97	1.45	1.39	2.21	7.16	9.4	11.3	20.9
江苏	0.21	0.81	0.52	1.01	1.1	2.07	3.15	9.05	11.12	10.97	4.97	5.76	11.01	13.25	13.49	13.05	11.25	14.34	12.35
浙江	0.91	1.15	1.26	1.74	1.94	2.26	2.97	4.62	4.66	4.76	6.44	6.87	7.92	11.49	6.7	6.91	8.71	11.29	8.91
安徽	0.48	0.53	0.43	0.51	0.47	0.47	0.51	0.56	0.6	1.1	1.2	9	9.2	9.8	4.06	9.5	16.98	21.53	26.7
福建	1.27	1.3	1.3	1.4	1.47	1.48	1.74	2.61	2.81	3.93	4.13	5.94	7.34	7.41	12.03	14.58	15.43	13.36	13.43
江西	0.46	0.54	0.67	0.88	1	1.07	1.11	1.34	1.53	1.61	2.03	6.16	7.35	9.62	12.43	17.33	24.12	28.06	33.45
山东	0.3	0.3	0.3	0.3	0.31	0.4	0.5	0.55	0.56	0.66	0.8	2	2.2	4	8.45	19.33	20.83	24.89	28
河南	0.9	0.99	0.95	1.07	1.6	1.32	1.7	2.11	1.74	2.12	2.53	4.36	6.73	7.89	8.32	12.42	17.76	20.91	26.19
湖北	0.32	0.46	0.5	0.54	1.28	1.48	1.61	1.96	2.01	2.21	2.31	2.65	6.04	6.94	29.64	29.19	28.55	32.74	45.91
湖南	0.67	0.7	0.7	0.81	0.86	0.98	1.08	1.25	1.56	1.87	2.2	2.79	3.62	4.62	8.2	24.15	33.42	37.7	45.35
广东	1.63	2.14	2.19	2.56	3.16	3.3	3.69	1.76	2.25	8.54	14.8	22.16	25.81	25.36	21.38	38.81	37.22	30.28	44.09
广西	1.2	1.3	1.5	1.5	1.53	1.62	1.72	1.95	3.05	4.01	2.89	3.43	4.91	6.85	10.39	18.34	24.43	38.87	53.52
海南	0.2	0.2	0.21	0.25	0.27	0.35	0.35	0.41	1.07	2.16	2.81	3.06	3.6	3.11	0.6	5.82	7.04	10.05	10.81

续表

地区	2001年	2002年	2003年	2004年	2005年	2006年	2007年	2008年	2009年	2010年	2011年	2012年	2013年	2014年	2015年	2016年	2017年	2018年	2019年
重庆	0.62	0.57	0.62	0.65	0.72	1.14	1.25	1.25	2.47	3.17	4.03	6.22	7	7.84	14.85	13.99	11.81	17.43	19.2
四川	0.49	0.4	0.4	0.4	0.4	0.5	1.7	2.1	2.1	2.58	8	10.49	10.48	14.47	18.64	26.21	35.38	53.82	64.06
贵州	0.3	0.3	0.3	0.3	0.5	0.7	2.7	3.1	3.64	4.74	6.69	14.1	17.42	25.01	29.44	44.83	54.58	63.22	78.55
云南	5	4.5	4.5	4.64	4.5	5.1	5.1	5.19	5.76	6.06	8.01	9.58	11.3	13.98	13.11	30.07	32.71	45.57	63.3
西藏	0.29	0.33	0.37	0.42	0.46	0.52	0.53	0.6	0.85	1.35	1.5	2.2	2.94	3.9	5.09	8.45	12.68	23.6	26
陕西	0.55	0.57	0.46	0.56	0.58	0.64	1.16	1.46	1.96	2.24	6.24	7.52	8.79	11.83	8.59	12.32	22.85	29.87	35.72
甘肃	0.88	0.85	0.85	0.86	0.86	0.86	0.95	1.02	1.07	1.12	2.45	3.23	4.72	11.43	12.02	17.45	18.73	45.94	60
青海	0	0	0	0	0.03	0.1	0.17	0.3	0.77	0.88	1.24	2.39	4.17	6.57	8.53	8.44	10.08	14.49	24.33
宁夏	0.15	0.15	0.15	0.15	0.15	0.15	0.18	0.2	0.32	0.4	0.6	0.77	0.97	6.5	6.7	15.82	5.44	6.6	9.2
新疆	1.2	1.2	1.2	1.2	1.2	1.2	1.2	1.2	1.45	2.08	2.98	5.85	8.77	11.51	15.77	31.91	4.56	20.6	50.4

表18　2019年易地扶贫搬迁情况

序号	省份	2019年建档立卡贫困人口搬迁建设任务(人)
全国		864427
1	河北	45882
2	安徽	2000
3	广西	10000
4	重庆	25800
5	四川	200461
6	贵州	76752
7	云南	306117
8	西藏	178298
9	新疆	19117

注:此表由国家发展和改革委员会提供。

表19　中央、国家机关和有关单位定点扶贫情况统计（2002—2019年，总表）

年份	参加定点扶贫单位（个）	扶持的重点县（个）	挂职干部数量（人）				赴定点县考察（人次）		本单位直接投入（含无偿和有偿资金）（万元）			帮助引进各类资金（含无偿和有偿资金）（万元）	帮助上项目数（含全额、部分资助或引进）（个）	资助贫困学生（人）	培训情况	
			合计	局级	处级	科及科以下	合计	单位领导	合计	资金	物资折款				举办培训班（期）	培训数量（人次）
2002	272	481	298	27	179	92	1774	103	84583	80958	3625	129602	1031	31227	823	102123
2003	272	481	487	45	323	119	4741	348	70104	64203	5901	313386	1188	41086	1780	188623
2004	272	481	564	55	345	164	5296	254	70821	65231	5590	184342	1498	48538	1185	192882
2005	272	481	349	33	235	81	4317	187	84754	75319	9435	157265	1448	34137	1274	109436
2006	272	481	396	55	254	87	4925	327	66415	55952	10463	674861	1519	34313	1546	203670
2007	272	481	299	26	196	77	5799	153	121289	116126	5163	672297	777	28794	1587	188601
2008	272	481	361	33	212	116	4921	114	152257	117244	35013	332985	941	32199	1317	247694
2009	272	481	390	45	236	109	5942	245	110358	105648	4710	310662	1123	27102	2311	251963
2010	272	481	415	41	263	111	6552	178	148381	137824	10557	615157	1130	36554	1338	199064
2011	272	481	404	21	237	154	6873	189	153734	140193	8193	505486	1308	21211	1614	148907

续表

年份	参加定点扶贫单位（个）	扶持的重点县（个）	挂职干部数量（人）				赴定点县考察（人次）		本单位直接投入（含无偿和有偿资金）（万元）			帮助引进各类资金（含无偿和有偿资金）（万元）	帮助上项目数（含全额、部分资助或引进）（个）	资助贫困学生（人）	培训情况	
			合计	局级	处级	科及科以下	合计	单位领导	合计	资金	物资折款				举办培训班（期）	培训数量（人次）
2012	310	592	357	45	232	93	3685	188	190230	175768	7928	903386	939	39988	764	96321
2013	310	592	451	45	308	106	6162	417	208217	198656	9991	538539	1251	64496	1267	115770
2014	310	592	458	23	327	108	5953	462	302704	289586	8843	2186918	998	74458	1301	104788
2015	320	592	734	42	371	321	5863	441	330934	319512	10282	2823879	14624	42619	4485	121778
2016	320	592	957	46	543	368	12531	663	437967	407688	30279	2325498	4000	71495	1770	144005
2017	310	592	1023	42	687	473	14885	1223	688283	626100	62183	7746505	5006	—	4442	342740
2018	288	592	1131	50	695	362	25203	1644	555460	555460	—	1152350	—	—	—	423000
2019	286	592	1164	52	667	320	36029	1623	823797	823797	—	698250	—	—	—	814819
合计	308	592	10238	726	6310	3261	161451	8759	4600288	4355265	228156	22271368	25082	628217	28804	3996184

注：表19-21数据由国务院扶贫办社会扶贫司提供。

表20　中央单位定点扶贫结对关系表

序号	单位	定点帮扶的国家扶贫开发工作重点县	
		个数	名称(所在片区、省)
1	中共中央纪律检查委员会国家监察委员会机关	2	雷波、马边(乌蒙山区、四川)
2	中共中央办公厅	2	宁陕(秦巴山区、陕西);光山(大别山区、河南)
3	中共中央组织部	2	舟曲(四省藏区、甘肃);台江(滇桂黔石漠化区、贵州)
4	中共中央宣传部	2	耀州(陕西);科尔沁右翼中旗(大兴安岭南麓山区、内蒙古)
5	中共中央统一战线工作部	5	赫章(乌蒙山区、贵州);晴隆、望谟、三都(滇桂黔石漠化区、贵州);积石山(六盘山区、甘肃)
6	中共中央对外联络部	1	行唐(河北)
7	中共中央政法委员会	1	扎赉特旗(大兴安岭南麓山区、内蒙古)
8	中共中央政策研究室	1	安图(吉林)
9	中共中央网络安全和信息化委员会办公室	1	佛坪(秦巴山区、陕西)
10	中共中央委员会台湾工作办公室	1	广河(六盘山区、甘肃)
11	中共中央外事工作领导小组办公室	1	彭水(武陵山区、重庆)
12	中共中央机构编制委员会办公室	1	化德(燕山-太行山区、内蒙古)
13	中共中央和国家机关工作委员会	4	平山、临城、阳原(燕山-太行山区、河北);宁武(山西)
14	中共中央党校(国家行政学院)	4	武邑(河北);安远(江西);大关(乌蒙山区、云南);墨江(滇西边境山区、云南)
15	中共中央党史和文献研究院	3	南召(秦巴山区、河南);镇原(六盘山区、甘肃);唐县(燕山-太行山区、河北)
16	人民日报社	2	虞城(河南);滦平(河北)
17	求是杂志社	1	杂多(四省藏区、青海)
18	中华全国总工会	2	和顺、壶关(山西)
19	中国共产主义青年团中央委员会	2	灵丘(燕山-太行山区、山西);石楼(吕梁山区、山西)
20	中华全国妇女联合会	2	漳县(六盘山区、甘肃);西和(秦巴山区、甘肃)
21	中国文学艺术界联合会	1	武都(秦巴山区、甘肃)
22	中国作家协会	1	临潭(四省藏区、甘肃)
23	中国科学技术协会	2	岚县、临县(吕梁山区、山西)
24	中华全国归国华侨联合会	1	上饶(江西)
25	全国人民代表大会常务委员会机关	2	太仆寺旗、察哈尔右翼前旗(内蒙古)

续表

序号	单位	定点帮扶的国家扶贫开发工作重点县	
		个数	名称（所在片区、省）
26	中国人民政治协商会议全国委员会机关	2	舒城、颍东（安徽）
27	最高人民法院	2	睢县（河南）；宁陵（大别山区、河南）
28	最高人民检察院	2	西畴、富宁（滇桂黔石漠化区、云南）
29	国务院办公厅	2	怀安、张北（燕山-太行山区、河北）
30	外交部	2	麻栗坡（滇桂黔石漠化区、云南）；金平（滇西边境山区、云南）
31	国家发展和改革委员会	3	灵寿（河北）；田东（广西）；汪清（吉林）
32	教育部	2	青龙、威县（河北）
33	科学技术部	5	佳县（吕梁山区、陕西）；柞水（秦巴山区、陕西）；井冈山、永新（罗霄山区、江西）；屏山（乌蒙山区、四川）
34	工业和信息化部	4	洛宁、汝阳（秦巴山区、河南）；南部、嘉陵（四川）
35	国家民族事务委员会	2	巴林右旗（内蒙古）；德保（滇桂黔石漠化区、广西）
36	公安部	3	兴仁、普安（滇桂黔石漠化区、贵州）；三江（滇桂黔石漠化区、广西）
37	国家安全部	2	敖汉旗（内蒙古）；盐山（河北）
38	民政部	2	遂川、莲花（罗霄山区、江西）
39	司法部	3	平昌、苍溪（秦巴山区、四川）；阜城（河北）
40	财政部	2	平江（湖南）；永胜（滇西边境山区、云南）
41	人力资源和社会保障部	2	天镇（燕山-太行山区、山西）；金寨（大别山区、安徽）
42	自然资源部	6	赣县、宁都、兴国、于都（罗霄山区、江西）；琼中（海南）；海伦（黑龙江）
43	生态环境部	2	围场、隆化（燕山-太行山区、河北）
44	住房和城乡建设部	4	湟中（六盘山区、青海）、大通（青海）；红安、麻城（大别山区、湖北）
45	交通运输部	4	黑水、壤塘、小金、色达（四省藏区、四川）
46	水利部	6	城口、巫溪（秦巴山区、重庆）；丰都、武隆（武陵山区、重庆）；万州区（重庆）；郧阳区（秦巴山区、湖北）
47	农业农村部	5	咸丰、来凤（武陵山区、湖北）；龙山、永顺（武陵山区、湖南）；剑河（滇桂黔石漠化区、贵州）
48	商务部	3	广安（四川）；仪陇（秦巴山区、四川）；城步（武陵山区、湖南）

续表

序号	单位	定点帮扶的国家扶贫开发工作重点县	
		个数	名称(所在片区、省)
49	文化和旅游部	4	娄烦(山西);静乐(吕梁山区、山西);巴马(滇桂黔石漠化区、广西);阿尔山(大兴安岭南麓山区、内蒙古)
50	国家卫生健康委员会	4	大宁、永和(吕梁山区、山西);清涧、子洲(吕梁山区、陕西)
51	应急管理部	2	阳高、广灵(燕山-太行山区、山西)
52	中国人民银行	2	宜君、印台(陕西)
53	国家审计署	2	顺平(燕山-太行山区、河北);丹寨(滇桂黔石漠化区、贵州)
54	国务院国有资产监督管理委员会	2	平乡、魏县(河北)
55	海关总署	3	鲁山、卢氏(秦巴山区、河南);民权(大别山区、河南)
56	国家税务总局	2	民和(六盘山区、青海);平安(青海)
57	国家市场监督管理总局	3	同江、抚远(黑龙江);礼县(秦巴山区、甘肃)
58	国家广播电视总局	2	德格(四省藏区、四川);平顺(山西)
59	国家体育总局	2	繁峙(燕山-太行山区、山西);代县(山西)
60	国家统计局	2	岢岚(吕梁山区、山西);正镶白旗(内蒙古)
61	国家医疗保障局	1	积石山(六盘山区、甘肃)
62	国务院参事室	1	龙井(吉林)
63	国家机关事务管理局	1	阜平(燕山-太行山区、河北)
64	国务院港澳事务办公室	1	赞皇(河北)
65	国务院研究室	1	淅川(秦巴山区、河南)
66	新华社	2	石阡(武陵山区、贵州);新河(河北)
67	中国科学院	3	水城(滇黔桂石漠化区、贵州);环江(滇桂黔石漠化区、广西);库伦旗(内蒙古)
68	中国社会科学院	2	丹凤(秦巴山区、陕西);上犹(罗霄山区、江西)
69	中国工程院	2	会泽(乌蒙山区、云南);澜沧(滇西边境山区、云南)
70	国务院发展研究中心	1	大名(河北)
71	中央广播电视总台	1	喜德(乌蒙山区、四川)
72	中国气象局	1	突泉(大兴安岭南麓山区、内蒙古)
73	全国社会保障基金理事会	1	兴和(燕山-太行山区、内蒙古)
74	国家信访局	1	海兴(河北)
75	中华全国供销合作总社	2	潜山(大别山区、安徽);寻乌(罗霄山区、江西)
76	国务院扶贫开发领导小组办公室	2	渭源(甘肃);雷山(滇桂黔石漠化区、贵州)
77	光明日报社	1	囊谦(四省藏区、青海)

续表

序号	单位	定点帮扶的国家扶贫开发工作重点县	
		个数	名称(所在片区、省)
78	中国日报社	1	会昌(罗霄山区、江西)
79	中国外文出版发行事业局	1	左权(山西)
80	经济日报社	1	赤城(河北)
81	中国法学会	1	开州区(重庆)
82	中国人民对外友好协会	1	兴县(吕梁山区、山西)
83	中华全国新闻工作者协会	1	文县(秦巴山区、甘肃)
84	中华全国台湾同胞联谊会	1	榆中(六盘山区、甘肃)
85	中国国际贸易促进会	2	林甸(大兴安岭南麓山区、黑龙江);从江(滇桂黔石漠化区、贵州)
86	中国残疾人联合会	1	南皮(河北)
87	中国红十字会总会	1	英山(大别山区、湖北)
88	中国宋庆龄基金会	1	彭阳(六盘山区、宁夏)
89	中国国家铁路集团有限公司	4	和田(南疆三地州、新疆);栾川(秦巴山区、河南);勉县(秦巴山区、陕西);原州区(六盘山区、宁夏)
90	中国投资有限责任公司	4	会宁、静宁(六盘山区、甘肃);施秉(滇黔桂石漠化区、贵州);循化(六盘山区、青海)
91	中国中信集团有限公司	3	元阳(滇西边境山区、云南);屏边(滇桂黔石漠化区、云南);黔江(武陵山区、重庆)
92	中国光大集团股份公司	3	新化、古丈(武陵山区、湖南);新田(湖南)
93	中国邮政集团有限公司	2	商州、洛南(秦巴山区、陕西)
94	中国出版集团有限公司	1	泽库(四省藏区、青海)
95	国家保密局	1	房县(秦巴山区、湖北)
96	国家档案局	1	喜德(乌蒙山区、四川)
97	国家粮食和物资储备局	1	阜南(大别山区、安徽)
98	国家能源局	2	清水、通渭(六盘山区、甘肃)
99	国家国防科技工业局	2	略阳、宁强(秦巴山区、陕西)
100	国家烟草专卖局	3	竹溪、竹山(秦巴山区、湖北);红寺堡区(宁夏吴中市)
101	国家林业和草原局	4	罗城、龙胜(滇桂黔石漠化区、广西);荔波、独山(滇桂黔石漠化区、贵州)
102	国家铁路局	1	榕江(滇桂黔石漠化区、贵州)
103	中国民用航空局	2	策勒、于田(南疆三地州、新疆)
104	国家邮政局	1	平泉(燕山-太行山区、河北)
105	国家文物局	1	淮阳(大别山区、河南)

续表

序号	单位	定点帮扶的国家扶贫开发工作重点县	
		个数	名称(所在片区、省)
106	国家中医药管理局	1	五寨(吕梁山区、山西)
107	国家药品监督管理局	2	临泉(大别山区、安徽);砀山(安徽)
108	国家知识产权局	2	桑植(武陵山区、湖南);崇礼(河北)
109	中国地震局	1	永靖(六盘山区、甘肃)
110	国家自然科学基金委员会	1	奈曼旗(内蒙古)
111	中国浦东干部学院	1	江口(武陵山区、贵州)
112	中国延安干部学院	1	越西(乌蒙山区、四川)
113	中国井冈山干部学院	1	鄱阳(江西)
114	中国工程物理研究院	1	富平(陕西)
115	北京航空航天大学	1	中阳(山西)
116	北京理工大学	1	方山(山西)
117	西北工业大学	1	融水(滇桂黔石漠化区、广西)
118	哈尔滨工业大学	1	金秀(广西)
119	中国科技大学	1	六枝特区(滇桂黔石漠化区、贵州)
120	中国银行保险监督管理委员会	4	和政、临洮(六盘山区、甘肃);察哈尔右翼中旗、察哈尔右翼后旗(内蒙)
121	中国证券监督管理委员会	9	隰县、汾西(吕梁山区、山西);宿松、太湖(大别山区、安徽);兰考(大别山区、河南);桐柏(河南);延长(陕西);武山(六盘山区、甘肃);新疆维吾尔自治区麦盖提县
122	国家外汇管理局	1	巨鹿(河北)
123	国家开发银行	4	道真、务川、正安(武陵山区、贵州);古蔺(乌蒙山区、四川)
124	中国进出口银行	2	岷县(六盘山区、甘肃);云阳(秦巴山区、重庆)
125	中国农业发展银行	4	大安(大兴安岭南麓山区、吉林);隆林(滇桂黔石漠化、广西);锦屏(滇桂黔石漠化、贵州);马关(滇桂黔石漠化、云南)
126	中国工商银行	4	南江、通江、万源(秦巴山区、四川);金阳(乌蒙山区、四川)
127	中国农业银行	4	武强、饶阳(河北);秀山(武陵山区、重庆);黄平(滇桂黔石漠化区、贵州)
128	中国银行	4	永寿、长武、淳化(六盘山区、陕西);旬邑(陕西)
129	中国建设银行	4	汉滨、紫阳、汉阴、岚皋(秦巴山区、陕西)

续表

序号	单位	定点帮扶的国家扶贫开发工作重点县	
		个数	名称(所在片区、省)
130	交通银行	3	天祝(四省藏区、甘肃);理塘(四省藏区、四川);浑源(燕山-太行山区、山西)
131	中国人民保险集团股份有限公司	4	乐安(罗霄山区、江西);吉安(江西);桦川(黑龙江);留坝(秦巴山区、陕西)
132	中国人寿保险集团有限公司	4	龙州、天等(滇桂黔石漠化区、广西);郧西、丹江口(秦巴山区、湖北)
133	中国太平保险集团有限责任公司	2	两当(秦巴山区、甘肃);裕安(安徽)
134	中国出口信用保险公司	2	霍邱(大别山区、安徽);余干(江西)
135	中国华融资产管理股份有限公司	1	宣汉(秦巴山区、四川)
136	中国长城资产管理股份有限公司	1	陇县(六盘山区、陕西)
137	中国东方资产管理股份有限公司	1	邵阳(武陵山区、湖南)
138	中国信达资产管理股份有限公司	1	乐都(六盘山区、青海)
139	招商银行股份有限公司	2	永仁(滇西边境山区、云南);武定(乌蒙山区、云南)
140	中国民生银行	2	封丘、滑县(河南)
141	包商银行股份有限公司	2	鄂伦春旗、莫力达瓦旗(内蒙古)
142	北京大学	1	弥渡(滇西边境山区、云南)
143	清华大学	1	南涧(滇西边境山区、云南)
144	北京科技大学	1	秦安(六盘山区、甘肃)
145	北京化工大学	1	科尔沁左翼中旗(内蒙古)
146	北京交通大学	1	科尔沁左翼后旗(内蒙古)
147	北京邮电大学	1	长顺(滇桂黔石漠化区、贵州)
148	中国农业大学	1	镇康(滇西边境山区、云南)
149	北京林业大学	1	科尔沁右翼前旗(大兴安岭南麓山区、内蒙古)
150	中国地质大学(北京)	1	化隆(六盘山区、青海)
151	中国矿业大学(北京)	1	都安(滇桂黔石漠化区、广西)
152	南开大学	1	庄浪(六盘山区、甘肃)
153	天津大学	1	宕昌(秦巴山区、甘肃)
154	山东大学	1	确山(河南)
155	东北大学	1	昌宁(滇西边境山区、云南)
156	大连理工大学	1	龙陵(滇西边境山区、云南)
157	吉林大学	1	通榆(大兴安岭南麓山区、吉林)
158	东北林业大学	1	泰来(大兴安岭南麓山区、黑龙江)
159	复旦大学	1	永平(滇西边境山区、云南)

续表

序号	单位	定点帮扶的国家扶贫开发工作重点县	
		个数	名称(所在片区、省)
160	同济大学	1	云龙(滇西边境山区、云南)
161	上海交通大学	1	洱源(滇西边境山区、云南)
162	华东理工大学	1	寻甸(乌蒙山区、云南)
163	东华大学	1	盐津(乌蒙山区、云南)
164	南京大学	1	双柏(滇西边境山区、云南)
165	东南大学	1	南华(滇西边境山区、云南)
166	河海大学	1	石泉(秦巴山区、陕西)
167	南京农业大学	1	麻江(滇桂黔石漠化区、贵州)
168	中国药科大学	1	镇坪(秦巴山区、陕西)
169	浙江大学	1	景东(滇西边境山区、云南)
170	合肥工业大学	1	灵璧(安徽)
171	厦门大学	1	隆德(六盘山区、宁夏)
172	华中科技大学	1	临翔(滇西边境山区、云南)
173	武汉大学	1	恩施(武陵山区、湖北)
174	华中农业大学	1	建始(武陵山区、湖北)
175	湖南大学	1	隆回(武陵山区、湖南)
176	中南大学	1	江华(湖南)
177	中山大学	1	凤庆(滇西边境山区、云南)
178	华南理工大学	1	云县(滇西边境山区、云南)
179	四川大学	1	甘洛(四川)
180	电子科技大学	1	岑巩(滇桂黔石漠化区、贵州)
181	重庆大学	1	绿春(滇西边境山区、云南)
182	西安交通大学	1	施甸(滇西边境山区、云南)
183	西北农林科技大学	1	合阳(陕西)
184	西安电子科技大学	1	蒲城(陕西)
185	长安大学	1	商南(秦巴山区、陕西)
186	北京语言大学	1	都安(滇桂黔石漠化区、广西)
187	中国石油大学(北京)	1	南华(滇西边境山区、云南)
188	中国传媒大学	1	科尔沁右翼前旗(大兴安岭南麓山区、内蒙古)
189	中央财经大学	1	宕昌(秦巴山区、甘肃)
190	中国政法大学	1	科尔沁左翼中旗(内蒙古)
191	中央音乐学院	1	化隆(六盘山区、青海)
192	中央戏剧学院	1	长顺(滇桂黔石漠化区、贵州)

续表

序号	单位	定点帮扶的国家扶贫开发工作重点县	
		个数	名称（所在片区、省）
193	北京中医药大学	1	双柏（滇西边境山区、云南）
194	华北电力大学	1	确山（河南）
195	东北师范大学	1	通榆（大兴安岭南麓山区、吉林）
196	华东师范大学	1	寻甸（乌蒙山区、云南）
197	中国矿业大学	1	灵璧（安徽）
198	江南大学	1	从江（滇桂黔石漠化区、贵州）
199	中国海洋大学	1	绿春（滇西边境山区、云南）
200	中国石油大学（华东）	1	科尔沁左翼后旗（内蒙古）
201	中国地质大学（武汉）	1	施甸（滇西边境山区、云南）
202	武汉理工大学	1	石泉（秦巴山区、陕西）
203	中南财经政法大学	1	盐津（乌蒙山区、云南）
204	西南大学	1	昌宁（滇西边境山区、云南）
205	西南交通大学	1	秦安（六盘山区、甘肃）
206	中国核工业集团有限公司	4	石柱（武陵山区、重庆）；同心（六盘山区、宁夏）；旬阳、白河（秦巴山区、陕西）
207	中国航天科技集团有限公司	3	太白、洋县（秦巴山区、陕西）；涞源（燕山-太行山区、河北）
208	中国航天科工集团有限公司	2	富源、东川区（云南）
209	中国航空工业集团有限公司	5	镇宁、普定、关岭、紫云（滇桂黔石漠化区、贵州）；西乡（秦巴山区、陕西）
210	中国船舶集团有限公司	3	鹤庆、勐腊（滇西边境山区、云南）；丘北（滇桂黔石漠化区、云南）
211	中国兵器工业集团有限公司	2	红河（滇西边境山区、云南）；甘南（大兴安岭南麓山区、黑龙江）
212	中国兵器装备集团有限公司	2	泸西、砚山（滇桂黔石漠化区、云南）
213	中国电子科技集团有限公司	2	绥德（吕梁山区、陕西）；叙永（乌蒙山区、四川）
214	中国石油天然气集团有限公司	10	台前、范县（河南）；尼勒克、托里、巴里坤、吉木乃、青河、察布查尔（新疆）；习水（乌蒙山区、贵州）；横峰（江西）
215	中国石油化工集团有限公司	6	岳西、颍上（大别山区、安徽）；凤凰、泸溪（武陵山区、湖南）；岳普湖（南疆四地州、新疆）；东乡（六盘山区、甘肃）
216	中国海洋石油集团有限公司	5	保亭、五指山市（海南）；夏河、合作（四省藏区、甘肃）；卓资（内蒙古）

续表

序号	单位	定点帮扶的国家扶贫开发工作重点县	
		个数	名称(所在片区、省)
217	国家电网有限公司	5	巴东、秭归、长阳(武陵山区、湖北);神农架(湖北);玛多(四省藏区、青海)
218	中国南方电网有限责任公司	2	维西(四省藏区、云南);东兰(滇桂黔石漠化区、广西)
219	中国华能集团有限公司	2	横山(吕梁山区、陕西);阿合奇(南疆四地州、新疆)
220	中国大唐集团有限公司	2	大化(滇桂黔石漠化区、广西);澄城(陕西)
221	中国华电集团有限公司	2	乌恰、阿图什(南疆四地州、新疆)
222	国家电力投资集团有限公司	3	商城(大别山区、河南);美姑(乌蒙山区、四川);延川(陕西)
223	中国长江三峡集团有限公司	4	巫山、奉节(秦巴山区、重庆);万安(罗霄山区、江西);巴林左旗(内蒙古)
224	国家能源投资集团有限责任公司	7	米脂、吴堡(吕梁山区、陕西);布拖、普格(乌蒙山区、四川);曲麻莱(四省藏区、青海);宁城(内蒙古);右玉(山西)
225	中国电信集团有限公司	4	木里(四省藏区)、盐源(四川);田林(滇桂黔石漠化区、广西);疏附(南疆四地州、新疆)
226	中国联合网络通信集团有限公司	4	康保、沽源(燕山-太行山区、河北);饶河(黑龙江);册亨(滇桂黔石漠化区、贵州)
227	中国移动通信集团有限公司	6	汤原、桦南(黑龙江);白沙(海南);疏勒、洛浦、阿克陶(南疆四地州、新疆)
228	中国电子信息产业集团有限公司	4	镇安(秦巴山区、陕西);阆中(四川);松桃(武陵山区、贵州);临高(海南)
229	中国第一汽车集团有限公司	3	镇赉(大兴安岭南麓山区、吉林);和龙(吉林);凤山(滇桂黔石漠化区、广西)
230	东风汽车集团有限公司	2	马山(滇桂黔石漠化区、广西);柯枰(南疆四地州、新疆)
231	中国一重集团有限公司	1	泗县(安徽)
232	中国机械工业集团有限公司	4	固始、淮滨(大别山区、河南);朝天(秦巴山区、四川);平陆(山西)
233	哈尔滨电气集团有限公司	1	文山(云南)
234	中国东方电气集团有限公司	2	昭觉(乌蒙山区、四川);吉县(吕梁山区、山西)
235	鞍钢集团有限公司	2	塔什库尔干(南疆四地州、新疆);盘县(贵州)

续表

序号	单位	定点帮扶的国家扶贫开发工作重点县	
		个数	名称(所在片区、省)
236	中国宝武钢铁集团有限公司	6	宁洱、江城、镇沅(滇西边境山区、云南);广南(滇桂黔石漠化区、云南);罗田(大别山区、湖北);上林(滇桂黔石漠化区、广西)
237	中国铝业集团有限公司	1	阳新(湖北)
238	中国远洋海运集团有限公司	3	沅陵、安化(武陵山区、湖南);永德(滇西边境山区、云南)
239	中国航空集团有限公司	2	苏尼特右旗(内蒙古);昭平(广西)
240	中国东方航空集团有限公司	2	双江、沧源(滇西边境山区、云南)
241	中国南方航空集团有限公司	2	皮山、墨玉(南疆四地州、新疆)
242	中国中化集团有限公司	2	林西、阿鲁科尔沁旗(内蒙古)
243	中粮集团有限公司	7	延寿、绥滨(黑龙江);乌什(南疆四地州、新疆);隆安(滇桂黔石漠化区、广西);甘孜、石渠(四省藏区、四川);修水(江西)
244	中国五矿集团有限公司	6	威信、镇雄、彝良(乌蒙山区、云南);花垣(武陵山区、湖南);沿河、德江(武陵山区、贵州)
245	中国通用技术(集团)控股有限责任公司	2	武川(内蒙古);商都(燕山-太行山区、内蒙古)
246	中国建筑集团有限公司	3	卓尼(四省藏区、甘肃);康乐(六盘山区、甘肃);康县(秦巴山区、甘肃)
247	中国储备粮管理集团有限公司	3	拜泉、兰西(大兴安岭南麓山区、黑龙江);伽师(南疆四地州、新疆)
248	国家开发投资集团有限公司	4	罗甸、平塘(滇桂黔石漠化区、贵州);合水、宁县(六盘山区、甘肃)
249	招商局集团有限公司	4	威宁(乌蒙山区、贵州);蕲春(大别山区、湖北);叶城、莎车(南疆四地州、新疆)
250	华润(集团)有限公司	2	广昌(江西);海原(六盘山区、宁夏)
251	中国旅游集团有限公司[香港中旅(集团)有限公司]	5	黎平(滇桂黔石漠化区、贵州);西盟、孟连(滇西边境山区、云南);香格里拉、德钦(四省藏区、云南)
252	中国商用飞机有限责任公司	1	西吉(六盘山区、宁夏)
253	中国节能环保集团有限公司	2	嵩县(秦巴山区、河南);富川(广西)
254	中国国际工程咨询有限公司	1	利辛(大别山区、安徽)
255	中国诚通控股集团有限公司	1	宜阳(河南)

续表

序号	单位	定点帮扶的国家扶贫开发工作重点县	
		个数	名称（所在片区、省）
256	中国中煤能源集团有限公司	3	蔚县（燕山-太行山区、河北）；赵家蓬（河北）；印江（武陵山区、贵州）
257	中国煤炭科工集团有限公司	2	寿县（大别山区、安徽）；武乡（山西）
258	机械科学研究总院集团有限公司	1	新县（大别山区、河南）
259	中国中钢集团有限公司	1	翁牛特旗（内蒙古）
260	中国钢研科技集团有限公司	1	山阳（秦巴山区、陕西）
261	中国化工集团有限公司	2	古浪（六盘山区、甘肃）；平山（河北）
262	中国化学工程集团有限公司	2	环县、华池（六盘山区、甘肃）
263	中国盐业集团有限公司	2	定边、宜川（陕西）
264	中国建材集团有限公司	5	昭阳区、永善、绥江（乌蒙山区、云南）；石台（安徽）；泾源（六盘山区、宁夏）
265	中国有色矿业集团有限公司	1	梁河（滇西边境山区、云南）
266	有研科技集团有限公司	1	思南（武陵山区、贵州）
267	北京矿冶科技集团有限公司	1	平舆（河南）
268	中国国际技术智力合作有限公司	2	姚安、大姚（滇西边境山区、云南）
269	中国建筑科学研究院有限公司	1	偏关（山西）
270	中国中车集团有限公司	4	麦积区、甘谷（六盘山区、甘肃）；那坡、靖西（滇桂黔石漠化区、广西）
271	中国铁路通信信号集团有限公司	1	社旗（河南）
272	中国铁路工程集团有限公司	3	桂东、汝城（罗霄山区、湖南）；保德（山西）
273	中国铁道建筑有限公司	3	尚义、万全（燕山-太行山区、河北）；甘德（四省藏区、青海）
274	中国交通建设集团有限公司	5	贡山、福贡、泸水、兰坪（滇西边境山区、云南）；英吉沙（南疆四地州、新疆）
275	中国普天信息产业集团有限公司	1	达日（四省藏区、青海）
276	中国信息通信科技集团有限公司	2	沈丘（大别山区、河南）；大悟（大别山区、湖北）
277	中国农业发展集团有限公司	1	萧县（安徽）
278	中国林业集团有限公司	1	通道（武陵山区、湖南）
279	中国医药集团有限公司	2	靖宇（吉林）；治多（四省藏区、青海）
280	中国保利集团有限公司	6	五台（燕山-太行山区、山西）；河曲（山西）；喀喇沁旗（内蒙古）；鲁甸、巧家（乌蒙山区、云南）；忻城（滇桂黔石漠化区、广西）
281	中国建设科技有限公司	1	陇西（六盘山区、甘肃）

续表

序号	单位	定点帮扶的国家扶贫开发工作重点县	
		个数	名称(所在片区、省)
282	中国冶金地质总局	2	漾濞、巍山(滇西边境山区、云南)
283	中国煤炭地质总局	1	张家川(六盘山区、甘肃)
284	新兴际华集团有限公司	2	四子王旗(内蒙古);安定区(六盘山区、甘肃)
285	中国民航信息集团有限公司	1	神池(吕梁山区、山西)
286	中国航空油料集团有限公司	1	盐池(宁夏)
287	中国航空器材集团有限公司	1	白水(陕西)
288	中国电力建设集团有限公司	2	剑川(滇西边境山区、云南);民丰(南疆四地州、新疆)
289	中国能源建设集团有限公司	2	镇巴(秦巴山区、陕西);西林(滇桂黔石漠化区、广西)
290	中国黄金集团有限公司	2	贞丰(滇桂黔石漠化区、贵州);新蔡(大别山区、河南)
291	中国广核集团有限公司	2	乐业、凌云(滇桂黔石漠化区、广西)
292	中国华录集团有限公司	1	上蔡(河南)
293	上海诺基亚贝尔股份有限公司	1	宁蒗(滇西边境山区、云南)
294	华侨城集团有限公司	2	天柱、三穗(滇桂黔石漠化区、贵州)
295	南光(集团)有限公司[中国南光集团有限公司]	2	禄劝(乌蒙山区、云南);临夏(六盘山区、甘肃)
296	中国西电集团有限公司	1	麟游(六盘山区、陕西)
297	中国铁路物资集团有限公司	1	孝昌(大别山区、湖北)
298	中国国新控股有限责任公司	1	利川(武陵山区、湖北)
299	中国铁塔股份有限公司	3	保靖(武陵山区、湖南);鹤峰、宣恩(武陵山区、湖北)
300	中国国民党革命委员会中央委员会	1	纳雍(乌蒙山区、贵州)
301	中国民主同盟中央委员会	1	广宗(河北)
302	中国民主建国会中央委员会	1	丰宁(燕山-太行山区、河北)
303	中国民主促进会中央委员会	1	安龙(滇桂黔石漠化区、贵州)
304	中国农工民主党中央委员会	1	大方(乌蒙山区、贵州)
305	中国致公党中央委员会	1	酉阳(武陵山区、重庆)
306	九三学社中央委员会	1	旺苍(秦巴山区、四川)
307	台湾民主自治同盟中央委员会	1	赫章(乌蒙山区、贵州)
308	中华全国工商业联合会	1	织金(乌蒙山区、贵州)

附 录

一、文件汇编

（一）国务院扶贫开发领导小组文件

国务院扶贫开发领导小组关于扎实做好中央脱贫攻坚专项巡视整改工作的通知
国务院扶贫开发领导小组印发《关于解决“两不愁三保障”突出问题的指导意见》的通知
国务院扶贫开发领导小组关于表彰2019年全国脱贫攻坚奖的决定

国务院扶贫开发领导小组关于扎实做好中央脱贫攻坚专项巡视整改工作的通知

国开发〔2019〕3号

各省、自治区、直辖市扶贫开发领导小组，国务院扶贫开发领导小组成员单位：

根据中央统一部署，十九届中央第二轮巡视对13个省区市和13个部门开展了脱贫攻坚专项巡视。在脱贫攻坚进入决战决胜、攻城拔寨的关键节点，中央开展脱贫攻坚专项巡视，对压实脱贫攻坚政治责任，确保打赢脱贫攻坚战，决胜全面小康，实现第一个百年奋斗目标，具有十分重要的意义。中央巡视组反馈脱贫攻坚专项巡视意见后，全面进入巡视整改阶段。各地区各部门要自觉以习近平总书记关于巡视工作的重要讲话精神为指导，从全面从严治党和坚决打赢脱贫攻坚战的高度认识落实脱贫攻坚专项巡视整改工作，把巡视整改是否到位，作为检验“四个意识”牢不牢、“四个自信”强不强、“两个维护”真不真的重要标尺，坚决按照党中央和中央巡视工作领导小组的要求，以坚决的态度、强烈的担当、顽强的韧劲、有力的举措，切实做好巡视整改工作。

一、强化政治担当，做到“两个维护”。巡视反馈的意见，是党中央提出的政治要求。要从政治的高度认识落实巡视整改，切实增强巡视整改的自觉性和坚定性。要把巡视整改工作与学习贯彻习近平新时代中国特色社会主义思想结合起来，与学习贯彻习近平总书记关于扶贫工作重要论述和巡视工作重要讲话精神结合起来，与贯彻落实党中央、国务院脱贫攻坚重大决策部署结合起来，把准政治方向，提高政治站位，查找政治偏差，保持政治定力，用实际行动增强“四个意识”、坚定“四个自信”、做到“两个维护”。

二、强化主体责任，务求整改实效。要切实承担巡视整改的政治责任，坚决把自己摆进去，把职责摆进去，把工作摆进去，从本级改起，以上率下、带头整改，坚决防止整改工作中的形式主义、官僚主义，防止以问责基层代替整改。主要负责同志要对巡视整改直接部署、直接落实、直接协调、直接督办。要认真制定整改的问题清单、任务清单、责任清单，明确整改措施，明确责任领导，明确整改时限。对巡视指出的问题，要以高度的政治责任感，集中用劲，精准发力，坚决改、改彻底、改到位，见真章、动真格、求实效，切实做到事事有回应，件件有着落，条条有成效。

三、坚持举一反三，深化整改成果。巡视整改要举一反三，标本兼治。要剖析典型案例，认真查找问题不足，深挖问题根源，拿出过硬的措施认真整改，不断巩固和拓展整改成果。要聚焦脱贫攻坚中的薄弱环节，优化政策，完善制度，与时俱进建章立制，推动整改常态化长效化。要健全工作机制，强化组织保障，地方各级政府和相关职能部门要做到责任共担，形成上下联动、合力攻坚的工作格局。

四、坚持系统谋划，推动一体整改。突出问题导向，对专项巡视指出的问题，以及脱贫攻坚成效考核、审计和督查巡查指出的问题，要综合分析，系统谋划，一体整改、一体解决。要突出工作重点，以重点问题整改带动全面整改。要狠抓脱贫攻坚责任落实、政策落实、工作落实，同频共振、同向发力，坚决把党中央、国务院脱贫攻坚重大决策部署贯彻落实到位。

五、坚持从严从实，严明整改纪律。巡视整改必须严肃认真，对现在就能解决的问题，要立行立改、真改实改。对需要一定时间去解决的问题，要拿出具体的措施和方法，限时完成。对需要长期整改的任务，要明确阶段任务和目标，全程跟进，积极推进。要发扬钉钉子精神，锲而不舍、久久为功，坚决防止前紧后松、虎头蛇尾，坚决防止搞选择性整改甚至边改边犯，坚决防止“过关”心态。要加强对巡视整改工作的督导，督责任落实、督任务完成、督时序进度、督整改成效。要会同各级纪检监察机关和组织部门加强对整改的日常监督，对巡视整改不积极、不主动、不扎实、不较真的，要严肃问责。

六、坚持统筹兼顾，两不误双促进。对巡视整改和脱贫攻坚，要统筹兼顾，有机结合。通过巡视整改，着力解决脱贫攻坚中存在的突出问题，促进脱贫攻坚工作水平和工作质量再上新台阶。通过扎实推进脱贫攻坚，体现巡视整改工作成效，促进巡视整改向纵深发展。要坚持两手抓两手都要硬，切实做到巡视整改和脱贫攻坚相辅相成，相互促进。

中央脱贫攻坚专项巡视整改工作，是重大的政治任务。各地区各部门要加强组织领导，压实整改责任，绝不能避重就轻、敷衍了事，绝不能搞变通、打折扣，绝不能走过场、搞形式主义。脱贫攻坚成效考核和督查巡查将把巡视整改情况作为重要内容。没有被巡视的地方和单位也要认真学习贯彻习近平总书记听取专项巡视汇报时的重要指示精神，对照中央巡视要求开展自查自纠，盯住脱贫攻坚政治责任落实情况，及时发现和解决脱贫攻坚中的突出问题。各地区各部门要以这次巡视整改为契机，锐意进取，奋发有为，扎实工作，全面落实打赢脱贫攻坚战三年行动指导意见，为决胜全面小康社会，实现第一个百年奋斗目标作出新的更大贡献。

国务院扶贫开发领导小组

2019年2月21日

国务院扶贫开发领导小组印发《关于解决"两不愁三保障"突出问题的指导意见》的通知

国开发〔2019〕15号

各省、自治区、直辖市和新疆生产建设兵团扶贫开发领导小组，国务院扶贫开发领导小组成员单位：

《关于解决"两不愁三保障"突出问题的指导意见》已经国务院扶贫开发领导小组会议审议通过，现印发给你们，请认真贯彻执行。

国务院扶贫开发领导小组

2019年6月23日

关于解决"两不愁三保障"突出问题的指导意见

为贯彻落实习近平总书记在解决"两不愁三保障"突出问题座谈会上的重要指示精神，根据党中央、国务院有关工作部署，现就解决"两不愁三保障"突出问题提出如下意见。

一、提高思想认识

到2020年稳定实现农村贫困人口不愁吃、不愁穿，义务教育、基本医疗、住房安全有保障，是贫困人口脱贫的基本要求和核心指标。目前，农村贫困人口不愁吃、不愁穿问题基本得到解决，但有的贫困人口饮水安全问题没有解决，义务教育、基本医疗、住房安全保障还存在薄弱环节。有的贫困家庭义务教育阶段适龄儿童、少年失学辍学，有的乡镇寄宿制学校建设薄弱，一部分贫困家庭留守儿童上学困难。有的贫困人口没有纳入基本医疗保险、大病保险、医疗救助保障范围，有的乡村医疗服务能力薄弱，贫困人口常见病、慢性病得不到及时治疗。有的贫困户仍住危房，有的住房没有进行危房鉴定。同时，一些地方和部门盲目拔高标准，对贫困户作出脱离实际的承诺，把"三保障"变成上什么学都免费、看什么病都不花钱、危房改造变成拆旧房盖大房住好房等。上述问题，直接影响脱贫攻坚质量，影响脱贫攻坚目标实现，必须认真加以解决。

各地区各部门要把思想和行动统一到党中央关于脱贫攻坚的决策部署上，把解决"两不愁三保障"突出问题作为决战决胜脱贫攻坚战的关键环节，切实增强"四个意识"、坚定"四个自信"、做到"两个维护"，以高度的责任感和使命感，咬定目标，真抓实干，攻克突出问题，加快补齐短板，确保脱贫攻坚目标任务全面实现。

二、明确责任分工

坚持“中央统筹、省负总责、市县抓落实”的体制机制，上下共同努力解决问题。

国务院扶贫开发领导小组各成员单位要加强统筹协调和对地方工作指导。加强顶层设计，统筹调度部门力量，狠抓工作落实和责任落实。加强调查研究，及时总结推广各地成功经验，解决工作推进中的问题。中央和国家机关有关部门要聚焦“两不愁三保障”突出问题，优先安排项目、优先保障资金、优先落实措施。

教育部、住房城乡建设部、水利部、国家卫生健康委、国家医疗保障局等主管部门要把解决“两不愁三保障”突出问题作为重点工作，摆在重要位置。主要负责同志亲自抓，分管同志具体抓，把责任压实。根据部门职能，制定工作方案，明确工作标准和支持政策，加强对地方工作的指导。

各省区市要切实履行脱贫攻坚的政治责任，对解决本行政区域内“两不愁三保障”突出问题负总责。要加强组织领导，逐级落实责任。要制定工作方案，倒排工期，强力推进。要细化标准，组织核查，落实攻击点位。要统筹组织资源，拿出过硬举措和办法，集中力量攻克难关。

各市县要切实落实脱贫攻坚主体责任。要全面摸清全部农户“两不愁三保障”情况，逐村逐户逐人逐项开展核查，确保不漏一户、不落一人。要制定实施方案，建立工作清单，明确时间表、路线图，细化实化帮扶举措。要按照政策标准和实施方案，统筹做好项目落地、资金使用、人力调配、推进实施等工作，逐村逐户逐人逐项对账销号。

稳定实现贫困人口“两不愁三保障”情况将作为对地方开展脱贫攻坚成效考核和督查巡查的重要内容。

三、把握保障标准

贫困人口退出的标准是收入稳定超过国家扶贫标准且吃穿不愁，义务教育、基本医疗、住房安全有保障。各地区各部门要坚持这个标准不动摇，既不拔高，也不降低。

贫困人口义务教育有保障，主要是指除身体原因不具备学习条件外，贫困家庭义务教育阶段适龄儿童、少年不失学辍学，保障有学上、上得起学。贫困人口基本医疗有保障，主要是指贫困人口全部纳入基本医疗保险、大病保险和医疗救助等制度保障范围，常见病、慢性病能够在县乡村三级医疗机构获得及时诊治，得了大病、重病基本生活有保障。贫困人口住房安全有保障，主要是指对于现居住在C级和D级危房的贫困户等重点对象，通过进行危房改造或其他有效措施，保障其不住危房。贫困人口饮水安全有保障，主要是指贫困人口有水喝，饮水安全达到当地农村饮水安全评价标准。

相关行业主管部门要围绕提高“两不愁三保障”服务能力，优化政策供给，制定部门工作方案，于本文件印发后一个月内报国务院扶贫开发领导小组备案。在教育扶贫方面，加强乡镇寄宿制学校、乡村小规模学校和教师队伍建设，扎实推进义务教育控辍保学工作，加大对家庭经济困难学生资助力度，有效阻断贫困代际传递。在健康扶贫方面，建立健全基本医疗保障制度，加强县乡村医疗卫生机构建设，配备合格医务人员，消除乡村两级机构人员“空白点”，做到贫困人口看病有地方、有医生、有制度保障。在危房改造方面，加强对深度贫困地区的倾斜支持和技术帮扶，采取多种措施保障贫困人口基本住房安全。在饮水安全方面，加快深度贫困地区、改水任务较重地区和边境地区农村饮水工程建设，保障贫困人口喝上放心水。

各地区可以在国家基本标准和总体要求的基础上，因地制宜细化实化标准并严格执行，确保工作有章可循。各地区各部门已经实施的“两不愁三保障”政策举措，明显超出基本标准的，要实事求是地予以纠正；同时要保持政策连续性稳定性，防止“翻烧饼”。

四、统筹整合资源

中央财政继续加大相关转移支付对贫困地区支持力度。中央财政专项扶贫资金等有关转移支付进一步向深度贫困地区和贫困人口多、贫困发生率高、脱贫难度大的贫困地区倾斜。相关行业主管部门在本部门“十三五”专项规划实施中，要优先安排资金项目支持地方解决“两不愁三保障”突出问题。各省区市要加大财政投入力度，贫困县要用好用足现有政策，通过行业资金、财政涉农整合资金和社会帮扶资金等渠道，向符合条件的“两不愁三保障”项目倾斜。发挥好政策性金融在脱贫攻坚中的重要作用，强化信贷资金和财政资金的协同配合，加大力度支持解决“两不愁三保障”突出问题。引导东西部扶贫协作、对口支援、中央单位定点扶贫和各类企业、社会组织等帮扶资金用于解决“两不愁三保障”突出问题，加大对帮扶地区教育和医疗人才等援助力度。贫困村提升工程，要重点聚焦解决“两不愁三保障”突出问题。

各地区各部门要按照简政放权放管结合的要求，下放“两不愁三保障”项目审批权限，减少和简化审批环节，优化工作流程，加快项目实施进度。要充分调动贫困地区干部群众积极性和创造性，财政支持的贫困村微小型建设项目，允许按照一事一议方式直接委托村级组织自建自管。要建立“两不愁三保障”项目后续管理制度，确保可持续发挥效益。

五、抓好工作落实

现在距离全面建成小康社会收官还有不到两年时间，确保贫困人口实现“两不愁三保障”时间紧迫，任务繁重。各地区各部门要按照尽锐出战要求，履职尽责，合力攻坚，切实全面解决“两不愁三保障”突出问题。加强宣传引导，宣传解读好脱贫攻坚目标标准和政策举措，引导社会各方面统一思想认识，营造良好工作环境。加强脱贫攻坚干部培训，把解决“两不愁三保障”突出问题作为培训的重要内容，通过专题轮训、现场观摩、经验交流等方式，提高各级干部攻坚意识和攻坚能力。加强扶贫领域作风建设，深入推进扶贫领域腐败和作风问题专项治理，纠正形式主义官僚主义，防止数字脱贫虚假脱贫，切实减轻基层负担。对弄虚作假、失职失责的地区和部门，国务院扶贫开发领导小组将对其进行常态化约谈。加强“两不愁三保障”资金项目监管，完善县级脱贫攻坚项目库，健全公告公示制度，加快资金拨付进度，严惩违纪违法行为，对扶贫项目资金相关预算的编制、执行、决算实施全过程绩效管理，探索建立扶贫资产管理长效机制，保证工程质量和资金使用效益。加强工作统筹，各地在确保消除绝对贫困、巩固脱贫成果的基础上，要加大支持力度，加快非贫困县、非贫困村的脱贫进度，解决边缘人口急需的突出问题。加强经验总结，总结推广一批解决“两不愁三保障”突出问题的县、乡、村典型案例，让各地受启发、学先进、找差距、明方向。各地区要对脱贫摘帽县和脱贫人口稳定实现“两不愁三保障”情况组织开展“回头看”，对返贫人口和新发生贫困人口及时予以帮扶，确保不漏一户、不落一人。

各地区各部门要将解决“两不愁三保障”突出问题工作情况作为年底向党中央、国务院报告年度脱贫攻坚情况的重要内容。

国务院扶贫开发领导小组
关于表彰2019年全国脱贫攻坚奖的决定

国开发〔2019〕17号

各省、自治区、直辖市和新疆生产建设兵团扶贫开发领导小组，北京、天津、上海市扶贫协作领导小组，中央和国家机关各部委，中央军委政治工作部，各人民团体：

党的十八大以来，以习近平同志为核心的党中央把脱贫攻坚作为全面建成小康社会的底线任务和标志性指标全面部署推进。党的十九大把精准脱贫作为全面建成小康社会的三大攻坚战之一作出新的重要部署，脱贫攻坚力度之大、规模之广、影响之深前所未有，取得重大决定性成就。

脱贫攻坚成就的取得，离不开广大扶贫干部兢兢业业、攻坚克难，离不开社会各界扶危济困、倾力奉献，离不开贫困群众自强不息、艰苦奋战，离不开扶贫领域广大干部群众锐意进取、开拓创新。为表彰在脱贫攻坚伟大进程中涌现的先进典型，充分发挥脱贫攻坚先进典型示范带动作用，激励社会各界更广泛更深入参与脱贫攻坚，弘扬正气、提振士气，营造浓厚氛围、凝聚攻坚合力，经严格评选，国务院扶贫开发领导小组决定授予王贞六等25名同志“2019年全国脱贫攻坚奖奋进奖”荣誉称号，授予王宏等26名同志“2019年全国脱贫攻坚奖贡献奖”荣誉称号，授予王召明等25名同志“2019年全国脱贫攻坚奖奉献奖”荣誉称号，授予王正等25名同志“2019年全国脱贫攻坚奖创新奖”荣誉称号，授予北京新发地农副产品批发市场中心等39个单位“2019年全国脱贫攻坚奖组织创新奖”荣誉称号。

当前，脱贫攻坚正处于攻坚克难、决战决胜的关键阶段。各地各部门和有关方面要高度重视发挥脱贫攻坚先进典型示范引领作用，广泛宣传学习他们不忘初心、牢记使命的坚定信念，践行宗旨、心系群众的奉献精神，真抓实干、埋头苦干的务实作风，勇于攻坚、善于开拓的创新精神，不获全胜、决不收兵的使命担当，进一步坚定信心、激发斗志，凝聚打赢脱贫攻坚战的磅礴力量。希望受到表彰的先进单位和先进个人珍惜荣誉、谦虚谨慎，砥砺前行、再立新功。广大干部群众和社会各界要对标受表彰的脱贫攻坚先进典型，见贤思齐、争当先进，为如期打赢脱贫攻坚战、全面建成小康社会作出新的更大贡献!

附件：2019年全国脱贫攻坚奖获奖名单

国务院扶贫开发领导小组

2019年9月19日

附件

2019年全国脱贫攻坚奖获奖名单

奋进奖

（共25人，按姓名笔画排列）

王贞六	重庆市黔江区黑溪镇胜地居民委员会居民
尼吉拉姆（女）	西藏自治区阿里地区噶尔县扎西岗乡典角村村民
华格加	青海省海南藏族自治州共和县倒淌河镇拉乙亥麻村党支部书记
刘　斌	陕西省咸阳市淳化县马家镇桥上村村民
刘入源	广西壮族自治区玉林市博白县桂源农牧有限公司总经理
刘加芹（女）	山东省临沂市平邑县凯凯服饰有限公司经理
买赛地·吐送	新疆生产建设兵团第十四师225团拉伊苏村村民
纪道明	安徽省六安市舒城县五显镇梅山村村民
李华明	云南省文山壮族苗族自治州西畴县西洒镇龙泉村村民
李林森	吉林省吉林市舒兰市天德乡三梁村党支部书记兼村委会主任，舒兰市三稻粱农作物种植专业合作社理事长
李耀梅（女）	宁夏回族自治区吴忠市红寺堡区大河乡龙源村村民
杨淑亭（女）	湖南七七科技股份有限公司总经理
张全收	河南省驻马店市上蔡县朱里镇拐子杨村党支部书记兼村委会主任
陈望慧（女）	四川省阿坝藏族羌族自治州小金县达维镇冒水村党支部书记，夹金山清多香野生资源有限责任公司董事长
罗应和	贵州省黔南布依族苗族自治州惠水县濛江街道新民社区党支部书记
岳桂玲（女）	内蒙古自治区呼伦贝尔市莫力达瓦达斡尔族自治旗鑫鑫源种植专业合作社理事长
郑　岗	海南省文昌市东郊镇椰林村村民
郝大宝	江苏省连云港市东海县双店镇三铺村党总支书记

胡中山	甘肃省武威市古浪县黄花滩生态移民后续产业专业合作社党委书记
段春亭	河北省保定市涞水县三坡镇南峪村党支部书记
郭志强	山西省长治市壶关县石坡乡南平头坞村党支部书记兼村委会主任
塔依尔·卡吾里	新疆维吾尔自治区克孜勒苏柯尔克孜自治州阿克陶县塔尔塔吉克民族乡库祖村村民
程　桔	湖北省咸宁市崇阳县白霓镇大市村党支部书记
廖竹生	江西省赣州市宁都县励志园电子商务团队创办人,宁都县航远电子商务有限公司设计总监
魏春柏	辽宁省朝阳市喀喇沁左翼蒙古族自治县老爷庙镇平房子村党支部书记,辽宁易道营销传播控股集团董事长

贡献奖

（共26人,按姓名笔画排列）

王　宏	辽宁省锦州市义县副县长(挂职)
王平堂	吉林省延边朝鲜族自治州安图县明月镇龙泉村第一书记
方　荣	湖北省黄冈市扶贫开发办公室党组书记、主任
孔玉才	云南省怒江傈僳族自治州贡山独龙族怒族自治县独龙江乡乡长
布　哈	四川省凉山彝族自治州昭觉县四开乡梭梭拉打村帮扶干部
华　关	广东省梅州市五华县转水镇里塘村第一书记兼扶贫工作队长
刘双燕(女)	安徽省亳州市利辛县汝集镇朱集村第一书记、扶贫队工作队长
吴应谱、樊贞子夫妇	吴应谱,原江西省九江市修水县复原乡雅洋村第一书记;樊贞子(女),原江西省九江市修水县大椿乡结对帮扶干部
宋　磊	山东省德州市临邑县扶贫开发办公室主任科员
张红全	河北省邢台市广宗县葫芦乡伏城村党支部第一书记
张雷威	陕西省榆林市米脂县沙家店镇李站村第一书记
陈　华	黑龙江省绥棱县靠山村党总支第一书记、驻村扶贫工作队队长
孟　刚	内蒙古自治区呼伦贝尔市莫力达瓦达斡尔族自治旗阿尔拉镇党委书记
胡喜明	湖南省益阳市桃江县扶贫办主任

段玉平	西藏自治区阿里地区行署副秘书长、改则县委常委、副县长（挂职）
侯　兵	河北省邢台市临城县委副书记（挂职）
贺星龙	山西省临汾市大宁县徐家垛乡乐堂村卫生所医生
秦　倩（女）	河南省周口市西华县迟营乡孙庄村第一书记
秦永刚	南疆军区政治工作部群工联络处处长
秦振邦	宁夏回族自治区固原市西吉县偏城乡涵江村第一书记
索南杰布	西藏自治区那曲市班戈县保吉乡党委书记
高燕梅（女）	甘肃省甘南藏族自治州卫计委党委委员、副主任（挂职）
隋耀达	海南省保亭县加茂镇共村驻村工作队队长
傅飞丁	重庆市万州区扶贫开发办公室综合科科长
曾翙翔	原安徽省宿州市埇桥区支河乡路湖村扶贫干部
谢佳清（女）	贵州省遵义市汇川区芝麻镇竹元村第一书记、驻村工作组组长

奉献奖

（共25人，按姓名笔画排列）

王召明	内蒙古蒙草生态环境（集团）股份有限公司董事
巴　珠	西藏自治区山南市永创发展建设有限公司、隆子县隆子河酒店有限公司董事长
史贵禄	陕西省西安市荣民控股集团有限公司董事局主席
冯小华	广西洋浦南华糖业集团股份有限公司董事长
刘启芳（女）	吉林省长春市净月高新技术产业开发区精诚社工服务中心理事长
刘祖治	湖南省万樟集团有限公司董事长
孙永斌	云南省大理白族自治州宾川县华侨庄园农业科技开发有限公司董事长
苏晓莉（女）	青海省互助县素隆姑刺绣有限公司总经理
李　进	四川省唐古拉风艺术团董事长
李　鹏	新疆沙漠枣业有限公司董事长、新疆维吾尔自治区和田地区策勒县智慧果业农民专业合作社理事长
李安平	山西省振东健康产业集团有限公司董事长

李晓梅(女)	甘肃田地农业科技有限责任公司总经理
李维正	江西省上栗县长平乡离休教师、长平人民教育基金会终身名誉理事长
杨惠妍(女)	碧桂园控股有限公司董事局联席主席
吴少勋	劲牌有限公司董事长、总裁兼党委书记
何享健	美的控股有限公司董事长、广东省和的慈善基金荣誉主席
沈小平	江苏通鼎集团董事局主席
张秀燕(女)	天津渤海世茂投资有限公司董事长
陈立群	贵州省黔东南苗族侗族自治州台江县民族中学校长
郁　亮	万科集团党委书记、董事会主席
郁瑞芬(女)	上海来伊份股份有限公司总裁
胡业勇	河南省豫东牧业开发有限公司董事长
贾　茹(女)	河北省石家庄市行唐县昊腾残疾人双创园园长
曹德旺	福耀玻璃工业集团股份有限公司董事长、董事局执行董事
潘和永	北京市商鲲教育控股集团有限公司董事长、党委书记

创新奖

（共25人，按姓名笔画排列）

王　正(女)	四川省发展和改革委员会以工代赈办副处长
王安东	山东省淄博市临淄区委办公室副主任、区扶贫办主任
王思泽	云南省扶贫办政策法规处处长
乌布力艾散·乌布力喀斯木	新疆维吾尔自治区和田地区墨玉县和田霸丽穆商贸有限责任公司董事长
卢　尧	重庆市巫山县委教育工委书记、县教委主任
邬平川	安徽省淮南市寿县县委常委、副县长(挂职)
刘发英(女)	湖北省宜昌市长阳县龙舟坪镇花坪小学副校长
孙建设	河北农业大学教授
李仁兵	贵州省毕节市威宁彝族回族苗族自治县迤那镇党委副书记、五星村党支部书记
李幸泽	甘肃蓝天马铃薯产业发展有限公司董事长
李海波	河北省衡水市饶阳县人民政府副县长(挂职)

杨　宁	中国农业大学动物科技学院教授
杨曙光	河南省南阳市内乡县委副书记、县长
冷菊贞(女)	黑龙江省双鸭山市饶河县西林子乡小南河村第一书记、驻村工作队队长
张永安	新疆生产建设兵团第三师图木舒克市51团4连“访惠聚”工作队队长、连队党支部第一书记
陈志彪	福建师范大学地理科学学院教授
陈启宇	上海复星高科技(集团)有限公司董事长
林　杰	广西壮族自治区都安嘉豪实业有限公司董事长
罗新增	海南省五指山市委常委、副市长(挂职)
金黎平(女)	中国农业科学院蔬菜花卉研究所研究员
姚建民	山西省农村专业技术协会理事长
黄国庆	陕西省安康市宁陕县扶贫开发局党组书记、局长
董　高	湖北省恩施土家族苗族自治州恩施市委常委、恩施市人民武装部部长
程国华	内蒙古自治区赤峰市宁城县小城子镇党委书记
廖杰远	微医集团董事长兼CEO

组织创新奖

(共39个单位,按行政区划排列)

北京新发地农副产品批发市场中心

天津市妇女儿童发展基金会

河北省邯郸市魏县

山西省产业扶贫工作站

内蒙古自治区通辽市科尔沁左翼后旗

辽宁省大连市人民政府经济合作交流办公室对口帮扶处

中共吉林省委组织部组织三处

黑龙江日报报业集团全媒体经济新闻中心

中国太平洋财产保险股份有限公司

江苏省盐城市滨海县

阿里巴巴(中国)有限公司

安徽省六安市扶贫开发局

福建省宁德市扶贫开发领导小组办公室

江西省赣州市石城县

山东省菏泽市扶贫开发办公室

河南省驻马店市平舆县

湖北省扶贫投资开发有限公司

湖南省郴州市宜章县

广东(佛山)对口凉山扶贫协作工作组

广西壮族自治区残疾人联合会教育就业部

广西壮族自治区百色市田东县

海南省扶贫工作办公室社会扶贫处

重庆市石柱土家族自治县

“学前学会普通话”凉山试点项目组

大连万达商业管理集团丹寨项目部

云南省普洱市西盟佤族自治县

国网西藏电力有限公司农电工作部

陕西省安康市新民风建设领导小组办公室

甘肃省政协脱贫攻坚帮扶工作协调领导小组办公室

青海省西宁市湟中县

宁夏回族自治区银川市永宁县闽宁镇

山东省对口支援新疆工作指挥部

农工党中央社会服务部综合处

中共中央组织部干部一局调配处(援派干部工作处)

国家卫生健康委扶贫开发与对口支援工作领导小组办公室

中国农业大学农学院

中国农业发展银行扶贫综合业务部扶贫政策与实验示范处

中国石化集团有限公司扶贫办扶贫项目管理处

内蒙古自治区鄂尔多斯市杭锦旗人民武装部

（二）行业部门文件

人力资源社会保障部　国务院扶贫办
关于深入推进技能脱贫千校行动的实施意见

人社部发〔2019〕2号

各省、自治区、直辖市及新疆生产建设兵团人力资源社会保障厅(局)、扶贫办：

为贯彻落实党中央、国务院关于打赢脱贫攻坚战的战略部署，人力资源社会保障部、国务院扶贫办在全国组织技工院校开展技能脱贫千校行动，面向建档立卡贫困家庭学生和劳动者开展技工教育和职业培训，收到较好效果。根据党中央、国务院关于打赢脱贫攻坚战三年行动的指导意见要求，为进一步发挥技工教育和职业培训服务社会功能，人力资源社会保障部、国务院扶贫办决定在前期工作的基础上，进一步聚焦重点、精准施策，深入推进技能脱贫千校行动，现提出以下实施意见。

一、总体要求

(一)指导思想。以习近平新时代中国特色社会主义思想为指导，全面贯彻党的十九大和十九届二中、三中全会精神，深入落实党中央、国务院关于打赢脱贫攻坚战的决策部署，紧紧围绕精准扶贫的战略部署，以技工院校和职业培训机构(以下简称“技工院校”)为主要工作载体，切实加强技能扶贫工作，深入推进技能脱贫千校行动，着力提升建档立卡贫困家庭应、往届“两后生”和具备劳动能力人员的就业创业能力，以更精准的举措、超常规的力度，强化培训促就业助脱贫效果，为打赢脱贫攻坚战作出积极贡献。

(二)目标任务。到2020年底，帮助每个有就读技工院校意愿的建档立卡贫困家庭应、往届“两后生”都能免费接受技工教育，每个有参加职业培训意愿的建档立卡贫困家庭劳动者都能够接受至少1次免费职业培训，全国技工院校累计新招收建档立卡贫困家庭学生7万人以上。通过深入推进技能脱贫千校行动，帮助接受技工教育或职业培训的建档立卡贫困家庭学生(学员)实现就业创业，增加劳动收入，达到“教育培训一人，就业创业一人，脱贫致富一户”的目标。

二、深入推动技工院校服务脱贫攻坚

(三)制定工作方案。各级人力资源社会保障部门要制定本地区技工院校服务脱贫攻坚工作方案，会同扶贫等有关部门进一步强化政策落实力度。充分发挥人力资源社会保障基层工作平台、基层扶贫机构、驻村工作队、“第一书记”和农村基层组织的作用，及时对建档立卡贫困家庭情况进行摸底，了解家庭成员状况，掌握就读技工院校和参加职业培训的意愿，引导组织他们参加培训。广泛发动各级各类技工院校积极承担技能扶贫任务，安排技工院校和贫困地区建立结对帮扶关系，持续增加建档立卡贫困家庭生源。

(四)确定重点院校和重点专业。进行技能脱贫千校行动重点院校和重点专业建设(以下简称“双重点”)，由省级人力资源社会保障部门于每年4月底前向社会公布双重点，供建档立卡贫困家庭学生选择就读。要将办学条件完善、教学质量好、就业率高的优质技工院校,确定为本地区承担技能扶贫重点院校。技能扶贫重点院校要将招生人数多、师资力量强、实训设备优、社会认可度高的专业纳入技能扶贫重点专业,优先招收建档立卡贫困家庭学生,优先安排实习,优先推荐就业。

(五)加强精准扶贫。各级人力资源社会保障部门、扶贫部门要做好工作对接,做好技工院校电子注册和统计信息管理系统、职业培训实名制信息管理系统与建档立卡贫困人口信息系统精准比对工作,并将有关信息及时反馈学校。各技工院校要安排专门人员每月监测建档立卡贫困家庭学生的学习和生活情况,对学习有困难的学生,要注重因材施教,采取调整专业、加强课程辅导、加大实训力度等多种方式予以指导帮助。对生活有困难的学生,要在贯彻落实各项补贴政策基础上,采取多种方式予以帮助。要创造条件帮助建档立卡贫困家庭子女就读高级工班和预备技师(技师)班,着力提升其技能水平。

(六)深化校企合作。要根据建档立卡贫困家庭的需求和特点,推动校企合作开展技能扶贫。支持技工院校与合作企业签订定向培养协议,联合招收扶贫助学订单班。全面推行企业新型学徒制,广泛动员各类企业面向建档立卡贫困家庭劳动者招收企业新型学徒,实现先就业后入学。鼓励企业根据用工需求,与贫困地区技工院校签订技能扶贫合作协议,共同确定技能人才培养方式,做好培训后就业安置。

(七)开展对口支援。建立对贫困地区特别是"三区三州"等深度贫困地区技工院校对口支援工作机制,帮扶受援单位加强专业、师资、教材等内涵建设。承担帮扶任务的技工院校要围绕重点专业进行帮扶,采取双向挂职、两地培训、委托培养和上门支教等多种方式,提高帮扶效果。2020年底前,实现"三区三州"每所技工院校至少建设一个特色优势主体专业、建立一个实训室,每名教师至少参加1次培训。

(八)鼓励社会参与。各级人力资源社会保障、扶贫部门要广泛发动社会力量积极参与技工院校技能扶贫工作。积极引导企业和社会组织开展助学援助,给予生活费补贴,提供爱心奖(助)学金等。鼓励企业提供实习岗位,优先录用符合条件的建档立卡贫困家庭学生。

三、大力开展职业技能培训服务脱贫攻坚

(九)加强培训基础能力建设。大力推行终身职业技能培训制度,完善培训政策和组织实施体系并适当向贫困地区倾斜。在贫困地区重点建设高技能人才培训基地、技能大师工作室,建成一批高技能人才培养培训、技能交流传承平台。落实投融资支持政策,加强贫困地区公共实训基地和创业孵化基地建设。

(十)努力扩大技能扶贫培训规模。针对不同困难群体开展差异化培训。对有外出转移就业意愿人员,开展引导性培训和专项技能培训、初级技能培训,帮助其掌握就业的一技之长。对订单、定向、定岗就业人员,开展岗位技能培训,帮助其培训后直接上岗。对在乡镇扶贫车间、村社代工点等就业人员和手工艺制作等居家就业人员,开展就地就近技能培训,促进就业增收。对未能继续升学并准备转移就业的应届初、高中毕业生,开展劳动预备制培训。对学习能力较强、具备一定创业条件的人员,同时开展创业培训和生产技术技能培训,全力帮扶学员实现创业就业。

(十一)优化培训方式方法。要坚持精准到户、帮扶到人,提供免费政策咨询、就业指导、技能培训等服务。技工院校要进乡镇、进社区开展上门培训。要根据建档立卡贫困家庭劳动者实际情况,灵活提供集中培训、弹性培训、课堂教学、工厂实训、多媒体资源培训等多种培训方式。大力开展互联网+培训，探索搭建“互联网+技能扶贫”公共服务平台，为贫困地区技工院校免费提供优质教学资源。建设就业创业培训服务云平台，利用互联网在线课堂组织免费培训。

四、加大支持力度，推动技能脱贫千校行动向纵深发展

（十二）加大资金投入保障力度。各级人力资源社会保障、扶贫部门要按规定落实国家助学金和免学费、培训费、鉴定费政策，结合实际制定减免学生杂费、书本费和给予交通费、生活费补助等实施细则。对于接受技工教育的农村建档立卡贫困家庭子女，要落实每生每年3000元左右的补助标准。鼓励承担东西扶贫协作的帮扶省市对受帮扶省市贫困家庭就读子女给予生活费补助。要改进服务方式，提高资金申领工作效率，确保各项资金及时到位。要按照统筹规划、集中使用、提高效益的要求，将中央和省级财政安排的各项贫困劳动力培训资金统筹使用，有关部门根据职责和任务做好相关培训工作。

（十三）简化职业培训补贴申领程序。各级人力资源社会保障部门要积极协调财政部门按照《财政部　人力资源社会保障部关于印发〈就业补助资金管理办法〉的通知》（财社〔2017〕164号）要求，进一步优化业务流程，积极推进网上申报、网上审核、联网核查。对能够依托管理信息系统或与相关单位信息共享等方式获得单位及个人信息的，可直接审核拨付补贴资金，不再要求单位及个人报送纸质材料。

（十四）加强教学资源支持。各级人力资源社会保障部门要指导贫困地区技工院校按照国家技能人才培养标准及一体化课程规范开展教学活动。加强新职业开发和职业标准开发，积极推广国家基本职业培训包，促进职业技能培训规范化发展。打造适应县域经济发展、满足建档立卡贫困家庭劳动者需求的优质培训项目和精品课程。完善技工院校教师在职培训和企业实践制度，举办贫困地区创业师资培训班、技工院校教师教学能力提升班和一体化师资培训班。

（十五）强化激励引导。各级人力资源社会保障部门要对取得高级工、预备技师（技师）职业资格证书或职业技能等级证书的技工院校毕业生，比照大专、本科学历，在事业单位和国有企业招聘、使用及评价等多方面落实相应政策。设立技工院校贫困家庭学生助学金，增加“技能雏鹰”奖（助）学金资助名额，并向建档立卡贫困家庭学生倾斜。技工院校绩效工资分配要向参与扶贫工作的教师加大倾斜力度。参加对口帮扶的专家、教师等支教服务期可作为基层工作经历，在评优评先、职级晋升、职称评审、岗位聘用等方面优先考虑。对于开展技能脱贫千校行动工作成效显著的技工院校，在实施国家高技能人才振兴计划项目、国家级重点技工院校建设、世界技能大赛集训基地项目、高技能人才评选表彰等工作中，优先给予支持。

五、明确工作要求，确保技能脱贫千校行动取得更大成效

（十六）层层压实工作责任。各级人力资源社会保障、扶贫部门要切实提高政治站位，将技能脱贫千校行动作为技能扶贫的重要任务，建立部级统筹、省负总责、市县抓落实的工作机制，确保政令畅通、资金到位、执行得力。各地要加强对市、县两级的工作指导，确保工作方案有效贯彻落实。各技工院校要成立专门的技能扶贫工作领导小组，由主要负责同志任组长，建立工作台账，明确责任分工，把各项政策和任务细化到人，认真组织实施。

（十七）加强工作督导和统计工作。各级人力资源社会保障部门要加强工作调度，改进工作作风，定期开展督导，推动任务落到实处。

对贡献突出、成效显著的予以通报；对工作不到位、措施不得力、政策不落实、工作进展缓慢的地方，要及时予以纠正，对问题严重的要严肃问责。要及时、准确地做好技能脱贫千校行动进展情况统计工作，各省级人力资源社会保障部门要认真统计填写《技能脱贫千校行动进展情况表》(见附件)，于每年12月15日前报送人力资源社会保障部。

(十八)加大宣传力度。要组织新闻媒体广泛宣传技能扶贫各项惠民政策措施，将技能脱贫千校行动政策宣传到每一户建档立卡贫困家庭。选树一批技能脱贫千校行动先进单位，树立技能脱贫千校行动典型。组织世赛选手、专家、教练、翻译等人员深入贫困地区开展报告、宣讲等活动，讲述技能扶贫、技能成才、技能报国先进事迹，引导贫困地区广大青年走技能成长成才之路。每年的国家扶贫日(10月17日)前夕，要集中组织开展技能脱贫千校行动宣传活动，有关宣传画和宣传折页可直接从人力资源社会保障部出版集团网站(www.class.com.cn)下载。

人力资源社会保障部　国务院扶贫办

2019年1月8日

商务部等10部门关于印发《多渠道拓宽贫困地区农产品营销渠道实施方案》的通知

为深入贯彻落实《中共中央国务院关于打赢脱贫攻坚战三年行动的指导意见》和《国务院办公厅关于深入开展消费扶贫助力打赢脱贫攻坚战的指导意见》，多渠道拓宽贫困地区农产品营销渠道，助力脱贫攻坚，商务部等10部门制定了《多渠道拓宽贫困地区农产品营销渠道实施方案》。现印发给你们，请认真贯彻执行，并结合实际制定本地区实施方案。

商务部　教育部　交通运输部　卫生健康委　国管局　国家邮政局　国家知识产权局　国务院扶贫办　中华全国供销合作总社　中国邮政集团公司

2019年1月23日

多渠道拓宽贫困地区农产品营销渠道实施方案

为深入贯彻《中共中央国务院关于打赢脱贫攻坚战三年行动的指导意见》和《国务院办公厅关于深入开展消费扶贫助力打赢脱贫攻坚战的指导意见》精神，多渠道拓宽农产品营销渠道，动员引导社会各方力量加强农产品产销对接，帮助具备条件的贫困地区（832个贫困县和12.8万个贫困村）农产品销售，推动建立长期稳定的产销关系，促进贫困地区产业发展，助力脱贫攻坚和乡村振兴，特制定本实施方案。

一、总体要求

（一）指导思想

全面贯彻党的十九大和十九届二中、三中全会精神，以习近平新时代中国特色社会主义思想为指导，坚持以人民为中心的发展思想，按照中央统筹、省负总责、市县抓落实的工作机制，聚焦多渠道、聚焦贫困地区，开展多种形式的农产品产销对接活动，搭建各种类型的展示对接平台，推动各类市场主体与贫困地区共同构建便捷、畅通、长期、稳定、紧密的农产品营销渠道，促进贫困地区产业发展，助力脱贫攻坚和乡村振兴。

（二）基本原则

因地制宜，科学谋划。根据不同地区农产品品种结构、生产布局、产出能力等生产性因素，地理位置、交通状况等区位性因素，初加工、储藏和运输设施等流通性因素，市场需求规模、消费品种结构、购买力水平等消费因素，选择适销产品与各类流通、加工和消费渠道进行对接。

政府引导，多方参与。充分发挥市场配置资源的决定性作用，强化政府责任，引导企业、机构等积极履行社会责任，整合资源，协同发力，不断增强拓宽贫困地区农产品营销渠道的工作合力，构建大扶贫格局。

精准施策，提高质量。坚持精准扶贫精准脱贫基本方略，着力提高贫困户收入和获得感，找准扶持对象，精准安排对接项目，提高帮扶质量，做到扶真贫、真扶贫，脱真贫、真脱贫。

（三）主要目标

到2020年，贫困地区农产品营销渠道不断拓宽，农产品产销对接更加紧密、稳定，农村物流配送体系和农产品冷链物流设施逐步完善，对贫困地区产业发展的带动作用得到增强，服务脱贫攻坚的能力和水平进一步提升。

二、重点任务

（四）推动流通企业与贫困村建立长期稳定的产销关系。推动批发市场、电商企业、大型超市等农产品流通企业深入贫困地区，开展多种形式的产销对接活动，与具备农业产业发展基础的贫困县（乡、村）建立长期稳定的产销关系。发挥市场资源优势，积极探索农产品产销对接方式，支持对贫困户增收有带动作用的农民专业合作社、家庭农场、农业产业化龙头企业发展，培育贫困地区农产品品牌，引导贫困地区发展特色、优势农产品产业。支持和鼓励农产品批发市场、零售企业和农产品电商企业设立贫困地区农产品销售专区、专档、专柜和电商扶贫频道。发挥好东西部扶贫协作、对口支援和中央单位定点扶贫工作机制的作用，帮助贫困地区拓宽农产品营销渠道。有条件的地区应建立扶贫产品集体商标的注册、管理制度，加强对扶贫产品的宣传和推广，推动扶贫产品销售。（商务、知识产权、扶贫主管部门，供销合作社按职责分工负责）

（五）组织开展贫困地区农产品定向直供直销活动。推广以购代捐的扶贫模式，推动学校、医院、机关食堂和交易市场等从贫困地区直接采购农产品。教育部门要在质量安全可控的前提下，鼓励高校加大面向贫困地区采购农产品的力度，使其成为高校食堂原材料采购的重要渠道；指导推动高校食堂开设精准扶贫窗口。卫生健康部门要推动医院等场所开设扶贫产品专柜，加大宣传和销售力度，推动符合采购要求的贫困地区产品进医院。机关事务管理部门要发动机关食堂与贫困地区建立全方位采购通道关系，建立机关后勤采购基地；组织贫困地区产品进机关、进家庭、进直属宾馆招待所等经营性场所；各省（区、市）驻京办事处可结合实际开设扶贫展厅展销本地区扶贫产品。商务部门在组织各类产销对接活动时，会同教育、卫生健康、机关事务管理部门组织学校、医院、机关参与对接。（教育、商务、卫生健康、机关事务主管部门按职责分工负责）

（六）完善贫困地区农村物流配送体系。加快推进“快递下乡”工程，进一步提高乡镇快递网点覆盖率。支持供销、邮政及各类企业把服务网点延伸到贫困村，推动实现建制村直接通邮，提升网点电商服务功能。加大电子商务进农村综合示范工作对贫困地区农村邮政、快递等物流配送设施的支持力度，完善协同发展机制。推动供销、邮政、快递、交通运输企业在农村地区扩展合作范围、合作领域和服务内容，逐步建立互利共赢、服务规范的合作机制，探索开展农村渠道共建、设施共享、业务代理合作。（交通运输、商务、邮政主管部门，供销合作社、邮政集团公司按职责分工负责）

（七）加强特色优势农产品生产基地冷链设施建设。根据贫困地区产品特点，建设适度规模的产地型冷库、预冷库、移动预冷库、具有冷藏功能的产地加工集配中心等冷链设施，提升预冷和储藏保鲜能力，补齐“最先一公里”冷链物流短板，延长农产品货架期，提高错峰销售能力。配备标准化的清洗、烘干、分级、包装等商品化处理设施，提升农产品初加工和产销对接能力，提高农产品附加值和市场竞争力。（商务、邮政主管部门，供销合作社、邮政集团公司按职责分工负责）

三、工作要求

（八）提高思想认识，强化责任落实。多渠道拓宽贫困地区农产品营销渠道是党中央、国务院打赢脱贫攻坚战的重要决策部署和交办的政治任务。按照中共中央办公厅、国务院办公厅印发的《脱贫攻坚责任制实施办法》要求，商务部会同有关部门建立部门工作协调机制，统筹协调解决跨区域问题、共性问题。省级政府相应部门负总责，研究制定本地区政策措施，根据脱贫目标任务制定省级滚动规划和年度计划并组织实施。市级政府相应部门结合本地区实际加强协调指导，落实各项具体政策和工作任务。县级政府相应部门，指导乡、村组织实施精准扶贫政策，重点面向对贫困户增收有直接带动作用的农民专业合作社、家庭农场等做好精准对接服务，在产销对接活动中对覆盖贫困户数量和带动增收情况进行精准识别。

（九）加强组织领导，密切分工协作。多渠道拓宽贫困地区农产品营销渠道需要政府、企业和社会各界的资源和力量。各地商务主管部门要牵头建立工作联系机制，组建工作队伍，加强合作，定期沟通交流，解决工作推进中存在的问题。各有关部门要将工作纳入部门扶贫工作计划和方案中，在政策制定、资金分配、项目安排上加大支持力度，形成工作合力，要聚焦建档立卡贫困户增加收入并建立精准扶贫工作台账。贫困地区相应部门要担负起主体责任，主动走出去多渠道拓展农产品营销渠道。其他地区，特别是有东西部扶贫协作和对口支援任务的地区相应部门，要切实负起扶贫协作和对口帮扶责任，帮助贫困地区拓宽农产品营销渠道。要注重发挥有关行业组织作用，调动社会各界力量参与脱贫攻坚工作。

（十）严格监督管理，营造良好环境。检验拓宽贫困地区农产品营销渠道工作的成效，重点是对营销渠道拓展、长期稳定产销对接关系建立、贫困户增收脱贫等方面的量化评估。各地各部门各单位要建立工作动态管理和监督制度，及时、准确掌握工作开展情况，特别是精准到村到户到人的扶贫信息和扶贫成效，定期统计上报。统筹做好组织实施、日常调度、跟踪检查工作，对年度重点工作实行台账管理。对落实不力、进度滞后的进行挂牌督办，对真抓实干、成效明显的给予表扬激励，确保方案顺利推进。及时梳理工作开展过程中出现的典型案例和先进经验，加大宣传推广，营造社会各界关心支持多渠道拓宽贫困地区农产品营销渠道工作的良好环境。每年1、4、7、10月15日前，由省级商务主管部门牵头，统计汇总上季度各地工作进展、成效、典型案例和经验、存在问题等情况，形成工作进展报告联合报送商务部等部门。

商务部　发展改革委　财政部　国务院扶贫办　全国妇联关于深化提升“百城万村”家政扶贫的指导意见

商服贸函〔2019〕153号

为深入贯彻《中共中央国务院关于打赢脱贫攻坚战三年行动的指导意见》，切实履行脱贫攻坚政治责任，充分发挥家政服务就业容量大的扶贫优势，扩大家政扶贫成效，2019年，商务部、发展改革委、财政部、国务院扶贫办、全国妇联决定进一步深化提升“百城万村”家政扶贫工作。现提出如下意见：

一、总体要求

（一）指导思想。以习近平新时代中国特色社会主义思想为指导，全面贯彻党的十九大和十九届二中、三中全会精神，坚持以人民为中心的发展思想，贯彻新发展理念，按照党中央、国务院关于脱贫攻坚的决策部署，动员社会各界力量参与家政扶贫，深化中心城市、家政服务企业与贫困县合作，支持更多贫困人口从事家政等居民生活服务、实现稳定脱贫，不断巩固脱贫成效，推动家政服务业提质扩容，为决胜全面建成小康社会贡献更大力量。

（二）基本原则。坚持横向协作。各地商务主管部门要与同级发展改革、财政、扶贫、妇联、人保集团分公司等机构，在政策、信息等方面加强沟通协调。充分发挥行业协会的作用，结合本地特点组织好供需对接和服务保障等工作。

坚持纵向联动。省级有关部门制定家政扶贫工作方案，出台支持政策措施，指导家政服务企业与贫困县进行对接。市县有关部门完善政策措施，组织具体对接。

坚持企业主体。鼓励家政服务企业主动参与扶贫，优先培训和招聘贫困地区人口，面向农村特别是贫困地区发布需求和就业等信息。支持企业通过家政扶贫做大做强。

（三）主要目标。2019年，组织100个以上中心城市与国家级贫困县进行对接，推广一批可复制的成功经验，树立一批家政扶贫示范企业和带头人，稳固已经从事家政等居民生活服务的建档立卡贫困人口就业，动员一批有意从事家政等居民生活服务的建档立卡贫困人口受训，安排一批有意从事家政等居民生活服务的建档立卡贫困人口就业，争取在年内新增就业10万人以上。

二、组织家政服务供需对接

（一）统筹推进家政服务供需对接。省级商务主管部门要根据对接安排（附后），提出家政服务企业与贫困地区的具体对接方案并组织实施，推动建立稳定的对接机制。中心城市要支持大型家政服务企业举办宣讲会、现场招聘会、远程供需见面会，组织家政服务企业与贫困人口对接。贫困地区要摸清本地建档立卡贫困人口的家庭情况、就业意向，广泛宣讲家政扶贫政策，主动联系家政服务企业，加强就业服务。

（二）发挥好家政扶贫供需对接平台的作用。省级商务主管部门要安排专人负责平台的推广使用，组织家政服务企业（集团企业、连锁企业由总部统一报送）向家政扶贫供需对接平台上传新增家政服务就业人数、需求人数、需求类型、需求地区等信息，确保数据的时效性和准确性，组织贫困地区通过平台发布家政服务人员供给信息。

三、建设家政劳务输出基地

将家政劳务输出基地作为推进家政扶贫工作的重要支撑，发挥好现有基地作用，在有国家级贫困县的省份新建一批家政劳务输出基地。鼓励各地制定更多支持政策，提升基地培训水平，扩大基地辐射范围。

四、提高家政服务培训水平

（一）夯实培训基础。商务部编写的《家政服务入门》等培训教材供培训机构免费使用。鼓励大型家政服务企业、家政劳务输出基地和职业院校合作开发培训教材。支持参与扶贫的家政服务培训师进入高职院校进修。引导有丰富实践经验的家政服务员到家政劳务输出基地兼职培训。

（二）开展多层次培训。以家政服务龙头企业、职业院校、巾帼家政培训基地等为依托，开展“家政培训提升行动”。鼓励将职业培训补贴向家政扶贫企业倾斜，支持参与“春潮行动”等培训计划。加强法治教育、职业道德等培训，重点培训养老护理员、钟点工、育儿嫂、月嫂等家政服务员，可同时培训餐饮等其他生活服务领域从业人员。鼓励有条件的家政服务企业为员工提供带薪深度培训，开展“互联网+”家政培训服务。支持各级妇联开展家政培训。

五、扩大家政服务就业成效

（一）创新就业方式。开展组合就业，鼓励培训机构、贫困地区与家政、物流、餐饮等服务企业签订合作协议，引导同村人集中进城务工、亲友夫妻一起进城务工，合理调配劳动力资源，灵活安排岗位、工种和工时。鼓励“本地劳务、异地就业”、“妻做家政、夫做物流或餐饮”等就业形态。

（二）做好就业服务。提供权益保障，鼓励贫困县依托流动党工委、妇联组织设立家政劳务协作服务中心，为家政服务员提供纠纷处理、子女入学导引等服务。加强人文关怀，鼓励家政服务企业开设“员工服务热线”，为员工提供生活咨询、心理疏导、法律援助等服务；建立“家政服务员之家”，丰富家政服务员业余生活。

六、建立家政服务信用体系

（一）建立信用记录。支持参与扶贫的家政服务企业建立家政服务员信用记录。商务部会同公安部对家政服务员的犯法、犯罪等信息进行核查，并将核查结果免费提供给参与扶贫的家政服务企业。

（二）实行守信激励和失信惩戒。将建立家政服务员信用记录且公共信用综合评价信用等级在“良+”及以上的家政服务企业纳入守信联合激励对象名单管理，在“信用中国”网站、省级家政服务业信用信息平台上公布，引导消费者优先选择其服务。建立家政服务领域失信责任主体失信联合惩戒对象名单制度，对失信责任主体采取公开曝光等措施，实现优胜劣汰。

七、扩大家政扶贫商业保险覆盖面

商务部已会同中国人民保险集团优化了“百城万村”家政扶贫保险政策。各地商务主管部门要与中国人民保险集团本地分支机构加强沟通，帮助参与家政扶贫的贫困县、企业和贫困人员全面准确了解保险政策，扩大保险覆盖面。鼓励为从事家政服务的贫困地区人口，特别是建档立卡贫困人口购买家政扶贫商业保险，并提供补助。

八、完善家政扶贫配套政策

（一）加强政策统筹。在整体扶贫工作的盘子内，将家政扶贫与其他支持政策进行衔接，在培训、就业等方面提供支持。指导贫困县将家政扶贫纳入东西部协作扶贫考核范围，细化家政扶贫的目标、任务和政策措施。优先考虑参与扶贫的家政企业纳入家政服务提质扩容的政策支持范围。

（二）争取政策支持。承担东西部扶贫协作任务的东部省份或有条件的地方可使用财政援助资金支持参与扶贫的家政服务企业，对吸纳贫困人口就业较多的家政服务企业给予奖励。支持有条件的员工制家政服务企业建立职工集体宿舍，将配建职工宿舍优先提供给员工制家政服务企业职工。利用各类技能实训基地政策支持家政劳务输出基地建设，鼓励有条件的地方按规定给予一定标准的培训补贴。鼓励各地政府购买家政服务培训项目，为建档立卡贫困人口免费提供家政服务培训。

（三）表扬先进主体。结合本地实际，对家政扶贫效果好的企业和带头人予以表扬，将五一巾帼标兵、巾帼建功标兵、青年文明号等荣誉授予向家政扶贫带头人倾斜，提升家政扶贫工作的社会影响力和家政服务员的社会形象。

九、加强家政扶贫组织领导

（一）提高政治站位。2019年是打赢脱贫攻坚战的关键之年。各地有关部门要进一步提高政治站位，增强“四个意识”，将家政扶贫列入本地扶贫工作计划，出台支持政策，推广可复制经验，以强烈的责任感、使命感和紧迫感做好家政扶贫各项工作，实现“一人干家政全家能脱贫”。

（二）完善工作机制。各地要健全协调机制，建立工作台账，密切跟踪、全面掌握工作推进情况，及时解决工作推进中遇到的问题，帮助家政服务企业深入贫困村，与贫困人口开展深入交流，为家政服务企业提供有力支持。

（三）及时报送数据。省级商务主管部门要在每季度结束后15日内填报省内贫困人口外出从事家政服务的意向数据。家政服务企业在每季度结束后10日内填报本企业接收家政服务员的成效数据和意向数据；省级商务主管部门在每季度结束后15日内审核省内家政服务企业填报的数据，确保准确、真实。

商务部　发展改革委　财政部
国务院扶贫办　全国妇联
2019年4月19日

民政部　财政部　国家卫生健康委员会　国务院扶贫办　中国残疾人联合会关于在脱贫攻坚中做好贫困重度残疾人照护服务工作的通知

民发〔2019〕33号

各省、自治区、直辖市民政厅（局）、财政厅（局）、卫生健康委、扶贫办、残联，新疆生产建设兵团民政局、财政局、卫生健康委、扶贫办、残联：

为落实《中共中央国务院关于打赢脱贫攻坚战三年行动的指导意见》、《中共中央办公厅国务院办公厅印发〈关于支持深度贫困地区脱贫攻坚的实施意见〉的通知》等文件精神，在脱贫攻坚中切实做好贫困重度残疾人的照护服务工作，现就有关事项通知如下。

一、充分认识在脱贫攻坚中做好贫困重度残疾人照护服务工作的重要意义

党中央、国务院高度重视贫困重度残疾人的精准脱贫，制定出台了一系列重要制度，帮助他们解决生产生活中面临的困难和问题，广大贫困重度残疾人的基本生存条件得到了全面改善。但贫困重度残疾人依然普遍存在照护服务困难。贫困重度残疾人，是全社会最为困难的弱势群体，也是脱贫攻坚中各有关部门需要帮扶的重要群体。在脱贫攻坚中做好贫困重度残疾人照护服务工作，是落实中央关于打赢脱贫攻坚战一系列重要决策部署的具体行动和内在要求，是广大贫困重度残疾人及其家庭精准脱贫的现实需要和迫切愿望。各地要切实提高政治站位，以习近平新时代中国特色社会主义思想为指导，从全面建成小康社会和打赢脱贫攻坚战大局出发，坚持精准脱贫工作理念，把做好贫困重度残疾人照护服务工作作为打赢脱贫攻坚战的一项重要任务抓紧抓好。

二、扎实做好贫困重度残疾人照护服务相关工作

各地要按照中央打赢脱贫攻坚战三年行动指导意见和支持深度贫困地区脱贫攻坚实施意见关于开展贫困重度残疾人照护服务的有关要求，立足现有条件，采取积极措施，扎实做好贫困重度残疾人照护服务相关工作。

（一）精准确定贫困重度残疾人照护服务对象和服务内容。有条件的地方要把同时具备下列条件的残疾人纳入集中或社会化照护服务政策范围：1.16周岁以上；2.不符合特困人员救助供养条件；3.持有第二代《中华人民共和国残疾人证》且残疾程度为一级或二级；4.纳入最低生活保障范围或属于建档立卡残疾人。对于符合条件且有意愿入住各类照护

服务机构的贫困重度残疾人，要依托和整合现有公共服务设施为其提供集中照护服务；对于符合条件但无意愿入住各类照护服务机构的贫困重度残疾人，要组织贫困重度残疾人家属、邻居及其他社会力量和个人为其提供居家服务、日间照料、邻里互助等社会化照护服务。要建立贫困重度残疾人服务信息管理系统和信息台账，动态掌握本地区贫困重度残疾人的基本信息和基础数据，尊重保障对象意愿，提供相应服务内容。

（二）依托和整合现有公共服务设施开展集中照护服务。贫困重度残疾人数量和服务需求较多的地方，可在乡镇层级依托或者整合现有机构开展集中照护服务工作。有条件的地方，可建立专门的示范性、综合性贫困重度残疾人照护服务机构。各地可整合资源，充分利用敬老院、幸福院、养老院、乡镇卫生院、托养机构等，以政府购买服务的形式，为有长期照护需求和意愿的贫困重度残疾人提供集中照护服务。贫困重度残疾人照护服务机构要配备基本生活设施和多功能护理床、轮椅等康复辅助器具；明确托养入住程序、标准和流程，建立“户申请、村申报、乡审批、县备案”和公示公告制度；签订照护服务协议，对不同类型的重度残疾人照护服务实施分区管理；优先从贫困家庭特别是托养对象家属中聘用照护服务人员。

（三）推动开展贫困重度残疾人社会化照护服务。贫困重度残疾人分散的地方，可采取互助式服务的模式，以村为单位设立邻里互助服务点，以残疾人的生活照护需求为导向，提供洗衣做饭、打扫卫生、代购用品、送医送药等服务。依托现有或新建村级公共服务场所，积极培育和引入专业机构和社会组织参与，以居家照料、上门服务、日间短托为主，为贫困重度残疾人提供方便可及的居家服务和日间照料。强化家庭在残疾人照护服务中的第一责任主体地位，优先选用贫困残疾人家庭有照护服务能力的亲属就近就便为有长期照护服务需要的贫困重度残疾人提供照护服务，符合条件的人员可通过现有公益性岗位予以安排。要签订照护服务协议，明确互助双方权利义务，由村“两委”干部定期对照护服务人员进行满意度测评。要持续推进家庭医生签约服务，对贫困重度残疾人定期随访、记录病情，监督按时服药，进行治疗康复和照护服务指导。要建立健全照护服务人员考勤考绩、待遇奖励、工作经费募集等规章制度，以及照护服务人员、服务对象档案和互助服务信息台账。

（四）加大贫困重度残疾人康复工作力度。多方整合和利用资源，充分发挥和利用医疗机构、康复辅助器具服务机构等专业机构的优势，积极为接受照护服务的贫困重度残疾人实施手术矫治治疗、康复训练，配置康复辅助器具。已建立基本型康复辅助器具配置补贴制度和开展康复辅助器具社区租赁服务的地区，要优先将接受照护服务的贫困重度残疾人纳入补贴和服务范围。为体现精准脱贫要求，2019-2020年，中央财政继续支持实施“福康工程”，聚焦深度贫困地区，为贫困残疾人免费配置假肢和矫形器等辅具，筛选肢体畸形患者免费进行手术矫治、康复训练和配置术后矫形器等辅具。各地要按照民政部统一部署，推进“福康工程”，同时积极开展各种形式的贫困重度残疾人康复公益项目，助力贫困重度残疾人脱贫攻坚。

（五）鼓励社会力量参与贫困重度残疾人照护服务。加大宣传倡导力度，动员和引导社会力量积极参与贫困重度残疾人照护服务，为其搭建平台、提供便利。鼓励支持社会力量利用现有养老机构、残疾人服务机构等闲置资源，为贫困重度残疾人提供照护服务。鼓励个人、企业、社会组织等通过捐款捐物、提供志愿服务、设立基金等方式，参与贫困重度残疾人照护服务工作。企业或个人对从事贫困重度残疾人照护服务的非营利性组织的慈善捐赠支出，符合现行公益性捐赠税收政策有关条件的，可按规定享受税前扣除政策。

三、加强对贫困重度残疾人照护服务工作的组织保障

（一）加强组织领导。各地各有关部门要充分认识做好贫困重度残疾人照护服务工作的重要性，将其作为残疾人精准脱贫和打赢脱贫攻坚战的重要任务，建立民政和残联牵头、相关部门协作、社会力量支持、残疾人及其家庭参与的工作机制。各级民政部门要履行主管部门职责，加强统筹指导，及时研究解决工作中遇到的问题，做好对象审定、服务提供、监督管理等工作，加强与养老、特困人员救助供养、残疾人康复等工作的衔接，培育发展一批示范典型，形成一批可复制、可推广、可持续的模式。残联组织要发挥“代表、服务、管理”职能作用，及时了解掌握残疾人意愿和需求，严格残疾人证发放管理，做好贫困重度残疾人照护服务相关工作。卫生健康部门要加强工作指导，积极督促和指导各类医疗机构为贫困重度残疾人提供优质医疗和康复服务。

（二）加强资金保障。财政部门要结合实际工作需要，统筹相关渠道资金支持贫困重度残疾人照护服务工作，并向深度贫困地区适当倾斜。民政部门要加大民政部本级和地方各级政府用于社会福利事业的彩票公益金投入力度，支持开展贫困重度残疾人照护服务。卫生健康部门和残联组织要整合部门相关资金，“三区三州”所在省份要在脱贫攻坚时期将“阳光家园计划”资金优先用于贫困重度残疾人照护服务相关工作，为做好贫困重度残疾人照护服务工作提供经费保障。

（三）加强监督管理。贫困重度残疾人照护服务工作要向社会公示，接受社会监督。扶贫部门要关注贫困重度残疾人照护服务等帮扶政策落实情况。民政部门要会同残联组织加强对服务机构、服务组织、服务人员的监督管理，定期开展贫困重度残疾人照护服务工作绩效评估，切实维护残疾人权益。

民政部　财政部　国家卫生健康委员会

国务院扶贫办　中国残疾人联合会

2019年4月25日

中国银保监会　财政部　中国人民银行 国务院扶贫办 关于进一步规范和完善扶贫小额信贷管理的通知

银保监发〔2019〕24号

各银保监局，各省、自治区、直辖市财政厅(局)，中国人民银行上海总部、各分行、营业管理部、各省会(首府)城市中心支行，各省、自治区、直辖市扶贫办(局)，各政策性银行、大型银行、股份制银行，邮储银行：

近年来，在各地区、有关部门和银行业保险业的共同努力下，扶贫小额信贷扎实推进、蓬勃发展，在帮助贫困群众脱贫致富、增强贫困户内生动力、推动贫困地区金融市场发育、改善乡村治理等方面取得明显成效。当前，脱贫攻坚战已经进入啃硬骨头、攻坚拔寨的冲刺期，进一步发展扶贫小额信贷必须坚持两手抓、两促进，即一手抓精准投放，能贷尽贷，助力建档立卡贫困户积极发展生产脱贫致富；一手抓规范完善管理，防范化解风险，不片面强调扶贫小额信贷获贷率，避免贫困户过度负债。根据新形势新任务新要求，为进一步规范扶贫小额信贷管理，切实解决有关政策措施不具体、风险补偿机制不完善、集中还款压力较大等问题，促进扶贫小额信贷健康发展，助力打赢精准脱贫攻坚战，现将有关事项通知如下：

一、坚持和完善扶贫小额信贷政策

(一)进一步明确政策要点。扶贫小额信贷政策要继续坚持“5万元以下、3年期以内、免担保免抵押、基准利率放贷、财政贴息、县建风险补偿金”的政策要点。扶贫小额信贷及续贷、展期在脱贫攻坚期内各项政策保持不变。

(二)进一步明确支持保障对象。扶贫小额信贷主要支持建档立卡贫困户(含已脱贫的贫困户)。脱贫攻坚期内，在符合有关条件的前提下，银行机构可为贫困户办理贷款续贷或展期；在已经还清扶贫小额贷款和符合再次贷款条件的前提下，银行机构可向贫困户多次发放扶贫小额信贷。

(三)进一步明确贷款用途。扶贫小额信贷要坚持户借、户用、户还，精准用于贫困户发展生产，不能用于结婚、建房、理财、购置家庭用品等非生产性支出，更不能集中用于政府融资平台、生产经营企业等。

(四)进一步明确贷款条件。新申请扶贫小额信贷(含续贷、展期)的贫困户，必须遵纪守法、诚实守信、无重大不良信用记录，并具有完全民事行为能力；必须通过银行评级授信、有贷款意愿、有必要的技能素质和一定还款能力；必须将贷款资金用于不违反法律法规规定的产业和项目，且有一定市场前景；借款人年龄原则上应在18周岁(含)—65周岁(含)之间。银行机构应综合考虑借款人自身条件、贷款用途、风险补偿机制等情况，自主作出贷款决定。

二、切实满足建档立卡贫困户信贷资金需求

(一)对符合贷款条件且有贷款意愿的建档立卡贫困户,要落实分片包干责任,以县或乡镇为单位,确定当地有网点的机构为主责任银行,实行名单制管理,确保能贷尽贷。要进一步完善县乡村三级金融扶贫服务体系,提高服务水平,准确评级授信,优化贷前调查流程,及时将扶贫小额信贷资金发放到位。

(二)在贫困户自愿和参与生产经营的前提下,可采取合作发展方式,将扶贫小额信贷资金用于有效带动贫困户脱贫致富的特色优势产业,并按要求规范贷款管理,使贫困户融入产业发展并长期受益。

(三)鼓励有大额信贷资金需求、符合贷款条件的建档立卡贫困户,特别是已脱贫户申请创业担保贷款、农户贷款等。引导银行机构通过大数据、云计算等金融科技手段,探索开发既能满足建档立卡贫困户多元化信贷需求、又能实现商业可持续的信贷产品。

三、稳妥办理续贷和展期

(一)对于贷款到期仍有用款需求的贫困户,经办银行应提前介入贷款调查和评审。脱贫攻坚期内,在贷款户符合申请扶贫小额信贷条件、具有一定还款能力、还款意愿良好、确有资金需求、风险可控的前提下,可无需偿还本金办理续贷。续贷期限由经办银行根据贷款项目、还款能力等情况综合决定,原则上不超过3年且只能办理1次续贷,办理续贷的贷款继续执行扶贫小额信贷政策。

(二)对符合申请扶贫小额信贷条件、确因非主观因素不能偿还到期贷款的贫困户,经办银行可为其办理贷款展期。一年期以内的短期贷款展期期限不超过原贷款期限,一年期到三年期的中期贷款展期期限不超过原贷款期限的一半。原则上只能办理1次展期,办理展期的贷款继续执行扶贫小额信贷政策。

(三)对办理续贷和展期的扶贫小额信贷,经办银行要会同相关部门加强后续管理。对不符合续贷和展期条件的,经办银行不得办理续贷和展期。

四、妥善应对还款高峰期

(一)加大政策宣传力度。强化诚信教育,形成银行贷款应按时偿还的广泛认知和自觉认同。

(二)加强贷后管理。建立贷款台账,完善风险监测预警机制,及时准确掌握贷款使用情况。

(三)做好贷款到期提醒。贷款到期日60天前通知借款人做好还款准备,贷款到期日30天前书面通知借款人按时还款。

(四)稳妥处置逾期贷款。加强银行机构与地方政府的协同配合,充分发挥村两委、第一书记、驻村工作队和帮扶责任人的作用,督促借款人归还贷款,帮助其制定还款计划。对贷款逾期率明显高于平均水平的乡村,应及时调查、摸清情况、找出原因、认真整改。对通过追加贷款能够帮助渡过难关的,银行机构可予以追加贷款支持,但单户扶贫小额信贷总额不得超过5万元。

(五)采取司法手段。对恶意拖欠银行贷款、存在逃废债行为的,纳入失信债务人名单,并依法组织清收。

五、进一步完善风险补偿机制

(一)有条件的县级政府可建立风险补偿机制,科学合理确定风险补偿金规模,明确风险补偿启动条件及程序等。风险补偿金要存放在共管账户,专款专存、专账管理、封闭运行,不得将风险补偿金混同为担保金使用。

(二)对贫困户确无偿还贷款能力、到期未能还款且不符合续贷或展期条件、追索90天

以上仍未偿还的扶贫小额信贷，应启动风险补偿机制。追索期内的应付利息，一并纳入风险补偿范围，按规定比例进行分担。

（三）使用风险补偿金对贷款本息进行补偿后，县级政府和银行机构按损失分担比例共同享有对借款人的债权，应继续开展贷款本息追索工作，追索回的贷款本息按损失承担比例，分别退还银行机构和风险补偿金账户。

（四）积极探索风险分担形式，鼓励引入政府性担保机构分担风险，支持保险机构开发推广特色农产品保险、人身意外险、大病保险、扶贫小额信贷保证保险等保险产品。发放扶贫小额信贷时，不得强制搭售保险、强行参保（担保）等。

六、分类处置未直接用于贫困户发展生产的扶贫小额信贷

（一）扶贫小额信贷要精准用于贫困户发展产业，继续禁止将新发放的扶贫小额信贷以入股分红、转贷、指标交换等方式交由企业或其他组织使用。

（二）对已发放的、未直接用于贫困户发展生产的类扶贫小额信贷，要建立台账，加强监管，分类处置。要重点挂牌跟踪监测贷款量大、涉及户数较多的实际用款企业或其他组织。

对于有一定产业基础、有良好社会责任担当的企业或其他组织实际使用的扶贫小额信贷，经办银行要切实加强贷后管理，密切跟踪，科学评估，到期收回贷款或转为产业扶贫贷款。

对于贫困户不知情、不享受扶贫小额信贷优惠政策或贫困户只享受利息、分红而不参与生产劳动的情况，地方政府和经办银行要切实采取措施予以纠正。

对于已出现风险或经营管理不善的企业，经办银行要及时收回贷款，防止风险向贫困户转移，扶贫部门、银行保险监管部门、人民银行分支机构要予以支持协助。

七、强化组织保障

（一）提高认识，明确分工。各级银行保险监管部门要督促银行机构精准合规发放扶贫小额信贷，加强贷前、贷中、贷后管理，积极防范和化解信贷风险。进一步提高不良贷款容忍度，对扶贫小额信贷不良率高出银行机构自身各项贷款不良率年度目标3个百分点以内的，不作为监管部门监管评价和银行内部考核评价的扣分因素，要加快完善扶贫小额信贷尽职免责制度。各级扶贫部门要做好组织协调、政策宣传等工作，将贫困户使用扶贫小额信贷情况与县级脱贫攻坚项目库建设相结合，加强跟踪指导和技能培训。各人民银行分支机构要灵活运用多种货币政策工具，加大扶贫再贷款支持力度，加强对深度贫困地区的政策倾斜。地方财政和扶贫部门要共同落实好财政贴息政策，已设立风险补偿金的地区要进一步完善风险补偿机制，规范风险补偿启动条件和流程。

（二）开展通报约谈，推进政策落实。将扶贫小额信贷质量、逾期贷款处置等情况纳入地方党委、政府脱贫攻坚年度考核内容，定期通报扶贫小额信贷工作开展情况，对问题较多、违规情节较重地区的党政领导和主管部门负责同志进行约谈提醒，限期整改。

（三）加大宣传力度，总结推广经验。加强扶贫小额信贷政策培训，利用群众喜闻乐见的形式加强宣传。及时总结各地规范健康发展扶贫小额信贷的好做法、好经验，进一步加大交流推广力度。

中国银保监会　财政部　中国人民银行
国务院扶贫办
2019年5月9日

人力资源社会保障部　国家发展改革委 财政部　国务院扶贫办 关于做好易地扶贫搬迁就业帮扶工作的通知

人社部发〔2019〕47号

各省、自治区、直辖市及新疆生产建设兵团人力资源社会保障厅(局)、发展改革委、财政厅(局)、扶贫办(局):

就业帮扶是易地扶贫搬迁后续扶持工作的重要内容,是帮助搬迁群众搬得出、稳得住、有就业、能致富的重要举措,关系脱贫攻坚成果巩固,关系搬迁地经济健康发展、社会和谐稳定。当前,易地扶贫搬迁工程建设已取得决定性进展,进入了以做好后续扶持为重点的新阶段,搬迁群众就业压力逐步凸显。为贯彻落实中央关于打赢脱贫攻坚战三年行动指导意见精神,按照全国易地扶贫搬迁后续扶持工作现场会要求,现就易地扶贫搬迁就业帮扶工作有关事项通知如下:

一、加强谋划部署

(一)明确工作重点。各地要把16周岁以上、有劳动能力的搬迁群众(以下简称搬迁群众),特别是建档立卡贫困劳动力作为重点人群,将城镇和工业园区安置区,特别是“三区三州”等深度贫困地区安置区、人口规模800人以上大型安置区作为重点区域,坚持普惠性政策和超常规举措并举,强化培训服务与兜底保障并重,全力做好搬迁群众的就业帮扶工作,努力促进有劳动能力和就业意愿的搬迁贫困劳动力就业创业,确保其家庭至少一人实现就业。

(二)加强摸底调查。各地要加强部门间信息共享,及时对接搬迁安置工作和搬迁群众相关情况。发改部门要及时提供易地扶贫搬迁工程项目建设及搬迁入住进展情况,扶贫部门要及时提供搬迁建档立卡贫困人口的基本信息,人社部门要开展调查,准确掌握搬迁人员就业失业情况和参加职业技能培训情况,及时将信息录入农村贫困劳动力就业信息平台、就业信息监测平台,实现动态更新。要根据摸底调查结果,锁定重点对象、重点地区,制定帮扶工作清单。

(三)统筹工作部署。各地要把就业帮扶作为易地扶贫搬迁后续扶持工作的重中之重,纳入易地扶贫搬迁工作总体部署,做到搬迁及后续扶持工作和就业帮扶工作同谋划、同部署、同推进。

二、多渠道拓宽就业门路

(四)落实配套产业扩大就业。各地要结合乡村振兴战略实施和城镇化进程,依托当地资源禀赋因地制宜发展现代特色高效农业、现代农产品加工流通业和产业旅游、文化体验、健康养生、特色手工业等新产业,推动安置区配套产业项目尽快落地。把吸纳就业能力作为发展配套产业的重要因素,重点引进适合搬迁贫困劳动力特点的劳动密集型、生态友好型企业。东西部扶贫协作、对口支援省份要动员各类企业到安置区投资兴业、创办就业扶贫车间，将就业扶贫车间带贫成效与政策支持挂钩，建立正向激励机制，培育特色优势产业，吸纳搬迁群众就业。

（五）促进安置区发展吸纳就业。各地在安置区实施的政府投资建设项目、以工代赈项目，服务安置区的社会管理和公共服务岗位，都应安排一定数量的岗位吸纳搬迁群众就业，并优先吸纳有就业意愿的搬迁贫困劳动力。要建立完善以劳奖补、劳动就业与各类帮扶措施相挂钩的联动机制，激发搬迁群众内生动力，动员引导搬迁群众到岗就业。

（六）预留场地扶持创业就业。各地应结合实际，在城镇和工业园区安置区预留生产经营场地、开辟专门区域，发展就业扶贫车间，开展贫困村创业致富带头人培育工作，以创业促就业，吸引本土人才回流返乡创业；支持个体经营、摆摊设点，力争大型集中安置区都能为创业者提供低成本创业场所。统筹利用周边土地资源，对接农民专业合作社、龙头企业，支持搬迁群众在安置区周边从事现代设施农业。

（七）组织劳务输出就业。各地要根据搬迁群众意愿和能力，强化针对性信息服务，有序组织到县内、市内、省内、省外就业，提高劳务组织化程度。将安置区作为开展有组织劳务输出服务的重点地区，指定专人负责，加强跟踪服务，努力扩大输出规模。东西部扶贫协作和对口支援省份要把接纳安置区搬迁群众就业作为劳务协作的重要内容，积极提供岗位信息，加强输出后的跟踪管理服务、劳动权益保障，促进稳定就业。

（八）落实政策兜底安置就业。各地要支持安置区各类用人单位吸纳搬迁贫困劳动力就业，鼓励贫困劳动力自谋职业、灵活就业，对缴纳社会保险的用人单位、灵活就业的贫困劳动力按规定落实定额税收减免、社会保险补贴、创业担保贷款及贴息等扶持政策。对符合条件的贫困劳动力，按规定通过公益性岗位提供兜底帮扶。

三、大规模开展职业技能培训

（九）推动培训应培尽培。各地要广泛动员搬迁群众积极参与并自主选择适合的职业技能培训项目。重点依据当地特色产业、安置区用工项目、劳务输出项目等开展就业技能培训。支持青壮年劳动力就读技工院校或参加中长期培训，帮助其掌握实现高质量就业的技能。鼓励企业和就业扶贫车间等经营主体对在岗劳动力开展各类企业职工培训或以工代训。组织学习能力较强、具备一定创业条件的人员参加创业培训。确保有培训意愿和劳动能力的搬迁群众至少接受1次职业技能培训。

（十）增强培训精准性。各地要根据搬迁群众的就业需要和技能需求，创新培训模式，通过在安置区开展就地就近培训，或组织出来集中培训等方式，满足搬迁群众培训需求。结合岗位需求和搬迁群众自身特点，开展订单式培训、定向培训、定岗培训，力争培训一人，就业一人。结合搬迁群众需要，在职业技能培训项目中可适当增加通用职业素质培养、城市生活常识、企业务工常识、国家通用语言、法律法规等培训内容。

（十一）提高培训补贴标准。各地可采取项目制等方式为搬迁群众中符合条件人员提供就业技能或创业培训，并按规定发放培训补贴和生活费补贴。有条件的地区可结合实际需要和财力水平，对培训中增加城市生活常识、国家通用语言培训等培训项目适当提高补贴标准。

四、实施属地就业服务管理

（十二）纳入政策服务体系。各地要将搬

迁群众全部纳入当地公共就业服务体系,搬迁至城镇区域的,按城镇户籍人员落实就业扶持政策。精简落实政策证明材料,优化经办流程,便捷用人单位、中介机构和搬迁群众享受政策。

(十三)强化服务保障。各地要建立安置区岗位信息常态化推送机制,通过滚动屏幕、微博微信客户端、就业大篷车等多种方式,送政策、送岗位、送服务,精准推荐就业岗位和职业培训信息,确保有就业意愿的搬迁群众至少获得3个以上有针对性的岗位信息,有培训意愿的搬迁群众在1个月内获得培训信息。定期在大型安置区召开专场招聘会,有条件的可开通远程招聘面试系统,方便搬迁群众求职就业。加强职业指导,提升搬迁贫困劳动力求职能力。

(十四)优化服务供给。各地要在大型集中安置区基本公共服务设施中确定专门场所,用于设立公共就业服务站或服务窗口,在其他安置区所在地公共就业服务机构设立专门窗口,为搬迁群众提供政策咨询、业务办理等一站式服务。加强公共就业服务能力建设,通过举办培训班等方式开展业务培训,提高服务水平和质量。动员社会力量参与,通过购买社会服务等方式探索公共就业服务机构和市场主体合作,优势互补、提高服务效率。

(十五)实施万人大型集中安置区就业帮扶专项行动。各地要以省为单位,将万人以上的大型安置区作为就业服务重点地区,派出专门的就业帮扶工作队开展专项帮扶,制定“一区一策”帮扶方案。依托各类劳务协作机制,动员公共就业服务机构、人力资源服务机构和企业等市场主体,为搬迁群众提供集中就业帮扶、省内外对接、点对点劳务对接等服务。

五、加强组织实施

(十六)压实工作责任。各地要把易地扶贫搬迁就业帮扶工作作为就业扶贫工作的重要内容,建立地方政府负总责、部门协同联动的工作机制,细化任务分工,层层压实责任,抓好抓实易地扶贫搬迁就业帮扶工作。人力资源社会保障部门要负责落实就业扶持政策,加强职业培训、就业服务和搬迁群众就业失业情况分析,做好公益性岗位开发管理工作。发展改革部门要在推进安置区建设时,充分考虑公共就业服务设施需求,支持预留创业场所,在安排以工代赈等政府投资项目时积极吸纳搬迁群众就地就近就业。各级财政部门要负责保障落实就业扶持政策所需资金以及安置区开展就业帮扶工作经费。扶贫部门要及时提供搬迁建档立卡贫困人口基本信息,统筹相关扶贫资金和东西部扶贫协作、定点扶贫资源等,支持搬迁贫困劳动力就业工作。

(十七)落实资金保障。各地要以搬迁建档立卡贫困人口为主要扶持对象,统筹使用就业补助资金等相关资金,加强就业扶贫支持力度。各地在分配一般性转移支付、专项转移支付等相关资金时,要向安置区特别是“三区三州”等深度贫困县安置区、大型安置区所在地倾斜。易地扶贫搬迁相关剩余资金可用于对搬迁建档立卡贫困人口的后续扶持。

(十八)强化风险防控。各地要进一步加强统计监测和形势研判,建立健全易地扶贫搬迁安置区失业预警机制和应急处置机制。针对万人以上大型集中安置区,实施重点监测,制定风险应对预案,有针对性采取防范措施,并及时向当地党委政府和上级人力资源社会保障部门报告。

(十九)强化作风建设。各地要把作风建设贯穿易地扶贫搬迁就业帮扶工作全过程,落实中央基层减负年工作要求,力戒形式主义、官僚主义。要强化资金监管,保障资金安全,防范廉政风险。要加强宣传引导,注重扶志、扶智相结合，激发搬迁群众内生动力，营造劳动最光荣、幸福靠奋斗的良好氛围。

各地要按照本文件精神，抓好贯彻落实，务求工作实效。有关工作进展、重大情况及时报送人力资源社会保障部、发展改革委、财政部、国务院扶贫办。

人力资源社会保障部　国家发展改革委
财政部　国务院扶贫办
2019年5月23日

关于印发《解决贫困人口基本医疗有保障突出问题工作方案》的通知

国卫扶贫发〔2019〕45号

河北省、山西省、内蒙古自治区、辽宁省、吉林省、黑龙江省、安徽省、福建省、江西省、山东省、河南省、湖北省、湖南省、广西壮族自治区、海南省、重庆市、四川省、贵州省、云南省、西藏自治区、陕西省、甘肃省、青海省、宁夏回族自治区、新疆维吾尔自治区卫生健康委、发展改革委、财政厅(局)、医保局、中医药局、扶贫办:

为贯彻落实党中央、国务院解决"两不愁三保障"突出问题决策部署,根据《国务院扶贫开发领导小组印发〈关于解决"两不愁三保障"突出问题的指导意见〉的通知》(国开发〔2019〕15号),推动全面解决基本医疗有保障突出问题,深入推进实施健康扶贫工程,国家卫生健康委、国家发展改革委、财政部、国家医保局、国家中医药局和国务院扶贫办联合制定了《解决贫困人口基本医疗有保障突出问题工作方案》。现印发给你们(可在国家卫生健康委网站下载),请认真落实。

国家卫生健康委　国家发展改革委

财政部　国家医保局　国家中医药局

国务院扶贫办

2019年7月10日

解决贫困人口基本医疗有保障突出问题工作方案

为贯彻落实党中央、国务院解决"两不愁三保障"突出问题决策部署,深入推进实施健康扶贫工程,以县医院能力建设、"县乡一体、乡村一体"机制建设、乡村医疗卫生机构标准化建设为主攻方向,全面解决贫困人口基本医疗有保障突出问题,确保到2020年全面完成健康扶贫任务,根据《国务院扶贫开发领导小组关于解决"两不愁三保障"突出问题的指导意见》,制定本工作方案。

一、准确把握基本医疗有保障的标准和要求

贫困人口基本医疗有保障,主要是指贫困人口全部纳入基本医疗保险、大病保险和医疗救助等制度保障范围,常见病、慢性病能够在县乡村三级医疗机构获得及时诊治,得了大病、重病后基本生活仍然有保障。建立健全基本医疗保障制度,加强县乡村医疗卫生机构建设,配备合格医务人员,消除乡村两级机构人员"空白点",做到贫困人口看病有地方、有医生、有制度保障。

指导工作标准包括:医疗卫生机构"三个一"、医疗卫生人员"三合格"、医疗服务能力"三条线"、医疗保障制度全覆盖(详见附件)。

二、加强县医院能力建设

(一)加大支持力度。进一步加大中央预算内投资支持力度,督促地方将符合条件的贫困县(国家扶贫开发工作重点县以及连片特困地区县,下同)县级医院(含中医医院,下同)纳入全民健康保障工程支持范围。各地要落实投入责任,改造和完善县级医院设施,配备基本设备,保障县级医院的正常运转。

(二)强化对口帮扶。进一步明确三级医院帮扶目标、任务和考核指标。组织三级医院加大对深度贫困县的帮扶力度。采取"组团式"支援方式,选派管理和技术人员担任受援医院院长或副院长、护理部主任及学科带头人,帮扶团队不少于5人(中医医院可选派3人),每批人员连续工作时间不少于6个月。帮助贫困县县医院加强针对当地疾病谱的临床专科建设,提升内科、外科、妇产科、儿科、急诊科的常见病、多发病和部分急危重症的诊疗能力。

(三)推进远程医疗。实现贫困县县级医院远程医疗全覆盖,拓展服务内涵,丰富服务内容,通过远程会诊、查房、示教、培训等形式,有效促进优质医疗资源下沉。进一步规范远程医疗服务,逐步完善远程医疗收费和报销政策。

三、加强"县乡一体、乡村一体"机制建设

(四)加强县乡村人员培养培训。持续开展全科医生规范化培训、助理全科医生培训、转岗培训等,加大农村订单定向免费医学生培养力度。继续为贫困地区招聘特岗全科医生,全面解决乡镇卫生院无执业医师问题。鼓励各地继续开展面向村卫生室的免费医学生培养。持续对乡村医生开展实用技能和适宜技术培训,提高乡村医生常见病、多发病诊治和中医药服务能力。

(五)统筹使用县域卫生人力资源。鼓励实行"县聘县管乡用"和"乡聘村用",为乡镇卫生院和村卫生室聘用合格的医务人员。建立健全压茬选派制度,通过从乡镇卫生院选派医师开展巡诊、派驻等方式,解决村卫生室缺乏合格医生的问题。探索开展省域内非贫困县县级医院对口支援贫困地区乡镇卫生院,定期选派医师到乡镇卫生院执业。

(六)推进县域医共体建设。有条件的地方,进一步开展紧密型县域医共体建设,推进医共体内行政管理、医疗业务、信息系统等统一运作,提高县域医疗卫生服务整体绩效,逐步用区域医保基金总额控制代替具体医疗机构总额控制。

四、加强乡村医疗卫生机构标准化建设

(七)消除"空白点"。推动地方政府落实主体责任,加大投入,按照填平补齐的原则,在脱贫攻坚期内,全面完成乡镇卫生院和村卫生室基础设施建设,合理配置乡镇卫生院、村卫生室医疗设备。加强乡镇卫生院中医药科室建设和村卫生室中医药设备配置。对于扶贫搬迁后新形成的行政村,在地方政府水、电、网等基础设施建设到位前,可通过设置临时医疗点,为群众提供服务。

五、加强贫困地区疾病综合防控

(八)全面落实重点传染病、地方病综合防控三年攻坚行动。按照《健康扶贫三年攻坚行动计划》(国卫财务发〔2018〕38号)要求,做好艾滋病、结核病,血吸虫病、包虫病和大骨节病等地方病综合防治工作,开展现症病人分类救治。

六、保障措施

(九)明确职责分工。坚持中央统筹、省负

总责、市县抓落实的管理体制，中央部门负责健康扶贫政策顶层设计、健全工作机制、明确责任要求；地方政府负责结合本地脱贫攻坚实际，制订政策、明确标准并推动落实。卫生健康行政部门牵头实施健康扶贫、加强县乡村医疗卫生服务能力建设、开展分类救治工作，扶贫部门负责将健康扶贫纳入脱贫攻坚总体部署和工作考核，医保部门负责实施医疗保障扶贫、将贫困人口纳入医疗保障制度覆盖范围，发展改革和财政部门负责加强健康扶贫的投入保障。

（十）制订实施方案。各地要结合实际，按照能够解决实际问题、贫困人口普遍认可以及可量化、可实现、可考核的原则，制订具体工作标准和实施方案，对照标准开展排查，摸清底数，建立台账，明确时间表、路线图，并于2019年7月底前将本地具体工作标准和排查结果向国家卫生健康委、国家医保局报备。省内各地原则上不再另行制订标准。

（十一）加大投入支持。中央财政统筹卫生健康领域现有资金渠道，在分配卫生健康转移支付资金时，对“三区三州”和其他深度贫困地区予以适当倾斜。省级、市级财政对解决基本医疗有保障突出问题要予以倾斜支持。县级财政要按规定落实好乡镇卫生院及乡村医生补助经费。对于服务人口较少、按照现有渠道和补助标准不足以维持正常运转的村卫生室，县级财政给予适当补助。贫困县用足用好现有政策，支持符合条件的解决基本医疗有保障突出问题的项目。东西部扶贫协作、对口支援、定点扶贫等要支持解决贫困地区基本医疗有保障突出问题。鼓励各类公益基金、企业等社会力量支持贫困地区医疗卫生机构能力建设。

民政部　财政部　国务院扶贫办关于在脱贫攻坚兜底保障中充分发挥临时救助作用的意见

民发〔2019〕87号

各省、自治区、直辖市民政厅(局)、财政厅(局)、扶贫办(农委、农办),新疆生产建设兵团民政局、财政局、扶贫办:

临时救助是保障困难群众基本生活权益的兜底性制度安排,承担着筑牢社会救助体系最后一道防线的职责任务,是解决城乡居民各类突发性、紧迫性、临时性基本生活困难的重要举措。当前,脱贫攻坚正处于决战决胜、攻城拔寨的关键节点,实施好临时救助制度,对于强化贫困人口兜底保障、助力解决"两不愁三保障"突出问题和防止脱贫群众返贫,确保如期打赢脱贫攻坚战,具有十分重要的意义。为深入贯彻落实《中共中央国务院关于打赢脱贫攻坚战三年行动的指导意见》,在脱贫攻坚兜底保障中充分发挥临时救助作用,现提出以下意见。

一、总体要求

以习近平新时代中国特色社会主义思想为指导,深入学习贯彻习近平总书记关于扶贫工作的重要论述和关于民政工作的重要指示精神,坚持以人民为中心的发展思想,按照党中央、国务院关于打赢脱贫攻坚战的决策部署,聚焦脱贫攻坚,聚焦特殊群体,聚焦群众关切,以发挥临时救助制度效能、强化兜底保障为目标,坚持助力脱贫与防止返贫相结合、增强时效与规范管理相结合、政府主导与社会参与相结合,立足兜底线、提时效、建机制,确保救助措施精准、资金使用精准、救助成效精准,着力发挥临时救助在解决"两不愁三保障"突出问题中的作用,切实兜住兜牢民生底线。

二、强化"两不愁"兜底保障

各地要进一步发挥临时救助的过渡、衔接功能,加强与最低生活保障、特困人员救助供养等社会救助制度的衔接,提升社会救助体系整体效益,强化对解决"两不愁"问题的兜底作用。对申请最低生活保障、特困人员救助供养的建档立卡贫困人口等困难群众,可以视情先给予临时救助,及时缓解其生活困难,再按照规定程序进行审核审批,并将符合条件的纳入相应救助范围。对已纳入最低生活保障、特困人员救助供养等社会救助的对象,基本生活遭遇突发性、紧迫性、临时性困难的,要及时给予临时救助。要进一步简化优化审核审批程序,增强临时救助时效性。实施急难型临时救助,要积极运用"先行救助"方式,简化申请人家庭经济状况核对、民主评议和公示等环节,直接予以救助,并在急难情况缓解后,登记救助对象、救助事由、救助金额等信息,补齐经办手续;实施支出型临时救助,要在严格执行审核审批程序的同时,进一步压缩办理时限,提高办理效率。对申请对象中的未脱贫建档立卡贫困户、低保对象和特困人员,重点核实其生活必需支出情况,不再进行家庭收入和财产状况调查。要全面落实县、乡两级审批有关规定,推动在乡镇(街道)建立临时救助备用金制度，合理提高乡镇（街道）审批额度。鼓励有条件的地方进一步放宽户籍地申请限制，对遭遇急难事件的申请对象，由急难发生地乡镇（街道）或县级民政部门直接实施临时救助。

三、助力解决“三保障”问题

各地要切实加强临时救助与扶贫政策的衔接，着力发挥好临时救助在促进解决“三保障”问题方面的积极作用，加快形成救助帮扶合力。对因子女就学、疾病治疗等造成家庭支出较大，正常生活受到影响的建档立卡贫困户、低保对象和特困人员，可及时给予临时救助；对在解决住房问题过程中基本生活遇到困难的建档立卡贫困户、低保对象和分散供养特困人员，要通过临时救助及时保障好他们的基本生活，增强对解决“三保障”问题的支持作用。要在做好面向全体居民家庭和个人各类急难事项临时救助的同时，加大对建档立卡贫困户、低保对象和特困人员的救助力度。进一步规范针对建档立卡贫困户、低保对象、特困人员等困难群众的各类临时性生活救助措施，统一纳入临时救助制度管理，防止和减少制度碎片化，更好发挥兜底保障作用。

四、着力防范脱贫群众返贫

各地民政部门要积极配合扶贫部门建立健全返贫预警机制，加强对已脱贫人口的动态监测和跟踪管理。对收入不稳定、持续增收能力较弱、返贫风险较高的已脱贫人口，要加强日常走访，主动发现其生活困难，及时跟进实施临时救助，积极防止其返贫；对收入水平略高于建档立卡贫困户的农村群众，要加大关注力度，加强风险因素分析，根据其家庭实际困难及时给予临时救助，防止其陷入贫困；对返贫人口，应及时按规定给予临时救助，并根据其致贫原因和困难程度，采取一次审批、分阶段救助等方式，适当提高救助标准，帮助其渡过难关，实现稳定脱贫。

五、稳步提升兜底能力

各地要立足当地经济社会发展水平，合理制定临时救助标准，稳步提高救助水平，切实兜住基本生活底线。逐步提高标准制定层级，加强区域统筹，推动在省（区、市）或设区市范围内形成相对统一的临时救助标准。要进一步加强分类分档救助，针对不同的困难情形和困难程度确定相应的救助标准。对于遭遇同一困难情形的救助对象，要突出救助重点，综合考虑其家庭经济状况、抗击风险能力等因素，细化不同的救助标准，适当提高建档立卡贫困户、低保对象和特困人员救助额度，防止其因病、因灾、因急难事件等返贫。对遭遇重大生活困难的，要在综合运用各项救助帮扶政策的基础上，充分发挥县级困难群众基本生活保障工作协调机制作用，采取一事一议方式确定救助额度，进一步加大救助力度。

各地要充分认识临时救助在脱贫攻坚兜底保障中的重要作用，进一步提高政治站位，加强组织领导，完善政策措施，加大推进力度。要进一步完善主动发现机制，充分发挥驻村干部和结对帮扶干部作用，及时了解、掌握辖区内群众，特别是建档立卡贫困户、低保对象、特困人员的生活困难，做到早发现、早上报、早救助。不断健全信息共享机制，定期开展临时救助对象和建档立卡贫困人口信息比对，动态掌握脱贫返贫情况。要加强临时救助资金监管，完善乡镇（街道）临时救助备用金管理办法，加大对深度贫困地区支持力度，确保资金精准使用，提高使用效益。大力支持和引导社会力量参与，推动建立社会力量筹资、慈善组织运作的“救急难”公益基金，加强对贫困人口的救助帮扶。要力戒形式主义、官僚主义，进一步改进工作作风，提高经办服务质量，确保党中央、国务院决策部署不折不扣落到实处。

民政部　财政部　国务院扶贫办

2019年9月19日

国家医疗保障局　财政部　国家卫生健康委　国务院扶贫办关于坚决完成医疗保障脱贫攻坚硬任务的指导意见

医保发〔2019〕57号

各省、自治区、直辖市及新疆生产建设兵团医保局、财政厅(局)、卫生健康委、扶贫办：

为深入贯彻落实习近平总书记在解决“两不愁三保障”突出问题座谈会上的重要指示精神，根据国务院扶贫开发领导小组《关于解决“两不愁三保障”突出问题的指导意见》(国开发〔2019〕15号)，现就确保完成医疗保障脱贫攻坚硬任务提出如下意见：

一、强化医疗保障扶贫政治责任

2019年是打赢脱贫攻坚战、攻坚克难的关键之年，距离完成脱贫攻坚目标任务只剩下不到两年时间。习近平总书记在重庆召开解决“两不愁三保障”突出问题座谈会上指出，“两不愁”基本解决、“三保障”还存在不少薄弱环节，要求务必一鼓作气，顽强作战，着力解决“两不愁三保障”突出问题，扎实做好今明两年脱贫攻坚工作。为落实习近平总书记重要指示精神，国务院扶贫开发领导小组对解决“两不愁三保障”突出问题提出指导意见。各地要充分认识医疗保障扶贫对打赢三大攻坚战、决胜全面建成小康社会、实现第一个百年奋斗目标的重要意义，深入学习领会习近平总书记重要指示精神，按照国开发〔2019〕15号文要求，切实履行主体责任、增强政治担当，尽锐出战、狠抓实效，扎实完成医疗保障脱贫攻坚硬任务。

二、明确医保脱贫攻坚硬任务

到2020年稳定实现农村建档立卡贫困人口(以下简称“贫困人口”)“两不愁三保障”是贫困人口脱贫的基本要求和核心指标。其中，“基本医疗有保障”指贫困人口全部纳入基本医疗保险、大病保险和医疗救助等制度保障范围，常见病、慢性病能够在县乡村三级医疗机构获得及时诊治，得了大病、重病基本生活有保障。各地要坚持基本标准，将建立健全基本医疗保障制度，确保贫困人口全部纳入三项制度保障范围作为医疗保障脱贫攻坚硬任务。既不拔高标准、出现不切实际的过高承诺、过度保障问题，也不降低标准、出现部分贫困人口看病没有制度保障的情况；既要实现贫困人口应保尽保、保证待遇落实到位，又要妥善治理过度保障、确保基金安全，同时还要做好医保扶贫动态监测，确保目标任务如期完成。

三、确保贫困人口应保尽保

将贫困人口全部纳入基本医疗保险、大病保险、医疗救助制度覆盖范围是硬任务底线指标。统筹地区医保部门要会同扶贫部门摸实贫困人口底数，做好身份标识，建立专项台账，抓实抓好参保工作。要落实资助参保政策，坚持按规定标准分类资助。要落实参保状态核查责任，逐户、逐人摸准参保状态，未参保的要逐一动员、及时纳入医保，不符合条件的要逐一列明情况。要实时将扶贫系统内核准身份信息的新增贫困人口纳入保障范围，切实解决因人口流动等原因导致的断保、漏保问题。要逐级上传参保信息，并做好与同级扶贫部门信息比对、数据交换工作，确保人员身份、参保状态等信息同步更新。

四、确保各项政策落实到位

在全面落实《医疗保障扶贫三年行动实施方案（2018-2020年）》（医保发〔2018〕18号）的基础上，按照《关于做好2019年城乡居民基本医疗保障工作的通知》（医保发〔2019〕30号）要求，进一步加强三重制度综合保障功能。全面建立统一的城乡居民医保制度，稳定住院待遇预期，完善门诊统筹；普惠性提高大病保险保障水平，对贫困人口继续执行起付线降低50%、支付比例提高5个百分点的倾斜政策，并全面取消建档立卡贫困人口封顶线；医疗救助资金继续向深度贫困地区倾斜，进一步提高医疗救助托底保障能力。持续优化服务，做好新版国家基本医保药品目录落地工作，加快推进国家组织药品集中采购和使用试点扩面，确保相关政策惠及贫困患者。在脱贫攻坚成效考核中，严格按照相关政策规定和标准核查政策落实情况，切实防范过度保障和保障不到位问题。

五、妥善治理过度保障

各地要坚持医疗保障现行基本制度、基本政策和基本标准，理清存在的医保扶贫过度保障问题，分类做好整改工作。实行个人零缴费或零自付、突破基本医保目录范围、脱离实际不可持续的，要及时纠正，立行立改；基本医保向贫困人口实施特惠保障等混淆制度功能、三重保障制度外叠床架屋、随意扩大受益范围等靶点不聚焦的，要恢复三重保障制度各自功能定位，并于2020年底前平稳过渡到现有三重制度框架内，同步做好资金并转、政策对接、管理衔接，保持政策连续性和稳定性。各级医保部门要结合实际，研究脱贫不脱政策具体措施及脱贫攻坚期结束后与乡村振兴战略有效衔接的医保扶贫长效机制。

六、确保基金安全平稳运行

各地要保持基金监管高压态势，加强对贫困地区高住院率、小病大养、小病大治等问题的治理，严厉打击挂床、诱导住院、盗刷、虚记、诱导院外购药、过度医疗等欺诈骗保行为，提高医保基金使用效益。结合定点医疗机构协议管理创新，落实异地就医的就医地监管责任，规范并约束医疗机构诊疗行为。通过细化不同等级医疗机构自费费用占比控制指标等方式，引导定点医疗机构主动规范医疗行为、控制医疗成本。同时，结合门诊统筹、家庭医生签约服务等，激励基层医疗机构和家庭医生主动落实慢病管理和控费责任。通过完善分级诊疗出入院指征，指导医疗机构严格执行有关病种诊疗规范、临床路径和出院标准等技术标准，引导定点医疗机构在保障医疗质量和安全的前提下，优先选择基本医疗保险支付范围内安全有效、经济适宜的药品和诊疗项目，合理控制费用。

七、做好医疗保障扶贫动态监测

各级医保部门要加强与民政、人力资源社会保障、卫生健康、扶贫等部门沟通协作，确保医保信息系统平稳运行、有序衔接，统筹推进医保扶贫数据统一归口管理。要做好数据归集、统计分析、信息报送工作，做实常态调度分析，全面监测医保扶贫政策落实情况。通过做实地市级统筹，进一步规范服务流程，加快推进市内统一联网、直接结算。要加强对脱贫攻坚任务较重地区药品和医疗服务价格监测，防范区域内医药产品(服务)价格过高或过低。

八、狠抓攻坚责任分解落实

各级医保部门要切实履行医疗保障扶贫主体责任,坚持一把手负总责,咬定目标、真抓实干,确保按时保质完成医疗保障脱贫攻坚硬任务。要进一步改进工作作风,切实防止形式主义和官僚主义。要结合漠视侵害群众利益问题专项整治工作及脱贫攻坚专项巡视、成效考核,扎实做好整改。要加强贫困地区医保服务能力建设,国家和省级医保政策、技术和能力培训项目重点向深度贫困地区和基层经办服务机构倾斜。要加大医保扶贫宣传力度,解读好政策、宣传好典型、总结好经验。各级财政部门要确保居民医保、医疗救助等补助资金按时足额拨付到位,省级财政要加大对贫困地区的倾斜支持力度。各级卫生健康部门要落实好医疗机构和医务人员诊疗行为的监督管理责任。各级扶贫部门要加强贫困人口基础信息动态更新和数据共享,及时准确地向医保部门提供贫困人口信息、开放查询权限、更新贫困人口参保状态。

各省级医保部门要统筹做好本地区贫困人口医疗保障脱贫攻坚工作,2019年、2020年要在每年的12月10日前向国家医疗保障局书面报告本省(区、市)医保扶贫重点工作完成情况。

国家医保局　财政部国家卫生健康委

国务院扶贫办

2019年9月29日

农业农村部　国务院扶贫办　国家林草局关于加强产业扶贫风险防范的指导意见

农规发〔2019〕21号

有关省(自治区、直辖市)农业农村(农牧)厅(委)、扶贫办、林草局:

为贯彻落实习近平总书记关于扶贫工作的重要论述和中央脱贫攻坚决策部署,进一步提升产业扶贫质量,巩固脱贫攻坚成果,现就加强产业扶贫风险防范,提出如下意见。

一、充分认识产业扶贫风险防范的重要性紧迫性

发展产业是实现贫困人口稳定脱贫的根本途径和长久之策。近年来,各地不断加大工作力度,加快发展特色产业,积极培育新型主体,不断完善带贫机制,产业扶贫工作取得显著成效,为脱贫攻坚取得重大决定性成就提供了有力支撑。但也要看到,贫困地区扶贫产业发展总体处于探索发展阶段,还没有形成成熟的产业体系。随着要素投入不断增加、产业规模不断扩大,产业扶贫面临的风险逐步显现。当前,脱贫攻坚战已进入决胜的关键阶段,加强产业扶贫风险防范,提升产业扶贫质量,已成为巩固脱贫成果、构建脱贫长效机制的迫切要求。各地要以习近平总书记关于扶贫工作的重要论述为指导,准确把握脱贫攻坚新形势新任务新要求,充分认识防范产业扶贫风险的重要性和紧迫性,扎实做好产业扶贫风险评估、防范和应对,为促进扶贫产业健康持续发展提供坚实保障。

二、科学开展产业扶贫风险评估

各地要把风险评估作为加强产业扶贫风险防范的切入点,以县为单位建立带贫主体目录,将参与产业扶贫工作的龙头企业、农民合作社等带贫新型经营主体作为主要评估对象,聚焦生产、经营、带贫能力和政策措施落实情况等重点领域,系统评估产业发展面临的主要风险,为制定风险防范应对措施提供基础依据。

(一)开展生产情况评估。主要评估品种引进是否适应当地资源生态条件,动植物疫病防控是否采取针对性措施,养殖业畜禽粪污是否开展资源化利用或无害化处理,是否建立有效的产品质量安全管控措施,是否建立技术团队或与有关科研机构建立合作关系等。

(二)开展经营情况评估。主要评估带贫主体是否有良好的盈利能力,是否有畅通的原料收购渠道,是否建立相对稳定的产品销售渠道和营销网络,是否有效开展品牌创建和推介,是否根据实际需要建设储藏、保鲜、烘干、物流等设施设备。

(三)开展带贫能力评估。主要评估带贫主体是否能够正常履行带贫协议,是否建立有效的联贫带贫机制,是否吸收贫困群众就地务工,是否存在打着扶贫旗号违规牟利问题,是否存在不尊重市场规律搞收益强制分配问题等。

（四）开展政策措施落实情况评估。主要评估政府在规划编制、项目库管理等方面是否采取有效措施，政府出台的扶持政策措施是否落实到位，是否及时开展市场信息服务，是否建立产业技术专家组，是否开展有针对性的人员培训等。

三、切实强化产业扶贫风险防范应对措施

（一）注重扶贫产业长期培育。贫困县要坚持久久为功，不断强化产业发展基础性工作，做到产业选择不盲目跟风、产业发展不急功近利。因地制宜发展现代特色种养业，加快发展农产品加工流通业，积极发展新产业新业态，推进一二三产业融合发展，切实增强产业持续稳定带贫能力。积极探索扩大农业保险种类和覆盖面，提高保险保障水平。及时开展产业扶贫规划、产业发展规划实施情况评估，调整完善规划内容，优化发展重点，强化政策措施落实，提升产业带贫效果。

（二）建立风险预警机制。贫困县要建立带贫主体风险监测机制，定期开展风险评估工作，跟踪了解带贫主体生产经营情况，督促带贫主体制定风险防范和处置措施。加强产业扶贫项目管理，严格执行申报审批程序，完善产业扶贫项目服务机制。带贫主体要主动加强风险管理，及时评估生产经营过程中的技术风险和市场风险等，完善内部治理结构，建立风险内控制度，与当地政府相关部门建立信息通报机制，共同化解产业扶贫风险。

（三）深入推进产销对接。贫困县要加强市场信息服务，建立健全扶贫产业信息监测和发布机制，正确引导生产。加强市场营销设施条件建设，加快建设一批田头市场、产地储藏、保鲜、烘干、物流等设施，为农产品错峰销售、止损增效、规避风险提供保障。加强区域公用品牌、企业品牌和产品品牌打造，鼓励带贫主体申请注册商标，加强品牌宣传。拓宽产品销售渠道，大力发展电子商务，推动批发市场、大型超市和电商平台等与贫困地区稳定对接。把消费扶贫纳入东西部扶贫协作和对口支援工作范围，积极推进优质农副产品进机关、进学校、进超市、进网络。

（四）强化科技人才支撑。贫困县要依托科研教学单位、技术推广单位和产业技术专家及时研判产业发展形势，不断完善产业发展支持政策与措施。加强产业扶贫技术专家组队伍建设，建立服务效果评价机制，开展关键技术攻关和实用技术推广应用，强化对带贫主体的生产指导和技术服务。加强产业指导员队伍管理，完善工作制度，落实到村到户到人精准帮扶措施。加强贫困村创业致富带头人培养，增强带动贫困群众脱贫增收的能力。

（五）不断完善联贫带贫机制。贫困县要积极改善营商环境，加大对新型经营主体的扶持力度，吸引龙头企业与本地带贫经营主体合作或直接建基地，推进农民合作社规范发展，不断增强带贫主体带动能力。大力推广订单帮扶、股份合作、园区带动、生产托管、资产收益等方式，推动带贫主体创新完善利益联结机制，确保贫困群众稳定分享扶贫产业链和价值链收益。支持贫困村盘活集体资源，壮大集体经济，增加集体收入，为贫困户脱贫增收提供多重保障。

四、加强产业扶贫风险防范组织领导

（一）强化风险防范责任落实。各地要把产业扶贫风险防范摆在脱贫攻坚工作的突出位置，坚持风险防范和产业扶贫工作一起研究、一起部署。省级产业扶贫相关部门要建立健全风险防范调度机制，跟踪了解贫困县产业扶贫风险防范工作开展情况，指导贫困县健全完善风险防范应对措施。贫困县党委和政府

要强化责任落实，找准产业扶贫风险点，明确责任部门，扎实推进产业扶贫风险防范工作。

（二）加强风险防范业务培训。各地要把产业扶贫风险防范作为脱贫攻坚培训的重要内容。加强扶贫干部培训，提高做好风险防范工作的能力。加强龙头企业、合作社和创业致富带头人培训，增强各类带贫主体带领贫困群众做好风险防范、实现脱贫致富的本领。加强贫困群众教育培训，激发贫困群众参与产业发展的内生动力和自我发展能力。

（三）注重风险防范总结宣传。各地要注重总结提炼产业扶贫风险防范工作中的典型经验和优秀范例，加强产业扶贫风险防范的宣传和交流，不断强化基层干部、带贫主体、贫困群众的风险意识，营造做好产业扶贫风险防范工作的良好氛围，不断提升贫困地区防范产业扶贫风险的能力和水平。

农业农村部　国务院扶贫办　国家林草局

2019年10月13日

教育部办公厅
关于办好深度贫困地区职业教育助力脱贫攻坚的
指导意见

教职成厅〔2019〕4号

各省、自治区、直辖市教育厅(教委),新疆生产建设兵团教育局:

为深入贯彻落实党中央、国务院关于深度贫困地区脱贫攻坚的重要决策部署,切实办好深度贫困地区职业教育,充分发挥职业教育在实施"五个一批"工程中的重要作用,现提出以下意见。

一、指导思想

坚持以习近平新时代中国特色社会主义思想为指导,更好发挥职业教育助力脱贫攻坚的重要作用,特别是在攻克深度贫困地区堡垒中的突击作用,以就业脱贫为导向,以职业院校为主阵地,以建档立卡贫困户中有职业教育和技能培训需求的人口为重点,主动出击,积极作为,帮扶贫困人群掌握一技之长,依靠技能实现就业创业带动稳定脱贫。

二、基本原则

——聚焦目标,精准施策。坚持精准扶贫、精准脱贫方略,聚焦建档立卡贫困家庭学生及有培训需求的贫困劳动力,分类实施更有针对性的职业教育和培训政策,切实将各类教育资助政策兑现到位,着力形成职业教育与脱贫举措精准对接的有效机制。

——能力为本,就业导向。落实立德树人根本任务,促进学生综合素质养成,提高学生技术技能和就业创业能力,实行长、中、短期培养与培训相结合,深化产教融合、校企合作、工学结合,促进职业指导、技能评价、就业服务协同联动,落实贫困毕业生就业创业帮扶政策,提升职业教育促进转移就业、增收脱贫效果。

——外联内育,形成合力。发挥中央支持政策的引导激励作用,动员社会各方面力量参与,聚焦职业教育东西协作,扩大东部地区优质教育资源供给和输入,推动贫困地区职业院校提升办学水平和质量,建设一批社会有需求、办学有质量、就业有保障的特色专业,培养满足当地经济社会发展需要的技术技能人才,增强职业教育扶贫的"造血"功能,培育贫困人口内生动力。

三、工作目标

到2020年,确保深度贫困地区建档立卡贫困户中有职业教育需求的学生能够接受中、高等职业教育,更多的建档立卡户中的劳动力能够接受职业技能培训,实现稳定就业,带动贫困家庭脱贫,职业教育服务区域经济社会发展和脱贫攻坚的能力显著增强。

四、主要任务

(一)因地制宜促进普职教育融合。充分

发挥职业教育促进义务教育控辍保学的积极作用，深度贫困地区要结合区域内教育和经济发展实际，在实施九年义务教育课程的同时，鼓励深度贫困地区普通初中通过开设职业教育课程、职业教育班等方式，帮助部分学业困难学生完成义务教育。鼓励初中阶段教育学生到当地中等职业学校选修职业教育专业课程。引导劝返义务教育阶段超龄学生接受职业技术教育掌握一定技能，实现靠技能就业脱贫。

（二）强化统筹建好办好一批职业学校。统筹普通高中和中等职业教育协调发展，建好办好一批县域职教中心，重点支持集中连片特困地区每个地（市、州、盟）原则上至少建设好一所中等职业学校，将职教中心（职业学校）建设成为人力资源开发、农村劳动力转移培训、技术培训与推广、扶贫开发和普及高中阶段教育的重要基地。在深度贫困地区深入实施“9+3”免费中等职业教育，完善招生、培养、就业和升学机制，落实好中等职业教育各项资助政策。对于未设中等职业学校的贫困县，逐一摸排地域分布、人口现状、高中阶段教育发展及异地就读情况，因地制宜地通过新建中等职业学校、就近异地就读、普教开设职教班、东西协作招生等多种措施，满足适龄人口和劳动力接受职业教育和培训的需求。

（三）高等职业教育扩招向贫困地区倾斜。深度贫困地区高等职业教育扩招重点布局在区域经济建设急需、社会民生领域紧缺、就业率高的专业和优质学校。完善高等职业院校分类考试招生办法，鼓励更多应往届高中毕业生和退役军人、下岗职工、农民工、新型职业农民报考。在学前教育、护理、健康服务、现代服务业等领域，扩大对初中毕业生实行中高职贯通培养的招生规模，增加中职学生接受更高层次教育的机会。

（四）积极开展面向社会人员的技能培训。落实职业院校实施学历教育与培训并举的职责，按照长短结合、内外结合、育训结合的要求，依托就业扶贫、产业扶贫和劳务输出项目，面向在校学生和社会成员开展高质量的职业培训。积极发挥县级职教中心的综合功能，把贫困地区未升学的初高中毕业生纳入免费技能培训。整合各类优质职业教育培训资源，创新培训形式，支持职业培训机构与行业协会、大中型企业、劳务输出机构等建立联合体，开展培训就业一站式服务。开发适合贫困劳动力的就业创业培训项目，加大对吸纳就业能力较强的观光旅游、家政服务、物流配送、养老服务等产业领域的培训力度，培育和扶持具有本地特色的劳务品牌。加强对贫困群众生产经营的培训指导，帮助他们提高生产经营能力，做好深度贫困县致富带头人培训工作，培养一批农牧科技明白人、职业经理人、经纪人、乡村工匠、文化能人、非遗传承人，带领当地群众脱贫。同步推进职业技能培训与普通话推广，对青壮年农牧民提供更加精准的公益性培训，显著提高应用国家通用语言文字能力和职业技术技能水平，解决因语言不通而无法就业创业脱贫的问题。

（五）切实加强职业院校基础能力建设。利用现代职业教育质量提升计划、产教融合工程、高水平实训基地建设项目等，加快改善贫困地区职业教育基本办学条件。推动各级政府、企业和职业院校建设一批资源共享，辐射区域内学校和企业，集实践教学、社会培训、社会技术服务于一体的高水平职业教育实训基地。适应“互联网+职业教育”发展需求，推进信息化基础设施建设，建设信息化管理平台和数字化资源共享平台，构建职业教育网络学习体系和虚拟仿真实训系统，推进虚拟工厂等网络学习空间的建设及应用。加强师资队伍建设，引导职业技术师范院校为深度贫困地区定向培养职业教育师资，推进校企共建教师培养培训基地，打通企业技术工程人员、工程师、能工巧匠、农村致富带头人等进入职业院校承担专业教育培训任务的通道。

（六）构建高水平职业教育人才培养体系。按照“扶志、扶智、扶技”相结合的原则，把立德树人融入思想道德教育、文化知识教育、社会实践教育各环节，培养德技双修的技术技能人才。强化思想政治教育，积极培育和践行社会主义核心价值观，加强对学生的国家观、民族观、历史观、文化观、宗教观教育和“三个离不开”教育，引导学生牢固树立自觉维护国家统一、增强民族团结、反对民族分裂的思想意识。深化产教融合，开展校企双元育人。深度贫困地区职业院校应当根据自身特点和人才培养需要，主动与具备条件的企业在人才培养、技术创新、就业创业、社会服务、文化传承等方面开展合作。依托当地特有的资源，重点办好现代农牧业、民族医药、民族文化产业等与当地经济社会发展紧密相关的特色专业，力争将一批符合条件的学校、专业纳入中国特色高水平高等职业学校和专业建设计划。改进教育教学，针对深度贫困地区就读职业院校的学生制订针对性培养方案，跟踪其学习情况，建立学习困难学生帮扶机制，采取弹性学制和灵活多元教学模式，确保学生“进得去、上得起、学得好、有出路”。

（七）完善技能评价与就业服务协同联动的服务体系。发挥职业技能等级证书在职业教育培训、就业上岗和收入分配中的杠杆作用，做好职业技能等级证书考核工作，促进高质量就业。支持深度贫困地区职业院校参与1+X证书制度试点工作，鼓励职业院校学生在获得学历证书的同时，积极取得多类职业技能等级证书。参加职业技能等级证书考试考核的建档立卡贫困户家庭等经济困难学生免除考试考核有关费用。试点院校要按照职业技能等级证书标准，将证书内容有机融入专业人才培养方案，优化课程设置和教学内容。加大对贫困毕业生帮扶力度，校企联合培养加大招收建档立卡贫困学生的力度，公益性职业培训优先面向建档立卡贫困人口，建立贫困毕业生信息库，实行“一对一”动态管理和服务，有针对性地提供岗位信息、职业指导、培训见习等服务，确保贫困家庭毕业生能顺利就业。

（八）完善职业教育协作政策和结对帮扶机制。落实职业教育东西协作行动计划，建立工作协调机制和管理平台，全面落实东西职业院校协作全覆盖行动、东西协作中职招生兜底行动、职业院校参与东西劳务协作等。在东西协作等对口帮扶中，要把师资队伍建设和促进资源共享作为重点，通过互派挂职干部和教师团队，共建专业教学资源库、精品在线课程，探索委托管理、共建分校、组建职教集团或学校联盟等，带动贫困地区学校提升办学水平和质量。鼓励支持职业院校发挥技术研发优势在对口帮扶县建立科技实验站或试验点，参与县域特色产业和扶贫产业开发，开展农牧技术推广应用、名优土特产品加工、乡村旅游服务等脱贫致富项目。落实好东西中职招生协作兜底行动保障政策，加大东部地区高职院校向中西部地区的招生计划投放力度，为就读职业院校的贫困家庭学生开辟新生报到绿色通道，优先落实助学政策，优先安排实习和推荐就业，积极联系经济发达地区企业定向提供就业机会。继续办好内地中职班，精准对接西藏、新疆优势产业发展需要优化专业设置，加强学生国家通用语言文字学习、基础理论知识教学和实践能力培养，积极推行内地中职班学生与当地学生混班教学，落实好内地中职班专项补助政策，鼓励学生毕业后回乡就业创业。

五、保障措施

（一）加强组织领导。全面加强党对职业教育的领导，加强职业院校党组织建设，充分发挥党组织在职业院校的领导核心和政治核心作用，有效发挥基层党组织的战斗堡垒作用，发挥党员、干部在教育教学、脱贫攻坚中的表率作用。发挥地方各级职业教育联席会议制度作用，省级教育行政部门负责会同有关部门建立工作协调机制，定期研究解决深度贫困地区职业教育发展问题，统筹推进相关工作。有关职业院校要成立帮扶协作工作领导机构，制订并落实具体实施方案。

（二）强化经费保障。中央相关转移支付资金继续向深度贫困地区倾斜。相关省份要加强省级经费统筹，经费安排向深度贫困地区教育脱贫任务较重的地区倾斜。落实中等职业学校和高职院校生均拨款制度，职业学校生均财政拨款水平可适当高于当地普通高中。在落实国家普惠政策的基础上，鼓励各地加大对建档立卡等家庭经济困难学生的资助力度。东西协作计划中东部地区省（市）要按规定落实对学生的资助，用于学生的交通、住宿、课本教材、服装等费用，免除学生后顾之忧。拓宽职业教育筹资渠道，鼓励社会力量捐资、出资兴办职业教育，引入政策性信贷资金，引导支持各类社会团体、公益组织、企业和个人参与深度贫困地区职业教育扶贫工作。

（三）加强督导检查。将深度贫困地区职业教育发展纳入对省级人民政府履行教育职责的督导范围。开展职业教育脱贫攻坚专项督查评估，以建档立卡贫困家庭学生就学状况、资助状况、就业状况为重点，委托第三方独立开展扶贫成效评估。督促东西协作省份建立工作协调机制和管理平台。将落实职业教育东西协作行动计划的情况纳入扶贫攻坚考核工作目标，作为遴选职业教育改革成效明显的省份条件之一。

（四）营造良好氛围。积极整合宣传资源，发挥全媒体传播优势，用好职业教育活动周等平台和宣传阵地，广泛宣传职业教育扶贫惠民政策和职业教育助力精准脱贫的典型，推广职业教育脱贫致富的经验做法，引导深度贫困地区更多适龄人口接受职业教育和培训。动员社会各界关心支持深度贫困地区职业教育发展，营造有利于深度贫困地区职业教育加快发展的良好社会环境。

教育部办公厅

2019 年 10 月 16 日

（三）国务院扶贫办文件

国务院扶贫办
关于进一步加强廉洁扶贫阳光扶贫的通知

国开办发〔2019〕10号

各省、自治区、直辖市和新疆生产建设兵团扶贫办(局):

近年来,各地陆续查处了一些扶贫干部甚至领导干部以权谋私、违纪违法的案件,有的情节恶劣、性质严重,侵害贫困群众利益,损害脱贫攻坚声誉,干扰脱贫攻坚大局,教训极其深刻。各级扶贫部门要引以为鉴、举一反三,采取坚决措施,持之以恒抓好扶贫系统反腐倡廉工作,进一步加强廉洁扶贫阳光扶贫,切实维护党和政府形象、维护脱贫攻坚的形象,为如期全面完成脱贫攻坚任务提供坚强保证。

一、旗帜鲜明反对腐败,坚决查处违纪违法行为。脱贫攻坚是光荣神圣的事业,是一项极其严肃、极其重大的政治任务。扶贫系统的任何腐败现象,都会影响脱贫攻坚质量,严重损害脱贫攻坚声誉,必须从讲政治的高度旗帜鲜明坚决反对。坚持无禁区、全覆盖、零容忍,对扶贫系统发生的违纪违法行为,要坚决严肃查处,绝不姑息。

二、切实加强权力管控,严防发生不正之风和腐败问题。要加强对权力运行的监督制约,深化行政改革,健全内控机制,完善制度规章,形成监管合力,把权力关进制度笼子,防止滥用权力。要紧盯扶贫资金项目监管、扶贫资产管理、产业扶贫、社会扶贫、考核评估等重点工作和关键环节,严格落实“三重一大”等各项制度,规范工作流程,查找廉洁风险,构筑制度防线,最大限度减少违纪违法问题的发生。

三、认真开展警示教育,充分发挥查处一案警示一片的作用。要结合扶贫系统发生的腐败案件,认真开展警示教育,用“身边事”教育“身边人”,以案示法、以案明理,防微杜渐、警钟长鸣,教育引导广大扶贫干部举一反三、自省自警,在行使权力上慎之又慎,在自我约束上严之又严,知敬畏、存戒惧、守底线,永葆为民务实清廉的政治本色,清清白白为官、干干净净做事、老老实实做人。

四、主动深刻检视问题,切实防范脱贫攻坚风险隐患。坚持问题导向,以刀刃向内的自我革命精神,认真检视在学习贯彻习近平总书记关于扶贫工作的重要论述和重要指示批示精神方面存在的差距,主动查找在脱贫攻坚责任落实、政策落实、工作落实中存在的问题,高标准严要求,把问题找全,把根源挖深。针对查找出来的问题和薄弱环节,研究提出改进工作、严格管理的有效措施,关口前移、抓早抓小,积极化解风险,坚决消除隐患,确保脱贫攻坚各项工作健康发展。

五、严格落实主体责任,把全面从严治党贯穿脱贫攻坚全过程各环节。各级扶贫部门党组织要切实担负起全面从严治党、推进党风廉政建设和反腐败斗争的主体责任,持续推进扶贫领域腐败和作风问题专项治理。坚持严字当头,把纪律挺在前面,深化运用监督执纪“四种形态”,严肃查处违纪违法行为,切实加强对党员干部全方位的管理监督。坚持预防在先，大力加强廉政文化建设，一体推进不敢腐、不能腐、不想腐，把全面从严治党贯穿脱贫攻坚全过程各环节，阳光扶贫、廉洁扶贫。

脱贫攻坚是“不忘初心、牢记使命”的生动体现，扶贫系统广大干部特别是领导干部要不断增强责任感、使命感、荣誉感，认真汲取扶贫系统腐败案件的教训，强化宗旨意识，坚守法纪底线，自觉筑牢拒腐防变的思想道德防线，谨慎用权、干净用权，创新担当、主动作为，在全面打赢脱贫攻坚战中不断作出新贡献。

国务院扶贫办

2019年7月11日

国务院扶贫办　农业农村部　财政部　科学技术部　国家林业和草原局　关于加强产业扶贫带贫减贫机制建设的通知

国开办发〔2019〕17号

各省、自治区、直辖市和新疆生产建设兵团扶贫办(局)、农业农村(农牧)厅(委、局)、财政厅、科技厅、林草局:

脱贫攻坚以来,各地把产业扶贫作为实现稳定脱贫的主要途径,立足资源优势,因地制宜实施了一批产业扶贫项目,有效带动贫困人口实现了脱贫增收。但是,在产业扶贫推进工作中,不少项目存在实施主体带贫责任不落实,到村到户管理服务不精准、不到位,利益分配简单"一发了之""一股了之"等问题,严重影响了精准带贫的效果和贫困户内生动力的提升。为保证产业扶贫的正确方向,更好发挥产业扶贫在打赢脱贫攻坚战中的重要作用,切实加强产业扶贫带贫减贫机制建设,现就有关事项通知如下。

一、把握总体要求

产业扶贫带贫减贫机制是指扶贫产业经营主体通过吸收贫困人口参与生产经营活动或以土地、资金等生产资料入股,向贫困户提供技术指导、产品营销服务等方式,带动贫困户参与产业发展,享受产业发展成果,实现增收脱贫。产业扶贫带贫减贫机制建设要以习近平总书记关于扶贫工作的重要论述为指导,认真贯彻落实中央关于产业扶贫的决策部署,以"带贫"为中心,坚持精准要求,坚持共同发展,坚持贫困群众参与,强化经营主体带贫责任,提升政府部门管理服务,保证贫困群众参与和受益,构建"带得稳""带得准"的产业扶贫带贫减贫新机制,全面提高产业扶贫质量,为实现打赢脱贫攻坚战三年行动任务目标提供重要支撑。

二、落实带贫责任

参与脱贫攻坚以及享受了扶贫政策的各类经济组织是带贫减贫机制建设的主体力量。要紧紧抓住带贫主体这一"牛鼻子",完善带贫监测机制,细化落实带贫主体责任。

各地认定的扶贫龙头企业,要根据用工需求,吸纳一部分贫困人口稳定就业,以此作为享受扶贫政策的前置条件,具体比例由各地合理确定。鼓励扶贫龙头企业将原料生产基地优先配置在贫困村,并组建专业化的管理团队,提供精细化的技术和管理服务,进一步把订单帮扶做细做实。有一定实力和规模的扶贫龙头企业,应积极探索将适合贫困村就地承接的辅料、包装物、物流等劳务和采购订单定向提供给贫困村的合作社、小微企业。

财政扶贫资金、捐赠资金支持的扶贫合作社,成员应包含一定比例的建档立卡贫困户,具体比例由各地结合实际确定。合作社应引导贫困户成员通过参加生产经营、出资、提供生产资料等方式获得收益。

各地遴选的贫困村创业致富带头人，要通过领办项目向贫困户传授经验、提供技术和服务。对贫困村创业致富带头人领办的项目，要根据项目的产业类型、带贫方式，建立量化可操作的标准，及时兑现奖补政策。

三、完善制度安排

进一步完善产业扶贫项目管理工作。全面梳理近年实施的产业扶贫项目，由企业、合作社、贫困村创业致富带头人等带贫主体承担的产业扶贫项目，列入项目库需按照上述带贫责任要求履行相关义务。要对入库项目实际带贫情况进行分类监测，对带贫效果差、资产闲置、经营亏损的产业扶贫项目要妥善整改或调整终止。及时处置挂名扶贫却未产生带贫效果的项目，坚决制止打着扶贫旗号从事与扶贫无关的活动。对带贫成效显著的带贫主体，各地要认真落实已有激励政策，具备条件的地方可进一步出台地方奖补办法，引导和鼓励更多带贫主体到贫困地区开展产业精准扶贫。

建立健全产业扶贫收益分配制度。使用财政专项扶贫资金、捐赠资金、援助资金等实施的产业扶贫项目，鼓励将资金对应的收益权归属村集体经济组织。对收益权归属村集体经济组织的，要将收益重点用于村级公益事业和扶持贫困户发展，实行差异化分配，同时建立激励机制，防止"一股了之"和"泛福利化"。拓展贫困户通过劳动增收脱贫的途径，公益岗位选聘应向贫困户倾斜，坚决防止简单发钱发物。

各地扶贫、农业农村、科技、林草部门要加强部门间的协调与配合，对扶贫龙头企业、扶贫合作社、贫困村创业致富带头人等带贫主体提供技术、融资、营销等专业化服务。按照"缺什么补什么"的原则，在产业扶贫基础较好，已基本实现"村有产业、户有帮扶"的县(市)，创新服务机制，通过县建指导中心、乡设指导站、贫困村配置产业指导员、信贷助理员、科技特派员、电商销售员等方式，切实提升产业政策咨询、扶贫小额信贷、种养实用技术、产品销售服务等服务供给能力，防范服务缺失导致村级产业项目搁浅失败的风险。

四、强化典型示范

为各地特别是基层一线提供学得成、用得上的案例样本，是推动产业扶贫带贫减贫机制建设的重要方法。要围绕脱贫攻坚以来实施的一批产业有规模、带贫机制有创新、脱贫增收有成效的产业扶贫项目，分层次、有重点地推进。各地扶贫部门要牵头建立典型案例库，搜集一批有典型意义、有推广价值的典型做法，组织力量进行总结提炼，让典型案例易看、易学，群众喜闻乐见。对优秀案例及时通过召开现场会、编发简报、选列培训教材、现场讲授、媒体传播等方式予以推广。

各省(区、市)扶贫、农业农村、财政、科技、林草等部门要密切配合，按照通知要求，结合各地实际，切实加强组织领导，及时总结经验做法，解决出现的倾向性问题，指导各地抓好贯彻落实。

国务院扶贫办　农业农村部　财政部
科学技术部　国家林业和草原局
2019年10月27日

国务院扶贫办　人力资源社会保障部
关于加强贫困村创业致富带头人培训工作的通知

国开办发〔2019〕19号

各省、自治区、直辖市和新疆生产建设兵团扶贫办(局)、人力资源社会保障厅(局):

为贯彻落实党的十九大精神和党中央、国务院关于打赢脱贫攻坚战的战略部署,根据《国务院办公厅关于印发职业技能提升行动方案(2019-2021年)的通知》(国办发〔2019〕24号)和国务院扶贫办、人力资源社会保障部等8部门加强培育贫困村创业致富带头人(以下简称"致富带头人")有关安排,现就有关事项通知如下:

一、明确工作目标

(一)主要目标。以提升致富带头人创业和带贫能力为目标,结合职业技能提升行动,大力开展致富带头人培训,健全培训机制,完善培训体系,提升培训的针对性和有效性。到2020年底,完成每个贫困村培训3名以上致富带头人的目标,培养一批具备创业带贫意识和能力的致富带头人。

二、完善培训模式

(二)建立健全培训机制。根据国务院扶贫办、科学技术部、财政部、人力资源社会保障部等8部门《关于培育贫困村创业致富带头人的指导意见》(国开办发〔2018〕2号)要求,选好选准致富带头人,把致富带头人创业培训与指导服务纳入职业技能提升行动,形成全覆盖、多样化的创业带贫能力提升机制。

(三)科学设置培训内容。结合当地脱贫攻坚任务、扶贫产业布局和致富带头人项目实际,科学构建多层次、模块化的创业培训课程体系。根据致富带头人不同创业阶段的特点和需求,有针对性地组织培训。对准备创业人员开展创业意识培训,帮助选择创业项目,培养企业家精神;对创业初期人员开展创办企业培训,提升市场评估、资金预测、风险防范、创业计划等能力;对创业成功人员,重点开展改善企业培训,系统建立企业管理体系,提升企业稳定率和竞争力。在此基础上,对于发展良好的企业开展扩大企业培训,指导企业实现品牌发展和战略增长。对于有意愿和条件的致富带头人,可开展农村电商创业培训。开展创业培训同时,应注重加强脱贫攻坚政策、带贫责任意识培训。

(四)创新创业培训模式。开展致富带头人创业培训过程中,应有效利用各类创业培训资源,积极采取互动式教学方式,辅以创业实训、观摩游学、创业指导等,探索创业培训与技能培训、村域产业相结合的培训模式。有条件的地区,可利用互联网平台,开展微课、慕课、翻转课堂等"互联网+"创业培训模式。

三、精心组织培训

(五)选优创业培训机构。充分发挥高职院校、中职学校、技工院校、农民(干部)学院、科研院所、产业基地、创业孵化园、就业训练中心、职业培训基地、职业培训机构等培训资源多样化优势，依托具备条件的培训机构，为致富带头人提供切实有效的系统化培训。各省（区、市）要建设一批贫困村创业致富带头人实训基地。已认定的国家级贫困村创业致富带头人实训基地，扶贫部门要按照属地管理原则加强管理，确保规范运行，切实发挥示范效应。

（六）发挥优势资源作用。充分发挥人力资源社会保障部“马兰花中国创业培训项目”作用，针对致富带头人特点需求，合理利用已有课程、教材、师资、培训机构等资源，开展“创办你的企业”、网络（电商）创业、返乡下乡创业等课程培训。依托东西部扶贫协作、中央单位定点扶贫以及“万企帮万村”行动，开展致富带头人培训。应严格按照技术标准和培训周期，做好课程学员匹配、培训需求分析、教学组织实施、后续指导服务、培训监督评估。

（七）加强师资队伍建设。扶贫部门可从省级及以上脱贫攻坚奖获得者、创业带贫效果显著的致富带头人，以及具有培训指导能力和成功帮扶经验的专家、企业家、高校教授中，选择有志于扶贫事业的人员作为创业培训师资。人力资源社会保障部门可与当地扶贫部门协作，开展创业师资培训，并按规定给予职业培训补贴，培养一支服务于致富带头人创业培训指导的师资队伍。选派教学能力强、乡村创业培训经验丰富的师资承担培训任务。建立创业师资库，完善登记、考核、进出机制。强化创业培训师资工作成效跟踪考评、能力水平考核和学员满意度评价。通过组织培训、研讨交流、观摩竞赛等多种方式提升师资业务素质和能力水平。

（八）加强监督评估及跟踪服务。完善致富带头人创业培训质量监控和效果评估体系。通过信息化管理平台建设，强化培训档案管理、培训流程监督、培训效果评估、培训资金管理等工作。建立致富带头人培训信息档案，及时在全国扶贫开发信息系统中同步更新。建立创业跟踪系统，收集分析致富带头人反馈信息。强化致富带头人创业培训与后续服务的有效衔接。充分依托人力资源社会保障部门公共创业服务机构平台，为致富带头人提供开业指导、创业孵化、创业担保贷款等创业服务。

四、强化组织保障

（九）加强组织领导。各地扶贫、人力资源社会保障部门要高度重视致富带头人培训工作，明确职责分工，完善工作机制，密切配合，确保高质量完成任务。扶贫部门主要负责选择学员、制定培训计划、确定培训项目和内容、组织实施培训、建立培训信息档案、统计培训完成情况、协调补贴支出渠道等工作。人力资源社会保障部门主要负责将致富带头人培训纳入职业技能提升行动计划、利用本部门课程资源组织实施学员培训和师资培训、对培训机构加强管理、按规定办理补贴资金申领并统计人次、将符合条件人员纳入创业帮扶并协调解决创业贷款等工作。省级扶贫部门要将培训规划和年度培训计划报国务院扶贫办开发指导司备案。

（十）加强资金保障。致富带头人培训所需资金，可从职业技能提升行动资金、就业补助资金、东西扶贫协作财政援助资金和扶贫资产收益等相关资金中合理安排，按规定落实培训补贴政策。符合职业技能提升行动资金专账列支条件的可优先从中列支。建立健全资金管理制度，明确资金监管主体，强化使用监管，提高资金使用效益。

（十一）建立正向激励机制。建立致富带头人培育正向激励机制，将致富带头人创业项目的带贫人数、贫困人口增收情况与政策扶持、资金支持力度挂钩。对承担补贴性培训的培训机构资质、培训内容、师资力量、教学过程、受训人数、培训次数、培训效果等进行监管和验收。将培训后创业实践率、创业成功率作为重要评价指标。强化评价结果运用，对于优秀培训机构，可建立长期合作机制。

（十二）加大宣传引导。广泛宣传贫困村创业致富带头人培训工作典型做法，交流推广工作经验，不断提升创业致富带头人培训工作水平。将贫困村致富带头人培训作为扶志扶智的重要抓手，宣传创业师资和致富带头人先进事迹、成功经验，树立致富带头人创业样板，发挥示范带动效应，营造扶贫创业致富的浓厚氛围。

国务院扶贫办　人力资源社会保障部

2019年11月7日

国务院扶贫办综合司 民政部办公厅关于规范社会组织参与脱贫攻坚工作的通知

国开办司发〔2019〕6号

全国性社会组织各业务主管单位，各省、自治区、直辖市扶贫办(局)、民政厅(局)，新疆生产建设兵团扶贫办、民政局，东部有关省市经合办：

《中共中央、国务院关于打赢脱贫攻坚战的决定》和《中共中央、国务院关于打赢脱贫攻坚战三年行动的指导意见》实施以来，广大社会组织积极响应中央号召，踊跃投身脱贫攻坚事业，发挥了重要作用，作出了积极贡献。但同时，也存在个别社会组织打着扶贫旗号敛财牟利的情况。为规范社会组织参与脱贫攻坚行为，进一步发挥社会组织在打赢脱贫攻坚战中的作用，根据《国务院扶贫开发领导小组关于广泛引导和动员社会组织参与脱贫攻坚的通知》要求和社会组织管理相关法规，现就有关事项通知如下：

一、严禁利用扶贫名义牟利

参与脱贫攻坚，既是社会组织的重要责任，又是社会组织服务国家、服务社会、服务群众、服务行业的重要体现，严禁任何社会组织打着扶贫的旗号违规从事牟利敛财活动。以扶贫为主要业务的社会组织要进一步提高政治站位，坚持精准扶贫和精准脱贫方略，聚焦脱贫攻坚，严禁打着扶贫旗号从事与扶贫无关的活动，募集的资金、取得的收益应用于扶贫并公告公示。公益性社会组织要按照国家关于扶贫货物捐赠免征增值税和企业扶贫捐赠支出所得税税前扣除等政策规定，把好支出关，充分发挥助力脱贫攻坚的政策效应。国务院扶贫办将会同有关部门对扶贫捐赠支出情况进行抽查核实，欢迎社会广泛监督。

二、严肃查处违法违规活动

各地民政、扶贫部门要加大对社会组织参与脱贫攻坚活动的管理，严肃查处违法违规活动，对利用扶贫名义牟利敛财，挪用、截留扶贫资金或擅自改变用途的要严肃予以查处。行业管理部门要加强对社会组织参与脱贫攻坚的指导和管理，对假借扶贫名义，违法募集、套取资金的，对没有公开募捐资格违法开展公开募捐的，对违反互联网公开募捐相关规定，擅自发布募捐信息的，要严肃予以查处；对未经登记、擅自以社会组织名义开展扶贫活动的非法社会组织，要坚决予以取缔；对于假借扶贫名义进行违法犯罪活动的，要及时移交公安机关坚决予以打击。

三、建立长效激励约束机制

各级民政、扶贫部门和社会组织业务主管单位要建立社会组织参与脱贫攻坚的正向激励机制和督促约束机制。扶贫部门要建立健全社会组织扶贫工作台账，及时发现和总结社会组织扶贫的好经验好做法，推出一批先进典型和成功案例，支持和指导社会组织用好扶贫捐赠税前抵扣政策。民政部门要通过社会组织依法登记、年检年报、评估、慈善组织认定、公募资格审定等工作，支持、规范社会组织参与脱贫攻坚，牵头建立协调服务机制，及时解决社会组织参与脱贫攻坚遇到的困难和问题。扶贫和民政部门要建立社会组织扶贫信息共享机制，推动社会组织资源供给和扶贫需求实现有效对接，加大对先进社会组织的宣传力度，积极推荐参评脱贫攻坚奖。社会组织业务主管单位要通过多种形式再发动、再动员，引导社会组织积极参与脱贫攻坚，规范和约束扶贫活动，定期统计汇总社会组织参与脱贫攻坚工作的情况，通报同级扶贫和民政部门。

国务院扶贫办综合司　民政部办公厅

2019年5月28日

国务院扶贫办综合司　国家卫生健康委办公厅关于印发《强直性脊柱炎健康扶贫工程工作方案》的通知

国开办司发〔2019〕12号

河北、山西、内蒙古、吉林、黑龙江、江西、安徽、河南、湖北、湖南、广西、海南、重庆、四川、云南、贵州、西藏、陕西、甘肃、宁夏、新疆、青海省（自治区、直辖市）扶贫办（局）、卫生健康委：

为深入贯彻落实《中共中央、国务院关于打赢脱贫攻坚战三年行动的指导意见》和原国家卫生计生委等十五个部门联合印发的《关于实施健康扶贫工程的指导意见》要求，国务院扶贫办、国家卫生健康委决定实施强直性脊柱炎健康扶贫工程，对患有中重度强直性脊柱炎的建档立卡贫困人口实施医疗救治，助力脱贫攻坚。现将工作方案印发给你们，请认真组织落实。

国务院扶贫办综合司

国家卫生健康委办公厅

2019年10月8日

强直性脊柱炎健康扶贫工程工作方案

一、指导思想

以习近平新时代中国特色社会主义思想为指导，贯彻落实《中共中央、国务院关于打赢脱贫攻坚战三年行动的指导意见》，落实原国家卫生计生委、国务院扶贫办等15个部门联合印发的《关于实施健康扶贫工程的指导意见》，引导和支持社会力量参与健康扶贫项目，通过实施强直性脊柱炎健康扶贫工程（以下简称强直健康扶贫工程），对建档立卡贫困人口中的中重度强直性脊柱炎患者（以下简称贫困强直患者）实施医疗救治，助力脱贫攻坚。

二、工作目标

面向全国832个国家级贫困县贫困强直患者，开展医疗救治，帮助贫困强直患者减轻病痛，实现正常生活，摆脱贫困。

三、救治原则

（一）坚持以人为本，实现精准扶贫。按照精准识别、精准治疗和精准脱贫要求，对确认的贫困强直患者，实行“科学检查、规范治疗、补贴救治”。

（二）坚持政策联动，形成保障合力。建立强直健康扶贫工程专项医疗救治资金，专门用于对贫困强直患者救治，并与基本医保、大病保险、医疗救助等制度衔接，发挥协同互补作用，形成保障合力。

（三）坚持公开公平公正。严格按照公开

公平公正的原则确定救治对象、实施补贴医疗救治、核定救治金额。

四、救治对象和救治补贴标准

（一）救治对象。对贫困县扶贫部门确认的贫困强直患者，且持久达到使用生物制剂规范治疗标准的，开展医疗救治，应治尽治。

（二）救治补贴标准。对救治对象使用《国家基本医疗保险、工伤保险和生育保险药品目录（2017年版）》范围内国产生物制剂“注射用重组人Ⅱ型肿瘤坏死因子受体-抗体融合蛋白”的药品费用（包括注射费用），经基本医保、大病保险、医疗救助等已有政策报销之后的个人自付部分，由专项医疗救治资金提供补贴，上限为所使用该生物制剂药品费用的20%。

五、工作内容

（一）建立救治台账。贫困县卫生健康部门会同扶贫部门，为符合救治条件的贫困强直患者建立救治台账，进行动态追踪和销号式救治管理。

（二）开展医疗救治

1. 确定定点医院。由贫困县卫生健康部门会同扶贫部门，按照保证质量、方便患者、管理规范、有利于基层强直治疗服务网络建设的原则确定定点医院。

为方便贫困强直患者就诊，定点医院原则上设置在县级医院。定点医院风湿免疫科为患者提供疾病诊断、治疗、复查评估等相关医疗技术服务。县级医院不完全具备风湿免疫科及风湿科医生的，可由地市级三级综合医院对口支援，由支援医院派出人员，到县级医院协助诊断、治疗，并对医生实施培训达到具备相应诊疗及给药服务能力。确因县级医院完全不具备诊疗条件的，可以将地市级三级综合医院或专科医院作为定点医院。定点医院应当是医保定点医院。

2. 组成救治专家组。定点医院医务人员组成强直性脊柱炎救治专家组，制定救治计划，建立和完善实施路径，建立健全规范、精准、高效的医疗救治机制和医疗服务保障制度，最大程度提高强直性脊柱炎诊疗水平。

3. 制定诊疗方案。定点医院要严格按照《强直性脊柱炎临床路径（2016年版）》（国卫办医函〔2016〕1315号）进一步细化诊疗措施，制定个性化诊疗方案和临床路径，提高诊治水平，有效控制医疗费用。

4. 组织医疗救治。充分发挥村医、计生专干、第一书记、驻村工作队等基层卫生健康和扶贫队伍作用，做好救治对象的组织工作。根据台账登记救治对象情况，有计划组织救治对象到定点医院进行救治。

（三）建立责任医师制度。对贫困强直患者的诊疗和评估实行责任医师负责制。明确专科主治医师和基层社区全科医生负责组织遴选、治疗和评估职责，并实行动态管理。责任医师负责向贫困强直患者提供各阶段治疗的医疗服务。

（四）建立资金专项管理制度

1. 专款专用原则。专项医疗救治资金用于开展对贫困强直患者的补贴救治，专款专用，不得用于其他支出，严禁挤占和挪用，严格执行有关资金管理办法；定点医院定期将救治对象和经费使用情况等公示、公告，主动接受卫生健康、扶贫等部门监督检查。

2. 专项医疗救治资金由中国扶贫志愿服务促进会和中国残疾人福利基金会负责筹集和使用管理。

（五）实行“一站式”结算服务。定点医院应设立“一站式”综合服务窗口，实行基本医保、大病保险、医疗救助和专项医疗救治资金在一个平台并联审批、即时结算，提供“一站式”结算服务。

（六）建立精准救治退出制度。贫困强直

患者享受救治待遇期间因病情变化、临床需要等情形应定期到定点医疗机构责任医师处复查评估。经复查评估已无需医疗救治的，不再享有救治待遇；不按规定时限复查的，暂停或取消救治待遇。

六、组织保障

（一）加强组织领导。强直健康扶贫工程，接受国家卫生健康委和国务院扶贫办指导，由中国扶贫志愿服务促进会、中国残疾人福利基金会统筹项目规划，协调解决项目推进中的问题，负责项目的组织实施。

（二）严格质量管理。定点医院要强化医疗质量安全意识，完善管理制度和工作规范，开展贫困强直患者医疗救治质量控制，按照临床路径要求，规范临床诊疗行为，接受有关监督检查和业务指导，确保医疗质量与安全。

（三）注重风险防控。定点医院要制定风险防控与化解预案。治疗过程中出现不良反应等意外情况，要及时妥善解决，报告并配合当地卫生健康部门和扶贫部门做好善后工作，防止出现医疗纠纷，造成不良社会影响。

（四）强化监督检查。组织力量对医疗救治情况进行抽查，对专项医疗救治资金的使用情况进行监督，定期向社会公布结果，接受社会监督。

（五）加强宣传引导。各地各级扶贫、卫生健康部门要积极进行宣传，通过电视、报刊、互联网、社区活动等方式，主动向社会各界广泛宣传对贫困强直患者实施医疗救治相关政策，提高群众知晓率。要及时解答社会各界关心的问题，充分发挥引导作用，营造良好社会氛围。

二、国务院扶贫开发领导小组办公室领导重要讲话

在全国扶贫办主任座谈会上的讲话

国务院扶贫办主任　刘永富

（2019年3月2日）

春节过后，我们召开今年第一次全国扶贫办主任座谈会，主要任务是，认真学习贯彻习近平总书记关于脱贫攻坚专项巡视的重要讲话精神，贯彻落实脱贫攻坚专项巡视整改工作电视电话会议和国务院扶贫开发领导小组第六次会议精神，交流国务院扶贫办和各地巡视整改安排部署以及工作进展情况，研究推动扶贫系统落实巡视整改工作，促进全面打赢脱贫攻坚战。

这次会议，既是一次再动员再部署的会议，又是一次交流情况、督促整改的会议。我们再一次学习领会习近平总书记关于脱贫攻坚专项巡视的重要讲话，学习汪洋主席在巡视整改电视电话会议上的讲话和胡春华副总理关于脱贫攻坚专项巡视发现突出问题和共性问题的通报讲话。会上印发的国务院扶贫办整改方案和整改清单供大家参考，也请大家监督、支持和配合。31个省区市和新疆生产建设兵团的同志，作了很好的发言，介绍了情况，提出了意见建议。总的看，各省区市党委政府高度重视专项巡视整改工作，都在第一时间传达学习习近平总书记重要讲话精神，及时传达学习电视电话会议精神，认真制定整改方案，积极部署落实专项整改，巡视整改进展情况良好。省级扶贫部门在工作中认真贯彻落实巡视整改要求，积极参与，努力当好参谋助手，发挥了应有作用，值得充分肯定。未被巡视的省份也都对照检查、自查自省、防患未然，主动做了不少工作。下面，我讲三点意见。

一、提高思想认识

脱贫攻坚是全面建成小康社会、实现第一个百年奋斗目标的底线任务和标志性指标，是我们党向全国人民作出的庄严承诺，是极为严肃极其重大的一项政治任务。党的十八大以来，各省区市党政一把手向中央签署军令状的唯此一件，党中央批准中央巡视围绕一个主题、集中在一个领域开展的专项巡视唯此一件。我们要切实提高思想认识，强化做好脱贫攻坚工作和专项巡视整改工作的责任担当。

（一）进一步提高对脱贫攻坚重要意义的认识。习近平总书记始终高度重视脱贫攻坚，亲力亲为、驰而不息，在脱贫攻坚取得重大决定性成就之后，总书记仍然逢会必讲、紧抓不放。党的十九大以来，总书记每月都对脱贫攻坚作出重要指示批示。今年以来，总书记在一字千金的新年贺词中用较大篇幅讲脱贫攻坚；1月10日和2月22日，先后主持召开中央政治局常委会会议和中央政治局会议，听取2018年中央脱贫攻坚专项巡视情况汇报并作重要讲话；1月25日，主持十九届中央政治局第十二次集体学习，通过移动报道指挥平台同贫困村第一书记连线交流，强调脱贫攻坚是一项历史性工程，是中国共产党对人民作出的庄严承诺，必须说到做到；1月28日，同党外人士共迎新春，充分肯定脱贫攻坚民主监督工作；2月3

日，在2019年新春团拜会上发表重要讲话，充分肯定过去一年脱贫攻坚成效。2月4日和5日，在大年三十和正月初一的重要节日里，对脱贫攻坚分别作出重要批示。总书记时刻牵挂着脱贫攻坚，展现出强烈的责任担当和深厚的为民情怀。

扶贫系统增强“四个意识”绝不是口号，必须落实到具体工作中去，以高度的政治责任感、使命感和紧迫感，切实把脱贫攻坚的政治责任扛在肩上。脱贫攻坚取得了重大决定性成就，习近平总书记的重要讲话和专项巡视都给予充分肯定，但也要清醒认识到，脱贫攻坚面临的任务依然艰巨，正处于决战决胜的关键阶段，我们必须善始善终、从严从实。值得注意的是，有的地方认为脱贫攻坚任务不重就放松要求，有的地方在学习总书记扶贫工作重要论述不及时不到位，东部地区建档立卡、扶贫投入和资金监管方面甚至落后于中西部，希望引起高度重视。东部地区既要做好本地的扶贫工作，还要贯彻落实“两个大局”思想，积极支持西部地区脱贫攻坚，实际上任务是很重的。

（二）进一步提高对脱贫攻坚专项巡视的认识。巡视是以习近平同志为核心的党中央全面从严治党的重大举措和加强党内监督的战略性制度安排，是党之利器、国之利器，是我们党自我完善、自我革新、始终坚持根本宗旨的制度创新，是我们党保持先进性、纯洁性和战斗力、斗争精神的重要措施。这次专项巡视，是脱贫攻坚与党的建设的有机结合，是在脱贫攻坚进入攻城拔寨的关键节点开展的巡视，是一次脱贫攻坚的大体检、大排查，非常及时、意义重大。这次脱贫攻坚专项巡视，对大家的震动、教育更为直接更为深刻，找出了不少问题，为我们提高政治站位，查找政治偏差，保持政治定力，更好地贯彻党中央脱贫攻坚方针政策，落实脱贫攻坚政治责任，保证脱贫攻坚正确方向，圆满完成脱贫攻坚各项任务，具有十分重要的作用。

中央开展脱贫攻坚专项巡视，目的就是要通过查找问题、解决问题，进一步为打好脱贫攻坚战提供强大动力。巡视指出的突出问题和共性问题，是我们工作中的软肋，改正了、解决了，我们的工作就能上一个新台阶。要按照巡视反馈意见建议，认真抓好问题整改落实。能不能整改到位，是对“四个意识”牢不牢、“四个自信”强不强、“两个维护”真不真的重要检验。巡视整改不落实，就是对人民不负责，对党不忠诚。对巡视指出的问题，我们要认真对待，真认账、真反思、真负责，坚决改、改彻底、改到位，确保中央的整改要求和中央巡视组的整改意见落到实处，用整改的实际行动和成效向党中央交一份合格答卷。

（三）进一步端正对巡视发现问题的认识。专项巡视首先肯定了脱贫攻坚的成绩，成绩是主要的，但也发现了不少问题。我们分析13个省的巡视反馈意见，有200多个问题，这些问题每个省都有，这是点出来的，没点出来的问题还有若干。要从政治上认识和解决这些问题，点到的省要认真整改，没有点到的省要引以为戒。关键要引起重视、引发警觉，发现问题、整改问题是为了更好地做好脱贫攻坚工作，对此必须有清醒端正的认识，进一步统一思想、提高站位，立足职能职责，强化整改落实。不要纠结于细节，有的问题是以前发生的已经整改到位了，这次巡视再次指出，是为了引起警觉，防止再发生类似问题。问题不一样、表述不一样，不要锱铢必较、刻舟求剑，更不能阳奉阴违、口是心非。我们党自己不找问题，我们不把工作做扎实，一些别有用心的人就会挑毛病，甚至否定脱贫攻坚。

要把巡视整改作为今年的重要政治任务，摆在突出位置，以坚决的态度、强烈的担当、顽强的韧劲、有力的举措，扎扎实实做好巡视整改工作。要多在主观上找差距、找原因，少在客观上找理由、找借口，要多举一反三、以点带面，少就事论事、被动应对，更不能为了撇清关系、推卸责任，找基层当替罪羊，把板子打到基层干部身上。当然，不是说不能处理人，而是不能把问责下级当作显示自己较真和负责的手段，对工作不得力、精神状态不佳、不胜任的人要帮助找准差距提升能力，对那些贪污腐败的，就要严惩不贷。没有被巡视到的地区也要认真对照，自查自省，不能当“观众”、看热闹。中央对省里提出了要求，省里就要负总责，勇于把责任扛起来，为市县乡村树立榜样，这样市县抓落实才更有牢固基础。

二、认真开展整改

这次脱贫攻坚专项巡视是中央对省级党委的政治巡视，问题整改的主体责任在省委，但工作有分工，行业部门要履行行业责任，纪检监察部门要履行监管责任。扶贫部门作为脱贫攻坚的专责部门责无旁贷，我们要充分发挥作用，积极主动做好问题整改，不偷懒、不作假、不揽功、不诿过。在落实巡视整改过程中，要找准位置，摆布好工作，做到“鞍前不越位，马后不掉队”。要比其他部门要求更高、更严、更实，本着对人民负责、对党忠诚的态度认真抓好巡视整改工作。要提高政治站位，当好参谋助手，加强统筹协调，一体推进发现问题的整改，老老实实、扎扎实实把问题整改到位。

（一）盯着问题改。要对照巡视反馈意见，坚持问题导向认真梳理存在的问题。问题体现在多个方面，要分清问题属性，分析问题原因，找到解决问题的路径。要深挖问题根源，逐项研究制定整改措施，明确整改重点任务、阶段任务和长期任务，细化问题清单，压实整改责任，明确整改要求和时限。问题清单要全面不遗漏，但更要善于抓住关键问题和重点问题，以重点问题整改带动全面整改抓出成效。要以上率下、一体整改，坚决把自己摆进去、把职责摆进去、把工作摆进去，对问题和困难不回避、不推脱、不护短。

（二）举一反三改。巡视指出的问题是整改的主体，还有成效考核、督查巡查、纪检监察、民主监督和财政、审计等发现的问题，必须举一反三触类旁通，对出现的问题要有整体分析研究，不要头疼医头脚疼医脚。省级扶贫部门要加强统筹协调，深入调查研究，推动解决问题。没有接受巡视的省区市也要对照专项巡视发现问题，主动梳理排查，拿出过硬措施，切实解决存在的问题。

（三）较真碰硬改。要坚持全面从严治党要求，动真格、求实效。要坚决防止和纠正对巡视整改不敬畏、不在乎、喊口号、装样子的行为，对巡视整改不积极、不主动、不扎实、不较真的单位和个人要严肃问责。要锲而不舍、久久为功，坚决防止前紧后松、虎头蛇尾，坚决防止弄虚作假、阳奉阴违，坚决防止搞选择性整改甚至边改边犯，坚决防止“过关”心态。对巡视指出的问题，要以高度的政治责任感，集中用劲、精准发力，切实做到事事有回应、件件有着落、条条有成效。

（四）持续推进改。巡视整改本身有时间要求，集中整改就是三个月，但不能有着急完工、到点走人的想法。对现在就能解决的问题，要立行立改、立竿见影。对需要一定时间去解决的问题，要拿出具体的措施和方法，限时完成。对需要长期整改的任务，要全程跟进，以钉钉子精神抓好抓实。要加强对巡视整改工作的督导，督责任落实、督任务完成、督时序进度、督整改成效。今年底要开展巡视“回头看”，检查整改情况。2019年的脱贫攻坚督查巡查和成效考核要将巡视整改情况作为重要内容。

（五）建章立制改。脱贫攻坚的顶层设计和政策措施是比较完备的，但各地也存在如何贯彻执行和组织实施的问题，不能上下一般粗，依葫芦画瓢。要通过巡视整改来检验我们的政策措施是否符合本地实际，还有哪些方面需要完善，有的可能要做些调整。要督促指导行业部门进一步优化政策供给，完善制度设计，健全工作机制，强化组织保障，与时俱进综合施策，推动协调各级各部门共担责任、上下联动，把中央脱贫攻坚决策部署贯彻落实到位。

三、全面推动工作

脱贫攻坚取得的成就，不仅仅是多少人脱了贫，多少贫困县摘了帽，贫困群众收入增加了多少。通过脱贫攻坚，党在农村的工作、基层党组织的战斗力凝聚力大大加强，贫困地区的基础设施、公共服务和贫困群众的生产生活条件大为改善，培养锻炼了一大批干部，这些成绩不容抹杀、不容怀疑。但工作中确实还有一些困难和问题需要解决，如果今年我们把工作做好做实了，明年全面完成任务就有一个更好的基础。这次专项巡视是对脱贫攻坚工作的极大促进，巡视以后各级党委政府更加重视扶贫工作，我们一定要抓住机遇，乘势而上、主动作为，争取新老问题都有比较好的解决。

(一)坚决贯彻落实党中央、国务院脱贫攻坚决策部署，确保完成脱贫攻坚任务。要把巡视整改工作与学习贯彻习近平新时代中国特色社会主义思想和党的十九大精神结合起来，与学习贯彻习近平总书记关于扶贫工作重要论述结合起来，与贯彻落实党中央、国务院脱贫攻坚重大决策部署结合起来。要全面落实三年行动指导意见，坚持精准扶贫精准脱贫基本方略，坚持大扶贫工作格局，进一步聚焦深度贫困地区、特殊贫困群体和影响“两不愁三保障”的突出问题，强化责任落实、政策落实和工作落实，提高脱贫质量，巩固减贫成效，把防止返贫摆到更加重要的位置，为2020年全面打赢脱贫攻坚战奠定坚实基础。

(二)坚持目标标准，始终保持脱贫攻坚的正确方向。要紧紧围绕现行标准下农村贫困人口全部脱贫，贫困县全部摘帽，解决区域性整体贫困的目标，坚持“两不愁三保障”脱贫标准，锁定建档立卡贫困人口，聚力解决绝对贫困问题。要保证脱贫攻坚沿着正确的方向稳步前进，既不能降低标准、影响成色，也不能拔高标准、吊高胃口。既不能急躁冒进，也不能消极拖延，更不能搞形象工程和劳民伤财的政绩工程。贫困县摘帽后要继续做到摘帽不摘责任、不摘政策、不摘帮扶、不摘监管。

(三)盯住重点难点工作，防范化解各类风险。脱贫攻坚进入攻坚克难的关键阶段，必须盯住当前的重点难点强力推进，确保高质量完成任务。要聚焦深度贫困地区攻坚，落实落细各项政策措施，做到因地制宜、精准施策。要着力解决“两不愁三保障”突出问题，各地要全力配合相关部门，加大工作力度，逐项对账销号。要有防风险的意识，拿出化解风险的有效措施。脱贫攻坚的风险，各地表现不一、程度不一，主要是产业扶贫失败的风险、扶贫搬迁稳不住的风险，以及金融扶贫、光伏扶贫中存在的风险，还有一些地方扶贫债务的风险，我们都要格外引起重视，采取有效措施加以防范。

(四)坚持精准方略，提升脱贫攻坚质量。要始终坚持精准扶贫精准脱贫方略，在落实精准上下足功夫。要进一步完善建档立卡，扣好“第一粒扣子”，这是精准的基础，做到贫困人口有名有姓，致贫有原因，脱贫有记录，返贫有跟踪，加强比对和分析，为决策提供服务。要进一步加强第一书记、驻村工作队的选派管理，发好挥一线帮扶作用。东西部扶贫协作和定点扶贫力度大了，不能大水漫灌，同样要贯彻精准的要求。脱贫攻坚越到后期，越要在提高和巩固脱贫质量上下功夫，质量不高、脱贫不稳的要想办法“补课”。对因灾因市场等原因返贫的，要及时加大帮扶力度。

（五）加强扶贫资金项目监管，提高资金使用效益。现在基层的钱多了，存在资金安全隐患和廉洁风险。如何安排和管理，省里要想办法，加强监管和指导，帮助基层把钱用好，这也是保护我们的基层扶贫干部。各地必须加强扶贫项目资金监管，坚决防止项目一批了之、资金一拨了之。要加强财政涉农资金整合，理顺管理体系，防止分头考核、带帽下达，着力解决资金闲置问题，提高资金使用效益。对贪污侵占、截留私分、挪用套取、虚报冒领等问题，要严肃处理、绝不姑息。

（六）加强扶贫领域作风建设，锤炼脱贫攻坚铁军。这次专项巡视指出了不少脱贫攻坚存在的形式主义、官僚主义的问题，巡视指出的其他问题最终都能在形式主义官僚主义上找到深层次的原因。要坚决惩治弄虚作假、数字脱贫的行为，坚决防止搞劳民伤财的形象工程、政绩工程。要加强扶贫考核督查的整合，减少不必要的文件会议和填表报数，让基层有时间去落实整改、有时间去开展扶贫工作。要将巡视整改与强化扶贫机构和队伍建设紧密结合，不断强化扶贫领域作风建设，努力打造一支讲政治懂扶贫有担当，会帮扶扶真贫真扶贫，作风过硬敢打硬仗能打胜仗的扶贫干部队伍。

（七）研究新情况，解决新问题。对一些工作中的具体问题，要实事求是研究解决，比如搬迁建设面积超标的，医疗保障过度的，扶贫小额信贷“户贷企用”的，等等，要把新老问题分开，新的规范操作，老问题逐步纠正。要做好脱贫攻坚与乡村振兴战略的衔接，贫困地区要把脱贫攻坚作为实施乡村振兴战略的首要任务，确保目标不变、靶心不散、频道不换，把脱贫摘帽县作为乡村振兴重点优先扶持。要研究解决边缘人口贫困问题，东部地区可以先行先试，有条件的可以先做起来，当前首要的任务还是紧盯建档立卡贫困户，解决绝对贫困问题。要加强脱贫攻坚总结宣传，总结提炼脱贫攻坚精神，形成一批各方面的先进典型，各地也要作出安排，积极推进。至于2020后的扶贫工作如何干，中央有关部门认真落实总书记的重要指示，正在抓紧研究，大家也可以提出意见建议。

最后，我再通报两个情况。一是根据工作安排，3月中旬将召开2019年东西部扶贫协作和中央单位定点扶贫工作会议，签订协议和责任书，各地区各部门要抓紧工作，及早做好准备。二是工作发现，有个别国外媒体企图收集我国地方政府所谓“假脱贫”的“证据”，在两会期间进行歪曲炒作，大家要引起重视，发现类似情况要及时报告，妥善应对处置，最根本的还是要把工作做扎实做到位，防止一些国外势力抹黑脱贫攻坚。这两个情况，大家回去后要及时向党委政府报告，研究提出举措。

同志们，巡视整改工作是我们今年的一项重要政治任务，我们要自觉以习近平总书记关于巡视工作的重要讲话精神为指导，认真落实脱贫攻坚专项巡视整改工作电视电话会议精神，扎实做好整改工作，切实取得实效，让党中央放心，让人民群众满意，用整改的实际成效推动脱贫攻坚再上新台阶，以良好精神状态和优异工作成绩向新中国成立70周年献礼！

在西藏自治区深度贫困地区脱贫攻坚现场推进暨深化对口援藏扶贫工作会议上的讲话

国务院扶贫办主任　刘永富

（2019年6月17日）

按照国务院扶贫开发领导小组的要求，在2018年到2020年期间，"三区三州"所在省区每年都要召开一次深度贫困地区脱贫攻坚现场推进会。西藏是6省区中最早开始组织现场推进会的，2016年和2017年主题是扶贫援藏工作会议，2018年和2019年围绕深度贫困地区脱贫攻坚召开现场推进会。中央国家机关有关部委、对口援藏省市和中央帮扶单位每年都积极参会，支持力度不断加大。刚才，齐扎拉主席发表了热情洋溢的致辞，罗布顿珠常务副主席介绍了西藏脱贫攻坚情况，广东、北京、湖北，国家开发银行、农业发展银行、中国石化、中国电信、中国烟草总公司、中国华电集团，中国扶贫志愿服务促进会、德琴3900庄园有限公司介绍了经验做法和下步打算，会议还印发了各对口援藏省市和单位的交流材料。这些讲话和材料介绍的经验做法生动可学，下步安排切实可行。值得互相学习借鉴。

从2017年起，每年的现场推进和对口援藏扶贫工作会议都要举办援藏项目签约仪式，动员企业到西藏投资兴业，助力脱贫攻坚。2017年落地12个项目，到位资金20.6亿元。2018年落地13个项目，到位资金41.4亿元。今年签约项目202个，签约投入资金215亿元，大大高于前几年的水平。签约活动引进了企业，引入了资金、技术、管理和人才，发挥了种子作用，对西藏经济发展将产生越来越大的影响，是市场化的新的重要扶贫措施，要继续坚持做好。

从2015年开始，我每年都来西藏，每次来都看到有新的变化，西藏经济持续发展，社会总体稳定，基础设施明显改善，农牧民收入和生活水平不断提升。前两天，我和国开行赵欢董事长、农发行解学智董事长调研了河谷经济建设和青稞牦牛产业发展情况，参加了自治区召开的座谈会，总的感觉是西藏脱贫攻坚成效显著，河谷经济建设和青稞牦牛产业发展起步良好。借此机会，我代表国务院扶贫办，向对口援藏省市和有关单位表示衷心感谢！向战斗在西藏脱贫攻坚一线的干部群众和对口援藏同志致以崇高敬意！一会儿，洛桑江村主任还要作重要讲话，进行安排部署，提出工作要求，我们要认真贯彻落实。下面，我讲三点意见。

一、认真学习贯彻习近平总书记关于脱贫攻坚的重要指示精神

习近平总书记在2018年底召开的中央经济工作会议上，肯定了脱贫攻坚取得重大历史性成就，对2019年的工作作出重要部署。今

年以来，总书记持续督战、高位推进。在新年贺词中强调，农村1000多万贫困人口的脱贫任务要如期完成，还得咬定目标使劲干。在大年三十和正月初一的重要节日里，对脱贫攻坚作出重要批示。1月和2月，听取中央脱贫攻坚专项巡视情况汇报，强调各级党组织要强化责任担当，聚焦深度贫困地区脱贫攻坚，坚持目标标准不动摇。今年全国“两会”期间，总书记5次到代表团参加审议，都对脱贫攻坚提出明确要求。在参加甘肃代表团审议时强调，现在距离2020年完成脱贫攻坚目标任务只有两年时间，正是最吃劲的时候，必须坚持不懈做好工作，不获全胜、决不收兵。要求坚定信心不动摇，咬定目标不放松，整治问题不手软，落实责任不松劲，转变作风不懈怠。3月和4月，总书记先后主持中央政治局常委会会议、中央政治局会议、中央财经委员会会议，听取脱贫攻坚工作汇报，明确指出今后两年脱贫攻坚任务仍然艰巨繁重，剩下的都是贫中之贫、坚中之坚、硬仗中的硬仗。要继续实行最严格的考核评估，用好考核结果，强调聚焦全面建成小康社会的短板弱项实施精准攻坚。4月16日，总书记在重庆主持召开解决“两不愁三保障”突出问题座谈会，这是总书记连续5年召开的第6个跨省区脱贫攻坚座谈会。总书记在座谈会上发表重要讲话，分析了脱贫攻坚存在的问题和挑战，提出了强化责任落实、攻克坚中之坚、认真整改问题、提高脱贫质量、稳定脱贫攻坚政策、切实改进作风6个方面的工作要求。

习近平总书记今年以来关于脱贫攻坚的系列重要指示，肯定了脱贫攻坚成绩，指出了存在的困难和问题，分析了形势，提出了要求，我们要认真学习，深刻领会，切实提高思想认识，强化责任担当，做到尽锐出战，不获全胜决不收兵。

二、西藏脱贫攻坚取得重大阶段性成果

以习近平同志为核心的党中央情系雪域高原，心系西藏人民。2015年8月，总书记主持召开中央第六次西藏工作座谈会，作出了“加强民族团结、建设美丽西藏”的重要指示。2017年10月，总书记给隆子县玉麦乡牧民卓嘎、央宗姐妹回信，提出做“神圣国土守护者、幸福家园建设者”的殷切希望。2018年7月，李克强总理专程到西藏调研，作出了加快川藏铁路建设的指示，明确了高海拔搬迁的政策。8月，汪洋主席赴藏调研并主持召开中央西藏工作协调小组专题会议。国务院扶贫开发领导小组指导西藏制定实施深度贫困地区脱贫攻坚三年实施方案，持续加大对西藏脱贫攻坚的支持力度。西藏自治区党委政府准确把握、深入贯彻党中央关于西藏工作的总方针，把保持社会稳定和脱贫攻坚有机结合，坚决贯彻落实习近平总书记扶贫重要论述和党中央、国务院决策部署，认真履行主体责任，坚持把脱贫攻坚作为自治区的重大政治任务和第一民生工程来抓，深入推进深度贫困地区脱贫攻坚工作，西藏广大干部群众万众一心、攻坚克难，脱贫攻坚取得了重大阶段性成果。

一是脱贫摘帽成效显著。2016—2018年连续三年，西藏在省级党委和政府扶贫开发工作成效考核中被评为好，始终保持在第一方阵。据建档立卡数据，截至2018年底，全区贫困人口从2013年底的80万人下降到15万人。贫困发生率从30%下降到5.6%，连续几年贫困发生率降幅居全国首位。已有55个贫困县摘帽，摘帽总数居全国首位，剩余19个县计划在今年年底摘帽。西藏在消除区域性整体贫困和绝对贫困方面迈出重大步伐，为全国打赢脱贫攻坚战作出重要贡献。

二是实施方案进展顺利。西藏制定了

2018—2020年深度贫困地区脱贫攻坚实施方案，出台了70多个配套政策文件，全力推进方案实施。三年实施方案涉及1800个项目、677亿元投资。截至今年5月底，已完成项目1060个、完成投资426亿元，分别达到计划的59%和63%，涉及“两不愁三保障”的许多项目已基本完成。预计到今年年底，方案整体进度将达到80%以上。易地扶贫搬迁建设任务基本完成。中央对西藏易地扶贫搬迁给予了重点倾斜支持，西藏“十三五”易地扶贫搬迁规模从2.5万人调增为26.6万人，目前，已完成住房建设任务的93%，搬迁入住达到89%，预计今年底前全部搬迁入住。“三岩”片区跨市整体搬迁将于年底全面完成，“三岩”片区的贫困问题将得到历史性解决。另外，累计改造8900多户建档立卡贫困户危房，完成87%。十五年免费义务教育全面实施。义务教育阶段适龄少年儿童入学率和巩固率分别达到99.5%和93.9%。全面启动学龄前儿童学会国家通用语言行动，近6万名0~6岁儿童接受国家通用语言教育。医疗保障全面覆盖。“基本医疗+大病保险+医疗救助”三重医疗保障对贫困人口全覆盖。实施包虫病、大骨节病全面筛查，免费救治近3万名患者。累计解决27.25万贫困人口安全饮水问题，完成计划的94%。

三是特色产业加快培育。西藏立足特色优势资源，创新发展模式，制定了青稞、牦牛产业扶贫发展三年行动方案，加快推进青稞、牦牛等特色产业发展。因地制宜实施一批产业有规模、机制有创新、增收有成效的产业扶贫项目，直接间接带动21.7万建档立卡贫困人口增收脱贫。青稞产业方面，全面推广青稞增产增效计划，种植面积从2015年的194万亩增加到2018年的213万亩，优良品种覆盖比例从63%提高到90%，平均亩产增加17公斤，达到383公斤，产量从70.9万吨增加到81.4万吨。青稞深加工步伐加快，设立青稞省部共建国家重点实验室，研发青稞产品100多种。牦牛产业方面，推进标准化养殖，促进增产增效。全区牦牛存栏量从2015年的456万头增加到482万头，出栏量从109万头增加到128万头，年出栏率达26.5%。肉产量从17万吨增加到19万吨，每公斤收购价格从50元提高到60元。在6个地市的19个牦牛养殖县全部建立牦牛育肥基地，合作社饲养比重达50%以上，良种畜、母畜、幼畜存活率比例分别达到80%、50%、98%。龙头企业带动牦牛产业不断壮大，全区现有牦牛加工企业7家，年加工销售牦牛肉23万吨。特色旅游产业方面，出台了深度贫困地区旅游精准扶贫行动方案，编制了40个重点贫困村旅游发展规划，全力打造和宣传东西南北四条旅游精品环线，带动沿线200多个乡村的旅游产业发展，乡村旅游接待935万人次，直接间接带动8.7万贫困人口实现脱贫。此外，藏毯、藏香、藏装、唐卡和旅游商品等民族手工业初具规模，全区注册企业超过200家，带动近2万贫困人口就业。

四是援藏帮扶更加聚焦。17个对口援藏省市、16家对口援藏中央企业以及社会各方面，高度重视援藏帮扶工作，认真贯彻落实中央第六次援藏工作座谈会和东西部扶贫协作座谈会精神，在国家发展改革委等部门的统筹指导下，资金项目进一步聚焦脱贫攻坚。2018年17个对口援藏省市共实施638个项目，完成投资42亿元，16家对口援藏中央企业投入帮扶资金50亿元。其中，直接投向44个深度贫困县脱贫攻坚62亿元，实施产业扶贫项目108个、投入资金30亿元。解决“两不愁三保障”突出问题有关项目352个，投入资金22亿元。全区参与“万企帮万村”扶贫行动的民营企业达580家，帮扶803个建档立卡贫困村，投入扶贫资金14亿元，6万多名建档立卡贫困人口受益。开展“组团式”医疗、教育等帮扶，帮助培训基层干部和技术人员1.2万名。今年，对口援藏单位开展了消费扶贫行动，签约销售额45亿元。对口援藏单位还开展了就业扶贫，计划安置就业8000多人，其中大学生就业5000多人，消费扶贫和就业扶贫都是今年新增加的内容。

三、全力支持西藏打赢脱贫攻坚战

2019年是全面打赢脱贫攻坚战的关键一年。按照自治区党委、政府工作安排，西藏提出将在年底完成贫困县全部摘帽、贫困人口全部脱贫，实现基本消除绝对贫困的目标。这既是多年努力的成果，也是自我加压提出的任务。西藏自然条件恶劣、产业基础薄弱、基础设施和公共服务落后，民族问题、边境问题、宗教问题与脱贫攻坚交织，实现这个目标，任务不轻。为此，我提7点建议。

（一）要切实做到尽锐出战。2018年底，西藏还剩19个深度贫困县、15万贫困人口，主要集中在昌都、那曲和日喀则。全区还有16个县的贫困发生率高于10%，有8个县贫困人口超过或接近1万人。部分地方还存在扶贫政策落实不到位、贫困人口动态管理不及时、工作作风不扎实等问题。要认真对待存在的问题和困难，认真整改中央脱贫攻坚专项巡视和成效考核发现的问题，落实好主体责任，保持攻坚态势，做到尽锐出战，不获全胜决不收兵。要进一步压实各级党委政府责任，主要领导亲自抓，分管领导具体抓，涉及领导协助抓，形成五级书记抓扶贫、全党动员促攻坚的强大合力。对口援藏省市和中央企业要落实好帮扶责任，中央部门要落实好指导和支持责任，各方面都要做到尽锐出战，确保各项帮扶措施落地生效，全力帮助西藏打赢脱贫攻坚战。

（二）要切实解决“两不愁三保障”存在的问题。西藏解决“两不愁三保障”突出问题已经有了很好的基础，但一些地方在安全饮水、控辍保学和易地扶贫搬迁等方面还存在一些困难问题和薄弱环节。国务院扶贫开发领导小组将于近期出台解决“两不愁三保障”突出问题的指导性文件。中央有关部门将加强工作指导，督促地方解决问题。西藏要把解决“两不愁三保障”突出问题作为决战决胜脱贫攻坚战的关键环节部署推进，加强组织领导，细化实化标准，统筹组织资源，集中力量攻关。各市县要全面摸清“两不愁三保障”情况，制定实施方案，统筹做好项目落地、资金使用、人力调配、推进实施等工作，逐村逐户逐人逐项对账销号，切实提高“两不愁三保障”质量。要特别注意做好易地扶贫搬迁人口的后续帮扶工作，让他们搬得出、稳得住、逐步能致富。

（三）要切实提升援藏扶贫成效。各对口援藏省市和中央企业要全面落实东西部扶贫协作座谈会精神，强化责任担当，要持续加大支持力度，确保帮扶措施落地落实。要精准聚焦重点难点，细化帮扶举措，支持帮扶地区解决“两不愁三保障”突出问题，攻克深度贫困堡垒。今年是第八批与第九批对口援藏干部交替年，要做好工作衔接，确保帮扶工作不因人员调整受影响。西藏要主动加强对接，做好配合服务，确保帮扶工作的连续性。

（四）持续推动产业培育。青稞、牦牛是西藏的特色主导产业，要保持定力，持续在产业培育方面下足功夫。要继续推广实施青稞产业的提质增效，培育发展深加工产品。要进一步提高组织化、规模化养殖水平，培育发展牦牛产业链条。进一步增强企业和合作社带贫意识，建立产业减贫带贫机制，根据青稞、牦牛的产业特点，精准确定将贫困户嵌入产业链条的方式和途径，聚焦生产环节，使这两个主导产业的带贫面更广，带贫效果更好。要深入挖掘特色旅游资源。西藏有美丽的雪山、广袤的草原、丰富的自然生态，藏区民俗和特色文化源远流长，要结合建设旅游大环线的契机，不断开发精品线路，打造优质景点，以线带村、以点带面,组织引导贫困群众积极参与旅游产业发展,促进贫困群众增收脱贫。

（五）积极发展河谷经济。河流谷地是西藏的富饶之地,是西藏的宝贵资源。“两江四河”水资源丰富、光热条件好,非常有利于发展现代农业和特色经济。要着眼西藏经济社会长远发展,科学谋划基础设施建设和产业布局,统筹资源汇聚合力,重点发展青稞、牦牛特色产业和现代农业、光伏农业、生态旅游产业。要做好河道治理、土地整治、生态绿化、水电路讯等基础设施建设,为高海拔搬迁创造条件。要处理好生态保护与经济发展的关系,实现短期收益与长远发展的有机结合,实现生态环境与经济社会的和谐发展。

（六）要巩固脱贫攻坚成果。西藏已有55个县实现摘帽,剩下的19个县也计划在今年摘帽。要切实提高脱贫质量,防止脱贫摘帽后松劲懈怠。已摘帽县要继续完成剩余贫困人口的脱贫任务,巩固脱贫成果,不能撤摊子、歇歇脚,不能更换频道、转移重心。贫困县党政正职要保持稳定,做到摘帽不摘责任。脱贫攻坚主要政策继续执行,做到摘帽不摘政策。扶贫工作队不撤,做到摘帽不摘帮扶。把防止返贫放在重要位置,做到摘帽不摘监管。

（七）加强脱贫攻坚总结宣传。西藏脱贫攻坚在全国脱贫攻坚大局中具有特殊重要意义,有一批县乡村的成功案例和先进典型,要认真总结提炼脱贫攻坚精神,为下步工作提供精神动力。要加强宣传舆论引导,大力宣传脱贫攻坚伟大成就和成功经验,讲好西藏脱贫攻坚故事,增进社会各方面的共识。

同志们,今年是中华人民共和国成立70周年,也是西藏民主改革60周年。实现西藏所有贫困县摘帽,基本消除绝对贫困具有特殊重要意义,是西藏历史上的重大事件、深刻的历史变革。让我们携起手来,尽锐出战、合力攻坚,共同完成这一伟大的历史性任务。

牢记初心使命　强化创新担当
推动全面从严治党和脱贫攻坚不断取得新成绩
——在国务院扶贫办庆祝建党98周年暨“两优一先”表彰大会上的讲话

国务院扶贫主任　刘永富

（2019年7月1日）

今天，我们召开办系统党员大会，庆祝中国共产党成立98周年，表彰办系统优秀共产党员、优秀党务工作者和先进党支部，进一步落实全面从严治党要求，更好地加强办系统党的建设，动员全体党员干部为打赢脱贫攻坚战不懈奋斗。刚才表彰的17名优秀共产党员、3名优秀党务工作者和4个先进党支部，是我们办系统党员和基层组织中的先进典型，在脱贫攻坚中较好地发挥了党员的先锋模范作用和党支部的战斗堡垒作用。我代表办党组向受到表彰的优秀共产党员、优秀党务工作者和先进党支部表示热烈祝贺！向全体党员致以节日问候！

在全党开展“不忘初心、牢记使命”主题教育，是以习近平同志为核心的党中央统揽伟大斗争、伟大工程、伟大事业、伟大梦想作出的重大部署，对实现“两个一百年”奋斗目标，实现中华民族伟大复兴的中国梦，具有十分重要的意义，也为夺取脱贫攻坚的全面胜利提供了强大的动力。在建党98周年特别是开展主题教育的时候，我们回顾历史，展望未来，检视问题，自我完善，不忘初心、牢记使命，进一步坚定如期全面完成脱贫攻坚任务的信心和决心，努力为实现中华民族伟大复兴的中国梦积极贡献力量。

一、党的坚强领导，是人民幸福和民族复兴的根本保证

我们党是在中华民族内忧外患、社会危机空前深重的背景下诞生的。98年来，我们党坚守为中国人民谋幸福、为中华民族谋复兴的初心和使命，紧紧依靠中国人民，深深扎根中国大地，凤凰涅槃，淬火成钢，在曲折中前进，在苦难中辉煌，创造了一个又一个人间奇迹，深刻改变了近代以来中华民族发展的方向和进程，深刻改变了中国人民和中华民族的前途和命运，深刻改变了世界发展的趋势和格局，谱写了气吞山河的壮丽史诗，为中国人民和中华民族作出了伟大历史贡献。

一是建立了中华人民共和国。我们党团结带领中国人民，从南湖红船到八一南昌起义，从井冈之火到两万五千里长征，从遵义会议到革命圣地延安，从共和国摇篮西柏坡到天安门开国大典，经过28年浴血奋战，打败日本帝国主义，推翻国民党反动统治，完成新民主主义革命，建立了中华人民共和国。彻底结束了旧中国半殖民地半封建社会的历史，彻底结束了旧中国一盘散沙的局面，实现了中国从几千年封建专制政治向人民民主的伟大飞跃。

二是确立了社会主义基本制度。新中国

成立后，我们党团结带领中国人民，对农业、手工业和资本主义工商业进行了社会主义改造，完成社会主义革命，确立社会主义基本制度，消灭剥削制度，推进了社会主义建设。完成了中华民族有史以来最为广泛而深刻的社会变革，为当代中国发展进步奠定了根本政治前提和制度基础，为中国发展富强、中国人民生活富裕奠定了坚实基础，实现了中华民族由不断衰落到根本扭转命运、持续走向繁荣富强的伟大飞跃。

三是开辟了中国特色社会主义道路。党的十一届三中全会后，我们党团结带领中国人民，解放思想，实事求是，纠正了文化大革命的错误，把党和国家的工作重心转移到经济建设上来，积极应变，主动求变，进行改革开放新的伟大革命，极大激发广大人民群众的创造性，极大解放和发展社会生产力，极大增强社会发展活力，人民生活显著改善，综合国力显著增强，国际地位显著提高。恢复发扬党的优良传统和作风，深刻汲取苏东剧变的教训，切实加强党的建设，党的执政地位和领导地位进一步巩固。开辟了中国特色社会主义道路，形成了中国特色社会主义理论体系，确立了中国特色社会主义制度，使中国大踏步地赶上了时代，实现了中国人民从站起来到富起来、强起来的伟大飞跃。

四是开创了中国特色社会主义新时代。党的十八大以来，以习近平同志为核心的党中央，团结带领全国各族人民，坚持统筹推进“五位一体”总体布局，协调推进“四个全面”战略布局，提出一系列新理念新思想新战略，出台一系列重大方针政策，推出一系列重大举措，推进一系列重大工作，经济建设取得巨大成就，全面深化改革取得重大突破，民主法治建设迈出重大步伐，思想文化建设取得重大进展，人民生活不断改善，生态文明建设成效显著，强军兴军开创新局面，港澳台工作取得新进展，全方位外交布局深入展开，全面从严治党成效卓著，解决了许多长期想解决而没有解决的难题，办成了许多过去想办而没有办成的大事，党和国家事业取得了历史性成就、发生了历史性变革，推动中国特色社会主义进入了新时代。以习近平同志为主要代表的当代中国共产党人，全面审视国际国内新的形势，通过总结实践、展望未来，深刻回答了新时代坚持和发展什么样的中国特色社会主义、怎么坚持和发展中国特色社会主义这个重大时代课题，形成了习近平新时代中国特色社会主义思想，为中华民族伟大复兴提供了基本遵循和行动指南。

作为奋战在脱贫攻坚战场上的党员干部，我们为十八大以来脱贫攻坚取得的历史性成就由衷地感到自豪。十八大以来，以习近平同志为核心的党中央把脱贫攻坚摆到治国理政的重要位置，总书记亲自挂帅，亲自部署，亲自督战，响鼓重槌，高位推进，力度之大、规模之广、影响之深前所未有，脱贫攻坚取得了决定性进展和重大历史性成就，连续6年每年减贫规模都在1000万人以上，累计减少8239万，贫困地区经济社会发展水平全面提高，农村基层党组织凝聚力和战斗力明显增强，农村基层治理能力和管理水平显著提升，党在农村的执政基础群众基础更加巩固，为全球减贫事业贡献了中国智慧和中国方案。这个伟大成就，主要得益于习近平总书记关于扶贫工作重要论述的指导，得益于以习近平同志为核心的党中央坚强领导，得益于中国共产党领导的政治优势和社会主义制度优势。

中国共产党98年波澜壮阔的历史充分证明，党的领导是人民的选择，是历史的选择，坚持和加强党对一切工作的领导，是党和国家的根本所在、命脉所在，是全国各族人民的利益所在、幸福所在。我们党不仅有远大的理想，而且能够在自我净化、自我完善、自我革新、自我提高中不断巩固壮大，不断从胜利走向胜利。只要毫不动摇坚持党的领导，“两个一百年”奋斗目标和中华民族伟大复兴的中国梦就一定能够实现。

二、牢记初心使命，坚决打赢脱贫攻坚战

为中国人民谋幸福、为中华民族谋复兴，是中国共产党人的初心使命。党的初心使命是永恒的，但在不同的历史阶段有不同的要求。在现阶段，脱贫攻坚是最能体现党的初心使命的。习近平总书记指出，“全面建成小康社会、实现第一个百年奋斗目标，最艰巨的任务是脱贫攻坚，这是一个最大的短板，也是一个标志性指标。我们中国共产党人从党成立之日起就确立了为天下劳苦人民谋幸福的目标。这就是我们的初心。我们党一开始就是为改变穷苦人民命运而带领他们进行革命的，当年打土豪、分田地，开展湖南农民运动、发动秋收起义、上井冈山，都是为了穷苦人民。到我们党成立一百年时，到新中国成立七十年时，如果还没有解决贫困人口脱贫问题，那党的宗旨怎么体现、我们的承诺怎么兑现呢?”对我们扶贫系统的党员干部来说，不忘初心、牢记使命就必须坚决打赢脱贫攻坚战。脱贫攻坚已经取得了决定性进展和重大历史成就，但任务还十分艰巨，深度贫困地区集中攻坚，着力解决“两不愁三保障”突出问题，巩固脱贫成果，防止脱贫攻坚潜在风险等，还有许多工作要做，正处在攻城拔寨、决战决胜的关键阶段。正在全党开展的“不忘初心、牢记使命”主题教育，为脱贫攻坚夺取最后胜利提供了强大动力。我们扶贫办是脱贫攻坚的专责部门，不仅要扎实开展好主题教育，而且要在主题教育中走在前列，不断增强脱贫攻坚的使命感、责任感、光荣感，洗礼思想灵魂、锤炼政治品格、增强攻坚本领，凝心聚力，攻坚克难，坚决打赢打好脱贫攻坚战。

一是进一步坚定理想信念。理想信念是共产党人的政治灵魂，决定着我们的方向和立场，也决定着我们的言论和行动。我们共产党人的理想信念是什么？是马克思主义，是共产主义和社会主义。98年来，我们党之所以在血与火、挫折和磨难的考验中，不断壮大，不断从胜利走向胜利，根本原因就在于共产党人牢记初心使命，有着坚定的理想信念。没有坚定的理想信念，就谈不上不忘初心，谈不上牢记使命。理想信念是远大的、崇高的，又是历史的、具体的。在现阶段，坚持马克思主义，就是要坚持以习近平新时代中国特色社会主义思想为指导。习近平新时代中国特色社会主义思想是马克思主义中国化的最新成果，是当代中国的马克思主义，是21世纪的马克思主义。坚持共产主义远大理想和科学社会主义，就是要坚持中国特色社会主义不动摇。中国特色社会主义是共产主义远大理想和中国现实的高度统一，深刻反映了人类社会发展规律和中国的发展规律，在解放和发展生产力、增强社会生机活力、促进人的全面发展等方面具有巨大的优越性，是中国进步发展和中华民族伟大复兴唯一正确的道路。湖北恩施的革命老人张富清同志是我们学习的榜样。张富清同志始终践行共产主义的崇高理想，是新时代中国共产党人不忘初心、牢记使命、永远奋斗的典范。他是革命的战斗英雄和人民功臣，战争年代冲锋陷阵、不怕牺牲，转业到地方基层单位工作后，60余年深藏功名，从未向组织提要求，要待遇。他坚守初心、对党忠诚，不论处于哪个时代、身在哪个岗位，始终保持崇高信仰，坚决听党话、永远跟党走，自觉用习近平新时代中国特色社会主义思想武装头脑，真正做到“党指到哪儿，就打到哪儿”，“党需要我到哪里去，我就到哪里去”。他淡泊名利、甘于奉献，数十年如一日，不讲条件、不计得失，一心一意

干好每件工作，以满腔热情在艰苦环境中尽职尽责、苦干实干。他恪尽职守、担当使命，干一行爱一行，在关键时刻和危急关头豁得出、顶得上，把革命理想信念化为行动的力量。我们扶贫系统的党员干部，在坚定理想信念的问题上应该对照英模好好想一想，对马克思主义、对习近平新时代中国特色社会思想，有没有认真学？有没有真正往深里走、往实里走、往心里走?对共产主义远大理想和中国特色社会主义共同理想有没有必胜的信心？有没有真正把理想信念落实到具体的工作和行动中？如果没有，或者不够坚定，甚至认为共产主义是虚无缥缈的，那是不对的，一定要坚决改正。理想信念是思想的总开关，是精神之钙，一旦出问题，就会站不稳立场，分不清是非，经不住诱惑，造成严重后果。扶贫系统党员干部，一定要在学习教育和实践锻炼中，进一步坚定理想信念，自觉用习近平新时代中国特色社会主义思想武装头脑、指导实践、推动工作，自觉做共产主义远大理想和中国特色社会主义共同理想的坚定信仰者和忠诚实践者。

二是进一步提高政治站位。国务院扶贫办首先是一个政治机关，必须增强政治意识、提高政治站位，善于从政治上认识问题、解决问题。脱贫攻坚是全面建成小康社会、实现第一个百年奋斗目标的底线任务和标志性指标，是党的十九大确定的三大攻坚战之一。坚决打赢脱贫攻坚战，是一项极其严肃、极其重大的政治任务。党的十八大以来，习近平总书记率先垂范，高度重视脱贫攻坚，走遍了全国集中连片特困地区，50多次国内考察中40多次涉及扶贫，连续6年新年国内考察看扶贫，连续5年召开脱贫攻坚跨省区座谈会，根据脱贫攻坚进程发表重要讲话，作出重要指示，分析形势，提出要求，作出部署，指导脱贫攻坚不断推进。作为脱贫攻坚专责部门的党员干部，必须自觉向总书记看齐，从思想上政治上行动上同以习近平同志为核心的党中央保持高度一致。扶贫系统的党员干部，应该好好反思一下，这方面我们做得怎么样？有没有真正做到对标紧跟？去年，中央开展的脱贫攻坚专项巡视指出了我们在这方面存在的一些问题，学习贯彻落实习近平总书记关于扶贫工作重要论述和重要指示批示精神还不够及时到位，贯彻落实党中央国务院脱贫攻坚重大决策部署还存在一定差距。对于这些问题，我们一定要高度重视，坚决改、改彻底、改到位。在脱贫攻坚中，坚决贯彻落实习近平总书记关于扶贫工作的重要论述和重要指示批示精神，坚决贯彻落实党中央国务院脱贫攻坚重大决策部署，切实扛起脱贫攻坚重大政治责任，咬定目标使劲干，撸起袖子拼命干，求真务实，真抓实干，以坚决打赢脱贫攻坚战的具体行动和实际成效，增强“四个意识”、坚定“四个自信”、做到“两个维护”。

三是进一步坚守人民立场。人民立场是我们党的根本政治立场，是马克思主义政党区别于其他政党的显著标志。只有坚守人民立场，始终与人民心心相印，与人民同甘共苦，与人民团结奋斗，同人民保持最紧密的血肉联系，我们党才能永远立于不败之地，无往而不胜。现在，有些同志群众观念淡薄，高高在上，对群众没有感情，为人民服务只是挂在口头上，不实在，不上心，不尽力，同群众说不到一块，坐不到一条板凳上，对群众利益和群众反映强烈的问题消极应付，官僚作风严重。这对党员干部来说是不应该的，对我们扶贫系统的党员干部来说更不应该。离休干部马旭同志勤奋敬业、淡泊名利、服务群众的先进事迹，值得我们学习。马旭同志是我国空降兵部队第一代空降女兵，创造了三项中国之最:第一个跳伞女兵、跳伞次数最多女兵、实施空降年龄最大女兵，被称为“军中花木兰”。她年届50岁仍潜心科研，在解决伞兵着陆时易损伤的这一世界性难题上，有多项研究成果获得国家专利，有“军中居里夫人”的美誉。她对群众有深厚的感情，离休后运用积累的医学知识为百姓义诊，她一生节俭，住的是两间低矮的砖房，用的是几十年前的老家具，一条被子盖了几十年，几块钱买的一双鞋穿了多少年都不换，却在晚年将毕生省吃俭用积蓄下的一千万元钱无偿捐赠给了家乡，用于教育、公益事业，被誉为“新时代最可爱的人”。我们扶贫系统的党员干部，要认真学习马旭同志的先进事迹，坚守人民立场，全心全意为贫困群众脱贫奔小康服务。坚守人民立场，必须牢固树立以人民为中心的发展理念，想困难群众之所想，急困难群众之所急，把贫困群众的所思所盼作为努力方向，不断增强贫困群众的获得感幸福感安全感。坚守人民立场，必须自觉践行党的根本宗旨，把为人民谋利益作为一切工作的出发点和落脚点，与贫困群众想在一起，干在一起，把群众观点、群众路线深深植根于思想中，具体落实到脱贫攻坚的行动上。坚守人民立场，必须自觉服务群众，着力解决贫困群众的困难和反映强烈的问题，为贫困群众办实事、做好事、解烦心事，用我们扶贫干部的辛苦指数换取贫困群众的幸福指数，把广大贫困群众的利益实现好、维护好、发展好。

四是进一步强化责任担当。脱贫攻坚是一场硬仗，轻轻松松是打不赢的。脱贫攻坚已经取得了值得我们自豪的伟大成就，但不能就此停住脚步，怎么最后打赢，怎么巩固脱贫成果，怎么总结脱贫攻坚经验，怎么为下一个百年奋斗目标贡献精神财富，等等，都需要我们继续付出百倍努力。我们应该好好向黄文秀同志学习。黄文秀同志是广西壮族自治区百色市乐业县百坭村第一书记，6月16日，在赶回百坭村防范洪涝灾害的路上不幸遇难，因公殉职，年仅30岁的人生永远定格在扶贫路上。她主动放弃留在大城市工作的机会，到边远的深度贫困村任第一书记，以扶贫事业为己任，有着“不忘初心、牢记使命”的坚定信念；她牢记父亲“脱贫不忘共产党”的叮嘱，在脱贫攻坚一线尽职尽责，深情奉献回报乡土，有着饮水思源、不改本色的赤子之心；她与贫困群众打成一片，立足百坭村实际，带领贫困群众增收脱贫，有着开拓创新、真抓实干的务实作风；她把脱贫攻坚事业放在了最重要的位置，舍小家为大家，有着心系群众、公而忘私的奉献精神；她把扶贫当作新的长征，埋头苦干、持续奋斗，有着不获全胜、决不收兵的使命担当。黄文秀同志在脱贫攻坚一线倾情投入，用美好青春诠释了共产党人的初心使命，谱写了新时代的青春之歌。英雄已逝，精神长存。我们扶贫系统党员干部，是脱贫攻坚的急先锋、敢死队，必须敢于负责，善于创新，勇于担当，始终保持只争朝夕、奋发有为的奋斗姿态和越是艰险越向前的斗争精神，主动作为，积极奉献，才能完成党和人民交给我们的光荣任务，创造出经得起实践、人民、历史检验的实绩。

一要敢于担当。我们扶贫办机构小、人员少，脱贫攻坚任务又这么重，但我们没有害怕胆怯，勇敢地挑起了脱贫攻坚的重担。我们有习近平总书记关于扶贫工作重要论述的指导，有以习近平同志为核心的党中央坚强领导，有全党全社会的积极参与，这是我们最大的底气。我们干的事业是光荣的神圣的大事，我们做的工作都是与全面建成小康社会和党的历史使命紧密相连的。精准扶贫精准脱贫基本方略实施以来，特别是脱贫攻坚战打响后，许多工作都是新的，没有经验，但我们迎难而上，明知山有虎，偏向虎山行，较好地完成了任务。现在，离全面打赢只有一年半的时间了，我们要敢于担当，要知重负重，攻坚克难，要有这个雄心壮志，坚决摒弃明哲保身、知难而退的消极行为。

二要尽责履职。脱贫攻坚是干出来的。

每一位党员干部都必须在其位、谋其政，干好本职工作。在脱贫攻坚战中，我们没偷过懒，人少就加班，不真抓实干、不拼命干，“六个精准”、“五个一批”、着力解决“四个问题”，就不可能有今天这样的成绩。建档立卡我们是白手起家，驻村帮扶、资金投入、社会动员我们都是一步一个脚印向前推进的。应该说，我们办系统多数干部在工作中主动作为，积极奉献，认真做好本职工作，但也有个别同志没有尽心尽力，工作苦乐不均，存在推、拖、慢、辩、低的现象，这会影响扶贫办和扶贫干部的形象，要下大力气改变。我们要继续发扬苦干实干的作风，恪尽职守，尽责履职，坚决摒弃得过且过、敷衍塞责、懒政怠政的消极行为，克服形式主义，以守土有责、守土负责、守土尽责的责任担当，用钉钉子精神，下绣花功夫，滴水穿石，把脱贫攻坚的各项工作做细做实做好。

三要求真务实。脱贫攻坚来不得半点虚假，每一项工作都必须实事求是。比如建档立卡，2014年全国组织80多万人逐村逐户开展贫困识别，共识别出12.8万个贫困村、2948万贫困户、8962万贫困人口，基本摸清了我国贫困人口分布、致贫原因、脱贫需求等信息，建立起了全国统一的扶贫信息系统。2015年至2018年，国务院扶贫开发领导小组组织开展了建档立卡“回头看”和动态调整，严格按贫困识别标准，剔除去了1300多万，进来了1600多万。对建档立卡的数据，我们尊重历史尊重事实，不加工，不人为调整，是怎么样就怎么样，识别的准确率不断提高。目前，建档立卡已经能比较准确地记录贫困人口识别、帮扶、退出全过程，能说清楚贫困分布、致贫原因、帮扶措施等，为实施精准扶贫政策措施、实行最严格考核评估制度和保证脱贫攻坚质量打下了坚实的基础。再比如考核评估，有什么说什么，有什么问题就指出什么问题，不偏袒，不护短，用事实用数据说话。下一步也一样，要坚持实事求是、求真务实，不搞花架子，不弄虚作假，不用假数据假情况欺瞒组织、糊弄群众，踏踏实实把每一项工作做实做好。

四要敢于碰硬。脱贫攻坚必须较真碰硬，对党和人民负责。在脱贫攻坚成效和东西部扶贫协作、定点扶贫考核中，在建档立卡、资金监管、驻村帮扶等重点工作中，在督查巡查中，都要有斗争精神，在问题面前敢于较真，敢于斗争，不回避，不退缩。但这是要得罪人的。比如在考核评估中，评得好的都高兴，评上较好就有人不高兴，评上一般或较差那就更不高兴了。当然，要事先核实沟通，不冤枉人。脱贫攻坚是一场硬仗，我们没有退路，必须坚持原则，敢于碰硬，这对我们是一个考验。不较真，不得罪人，搞一团和气，做老好人，是不负责任的表现，就会得罪贫困群众，就会影响脱贫攻坚事业。这就是责任担当。

五是进一步强基固本。脱贫攻坚已经到了攻坚克难的冲刺阶段，面对的都是贫中之贫、困中之困、坚中之坚，都是难啃的硬骨头，一些多年未解决的深层次矛盾和问题在不断暴露，新情况新挑战也层出不穷。如果采用常规思路和办法、按部就班推进难以完成，必须以更大的决心、更明确的思路、更精准的举措、超常规的力度，众志成城才能解决。这就要求我们扶贫干部创新担当，强基固本，切实增强攻坚本领。应该说，我们有些同志的能力水平还是不高的，不了解情况，不掌握典型，对扶贫懂的不多，会的更少，建言献策、沟通协调、督促指导都有明显的差距，与当前脱贫攻坚的需要还不适应。这种状况要进一步改变。我们要认真学习习近平总书记关于扶贫工作的重要论述，认真学习党中央国务院脱贫攻坚重要政策文件，不断提高运用党的创新理论指导实践、推动工作的能力。要加强业务学习，克服本领恐慌，懂扶贫、爱扶贫、会扶贫，努力成为脱贫攻坚的行家里手。要加强实践锻炼，深入一线,深入基层,深入群众,善于总结经验,善于发现典型,做到心中有数据,有案例,有办法,掌握工作主动权。要以锐意进取、开拓创新的精气神和埋头苦干、真抓实干的自觉行动,认真研究解决当前工作中存在的突出问题,不断提高工作质量和水平,推动中央脱贫攻坚决策部署落地生根,努力做出无愧于时代的优异成绩。

三、深入推进全面从严治党,永葆党的生机活力

全面从严治党,是以习近平同志为核心的党中央抓党的建设的鲜明主题,是保持党的先进性纯洁性和不断提高党的凝聚力战斗力的重要保证。党的十八大以来,我办的全面从严治党在不断推进,特别是三次中央巡视,对我办的管党治党水平是一个极大的帮助和推动。2015年的中央专项巡视,帮助我们纠正了不少习以为常的问题,加强了党的建设。2017年的“机动式”巡视,帮助我们提高了政治站位,有力推动了中央精准扶贫精准脱贫重大决策部署的贯彻落实。2018年中央脱贫攻坚专项巡视,对我办全面从严治党又是一次极大的促进。全面从严治党永远在路上,我们要借“不忘初心、牢记使命”主题教育的东风,认真贯彻新时代党的建设总要求,着力克服党建工作中的薄弱环节,进一步落实管党治党的主体责任和监督责任,不断提高全面从严治党水平,为打赢脱贫攻坚战提供坚强政治保证。

一是深入学习贯彻习近平新时代中国特色社会主义思想。这是根本的政治任务。习近平新时代中国特色社会主义思想,体系完整、逻辑严密、内涵丰富、博大精深,闪耀着马克思主义的真理光辉。这一思想贯通马克思主义哲学、政治经济学、科学社会主义,贯通历史、现实和未来,贯通改革发展稳定、内政外交国防、治党治国治军等各领域,展现了当代中国共产党人的政治品格、价值追求、精神风范。我们要坚持不懈用习近平新时代中国特色社会主义思想武装头脑、指导实践、推动工作。全体党员干部要认真读原著、学原文、悟原理,全面系统学、及时跟进学、深入思考学、联系实际学,不断加深对习近平新时代中国特色社会主义思想重大意义、科学体系、丰富内涵的理解,加深对习近平总书记关于扶贫工作重要论述的实践基础、主要内容、精神实质的理解,加深对党中央重大方针政策和脱贫攻坚重大决策部署的理解。要坚持学思用贯通、知信行合一,在常学常新中加强理论修养,在真学真信中坚定理想信念,在学思践悟中牢记初心使命,在细照笃行中不断修炼自我,在知行合一中主动担当作为,努力担负起打赢脱贫攻坚战的崇高责任和神圣使命。

二是始终把政治建设摆在首位。党的政治建设是党的根本建设。我们办系统的党员干部必须讲政治,做到忠诚可靠。要严格遵守政治纪律和政治规矩,增强“四个意识”,坚定“四个自信”,做到“两个维护”。党中央提倡的坚决响应,党中央决定的坚决执行,党中央禁止的坚决不做,在政治立场、政治方向、政治原则、政治道路上同以习近平同志为核心的党中央保持高度一致。要严肃党内政治生活,尊崇党章,严格执行新形势下党内政治生活若干准则,大力开展批评与自我批评,切实增强党内政治生活的政治性、时代性、原则性、战斗性,让广大党员干部在严肃的党内政治生活熔炉中提高觉悟,锤炼党性,百炼成钢。要坚持民主集中制,坚持正确用人导向,弘扬健康的党内文化,自觉抵制商品交换原则对党内生活的侵蚀,坚决防止和反对个人主义、自由主义、好人主义,坚决反对搞两面派、做两面人,积极营造风清气正的良好政治生态。

三是持续深化作风建设和党风廉政建设。作风问题本质上是党性问题。作风建设永远在路上，必须常抓不懈，越往后越严。要把落实中央八项规定及其实施细则精神化作自觉行动，持之以恒克服形式主义、官僚主义，久久为功祛除享乐主义和奢靡之风。要广泛深入开展调查研究，放下架子、扑下身子，接地气、通下情，把存在的矛盾和困难摸清摸透，了解真实情况，真正把功夫下到察实情、出实招、办实事、求实效上。要持续推进扶贫领域腐败和作风问题专项治理，坚决防止和克服形式主义、官僚主义和弄虚作假等问题，切实减轻基层负担。要认真落实《国务院扶贫办党员干部勇于担当廉洁用权有关规定》，健全廉政风险防控机制，积极运用监督执纪"四种形态"，严肃查处违纪违规问题。下半年将组织力量对办系统党组织开展巡视，加强对权力运行的监督制约。要大力开展警示教育，加强资金监管，严格考核评估，扎紧制度笼子，把全面从严治党贯穿脱贫攻坚全过程各环节，阳光扶贫，廉洁扶贫。

四是切实加强基层组织建设。党的基层组织是确保党的路线方针政策和决策部署贯彻落实的基础。要以提升组织力为重点，突出政治功能，把基层党组织建设成为坚强的战斗堡垒。新一届机关党委、机关纪委，要有新作为、新担当、新气象。党支部要担负好直接教育党员、管理党员、监督党员和组织群众、宣传群众、凝聚群众、服务群众的职责，引导广大党员发挥先锋模范作用。要加强平时思想政治工作，坚持"三会一课"制度，扩大党内基层民主，加强党内激励关怀帮扶，及时掌握干部思想动态，增强党员教育管理针对性和有效性。每个党员都要加强自身的党性修养，把自己摆进去，手电筒要多照自己，不能光照别人，要信任组织、信任同志，大家共同提高、共同进步。要坚持围绕脱贫攻坚抓好党建、抓好党建促进脱贫攻坚，解决机关党建工作中的形式主义和"两张皮"问题，建立健全机关党建工作责任清单，不断提高服务大局的能力。要加强主管社团的党建工作，督促主管社团认真整改存在问题，坚守扶贫宗旨和公益性质，及时把工作重心转移到脱贫攻坚上来。

五是全面加强干部队伍建设。打赢脱贫攻坚战，必须要有一支高素质的扶贫干部队伍。要加强干部能力培训，不断提升干部破解难题和实践创新的能力，努力研究新情况，解决新问题，更好适应脱贫攻坚的需要。要落实好干部标准，严把政治关、品行关、作风关、廉洁关，真正让忠诚干净担当、为民务实清廉、奋发有为、锐意改革、实绩突出的干部得到褒奖和重用。要坚持严管与厚爱相结合，强化正向激励，加强监督约束，深入开展"抓党建比贡献促攻坚"活动，树正气抑邪气，进一步引导党员干部把脱贫攻坚当成精神享受，把苦干实干当成工作享受，思想认识跟上去，观念方式转过来，工作落实顶上去，不怕流汗流泪，不怕流血牺牲，锻造一支讲政治守纪律有担当、懂扶贫扶真贫真扶贫、敢打硬仗能打胜仗的扶贫干部队伍。

同志们，不忘初心，方得始终。98年来，我们党对于自己的初心矢志不渝，对于自己的使命义无反顾。初心如磐，使命在肩。作为新时代的扶贫人，我们一定要不忘初心，牢记使命，自觉以习近平新时代中国特色社会主义思想为指导，坚持目标标准，坚持基本方略，狠抓责任落实、政策落实、工作落实，攻坚克难、砥砺前行，以脱贫攻坚的优异成绩，为全面建成小康社会、实现第一个百年奋斗目标不断作出新的贡献。

在全国扶贫办主任座谈会上的讲话

国务院扶贫主任　刘永富

（2019年7月11日）

这次座谈会，主要任务是结合“不忘初心、牢记使命”主题教育活动，认真落实重庆会议精神，总结2019年上半年脱贫攻坚工作，分析形势，检视问题，研究部署下半年工作。

一、认真总结上半年的工作

今年是打赢脱贫攻坚战攻坚克难的关键一年。习近平总书记在去年中央经济工作会议上对脱贫攻坚工作作出重要部署，今年以来持续督战、高位推进，先后在中央政治局常委会和中央政治局会议听取脱贫攻坚专项巡视情况汇报、中央政治局常委会和中央政治局会议听取脱贫攻坚成效考核等情况汇报、中央财经委员会第4次会议、参加十三届人大二次会议甘肃代表团审议、解决“两不愁三保障”突出问题座谈会等重要会议上发表重要讲话，可以说月月都有重要指示批示，密集部署脱贫攻坚。李克强总理在今年政府工作报告中继续把减贫1000万人以上列为政府重点工作，主持国务院常务会议听取脱贫攻坚情况汇报，对做好脱贫攻坚工作提出明确要求。汪洋主席先后到甘肃、新疆、河南、山西、四川等地考察调研脱贫攻坚，多次作出指示批示，督促指导脱贫攻坚工作。胡春华副总理主持召开2次领导小组会议、2次电视电话会、3次现场推进会和多次专题会议研究部署脱贫攻坚工作，深入四川、山西、广西、江西、贵州、湖南等地考察调研，按季按月推动工作落实。

各地区各部门深入学习贯彻习近平总书记扶贫工作重要论述，认真落实党中央、国务院决策部署，扎实推进精准扶贫精准脱贫各项工作，脱贫攻坚继续保持良好态势。上半年，脱贫攻坚责任进一步压实，脱贫摘帽后松劲懈怠得到遏制，深度贫困地区脱贫攻坚进度加快，解决“两不愁三保障”突出问题全面启动，专项巡视和成效考核发现问题整改基本到位，精准扶贫精准脱贫基础更加扎实，资金投入和监管力度不断加大，东西部扶贫协作和中央单位定点扶贫强力推进，扶贫领域作风和能力建设深入开展，各项工作有节奏有章法、扎实有效，进度符合预期。上半年工作有几个新的特点。

（一）政治站位进一步提高。通过学习贯彻习近平扶贫重要论述，落实习近平总书记等中央领导同志关于脱贫攻坚的一系列指示批示和党中央、国务院决策部署，经过中央脱贫攻坚专项巡视和成效考核，各地区各部门对打赢脱贫攻坚战的重要性、紧迫性、艰巨性和责任感、使命感、荣誉感进一步增强。打赢脱贫攻坚战是全面建成小康社会的底线任务和标志性指标，是我们党不忘初心、牢记使命的重要体现，是坚持以人民为中心的重要工作，解决的是最困难群体的最直接最现实的利益问题，直接关系到第一个百年奋斗目标的实现，关系到以习近平同志为核心的党中央权威。大家在这方面的认识和政治站位进一步提高,全党动员促攻坚成为思想共识和行动自觉。

(二)尽锐出战要求得到较好落实。习近平总书记在多个重要场合反复强调,要尽锐出战,不获全胜、决不收兵。各地区各部门认真贯彻落实总书记重要指示精神,脱贫攻坚责任进一步压实。一是主要领导亲自抓。各省区市党政主要领导同志亲力亲为、靠前指挥,多次主持召开省委常委会、省政府常务会等专题研究部署脱贫攻坚工作,多次带队到扶贫一线考察调研现场督战,强力推进脱贫攻坚。各市州党委和政府每季度至少一次专题研究脱贫攻坚工作,贫困县党委和政府每月至少一次专题研究脱贫攻坚工作,深度贫困地区工作抓得更紧。二是分管领导直接抓。各省区市及各市县党政领导班子成员脱贫攻坚工作分工保持稳定,明确熟悉"三农"和扶贫工作、具有丰富经验的同志分管脱贫攻坚工作,保证脱贫攻坚决策部署一以贯之执行。有的省分管领导几乎每天都与扶贫部门协调安排和调度工作。三是涉及领导协助抓。各省区市明确管涉贫行业就要管扶贫,省市县各级扶贫领导小组成员单位聚力脱贫攻坚,产业扶贫、就业扶贫、易地扶贫搬迁、教育扶贫、健康扶贫、农村危房改造、生态扶贫、交通扶贫、水利扶贫、电力扶贫、网络扶贫、低保兜底等工作更加有力有效推进。四是中央部门指导抓。相关行业主管部门围绕脱贫攻坚目标任务,把解决"两不愁三保障"突出问题作为重点工作,制定工作方案,明确工作标准和支持政策,加强对地方的指导,加强定点扶贫工作,合力攻坚。五是东部地区协同抓。中西部省区市向中央立下军令状,脱贫攻坚是硬任务。总书记明确,东部地区做好东西协作扶贫和对口支援工作也是硬任务。东部地区认真落实总书记重要指示,加大了帮扶力度。

(三)巡视和考核问题整改扎实推进。国务院扶贫开发领导小组先后召开脱贫攻坚专项巡视发现问题整改工作电视电话会议、脱贫攻坚成效考核发现问题整改工作电视电话会议,部署推进问题整改。各地区各部门针对中央脱贫攻坚专项巡视、脱贫攻坚成效考核发现的突出问题和共性问题,都制定了整改方案,实行问题清单、责任清单、措施清单管理,明确了整改落实的时间表、路线图、任务书。关于中央专项巡视指出问题整改。各有关地方和部门集中开展为期三个月的整改工作,于5月底前全部提交巡视整改报告,有4个省市专项巡视反馈问题全部完成整改,其他省份的整改工作已基本完成。关于脱贫攻坚成效考核发现问题整改。汪洋主席、胡春华副总理对考核发现问题突出的省份负责同志进行了约谈,中央和国家机关工委、国务院国资委分别约谈了考核综合评价"较差"的5家中央单位。中办、国办印发考核情况通报,国务院扶贫开发领导小组印发中央单位定点扶贫成效考核情况通报,国务院扶贫办向中西部22个省区市和东部9省市扶贫领导小组一对一反馈了考核发现问题情况。各地区各部门扎实开展问题整改,7月20日前将基本完成整改工作并报告整改情况。

(四)深度贫困贫困地区脱贫攻坚进度加快。从调度情况看,"三区三州"脱贫攻坚实施方案执行较好,多数超过了计划预期。在资金投入方面,一年半时间6省区资金到位进度,都超过三年计划的65%,预计到今年底都将超过80%,这样的进度在其他扶贫规划里从来没有过。在减贫成效方面,全国贫困发生率从10.2%降到1.7%,"三区三州"从25%降到8.2%。其中,西藏和四省藏区151个贫困县贫困发生率由2013年的26.5%降到了2018年底的4.2%,在"三区三州"中减贫速度最快,今年计划全部脱贫摘帽。

(五)解决"两不愁三保障"突出问题全面

启动。习近平总书记主持召开解决“两不愁三保障”突出问题座谈会,作出重要部署。国务院扶贫开发领导小组召开电视电话会议,制定《关于解决“两不愁三保障”突出问题的指导意见》,作出全面安排。各地区各部门迅速行动,各项工作有序推进。一是思想认识明显提高。各地区各部门都把解决“两不愁三保障”突出问题作为决战决胜脱贫攻坚战的关键环节进行部署,着力推进。二是责任分工更加明确。行业主管部门加强工作指导。各省区市履行脱贫攻坚政治责任,对解决本行政区域内“两不愁三保障”突出问题负总责。各市县落实脱贫攻坚主体责任,全面摸清底数,逐村逐户逐人逐项对账销号。三是保障标准进一步细化。国家明确贫困人口义务教育、基本医疗、住房安全、饮水安全的基本标准,这些标准,符合我国国情,且生动形象,便于考核检查,便于各方理解。各省区市在此基础上,因地制宜细化实化保障标准,保证了工作有章可循。四是底数基本摸清。许多省区市组织各级干部对本辖区内所有农户开展全面摸查,目前有8个省已经摸清了底数,其余大多省计划7月底前完成。各省区市都制定了解决“两不愁三保障”突出问题的相关文件或实施方案,出台了针对性的措施,预计年底前“两不愁三保障”突出问题将基本解决。

(六)防止摘帽后松劲懈怠引起高度重视。截至今年上半年,全国累计有436个贫困县宣布脱贫摘帽。各地认真落实总书记关于“摘帽不摘责任、摘帽不摘政策、摘帽不摘帮扶、摘帽不摘监管”的重要指示要求,把提高脱贫质量、巩固攻坚成果、防止和减少返贫摆到更加重要的位置。一是贫困地区党政正职保持稳定。中央组织部印发《关于进一步做好保持贫困地区党政正职稳定工作的通知》,明确:贫困县党政正职继续保持稳定,集中连片特困地区的市党政正职在本省区脱贫攻坚任务完成前不得调离。贫困县党政正职和集中连片特困地区的市党政正职存在涉嫌违纪违法、不适宜担任现职、因健康原因不能正常履职、到任职年龄限等“四种情形”之一,确需调整的,统筹优秀干部资源,配强接替人选。二是摘帽县工作力度保持不减。各地普遍明确,尚未摘帽的贫困县必须做到靶心不变、焦点不散,已经摘帽的县要继续完成剩余贫困人口的脱贫任务、巩固脱贫成果,对摘帽县脱贫成效巩固提升情况进行严格考核。摘帽县驻村工作队和结对帮扶人不能撤,涉及产业扶贫就业扶贫和“三保障”的资金投入不能减,做到工作力度只增不减、政策支持只增不减、压力传导只增不减、预警监测只增不减。三是积极探索建立稳定脱贫长效机制。许多省制定巩固脱贫成果防止返贫的指导意见,就持续稳定增加脱贫群众收入、健全防止返贫长效机制等采取相关举措。有的省还把巩固脱贫成果防止返贫纳入目标责任体系,层层签订责任书,加大脱贫质量核查,对存在返贫风险户开展针对性的帮扶,确保稳定脱贫。四是探索解决边缘贫困问题。有的省在加快解决绝对贫困问题的同时,把边缘困难群体纳入防贫保障范围,实施重点监测,在产业、就业、金融等方面加大帮扶力度,解决急需的突出问题,预防边缘人口成为贫困人口。

(七)东西部扶贫协作和中央单位定点扶贫强力推进。自去年首次开展考核、首次签订协议和责任书以来,东西部扶贫协作和中央单位定点扶贫工作质量和成效显著提升。今年两会后,国务院扶贫开发领导小组及时召开全国东西部扶贫协作和中央单位定点扶贫工作推进会,继续加强工作指导,东西部省市签订扶贫协作协议书,中央单位签署定点扶贫责任书,细化帮扶措施。目前扶贫协作双方已有14个省区市党委或政府主要负责同志带队开展调研对接,召开扶贫协作联席会议部署推进工作。东部地区都加大了帮扶力度,上半年多项指标实际完成数超过了协议数,据初步统计,东部地区财政援助资金已经拨付到位近200亿元,比今年协议数增长了9.7%,比去年实际数增长了13%;向西部地区选派挂职干部1249名,超过协议数5%;选派教师、医生等专业技术人才4619名,超过协议数8.8%;帮助贫困人口到东部地区就业59107人,超过协议数96%。东部地区还组织6425家企业、1065家社会组织与中西部8593个贫困村开展结对帮扶,组织3174所学校、1532家医院与中西部3410所学校、1655家医院开展结对帮扶。中央单位定点扶贫工作也在加快推进,288家单位直接投入帮扶资金30.9亿元,完成计划数的58.2%;引进帮扶资金23.6亿元,完成计划数的73%;培训基层干部7.3万人,完成计划数的67%;培训技术人员11万名,完成计划数的51.2%;购买贫困地区农产品8.1亿元,完成计划数的77%。

(八)机构队伍建设进一步加强。过去,各省区市扶贫机构有的是事业单位,有的是直属机构,有的是议事机构,还有的是部门内设机构或挂靠单位,归口不一、级别不一、属性不一。去年机构改革以来,各地普遍加强扶贫机构建设,中西部22个省区市和辽宁省、新疆生产建设兵团扶贫办全部成为政府正厅级工作机构,领导职数、人员编制也都增加了。省级扶贫办班子普遍加强,有的兼任省政府党组成员,有的兼任省委副秘书长、省政府副秘书长,这在以前是从来没有过的。市县扶贫机构队伍普遍加强,有些脱贫攻坚任务重的贫困乡镇设立了工作站或配备了扶贫专干。东部省份也在原体制下增加了编制,充实了力量。同时,经过这几年的攻坚,各级扶贫干部在战斗中学会战斗,能力得到大幅提升,探索积累了许多行之有效的做法和经验,为打赢脱贫攻坚战奠定了坚实基础。

二、认真检视脱贫攻坚中存在的问题

现在离决战决胜还剩539天,脱贫攻坚战打到现在,取得了重大决定性进展。成绩是主要的,但仍要看到,工作中还存在不少困难和问题,有的问题在考核中多次发现,有的还进行了约谈,要求整改到位,但还是屡改屡犯,对于这些问题,国务院扶贫办和各省扶贫办都有责任,我们在工作指导上有不足。要以此次“不忘初心、牢记使命”主题教育活动为契机,坚持高标准、严要求,认真检视努力解决脱贫攻坚工作中存在的问题,高质量打赢脱贫攻坚战。

(一)忠诚干净担当不够到位。一是有的履职尽责不到位。落实脱贫攻坚决策部署节奏慢、效率低,存在消极懈怠情绪,松散拖延、干劲不足。有的对落实脱贫攻坚决策部署统筹不够、协调不力、督促不严。有的存在惯性思维,墨守成规、按部就班,不能结合实际创新开展工作。二是有的作风不过硬。遇到矛盾问题畏难厌战,面对工作推诿扯皮、拖沓敷衍。有的对主管的工作前紧后松,草草了之,研究指导不够,工作不深入不扎实。有的调查研究不深入,做表面文章多,说不出基本情况,发现不了问题,手里没有经验典型。三是有的较真碰硬不到位。抓工作一团和气,避重就轻,不敢得罪人,报喜不报忧。有的各类监督检查发现问题整改不够彻底,采取有效措施不够,成效不明显。有的以简单问责代替问题整改,把层层传导压力,变成层层推卸责任。分析原因,主要是初心使命意识还不够强,没有从增强“四个意识”、坚定“四个自信”、做到“两个维护”的高度认识脱贫攻坚。忠诚党的事业不够,担当作为、干事创业的进取精神不足,没有把脱贫攻坚当作重大政治任务来抓。要通过开展“不忘初心、牢记使命”主题教育,进一步强化宗旨意识，坚持以人民为中心的思想，提振精气神，做到绝对忠诚，敢于担当、勇于担当、善于担当，坚持问题导向，以问题整改促进提升工作水平。

（二）责任落实政策落实工作落实还不够到位。责任落实上，对脱贫攻坚的重要性艰巨性紧迫性认识仍然不足，有的没有做到尽锐出战，有的只挂帅不出征。工作责任心不强工作不在状态，有的工作停留在面上，有的工作松劲滑坡。政策落实上，落实党中央脱贫攻坚决策部署存在差距，有的落实精准扶贫精准脱贫要求不够到位，有的落实中央支持深度贫困地区脱贫攻坚政策措施不够有力。有的背离中央要求执行走样，对脱贫攻坚标准把握不准。有的制定落实举措照本宣科、上下一般粗，没有结合实际。有的没有发挥好参谋助手作用，敏感性不强，督促指导不够，对老问题麻木漠视，对新问题推诿扯皮。工作落实上。有的工作抓不到点子上，拿不出实招，以会议贯彻会议，以文件贯彻文件。有的工作要求"翻烧饼"，基层无所适从。有的分类施策不够精准，贫困人口帮扶责任未压实。产生这些问题，主要原因是政治站位不够高、学习不深入、思想不重视，导致工作不细致、不认真。要结合"不忘初心、牢记使命"主题教育，在学习上下功夫，把脱贫攻坚政策举措吃透弄懂，在抓落实上下功夫，强化政治责任和政治担当，推动脱贫攻坚各项政策举措有效落实。

（三）形式主义官僚主义屡禁不止。我们从2016年以来持续加强扶贫领域作风建设，解决了一批突出问题，但形式主义、官僚主义仍然存在。一是搞形象工程政绩工程。有的热衷造亮点、堆盆景，把资金和精力用在华而不实的形象工程上。有的迈虚步、练虚功，搞花架子，安徽阜阳"刷白墙"、河北张家口造"水幕电影"，教训十分深刻。二是基层负担没有明显减轻。会议文件多、检查考核多、填表报数多等问题仍然存在，基层疲于应付。有的借调研之名行检查之实，变相搞考核检查。有的重痕迹轻实绩，把痕迹管理变成"留痕主义"。三是急功近利做表面文章。有的脱贫成效不够精准，数字脱贫等问题突出。有的调研走马观花、蜻蜓点水，不掌握真实情况，对基层工作没有指导意义。有的眼睛始终朝上，在应对上级上下功夫、做文章，工作只求过得去，不求过得硬。形式主义、官僚主义问题由来已久，主要原因是政绩观错位、作风不严不实、工作方法浮漂，没有坚持实事求是，与我们抓工作宽松软有直接关系。克服形式主义、官僚主义，要打持久战，常抓不懈。对搞形象工程、弄虚作假的，发现一起查处一起，决不姑息决不手软。要进一步贯彻中央要求，减轻基层负担，今年的脱贫攻坚督查巡查，要把基层减负情况作为重要内容。

（四）风险防范化解任务繁重。打赢脱贫攻坚战，要坚持目标引领，坚持问题导向，还要防范风险，有了这三招问题就能基本解决。当前脱贫攻坚风险防范任务很重。一是要防范完不成任务和脱贫质量不高的风险。重点是防止深度贫困地区拖后腿，"两不愁三保障"留死角。一些任务不重的地方麻痹大意，任务轻就用力少，工作反而落后，东部地区的精准扶贫工作现在已在总体上落后于中西部地区。二是要重视和防范工作中的风险。防范易地扶贫搬迁"一搬了之"稳不住、后续帮扶跟不上，影响脱贫和社会稳定。防范产业扶贫失败风险，防止产业项目一刀切、不可持续、盲目跟风造成损失。防范扶贫小额信贷风险，防止户贷企用和发生呆账坏账。防范光伏扶贫建设和运维风险，防止建设质量不高和运维滞后，防止套取冒领国家补助资金和收益分配简单打卡发钱。三是要重视和防范道德风险。防止政策养懒汉，造成"福利陷阱"，引起非贫困户攀比，出现新的不公，破坏社会规则。对脱贫攻坚中的风险防范化解重视不够，留下隐患，影响成色质量，缺乏风险意识、存在击鼓传花心态、没有底线思维是主要原因。打赢脱贫攻坚战，既要坚定信心决心，也不能盲目乐观、麻痹大意。对光伏扶贫、扶贫小额信贷等工作中的老问题要抓紧逐步解决，新问题及时研究解决、规范操作。对产业扶贫要加强指导，顺应市场、科学规划、周密论证。要加强扶志扶智工作，切实扭转“等靠要”思想，改进帮扶方式，发挥好榜样的引领作用和政策的激励作用。

（五）加强扶贫领域的薄弱环节。一是扶贫资金的使用管理问题。这几年通过完善制度、下放权限、公示公告、处理案件，不断加大监管力度，扶贫资金使用管理成效越来越好，但是扶贫资金关系最贫穷的群众，社会关注度高、敏感性强，加强监管不能有丝毫放松。从目前情况看，乡村两级扶贫资金问题多发，主要表现是“不会用”“不敢用”和“微腐败”。我们要配合好财政、审计和纪检监察部门，延伸监管力量，做到全天候无缝隙监管。二是贫困县约束机制执行不严问题。现在一些贫困县出现问题，有的扶贫部门急于撇清责任，强调不是扶贫资金，不是扶贫部门干的事，认为与扶贫工作无关，这是错误的，我们要从脱贫攻坚大局出发来考虑问题。2014年国务院扶贫开发领导小组就印发了建立贫困县约束机制的通知，明确要求贫困县杜绝不切实际的形象工程，要把更多的财力投入到扶贫开发上，县级财政用于基础设施、公共服务的建设资金主要投向乡镇、村组，严禁搞华而不实的标志性建筑、形象工程、景观景点，严禁戴帽炫富等。这些要求好像忘记了，有的执行不严，我看是惩戒力度不够。三是对打着扶贫旗号牟利行为惩治不力。社会各界非常关注扶贫工作，一些别有用心的人，借机打着扶贫的旗号从事与扶贫无关的活动进行违规牟利，甚至打着扶贫的名义进行诈骗或从事违法犯罪活动，有的我们没有及时发现、及时处置，工作被动，损害了脱贫攻坚声誉，在社会上造成了很坏的影响。要首先从自身改起，扶贫部门主管的社团要规范运行，聚焦脱贫攻坚和精准脱贫，不得违纪违规谋利。对社会上招摇撞骗的行为，要及时发现、及时查处，防止误导群众、影响社会。要积极争取有关方面支持，严肃查处，营造脱贫攻坚风清气正的良好社会环境。

我讲了这五个方面问题，但不仅限于这些，我们要举一反三查摆问题、认真分析原因、主动及时解决问题。要认真落实“不忘初心、牢记使命”主题教育关于检视问题的要求，坚持科学的态度和方法，确保把问题找准找实，把根源挖深挖透，以更好地解决问题，推进工作。要防止大而化之、隔靴搔痒、避重就轻、避实就虚，以刀刃向内的自我革命精神，认真开展自查自纠，深入思考和全面把握问题产生的深层次原因，源头治理、标本兼治。要广泛听取各方面意见建议，紧密联系思想工作实际，查找问题实打实，解决问题硬碰硬。要针对问题逐一研究改进举措，把脱贫攻坚工作做实做细。

三、认真抓好下半年的工作

中央明确，今年再减少农村贫困人口1000万以上，实现300个左右贫困县摘帽，基本完成“十三五”易地扶贫搬迁规划建设任务。关于今年的工作，去年全国扶贫开发工作会议做了全面部署，今年前两次全国扶贫办主任座谈会做了进一步安排，下半年工作总的要求是：到今年底，深度贫困地区脱贫攻坚大局取得决定性进展，“两不愁三保障”突出问题基本解决，东西部扶贫协作协议书和中央单位定点扶贫责任书落实到位，扶贫资金使用效率和效益进一步提高，作风和能力建设取得新的成效，总结经验和宣传表彰工作稳步推进，年度减贫任务全面完成，为2020年打赢脱贫攻坚战奠定坚实基础。近日，国务院扶贫开发领导小组印发了关于解决“两不愁三保障”突出问题的指导意见，国务院扶贫办印发了关于组织开展建档立卡“回头看”工作的通知和关于完善贫困人口动态管理的通知，各地要认真抓好落实。这里，我重点强调几点。

（一）搞好主题教育。党中央决定，从今年6月开始，在全党自上而下分两批开展“不忘初心、牢记使命”主题教育，这是以习近平同志为核心的党中央统揽伟大斗争、伟大工程、伟大事业、伟大梦想作出的重大部署。扶贫系统要结合脱贫攻坚实际搞好主题教育，认真组织学习，深入开展调查研究，认真检视问题，不断改进工作，切实增强投身脱贫攻坚的责任感、使命感、荣誉感。要守初心，确保到2020年现行标准下的贫困人口全部脱贫，消除绝对贫困；贫困县全部摘帽，解决区域性整体贫困，高质量完成目标任务。要担使命，当好党委政府的参谋助手，当好脱贫攻坚的主力军敢死队，一鼓作气、越战越勇，不获全胜、决不收兵。要找差距，对标对表党中央、国务院决策部署，全面排查梳理今明两年的工作任务，找差距补短板，在发现问题解决问题的过程中不断前进。要抓落实，扎扎实实做好脱贫攻坚各项工作，确保各项政策举措落实落地，稳定实现贫困群众“一超过两不愁三保障”。

（二）坚持问题导向。这几年，我们坚持问题导向，在不断发现问题、解决问题的过程中，推动脱贫攻坚始终沿着正确方向前进。各地各相关部门制定脱贫攻坚专项巡视和成效考核发现问题整改方案，有的已基本完成整改。9月上旬，国务院扶贫开发领导小组将组织对各地问题整改情况开展督查巡查，年底中央将组织开展脱贫攻坚专项巡视“回头看”。国务院扶贫办将参照去年巡查河北的做法，在下周赴陕西开展巡查调研。巡视和考核发现问题整改情况将作为明年脱贫攻坚成效考核的重要内容。各地各相关部门要切实落实整改方案，认真组织实施，把考核发现问题与专项巡视、纪检监察、督查巡查、审计、信访、民主监督、社会监督等发现的问题统筹起来，一体推进、一体解决，举一反三、标本兼治，确保各类问题整改到位，为明年工作打下良好基础。

（三）减轻基层负担。中央明确今年是基层减负年。扶贫系统党员干部尤其是领导干部，要从自身做起，切实改进作风，克服形式主义官僚主义，把基层减负各项决策落到实处。一是严格落实填表报数规定。每年在乡村只统一组织开展1次建档立卡数据填报，推动行业部门扶贫数据共享共用，减少乡村基层填报数量。二是严格落实考核评估和督查巡查规定。国家层面每年只开展1次脱贫攻坚成效考核和1次脱贫攻坚督查巡查，地方要参照执行，严禁多头考评、层层预演、重复检查，减轻基层迎评迎检负担。各地组织的第三方评估要从严控制、从严要求，确保公信力。三是严格落实精简文件会议规定。会议只减不增，压减规模、缩短会期，必须要召开的会议尽量采取视频形式，减少县以下基层干部往返时间。四是严格落实调查研究规定。事先明确主题，立足解决问题、宣传政策和总结经验，调研结束后要形成报告，不能走过场。五是严格落实暗访约谈规定，对搞形式主义官僚主义和增加基层负担的，要坚决纠正，突出的予以曝光，严重的开展常态化约谈。六是关心关爱基层扶贫干部，防止以问责代替问题整改，不能把板子简单打在基层扶贫干部身上。对基层干部要在政治上信任、工作上支持、身心上关怀，让他们安下心来工作。

（四）深化消费扶贫。去年12月30日，国务院办公厅印发关于深入开展消费扶贫助力打赢脱贫攻坚战的指导意见，对大力实施消费扶贫作出部署。这件事做好了，两头都有好处。一方面，有利于促进贫困地区产业发展，让贫困地区农特产品卖得掉、卖出好价钱。有了稳定的销售渠道，贫困群众生产的积极性就会起来。另一方面，消费者可以享用绿色有机食品，而且有利于在社会上创造人人参与扶贫的良好氛围，大家在消费中就能为扶贫事业做出贡献。上周我去广东，广东准备投资3个亿，面向“大湾区”建一个5万平米的东西部扶贫协作农产品交易市场，对销售贫困地区农产品的免收管理费。东部其他省份也在做这件事。这是社会主义制度优越性的突出表现，是中国特色的脱贫攻坚故事，值得我们花功夫做好。下一步，西部地区重点负责生产，组织贫困群众发展生产，建立减贫带贫机制，保证产品质量，提高供给水平，确定进入东部交易市场主体。东部地区重点负责销售，建好市场，提供优惠政策，组织引导机关、学校、医院、企事业单位等建立长期稳定的供销关系，动员各方力量参与消费扶贫。通过努力，把消费扶贫打造成产业扶贫的“升级版”、东西部扶贫协作和定点扶贫的重要形式、社会扶贫提质增效的载体。

（五）谋划启动总结。脱贫攻坚战攻坚克难阶段即将结束，决战决胜阶段就要到来。在这场波澜壮阔的脱贫攻坚战中，我们进行了一系列改革创新，取得了重大理论成果和重大历史性成就，探索积累了许多弥足珍贵的成功经验，涌现出了一大批可歌可泣的英雄模范，形成了脱贫攻坚伟大精神，创新了中国特色的扶贫开发道路，必须认真做好总结。初步考虑，总结6个方面：一是理论成果，重点从习近平扶贫重要论述、脱贫攻坚精神、中国特色扶贫道路方面进行总结。二是实践成就，从解决绝对贫困、消除区域性整体贫困、巩固党在农村的执政基础、培养锻炼干部、弘扬社会主义核心价值观等方面进行总结。三是专项扶贫，对建档立卡、驻村帮扶、资金监管、考核评估等精准扶贫精准脱贫重点工作，以及扶贫小额信贷、光伏扶贫、贫困村创业致富带头人培训等典型案例进行总结。四是行业扶贫，对“五个一批”、基础设施、公共服务进展成效等进行总结。五是社会扶贫，对东西部扶贫协作、中央单位定点扶贫、军队和武警部队扶贫、民营企业扶贫、社会组织和公民个人扶贫等进行总结。六是地方扶贫，对各省区市、有代表意义的市和部分县乡村进行总结，开展案例研究。总结工作分两个阶段进行：第一阶段，从现在开始，挖掘各地脱贫攻坚的成功经验和典型案例，确定一批脱贫成效显著、有代表意义市、县、乡、村进行总结，为下步中央全面总结宣传脱贫攻坚工作提供素材。第二阶段，从明年开始，启动脱贫攻坚总结工作。为加强这些工作，国务院扶贫办组建了脱贫攻坚总结工作专班，启动了相关工作，已请各省区市推荐县乡村名单。中国脱贫攻坚声音要有各地的声音，各地要充分认识这项工作的重要性，及早谋划安排。

（六）加强舆情应对。国务院扶贫办有一个舆情监测，每天一期，突发事件即时单报，我每天早上都要看。从这几年总的舆情看，正面报道占97%，负面报道占3%，负面事件占比虽然低，但影响很大，分散精力、影响形象、干扰大局。妥善应对负面舆情，是脱贫攻坚战面临的新课题、新挑战和新任务，各地要高度重视，及时发现，准确研判，妥善处置。要转变观念。凡是涉及贫困地区贫困群众的事，都要高度关注，不能仅仅局限在是不是专项扶贫资金、是不是扶贫部门干的事情，不能对近在眼前的“灰犀牛”视而不见。像甘肃的杨改兰事件和扶贫路事件、辽宁的扶贫井事件、山西贫困户拥有多辆轿车事件、安徽拍脱贫摘帽宣传片和刷白墙事件、河北拍水幕电影事件等等，只要与扶贫有关，就会引起大量关注，引发社会对脱贫攻坚工作的质疑。任何忽视轻视的行为,都有可能导致舆情升温发酵失控。必须高度重视,快速有效应对,争取主动。要主动引导。像去年媒体报道的云南昭通“冰花男孩”,其实就是天冷上学的一种正常现象。为什么社会反映这么强烈,还是因为我们主动引导得不够,该发声的没有发声,想发声的不知道怎么发声。当然,如果能变坏事为好事更好,像“80后干部白发事件”,最后社会都认可,干扶贫真辛苦,年纪轻轻头发早早就白了。要科学应对。涉贫舆情并不可怕,也不都是坏事,关键在于科学应对。要遵循舆情应对规律,完善监测预警机制、会商研判机制、调查核实机制、回应通报机制、责任追究机制,不断提高涉贫舆情应对处置水平。要正面宣传。用典型案例、生动事迹、工作实效鼓舞人、感染人、激励人,营造良好舆论氛围。总之,舆情也是一种监督,我们要坦诚接受,先调查,有问题处理,没问题澄清,及时公布进展情况。关键要“快”,要主动释放权威信号,有效降低社会杂音噪音,决不能因失位失声而误解误读。

(七)加强干部培训。脱贫攻坚关键在人,在干部的作风和能力,有些长期形成的习惯很难改,有些事情不是不想干而是不会干。去年,为贯彻落实习近平总书记关于开展干部大轮训的重要指示,中央组织部、国务院扶贫办对脱贫攻坚干部培训作出系统安排,各地分级分类组织干部培训,全年共培训800多万名扶贫干部,收到很好效果。通过培训,领导干部正确政绩观进一步树牢,基层扶贫干部实战能力进一步增强。但不是说去年培训完了就结束了,这是持续3年的工作。要继续做好脱贫攻坚干部分类分级培训工作,围绕脱贫攻坚重点工作确定培训主题,根据干部群众所需确定培训内容和方式,提高各级干部精准扶贫精准脱贫的能力和水平。今年要着力提高干部解决“两不愁三保障”突出问题的能力和总结宣传的能力。要进一步做好贫困村创业致富带头人培训工作,回引本土人才,培养“不走的工作队”,带领贫困群众稳定脱贫。

(八)探索有效衔接。习近平总书记指出:“打好脱贫攻坚战是实施乡村振兴战略的优先任务。贫困村和所在县乡当前的工作重点就是脱贫攻坚,目标不变、靶心不散、频道不换。2020年全面建成小康社会之后,我们将消除绝对贫困,但相对贫困仍将长期存在。到那时,现在针对绝对贫困的脱贫攻坚举措要逐步调整为针对相对贫困的日常性帮扶措施,并纳入乡村振兴战略架构下统筹安排。这个问题要及早谋划、早作打算。”目前看,这方面还没有完全破题,各方在认识上还不统一。有的甚至认为,2020年后就不做扶贫工作了,要用乡村振兴来代替。非也,错也!脱贫攻坚是全面建成小康社会的底线任务和标志性指标,乡村振兴是全面建设社会主义现代化国家的重大战略,两者既不能对立,也不能割裂。对贫困地区而言,脱贫攻坚就是乡村振兴,首要任务是实现“两个确保”,为乡村振兴打下基础。乡村振兴产业兴旺、生态宜居、乡风文明、治理有效、生活富裕与脱贫攻坚是一脉相承的,许多工作在脱贫攻坚中已开始做了,下一步在乡村振兴中无非是工作对象扩大、工作内容升级、体制机制传承。中国必须紧紧高擎扶贫大旗并写上中国共产党的领导和社会主义制度。到2020年后我国只是解决了绝对贫困,缓解相对贫困将是长期任务。我国将长期处于社会主义初级阶段,新时代社会主要矛盾是人民日益增长的美好生活需要和不平衡不充分的发展之间的矛盾,经济发展包括乡村振兴不能自动消除贫困,在市场失灵时,必须要有政府这只有形的手,来防止贫富差距拉大,逐步实现共同富裕。我国是全球最大的发展中国家,短期内很难像西方发达国家那样通过社会保障等福利救济来解决贫困问题,还需要坚持精准扶贫精准脱贫和开发式扶贫,不断改善贫困地区发展条件，增强贫困人口劳动技能和内生动力，通过劳动实现脱贫致富、获得幸福生活。中央有关部门正在落实总书记重要指示，抓紧研究制定2020年后减贫战略。我办将建议国家制定“十四五”扶贫规划。

今年时间过半，各项工作仍要扎扎实实加快推进。各地既要在党中央的坚强领导下统一行动，又要贯彻省负总责精神各显神通；既要做好当前工作，也要考虑长远问题；既要扶贫部门和扶贫干部尽责做，更要动员社会各方参与共同做，确保年度目标任务圆满完成，以优异成绩庆祝中华人民共和国成立70周年！

在黄文秀同志先进事迹报告会上的讲话

国务院扶贫办主任 刘永富

（2019年7月27日）

今天，我们在这里隆重举行黄文秀同志先进事迹报告会，追授黄文秀同志“全国脱贫攻坚模范”荣誉称号，表彰黄文秀同志在脱贫攻坚中作出的突出贡献，学习她的先进事迹，弘扬她的崇高精神，以更加昂扬的斗志，不畏艰难险阻，坚决打赢脱贫攻坚战。在此，我谨代表人力资源社会保障部、国务院扶贫办，向献身脱贫攻坚事业的黄文秀同志致以崇高的敬意！向黄文秀同志的家人表示亲切的慰问！向奋战在广西自治区脱贫攻坚一线的干部群众表示诚挚的问候！

黄文秀同志牺牲后，习近平总书记作出重要指示，号召广大党员干部和青年同志要以黄文秀同志为榜样，不忘初心、牢记使命，勇于担当、甘于奉献，在新时代的长征路上作出新的更大贡献。黄文秀同志是广大党员学习的榜样，更是我们全体扶贫干部学习的榜样。6月28日，人力资源社会保障部、国务院扶贫办追授黄文秀同志“全国脱贫攻坚模范”称号，国务院扶贫办印发通知，号召全国扶贫系统向黄文秀同志学习。我们要认真贯彻落实习近平总书记重要指示精神，深入学习黄文秀同志的先进事迹和崇高精神，在脱贫攻坚道路上奋勇前行。

我们要学习黄文秀同志面对人生选择时有追求、讲情怀、不怕艰苦的精神。黄文秀同志研究生毕业后放弃大城市的工作机会，毅然选择回到属于革命老区、贫困地区的家乡工作。工作不久，她又毫不犹豫到贫困村担任第一书记，选择到脱贫攻坚第一线去倾情投入、奉献自我。她用实际行动响应了习近平总书记关于当代中国青年要“到基层和人民中去建功立业，让青春之花绽放在祖国最需要的地方”的号召，用美好青春诠释了共产党人的初心使命。我们学习黄文秀同志，就是要牢记初心使命，永葆崇高追求，践行为民情怀，勇于担当最艰苦的任务，敢于面对困难挑战，以实际行动投身到党和人民最需要的地方。

我们要学习黄文秀同志驻村帮扶中作风扎实、苦干实干、爱民为民的精神。黄文秀同志担任第一书记后，在两个月的时间里遍访全村贫困户，与贫困群众打成一片，带领群众发展扶贫产业，带领群众增收脱贫，认真落实扶贫政策，做了大量精心细致和卓有成效的工作，展现了驻村干部的担当和风采。她心里时刻装着贫困群众，肩上担着党的重托，对百坭村和贫困户的情况了然于胸，对帮扶措施紧抓不放，争分夺秒、苦干实干，与当地贫困群众建立起了深厚感情，赢得了大家的信任，她的离去让当地群众每每提起都热泪盈眶。我们学习黄文秀同志，就是要坚持做到脚踏实地、勇于担当，大力弘扬踏石留印、抓铁有痕的钉钉子精神，锲而不舍、驰而不息助推脱贫攻坚取得新的更大成绩。

我们要学习黄文秀同志关键时刻顶得上、冲在前、不怕牺牲的精神。6月16日晚，天降暴雨，黄文秀同志挂念着村里有发生灾害的危险，不顾家人劝说，冒着暴雨踏上回百坭村的路，路上还电话和村里干部了解山塘、水利设施受灾情况，途中不幸牺牲。她也可以等雨停了或第二天再出发，但在山洪危及群众生命财产安全的紧急时刻，她毫不犹豫，挺身而出，冲锋在前，把群众的安危放在首位，将个人生死置之度外。她作为一位驻村干部和年轻的共产党员，在脱贫攻坚一线岗位上谱写了用生命担使命、用热血铸忠魂的英雄壮举。我们学习黄文秀同志，就是要时刻听从党的召唤，在急难险重任务面前敢担当、不退缩，在关键时刻顶得上、靠得住，始终以昂扬的斗志、饱满的热情、旺盛的干劲，完成脱贫攻坚这项对中华民族、对整个人类都具有重大意义的伟业。

我们要学习黄文秀同志对党对家乡对社会心存感恩、甘于奉献、公而忘私的精神。黄文秀同志出身于革命老区，受到党的教育、家乡的养育，成长过程中受到党和政府以及社会的帮扶，她深怀感恩之心，毕业后选择回到欠发达的家乡，以自己的实际行动报答家乡，回馈社会，从一个扶贫事业的受益者变成脱贫攻坚的贡献者。尽管黄文秀同志知道“父母的身体状况越来越不好”，“最担心父母的身体”，但她始终将村里的工作和党的脱贫攻坚事业看得比自己的家庭重，舍小家为大家，甘于奉献、公而忘私，用生命谱写了新时代的青春之歌。我们向黄文秀同志学习，就是要做到牢记党的宗旨，坚守以人民为中心的理念，全心全意为人民服务，带着对贫困群众的深厚感情，把贫困群众的安危冷暖时刻挂在心上，用心用情用力帮助贫困群众脱贫致富。

要奋斗就会有牺牲。完成一项伟大的事业，必须有广大人民群众的参与，必须有一批先进人物的艰辛付出。脱贫攻坚战线，已有700多人付出了宝贵的生命，我们将永远铭记他们，历史将永远铭记他们！当前，脱贫攻坚进入攻坚克难、决战决胜的关键阶段。广西积极贯彻落实党中央关于脱贫攻坚的决策部署，连续三年在国家脱贫攻坚成效考核中保持在第一方阵，正是在这样好的形势和干事创业的浓厚氛围中，广西涌现出了一批批优秀的扶贫干部，黄文秀、蓝标河就是其中的杰出代表。在全国，像他们这样的扶贫干部还有很多，他们用行动诠释新时代扶贫人的初心使命，用自己的辛苦换来贫困群众的幸福。

广西集革命老区、民族地区、边疆地区于一体，2018年底还有农村贫困人口151万人，贫困发生率3.7%。脱贫攻坚任务依然艰巨，夺取全面胜利仍需继续努力。国务院扶贫办将继续支持广西脱贫攻坚工作，希望广西进一步强化责任落实，聚焦突出问题，提高脱贫质量，一鼓作气、顽强作战，确保如期完成脱贫攻坚目标任务。

一是要尽锐出战，不获全胜决不收兵。习近平总书记强调，打赢脱贫攻坚战，解决好贫困人口生产生活问题，满足贫困人口追求幸福的基本要求，这是我们的目标，也是我们的庄严承诺，是国内外皆知的庄严承诺。我们必须增强“四个意识”、坚定“四个自信”、做到“两个维护”，强化政治责任，按照中央“尽锐出战”的要求，坚持不懈做好工作，不获全胜决不收兵。

二是要聚焦重点，攻坚克难。到2018年底，广西还有河池、百色等深度贫困地区，“三保障”仍有薄弱环节。我们要细化实化攻坚举措，紧盯深度贫困地区脱贫攻坚，落实好帮扶举措，确保这些地区不拖后腿不掉队。要聚焦解决“三保障”突出问题，深入摸排情况，采取得力措施，下足绣花功夫，逐村逐户逐人对账销号，确保不留工作死角。

三是要从严要求，保证脱贫质量。习近平总书记指出，脱贫既要看数量，更要看质量。我们要严把贫困退出关，把防止返贫摆在重要位置，积极探索建立稳定脱贫长效机制，努力做好易地扶贫搬迁后续帮扶，加强扶贫同扶志扶智相结合，确保脱贫攻坚成果经得起历史和实践检验。

四是要学习先进，形成攻坚合力。习近平总书记强调，要广泛宣传学习先进典型，激励全党全社会进一步行动起来，激励贫困地区广大干部群众进一步行动起来，形成扶贫开发工作强大合力。我们要深入宣传总结扶贫领域先进典型，讲好扶贫脱贫感人故事，要通过学习先进、宣传先进，让脱贫攻坚英雄们的精神传承，让党为人民奋斗的付出传播。

五是要采取措施，关心关爱基层扶贫干部。习近平总书记强调，要关心爱护基层一线扶贫干部，让有为者有位、吃苦者吃香、流汗流血牺牲者流芳。我们对奋战在脱贫攻坚一线的同志们，要在政治上关心、工作上支持、心理上关怀、待遇上保障，切实增强他们的荣誉感、归属感、获得感。

同志们，打赢脱贫攻坚战是一项光荣而艰巨的历史任务，我们要不忘初心、牢记使命，为如期打赢脱贫攻坚战、如期全面建成小康社会作出新的更大贡献。

在2019“民营企业南疆行”活动上的讲话

国务院扶贫办主任　刘永富

（2019年8月2日）

7月14日—16日，党中央在和田召开第七次全国对口支援新疆工作会议，总结新一轮对口援疆取得的成绩，分析面临的形势，对今后一个时期工作作出重要部署。汪洋主席在会上指出，要务实推进产业援疆，帮助受援地发展特色产业、绿色产业、拓展产品销售渠道。要坚持民生优先，聚焦脱贫攻坚和扩大就业，资金项目更多向基层倾斜，解决群众最关心最直接最现实的利益问题。会议结束后不久，全国工商联、国务院扶贫办和新疆维吾尔自治区人民政府联合在喀什举办“民营企业南疆行”活动，组织动员民营企业到南疆投资兴业，为南疆四地州打赢脱贫攻坚战再添一把火、再加一股劲。在这里，我代表国务院扶贫办，向对口帮扶南疆四地州的省市，向全国工商联、中央新疆办和参与支持南疆脱贫攻坚的企业家，表示衷心感谢和崇高敬意！刚才，侍俊主任传达了第七次全国对口援疆工作会议精神，一会儿徐乐江书记还要发表讲话，我们要认真抓好落实。我讲三点意见，供大家参考。

一、脱贫攻坚情况

党的十八大以来，以习近平同志为核心的党中央把脱贫攻坚作为全面建成小康社会的底线任务和标志性指标，作出一系列重大部署。总书记亲自挂帅出征，50多次国内考察40多次涉及扶贫，连续5年召开6次脱贫攻坚跨省区座谈会部署推进工作，党的十九大以来每月都对脱贫攻坚作出重要指示批示。李克强总理连续6年在政府工作报告中将减贫1000万人以上作为政府工作目标，多次研究部署脱贫攻坚重点工作。

在党中央、国务院的坚强领导下，经过各地区各部门各方面的共同努力，脱贫攻坚取得重大决定性成就。6年来，现行标准下的农村贫困人口累计减少8239万。贫困人口数量从2012年的9899万减少到2018年的1660万，贫困发生率从10.2%下降到1.7%。建档立卡贫困村从12.8万个减少到2.6万个。全国832个贫困县有436个宣布脱贫摘帽。今年再完成减贫1000万人以上、退出330个左右贫困县的任务，到年底全国将剩下600万左右贫困人口、60个左右贫困县。

南疆四地州作为脱贫攻坚的重点区域，在各方面的大力支持下，近年来减贫规模和速度呈现递增趋势，脱贫成效显著。根据建档立卡数据，南疆四地州贫困人口从2013年底的218.7万人减少到2018年底的81.57万人，贫困发生率从29.1%降至10.86%。

通过脱贫攻坚战，贫困地区基础设施和公共服务明显改善，贫困群众收入水平明显提高，获得感明显增强，精神面貌焕然一新。贫困地区以脱贫攻坚统揽经济社会发展全局，呈现出新的发展局面。一大批优秀干部在攻坚一线得到培养锤炼，成为党和国家的宝贵财富。农村基层治理能力和管理水平明显提升，农村基层党组织凝聚力和战斗力明显增强,党在农村的执政基础更加巩固。形成了全社会合力攻坚的局面,弘扬了中华民族扶贫济困、守望相助的优良传统,营造了向上向善的社会氛围,彰显了社会主义核心价值观。在发展中国家,只有中国实现了经济快速发展和大规模减贫的同步,贫困人口共享改革发展成果,创造了人间奇迹,彰显了中国共产党领导的政治优势和社会主义制度优势。

我国脱贫攻坚之所以取得如此大的成就,有以下主要原因:一是有一个坚强的领导核心。习近平总书记作为党和国家的领导核心,始终把脱贫攻坚摆在治国理政的重要位置,亲自研究亲自部署亲自督战,带领全党全国全社会力量,五级书记一起抓,为打赢脱贫攻坚战提供了坚强的政治保证。二是有一个明确的目标任务。就是到2020年,现行标准下的贫困人口全部脱贫,贫困县全部摘帽,解决区域性整体贫困。实现这一目标意味着中国将历史性地消除绝对贫困,提前10年实现联合国2030年可持续发展议程确定的减贫目标。三是有一个科学的基本方略。这个方略就是精准扶贫精准脱贫,这是习近平总书记40多年长期探索的结晶,是中国扶贫理论和扶贫实践的重大创新。不仅是脱贫攻坚的科学方法,也成为当前许多工作基本遵循。四是有一套超常规的政策举措。出台财政、金融、土地、教育、医疗、科技、人才和基础设施建设等一系列政策举措,打出政策组合拳。五是有一个合力攻坚的社会局面。脱贫攻坚不仅是贫困地区的事,中西部地区是主体责任,东部地区有帮扶责任,党政机关、国有企事业单位有定点扶贫责任,民营企业、社会组织有社会责任。目前已有8.81万家民营企业结对帮扶5.53万个贫困村,带动和惠及了1100多万建档立卡贫困人口,为脱贫攻坚作出了重要贡献。可以说,每个人都是践行者,都是亲历者,没有旁观者。六是有一套严格的考核体系。对省级党委和政府、东西部扶贫协作、中央单位定点扶贫进行严格的脱贫攻坚成效考核,较真碰硬,树立鲜明的实效导向。

同时,我们也要清醒认识脱贫攻坚面临的挑战依然十分艰巨,主要有3类问题。第一类是直接影响完成脱贫攻坚目标任务的问题,主要包括深度贫困地区脱贫攻坚任务艰巨,贫困人口稳定实现“两不愁三保障”存在薄弱环节。第二类是工作中需要进一步改进的问题,主要包括脱贫攻坚责任不落实、政策不落实、工作不落实问题,形式主义官僚主义问题,数字脱贫虚假脱贫问题,以及贪占挪用扶贫资金等问题。第三类是需要长期逐步解决的问题,主要包括产业发展基础薄弱,易地扶贫搬迁后续帮扶需要加强,贫困群众内生动力不足、陈规陋习难改等。对上述问题,我们将按照习近平总书记的重要指示要求和工作部署,分清轻重缓急、妥善解决。

2019年是打赢脱贫攻坚战攻坚克难的关键一年,今年工作做到位了,明年全面收官就能有一个更为坚实的基础。总的安排是:狠抓党中央、国务院决策部署落实,进一步压实脱贫攻坚责任,狠抓“三区三州”等深度贫困地区脱贫攻坚,着力解决“两不愁三保障”突出问题,深入推进专项巡视和成效考核发现问题整改,深化东西部扶贫协作和中央单位定点扶贫,夯实精准扶贫精准脱贫基础,加大资金投入和监管力度,防止脱贫摘帽后松劲懈怠,加强扶贫领域作风和能力建设,提高脱贫质量,巩固脱贫成果,防止和减少返贫,确保再减少农村贫困人口1000万以上,实现300个左右贫困县摘帽,基本完成“十三五”易地扶贫搬迁规划建设任务。

今年下半年工作的重点是“一落实三基本”:继续狠抓党中央、国务院决策部署和扶贫领导小组工作部署的落实,“三区三州”等深度贫困地区脱贫攻坚实施方案规划的建设项目基本完成，“两不愁三保障”突出问题基本解决，专项巡视和成效考核发现问题整改基本到位，加强调查研究和工作指导，加强对重点地区和重点问题的督导，确保全面完成年度任务，为2020年打赢脱贫攻坚战奠定坚实基础。

二、“民营企业南疆行”活动意义重大

打赢脱贫攻坚战是全面建成小康社会的底线任务，必须完成，没有任何退路。现在距离2020年完成脱贫攻坚目标任务只有不到一年半的时间，正是最吃劲的时候。南疆四地州是脱贫攻坚的“坚中之坚”，目前还有81.6万贫困人口，接近“三区三州”总规模的一半。和田、喀什地区各有35万贫困人口，是“三区三州”贫困人口最多的两个地市州。南疆的如期脱贫，关系着新疆乃至全国的如期脱贫。“民营企业南疆行”是助力南疆四地州打赢脱贫攻坚战的一项重要举措。

在今年3月份召开的南疆四地州深度贫困地区脱贫攻坚现场推进会上，我办和全国工商联、新疆维吾尔自治区人民政府共同商定，今年搞一次“民营企业南疆行”活动。在短短4个月时间里，新疆与对口援疆省市紧密配合、认真筹备，与东中部省市、民营企业认真对接，取得了丰硕的成果。活动自3月底开展以来，南疆四地州与内地省市民营企业共签订产业扶贫招商引资项目176个，总投资317亿元。其中，今天现场签约74个项目，合同金额163亿元，这在南疆历史上是前所未有的。

这次“民营企业南疆行”活动的筹备工作，有以下几个鲜明的特点。一是准备充分。扶贫办和工商联加强协调督导，自治区及南疆四地州精心准备产业扶贫招商引资目录，东中部省市认真组织企业对接项目。二是走出去与请进来相结合。既达成了合作项目，又宣传展示了南疆四地州在开展脱贫攻坚、共建“一带一路”中的战略地位和后发优势。三是政府与市场相结合。充分发挥东西部扶贫协作、对口援疆和“万企帮万村”行动等工作机制，探索了组织动员企业参与深贫地区脱贫攻坚的新途径。四是聚焦特色产业和就业项目。重点推介农副产品加工、纺织服装、商贸物流等劳动密集型产业，有力助推南疆脱贫攻坚。

这次“民营企业南疆行”签约的项目，绝大多数都与贫困群众增收密切相关，有助于推动产业援疆，助力南疆四地州打赢脱贫攻坚战、促进南疆长治久安。这些项目的有效实施，将产生以下作用，意义重大。一是通过产业转移，促进南疆经济发展。南疆特色资源丰富，但深度开发不够，产业链条短，工业项目少。这次签约的一大批农产品深加工和轻工纺织类项目从东部转移到南疆，推动南疆承接产业转移迈出实质性步伐，这些企业和项目成为南疆经济发展的“种子”，为南疆实现新型工业化奠定产业基础。二是通过技能培训，促进南疆人力资源开发。南疆人力资源丰富，但平均受教育程度低，职业技能落后。这次签约的项目将有大量的用工需求，推动加大南疆劳动力技能培训力度，成为南疆人力资源开发的“加速器”，为南疆长远发展奠定人才基础。三是通过就业增收，促进南疆社会和谐稳定。就业是收入之源、稳定之基。就业稳则人心稳，人心稳则社会稳。这次签约将创造大量就业岗位。预计这176个项目可提供20万个岗位，让贫困群众“出家门进厂门”，成为南疆和谐稳定的“压舱石”，为南疆长治久安奠定稳定基础。

三、抓好签约项目落地生根开花结果

这次南疆行活动签约的176个项目主要涉及特色种养殖、农副产品加工、轻工建材、纺织服装、电子组装、商贸物流等劳动密集型和

涉农产业。其中，特色种养殖项目13个，总投资22亿元；农副产品加工项目32个，总投资51亿元；轻工建材类项目27个，总投资30亿元；纺织服装类项目51个，总投资82亿元；电子组装类项目22个，总投资21亿元；商贸物流类项目11个，总投资54亿元；其他产业项目20个，57亿元。签约是第一步，关键是落实。去年以来，我们已经开展了三次产业扶贫招商引资：去年“光彩事业南疆行”签约项目84个，签约资金157亿元。目前，75个项目落地建设，到位资金134亿元，履约率89%。去年的南疆四地州深度贫困地区脱贫攻坚现场推进会暨对口帮扶工作会议上，签约项目602个，签约资金97亿元。目前，项目全部实施，资金全部到位，履约率100%。今年3月的南疆四地州深度贫困地区脱贫攻坚现场推进会上，签约项目479个，签约资金93亿元。目前，391个已开工建设，资金全部到位。希望今天签约各方也要加紧行动起来，推动签约项目落地生根，早日开花结果。

一要抓好项目落地。各签约企业要认真履行合同，抓紧落实资金，全力推进项目建设，争取尽快投产达产、尽快见效。南疆四地州和自治区相关部门要努力打造稳定、公平、透明的良好营商环境，落实好相关优惠政策，为企业投资兴业提供优质高效便捷的服务。东中部省市要整合调动各方资源，为签约企业提供更多的支持，同时动员更多的民营企业来南疆兴业投资。国务院扶贫办、全国工商联和新疆维吾尔自治区人民政府将对签约项目建立台账，持续跟进了解项目进展，做好协调服务。

二要建立带贫机制。开展“民营企业南疆行”活动，促进南疆产业发展，带动贫困户就业增收是我们的出发点和落脚点。带贫益贫机制建得好，贫困户才能真受益，活动才算得上真成功。民营企业要牢牢把握“发展产业、带动就业”这两个关键点，增强项目带动建档立卡贫困人口脱贫的能力。南疆四地州和东中部省市要加大政策支持和宣传力度，引导企业做实做细带贫益贫工作。国务院扶贫办将和全国工商联一起及时总结有关企业和地方的经验做法，宣传推广带贫益贫效果好的先进典型。

三要组织消费扶贫。南疆素有“大果盘”之称，但由于远离内地市场，受物流成本高等瓶颈制约，“出疆难”“出疆贵”问题突出。在南疆组织实施好消费扶贫，有利于减少中间环节，通过以销定产、以销促产，倒逼南疆延伸产业链、提升价值链、完善带贫链，推动农业供给侧结构性改革。自治区和南疆四地州重点负责产业规划和种植管理，组织贫困群众发展生产，保证产品质量，提高供给水平，不断提高扶贫产业规模化、标准化、组织化、品牌化水平，为电商平台和物流企业在南疆落地布点提供便利，向东中部地区推荐供应扶贫产品的市场主体。比如，在种植管理方面，要加强病虫害防治，抓好疏密改造，及时剪枝疏果，消灭大小年现象。东中部地区重点负责组织市场建设，提供优惠政策，让南疆优质农副产品进机关、进学校、进食堂、进超市、进社区，动员各方力量参与消费扶贫。国务院扶贫办将会同有关方面，促进产销两地建立长期稳定的供销关系，让城市居民享受到南疆优质特色安全的农副产品，让南疆贫困群众增加收入，把消费扶贫打造成动员社会参与扶贫的新渠道，产业协作和定点扶贫的新亮点，东西部扶贫协作和对口支援的升级版。

同志们、朋友们：

我们要以这次“民营企业南疆行”活动为契机，为南疆引入更多的企业资源，不断探索建立南疆稳定脱贫的长效机制，打牢南疆长远发展的经济基础。我们坚信，在以习近平同志为核心的党中央坚强领导下，在各有关方面的关心支持下，南疆四地州一定能够打赢脱贫攻坚战，向党和人民交上一份合格的答卷！

把产业扶贫作为脱贫攻坚的重要措施抓细抓实

国务院扶贫办主任　刘永富

（2019年9月1日）

根据会议安排，我就扶贫部门在产业扶贫中所做的工作和下步安排，作一简要汇报。

党中央、国务院高度重视产业扶贫工作。习近平总书记、李克强总理多次对产业扶贫作出重要指示批示。汪洋主席、胡春华副总理多次召开会议，研究部署推进措施。国务院扶贫办认真贯彻落实中央决策部署，组织全国扶贫部门，重点抓了六项工作：

一是建好用好脱贫攻坚项目库。按照脱贫规划，聚焦致贫原因和脱贫需求，考虑资源禀赋和贫困人口能力，指导各地建立县级脱贫攻坚项目库。目前项目库项目总数252.6万个，其中产业项目98.4万个。2018年脱贫的475.4万贫困户中，享受产业帮扶措施的有352.8万户，占74.2%。

二是大力发展扶贫小额信贷。会同银保监会等部门，落实"5万元以下、3年期以内，免担保免抵押、基准利率放贷、扶贫资金贴息、县建风险基金"的扶贫小额信贷政策，支持贫困户发展产业增收脱贫。截至目前，已累计发放扶贫小额信贷5814亿元，惠及1468万贫困户，贫困户获贷率由2014年的2%提高到49.6%，贫困户发展生产缺少启动资金的问题得到有效解决。

三是积极实施贫困村创业致富带头人培育工程。组织各地遴选贫困村创业致富带头人30万人，培训17万人。带头人领办创办带贫经营主体12万个，带动200多万贫困人口参与扶贫项目。推广重庆市的经验，加大农村人才回引和支持创业的力度，为贫困地区持续发展提高人才保障。

四是扎实推进电商扶贫工程。配合商务部、财政部从2014年起开展电子商务进农村综合示范，今年实现了对国家级贫困县的全覆盖，服务贫困人口已超过1000万人，带动300多万贫困人口实现增收。组织指导在甘肃陇南市开展电商扶贫试点，经验做法受到国务院通报表扬，扶贫办在全国推广了陇南经验。

五是重点扶持深度贫困地区产业发展。充分发挥东西部扶贫协作和对口支援机制作用，助力深度贫困地区攻坚。两年来，推动东部地区与新疆、西藏、青海三省区现场签约项目2182个，签约资金415亿元，已到位资金291亿元。今年8月会同全国工商联开展"民营企业南疆行"活动，签订项目176个，总投资317亿元，将提供20万个就业岗位。通过组织消费扶贫，有力推动了西藏青海的青稞牦牛、新疆核桃大枣产业发展。

六是推动建立减贫带贫机制。组织各地积极探索建立发展产业带动贫困人口的措施办法，取得积极成果。在全国推广湖南宜章"四员服务"产业带贫模式，通过在贫困村安排的产业指导员、信贷管户员、科技特派员、电商销售员，指导产业项目实施、跟踪信贷资金使用情况，及时帮助解决产业发展过程中遇到的技术推广、产品销售等问题，带动贫困户脱贫增收。

产业扶贫是一项长期的工作，产业的培育、带贫机制的建立都需要一个长期的过程。当前，各地在产业扶贫方面还存在一些不足。一是重视短平快项目，对长效产业重视不够、发展不足。二是把产业扶贫等同发展产业，带贫不够，贫困群众参与不足，获得感不强，“一股了之”“一送了之”现象还比较普遍。三是一些产业扶贫项目由于谋划不科学、论证不充分，市场风险较大，难以做到可持续。

下一步，我们将深入学习领会习近平总书记关于扶贫工作的重要论述，认真贯彻落实本次会议精神，特别是胡春华副总理的重要讲话要求，聚焦产业扶贫存在的短板和问题，重点抓好五项工作。

一是加强工作指导。指导各地在充分分析资源、市场等条件的基础上，立足特色，发挥优势，因地制宜发展特色林果、畜牧养殖、乡村旅游、民族手工业等产业。推动各地加大农村创业致富带头人培育和人才回引力度。出台指导意见，健全完善减贫带贫机制。

二是提供政策支持。进一步加强部门协调，整合资源，出台政策，引导资金、土地、人才等生产要素向深度贫困地区集聚，支持深度贫困地区产业发展。采取鼓励措施，引导各类经营主体参与产业扶贫。通过吸纳贫困人口参与，让贫困户分享产业收益，提高发展能力。

三是推进消费扶贫。动员各方力量参与消费扶贫，大力推进贫困地区优质农副产品进机关、进学校、进超市、进网络。把消费扶贫纳入东西部协作和对口帮扶工作范围，推动东西部地区建立消费扶贫协作机制，扩大贫困地区名特优产品销售范围，把消费扶贫打造成东西部扶贫协作和对口支援的新亮点、社会扶贫的新途径。

四是激发内生动力。抓好扶贫扶志、教育培训等工作，帮助贫困群众转变思想观念，树立脱贫信心，发挥主体作用，不等不靠主动参与产业项目。指导抓好扶贫政策宣讲和实用技能培训工作，提高他们参与发展产业脱贫致富的能力。

五是总结推广经验。建立典型案例库，及时发掘经验，通过召开现场会、加强信息交流、加大媒体宣传等方式予以推广，推动贫困地区产业扶贫稳步发展，带动实现贫困人口稳定脱贫，巩固脱贫成果。

深入学习贯彻习近平扶贫重要论述 夺取脱贫攻坚战全面胜利

——在习近平总书记关于扶贫工作的重要论述理论研讨会上的讲话

国务院扶贫办主任　刘永富

（2019年10月11日）

这次研讨会，由中央宣传部和国务院扶贫办联合召开，主题是：持续推进习近平总书记关于扶贫工作重要论述的学习研究，交流成果，更好地用习近平总书记关于扶贫工作的重要论述指导实践、推动工作，决战决胜脱贫攻坚。参加研讨会的有专家学者、优秀论文作者和媒体代表，中央宣传部、国务院扶贫办有关同志，共100多人。刚才，听了10位同志交流的学习成果，很受启发。这次研讨会和会前的一系列工作，对深入学习宣传习近平总书记扶贫重要论述，贯彻落实中央脱贫攻坚决策部署，全面打赢脱贫攻坚战，具有积极作用和重要意义。下面，我讲三点意见。

一、习近平扶贫重要论述学习宣传取得积极成果

中央宣传部、国务院扶贫办高度重视习近平扶贫重要论述的学习宣传工作，推进取得积极成果。

一是组织编印《习近平扶贫论述摘编》。2015年11月，国务院扶贫办编印《习近平关于扶贫开发论述摘编》，用于内部学习。2018年8月，国务院扶贫办配合中央党史和文献研究院编辑出版《习近平扶贫论述摘编》，目前发行近500万册。

二是开展研讨活动。中央宣传部和国务院扶贫办于2016年、2018年、2019年联合召开三次研讨会，交流学习研究习近平扶贫重要论述的成果。

三是开展领导干部征文活动。2018年，国务院扶贫办邀请各省区市、新疆生产建设兵团和国务院扶贫开发领导小组成员单位主要负责同志撰写《习近平扶贫论述摘编》学习文章，汇编文集内部交流。

四是开展社会征文活动。2016年以来，国务院扶贫办宣传教育中心连续四年面向社会开展学习习近平扶贫重要论述主题征文活动。社会各界踊跃参加，征文数量年年倍增（2016年364篇、2017年811篇、2018年1586篇、2019年4203篇），累计收到论文6984篇，评选出优秀论文496篇。

五是开展系列研究。国务院扶贫办完成中央宣传部马克思主义理论研究和建设工程课题——“习近平总书记扶贫开发战略思想的理论创新和实践创新研究”，与北京大学、清华大学习近平新时代中国特色社会主义思想研究院合作，开展习近平扶贫重要论述系列研究。

经过学习研究，我们深刻体会到，习近平扶贫重要论述是习近平新时代中国特色社会

主义思想的重要组成部分，丰富发展了马克思主义反贫困理论，创新发展了中国特色的扶贫开发道路，为打赢脱贫攻坚战提供了根本遵循和行动指南，为全球贫困治理贡献了中国智慧。我们充分认识到，习近平扶贫重要论述充分体现了马克思主义政党的本质特征和社会主义的本质要求，充分体现了中国共产党以人民为中心的发展思想，充分体现了新发展理念对脱贫攻坚的统领，充分体现了当代共产党人和党的领袖的深厚情怀。

二、习近平扶贫重要论述指引脱贫攻坚取得决定性进展

党的十八大以来，习近平总书记把脱贫攻坚作为治国理政的重要内容，亲自挂帅出征、驰而不息高位推进，走遍全国集中连片特困地区，50多次国内考察40多次涉及扶贫，连续6年新年首次国内考察看扶贫，连续5年召开6次跨省区的脱贫攻坚座谈会部署推进工作，连续3年主持会议审定脱贫攻坚成效考核结果，党的十九大以来每月都对脱贫攻坚作出重要指示批示。习近平总书记关于脱贫攻坚的一系列新决策新部署和一系列新思想新观点，形成了习近平扶贫重要论述，指引我们打赢脱贫攻坚战。

习近平扶贫重要论述明确了脱贫攻坚的目标任务。习近平总书记把脱贫攻坚作为作为全面建成小康社会的底线任务和标志性指标，明确到2020年现行标准下的贫困人口全部脱贫、贫困县全部摘帽、解决区域性整体贫困的目标任务。实现这一目标，标志着我国将彻底消除绝对贫困，具有历史意义；标志着我国将提前10年实现联合国2030年可持续发展议程确定的减贫目标，具有国际意义。

习近平扶贫重要论述阐述了脱贫攻坚的基本方略。精准扶贫精准脱贫是习近平总书记40多年长期探索的结晶，是中国扶贫理论和实践的重大创新。核心内容是，做到扶持对象、项目安排、资金使用、措施到户、因村派人、脱贫成效“六个精准”，实施产业就业、易地搬迁、生态补偿、教育健康、社保兜底“五个一批”，解决扶持谁、谁来扶、怎么扶、如何退“四个问题”。精准不仅是脱贫攻坚的基本要求，也成为指导当前许多工作的科学方法。

习近平扶贫重要论述保证了脱贫攻坚的正确方向。习近平总书记强调要突出脱贫攻坚目标导向和问题导向，根据攻坚进程分阶段分专题部署推进工作，坚持了脱贫攻坚的正确方向。在脱贫攻坚初期，反复强调打赢脱贫攻坚战的重要性紧迫性艰巨性，加强顶层设计，提供制度保障。在脱贫攻坚中期，明确要求集中力量攻克深度贫困堡垒，解决“两不愁三保障”突出问题，加强作风和能力建设，力戒形式主义官僚主义，防止数字脱贫虚假脱贫。在脱贫攻坚后期，反复强调防止脱贫摘帽后松劲懈怠，要做到摘帽不摘责任、不摘政策、不摘帮扶、不摘监管，要把巩固脱贫成果、防止返贫摆到更加重要位置。

习近平扶贫重要论述指引脱贫攻坚取得决定性进展。2013–2018年，我国农村贫困人口从9899万减少到1660万，每年减贫人数都保持在1200万以上，贫困发生率从10.2%下降到1.7%，832个贫困县已脱贫摘帽436个。贫困地区基础设施和公共服务大幅提升，特色优势产业稳定发展，生态环境不断改善，发展能力明显增强。贫困县国内生产总值年均增速高出全国平均水平2个百分点，贫困地区农民人均可支配收入年均增速高出全国农村平均水平2.3个百分点，发展差距逐步缩小。脱贫攻坚培养锻炼了大批干部，农村基层治理能力和管理水平明显提升，基层党组织凝聚力战斗力显著增强，党群干群关系持续改善，党在农村的执政基础进一步巩固。

预计到今年底，全国95%左右现行标准

的贫困人口将实现脱贫，90%以上的贫困县将实现摘帽，再经过2020年一年的努力，困扰中华民族几千年的绝对贫困问题将得到历史性解决。在发展中国家，只有中国实现了快速发展和大规模减贫同步，贫困人口共享改革发展成果，有效避免掉入中等收入陷阱，彰显了中国共产党领导和社会主义制度的政治优势。

三、深入学习贯彻习近平扶贫重要论述

习近平扶贫重要论述思想深刻、体系完整、逻辑严密、内涵丰富，我们要深刻领会精神实质，内化于心、外化于行，推动脱贫攻坚取得全面胜利。

一是深刻领会，提高政治站位。消除贫困、改善民生、逐步实现共同富裕，是社会主义的本质要求，是中国共产党的初心使命。打赢脱贫攻坚战，让贫困地区贫困群众与全国人民一道进入全面小康，是党中央作出的庄严承诺，是实现两个一百年奋斗目标、实现中华民族伟大复兴中国梦的硬任务。我们要深刻领会脱贫攻坚在党和国家事业发展全局中的地位，切实提高思想认识和政治站位，把打赢脱贫攻坚战作为重大政治任务，以高度的使命感紧迫感荣誉感落实好党中央决策部署，用革命加拼命的精神去攻城拔寨，坚决把绝对贫困堡垒攻下来。

二是苦干实干，提高执行力。社会主义是干出来的。脱贫攻坚是硬仗中的硬仗，必须付出百倍努力。脱贫攻坚目标任务明确，基本方略科学，保障措施充足，关键是提高执行力，抓好落实。要加强作风建设，提高工作效率。要加强干部轮训，提高攻坚能力。要下足绣花功夫，确保责任落实到位、政策落实到位、工作落实到位。

三是较真碰硬，提高脱贫质量。世界上怕就怕认真二字，中国共产党人最讲认真。要贯彻全面从严治党要求，实施严格的督查巡查和考核评估，及时发现解决问题，确保扶贫工作务实，脱贫过程扎实，脱贫结果真实，让脱贫成效经得起实践和历史检验。

同志们，打赢脱贫攻坚战是一项光荣而艰巨的历史任务，从决定性进展到全面胜利，还要继续付出艰辛努力。我们要以习近平总书记扶贫重要论述为指导，以昂扬的斗志、饱满的热情、旺盛的干劲，一鼓作气、越战越勇，不获全胜、绝不收兵，坚决打赢脱贫攻坚战，为全面建成小康社会作出应有贡献。

一鼓作气　乘势而上
夺取脱贫攻坚全面胜利
——在全国扶贫开发工作会议上的工作报告

国务院扶贫办主任　刘永富

（2019年12月19日）

这次会议的主要任务是，高举习近平新时代中国特色社会主义思想伟大旗帜，认真贯彻党的十九大和十九届二中、三中、四中全会精神，落实中央经济工作会议、中央农村工作会议部署，按照国务院扶贫开发领导小组要求，总结2019年脱贫攻坚工作，分析形势，安排2020年工作。下面，我讲几点意见。

一、关于2019年脱贫攻坚情况

2019年是新中国成立70周年，是打赢脱贫攻坚战攻坚克难之年，也是基层减负年。以习近平同志为核心的党中央对脱贫攻坚持续高位推进、响鼓重锤。习近平总书记多次到地方考察扶贫，主持中央政治局常委会和中央政治局会议听取脱贫攻坚专项巡视和成效考核等情况汇报，主持召开解决“两不愁三保障”突出问题座谈会，在中央经济工作会议、中央财经委员会会议、十三届全国人大二次会议甘肃代表团审议等多个重要会议上反复强调脱贫攻坚，作出重要部署。李克强总理在政府工作报告中明确年度减贫任务，多次召开国务院常务会议研究脱贫攻坚有关工作，提出明确要求。汪洋主席多次深入贫困地区调研，专题听取脱贫攻坚工作汇报，指导推进工作。中央其他领导同志都对脱贫攻坚非常关心，给予有力指导。胡春华副总理主持召开国务院扶贫开发领导小组4次全体会议、2次电视电话会议、5次现场督导推进会和多次专题会议，安排部署脱贫攻坚工作，亲力亲为抓落实。

各地区各部门坚持以习近平新时代中国特色社会主义思想为指导，认真贯彻落实党中央、国务院决策部署，扎实推进精准扶贫精准脱贫各项工作，脱贫攻坚继续保持正确方向和良好态势，深度贫困地区脱贫攻坚进展顺利，“两不愁三保障”突出问题基本解决，脱贫攻坚巡视和考核发现问题整改成效显著，东西部扶贫协作和定点扶贫强力推进，扶贫干部作风和能力建设持续向好，扶贫领域违纪违规问题明显减少，松劲懈怠问题初步遏制，基层扶贫干部负担进一步减轻，脱贫攻坚社会氛围更加浓厚，贫困群众获得感和社会认可度进一步提升。预计2019年减少建档立卡贫困人口1100万人左右、贫困县摘帽340个左右，易地扶贫搬迁建设任务基本完成，年度脱贫攻坚任务全面完成。

（一）深度贫困地区脱贫攻坚取得重大进展。国务院扶贫开发领导小组先后召开“三区三州”脱贫攻坚座谈会、“三区三州”外深度贫困地区脱贫攻坚座谈会、深度贫困地区脱贫攻坚督导推进会，安排部署和推进深度贫困地区脱贫攻坚工作。各地区各部门加大政策倾斜和支持力度，2019年中央财政专项扶贫资金增量200亿元主要用于“三区三州”等深度贫困地区。国务院扶贫办会同“三区三州”6省区召开现场推进会，按季调度工作。“三区三州”脱贫攻坚实施方案进展顺利，资金到位率超过三年计划的95%，项目完工率超过85%。“三区三州”贫困人口由2018年的172万减少到今年底的43万，贫困发生率由8.2%下降到2%，贫困发生率下降幅度比西部地区平均水平高出3.6个百分点。

（二）“两不愁三保障”突出问题基本解决。根据习近平总书记在解决“两不愁三保障”突出问题座谈会上的重要讲话精神，国务院扶贫开发领导小组制定《关于解决“两不愁三保障”突出问题的指导意见》，明确基本标准和责任分工，召开会议作出安排部署，督导推进落实。教育部、住建部、水利部、国家卫健委、国家医保局等部门优化政策供给，制定部门工作方案。各地区各部门加强统筹协调，压实工作责任，细化工作标准，摸清底数对账销号。全国共排查出520多万人未解决“三保障”问题，目前已解决500万人。

（三）脱贫攻坚巡视和考核发现问题整改成效显著。各地区各部门认真贯彻落实习近平总书记在听取脱贫攻坚专项巡视和成效考核等情况汇报时的重要讲话精神，按照国务院扶贫开发领导小组的部署要求，坚持问题导向，坚持从严要求，举一反三、扎实整改。巡视指出的政治责任落实不够到位、脱贫攻坚工作不够精准、形式主义官僚主义比较突出、深度贫困地区脱贫任务艰巨等问题整改基本到位，被巡视的13个中西部省区市和13个承担脱贫攻坚重要职责的部门，都向中央提交了整改报告。考核指出各地的1094个问题、中央单位定点扶贫439个问题，督查巡查指出的155个问题，地方自查发现的5778个问题，整改基本到位。各地共问责23015人，比2018年下降44.75%。

（四）精准帮扶举措持续落地见效。各地区各部门认真落实精准扶贫精准脱贫基本方略，扎实推进分类施策。贫困地区特色种养业、加工业和电商、光伏、乡村旅游、民族手工业等产业扶贫新模式快速发展，带贫机制逐步建立，全年72.3%的脱贫户得到了产业扶贫支持。就业扶贫全年新增帮助204万贫困人口就业，累计帮助1192万贫困人口就业，加上其他途径就业的，目前在外务工的贫困人口共2373万。易地扶贫搬迁建设任务基本完成，产业就业和配套设施建设等后续帮扶措施稳步推进。生态扶贫新增选聘40万贫困人口为生态护林员，累计选聘100万贫困人口。目前享受农村低保或特困人员救助政策的贫困人口1796万，累计有2900万贫困人口享受过农村低保或特困人员救助政策。全国有5978万贫困家庭劳动力参加了基本养老保险。贫困地区具备条件的乡镇和建制村全部通硬化路，生产生活用电问题基本解决。

（五）东西部扶贫协作和定点扶贫强力推进。国务院扶贫开发领导小组召开全国东西部扶贫协作和中央单位定点扶贫工作推进会，组织东西部双方签订扶贫协作协议、中央单位签订定点扶贫责任书。中央统战部、中央和国家机关工委、中央军委政治工作部、教育部、中国人民银行、国务院国资委等定点扶贫工作牵头部门强化督促指导，对进度靠后的单位进行约谈。扶贫协作协议和定点扶贫责任书年度任务全面超额完成，实际完成数均超过去年。东部地区投入财政援助资金229亿元，县均投入4819万元，动员社会捐助款物65亿元，向西部地区选派挂职干部1596人、专业技术人员15300人，帮助贫困人口转移就业98万人，采购和帮助销售贫困地区农特产品483亿元。中央单位向定点扶贫县直接投入帮扶资金67

亿元，引进帮扶资金63亿元，培训基层干部21万人，培训教师、医生等技术人员59万人，采购和帮助销售贫困地区农特产品154亿元。军队帮扶的4100个贫困村累计有4005个脱贫摘帽。各地加大社会动员力度，共有8.8万家民营企业参与“万企帮万村”精准扶贫行动，帮扶5.5万个贫困村。贫困群众通过中国社会扶贫网累计发布帮扶需求583万条，对接成功460万条。

（六）扶贫资金投入监管力度持续加大。全年有过万亿的财政性扶贫资金投向贫困地区县乡村，其中中央财政专项扶贫资金1261亿元，省和市县财政专项扶贫资金2000多亿元，贫困县整合财政涉农资金3000多亿元，政府债务资金1200多亿元，深度贫困地区城乡建设用地增减挂钩跨省交易600多亿元，还有1000多亿东西部扶贫协作、中央单位定点扶贫、社会帮扶资金。全国2636个县建立了脱贫攻坚项目库，累计入库项目324万个，资金规模5.8万多亿元，“资金等项目”问题基本解决。中央财政专项扶贫资金分配和使用结果全部公告公示，省级公告公示比例99%以上。扶贫资金违纪违规问题明显减少，审计查出问题资金占抽查资金的比例，从2013年的36.3%下降到2019年的3.2%，其中严重违纪违规资金从15.7%下降到0.51%。

（七）作风能力建设持续推进。各地区各部门认真落实党中央基层减负年要求，持续推进扶贫领域腐败和作风问题专项治理，强化落实贫困县约束机制，深入开展漠视侵害群众利益问题专项整治，层层检查评估、频繁填表报数明显减少，基层干部负担进一步减轻。各地调整撤换责任不强、工作不实、不胜任的驻村干部4246人，处分2907人，轮换20.9万人，干部作风持续好转。脱贫攻坚干部培训深入推进，全年共培训各级扶贫干部907万人次，其中基层扶贫干部占97%，实现对全国832个贫困县党政正职培训全覆盖。通过培训，领导干部正确政绩观进一步增强，基层干部精准扶贫能力进一步提高。

（八）脱贫攻坚宣传动员更加有效。制定决战决胜脱贫攻坚大型主题宣传活动工作方案，对今后两年脱贫攻坚宣传工作和重要时间节点的宣传活动作出安排。各地区各部门积极协调媒体加强扶贫报道，中央主要媒体推出扶贫报道26万余条，省级媒体扶贫报道53万余条，网络媒体报道543万余条。组织开展全国脱贫攻坚奖和全国脱贫攻坚模范评选表彰活动，全国表彰140个先进单位和个人、2个脱贫攻坚模范。组织开展扶贫日系列活动，国家层面举办习近平总书记扶贫论述研讨会、减贫与发展高层论坛、全国脱贫攻坚奖表彰大会、先进事迹巡回报告会、扶贫日系列论坛等，各地扶贫日共筹集扶贫捐款122亿元。加大对涉贫负面舆情的应急处置力度，及时回应社会关切，涉贫舆情总体稳定。

回顾一年的工作，有以下5个突出特点。一是落实责任，尽锐出战。脱贫攻坚已经形成了各级党委和政府主要负责同志亲自抓，分管扶贫的负责同志直接抓，涉及行业的负责同志协助抓，行业部门指导抓，全党动员共同抓的良好局面。二是聚焦重点，强力推进。各地区各部门把深度贫困地区攻坚、解决“两不愁三保障”突出问题、巡视和考核发现问题整改，作为全年工作的重点，集中人力、物力、财力强力攻坚，取得了显著成效。三是广泛动员，合力攻坚。中西部地区落实主体责任，东部地区落实帮扶责任，行业部门落实行业责任，党政机关、国有企事业等单位落实定点扶贫责任，民营企业、社会组织、扶贫志愿者履行社会责任。可以说，每个单位每个人都是脱贫攻坚的践行者、亲历者，没有旁观者。四是提前谋划，主动作为。各级扶贫部门努力发挥参谋助手作用，对一些苗头性倾向性问题，及时向党委和政府汇报，积极与有关部门沟通协调，提出对策建议，牢牢把握了工作主动权。比如，对脱贫摘帽后松劲懈怠问题，“两不愁三保障”问题突出等，及时向中央报告情况，中央对解决这些问题作出部署。对建档立卡动态调整，我们在第二季度研究、第三季度就作出安排，组织培训，各地全部按时完成，为中央决策提供了数据支撑。对“两摸底一排查”，我们结合建档立卡动态调整同步开展，既摸清了底数，又减轻了基层负担。五是典型引路，鼓励创新。这是今年推动工作的重要方式。国务院扶贫办加强对地方经验的总结推广，以文件转发、编发信息简报等形式，转发各地各有关部门经验做法187条，促进相互学习借鉴、改进工作。汪洋主席在我办转发的经验做法材料上多次作出批示，指出“推广这样的典型，就是为各地提供教材，学得起、用得上，是推动工作的好办法。”

一年来，在以习近平同志为核心的党中央坚强领导下，在汪洋主席、胡春华副总理的直接指挥下，各地区各部门倾心尽力投身脱贫攻坚事业，做出了巨大贡献，为明年收官打下了坚实基础。社会各界积极参与，通过各种形式助力脱贫攻坚。扶贫系统作为主力军，始终保持攻坚状态，展现出了高度的政治担当和使命意识。在这里，我代表国务院扶贫办，向在座的各位同志、向关心支持扶贫工作的各有关方面、向全国扶贫战线上的广大干部群众致以崇高的敬意和衷心的感谢！

二、关于脱贫攻坚的新部署新要求和形势分析

党的十九届四中全会把脱贫攻坚摆到突出位置，作出新的重大部署，明确要求“坚决打赢脱贫攻坚战，巩固脱贫攻坚成果，建立解决相对贫困的长效机制”。在中央经济工作会议上，习近平总书记、李克强总理对今年脱贫攻坚工作给予充分肯定，对明年脱贫攻坚工作作出全面部署。中央经济工作会议一结束，汪洋主席、胡春华副总理就紧锣密鼓研究部署明年脱贫攻坚工作。即将召开的中央农村工作会议和印发的中央一号文件，都把打赢脱贫攻坚战作为明年“三农”工作的首要任务。胡春华副总理将召开全国扶贫开发工作会议，对明年脱贫攻坚工作作出部署安排。我们要认真学习领会习近平总书记等中央领导同志的重要讲话精神，贯彻好上述重要会议的安排部署，做到内化于心、外化于行，指导推进脱贫攻坚工作。

（一）深刻认识脱贫攻坚取得的决定性胜利，坚定信心决心，保持战略定力，把经过实践检验行之有效的制度和做法坚持下去。党的十八大以来，精准扶贫做了7年，脱贫攻坚战打了4年，创造了我国减贫史上的最好成绩。预计到2019年底，全国剩余建档立卡贫困人口266万、贫困县52个，97%的贫困人口实现脱贫，94%的贫困县将实现摘帽。经过脱贫攻坚，贫困地区基础设施和公共服务大幅提升，特色优势产业稳步发展，生态环境不断改善，发展能力明显增强。贫困县国内生产总值年均增速高出全国平均水平2个百分点，贫困地区农民人均可支配收入年均增速高出全国农村平均水平2.3个百分点，发展差距逐步缩小。农村基层治理能力和管理水平明显提升，基层党组织凝聚力战斗力显著增强，党群干群关系持续改善，党在农村的执政基础进一步巩固。社会各界广泛参与，凝聚了向上向善的正能量。一大批经过脱贫攻坚锤炼的优秀干部快速成长，成为党和国家的宝贵财富。实践证明，中央统筹、省负总责、市县抓落实的工作体制是完全正确的，精准扶贫精准脱贫的基本方略是完全正确的，贫困地区以脱贫攻坚统揽经济社会发展全局的决策是科学英明的。只要我们保持定力、坚定信心，充分发挥我们的政治优势和制度优势，坚持现行有效做法，稳中

求进推动各项工作，脱贫攻坚这场历史性决战是一定能够如期打赢的。

（二）深刻认识脱贫攻坚全面胜利面临的困难和挑战，保持清醒头脑，看到差距不足，以问题为导向不断改进脱贫攻坚工作。脱贫攻坚从决定性胜利到全面胜利，还有一些问题不容忽视。一是深度贫困地区脱贫任务重。全国贫困人口超过10万的省有9个，超过5万的地市州有9个，超过1万的县有39个，超过1千的村有88个，贫困发生率超过5%的县有16个，超过10%的村有1107个，这些主要集中在西部深度贫困地区，是多年没有啃下的“硬骨头”。二是巩固脱贫攻坚成果任务重。据各地初步摸底，已脱贫的9300多万建档立卡人口中，近200万人存在返贫风险。另在边缘人口中，有近300万人存在致贫风险。三是易地扶贫搬迁后续帮扶任务重。全国易地扶贫搬迁近1000万贫困人口，还有同步搬迁的农户，与完成搬迁建设任务相比，做好后续扶持工作任务更加艰巨。四是松劲懈怠问题仍未完全解决。有的急于转移重心、改换频道，有的思想松懈、麻痹大意，有的对脱贫攻坚的重视程度、工作力度、减贫进度明显减弱。五是工作中一些突出问题仍然存在。“一发了之”“一股了之”“一分了之”问题仍未得到有效解决，数字脱贫虚假脱贫时有发生，形式主义官僚主义屡禁不止。我们要充分认识脱贫攻坚的艰巨性复杂性，勇于正视问题，认真分析问题，以问题为导向，在发现问题和解决问题的过程中，不断改进工作，同时增强忧患意识，及时防范化解各类风险，推动脱贫攻坚始终沿着正确方向前进。

（三）深刻认识收官之年的紧迫性特殊性，牢记使命担当，保持攻坚态势，不折不扣完成脱贫攻坚目标任务。明年要全面建成小康社会，贫困人口全部脱贫、贫困县全部摘帽是标志性指标和底线任务，是必须要完成的硬任务。全面小康路上一个不能少、一个不能掉队，是习近平总书记向全国人民作出的庄严承诺。现在距离2020年底只剩下1年的时间，收官之战既要全面完成任务，又要巩固脱贫成果防止返贫，还要研究谋划2020年后扶贫工作，时间紧迫，任务艰巨，没有任何退路和弹性。我们必须以对党和人民事业高度负责的历史使命感，增强“四个意识”、坚定“四个自信”、做到“两个维护”，不松劲、不懈怠、不停顿，不折不扣抓好脱贫攻坚各项政策举措的落实，确保脱贫攻坚圆满收官，确保贫困地区和贫困人口同全国一道进入全面小康社会。

三、关于2020年工作安排

2020年是全面建成小康社会目标实现之年，是脱贫攻坚收官之年。总的工作思路是：以习近平新时代中国特色社会主义思想为指导，深入学习贯彻党的十九大和十九届二中、三中、四中全会精神，认真贯彻落实习近平总书记关于扶贫工作的重要论述，坚持稳中求进的工作总基调，咬定目标、坚持标准，一鼓作气、乘势而上，保持攻坚态势、强化攻坚责任，集中兵力打好深度贫困歼灭战，围绕“两不愁三保障”目标全面排查解决存在问题，坚持不懈抓好各项工作落实，实现剩余贫困人口、贫困县全部脱贫摘帽，巩固脱贫攻坚成果，搞好总结宣传，研究建立解决相对贫困的长效机制，确保脱贫攻坚目标任务如期全面完成。

（一）完成巩固预防，确保实现目标。

完成。就是完成剩余266万建档立卡贫困人口脱贫和52个贫困县摘帽的任务。要重点抓好以下几个关键环节。一是对深度贫困地区挂牌督战。挂牌督战的主要对象是未摘帽县和贫困人口超过1万人或贫困发生率超过5%的县，以及未退出的贫困村中贫困人口超过1千人或贫困发生率超过10%的行政村，按此标准，全国共57个县和1112个村。各省对本辖区内的挂牌对象负总责，要统筹各类资源，采取特殊措施，加大支持力度，完成脱贫任务，国务院扶贫办每月汇总进展情况，加强工作督导。各省还可以根据实际情况，再确定本省的挂牌督战对象。总的要求是，通过挂牌督战推动工作，不能变成给基层增加负担。要继续加快实施“三区三州”脱贫攻坚实施方案，各方面的资源继续向深度贫困地区聚焦发力，继续召开“三区三州”脱贫攻坚现场推进会，加强工作调度，确保打赢深度贫困歼灭战。二是全面解决“两不愁三保障”问题。全面建成小康社会，是包括所有农村居民的小康，一定要把“两不愁三保障”问题全部排查出来，还有多少人辍学、多少人基本医疗未保障、多少人住危房、多少人饮水安全有问题，都要清清楚楚，认真解决。坚决防止这边宣布打赢攻坚战，全面建成小康社会，那边还有一批“三保障”问题没有解决。在梳理排查中，要坚持现行标准，既不能拔高标准、吊高胃口，也不能降低标准、影响质量。三是保障特殊贫困人口基本生活。要统筹落实好养老、医疗、低保、救助等社会保障措施，对无法依靠产业就业帮扶脱贫的特殊贫困人口，实现应保尽保，保障基本生活。

巩固。就是巩固9300多万人的脱贫成果。明年的工作重心要由注重脱贫向脱贫和巩固提升并重转变。要重点抓好以下几项工作。一是加大产业扶贫力度。推动贫困地区因地制宜发展特色产业，完善带贫机制。加强贫困村创业致富带头人培养，落实扶贫小额信贷政策。加大消费扶贫力度，着力解决扶贫产品销路问题，推动产业扶贫项目长期有效、实现贫困群众稳定增收。二是加大就业扶贫力度。明年就业形势压力较大，要继续推进劳务扶贫协作，加强就业技能培训。劳务输入地要千方百计加大对贫困家庭劳动力稳岗就业的工作力度。贫困地区要加强扶贫车间建设，提升带贫能力，给贫困家庭劳动力提供更多就地就近稳定就业的机会。三是加大易地扶贫搬迁后续扶持力度。这项工作关系1000万搬迁人口的脱贫成果能不能稳住，做好难度很大，做不好影响很大。要把集中搬迁安置区作为重点，集中力量解决好搬迁群众产业、就业、基本公共服务、社区治理、社会融入等问题，确保搬得出、稳得住、有就业，逐步能致富，防止出现后遗症。四是加大扶志扶智力度。这是持续脱贫逐步致富的根本，要加强政策引导，动员贫困群众参与项目实施，防止政策“养懒汉”。要加强典型示范，对自力更生、主动脱贫的人员，探索给予物质奖励和精神激励。要发挥村规民约作用，开展陈规陋习、不赡养老人等治理，引导贫困群众养成健康文明生活方式。

预防。就是对存在返贫风险的近200万已脱贫人口和存在致贫风险的近300万边缘人口进行监测预警，及时提供针对性帮扶，防止脱贫人口返贫，防止边缘人口致贫。这项工作，许多省份已经开展了探索，取得了积极进展。明年国家层面将制定指导意见，建立健全返贫监测预警和动态帮扶机制。一是及时发现。通过农户申请、乡村报警和部门大数据分析预警等方式，对易返贫和易致贫人口进行动态监测。二是及时帮扶。对返贫和新发生贫困人口，根据致贫原因和帮扶需求，及时提供帮扶。具体由县里统筹，相关部门根据业务职责分类施策，“谁家的孩子谁抱走”。三是及时录入结果。县里将监测预警和帮扶情况录入建档立卡信息系统，全程记录，动态管理。需要强调的是，有标准就一定有界限，不论扶贫标准怎么定，都会有边缘人口。有条件的地方，可以研究解决边缘人口的实际困难，但不能将边缘人口纳入脱贫攻坚范围，更不能划界线、定规模，否则等于拔高了标准。

（二）稳定落实创新，巩固脱贫成果。

稳定。就是坚持稳中求进的工作总基调，

保持政策总体稳定。虽然多数贫困人口脱贫，但深度贫困问题、“三保障”问题还没全面解决，巩固脱贫成果的任务也很重，相关政策举措要保持稳定，扶上马送一程。一是保持投入力度不减。明年中央财政专项扶贫资金将继续较大幅度增长，重点支持深度贫困地区脱贫攻坚。中央预算内投资继续加大，重点支持易地扶贫搬迁后续扶持。各地也要继续加大资金投入力度和政策支持力度，确保与脱贫攻坚收官要求相匹配。要加强贫困地区基础设施和公共服务建设，进一步改善贫困群众的生产生活条件。在总体稳定的前提下，有些政策和工作可根据实际情况进行一些调整完善。比如，统筹扶贫资金支持非贫困县非贫困村脱贫攻坚。这几年，各方加大对贫困县、贫困村的支持力度，非贫困县、非贫困村的问题逐步突显。明年中央一号文件已经明确，允许省级根据本地脱贫工作实际，对部分扶贫资金进行统筹和调剂，用于非贫困县非贫困村的脱贫攻坚。需要强调的是，调剂不等于全部转走，要在确保贫困县、贫困村完成脱贫攻坚任务和巩固成果的基础上，加大对非贫困县、非贫困村脱贫攻坚的支持力度。二是保持队伍基本稳定。贫困村第一书记和驻村工作队不能撤，继续巩固脱贫攻坚成果，强化基层基础，已稳定脱贫并且工作能够顺利接续的，可以逐步减少人员。三是保持东西部扶贫协作和中央单位定点扶贫稳定。这是我们政治优势和制度优势的重要体现，也是脱贫攻坚的重要力量。明年2月底前，要继续组织签订东西部扶贫协作协议和中央单位定点扶贫责任书，各项帮扶力度原则上不低于今年。

落实。就是确保脱贫攻坚责任落实、政策落实和工作落实。现在，资金、人员、政策是充足的，关键是抓落实。要强化责任抓落实，进一步强化各级各部门脱贫攻坚责任，强化五级书记抓扶贫、全党动员促攻坚格局，坚持贫困县摘帽不摘责任、不摘政策、不摘帮扶、不摘监管。要坚持精准抓落实，把产业扶贫、就业扶贫、易地扶贫搬迁后续帮扶、教育扶贫、健康扶贫、危房改造、水利扶贫、生态扶贫、社会保障兜底等重点工作落实到位，做到扶贫工作务实、帮扶过程扎实、脱贫结果真实。要聚焦重点抓落实，紧紧围绕脱贫攻坚目标任务，聚焦深度贫困和“三保障”等关键环节，确保财政、金融、土地、教育、医疗、科技、人才和水电路讯房等政策举措落实到位。要防范风险抓落实，规范发放扶贫小额信贷，规范运行光伏扶贫村级电站，规范管理扶贫公益岗位，加强对扶贫资产的管理，充分发挥这些政策措施和资产的效益。

创新。就是鼓励各地因地制宜探索创新。东中西部情况不一样，已有11个省份基本没有现行标准下的贫困人口，有的要继续攻坚，有的要巩固提升，有的要解决相对贫困。中央明确脱贫攻坚实行中央统筹、省负总责、市县抓落实的管理体制，就是要充分发挥各地的主观能动性。各地要勇于探索创新，破解问题难题。今天我讲两件涉及全国的工作创新。一是用消费扶贫来创新推动社会扶贫。消费扶贫，一头连着贫困地区，一头连着广阔市场。开展消费扶贫，可以把市场需求与扶贫产业连接到一起，把城市居民与农村贫困群众连接到一起，把满足人民群众日益增长的美好生活需要与促进贫困地区持续健康发展连接到一起，一举多得。下一步要按照“五四三”总体思路重点推进。即做到“五个结合”，贫困地区群众发展生产增收脱贫与东部地区解决“菜篮子”问题相结合，政府鼓励引导与市场机制相结合，创新试点与建立长效机制相结合，消费扶贫与东西部扶贫协作定点扶贫相结合，销售方式线上线下相结合。采取“四种模式”，预算单位采购贫困地区农副产品的政府采购模式，政府主导建立消费扶贫交易市场的东西部扶贫协作模式，各类企业销售扶贫产品的市场主体参与模式，中国社会扶贫网销售扶贫产品的专项模式。建立“三项机制”，一是建立产品认定机制，企业自主申报，县级扶贫部门审核公示，省市扶贫部门复核推荐，国务院扶贫办汇总公告，实施国家和省市三级监管，确保属于扶贫产品且质量合格、价格合理；二是建立统计监测机制，对谁卖的、卖了什么、卖了多少、帮助了多少贫困户等进行统计，并作为工作评价的重要依据；三是建立严格监管机制，督促产销两地和销售平台对产品质量加强监管，坚决防止打着消费扶贫旗号敛财牟利的行为。通过创新务实开展消费扶贫工作，打造东西部扶贫协作和定点扶贫的新亮点、社会力量参与扶贫的新渠道，营造“人人皆愿为、人人皆可为、人人皆能为”的社会氛围，推动社会扶贫再上新台阶。二是完善建档立卡丰富共和国脱贫攻坚档案。这次脱贫攻坚搞建档立卡，使我国贫困数据第一次实现了到村到户到人，为实施精准扶贫政策措施、实行最严格考核评估和保证脱贫质量打下了坚实基础，发挥了重要作用。下一步，建档立卡工作还要进一步创新完善，做到基础数据真实准确，致贫原因真实准确，脱贫措施真实准确，脱贫成效真实准确，创新完善的具体措施待研究后部署实施。

（三）排查督查普查，确保问题解决。

排查。就是全面排查整改问题。明年是攻坚战最后一年，要把影响脱贫攻坚目标任务完成的各类问题找出来，分类解决、整改到位，就能赢得主动，心里就会比较托底。关于排查的内容、范围和进度安排，今年10月召开的全国扶贫办主任座谈会已经作了具体安排，各地要加快推进，排查结果要在明年1月上旬报国务院扶贫办，春节过后立即进行整改，在明年上半年全部整改到位。对排查出的问题，要分清轻重缓急、妥善解决，一是影响脱贫攻坚任务完成的问题必须解决，不能影响脱贫攻坚目标任务完成；二是带有探索创新性质的问题逐步规范，防止“翻烧饼”、从一个极端走向另一个极端；三是涉及长远的问题逐步解决，不能毕其功于一役，但要有总体安排，创造条件分阶段逐步解决。

督查。就是及时发现解决问题，督促推进工作落实。一是开展督查巡查。明年的督查巡查要围绕完成脱贫攻坚任务来进行，重点督查排查问题整改情况、考核发现问题整改情况和解决松劲懈怠等问题的情况。二是开展常态化督导。国务院扶贫开发领导小组将对贫困人口规模超过10万人的西部省份，全部督一遍。国务院扶贫办将组织督查专员开展督导，对各省的督导原则上不会超过1次，采取明查暗访方式，不听汇报，不让地方陪同，不加重地方负担。三是统筹安排督导。各省区市要加强对各级各部门脱贫攻坚督导的统筹整合，防止层层督导、搭车督导，增加基层不必要的工作负担。督促指导的目的是解决问题、推进工作，要确保督导实效，防止走形式。

普查。就是对所有贫困县开展脱贫攻坚普查。普查是党中央宣布打赢脱贫攻坚战的重要依据，主要任务是核实各地脱贫攻坚的真实性准确性。这项工作由国家脱贫攻坚普查领导小组统一领导，国家统计局和国务院扶贫办具体组织实施。普查将吸纳驻村干部等组建普查员队伍，遵循本县回避原则开展入户调查。各地要编制好普查预算，做好普查人员的培训和经费保障，要对建档立卡进行清理核实，为普查现场数据采集工作提供底册。今年已在5个省开展了试点，请试点省份及时反映试点过程中遇到的困难问题，及做好普查工作的意见建议。

（四）作风能力状态，保持昂扬斗志。

作风。就是加强脱贫攻坚领域作风建设。中央明确，从2018年至2020年持续开展扶贫领域腐败和作风问题专项治理。首先要看到，扶贫领域作风总体是好的，这几年9300多万人脱贫，是干出来的。同时，也要看到，形式主义官僚主义具有长期性反复性，虚假脱贫数字脱贫、消极厌战、松劲懈怠等问题仍然存在，有的地方还很突出。这些问题不解决，不仅影响脱贫攻坚工作，而且损害党和政府形象。各地要持续加强作风建设，重点解决频繁填表报数、多头重复考核督查、文山会海等突出问题，进一步减轻基层负担。

能力。就是加强脱贫攻坚干部能力建设。2018年以来，各地贯彻落实习近平总书记关于开展干部大轮训的重要指示，按照中央组织部、国务院扶贫办的安排部署，分级分类培训了1700多万扶贫干部，收到很好效果。这是持续3年的工作，明年要继续做好。一是加强基层干部培训。今年以来，很多地方对第一书记和驻村工作队员进行了调整轮换，有的不熟悉情况和政策，有的甚至不知道怎么干。明年，各地要对基层扶贫干部全部轮训一遍，要多采用案例教学、现场教学、走出去学习等实战培训方式，让基层扶贫干部在战斗中学会战斗，增强精准扶贫工作能力。二是加强贫困群众培训。加强对贫困群众实用技能、市场营销、就业创业等方面的培训，促进发展生产、稳定就业。三是加强贫困村创业致富带头人培育。确保每个贫困村都有创业致富带头人，带动贫困人口参与扶贫项目。加大农村本土人才回引和支持创业的力度，为贫困地区持续发展提供人才保障。

状态。就是保持打攻坚战的状态，防止松懈，防止滑坡。习近平总书记在今年解决"两不愁三保障"突出问题座谈会上强调，脱贫攻坚进入决胜的关键阶段，打法要同初期的全面部署、中期的全面推进有所区别，最要紧的是防止松懈、防止滑坡。脱贫攻坚已进入倒计时阶段。各地要强化政治担当，从决胜全面小康、实现第一个百年奋斗目标的高度认识这项政治任务，增强责任感和使命感，不获全胜绝不收兵。要保持攻坚态势，该加大投入就加大投入，该一线督战就一线督战，绝不能在最后关头"掉链子"、出现闪失。要发扬连续作战作风，咬紧牙关、一鼓作气、乘势而上，坚决夺取脱贫攻坚战全面胜利。

（五）总结宣传研究，坚定"四个自信"。

总结。就是启动脱贫攻坚总结工作。在这场波澜壮阔的脱贫攻坚战中，我们进行了一系列改革创新，取得了重大理论成果和历史性成就，探索积累了许多弥足珍贵的经验，涌现出了一大批可歌可泣的英雄模范，形成了脱贫攻坚伟大精神，创新了中国特色的扶贫开发道路，需要从党和国家全局高度开展总结。今年，各地都筛选上报了一批县乡村的典型案例，明年要制定脱贫攻坚总结工作方案，一些基础工作从现在开始就要做起来，用客观事实、鲜活案例全面展示脱贫攻坚成就，彰显中国共产党领导和社会主义制度的政治优势。一是总结成就。要系统梳理党的十八大以来，在脱贫攻坚领域投入了多少人力、财力、物力，干成了多少事，有哪些有形的成就，有哪些无形的成果。二是总结案例。像建档立卡、驻村帮扶、"五个一批"、考核评估、扶贫小额信贷、扶贫车间、贫困村创业致富带头人培训、光伏扶贫、电商扶贫、消费扶贫、扶志扶智、东西部扶贫协作、中央单位定点扶贫、民营企业扶贫、先进集体和先进个人等案例，有代表性的行业扶贫、社会扶贫案例，有代表性的市、县、乡、村案例，都要进行深入分析、系统总结。三是提炼脱贫攻坚精神。把脱贫攻坚蕴含的伟大精神提炼好，用脱贫攻坚的精神激励人民、凝聚力量。

宣传：就是加强脱贫攻坚正面宣传。我国封建社会几千年历史上盛世很多，但没有一个盛世能够让所有人吃得饱穿得暖，更不用说“三保障”。打赢脱贫攻坚战，历史性地消除绝对贫困，只有在中国共产党的领导下才能做到。明年扶贫宣传工作要进一步加强。一是完善宣传方案。扶贫系统要认真配合宣传部门，研究制定收官之年的宣传工作方案，组织开展系列宣传报道，展示脱贫攻坚伟大实践，使之成为各族群众热爱中国共产党、热爱祖国、热爱社会主义的生动教材。二是组织系列活动。继续组织开展全国脱贫攻坚奖和全国脱贫攻坚模范评选表彰活动，组织先进事迹巡回报告，开展扶贫日系列活动，录播脱贫攻坚专题节目，启动打赢脱贫攻坚战成就展和表彰活动筹备工作，营造浓厚社会氛围。三是加大对外宣传。我国的脱贫攻坚已赢得国际社会高度评价，很多国家和国际组织表示希望分享中国的减贫经验。各地要按照中央外宣总体部署，做好扶贫外宣基地建设，讲好中国减贫故事。四是积极应对舆情。做好涉贫舆情监测处置，及时主动回应社会关切，防止用个别问题否定成绩抹黑形象，防止恶意炒作干扰脱贫攻坚大局。

研究。就是研究建立解决相对贫困的长效机制。这是党的十九届四中全会部署的任务。国务院已作出部署，明年将编制“十四五”规划，国务院扶贫办正在研究“十四五”巩固脱贫成果规划编制工作，初步考虑主要任务有两项，一是巩固脱贫攻坚成果，二是形成解决相对贫困长效机制的制度框架。各地也要加强对2020年后解决相对贫困的目标任务、扶贫标准、工作对象、政策措施等的研究。

同志们，习近平总书记指出：“每一代人有每一代人的长征路，每一代人都要走好自己的长征路。”打赢脱贫攻坚战就是我们这一代人的长征路，这是历史赋予我们的使命。这几年我们走过来很不容易，即将完成以前不敢想、在外人看来几乎不可能完成的任务，我们要铭记各地区各部门各方面为此所付出的艰辛努力。要关心爱护基层扶贫干部，全国832个贫困县党政正职保持5年不动，向贫困村连续6年派驻第一书记和驻村工作队员，他们常年奋战在脱贫攻坚一线，有的甚至献出了宝贵生命。全国有800多名扶贫干部牺牲在扶贫岗位上，我们要永远缅怀他们，更要努力减少和避免出现新的牺牲，对牺牲干部的家属要及时给予抚恤、长期帮扶慰问。我们要引导和创造一种氛围，让参加脱贫攻坚的人们以后回首往昔，像打过仗一样光荣，像插过队一样难忘。

同志们，行百里者半九十。让我们高举习近平新时代中国特色社会主义思想伟大旗帜，紧密团结在以习近平同志为核心的党中央周围，以昂扬的斗志、饱满的热情、旺盛的干劲，咬定目标、一鼓作气、越战越勇，坚决打赢脱贫攻坚战，为全面建成小康社会作出应有贡献。

三、全球减贫与发展概况

实现可持续发展目标进展情况*

一、导言

1. 四年前，世界各国领导人齐聚联合国，通过了《2030年可持续发展议程》。

2. 这一真正具有前瞻性但又十分紧迫的计划使各国政府团结一致，应对所面临的共同挑战和周围不断变化的世界，以便消除贫困，在健康与和平的地球上创造共同繁荣。这是充满希望和期望的时刻，闪耀着包容各方的多边主义明亮光辉。

2015年全年都是如此：当年通过了其他重要和相关的全球协议——《第三次发展筹资问题国际会议亚的斯亚贝巴发展筹资行动议程》、《2015—2030年仙台减少灾害风险框架》和《联合国气候变化框架公约》下通过的《巴黎协定》。

3. 9月，国家元首和政府首脑将再次汇聚，评估我们在实现可持续发展承诺方面至今取得了多大进展。通过可持续发展问题高级别政治论坛、气候行动峰会和大会关于全民健康覆盖、发展筹资和小岛屿发展中国家快速行动方式(萨摩亚途径)的高级别会议，各部门领导人还将有机会表明他们为提高执行工作的雄心壮志和影响力将采取的紧急措施。

迄今取得的进展

4. 虽然从所有国家及时获取所有具体目标和指标的分类数据编写本报告仍是挑战，但四年来落实可持续发展目标的现状仍能清楚展现。

5. 首先，可持续发展目标的执行工作正在取得进展，一些积极趋势显而易见。极端贫困和儿童死亡率继续下降。在防治肝炎等疾病方面正在取得进展，慢性乙型肝炎病毒新发感染病例显著下降。有关性别平等的某些具体目标正在取得进展，包括采用促进性别平等的预算编制方法。最贫穷国家的电力覆盖面开始增加。在全球范围内，劳动生产率提高，失业率已恢复到金融危机前的水平。住在贫民窟的城区人口比例在下降。2010年以来，海洋保护区占国家管辖水域的比例增加了一倍以上。某些执行手段方面的进展很快。

6. 这一进展表明，许多国家政府及其伙伴自2015年以来一直在努力工作。自愿国别评估让联合国了解到更多情况，显示各国政府已优先将可持续发展目标纳入国家计划和政策，并在建立体制安排，从而帮助推动并监测经济和社会所需的转型取得的进展。重要的是，这些评估表明各国几乎已普遍作出响应，而且对《2030年议程》的国家自主意识依然强烈。我们还看到区域政府和城市、企业、民间社会、学术界、青年人和其他方面踊跃响应。他们通过广泛的行动和举措，确定了与可持续发展目标执行工作保持一致并加以推动的切入点。联合国作为一个关键行为体，也在进行根本性变革，联合国发展系统正在进行几十年来最深刻的改革，以更好地顺应《2030年议程》内含的范式转变。我相信，在会员国、联合国领导层和工作人员的继续支持下，联合国将开始看到这些改革的成果。在各国政府努力加快执行工作，达到至迟在2030年实现可持

*本文为2019年7月联合国经济及社会理事会召开的可持续发展问题高级别政治论坛上的报告。

续发展目标所需的力度之时，这些成果将反映在联合国向政府提供的优质支持中。

7. 第二，尽管有这些积极的趋势，并有《2030年议程》激励产生的众多行动和举措，但必须转变发展途径，以便产生到2030年实现可持续发展目标所需的变革。目前这种转变尚未以所需的速度或规模向前推进。

8. 令人极为关切的是，2030年的极端贫困率预计为6%，无法实现消除极端贫困的全球目标；饥饿人数连续第三年上升，克服5岁以下儿童超重和肥胖问题的进展甚微；生物多样性在以惊人的速度丧失，大约100万种物种已经濒临灭绝，其中许多就在几十年内；温室气体排放量继续增加；所需的可持续发展筹资水平和其他执行手段尚未到位，各种机制不够强大或有效，无法充分应对这些相互关联和跨境的巨大挑战。

9. 在《2030年议程》不让任何一个人掉队的核心原则方面取得了进展，但速度缓慢。有确凿证明是处于弱势的人口群体在很大程度上仍被排除在外。全球而言，青年人失业的可能性比成年人高3倍。儿童在最贫穷者中比例过高——五分之一的儿童生活在极端贫困之中。教育和保健等领域的城乡差别也很明显。残疾人和艾滋病毒感染者/艾滋病患者继续面临多重不利条件，无法获得生活机会和基本人权。

10. 性别不平等也依然存在。世界范围内，妇女在就业人数中所占比例不到40%，只有四分之一左右担任管理职位，而且根据有数据可查的少数国家的统计，面临12%的男女工资差异。在15至49岁的人群中，约有五分之一在过去12个月里遭受过伴侣的人身暴力或性暴力。如果不实现性别平等，不增强妇女和女童权能，全世界就无法实现17个可持续发展目标。

11. 各区域之间和情况非常不同的国家之间存在着显著差异。这不足为奇。令人遗憾的是，最弱势的国家在实现可持续发展目标方面却面临最严重的现有障碍。

12. 第三，自2015年以来，落实可持续发展目标的全球形势普遍恶化，阻碍政府和其他伙伴的努力，这是无法回避的事实。此外，对执行全球主要协议至关重要的多边合作承诺正在面临压力。

13. 世界许多地区的冲突和不稳定加剧，造成难以言喻的人类苦难，破坏可持续发展目标的实现，甚至逆转已经取得的进展。2017年，6850万人被迫流离失所，其中85%以上由发展中国家收容，对现有支助系统造成巨大压力。

14. 过去20年中，灾害造成的直接经济损失增加150%以上，其中由弱势发展中国家承担的损失高得不成比例。如果不加大缓解力度，全球变暖将快速继续，增加适应方面的挑战，并加深广大民众的脆弱感和不安全感。

15. 经济变化也使可持续发展目标的落实工作更具挑战性。在贸易紧张局势持续存在以及家庭和企业债务水平不可持续的情况下，全球经济增长预计将保持缓慢，并且各区域呈不均衡态势。近年来，低收入国家的债务脆弱性大幅增加。除了新兴经济体的增长预计放缓之外，发达经济体的整体增长率预计也将下降。一些国家的政府正在全面采取更多的保护主义措施，使增长率、减贫工作和经济多样化面临风险。

16. 日益严重的收入不平等和财富不平等有可能破坏实现可持续发展目标的努力，可能侵蚀社会凝聚力、加深不安全并抑制生产力增长。世界许多地区的不容忍日益严重，威胁基本人权和人类进步。不平等、不公正、不安全与缺乏对政府和机构的充分信任相互联系，可进一步影响推进可持续发展的必要条件。

为下个十年采取行动促进可持续发展

17. 在这种情况下，当世界领导人今年9月再次相聚时，有必要对世界当今的前进方向进行诚实和坦率的反思，必须重申对多边主义、预防和外交的承诺，必须对可持续发展目标对策具有更强的紧迫感和进取心。在应对气候变化带来的生存威胁之时尤其如此。如果不实现《巴黎协定》的目标，所有其他可持续发展目标的实现就将直接受到威胁。

18. 本着这一精神，我欢迎迄今取得的进展，并鼓励所有国家和所有可持续发展目标伙伴更多、更快地开展工作。我还指出了《2030年议程》的整体对策方面存在的一系列系统性差距，并呼吁采取具体行动填补这些差距。其中包括特别重视最弱势群体，以确保在各国取得进步的过程中，不让任何一个人掉队；确保筹集充足和用途得当的资金；加强机构并使其更加有效、更具包容性；增强地方行动以加快执行工作；加强各经济体，建设复原能力；加强可持续发展目标数据的收集、获取和有效利用；利用科学、技术和创新，更加利用注重数字转型促进可持续发展。

19. 对《2030年议程》的承诺依然强劲。数以亿计的年轻人相信并要求这一议程蕴含的变革。可持续发展目标的行动日益增多；安全地部署包括人工智能在内的新技术可以帮助全世界向前迈进一步。我深信，只要有足够的关注、努力、创新、政治承诺和决心，有充分支持这一转型的伙伴，有注重成果的多边合作，这些挑战就能克服，就能到2030年实现可持续发展目标。

20. 世界将很快进入对今世后代和地球上所有生命都具有决定性意义的十年。全世界有责任和能力使这十年成为对可持续发展采取行动和予以落实的十年。

二、我们实现可持续发展目标的现状❶

21. 本章评估《2030年议程》执行工作第四年的进展情况，根据现有最新数据，重点介绍所有17个可持续发展目标的进展，并审查各项目标和具体目标之间的一些相互联系。必须指出，大多数国家对半数以上的全球指标没有定期收集数据，或者没有既定的方法衡量这些指标。这影响充分了解可持续发展目标进展和挑战的能力。

目标1. 在全世界消除一切形式的贫困

22. 全球范围的极端贫困继续减少，但速度放缓。这一减速表明，到2030年无法如期实现世界上生活在极端贫困中的人不到3%这一目标。继续在极端贫困中生活的人面临深重而难以摆脱的贫困，往往因暴力冲突和易受灾害影响而加剧。

强有力的社会保障制度和政府在关键服务方面的支出常帮助那些掉队的人重新站稳脚跟，摆脱贫困，但这些服务需要扩大规模。

全世界生活在极端贫困中的人口比例从1990年的36%和2010年的16%下降到2015年的10%。然而，减贫步伐正在放缓，2018年的“临近预报”为8.6%。此外，基线预测表明，到2030年，全世界6%的人口仍将生活在极端贫困中，无法实现消除贫困的目标。

2018年，尽管有工作，但全世界8%的工人及其家庭仍然生活在极端贫困中。撒哈拉以南非洲的情况尤其令人震惊。2018年该地区工作穷人的比例为38%。

社会保障制度有助于预防和减轻贫困，并为弱势群体提供安全网。然而，对世界上绝大多数人来说，社会保障并不是现实。2016年，55%的人口，多达40亿人，没有任何社会保障

---

❶载有本报告统计附件的一份补充文件以及可持续发展目标指标的现有全球、区域和国家数据及元数据的数据库将载于：https://unstats.un.org/sdgs。

现金福利。各区域之间差异很大:撒哈拉以南非洲没有社会保障的达87%,欧洲和北美则为14%。

只有22%的失业者领取失业福利金,只有28%的重度残疾人领取残疾福利金,全世界只有35%的儿童享有社会保障,只有41%的产妇领取生育福利金。

灾害往往导致社会经济发展下滑,加剧贫困。从1998年至2017年,灾害造成的直接经济损失估计接近3万亿美元,其中与气候有关的灾害占总数的77%,比1978年至1997年增加151%。与气候有关的灾害和地球物理灾害估计夺去了130万人的生命。在国际报告的灾害事件死亡人数中,90%以上发生在低收入和中等收入国家。在这些国家,灾害造成的经济损失占国内生产总值的比例也高得多。

各国报告在制定并实施符合《2015—2030年仙台减少灾害风险框架》的国家和地方减少灾害风险战略方面取得进展。截至2019年3月31日,有67个国家报告这方面的进展,24个国家报告其各自的地方政府制定了与国家战略和计划一致的地方战略。

在全部国家中,只有三分之一按照《2030年教育行动框架》的建议,将政府总支出的15%至20%用于教育。

目标2. 消除饥饿,实现粮食安全,改善营养状况和促进可持续农业

23. 饥饿人数在全球范围内再次上升,营养不足继续影响数百万儿童。全球对农业的公共投资正在下降,小规模粮食生产者和农户需要更多的支持,并迫切需要增加对基础设施和技术的投资,以促进可持续农业。

2017年,全球估计有8.21亿人营养不足,约每9人中就有1人,高于2015年的7.84亿人。这表明,世界饥饿人数在长期下降后连续第三年上升,令人担忧。非洲仍是营养不足发生率最高的大陆,影响五分之一的人口(超过2.56亿人)。与营养不足持续增长一致的是,2017年有7.70亿人面临严重的粮食不安全问题。❶

自2000年以来,几乎所有区域的发育迟缓都在减少。尽管如此,2018年仍有超过五分之一的5岁以下儿童(1.49亿)发育迟缓。2018年,全球有4900万5岁以下儿童受消瘦影响,另有4000万儿童超重。

小农和农户的生产力普遍低于所有其他粮食生产者。加强他们的复原力和适应能力对扭转饥饿加剧的趋势至关重要。在非洲、亚洲和拉丁美洲国家,小规模粮食生产者在所有粮食生产者中所占比例从40%到85%不等,而在欧洲则不到10%。

政府的农业支出与农业对经济总体的贡献相比下降了37%。在世界范围内,这一比率从2001年的0.42下降到2017年的0.26。此外,对发展中国家的农业援助已从1980年代中期占所有捐助方按部门分配援助的近25%下降到2017年的5%,下降126亿美元。

向世界贸易组织(世贸组织)通报的出口补贴支出继续呈下降趋势。总支出从2010年的近5亿美元降至2016年的1.20亿美元左右。政府出口补贴的减少正在降低农产品市场的扭曲程度。

目标3. 确保健康的生活方式,促进各年龄段人群的福祉

24. 在改善数百万人的健康、提高预期寿命、降低妇幼死亡率以及防治主要传染病方面取得了重大进展。然而,在防治疟疾和结核病等重大疾病方面进展停滞或不够快,同时全球人口至少有一半得不到基本保健服务,而且有这种服务的其中许多人承受不应有的财政困难,有可能使其陷入极端贫困。需要作出协调

❶关于营养不足、粮食不安全和营养不良的最新数字将于2019年7月在联合国粮食及农业组织出版的《2019年世界粮食安全和营养状况》报告中公布。

一致的努力,以实现全民健康覆盖和可持续的保健筹资;应对包括精神卫生在内的非传染性疾病日益加重的负担;解决抗微生物药物耐药性问题和健康的决定因素,如空气污染以及水和环境卫生设施不足。

生殖、孕产妇、新生儿和儿童健康

2015年,全世界估计有303000名妇女死于妊娠和分娩并发症。几乎所有这些死亡都发生在低收入和中等收入国家,近三分之二发生在撒哈拉以南非洲。这些死亡本可通过适当管理和护理预防。2018年,全球81%的分娩在熟练助产士的帮助下进行,比2012年的69%显著改进。2018年,撒哈拉以南非洲有熟练助产士助产的覆盖率仅为59%。

五岁以下儿童死亡率从2015年的每千名活产死亡42人下降到2017年的39人,下降6.7%,比2000年的77人总体下降49%。五岁以下儿童死亡总数从2000年的980万降至2017年的540万。尽管如此,这些死亡大多是由于可预防的原因,近一半即250万人在出生后第一个月死亡。

那是儿童生存最关键的时期。全球新生儿死亡率在呈长期下降趋势后继续下降,从2000年的每千名活产死亡31人下降到2017年的18人,下降41%。

免疫接种拯救了数百万人的生命,广泛公认为世界上最成功和最具成本效益的保健措施之一。预防白喉/破伤风/百日咳三剂疫苗的接种率从2000年的72%增加到2015年的85%,并在2015年至2017年期间保持不变。估计有1990万儿童在出生后第一年没有接种该疫苗,致使其面临感染这些潜在致命疾病的严重风险。肺炎球菌结合疫苗具有显著降低5岁以下儿童死亡率的潜力,但全球覆盖率尚未达到50%。麻疹疫苗需要接种两剂,才能预防麻疹以及与麻疹有关的并发症所引起的疾病、残疾和死亡。第二剂麻疹疫苗的接种率从2015年的59%增加到2017年的67%,但仍不足以预防这一高度传染性疾病。

扩大获得现代避孕方法的途径对确保普遍利用性健康和生殖健康服务至关重要。在全球范围内,用现代避孕方法满足计划生育需求的育龄妇女(15~49岁)的比例继续缓慢上升,从2000年的74%增加到2019年的76%。

青春期生育率从2000年的每千名少女生育56胎下降到2015年的45胎和2019年的44胎。撒哈拉以南非洲的青春期生育率仍然很高:每千名少女生育101胎。

传染病

强有力和稳定的国内国际承诺和供资加速了有据可依的艾滋病毒预防、检测和治疗方案的实施。因此,撒哈拉以南非洲的艾滋病毒感染率(15-49岁成年人)下降了37%,从2010年的每1000名未感染者3.39例下降到2015年的2.49例和2017年的2.14例。然而,2015年至2017年期间,全球15至49岁成年人的艾滋病毒感染率从0.44降至0.40,2010年至2017年间总体下降22%,远低于实现2020年和2030年目标所需的下降幅度。

结核病仍然是健康状况不佳和死亡的一个主要原因。2017年,估计有1000万人罹患结核病。这方面的全球负担正在减轻:结核病发病率继续下降,从2000年的每10万人170例新发和复发病例降至2015年的140例和2017年的134例;从2000年到2017年,艾滋病毒抗体阴性人群的结核病死亡率下降了42%。然而,在检测和治疗方面仍然存在很大差距。目前的进展速度不足以实现可持续发展目标的具体目标,耐药结核病仍然是一个持续威胁。

在防治疟疾方面,十多年稳步前进之后,进展已经停滞。2015—2017年期间,全世界在减少疟疾病例数量方面没有取得重大进展。撒哈拉以南非洲继续承受着最沉重的疾病负担，占全球疟疾负担的90%以上。令人担忧的是，与上一年相比，2017年非洲疟疾负担最重的10个国家的病例估计增加了350万。

2015年，全世界估计有3.25亿人感染乙型肝炎病毒或丙型肝炎病毒。

乙型肝炎疫苗在婴儿中的广泛使用大大减少了新的慢性乙型肝炎病毒感染的发生率，其表现是5岁以下儿童中乙型肝炎流行率从疫苗接种前时期的4.7%下降到2017年的0.8%。

据报告，2017年有15.8亿人因被忽视的热带疾病而需要群体或个别治疗和护理，少于2015年的16.3亿人和2010年的20.3亿人。监测工作的进步意味着2017年发现了更多需要对被忽视的热带疾病进行干预的人。最不发达国家需要治疗和护理的5.22亿人占这些国家人口的52%，少于2015年的5.84亿人。

非传染病、精神健康与环境风险

2016年，30至70岁之间死于四种主要非传染病（心血管疾病、癌症、慢性呼吸道疾病和糖尿病）中的任何一种的概率为18%。在全球范围内，男性在这方面的风险仍然明显高于女性（男性21.6%，女性15%）。

在降低全球自杀率方面取得了进展（从2000年的每10万人12.9例降至2016年的10.6例）。然而，自杀仍是全球15至29岁人群的第二大死因。2016年，79%的自杀案例发生在中低收入国家。

烟草使用率从2000年的27%下降到2016年的20%。女性的烟草使用率下降得更快，从2000年的11%降至2016年的6%，而男性的烟草使用率则只从43%降至34%。尽管出现了积极趋势，但2017年死于与烟草有关疾病的人数估计超过810万。

道路交通死亡人数从2013年的131万人上升到2016年的135万人。道路交通伤害是5至29岁儿童和年轻成人死亡的主要原因。

周围环境和家庭的空气污染增加了罹患心血管和呼吸系统疾病的风险，并在2016年导致全球约700万人死亡。撒哈拉以南非洲、亚洲大部分地区和大洋洲（不包括澳大利亚/新西兰）的空气污染相关死亡率最高，因为其中很大一部分人口仍然依赖造成污染的燃料和技术进行烹饪。

60%的腹泻疾病、100%的土壤传播蠕虫感染和16%的蛋白质-能量营养不良症与饮用水、环境卫生和个人卫生不足和不安全有关。这三种情况在2016年共导致87万人死亡。

卫生系统和资金提供

自2010年以来，按实际价值计算，所有捐助方为基本保健提供的官方发展援助增加了61%，在2017年达到107亿美元。2017年，大约20亿美元用于疟疾防治，10亿美元用于结核病防治，23亿美元用于其他传染病（不包括艾滋病毒/艾滋病）防治。

2013至2018年的现有数据显示，近40%的国家每10000人拥有不到10名医生，55%以上的国家每10000人拥有不到40名护理和助产人员。在所有最不发达国家，每10000人拥有不到10名医生、不到5名牙医和5名药剂师；在98%的最不发达国家，每10000人拥有不到40名护理和助产人员。

目标4. 确保包容和公平的优质教育，让全民终身享有学习机会

25. 尽管过去几年在提供和接受教育方面取得了长足进展，2017年仍有2.62亿名6至17岁的儿童和青年失学，半数以上的儿童和青少年在阅读和数学方面达不到最低熟练程度标准。迅猛的技术变革带来了机遇和挑战，但学习环境、教师能力和教育质量却没有跟上步伐。需要重新调整工作重点，以改善整个生命周期的学习成果，特别是弱势环境中的妇女、女童和边缘化群体的学习成果。

在有最新数据的72个国家中，大约7/10

的3岁和4岁儿童至少在以下领域中的三个领域发展正常:识字-算术、身体发育、社会-情感发展和学习。

2017年,全球每三名儿童中就有两名在规定的小学入学年龄前一年参加了有组织的学习。这种学习与培养儿童做好上学准备以及今后的学习体验有关。在撒哈拉以南非洲和最不发达国家,这一比例不到50%。

据估计,2015年,全世界6.17亿即50%以上的小学和初中年龄儿童和青少年达不到最低阅读和数学熟练程度。其中大约三分之二在上学,但没有在教室里学习或已辍学。

2016年,约有7.5亿成年人(其中三分之二是妇女)仍然是文盲。全球文盲人口有一半生活在南亚,四分之一生活在撒哈拉以南非洲。

许多发展中国家仍然缺乏提供有效学习环境的起码基础设施和场所。撒哈拉以南非洲面临的挑战最大:在小学和初中,只有不到一半的学校能够获得电力、互联网、计算机和基本饮用水。

2017年,用于奖学金的官方发展援助达到13亿美元。澳大利亚、法国、日本、大不列颠及北爱尔兰联合王国和欧盟机构占这一总数的近三分之二。

在全球范围内,训练有素的小学教师比例几乎没有进展:自2015年以来,这一比例一直停滞在85%左右。撒哈拉以南非洲的这一比例最低(64%)。

目标5. 实现性别平等,增强所有妇女和女童的权能

26. 虽然性别平等的一些指标正在取得进展,例如切割女性生殖器和早婚的发生率大幅下降,但总体数字仍然很高。此外,在造成性别不平等的结构性问题(如法律歧视、不公平的社会规范和态度、关于性和生殖问题的决策以及政治参与程度低)上进展不足,正在削弱实现可持续发展目标5的能力。

来自106个国家的最新数据显示,在15至49岁有过伴侣的妇女和女孩中,18%在过去12个月中遭受过身体暴力和(或)伴侣性暴力。最不发达国家的发生率最高,为24%。

世界各地童婚习俗持续减弱,主要是因为南亚的进步。2013至2018年,该区域女孩童年结婚的风险下降约四分之一。在撒哈拉以南非洲,童婚率下降幅度较小。

根据切割女性生殖器习俗比较集中并可以获得发生率有全国代表性的数据的30个国家的数据,至少有2亿女童和妇女遭到切割。在这些国家,这一有害习俗的发生率约在2000至2018年间下降四分之一。

根据来自大约90个国家的最新数据,妇女每天从事无酬照料和家务工作的时间平均是男子的三倍,限制了她们可用于有偿工作、教育和休闲的时间,并进一步加剧了性别导致的社会经济劣势。

妇女在各级政治领导职位的代表比例仍然不足。截至2019年1月1日,妇女在国家议会中的代表人数从0到61.3%不等,平均为24.2%,比2010年的19%有所增加。在地方一级,来自99个国家和地区的数据显示,妇女在选举产生的审议机构中所占的比例从低于1%到48%不等,分布中位数为26%。在立法规定性别配额的情况下,妇女在国家和地方两级当选的比例都高得多。

虽然妇女占世界就业人数的39%,但在2018年全世界只有27%的管理职位由妇女担任,比2015年的26%略有增加。自2000年以来,除最不发达国家外,所有区域妇女在管理层的所占比例都有增加。

在有数据的51个国家,只有57%的15至49岁已婚或同居妇女自己决定性关系以及避孕药具和保健服务的使用。

过去25年来,在改革法律以改善性别平

等方面取得了进展,但在许多国家,歧视性法律和法律保护方面的缺失依然存在。2018年从53个国家收集的四个法律领域的数据显示,近三分之一的国家在总体法律框架和公共生活领域(如宪法、反歧视法律、定额、法律援助)方面存在法律空白;超过四分之一的国家在打击暴力侵害妇女行为方面存在法律空白;29%和24%的国家在就业和经济福利领域以及在婚姻和家庭领域分别存在法律空白。

尽管全球范围内在执行促进性别平等的预算编制方面取得了进展,但各国在努力建立全面透明的跟踪系统方面仍然存在差距。根据来自69个国家的2018年数据,13个国家完全达标,建立了用以衡量和公开提供性别预算数据的跟踪系统,41个国家接近满足要求。

目标6. 为所有人提供水和环境卫生并对其进行可持续管理

27. 尽管取得了进展,但仍有数十亿人缺乏安全饮水、卫生设施和洗手设施。数据表明,到2030年普及即使是基本的环卫服务就需要将目前的年度进展速度翻一番。更有效地利用和管理水资源对解决日益增长的用水需求、水安全面临的威胁以及气候变化造成的日益频繁和严重的干旱和洪水至关重要。截至本报告撰写之时,大多数国家不可能在2030年前全面实施水资源综合管理。

2000至2015年,全球使用安全管理的饮用水服务的人口比例从61%提高到71%,2017年则保持不变。另有19%的人口使用基本饮用水服务。这意味着仍有7.85亿人口甚至缺乏基本的饮用水服务。

全球使用安全管理的环卫服务的人口从2000年的28%增加到2015年的43%和2017年的45%,增幅最大的是拉丁美洲和加勒比、撒哈拉以南非洲以及东亚和东南亚。2000至2017年间,缺乏基本卫生服务的人口比例从44%降到27%,但2017年仍有7.01亿人随地便溺。

2017年,全世界约60%的人在家里有基本的洗手设施,有肥皂和水,而最不发达国家的相应比例只有38%,因此估计30亿人在家里没有基本的洗手设施。

2016年,三分之一的小学缺乏基本的饮用水、环境卫生和个人卫生服务,影响数百万学龄儿童特别是需要管理例假的女童的教育。全世界四分之一的保健设施缺乏基本的供水服务,影响20多亿人。

大约三分之一的国家中度或高度缺水。几乎所有严重缺水的国家都位于北非和西亚或中亚和南亚。缺水程度表明淡水供应极其困难,至少在一年内的某些时段。

172个国家中有80%实施中低或更高程度的水资源综合管理。然而,60%的国家不太可能在2030年前实现全面实施的目标。

需要作出重大努力,确保在所有跨界流域开展合作。来自共有跨界水域的153个国家中的67个国家的数据显示,2017-2018年期间,有使用安排的国家跨界流域的平均百分比为59%。只有17个国家报告其所有跨界流域均有此类安排。

经过几年的稳步增长,给予水务部门的官方发展援助在2016年达到90亿美元,但在2016至2017年则下降了2%。然而,2016至2017年对水务部门的官方发展援助承诺猛增36%,表明捐助方重新注重水务部门。

目标7. 确保人人获得负担得起的、可靠和可持续的现代能源

28. 最贫穷国家获得电力供应的步伐开始加快,能源效率继续提高,电力部门中的可再生能源正在增长。尽管取得了这一进展,仍有约8亿人用不上电,同时需要专门关注获得清洁烹饪燃料和技术的问题。此外,如果要实现可持续发展目标7、13和相关目标,就需要在可再生能源包括运输和供暖方面提出更加宏伟的目标。

全球电气化率从2010年的83%上升到2015年的87%，2017年快增达到89%，但世界各地仍有8.4亿人无法用上电。

全球可获得清洁烹饪燃料和技术的人口比例从2010年的57%提高达到2017年的61%。尽管取得了这一进展，仍有近30亿人主要依赖效率低下又有污染的烹饪系统。

可再生能源在最终能源消费总量中所占的份额从2010年的16.6%逐步上升到2016年的17.5%，但要实现气候目标，还需要加快变化。尽管可再生能源消费的绝对水平自2010年以来增长18%以上，但可再生能源增长超过总能源消费增长只是2012年以来的现象。

全球一次能源强度（单位GDP所用能源比率）从2010年的5.9改善到2016年的5.1，改善率为2.3%，仍低于实现可持续发展目标7具体目标3所需达到的2.7%的年改善率。

2016年，流向发展中国家的支持清洁和可再生能源的国际资金达到186亿美元，比2010年的99亿美元几乎翻了一番。

目标8. 促进持久、包容和可持续经济增长，促进充分的生产性就业和人人获得体面工作

29. 包容和可持续经济增长可推动进步，提供落实可持续发展目标的手段。在全球范围内，劳动生产率提高，失业率已恢复到金融危机前的水平。然而，全球经济的增长速度正在放缓。需要取得更多进展，以增加就业机会，特别是青年人的就业机会，减少非正规就业和性别工资差异，并促进安全和有保障的工作环境，为所有人创造体面工作。

2017年，全球人均实际GDP增长率为1.9%，预计2018至2020年将保持在2%左右。这一增速大大低于2010年达到的3%，略高于2015年的1.63%。预计最不发达国家的实际GDP增长率将从2017年的4.5%提高到2020年的5.7%，低于《2030年议程》设想的7%。

自2009年全球经济衰退以来，世界各地的劳动生产率（以就业人员人均GDP衡量）一直在提高，自2010年以来一直保持正的年增长率。2018年，世界劳动生产率提高了2.1%，是2010年以来最高的年增长率。

影响收入适足程度、职业安全和健康以及工作条件的非正规就业仍然普遍存在：在四分之三有此数据的国家中，非农业部门雇用的所有人员有一半以上是非正规就业。

根据62个国家的数据，男女小时工资差距的中位数为12%。管理和专业职业、手工艺和相关行业工人以及工厂机器操作员和装配工的男女工资差距中位数超过20%。

全球失业率终于从全球经济危机水平恢复过来。2018年，全球失业率为5.0%，相当于危机前的水平。青年失业的可能性是成年人的3倍。

2018年，全世界有五分之一的青年没有接受教育、就业或培训。这意味着他们在黄金时期既没有获得专业经验，也没有通过教育或职业方案获得或发展技能。这方面存在明显的性别差异。青年妇女失业或不参加劳动队伍、不接受教育或培训的可能性是青年男子的两倍以上。

世界各地的许多工人在工作场所面临不应有的风险。来自大约55个国家的最新数据表明，死亡中位数为每100000名雇员3例，非致命伤害中位数为每100000名雇员889例。

获得金融服务的机会在全球范围内呈上升趋势，但随着对技术依赖的加重，获得金融服务的方式似乎在变化。2010至2017年，全球范围内每10万名成人的自动取款机数量增长了近50%，从45台增加到66台，最不发达国家则从2.3台增加到5.8台。2010至2017年间，随着更多的客户使用数字银行解决方案，每10万名成人的商业银行分支机构数量仅增长2%。

2017年,促贸援助承诺增至580亿美元,与2002-2005年231亿美元的基线相比增加了一倍多。按绝对值计算,增长最多的是农业部门(17亿美元)、工业部门(10亿美元)以及银行和金融服务业(10亿美元)。

目标9. 建造具备抵御灾害能力的基础设施,促进具有包容性的可持续工业化,推动创新30.当前全球经济环境的各个方面不利于可持续发展目标取得迅速进展。虽然发展中国家的经济基础设施融资增加,在移动互联互通方面取得了令人瞩目的进展,但最不发达国家等掉队国家要到2030年将制造业占GDP的比例翻番则面临严峻挑战,其科研和创新投资仍低于全球平均水平。

高效的运输服务是经济发展的关键驱动因素。全世界80%以上的商品贸易量是海运的,使海运成为贸易和全球化的关键推动因素。2017年,全球国际海运货运量估计增长3.7%,预计的增长将考验现有海运基础设施支持更多货运量的能力。

2018年,全球制造业放缓,发展中区域和发达区域都是如此,主要原因是新出现的贸易和关税壁垒限制了投资和未来增长。尽管增长放缓,但全球制造业增加值占GDP的比例从2008年的15.9%小幅上升至2015年的16.5%,2108年则停滞在这一水平。最不发达国家制造业所占比例仍然很低,对到2030年将工业占GDP的比例翻番的目标构成严重挑战。

与此同时,随着各国逐步将生产要素从农业和低附加值制造业转移到高附加值制造业和服务业,制造业就业占总就业的比例从2000年的15.3%下降到2015年的14.7%和2018年的14.2%。

2000—2016年,全球制造业的二氧化碳排放强度下降20%以上,降至每美元0.30千克二氧化碳,表明二氧化碳排放与GDP增长总体脱钩。

研发投入占全球GDP的比重从2000年的1.52%提高到2016年的1.68%。2016年,欧洲和北美研发支出占GDP的2.21%,而大多数发展中区域则达不到世界平均水平。

虽然每百万居民中的研究人员数目从2000年的804人增加到2016年的1163人,但在撒哈拉以南非洲,这一数目只不过91人。

2017年,流入发展中国家经济基础设施的官方资金共达590亿美元,按实际价值计算自2010年以来增长32.5%。在这一总额中,得到援助的主要是运输部门(216亿美元)以及银行和金融服务业(134亿美元)。

2016年,中高科技和高科技部门占全球制造业增加值的比重达到44.7%。中高科技和高科技产品继续在北美和欧洲制造业生产中占主导地位,2016年达到47.4%,而最不发达国家的相应比例为10.4%。

目前,全世界几乎所有人都生活在移动蜂窝网络信号范围内,90%的人生活在3G或更高质量网络的范围内。然而,移动网络的这种演变比使用互联网的人口比例增长更快。

目标10. 减少国家内部和国家之间的不平等

31. 尽管在缩小机会、收入和权力差距方面取得了进展并作出了努力,但国家内部和国家之间的不平等仍然是一个令人严重关切的问题。即使在许多国家最底层40%的人口经历了正增长时,世界许多地区的收入不平等继续加剧。需要更加重视减少收入不平等以及基于其他因素的不平等。需要作出更多努力,增加最不发达国家和发展中国家出口产品的零关税准入,并增加对最不发达国家和小岛屿发展中国家的援助。

在有2011—2016年期间可比数据的92个国家中,超过一半的国家其最底层的40%人口经历的增长率高于全国总体平均水平。然而,最底层的40%人口所获得的收入或进行的消费不到总数的25%。在许多地方,收入最高的1%人口在收入中所占的份额越来越大,令人严重关切。

健全有力的金融体系对支持平等获得金融服务至关重要。以不良贷款占借款人贷款总额的比例衡量的高额贷款资产减值是银行系统能否保持稳健的潜在风险。在提交报告的138个国家中,近一半国家的不良贷款占贷款总额的比例低于5%,而2010—2017年的平均中位数为4.3%。

虽然在采用"一成员一票制"的联合国大会和世界贸易组织成员中,发展中区域的国家占总数的70%以上,但它们在其他国际组织中的投票权份额仍远远低于上述比例。国际货币基金组织正在就治理改革进行谈判,世界银行于2018年10月采用改革措施。然而,全面实施不过使发展中国家拥有略高于40%的投票权,就国家数目而言,仍低于它们在世界银行成员中所占的75%这一比例。

最不发达国家、小岛屿发展中国家和广大发展中区域的免税准入继续增加。如今,发展中国家50%以上的出口产品有资格享受免税待遇。最不发达国家工业和农业部门获得的世界市场免税准入增加最多。

2017年,发展中国家从经济合作与发展组织发展援助委员会捐助方、多边机构和其他主要提供者那里收到的捐款总额为4140亿美元,其中1630亿美元为官方发展援助。2017年,所有捐助方向小岛屿发展中国家提供的官方发展援助总额为43亿美元,按实际价值计算比2016年减少33%,原因是2016年为古巴开展了特殊的债务减免行动。

目标11. 建设包容、安全、有抵御灾害能力和可持续的城市和人类住区

32. 全球在减少城市贫民窟居民比例方面已取得长足进步,尽管目前仍有10多亿人生活在这种境况之中。在现有状况下,绝大多数城市居民呼吸的空气质量差,交通工具及宽敞的公共空间有限,需要采取紧急行动扭转这种状况。随着城市所占面积扩大,速度超过城市人口的增长,可持续受到深远影响。

1990年到2016年,全球城市贫民窟内的人口比例从46%下降到23%。这一进步由于境内人口增长和农村向城市迁移而大体抵消。2016年,住在贫民窟或非正规住区的人口略超过10亿,其中一半以上(5.89亿)生活在东亚、东南亚、中亚和南亚。

城市居民便利地使用公共交通的能力(定义是500米步行距离内有一个公共汽车站,1000米内有一个铁路和(或)轮渡站点)仍然低下,尤其在发展中国家。根据2018年来自78个国家227个城市的数据,平均而言,所有区域53%的城市居民能便利地使用公共交通,其中最低的是撒哈拉以南非洲地区,为18,最高的是澳大利亚和新西兰,为75%。在一些公共交通条件较差的地区,非正规交通方式非常普遍,常常为大多数城市人口提供可靠的交通工具。

全球而言,城市面积扩大,速度超过人口增长。2000年至2014年间,城市占地面积的增长速度是人口增长速度的1.28倍。与这一趋势密切相关的是城市的人口密度在持续下降,对地方、区域和全球范围的环境可持续产生深远的影响。更好地管理城市增长将是保障可持续城市化的关键。

全球有20亿人得不到废物收集服务,30亿人无从使用有管制的废物处置设施。随着收入水平提高及快速城市化导致城市人口增长和消费导向的经济,估计全世界产生的废物总量将翻番,从2016年的近20亿吨增加到2050年的约40亿吨。2010年至2018年,全球固体废物的收集比例约为81%,而在撒哈拉以南非洲，这一比例仅为52%。

2016年，每10名城市居民中有9人呼吸的空气仍然不符合世界卫生组织空气质量指南规定的颗粒物值，即直径小于或等于2.5微米的细颗粒物（pm2.5）不超过每立方米10微克的年平均值或每立方米25微克的日平均值，而且世界一半以上的人口在2010年至2016年间都体验到细颗粒物增加的情况。

大多数城市在克服困难确保市民能便利地使用宽敞的公共空间（定义为距离住地400米步行距离内）。根据2018年77个国家220个城市的数据，只有21%的人口能够便利使用宽敞的公共空间。然而，这些结果并不一定说明这些城市的宽敞公共空间占地面积不足，而是显示这类空间在市区的分布不均衡。

国家城市政策是专门针对当今城市化挑战的政策战略。截至2019年初，有150个国家制定了这类政策，其中近一半已经实施。

目标12. 采用可持续的消费和生产模式

33. 全世界物质消费迅速增长，人均材料足迹也迅速增长，严重危及可持续发展目标12和广泛而言的其他可持续发展目标的实现。需要采取紧急行动，以确保目前的物质需求不致使资源过度开采或环境资源退化，而且应包括采取提高资源效率、减少废物和将可持续性做法纳入所有经济部门主流的政策。

2017年，全球物质消费从2015年的870亿吨增加到921亿吨，比1970年的270亿吨增长254%，而且2000年以来开采率每年都在加快。这反映出过去几十年特有的对自然资源的需求增加，对环境资源造成过重的负担。如果不采取紧急和协调一致的政治行动，预计到2060年，全球资源开采量将增至1900亿吨。

人均材料足迹也大幅增加：1990年，满足一个人的需要须使用约8.1吨自然资源，而2015年，人均资源开采量约达12吨。

设计得当的国家政策框架和工具是推动向可持续消费和生产模式作出根本转变的必要条件。2018年，71个国家以及欧洲联盟报告共拟定了303项政策文书。

《蒙特利尔议定书》《巴塞尔公约》《鹿特丹公约》和《斯德哥尔摩公约》的缔约方必须转递资料说明履行这些协定所规定的义务的情况。然而，转递情况各不相同。这四项公约的平均遵从率约为70%。

目标13. 采取紧急行动应对气候变化及其影响

34. 随着温室气体排放的增加，气候变化的速度比预期的快得多，其影响在全世界都能明显感受到。虽然在气候资金流和国家自主贡献的发展方面已采取积极步骤，但仍需要目标更高远的计划并加速行动。需要以大幅加快的速度扩大获得资金的机会并加强能力，特别是为最不发达国家和小岛屿发展中国家开展这些工作。

温室气体排放量的增加正在推动气候变化。2017年，温室气体浓度达到新高。全球平均二氧化碳摩尔分数达到百万分之405.5，而2015年为百万分之400.1，是工业化前水平的146%。实现符合2摄氏度和1.5摄氏度路径的2030年排放目标需要能尽快达到峰值，之后迅速减少排放。

1998—2017年期间，灾害造成的直接经济损失估计达到将近3万亿美元。据估计，与气候有关的灾害和地球物理灾害夺去了130万人的生命。

截至2019年4月，已有185个缔约方批准了《巴黎协定》。《巴黎协定》缔约方应编制、通报并保持连续国家自主贡献。183个缔约方已向《联合国气候变化框架公约》秘书处通报了第一项国家自主贡献，一个缔约方已通报第二项国家自主贡献。根据《协定》，所有缔约方都必须在2020年之前提交新的国家自主贡献，其中载有修订后的目标，而且应该有大幅提高。

与2013—2014年期间相比，2015—2016年期间的全球气候资金流增加17%。

截至2019年5月20日，已有28个国家获得绿色气候基金赠款，用以制定国家适应计划和其他适应规划进程，价值7500万美元。其中，67%供给最不发达国家、小岛屿发展中国家和非洲国家。另有7个国家的提案正在最后审批阶段，价值1700万美元。总共有75个国家在寻求绿色气候基金的支持，以制定国家适应计划和其他适应规划进程，合计价值1.91亿美元。

目标14. 保护和可持续利用海洋和海洋资源以促进可持续发展

35. 扩大海洋生物多样性保护区及现行鼓励负责任地利用海洋资源的政策和条约仍然不足以克服过度捕捞、因气候变化导致海洋酸化加剧和沿海富营养化恶化所造成的不利影响。鉴于数十亿人的生计和食物来源依赖海洋，并依赖海洋的跨国界性质，需要加紧努力，采取干预行动，在各级养护和可持续地利用海洋资源。

海洋酸化是由于海洋吸收大气中的二氧化碳而引起的。它改变了海水的化学成分。过去30年对海洋酸化的长期观察显示，自工业化前时期以来，酸度的平均增长率为26%，预计到本世纪末将提高到100%至150%，对海洋生物带来严重后果。

为了实现渔业的可持续发展，必须将鱼类种群维持在生物可持续水平。分析显示，世界海洋鱼类种群中接近生物可持续水平的部分已由1974年的90%下降到2015年的66.9%。

截至2018年12月，国家管辖水域(0~200海里)内超过2400万平方千米(17.2%)的区域是受保护区，相较于2015年的12%有大幅增加，比2010年增加一倍以上。而保护区所包含的每个海洋生物多样性关键地区的全球平均占比从2000年的31.2%上升到2015年的44.7%及2018年的45.7%。

非法、未报告和无管制的捕捞活动仍然是对可持续渔业、对靠此捕捞维生者的生计以及海洋生态系统构成的最大威胁之一。迄今已制定针对渔业管理不同方面的国际文书框架。多数国家已采取措施打击非法、未报告和无管制的捕捞活动，并在过去十年中通过了越来越多的渔业管理文书。例如，打击非法、未报告和无管制捕捞活动的第一项具有国际约束力的协定《港口国措施协定》于2016年6月生效。该协定的缔约国数量迅速增加。截至2019年2月，缔约国已达58个。

几乎所有国家都有小规模渔业，其平均数量和价值占总产量的一半以上。为了促进小规模渔民获得生产性资源、服务和市场，大多数国家制定了有针对性的监管和体制框架。然而，20%以上的国家，特别是大洋洲以及中亚和南亚地区，对这些框架的执行仅处于中低水平。

目标15. 保护、恢复和促进可持续利用陆地生态系统，可持续管理森林，防治荒漠化，制止和扭转土地退化，遏制生物多样性的丧失

36. 在保护陆地生态系统和生物多样性方面已呈现一些令人鼓舞的全球性趋势。森林损失正在减缓，受到保护的生物多样性关键地区有所增加，流向生物多样性保护的财政援助也在增加。然而，可持续发展目标15中截至2020年的具体目标仍不太可能实现。土地退化还在继续，生物多样性正以惊人的速度丧失，入侵物种以及非法偷猎和贩运野生动物继续阻碍保护和恢复重要生态系统和物种的努力。

保护重要的陆地和淡水生物多样性场地对确保长期和可持续地利用陆地和淡水自然

资源至关重要。全球各保护区所覆盖的每个生物多样性关键地区的平均占比就陆地而言从2000年的33.1%增加到2018年的46.1%，就淡水面积而言从2000年的30.5%增加到2018年的43.2%，就山区而言从2000年的32.9%增加到2018年的44.7%。

健康的山区生态系统对确保向高地社区和低地人民提供生态系统服务具有根本性意义。截至2017年，全球76%的山区覆盖着某种形式的绿色植被：41%由森林覆盖、29%由草原/灌丛覆盖，农田仅覆盖6%。

2000年至2015年，主要由于人类活动所致的过程，如荒漠化、耕地扩大和城市化，地球陆地总面积五分之一以上的土地退化。同一时期，土地覆被生产力大幅度下降，其中草原遭受的损失最大。

人类对自然最根本和最不可逆转的影响是造成物种灭绝。衡量灭绝风险的“红色名录指数”以数值1表示对任何物种均没有威胁，0表示所有物种均已灭绝，而全球范围这一数值已经从1993年的0.82下降到2019年的0.72。

《生物多样性公约关于获取遗传资源和公正和公平分享其利用所产生惠益的名古屋议定书》为保护并可持续地利用遗传资源和生物多样性提供了奖励措施。截至2019年2月1日，116个国家批准了《名古屋议定书》(2016年以来增加了46个国家)，61个国家通过获取和惠益分享信息交换中心分享了关于其获取和惠益分享框架的信息(即增加了55个国家)。

2017年，支持生物多样性的双边官方发展援助为87亿美元，按实际价值计算比2016年减少15%。

目标16. 创建和平、包容的社会以促进可持续发展，让所有人都能诉诸司法，在各级建立有效、负责和包容的机构

37. 在结束暴力、促进法治、加强体制机构和增加诉诸司法机会方面取得的进展参差不齐。这方面的问题继续剥夺数百万人的安全、权利和机会，阻碍公共服务的提供和广泛的经济发展。对民间社会的打压也在阻碍发展进度。为了实现可持续发展目标16，必须重振努力。

每10万人中故意杀人案件的数量从2015年的6.0起上升到2017年的6.1起。这一略微增加的主要原因是拉丁美洲和加勒比地区以及撒哈拉以南非洲一些国家的杀人案率上升。

各种形式的暴力侵害儿童行为依然发生。在有此近期数据的83个国家(大部分是发展中国家)中，每10名1至14岁儿童中约有8名在家中遭受某种形式的心理侵害和(或)体罚。其中除7个国家外，至少有一半儿童受到暴力惩戒。性暴力可能是最令人不安的侵犯儿童权利行为。根据有限的现有数据，在具有可比数据的46个国家中，有14个国家中18至29岁的妇女至少有5%在18岁之前第一次经历粗野地或以其他方式被迫发生的性交或任何其他性行为。

发现的人口贩运受害者的总体数量增加。这或可反映积极的(当局加强了发现受害者的努力)或消极的(贩运问题扩大)的动态。与先前的调查结果不同，最近的数据显示，大多数贩运受害者是在国内发现的。这一比率2016年为58%，高于2014年的43%。经发现的人口贩运受害者中绝大多数(70%)是女性，其中大多数是为性剥削目的而遭贩运的。

近年来，未被判刑的囚徒在监狱总人数中的占比基本保持在30%。这是在监狱总人数绝对值增长但在总人口中的占比保持不变的情况下出现的状况。

杀害人权维护者、记者和工会活动人士的事件呈上升趋势。2017年到2018年，联合国记录并核实了41个国家的431起谋杀事件。每周至少有8人在努力建设更包容和更平等的社会的前线被杀害，超过先前2015年至

2017年间观察到的每天1名受害者这一平均数，令人担忧。受害者中有99名记者和博客作者。

出生登记在确保个人权利及获得诉诸司法和社会服务机会方面发挥着主要作用。虽然许多区域已实现普遍或近乎普遍的出生登记，但全球平均水平仅为73%。在撒哈拉以南非洲，所有5岁以下儿童中只有不到一半（46%）进行了出生登记。

有125个国家通过了具有约束力的法律和政策，赋予个人获取公共当局所持信息的权利，其中至少有31个国家自2013年以来通过此类法律。在具有涉及法律框架的数据的123个国家中，有40个国家没有包括向独立行政机构上诉的权利，而上诉是适当落实这一权利的关键。

建立符合《巴黎原则》的国家人权机构的进展速度必须加快。2018年，共有39%的国家建立了完全符合国际商定标准的国家人权机构，比2015年增加了7个国家。如果增加速度维持不变，到2030年，全世界所有国家中就只有一半稍多（54%）按要求设立国家人权机构。

核定预算和执行预算两者之间的差距反映了政府实现发展目标的能力，包括向公众提供服务的能力。2006-2017年期间，108个国家的核定支出与实际支出之间的差异表明，约一半国家的实际支出数在核定预算的5%上下范围之内。每10个国家中就有1个国家的偏差超过15%的上下幅度。几乎一半的低收入经济体执行预算的偏差超过10%的上下幅度。

目标17. 加强执行手段，重振可持续发展全球伙伴关系

38. 某些执行手段目标正取得迅速进展：个人汇款达到前所未有的高水平、全球人口中能够上网人数越来越多、最不发达国家技术银行已经成立。然而，重大挑战依然存在：官方发展援助在下降、私人投资流动未与可持续发展很好地挂钩、巨大的数字鸿沟仍未弥合、贸易紧张关系持续。需要加强国际合作，以确保有足够的执行手段，为各国提供实现可持续发展目标的机会。

筹资

2018年官方发展援助净流量共计1490亿美元，按实际价值计算比2017年下降2.7%，流向最需要国家的份额下降。向最不发达国家提供的双边官方发展援助按实际价值计算比2017年下降3%，对非洲的援助下降4%，人道主义援助下降8%。

2019年，流向低收入和中等收入国家的年度汇款预计将达到5500亿美元。这使汇款流量超过外国直接投资和流向低收入和中等收入国家的官方发展援助。2018年，流入低收入和中等收入国家的汇款达到5290亿美元，比2017年增长9.6%。

2018年，二十国集团和其他发达经济体的平均总税率约为国内生产总值的23%，而发展中国家和新兴市场经济体的税率为18%。评估何为“税收负担”（税收形式的国家收入）的适当水平是财政政策的关键要素，影响到经济增长。

信息和通信技术

2018年底，全世界人口有一半以上（39亿人）能上网。这是迈向更具包容性的全球信息社会的一步。2018年，发达国家内上网比例超过80%，而发展中国家为45%、最不发达国家仅为20%。

能力建设

2017年，用于能力建设和国家规划的官方发展援助总额为335亿美元。这在可按部门分配的援助总额中占14%，即2010年以来一直持平。主要获得援助的部门是公共行政、能源和金融。这些部门合计获得130亿美元。

拉丁美洲和加勒比获得的援助份额最大，为76亿美元，其次是撒哈拉以南非洲（61亿美元）和南亚（50亿美元）。

贸易

世界各地采用的关税降低，从而扩大了取得商品的机会，并有助于建立更加开放的贸易体系。2017年，全球贸易加权关税降至2.2%的平均水平，但区域一级仍有较大差异，反映了全球经济的失衡。2017年最高平均税率是非洲各区域采用的税率。2018年，在世贸组织下形成健全的多边贸易体系的前景受到怀疑，各大经济体之间的贸易关系非常紧张。

尽管2017年最不发达国家在世界商品出口中的份额略有上升，但仍略低于1%。增长缓慢可能导致无法达到《伊斯坦布尔行动纲领》规定的贸易目标，即到2020年使最不发达国家在全球出口中所占份额翻一番。最不发达国家的出口增长必须比全球出口快约四倍，才能在两年内将其份额翻一番。

2017年，发达市场对来自最不发达国家和发展中国家的进口商品实行的优惠关税保持不变。虽然服装部门在这些市场上继续受到强大的保护，但最不发达国家的出口享受了该部门很高的优惠幅度-即5.9个百分点。

系统性问题

双边发展伙伴对国家政策的尊重从2016年的64%下降到2018年的57%。在2018年，76%的新的发展项目和方案将其目标与国家战略和（或）计划中确定的目标挂钩。然而，这些干预措施只有大约一半的成果指标（即52%）来自国家自主的成果框架，只有44%的成果指标是使用政府监测系统的数据和统计数据加以监测的。

2018年，114个国家中有51个国家报告在加强多利益攸关方伙伴关系和《2030年议程》执行手段方面取得总体进展。据报告，公共财政管理的质量和使用情况、发展合作活动的报告制度和通过公共部门流入的资金有所改善。民间社会为可持续发展作出贡献的空间需要扩大，而且公共部门和私营部门之间需要开展更包容和更相关的对话。

数据、监测和问责

2018年，有111个国家具有符合《联合国官方统计基本原则》的国家统计法律，比2017年的71个增加。国家统计局负有制作官方统计数字，需要遵循严格的国际原则，包括在收集、处理、储存和公布统计数据方面遵循科学办法、职业道德和标准程序。

2016年，各国从多边和双边捐助方收到6.23亿美元援助资金，用于所有统计领域，而2015年为5.91亿美元。然而，这一数额仅占官方发展援助总额的0.33%。在过去四年中，撒哈拉以南非洲国家受益最大（9.32亿美元），其次是中亚和南亚（1.8亿美元）以及拉丁美洲和加勒比（1.77亿美元）。要使发展中国家满足可持续发展目标对数据的需求，目前捐助者对数据和统计工作的支助将每年需要增加近2亿美元。

人口和住房普查是制订、执行和监测发展政策和方案所需的分类数据的主要来源。在2008年至2017年的10年期间，全球89%的国家或地区进行了至少一次人口和住房普查。

出生和死亡登记覆盖和生命统计的完整性仍是一项艰巨的工作，即便在民事登记系统正常运作的国家也是如此。2013年至2017年期间，143个国家的出生登记数据完整率达到至少90%，149个国家的死亡登记数据完整率达到至少75%。然而，在53个撒哈拉以南非洲国家中，仅有9个国家达到这些标准。

区域和国家差异

39. 虽然可持续发展目标的许多趋势对所有区域来说都是共同的，但在实现可持续发展目标的进展和相关障碍方面，区域差异很大。

40. 在撒哈拉以南非洲，供电覆盖面在扩大，能源使用效率在提高，但该区域丰富的可再生能源潜力在很大程度上仍未开发利用。非洲也是全球城市化速度最快的区域，其潜在利益有待充分实现。同时，撒哈拉以南非洲尚未实现贫困、饥饿、孕产妇死亡和教育方面的目标，据估计，非洲经济增长率要达到2018年的三倍，即3.2%，才能实现可持续发展目标。2017年，撒哈拉以南非洲的预期寿命为61岁，而全世界为72岁。非洲的非正规就业估算率为全世界最高，占总就业率的85.8%；弱势就业率为全球最高，平均为66%。2018年最严重的8次粮食不安全危机中有5次发生在非洲。

41. 在阿拉伯区域，极端贫困率过去一直低于3%。然而，阿拉伯叙利亚共和国和也门的冲突使该区域的贫困率上升，饥饿问题加剧。冲突、不稳定和气候变化对当地造成影响，也带来跨境影响——世界上20个水资源最紧张的国家中有14个位于该区域，导致淡水资源日益匮乏。该区域是世界上一半以上难民的来源地(同时也是其中三分之一难民的家园)。阿拉伯区域的青年失业率超过30%，青年妇女失业率达到48%。

42. 亚太区域在贫困、优质教育和负担得起的清洁能源方面取得了显著进展，但在清洁水和卫生、体面工作、经济增长、负责任的消费和生产方面有所倒退。此外，在增进健康和福祉、改善性别平等和加强伙伴关系方面进展不足。这一区域农村人口众多、生计普遍依赖资源、贫困，加上该区域独特的地理和水文特征，因此在灾害和气候变化面前仍然极端脆弱。

43. 拉丁美洲和加勒比地区在减少贫困和不平等这类社会指标方面取得了重大进展，但在过去几年里，进展放缓或停滞不前。只有采取完全不同的办法，才能消除极端贫困。贸易和金融全球化、技术变革、工会的作用受限以及税收和社会政策的再分配能力有限，助长了严重的不平等。这使不让任何人掉队的承诺变得特别具有挑战性。

44. 欧洲已经将极端贫困率降至3%以下。同时，欧洲正面临环境退化、气候变化、人口结构转型、不平等和公共财政压力等紧迫挑战。该区域在减少二氧化碳排放方面进展缓慢，人均排放量仍远高于全球平均水平。该区域的气候融资呈增长趋势，但仍需更多资源加快变化。

45. 某些类别的国家也显示明显不足——平均而言，低收入国家每万人中只有3.1名医生，而全球平均水平为15.1名，高收入国家是全球平均数的一倍。以人均实际国内生产总值增长率衡量，最不发达国家的经济增长率约为2030年议程目标7%的三分之一。对许多最不发达国家来说，加速经济结构转型将有助于提高可持续发展目标的进展速度。内陆发展中国家面临基础设施不足的问题，只有52%的人口能够用上电，而世界平均水平为87%以上。对许多小岛屿发展中国家来说，经济多样化程度较低、债务负担沉重和无法获得优惠融资(由于其中等收入国家地位)构成的经济风险使环境和气候方面的极端脆弱性更加严重。灾害能使小岛屿发展中国家和最不发达国家多年来在实现可持续发展目标方面取得的进展化为乌有。

46. 到2030年，世界上一半以上的贫困人口预计将生活在受冲突影响的国家。因此，处于冲突或脆弱局势中的国家的严峻局势更加令人不安。

47. 高度和普遍的贫困和不平等、易受冲击影响的脆弱性以及中等收入陷阱的前景，对许多中等收入国家构成严峻的发展挑战。其他挑战包括自然资源管理、对商品出口的依赖、气候变化、快速城市化和地方一级的能力问题。

48. 在其他方面，发达国家和发展中国家之间的差距也很明显——欧洲和北美的研发支出占国内生产总值的2.21%，而在大多数发展中国家，这一数字低于1.68%的全球平均水平。

49. 城乡差别也很显著——约85%的国家(有此数据)报告，农村地区的小学和中学失学率高于城市地区，大多数无法获得基本卫生服务的人生活在农村地区。在农村地区，小规模粮食生产者的收入通常低于所有粮食生产者。

三、超越数据：真正的全球响应

50. 尽管数据表明，我们尚未走上到2030年实现可持续发展目标的轨道，但这并未说明过去四年可持续发展目标应对措施的全部情况。

51.《2030年议程》开启了许多国家和许多社区实施议程愿景的积极努力。行动多种多样。社区的重点是为转型奠定基础。政府和其他方面则在努力应对复杂和相互关联的发展挑战。这些挑战要求对人们几十年来赖以治理社会和管理经济的体系进行深刻变革。尽管这些行动表明几近普遍的落实决心，但力度还不够，还不足以充分应对《2030年议程》所要求的范式转变，需要在今后几年再接再厉，进一步扩大规模，显著加快进展速度。

各国政府的响应

52. 截至2019年7月，将有141个国家在可持续发展问题高级别政治论坛上对其执行工作进行自愿国别评估。在国内面临巨大压力、多边主义面临重大挑战的情况下，这表明各国对《2030年议程》的有力参与和积极的国家自主。各国致力于分享执行工作的经验和机会。

53. 正是从这些评估以及伴随评估的通常是广泛而包容的进程中，可以看到政府和其他方面在采取的行动的广度和深度。这为推进实现所有17项可持续发展目标所需的规模和投资提供了值得借鉴的经验教训。

将可持续发展目标纳入国家计划、政策和预算的主流

54. 落实《2030年议程》的任务和应对可持续发展目标相互依存性质的挑战重新激起人们对发展规划和国家可持续发展战略的兴趣。许多国家一直在将可持续发展目标纳入其规划文件或可持续发展政策的主流。

55. 对一些国家来说，《2030年议程》已成为新拟或修订计划或战略的蓝图。这在一些情况下可以通过安排规划周期的时间实现，因为它们的国家规划/政策文件是要在《2030年议程》通过后修订。而其他国家，特别是那些在2015年之前制定国家计划或政策的国家，主要是将可持续发展目标与其现有文件比照，分析这些文件如何推进《2030年议程》。在某些情况下，国家既注重长期规/政策框架(有时是愿景文件)，也注重短期文件，如国家发展计划。随着时间的推移，预计可持续发展目标将更系统地纳入计划和政策的设计中，并着重确定优先次序并通过对可持续发展目标具有潜在乘数效应的干预措施加速进展。这将有助于加快执行速度，加强部门战略与其他国家战略之间的一致性和一体化。

56. 各国还努力使计划和政策不仅与《2030年议程》保持一致，而且与诸如非洲联盟《2063年议程》等区域协定、《仙台减少灾害风险框架》和《亚的斯亚贝巴行动议程》等全球框架以及最不发达国家、内陆发展中国家和小岛屿发展中国家行动纲领保持一致。在执行《巴黎协定》和国家自主贡献方面也在进行类似的努力。这些工作无法脱离开实现可持续发展目标的更广泛的努力而自行推进。保持一致可以利用两者的协同效应。

57. 许多国家的部门政策和其他政策也在直接或间接地实施《2030年议程》，尤其是各国实行了加强经济可持续性的政策。公共和私营部门都采取了措施,将经济增长与自然资源的使用脱钩。循环经济和低碳经济的概念日益普及。

58. 为可持续发展目标编制预算并将其纳入国家财政框架的工作面临挑战。迄今为止,发达国家和发展中国家将预算进程与可持续发展目标挂钩的国家努力都有限,尽管有几个国家在政府部委、议员和其他政治行为体的倡议下采取了这种做法。似乎只有少数国家为执行可持续发展目标制定了具体的筹资计划。应用衡量融资状况的发展融资评估可能是一个有用的工具。一些国家对国家执行可持续发展目标的工作进行了成本评估,以便确定优先次序,并将具有乘数效应的关键投资与其预算挂钩。一个重要因素是确保财政部作为预算流程的主要监管者参与制定与可持续发展目标相一致并反映这些目标的预算。

协调和一体化

59. 一些国家在自愿国别评估中表示,制定一体化政策是一项挑战。这需要在公共机构内外进行专门的协调,因为尽管已经建立协调结构,但许多缺失和挑战仍然存在。

60. 各国建立了各种强调一致性、一体化和多部门参与的机构,例如其中包括部际委员会或类似机构。在加勒比地区,多米尼加共和国或牙买加等正式建立此类机构的国家报告,这些安排对推进执行可持续发展目标十分重要。

61. 总的来说,领导执行可持续发展目标的机构必须有足够的权威和力量,能调动整个政府,包括区域和地方各级政府,以及整个社会围绕可持续发展目标开展工作。同样至关重要的是,这种协调结构不应只限于信息交流或肤浅的匹配工作。

相反,它们必须侧重于制定全面、综合、连贯的政策和必要的成果预算并监督其执行。许多国家——包括孟加拉国、白俄罗斯、哥斯达黎加和尼日利亚等——设立了一个高级别实体,例如在总统或总理办公厅中设立一个部门,负责促进、监督、协调并在某些情况下审查可持续发展目标的执行情况。这一举措是朝着这个方向迈出的显著一步,打破了仅由环境部或其他部门部委负责可持续发展问题的传统做法。

62. 议会具有监督和立法职能,并负责通过预算,因此在执行可持续发展目标方面发挥重要作用。一些国家让议会参与可持续发展目标的执行、监测和评估,尽管这种情况远非普遍。在芬兰和荷兰等少数国家,政府每年就可持续发展目标向议会作汇报。一些国家的议会也主动参与可持续发展目标的执行工作,例如通过设立专门的议会委员会或召开听证会。

63. 20多个国家的最高审计机关也开始发挥重要作用,审计政府执行可持续发展目标的准备情况。这些审计结论汇总起来,便对各国所面临的挑战提供了重要的经验教训。议会和最高审计机关等机构遵奉可持续发展目标将有助于确保无论选举后出现什么政治变化,这些目标始终是优先事项。

64. 在高级别政治论坛上,各国强调,政府间的横向政策一致性以及从国家到区域和次区域各级政府间的纵向政策一致性是关键挑战。尽管如此,一些国家让地方和区域政府参与执行工作,从而加强纵向协调。同样重要的是,许多地方政府主动系统地执行可持续发展目标,在某些情况下甚至比国家政府在这方面走得更远。然而,地方政府参与执行可持续发展目标的程度以及各级政府在这方面的协调与合作的程度存在很大差异。

提高公众的认识和自主权

65. 让人们对可持续发展目标有所认识对转变观念、动员社会各阶层的创造性行动至关重要。因此，许多国家政府开展了提高认识活动，向人们宣传可持续发展目标，并增加他们的自主权。这些活动有时是与联合国实体或当地大学合作开展的。例如，印度利用社交媒体，面向公众开展宣传外联活动。日本政府成立了名为“可持续发展目标促进总部”的新内阁机构，由首相领导、各省厅的大臣组成，旨在提高认识并让所有利益攸关方参与执行工作。

66. 尽管在各级采取了一些行动，但公众对《2030年议程》和可持续发展目标的认识似乎仍然相对较低，特别是在基层和社区一级。提高认识和宣传战略有时因缺乏可持续并且充足的机构和财政资源而受到影响。在下一个执行阶段，有必要加强提高认识活动。通过将可持续发展目标纳入教育课程等方式，促进年轻一代可持续和长期的行为改变非常重要。

民间社会和私营部门的参与

67.《2030年议程》只有通过全社会共同参与的办法才能实现。政府以外的行为体要接受《议程》体现的范式转变，使自身体系与可持续发展目标协调一致，积极参与执行工作，并成为持续改进的倡导者。

68. 在过去几年中，利益攸关方参与了政策设计、执行和评估以及进展评估等工作。在拉脱维亚等一些国家，利益攸关方参与计划文件的编制，并支持政策的执行、监测和评价。在另一些国家，他们通过为执行《2030年议程》而设立的多利益攸关方机构或已经存在的机构如国家可持续发展理事会等参与进来。与民间社会，包括青年组织、运动和网络或工商界举行了专门会议或论坛。公众咨询为公众加入相关的非正式和正式工作组、咨询理事会和其他论坛提供了机会。

69. 世界各地的民间社会行为体在制定《2030议程》中发挥了关键作用。在此基础上，自2015年以来，他们将注意力转向支持忠实执行该议程。许多民间社会行为体直接为落实可持续发展目标做出了贡献。例如，通过支持最贫困和最弱势群体的方案。他们还一再呼吁政府展现《议程》所要求的雄心壮志，并力图在并非如此的情况下追究政府的责任。基层民间社会组织正在帮助边缘化和弱势群体，许多国家也根据本国国情采取这方面的措施并使这些群体参与。同时，帮助最边缘化和最弱势的群体非常困难，尤其是因为存在让较大规模的非政府组织而非规模较小的社区组织和个人参与这样一种倾向。

70. 学术界和科学界也通过与决策者和社会其他阶层展开对话，在执行可持续发展目标方面发挥着重要作用。许多人努力根据可持续发展目标调整工作方向，开发可持续解决方案和技术以应对具体挑战，并进行日益重要的研究。一些学术机构还努力将可持续发展目标纳入本科和研究生核心课程，帮助确保可持续发展观越来越融入劳动力市场新人的思维模式和技能中。

71. 许多国家和联合国系统努力动员私营部门执行可持续发展目标。一些国家指出，需要良好做法和模式扩大参与。私营部门必须成为加速可持续发展目标进展的长期伙伴，包括在推动创新和技术发展、寻找新的解决方案以推进可持续发展目标议程方面发挥作用。迄今对许多企业进行了强有力的动员。《联合国全球契约》80%的成员公司在采取行动推进可持续发展目标。这些公司的首席执行官们越来越多地将企业可持续性纳入公司的战略和运营，并公开承诺支持这些目标。然而，还需要做更多工作，需要让更多公司相信，使其业务做法与《2030年议程》和可持续发展目标保持一致对公司、整个社会和整个地球都有好处。

联合国发展系统的作用

72.《2030年议程》要求所有发展行为体改变做法。在这方面，大会通过两项里程碑决议——关于联合国系统发展方面业务活动四年度全面政策审查的第71/243号决议和关于重新定位联合国发展系统的第72/279号决议，呼吁建立一个更具战略性、进一步接受问责、透明度更大、协作性更强、效率和实效更高并更加注重成果的联合国发展系统。

73. 自从第71/243和72/279号决议通过以来，联合国发展系统在重新定位以更好地支持各国努力实现《2030年议程》和可持续发展目标方面取得了重大进展。新一代联合国国家工作队正在组建，由独立和权能增强的驻地协调员系统领导，并得到重新注入活力的区域办法的支持。迄今已经采取措施加强战略指导，提高透明度和强化问责制，并启动了若干工作流，确保联合国拥有更强的技能和机制，帮助各国扩大伙伴关系并调整融资，以在各地实现可持续发展目标。

74. 经过改组的联合国可持续发展集团正在指导战略、政策和业务决策，以落实全系统办法。联合国发展系统正在与联合国可持续发展集团密切合作，采取更加雄心勃勃的办法，在各国推进共同事务、提高业务效率，确保将更多资源分配给发展活动而非行政结构。此外，正在提议会员国与联合国发展系统之间缔结一项《供资契约》，以利从根本上改变发展系统的供资方式，调整倾斜的激励措施，充分实现本组织的潜力，重新进入一个信任重建的时代。

75. 对多国办事处和联合国区域一级资产进行的两次广泛审查，也为加强联合国对《2030年议程》的支持和执行能力提出了一系列建议。重新定位的过程将继续展开，直到所有的变化得到巩固，整个系统完全转向更具协作性的工作方式。

四、应对差距和加速执行

76. 本报告根据联合国今天掌握的数据描述了可持续发展目标的执行进展情况，并且还显示除数据之外，已采取大量行动对《2030年议程》作出响应。从这些信息中可以清楚地看出，为了实现《2030年议程》中对人类和地球的承诺，联合国必须有更大的雄心壮志。本组织必须拥抱更深层的结构性改革，加强国际合作和多利益攸关方行动。

77. 根据自愿国别评估和为年度高级别政治论坛做出贡献的许多其他政府间论坛所提供的信息，需要在一些系统性交叉领域进行根本的变革。下文列出八个此类相互关联的领域，并列出若干政策行动。

A. 不让任何一个人掉队

78. 保证不让任何人掉队是《2030年议程》的决定性特征之一，也是实现所有人人权的全球努力的核心。这在原则上少有争议，但实际执行的复杂性及其所涉问题的政治性往往得不到充分承认。

79. 然而，某些国家的经验表明，在不让任何一个人掉队方面，可以在相对较短的时间内取得重大进展。要做到这一点，需要改变根深蒂固的体系——包括经济、社会和政治体系、治理结构和商业模式。这些体系往往建立在财富和决策权的不平等分配基础上。除本章包含的具体行动外，还可以采取以下步骤。

应仔细确定不让任何人掉队的最有效的国家政策选择，并有证据证明其有效性。除了定向方案外，还应实施一系列有利于公平可持续增长、生产能力发展、公众参与和实现人权的政策。普遍和定向行动以及市场前、市场内、市场后再分配也至关重要。在实现不让任何人掉队的过程中需要了解和权衡利弊。

确保最弱势群体获得高质量社会保障、健保、教育、水和环境卫生、能源和互联网等基本服务，从而促进经济、社会和文化权利，将大大有助于减少不平等。然而，要做到这一点，政府及其合作伙伴必须解决能力和资金缺口问题，应对有形基础设施、治理不善、腐败、服务提供中缺乏问责等方面的挑战。

政府必须确保旨在支持最弱势群体的政策承认并应对多重、交叉的贫困问题及造成歧视的根源。这些问题互为加剧，使人们更难以摆脱贫困、有尊严地生活和享受人权。例如，出生在贫困家庭并被迫早婚的女孩比来自较高收入家庭、结婚较晚的女孩更有可能辍学、早育、分娩时出现并发症和遭受暴力。

重点关注底层的人还不够，还必须解决财富、收入和决策权集中于顶层的问题，并削弱经济和社会排斥与决策权之间的关联。

为了不让任何人掉队并促进发展权，国际行动也必须针对那些面临最大挑战和最脆弱的国家。例如，发展合作必须支持国家制定和资助发展战略、推进消除贫困和其他可持续发展目标的能力。

B. 筹集充足和有针对性的资金

80. 要实现可持续发展目标，需要进行大量投资——所需数额估计数从数十亿到数万亿美元不等。例如，到2030年，各国用于缩小水、卫生、交通、能源、灌溉和防洪方面基础设施差距的资金可能每年占国内生产总值的2%至8%不等，具体数额取决于各国的政策选择。尽管出现进展迹象，但对可持续发展目标的投资仍然不足。

81. 各国政府和国际伙伴必须根据《亚的斯亚贝巴行动议程》采取必要措施，为可持续发展提供充足、适当的资金。

在国家一级，应采取步骤使资金筹措与国家可持续发展战略和优先事项保持一致。这包括制定风险指引型综合国家筹资框架，其中囊括各类公共和私人筹资政策和工具，并纳入减少灾害风险的考虑因素。

能力发展对协助各国使公共支出更好地与国家可持续发展战略保持一致以及刺激包容性增长同样至关重要。还需要加强调动国内资源和扩大财政空间的能力，防止和打击非法资金流动，获取可用资金，同时加强贸易方面的能力，特别是加强最不发达国家的上述能力。

各国政府还应通过制定可预测和连贯一致的政策、规定透明度要求以及披露对可持续发展的影响等方式，建设有利的投资环境。这一做法加上积极鼓励包容各方和可持续的活动可有助于降低投资风险。

政策和行动需要更加坚定地关注掉队最严重的群体。努力实现金融普惠，并运用金融技术、适当风险管理和消费者保护举措，可以增加数百万人获得信贷的机会，惠及最弱势群体。金融数字化还可能极大提高透明度，促进新型投资流动。为性别平等和增强妇女权能筹措资金除了能够解决不平等和缺乏权能的问题外，还可以推动经济增长。

在所有这些以及其他措施中，国际合作均可发挥巨大的支持作用。需要采取进一步行动，支持政府调动国内资源，解决逃税和非法资金流动问题，使全球经济政策和金融体系与《2030年议程》保持一致，并帮助降低在发展中国家进行私人投资的风险感。此外，官方发展援助提供方应加紧努力，

兑现承诺，按照大会第70/1号决议的规定，实现将0.7%的国民总收入用于援助的目标。它们还应作出更多努力，确保该项投资用于支持最脆弱的国家，特别是支持发展资金对其依然至关重要的最不发达国家。

2019年3月第二次联合国南南合作高级别会议的《布宜诺斯艾利斯成果文件》欢迎为推进《2030年议程》扩大南南合作和三方合作举措，作为对官方发展援助的补充。由于这种形式的合作旨在满足发展中国家不断变化的需求，应采取步骤改进相关制度和工具，提高透明度。

C. 提高机构效力和包容性，实施综合性解决方案

82. 鉴于可持续发展目标之间紧密关联，执行《2030年议程》的行动必须建立在各项目标协同增效的基础上，使若干可持续发展目标得以推进（发展使能因素），并权衡具体目标与政策两者的利弊。目前已经掌握有关可持续发展目标和具体目标之间相互关联的大量知识，然而，机构、治理和技能组合有待作出调整，以便将这种关联信息转化为符合《2030年议程》的切实有效的全政府和全社会办法以及跨部门行动。

83. 例如，环境退化与经济增长脱钩要求扩大现有的可持续做法，更为根本地转变全社会生产、消费和处置商品和材料的方式。这些转型措施若能得到长期、全面、基于科学的具体目标的支持，则有可能发挥更大效力，但这超出了许多当局的能力范围。类似挑战也见于经济政策无意中造成负面社会效应的情况。例如，旨在减少家庭和儿童福利和津贴的财政整顿措施若设计不当，便会剥夺对弱势儿童的社会保障。

84. 以下行动可以发挥合力，在治理和公共政策方面带来转型变革。

2015年以来，许多国家努力使本国长期计划与可持续发展目标保持一致。这一努力应该持续并进一步扩大。规划过程必须考虑可持续发展目标相互关联的性质以及各目标之间的协同作用和得失，并查明同时影响多个可持续发展目标的政策。

各国应加紧努力，将预算流程与可持续发展目标挂钩，确保公共支出反映可持续发展优先事项。这也有助于监测和评价目标。

政府的架构和工作方式应有助于实施贯穿各领域的综合办法，有助于动员企业等多利益攸关方采取协调一致的行动。此类办法可以借鉴上文第三章所重点介绍的一系列体制安排。

通过公共行政学校等机构加强公共部门员工队伍的能力发展，对确保制定和实施有效的综合性政策至关重要，其中包括有关服务提供、综合规划和国内资源调动等问题的政策。一些国家政府采取行动提高对可持续发展目标及其对公共服务工作影响的认识。这些行动可以为其他国家提供借鉴。

应进一步加强政治和行政机构，包括确保这些机构包容社会中的所有群体。此类机制包括国家可持续发展理事会、参与式规划和预算编制、自然资源的社区管理以及其他各类机制。

各国政府应继续努力提高透明度和公众参与。虽然绝大多数国家已经通过信息获取的法律框架，但仍需进一步致力于发挥框架效力。在地方一级，获取信息加上参与构成改进公共服务响应能力和质量的关键因素。还应采用强制披露和开放政府数据等其他透明工具，以支持加强政府问责制以及帮助打击腐败现象等。增强权能和切实参与对落实可持续发展目标的努力至关重要。

关联性分析明确表明，任何一组行为体都无法单独驱动进展，多利益攸关方行动必不可少。例如，需要鼓励包括中小企业在内的企业部门创新，推进和拥抱技术，以实现可持续发展目标。

为了加强政府问责制，包括对可持续发展目标落实情况的问责，必须要有适当的监督机制。议会在这方面可以发挥关键作用。确保最高审计机关独立而且能够有效地为国家评估可持续发展目标实施进度提供信息也很重要。

民间社会可以进一步推动对可持续发展目标落实情况的问责和认识，包括与正式监督机构协作，但需要采取行动，保护其活动所依赖的公民空间和基本自由。

D. 加快地方执行《2030年议程》和可持续发展目标的工作

85. 无论是提供基本服务、保护生态系统或直接应对与移民问题有关的挑战和机遇，地方政府在许多可持续发展目标政策领域内往往最能发挥领导实施工作的作用。

86. 国家政府需要与地方和区域政府合作。不论是国家政府还是地方政府，都需要与最了解个人和集体需求和能力的地方社区和利益攸关方协作，将其视作实施和实现可持续发展目标的关键伙伴。加强地方行动成效的能力将对众多可持续发展目标和具体目标实现与否产生重大影响。在这方面可以采取下列行动。

鉴于地方政府在提供基本公共服务等方面负有主要责任，其资源和能力应与责任相称。因此，各国需要建立适当的法律和财政框架，增强地方政府和区域政府的权能。

各国需要采取措施，发展地方一级民选官员和公务员的技能和能力，使其能够支持落实可持续发展目标。

需要作出更多努力，确保各级政府的行动互为补充，产生协同作用。许多国家需要更好地协调各级政府的预算制度，以便跟踪用于可持续发展目标的公共支出。各国应研究如何设计各类方法，协调各级政府的可持续发展监测制度，包括为此酌情使用联合监测机制。

地方政府数量庞大，情况各异，是政策创新的主要来源。要扩大有效的地方行动，就需要各级政府和地方利益攸关方通过参与式进程持续开展对话与协作。地方工作必须得到国际行动和措施的无缝支持。近年来，气候变化、移民以及其他主题政策领域的地方政府网络发展壮大。这些网络应为有效分享和推广创新做法提供支持。

E. 建设抗灾能力

87. 在一个瞬息万变的世界中，可持续发展目标的实施进展将取决于我们预测、防备和适应突如其来的变化的能力。一个地区的冲击会对其他地区产生溢出效应——天气灾患公认是引发直接经济损失以及破坏学校、住房、农业用地和基础设施的最主要的灾害原因，同时对卫生、经济和社会政治体系造成影响。灾害脆弱性依然普遍存在，而且灾害风险集中在低收入和中等收入国家，特别是在小岛屿发展中国家。

88. 除灾害外，气候变化造成温度、降水模式和海平面的逐步变化，从而对多个可持续发展目标产生影响。需要通过适应和缓解措施全面应对这些变化。因此，建设抗灾能力可以成为消除贫困和排斥现象的有力工具，也是预防危机和风险升级的有力手段。反过来，在实现许多可持续发展目标方面取得进展是建设抗灾能力的重要手段。例如，缺乏受教育机会危及人们获得尊重基本人权和工人权利的体面工作的机会。

89. 建设抗灾能力依然是许多国家面临的一项挑战，因为这需要在以下认识的基础上采取系统办法：许多不良事件正在全球、区域、国家、国家以下和地方各级发生，在相互关联的社会、治理、经济、生态和物理体系之间产生连锁效应。可以结合《2030年议程》采取一系列行动加强抗灾能力。

在当前的全球环境中，一切政策和投资都需要顾及风险。这就要求公共机构和其他行为体具备专门的知识和能力。政府需要与相关利益攸关方一道采取措施，减少现有风险，避免产生新的风险。

所有风险管理措施都必须以人为中心，并确保采取全社会办法。此类措施还必须始终特别关注最贫困和最弱势的群体，并考虑到脆弱性可能出现、演变和长期存在，以致加剧性别、族裔、家庭以及社会经济地位的差异。

各部门和各领域还需要加快行动，加强抗

灾能力和适应能力。例如,在建设粮食系统抗灾能力的同时应采取行动,确保粮食系统能够不断加强自然资源,维持城乡生计,并提供途径获取小农户生产的营养食品。还应采取各种有助于减少气候变化风险的办法。例如,在向低碳或零碳来源过渡的同时减少能源消费,重新造林或植树造林,实施可持续农业和废物管理以减少甲烷排放,建造不受气候影响、可持续的新建筑或改造现有建筑。改变消费和生产模式至关重要,但发达国家和发展中国家会有这方面的差异。

考虑到气候、自然生态系统、污染和资源使用的跨境性质,还有必要开展区域、全球和跨部门的协作应对,以有效对付这一挑战,包括开展针对特别贫困和弱势群体的工作。

在全球一级,现有的反周期融资工具在缓解突发冲击的影响方面发挥重要的作用,但最不发达国家、内陆最不发达国家和小岛屿发展中国家往往无法从中受益。需要解决这一问题,包括确保现有的反周期事后融资机制为最不发达国家、内陆最不发达国家和小岛屿发展中国家提供减轻灾害和冲击影响的快速通道。

F. 投资数据对全面执行《2030年议程》至关重要

90. 优质、及时、分类、开放的数据和统计资料以及使用这些数据和统计资料的能力,对各国政府、国际组织、私营部门、民间社会和公众作出执行《2030年议程》的知情决定至关重要。

91. 发展中国家尤其在编制此类数据和统计资料方面继续面临巨大挑战。涉及民众生活某些方面的信息在准确性和及时性上存在差距,致使许多群体和个人成为“隐形”,造成对许多发展挑战的认识不到位。以贫困最严重的撒哈拉以南非洲为例,半数以上国家缺乏监测贫困趋势的足够数据。同样,极少有数据可以准确反映妇女在日常生活中所面临的挑战,包括价值被低估的方方面面,如用于照顾家庭成员的时间。

92. 过去四年为消除这些差距集中精力开展了大量工作。但进展有限,我们尚未看到所需的突破。可以采取以下步骤加快进展。

必须加大对国家数据和统计系统的投资,调动更多的国际和国内资源。联合国会员国监督下的需求驱动的供资机制能够对第二届世界数据论坛上宣布的《迪拜宣言》所概述的国家统计系统的优先事项作出迅速、有效的回应,可视作实现“为所有人编制更好的数据”的机制。相关支助应包括设计统计战略和有针对性的数据收集工具,以便充分反映弱势群体、包括隐形群体或难以接触到的群体的现实情况。可以借鉴各类现有的创新数据平台、体制安排和做法,分享这方面的知识和经验。

今天,新的技术加上现有的数据来源和方法为全世界提供了前所未有的机遇,以满足可持续发展目标监测方面日益增长的数据需求。这一需求增长表明迫切需要确保协调一致地努力,以高效和现代化的国家统计局为中心,加强与所有数据编制者、数据用户、领导者和创新者的伙伴关系。鼓励全球数据界通力合作,通过以下方法改善新技术、创新和方法的普及情况:使数据编制者和数据用户更加便利地获得优质、及时的全球数据集以及创新的数据编制和分析方法;开展技术合作,发展技能,积累知识,加强标准化和新方法的大规模应用;在选定国家推动或扩大新的数据伙伴关系,增加及时数据的提供和使用,以便就可持续发展目标作出决策。

G. 实现人人享有科学、技术和创新的惠益

93. 除了改进数据和监测工作外,还存在着更广泛地利用技术落实可持续发展目标的巨大潜力,包括水到能源、可持续消费和生产、电子学习、城市化、可持续交通运输、电子治理

和消除腐败等领域在内。

94. 所有国家都需要体制基础设施，以促进创新、推广和使用可持续发展所亟需的新技术。如果要按计划到2030年实现可持续发展目标，这是各国可以而且必须开展更多工作的另一个领域。

需要制定政策以及监管和其他框架，促进创新，提高效率，同时确保新技术开发在过程中公平、平等和遵守道德操守。需要汇集所有利益攸关方，不仅包括政府、公司和科学家，而且包括民间社会和学术界，以支持此类工作。多利益攸关方办法也可有助于确保经济、科学技术、工业发展、人类发展和可持续性方面的政策一致性。应充分利用联合国多利益攸关方平台，增进所有行为体对需要在国家和国际一级采取的干预措施的认识。

加强国际合作，促进技术转让，引导技术用于落实可持续发展成果，并减轻快速技术变化带来的不利影响，可有助于鼓励国家创新和统一技术标准。

让社区、青年和弱势群体参与创新进程可有助于开发新的产品和服务，造福身陷贫困或身处偏远地区的民众。在这方面，必须在各级努力提高所有人的技能，包括妇女、儿童和青年、老年人、残疾人和其他群体的技能。此类国家层面的体制基础设施还必须得到新兴技术的支持，并得到根据本国国情有效运用这类技术的技能的支持。如果做不到这一点，

国家内部和国家之间的不平等就有可能扩大。

今天的技能无法匹配明天的工作，新掌握的技能可能很快就会过时，因此有必要采取果断行动。需要革新教育和学习体系，以响应技术革命。必须在人们的工作生涯期间投资其能力建设，以便实现新技术带来的惠益，避开陷阱。此外还需要加强体制，确保全球技术转型采取以人为中心的做法。

H. 开展国际合作，应对各项挑战

95. 从气候到疾病，从经济下行到移民问题，从医疗保健到前沿技术，如今的挑战要求对国际合作和更有效的多边机构作出坚定承诺。然而，最近的趋势表明，一些国家的政府在退避多边行动，全球公众对全球化的负面影响表示不满。

96. 例如，贸易限制措施对多边贸易体系构成严峻挑战，所涉金额高达5883亿美元，是2018年的8倍。实物体系和经济体系有着密切的跨境联系，但管理这些跨境体系的能力尚不完备。例如，对国家管辖范围内海洋区域的保护正在增加，但仍有60%以上的海洋位于国家管辖范围以外，其中仅有1%受到保护。

97. 为了实现可持续发展目标，遏制气候变化，各国必须重申对多边主义的承诺，寻找新的合作方式，确保多边机构跟上周围正在发生的快速变化。

必须修订全球规则，确保这些规则支持可持续发展目标，有利于公平的全球化。这些规则需要推动发展机会和收入在国际一级公平分配。这就要求在税收、跨境资金流动、债务减免以及贸易、技术、移民和汇款方面开展国际合作。各国必须维护多边贸易体系，抵制贸易限制措施的诱惑，落实支持最不发达国家出口的各项规定。

还必须调整发展合作的治理和模式，使其具有代表性，囊括捐助方和受援国以及新的和传统的提供方。联合国必须履行承诺，确保所有国际机构的决策工作反应敏捷，包容各方，并具有参与性和代表性。各国政府和国际社会还应重新打造符合可持续发展的国际和国家金融体系。

当今的多边主义不成体系。这种分化性质必须演变为以联合国为核心的网状多边主义，并与包括开发银行、非洲联盟和其他组织在内的国际和区域组织密切合作。

当今的多边主义必须坚定地以人为中心。关注政府和国际组织的传统做法应有所演变，辅之以民间社会、企业、学术界、慈善界以及其他行为体特别是年轻人的协作。

五、结论

98.《2030年议程》的通过是国际合作的胜利，但最重要的是世界人民的胜利。2019年9月的高级别会议，包括可持续发展问题高级别政治论坛，使联合国有机会反思这一重要旅程的头四年。尽管进展缓慢，但我仍然深信，本组织能够实现《议程》鼓舞人心的愿景。

99. 多边行动在各条战线都至关重要。各国唯有齐心协力，才能找到解决贫困、不平等和气候变化问题的方案。这些都是当代的决定性挑战。各国唯有齐心协力，才能推动基于规则的全球贸易体系，调动实现可持续发展目标所需的技术、方案和资金。各国唯有齐心协力，才能改变经济和社会，增强所有妇女和女童的权能，真正造福所有人，维护地球的健康。

100. 愿各国借助9月的全球盛会，振作应对气候变化所需的雄心壮志，重新激发并重新调整实现可持续发展目标的行动和对策，加大帮助落在最后面的群体、支持最脆弱国家的承诺。

101. 时代的压力与日俱增；维系世界的信任在削弱。今世后代需要世界更好地行动。幸运的是，如今仍有时间实现《2030年可持续发展议程》设想的未来。愿世界找到前行的智慧、团结和意愿，以确保世界各地的每一个人都能过上有尊严而又繁荣的生活。

图书在版编目（CIP）数据

中国扶贫开发年鉴. 2020 /《中国扶贫开发年鉴》编辑部编. — 北京 : 知识产权出版社, 2020.12

ISBN 978-7-5130-7283-0

Ⅰ. ①中… Ⅱ. ①中… Ⅲ. ①扶贫 - 中国 - 2020 - 年鉴 Ⅳ. ①F323.8-54

中国版本图书馆CIP数据核字（2020）第214093号

责任编辑：张　珑　　　　**责任印制**：刘译文

中国扶贫开发年鉴2020

ZHONGGUO FUPIN KAIFA NIANJIAN 2020

《中国扶贫开发年鉴》编辑部　编

出版发行：	知识产权出版社有限责任公司	**网　　址**：	http://www.ipph.cn
电　　话：	010 - 82004826		http://www.laichushu.com
社　　址：	北京市海淀区气象路50号院	**邮　　编**：	100081
责编电话：	010 - 82000860转8574	**责编邮箱**：	laichushu@cnipr.com
发行电话：	010 - 82000860转8101 / 8573	**发行传真**：	010 - 82000893 / 82003279
印　　刷：	三河市国英印务有限公司	**经　　销**：	各大网上书店、新华书店及相关专业书店
开　　本：	787mm×1092mm　1/16	**印　　张**：	77
版　　次：	2020年12月第1版	**印　　次**：	2020年12月第1次印刷
字　　数：	1740千字	**定　　价**：	390.00元

ISBN 978 - 7 - 5130 - 7283 - 0